Le Siècle.

OEUVRES
D'ALEXANDRE DUMAS

TREIZIÈME SÉRIE.

PARIS. — IMPRIMERIE J. VOISVENEL, 16, RUE DU CROISSANT.

Le Siècle.

OEUVRES

COMPLÈTES

D'ALEXANDRE DUMAS

TREIZIÈME SÉRIE

ACTÉ. — LES DEUX DIANE. — LA COMTESSE DE SALISBURY.

PARIS.
AU BUREAU DES PUBLICATIONS LITTÉRAIRES DU SIÈCLE
16, RUE DU CROISSANT.
1856.

Publication du journal LE SIÈCLE.

OEUVRES COMPLÈTES

DE M.

ALEXANDRE DUMAS.

ACTÉ.

Le 7 du mois de mai, que les Grecs appellent thargélion, l'an 57 du Christ et 810 de la fondation de Rome, une jeune fille de quinze à seize ans, grande, belle et rapide comme la Diane chasseresse, sortait de Corinthe par la porte occidentale, et descendait vers la plage : arrivée à une petite prairie, bordée d'un côté par un bois d'oliviers, et de l'autre par un ruisseau ombragé d'orangers et de lauriers-roses, elle s'arrêta et se mit à chercher des fleurs. Un instant elle balança entre les violettes et les glayeuls que lui offrait l'ombrage des arbres de Minerve, et les narcisses et les nymphæas qui s'élevaient sur les bords du petit fleuve ou flottaient à sa surface ; mais bientôt elle se décida pour ceux-ci, et, bondissant comme un jeune faon, elle courut vers le ruisseau.

Arrivée sur ses rives, elle s'arrêta ; la rapidité de sa course avait dénoué ses longs cheveux ; elle se mit à genoux au bord de l'eau, se regarda dans le courant, et sourit en se voyant si belle. C'était en effet une des plus ravissantes vierges de l'Achaïe, aux yeux noirs et voluptueux, au nez ionien et aux lèvres de corail ; son corps, qui avait à la fois la fermeté du marbre et la souplesse du roseau, semblait une statue de Phidias animée par Prométhée ; ses pieds seuls, visiblement trop petits pour porter le poids de sa taille, paraissaient disproportionnés avec elle, et eussent été un défaut, si l'on pouvait songer à reprocher à une jeune fille une semblable imperfection : si bien que la nymphe Pyrène, qui lui prêtait le miroir de ses larmes, toute femme qu'elle était, ne put se refuser à reproduire son image dans toute sa grâce et dans toute sa pureté. Après un instant de contemplation muette, la jeune fille sépara ses cheveux en trois parties, fit deux nattes de ceux qui descendaient le long des tempes, les réunit sur le sommet de la tête, les fixa par une couronne de laurier-rose et de fleurs

d'oranger qu'elle tressa à l'instant même ; et faissant flotter ceux qui retombaient par derrière, comme la crinière du casque de Pallas, elle se pencha sur l'eau pour étancher la soif qui l'avait attirée vers cette partie de la prairie, mais qui, toute pressante qu'elle était, avait cependant cédé à un besoin plus pressant encore, celui de s'assurer qu'elle était toujours la plus belle des filles de Corinthe. Alors la réalité et l'image se rapprochèrent insensiblement l'une de l'autre ; on eût dit deux sœurs, une nymphe et une nayade, qu'un doux embrassement allait unir : leurs lèvres se touchèrent dans un bain humide, l'eau frémit, et une légère brise, passant dans les airs comme un souffle de volupté, fit pleuvoir sur le fleuve une neige rose et odorante que le courant emporta vers la mer.

En se relevant, la jeune fille porta les yeux sur le golfe, et resta un instant immobile de curiosité : une galère à deux rangs de rames, à la carène dorée et aux voiles de pourpre, s'avançait vers la plage, poussée par le vent qui venait de Délos ; quoiqu'elle fût encore éloignée d'un quart de mille, on entendait les matelots qui chantaient un chœur à Neptune. La jeune fille reconnut le mode phrygien, qui était consacré aux hymnes religieux ; seulement, au lieu des voix rudes des mariniers de Calydon ou de Céphalonie, les notes qui arrivaient jusqu'à elle, quoique dispersées et affaiblies par la brise, étaient savantes et douces à l'égal de celles que chantaient les prêtresses d'Apollon. Attirée par cette mélodie, la jeune Corinthienne se leva, brisa quelques branches d'oranger et de laurier-rose destinées à faire une seconde couronne qu'elle comptait déposer à son retour dans le temple de Flore, à laquelle le mois de mai était consacré ; puis d'un pas lent, curieux et craintif à la fois, elle s'avança vers le bord de la mer, tressant les branches odorantes qu'elle avait rompues au bord du ruisseau.

Cependant la birème s'était rapprochée, et maintenant la jeune fille pouvait non seulement entendre les voix, mais encore distinguer la figure des musiciens : le chant se composait d'une invocation à Neptune, chantée par un seul coryphée avec une reprise en chœur, d'une mesure si douce et si balancée, qu'elle imitait le mouvement régulier des matelots se courbant sur leurs rames et des rames retombant à la mer. Celui qui chantait seul, et qui paraissait le maître du bâtiment, se tenait debout à la proue et s'accompagnait d'une cythare à trois cordes, pareille à celle que les statuaires mettent aux mains d'Euterpe, la muse de l'harmonie : à ses pieds était couché, couvert d'une longue robe asiatique, un esclave dont le vêtement appartenait également aux deux sexes ; de sorte que la jeune fille ne put distinguer si c'était un homme ou une femme, et, à côté de leurs bancs, les rameurs mélodieux étaient debout et battaient des mains en mesure, remerciant Neptune du vent favorable qui leur faisait ce repos.

Ce spectacle, qui deux siècles auparavant aurait à peine attiré l'attention d'un enfant cherchant des coquillages parmi les sables de la mer, excita au plus haut degré l'étonnement de la jeune fille. Corinthe n'était plus à cette heure ce qu'elle avait été du temps de Sylla : la rivale et la sœur d'Athènes. Prise d'assaut l'an de Rome 608 par le consul Mummius, elle avait vu ses citoyens passés au fil de l'épée, ses femmes et ses enfans vendus comme esclaves, ses maisons brûlées, ses murailles détruites, ses statues envoyées à Rome, et ses tableaux, de l'un desquels Attale avait offert un million de sesterces, servir de tapis à ces soldats romains que Polybe trouva jouant aux dés sur le chef-d'œuvre d'Aristide. Rebâtie quatre-vingts ans après par Jules César, qui releva ses murailles et y envoya une colonie romaine, elle s'était reprise à la vie, mais était loin encore d'avoir retrouvé son ancienne splendeur. Cependant le proconsul romain, pour lui rendre quelque importance, avait annoncé, pour le 10 du mois de mai et les jours suivans, des jeux néméens, isthmiques et floraux, où il devait couronner le plus fort athlète, le plus adroit cocher et le plus habile chanteur. Il en résultait que depuis quelques jours une foule d'étrangers de toutes nations se dirigeaient vers la capitale de l'Achaïe, attirés soit par la curiosité, soit par le désir de remporter les prix : ce qui rendait momentanément à la ville, faible encore du sang et des richesses perdus, l'éclat et le bruit de ses anciens jours. Les uns étaient arrivés sur des chars, les autres sur des chevaux ; d'autres, enfin, sur des bâtimens qu'ils avaient loués ou fait construire ; mais aucun de ces derniers n'était entré dans le port sur un aussi riche navire que celui qui, en ce moment touchait la plage que se disputèrent autrefois pour leur amour pour le Apollon et Neptune.

A peine eut-on tiré la birème sur le sable, que les matelots appuyèrent à sa proue un escalier en bois de citronnier incrusté d'argent et d'airain, et que le chanteur, jetant sa cythare sur ses épaules, descendit, s'appuyant sur l'esclave que nous avons vu couché à ses pieds. Le premier était un beau jeune homme de vingt-sept à vingt-huit ans, aux cheveux blonds, aux yeux bleus, à la barbe dorée : il était vêtu d'une robe de pourpre, d'une clamyde bleue étoilée d'or, et portait autour du cou, nouée par devant, une écharpe dont les bouts flottans retombaient jusqu'à sa ceinture. Le second paraissait plus jeune de dix années à peu près : c'était un enfant touchant à peine à l'adolescence, à la démarche lente, et à l'air triste et souffrant ; cependant la fraîcheur de ses joues eût fait honte au teint d'une femme, sa peau rosée et transparente aurait pu le disputer en finesse avec celle des plus voluptueuses filles de la molle Athènes, sa main blanche et potelée semblait, par sa forme et par sa faiblesse, bien plus destinée à tourner un fuseau ou à tirer une aiguille, qu'à porter l'épée ou le javelot, attributs de l'homme et du guerrier. Il était, comme nous l'avons dit, vêtu d'une robe blanche, brodée de palmes d'or, qui descendait au-dessous du genou ; ses cheveux flottans tombaient sur ses épaules découvertes, et, soutenu par une chaîne d'or, un petit miroir entouré de perles pendait à son cou.

Au moment où il allait toucher la terre, son compagnon l'arrêta vivement ; l'adolescent tressaillit.

— Qu'y a-t-il maître? dit-il d'une voix douce et craintive.

— Il y a que tu allais toucher le rivage du pied gauche, et que par cette imprudence tu nous exposais à perdre tout le fruit de mes calculs, grâce auxquels nous sommes arrivés le jour des noces, qui est de bon augure.

— Tu as raison, maître, dit l'adolescent ; et il toucha la plage du pied droit ; son compagnon en fit autant.

— Étranger, dit, s'adressant au plus âgé des deux voyageurs, la jeune fille qui avait entendu ces paroles prononcées dans le dialecte ionien, la terre de la Grèce, de quelque pied qu'on la touche, est propice à quiconque l'aborde avec des intentions amies : c'est la terre des amours, de la poésie et des combats ; elle a des couronnes pour les amans, pour les poëtes et pour les guerriers. Qui que tu sois, étranger, accepte celle-ci en attendant celle que tu viens chercher, sans doute.

Le jeune homme prit vivement et mit sur sa tête la couronne que lui présentait la Corinthienne.

— Les dieux nous sont propices, s'écria-t-il. Regarde, Sporus, l'oranger, ce pommier des Hespérides, dont les fruits d'or ont donné la victoire à Hippomène, en ralentissant la course d'Atalante, et le laurier-rose, l'arbre cher à Apollon. Comment t'appelles-tu, prophétesse de bonheur?

— Je me nomme Acté, répondit en rougissant la jeune fille.

— Acté ! s'écria le plus âgé des deux voyageurs. Entends-tu, Sporus? Nouveau présage : Acté, c'est-à-dire la rive. Ainsi la terre de Corinthe m'attendait pour me couronner.

— Qu'y a-t-il d'étonnant? n'es-tu pas prédestiné, Lucius, répondit l'enfant.

— Si je ne me trompe, demanda timidement la jeune fille, tu viens pour disputer un des prix offerts aux vainqueurs par le proconsul romain?

— Tu as reçu le talent de la divination en même temps que le don de la beauté, dit Lucius.

— Et sans doute tu as quelque parent dans la ville ?

— Toute ma famille est à Rome.

— Quelque ami, peut-être ?

— Mon seul ami est celui que tu vois, et, comme moi, il est étranger à Corinthe.

— Quelque connaissance, alors?

— Aucune.

— Notre maison est grande, et mon père est hospitalier, continua la jeune fille ; Lucius daignera-t-il nous donner la préférence? nous prierons Castor et Pollux de lui être favorables.

— Ne serais-tu pas leur sœur Hélène, jeune fille? interrompit Lucius en souriant. On dit qu'elle aimait à se baigner dans une fontaine qui ne doit pas être bien loin d'ici. Cette fontaine avait sans doute le don de prolonger la vie et de conserver la beauté. C'est un secret que Vénus aura révélé à Pâris, et que Pâris t'aura confié. S'il en est ainsi, conduis-moi à cette fontaine, belle Acté : car, maintenant que je t'ai vue, je voudrais vivre éternellement, afin de te voir toujours.

— Hélas ! je ne suis point une déesse, répondit Acté, et la source d'Hélène n'a point ce merveilleux privilége ; au reste, tu ne t'es pas trompé sur sa situation, la voilà à quelques pas de nous, qui se précipite à la mer du haut d'un rocher.

— Alors, ce temple qui s'élève près d'elle est celui de Neptune ?

— Oui, et cette allée bordée de pins mène au stade. Autrefois, dit-on, en face de chaque arbre s'élevait une statue ; mais Mummius les a enlevées, et elles ont à tout jamais quitté ma patrie pour la tienne. Veux-tu prendre cette allée, Lucius, continua en souriant la jeune fille, elle conduit à la maison de mon père.

— Que penses-tu de cette offre, Sporus? dit le jeune homme, changeant de dialecte et parlant la langue latine.

— Que ta fortune ne t'a pas donné le droit de douter de sa constance.

— Eh bien! fions-nous donc à elle cette fois encore, car jamais elle ne s'est présentée sous une forme plus entraînante et plus enchanteresse. Alors, changeant d'idiome et revenant au dialecte ionien, qu'il parlait avec la plus grande pureté : — Conduis-nous, jeune fille, dit Acté, car nous sommes prêts à te suivre ; et toi, Sporus, recommande à Lybicus de veiller sur Phœbé.

Acté marcha la première, tandis que l'enfant, pour obéir à l'ordre de son maître, remontait sur le navire. Arrivé au stade, elle s'arrêta : — Vois, dit-elle à Lucius, voici le gymnase. Il est tout prêt et sablé, car c'est après-demain que les jeux commencent, et ils commencent par la lutte. A droite, de l'autre côté du ruisseau, à l'extrémité de cette allée de pins, voici l'hippodrome ; le second jour, comme tu le sais, sera consacré à la course des chars. Puis enfin, à moitié chemin de la colline, dans la direction de la citadelle, voici le théâtre où se disputera le prix du chant : quelle est celle des trois couronnes que compte disputer Lucius ?

— Toutes trois, Acté.

— Tu es ambitieux, jeune homme.

— Le nombre trois plaît aux dieux, dit Sporus qui venait de rejoindre son compagnon, et les voyageurs, guidés par leur belle hôtesse, continuèrent leur chemin.

En arrivant près de la ville, Lucius s'arrêta : — Qu'est-ce que cette fontaine, dit-il, et quels sont ces bas-reliefs brisés ? Ils me paraissent du plus beau temps de la Grèce.

— Cette fontaine est celle de Pyrène, dit Acté ; sa fille fut tuée par Diane à cet endroit même, et la déesse, voyant la douleur de la mère, la changea en fontaine sur le corps même de l'enfant qu'elle pleurait. Quant aux bas-reliefs, ils sont de Lysippe, élève de Phidias.

— Regarde donc, Sporus, s'écria avec enthousiasme le jeune homme à la lyre ; regarde, quel modèle ! quelle expression ! c'est le combat d'Ulysse contre les amans de Pénélope, n'est-ce pas ? Vois donc comme cet homme blessé meurt bien, comme il se tord, comme il souffre ; le trait l'a atteint au dessous du cœur ; quelques lignes plus haut, il n'y avait point d'agonie. Oh ! le sculpteur était un habile homme, et qui savait son métier. Je ferai transporter ce marbre à Rome ou à Naples, je veux l'avoir dans mon atrium. Je n'ai jamais vu d'homme vivant mourir avec plus de douleur.

— C'est un des restes de notre ancienne splendeur, dit Acté. La ville en est jalouse et fière, et, comme une mère qui a perdu ses plus beaux enfans, elle tient à ceux qui lui restent. Je doute, Lucius, que tu sois assez riche pour acheter ce débris.

— Acheter ! répondit Lucius avec une expression indéfinissable de dédain ; à quoi bon acheter, lorsque je puis prendre. Si je veux ce marbre, je l'aurai, quand bien même Corinthe tout entière dirait non. — Sporus serra la main de son maître. — A moins cependant, continua celui-ci, que la belle Acté ne me dise qu'elle désire que ce marbre demeure dans sa patrie.

— Je comprends aussi peu ton pouvoir que le mien, Lucius, mais je ne t'en remercie pas moins. Laisse-nous nos débris, Romain, et n'achève pas l'ouvrage de tes pères. Ils venaient en vainqueurs, eux : tu viens en ami, toi ; ce qui fut de leur part une barbarie serait de la tienne un sacrilége.

— Rassure-toi, jeune fille, dit Lucius : car je commence à m'apercevoir qu'il y a à Corinthe des choses plus précieuses à prendre que le bas-relief de Lysippe, qui, à tout considérer, n'est que du marbre. Lorsque Pâris vint à Lacédémone, ce ne fut point la statue de Minerve ou de Diane qu'il enleva, mais bien Hélène, la plus belle des Spartiates.

Acté baissa les yeux sous le regard ardent de Lucius, et, continuant son chemin, elle entra dans la ville : les deux Romains la suivirent.

Corinthe avait repris l'activité de ses anciens jours. L'annonce des jeux qui devaient y être célébrés avait attiré des concurrens, non seulement de toutes les parties de la Grèce, mais encore de la Sicile, de l'Egypte et de l'Asie.

Chaque maison avait son hôte, et les nouveaux arrivans auraient eu grande peine à trouver un gîte, si Mercure, le dieu des voyageurs, n'eût conduit au devant d'eux l'hospitalière jeune fille. Ils traversèrent, toujours guidés par elle, le marché de la ville, où étaient étalés pêle-mêle le papyrus et le lin d'Egypte, l'ivoire de la Lybie, les cuirs de Cyrène, l'encens et la myrrhe de la Syrie, les tapis de Carthage, les dattes de la Phénicie, la pourpre de Tyr, les esclaves de la Phrygie, les chevaux de Sélinonte, les épées des Celtibères, et le corail et l'escarboucle des Gaulois. Puis, continuant leur chemin, ils traversèrent la place où s'élevait autrefois une statue de Minerve, chef-d'œuvre de Phidias, et que, par vénération pour l'ancien maître, on n'avait point remplacée ; prirent une des rues qui venaient y aboutir, et, quelques pas plus loin, s'arrêtèrent devant un vieillard debout sur le seuil de sa maison.

— Mon père, dit Acté, voici un hôte que Jupiter vous envoie ; je l'ai rencontré au moment où il débarquait, et je lui ai offert l'hospitalité.

— Sois le bienvenu, jeune homme à la barbe d'or, répondit Amyclès : et, poussant d'une main la porte de sa maison, il tendit l'autre à Lucius.

II.

Le lendemain du jour où la porte d'Amyclès s'était ouverte pour Lucius, le jeune Romain, Acté et son père, réunis dans le triclinium, autour d'une table près d'être servie, se préparaient à tirer aux dés la royauté du festin. Le vieillard et la jeune fille avaient voulu la décerner à l'étranger ; mais leur hôte, soit superstition, soit respect, avait refusé la couronne : on apporta en conséquence les tali, et l'on remit le cornet au vieillard, qui fit le coup d'Hercule. Acté jeta les dés à son tour, et leur combinaison produisit le coup du char ; enfin elle passa le cornet au jeune Romain, qui le prit avec une inquiétude visible, le secoua longtemps, le renversa en tremblant sur la table, et poussa un cri de joie en regardant le résultat produit : il avait amené le coup de Vénus, qui l'emporte sur tous les autres.

— Vois, Sporus, s'écria-t-il en idiome latin, vois, décidément les dieux sont pour nous, et Jupiter n'oublie pas qu'il est le chef de ma race ; le coup d'Hercule, le coup du char et le coup de Vénus, y a-t-il plus heureuse combinaison pour un homme qui vient disputer les prix de la lutte, de la course et du chant, et n'est-ce à la rigueur le dernier ne me promet-il pas un double triomphe ?

— Tu es né dans un jour heureux, répondit l'enfant, et le soleil t'a touché avant que tu touchasses la terre : cette fois comme toujours tu triompheras de tous tes concurrens.

— Hélas ! il y eut une époque, répondit en soupirant le vieillard, adoptant la langue que parlait l'étranger, où la Grèce t'aurait offert des adversaires dignes de te disputer la victoire : mais nous ne sommes plus au temps où Milon le Crotoniate fut couronné six fois aux jeux pythiens, et où l'Athénien Alcibiade envoyait sept chars aux jeux olympiques, et remportait quatre prix. La Grèce avec sa liberté a perdu ses arts et sa force, et Rome, à compter de Cicéron, nous a envoyé tous ses enfans pour nous enlever toutes nos palmes. Que Jupiter, dont tu te vantes de descendre, te protége donc, jeune homme ! car après l'honneur de voir remporter la victoire par un de mes concitoyens, le plus grand plaisir que je puisse éprouver est de la voir favoriser mon hôte : apporte donc les couronnes de fleurs, ma fille, en attendant les couronnes de laurier.

Acté sortit et rentra presque aussitôt avec une couronne de myrte et de safran pour Lucius, une couronne d'ache et de lierre pour son père, et une couronne de lis et de roses pour elle : outre celles-là, un jeune esclave en apporta d'autres plus grandes, que les convives se passèrent autour du cou. Alors Acté s'assit sur le lit de droite, Lucius se coucha à la place consulaire, et le vieillard, debout au milieu de sa fille et de son hôte, fit une libation de vin et une prière aux dieux, puis il se cacha à son tour, en disant au jeune Romain : — Tu le vois, mon fils, nous sommes dans les conditions prescrites, puisque le nombre des convives, si l'on en croit un de nos poëtes, ne doit pas être au-dessous de celui des Grâces, et ne doit pas dépasser celui des Muses. Esclaves, servez la première table.

On apporta un plateau tout garni ; les serviteurs se tinrent prêts à obéir au premier geste, Sporus se coucha aux pieds de son maître, lui offrant ses longs cheveux pour essuyer ses mains, et le *scissor* (1) commença ses fonctions.

Au commencement du second service, et lorsque l'appétit des convives commença de s'apaiser, le vieillard fixa les yeux sur son hôte, et, après avoir regardé quelque temps, avec l'expression bienveillante de la vieillesse, la belle figure de Lucius, à qui ses cheveux blonds et sa barbe dorée donnaient une expression étrange :

— Tu viens de Rome? lui dit-il.
— Oui, mon père, répondit le jeune homme.
— Directement?
— Je me suis embarqué au port d'Ostie.
— Les dieux veillaient toujours sur le divin empereur et sur sa mère ?
— Toujours.
— Et César préparait-il quelque expédition guerrière ?
— Aucun peuple n'est révolté dans ce moment. César, maître du monde, lui a donné la paix pendant laquelle fleurissent les arts : il a fermé le temple de Janus, puis il a pris sa lyre pour rendre grâce aux dieux.
— Et ne craint-il pas que pendant qu'il chante d'autres ne règnent ?
— Ah ! fit Lucius en fronçant le sourcil, en Grèce aussi l'on dit donc que César est un enfant?
— Non ; mais on craint qu'il ne tarde encore longtemps à devenir un homme.
— Je croyais qu'il avait pris la robe virile aux funérailles de Britannicus ?
— Britannicus était depuis longtemps condamné par Agrippine.
— Oui, mais c'est César qui l'a tué, je vous en réponds, moi ; n'est-ce pas, Sporus?
L'enfant leva la tête et sourit.
— Il a assassiné son frère ! s'écria Acté.
— Il a rendu au fils la mort que la mère avait voulu lui donner. Ne sais-tu donc pas, jeune fille, alors demande-le à ton père qui paraît savant en ces sortes de choses, que Messaline envoya un soldat pour tuer Néron dans son berceau, et que le soldat allait frapper, lorsque deux serpens sont sortis du lit de l'enfant et ont mis en fuite le centurion?... non, non, rassure-toi, mon père, Néron n'est point un imbécile comme Claudius, un fou comme Caligula, un lâche comme Tibère, ni un histrion comme Auguste.
— Mon fils, dit le vieillard effrayé, fais-tu attention que tu insultes des dieux?
— Plaisans dieux, par Hercule ! s'écria Lucius ; plaisant dieu qu'Octave qui avait peur du chaud, peur du froid, peur du tonnerre; qui vint d'Apollonie et se présenta aux vieilles légions de César en boîtant comme Vulcain; plaisant dieu dont la main était si faible qu'elle ne pouvait parfois supporter le poids de sa plume; qui a vécu sans oser être une fois empereur, et qui est mort en demandant s'il avait bien joué son rôle ! Plaisant dieu que Tibère, avec son olympe de Caprée, dont il n'osait pas sortir, et où il se tenait comme un pirate sur un vaisseau à l'ancre, ayant à sa droite Trasylle qui dirigeait son âme, et à sa gauche Chariclès qui gouvernait son corps; qui, possédant le monde, sur lequel il pouvait étendre ses ailes comme un aigle, se retira dans le creux d'un rocher comme un hibou! Plaisant dieu que Caligula, à qui un breuvage avait tourné la tête, et qui se crut aussi grand que Xercès parce qu'il avait jeté un pont de Pouzzoles à Baïa, et aussi puissant que Jupiter parce qu'il imitait le bruit de la foudre en faisant rouler un char de bronze sur un pont d'airain ; qui se disait le fiancé de la lune, et que Chéréa et Sabinus ont envoyé de vingt coups d'épée consommer son mariage au ciel ! Plaisant dieu que Claude qu'on a trouvé derrière une tapisserie quand on le cherchait sur un trône; esclave et jouet de ses quatre épouses, qui signait le contrat de mariage de Messaline, sa femme, avec Silius son affranchi ! Plaisant dieu dont les genoux ployaient à chaque pas, dont la bouche écumait à chaque parole, qui bégayait de la langue et qui tremblait de la tête ! Plaisant dieu qui vécut méprisé sans savoir se faire craindre, et qui mourut pour avoir mangé des champignons cueillis par Halotus, épluchés par Agrippine, et assaisonnés par Locuste ! Ah ! les plaisans dieux encore une fois, et quelle noble figure ils doivent faire dans l'Olympe, près d'Hercule, le porte-massue, près de Castor, le conducteur de chars, et près d'Apollon, le maître de la lyre !

Quelques instans de silence succédèrent à cette brusque et sacrilège sortie. Amyclès et Acté regardaient leur hôte avec étonnement, et la conversation interrompue n'avait point encore repris son cours, lorsqu'un esclave entra, annonçant un messager de la part de Cneus Lentulus, le proconsul : le vieillard demanda si le messager s'adressait à lui ou à son hôte. L'esclave répondit qu'il l'ignorait; le licteur fut introduit.

Il venait pour l'étranger : le proconsul avait appris l'arrivée d'un navire dans le port, il savait que le maître de ce navire avait intention de disputer les prix, et il lui faisait donner l'ordre de venir inscrire son nom au palais préfectorial, et déclarer à laquelle des trois couronnes il aspirait. Le vieillard et Acté se levèrent pour recevoir les ordres du proconsul; Lucius les écouta couché.

Lorsque le licteur eut fini, Lucius tira de sa poitrine des tablettes d'ivoire enduites de cire, écrivit sur une des feuilles quelques lignes avec un stylet, appuya le chaton de sa bague au-dessous, et remit la réponse au licteur, en lui donnant l'ordre de la porter à Lentulus. Le licteur étonné hésita; Lucius fit un geste impératif; le soldat s'inclina et sortit. Alors Lucius fit claquer ses doigts pour appeler son esclave, tendit sa coupe que l'échanson remplit de vin, en but une partie à la prospérité de son hôte et de sa fille, et donna le reste à Sporus.

— Jeune homme, dit le vieillard, en interrompant le silence, tu te dis Romain, et cependant j'ai peine à le croire : si tu avais vécu dans la ville impériale, tu aurais appris à mieux obéir aux ordres des représentants de César : le proconsul est ici maître aussi absolu et aussi respecté que Claudius Néron l'est à Rome.

— As-tu oublié que les dieux au commencement du repas m'ont fait momentanément l'égal de l'empereur, en m'élisant roi du festin? Et quand as-tu vu un roi descendre de son trône pour se rendre aux ordres d'un proconsul?

— Tu as donc refusé? dit Acté avec effroi.
— Non, mais j'ai écrit à Lentulus que, s'il était curieux de savoir mon nom, et dans quel but j'étais venu à Corinthe, il n'avait qu'à venir le demander lui-même.
— Et tu crois qu'il viendra? s'écria le vieillard.
— Sans doute, répondit Lucius.
— Ici, dans ma maison?
— Ecoute, dit Lucius.
— Qu'y a-t-il ?
— Le voilà qui frappe à la porte : je reconnais le bruit des faisceaux. Fais ouvrir, mon père, et laisse-nous seuls.

Le vieillard et sa fille se levèrent étonnés et allèrent eux-mêmes à la porte; Lucius resta couché.

Il ne s'était point trompé : c'était Lentulus lui-même; son front humide de sueur indiquait quelle promptitude il avait mise à se rendre à l'invitation de l'étranger; il demanda d'une voix rapide et altérée où était le noble Lucius, et, dès qu'on lui eut indiqué la chambre, il mit bas sa toge et entra dans le triclinium, qui se referma sur lui, et dont les licteurs gardèrent aussitôt la porte.

(1) Le découpeur.

Nul ne sut ce qui se passa dans cette entrevue. Au bout d'un quart-d'heure seulement le consul sortit, et Lucius vint rejoindre Amyclès et Acté sous le péristyle où ils se promenaient; sa figure était calme et souriante.

— Mon père, lui dit-il, la soirée est belle, ne voudrais-tu pas accompagner ton hôte jusqu'à la citadelle, d'où l'on dit qu'on embrasse une vue magnifique? puis je suis curieux de savoir si l'on a exécuté les ordres de César, qui, lorsqu'il a su que des jeux devaient être célébrés à Corinthe, a renvoyé l'ancienne statue de Vénus, afin qu'elle fût propice aux Romains qui viendraient vous disputer les couronnes.

— Hélas! mon fils, répondit Amyclès, je suis maintenant trop vieux pour servir de guide dans la montagne; mais voici Acté, qui est légère comme une nymphe, et qui t'accompagnera.

— Merci, mon père, je n'avais point demandé cette faveur de peur que Vénus ne fût jalouse, et ne se vengeât sur moi de la beauté de ta fille : mais tu me l'offres, j'aurai le courage de l'accepter.

Acté sourit en rougissant, et, sur un signe de son père, elle courut chercher un voile et revint aussi chastement drapée qu'une matrone romaine.

— Ma sœur a-t-elle fait quelque vœu, dit Lucius, ou bien, sans que je le sache, serait-elle prêtresse de Minerve, de Diane ou de Vesta?

— Non, mon fils, dit le vieillard en prenant le Romain par le bras et en le tirant à l'écart; mais Corinthe est la ville des courtisanes, tu le sais : en mémoire de ce que leur intercession a sauvé la ville de l'invasion de Xercès, nous les avons fait peindre dans un tableau, comme les Athéniens les portraits de leurs capitaines après la bataille de Marathon; depuis lors, nous craignons tellement d'en manquer, que nous en faisons acheter à Byzance, dans les îles de l'Archipel et jusqu'en Sicile. On les reconnaît à leur visage et à leur sein découvert. Rassure-toi, Acté n'est point une prêtresse de Minerve, de Diane ni de Vesta; mais elle craint d'être prise pour une adoratrice de Vénus. Puis, haussant la voix : Allez, mes enfans, va ma fille, continua le vieillard, et, du haut de la colline, rappelle à notre hôte, en lui montrant les lieux qui les gardent, tous les vieux souvenirs de la Grèce : le seul bien qui reste à l'esclave et que ne peuvent lui arracher ses maîtres, c'est la mémoire du temps où il était libre.

Lucius et Acté se mirent en route, et en peu d'instans le Romain et la jeune fille eurent atteint la porte du nord, et s'engagèrent dans le chemin qui conduit à la citadelle. Quoiqu'à vol d'oiseau elle parut à cinq cents pas à peine de la ville, il se repliait en tant de manières, qu'ils furent près d'une heure à la parcourir. Deux fois sur la route Acté s'arrêta : la première, pour montrer à Lucius le tombeau des enfans de Médée; la seconde, pour lui faire remarquer la place où Bellérophon reçut des mains de Minerve le cheval Pégase; enfin lorsqu'ils arrivèrent à la citadelle, et, à l'entrée d'un temple qui y attenait, Lucius reconnut la statue de Vénus couverte d'armes brillantes, ayant à sa droite celle de l'Amour, et à sa gauche celle du Soleil, le premier dieu qu'on ait adoré à Corinthe : Lucius se prosterna et fit sa prière.

Cet acte de religion accompli, les deux jeunes gens prirent un sentier qui traversait le bois sacré et conduisait au sommet de la colline. La soirée était superbe, le ciel pur et la mer tranquille. La Corinthienne marchait devant, pareille à Vénus conduisant Énée sur la route de Carthage; et Lucius, qui venait derrière elle, s'avançait au travers d'un air embaumé des parfums de sa chevelure; de temps en temps elle se retournait, et, comme, en sortant de la ville, elle avait rabattu son voile sur ses épaules, le Romain dévorait de ses yeux ardens cette tête charmante à laquelle la marche donnait une animation nouvelle, et ce sein qu'il voyait haleter à travers la légère tunique qui le recouvrait. A mesure qu'ils montaient, le panorama prenait de l'étendue. Enfin à l'endroit le plus élevé de la colline, Acté s'arrêta sous un mûrier, et, s'appuyant contre lui pour reprendre haleine : — Nous sommes arrivés, dit-elle à Lucius; que dites-vous de cette vue? ne vaut-elle pas celle de Naples?

Le Romain s'approcha d'elle sans lui répondre, passa, pour s'appuyer, son bras dans une des branches de l'arbre, et, au lieu de regarder le paysage, fixa sur Acté des yeux si brillans d'amour, que la jeune fille, se sentant rougir, se hâta de parler pour cacher son trouble.

— Voyez du côté de l'orient, dit-elle; malgré le crépuscule qui commence à s'étendre, voici la citadelle d'Athènes, pareille à un point blanc, et le promontoire de Sunium, qui se découpe sur l'azur des flots comme le fer d'une lance; plus près de nous, au milieu de la mer Saronique, cette île que vous voyez, et qui a la forme d'un fer de cheval, c'est Salamine, où combattit Eschyle et où fut battu Xercès; au-dessous, vers le midi, dans la direction de Corinthe, et à deux cents stades d'ici à peu près, vous pouvez apercevoir Némée et la forêt dans laquelle Hercule tua le lion dont il porta toujours la dépouille comme un trophée de sa victoire; plus loin, au pied de cette chaîne de montagnes qui borne l'horizon, est Épidaure, chère à Esculape; et, derrière elle, Argos, la patrie du roi des rois; à l'occident, noyées dans les flots d'or du soleil couchant, au bout des riches plaines de Sycione, au-delà de cette ligne bleue que forme la mer, comme des vapeurs flottantes sur le ciel, apercevez-vous Samos et Ithaque? Et maintenant tournez le dos à Corinthe et regardez vers le nord : voici, à votre droite, le Cythéron où fut exposé Œdipe; à notre gauche Leuctres où Épaminondas battit les Lacédémoniens; et, en face de nous, Platée où Aristide et Pausanias vainquirent les Perses; puis, au milieu et à l'extrémité de cette chaîne de montagnes qui court d l'Attique en Étolie, l'Hélicon, couvert de pins, de myrtes et de lauriers, et le Parnasse avec ses deux sommets tout blancs de neige, entre lesquels coule la fontaine Castalie, qui a reçu des Muses le don de donner l'esprit poétique à ceux qui boivent de ses eaux.

— Oui, dit Lucius, ton pays est la terre des grands souvenirs : il est malheureux que tous ses enfans ne les conservent pas avec une religion pareille à la tienne, jeune fille; mais console-toi, si la Grèce n'est plus reine par la force, elle l'est toujours par la beauté, et cette royauté-là est la plus douce et la plus puissante.

Acté porta la main à son voile; mais Lucius arrêta sa main. La Corinthienne tressaillit, et cependant n'eut point le courage de la retirer : quelque chose comme un nuage passa devant ses yeux, et, sentant ses genoux faiblir, elle s'appuya contre le tronc du mûrier.

On en était à cette heure charmante qui n'est déjà plus le jour et point encore la nuit : le crépuscule, étendu sur toute la partie orientale de l'horizon, couvrait l'Archipel et l'Attique; tandis que du côté opposé, la mer Ionienne, roulant des vagues de feu, et le ciel des nuages d'or, semblaient être séparés l'un de l'autre que par le soleil qui, semblable à un grand bouclier rougi à la forge, commençait d'éteindre dans l'eau son extrémité inférieure. On entendait encore bourdonner la ville comme une ruche; mais tous les bruits de la plaine et de la montagne mouraient les uns après les autres; de temps en temps seulement le chant aigu d'un pâtre retentissait du côté de Cythéron, ou le cri d'un matelot tirant sa barque sur la plage montait de la mer Saronique ou du golfe de Crissa. Les insectes de la nuit commençaient à chanter sous l'herbe, et les lucioles, répandues par milliers dans l'air tiède du soir, brillaient comme les étincelles d'un foyer invisible. On sentait que la nature, fatiguée de ses travaux du jour, se laissait aller peu à peu au sommeil, et que dans quelques instans tout se tairait pour ne pas troubler son voluptueux repos.

Les jeunes gens eux-mêmes, cédant à cette impression religieuse, gardaient le silence, lorsqu'on entendit du côté du port de Léchée un cri si étrange, qu'Acté frissonna. Le Romain, de son côté, tourna vivement la tête, et ses yeux se portèrent directement sur sa birème qu'on apercevait sur la plage, pareille à un coquillage d'or. Par un sentiment de crainte instinctif, la jeune fille se releva et fit un mouvement pour reprendre le chemin de la ville; mais Lucius l'arrêta : elle céda sans rien dire, et, comme vaincue par une puissance supérieure, s'appuya de nouveau contre l'arbre ou plutôt contre le bras que Lucius avait passé, sans qu'elle s'en aperçût, autour de sa taille, et, laissant tomber sa tête en arrière, elle regarda le ciel les yeux à demi fermés et la bouche à demi close. Lucius la contemplait amoureusement dans cette pose charmante, et, quoiqu'elle sentît les yeux du Romain l'envelopper de leurs rayons ardens, elle n'avait pas la force de s'y soustraire, lorsqu'un second cri, plus rapproché et plus terrible, traversa cet air doux et calme, et vint réveiller Acté de son extase.

— Fuyons, Lucius, s'écria-t-elle avec effroi, fuyons! il y a quelque bête féroce qui erre dans la montagne; fuyons. Nous n'avons que le bois sacré à traverser, et nous sommes au temple de Vénus ou à la citadelle. Viens, Lucius, viens.

Lucius sourit.

— Acté craint-elle quelque chose, dit-il, lorsqu'elle est près de moi? Quant à moi, je sens que pour Acté je braverais tous les monstres qu'ont vaincus Thésée, Hercule et Cadmus.

— Mais sais-tu quel est ce bruit? dit la jeune fille tremblante.

— Oui, répondit en souriant Lucius, oui, c'est le rauquement du tigre.

— Jupiter! s'écria Acté en se jetant dans les bras du Romain; Jupiter, protége-nous!

En effet, un troisième cri, plus rapproché et plus menaçant que les deux premiers, venait de traverser l'espace ; Lucius y répondit par un cri à peu près pareil. Presqu'au même moment une tigresse bondissante sortit du bois sacré, s'arrêta, se dressant sur ses pattes de derrière comme indécise du chemin; Lucius fit entendre un sifflement particulier; la tigresse s'élança, franchissant myrtes, chênes-verts et lauriers-roses, comme un chien fait de la bruyère, et se dirigea vers lui, rugissante de joie. Tout à coup le Romain sentit peser à son bras la jeune Corinthienne : elle était renversée, évanouie et mourante de terreur.

Lorsqu'Acté revint à elle, elle était dans les bras de Lucius, et la tigresse, couchée à leurs pieds, étendait câlinement sur ses genoux de son maître sa tête terrible dont les yeux brillaient comme des escarboucles. A cette vue, la jeune fille se rejeta dans les bras de son amant, moitié par terreur, moitié par honte, tout en étendant la main vers sa ceinture dénouée, jetée à quelques pieds d'elle. Lucius vit cette dernière tentative de la pudeur, et, détachant le collier d'or massif qui entourait le cou de la tigresse, et auquel pendait encore un anneau de la chaîne qu'elle avait brisée, il l'agrafa autour de la taille mince et flexible de sa jeune amie ; puis, ramassant la ceinture qu'il avait furtivement dénouée, il attacha un bout du ruban au cou de la tigresse, et remit l'autre entre les doigts tremblans d'Acté; alors, se levant tous deux, ils redescendirent silencieusement vers la ville, Acté s'appuyant d'une main sur l'épaule de Lucius, et de l'autre conduisant, enchaînée et docile, la tigresse qui lui avait fait si grande peur.

A l'entrée de la ville, ils rencontrèrent l'esclave nubien chargé de veiller sur Phœbé; il l'avait suivie dans la campagne, et l'avait perdue de vue au moment où l'animal, ayant retrouvé la trace de son maître, s'était élancé du côté de la citadelle. En apercevant Lucius, il se mit à genoux, baissant la tête et attendant le châtiment qu'il croyait avoir mérité ; mais Lucius était trop heureux en ce moment pour être cruel: d'ailleurs Acté le regardait en joignant les mains.

— Relève-toi, Lybicus, dit le Romain : pour cette fois je te pardonne; mais désormais veille mieux sur Phœbé : tu es cause que cette belle nymphe a eu si grande peur qu'elle a pensé en mourir. Allons, mon Ariane, remettez votre tigresse à son gardien; je vous en attellerai une couple à un char d'or et d'ivoire, et je vous ferai passer au milieu d'un peuple qui vous adorera comme une déesse... C'est bien, Phœbé, c'est bien. Adieu...

Mais la tigresse ne voulut point s'en aller ainsi : elle s'arrêta devant Lucius, se dressa contre lui, et, posant ses deux pattes de devant sur ses épaules, elle le caressa de sa langue en poussant de petits rugissemens d'amour.

— Oui, oui, dit Lucius à demi-voix ; oui, vous êtes une noble bête; et quand nous serons de retour à Rome, je vous donnerai à dévorer une belle esclave chrétienne avec ses deux enfans. Allez, Phœbé, allez.

La tigresse obéit comme si elle comprenait cette sanglante promesse, et elle suivit Lybicus, mais non sans se retourner vingt fois encore du côté de son maître; et ce ne fut que lorsqu'il eut disparu avec Acté, pâle et tremblante, derrière la porte de la ville, qu'elle se décida à regagner sans opposition la cage dorée qu'elle habitait à bord du navire.

Sous le vestibule de son hôte, Lucius trouva l'esclave cubiculaire : il l'attendait pour le conduire à sa chambre. Le jeune Romain serra la main d'Acté, et suivit l'esclave qui le précédait avec une lampe. Quant à la belle Corinthienne, elle alla, selon son habitude, baiser le front du vieillard qui, la voyant si pâle et si agitée, lui demanda quelle crainte la tourmentait.

Alors elle lui raconta la terreur que lui avait faite Phœbé, et comment ce terrible animal obéissait au moindre signe de Lucius.

Le vieillard resta un instant pensif ; puis avec inquiétude :

— Quel est donc cet homme, dit-il, qui joue avec les tigres, qui commande aux proconsuls, et qui blasphème les dieux !

Acté approcha ses lèvres froides et pâles du front de son père ; mais à peine osa-t-elle les poser sur les cheveux blancs du vieillard : elle se retira dans sa chambre, et, tout éperdue, ne sachant si ce qui s'était passé était un songe ou une réalité, elle porta les mains sur elle-même pour s'assurer qu'elle était bien éveillée. Alors elle sentit sous ses doigts le cercle d'or qui avait remplacé sa ceinture virginale, et, s'approchant de la lampe, elle lut sur le collier ces mots qui répondaient si directement à sa pensée :

« *J'appartiens à Lucius.* »

III.

La nuit se passa en sacrifices : les temples furent ornés de festons comme pour les grandes fêtes de la patrie; et, aussitôt les cérémonies sacrées achevées, quoiqu'il fût à peine une heure du matin, la foule se précipita vers le gymnase, tant était grand l'empressement de revoir les jeux qui rappelaient les vieux et beaux jours de la Grèce.

Amyclès était l'un des huit juges élus : en cette qualité, il avait sa place réservée en face de celle du proconsul romain : il n'arriva donc qu'au moment où les jeux allaient commencer. Il trouva à la porte Sporus qui venait y rejoindre son maître, et à qui les gardes refusaient l'entrée, parce qu'à son teint blanc, à ses mains délicates, à sa démarche indolente, ils le prenaient pour une femme. Or, une ancienne loi remise en vigueur condamnait à être précipitée d'un rocher toute femme qui assisterait aux exercices de la course et de la lutte, où les athlètes combattaient nus. Le vieillard répondit de Sporus, et l'enfant, arrêté un instant, put rejoindre son maître.

Le gymnase était pareil à une ruche : outre les premiers arrivés, assis sur les gradins et pressés les uns contre les autres, tout espace était rempli. Les vomitoires semblaient fermés d'une muraille de têtes ; le couronnement de l'édifice était surmonté de tout un rang de spectateurs debout, se soutenant les uns aux autres, et dont le seul point d'appui était, de dix pieds en dix pieds, les poutres dorées auxquelles se tendait le velarium : et cependant beaucoup bourdonnaient encore comme des abeilles aux portes de cet immense vaisseau, dans lequel venait non-seulement de disparaître la population de Corinthe, mais encore les députés du monde entier qui accouraient à ces fêtes. Quant aux femmes, on les voyait de loin aux portes et sur les murailles de la ville, où elles attendaient que fût proclamé le nom du vainqueur.

A peine Amyclès fut-il assis, que, le nombre des juges se trouvant complet, le proconsul se leva et annonça, au nom de César Néron, empereur de Rome et maître du monde, que les jeux étaient ouverts. De grands cris et de grands applaudissemens accueillirent ses paroles, et tous les yeux se tournèrent vers le portique où attendaient les lutteurs. Sept jeunes gens en sortirent et s'avancèrent vers la tribune du proconsul. Deux des lutteurs seulement étaient de Corinthe; et parmi les cinq autres il y avait un Thébain, un Syracusain, un Sybarite et deux Romains.

Les deux Corinthiens étaient deux frères jumeaux; ils s'avancèrent les bras entrelacés, vêtus d'une tunique pareille, et si semblables l'un à l'autre de taille, de tournure et de visage, que tout le cirque battit des mains à l'aspect de ces deux Ménechmes. Le Thébain était un jeune berger qui, gardant ses troupeaux près du mont Cythéron, en avait vu descendre un ours, s'était jeté au-devant de lui, et, sans armes contre ce terrible antagoniste, s'était pris corps à corps avec lui et l'avait étouffé dans la lutte. En souvenir de cette victoire, il s'était couvert les épaules de la peau de l'animal vaincu, dont la tête, lui servant de casque, encadrait de ses dents blanches son visage bruni par le soleil. Le Syracusain avait donné de sa force une preuve non moins extraordinaire. Un jour que ses compatriotes faisaient un sacrifice à Jupiter, le taureau, mal frappé par le sacrificateur, s'élança au milieu de la foule, tout couronné de fleurs, tout paré de ses bandelettes, et il avait déjà écrasé sous ses pieds plusieurs personnes, lorsque le Syracusain le saisit par les cornes, et, levant l'une et baissant l'autre, le fit tomber sur le flanc et le maintint sous lui, comme un athlète vaincu, jusqu'au moment où un soldat lui enfonça son épée dans la gorge. Enfin, le jeune Sybarite, qui avait lui-même ignoré longtemps sa force, en avait reçu la révélation d'une manière non moins fortuite. Couché avec ses amis sur des lits de pourpre, autour d'une table somptueuse, il avait tout à coup entendu des cris : un char, emporté par deux chevaux fougueux, allait se briser au premier angle de la rue; dans ce char était sa maîtresse : il s'élança à la fenêtre, saisit le char par derrière; les chevaux arrêtés tout à coup se cabrèrent, l'un des deux tomba renversé, et le jeune homme reçut dans ses bras sa maîtresse évanouie, mais sans blessure. Quant aux deux Romains, l'un était un athlète de profession, connu par de grands triomphes; l'autre était Lucius.

Les juges mirent sept bulletins dans une urne. Deux de ces bulletins étaient marqués d'un A, deux d'un B, deux d'un C, enfin le dernier d'un D. Le sort devait donc former trois couples, et laisser un septième athlète pour combattre avec les vainqueurs. Le proconsul mêla lui-même les bulletins, puis les sept combattans s'avancèrent, en prirent chacun un, le déposèrent entre les mains du président des jeux; celui-ci les ouvrit les uns après les autres et les appareilla. Le hasard voulut que les deux Corinthiens eussent chacun un A, le Thébain et le Syracusain chacun un B, le Sybarite et l'athlète les deux C, et Lucius le D.

Les athlètes, ignorant encore dans quel ordre le sort les avait désignés pour combattre, se déshabillèrent, à l'exception de Lucius qui, devant entrer en lice le dernier, resta enveloppé de son manteau. Le proconsul appela les deux A; aussitôt les deux frères s'élancèrent du portique et se trouvèrent en face l'un de l'autre, la surprise leur arracha un cri auquel l'assemblée répondit par un murmure d'étonnement; puis ils restèrent un instant immobiles et hésitans. Mais ce moment n'eut que la durée d'un éclair, car ils se jetèrent aussitôt dans les bras l'un de l'autre; l'amphithéâtre éclata tout entier dans un unanime applaudissement, et, au bruit de cet hommage rendu à l'amour fraternel, les deux beaux jeunes gens se reculèrent en souriant pour laisser le champ libre à leurs rivaux, et, pareils à Castor et Pollux, appuyés au bras l'un de l'autre, d'acteurs qu'ils croyaient être, ils devinrent spectateurs.

Ceux qui devaient figurer les seconds se trouvèrent alors être les premiers; le Thébain et le Syracusain s'avancèrent donc à leur tour; le vainqueur d'ours et le dompteur de taureaux se mesurèrent des yeux, puis s'élancèrent l'un sur l'autre. Un instant, leurs corps réunis et emboîtés eurent l'aspect d'un tronc noueux et informe, capricieusement modelé par la nature, qui tout à coup roula déraciné comme par un coup de foudre. Pendant quelques secondes on ne put, au milieu de la poussière, rien distinguer, tant les chances paraissaient égales pour tous deux, et si rapidement chacun des athlètes se retrouvait tantôt dessus, tantôt dessous; enfin le Thébain finit par maintenir son genou sur la poitrine du Syracusain, et lui entourant la gorge de ses deux mains comme d'un anneau de fer, il le serra avec une telle violence que celui-ci fut obligé de lever la main, en signe qu'il s'avouait vaincu. Des applaudissemens unanimes, qui prouvaient avec quel enthousiasme les Grecs assistaient à ce spectacle, saluèrent le dénouement de ce premier combat : et ce fut à leur bruit trois fois renaissant que le vainqueur vint se placer sous la loge du proconsul, et que son antagoniste, humilié, rentra sous le portique, d'où sortit aussitôt la dernière couple de combattans, qui se composait du Sybarite et de l'athlète.

Ce fut une chose curieuse à voir, lorsqu'ils eurent dépouillé leurs vêtemens, et tandis que les esclaves les frottaient d'huile, que ces deux hommes d'une nature si opposée et offrant les deux plus beaux types de l'antiquité, celui de l'Hercule et celui de l'Antinoüs : l'athlète avec ses cheveux courts et ses membres bruns et musculeux, le Sybarite avec ses longs anneaux ondoyans et son corps blanc et arrondi. Puis, ces grands adorateurs de la beauté physique, ces religieux sectateurs de la forme, ces maîtres en toute perfection, laissèrent échapper un murmure d'admiration qui fit en même temps relever la tête aux deux adversaires. Leurs regards pleins d'orgueil se croisèrent comme deux éclairs, et, sans attendre ni l'un ni l'autre que cette opération préparatoire fût complètement achevée, ils s'arrachèrent aux mains de leurs esclaves et s'avancèrent au devant l'un de l'autre.

Arrivés à la distance de trois ou quatre pas, ils se regardèrent avec une nouvelle attention, et chacun sans doute reconnut dans son adversaire un rival digne de lui, car les yeux de l'un prirent l'expression de la défiance, et les yeux de l'autre celle de la ruse. Enfin, d'un mouvement spontané et pareil, ils se saisirent chacun les bras, appuyèrent leurs fronts l'un contre l'autre, et, pareils à deux taureaux qui luttent, tentèrent le premier essai de leur force en essayant de se faire reculer. Mais tous deux restèrent debout et immobiles à leur place, pareils à des statues dont la vie ne serait indiquée que par le gonflement progressif des muscles qui semblaient prêts de se briser. Après une minute d'immobilité, tous deux se rejetèrent en arrière, secouant leurs têtes inondées de sueur, et respirant avec force, comme des plongeurs qui reviennent à la surface de l'eau.

Ce moment d'intervalle fut court; les deux ennemis en vinrent de nouveau aux mains, et cette fois ils se saisirent à bras le corps; mais, soit ignorance de ce genre de combat, soit conviction de sa force, le Sybarite donna l'avantage à son adversaire en se laissant saisir sous les bras; l'athlète l'enleva aussitôt, et lui fit perdre terre. Cependant, ployant sous le poids, il fit en chancelant trois pas en arrière, et, dans ce mouvement, le Sybarite étant parvenu à toucher le sol du pied, il reprit toutes ses forces, et l'athlète, déjà ébranlé, tomba dessous; mais à peine eut-on le temps de lui voir toucher le sol, qu'avec une force et une agilité surnaturelles il se retrouva debout, de sorte que le Sybarite ne se releva que le second.

Il n'y avait ni vainqueur ni vaincu; aussi les deux adversaires recommencèrent-ils la lutte avec un nouvel acharnement et au milieu d'un silence profond. On eût dit que les trente mille spectateurs étaient de pierre comme les degrés sur lesquels ils étaient assis. De temps en temps seulement, lorsque la fortune favorisait l'un des lutteurs, on entendait un murmure sourd et rapide s'échapper des poitrines, et un léger mouvement faisait onduler toute cette foule, comme des épis sur lesquels glissé un souffle d'air. Enfin, une seconde fois les lutteurs perdirent pied et roulèrent dans l'arène ; mais cette fois ce fut l'athlète qui se trouva dessus : et cependant ce n'eût été qu'un faible avantage, s'il n'eût joint à sa force tous les principes d'adresse de son art. Grâce à eux, il maintint le Sybarite dans la position dont lui-même s'était si promptement tiré. Comme un serpent qui étouffe et broie sa proie avant de la dévorer, il entrelaça ses jambes et ses bras aux jambes et aux bras de son adversaire avec une telle habileté, qu'il parvint à suspendre tous ses mouvemens ; et alors, lui appuyant le front contre le front, il le contraignit de toucher la terre du derrière de la tête : ce qui équivalait pour les juges à l'aveu de la défaite. De grands cris retentirent, de grands applaudissemens se firent entendre ; mais, quoique vaincu, certes, le Sybarite put en prendre sa part. Sa défaite avait touché de si près à la victoire, que nul n'eut l'idée de lui en faire une honte ; aussi se retira-t-il lentement sous le portique, sans rougeur et sans embarras, ayant perdu la couronne, et voilà tout.

Restaient donc deux vainqueurs, et Lucius qui n'avait pas lutté et devait lutter contre tous deux. Les yeux se tournèrent vers le Romain qui, calme et impassible pendant les combats précédens, les avait suivis du regard, appuyé contre une colonne et enveloppé de son manteau. C'est alors seulement qu'on remarqua sa figure douce et efféminée, ses longs cheveux blonds, et la légère barbe dorée qui lui couvrait à peine le bas du visage. Chacun sourit en voyant ce faible adversaire qui venait avec tant d'imprudence disputer la palme au vigoureux Thébain et à l'habile athlète. Lucius s'aperçut de ce sentiment général au murmure qui courait par toute l'assemblée ; et, sans s'en inquiéter ni daigner y répondre, il fit quelques pas en avant et laissa tomber son manteau. Alors on vit, supportant cette tête apollonienne, un cou vigoureux et des épaules puissantes ; et, chose plus bizarre encore, tout ce corps blanc, dont la peau eût fait honte à une jeune fille de Circassie, moucheté de taches brunes pareilles à celles qui couvrent la fourrure fauve de la panthère. Le Thébain regarda insoucieusement ce nouvel ennemi ; mais l'athlète, visiblement étonné, recula de quelques pas. En ce moment Sporus parut et versa sur les épaules de son maître un flacon d'huile parfumée qu'il lui étendit par tout le corps à l'aide d'un morceau de pourpre.

C'était au Thébain à lutter le premier ; il fit donc un pas vers Lucius, exprimant son impatience de ce que ces préparatifs duraient si longtemps ; mais Lucius étendit la main, de l'air du commandement pour indiquer qu'il n'était pas prêt, et la voix du proconsul fit entendre aussitôt ce mot : *Attends*. Cependant le jeune Romain était couvert d'huile, et il ne lui restait plus qu'à se rouler dans la poussière du cirque, ainsi que c'était l'habitude de le faire ; mais, au lieu de cela, il mit un genou en terre, et Sporus lui vida sur les épaules un sac rempli de sable recueilli sur les rives du Chrysorrhoas et qui était mêlé de paillettes d'or. Cette dernière préparation achevée, Lucius se releva et ouvrit les deux bras, en signe qu'il était prêt à lutter.

Le Thébain s'avança plein de confiance, et Lucius l'attendit avec tranquillité ; mais à peine les mains rudes de son adversaire eurent-elles effleuré son épaule, qu'un éclair terrible passa dans ses yeux, et qu'il jeta un cri pareil à un rugissement. En même temps, il se laissa tomber sur un genou, et enveloppa de ses bras robustes les flancs du berger, au-dessous des côtes et au-dessus des hanches ; puis, nouant en quelque sorte ses mains derrière le dos de son adversaire, il lui pressa le ventre contre sa poitrine, et tout à coup il se releva tenant le colosse entre ses bras. Cette action fut si rapide et si adroitement exécutée, que le Thébain n'eut ni le temps ni la force de s'y opposer, et se trouva enlevé du sol, dépassant de la tête la tête de son adversaire, et battant l'air de ses bras qui ne trouvaient rien à saisir. Alors les Grecs virent se renouveler la lutte d'Hercule et d'Antée : le Thébain appuya ses mains aux épaules de Lucius, et, se raidissant de toute la force de ses bras, il essaya de rompre la chaîne terrible qui l'étouffait, mais tous ses efforts furent inutiles ; en vain envelopa-t-il à son tour les reins de son adversaire de ses deux jambes comme d'un double serpent, cette fois ce fut Laocoon qui maîtrisa le reptile ; plus les efforts du Thébain redoublaient, plus Lucius semblait serrer le lien dont il l'avait garrotté ; et, immobile à la même place, sans un seul mouvement apparent, la tête entre les pectoraux de son ennemi, comme pour écouter sa respiration étouffée, pressant toujours davantage, comme si sa force croissante devait atteindre à un degré surhumain, lui resta ainsi plusieurs minutes, pendant lesquelles on vit le Thébain donner les signes visibles et successifs de l'agonie. D'abord une sueur mortelle coula de son front sur son corps, lavant la poussière qui le couvrait ; puis son visage devint pourpre, sa poitrine râla, ses jambes se détachèrent du corps de son adversaire, ses bras et sa tête se renversèrent en arrière, enfin un flot de sang jaillit impétueusement de son nez et de sa bouche. Alors Lucius ouvrit les bras, et le Thébain évanoui tomba comme une masse à ses pieds.

Aucun cri de joie, aucun applaudissement n'accueillit cette victoire ; la foule, oppressée, resta muette et silencieuse. Cependant il n'y avait rien à dire : tout s'était passé dans les règles de la lutte, aucun coup n'avait été porté, et Lucius avait franchement et loyalement vaincu son adversaire. Mais, pour ne point se manifester par des acclamations, l'intérêt que les assistans prenaient à ce spectacle n'en était pas moins grand. Aussi, lorsque les esclaves eurent enlevé le vaincu toujours évanoui, les regards qui l'avaient suivi se reportèrent aussitôt sur l'athlète qui, par la force et l'habileté qu'il avait montrées dans le combat précédent, promettait à Lucius un adversaire redoutable. Mais l'attente générale fut étrangement trompée, car au moment où Lucius se préparait pour une seconde lutte, l'athlète s'avança vers lui d'un air respectueux, et, mettant un genou en terre, il leva la main en signe qu'il s'avouait vaincu. Lucius parut regarder cette action et voir cet hommage sans aucun étonnement ; et, sans lui tendre la main à l'athlète, sans le relever, il jeta circulairement les yeux autour de lui, comme pour demander à cette foule étonnée s'il était dans ses rangs un homme qui osât lui contester sa victoire. Mais nul ne fit un geste, nul ne prononça une parole, et ce fut au milieu du plus profond silence que Lucius s'avança vers l'estrade du proconsul, qui lui tendit la couronne. En ce moment seulement, quelques applaudissemens éclatèrent ; mais il fut facile de reconnaître, dans ceux qui donnaient cette marque d'approbation, les matelots du bâtiment qui avait transporté Lucius.

Et cependant le sentiment qui dominait cette foule n'était point défavorable au jeune Romain : c'était comme une terreur superstitieuse qui s'était répandue sur cette assemblée. Cette force surnaturelle, réunie à tant de jeunesse, rappelaient les prodiges des âges héroïques ; les noms de Thésée, de Pirithoüs, se trouvaient sur toutes les lèvres ; et, sans que nul eût communiqué sa pensée, chacun était prêt à croire à la présence d'un demi-dieu. Enfin, cet hommage public, cet aveu anticipé de sa défaite, cet abaissement de l'esclave devant le maître, achevaient de donner quelque consistance à cette pensée. Aussi, lorsque le vainqueur sortit du cirque, s'appuyant d'un côté sur le bras d'Amyclès, et de l'autre laissant tomber sa main sur l'épaule de Sporus, toute cette foule le suivit jusqu'à la porte de son hôte, curieuse, pressée, mais en même temps si muette et si craintive, qu'on eût, certes dit, bien plutôt un convoi funéraire qu'une pompe triomphale.

Arrivé aux portes de la ville, les jeunes filles et les femmes qui n'avaient pu assister au combat attendaient le vainqueur, des branches de laurier à la main. Lucius chercha des yeux Acté au milieu de ses compagnes; mais, soit honte, soit crainte, Acté était absente, et il la chercha vainement. Alors il doubla le pas, espérant que la jeune Corinthienne l'attendait au seuil de la porte qu'elle lui avait ouverte la veille; il traversa cette place qu'il avait traversée avec elle, prit la rue par laquelle elle l'avait guidé; mais aucune couronne, aucun feston n'ornaient la porte hospitalière. Lucius en franchit rapidement le seuil, et s'élança dans le vestibule, laissant bien loin derrière lui le vieillard; le vestibule était vide, mais par la porte qui donnait sur le parterre, il aperçut la jeune fille à genoux devant une statue de Diane, blanche et immobile comme le marbre qu'elle tenait embrassé; alors il s'avança doucement derrière elle, et lui posa sur la tête la couronne qu'il venait de remporter. Acté jeta un cri, se retourna vivement vers Lucius, et les yeux ardens et fiers du jeune Romain lui annoncèrent, mieux encore que la couronne qui roula à ses pieds, que son hôte avait remporté la première des trois palmes qu'il venait disputer à la Grèce.

IV.

Le lendemain, dès le matin, Corinthe tout entière sembla revêtir ses habits de fête. Les courses de chars, sans être les jeux les plus antiques, étaient les plus solennels; ils se célébraient en présence des images des dieux; et, réunies pendant la nuit dans le temple de Jupiter qui s'élevait près de la porte de Léchée, c'est-à-dire vers la partie orientale de la ville, les statues sacrées devaient traverser la cité dans toute sa longueur, pour aller gagner le cirque qui s'élevait sur le versant opposé, et en vue du port de Crissa. A dix heures du matin, c'est-à-dire à la quatrième heure du jour, selon la division romaine, le cortége se mit en route. Le proconsul Lentulus marchait le premier, monté sur un char et portant le costume de triomphateur; puis, derrière lui, venait une troupe de jeunes gens de quatorze ou quinze ans, tous fils de chevaliers, montés sur de magnifiques chevaux ornés de housses d'écarlate et d'or; puis, derrière les jeunes gens, les concurrens au prix de la journée; et en tête, comme vainqueur de la veille, vêtu d'une tunique verte, Lucius, sur un char d'or et d'ivoire, menant avec des rênes de pourpre un magnifique quadrige blanc. Sur sa tête, où l'on cherchait en vain la couronne de la lutte, brillait un cercle radiant pareil à celui dont les peintres ceignent le front du soleil; et, pour ajouter encore à sa ressemblance avec ce dieu, sa barbe était semée de poudre d'or. Derrière lui marchait un jeune Grec de la Thessalie, fier et beau comme Achille, vêtu d'une tunique jaune, et conduisant un char de bronze attelé de quatre chevaux noirs. Les deux derniers étaient, l'un un Athénien qui prétendait descendre d'Alcibiade, et l'autre un Syrien, au teint brûlé par le soleil. Le premier s'avançait couvert d'une tunique bleue, et laissant flotter au vent ses longs cheveux noirs et parfumés; le second était vêtu d'une espèce de robe blanche nouée à la taille par une ceinture perse, et, comme les fils d'Ismaël, il avait la tête ceinte d'un turban blanc, aussi éclatant que la neige qui brille au sommet du Sinaï.

Puis venaient, précédant les statues des dieux, une troupe de harpistes et de joueurs de flûte, déguisés en satyres et en silènes, auxquels étaient mêlés les ministres subalternes du culte des douze grands dieux, portant des coffres et des vases remplis de parfums, et des cassolettes d'or et d'argent où fumaient les aromates les plus précieux; enfin, dans des litières fermées et terminant la marche, étaient placées, couchées ou debout, les images divines, traînées par de magnifiques chevaux, et escortées par des chevaliers et des patriciens. Ce cortège, qui avait à traverser la ville dans presque toute sa largeur, défilait entre un double rang de maisons couvertes de tableaux, décorées de statues, ou tendues de tapisseries. Arrivé devant la porte d'Amyclès, Lucius se retourna pour chercher Acté; et, sous un des pans du voile de pourpre étendu devant la façade de la maison, il aperçut, rougissante et craintive, la tête de la jeune fille ornée de la couronne que la veille il avait laissé rouler à ses pieds. Acté, surprise, laissa retomber la tapisserie; mais, à travers le voile qui la cachait, elle entendit la voix du jeune Romain qui disait : — Viens au-devant de mon retour, ô ma belle hôtesse! et je changerai ta couronne d'olivier en une couronne d'or.

Vers le milieu du jour, le cortége atteignit l'entrée du cirque. C'était un immense bâtiment de deux mille pieds de long sur huit cents de large. Divisé par une muraille haute de six pieds, qui s'étendait dans toute sa longueur, moins, à chaque extrémité, le passage pour quatre chars, cette *spina* était couronnée, dans toute son étendue, d'autels, de temples, de piédestaux vides qui, pour cette solennité seulement, attendaient les statues des dieux. L'un des bouts du cirque était occupé par les *carcères* ou écuries, l'autre par les gradins; à chaque extrémité de la muraille se trouvaient trois bornes placées en triangle, qu'il fallait doubler sept fois pour accomplir la course voulue.

Les cochers, comme on l'a vu, avaient pris les livrées des différentes factions qui, à cette heure, divisaient Rome et, comme de grands paris avait été établis d'avance, les parieurs avaient adopté les couleurs de ceux des *agitatores* qui, par leur bonne mine, la race de leurs chevaux, ou leurs triomphes passés, leur avaient inspiré le plus de confiance. Presque tous les gradins du cirque étaient donc couverts de spectateurs qui, à l'enthousiasme qu'inspiraient habituellement ces sortes de jeux, joignaient encore l'intérêt personnel qu'ils prenaient à leurs cliens. Les femmes elles-mêmes avaient adopté les divers partis, et on les reconnaissait à leurs ceintures et à leurs voiles assortis aux couleurs que portaient les quatre coureurs. Aussi, lorsqu'on entendit s'approcher le cortége, un mouvement étrange, et qui sembla agiter d'un frisson électrique la multitude, fit-elle bouillonner toute cette mer humaine, dont les têtes semblaient des vagues animées et bruyantes; et dès que les portes furent ouvertes, le peu d'intervalle qui restait libre fut-il comblé par les flots de nouveaux spectateurs qui vinrent comme un flux battre les murs du colosse de pierre. Aussi à peine le quart des curieux qui accompagnaient le cortége put-il entrer, et l'on vit toute cette foule, repoussée par la garde du proconsul, chercher tous les points élevés qui lui permettaient de dominer le cirque, s'attacher aux branches des arbres, se suspendre aux créneaux des remparts, et couronner de ses fleurons vivans les terrasses des maisons les plus rapprochées.

A peine chacun avait-il pris sa place, que la porte principale s'ouvrit, et que Lentulus, apparaissant à l'entrée du cirque, fit tout à coup succéder le silence profond de la curiosité à l'agitation bruyante de l'attente. Soit confiance dans Lucius, déjà vainqueur la veille, soit flatterie pour le divin empereur Claudius Néron, qui protégeait à Rome la faction verte à laquelle il se faisait honneur d'appartenir, le proconsul, au lieu de la robe de pourpre, portait une tunique de cette couleur. Il fit lentement le tour du cirque, conduisant après lui les images des dieux, toujours précédées des musiciens qui ne cessèrent de jouer que lorsqu'elles furent couchées sur leurs *pulvinaria* ou dressées sur leurs piédestaux. Alors Lentulus donna le signal en jetant au milieu du cirque une pièce de laine blanche. Aussitôt un héraut, monté à nu sur un cheval sans frein, et vêtu en Mercure, s'élança dans l'arène, et, sans descendre de cheval, enlevant la *nappe* avec une des ailes de son caducée, il fit au galop le tour de la grille intérieure, en l'agitant comme un étendard; puis, arrivé aux carcères, il lança caducée et nappe par dessus les murs derrière lesquels attendaient les équipages. A ce signal, les portes des carcères s'ouvrirent, et les quatre concurrens parurent.

Au même instant leurs noms furent jetés dans une corbeille, car le sort devait désigner les rangs, afin que les plus éloignés de la spina n'eussent à se plaindre que du hasard qui leur assignait un plus grand cercle à parcourir. L'ordre dans lequel les noms seraient tirés devait assigner à chacun le rang qu'il occuperait.

Le proconsul mêla les noms écrits sur un papier roulé, les tira et les ouvrit les uns après les autres : le premier qu'il proclama fut celui du Syrien au turban blanc ; il quitta aussitôt sa place et alla se ranger près la muraille, de manière à ce que l'essieu de son char se trouvât parallèle à une ligne tirée à la craie sur le sable. Le second fut celui de l'Athénien à la tunique bleue ; il alla se ranger près de son concurrent. Le troisième fut celui du Thessalien au vêtement jaune. Enfin, le dernier fut celui de Lucius, à qui la fortune avait désigné la place la plus désavantageuse, comme si elle eût été jalouse déjà de sa victoire de la veille. Les deux derniers nommés allèrent se placer aussitôt près de leurs adversaires. Alors de jeunes esclaves passèrent entre les chars, tressant les crins des chevaux avec des rubans de la couleur de la livrée de leur maître, et faisaient, pour affermir leur courage, flotter de petits étendards devant les yeux de ces nobles animaux, tandis que des aligneurs, tendant une chaîne attachée à deux anneaux, amenaient les quatre quadriges sur une ligne exactement parallèle.

Il y eut alors un instant d'attente tumultueuse ; les paris redoublèrent, des enjeux nouveaux furent proposés et acceptés, de confuses paroles se croisèrent ; puis tout à coup on entendit la trompette, et, au même instant, tout se tut ; les spectateurs debout s'assirent, et cette mer, tout à l'heure si tumultueuse et si agitée, aplanit sa surface, et prit l'aspect d'une prairie en pente émaillée de mille couleurs. Au dernier son de l'instrument, la chaîne tomba, et les quatre chars partirent, emportés de toute la vitesse des chevaux.

Deux tours s'accomplirent pendant lesquels les adversaires gardèrent, à peu de chose près, leurs rangs respectifs ; cependant, les qualités des chevaux commencèrent à se faire jour aux yeux des spectateurs exercés. Le Syrien retenait avec peine ses coursiers à la tête forte et aux membres grêles, habitués aux courses vagabondes du désert, et que, de sauvages qu'ils étaient, il avait, à force de patience et d'art, assouplis et façonnés au joug ; et l'on sentait que, lorsqu'il leur donnerait toute liberté, ils l'emporteraient aussi rapides que le simoun, qu'ils avaient souvent devancé dans ces vastes plaines de sables qui s'étendent au pied des monts de Juda aux rives du lac Asphalte. L'Athénien avait fait venir les siens de Thrace ; mais, voluptueux et fier comme le héros dont il se vantait de descendre, il avait laissé à ses esclaves le soin de leur éducation, et l'on sentait que son attelage, guidé par une main et excité par une voix qui leur étaient inconnues, le seconderait mal dans un moment dangereux. Le Thessalien, au contraire, semblait être l'âme de ses coursiers d'Élide, qu'il avait nourris de sa main et exercés cent fois aux lieux même où Achille dressait les siens, entre le Pénéus et l'Énipée. Quant à Lucius, certes, il avait retrouvé la race de ces chevaux de la Mysie dont parle Virgile, et dont les mères étaient fécondées par le vent ; car, quoiqu'il eût le plus grand espace à parcourir, sans aucun effort, sans les retenir ni les presser, on abandonnant à un galop qui semblait être leur allure ordinaire, il maintenait son rang, et avait même plutôt gagné que perdu.

Au troisième tour, les avantages réels ou fictifs étaient plus clairement dessinés : l'Athénien avait gagné sur le Thessalien, le plus avancé de ses concurrens, la longueur de deux lances ; le Syrien, retenant de toutes ses forces ses chevaux arabes, s'était laissé dépasser, sûr de reprendre ses avantages ; enfin, Lucius, tranquille et calme comme le dieu dont il semblait être la statue, paraissait assister à une lutte étrangère, et dans laquelle il n'aurait eu aucun intérêt particulier, tant sa figure était souriante et son geste dessiné selon les règles les plus xactes de l'élégance mimique.

Au quatrième tour, un incident détourna l'attention des trois concurrens pour la fixer plus spécialement sur Lucius : son fouet, qui était fait d'une lanière de peau de rhinocéros, incrustée d'or, s'échappa de sa main et tomba ; aussitôt Lucius arrêta tranquillement son quadrige, s'élança dans l'arène, ramassa le fouet qu'on aurait pu croire jusqu'alors un instrument inutile, et, remontant sur son char, se trouva dépassé de trente pas à peu près par ses adversaires. Si court qu'eût été cet instant, il avait porté un coup terrible aux intérêts et aux espérances de la faction verte ; mais leur crainte disparut aussi rapidement que la lueur d'un éclair : Lucius se pencha vers ses chevaux, et, sans se servir du fouet, sans les animer du geste, il se contenta de faire entendre un sifflement particulier ; aussitôt ils partirent comme s'ils avaient les ailes de Pégase, et, avant que le quatrième tour fût achevé, Lucius avait, au milieu des cris et des applaudissemens, repris sa place accoutumée.

Au cinquième tour, l'Athénien n'était plus maître de ses chevaux emportés de toute la vitesse de leur course ; il avait laissé loin derrière lui ses rivaux : mais cet avantage factice ne trompait personne, et ne pouvait le tromper lui-même : aussi le voyait-on, à chaque instant, se retourner avec inquiétude, et, prenant toutes les ressources de sa position même, au lieu d'essayer de retenir ses chevaux déjà fatigués, il les excitait encore de son fouet à triple lanière, les appelant par leurs noms, et espérant que, avant qu'ils ne fussent fatigués, il aurait gagné assez de terrain pour ne pouvoir être rejoint par les retardataires ; il sentait si bien, au reste, le peu de puissance qu'il exerçait sur son attelage, que, quoiqu'il pût se rapprocher de la spina, et par conséquent diminuer l'espace à parcourir, il ne l'essaya point, de peur de se briser à la borne, et se maintint à la même distance que le sort lui avait assignée au moment du départ.

Deux tours seulement restaient à faire, et, à l'agitation des spectateurs et des combattans, on sentait que l'on approchait du dénouement. Les parieurs bleus, que représentait l'Athénien, paraissaient visiblement inquiets de leur victoire momentanée, et lui criaient de modérer ses chevaux, mais ces animaux, prenant ces cris pour des signes d'excitation, redoublaient de vitesse, et, ruisselant de sueur, ils indiquaient qu'ils ne tarderaient pas à épuiser le reste de leurs forces.

Ce fut dans ce moment que le Syrien lâcha les rênes de ses coursiers, et que les fils du désert abandonnés à eux-mêmes commencèrent à s'emparer de l'espace. Le Thessalien resta un instant étonné de la rapidité qui les entraînait, mais aussitôt, faisant entendre sa voix à ses fidèles compagnons, il s'élança à son tour comme emporté par un tourbillon. Quant à Lucius, il se contenta de faire entendre le sifflement avec lequel il avait déjà excité les siens, et, sans qu'ils parussent déployer encore toute leur force, il se maintint à son rang.

Cependant l'Athénien avait vu, comme une tempête, fondre sur lui les deux rivaux que le sort avait placés à sa droite et à sa gauche ; il comprit qu'il était perdu s'il laissait, entre la spina et lui, l'espace d'un char : il se rapprocha en conséquence de la muraille assez près pour empêcher le Syrien de la côtoyer ; celui-ci, alors appuya ses chevaux à droite, essayant de passer entre l'Athénien et le Thessalien ; mais l'espace était trop étroit. D'un coup d'œil rapide il vit que le char du Thessalien était plus léger et moins solide que le sien, et, prenant à l'instant son parti, il se dirigea obliquement sur lui, et, poussant roue contre roue, il brisa l'essieu et renversa char et cocher sur l'arène.

Si habilement exécutée qu'eût été cette manœuvre, si rapide qu'eût été le choc, et la chute qu'il avait occasionnée, le Syrien n'en avait pas moins été momentanément retardé ; mais il reprit aussitôt son avantage, et l'Athénien vit arriver presqu'en même temps que lui, au sixième tour, les deux rivaux qu'il avait si longtemps laissés en arrière.

Avant d'avoir accompli la sixième partie de cette dernière révolution, il était rejoint et presque aussitôt dépassé. La question se trouva donc dès-lors pendante entre le cocher blanc et le cocher vert, entre l'Arabe et le Romain.

Alors on vit un spectacle magnifique: la course de ces huit chevaux était si rapide et si égale, qu'on eût pu croire qu'ils étaient attelés de front; un nuage les enveloppait comme un orage, et comme on entend le bruissement du tonnerre, comme on voit l'éclair sillonner la nue, de même on entendait le bruissement des roues, de même il semblait, au milieu du tourbillon, distinguer la flamme que soufflaient les chevaux. Le cirque tout entier était debout, les parieurs agitaient les voiles et les manteaux verts et blancs, et ceux mêmes qui avaient perdu ayant adopté les couleurs bleue et jaune du Thessalien et du fils d'Athènes, oubliant leur défaite récente, excitaient les deux adversaires par leurs cris et leurs applaudissemens. Enfin, il parut que le Syrien allait l'emporter, car ses chevaux dépassèrent d'une tête ceux de son adversaire, mais au même moment, et comme s'il n'eût attendu que ce signal, Lucius, d'un seul coup de fouet, traça une ligne sanglante sur les croupes de son quadrige; les nobles animaux hennirent d'étonnement et de douleur; puis, d'un même élan, s'élançant comme l'aigle, comme la flèche, comme la foudre, ils dépassèrent le Syrien vaincu, accomplirent la carrière exigée, et le laissant plus de cinquante pas en arrière, vinrent s'arrêter au but, ayant fourni la course voulue, c'est à dire sept fois le tour de l'arène.

Aussitôt de grands cris retentirent avec une admiration qui allait jusqu'à la frénésie. Ce jeune Romain inconnu, vainqueur à la lutte de la veille, vainqueur à la course d'aujourd'hui, c'était Thésée, c'était Castor, c'était Apollon peut-être qui une fois encore redescendait sur la terre; mais à coup sûr c'était un favori des dieux; et lui, pendant ce temps, comme accoutumé à de pareils triomphes, s'élança légèrement de son char sur la spina, monta quelques degrés qui le conduisirent à un piédestal, où il s'exposa aux regards des spectateurs, tandis qu'un héraut proclamait son nom et sa victoire, et que le proconsul Lentulus, descendant de son siège, venait lui mettre dans la main une palme d'Idumée, et lui ceignait la tête d'une couronne à feuilles d'or et d'argent, entrelacées de bandelettes de pourpre. Quant au prix monnayé qu'on lui apportait en espèces d'or dans un vase d'airain, Lucius le remit au proconsul pour qu'il fût distribué de sa part aux vieillards pauvres et aux orphelins.

Puis aussitôt il fit un signe à Sporus, qui accourut rapidement à lui, tenant en ses mains une colombe qu'il avait prise le matin dans la volière d'Acté. Lucius passa autour du cou de l'oiseau de Vénus une bandelette de pourpre à laquelle étaient liées deux feuilles de la couronne d'or, et lâcha le messager de victoire qui prit rapidement son vol vers la partie de la ville où s'élevait la maison d'Amyclès.

V.

Les deux victoires successives de Lucius, et les circonstances bizarres qui les avaient accompagnées, avaient produit, comme nous l'avons dit, une impression profonde sur l'esprit des spectateurs: la Grèce avait été autrefois la terre aimée des dieux; Apollon, exilé du ciel, s'était fait berger et avait gardé les troupeaux d'Admète, roi de Thessalie; Vénus, née au sein des flots, et poussée par les Tritons vers la plage la plus voisine, avait abordé près de Hélos, et, libre de se choisir les lieux de son culte, avait préféré Gnide, Paphos, Idalie et Cythère, à tous les autres pays du monde. Enfin, les Arcadiens, disputant aux Crétois l'honneur d'être les compatriotes du roi des dieux, faisaient naître Jupiter sur le mont Lycée, et cette prétention, fût-elle fausse, il était certain du moins que, lorsqu'il lui fallut choisir un empire, enfant au souvenir pieux, il posa son trône au sommet de l'Olympe. Hé bien, tous ces souvenirs des âges fabuleux s'étaient représentés, grâce à Lucius, à l'imagination poétique de ce peuple que les Romains avaient déshérités de son avenir, mais n'avaient pu dépouiller de son passé: aussi les concurrens qui s'étaient présentés pour lui disputer le prix du chant se retirèrent-ils en voyant le mauvais destin de ceux qui lui avaient disputé la palme de la lutte et de la course. On se rappelait le sort de Marsyas luttant avec Apollon, et des Piérides défiant les Muses. Lucius resta donc seul des cinq concurrens qui s'étaient fait inscrire : mais il n'en fut pas moins décidé par le proconsul que la fête aurait lieu au jour et à l'heure dits.

Le sujet choisi par Lucius intéressait vivement les Corinthiens: c'était un poème sur Médée, que l'on avait dédié à l'empereur César Néron lui-même; on sait que cette magicienne, conduite à Corinthe par Jason qui l'avait enlevée, et abandonnée par lui dans cette ville, avait déposé au pied des autels ses deux fils, les mettant sous la garde des dieux, tandis qu'elle empoisonnait sa rivale avec une tunique semblable à celle de Nessus. Mais les Corinthiens, épouvantés du crime de la mère, avaient arraché les enfans du temple, et les avaient écrasés à coups de pierres. Ce sacrilège ne resta point impuni; les dieux vengèrent leur majesté outragée, et une maladie épidémique vint frapper alors tous les enfans des Corinthiens. Cependant, comme plus de quinze siècles s'étaient écoulés depuis cette époque, les descendans des meurtriers niaient le crime de leurs pères. Mais une fête instituée tous les ans le jour du massacre des deux victimes, l'habitude de faire porter aux enfans une robe noire, et de leur raser la tête jusqu'à l'âge de cinq ans, en signe d'expiation, était une preuve évidente que la terrible vérité l'avait emporté sur toutes les dénégations; il est donc facile de comprendre combien cette circonstance ajoutait à la curiosité des assistans.

Aussi comme la multitude qui avait afflué à Corinthe ne pouvait se placer tout entière dans ce théâtre qui, beaucoup plus petit que le stade et l'hippodrome, ne contenait que vingt mille spectateurs, on avait distribué aux plus nobles des Corinthiens et à ceux plus considérables des étrangers, de petites tablettes d'ivoire sur lesquelles étaient gravés des numéros qui correspondaient à d'autres chiffres creusés sur les gradins. Des désignateurs, placés de précinctions en précinctions, étaient chargés de faire asseoir tout le monde, et de veiller à ce que nul n'usurpât les places désignées; aussi, malgré la foule qui se pressait au dehors, tout se passa-t-il avec la plus grande régularité.

Pour amortir le soleil du mois de mai, le théâtre était couvert d'un immense *velarium*: c'était un voile azuré, composé d'un tissu de soie parsemée d'étoiles d'or, et au centre duquel, dans un cercle radieux, on voyait Néron en costume de triomphateur et monté sur un char traîné par quatre chevaux. Malgré l'ombre dont cette espèce de tente couvrait le théâtre, la chaleur était si grande que beaucoup de jeunes gens tenaient à la main de grands éventails de plume de paon, avec lesquels ils rafraîchissaient les femmes plutôt couchées qu'assises sur des coussins de pourpre, ou des tapis de Perse, que des esclaves avaient placés d'avance sur les gradins qui leur étaient réservés. Parmi ces femmes, on voyait Acté qui, n'osant porter les couronnes que lui avaient vouées le vainqueur, s'était coiffée entremêlant à ses cheveux les deux feuilles d'or apportées par la colombe. Seulement, au lieu d'une cour de jeunes gens folâtrant auprès d'elle, comme autour de la plupart des femmes présentes au spectacle, elle avait son père, dont la belle figure grave, mais en même temps souriante, indiquait l'intérêt qu'il prenait aux triomphes de son hôte, ainsi que la fierté qu'il en avait ressentie. C'était lui qui, confiant dans la fortune de Lucius, avait déterminé sa fille à venir, certain que cette fois encore ils assisteraient à une victoire.

L'heure annoncée pour le spectacle approchait, et chacun était dans l'attente la plus vive et la plus curieuse, lorsqu'un bruissement pareil à celui du tonnerre retentit, et qu'une légère pluie tomba sur les spectateurs et rafraîchit l'atmosphère qu'elle embauma. Tous les assistans battirent des mains, car ce tonnerre, produit par deux hommes qui roulaient derrière la scène des cailloux dans un vase d'airain, étant celui de Claudius Pulcher (1), annonçait que le spectacle allait commencer; quant à cette pluie, ce n'était autre chose qu'une rosée de parfums, composée d'une infusion de safran de Cilicie, qui s'échappait par jets des statues qui couronnaient le pourtour du théâtre. Un moment après la toile s'abaissa, et Lucius parut la lyre à la main, ayant à sa gauche l'histrion Pâris chargé de faire les gestes pendant qu'il chantait, et derrière lui le chœur, conduit par le chorège, dirigé par un joueur de flûte et réglé par un mime.

Aux premières notes que laissa tomber le jeune Romain, il fut facile de reconnaître un chanteur habile et exercé; car, au lieu d'entamer à l'instant même son sujet, il le fit précéder d'une espèce de gamme contenant deux octaves et une quinte, c'est-à-dire la plus grande étendue de voix humaine que l'on eût entendue depuis Timothée; puis ce prélude achevé avec autant de facilité que de justesse, il entra dans son sujet.

C'était, comme nous l'avons dit, les aventures de Médée, la femme à la ravissante beauté, la magicienne aux terribles enchantemens. En maître habile dans l'art scénique, l'empereur Claudius César Néron avait pris la fable au moment où Jason, monté sur son beau navire *Argo*, aborde aux rives de la Colchide, et rencontre Médée, la fille du roi Æëtès, cueillant des fleurs sur la rive. A ce premier chant, Acté tressaillit : c'est ainsi qu'elle avait vu arriver Lucius; elle aussi cueillait des fleurs lorsque la birème aux flancs d'or toucha la plage de Corinthe, et elle reconnut dans les demandes de Jason, et dans les réponses de Médée, les propres paroles échangées entre elle et le jeune Romain.

En ce moment, et comme si pour de si doux sentimens il fallait une harmonie particulière, Sporus, profitant d'une interruption faite par le chœur, s'avança, tenant une lyre montée sur le mode ionien, c'est-à-dire à onze cordes : cet instrument était pareil à celui dont Thimotée fit retentir les sons aux oreilles des Lacédémoniens, que les éphores jugèrent si dangereusement efféminé, qu'ils déclarèrent que le chanteur avait blessé la majesté de l'ancienne musique, et tenté de corrompre les jeunes Spartiates : il est vrai que les Lacédémoniens avaient rendu ce décret vers le temps de la bataille d'Ægos-Potamos, qui les rendit maîtres d'Athènes.

Or, quatre siècles s'étaient écoulés depuis cette époque; Sparte était au niveau de l'herbe, Athènes était l'esclave de Rome, la Grèce était réduite au rang de province; la prédiction d'Euripide s'était accomplie, et, au lieu de faire retrancher par l'exécuteur des décrets publics quatre cordes à la lyre corruptrice, Lucius fut applaudi avec un enthousiasme qui tenait de la fureur! Quand à Acté, elle écoutait sans voix et sans haleine; car il lui semblait que c'était sa propre histoire que son amant avait commencé de raconter.

En effet, comme Jason, Lucius venait enlever un prix merveilleux, et déjà deux tentatives couronnées de succès avaient annoncé que, comme Jason, il serait vainqueur; mais, pour célébrer la victoire, il fallait une autre lyre que celle sur laquelle il avait chanté l'amour. Aussi du moment où, après avoir rencontré Médée au temple d'Hécate, il a obtenu de sa belle maîtresse l'aide de son art magique, et les trois talismans qui doivent l'aider à surmonter les obstacles terribles qui s'opposent à la conquête de la toison, c'est sur une lyre lydienne, lyre aux tons tantôt graves et tantôt perçans, qu'il entreprend sa conquête : c'est alors qu'Acté frémit de tout son corps : car elle ne peut dans son esprit séparer Jason de Lucius : elle suit le héros, frotté des sucs magiques qui le rendent invulnérable, dans la première enceinte où se présentent à lui deux taureaux vulcaniens, à la taille colossale, aux pieds et aux cornes d'airain, et à la bouche qui vomit le feu; mais à peine Jason les a-t-il touchés du fouet enchanté, qu'ils se laissent tranquillement attacher à une charrue de diamant, et que l'héroïque laboureur défriche les quatre arpens consacrés à Mars. De là, il passe dans la seconde enceinte, et Acté l'y suit : à peine y est-il, qu'un serpent gigantesque dresse sa tête au milieu d'un bois d'oliviers et de lauriers-roses qui lui sert de retraite, et s'avance en sifflant contre le héros. Alors une lutte terrible commence, mais Jason est invulnérable, le serpent brise ses dents en vaines morsures, il s'épuise inutilement à le presser dans ses replis, tandis qu'au contraire chaque coup de l'épée de Jason lui fait de profondes blessures : bientôt c'est le monstre qui recule, et Jason qui attaque; c'est le reptile qui fuit, et l'homme qui le presse; il entre dans une caverne étroite et obscure : Jason, rampant ensuite lui, y entre derrière lui, puis ressort bientôt tenant à la main la tête de son adversaire; alors il revient au champ qu'il a labouré, et, dans les profondes rides que le soc de sa charrue a tracées au fond de la terre, il sème les dents du monstre. Aussitôt du sillon magique surgit vivante et belliqueuse une race d'hommes armés qui se précipitent sur lui. Mais Jason n'a qu'à jeter au milieu d'eux le caillou que lui a donné Médée, pour que ces hommes tournent leurs armes les uns contre les autres, et, occupés de s'entretuer le laissent pénétrer jusqu'à la troisième enceinte, au milieu de laquelle s'élève l'arbre au tronc d'argent, au feuillage d'émeraude, et aux fruits de rubis, aux branches duquel pend la toison d'or, dépouille du bélier Phryxus. Mais un dernier ennemi reste plus terrible et plus difficile à vaincre qu'aucun de ceux qu'a déjà combattus Jason : c'est un dragon gigantesque, aux ailes démesurées, couvert d'écailles de diamant, qui le rendent aussi invulnérable que celui qui l'attaque : aussi avec ce dernier antagoniste les armes sont-elles différentes; c'est une coupe d'or pleine de lait que Jason pose à terre, et où le monstre vient boire un breuvage soporifique qui amène un sommeil profond, pendant lequel l'aventureux fils d'Eson enlève la toison d'or. Alors Lucius reprend la lyre ionienne, car Médée attend le vainqueur, et il faut que Jason trouve des paroles d'amour assez puissantes pour déterminer sa maîtresse à quitter père et patrie, et à le suivre sur les flots. La lutte est longue et douloureuse, mais enfin l'amour l'emporte : Médée, tremblante et demi-nue, quitte son vieux père pendant son sommeil; mais, arrivée aux portes du palais, une dernière fois elle veut revoir encore celui qui lui a donné le jour : elle retourne, le pied timide, la respiration suspendue, elle entre dans la chambre du vieillard, s'approche du lit, se penche sur son front, pose un baiser d'adieu éternel sur ses cheveux blancs, jette un cri sanglottant que le vieillard prend pour la voix d'un songe, et revient se jeter dans les bras de son amant, qui l'attend au port et qui l'emporte évanouie dans ce vaisseau merveilleux construit par Minerve elle-même sur les chantiers d'Iolchos, sous la quille duquel les flots se courbent obéissans; si bien qu'en revenant à elle, Médée voit les rives paternelles décroître à l'horizon, et quitte l'Asie pour l'Europe, le père pour l'époux, le passé pour l'avenir.

Cette seconde partie du poème avait été chantée avec tant de passion et d'entraînement par Lucius, que toutes les femmes écoutaient avec une émotion puissante : Acté surtout, comme Médée, prise du frisson ardent de l'amour, l'œil fixe, la bouche sans voix, la poitrine sans haleine, croyait écouter sa propre histoire, assister à sa vie dont un art magique lui représentait le passé et l'avenir. Aussi au moment où Médée pose ses lèvres sur les cheveux blancs d'Æëtès et laisse échapper de son cœur brisé le dernier sanglot de l'amour filial à l'agonie, Acté se serra contre Amyclès, et, pâlissante et éperdue, elle appuya sa tête sur l'épaule du vieillard. Quand à Lucius, son triomphe était complet : à la première interruption du poème, il avait été applaudi avec fureur; cette fois c'étaient des cris et des trépignemens, et lui seul put faire taire, en reprenant la troi-

(1) Claudius Pulcher inventa ce procédé qui avait conservé son nom.

sième partie de son drame, les clameurs d'enthousiasme que lui-même avait excitées.

Cette fois encore il changea de lyre, car ce n'était plus l'amour virginal ou voluptueux qu'il avait à peindre ; ce n'était plus le triomphe de l'amant et du guerrier, c'étaient l'ingratitude de l'homme, les transports jaloux de la femme ; c'était l'amour furieux, délirant, frénétique ; l'amour vengeur et homicide, et alors le mode dorien seul pouvait exprimer toutes ses souffrances et toutes ses fureurs.

Médée vogue sur le vaisseau magique, elle aborde en Phéacie, touche à Iolchos pour payer une dette filiale au père de Jason, en le rajeunissant ; puis elle aborde à Corinthe, où son amant l'abandonne pour épouser Creuse, fille du roi d'Epire. C'est alors que la femme jalouse remplace la maîtresse dévouée. Elle enduit une robe d'un poison dévorant, et l'envoie à la fiancée qui s'en enveloppe sans défiance ; puis, pendant qu'elle expire au milieu des tortures et aux yeux de Jason infidèle, frénétique et desespérée, pour que la mère ne conserve aucun souvenir de l'amante, elle égorge elle-même ses deux fils et disparaît sur un char traîné par des dragons volans.

A cet endroit du poëme, qui flattait l'orgueil des Corinthiens en rejetant, comme l'avait déjà fait Euripide, l'assassinat des enfans sur leur mère, les applaudissemens et les bravos firent place à des cris et à des trépignemens, au milieu desquels éclatait la voix bruyante des castagnettes, instrumens destinés à exprimer au théâtre le dernier degré d'enthousiasme. Alors ce ne fut plus seulement la couronne d'olivier préparée par le proconsul qui fut décernée au chanteur merveilleux, ce fut une pluie de fleurs et de guirlandes que les femmes arrachaient de leur tête, et jetaient frénétiquement sur le théâtre. Un instant on eût pu craindre que Lucius ne fût étouffé sous les couronnes, comme l'avait été Tarpeïa sous les boucliers sabins ; d'autant plus qu'immobile et en apparence insensible à ce triomphe inouï, il cherchait des yeux, au milieu de ces femmes, celle-là surtout aux yeux de laquelle il était jaloux de triompher. Enfin, il l'aperçut à demi-morte aux bras du vieillard, et, seule au milieu de ces belles Corinthiennes, ayant encore sur la tête sa parure de fleurs. Alors il la regarda avec des yeux si tendres, il étendit vers elle des bras si supplians, qu'Acté porta sa main à sa couronne, la détacha de son front, mais manquant de force pour l'envoyer jusqu'à son amant, la laissa tomber au milieu de l'orchestre, et se jeta en pleurant dans les bras de son père.

Le lendemain, au point du jour, la birême d'or flottait sur les eaux bleues du golfe de Corinthe, légère et magique comme le navire *Argo ;* comme lui elle emportait une autre Médée, infidèle à son père et à son pays : c'était Acté soutenue par Lucius, et qui, pâle et debout sur le couronnement de la poupe, regardait, à travers un voile, s'abaisser graduellement les montagnes du Cythéron, sur les bases desquelles s'appuie Corinthe. Immobile, l'œil fixe et la bouche entr'ouverte, elle resta ainsi tant qu'elle put voir la ville couronnant la colline, et la citadelle dominant la ville. Puis, lorsque la ville, la première, eut disparu derrière les vagues, lorsque la citadelle, point blanc perdu dans l'espace, balancé quelque temps encore au sommet des flots, se fut effacé comme un alcyon qui plonge dans la mer, un soupir, où s'épuisèrent toutes les forces de son âme, s'échappa de sa poitrine, ses genoux faiblirent, et elle tomba évanouie aux pieds de Lucius.

VI.

Lorsque la jeune fugitive rouvrit les yeux, elle se trouva dans la chambre principale du navire : Lucius était assis près de son lit et soutenait sa tête pâle et échevelée, tandis que, dans un coin, tranquille et douce comme une gazelle, dormait la tigresse roulée sur un tapis de pourpre brodé d'or. Il était nuit, et à travers l'ouverture du plafond on pouvait apercevoir le beau ciel bleu de l'Ionie tout parsemé d'étoiles. La birême flottait si doucement, qu'on eût dit un immense berceau que la mer complaisante balançait comme fait une nourrice de la couche de son enfant ; enfin, toute la nature assoupie était si calme et si pure, qu'Acté fut tentée de croire un instant qu'elle avait fait un rêve, et qu'elle reposait encore sous le voile virginal de ses jeunes années ; mais Lucius, attentif à son moindre mouvement, s'étant aperçu de son réveil, fit claquer ses doigts, et aussitôt une jeune et belle esclave entra, tenant à la main une baguette de cire brûlante, avec laquelle elle alluma la lampe d'or soutenue par le candélabre de bronze qui s'élevait au pied du lit. Du moment où la jeune fille était entrée, l'œil d'Acté s'était fixé sur elle et l'avait suivie avec une attention croissante : c'est que cette esclave qu'elle voyait pour la première fois ne lui était cependant pas inconnue ; ses traits éveillaient même dans sa mémoire des souvenirs récens, et pourtant il lui était impossible d'appliquer un nom à ce jeune et mélancolique visage ; tant de pensées différentes se heurtaient dans la tête de la pauvre enfant, que, ne pouvant en porter le poids, elle ferma les yeux et laissa retomber son front sur le coussin de son lit. Lucius alors, pensant qu'elle voulait dormir, fit signe à l'esclave de veiller sur son sommeil, et sortit de la chambre. L'esclave, restée seule avec Acté, la regarda un instant avec une expression de tristesse indéfinissable, puis enfin, se couchant sur le tapis de pourpre où était étendue Phœbé, elle se fit un coussin de l'épaule de la tigresse, qui, dérangée dans son sommeil, ouvrit à moitié un œil étincelant et féroce, mais qui, reconnaissant une amie, au lieu de la punir de son audace, effleura deux ou trois fois sa main délicate du bout de sa langue sanguinolente, et se recoucha avec nonchalance, poussant un soupir qui ressemblait à un rugissement.

En ce moment une harmonie délicieuse s'éleva des flancs du navire : c'était ce même chœur qu'Acté avait déjà entendu lorsque la birême aborda au port de Corinthe ; mais cette fois la solitude et le silence de la nuit lui donnaient plus de charmes et plus de mystère encore : bientôt aux voix réunies succéda une seule voix. Lucius chantait une prière à Neptune, et Acté reconnut ces sons vibrans qui la veille au théâtre avaient été réveiller les cordes les plus secrètes de son âme : c'étaient des accens si sonores et si mélodieux, qu'on eût pu croire que les syrènes du cap Palinure étaient venues au devant du vaisseau du nouvel Ulysse. Acté, soumise tout entière à la puissance de cette musique enchantée, rouvrit ses paupières lassées, et l'œil fixé sur les étoiles du ciel, elle oublia peu à peu ses remords et ses douleurs pour ne plus penser qu'à son amour. Depuis longtemps déjà les dernières vibrations de la lyre et les dernières cadences de la voix s'étaient éteintes lentement, et comme emportées sur les ailes des génies de l'air, qu'Acté, tout entière à cette mélodie, écoutait encore ; enfin, elle baissa les yeux, et pour la seconde fois son regard rencontra celui de la jeune fille. Comme sa maîtresse, l'esclave semblait être sous l'empire d'un charme ; enfin, les regards des deux femmes se croisèrent, et plus que jamais Acté fut convaincue que ce n'était pas la première fois que cet œil triste laissait tomber sur elle son rayon lumineux et rapide. Acté fit un signe de la main, l'esclave se leva : toutes deux restèrent un instant sans parler ; enfin, Acté rompit la première le silence.

— Quel est ton nom, jeune fille ? lui dit-elle.

— Sabina, répondit l'esclave, et ce seul mot fit tressaillir celle qui l'interrogeait ; car, ainsi que le visage, cette voix ne lui était pas étrangère ; cependant le nom qu'elle avait prononcé n'éveillait en elle aucun souvenir.

— Quelle est ta patrie ? continua Acté.

— Je l'ai quittée si jeune que je n'en ai pas.

— Quel est ton maître ?

— Hier j'étais à Lucius, aujourd'hui je suis à Acté.

— Tu lui appartiens depuis longtemps?
— Depuis que je me connais.
— Et sans doute tu lui es dévouée?
— Comme la fille à son père.
— Alors, viens t'asseoir près de moi, et parlons de lui.

Sabina obéit, mais avec une répugnance visible; Acté, attribuant cette hésitation à la crainte, lui prit la main pour la rassurer : la main de l'esclave était froide comme le marbre; cependant, cédant au mouvement d'attraction de sa maîtresse, elle se laissa plutôt tomber qu'elle ne s'assit dans le fauteuil que celle-ci lui avait désigné.
— Ne t'ai-je point déjà vue? continua Acté.
— Je ne crois pas, balbutia l'esclave.
— Au stade, au cirque, au théâtre?
— Je n'ai point quitté la birème.
— Et tu n'as pas assisté aux triomphes de Lucius?
— J'y suis habituée.

Un nouveau silence succéda à ces demandes et à ces réponses échangées d'une part avec une curiosité croissante, de l'autre avec une répugnance marquée. Ce sentiment était si visible, qu'Acté ne put s'y tromper.
— Écoute, Sabina, lui dit-elle, je vois combien il t'en coûte de changer de maître : je dirai à Lucius que tu ne veux pas le quitter.
— N'en fais rien, s'écria l'esclave tremblante, quand Lucius ordonne, il faut lui obéir.
— Sa colère est donc bien à craindre? continua Acté en souriant.
— Terrible! répondit l'esclave avec une telle expression de crainte, qu'Acté frissonna malgré elle.
— Et cependant, reprit-elle, ceux qui l'entourent paraissent l'aimer : ce jeune Sporus!
— Sporus! murmura l'esclave.

En ce moment Acté s'arrêta; ses souvenirs lui revinrent; c'était à Sporus que ressemblait Sabina, et cette ressemblance était si parfaite, qu'étonnée de ne l'avoir pas découverte plus tôt, elle saisit les deux mains de la jeune fille, et, la regardant en face :
— Connais-tu Sporus? lui dit-elle.
— C'est mon frère, balbutia l'enfant...
— Et où est-il?
— Il est resté à Corinthe.

En ce moment la porte se rouvrit : le jeune Romain parut, et Acté, qui tenait encore les deux mains de Sabina entre les siennes, sentit un frisson courir dans les veines de sa nouvelle esclave : Lucius fixa son œil bleu et perçant sur le groupe étrange qui s'offrait à sa vue, puis, après un instant de silence :
— Ma bien-aimée Acté, lui dit-il, ne veux-tu pas profiter de l'aurore qui se lève pour venir respirer l'air pur du matin?

Il y avait au fond de cette voix, toute calme et douce qu'elle était à sa surface, quelque chose de vibrant et de métallique, si on peut le dire, qu'Acté remarqua pour la première fois : aussi un sentiment instinctif qui ressemblait à la terreur pénétra-t-il si profondément dans son âme, qu'elle prit cette question pour un commandement, et qu'au lieu de répondre elle obéit; mais ses forces ne secondèrent pas sa volonté, et elle serait tombée, si Lucius ne se fût élancé vers elle, et ne l'eût soutenue. Elle se sentit enlever alors entre les bras de son amant, avec la même facilité qu'un aigle eût fait d'une colombe, et, tremblante, sans se rendre compte du motif de son effroi, elle se laissa emporter, muette et fermant les yeux, comme si cette course eût dû aboutir à un précipice.

En arrivant sur le pont du bâtiment, elle se sentit renaître, tant la brise était pure et parfumée : d'ailleurs elle n'était plus dans les bras de Lucius; aussi prit-elle le courage de rouvrir les yeux; en effet, elle était couchée sur le couronnement de la poupe, dans un filet à mailles d'or, arrêté d'un côté au mât et de l'autre à une petite colonne sculptée qui semblait destinée à servir de support : Lucius, adossé au mât, était debout à côté d'elle.

Pendant la nuit, le vaisseau, favorisé par le vent, était sorti du golfe de Corinthe, et, doublant le cap d'Élis, avait passé entre Zacynthe et Céphalonie : le soleil semblait se lever derrière ces deux îles, et ses premiers rayons illuminaient la crête des montagnes qui les séparent en deux parties, si bien que le versant occidental était encore plongé dans l'ombre. Acté ignorait complétement où elle était, de sorte que, se retournant vers Lucius : — Est-ce encore la Grèce? dit-elle.
— Oui, dit Lucius, et ce parfum qui vient à nous comme un dernier adieu, c'est celui des roses de Samé et des orangers de Zacynthe : il n'y a pas d'hiver pour ces deux sœurs jumelles, qui s'épanouissent au soleil comme des corbeilles de fleurs. Ma belle Acté veut-elle que je lui fasse bâtir un palais dans chacune de ces îles?
— Lucius, dit Acté, tu m'effraies parfois en me faisant des promesses qu'un Dieu seul pourrait tenir : qui es-tu donc, et que me caches-tu? es-tu Jupiter Tonnant? et crains-tu, en m'apparaissant dans ta splendeur, que ta foudre ne me dévore comme elle a fait de Sémélé.
— Tu te trompes, répondit Lucius en souriant; je ne suis rien qu'un pauvre chanteur, à qui un oncle a laissé toute sa fortune, à la condition que je porterais son nom; ma seule puissance est dans mon amour, Acté, mais je sens que, soutenu par lui, j'entreprendrais les douze travaux d'Hercule.
— Tu m'aimes donc? demanda la jeune fille.
— Oui, mon âme! dit Lucius.

Et le Romain prononça ces paroles avec un accent si puissant et si vrai, que sa maîtresse tendit les deux mains au ciel comme pour le remercier de son bonheur : car, dans ce moment, elle avait oublié tout : et regrets et remords s'effaçaient de son âme, comme à ses yeux sa patrie qui disparaissait à l'horizon.

Ils voguèrent ainsi pendant six jours, sous un ciel bleu sur une mer bleue; le septième, ils aperçurent, vers la proue du vaisseau, la ville de Lecri, bâtie par les soldats d'Ajax. Alors, doublant le promontoire d'Hercule, ils entrèrent dans le détroit de Sicile, laissant à leur gauche Messine, l'ancienne Zanclé, au port recourbé comme une faux; à leur droite Rhégium, à qui Denis le Tyran fit demander une femme, et qui lui offrit la fille du bourreau; puis, naviguant directement entre la bouillante Charybde et l'aboyante Scylla, ils saluèrent d'un dernier adieu les flots d'Ionie, et entrèrent dans la mer Tyrrhénienne, éclairée par le volcan de Strongyle, phare éternel de la Méditerranée. Cinq jours encore ils voguèrent, tantôt à la voile, tantôt à la rame, voyant s'élever successivement devant eux Helea, près de laquelle on distinguait encore les ruines du tombeau de Palinure; Pœstum et ses trois temples, Caprée et ses douze palais. Puis enfin ils entrèrent dans le golfe magnifique au fond duquel s'élevait Neapolis, cette belle fille grecque, esclave affranchie par Rome, nonchalamment couchée au pied de son Vésuve fumant, ayant à sa droite Herculanum, Pompéi et Stabbia qui, vingt ans plus tard devaient disparaître dans leur tombe de lave; et, à sa gauche, Putéoli et son pont gigantesque, Baïa tant crainte par Properce, et Baules, que devait bientôt rendre célèbre le parricide de Néron.

A peine Lucius fut-il en vue de la ville, qu'il fit changer les voiles blanches de sa birème contre des voiles de pourpre, et orner son mât d'une branche de laurier : sans doute, ce signal était convenu et annonçait la victoire, car, à peine fut-il arboré, qu'un grand mouvement parut s'effectuer sur le rivage, et que le peuple se précipita en devant du vaisseau olympique; il entra dans la rade au bruit des instruments, aux chants des matelots, et aux applaudissements de la multitude. Un char attelé de quatre chevaux blancs attendait Lucius; il y monta, revêtu d'une robe de pourpre, drapé d'une chlamyde bleue étoilée d'or, portant au front la couronne olympique qui était d'olivier, et à la main la couronne pythique qui était de laurier. Puis on fit une brèche aux murs de la ville, et le triomphateur y entra comme un conquérant.

Pendant toute la route, ce furent de

semblables honneurs. A Fondi, un vieillard de soixante-cinq ans, dont la famille était aussi ancienne que Rome, et qui, après la guerre d'Afrique, avait obtenu l'ovation et trois sacerdoces, lui avait fait préparer des jeux splendides et venait lui-même au devant de lui pour les lui offrir ; cette démarche de la part d'un homme si considérable parut faire grande sensation parmi la suite de Lucius, qui s'augmentait de moment en moment : c'est qu'on racontait d'étranges choses sur ce vieillard. Un de ses aïeux faisait un sacrifice, lorsqu'un aigle s'abattit sur la victime, lui arracha les entrailles et les emporta sur un chêne. Il lui fut prédit alors qu'un de ses descendans serait empereur, et ce descendant, disait on, c'était Galba ; car un jour qu'il était venu, avec plusieurs jeunes garçons de son âge, saluer Octave, celui-ci, frappé d'une espèce de double vue momentanée, lui avait passé la main sur la joue en disant : — Et toi aussi, mon enfant, tu essaieras de notre puissance. — Livie l'aimait au point qu'elle lui laissa en mourant cinquante millions de sesterces ; mais comme la somme était en chiffres, Tibère la réduisit à cinq cent mille ; et peut être la haine du vieil empereur, qui savait la prédiction de l'oracle, ne se serait-elle pas bornée là, si Thrasylle, son astrologue, ne lui avait dit que c'était dans sa vieillesse seulement que Galba devait régner. — Qu'il vive donc ! avait-il répondu alors, car cela ne m'importe pas. — En effet, Tibère était mort ; Caligula et Claude avaient occupé le trône ; César Néron était empereur ; Galba avait soixante-cinq ans, et rien n'annonçait qu'il touchât à la suprême puissance. Cependant, comme les successeurs de Tibère, plus rapprochés de moment de la prédiction, pouvaient ne pas avoir la même insouciance que lui, Galba portait habituellement, même pendant son sommeil, un poignard suspendu au cou par une chaîne, et ne sortait jamais sans emporter avec lui un million de sesterces en or, pour le cas où il lui faudrait fuir des licteurs ou gagner des assassins.

Le vainqueur passa deux jours chez Galba, au milieu des fêtes et des triomphes ; et là Acté fut témoin d'une précaution qu'elle n'avait jamais vu prendre à Lucius, et dont elle ne pouvait se rendre compte : des soldats, qui étaient venus au devant du triomphateur pour lui servir d'escorte, veillaient la nuit dans les appartemens qui entouraient sa chambre, et, avant de se coucher, son amant prenait le soin étrange de mettre son épée sous le chevet de son lit. Acté n'osait l'interroger ; mais elle sentait instinctivement que quelque péril le menaçait : aussi le priait-elle instamment chaque matin de partir ; enfin, le troisième jour, il quitta Fondi, et, continuant sa route triomphale à travers les villes dont il ébréchait les murailles, il parvint enfin, avec un cortège qui ressemblait plutôt à l'armée d'un satrape qu'à la suite d'un simple vainqueur, à la montagne d'Albano. Arrivée au sommet, Acté jeta un cri de surprise et d'admiration : elle venait, au bout de la voie Appia, de découvrir Rome dans toute son étendue et toute sa splendeur.

C'est qu'en effet Rome se présentait aux regards de la jeune Grecque sous son plus magnifique aspect. La voie Appienne était surnommée la reine des routes, comme étant la plus belle et la plus importante, car, partant de la mer Tyrrhénienne, elle franchissait les Apennins, traversait la Calabre, et allait aboutir à la mer Adriatique. Depuis Albano jusqu'à Rome, elle servait de promenade publique, et, selon l'habitude des anciens qui ne voyaient dans la mort qu'un repos, et qui cherchaient pour leurs cendres les endroits les plus pittoresques et les plus fréquentés, elle était bordée de chaque côté de magnifiques tombeaux, parmi lesquels, pour son antiquité, on réputait celui d'Ascagne ; pour son souvenir héroïque, on honorait celui des Horaces, et pour sa magnificence impériale, on citait celui de Cécilia Métella.

Or, ce jour-là, toute cette magnifique route était couverte de curieux venant au devant de Lucius : les uns montant de brillans équipages attelés de mules d'Espagne, aux harnais de pourpre ; les autres couchés dans des litières que portaient huit esclaves vêtus de magnifiques penulæ et qu'accompagnaient des coureurs aux robes retroussées : ceux-ci précédés de cavaliers numides qui soulevaient la poussière et écartaient la foule sur leur passage : ceux-là lançaient devant eux une troupe de chiens molosses aux colliers à clous d'argent. A peine les premiers eurent-ils aperçu le vainqueur, que leurs cris, répétés de bouche en bouche, volèrent vers les murs de la ville. Au même instant, et sur l'ordre d'un cavalier qui partit au galop, les promeneurs se rangèrent aux deux côtés de la voie qui, large de trente-six pieds, offrit un passage facile au quadrige triomphant qui continua de s'avancer vers la ville. A un mille à peu près avant la porte, un escadron de cavaliers, composé de cinq cents hommes, attendait le cortège et se mit à sa tête. Ils n'avaient pas fait cinquante pas, qu'Acté s'aperçut que les chevaux étaient ferrés en argent, et que les fers, mal assurés, se détachaient et roulaient sur le pavé, de sorte que le peuple, pour les ramasser, se précipitait avidement sous les pieds de ces animaux, au risque d'être écrasé par eux. Arrivé aux portes de la ville, le char victorieux y entra au milieu des acclamations frénétiques de la multitude. Acté ne comprenait rien à cette ivresse, et cependant se laissait entraîner par elle. Elle entendait mêler le nom de César à celui de Lucius. Elle passait sous des arcs de triomphe, au milieu de rues jonchées de fleurs et embaumées d'encens. A chaque carrefour, des sacrificateurs immolaient des victimes aux autels des Lares de la patrie. Elle traversait les plus magnifiques quartiers de la ville, le grand cirque dont on avait abattu trois arcades, le Velabre et le Forum ; enfin, joignant la voie Sacrée, le cortège commença de gravir le Capitole et ne s'arrêta qu'en face du temple de Jupiter.

Alors Lucius descendit de son char et monta les escaliers qui conduisaient au temple. Les Flamines l'attendaient aux portes, et l'accompagnèrent jusqu'au pied de la statue. Arrivé là, il déposa les trophées de sa victoire sur les genoux du dieu, et, prenant un stylet, il écrivit, sur une plaque d'or massif que lui présenta le grand-prêtre, l'inscription suivante :

Lucius-Domitius-Claudius Néron, vainqueur à la lutte, à la course et au chant, a consacré ces trois couronnes à Jupiter, très bon et très grand.

Au milieu des acclamations qui s'élevèrent aussitôt de tous côtés, un cri de terreur se fit entendre : Acté venait de reconnaître que le pauvre chanteur qu'elle avait suivi comme amant n'était autre que César lui-même.

VII.

Cependant, au milieu de l'ivresse de son triomphe, l'empereur n'avait point oublié Acté. La jeune Grecque n'était point encore revenue de la surprise mêlée d'épouvante que lui avaient causée le nom et le titre de son amant, lorsqu'elle vit s'approcher d'elle deux esclaves liburniens qui, de la part de Néron, l'invitèrent respectueusement à les suivre. Acté obéit machinalement, ignorant où on la conduisait, ne pensant pas même à le demander, tant elle était abîmée dans cette idée terrible qu'elle était la maîtresse de cet homme dont elle n'avait jamais entendu prononcer le nom qu'avec terreur. Au bas du Capitole, entre le Tabularium et le temple de la Concorde, elle trouva une litière magnifique portée par six esclaves égyptiens, la poitrine ornée de plaques d'argent poli en forme de croissant, les bras et les jambes entourés d'anneaux du même métal, et, assise près de la litière, Sabina, qu'elle avait perdue un instant de vue au milieu du triomphe, et qu'elle retrouvait là justement comme pour compléter tous ses souvenirs. Acté monta dans la litière, s'y coucha sur des coussins de soie, et s'avança vers le Palatin, accompagnée par Sabina qui, la suivant à pied, marchait à côté d'elle et dirigeait sur sa maîtresse l'ombre d'un grand éventail en plumes de paon, fixé au bout d'un roseau des Indes. Pendant trois cents pas à peu près, la litière suivit sur la voie Sacrée le même chemin qu'Acté avait parcouru à la suite de César ; puis bientôt, prenant à droite, elle passa entre le temple de Phœbé et celui de Jupiter-Stator, monta quelques degrés qui conduisaient au Palatin, puis, arrivée sur le magnifique plateau qui couronne la montagne, elle la côtoya un instant du côté qui dominait la rue Suburanne et la Via-Nova ; enfin, arrivée en face de la fontaine Juturne, elle s'arrêta sur le seuil d'une petite maison isolée, et aussitôt les deux Liburniens apportèrent à chaque côté de la litière un marche-pied couvert d'un tapis de pourpre; afin que celle que l'empereur venait de leur donner pour maîtresse ne prît pas même la peine d'indiquer d'un signe le côté par lequel elle désirait de descendre.

Acté était attendue, car la porte s'ouvrit à son approche, et, lorsqu'elle l'eût franchie, se referma derrière elle sans qu'elle vît la personne chargée des fonctions de janitor. Sabina l'accompagnait seule, et, sans doute pensant qu'après une route longue et fatigante le premier désir de sa maîtresse devait être celui de se mettre au bain, elle la conduisit à l'*apodyterium*, chambre que l'on appelait ainsi d'un verbe grec qui signifie dépouiller ; mais, arrivée là, Acté, tout émue et toute préoccupée encore de cette fatalité étrange qui l'avait entraînée à la suite du maître du monde, s'assit sur le banc qui régnait à l'entour de la salle, en faisant à Sabina signe d'attendre un instant. Mais à peine était-elle plongée dans ses rêveries, que, comme si le maître invisible et puissant qu'elle s'était choisi avait craint qu'elle ne s'y abandonnât, une musique douce et sonore se fit entendre, sans qu'on pût préciser l'endroit d'où elle partait : en effet, les musiciens étaient disposés de manière que toute la chambre fût ceinte d'harmonie. Sans doute Néron, qui avait remarqué l'influence que prenaient sur la jeune Grecque ces sons mystérieux, dont plusieurs fois dans la traversée il avait été à même de suivre les effets, avait ordonné d'avance cette distraction à des souvenirs dont il désirait de combattre la puissance. Si telle avait été sa pensée, il ne fut point trompé dans son attente : à peine la jeune fille eut-elle entendu ces accords, qu'elle releva doucement la tête, que les pleurs qui coulaient sur ses joues s'arrêtèrent, et qu'une dernière larme, s'échappant de ses yeux, trembla un instant au bout de ses longs cils comme une goutte de rosée aux pistils d'une fleur, et, comme la rosée aux rayons du soleil, sembla bientôt se sécher au feu du regard qu'elle avait obscurci ; en même temps, une vive teinte de pourpre reparut sur ses lèvres pâlies et entr'ouvertes comme pour un sourire ou pour un baiser.

Alors Sabina s'approcha de sa maîtresse, qui, au lieu de se défendre davantage, l'aida elle-même à détacher ses vêtemens qui, les uns après les autres, tombèrent à ses pieds, la laissant nue et rougissante, comme la Vénus pudique : c'était une beauté si parfaite et si virginale qui venait de se dévoiler, que l'esclave elle-même sembla rester en extase devant elle, et que, lors qu'Acté, pour s'avancer vers la seconde chambre, posa la main sur son épaule nue, elle la sentit frémir par tout le corps et vit les joues pâles de Sabina se couvrir à l'instant de rougeur, comme si une flamme l'eût touchée. A cette vue, Acté s'arrêta, craignant d'avoir fait mal à sa jeune suivante ; mais celle-ci, devinant le motif de son hésitation, lui saisit aussitôt la main qu'elle avait soulevée, et, l'appuyant de nouveau sur son épaule, elle entra avec elle dans le *tepidarium*.

C'était une vaste chambre carrée, au milieu de laquelle s'étendait un bassin d'eau tiède pareil à un lac ; de jeunes esclaves, la tête couronnée de roseaux, de narcisses et de nymphæas, se jouaient à sa surface comme une troupe de naïades, et à peine eurent-elles aperçu Acté, qu'elles poussèrent vers le bord le plus proche d'elle une conque d'ivoire incrustée de corail et de nacre. C'était une suite d'enchantemens si rapides, qu'Acté s'y laissait aller comme à un songe. Elle s'assit donc sur cette barque fragile, et, en un instant, comme Vénus entourée de sa cour marine, elle se trouva au milieu de l'eau.

Alors cette délicieuse musique qui l'avait déjà charmée se fit entendre de nouveau ; bientôt les voix des naïades se mêlèrent à ces accens : elles disaient la fable d'Hylas allant puiser de l'eau sur les rivages de la Troade, et, comme les nymphes du fleuve Ascanius appelaient le favori d'Hercule du geste et de la voix, elles tendaient les bras à Acté, et l'invitaient, en chantant, à descendre au milieu d'elles. Les jeux de l'onde étaient familiers à la jeune Grecque ; mille fois avec ses compagnes elle avait traversé à la nage le golfe de Corinthe ; aussi s'élança-t-elle sans hésitation au milieu de cette mer tiède et parfumée, où ses esclaves la reçurent comme leur reine.

C'étaient toutes des jeunes filles choisies parmi les plus belles ; les unes avaient été enlevées au Caucase, les autres à la Gaule ; celles-ci venaient de l'Inde, celles-là d'Espagne ; cependant, au milieu de cette troupe d'élite choisie par l'amour pour la volupté, Acté semblait une déesse. Au bout d'un instant, lorsqu'elle eut glissé sur la surface de l'eau comme une syrène, lorsqu'elle eut plongé comme une naïade, lorsqu'elle se fut roulée dans ce lac factice, avec la souplesse et la grâce d'un serpent, elle s'aperçut que Sabina manquait à sa cour marine, et, la cherchant des yeux, elle l'aperçut assise et se cachant la tête dans sa rica. Familière et rieuse comme un enfant, elle l'appela : Sabina tressaillit et souleva le manteau qui lui voilait le visage ; alors, avec des rires d'une expression étrange et qu'Acté ne put comprendre, d'une voix folle et railleuse, ces femmes appelèrent toutes ensembles Sabina, sortant à moitié de l'eau pour l'inviter du geste à venir les joindre. Un instant la jeune esclave parut prête à obéir à cet appel ; quelque chose de bizarre se passait dans son âme : ses yeux étaient ardens, sa figure brûlante ; et cependant des larmes coulaient de ses paupières et se séchaient sur ses joues ; mais, au lieu de céder à ce qui était visiblement son désir, Sabina s'élança vers la porte, comme pour se soustraire à cette voluptueuse magie ; ce mouvement ne fut pas si rapide, cependant, qu'Acté n'eût le temps de sortir de l'eau et de lui barrer le passage au milieu des rires de toutes les esclaves ; alors Sabina parut près de s'évanouir ; ses genoux tremblèrent, une sueur froide coula de son front, enfin, elle pâlit si visiblement, qu'Acté, craignant qu'elle ne tombât, étendit les bras vers elle et la reçut sur sa poitrine nue ; mais aussitôt elle la repoussa en jetant un léger cri de douleur. Dans le paroxisme étrange dont l'esclave était agitée, sa bouche avait touché l'épaule de sa maîtresse et y avait imprimé une ardente morsure ; puis aussitôt, épouvantée de ce qu'elle avait fait, elle s'était élancée hors de la chambre.

Au cri poussé par Acté, les esclaves étaient accourues et s'étaient groupées autour de leur maîtresse ; mais celle-ci, tremblant que Sabina ne fût punie, avait été la première à renfermer sa douleur, et essuyait, en s'efforçant de sourire, une ou deux gouttes de sang qui roulaient sur sa poitrine, pareilles à du corail liquide : l'accident était du reste trop léger pour causer à Acté une autre impression que celle de l'étonnement ; aussi s'avança-t-elle vers la chambre voisine où devait se compléter le bain, et qu'on appelait le *caldarium*.

C'était une petite salle circulaire, entourée de gradins et garnie tout à l'entour de niches étroites contenant chacune un siège ; un réservoir d'eau bouillante occupait le milieu de la chambre et formait une vapeur aussi épaisse que celle qui, le matin, court à la surface d'un lac ; seulement, ce brouillard enflammé était échauffé encore par un fourneau extérieur, dont les flammes circulaient dans des tuyaux qui enveloppaient le *caldarium* de leurs bras rougis, et couraient le long des parois extérieures, comme le lierre contre une muraille.

Lorsqu'Acté, qui n'avait point encore l'habitude de ces bains connus et pratiqués à Rome seulement, entra dans cette chambre, elle fut tellement saisie par les flots de la vapeur qui roulaient comme des nuages, qu'haletante et sans voix, elle étendit les bras et voulut appeler au secours; mais elle ne put que jeter des cris inarticulés et éclater en sanglots; elle tenta alors de s'élancer vers la porte; mais retenue dans les bras de ses esclaves, elle e renversa en arrière en faisant signe qu'elle étouffait. Aussitôt une de ses femmes tira une chaîne, et un bouclier d'or qui fermait le plafond s'ouvrit comme une soupape et laissa pénétrer un courant d'air extérieur au milieu de cette atmosphère qui allait cesser d'être respirable : ce fut la vie; Acté sentit sa poitrine se dilater, une faiblesse douce et pleine de langueur s'empara d'elle; elle se laissa conduire vers un des siéges et s'assit, commençant déjà à supporter avec plus de force cette température incandescente, qui semblait, au lieu du sang, faire courir dans les veines une flamme liquide; enfin, la vapeur devint de nouveau si épaisse et si brûlante, que l'on fut obligé d'avoir recours une seconde fois au bouclier d'or, et avec l'air extérieur descendit sur les baigneuses un tel sentiment de bien-être, que la jeune Grecque commença à comprendre le fanatisme des dames romaines pour ce genre de bain qui, jusqu'alors, lui avait été inconnu, et qu'elle avait commencé par regarder comme un supplice. Au bout d'un instant la vapeur reprit de nouveau son intensité; mais cette fois, au lieu de lui ouvrir un passage, on la laissa se condenser au point qu'Acté se sentit de nouveau près de défaillir; alors deux de ses femmes s'approchèrent avec un manteau de laine écarlate dont elles lui enveloppèrent entièrement le corps, et, la soulevant dans leurs bras à moitié évanouie, elles la transportèrent sur un lit de repos placé dans une chambre chauffée à une température ordinaire.

Là commença pour Acté une nouvelle opération aussi étrange, mais déjà moins imprévue et moins douloureuse que celle du *caldarium*! Ce fut le massage, cette voluptueuse habitude que les Orientaux ont empruntée aux Romains et conservée jusqu'à nos jours. Deux nouvelles esclaves, habiles à cet exercice, commencèrent à la presser et à la pétrir jusqu'à ce que ses membres fussent devenus souples et flexibles; alors elles lui firent craquer les unes après les autres toutes les articulations, sans douleur et sans effort; après quoi, prenant dans de petites ampoules de corne de rhinocéros de l'huile et des essences parfumées, elles lui en frottèrent tout le corps, puis elles l'essuyèrent d'abord avec une laine fine, ensuite avec la mousseline la plus douce d'Egypte, et enfin avec des peaux de cygnes dont on avait arraché les plumes, et auxquelles on n'avait laissé que le duvet.

Pendant tout le temps qu'avait duré ce complément de sa toilette, Acté était restée les yeux à demi-fermés, plongée dans une extase langoureuse, sans voix et sans pensées, en proie à une somnolence douce et bizarre, qui lui laissait seulement la force de sentir une plénitude d'existence inconnue jusqu'alors. Non-seulement sa poitrine s'était dilatée, mais encore à chaque aspiration il lui semblait que la vie affluait en elle par tous les pores. C'était une impression physique si puissante et si absolue, que non-seulement elle put effacer les souvenirs passés, mais encore combattre les douleurs présentes : dans une pareille situation, il était impossible de croire au malheur, et la vie se présentait à l'esprit de la jeune fille comme une suite d'émotions douces et charmantes, échelonnées sans formes palpables dans un horizon vague et merveilleux!

Au milieu de ce demi-sommeil magnétique, de cette rêverie sans pensées, Acté entendit s'ouvrir une porte de la chambre au fond de laquelle elle était couchée; mais comme, dans l'état bizarre où elle se trouvait, tout mouvement lui semblait une fatigue, elle ne se retourna même point, pensant que c'était quelqu'une de ses esclaves qui entrait; elle demeura donc les yeux à demi-ouverts, écoutant venir vers son lit des pas lents et mesurés, dont chacun, chose étrange, paraissait, à mesure qu'ils s'approchaient, retentir en elle-même; alors elle fit avec effort un mouvement de tête, et dirigeant son regard du côté du bruit, elle vit s'avancer, majestueuse et lente, une femme entièrement revêtue du costume des matrones romaines, et couverte d'une longue stole qui descendait de sa tête jusqu'à ses talons : arrivée près du lit, cette espèce d'apparition s'arrêta, et la jeune fille sentit se fixer sur elle un regard profond et investigateur, auquel, comme à celui d'une devineresse, il lui eût semblé impossible de rien cacher. La femme inconnue la regarda ainsi un instant en silence, puis d'une voix basse, mais sonore cependant, et dont chaque parole pénétrait, comme la lame glacée d'un poignard, jusqu'au cœur de celle à qui elle s'adressait : — Tu es, lui dit-elle, la jeune Corinthienne qui as quitté ta patrie et ton père pour suivre l'empereur, n'est-ce pas?

Toute la vie d'Acté, bonheur et désespoir, passé et avenir, était renfermée dans ces quelques paroles, de sorte qu'elle se sentit inonder tout à coup comme d'un flux de souvenirs; son existence de jeune fille cueillant des fleurs sur les rives de la fontaine Pyrène; le désespoir de son vieux père lorsque le lendemain des jeux il l'avait appelée en vain; son arrivée à Rome où s'était révélé à elle le terrible secret que lui avait caché jusque-là son impérial amant; tout cela reparut vivant derrière le voile enchanté que soulevait le bras glacé de cette femme. Acté jeta un cri, et couvrant sa figure avec ses deux mains : — Oh! oui, oui, s'écria-t-elle avec des sanglots, oui, je suis cette malheureuse!...

Un moment de silence succéda à cette demande et à cette réponse, moment pendant lequel Acté n'osa point rouvrir les yeux, car elle devinait que le regard dominateur de cette femme continuait de peser sur elle : enfin, elle sentit que l'inconnue lui prenait la main dont elle s'était voilé le visage, et croyant deviner dans son étreinte, toute froide et indécise qu'elle était, plus de pitié que de menace, elle se hasarda à soulever sa paupière mouillée de larmes. La femme inconnue la regardait toujours.

— Ecoute, continua-t-elle avec ce même accent sonore, mais cependant plus doux, le destin a d'étranges mystères; il remet parfois aux mains d'un enfant le bonheur ou l'adversité d'un empire : au lieu d'être envoyée par la colère des dieux, peut-être es-tu choisie par leur clémence.

— Oh! s'écria Acté, je suis coupable, je suis coupable d'amour et voilà tout; je n'ai pas dans le cœur un sentiment mauvais! et ne pouvant plus être heureuse, je voudrais du moins voir tout le monde heureux!... Mais je suis bien isolée, bien faible et bien impuissante. Indique-moi ce que je puis faire et je le ferai!...

— D'abord, connais-tu celui auquel tu as confié ta destinée?

— Depuis ce matin seulement je sais que Lucius et Néron ne sont qu'un même homme, et que mon amant est l'empereur. Fille de la Grèce antique, j'ai été séduite par la beauté, par l'adresse, par la mélodie. J'ai suivi le vainqueur des jeux; j'ignorais que ce fût le maître du monde!...

— Et maintenant, reprit l'étrangère avec un regard plus fixe et une voix plus vibrante encore, tu sais que c'est Néron; mais sais-tu ce que c'est que Néron?

— J'ai été habituée à le regarder comme un dieu, répondit Acté.

— Eh bien, continua l'inconnue en s'asseyant, je vais te dire ce qu'il est, car c'est bien moins que la maîtresse connaisse l'amant, et l'esclave le maître.

— Que vais-je entendre? murmura la jeune fille.

— Lucius était né loin du trône : il s'en rapprocha par une alliance, il y monta par un crime.

— Ce ne fut pas lui qui le commit, s'écria Acté.

— Ce fut lui qui en profita, répondit froidement l'inconnue. D'ailleurs, la tempête qui avait abattu l'arbre avait respecté le rejeton. Mais le fils bientôt rejoindra le père : Britannicus se coucha près de Claude, et cette fois-ci, ce fut bien Néron qui fut le meurtrier.

— Oh! qui peut dire cela? s'écria Acté; qui peut porter cette terrible accusation?

— Tu doutes, jeune fille? continua la femme inconnue, sans que son accent changeât d'expression, veux-tu savoir comment la chose se fit? Je vais te le dire. Un jour, que ans une chambre voisine de celle où se tenait la cour d'Agrippine, Néron jouait avec de jeunes enfans, et que parmi ceux-ci jouait aussi Britannicus, il lui ordonna d'entrer dans la chambre du repas et de chanter des vers aux convives, croyant intimider l'enfant et lui attirer les rires et les huées de ses courtisans. Britannicus reçut l'ordre et y obéit : il entra vêtu de blanc dans la salle du *triclinium*, et, s'avançant pâle et triste au milieu de l'orgie, d'une voix émue et les larmes dans les yeux, il chanta ces vers qu'Ennius, notre vieux poëte, met dans la bouche d'Astyanax :

— « O mon père ! ô ma patrie ! ô maison de Priam ! palais
» superbe ! temple aux gonds retentissans ! aux lambris
» resplendissans d'or et d'ivoire !... je vous ai vus tomber
» sous une main barbare, je vous ai vus devenir la proie
» des flammes ! » et soudain le rire s'arrêta pour faire place aux larmes, et, si effrontée que fût l'orgie, elle se tut devant l'innocence et la douleur. Alors tout fut dit pour Britannicus. Il y avait dans les prisons de Rome une empoisonneuse célèbre et renommée pour ses crimes ; Néron fit venir le tribun Pollio Julius qui était chargé de la garder, car il hésitait encore, lui empereur, à parler à cette femme. Le lendemain Pollio Julius lui apporta le poison, qui fut versé dans la coupe de Britannicus par ses instituteurs eux-mêmes ; mais, soit crainte, soit pitié, les meurtriers avaient reculé devant le crime : le breuvage ne fut pas mortel : alors Néron l'empereur, entends-tu bien ! Néron le dieu, comme tu l'appelais tout à l'heure, fit venir les empoisonneurs dans son palais, dans sa chambre, devant l'autel des dieux protecteurs du foyer, et là, il fit composer le poison. On l'essaya sur un bouc qui vécut encore cinq heures, pendant lesquelles on fit cuire et réduire la potion, puis on la fit avaler à un sanglier qui expira à l'instant même !... Alors Néron passa dans le bain, se parfuma, et mit une robe blanche ; puis il vint s'asseoir, le sourire sur les lèvres, à la table voisine de celle où dînait Britannicus.

— Mais, interrompit Acté d'une voix tremblante, mais si Britannicus fut réellement empoisonné, comment se fait-il que l'esclave dégustateur n'éprouva point les effets du poison ? Britannicus, dit-on, était atteint d'épilepsie depuis son enfance, et peut-être qu'un de ces accès...

— Oui, oui, voilà ce que dit Néron !... et c'est en ceci qu'éclata son infernale prudence. — Oui, toutes les boissons, tous les mets que touchait Britannicus étaient dégustés auparavant ; mais on lui présenta un breuvage si chaud que l'esclave put bien le goûter, mais que l'enfant ne put le boire ; alors on versa de l'eau froide dans le verre, et c'est dans cette eau froide qu'était le poison. Oh ! poison rapide et habilement préparé, car Britannicus, sans jeter un cri, sans pousser une plainte, ferma les yeux et se renversa en arrière. — Quelques imprudens s'enfuirent !... mais les plus adroits demeurèrent, tremblans et pâles, et devinant tout. — Quant à Néron, qui chantait à ce moment, il se pencha sur son lit, et, regardant Britannicus :
— Ce n'est rien, dit-il, dans un instant la vue et le sentiment lui reviendront. — Et il continua de chanter. — Et cependant, il avait pourvu d'avance aux apprêts funéraires, un bûcher était dressé dans le Champ-de-Mars ; et, la même nuit, le cadavre, tout marbré de taches violettes, y fut porté. Mais, comme si les dieux refusaient d'être complices du fratricide, trois fois la pluie qui tombait par torrens éteignit le bûcher ! Alors Néron fit couvrir le corps de poix et de résine ; une quatrième tentative fut faite, et cette fois le feu, en consumant le cadavre, sembla porter au ciel, sur une colonne ardente, l'esprit irrité de Britannicus !

— Mais Burrhus ! mais Sénèque !... s'écria Acté.

— Burrhus ! Sénèque ! reprit avec amertume la femme inconnue ; on leur mit de l'argent plein les mains, de l'or plein la bouche, et ils se turent !...

— Hélas ! hélas ! murmura Acté.

— De ce jour, continua celle à qui tous ces secrets terribles semblaient être familiers, de ce jour Néron fut le noble fils des Ænobarbus, le digne descendant de cette race à la barbe de cuivre, au visage de fer et au cœur de plomb : de ce jour, il répudia Octavie, à qui il devait l'empire, l'exila dans la Campanie, où il la fit garder à vue, et, livré entièrement aux cochers, aux histrions et aux courtisanes, il commença cette vie de débauches et d'orgies qui depuis deux ans épouvante Rome. — Car celui que tu aimes, jeune fille, ton beau vainqueur olympique, celui que le monde appelle son empereur, celui que les courtisans adorent comme un dieu, lorsque la nuit est venue, sort de son palais déguisé en esclave, et, la tête coiffée d'un bonnet d'affranchi, court, soit au pont Milvius, soit dans quelque taverne de la Suburrane, et là, au milieu des libertins et des prostituées, des portefaix, des bateleurs, au son des cymbales d'un prêtre de Cybèle ou de la flûte d'une courtisane, le divin César chante ses exploits guerriers et amoureux ; puis, à la tête de cette troupe chaude de vin et de luxure, parcourt les rues de la ville, insultant les femmes, frappant les passans, pillant les maisons, jusqu'à ce qu'il rentre enfin au palais d'or, rapportant parfois sur son visage les traces honteuses qu'y a laissées le bâton infâme de quelque vengeur inconnu.

— Impossible ! impossible ! s'écria Acté, tu le calomnies !

— Tu te trompes, jeune fille, je dis à peine la vérité.

— Mais comment ne te punit-il pas de révéler de pareils secrets ?

— Cela pourra bien m'arriver un jour, et je m'y attends.

— Pourquoi alors t'exposes-tu ainsi à sa vengeance ?...

— Parce que je suis peut-être la seule qui ne puisse pas la fuir.

— Mais qui donc es-tu ?

— Sa mère !

— Agrippine ! s'écria Acté, s'élançant hors du lit et tombant à genoux, Agrippine ! la fille de Germanicus !... sœur, veuve et mère d'empereurs !... Agrippine debout devant moi, pauvre fille de la Grèce ! — Oh ! que me veux-tu ? — Parle, commande, et je t'obéirai. — A moins cependant que tu ne m'ordonnes de cesser de l'aimer ! car, malgré tout ce que tu m'as dit, je l'aime toujours. — Mais alors je puis, sinon t'obéir encore, du moins mourir.

— Au contraire, enfant, reprit Agrippine, continue d'aimer César de cet amour immense et dévoué que tu avais pour Lucius, car c'est dans cet amour qu'est tout mon espoir, car il ne faut rien moins que la pureté de l'une pour combattre la corruption de l'autre.

— De l'autre ! s'écria la jeune fille avec terreur. César en aime-t-il donc une autre ?

— Tu ignores cela, enfant ?

— Eh ! savais-je quelque chose !... Quand j'ai suivi Lucius, me suis-je informée de César ? Que me faisait l'empereur, à moi ? — C'était un simple artiste que j'aimais, à qui j'offrais ma vie, croyant qu'il pouvait me donner la sienne ! Mais quelle est donc cette femme ?...

— Une fille qui a renié son père, — une épouse qui a trahi son époux !..., — une femme fatalement belle, à qui les dieux ont tout donné, excepté un cœur : — Sabina Poppæa.

— Oh ! oui, oui, j'ai entendu prononcer ce nom. — J'ai entendu raconter cette histoire, quand j'ignorais qu'elle deviendrait la mienne. — Mon père, ne sachant pas que j'étais là, disait tout bas à un autre vieillard, et ils en rougissaient tous deux ! Cette femme n'avait-elle pas quitté Crispinus, son époux, pour suivre Othon, son amant ?... Et son amant, à la suite d'un dîner, ne la vendit-il pas à César pour le gouvernement de la Lusitanie ?

— C'est cela ! c'est cela ! s'écria Agrippine.

— Et il l'aime !... il l'aime encore ! murmura douloureusement Acté.

— Oui, reprit Agrippine, avec l'accent de la haine, oui, il l'aime encore, oui, il l'aime toujours, car il y a là-dessous quelque mystère, quelque philtre, quelque hippomane maudit, comme celui qui fut donné par Césonie à Caligula !...

— Justes dieux ! s'écria Acté, suis-je assez punie? suis-je assez malheureuse !...

— Moins malheureuse et moins punie que moi, reprit Agrippine, car tu étais libre de ne pas le prendre pour amant, et moi, les dieux me l'ont imposé pour fils. Eh bien! comprends-tu maintenant ce qui te reste à faire ?

— A m'éloigner de lui, à ne plus le revoir.

— Garde-t'en bien, enfant. — On dit qu'il t'aime.

— Le dit-on? est-ce vrai? le croyez-vous ?

— Oui.

— Oh ! soyez bénie !

— Eh bien ! il faut donner une volonté, un but, un résultat à cet amour ; il faut éloigner de lui ce génie infernal qui le perd, et tu sauveras Rome, l'empereur, et peut-être moi-même.

— Toi-même. — Crois-tu donc qu'il oserait...?

— Néron ose tout !...

— Mais je suis insuffisante à un tel projet, moi !...

— Tu es peut-être la seule femme assez pure pour l'accomplir.

— Oh ! non, non! mieux vaut que je parte !... que je ne le revoie jamais !

— Le divin empereur fait demander Acté, dit d'une voix douce un jeune esclave qui venait d'ouvrir la porte.

— Sporus ! s'écria Acté avec étonnement.

— Sporus ! murmura Agrippine en se couvrant la tête de sa stole.

— César attend, reprit l'esclave après un moment de silence.

— Va donc ! dit Agrippine.

— Je te suis, dit Acté.

VIII.

Acté prit un voile et un manteau, et suivit Sporus. Après quelques détours dans le palais, que celle qui l'habitait n'avait pas encore eu le temps de parcourir, son conducteur ouvrit une porte avec une clef d'or, qu'il remit ensuite à la jeune Grecque, afin qu'elle pût revenir seule ; et ils se trouvèrent dans les jardins de la maison dorée.

Acté se crut hors de la ville, tant l'horizon était étendu et magnifique. A travers les arbres, elle apercevait une pièce d'eau grande comme un lac, et de l'autre côté de ce lac, au dessus d'arbres touffus, dans un lointain bleuâtre, argentée par la lumière de la lune, la colonnade d'un palais. L'air était pur ; pas un nuage ne tachait l'azur limpide du ciel ; le lac semblait un vaste miroir, et les derniers bruits de Rome près de s'endormir s'éteignaient dans l'espace. Sporus et la jeune fille, vêtus de blanc tous deux, et marchant en silence au milieu de ce paysage splendide, semblaient deux ombres errantes dans les Champs-Élysées. Aux bords du lac et sur les vastes pelouses qui bordaient les forêts, paissaient, comme dans les solitudes de l'Afrique, des troupeaux de gazelles sauvages ; tandis que sur les ruines factices, qui leur rappelaient celles de leur antique patrie, de longs oiseaux blancs, aux ailes de flamme, se tenaient gravement debout et immobiles comme des sentinelles, et, comme des sentinelles, faisaient entendre de temps en temps et à intervalles égaux un cri rauque et monotone. Arrivé au bord du lac, Sporus descendit dans une barque et fit signe à Acté de le suivre ; puis, déployant une petite voile de pourpre, ils commencèrent à glisser, comme par magie, sur cette eau à la surface de laquelle venaient étinceler les écailles d'or des poissons les plus rares de la mer des Indes. Cette navigation nocturne rappela à Acté son voyage sur la mer d'Ionie ; et, les yeux fixés sur l'esclave, elle s'étonnait de nouveau de cette merveilleuse ressemblance entre le frère et la sœur, qui l'avait déjà frappée dans Sabina, et qui la frappait de nouveau dans Sporus. Quant au jeune homme, ses yeux baissés et timides semblaient fuir ceux de son ancienne hôtesse ; et, pilote silen-

cieux, il dirigeait la barque sans laisser échapper une seule parole. Enfin Acté rompit la première le silence, et d'une voix qui, quelque douce qu'elle fût, fit tressaillir celui auquel elle s'adressait :

— Sabina m'avait dit que tu étais resté à Corinthe, Sporus, lui dit-elle ; Sabina m'avait donc trompée ?

— Sabina t'avait dit la vérité, maîtresse, répondit l'esclave ; mais je n'ai pu demeurer longtemps éloigné de Lucius. Un vaisseau faisait voile pour la Calabre, je m'y suis embarqué ; et comme, au lieu de tourner par le détroit de Messine, il a abordé directement à Brindes, j'ai suivi la voie Appienne, et, quoique parti deux jours après l'empereur, je suis arrivé en même temps que lui à Rome.

— Et Sabina a sans doute été bien heureuse de te revoir ; car vous devez vous aimer beaucoup ?

— Oui, sans doute, dit Sporus, car non-seulement nous sommes frère et sœur, mais encore jumeaux.

— Eh bien ! dis à Sabina que je veux lui parler, et qu'elle vienne me trouver demain matin.

— Sabina n'est plus à Rome, répondit Sporus.

— Et pourquoi a-t-elle quittée ?

— Tel était la volonté du divin César.

— Et où est-elle allée?

— Je l'ignore.

Il y avait dans la voix de l'esclave, toute respectueuse qu'elle était, un accent d'hésitation et de gêne qui empêcha Acté de lui faire de nouvelles questions ; d'ailleurs, au même moment, la barque touchait le bord du lac, et Sporus, après l'avoir tirée sur le rivage, et voyant Acté descendue à terre, s'était remis en marche. La jeune Grecque le suivit de nouveau, silencieuse, mais pressant le pas, car elle entrait en ce moment sous un bois de pins et de sycomores, dont les branches touffues rendaient la nuit si épaisse, que, quoiqu'elle sût parfaitement qu'elle n'avait aucune aide à attendre de son conducteur, un mouvement instinctif de crainte la rapprochait de lui. En effet, depuis quelques instants, un bruit plaintif, qui semblait sortir des entrailles de la terre, était, à de courts intervalles, parvenu jusqu'à elle, enfin un cri distinct et humainement articulé se fit entendre ; la jeune fille tressaillit, et, mettant la main avec effroi sur l'épaule de Sporus :

— Qu'est ceci ? dit-elle.

— Rien, répondit l'esclave.

— Mais cependant il m'a semblé entendre... continua Acté.

— Un gémissement. Oui, nous passons près des prisons.

— Et ces prisonniers, quels sont-ils ?

— Ce sont des chrétiens réservés au cirque.

Acté continua sa route en pressant le pas ; car, en passant devant un soupirail, elle venait effectivement de reconnaître les notes les plus plaintives et les plus douloureuses de la voix humaine, et, quoique ces chrétiens lui eussent été présentés, toutes les fois qu'elle en entendait parler comme une secte coupable et impie, se livrant à toutes sortes de débauches et de crimes, elle éprouvait cette douleur sympathique que l'on ressent, fussent-ils coupables, pour ceux qui doivent mourir d'une mort affreuse. Elle se hâta donc de sortir du bois fatal, et, arrivée sur sa lisière, elle vit le palais illuminé, elle entendit le bruit des instrumens, et, la lumière et la mélodie succédant aux ténèbres et aux plaintes, elle entra d'un pied plus sûr, et cependant moins rapide, sous le vestibule.

Là, Acté s'arrêta un instant, éblouie. Jamais, dans ses songes, l'imagination féerique d'un enfant n'aurait pu rêver une telle magnificence. Ce vestibule, tout resplendissant de bronze, d'ivoire et d'or, était si vaste, qu'une triple rangée de colonnes l'entourait, composent les portiques de mille pas de longueur, et si élevés, qu'au milieu était placée une statue haute de cent vingt pieds, sculptée par Zénodore, et représentant le divin empereur debout et dans l'attitude d'un dieu. Acté passa en frissonnant près de cette statue. Qu'était-ce donc que le pouvoir effroyable de cet homme qui se faisait sculpter des images trois fois plus hautes que celles du Jupiter Olympien ; qui avait pour ses promenades des jardins et des étangs qui ressemblaient à des forêts et des lacs; et pour ses délassemens et ses plaisirs des captifs qu'on jetait aux tigres et aux lions? Dans e palais, toutes les lois de la vie humaine étaient interverses ; un geste, un signe, un coup d'œil de cet homme, et ut était dit: un individu, une famille, un peuple disparaissaient de la surface de la terre, et cela sans qu'un souffle s'opposât à l'exécution de cette volonté, sans qu'on entendît une autre plainte que les cris de ceux qui mouraient, sans que rien fût ébranlé dans l'ordre de la nature, sans que le soleil se voilât, sans que la foudre annonçât qu'il y eût un ciel au dessus des hommes, des dieux au dessus des empereurs!

Ce fut donc avec un sentiment de crainte profonde et terrible qu'Acté monta l'escalier qui conduisait à l'appartement de Lucius ; et cette impression avait pris un tel degré de force, qu'arrivée à la porte, et au moment où Sporus allait en tourner la clé, elle l'arrêta, lui posant une main sur l'épaule et appuyant l'autre sur son propre cœur, dont les battemens l'étouffaient. Enfin, après un instant d'hésitation, elle fit signe à Sporus d'ouvrir la porte ; l'esclave obéit, et au bout de l'appartement elle aperçut Lucius vêtu d'une simple tunique blanche, couronné d'une branche d'olivier, et à demi couché sur un lit de repos. Alors tout souvenir triste s'effaça de sa mémoire. Elle avait cru que quelque changement avait dû se faire dans cet homme depuis qu'elle le savait maître du monde ; mais d'un seul regard elle avait reconnu Lucius, le beau jeune homme à la barbe d'or qu'elle avait guidé à la maison de son père ; elle avait retrouvé son vainqueur olympique : César avait disparu. Elle voulut courir à lui ; mais à moitié chemin la force lui manqua : elle tomba sur un genou, en tendant les mains vers son amant et murmurant à peine :

— Lucius... toujours Lucius... n'est-ce pas ?...

— Oui, oui, ma belle Corinthienne, sois tranquille ! répondit César d'une voix douce et en lui faisant signe de venir à lui : Lucius toujours! N'est-ce pas sous ce nom que tu m'as aimé, aimé pour moi, et non pour mon empire et pour ma couronne, comme toutes celles qui m'entourent?... Viens, mon Acté, lève-toi ! le monde a mes pieds, mais toi dans mes bras !

— Oh! je le savais bien, moi! s'écria Acté en se jetant au cou de son amant; je le savais bien qu'il n'était pas vrai que mon Lucius fût méchant!...

— Méchant ! dit Lucius... Et qui t'a déjà dit cela ?...

— Non, non, interrompit Acté, pardon ! Mais on croit parfois que le lion, qui est noble et courageux comme toi, et qui est roi parmi les animaux comme toi empereur parmi les hommes, on croit parfois que le lion est cruel, parce qu'ignorant sa force il tue avec une caresse. O mon lion, prends garde à ta gazelle !...

— Ne crains rien, Acté, répondit en souriant César : le lion ne se souvient de ses ongles et de ses dents que pour ceux qui veulent lutter contre lui... Tiens, tu vois, il se couche à tes pieds comme un enfant.

— Aussi n'est-ce pas Lucius que je crains. Oh ! pour moi, Lucius, c'est mon hôte et mon amant, c'est celui qui m'a enlevée à ma patrie et à mon père, et qui doit me rendre en amour ce qu'il m'a ravi en pureté ; mais celui que je crains... — Elle hésita : Lucius lui fit un signe d'encouragement. — C'est César, qui a exilé Octavie... c'est Néron, le futur mari de Poppée !...

— Tu as vu ma mère ! s'écria Lucius se relevant d'un bond et regardant Acté en face ; tu as vu ma mère !

— Oui, murmura en tremblant la jeune fille.

— Oui, continua Néron avec amertume ; et c'est elle qui t'a dit que j'étais cruel, n'est-ce pas? que j'étouffais en embrassant, n'est-ce pas ? que je n'avais de Jupiter que la foudre qui dévore? C'est elle qui t'a parlé de cette Octavie qu'elle protège et que je hais; qu'elle m'a mise malgré moi entre les bras et que j'en ai repoussée avec tant de peine !... dont l'amour stérile n'a jamais eu pour moi que des caresses patientes et forcées!... Ah ! l'on se trompe, et l'on a tort, si l'on croit obtenir quelque chose de moi en me fatiguant de prières ou de menaces. J'avais bien voulu oublier cette femme, la dernière d'une race maudite ! Qu'on ne m'en fasse donc pas souvenir !...

Lucius avait à peine achevé ces paroles, qu'il fut effrayé de l'impression qu'elles avaient produite. Acté, les lèvres pâles, la tête en arrière, les yeux pleins de larmes, était renversée sur le dossier du lit, tremblante sous une colère dont elle entendait la première explosion. En effet, cette voix si douce, qui d'abord avait été toucher les fibres les plus secrètes de son cœur, avait pris en un instant une expression terrible et fatale, et ces yeux, dans lesquels elle n'avait jusqu'alors lu que l'amour, lançaient ces éclairs terribles devant lesquels Rome se voilait le visage.

— O mon père ! mon père ! s'écria Acté en sanglots; ô mon père, pardonne-moi!...

— Oui, car Agrippine t'aura dit que tu serais assez punie de ton amour par mon amour; elle t'aura découvert quelle espèce de bête féroce tu aimais; elle t'aura raconté la mort de Britannicus ! celle de Julius Montanus ! que sais-je encore? mais elle se sera bien gardée de te dire que l'un voulait me prendre le trône, et que l'autre m'avait frappé d'un bâton au visage. Je le conçois : c'est une vie si pure que celle de ma mère!

— Lucius! Lucius ! s'écria Acté, tais-toi ; au nom des dieux, tais-toi !

— Oh! continua Néron, elle t'a mise de moitié dans nos secrets de famille. Hé bien! écoute le reste. Cette femme, qui me reproche la mort d'un enfant et d'un misérable, fut exilée pour ses désordres par Caligula, son frère, qui n'était pas un maître sévère en fait de mœurs, cependant ! Rappelée de l'exil lorsque Claude monta sur le trône, elle devint la femme de Crispus Passienus, patricien, d'illustre famille, qui eut l'imprudence de lui léguer ses immenses richesses, et qu'elle fit assassiner, voyant qu'il tardait à mourir. Alors commença la lutte entre elle et Messaline. Messaline succomba. Claude fut le prix de la victoire. Agrippine devint la maîtresse de son oncle ; ce fut alors qu'elle conçut le projet de régner sous mon nom. Octavie, la fille de l'empereur, était fiancée à Silanus. Elle arracha Silanus du pied des autels; elle trouva de faux témoins qui l'accusèrent d'inceste. Silanus se tua, et Octavie fut veuve. On la poussa dans mes bras toute pleurante, et il me fallut la prendre, le cœur plein d'un autre amour ! Bientôt une femme essaya de lui enlever son imbécile amant. Les témoins qui avaient accusé Silanus d'inceste accusèrent Lollia Paulina de magie, et Lollia Paulina, qui passait pour la plus belle femme de son temps, que Caligula avait épousée à la manière de Romulus et d'Auguste, et montrée aux Romains portant dans une seule parure pour quarante millions de sesterces, d'émeraudes et de perles, mourut lentement dans les tortures. Alors rien ne la sépara plus du trône. La nièce épousa l'oncle. Je fus adopté par Claude, et le sénat décerna à Agrippine le titre d'*Auguste*. Attends, ce n'est pas tout, continua Néron écartant les mains d'Acté qui essayait de se boucher les oreilles afin de ne pas entendre ce fils qui accusait sa mère. Il arriva un jour que Claude condamna à mort une femme adultère. Ce jugement fit trembler Agrippine et Pallas. Le lendemain l'empereur dînait au Capitole avec des prêtres. Son dégustateur, Halotus, lui servit un plat de champignons préparés par Locuste; et comme la dose n'était pas assez forte, et que l'empereur, renversé sur le lit du festin, se débattait contre l'agonie, Xénophon, son médecin, sous prétexte de lui faire rejeter le mets fatal, lui introduisit dans la gorge une plume empoisonnée, et, pour la troisième fois, Agrippine se trouva veuve. Elle avait passé sous silence toute cette première partie de son histoire, n'est-ce pas ? elle l'avait commencée au moment où elle me mit sur le trône, croyant régner en mon nom, croyant être le corps et moi l'ombre, la réalité et moi le fantôme; et cela effectivement dura un instant ainsi; elle eut une garde prétorienne, elle présida le sénat, elle rendit des arrêts, fit condamner à mort l'affranchi Narcisse, empoison-

ner le proconsul Julius Silanus. Puis un jour qu'en voyant tant de supplices, je me plaignais de ce qu'elle ne me laissait rien à faire, elle me dit que j'en faisais trop encore pour un étranger, pour un enfant adoptif, et qu'heureusement elle et les dieux avaient conservé les jours de Britannicus !... Je te le jure, quand elle me dit cela, je ne pensais pas plus à cet enfant que je ne pensais aujourd'hui à Octavie; et cette menace, et non le poison que je lui donnai, fut le véritable coup dont il mourut !... Aussi mon crime ne fut pas d'avoir été meurtrier, mais de vouloir être empereur !... Ce fut alors, — prends patience, j'ai fini, — ce fut alors, écoute bien cela, jeune fille chaste et pure jusqu'au milieu de ton amour ! ce fut alors qu'elle essaya de reprendre sur moi, comme maîtresse, l'ascendant qu'elle avait perdu sur moi, comme mère.
— Oh ! tais-toi ! s'écria Acté épouvantée.
— Ah ! tu me parlais d'Octavie et de Poppée, et tu ne te doutais pas que tu avais une troisième rivale.
— Tais-toi, tais-toi !...
— Et ce ne fut pas dans le silence de la nuit, dans l'ombre solitaire et mystérieuse d'une chambre écartée qu'elle vint à moi avec cette intention ; non, ce fut dans un repas, au milieu d'une orgie, en face de ma cour : Sénèque y était, Burrhus y était, Pâris et Phaon y étaient ; ils y étaient tous. Elle s'avança couronnée de fleurs et à demi nue, au milieu des chants et des lumières. Et ce fut alors qu'effrayés de ces projets et de sa beauté, — car elle est belle ! — ses ennemis poussèrent Poppée entre elle et moi. Eh bien ! que dis-tu de ma mère, Acté ?
— Infamie ! infamie ! murmura la jeune fille en couvrant de ses mains son visage rouge de honte.
— Oui, n'est-ce pas une singulière race que la nôtre ? Aussi, ne nous jugeant pas dignes d'être hommes, on nous fait dieux ! Mon oncle étouffa son tuteur avec un oreiller, et son beau-père dans un bain. Mon père, au milieu du Forum, creva avec une baguette l'œil d'un chevalier ; sur la voie Appienne, il écrasa sous les roues de son char un jeune Romain qui ne se rangeait pas assez vite ; et à table, un jour, près du jeune César qu'il avait accompagné en Orient, il poignarda, avec le couteau qui lui servait à découper, son affranchi qui refusait de boire. Ma mère, je te l'ai dit ce qu'elle avait fait : elle a tué Passiénus, elle a tué Silanus, elle a tué Lollia Paulina, elle a tué Claude, et moi, moi le dernier, moi avec qui s'éteindra le nom, si j'étais empereur juste au lieu d'être fils pieux, moi, je tuerais ma mère !...
Acté poussa un cri terrible et tomba à genoux, les bras étendus vers César.
— Eh bien ! que fais-tu ? continua Néron en souriant avec une expression étrange, tu prends au sérieux ce qui n'est qu'une plaisanterie ; quelques vers qui me sont restés dans l'esprit depuis la dernière fois que j'ai chanté *Oreste*, et qui se seront mêlés à ma prose. Allons donc, rassure-toi, folle enfant que tu es ; d'ailleurs es-tu venue pour prier et pour craindre ? T'ai-je envoyé chercher pour que tu te meurtrisses les genoux et que tu te tordes les bras. Voyons, relevons-nous : est-ce que je suis César ? est-ce que je suis Néron ? est-ce qu'Agrippine est ma mère ? Tu as rêvé tout cela, ma belle Corinthienne : je suis Lucius, l'athlète, le conducteur de char, le chanteur à la lyre dorée, à la voix tendre, et voilà tout.
— Oh ! répondit Acté en appuyant sa tête sur l'épaule de Lucius, oh ! le fait est qu'il y a des momens où je croirais que je suis sous l'empire d'un songe, et que je vais me réveiller dans la maison de mon père, si je ne sentais au fond du cœur la réalité de mon amour. O Lucius ! Lucius ! ne te joue pas ainsi de moi ; ne vois-tu pas que je suis suspendue par un fil au dessus des gouffres de l'enfer ; prends pitié de ma faiblesse ; ne me rends pas folle.
— Et d'où viennent ces craintes et ces angoissses ? Ma belle Hélène a-t-elle à se plaindre de son Pâris ? Le palais qu'elle habite n'est-il point assez magnifique ? nous lui en ferons bâtir un autre dont les colonnes seront d'argent et les chapitaux d'or ? Les esclaves qui la servent lui ont-ils manqué de respect ? elle a sur eux droit de vie et de mort ? Que veut-elle ? que désire-t-elle ? et tout ce qu'un homme, tout ce qu'un empereur, tout ce qu'un dieu peut accorder, qu'elle le demande, elle l'obtiendra !
— Oui, je sais que tu es tout-puissant ; je crois que tu m'aimes, j'espère que tout ce que je te demanderai, tu me le donneras : tout, excepté ce repos de l'âme, cette conviction intime que Lucius est à moi comme je suis à Lucius. Il y a maintenant tout un côté de ta personne, toute une partie de ta vie, qui m'échappe, qui s'enveloppe d'ombre, et qui se perd dans la nuit. C'est Rome, c'est l'empire, c'est le monde qui te réclame! et tu n'es à moi que par le point où je te touche. Tu as des secrets ; tu as des haines que je ne puis partager, des amours que je ne dois pas connaître. Au milieu de nos épanchemens les plus tendres, de nos entretiens les plus doux, de nos heures les plus intimes, une porte s'ouvrira, comme cette porte s'ouvre en ce moment, et un affranchi à la figure impassible te fera un signe mystérieux, auquel toi tu pourrai, auquel je ne devrai rien comprendre. Tiens, voilà mon apprentissage qui commence.
— Que veux-tu ? Anicétus, dit Néron.
— Celle que le divin César a fait demander est là, qui l'attend.
— Dis-lui que j'y vais, reprit l'empereur.
L'affranchi sortit.
— Tu vois bien ? répondit Acté en le regardant tristement.
— Explique-toi, dit Néron.
— Une femme est là ?...
— Sans doute.
— Et je t'ai senti tressaillir quand on l'a annoncée.
— Ne tressaille-t-on que d'amour ?
— Cette femme, Lucius !...
— Parle... j'attends.
— Cette femme...
— Eh bien ! cette femme...
— Cette femme s'appelle Poppée ?
— Tu te trompes, répondit Néron, cette femme s'appelle Locuste.

IX.

Néron se leva et suivit l'affranchi ; après quelques détours dans des corridors secrets qui n'étaient connus que de l'empereur et de ses plus fidèles esclaves, ils entrèrent dans une petite chambre sans fenêtres dans laquelle le jour et l'air pénétraient par le haut. Encore cette ouverture était-elle moins faite pour éclairer l'appartement que pour en laisser échapper la vapeur, qui, dans certains momens, s'exhalait des réchauds de bronze, refroidis à cette heure, mais sur lesquels le charbon préparé n'attendait que l'étincelle et le souffle, ces deux grands moteurs de toute vie et de toute lumière. Autour de la chambre étaient rangés des instrumens de grès et de verre aux formes allongées et étranges, qui semblaient modelés par quelque ouvrier capricieux, sur de vagues souvenirs d'oiseaux bizarres ou de poissons inconnus ; des vases de différentes tailles, et fermés soigneusement de couvercles sur lesquels l'œil étonné cherchait à lire des caractères de convention qui n'appartenaient à aucune langue, étaient rangés sur des tablettes circulaires, et ceignaient le laboratoire magique comme ces bandelettes mystérieuses qui serrent la taille des momies, et au-dessus d'eux pendaient à des clous d'or des plantes sèches, ou vertes encore, selon qu'elles devaient être employées en feuilles fraîches ou en poussière ; la plupart de ces plantes avaient été cueillies aux époques recommandées par les mages, c'est-à-dire au commencement de la canicule, à cette époque précise et rapide de l'année où le magicien ne pouvait être vu ni de la lune ni du soleil. Il y avait dans ces vases les préparations les plus rares et les plus précieuses : les uns contenaient des pommades qui rendaient invincible et qui étaient composées à grands frais et à grand'peine, avec la tête et la queue d'un serpent ailé, des poils arrachés au front d'un tigre, de la moelle de lion, et de l'écume d'un cheval vainqueur; les autres renfermaient, amulette puissante pour l'accomplissement de tous les vœux, du sang de basilic, qu'on appelait aussi sang de Saturne; enfin, il y en avait qu'on n'eût pu payer en les échangeant contre leur poids en diamans, et dans lesquels étaient scellées quelques parcelles de ce parfum, si rare que Julius César seul, disait-on, avait pu s'en procurer, et que l'on trouvait dans l'or *apyre*, c'est-à-dire qui n'a point encore été mis à l'épreuve du feu. Il y avait parmi ces plantes des couronnes d'héliocrysos, cette fleur qui donne la faveur et la gloire, et des touffes de verveines déracinées de la main gauche, et dont on avait fait sécher séparément, à l'ombre, les feuilles, la tige et les racines; celle-ci était pour la joie et le plaisir, car en arrosant le *triclinium* avec de l'eau dans laquelle on en avait fait infuser quelques feuilles, il n'y avait pas de convive si morose, de philosophe si sévère, qui ne se livrât bientôt à la plus folle gaîté.

Une femme vêtue de noir, la robe relevée d'un côté et à la hauteur du genou par une escarboucle, la main gauche armée d'une baguette de coudrier, arbre qui servait à découvrir les trésors, attendait Néron dans cette chambre; elle était assise et plongée dans une si profonde rêverie, que l'entrée de l'empereur ne put la tirer de sa préoccupation; Néron s'approcha d'elle, et, à mesure qu'il s'approchait, sa figure prenait une singulière expression de crainte, de répugnance et de mépris. Arrivé près d'elle, il fit un signe à Anicétus, et celui-ci toucha de la main l'épaule de la femme, qui releva lentement la tête, et la secoua pour écarter ses cheveux, qui, retombant libres, sans peignes et sans bandelettes, lui couvraient comme un voile le devant du visage chaque fois qu'elle baissait le front; alors on put voir la figure de la magicienne : c'était celle d'une femme de trente-cinq à trente sept ans, qui avait été belle, mais qui était flétrie avant l'âge par l'insomnie, par la débauche et par le remords peut-être.

Ce fut elle qui adressa la première la parole à Néron, sans se lever, et sans faire d'autre mouvement que celui des lèvres.

— Que me veux-tu encore ? lui dit-elle.
— D'abord, lui dit Néron, te souviens-tu du passé ?
— Demande à Thésée s'il se souvient de l'enfer.
— Tu sais où je t'ai prise, dans une prison infecte, où tu agonisais lentement, au milieu de la boue où tu étais couchée, et des reptiles qui passaient sur tes mains et sur ton visage.
— Il faisait si froid que je ne les sentais pas.
— Tu sais où je t'ai laissée, dans une maison que je t'ai fait bâtir et que je t'ai ornée comme pour une maîtresse; on appelait ton industrie un crime, je l'ai appelée un art; on poursuivait tes complices, je t'ai donné des élèves.
— Et moi, je t'ai rendu le échange la moitié de la puissance de Jupiter... J'ai mis à tes ordres — la Mort — cette fille aveugle et sourde du Sommeil et de la Nuit.
— C'est bien je vois que tu te rappelles ; je t'ai envoyé chercher.
— Qui donc doit mourir ?...
— Oh! pour cela, il faut que tu le devines, car je ne puis te le dire : c'est un ennemi trop puissant et trop dangereux pour que je confie son nom à la statue même du Silence ; seulement, prends garde : car il ne faut pas que le poison tarde, comme pour Claude, ou échoue à un premier essai comme sur Britannicus ; il faut qu'il tue à l'instant, sans laisser le temps à celui où à celle qui le frappera d'articuler une parole ou de faire un geste ; enfin, il me faut un poison pareil à celui que nous préparâmes dans ce lieu même, et dont nous fîmes l'essai sur un sanglier.
— Oh! il est Locuste, s'il ne s'agit que de préparer ce poison et un plus terrible encore, rien de plus facile ; mais lorsque je te donnai celui dont tu me parles, je savais pour qui je me mettais à l'œuvre : c'était pour un enfant sans defiance, et je pouvais répondre du résultat; mais il y a des gens sur lesquels le poison, comme sur Mithridate, n'a plus aucune puissance : car ils ont peu à peu habitué leur estomac à supporter les sucs les plus vénéneux et les poudres les plus mortelles : si par malheur mon art allait se heurter à l'une de ces organisations de fer, le poison manquerait son effet, et tu dirais que je t'ai trompé.

— Et, continua Néron, je te replongerais dans ce cachot, et je te redonnerais pour gardien ton ancien geôlier, Pollio Julius : voilà ce que je ferais, réfléchis donc.

— Dis-moi le nom de la victime, et je te répondrai.

— Une seconde fois, je ne puis ni ne veux te le dire n'as-tu pas des combinaisons pour trouver l'inconnu ; des sortilèges qui te font apparaître des fantômes voilés que tu interroges et qui te répondent. Cherche et interroge : je ne veux rien te dire, mais je ne t'empêche pas de deviner.

— Je ne puis rien faire ici.
— Tu n'es pas prisonnière.
— Dans deux heures je reviendrai.
— Je préfère te suivre.
— Même au mont Esquilin ?
— Partout.
— Et tu viendras seul ?
— Seul, s'il le faut.
— Viens donc.

Néron fit signe à Anicétus de se retirer, et suivit Locuste hors de la maison dorée, ayant pour toute arme apparente son épée ; il est vrai que quelques uns ont dit qu'il portait nuit et jour sur la peau une cuirasse d'écailles qui lui défendait toute la poitrine, et qui était si habilement faite, qu'elle se pliait à tous les mouvemens du corps, quoiqu'elle fût à l'épreuve des armes les mieux trempées et du bras le plus vigoureux.

Ils suivirent les rues sombres de Rome, sans esclave qui les éclairât, jusqu'au Vélabre, où était située la maison de Locuste. La magicienne frappa trois coups, et une vieille femme, qui l'aidait parfois dans ses enchantemens, vint ouvrir et se rangea en souriant pour laisser passer le beau jeune homme qui venait sans doute commander quelque philtre : Locuste poussa la porte de son laboratoire, et, y entrant la première, elle fit signe à César de la suivre.

Alors un singulier mélange d'objets hideux et opposés s'offrit aux yeux de l'empereur : des momies égyptiennes et des squelettes étrusques étaient dressés le long des murs; des crocodiles et des poissons aux formes bizarres pendaient au plafond, soutenus par des fils de fer invisibles: des figures de cire de différentes grandeurs et à diverses ressemblances étaient posées sur des piédestaux, avec des aiguilles ou des poignards dans le cœur. Au milieu de tous ces appareils différens voletait sans bruit un hibou effrayé, qui, chaque fois qu'il se posait, faisait luire ses yeux comme deux charbons ardens, et claquer son bec en signe de terreur; dans un coin de la chambre, une brebis noire bêlait tristement comme si elle eût deviné le sort qui l'attendait. Bientôt, au milieu de ces bruits divers, Néron distingua des plaintes; il regarda alors avec attention autour de lui, et, vers le milieu de l'appartement, il aperçut à fleur de terre un objet dont il ne put d'abord distinguer la forme: c'était une tête humaine, mais sans corps, quoique ses yeux parussent vivans ; autour de son cou était enroulé un serpent, dont la langue noire et mouvante se dirigeait de temps en temps avec inquiétude du côté de l'empereur, et se replongeait bientôt dans une jatte de lait ; autour de cette tête on avait placé, comme autour de Tantale, des mets et des fruits, de sorte qu'il ne semblait que c'était un supplice, un sacrilège, ou une dérision. Au reste, au bout d'un instant, l'empereur n'eut plus de doutes : — c'était bien cette tête qui se plaignait.

Cependant Locuste commençait son opération magique. Après avoir arrosé toute la maison avec de l'eau du lac Averne, elle alluma un feu composé de branches de sycomore et de cyprès arrachés sur des tombeaux, y jeta des plumes de chouette trempées dans du sang de crapaud, et y ajouta des herbes cueillies à Iolchos et en Ibérie. Alors elle s'accroupit devant ce feu en murmurant des paroles inintelligibles ; puis, lorsqu'il commença de s'éteindre, elle regarda autour d'elle comme pour chercher quelque chose que ses yeux ne rencontrèrent point d'abord : alors elle fit entendre un sifflement particulier, qui fit dresser la tête au serpent ; au bout d'un instant elle siffla une seconde fois, et le reptile se déroula lentement ; enfin, un troisième coup de sifflet se fit entendre, et, comme forcé d'obéir à cet appel, l'animal obéissant, mais craintif, rampa lentement vers elle. Alors elle le saisit par le cou et lui approcha la tête de la flamme : aussitôt tout son corps se roula autour du bras de la magicienne, et à son tour il poussa des sifflemens de douleur ; mais elle l'approcha toujours davantage du foyer, jusqu'à ce que sa gueule se blanchît d'une espèce d'écume : trois ou quatre gouttes de cette bave tombèrent sur les cendres, c'était probablement tout ce que voulait Locuste, car elle lâcha aussitôt le reptile, qui s'enfuit avec rapidité, rampa comme un lierre autour de la jambe d'un squelette, et se réfugia dans les cavités de la poitrine, où, pendant quelque temps encore, on put lui voir agiter les restes de sa souffrance à travers les ossemens qui l'entouraient comme une cage.

Alors Locuste recueillit ces cendres et ces braises ardentes dans une serviette d'amiante, prit la brebis noire par une corde qui lui pendait au cou, et, ayant achevé sans doute ce qu'elle avait à faire chez elle, elle se retourna vers Néron, qui avait regardé toutes ces choses avec l'impassibilité d'une statue, et lui demanda s'il était toujours dans l'intention de l'accompagner au mont Esquilin. Néron lui répondit par un signe de tête : Locuste sortit, et l'empereur marcha derrière elle ; au moment où il refermait la porte, il entendit une voix qui demandait pitié avec un accent si douloureux, qu'il en fut ému et voulut arrêter Locuste ; mais celle-ci répondit que le moindre retard lui ferait manquer sa conjuration, et que, si l'empereur ne l'accompagnait à l'instant même, elle serait forcée d'aller seule, ou à remettre l'entreprise au lendemain. Néron repoussa la porte et se hâta de la suivre ; au reste, comme il n'était pas étranger aux mystères de la divination, il avait à peu près reconnu la préparation dont il s'agissait. Cette tête était celle d'un enfant enterré jusqu'au cou, que Locuste laissait mourir de faim à la vue de mets placés hors de sa portée, afin de faire après sa mort, avec la moelle de ses os et son cœur desséché par la colère, un de ces philtres amoureux ou de ces breuvages amatoires que les riches libertins de Rome ou les maîtresses des empereurs payaient quelquefois d'un prix avec lequel ils eussent acheté une province.

Néron et Locuste, pareils à deux ombres, suivirent quelque temps les rues tortueuses du Vélabre ; puis ils s'engagèrent silencieux et rapides derrière la muraille du grand cirque, et gagnèrent le pied du mont Esquilin ; en ce moment la lune, à son premier quartier, se leva derrière sa cime, et sur l'azur argenté du ciel se détachèrent les croix nombreuses auxquelles étaient cloués les corps des voleurs, des meurtriers et des chrétiens, confondus ensemble dans un même supplice. L'empereur crut d'abord que c'était à quelques-uns de ces cadavres que l'empoisonneuse avait affaire ; mais elle passa au milieu d'eux sans s'arrêter, et, faisant signe à Néron de l'attendre, elle alla s'agenouiller sur un petit tertre, et se mit, comme une hyène, à fouiller la terre d'une fosse avec ses ongles ; alors dans l'excavation qu'elle venait de creuser elle versa les cendres brûlantes qu'elle avait emportées de chez elle, et au milieu desquelles un souffle de la brise fit en passant briller quelques étincelles ; puis, prenant la brebis noire amenée dans ce but, elle lui ouvrit avec les dents l'arrière du cou, et éteignit le feu avec son sang. En ce moment la lune se voila, comme pour ne pas assister à de pareils sacriléges ; mais malgré l'obscurité qui se répandit aussitôt sur la montagne, Néron vit se dresser devant la devineresse une ombre avec laquelle elle s'entretint pendant quelques instans ; il se rappela alors que c'était vers cet endroit qu'avait été en-

terrée, après avoir été étranglée pour ses assassinats, la magicienne Canidie, dont parlent Horace et Ovide, et il n'eut plus de doute que ce ne fût son fantôme maudit que Locuste interrogeait en ce moment. Au bout d'un instant l'ombre sembla rentrer en terre, la lune se dégagea du nuage qui l'obscurcissait, et Néron vit revenir à lui Locuste pâle et tremblante.

— Eh bien ? dit l'empereur.
— Tout mon art serait inutile, murmura Locuste.
— N'as-tu plus de poisons mortels ?
— Si fait, mais elle a des antidotes souverains.
— Tu connais donc celle que j'ai condamnée ? reprit Néron.
— C'est ta mère, répondit Locuste.
— C'est bon, dit froidement l'empereur ; alors je trouverai quelqu'autre moyen.

Et tous deux alors descendirent de la montagne maudite, et se perdirent dans les rues sombres et désertes qui conduisent au Vélabre et au Palatin.

Le lendemain, Acté reçut de son amant une lettre qui l'invitait à partir pour Baïa et à y attendre l'empereur, qui allait y célébrer avec Agrippine les fêtes de Minerve.

X.

Huit jours s'étaient écoulés depuis la scène que nous avons racontée dans notre précédent chapitre. Il était dix heures du soir. La lune, qui venait de paraître à l'horizon, s'élevait lentement derrière le Vésuve, et projetait ses rayons sur toute la côte de Naples. A sa lumière pure et brillante resplendissait le golfe de Pouzzoles, que traversait de sa ligne sombre le pont insensé que fit, pour accomplir la prédiction de l'astrologue Thrasylle, jeter de l'une à l'autre de ses rives le troisième César, Caïus Caligula. Sur ses bords et dans toute l'étendue du croissant immense qu'il forme depuis la pointe de Pausilippe jusqu'à celle du cap Misène, on voyait disparaître les unes après les autres, comme des étoiles qui s'éteignent au ciel, les lumières des villes, des villages et des palais dispersés sur sa plage et se mirant dans ces ondes rivales des eaux bleues de la Cyrénaïque. Pendant quelques temps encore, au milieu du silence, on vit glisser, une flamme à sa proue, quelque barque attardée, regagnant, à l'aide de sa voile triangulaire ou de sa double rame, le port d'Œnarie, de Procita ou de Baïes. Puis la dernière de ces barques disparut à son tour, et le golfe se serait dès lors trouvé entièrement désert et silencieux, sans quelques bâtimens flottant sur l'eau et enchaînés à la rive, en face des jardins d'Hortensius, entre la villa de Julius César et le palais de Bauli.

Une heure se passa ainsi, pendant laquelle la nuit devint plus calme et plus sereine encore de l'absence de tout bruit et de toute vapeur terrestre. Aucun nuage ne tachait le ciel, pur comme la mer ; aucun flot ne ridait la mer qui réfléchissait le ciel. La lune, continuant sa course au milieu d'un azur limpide, semblait s'être arrêtée un instant au dessus du golfe, comme au dessus d'un miroir. Les dernières lumières de Pouzzoles s'étaient éteintes, et seul, le phare du cap de Misène flamboyait encore à l'extrémité de son promontoire, comme une torche à la main d'un géant. C'était une de ces nuits voluptueuses où Naples, la belle fille de la Grèce, livre aux vents sa chevelure d'orangers, et aux flots son sein de marbre. De temps en temps passait dans l'air un de ces soupirs mystérieux que la terre endormie pousse vers le ciel, et à l'horizon oriental, la fumée blanche du Vésuve montait au milieu d'une atmosphère si calme, qu'elle semblait une colonne d'albâtre, débris gigantesque de quelque Babel disparue. Tout à coup, au milieu de ce silence et de cette obscurité, les matelots couchés dans les barques du rivage virent, à travers les arbres qui voilaient à moitié le palais de Bauli, étinceler des torches ardentes. Ils entendirent des voix joyeuses qui s'approchaient de leur côté ; et bientôt, d'un bois d'orangers et de lauriers-roses qui bordait la rive, ils virent déboucher, se dirigeant vers eux, le cortége qui éclatait ainsi en bruit et en lumières. Aussitôt celui qui paraissait le commandant du plus grand des vaisseaux, qui était une trirème magnifiquement dorée et toute couronnée de fleurs, fit étendre, sur le pont qui joignait son navire à la plage, un tapis de pourpre, et, s'élançant à terre, il attendit dans l'attitude du respect et de la crainte. En effet, celui qui, marchant à la tête de ce cortége, s'avançait vers les vaisseaux, était César Néron lui-même. Il s'approchait, accompagné d'Agrippine, et pour cette fois, chose étrange et rare depuis la mort de Britannicus, la mère s'appuyait au bras du fils, et, tous deux, le visage souriant et échangeant des paroles amies, paraissaient être dans la plus parfaite intelligence. Arrivé près de la trirème, le cortége s'arrêta ; et, en face de toute la cour, Néron, les yeux mouillés de larmes, pressa sa mère contre son cœur, couvrant de baisers son visage et son cou, comme s'il avait peine à se séparer d'elle ; puis enfin, la laissant pour ainsi dire échapper de ses bras, et se retournant vers le commandant du vaisseau :

— Anicétus, lui dit-il, sur ta tête, je te recommande ma mère !

Agrippine traversa le pont et monta sur la trirème, qui s'éloigna lentement de la rive, mettant le cap entre Baïes et Pouzzoles ; mais pour cela Néron n'abandonna point la place ; quelque temps encore il demeura debout et saluant sa mère de la voix et du geste, à l'endroit où il avait pris congé d'elle, tandis qu'Agrippine, de son côté, lui renvoyait ses adieux. Enfin le bâtiment commençant à se trouver hors de la portée de sa voix, Néron retourna vers Bauli, et Agrippine descendit dans la chambre qui lui avait été préparée.

A peine était-elle couchée sur le lit de pourpre préparé pour elle, qu'une tapisserie se souleva, et qu'une jeune fille, pâle et tremblante, vint se jeter à ses pieds en s'écriant : — O ma mère ! ma mère ! sauve-moi !

Agrippine tressaillit d'abord de surprise et de crainte ; puis, reconnaissant la belle Grecque : — Acté ! dit-elle avec étonnement, en lui tendant la main, toi ici ! dans mon navire ! et me demandant protection... Et de qui faut-il que je te sauve, toi qui es assez puissante pour me rendre l'amitié de mon fils ?

— Oh ! de lui, de moi, de mon amour... de cette cour qui m'épouvante, de ce monde si étrange et si nouveau pour moi.

— En effet, répondit Agrippine, tu as disparu au milieu du dîner ; Néron t'a demandée, t'a fait chercher, pourquoi donc as-tu fui ainsi ?

— Pourquoi ? tu le demandes ? était-il possible à une femme... pardon !... de rester au milieu d'une pareille orgie, qui eût fait rougir nos prêtresses de Vénus elles-mêmes. O ma mère !... n'as-tu pas entendu ces chants ? n'as-tu pas vu ces courtisanes nues... ces bateleurs dont chaque geste était une honte, moins encore pour eux que pour ceux qui les regardaient ? Oh ! je n'ai pu supporter un pareil spectacle, j'ai fui dans les jardins. Mais là, c'était autre chose... les jardins étaient peuplés comme les bois antiques ; chaque fontaine était habitée par quelque nymphe impudique ; chaque buisson cachait quelque satyre débauché... et, je croirais tu, ma mère ? parmi ces hommes et ces femmes, j'ai reconnu des matrones et des chevaliers... alors j'ai fui les jardins comme j'avais fui la table... Une porte était ouverte qui donnait sur la mer, je me suis élancée sur le rivage... j'ai vu la trirème, je l'ai reconnue ; j'ai crié que j'étais de ta suite et que je venais t'attendre ; alors on m'a reçue ; et, au milieu de ces matelots, de ces soldats, de ces hommes grossiers, j'ai respiré plus à l'aise et plus tranquille, qu'à cette table de Néron qu'entourait cependant toute la noblesse de Rome.

— Pauvre enfant ! et qu'attends-tu de moi ?

— Un asile dans ta maison du lac Lucrin, une place parmi tes esclaves, un voile assez épais pour couvrir la rougeur de mon front.

— Ne veux-tu donc plus revoir l'empereur ?

— O ma mère !...

— Veux-tu donc le laisser errant au hasard, comme un vaisseau perdu, sur cette mer de débauches ?

— O ma mère ! si je l'aimais moins, peut-être pourrais-je demeurer près de lui ; mais comment veux-tu que je voie là, devant moi, d'autres femmes aimées comme je suis aimée, ou plutôt comme j'ai cru l'être. C'est impossible ; je ne puis pas avoir tant donné pour n'obtenir que si peu. Au milieu de ce monde sale, je me perdrais ; parmi ces femmes, je deviendrais ce que sont ces femmes ; j'aurais aussi un poignard à ma ceinture, du poison dans quelque bague, puis un jour...

— Qu'y a-t-il, Acerronie, interrompit Agrippine en s'adressant à une jeune esclave qui entrait en ce moment.

— Puis-je parler, maîtresse ? répondit celle-ci d'une voix altérée.

— Parle.

— Où crois-tu aller ?

— Mais à ma villa du lac Lucrin, ce me semble.

— Oui, nous avons commencé par nous diriger de ce côté, mais au bout d'un instant le vaisseau a changé de route, et nous voguons vers la pleine mer.

— Vers la pleine mer ! s'écria Agrippine.

— Regarde, dit l'esclave en tirant un rideau qui couvrait une fenêtre, regarde, le phare du cap devrait être bien loin derrière nous, et le voici à notre droite ; au lieu de nous approcher de Pouzzoles, nous nous en éloignons à toutes voiles.

— En effet, s'écria Agrippine, que signifie cela ? Gallus ! Gallus !... Un jeune chevalier romain parut à la porte. — Gallus, reprit Agrippine, dites à Anicétus que je veux lui parler : Gallus sortit suivi d'Acerronie. — Justes dieux ! voilà le phare qui s'éteint comme par enchantement, continuat-elle... Acté, Acté, il se prépare quelque chose d'infâme sans doute. Oh ! l'on m'avait prévenue de ne pas venir à Bauli, mais je n'ai rien voulu croire... insensée ! Eh bien ! Gallus ?

— Anicétus ne peut se rendre à tes ordres ; il fait mettre les chaloupes à la mer.

— Je vais donc aller le trouver moi-même... Ah !... quel est ce bruit au-dessus de nous ? Par Jupiter ! nous sommes condamnées, et voilà le vaisseau qui se brise ! ! !

En effet, Agrippine avait à peine prononcé ces paroles en se jetant dans les bras d'Acté, que le plancher qui s'étendait au-dessus de leur tête s'abîma avec un bruit affreux. Les deux femmes se crurent perdues ; mais, par un hasard étrange, le dais qui couvrait le lit était si profondément et si solidement scellé dans les bordages, qu'il soutint le poids du plafond, dont l'extrémité opposée venait d'écraser dans sa chute le jeune chevalier romain qui se trouvait debout à l'entrée de la chambre. Quant à Agrippine et à Acté, elles se trouvèrent dans l'angle vide qu'avait formé le plancher toujours maintenu par le dais. Au même moment, de grands cris retentirent sur tout le bâtiment ; un bruit sourd se fit entendre dans les profondeurs du vaisseau, et les deux femmes le sentirent aussitôt trembler et gémir sous leurs pieds. Un instant devina tout. La mort avait été placée à la fois sur sa tête et sous ses pieds. Elle regarda autour d'elle, vit le plafond près de l'écraser, l'eau près de l'engloutir : la fenêtre par laquelle elle avait regardé lorsque s'était éteint le phare de Misène était ouverte : c'était la seule voie de salut ; elle entraîna Acté vers cette fenêtre en lui faisant signe de se taire avec ce geste prompt et impératif qui indique qu'il y va de la vie, et toutes deux, sans regarder derrière elles, sans hésitation, sans retard, se précipitèrent en se tenant embrassées. Au même instant il leur sembla qu'elles étaient attirées par une puissance infernale dans les abîmes les plus profonds de la mer ; le vaisseau s'engloutissait en tournoyant, et elles descendaient avec lui dans le tourbillon qu'il creusait ; elles s'enfoncèrent ainsi pendant quelques secondes qui leur parurent un siècle ; enfin le mouvement d'attraction s'arrêta : elles sentirent qu'elles cessaient de descendre, puis bientôt qu'elles remontaient, puis enfin, à demi évanouies, elles revinrent à la surface de l'eau. En ce moment elles virent comme à travers un voile une troisième tête qui reparaissait auprès des barques ; elles entendirent comme dans un songe une voix qui criait : *Je suis Agrippine, je suis la mère de César, sauvez-moi !* Acté à son tour voulait crier pour appeler à l'aide, mais elle se sentit de nouveau entraîner par Agrippine, et sa voix inarticulée ne jeta qu'un son confus. Lorsqu'elles reparurent, elles étaient presque hors de portée de la vue, et cependant Agrippine lui montra d'une main, tandis qu'elle nageait de l'autre, une rame qui se levait et qui brisait en retombant la tête d'Acerronie, assez insensée pour avoir cru se sauver en criant aux meurtriers d'Agrippine qu'elle était la mère de César.

Les deux fugitives alors continuèrent de fendre l'eau en silence, se dirigeant vers la côte, tandis qu'Anicétus, croyant sa mission de mort accomplie, ramait du côté de Bauli, où l'attendait l'empereur. Le ciel était toujours pur et la mer était redevenue calme ; cependant la distance était si grande de l'endroit où Agrippine et Acté s'étaient précipitées à l'eau, jusqu'à la côte où elles espéraient atteindre, qu'après avoir nagé pendant plus d'une demi-heure, elles se trouvaient encore à une demi-lieue de la terre. Pour surcroît de détresse, Agrippine, sa chute, s'était blessée à l'épaule ; elle sentait son bras droit s'engourdir, de sorte qu'elle n'avait échappé à un premier danger que pour retomber dans un second plus terrible et plus certain encore. Acté s'aperçut bientôt qu'elle ne nageait plus qu'avec peine, et quoique pas une plainte ne sortît de sa bouche, elle devina, à l'oppression de sa poitrine, qu'elle avait besoin de secours. Passant aussitôt du côté opposé, elle lui prit le bras, lui donna son cou pour point d'appui, et continua de s'avancer, soutenant Agrippine fatiguée, qui la suppliait en vain de se sauver seule, et de la laisser mourir.

Pendant ce temps, Néron était rentré dans le palais de Bauli, et, reprenant à table la place qu'il avait quittée un instant, il avait fait venir de nouvelles courtisanes, de nouveaux bateleurs, avait ordonné que le festin continuât, et se faisant apporter sa lyre, il chantait le siège de Troie. Cependant, de temps en temps, il tressaillait, et tout à coup un frisson lui passait dans les veines, une sueur froide glaçait son front ; car tantôt il croyait entendre le dernier cri de sa mère, tantôt il lui semblait que le génie de la mort, traversant cette atmosphère chaude et embaumée, lui effleurait le front du bout de l'aile. Enfin, après deux heures de cette veille fiévreuse, un esclave entra, s'avança vers Néron, et lui dit à l'oreille un mot que personne n'entendit, mais qui le fit pâlir ; aussitôt, laissant tomber sa lyre et arrachant sa couronne, il s'élança hors de la salle du festin, sans dire à personne le sujet de cette subite terreur, et laissant ses convives libres de se retirer ou de continuer l'orgie. Mais le trouble de l'empereur avait été trop visible, et sa sortie trop brusque, pour que ses courtisans n'eussent pas deviné qu'il venait de se passer quelque chose de terrible ; aussi chacun s'empressa d'imiter l'exemple du maître, et quelques minutes après son départ, cette salle tout à l'heure si pleine, si bruyante et si animée, était vide et silencieuse comme un tombeau profané.

Néron s'était retiré dans sa chambre et avait fait appeler Anicétus. Celui-ci, en abordant au port, avait rendu compte de sa mission à l'empereur, et l'empereur, sûr de sa fidélité, n'avait conçu aucun doute sur la véracité de son récit. Son étonnement fut donc grand, quand, le voyant entrer, Néron s'élança sur lui en s'écriant :

— Que me disais-tu donc qu'elle était morte ? Il y a en bas un messager qui vient de sa part !

— Alors, il faut qu'il arrive de l'enfer, répondit Anicétus ; car j'ai vu le plafond s'écrouler et le vaisseau s'engloutir, car j'ai entendu une voix crier : Je suis Agrippine, la mère de César ; et j'ai vu se lever et retomber la rame qui a brisé la tête de celle qui appelait si imprudemment à son secours !...

— Eh bien ! tu t'es trompé : c'est Acerronie qui est morte, et c'est ma mère qui est sauvée.

— Qui dit cela ?

— L'affranchi Agérinus.

— L'as-tu vu ?

— Non, pas encore.

— Que va faire le divin empereur ?

— Puis-je compter sur toi ?

— Ma vie est à César.

— Eh bien ! entre dans ce cabinet, et, lorsque j'appellerai au secours, entre vivement, arrête Agérinus, et dis que tu lui as vu lever sur moi le poignard.

— Tes désirs sont des ordres, répondit Anicétus en s'inclinant et en entrant dans le cabinet.

Néron resta seul, prit un miroir, et, voyant que son visage était défait, il en effaça la pâleur avec du rouge ; puis, assemblant les ondes de ses cheveux et les plis de sa toge, comme s'il allait monter sur un théâtre, il se coucha dans une pose étudiée, pour attendre le messager d'Agrippine.

Il venait dire à Néron que sa mère était sauvée ; il lui raconta donc le double accident de la trirème, que César écouta comme s'il l'ignorait ; puis il ajouta que l'auguste Agrippine avait été recueillie par une barque au moment où, perdant toutes ses forces, elle n'avait plus d'espoir que dans l'assistance des dieux... Cette barque l'avait conduite du golfe de Pouzzoles dans le lac Lucrin, par le canal qu'avait fait creuser Claudius ; puis des bords du lac Lucrin elle s'était fait porter en litière à sa villa, d'où, aussitôt arrivée, elle envoyait dire à son fils que les dieux l'avaient prise sous leur garde, le conjurant, quelque désir qu'il eût de la voir, de différer sa visite, car elle avait besoin de repos pour le moment. Néron l'écouta jusqu'au bout jouant la terreur, la surprise et la joie, selon ce que disait le narrateur ; puis, lorsqu'il eut su ce qu'il voulait savoir, c'est-à-dire le lieu où s'était retirée sa mère, accomplissant aussitôt le projet qu'il avait formé à la hâte, il jeta une épée nue entre les jambes du messager en appelant du secours : aussitôt Anicétus s'élança de son cabinet, saisit l'envoyé d'Agrippine, et, ramassant le glaive qui se trouvait à ses pieds avant qu'il eût eu le temps de nier l'attentat qu'on lui imputait, il le remit aux mains du chef des prétoriens, accouru avec sa garde à la voix de l'empereur, et s'élança dans les corridors du palais en criant que Néron venait de manquer d'être assassiné par ordre de sa mère.

Pendant que ces choses se passaient à Bauli, Agrippine, comme nous l'avons dit, avait été sauvée par une barque de pêcheur qui rentrait tardivement au port ; mais, au moment de joindre cette barque, ignorant si la colère de Néron n'allait pas la poursuivre à sa villa du lac Lucrin, et ne voulant pas entraîner dans sa perte la jeune fille à qui elle devait la vie, elle avait demandé à Acté si elle sentait assez de forces pour gagner le rivage que l'on commençait à apercevoir à la ligne sombre de ses collines qui semblaient, comme une découpure, séparer le ciel de la mer ; Acté, devinant le motif qui faisait agir la mère de l'empereur, avait insisté pour la suivre ; mais celle-ci lui avait ordonné positivement de la quitter, lui promettant de la rappeler près d'elle si elle n'avait rien à craindre ; Acté avait obéi, et Agrippine, inaperçue jusqu'alors, poussant un cri de détresse, avait appelé à elle la barque paresseuse, tandis qu'Acté s'éloignait invisible, blanche et légère à la surface du golfe, et pareille à un cygne qui cache sa tête dans l'eau.

Cependant, à mesure qu'Agrippine s'avançait vers la plage, la plage semblait s'éveiller à ses yeux et à ses oreilles : elle voyait des lumières insensées courir le long du bord, et le vent apportait des clameurs dont son inquiétude cherchait à deviner le sens ; c'est qu'Anicétus, en rentrant au port de Bauli, avait répandu le bruit du naufrage et de la mort de la mère de l'empereur, et qu'aussitôt ses esclaves, ses cliens et ses amis, s'étaient répandus sur le rivage, dans l'espoir qu'elle regagnerait le bord vivante, ou que du moins la mer pousserait son cadavre à la rive : aussi, dès qu'au travers de l'obscurité une voile blanche fut aperçue, toute la foule se précipita vers le point où elle allait aborder, et dès qu'on eut reconnu que la barque portait Agrippine, toutes ces clameurs funèbres se changèrent en cris de joie : de sorte que la mère de César, condamnée d'un côté du golfe, mettait pied à terre de l'autre avec toutes les acclamations d'un retour et tous les honneurs d'un triomphe, et ce fut portée dans les bras de ses serviteurs et escortée de toute une population émue par cet événement et réveillée au milieu de son sommeil, qu'elle rentra dans sa villa impériale, dont les portes se refermèrent à l'instant derrière elle ; mais tous les habitans de la rive, depuis Pouzzoles jusqu'à Baïa, n'en restèrent pas moins debout, et la curiosité de ceux qui arrivaient, se mêlant à l'agitation de ceux qui avaient accompagné Agrippine depuis la mer, de nouveaux cris de joie et d'amour retentirent, demandant à voir celle à qui le sénat, sur un ordre de l'empereur, avait déféré le titre d'Auguste.

Cependant Agrippine, retirée au plus profond de ses appartemens, loin de se rendre à ces transports, en éprouvait une terreur plus grande, toute popularité étant un crime à la cour de Néron ; à plus forte raison quand cette popularité s'attachait à une tête proscrite. A peine rentrée dans sa chambre, elle avait fait venir son affranchi Agérinus, le seul homme sur lequel elle crût pouvoir compter ; elle l'avait chargé d'aller porter à Néron le message que nous l'avons vu accomplir ; puis, ce premier soin rempli, elle avait songé à ses blessures, et, après y avoir fait mettre le premier appareil, éloignant toutes ses femmes, elle s'était couchée, la tête enveloppée du manteau qui couvrait son lit, tout entière à des réflexions terribles, écoutant les clameurs du dehors, qui de moment en moment devenaient plus bruyantes ; tout à coup ces mille voix se turent, les clameurs s'éteignirent comme par enchantement, les lueurs des torches qui venaient trembler aux fenêtres comme le reflet d'un incendie s'effacèrent ; la nuit reprit son obscurité, et le silence son mystère. Agrippine sentit un tremblement mortel courir par tout son corps et une sueur froide lui monter au front, car elle devinait que ce n'était pas sans cause que cette foule s'était tue, et que ces lumières s'étaient éteintes. En effet, au bout d'un instant, le bruit d'une troupe armée qui entrait dans une cour extérieure se fit entendre, puis des pas de plus en plus distincts s'approchèrent retentissant de corridor en corridor et de chambre en chambre. Agrippine écoutait ce bruit menaçant, appuyée sur son coude, haletante, mais immobile, car, n'ayant pas l'espoir de la fuite, elle n'avait pas même l'intention : enfin la porte de sa chambre s'ouvrit. Alors, rappelant à elle tout son courage, elle se retourna, pâle, mais résolue, et elle aperçut sur le seuil l'affranchi Anicétus, et derrière lui le tétrarque Herculeus, et Olaritus, centurion de marine ; à l'aspect d'Anicétus qu'elle savait le confident, et parfois l'exécuteur de Néron, elle comprit que c'en était fait, et, renonçant à toute plainte comme à toute supplication :

— Si tu viens en messager, dit-elle, annonce à mon fils mon rétablissement ; si tu viens en bourreau, fais ton office.

Pour toute réponse, Anicétus tira son épée, s'approcha du lit, et, pour toute prière, Agrippine, levant avec une impudeur sublime le drap qui la couvrait, ne dit au meurtrier que ces deux mots :

— Feri ventrem!

Le meurtrier obéit, et la mère mourut sans autre parole que cette malédiction à ses entrailles pour avoir porté un pareil fils.

Cependant Acté, en quittant Agrippine, avait continué de s'avancer vers la rive ; mais, comme elle en approchait, elle avait vu luire les torches et avait entendu des cris : ignorant ce que voulaient dire ces clameurs et ces lumières, et se sentant encore quelque force, elle avait résolu de ne prendre terre que de l'autre côté de Pouzzoles. En conséquence, et pour être encore plus cachée aux regards, elle avait suivi le pont de Caligula, nageant dans la ligne sombre qu'il projetait sur la mer, et s'attachant de temps en temps au pilotis sur lequel il était bâti, afin de prendre quelque repos ; arrivée à trois cents pas de son extrémité à peu près, elle avait vu luire le casque d'une sentinelle, et avait de nouveau repris le large, quoique sa poitrine haletante et ses bras lassés lui indiquassent le besoin instant qu'elle avait d'atteindre promptement la plage. Elle l'aperçut enfin, et telle qu'elle la désirait, basse, obscure et solitaire, tandis qu'arrivaient encore jusqu'à elle la lumière des torches et les cris de joie qui venaient de Baïa ; au reste, cette lumière et ces cris commençaient à cesser d'être distincts, cette plage elle-même, qu'un instant auparavant elle avait vue, disparaissait maintenant dans le nuage qui couvrait ses yeux, et au travers duquel passaient des éclairs sanglans ; un bruissement tintait à ses oreilles, incessamment augmenté, comme si des monstres marins l'eussent accompagné en battant la mer de leurs nageoires ; elle voulut crier, sa bouche se remplit d'eau, et une vague passa par dessus sa tête. Acté se sentit perdue si elle ne rappelait toutes ses forces ; par un mouvement convulsif, elle sortit la moitié du corps de l'élément qui l'oppressait, dans ce mouvement, tout rapide qu'il fut, elle eut le temps de remplir sa poitrine d'air ; la terre d'ailleurs qu'elle avait entrevue lui semblait sensiblement rapprochée ; elle continua donc de nager, mais bientôt tout les symptômes de l'engourdissement vinrent de nouveau s'emparer d'elle, et des pensées confuses et inouïes commencèrent à se heurter dans son esprit : en quelques minutes, et confusément, elle revit tout ce qui lui était cher, et sa vie entière repassa devant ses yeux ; elle croyait distinguer un vieillard lui tendant les bras et l'appelant sur la rive, tandis qu'une force inconnue paralysait ses membres et semblait l'attirer dans les profondeurs du golfe. Puis c'était l'orgie qui brillait de toutes ses lueurs, et les chants qui résonnaient à ses oreilles. Néron, assis, tenait sa lyre ; ses favoris applaudissaient aux chants obscènes, et des courtisanes entraient, dont les danses lascives effrayaient la pudeur de la jeune fille. Alors elle voulait fuir comme elle avait fait, mais ses pieds étaient enchaînés avec des guirlandes de fleurs ; pourtant, au fond du corridor qui conduisait à la salle du festin, elle revoyait le vieillard qui l'appelait du geste. Ce vieillard avait autour du front comme un rayon brillant qui illuminait son visage au milieu de l'ombre. Il lui faisait signe de venir à lui, et elle comprenait qu'elle était sauvée si elle y venait. Enfin, toutes ces lumières s'éteignirent, tout ce bruit se tut, elle sentit qu'elle s'enfonçait de nouveau, un autre cri parut lui répondre, mais aussitôt l'eau passa par dessus sa tête, comme un linceul, et tout devint incertain en elle, jusqu'au sentiment de l'existence ; il lui parut qu'on l'emportait pendant son sommeil, et qu'on la faisait rouler au penchant d'une montagne, jusqu'à ce qu'arrivée au bas, elle se heurtât à une pierre, — ce fut une douleur sourde comme celle qu'on éprouve pendant un évanouissement, puis elle ne sentit plus rien qu'une impression glacée, qui monta lentement vers le cœur, et qui, lorsqu'il l'eut atteint, lui enleva tout, jusqu'à la conscience de la vie.

Lorsqu'elle revint à elle, le jour n'avait point encore paru ; elle était sur la plage, enveloppée dans un large manteau, et un homme à genoux soutenait sa tête ruisselante et échevelée ; elle leva les yeux vers celui qui lui portait du secours, et, chose étrange, elle crut reconnaître le vieillard de son agonie. C'était la même figure douce, vénérable et calme, de sorte qu'il lui semblait qu'elle continuait son rêve.

— O mon père, murmura-t-elle, tu m'as appelée à toi, et je suis venue — me voilà — tu m'as sauvé la vie ; — comment te nommes-tu, que je bénisse ton nom.

— Je me nomme Paul, dit le vieillard.

— Et qui es-tu? continua la jeune fille.

— Apôtre du Christ, répondit-il.

— Je ne te comprends pas, reprit doucement Acté, mais n'importe, j'ai confiance en toi comme dans un père : conduis-moi où tu voudras, je suis prête à te suivre.

Le vieillard se leva et marcha devant elle.

XI.

Néron passa le reste de la nuit dans l'insomnie et dans la crainte : il tremblait qu'Anicétus ne pût rejoindre sa mère, car il pensait qu'elle n'avait fait que s'arrêter un instant à sa villa, et que ce qu'elle lui avait dit de sa souffrance et de sa faiblesse n'était qu'un moyen de gagner du temps, et de partir librement pour Rome : il la voyait déjà entrer résolue et hautaine dans sa capitale, invoquant le peuple, armant les esclaves, soulevant l'armée, et se faisant ouvrir les portes du sénat, pour demander justice de son naufrage, de ses blessures et de ses amis assassinés. A chaque bruit, il tremblait comme un enfant; car, malgré ses mauvais traitements envers elle, il n'avait pas cessé un instant de craindre sa mère : il savait de quoi elle était capable, et ce qu'elle pouvait faire contre lui par ce qu'elle avait fait pour lui : ce ne fut qu'à sept heures du matin qu'un esclave d'Anicétus arriva au palais de Bauli, et ayant demandé d'être introduit près de l'empereur, s'agenouilla devant lui, et lui remit son propre anneau qu'il avait donné à l'assassin en signe de toute-puissance, et qu'il lui renvoyait selon leur convention sanglante, comme preuve que le meurtre était accompli : alors Néron se leva plein de joie, s'écriant qu'il ne régnait que de cette heure et qu'il devait l'empire à Anicétus.

Cependant il jugea qu'il était important de prendre les devants sur la renommée, et de donner le change à la mort de sa mère. Il fit écrire à l'instant à Rome qu'on avait surpris dans sa chambre, et armé d'un poignard pour l'assassiner, Agérinus, l'affranchi et le confident d'Agrippine, et qu'alors, apprenant que son complot avait échoué, et craignant la vengeance du sénat, elle s'était punie elle-même du crime qu'elle méditait : il ajoutait que depuis longtemps elle avait formé le dessein de lui enlever l'empire, et qu'elle s'était vantée que, l'empereur mort, elle ferait jurer au peuple, aux prétoriens et au sénat, obéissance à une femme ; il disait que les exils des personnes les plus distinguées étaient son ouvrage, et comme preuve il rappelait Valérius Capito et Licinius Gabolus, anciens préteurs, ainsi que Calpurnia, femme du premier rang, et Junia Calvina, sœur de Silanus, l'ancien fiancé d'Octavie. — Il parlait aussi de son naufrage comme d'une vengeance des dieux, calomniant le ciel et mentant à la terre : au reste ce fut Sénèque qui écrivit cette épître, car, pour Néron, il tremblait tellement, qu'il ne put que la signer.

Mais, ce premier moment passé, il songea, en comédien habile, à jouer la douleur comme un rôle : il essuya le rouge dont ses joues étaient encore couvertes, dénoua ses cheveux qui retombaient épars sur ses épaules, et, substituant un habit de couleur sombre à la tunique blanche du festin, il descendit et se montra aux prétoriens, aux courtisans, et même à ses esclaves, comme accablé du coup qui venait de le frapper.

Alors il parla d'aller lui-même voir une dernière fois sa mère ; il se fit amener une barque à l'endroit où, la veille, il avait pris congé d'elle avec de si tendres démonstrations : il traversa le golfe où il avait essayé de l'engloutir, il aborda au rivage où il avait essayé de l'aborder, vivante et mourante ; puis il s'avança vers la villa où venait de s'achever la scène de ce grand drame : quelques courtisans, Burrhus, Sénèque et Sporus, l'accompagnaient en silence, essayant de lire sur son visage l'expression qu'ils devaient donner au leur ; il avait adopté celle d'une profonde tristesse, et, tous en entrant à sa suite dans la cour où les soldats avaient fait leur première halte, semblaient comme lui avoir perdu une mère.

Néron monta l'escalier d'un pas grave et lent, comme il convient au fils pieux qui s'approche du cadavre de celle qui lui a donné la vie. Puis, arrivé au corridor qui conduisait à la chambre, il fit un signe de la main pour que ceux qui l'accompagnaient s'arrêtassent, ne gardant avec lui que Sporus, comme s'il eût craint de s'abandonner à la douleur devant des hommes ; arrivé à la porte, il s'arrêta un instant, s'appuya contre le mur, et se couvrit le visage de son manteau comme pour cacher ses larmes, mais en effet pour essuyer la sueur qui lui coulait sur le front ; puis, après un moment d'hésitation, il ouvrit la porte d'un mouvement rapide et résolu, et entra dans la chambre.

Agrippine était toujours sur son lit. Sans doute le meurtrier avait effacé les traces de l'agonie, car on eût dit qu'elle dormait : le manteau était rejeté sur elle, et laissait à découvert seulement la tête, une partie de la poitrine et les bras, auxquels la pâleur de la mort donnait l'apparence froide et bleuâtre d'un marbre ; Néron s'arrêta au pied du lit, toujours suivi par Sporus, dont les yeux, plus impassibles encore que ceux de son maître, semblaient regarder avec une indifférente curiosité une statue renversée de sa base ; au bout d'un instant la figure du parricide s'éclaira : — tous ses doutes étaient évanouis, toutes ses craintes étaient passées : le trône, le monde, l'avenir lui appartenaient enfin à lui seul ; il allait régner libre et sans entraves, Agrippine était bien morte ; puis à ce sentiment succéda une impression étrange : ses yeux, fixés sur le bras qui l'avait serré contre son cœur, et sur le sein qui l'avait nourri, s'allumèrent d'un désir secret ; il porta la main au manteau qui couvrait sa mère, et le leva lentement de manière à découvrir entièrement le cadavre, qui resta nu. Alors il le parcourut d'un regard cynique, puis avec un regret infâme et incestueux : — Sporus, dit-il, je ne savais pas qu'elle fût si belle.

Cependant le jour était venu et avait rendu le golfe à sa vie accoutumée ; chacun avait repris ses travaux habituels. Le bruit de la mort d'Agrippine s'était répandu, une inquiétude sourde régnait sur toute cette plage, qui n'en était pas moins couverte, comme d'habitude, de marchands, de pêcheurs et de découvrés ; on parlait tout haut du péril auquel avait échappé l'empereur ; on rendait grâce aux dieux quand on croyait pouvoir être entendu, puis on passait sans tourner la tête à côté d'un bûcher qu'un affranchi nommé Munster, aidé de quelques esclaves, dressait le long du chemin de Misène, près de la villa du dictateur Julius César ; mais tout ce bruit, cette inquiétude, cette rumeur, n'arrivaient pas jusqu'à la retraite où Paul avait conduit Acté. C'était une petite maison isolée qui s'élevait sur la pointe du promontoire qui regarde Nisida, et qui était habitée par une famille de pêcheurs. — Quoique le vieillard parût étranger dans cette famille, il y exerçait une autorité visible ; cependant l'obéissance qu'on paraissait avoir pour ses moindres désirs n'était point servile, mais respectueuse : c'était celle des enfans pour le père, des serviteurs pour le patriarche, des disciples pour l'apôtre.

Le premier besoin d'Acté était celui du repos ; pleine de confiance dans son protecteur, et sentant qu'à compter de ce jour quelqu'un veillait sur elle, elle avait cédé aux instances du vieillard et s'était endormie. Quant à lui, il s'était assis près d'elle, comme un père au chevet de son enfant, et, le regard fixé au ciel, il s'était peu à peu absorbé dans une contemplation profonde, de sorte que, lorsque la jeune fille rouvrit les yeux, elle n'eut pas besoin de chercher son protecteur ; et quoique son cœur fût brisé par les mille souvenirs qui lui revenaient au réveil, elle lui sourit tristement en lui tendant la main :

— Tu souffres ? dit le vieillard.

— J'aime, répondit la jeune fille.

Il se fit un silence d'un instant, puis Paul reprit :

— Que désires-tu ?

— Une retraite où je puisse penser à lui et pleurer.

— Te sens-tu la force de me suivre ?

— Partons, dit Acté, en faisant un mouvement pour se lever.

— Impossible en ce moment, ma fille ; si tu es fugitive, moi je suis proscrit ; nous ne pouvons voyager que pendant les ténèbres. Es-tu décidée à partir ce soir ?

— Oui, mon père.

— Une marche longue et fatiguante ne t'effraie pas, toi si frêle et si délicate ?

— Les jeunes filles de mon pays sont habituées à suivre les biches à la course dans les forêts les plus épaisses et sur les montagnes les plus élevées.

— Timothée, dit le vieillard en se retournant, appelle Silas.

Le pêcheur prit le manteau brun de Paul, le fixa au bout d'un bâton, sortit à la porte de sa cabane, et enfonça le bâton dans la terre.

Ce signal ne tarda point à être aperçu, car, au bout d'un instant, un homme descendit de la montagne de Nisida sur la plage, monta dans une petite barque, et, la détachant du bord, il commença de franchir à force de rames l'espace qui sépare l'île du promontoire : la traversée ne fut pas longue ; au bout d'un quart-d'heure à peu près, il toucha la rive à cent pas de la maison où il était attendu, et cinq minutes après il parut sur le seuil de la porte. Cette apparition fit tressaillir Acté ; elle n'avait rien vu de ce qui s'était passé : elle regardait Bauli.

Le nouvel arrivé, qu'à son teint cuivré, au turban qui ceignait sa tête, et à la finesse de ses formes, on reconnaissait pour un enfant de l'Arabie, s'avança respectueusement, et salua Paul dans une langue inconnue. Paul alors lui dit dans cette même langue quelques paroles où la bienveillance de l'ami se joignait à l'autorité du maître : Silas, pour toute réponse, fixa plus solidement ses sandales à ses pieds, serra ses reins avec une corde, prit un bâton de voyage, s'agenouilla devant Paul, qui lui donna sa bénédiction, et sortit.

Acté regardait Paul avec étonnement. Quel était ce vieillard au commandement doux et ferme à la fois, qui était obéi comme un roi et respecté comme un père ? Le peu qu'elle était restée à la cour de Néron lui avait montré la servilité sous toutes les formes, mais la servilité basse et craintive, fille de la terreur, et non l'empressement, fils du respect. Il y avait-il deux empereurs dans le monde, et celui qui se cachait était-il plus puissant sans trésors, sans esclaves et sans armée, que l'autre avec les richesses de la terre, avec cent vingt millions de sujets, et deux cent mille soldats. Ces idées s'étaient succédées dans la tête d'Acté avec une si grande rapidité, et s'y étaient fixées avec une telle conviction, qu'elle se retourna vers Paul, et que, joignant les mains avec la même crainte et avec le même respect qu'elle avait vu manifester à tout ce qui approchait ce saint vieillard :

— O seigneur ! lui dit-elle, qui es-tu donc, pour que chacun t'obéisse sans paraître te craindre ?

— Je te l'ai dit, ma fille, je m'appelle Paul, et je suis apôtre.

— Mais qu'est-ce qu'un apôtre ? répondit Acté : est-ce un orateur comme Démosthènes ? est-ce un philosophe comme Sénèque ? Chez nous l'éloquence est représentée avec des chaînes d'or qui lui sortent de la bouche. — Enchaînes-tu les hommes avec ta parole ?

— Je porte la parole qui délie et non celle qui enchaîne, répondit Paul en souriant ; et, loin de dire aux hommes qu'ils sont esclaves, je suis venu dire aux esclaves qu'ils étaient libres.

— Voilà que je ne te comprends plus, et cependant tu parles ma langue maternelle comme si tu étais Grec.

— J'ai resté six mois à Athènes et un an et demi à Corinthe.

— A Corinthe, murmura la jeune fille en cachant sa tête entre ses mains, et y a-t-il longtemps de cela ?

— Il y a cinq ans.

— Et que faisais-tu à Corinthe ?

— Pendant la semaine, je travaillais à faire des tentes pour les soldats, les matelots et les voyageurs, car je ne voulais pas être à charge à l'hôte généreux qui m'avait reçu ; — puis, les jours de sabbat, je prêchais dans la synagogue, recommandant la modestie aux femmes, la tolérance aux hommes, et à tous les vertus évangéliques.

— Oui, oui, je me rappelle maintenant avoir entendu parler de toi, dit Acté ; ne logeais-tu pas près de la synagogue des Juifs, dans la maison d'un noble vieillard nommé Titus Justus ?

— Tu le connaissais ? s'écria Paul avec une joie visible.

— C'était l'ami de mon père, répondit Acté ; oui, oui, je me rappelle maintenant : les Juifs te dénoncèrent, ils te menèrent à Gallion, qui était proconsul d'Achaïe et frère de Sénèque ; mon père me conduisit à la porte comme tu passais, et me dit : — Regarde, ma fille, voilà un juste.

— Et comment s'appelait ton père ? comment t'appelles-tu ?

— Mon père s'appelait Amyclès, et je m'appelle Acté.

— Oui, oui, je me rappelle à mon tour, ce nom ne m'est pas inconnu. Mais comment as-tu quitté ton père ? Pourquoi as-tu abandonné ta patrie ? D'où vient que je t'ai trouvée seule et mourante sur une plage ? Dis-moi tout cela, mon enfant, ma fille, et, si tu n'as plus de patrie, je t'en offrirai une ; si tu n'as plus de père, je t'en rendrai un.

— Oh ! jamais, jamais ! je n'oserai te raconter !...

— Cette confession est donc bien terrible ?

— Oh ! je mourrais de honte à la moitié du récit.

— Eh bien ! donc, c'est à moi de m'humilier pour que tu t'élèves, je vais te dire qui je suis, pour que tu me dises qui tu es ; je vais te confesser mes crimes pour que tu m'avoues tes fautes.

— Vos crimes !...

— Oui, mes crimes ; je les ai expiés, grâce au Ciel, et le Seigneur m'a pardonné, je l'espère !... Ecoute-moi, mon enfant, car je vais te dire des choses dont tu n'as aucune idée, que tu comprendras un jour, et que tu adoreras, quand tu les auras comprises.

Je suis né à Tarse en Cilicie ; le dévoûment de ma ville natale à Auguste avait valu à ses habitans le titre de citoyens romains, de sorte que mes parens dé, à riches jouissaient, outre leurs richesses, des avantages attachés au rang que leur avait accordé l'empereur : c'est là que j'étudiai les lettres grecques, qui florissaient chez nous à l'égal d'Athènes. Puis mon père, qui était juif et de la secte pharisienne, m'envoya étudier à Jérusalem, sous Gamaliel, savant et sévère docteur dans la loi de Moïse. Alors je ne m'appelais pas Paul, mais Saül.

Il y avait vers ce temps à Jérusalem un jeune homme plus âgé que moi de deux ans : on le nommait *Jésus*, c'est-à-dire sauveur, et l'on racontait de merveilleuses choses sur sa naissance. Un ange était apparu à sa mère, l'avait saluée au nom de Dieu, et lui avait annoncé qu'elle était élue entre toutes les femmes pour enfanter le Messie ; quelque temps après, cette jeune fille avait épousé un vieillard nommé Joseph, qui, s'étant aperçu qu'elle était enceinte, et ne voulant pas la déshonorer, avait résolu de la renvoyer secrètement à sa famille. Mais lorsqu'il était dans cette pensée, le même ange du Seigneur qui était apparu à Marie lui apparut à son tour et lui dit : Joseph, fils de David, ne craignez pas de prendre avec vous Marie, votre femme, car ce qui est né dans elle a été formé par le Saint-Esprit. Vers ce même temps on publia un édit de César Auguste pour faire le dénombrement de tous les habitans de toute la terre : ce fut le premier dénombrement qui se fit par Cyrénus, gouverneur de Syrie, et comme tous allaient se faire enregistrer chacun dans sa ville, Joseph partit aussi de la ville de Nazareth, qui est en Galilée, et vint en Judée, à la ville de David, appelée Bethléem, pour se faire enregistrer avec Marie, son épouse ; mais pendant qu'ils y étaient, il arriva que le temps auquel elle devait accoucher s'accomplit : elle enfanta son fils premier-né, et l'ayant emmailloté, elle le coucha dans une crèche, parce qu'il n'y avait point de place pour eux dans l'hôtellerie. Or, il y avait dans les environs des bergers qui passaient la nuit dans les champs veillant tour à tour à la garde de leur troupeau : tout à coup un ange du Seigneur se présenta à eux ; une lumière divine les environna, ce qui les remplit d'une extrême crainte : alors l'ange leur dit : — Ne craignez rien, car je viens vous apporter une nouvelle qui sera pour tout le peuple le sujet d'une grande joie : c'est qu'aujourd'hui, dans la ville de David, il vous est né un sauveur qui est le Christ.

C'est que Dieu avait regardé la terre, et il avait pensé que les temps préparés par sa sagesse étaient venus. Le monde entier, ou du moins tout ce que la science païenne connaissait du monde, obéissait à un seul pouvoir. Tyr et Sidon s'étaient écroulés à la parole du prophète ; Carthage était rasée au niveau de ses sables, la Grèce conquise, les Gaules vaincues, Alexandrie brûlée ; un seul homme commandait à cent provinces par la voix de ses proconsuls, et partout on sentait la pointe du glaive dont la poignée était à Rome. Cependant, malgré sa puissance apparente, l'édifice païen craquait sur sa base d'argile : un malaise inconnu et universel annonçait que le vieux monde était malade au cœur, qu'une crise était imminente, et que des choses nouvelles et inconnues allaient éclater : c'est qu'il n'y avait plus de justice parce qu'il y avait trop de pouvoir ; c'est qu'il n'y avait plus d'hommes, parce qu'il y avait trop d'esclaves ; c'est qu'il n'y avait plus de religion, parce qu'il y avait trop de dieux. Or, comme je te l'ai dit, au moment où j'arrivai à Jérusalem, un homme m'y avait précédé, qui disait aux puissans : — Ne faites que ce qui vous a été ordonné, et rien au-delà. — Aux riches : — Que celui qui a deux vêtemens en donne un à celui qui n'en a point. — Aux maîtres : — Il n'y a ni premier ni dernier, le royaume de la terre est aux forts, mais le royaume des cieux est aux faibles. Et à tous : — Les dieux que vous adorez sont de faux dieux, il n'y a qu'un Dieu unique et tout-puissant qui a créé le monde, et ce Dieu est mon père, car c'est moi qui suis le Messie qui vous a été promis par les Ecritures.

Aveugle et sourd que j'étais alors, je fermai les yeux et les oreilles, ou plutôt l'envie m'aveugla ; puis vint la haine, qui me perdit. Voici à quelle occasion je devins le persécuteur ardent de l'homme-Dieu, dont je suis aujourd'hui l'indigne mais fidèle apôtre.

Un jour que nous avions pêché, Pierre et moi, toute la journée inutilement, que je m'en fallut pas filet ne rompît, aujourd'hui appelé de Tibériade, Jésus vint au bord du lac, poussé par la foule du peuple qui voulait entendre sa parole : la barque de Pierre se trouvant la plus proche du rivage, ou Pierre étant meilleur que moi, Jésus monta sur sa barque, et s'y étant assis, il continua d'enseigner la foule qui l'écoutait du rivage ; puis, lorsqu'il eut cessé de parler, il dit à Pierre : — Avancez en pleine eau et jetez vos filets pour pêcher. Pierre lui répondit : — Maître, nous avons travaillé toute la nuit sans rien prendre, comment donc serions-nous plus heureux maintenant ? — Faites ce que je vous dis, continua Jésus.

Et Pierre ayant jeté son filet, il prit une si grande quantité de poissons, que peu s'en fallut que son filet ne rompît, et alors il en remplit tellement sa barque, qu'elle faillit en couler à fond. Aussitôt Pierre, Jacques et Jean, fils de Zébédée, qui étaient dans la barque avec lui, se jetèrent à ses genoux, reconnaissant qu'il y avait là un miracle ; mais Jésus leur dit : — Rassurez-vous, votre tâche est finie comme pêcheurs de poissons ; votre emploi désormais sera de prendre les hommes ; et, descendant au rivage, il les emmena après lui.

Resté seul je me dis : pourquoi ne prendrais-je pas aussi des poissons que les autres on ont pris ; j'allai où ils avaient été, je jetai dix fois mes filets à la même place où ils avaient jeté les leurs, et je retirai dix fois mes filets vides. Alors au lieu de me dire : Cet homme est vraiment ce qu'il dit être, c'est-à-dire l'envoyé de Dieu, je me dis : Cet homme est sans doute un magicien qui connaît des charmes, et je me sentis prendre le cœur d'une grande envie contre lui.

Mais comme vers ces temps il quitta Jérusalem pour aller prêcher par toute la Judée, ce sentiment s'effaça peu à peu, et j'avais oublié celui qui me l'avait inspiré, lorsqu'un jour que nous vendions comme d'habitude dans le temple, nous entendîmes dire que Jésus revenait, plus glorifié qu'il n'avait jamais été : il avait guéri un paralytique dans le désert, il avait rendu la vue à un aveugle à Jéricho, et il avait ressuscité un jeune homme à Naïm. Aussi, partout où il passait les peuples étendaient leurs manteaux sur son chemin, et ses disciples l'accompagnaient, transportés de joie, portant des palmes et louant le Seigneur à haute voix pour toutes les merveilles qu'ils avaient vues.

Ce fut au milieu de ce cortège qu'il s'avança vers le temple ; mais voyant qu'il était encombré de vendeurs et d'acheteurs, il commença à nous chasser tous en disant : — Il est écrit que ma maison est une maison de prières, et vous en avez fait une caverne de voleurs. — Nous voulûmes résister d'abord, mais nous vîmes bientôt que ce serait inutile, et qu'il n'y avait aucun moyen de rien faire contre cet homme, parce que tout le peuple était comme suspendu à ses lèvres en admiration de ce qu'il disait. Alors mon ancienne inimitié contre Jésus se réveilla, augmentée de ma colère nouvelle ; mon envie devint de la haine.

Quelques temps après j'appris que, le soir même de la Pâques qu'il avait faite avec ses disciples, Jésus avait été arrêté, selon l'ordre du grand-prêtre, par une troupe de gens armés que guidait Judas, son disciple ; puis, qu'il avait été conduit à Pilate, qui, ayant connu qu'il était de Nazareth, l'avait renvoyé à Hérode, dans la juridiction duquel était la Galilée. Mais Hérode, n'ayant rien trouvé contre lui, si ce n'est qu'il se disait roi des Juifs, le renvoya à Pilate, qui, ayant fait venir les princes des prêtres, les sénateurs et le peuple, leur dit : — Vous m'avez présenté cet homme comme portant le peuple à la révolte, mais ni Hérode ni moi ne l'avons trouvé coupable des crimes dont vous l'accusez : donc, comme il n'a rien fait qui mérite la peine de mort, je vais le faire châtier et le renvoyer.

Mais tout le peuple se mit à crier : — C'est aujourd'hui la fête de Pâques, et vous devez nous délivrer un criminel : faites mourir celui-ci, et nous donnez Barrabas.

— Et moi, interrompit le vieillard d'une voix étouffée, moi j'étais parmi le peuple, et je criais avec lui de toute la force de ma haine : — Faites mourir celui-ci et nous donnez Barrabas.

Pilate parla de nouveau à la foule demandant la vie de Jésus ; mais la foule répondit : — Crucifiez-le, crucifiez-le.

— Et moi, continua le vieillard en se frappant la poitrine, j'étais une des voix de cette foule, et je criais de toute la force de ma voix : — Crucifiez-le, crucifiez-le.

Si bien que Pilate ordonna que Barrabas serait mis en liberté, et abandonna Jésus à la volonté de ses bourreaux !...

Hélas ! hélas ! dit le vieillard en se prosternant la face contre terre, hélas ! Seigneur, pardonnez-moi ; Seigneur, je vous suivis au Calvaire ; Seigneur, je vous vis clouer les pieds et les mains ; Seigneur, je vous vis percer le côté ; Seigneur, je vous vis boire le fiel ; Seigneur, je vis le ciel se couvrir de ténèbres, je vis le soleil s'obscurcir, je vis le voile du temple se déchirer par le milieu ; Seigneur, je vous entendis jeter un grand cri en disant : — Mon père, je remets mon âme entre vos mains ; Seigneur, à votre voix je sentis trembler la terre jusqu'en ses fondemens !... ou plutôt je ne vis rien, je n'entendis rien, car, je vous l'ai dit, Seigneur, j'étais aveugle, j'étais sourd... Seigneur, Seigneur, pardonnez-moi ; c'est ma faute, c'est ma faute, c'est ma très grande faute.

Et le vieillard demeura quelque temps le front dans la poudre, priant et gémissant tout bas, tandis qu'Acté le regardait, muette et les mains jointes, surprise de ce remords et de cette humilité chez un homme qu'elle croyait si puissant !...

Enfin il se releva et dit :

— Ce n'est pas tout encore, ô ma fille. Ma haine pour les disciples succéda à ma haine pour le prophète. Les apôtres, occupés du ministère de la parole, avaient choisi sept diacres pour la distribution des aumônes : le peuple se souleva contre un de ses diacres, nommé Etienne, et le força de comparaître au conseil, où de faux témoins l'accusèrent d'avoir proféré des blasphèmes contre Dieu, Moïse et sa loi. Etienne fut condamné ; aussitôt ses ennemis le jetèrent sur lui, le traînèrent hors de Jérusalem, pour le lapider selon la loi contre les blasphémateurs. J'étais parmi ceux qui avaient demandé la mort du premier martyr: je ne jetai point de pierres contre lui, mais je gardai les manteaux de ceux qui lui en jetaient. Sans doute j'eus part aux prières du saint condamné, lorsqu'il s'écria, dans cette imprécation sublime, inconnue jusqu'à Jésus-Christ : — Seigneur, Seigneur ne leur imputez pas ce péché, car ils ne savent ce qu'ils font !

Cependant si le moment de la grâce n'était point arrivé il approchait du moins à grands pas. Les chefs de la synagogue, voyant mon ardeur à poursuivre la jeune Eglise, m'envoyèrent en Syrie pour rechercher les nouveaux chrétiens et les ramener à Jérusalem. Je suivis les bords du Jourdain depuis la rivière Jaher jusqu'à Capharnaüm. Je revis les rives du lac de Génésareth, où avait eu lieu la pêche miraculeuse; enfin j'atteignis à la chaîne d'Hermon, toujours persévérant dans ma vengeance, lorsqu'en arrivant au haut d'une montagne de laquelle on découvre la plaine de Damas et les vingt-sept rivières qui l'arrosent, tout à coup je fus environné et frappé d'une lumière du ciel : alors je tombai comme tombe un homme mort, et j'entendis une voix qui me disait : — Saül ! Saül ! pourquoi me persécutez-vous ?

— Seigneur, dis-je en tremblant, qui êtes-vous, et que me voulez-vous ?

— Je suis, répondit la voix, Jésus, que vous persécutez, et je veux vous employer à propager ma parole, vous qui jusqu'ici avez essayé de l'étouffer.

— Seigneur, continuai-je plus tremblant et plus effrayé encore qu'auparavant, Seigneur, que faut-il que je fasse ?

— Levez-vous et entrez dans la ville, et l'on vous dira là ce que vous avez à faire.

Et les gens qui m'accompagnaient étaient presque aussi épouvantés que moi, car une voix puissante frappait leurs oreilles, et ils ne voyaient personne ; enfin, n'entendant plus rien, je me levai et j'ouvris les yeux : mais il me sembla qu'à cette lumière éclatante avait succédé la nuit la plus obscure. J'étais aveugle : j'étendis donc les bras et je dis : — Conduisez-moi, car je n'y vois plus. — Alors un de mes serviteurs me prit par la main et me conduisit à Damas, où je restai trois jours sans voir, sans boire et sans manger.

Puis, le troisième jour, il me sembla qu'un homme s'avançait vers moi, que je ne connaissais pas, et que cependant je savais s'appeler Ananie ; au même instant je sentis qu'on m'imposait les mains, et une voix me dit : — Saül, mon frère, le Seigneur Jésus, qui vous est apparu dans le chemin par où vous veniez, m'a envoyé afin que vous recouvriez la vue, et que vous soyez rempli du Saint-Esprit. Aussitôt il me tomba des yeux comme des écailles, et je vis. Alors, tombant à genoux, je demandai le baptême.

Depuis lors, aussi ardent dans ma foi que j'avais été acharné dans ma haine, j'ai traversé la Judée depuis Sidon jusqu'à Arad, et du mont Seir au torrent de Besor; j'ai parcouru l'Asie, la Bithynie, la Macédoine ; j'ai vu Athènes et Corinthe, j'ai touché à Malte, j'ai abordé à Syracuse, et de là, côtoyant la Sicile, j'entrai dans le port de Pouzzoles, où je suis depuis quinze jours, attendant des lettres de Rome, qui me sont arrivées hier ; ces lettres sont écrites par mes frères qui m'appellent près d'eux. Le jour du triomphe est arrivé, et Dieu nous prépare la route ; car, tandis qu'il envoie l'espérance au peuple, il envoie la folie aux empereurs, afin de saper le vieux monde par sa base et par son sommet. Ce n'est pas le hasard, mais la Providence qui a distribué la terreur à Tibère, l'imbécilité à Claude, et la folie à Néron. De pareils empereurs font douter des dieux qu'ils adorent : aussi, dieux et empereurs tomberont-ils ensemble, les uns méprisés et les autres maudits.

— O mon père ! s'écria Acté... arrêtez... ayez pitié de moi !...

— Eh ! qu'as-tu affaire à ces hommes de sang ? répondit Paul étonné.

— Mon père, continua la jeune fille en se cachant la tête dans ses mains, tu m'as raconté ton histoire et tu me demandes la mienne ; la mienne est courte, terrible et criminelle : Je suis la maîtresse de César !

— Je ne vois là qu'une faute, mon enfant, répondit Paul en s'approchant d'elle avec intérêt et curiosité.

— Mais je l'aime, s'écria Acté ; je l'aime plus que jamais je n'aimerai ni homme sur la terre ni dieux dans le ciel.

— Hélas ! hélas ! murmura le vieillard, voilà où est le crime ; — et, s'agenouillant dans un coin de la cabane, il se mit à prier.

XII.

Lorsque la nuit fut venue, Paul ceignit à son tour ses reins, assura ses sandales, prit son bâton, et se retourna vers Acté : elle était prête, et résolue à fuir. Où allait-elle? peu lui importait ! elle s'éloignait de Néron ; et, dans ce moment, l'horreur et la crainte qu'elle avait éprouvées la veille, la poussaient encore à accomplir ce projet ; mais elle sentait elle-même que si elle tardait d'un jour, que si elle revoyait cet homme qui avait pris sur son cœur une si puissante influence, tout était fini ; qu'elle n'aurait plus de courage et de forces que pour l'aimer, malgré tout et contre tout, et que sa vie inconnue irait encore se perdre dans cette vie puissante et agitée, comme un ruisseau dans l'Océan ; car, pour elle, chose étrange, son amant était toujours Lucius, et jamais Néron : le vainqueur des jeux olympiques était un autre homme que l'empereur, et son existence se partageait en deux phases bien distinctes : l'une qui était son amour pour Lucius, et dans elle seule était toute la réalité ; l'autre, qui était l'amour de Néron pour elle, et qui lui semblait un rêve.

En sortant de la cabane, ses yeux se portèrent sur le golfe, témoin la veille de la terrible catastrophe que nous avons racontée : l'eau était calme, l'air était pur, la lune éclairait le ciel, et le phare de Misène la terre ; de sorte qu'on voyait l'autre côté du golfe aussi bien que dans un jour d'occident. Acté aperçut la masse sombre des arbres qui environnaient Bauli, et, pensant que c'était là qu'était Lucius, elle s'arrêta en soupirant. Paul attendit un instant ; puis, faisant quelques pas vers elle, il lui dit d'une voix compatissante :

— Ne viens-tu pas, ma fille ?

— O mon père ! dit Acté, n'osant avouer au vieillard les sentiments qui la retenaient, hier, j'ai quitté Néron avec Agrippine sa mère ; le bâtiment que nous montions a fait naufrage, nous nous sommes sauvées en nageant toutes deux, et je l'ai perdue aumoment qu'une barque la recueillait. Je voudrais bien ne pas abandonner cette plage sans savoir ce qu'elle est devenue.

Paul étendit la main dans la direction de la villa de Julius César, et montrant à Acté une grande lueur qui s'élevait entre ce bâtiment et le chemin de Misène :

— Vois-tu cette flamme ? lui dit-il.

— Je la vois, répondit Acté.

— Eh bien ! continua le vieillard, cette flamme est celle de son bûcher.

Et, comme s'il eût compris que ce peu de mots répondaient à toutes les pensées de la jeune femme, il se remit en route. En effet, Acté le suivit aussitôt sans prononcer une parole, sans pousser un soupir.

Ils côtoyèrent la mer pendant quelque temps, traversèrent Pouzzoles ; puis ils prirent le chemin de Naples. Arrivés à une demi-lieue de la ville, ils la laissèrent à droite, et allèrent par un sentier rejoindre la route de Capoue.

Vers une heure du matin, ils aperçurent Atella, et bientôt, sur la route, un homme debout qui semblait les attendre : c'était Silas, l'envoyé de Paul. Le vieillard échangea avec lui quelques mots ; Silas prit à travers champs, Paul et Acté le suivirent, et ils arrivèrent à une petite maison isolée, où ils étaient attendus, car au premier coup que frappa Silas la porte s'ouvrit.

Toute la famille, y compris les serviteurs, était rassemblée dans un atrium élégant, et paraissait attendre. Aussi, à peine le vieillard eut-il paru sur le seuil, que chacun s'agenouilla. Paul étendit les mains sur eux et les bénit ; puis, la maîtresse de la maison le conduisit au triclinium, et avant le souper, qui était servi et qui attendait, elle voulut elle-même laver les pieds du voyageur. Quant à Acté, étrangère à cette religion nouvelle, tout entière aux mille pensées qui lui brisaient le cœur, elle demanda à se retirer. Aussitôt, une belle jeune fille de quinze ou seize ans, voilée comme une vestale, marcha devant elle et la conduisit à sa propre chambre, où, un instant après, elle revint lui apportant sa part du repas de la famille.

Tout était un sujet d'étonnement pour Acté ; elle n'avait jamais entendu parler des chrétiens chez son père que comme d'une secte d'idéologues insensés qui venait augmenter le nombre de toutes ces petites écoles systématiques où se discutaient le dogme de Pythagore, la morale de Socrate, la philosophie d'Epicure ou les théories de Platon; et, à la cour de César, que comme d'une race impie livrée aux plus affreuses superstitions et aux plus infâmes débauches, bonne à jeter au peuple, lorsque le peuple demandait une expiation; bonne à jeter aux lions, lorsque les grands demandaient une fête. Il n'y avait qu'un jour qu'elle avait été secourue par Paul ; il n'y avait qu'un jour qu'elle voyait des chrétiens, et cependant ce peu d'heures avait suffi pour détruire toute cette fausse opinion que la philosophie grecque et la haine impériale avaient pu lui donner. Ce qu'elle avait surtout compris dans la secte nouvelle, c'était le dévouement, car le dévouement est presque toujours, quelles que soient sa croyance et sa foi, la vertu dominante de la femme qui aime; de sorte qu'elle s'était laissée prendre d'une sympathie instinctive à cette religion qui commandait aux puissans la protection envers les faibles, aux riches la charité envers les pauvres, et aux martyrs la prière pour leurs bourreaux.

Le soir, à la même heure qu'elle était partie la veille, elle se remit en chemin. Cette fois, la route fut plus longue, les voyageurs laissèrent à leur droite Capoue, qu'une faute d'Annibal a illustrée à l'égal d'une victoire; puis ils s'arrêtèrent sur les rives du Volturne. A peine y étaient-ils, qu'une barque sortit d'une petite anse, conduite par un batelier, et s'approcha d'eux. Arrivés sur le bord, Paul et l'inconnu échangèrent un signe de reconnaissance : le vieillard et Acté descendirent dans la barque.

Déposé sur l'autre rive, Paul tendit une pièce de monnaie au batelier ; mais celui-ci, tombant à genoux, baisa en silence le bas du manteau de l'apôtre, et resta humilié et priant dans cette posture encore longtemps après que celui auquel il venait de donner cette marque de respect se fût éloigné de lui. Vers les trois heures, un homme, assis sur une de ces pierres que les Romains plaçaient aux revers des routes pour aider les voyageurs à remonter sur leurs chevaux, se leva à leur approche : c'était leur silencieux et vigilant courrier, qui les attendait comme la veille pour les guider vers leur asile du soir. Cette fois, ce n'était plus une maison élégante, comme celle de la veille, qui les attendait : c'était une pauvre chaumière ; ce n'était pas un souper splendide, servi dans un triclinium de marbre, c'était la moitié d'un pain trempé de larmes, c'était le nécessaire du pauvre, offert avec le même respect que le superflu du riche.

Un homme les reçut : il avait au front le stigmate des esclaves, un collier de fer au cou, deux cercles de fer aux jambes ; c'était le berger d'une riche villa ; il menait paître des milliers de brebis appartenant à un maître dur et avare, et il n'avait pas une peau de mouton à jeter sur ses épaules; il avait placé sur une table un pain, près de ce pain un de ces vases de grès, à la matière commune, mais à la forme charmante; puis il avait étendu dans un coin de la chambre un lit de fougères et de roseaux; et en faisant cela sans doute cet homme avait fait plus aux yeux du Seigneur que n'aurait pu faire le riche avec la plus splendide hospitalité.

Paul s'assit à table, et Acté près de lui ; puis leur hôte, ayant fait ce qu'il avait pu pour eux, entra dans une chambre à côté, et bientôt ils entendirent à travers la porte mal fermée des plaintes et des sanglots. Acté posa sa main sur le bras de Paul :

— N'entendez-vous pas, mon père? lui dit-elle.

— Oui, ma fille, répondit le vieillard ; on pleure ici des larmes amères, mais celui qui afflige peut consoler.

Un instant après leur hôte rentra, et alla s'asseoir, sans dire un mot, dans un coin de la chambre ; puis, appuyant ses coudes sur ses genoux, il laissa tomber sa tête entre ses mains.

Acté, le voyant si triste et si accablé, alla s'agenouiller près de lui :

— Esclave, lui dit-elle tout bas, pourquoi ne t'adresses-tu pas à cet homme? peut-être aurait-il quelque remède à ton affliction, quelque consolation à ta douleur.

— Merci, lui répondit l'esclave, mais notre affliction et notre douleur ne sont pas de celles qu'on guérit avec des paroles.

— Homme de peu de foi, dit Paul en se levant, pourquoi doutes-tu ? ne sais-tu pas les miracles du Christ ?

— Oui, mais le Christ est mort, s'écria l'esclave en secouant la tête ; les Juifs lui ont mis les bras en croix, et il est maintenant au ciel, à la droite de son père. Béni soit son nom !

— Ne sais-tu pas, reprit Paul, qu'il a légué son pouvoir à ses apôtres ?

— Mon enfant, mon pauvre enfant ! dit le père, éclatant en sanglots, et sans répondre au vieillard.

Un gémissement sourd, qui se fit entendre dans la chambre à côté, s'éveilla comme un écho à cette explosion de douleur.

— O mon père ! dit Acté en revenant vers Paul, si vous pouvez quelque chose pour ces malheureux, faites ce que vous pouvez, je vous en supplie ; car quoique j'ignore la cause de leur désespoir, il me déchire l'âme ; demandez-lui donc ce qu'il a, peut-être vous répondra-t-il, à vous.

— Ce qu'il a, je le sais, dit le vieillard : il manque de foi.

— Et comment voulez-vous que je croie, dit l'affligé? Comment voulez-vous que j'espère? Toute ma vie jusqu'aujourd'hui n'a été qu'une douleur : esclave et fils d'esclave, je n'ai jamais eu une heure de joie; enfant, je n'étais pas même libre au sein de ma mère; jeune homme, il m'a fallu travailler incessamment sous la verge et sous le fouet ; père et époux, on me retient chaque jour la moitié du pain qui serait nécessaire à ma femme et à mon enfant ! à mon enfant qui, atteint jusque dans le ventre de sa mère par les coups dont ils l'ont accablée pendant sa grossesse, est venu au monde maudit, estropié, muet ! mon enfant, que nous aimions, tout frappé de la colère céleste qu'il était, et que nous espérions voir échapper à son sort par son malheur même ! Eh bien ! non, c'était trop de bonheur ! son maître l'a vendu hier à un de ces hommes qui font trafic de chair, qui estiment ce que peut rapporter chaque infirmité ; qui s'enrichissent à faire mendier pour eux sur la place de Rome des malheureux dont chaque soir ils rouvrent les plaies ou brisent les membres ; et, demain, demain ! on nous l'arrache pour le livrer à cette torture ; lui, pauvre innocent, qui n'aura pas même une voix pour se plaindre, pour nous appeler à son secours et pour maudire ses bourreaux !...

— Et si Dieu guérissait ton enfant ? dit le vieillard.

— Oh ! alors, on ne nous le laisserait, s'écria le père, car ce qu'ils vendent et achètent, ces misérables, c'est sa misère et son infortune, ses jambes brisées, sa langue muette ; s'il marchait et s'il parlait, ce serait un enfant comme tous les enfans, et il n'aurait de valeur que lorsqu'il deviendrait un homme.

— Ouvre cette porte, dit Paul.

L'esclave se leva, l'œil fixe et le visage étonné, plein de doute et d'espoir à la fois, et s'approchant de la porte, il obéit à l'ordre que venait de lui donner le vieillard. Le regard d'Acté, tout voilé de larmes qu'il était, put alors pénétrer dans la seconde chambre ; il y avait, comme dans la première, un lit de paille ; sur cette paille, un enfant de quatre ou cinq ans était assis, souriant avec insouciance, et jouant avec quelques fleurs, tandis que, près de lui, la face contre terre, raidie et immobile, une femme était couchée, les mains enfoncées dans ses cheveux, et pareille à une statue du Désespoir.

La figure de l'apôtre prit à ce spectacle une expression sublime de confiance et de foi : ses yeux se levèrent vers le ciel, fixes et ardens, comme s'ils pénétraient jusqu'au trône du Saint des saints ; un rayon de lumière se joua autour de ses cheveux blancs comme une auréole, et, sans quitter sa place, sans faire un pas, il étendit lentement et gravement la main vers l'enfant, et dit ces seules paroles : — Au nom du Dieu vivant qui a créé le ciel et la terre, lève-toi et parle !

Et l'enfant se leva et dit :

— Seigneur ! Seigneur ! que votre saint nom soit béni !

La mère bondit en jetant un cri, le père tomba à genoux : l'enfant était sauvé.

Et Paul ferma la porte sur eux en disant :

— Voilà une famille d'esclaves dont le bonheur ferait envie à une famille d'empereur.

La nuit suivante, ils continuèrent leur route, et ils arrivèrent à Fondi ; ainsi, pendant tout le voyage nocturne et mystérieux, Acté revoyait, les uns après les autres, les lieux qu'elle avait parcourus avec Néron lors de son triomphe ; c'était à Fondi qu'ils avaient été si splendidement reçus par Galba, ce vieillard à qui les oracles promettaient la couronne ; sa vue avait rappelé cette prédiction à l'empereur qui l'avait oubliée, grâce à l'obscurité dans laquelle le futur César affectait de vivre, de sorte qu'à peine arrivé à Rome, son premier soin avait été de l'éloigner de l'Italie ; en conséquence, Galba avait reçu le commandement de l'Espagne, et il était parti aussitôt, plus empressé peut-être encore de s'éloigner de l'empereur, que l'empereur n'était empressé lui-même à l'éloigner de l'empire.

Avant de partir, il avait affranchi ses esclaves les plus fidèles, et ce fut chez l'un de ces affranchis, converti à la foi chrétienne, que Silas prépara le gîte du vieillard et de la jeune fille. Cet esclave avait été jardinier du verger de Galba, et il avait reçu en don, le jour de son affranchissement, la petite maison qu'il habitait dans les jardins de son maître : des fenêtres de cette humble cabane, Acté voyait, à la clarté de la lune, la magnifique villa où elle avait logé avec Lucius. L'un de ces deux voyages était pour elle un rêve ; que de choses étranges elle avait apprises ! que d'illusions elle avait touchées du doigt, et qui s'étaient envolées ! que de douleurs, qu'elle croyait alors ne pouvoir pas même exister, et qui s'étaient réalisées depuis cette époque ! Comme tout avait changé pour elle ; comme ces jardins fleuris où elle croyait marcher encore s'étaient séchés et flétris ; comme dans sa vie aride et solitaire son amour seul était resté vivant, toujours nouveau, toujours le même, toujours debout et inébranlable comme une pyramide au milieu du désert !

Trois jours, ou plutôt trois nuits encore, ils continuèrent leur route ; se cachant lorsque la lumière paraissait, et reprenant leur voyage dès que l'ombre descendait du ciel, toujours précédés par Silas, et s'arrêtant toujours chez de nouveaux adeptes, car déjà la foi commençait à compter, surtout parmi les esclaves et le peuple, un grand nombre de néophytes : enfin le troisième soir ils partirent de Velletri, cette ancienne capitale des Volsques qui avait donné la mort à Coriolan et le jour à Auguste ; et, comme la lune s'élevait sur l'horizon, ils arrivèrent au sommet de la montagne d'Albano. Cette fois Silas ne les avait pas quittés, seulement il marchait devant eux à la distance de trois à quatre cents pas. Mais, parvenu au tombeau d'Ascagne, il s'arrêta, attendant qu'ils le rejoignissent, et, étendant la main vers l'horizon, où brillaient une multitude de lumières, et d'où venait un grand murmure, il ne dit que ce mot qui annonçait au vieillard et à la jeune fille qu'ils touchaient au terme de leur voyage :

— Rome !...

Paul se jeta à genoux, remerciant le Seigneur de l'avoir conduit, après tant de dangers, au terme de son voyage et au but qui lui était promis. Quant à Acté, elle s'appuya contre le sépulcre pour ne pas tomber, tant il y avait de souvenirs doux et cruels dans le nom de cette ville, à cette place d'où elle l'avait aperçue pour la première fois.

— O mon père ! dit la jeune fille, je t'ai suivi sans te demander où nous allions ; mais si j'avais su que ce fût à Rome... oh ! je crois que je n'en aurais pas eu le courage.

— Ce n'est point à Rome que nous allons, répondit le vieillard en se relevant : puis aussitôt, comme un groupe de cavaliers s'approchait, suivant la voie Appienne, Silas quitta la route et prit à droite au travers de la plaine : Paul et Acté le suivirent.

Ils commencèrent alors à s'avancer entre la voie Latine et la voie Appienne, évitant même de suivre aucune des routes qui partaient de la première, et conduisaient l'une à Marina près du lac d'Albano, et l'autre au temple de Neptune, près d'Antium. Au bout de deux heures de chemin, et après avoir laissé à droite le temple de la Fortune féminine, et à gauche celui de Mercure, ils entrèrent dans la vallée d'Égérie, suivirent quelque temps les bords du petit fleuve Almon, puis, prenant à droite, et s'avançant au milieu de quartiers de rochers qui semblaient avoir été détachés de la montagne par quelque tremblement de terre, ils se trouvèrent tout à coup à l'entrée d'une caverne.

Silas y entra aussitôt, en invitant d'une voix basse les voyageurs à le suivre ; mais Acté tressaillit malgré elle à l'aspect inattendu de cette ouverture sombre qui semblait la gueule d'un monstre prêt à la dévorer. Paul sentit son bras se poser sur le sien comme pour l'arrêter ; il comprit sa terreur.

— Ne crains rien, ma fille, lui dit-il, le Seigneur est avec nous.

Acté poussa un soupir, jeta un dernier regard sur ce ciel tout parsemé d'étoiles qu'elle allait perdre de vue, puis s'enfonça avec le vieillard sous la voûte qui s'offrait à elle.

Au bout de quelques pas hasardés dans une obscurité si complète que la voix seule de Silas servait de guide à ceux qui le suivaient, il s'arrêta au pied d'un des piliers massifs qui soutenaient la voûte, et, frappant deux cailloux l'un contre l'autre, il en fit jaillir quelques étincelles qui enflammèrent un linge soufré ; puis, tirant une torche cachée dans l'excavation d'un rocher : — Il n'y a plus de danger à cette heure, dit-il, et tous les soldats de Néron seraient à notre poursuite qu'ils ne nous rejoindraient pas maintenant.

Acté jeta les yeux autour d'elle, et d'abord ses regards ne distinguèrent rien : la torche, encore vacillante à cause de l'air extérieur dont les courans se croisaient sous ces voûtes, ne jetait que des lueurs rapides et mourantes comme de pâles éclairs, de sorte que les objets frappés momentanément de lumière rentraient dans l'obscurité, sans qu'on eût le temps de distinguer leur forme et leur couleur ; peu à peu cependant les yeux s'habituèrent à cette réverbération, la flamme de la torche devint moins mouvante, un plus grand cercle s'éclaira, et les voyageurs purent distinguer jusqu'au plafond sombre de ces immenses voûtes : enfin, aucun air ne pénétrant plus jusqu'à eux, la clarté devint plus fixe et plus étendue ; tantôt ils marchaient resserrés comme entre deux murailles, tantôt ils entraient dans un immense carrefour de pierres, aux cavités profondes, dans lesquelles allait mourir la clarté de la torche qui illuminait d'un reflet décroissant les angles des piliers blancs et immobiles comme des spectres. Il y avait dans cette marche nocturne; dans le bruit des pas qui, si léger qu'il fût, était répété par un écho funèbre; dans ce manque d'air, auquel la poitrine n'était point encore habituée, quelque chose de triste et de saisissant qui oppressait le cœur d'Acté comme une douleur. Tout à coup elle s'arrêta en frissonnant, appuyant une de ses mains sur le bras de Paul, et lui montrant de l'autre une rangée de cercueils qui garnissaient une des parois de la muraille; en même temps, et à l'extrémité de ces sombres avenues, ils virent passer des femmes vêtues de blanc, pareilles à des fantômes, portant des torches, et qui toutes se dirigeaient vers un centre commun. Bientôt ils entendirent, en avançant toujours, une harmonie pure, qui semblait un chœur d'anges, et qui flottait mélodieusement sous ces arcades sonores. De place en place, des lampes fixées aux piliers commençaient à indiquer la route; les cercueils devenaient plus fréquens, les ombres plus nombreuses, les chants plus distincts; c'est qu'ils approchaient de la ville souterraine, et ses alentours commençaient à se peupler de morts et de vivans. De temps à autre, on trouvait semés sur la terre des bluets et des roses qui s'étaient détachés de quelque couronne, et qui se fanaient tristement loin de l'air et du soleil. Acté ramassait ces pauvres fleurs, filles du jour et de la lumière comme elle, étonnées de se trouver comme elle ensevelies vivantes dans un tombeau, et elle les réunissait l'une à l'autre en faisait un bouquet pâle et inodore, comme les débris d'un bonheur passé on se fait une espérance pour l'avenir. Enfin, au détour d'une des mille routes de ce labyrinthe, ils découvrirent un large emplacement taillé sur le modèle d'une basilique souterraine, éclairée par des lampes et des torches, et rempli d'une population tout entière d'hommes, de femmes et d'enfans. Une troupe de jeunes filles couvertes de longs voiles blancs faisaient retentir les voûtes de ces cantiques qu'Acté avait entendus; un prêtre s'avançait à travers la foule inclinée, et s'apprêtait à célébrer les mystères, lorsqu'en approchant de l'autel il s'arrêta tout à coup, et, se retournant vers son auditoire étonné:

— Il y a ici, s'écria-t-il avec une inspiration respectueuse, un plus digne que moi de vous répéter la parole de Dieu, car il l'a entendue de la bouche de son fils. Paul, approche-toi et bénis tes frères.

Et tout le peuple, à qui l'apôtre était promis depuis longtemps, tomba à genoux; Acté, toute païenne qu'elle était, fit comme le peuple, et le futur martyr monta à l'autel.

Ils étaient dans les Catacombes!...

XIII.

C'était une ville tout entière sous une autre ville.

La terre, les peuples et les hommes ont une existence pareille: la terre a ses cataclysmes, les peuples leurs révolutions, l'homme ses maladies; tous ont une enfance, une virilité et une vieillesse; leur âge diffère dans sa durée, et voilà tout; l'une compte par mille ans, les autres par siècles, les derniers par jours.

Dans cette période qui leur est accordée, il y a pour chacun des époques de transition pendant lesquelles s'accomplissent des choses inouïes, qui, tout on se rattachant au passé et en préparant l'avenir, se révèlent à l'investigation de la science sous le titre d'accidens de la nature, tandis qu'elles brillent à l'œil de la foi comme des préparations de la Providence. Or, Rome était arrivée à une de ces époques mystérieuses, et elle commençait à éprouver de ces frémissemens étranges qui accompagnent la naissance ou la chute des empires: elle sentait tressaillir en elle l'enfant inconnu qu'elle devait mettre au jour, et qui déjà s'agitait sourdement dans ses vastes entrailles; un malaise mortel la tourmentait, et, comme un fiévreux qui ne peut trouver ni sommeil ni repos, elle consumait les dernières années de sa vie païenne, tantôt en accès de délire, tantôt en intervalles d'abattement: c'est que, comme nous l'avons dit, au dessous de la civilisation superficielle et extérieure qui s'agitait à la surface de la terre, s'était glissé un principe nouveau, souterrain et invisible, portant avec lui la destruction et la reconstruction, la mort et la vie, les ténèbres et la lumière. Aussi tous les jours s'accomplissaient au dessus d'elle, au dessous d'elle, autour d'elle, de ces événemens inexplicables à son aveuglement, et que ses poètes racontent comme des prodiges. C'étaient des bruits souterrains et bizarres que l'on attribuait aux divinités de l'enfer; c'étaient des disparitions subites d'hommes, de femmes, de familles tout entières; c'étaient des apparitions de gens que l'on croyait morts, et qui sortaient tout à coup du royaume des ombres pour menacer et pour prédire. C'est que le feu souterrain qui échauffait cet immense creuset y faisait bouillonner, comme de l'or et du plomb, toutes les passions bonnes et mauvaises; seulement l'or se précipitait et le plomb restait à la surface. Les Catacombes étaient le récipient mystérieux où s'amassait goutte à goutte le trésor de l'avenir.

C'étaient, comme on le sait, de vastes carrières abandonnées: Rome tout entière, avec ses maisons, ses palais, ses théâtres, ses bains, ses cirques, ses aqueducs, en était sortie pierre à pierre; c'étaient les flancs qui avaient enfanté la ville de Romulus et de Scipion; mais, à compter d'Octave, et du jour où le marbre avait succédé à la pierre, les échos de ces vastes galeries avaient cessé de retentir des pas des travailleurs. Le travertin était devenu trop vulgaire, et les empereurs avaient fait demander à Babylone son porphyre, à Thèbes son granit, et à Corinthe son airain: les cavernes immenses qui s'étendaient au dessous de Rome étaient donc restées abandonnées, désertes et oubliées, lorsque, lentement et avec mystère, le christianisme naissant les repeupla: d'abord elles furent un temple, puis un asile, puis une cité.

A l'époque où Acté et le vieillard y descendirent, ce n'était encore qu'un asile: tout ce qui était esclave, tout ce qui était malheureux, tout ce qui était proscrit, était sûr d'y trouver un refuge, des consolations et une tombe; aussi des familles tout entières s'y étaient abritées dans l'ombre, et déjà les adeptes de la foi nouvelle se comptaient par milliers; mais au milieu de la foule immense qui couvrait la surface de Rome, nul n'avait pensé à remarquer cette infiltration souterraine, qui n'était pas assez considérable pour apparaître à la superficie de la société et faire baisser le niveau de la population.

Qu'on ne croie pas cependant que la vie des premiers chrétiens ne fût occupée qu'à se soustraire aux persécutions qui commençaient à naître; elle se rattachait par la sympathie, par la piété, par le courage, à tous les événemens qui menaçaient les frères qu'une nécessité quelconque avait retenus dans les murailles de la ville païenne. Souvent, lorsqu'un danger apparaissait, le néophyte de la cité supérieure sentait monter jusqu'à lui une aide inattendue; une trappe invisible s'ouvrait sous ses pieds et se refermait sur sa tête; la porte de son cachot tournait mystérieusement sur ses gonds, et le geôlier fuyait avec la victime; ou bien lorsque la colère était si prompte que, semblable à la foudre, elle avait frappé en même temps que l'éclair avait paru; lorsque le néophyte était devenu martyr, soit qu'il eût été étranglé dans la prison de Tullus, soit que sa tête fût tombée sur la place publique, soit qu'il eût été précipité du haut de la roche Tarpéienne, soit enfin qu'il eût été mis en croix sur le mont Esquilin; profitant des ténèbres de la nuit, quelques vieillards prudens, quelques jeunes gens aventureux, et parfois même quelques femmes timides, gravissaient par des sentiers détournés la montagne maudite où l'on jetait les cadavres des condamnés, afin qu'ils y fussent dévorés par les bêtes féroces et les oiseaux de proie, allaient enlever les corps mutilés, les apportaient religieusement dans les Catacombes, où d'objets de haine et d'exécration qu'ils avaient été pour leurs persécuteurs, ils devenaient un objet d'adoration, de respect pour leurs frères, qui s'exhortaient l'un à l'autre à vivre et à mourir, comme l'élu qui les avait précédés au ciel avait vécu et était mort sur la terre.

Souvent il arrivait aussi que la mort, lasse de frapper au soleil, venait choisir quelque victime dans les Catacombes; dans ce cas, ce n'était pas une mère, un fils, une épouse, qui perdait un père ou un mari : c'était une famille tout entière qui pleurait un enfant; alors on le couchait dans son linceul; si c'était une jeune fille, on la couronnait de roses; si c'était un homme ou un vieillard, on lui mettait une palme à la main, le prêtre disait sur lui les prières des morts; puis on l'étendait doucement dans la tombe de pierre, creusée d'avance, et où il allait dormir dans l'attente de la résurrection éternelle : c'étaient là les cercueils qu'Acté avait vus en entrant pour la première fois sous ces voûtes inconnues; alors ils lui avaient inspiré une terreur profonde qui bientôt se changea en mélancolie : la jeune fille, encore païenne par le cœur, mais déjà chrétienne par l'âme, s'arrêtait quelquefois des heures entières devant ces tombes, où une mère, une épouse, ou une fille désolées, avaient gravé, à la pointe du couteau, le nom de la personne aimée, et quelque symbole religieux, quelque inscription sainte, qui exprimaient leur douleur ou leur espérance. — Sur presque tous, c'était une croix, emblème de résignation pour les hommes, auxquels elle racontait les souffrances d'un Dieu; puis encore le chandelier aux sept branches qui brûlait dans le temple de Jérusalem, ou bien la colombe de l'arche, douce messagère de miséricorde, qui rapporte à la terre la branche d'olivier qu'elle a été cueillir dans les jardins du ciel.

Mais d'autres fois aussi, ses souvenirs de bonheur revenaient plus vifs et plus puissans dans le cœur d'Acté : alors elle épiait les rayons du jour et elle écoutait les bruits de la terre; alors elle allait s'asseoir seule et isolée, adossée à quelque pilier massif, et, les mains croisées, le front appuyé sur les genoux, couverte d'un long voile, elle eût semblé, à ceux qui passaient près d'elle, une statue assise sur un tombeau, si parfois on n'eût pas entendu un soupir sortir de sa bouche, si l'on n'eût pas vu courir par tout son corps un frémissement de douleur. Alors, Paul, qui seul savait ce qui se passait dans cette âme, Paul, qui avait vu le Christ pardonner à la Madeleine, s'en remettait au temps et à Dieu de fermer cette blessure, et, la voyant ainsi muette et immobile, disait aux plus pures des jeunes vierges : — Priez pour cette femme, afin que le Seigneur lui pardonne et qu'elle soit un jour une des vôtres, et jusqu'à son tour elle prie avec vous; les jeunes filles obéissaient, et, soit que leurs prières montassent au ciel, soit que les pleurs adoucissent l'amertume de la douleur, on voyait bientôt la jeune Grecque rejoindre ses jeunes compagnes, le sourire sur les lèvres et les larmes dans les yeux.

Cependant, tandis que les chrétiens cachés dans les Catacombes vivaient de cette vie de charité, de prosélytisme et d'attente, les événemens se pressaient au-dessus de leur tête : le monde païen tout entier chancelait comme un homme ivre, et Néron, prince du festin et roi de l'orgie, se gorgeait de plaisirs, de vin et de sang. La mort d'Agrippine avait brisé le dernier frein qui pouvait le retenir encore par cette crainte d'enfant que le jeune homme garde pour sa mère; mais du moment où la flamme du bûcher s'était éteinte, toute pudeur, toute conscience, tout remords avaient paru s'éteindre avec elle. Il avait voulu rester à Bauli; car, aux sentimens généreux disparus avait succédé la crainte, et Néron, quelque mépris qu'il eût des hommes, quelque impiété qu'il professât pour les dieux, ne pouvait penser qu'un pareil crime ne soulèverait pas contre lui la haine des uns et la colère des autres; il demeurait donc loin de Naples et de Rome, attendant les nouvelles que lui rapporteraient ses courriers; mais il avait douté à tort de la bassesse du sénat, et bientôt une députation des patriciens et des chevaliers vint le féliciter d'avoir échappé à ce péril nouveau et imprévu, et lui annoncer que non seulement Rome, mais toutes les villes de l'empire, encombraient les temples de leurs envoyés et témoignaient leur joie par des sacrifices. Quant aux dieux, s'il faut en croire Tacite, qui pourrait bien leur avoir prêté un peu de son rigorisme et de sa sévérité, ils furent moins faciles : à défaut du remords, ils envoyèrent l'insomnie au parricide, et pendant cette insomnie il entendait le retentissement d'une trompette sur le sommet des coteaux voisins, et des cris lamentables, inconnus et sans cause, arrivaient jusqu'à lui, venant du côté du tombeau de sa mère. — En conséquence, il était reparti pour Naples.

Là il avait retrouvé Poppée, et avec elle la haine contre Octavie, cette malheureuse sœur de Britannicus, pauvre enfant qui, arrachée à celui qu'elle aimait avec une pureté de vierge, avait été poussée par Agrippine dans les bras de Néron; pauvre épouse dont le deuil avait commencé le jour des noces, qui n'entra dans la maison conjugale que pour y voir mourir, empoisonnés, son père et son frère, que pour y lutter vainement contre une maîtresse plus puissante, et, qui, loin de Rome, restait à vingt ans exilée dans l'île de Pandataire : déjà séparée de la vie par le pressentiment de la mort, et n'ayant pour toute cour que des centurions et des soldats, cour terrible, aux regards incessamment tournés vers Rome, et qui n'attendait qu'un ordre, un signe, pour que chaque flatteur devînt un bourreau. — Hé bien! c'était cette vie, toute isolée malheureuse et ignorée qu'elle était, qui tourmentait encore Poppée au milieu de ses splendeurs adultères et de son pouvoir sans bornes : car la beauté, la jeunesse et les malheurs d'Octavie l'avaient faite populaire : les Romains la plaignaient instinctivement, et par ce sentiment naturel à l'homme qui s'apitoie devant la faiblesse qui souffre; mais cet intérêt lui-même pouvait contribuer à la perdre, et jamais à la sauver, car il était plus tendre que fort, et pareil à celui qu'on éprouve pour une gazelle blessée ou pour une fleur brisée sur sa tige.

Aussi Néron, malgré son indifférence pour Octavie et les instances de Poppée, hésitait-il à frapper. Il y a de ces crimes si inutiles, que l'homme le plus cruel hésite à les commettre, car ce que le coupable couronné craint, ce n'est pas le remords, mais c'est le manque d'excuse. La courtisane comprit donc ce qui retenait l'empereur, car, sachant que ce n'était ni l'amour ni la pitié, elle se mit en quête de la véritable cause, et ne tarda point à la deviner; aussi un jour une sédition éclata, le nom d'Octavie fut prononcé avec des cris qui demandaient son retour; les statues de Poppée furent renversées et traînées dans la boue; puis vint une troupe d'hommes armés de fouets, qui dispersa les rebelles et replaça les effigies de Poppée sur leurs piédestaux : ce soulèvement avait duré une heure, et coûté un million; ce n'était pas payer trop cher la tête d'une rivale.

Car cette démonstration c'était tout ce qu'il fallait à Poppée. — Poppée était à Rome, elle accourut à Naples : elle fuyait les assassins payés par Octavie, disait-elle; elle était ravissante de frayeur, elle se jeta aux genoux de Néron. Néron envoya l'ordre à Octavie de se donner la mort.

En vain la pauvre exilée offrit-elle de se réduire aux titres de veuve et de sœur; en vain invoqua-t-elle le nom des Germanicus, leurs aïeux communs, celui d'Agrippine qui, tant qu'elle avait vécu elle-même, avait veillé sur ses jours; tout fut inutile, et comme elle hésitait à obéir, et qu'elle n'osait se frapper elle-même, on lui lia les bras, on lui ouvrit les quatre veines, puis on lui coupa toutes les autres artères, car le sang, glacé par la peur, tardait à couler, et, comme il ne venait pas encore, on l'étouffa à la vapeur d'un bain bouillant. Enfin, pour qu'elle ne doutât pas du meurtre, de peur qu'elle n'eût l'idée qu'on avait substitué une victime vulgaire à la victime impériale, on sépara la tête du corps, et on la porta à Poppée qui la posa sur ses genoux, lui rouvrit les paupières, et qui croyant peut-être voir une menace dans ce regard atone et glacé, lui enfonça dans les yeux les épingles d'or qui retenaient sa chevelure.

Enfin Néron revint à Rome, et sa folie et sa dissolution

furent portées à leur comble : il y eut des jeux où des sénateurs combattirent à la place des gladiateurs, des combats de chant, où l'on punit de mort ceux qui n'applaudissaient pas; un incendie qui brûla la moitié de Rome, et que Néron regarda en battant des mains et en chantant sur une lyre : enfin, Poppée comprit qu'il était temps de retenir celui qu'elle avait excité ; que des plaisirs si inouïs et si monstrueux nuisaient à son influence toute basée sur les plaisirs. — Sous le prétexte de sa grossesse, elle refusa d'aller au théâtre un jour que Néron devait y chanter : ce refus blessa l'artiste, il parla en empereur, Poppée résista en favorite, et Néron, impatienté, la tua d'un coup de pied.

Alors Néron prononça son éloge à la tribune, et, ne pouvant la louer sur ses vertus, il la loua sur sa beauté : puis il commanda lui-même les obsèques, ne voulant pas que le corps fût brûlé, mais embaumé à la manière des rois d'Orient ; et Pline le naturaliste assure que l'Arabie en un an ne produit pas autant d'encens et de myrrhe qu'en consomma l'empereur pour les divines funérailles de celle qui ferrait ses mules avec de l'or, et épuisait tous les jours pour ses bains le lait de 500 ânesses.

Les larmes des mauvais rois retombent sur les peuples en pluie de sang ; Néron accusa les chrétiens de ses propres crimes, et une nouvelle persécution commença, plus terrible encore que les précédentes.

Alors le zèle des catéchumènes redoubla avec le danger : chaque jour c'étaient de nouvelles veuves et de nouveaux orphelins à consoler ; chaque nuit c'étaient de nouveaux corps à soustraire aux bêtes féroces et aux oiseaux de proie. — Enfin, Néron s'aperçut qu'on lui volait ses cadavres : il mit une garde autour du mont Esquilin, et une nuit que quelques chrétiens, conduits par Paul, venaient, comme d'habitude, remplir leur mission sainte, une troupe de soldats cachés dans un ravin de la montagne tomba sur eux à l'improviste et les fit prisonniers, à l'exception d'un seul : celui-là, c'était Silas.

Il courut aux Catacombes, et arriva comme les fidèles se rassemblaient pour la prière. — Il leur annonça la nouvelle fatale, et tous tombèrent à genoux pour implorer le Seigneur. — Acté seule resta debout, car le Dieu des chrétiens n'était pas encore son Dieu. — Quelques-uns crièrent à l'impiété et à l'ingratitude ; mais Acté étendit le bras sur la foule pour réclamer le silence, et, lorsqu'elle fut obéie :

— Demain, dit-elle, j'irai à Rome, et je tâcherai de le sauver.

— Et moi, dit Silas, j'y retourne ce soir pour mourir avec lui, si tu ne réussis pas.

XIV.

Le lendemain matin, Acté, selon sa promesse, sortit des Catacombes et prit le chemin de Rome ; elle était seule et à pied, vêtue d'une longue stole qui tombait de son cou à ses pieds, et couverte d'un voile qui lui cachait le visage ; dans sa ceinture, elle avait passé un poignard court et aigu, car elle craignait d'être insultée par quelque chevalier ivre ou quelque soldat brutal ; puis, si elle ne réussissait pas dans son entreprise, si elle n'obtenait pas la grâce de Paul, qu'elle venait solliciter, elle demanderait à le voir et lui donnerait cette arme, afin qu'il échappât à un supplice terrible et honteux. C'était donc encore, comme on le voit, la jeune fille de l'Achaïe, née pour être prêtresse de Diane et de Minerve, nourrie dans les idées et dans les exemples païens, se rappelant toujours Annibal buvant le poison, Caton s'ouvrant les entrailles, et Brutus se jetant sur son épée ; elle ignorait que la religion nouvelle défendait le suicide et glorifiait le martyre, et que ce qui était une honte aux yeux des gentils était une apothéose aux regards des fidèles.

Arrivée à quelques pas de la porte Métroni, au-delà de laquelle se poursuivait dans Rome même la vallée d'Egérie, qu'elle avait suivie depuis les Catacombes, elle sentit ses genoux faiblir et son cœur battre avec tant de violence, qu'elle fut contrainte, pour ne pas tomber, de s'appuyer contre un arbre ; elle allait revoir celui qu'elle n'avait pas revu depuis la terrible soirée des fêtes de Minerve. Retrouverait-elle Lucius ou Néron, le vainqueur des jeux olympiques ou l'empereur, — un amant ou un juge. Quant à elle, elle sentait que cette espèce d'engourdissement dans lequel était tombé son cœur, pendant ce long séjour dans les Catacombes, tenait au froid, au silence et aux ténèbres de cette demeure, et qu'il se reprenait à la vie en retrouvant le jour et la lumière, et s'épanouissait de nouveau à l'amour comme une fleur au soleil.

Au reste, comme nous l'avons dit, tout ce qui s'était passé à la surface de la terre avait eu un écho dans les Catacombes, mais écho fugitif, éloigné, trompeur ; Acté avait donc appris l'assassinat d'Octavie et la mort de Poppée ; mais tous ces détails infâmes que les historiens nous ont transmis étaient encore enfermés dans un cercle de bourreaux et de courtisans, au-delà duquel n'avaient transpiré que de sourdes rumeurs et des récits tronqués : la mort seule des rois arrache le voile qui couvre leur vie, et ce n'est que lorsque Dieu a fait de leur majesté un cadavre impuissant, que la vérité, exilée de leur palais, revient s'asseoir sur leur tombe. Tout ce qu'Acté savait, c'est que l'empereur n'avait plus ni femme ni maîtresse, et qu'une espérance sourde lui disait qu'il avait peut-être gardé dans un coin de son cœur le souvenir de cet amour qui, à elle, était toute son âme.

Elle se remit donc promptement et franchit la porte de la ville : c'était par une belle et chaude matinée de juillet, le XV des kalendes, jour désigné parmi les jours heureux. — C'était à la deuxième heure du matin, qui correspond chez nous à la septième heure, désignée parmi les heures heureuses aussi. Soit que cette coïncidence de dates propices conduisît chacun à l'accomplissement de ses affaires ou de ses plaisirs, soit qu'une fête promise attirât la foule, soit qu'un spectacle inattendu fût venu tirer le peuple de ses occupations journalières et matinales, les rues étaient encombrées de promeneurs qui presque tous se dirigeaient vers le Forum.

Acté les suivit. C'était le chemin du Palatin, et c'était au Palatin qu'elle comptait trouver Néron. Tout entière au sentiment que lui inspirait cette prochaine entrevue, elle marchait sans voir et sans entendre la foule joyeuse qui s'étendait entre le Cœlius et l'Aventin, et qui était tapissée d'étoffes précieuses et jonchée de fleurs comme dans les solennités publiques ; en arrivant à l'angle du Palatin, elle vit les dieux de la patrie revêtus de leurs vêtements de fête, et le front ceint de leurs couronnes de gazon, de chêne et de laurier ; elle prit alors à droite, et bientôt se trouva sur la voie Sacrée, où elle avait passé en triomphe lors de sa première entrée à Rome. La foule devenait de plus en plus nombreuse et pressée, elle se dirigeait vers le Capitole où semblait se préparer quelque splendide solennité ; mais qu'importait à Acté ce qui se passait au Capitole, c'était Lucius qu'elle cherchait. Lucius habitait la maison dorée ; aussi, arrivée à la hauteur du temple de Rémus et de Romulus, elle prit à gauche, passa rapidement entre les temples de Phœbé et de Jupiter Stator, monta l'escalier qui conduisait au Palatin, et se trouva sous le vestibule de la maison dorée.

Là commença pour elle la première révélation de la scène étrange qui allait se passer sous ses yeux. Un lit magnifique était dressé en face de la porte de l'atrium, il était recouvert de pourpre tyrienne brochée d'or, élevé sur un piédestal d'ivoire incrusté d'écaille, et drapé d'étoffes attaliques, qui l'abritaient comme une tente. Acté frémit de tout son corps, une sueur froide s'amassa sur son front, un nuage passa devant ses yeux ; ce lit, exposé aux regards de la multitude, c'était un lit nuptial ; cependant elle voulut douter ; elle s'approcha d'un esclave et lui demanda quel était ce lit, et l'esclave répondit que c'était celui de

Néron qui se mariait à cette heure au temple de Jupiter Capitolin.

Alors il se fit dans l'âme de la jeune fille un terrible et soudain retour vers la passion insensée qui l'avait perdue : elle oublia tout, les Catacombes qui lui avaient donné un asile, les chrétiens qui avaient mis leur espoir en elle, et le danger de Paul qui l'avait sauvée et qu'elle était venue pour sauver à son tour : elle porta la main à ce poignard qu'elle avait pris comme une défense à la pudeur ou une ressource contre la honte, et, bondissante et le cœur plein de jalousie, elle descendit l'escalier, et s'élança vers le Capitole pour voir la nouvelle rivale qui, au moment où elle allait le reprendre peut-être, lui enlevait le cœur de son amant. La foule était immense, et cependant avec cette puissance que donne une passion réelle, elle s'y ouvrit un passage, car il était facile de voir, quoi que sa rica lui cachât entièrement le visage, que cette femme au pas ferme et rapide marchait vers un but important et ne permettait pas qu'on l'arrêtât dans sa route. Elle suivit ainsi la voie Sacrée, jusqu'au point où elle bifurquait sous l'arc de Scipion, et, prenant le chemin le plus court, c'est-à-dire celui qui passait entre les prisons publiques et le temple de la Concorde, elle entra d'un pas ferme dans le temple de Jupiter Capitolin. Alors, au pied de la statue du dieu, entourés des dix témoins exigés par la loi, et qui étaient choisis parmi les plus nobles patriciens, assis chacun sur un siége recouvert de la toison d'une brebis qui avait servi de victime, elle vit les fiancés, la tête voilée, de sorte que d'abord elle ne put reconnaître quelle était cette femme ; mais au même instant le grand pontife, assisté du flamine de Jupiter, après avoir fait une libation de lait et de vin miellé, s'avança vers l'empereur et lui dit :

— Lucius Domitius Claudius Néron, je te donne Sabina ; sois son époux, son ami, son tuteur et son père ; je te fais maître de tous ses biens et je les confie à ta bonne foi.

En même temps il mit la main de la femme dans celle de l'époux, et releva son voile pour que chacun pût saluer la nouvelle impératrice. Alors, Acté, qui avait douté tant qu'elle n'avait entendu que le nom, fut forcée de croire enfin, lorsqu'elle vit le visage. C'était bien la jeune fille du vaisseau et du bain, c'était bien Sabina, la sœur de Sporus.

— A la face des dieux et des hommes, l'empereur épousait une esclave !...

Alors Acté se rendit compte du sentiment étrange qu'elle avait toujours ressenti pour cet être mystérieux : c'était une répulsion pressentimentale, c'était une de ces haines instinctives, comme les femmes en ont pour les femmes qui doivent être leurs rivales un jour. Néron épousait cette jeune fille qu'il lui avait donnée, qui l'avait servie, lui avait été son esclave, — qui déjà peut-être alors partageait avec elle l'amour de son amant, — sur laquelle elle avait eu droit de vie et de mort, et qu'elle n'avait pas étouffée entre ses mains comme un serpent qui devait un jour lui dévorer le cœur. Oh ! cela était impossible : elle reporta une seconde fois sur elle ses yeux pleins de doute ; mais le prêtre ne s'était pas trompé, c'était bien Sabina, Sabina en costume de mariée, revêtue de la tunique blanche unie, et ornée de bandelettes, la taille serrée par la ceinture de laine de brebis dont la rupture était réservée à son époux, les cheveux traversés par le javelot d'or qui rappelait l'enlèvement des Sabines, et les épaules couvertes du voile couleur de flamme, ornement nuptial que la fiancée ne porte qu'un jour, et qui fut de tous temps choisi comme un heureux présage, parce qu'il est la parure habituelle de la femme du flamine, à qui les lois interdisent le divorce.

En ce moment les mariés se relevèrent et sortirent du temple : ils étaient attendus à la porte par des chevaliers romains portant les quatre divinités protectrices des mariages : et par quatre femmes de la première noblesse de Rome portant chacune une torche en bois de pin. Tigellin les attendait sur le seuil avec la dot de la nouvelle épouse. Néron la reçut, mit sur la tête de Sabina la couronne, et sur ses épaules le manteau des impératrices, puis il monta avec elle dans une litière splendide et découverte, l'embrassant aux yeux de tous et aux applaudissemens du peuple, parmi lesquels on distinguait les voix courtisanesques des Grecs qui, dans leur langage fait pour la flatterie, osaient émettre des vœux pour la fécondité de cette étrange union.

Acté les suivit, croyant qu'ils allaient rentrer à la maison dorée ; mais, en arrivant au bas du Capitole, ils tournèrent par le Vicus Tuscus, traversèrent le Vélabre, gagnèrent le quartier d'Argilète, et entrèrent dans le Champ-de-Mars par la porte triomphale. C'est ainsi qu'aux fêtes sigillaires de Rome, Néron voulait montrer au peuple sa nouvelle impératrice. Aussi la conduisit-il au forum Olitorium, au théâtre de Pompée, aux portiques d'Octavie. Acté les suivit partout, sans les perdre un instant des yeux, aux marchés, aux temples, aux promenades. Un dîner magnifique était offert à la colline des Jardins. Elle se tint debout contre un arbre pendant tout le temps que dura le dîner. Ils revinrent par le forum de César, où le sénat les attendait pour les complimenter. Elle écouta la harangue, appuyée à la statue du dictateur ; tout le jour se passa ainsi, et ce ne fut que vers le soir qu'ils reprirent le chemin du palais ; et tout le jour Acté demeura debout, sans prendre de nourriture, sans penser ni à la fatigue ni à la faim, soutenue par le feu de la jalousie qui brûlait son cœur, et qui courait par toutes ses veines. Ils rentrèrent enfin à la maison dorée ; Acté y entra avec eux : c'était chose facile, toutes les portes en étaient ouvertes, car Néron, au contraire de Tibère, ne craignait pas le peuple. Il y a plus, ses prodigalités, ses jeux, ses spectacles, sa cruauté même, ne frappait que les dites élevées ou des ennemis des croyances païennes, l'avaient fait aimer de la foule, et aujourd'hui encore c'est peut-être, à Rome, l'empereur dont le nom est resté le plus populaire.

Acté connaissait l'intérieur du palais pour l'avoir parcouru avec Lucius ; son vêtement et son voile blanc lui donnaient l'apparence d'une des jeunes compagnes de Sabina ; nul ne fit donc attention à elle, et tandis que l'empereur et l'impératrice passaient dans le triclinium pour y faire la cœna, elle se glissa dans la chambre nuptiale, où le lit avait été reporté, et se cacha derrière un de ses rideaux.

Elle resta là deux heures, immobile, muette, sans que son souffle fit vaciller l'étoffe flottante qui pendait devant elle ; pourquoi était-elle venue, elle n'en savait rien ; mais pendant ces deux heures, sa main ne quitta pas la manche de son poignard. Enfin, elle entendit un léger bruit, des pas de femmes s'approchaient dans le corridor, la porte s'ouvrit, et Sabina, conduite par une matrone romaine, d'une des premières et des plus anciennes familles, nommée Calvia Crispinella, et qui lui servait de mère, comme Tigellin lui avait servi de père, entra dans la chambre, avec son vêtement de noces, excepté la ceinture de laine, que Néron avait rompue pendant le repas pour que Calvia pût ôter la toilette de la mariée ; elle commença par dénouer les fausses nattes tressées sur le haut de sa tête en forme de tour, et ses cheveux retombèrent sur ses épaules ; puis elle lui ôta le flammeum ; enfin, elle détacha la robe, de sorte que la jeune fille resta avec une simple tunique, et, chose étrange, à mesure que ces différens ornemens étaient enlevés, une métamorphose inouïe semblait s'opérer aux regards d'Acté : Sabina disparaissait pour faire place à Sporus, tel qu'Acté l'avait vu descendre du navire et marcher auprès de Lucius, avec sa tunique flottante, ses bras nus, ses longs cheveux ? Était-ce un rêve, une réalité ? Le frère et la sœur ne faisaient-ils qu'un ? Acté devenait-elle insensée ? — Les fonctions de Calvia étaient achevées, elle s'inclina devant son étrange impératrice. L'être androgyne, quel qu'il fût, la remercia, et la jeune Grecque reconnut la voix de Sporus aussi bien que celle de Sabina ; enfin Calvia sortit. — La nouvelle mariée resta seule, regarda de tous les côtés, et croyant n'être vue ni entendue de personne, elle laissa tomber ses mains avec abattement et poussa un soupir, tandis que deux larmes coulaient de ses yeux; puis, avec un sentiment de dégoût profond, elle s'approcha du lit; mais au moment où elle mettait le pied sur la première marche, elle recula épouvantée en jetant un grand cri : elle avait aperçu, encadrée dans les rideaux de pourpre, la figure pâle de la jeune Corinthienne, qui, se voyant découverte, et sentant que sa rivale allait lui échapper, bondit jusqu'à elle comme une tigresse; mais l'être qu'elle poursuivait était trop faible pour fuir ou pour se défendre; il tomba à genoux, étendant les bras vers elle, et tremblant sous la lame du poignard qui brillait dans sa main; puis un rayon d'espoir passa tout à coup dans ses yeux :

— Est-ce toi Acté? est-ce toi? lui dit-il.

— Oui, oui, c'est moi, répondit la jeune fille... C'est moi, c'est Acté. — Mais toi, qui es-tu? Es-tu Sabina? es-tu Sporus? es-tu un homme? es-tu une femme?... Réponds, parle... mais parle donc!

— Hélas! hélas! s'écria l'eunuque en tombant évanoui aux pieds d'Acté, hélas! je ne suis ni l'un ni l'autre.

Acté, stupéfaite, laissa échapper son poignard.

En ce moment la porte s'ouvrit, et plusieurs hommes entrèrent précipitamment. C'étaient des esclaves qui venaient apporter autour du lit les statues des dieux protecteurs du mariage. Ils virent Sporus évanoui, une femme échevelée, pâle et les yeux hagards, penchée sur lui, et un poignard à terre : ils devinèrent tout, s'emparèrent d'Acté, et la conduisirent dans les prisons du palais, près desquelles elle était passée pendant cette douce nuit où Lucius l'avait fait demander, et d'où elle avait entendu sortir de si plaintifs gémissemens.

Elle y retrouva Paul et Silas.

— Je t'attendais, dit Paul à Acté.

— O mon père! s'écria la jeune Corinthienne, j'étais venue à Rome pour te sauver.

— Et, ne pouvant me sauver, tu veux mourir avec moi.

— Oh! non, non, dit la jeune fille avec honte, non, je t'ai oublié; non, je suis indigne que tu m'appelles ta fille. Je suis une malheureuse insensée qui ne mérite ni pitié ni pardon.

— Tu l'aimes donc toujours?

— Non, je ne l'aime plus, mon père, car il est impossible que je l'aime encore : seulement, je te l'ai dit, je suis folle; oh! qui me tirera de ma folie! Il n'y a pas d'homme sur la terre, il n'y a pas de Dieu au ciel assez puissant pour cela.

— Rappelle-toi l'enfant de l'esclave : celui qui guérit le corps peut guérir l'âme.

— Oui, mais l'enfant de l'esclave avait l'innocence à défaut de la foi : moi, je n'ai pas encore la foi, et je n'ai plus l'innocence.

— Et pourtant, répondit l'apôtre, tout n'est pas perdu, s'il te reste le repentir?

— Hélas! hélas! murmura Acté avec l'accent du doute.

— Eh bien! approche ici, dit Paul en s'asseyant dans un angle du cachot; viens, je veux te parler de ton père.

Acté tomba à genoux, la tête sur l'épaule du vieillard, et toute la nuit l'apôtre l'exhorta. Acté ne lui répondit que par des sanglots; mais le matin elle était prête à recevoir le baptême.

Presque tous les captifs enfermés avec Paul et Silas étaient des chrétiens des Catacombes; depuis deux ans qu'Acté habitait parmi eux, ils avaient eu le temps d'apprécier les vertus de celle dont ils ignoraient les fautes; or, des prières avaient été adressées toute la nuit à Dieu pour qu'il laissât tomber un rayon de foi sur la pauvre païenne : ce fut donc une déclaration solennelle que celle de l'apôtre, lorsqu'il annonça à haute voix que le Seigneur allait compter une servante de plus.

Paul n'avait point laissé ignorer à Acté l'étendue des sacrifices qu'allait lui imposer son nouveau titre : le premier était celui de son amour, et le second peut-être celui de sa vie; tous les jours on venait chercher au hasard dans cette prison quelque victime pour les expiations ou les fêtes; beaucoup alors se présentaient ayant hâte du martyre, et l'on prenait aveuglément et sans choix : tout corps qui pouvait souffrir et assurer de sa souffrance étant bon à mettre en croix ou à jeter à l'amphithéâtre; une abjuration en pareille circonstance n'était donc pas seulement une cérémonie religieuse : c'était un dévouement mortel.

Acté pensait donc que le danger lui-même rachèterait son peu de science dans la foi nouvelle : elle avait vu assez des deux religions pour maudire l'une et bénir l'autre; tous les exemples criminels lui étaient venus des gentils, tous les spectacles de vertu lui avaient été donnés par des chrétiens; puis, encore plus que tout cela, la certitude qu'elle ne pouvait vivre avec Néron lui faisait-elle désirer de mourir avec Paul.

Ce fut donc avec une ardeur qui, aux yeux du Seigneur, lui tint sans doute lieu de foi, qu'au milieu du cercle des prisonniers à genoux elle s'agenouilla elle-même sous le rayon de jour qui descendait par un soupirail, à travers les barreaux duquel elle entrevoyait le ciel. Paul était debout derrière elle, les mains élevées et priant, et Silas, incliné, tenait l'eau sainte dans laquelle trempait le buis béni. En ce moment, et comme Acté achevait l'acte des apôtres, ce credo antique qui, de nos jours encore et sans altération, est resté le symbole de la foi, la porte s'ouvrit avec un grand fracas : des soldats parurent, conduits par Anicétus, qui, frappé par le spectacle étrange qui s'offrait à sa vue, car tous étaient demeurés à genoux et priant, s'arrêta immobile et silencieux sur le seuil :

— Que veux-tu? lui dit Paul interrogeant le premier celui qui venait tantôt comme juge, tantôt comme bourreau.

— Je veux cette jeune fille, répondit Anicétus en montrant Acté.

— Elle ne te suivra pas, reprit Paul, car tu n'as aucun droit sur elle.

— Cette jeune fille appartient à César! s'écria Anicétus.

— Tu te trompes, répondit Paul en prononçant les paroles consacrées et en versant l'eau sainte sur la tête de la néophyte, — cette jeune fille appartient à Dieu!...

Acté jeta un cri et s'évanouit, car elle sentit que Paul avait dit vrai, et que ces paroles qu'il avait prononcées venaient à tout jamais la séparer de Néron.

— Alors c'est donc toi que je conduirai à l'empereur à sa place, dit Anicétus en faisant signe aux soldats de s'emparer de Paul.

— Fais comme tu voudras, dit l'apôtre, je suis prêt à te suivre; je sais que le temps est venu d'aller rendre compte au ciel de ma mission sur la terre.

Paul, conduit devant César, fut condamné à être mis en croix; mais il appela de ce jugement comme citoyen romain, et ses droits ayant été reconnus comme habitant de Tarse en Cilicie, il eut le jour même la tête tranchée sur le Forum.

César assista à cette exécution, et comme le peuple, qui avait compté sur un supplice plus long, faisait entendre quelques murmures, l'empereur lui promit pour les prochaines ides de mars un présent de gladiateurs.

C'était pour célébrer le troisième anniversaire de la mort du dictateur Julius César.

XV.

Néron avait touché juste : cette promesse calma à l'instant les murmures; parmi tous les spectacles dont ses édiles, ses préteurs et ses Césars le gorgeaient, ceux dont le peuple était plus avide étaient les chasses d'animaux et les présens de gladiateurs. Autrefois ces deux spectacles étaient distincts; mais Pompée avait eu l'idée de les réunir en faisant combattre pour la première fois, pendant son second consulat, à l'occasion de la dédicace du temple de Vénus victorieuse, vingt éléphans sauvages contre des Gétules armés de javelots : il est vrai que longtemps auparavant, si l'on en croit Tite-Live, on avait tué pour un seul

Jour cent quarante-deux éléphans dans le cirque ; mais ces éléphants, pris dans une bataille contre les Carthaginois, et que Rome pauvre et prudente alors ne voulait ni nourrir ni donner aux alliés, avaient été égorgés à coups de javelots et de flèches par les spectateurs des gradins : quatre-vingts ans plus tard, l'an 523 de Rome, Scipion Nasica et P. Lentulus avaient fait descendre dans le cirque soixante-trois panthères d'Afrique, et l'on croyait les Romains blasés sur ce genre de fête, lorsque Segurus, transportant le spectacle sur un autre élément, avait rempli d'eau l'amphithéâtre, et dans cette mer factice, lâcha quinze hippopotames et vingt-trois crocodiles ; Sylla, préteur, avait donné une chasse de cent lions à crinière ; le grand Pompée une de trois cent quinze ; et Julius César une de quatre cents ; enfin Auguste, qui avait gardé d'Octave un arrière-goût de sang, avait fait tuer dans les fêtes qu'il avait données tant en son nom qu'en celui de son petit-fils, environ trois mille cinq cents lions, tigres et panthères ; et il n'y eut pas jusqu'à un certain P. Servilius, de la vie duquel on n'a retenu que ce souvenir, qui donna une fête où l'on tua trois cents ours et autant de panthères et de lions amenés des déserts de l'Afrique : plus tard ce luxe n'eut plus de frein, et Titus fit dans une seule chasse égorger jusqu'à cinq mille bêtes féroces de toute espèce.

Mais de tous, celui qui jusqu'alors avait donné les fêtes les plus riches et les plus variées était Néron : outre les impôts d'argent imposés aux provinces conquises, il avait taxé le Nil et le désert, et l'eau et le sable lui fournissaient leur dîme de lions, de tigres, de panthères et de crocodiles : quant aux gladiateurs, les prisonniers de guerre et les chrétiens les avaient avantageusement et économiquement remplacés : ils manquaient bien de l'adresse que donnait aux premiers l'étude de leur art, mais ils avaient pour eux le courage et l'exaltation, qui ajoutaient une poésie et une forme nouvelle à leur agonie : c'était tout ce qu'il fallait pour réchauffer la curiosité.

Rome tout entière se précipita donc dans le cirque : cette fois on avait puisé à pleines mains dans le désert et dans les prisons : il y avait assez de bêtes féroces et de victimes pour que la fête durât tout le jour et toute la nuit : d'ailleurs l'empereur avait promis d'éclairer le cirque d'une manière nouvelle : aussi fut-il reçu par d'unanimes acclamations : cette fois il était vêtu en Apollon, et portait, comme le dieu pythien, un arc et des flèches : car dans les intervalles des combats il devait donner des preuves de son adresse : quelques arbres avaient été déracinés de la forêt d'Albano, transportés à Rome et replantés dans le cirque, avec leurs branches et leurs feuilles, et sur ces arbres des paons et des faisans apprivoisés, étalant leur plumage d'azur et d'or, offraient un but aux flèches de l'empereur : il arrivait aussi que parfois César prenait en pitié quelque bestiaire blessé, ou en tuant quelque animal qui faisait mal son métier de bourreau : alors il prenait un son arc ou ses javelots, et de sa place, de son trône, il donnait la mort à l'autre bout du cirque, pareil à Jupiter Foudroyant.

A peine l'empereur fut-il placé que les gladiateurs arrivèrent sur des chars : ceux qui devaient commencer les combats étaient comme d'habitude achetés à des maîtres ; mais comme la solennité était grande, quelques jeunes patriciens s'étaient mêlés aux gladiateurs de profession pour faire leur cour à l'empereur ; on disait même que parmi ceux-ci deux nobles, que l'on savait ruinés par leurs débauchés, s'étaient loués, l'un pour la somme de deux cent cinquante, l'autre pour celle de trois cent mille sesterces.

Au moment où Néron entra, les gladiateurs étaient dans l'arène, attendant le signal et s'exerçant entre eux, comme si les combats qu'ils allaient se livrer étaient un simple jeu d'escrime. Mais à peine le mot *l'empereur ! l'empereur !* eut-il retenti dans le cirque, et eut-on vu César-Apollon s'asseoir sur son trône, en face des vestales, que les maîtres des jeux entrèrent dans le cirque, tenant en main des armes émoulues qu'ils présentèrent aux combattans, et que ceux-ci échangèrent contre les armes émoussées avec lesquelles ils s'exerçaient : puis il défilèrent devant Néron, élevant leurs épées vers lui, afin qu'il s'assurât qu'elles étaient acérées et tranchantes, ce qu'il pouvait faire en se baissant : sa loge n'était élevée que de neuf à dix pieds au-dessus de l'arène.

On présenta la liste des combattans à César afin qu'il désignât lui-même l'ordre dans lequel ils devaient combattre : il décida que le rétiaire et le mirmillon commenceraient ; après eux devaient venir deux dimachères, puis deux andabates : alors pour clore cette première séance qui devait finir à midi, deux chrétiens, un homme et une femme, seraient donnés à dévorer aux bêtes féroces. — Le peuple parut assez satisfait de ce premier programme, et au milieu des cris de *vive Néron ! gloire à César ! fortune à l'empereur !* les deux premiers gladiateurs entrèrent dans le cirque, chacun par une porte située en face l'une de l'autre.

C'étaient, comme l'avait décidé César, un mirmillon et un rétiaire. Le premier qu'on appelait aussi *sécutor*, parce qu'il lui arrivait plus souvent de poursuivre l'autre que d'en être poursuivi, était vêtu d'une tunique vert-clair à bandes transversales d'argent, serrée autour du corps par une ceinture de cuivre ciselée, dans laquelle brillaient des incrustations de corail : sa jambe droite était défendue par une bottine de bronze, un casque à visière pareil à celui des chevaliers du xive siècle, surmonté d'un cimier représentant une tête d'urus aux longues cornes, lui cachait tout le visage ; il portait au bras gauche un grand bouclier rond, et à la main droite un javelot et une massue plombée : c'était l'armure et le costume des Gaulois.

Le *rétiaire* tenait de la main droite le filet auquel il devait son nom, et qui était à peu près pareil à celui que, de nos jours, les pêcheurs désignent sous celui d'épervier, et de la gauche, défendue par un petit bouclier nommé parme, un long trident au manche d'érable et à la triple pointe d'acier : sa tunique était de drap bleu, ses cothurnes de cuir bleu, sa bottine de bronze doré ; son visage, au contraire de celui de son ennemi, était découvert, et sa tête n'avait d'autre protection qu'un long bonnet de laine bleue, auquel pendait un réseau d'or.

Les deux adversaires s'approchèrent l'un de l'autre, non pas en ligne droite, mais circulairement : le rétiaire tenant son filet préparé, le mirmillon balançant son javelot. Lorsque le rétiaire se crut à portée, il fit un bond rapide en avant, en même temps qu'il lança son filet en le développant ; mais aucun de ses mouvements n'avait échappé au mirmillon, qui fit un bond pareil en arrière ; le filet tomba à ses pieds. Au même moment, et avant que le rétiaire eût eu le temps de se couvrir de son bouclier, le javelot partit de la main du mirmillon ; mais son ennemi vit venir l'arme, et se baissa, mais si rapidement cependant que le trait qui devait l'atteindre à la poitrine n'emporta que son élégante coiffure.

Alors le rétiaire, quoique armé de son trident, se mit à fuir, traînant après lui son filet, car il ne pouvait se servir de son arme que pour tuer son ennemi prisonnier dans les mailles : le mirmillon s'élança aussitôt à sa poursuite, mais sa course, retardée par sa lourde massue et par la difficulté de voir à travers les petits trous qui formaient la visière de son casque, donna le temps au rétiaire de préparer de nouveau son filet et de se retrouver en garde : aussitôt la chose faite, il se remit en position, et le mirmillon en défense.

Pendant sa course, le sécutor avait ramassé son javelot, et pendu comme un trophée à sa ceinture le bonnet de son adversaire : chaque combattant se retrouva donc avec ses armes : cette fois ce fut le mirmillon qui commença : son javelot, lancé une seconde fois de toute la force de son bras, alla frapper en plein dans le bouclier du rétiaire, traversa la plaque de bronze qui le recouvrait, puis les sept lanières de cuir repliées les unes sur les autres, et alla effleurer sa poitrine : le peuple le crut blessé à mort, et de tous côtés s'élança le cri : *Il en tient ! il en tient !*

Mais aussitôt, le rétiaire écartant de sa poitrine son bouclier, où était resté pendu le javelot, montra qu'il était à peine blessé; alors l'air retentit de cris de joie, car ce que craignaient avant tout les spectateurs, c'étaient les combats trop courts; aussi regardait-on avec mépris, quoique la chose ne fût pas défendue, les gladiateurs qui frappaient à la tête.

Le mirmillon se mit à fuir, car sa massue, arme terrible lorsqu'il poursuivait le rétiaire désarmé de son filet, lui devenait à peu près inutile du moment où celui-ci le portait sur son épaule; car, en s'approchant assez près de son adversaire pour le frapper, il lui donnait toute facilité de l'envelopper de ses mailles mortelles. Alors commença le spectacle d'une fuite dans toutes les règles, car la fuite était aussi un art; mais, dans l'une comme dans l'autre course, le mirmillon se trouvait empêché par son casque; bientôt le rétiaire se trouva si près de lui, que des cris partirent pour avertir le Gaulois; celui-ci vit qu'il était perdu s'il ne se débarrassait promptement de son casque qui lui était devenu inutile; il ouvrit, en courant toujours, l'agrafe de fer qui le maintenait fermé, et l'arrachant de sa tête, il le jeta loin de lui. Alors on reconnut avec étonnement dans le mirmillon un jeune homme d'une des plus nobles familles de Rome, nommé Festus, qui avait pris ce casque à visière bien plus pour se déguiser que pour se défendre; cette découverte redoubla l'intérêt que les spectateurs prenaient au combat.

Dès lors ce fut le jeune patricien qui gagna du terrain sur l'autre, qui, à son tour, se trouvait embarrassé de son bouclier percé du javelot, qu'il n'avait pas voulu arracher de peur de rendre une arme à son ennemi; excité par les cris des spectateurs et par la fuite continue de son adversaire, il jeta loin de lui le bouclier et le trait, et se retrouva libre de ses mouvements; mais alors, soit que le mirmillon vît dans cette action une imprudence qui égalisait de nouveau le combat, soit qu'il fût las de fuir, il s'arrêta tout à coup, faisant tourner sa massue autour de sa tête; le rétiaire, de son côté, prépara son arme; mais, avant qu'il fût à portée de son ennemi, la massue, lancée en sifflant comme la poutre d'une catapulte, alla frapper le rétiaire au milieu de la poitrine; celui-ci chancela un instant, puis tomba, abattu et couvert lui-même des mailles de son propre filet. Festus alors s'élança sur le bouclier, en arracha le javelot, et d'un seul bond se retrouvant près de son ennemi, lui posa le fer de son arme sur la gorge, et interrogea le peuple pour savoir s'il devait le tuer ou lui faire grâce. Toutes les mains alors s'élevèrent, les unes rapprochées, les autres isolées, en renversant le pouce; mais, comme il était impossible au milieu de cette foule de distinguer la majorité, le cri : *Aux vestales! aux vestales!* se fit entendre : c'était l'appel en cas de doute. Festus se retourna donc vers le podium; les douze vestales se levèrent : huit avaient le pouce renversé : la majorité était pour la mort ; en conséquence, le rétiaire prit lui-même la pointe du fer, l'appuya sur sa gorge, cria une dernière fois : *César est Dieu!* et sentit, sans pousser une plainte, le javelot de Festus lui ouvrir l'artère du cou et pénétrer jusqu'à sa poitrine.

Le peuple alors battit des mains au vainqueur et au vaincu, car l'un avait tué avec adresse et l'autre était mort avec grâce. Festus fit le tour de l'amphithéâtre pour recevoir les applaudissemens, et sortit par une porte tandis que l'on emportait par l'autre le corps de son ennemi.

Aussitôt un esclave entra avec un râteau, retourna le sable pour effacer la trace du sang, et deux nouveaux combattans parurent dans la lice : c'étaient deux dimachères.

Les dimachères étaient les raffinés du siècle de Néron; sans casque, sans cuirasse, sans bouclier, sans ocréa (1), ils combattaient, une épée de chaque main, comme faisaient nos cavaliers de la Fronde dans leurs duels à la dague et au poignard; aussi ces combats étaient-ils regardés comme le triomphe de l'art, et quelquefois les champions n'étaient autres que les maîtres d'escrime eux-mêmes. Cette fois, c'était un professeur et son élève; l'écolier avait si bien profité des leçons, qu'il venait attaquer le maître avec ses propres feintes; quelques mauvais traitemens qu'il en avait reçus avaient depuis longtemps fait germer une haine vivace au plus profond de son cœur ; mais il l'avait dissimulée à tous les yeux; et dans l'intention de se venger un jour, il avait continué ses exercices journaliers, et fini par surprendre tous les secrets de la profession. Ce fut donc pour des spectateurs aussi artistes une chose curieuse à voir que ces deux hommes qui, pour la première fois, allaient substituer à leurs jeux fictifs un combat réel, et changer leurs armes émoussées contre des lames acérées et tranchantes. Aussi leur apparition fut-elle saluée par une triple salve d'applaudissemens, qui cessèrent, aussitôt que le maître des jeux eut donné le signal sur un geste de l'empereur, pour faire place au plus profond silence.

Les adversaires s'avancèrent l'un contre l'autre, animés de cette haine profonde qu'inspire toute rivalité; mais cependant cette haine, qui jaillissait en éclairs de leurs yeux, donnait une nouvelle circonspection à l'attaque et à la défense, car c'était non seulement leurs vies qu'ils jouaient, mais encore la réputation que l'un possédait depuis longtemps, et que l'autre venait d'acquérir.

Enfin leurs épées se touchèrent; deux serpens qui jouent, deux éclairs qui se croisent, sont plus faciles à suivre dans leur flamboyante rapidité que ne l'était le mouvement de l'épée qu'ils tenaient de la main droite et avec laquelle ils s'attaquaient, tandis que de la gauche ils paraient comme avec un bouclier. Passant successivement de l'attaque à la défense, et avec une régularité merveilleuse, l'élève fit d'abord reculer le maître jusqu'au pied du trône où était l'empereur, et le maître à son tour fit reculer l'élève jusqu'au podium, où siégeaient les vestales; puis ils revinrent au milieu du cirque, sains et saufs tous deux, quoique vingt fois la pointe de chaque épée se fût approchée assez près de la poitrine pour déchirer la tunique sous laquelle elle cherchait le cœur; enfin le plus jeune des deux fit un bond en arrière; alors les spectateurs crièrent : *Il en tient!* Mais aussitôt, quoique le sang coulât par le bas de sa tunique, le long d'une de ses cuisses, il revint au combat, plus acharné qu'auparavant, et au bout de deux passes, ce fut le maître à son tour qui indiqua, par un mouvement imperceptible à des yeux moins exercés que ceux qui le regardaient, que la froide sensation du fer venait de passer dans ses veines; mais cette fois aucun cri ne se fit entendre : l'extrême curiosité est muette; on n'entendait, à quelques coups habilement portés ou parés, que ce frémissement sourd qui indique que l'acteur use si le public ne l'applaudit pas, ce n'est pas faute de l'apprécier, mais au contraire pour ne pas l'interrompre dans son jeu. Aussi chacun des combattans redoublait d'ardeur, et les épées continuèrent-elles de voltiger avec la même vélocité, si bien que cette singulière lutte menaçait de n'avoir pas d'autre fin que l'épuisement des forces, lorsque le maître, en reculant devant l'élève, glissa et tomba tout à coup : son pied avait porté sur la terre fraîche de sang; l'élève, profitant de cet avantage que lui donnait le hasard, se précipita sur lui ; mais à un grand étonnement des spectateurs, on ne les vit se relever ni l'un ni l'autre; le peuple tout entier se leva en joignant les deux mains et en criant : *Grâce! liberté!* mais aucun des deux combattans ne répondit. Le maître des jeux entra alors dans le cirque, apportant de la part de l'empereur les palmes de victoire et les baguettes de liberté; mais il était trop tard, les champions étaient déjà, sinon victorieux, du moins libres : ils s'étaient enferrés l'un l'autre, et tués tous deux.

Aux dimachères devaient succéder, comme nous l'avons dit, les *andabates ;* sans doute on les avait inscrits immédiatement après les dimachères pour réjouir le peuple par un contraste ; car à ces nouveaux gladiateurs l'art et l'adresse étaient complètement inutiles; ils avaient la tête entièrement enfermée dans un casque qui n'avait d'ouver-

(1) Nom des bottines de bronze.

ture qu'à la place de la bouche pour les laisser respirer ; et en face des oreilles pour qu'ils pussent entendre ; ils combattaient donc en aveugles. Le peuple se réjouissait fort, au reste, à ce terrible colin-maillard où chaque coup portait, les adversaires n'ayant aucune armure défensive qui pût ni le repousser ni l'amortir.

Au moment où les nouvelles victimes, car ces malheureux ne méritaient pas le nom de combattans, étaient introduites dans l'arène, au milieu des éclats de rire de la multitude, Anicétus s'approcha de l'empereur et lui remit des lettres. Néron les lut avec une grande inquiétude, et à la dernière une altération profonde était sur son visage. Il resta un instant pensif, puis, se levant tout à coup, il s'élança hors du cirque en faisant signe de continuer les jeux malgré son absence ; cette circonstance, qui n'était pas nouvelle, car souvent des affaires pressantes appelaient inopinément, au milieu d'une fête, les Césars au forum, au sénat ou au palatin, loin d'avoir un résultat fâcheux pour les plaisirs des spectateurs, leur donnait au contraire une nouvelle liberté, car n'étant plus empêché par la présence de l'empereur, le peuple devenait alors véritablement roi : les jeux, comme l'avait ordonné Néron, continuèrent donc d'avoir leur cours, quoique César ne fût plus là pour y présider.

Les deux champions se mirent donc en marche pour se rejoindre, traversant le cirque dans sa largeur ; à mesure qu'ils s'approchaient l'un de l'autre, on les voyait, substituant le sens de l'ouïe à celui de la vue, essayer d'écouter le danger qu'ils ne pouvaient voir ; mais on comprend combien une pareille appréciation était trompeuse : aussi étaient-ils encore loin l'un de l'autre qu'ils agitaient déjà leurs épées, qui ne frappaient encore que l'air ; enfin excités par ces cris : *En avant, en avant ! à droite ! à gauche !* ils s'avancèrent avec plus de hardiesse ; mais, se dépassant sans se toucher, ils finirent par se tourner le dos en continuant de se menacer. Aussitôt les éclats de rire et les huées des spectateurs devinrent tels qu'ils s'aperçurent de ce qu'ils venaient de faire ; et, se retournant d'un même mouvement, ils se retrouvèrent face l'un de l'autre et à portée : leurs épées se touchèrent, et en même temps, frappant d'une manière différente, l'un reçut un coup de pointe dans la cuisse droite, l'autre un coup d'estoc sur le bras gauche. Chaque blessé fit un mouvement, et les deux adversaires se trouvèrent de nouveau séparés, et ne sachant plus comment se rejoindre. Alors, l'un des deux se coucha à terre pour écouter le bruit des pas, et surprendre son ennemi, puis, comme il s'approchait, pareil à un serpent caché qui darde sa langue, le gladiateur couché atteignit son adversaire une seconde fois ; celui-ci se sentant dangereusement blessé, fit un pas rapide en avant, heurta du pied le corps de son ennemi, et alla tomber à deux ou trois palmes de lui, mais, se relevant aussitôt, il décrivit avec son épée un cercle horizontal si rapide et si vigoureux, que l'arme, rencontrant le cou de son adversaire à l'endroit où cessait de le protéger le casque, lui enleva la tête de dessus les épaules avec l'habileté qu'eût pu le faire le bourreau ; le tronc resta un instant debout, tandis que la tête, enfermée dans son enveloppe de fer, roulait loin de lui, puis, faisant quelques pas stupides et insensés, comme s'il cherchait après elle, il tomba sur le sable qu'il inonda de sang. Aux cris du peuple, le gladiateur qui était resté debout jugea que le coup qui venait de porter était mortel, mais il ne continua pas moins de se tenir en défense contre l'agonie de son adversaire. Alors un des maîtres entra et lui ouvrit son casque, en criant :

— Tu es libre et vainqueur.

Il sortit alors par la porte qu'on appelait *sana vivaria*, parce que c'était par elle que quittaient le cirque les combattans échappés à la mort, tandis qu'on emportait le cadavre dans le *spoliaire*, espèce de caverne située sous les degrés de l'amphithéâtre, où des médecins attendaient les blessés, et où deux hommes se promenaient, l'un habillé en Mercure et l'autre en Pluton : Mercure, afin de voir s'il était demeuré dans les corps, en apparence insensibles, quelque reste de vitalité, les touchait avec un caducée rougi à la forge, tandis que Pluton assommait avec un maillet ceux que les médecins jugeaient incapables de guérison.

A peine les andabates furent-ils sortis, qu'un grand tumulte régna dans le cirque ; aux gladiateurs allaient succéder les bestiaires, et ceux-là étaient des chrétiens, de sorte que toute la haine était pour les hommes et toute la sympathie pour les animaux. Cependant, quelle que fût l'impatience de la foule, force lui fut d'attendre que les esclaves eussent passé les râteaux sur le sable du cirque, mais cette opération fut hâtée par les cris furieux qui s'élevaient de tous les points de l'amphithéâtre ; enfin les esclaves se retirèrent, l'arène resta un instant vide, et la multitude dans l'attente ; enfin une porte s'ouvrit, et tous les regards se tournèrent vers les nouvelles victimes qui allaient entrer.

Ce fut d'abord une femme, vêtue d'une robe blanche et couverte d'un voile blanc. On la conduisit vers un des arbres, et on l'y attacha par le milieu du corps ; alors un des esclaves lui arracha son voile, et les spectateurs purent voir une figure d'une beauté parfaite, pâle, mais résignée : un long murmure se fit entendre. Malgré son titre de chrétienne, la jeune fille avait, dès la première vue, ému l'âme de cette foule si impressionnable et si changeante. Pendant que tous les yeux étaient fixés sur elle, une porte parallèle s'ouvrit, et un jeune homme entra : c'était l'habitude d'exposer ainsi aux bêtes un chrétien et une chrétienne, en donnant à l'homme tous les moyens de défense, afin que le désir de retarder non-seulement sa mort, mais encore celle de sa compagne, que l'on choisissait toujours sœur, maîtresse ou mère, donnant au fils, à l'amant ou au frère un nouveau courage, prolongeât un combat que les chrétiens refusaient presque toujours pour le martyre, quoiqu'ils sussent que, s'ils triomphaient des trois premiers animaux qu'on lâchait contre eux, ils étaient sauvés.

En effet, quoique cet homme, dont au premier aspect il était facile de reconnaître la vigueur et la souplesse, fût suivi de deux esclaves dont l'un portait une épée et deux javelots, et dont l'autre conduisait un coursier numide, il ne parut pas disposé à donner au peuple le spectacle de la lutte qu'il attendait. Il s'avança lentement dans le cirque, promena autour de lui un regard calme et assuré, puis, faisant signe de la main que le cheval et les armes étaient inutiles, il regarda le ciel, tomba à genoux et se mit à prier. Alors le peuple, trompé dans son attente, commença de menacer et de rugir : c'était un combat et non un martyre qu'il était venu voir, et les cris : *A la croix ! à la croix !* se firent entendre, car, supplice pour supplice, il préférait au moins celui dont l'agonie était la plus longue. Alors un rayon de joie ineffable apparut dans les yeux du jeune homme, et il étendit les bras en signe d'actions de grâces, heureux qu'il était de mourir de la même mort dont le Sauveur avait fait une apothéose : en ce moment il entendit un si profond soupir qu'il se retourna.

— Silas ! Silas !... murmura la jeune fille.

— Acté ! s'écria le jeune homme en se relevant et en se précipitant vers elle.

— Silas, ayez pitié de moi, dit Acté ; lorsque je vous ai reconnu, un espoir est entré dans mon cœur. Vous êtes brave et fort, Silas, habitué à lutter avec les habitans des forêts et des hôtes du désert, peut-être si vous eussiez combattu nous eussiez-vous sauvés tous deux.

— Et le martyre ! interrompit Silas en montrant le ciel.

— Et la douleur ! dit Acté en laissant tomber sa tête sur sa poitrine. Hélas ! je ne suis pas comme toi née dans une ville sainte ; je n'ai point entendu la parole de vie de la bouche de celui pour qui nous allons mourir ; je suis une jeune fille de Corinthe, élevée dans la religion de mes ancêtres ; ma foi et ma croyance sont nouvelles, et le mot de martyre ne m'est connu que depuis hier ; peut-être aurais-je encore du courage pour moi-même ; mais, Silas, s'il me faut vous voir mourir devant moi de cette mort lente et cruelle, peut-être n'en aurais-je pas pour vous...

— C'est bien, je combattrai, répondit Silas : car je suis toujours sûr de retrouver plus tard la joie que vous m'enlevez aujourd'hui. Alors, faisant un signe de commandement aux esclaves: Mon cheval, mon épée et mes javelots! dit-il à haute voix et avec un geste d'empereur.

Et la multitude se mit à battre des mains, car elle comprit à cette voix et à ce geste qu'elle allait voir une de ces luttes herculéennes comme il lui en fallait pour ranimer ses sensations blasées par les combats ordinaires.

Silas s'approcha d'abord du cheval; c'était comme lui un fils de l'Arabie; ces deux compatriotes se reconnurent; l'homme dit au cheval quelques paroles dans une langue étrangère, et, comme si le noble animal les eût comprises, il répondit en hennissant. Alors Silas arracha du dos et de la bouche de son compagnon la selle et la bride que les Romains lui avaient imposés en signe d'esclavage, et l'enfant du désert bondit en liberté autour de celui qui venait de la lui rendre.

Pendant ce temps Silas se débarrassait à son tour de ce que son costume avait de gênant, et, roulant son manteau rouge autour de son bras gauche, il resta avec sa tunique et son turban. Alors il ceignit son épée, prit ses javelots, appela son cheval qui obéit, docile comme une gazelle, et, s'élançant sur son dos, il fit, en se courbant sur le cou, et sans autre secours que la pression de ses genoux et de sa voix, trois fois le tour de l'arbre où était enchaînée Acté, pareil à Persée prêt à défendre Andromède: l'orgueil de l'Arabe venait de reprendre le dessus sur l'humilité du chrétien.

En ce moment une porte à deux battans s'ouvrit au dessous du podium, et un taureau de Cordoue, excité par des esclaves, entra en mugissant dans le cirque; mais à peine y eut-il fait dix pas, qu'épouvanté du grand jour, de la vue des spectateurs et des cris de la multitude, il plia sur ses jarrets de devant, abaissa sa tête jusque sur la terre, et, dirigeant sur Silas ses yeux stupides et féroces, il commença à se lancer, avec les pieds de devant, du sable sous le ventre, à écorcher le sol avec ses cornes, et à souffler la fumée par ses naseaux. En ce moment un des maîtres lui jeta un mannequin bourré de paille et ressemblant à un homme, le taureau s'élança aussitôt dessus et le foula aux pieds; mais au moment où il était le plus acharné contre lui, un javelot partit en sifflant de la main de Silas, et alla s'enfoncer dans son épaule: le taureau poussa un rugissement de douleur, puis, abandonnant aussitôt l'ennemi fictif pour l'adversaire réel, il s'avança sur le Syrien, rapide, la tête basse et, traînant sur le sable un sillon de sang. Mais celui-ci le laissa tranquillement s'approcher, puis, lorsqu'il ne fut plus qu'à quelques pas de lui, il fit faire, avec l'aide de la voix et des genoux, un bond de côté à sa légère monture, et tandis que le taureau passait, emporté par sa course, le second javelot alla cacher dans les flancs ses six pouces de fer: l'animal s'arrêta frémissant sur ses quatre pieds, comme s'il allait tomber, puis, se retournant presque aussitôt, il se rua sur le cheval et le cavalier; mais le cheval et le cavalier commencèrent à fuir devant lui, comme emportés par un tourbillon.

Ils firent ainsi trois fois le tour de l'amphithéâtre, le taureau s'affaiblissant à chaque fois et perdant du terrain sur le cheval et sur le cavalier; enfin, au troisième tour il tomba sur ses genoux; mais presque aussitôt se relevant, il poussa un mugissement terrible, et, comme s'il eût perdu l'espoir d'atteindre Silas, il regarda circulairement autour de lui, pour voir s'il ne trouverait pas quelque autre victime où épuiser sa colère: c'est alors qu'il aperçut Acté. Il sembla douter un instant que ce fût un être animé, tant son immobilité et sa pâleur lui donnaient l'aspect d'une statue, mais bientôt, tendant le cou et les narines, il aspira l'air qui venait de son côté. Aussitôt, rassemblant toutes ses forces, il piqua droit sur elle: la jeune fille le vit venir, et poussa un cri de terreur; mais Silas veillait sur elle: ce fut lui à son tour qui s'élança vers le taureau, et le taureau qui sembla le fuir; mais en quelques élans de son fidèle numide, il l'eût bientôt rejoint: alors il sauta du dos de son cheval sur celui du taureau, et, tandis que du bras gauche il le saisissait par une corne et lui tordait le cou,
de l'autre il lui plongeait son épée dans la gorge jusqu'à la poignée; le taureau égorgé tomba expirant à une demi-lance d'Acté, mais Acté avait fermé les yeux, attendant la mort, et les applaudissemens seuls du cirque lui apprirent la première victoire de Silas.

Trois esclaves entrèrent alors dans le cirque, deux conduisaient chacun un cheval qu'ils attelèrent au taureau afin de le traîner hors de l'amphithéâtre; le troisième tenait une coupe et une amphore; il emplit la coupe et la présenta au jeune Syrien; celui-ci y trempa ses lèvres à peine, et demanda d'autres armes: on lui apporta un arc, des flèches et un épieu; puis tout le monde se hâta de sortir, car au-dessous du trône que l'empereur avait laissé vide, une grille se soulevait, et un lion de l'Atlas, sortant de sa loge, entrait majestueusement dans le cirque.

C'était bien le roi de la création, car, au rugissement dont il salua le jour, tous les spectateurs frémirent, et le coursier lui-même, se défiant pour la première fois de la légèreté de ses pieds, répondit par un hennissement de terreur. Silas seul, habitué à cette voix puissante pour l'avoir plus d'une fois entendue retentir dans les déserts qui s'étendent du lac Asphalte aux sources de Moïse, se prépara à la défense ou à l'attaque en s'abritant derrière l'arbre le plus voisin de celui où était attachée Acté, et en apprêtant sur son arc la meilleure et la plus acérée de ses flèches; pendant ce temps-là, son noble et puissant ennemi s'avançait avec lenteur et confiance, ne sachant pas ce qu'on attendait de lui, ridant les plis de sa large face, et balayant le sable de sa queue. Alors les maîtres lui lancèrent sur le coursier des traits émoussés avec des banderoles de différentes couleurs; mais lui, impassible et grave, continuait de s'avancer sans s'inquiéter de ces agaceries, lorsque tout à coup, au milieu des baguettes inoffensives, une flèche acérée et sifflante passa comme un éclair, et vint s'enfoncer dans une de ses épaules. Alors il s'arrêta tout à coup avec plus d'étonnement que de douleur, et comme ne pouvant comprendre qu'un être humain fût assez hardi pour l'attaquer: il doutait encore de sa blessure; mais bientôt ses yeux devinrent sanglans, sa gueule s'ouvrit, un rugissement grave et prolongé, pareil au bruissement du tonnerre, s'échappa comme d'une caverne de la profondeur de sa poitrine; il saisit la flèche fixée dans la plaie, et la brisa entre ses dents; puis, jetant autour de lui un regard qui, malgré la grille qui les protégeait, fit reculer les spectateurs eux-mêmes, il chercha un objet où faire tomber sa royale colère: en ce moment il aperçut le coursier, frémissant comme s'il sortait de l'eau glacée, quoiqu'il fût couvert de sueur et d'écume; et, cessant de rugir, pour pousser un cri court, aigu et réitéré, il fit un bond qui le rapprocha de vingt pas de la première victime qu'il avait choisie.

Alors commença une seconde course plus merveilleuse encore que la première; car là il n'y avait plus même la science de l'homme pour gâter l'instinct des animaux; la force et la vitesse se trouvèrent aux prises dans toute leur sauvage énergie, et les yeux de deux cent mille spectateurs se détournèrent un instant des deux chrétiens pour suivre autour de l'amphithéâtre cette chasse fantastique d'autant plus agréable à la foule qu'elle était moins attendue: un second élan avait rapproché le lion du cheval, qui, acculé au fond du cirque, n'osant fuir ni à droite ni à gauche, s'élança par dessus la tête de son ennemi, qui se mit à le poursuivre par bonds inégaux, hérissant sa crinière, et poussant de temps en temps des rauquemens aigus auxquels le fugitif répondait par des hennissemens d'épouvante; trois fois on vit passer comme une ombre, comme une apparition, comme un coursier infernal échappé du char de Pluton, l'enfant rapide de la Numidie, et chaque fois, sans que le lion parût faire effort pour le suivre, on le vit se rapprocher de celui qu'il poursuivait jusqu'à ce qu'enfin, rétrécissant toujours le cercle, il se trouvât courir parallèlement avec lui; enfin le cheval, voyant qu'il ne pouvait plus échapper à son ennemi, se dressa tout debout le long de la grille, battant convulsivement l'air de ses pieds de devant ; alors le lion s'approcha lentement, comme fait un vainqueur sûr de sa victoire, s'arrêtant de temps en temps pour rugir, secouer sa crinière et déchirer alternativement le sable de l'arène avec chacune de ses griffes. Quant au malheureux coursier, fasciné comme le sont, dit-on, les daims et les gazelles à la vue du serpent, il tomba, se débattant, et se roula sur le sable dans l'agonie de la terreur : en ce moment, une seconde flèche partit de l'arc de Silas, et alla s'enfoncer profondément entre les côtes du lion : l'homme venait au secours du coursier et rappelait à lui la colère qu'il avait détournée un instant de lui.

Le lion se retourna, car il commençait de comprendre qu'il y avait dans le cirque un ennemi plus terrible que celui qu'il venait d'abattre en le regardant ; ce fut alors qu'il aperçut Silas qui venait de tirer de sa ceinture une troisième flèche et la posait sur la corde de son arc ; il s'arrêta un instant en face de l'homme, cet autre roi de la création. Cet instant suffit au Syrien pour envoyer à son ennemi un troisième messager de douleur, qui traversa la peau mouvante de sa face et alla s'enfoncer dans son cou ; puis ce qui se passa alors fut rapide comme une vision : le lion s'élança sur l'homme, l'homme le reçut sur son épieu, puis l'homme et le lion roulèrent ensemble ; on vit voler des lambeaux de chair, et les spectateurs les plus proches se sentirent mouiller d'une pluie de sang. Acté jeta un cri d'adieu à son frère : elle n'avait plus de défenseur, mais aussi elle n'avait plus d'ennemi : le lion n'avait survécu à l'homme que le temps nécessaire à sa vengeance, l'agonie du bourreau avait commencé comme celle de la victime finissait : quant au cheval, il était mort sans que le lion l'eût touché.

Les esclaves rentrèrent, et emportèrent, au milieu des cris, des applaudissemens frénétiques de la multitude, le cadavre de l'homme et des animaux.

Alors tous les yeux se reportèrent sur Acté, que la mort de Silas laissait sans défense. Tant qu'elle avait vu son frère vivant, elle avait espéré pour lui. Mais en le voyant tomber elle avait compris que tout était fini, et elle avait essayé de murmurer, pour lui qui était mort et pour elle qui allait mourir, des prières qui s'éteignaient en sons inarticulés, sur ses lèvres pâles et muettes : au reste, contre l'habitude, il y avait sympathie pour elle dans cette foule, qui la reconnaissait à ses traits pour une Grecque ; tandis qu'elle l'avait prise d'abord pour une juive. Les femmes, et les jeunes gens, qui surtout commençaient à murmurer, et quelques spectateurs, se levaient pour demander sa grâce, lorsque les cris, *Assis ! assis !* se firent entendre des gradins supérieurs : une grille s'était levée, et une tigresse se glissait dans l'arène.

A peine sortie de sa loge, elle se coucha à terre, regardant autour d'elle avec férocité, mais sans inquiétude et sans étonnement ; puis elle aspira l'air, et se mit à ramper comme un serpent vers l'endroit où le cheval s'était abattu : arrivée là, elle se dressa comme il avait fait contre la grille, flairant et mordant les barreaux qu'il avait touchés, puis elle rugit doucement, interrogeant le fer, et le sable, et l'air, sur la proie absente : alors des émanations de sang tiède encore et de chair palpitante parvinrent jusqu'à elle, car les esclaves, cette fois, n'avaient pas pris la peine de retourner le sable : elle marcha droit à l'arbre contre lequel s'était livré le combat de Silas et du lion, ne se détournant à droite et à gauche que pour ramasser les lambeaux de chair qu'avait voler autour de lui le noble animal qui l'avait précédée dans le cirque, enfin elle arriva à une flaque de sang que le sable n'avait point encore absorbée, et elle se mit à boire comme un chien altéré, rugissant et s'animant à mesure qu'elle buvait : puis, lorsqu'elle eut fini, elle regarda de nouveau autour d'elle avec des yeux étincelans, et ce fut alors seulement qu'elle aperçut Acté, qui, attachée à l'arbre et les yeux fermés, attendait la mort sans oser la voir venir.

Alors la tigresse se coucha à plat ventre, rampant d'une manière oblique vers sa victime, mais sans la perdre de vue ; puis arrivée à dix pas d'elle, elle se releva, aspira le cou tendu et les naseaux ouverts, l'air qui venait de son côté ; alors d'un seul bond franchissant l'espace qui la séparait encore de la jeune chrétienne, elle retomba à ses pieds, et lorsque l'amphithéâtre tout entier, s'attendant à la voir mettre en pièces, jetait un cri de terreur dans lequel éclatait tout l'intérêt qu'avait inspiré la jeune fille à ces spectateurs qui étaient venus pour battre des mains à sa mort, la tigresse se coucha, douce et câline comme une gazelle, poussant de petits cris de joie, et léchant les pieds de son ancienne maîtresse : à ces caresses inattendues Acté surprise rouvrit les yeux et reconnut Phœbé, la favorite de Néron.

Aussitôt les cris de *Grâce ! grâce !* retentirent de tous côtés, car la multitude avait pris la reconnaissance de la tigresse et de la jeune fille pour un prodige ; d'ailleurs Acté avait subi les trois épreuves voulues, et puisqu'elle était sauve, elle était libre : alors l'esprit changeant des spectateurs passa, par une de ces transitions si naturelles à la foule, de l'extrême cruauté à l'extrême clémence. Les jeunes chevaliers jetèrent leurs chaînes d'or, les femmes leurs couronnes de fleurs. Tous se levèrent sur les gradins, appelant les esclaves pour qu'ils vinssent détacher la victime. A ces cris, Lybicus, le noir gardien de Phœbé, entra et coupa avec un poignard les liens de la jeune fille, qui tomba aussitôt sur ses genoux : car ces liens étaient le seul appui qui soutenait debout son corps brisé par la terreur ; mais Lybicus la releva, et, soutenant sa marche, il la conduisit, accompagnée de Phœbé qui la suivait comme un chien, vers la porte appelée *sana vivaria*, parce que c'était par cette porte, comme nous l'avons dit déjà, que sortaient les gladiateurs, les bestiaires et les condamnés qui échappaient au carnage : à l'autre seuil une foule immense l'attendait, car les hérauts, descendant dans le cirque, venaient d'annoncer la suspension du jeu qui ne devait reprendre qu'à cinq heures du soir ; à son aspect elle éclata en applaudissemens et voulut l'emporter en triomphe, mais Acté suppliante joignit les mains, et le peuple s'ouvrit devant elle, lui laissant le passage libre : alors elle gagna le temple de Diane, s'assit derrière une colonne de là cella ; elle y resta pleurante et désespérée, car elle regrettait maintenant de n'être pas morte en se voyant seule au monde, sans père, sans amant, sans protecteur et sans ami : car son père était perdu pour elle, son amant l'avait oubliée, Paul et Silas étaient morts martyrs.

Lorsque la nuit fut venue, elle se rappela qu'il lui restait une famille, et elle reprit seule et silencieuse le chemin des Catacombes.

Le soir, à l'heure dite, l'amphithéâtre se rouvrit de nouveau ; l'empereur reprit sa place sur le trône qui était resté vide pendant une partie de la journée, et les fêtes recommencèrent ; puis, lorsque l'ombre fut descendue, Néron se souvint de la promesse qu'il avait faite au peuple de lui donner une chasse aux flambeaux : on attacha à douze poteaux de fer douze chrétiens enduits de soufre et de résine ; et l'on y mit le feu ; puis l'on fit descendre dans le cirque de nouveaux lions et de nouveaux gladiateurs.

Le lendemain, un bruit se répandit dans Rome, c'est que les lettres qu'avait reçues César pendant le spectacle, et qui avaient paru lui faire une si profonde impression, annonçaient la révolte des légions de l'Espagne et des Gaules, commandées par Galba et par Vindex.

XVI.

Trois mois après les événemens que nous venons de raconter, à la fin d'un jour pluvieux et au commencement d'une nuit d'orage, cinq hommes sortis de la porte Nomentane s'avançaient à cheval sur la voie qui porte le même nom : celui qui marchait le premier, et que par conséquent on pouvait considérer comme le chef de la petite troupe, était pieds nus, portait une tunique bleue, et par dessus cette tunique un grand manteau de couleur sombre; quant à sa figure, soit pour la garantir de la pluie qui fouettait avec violence, soit pour la soustraire aux regards des curieux, elle était entièrement couverte d'un voile; car, quoique, comme nous l'avons dit, la nuit fût affreuse, quoique les éclairs sillonnassent l'ombre, quoique le tonnerre retentît sans interruption, la terre semblait tellement occupée de ses révolutions, qu'elle avait oublié celles du ciel. En effet, de grands cris populaires s'élevaient de la cité impériale, pareils aux rumeurs de l'Océan pendant une tempête, et tandis que sur la route on rencontrait de cent pas en cent pas, soit des individus isolés, soit des groupes dans le genre de celui que nous venons de décrire ; tandis qu'aux deux côtés des voies Alaria et Nomentane, on voyait s'élever les nombreuses tentes des soldats prétoriens qui avaient abandonné leurs casernes situées dans l'enceinte de Rome, et étaient venus chercher hors des murs de la ville un campement plus libre et plus difficile à surprendre. C'était, comme nous l'avons dit, une de ces nuits terribles où toutes les choses de la création prennent une voix pour se plaindre, tandis que les hommes se servent de la leur pour blasphémer. Au reste l'on eût dit, à la terreur du chef de la cavalcade sur laquelle nous avons attiré l'attention de nos lecteurs, qu'il était le but vers lequel se dirigeait la double colère des hommes et des dieux. En effet, au moment où il sortit de Rome, un souffle étrange avait passé dans l'air, et à même instant que les arbres en frémissaient, la terre avait tressailli et les chevaux s'étaient abattus en hennissant, tandis que les maisons éparses dans la campagne oscillaient visiblement sur leur base. Cette commotion n'avait duré que quelques secondes, mais elle avait couru de l'extrémité des Apennins à la base des Alpes, si bien que toute l'Italie en avait tremblé. Un instant après, en traversant le pont jeté sur le Tibre, un des cavaliers fit remarquer à ses compagnons que l'eau, au lieu de descendre à la mer, remontait en bouillonnant vers sa source, ce qui ne s'était vu encore que le jour où Julius César avait été assassiné. Enfin, en arrivant au sommet d'une colline d'où l'on découvre Rome tout entière, et sur la crête de laquelle un cyprès aussi ancien que la ville s'élevait, vénérable et respecté, un coup de tonnerre s'était fait entendre, le ciel avait semblé s'ouvrir, et la foudre, enveloppant les voyageurs d'une nuée sulfureuse, avait été briser l'arbre séculaire qu'avaient jusqu'alors respecté le temps et les révolutions.

À chacun de ces présages sinistres, l'homme voilé avait poussé un gémissement sourd, et avait, malgré les représentations d'un de ses compagnons, mis son cheval à une allure un peu plus vive; de sorte que la petite troupe suivait alors au trot au milieu de la voie ; à une demi-lieue de la ville à peu près, elle rencontra une troupe de paysans qui, malgré le temps affreux qu'il faisait, venaient joyeusement à Rome. Ils étaient parés de leurs habits de fête et avaient sur la tête des bonnets d'affranchis, pour indiquer que ce jour le peuple était libre. L'homme voilé voulut quitter le pavé et prendre à travers terre ; son compagnon saisit son cheval par la bride, et le força de continuer sa route. Lorsqu'ils arrivèrent près des paysans, un d'eux leva son bâton pour leur faire signe d'arrêter; les cavaliers obéirent.

— Vous venez de Rome ? dit le paysan.
— Oui, répondit le compagnon de l'homme voilé.
— Que disait-on d'Œnobarbus ?
L'homme voilé tressaillit.
— Qu'il s'était sauvé, répondit un des cavaliers.
— Et de quel côté ?
— Du côté de Naples : il a été vu, dit-on, sur la voie Appienne.
— Merci, dirent les paysans ; et ils continuèrent leur route vers Rome, en criant : Vive Galba ! et mort à Néron !

Ces cris en éveillèrent d'autres dans la plaine, et, des deux côtés du camp, les voix des prétoriens se firent entendre, chargeant César d'affreuses imprécations.

La petite cavalcade continua son chemin ; un quart de lieue plus loin elle rencontra une troupe de soldats.
— Qui êtes-vous? dit un des hastati, en barrant le chemin avec sa lance.
— Des partisans de Galba, qui cherchent Néron, répondit un des cavaliers.
— Alors, meilleure chance que nous, dit le décurion, car nous l'avons manqué.
— Comment cela ?
— Oui, l'on nous avait dit qu'il devait passer sur cette route, et, voyant un homme qui courait au galop, nous avons cru que c'était lui.
— Et ?... — dit d'une voix tremblante l'homme voilé.
— Et nous l'avons tué, répondit le décurion ; ce n'est qu'en regardant le cadavre que nous nous sommes aperçus que nous nous étions trompés. Soyez plus heureux que nous, et que Jupiter vous protège !

L'homme voilé voulut de nouveau remettre son cheval au galop, mais ses compagnons l'arrêtèrent. Il continua donc de suivre la route ; mais au bout de cinq cents pas à peu près son cheval butta contre un cadavre, et fit un écart si violent que le voile qui lui couvrait le visage s'écarta. En ce moment passait un soldat prétorien qui revenait en congé. — Salut, César ! dit le soldat. Il avait reconnu Néron à la lueur d'un éclair.

En effet, c'était Néron lui-même, qui venait de se heurter au cadavre de celui qu'on avait pris pour lui ; Néron, pour qui à cette heure tout était un motif d'épouvante, jusqu'à cette marque de respect que lui donnait un vétéran ; Néron, qui, tombé du faîte de la puissance, par un de ces retours de fortune inouïs dont l'histoire de cette époque offre plusieurs exemples, se voyait à son tour fugitif et proscrit, fuyant la mort qu'il n'avait le courage ni de se donner, ni de recevoir.

Jetons maintenant les yeux en arrière, et voyons par quelle suite d'événemens le maître du monde avait été réduit à cette extrémité.

En même temps que l'empereur entrait au cirque, où il était salué par les cris de Vive Néron l'Olympique ! vive Néron Hercule ! vive Néron Apollon ! vive Auguste, vainqueur de tous ses rivaux ! gloire à cette voix divine ! heureux ceux à qui il a été donné d'entendre ses accens célestes ! un courrier venant des Gaules franchissait au galop de son cheval ruisselant de sueur la porte Flaminienne, traversait le Champ-de-Mars, passait sous l'arc de Claude, longeait le Capitole, entrait au cirque, et remettait à la garde qui veillait à la loge de l'empereur les lettres qu'il apportait de si loin et en si grande hâte. Ce sont ces lettres qui, comme nous l'avons dit, avaient forcé César de quitter le cirque ; et, en effet, elles étaient d'une importance qui expliquait la disparition subite de César.

Elles annonçaient la révolte des Gaules.

Il y a des époques dans l'histoire du monde où l'on voit un empire qui semblait endormi d'un sommeil de mort, tressaillir tout à coup comme si, pour la première fois, le génie de la liberté descendait du ciel pour illuminer ses songes ; alors, quelle que soit son étendue, la commotion électrique qui l'a fait frissonner s'étend du nord au midi, de l'orient à l'occident, et court à des distances inouïes réveiller des peuples qui n'ont aucune communication entre eux, mais qui, tous arrivés au même degré de servitude, éprouvent le même besoin d'affranchissement : alors, comme si quelque éclair leur avait porté le mot d'ordre de la tempête, on entend les mêmes cris venir de vingt points opposés ; tous demandant la même chose dans des langues différentes, c'est-à-dire que ce qui est ne soit plus. L'avenir sera-t-il meilleur que le présent? Nul ne le sait, peu importe, mais le présent est si lourd, qu'il faut d'abord s'en débarrasser, puis l'on transigera avec l'avenir.

L'empire romain, jusqu'à ses limites les plus reculées, en était arrivé à cette période. Dans la Germanie inférieure, Fontéius Capiton ; dans les Gaules, Vindex ; en Espagne, Galba ; en Lusitanie, Othon ; en Afrique, Claudius Macer, et en Syrie, Vespasien, formaient avec leurs légions un demi-cercle menaçant, qui n'attendait qu'un signe pour se resserrer sur la capitale. Seul, Virginius, dans la Germanie supérieure, était décidé, quelque chose qui arrivât, à rester fidèle, non pas à Néron, mais à la patrie : il ne fallait donc qu'une étincelle pour allumer un incendie. Ce fu Julius Vindex qui la fit jaillir.

Ce préteur, originaire d'Aquitaine, issu de race royale, homme de cœur et de tête, comprit que l'heure où la famille des Césars devait s'éteindre était arrivée. Sans ambition pour lui-même, il jette les yeux autour de lui, afin de trouver l'homme élu convenait en tout point de la sympathie générale. A sa droite, et de l'autre côté des Pyrénées, était Sulpicius Galba, que ses victoires en Afrique et en Germanie avaient fait à la fois puissant sur le peuple et sur l'armée. Sulpicius Galba haïssait l'empereur, dont la crainte l'avait arraché de sa villa de Fondi pour l'envoyer en Espagne comme exilé plutôt que comme préteur. Sulpicius Galba était désigné d'avance et depuis longtemps par les traditions populaires et par les oracles divins comme devant porter la couronne : c'était l'homme qui convenait en tout point pour mettre à la tête d'une révolte. Vindex lui envoya secrètement des lettres qui contenaient tout le plan de l'entreprise, qui lui promettaient, à défaut du concours des légions, l'appui de cent mille Gaulois, et qui le suppliaient, s'il ne voulait pas concourir à la chute de Néron, de ne point se refuser du moins à la dignité suprême qu'il n'avait point cherchée, mais qui venait s'offrir à lui.

Quant à Galba, son caractère ombrageux et irrésolu ne se démentit point en cette circonstance : il reçut les lettres, les brûla pour en détruire jusqu'à la moindre trace, mais les conserva toutes entières dans sa mémoire.

Vindex sentit que Galba voulait être poussé, il n'avait pas accepté l'alliance, mais il n'avait pas trahi celui qui la lui offrait : le silence était un consentement.

Le moment était favorable : deux fois par an les Gaulois se réunissaient en assemblée générale, la séance se tenait à Clermont, Vindex entra dans la chambre des délibérations.

Au milieu de la civilisation, du luxe et de la corruption romaine, Vindex était resté le Gaulois des anciens jours ; il joignait à la résolution froide et arrêtée des gens du Nord, la parole hardie et colorée des hommes du Midi.

— Vous délibérez sur les affaires de la Gaule, dit-il, vous cherchez autour de vous la cause de nos maux : la cause est à Rome, le coupable, c'est Œnobarbus ; c'est lui qui les uns après les autres a anéanti tous nos droits, qui a réduit nos plus riches provinces à la misère, qui a vêtu nos plus nobles maisons de deuil ; et le voilà maintenant, parce qu'il est le dernier de sa race, parce que seul resté de la famille des Césars, il ne craint ni rival ni vengeurs, le voilà qui lâche la bride à ses fureurs comme il le fait à ses coursiers, et qu'il se laisse emporter à ses passions, écrasant la tête de Rome et les membres des provinces sous les roues de son char. Je l'ai vu, continua-t-il, oui, je l'ai vu moi-même, cet athlète et ce chanteur impérial et couronné, ivre à la fois et indigne de la gloire d'un gladiateur et d'un histrion. Pourquoi donc le décorer des titres de César, de prince et d'Auguste, de ces titres qu'avaient mérité le divin Auguste par ses vertus, le divin Tibère par son génie, le divin Claude par ses bienfaits ; lui, cet infâme Œnobarbus, c'est Œdipe, c'est Oreste qu'il faut l'appeler, puisqu'il se fait gloire de porter les noms d'inceste et de parricide. Jadis nos ancêtres, guidés par le seul besoin du changement et par l'appât du gain, ont emporté Rome d'assaut. Cette fois c'est un motif plus noble et plus digne qui nous guidera sur la trace de nos ancêtres ; cette fois, dans le plateau de la balance, au lieu de l'épée de notre vieux Brenn, nous jetterons la liberté du monde, et cette fois ce ne sera pas le malheur, mais la félicité que nous apporterons aux vaincus.

Vindex était brave, on savait que les paroles qui sortaient de sa bouche n'étaient point de vaines paroles. Aussi, de grands cris, de vifs applaudissemens et de bruyantes acclamations accueillirent-ils son discours ; chaque chef de Gaulois tira son épée, jura sur elle d'être de retour dans un mois, avec une suite proportionnée à sa fortune et à son rang, et se retira dans sa ville. Cette fois le masque était arraché du visage, et le fourreau jeté loin de l'épée. Vindex écrivit une seconde fois à Galba.

Dès son arrivée en Espagne, Galba s'était fait une étude de la popularité. Jamais il ne s'était prêté aux violences des procurateurs, ne pouvant empêcher leurs exactions, il plaignait tout haut leurs victimes. Jamais il ne disait de mal de Néron, mais il laissait librement circuler des vers satyriques et les épigrammes outrageantes contre l'empereur. Tout ce qui l'entourait avait deviné ses projets, mais jamais il ne les avait confiés à personne. Le jour où il reçut le message de Vindex, il donna un grand dîner à ses amis, et le soir, après leur avoir annoncé la révolte des Gaules, il leur communiqua la dépêche, sans l'accompagner d'aucun commentaire, les laissant libres par son silence d'approuver ou de désapprouver l'offre qui lui était faite. Ses amis restaient muets et irrésolus de cette lecture ; mais l'un d'eux, nommé T. Venius, plus déterminé que les autres, se tourna de son côté, et, le regardant en face :

— Galba, lui dit-il, pourquoi délibérer pour chercher si nous serons fidèles à Néron, c'est déjà lui être infidèles ; il faut ou accepter l'amitié de Vindex, comme si Néron était déjà notre ennemi, ou l'accuser sur-le-champ, ou lui faire la guerre, et pourquoi ? Parce qu'il veut que les Romains vous aient pour empereur plutôt que Néron pour tyran.

— Nous nous rassemblerons si vous le voulez bien, répondit Galba, comme s'il n'avait point entendu la question, le cinq du mois prochain, à Carthago-la-Neuve, afin de donner la liberté à quelques esclaves. — Les amis de Galba acceptèrent le rendez-vous, et à tout hasard ils répandirent le bruit que cette convocation avait pour but de décider des destins de l'empire.

Au jour dit, tout ce que l'Espagne comptait d'illustre en étrangers et en indigènes était rassemblé au rendez-vous : chacun y venait dans un même but, animé d'un même désir, poursuivant une même vengeance. Galba monta sur son tribunal, et aussitôt, d'un élan unanime, toutes les voix le proclamèrent empereur.

XVII.

Voilà ce que contenaient les lettres que Néron avait reçues, et telles étaient les nouvelles qu'il avait apprises ; en même temps on lui dit que des proclamations de Vindex ont été distribuées, et que quelques-unes déjà sont parvenues à Rome ; bientôt une de ces proclamations tombe entre ses mains. Les titres d'incestueux, de parricide et de tyran, lui étaient prodigués, et cependant ce n'est point tout cela qui l'irrite et le blesse, il y est appelé Œnobarbus et traité de mauvais chanteur : ce sont des outrages dont il faut que le sénat le venge, et il écrit au sénat. Pour repousser le reproche d'inhabilité dans son art, venger le nom de ses aïeux, il fait promettre un million de sesterces à celui qui tuera Vindex, et retombe dans son insouciance et dans son apathie.

Pendant ce temps la révolte faisait des progrès en Espagne et dans les Gaules ; Galba s'était créé une garde de l'ordre équestre, et avait établi une espèce de sénat. Quant à Vindex, à celui qui lui avait appris que sa tête était à prix, il avait répondu qu'il la laisserait prendre à celui qui lui apporterait celle de Néron.

Mais parmi tous ces généraux, tous ces préfets, tous ces préteurs, dévots à la nouvelle fortune, un seul était resté fidèle, non par amour de Néron, mais parce que, voyant dans Vindex un étranger, et que, connaissant Galba pour un esprit faible et irrésolu, il craignit que Rome, si malheureuse qu'elle fût, n'eût encore à souffrir du changement : il marcha donc vers les Gaules avec ses légions, pour sauver à l'empire la honte d'obéir à un de ses anciens vainqueurs.

Les chefs Gaulois avaient tenu leurs sermens, commandant aux trois peuples les plus illustres et les plus puissans de la Gaule, les Séquanais, les Éduens et les Arverniens, ils s'étaient réunis autour de Vindex : à leur tour les Viennois étaient venus les rejoindre, mais ceux-là n'étaient pas unis comme les autres par l'amour de la patrie, ou le désir de leur liberté : ils venaient par haine des Lyonnais, qui étaient restés fidèles à Néron. Virginius, de son côté, avait autour de lui les légions de Germanie, les auxiliaires belges et la cavalerie batave; les deux armées s'avancèrent au devant l'une de l'autre. Et ce dernier étant arrivé devant Besançon, qui tenait pour Galba, en forma le siége; mais à peine les dispositions obsidionales étaient-elles prises, qu'une autre armée apparut à l'horizon : c'était celle de Vindex.

Les Gaulois continuèrent de s'avancer vers les Romains qui les attendaient, et, se trouvant bientôt à trois portées de trait de ceux-ci, ils s'arrêtèrent pour faire leurs dispositions de bataille; mais en ce moment un héraut sortit des rangs de Vindex, et marcha vers Virginius : un quart-d'heure après, la garde des deux chefs s'avança entre les deux armées, une tente fut dressée : chacun se rangea du côté de son parti, Vindex et Virginius entrèrent dans cette tente.

Nul n'assista à cette entrevue, cependant l'avis des historiens est que Vindex ayant développé sa politique à son ennemi, et lui ayant donné la preuve qu'il agissait, non pas pour lui, mais pour Galba, Virginius, qui vit dans cette révolution le bonheur de la patrie, se réunit à celui qu'il était venu combattre : les deux chefs allaient donc se séparer, mais pour se réunir bientôt et marcher de concert contre Rome, lorsque de grands cris se firent entendre à l'aile droite de l'armée. Une centurie étant sortie de Besançon pour communiquer avec les Gaulois, et ces derniers ayant fait un mouvement pour la joindre, les soldats de Virginius se crurent attaqués, et n'écoutant qu'un premier mouvement, marchèrent eux-mêmes au devant d'eux : c'était là la cause des cris que les deux chefs avaient entendus; ils se précipitèrent chacun de son côté, suppliant leurs soldats de s'arrêter; mais leurs prières furent couvertes par les clameurs que poussaient les Gaulois, en appuyant leurs boucliers à leurs lèvres; leurs signes furent pris pour des gestes d'encouragement : un de ces vertiges étranges qui prennent parfois une armée, comme un homme, s'était emparé de toute cette multitude; et alors on vit un spectacle atroce, les soldats sans ordre de chef, sans place de bataille, poussés par un instinct de mort, soutenus par cette vieille haine des vaincus contre les vainqueurs, et des peuples conquérans contre les peuples conquis, se ruèrent l'un sur l'autre, se prirent corps à corps, comme des lions et des tigres dans un cirque. En deux heures de ce combat, les Gaulois avaient perdu vingt mille hommes, et les légions germaines et bataves seize mille : c'était le temps physique qu'il avait fallu pour tuer. Enfin les Gaulois reculèrent; mais la nuit étant venue, les deux armées restèrent en présence : cependant cette première défaite avait abattu le courage des rebelles; ils profitèrent de la nuit pour se retirer : sur l'emplacement où les légions germaines croyaient les retrouver le lendemain matin, il ne restait plus qu'une tente, et sous cette tente le corps de Vindex, qui, désespéré que le hasard eût fait perdre à la liberté de si hautes espérances, s'était jeté sur son épée, qu'il croyait inutile, et s'était traversé le cœur. Les premiers qui entrèrent sous sa tente frappèrent le cadavre, et dirent qu'ils l'avaient tué; mais au moment de la distribution de la récompense que Virginius leur avait accordée pour cette action, l'un d'eux ayant eu à se plaindre du partage dénonça tout, et l'on sut la vérité.

Vers le même temps, des événemens non moins favorables à l'empereur se passaient en Espagne; un des escadrons qui s'étaient révoltés, se repentant d'avoir rompu le serment de fidélité, avait voulu abandonner la cause de Galba, et n'était qu'à grand'peine rentré sous ses ordres, de sorte que celui-ci, le jour même où Vindex s'était tué, avait manqué d'être assassiné dans une rue étroite, et en se rendant au bain, par des esclaves que lui avait autrefois donnés un affranchi de Néron. Il était donc encore tout ému du double danger lorsqu'il apprit la défaite des Gaulois et la mort de Vindex : alors il crut tout perdu, et, au lieu de s'en remettre à la fortune audacieuse, il écouta les conseils de son caractère timide, et se retira à Clunie, ville fortifiée dont il s'occupa aussitôt d'augmenter encore la défense : mais presque aussitôt des présages auxquels il n'y avait point à se tromper vinrent rendre à Galba le courage perdu. Au premier coup de pioche qu'il donna pour tracer une nouvelle ligne autour de la ville, un soldat trouva un anneau d'un travail antique et précieux, dont la pierre représentait une victoire et un trophée. Ce premier retour du destin lui donna un sommeil plus calme qu'il ne l'espérait, et pendant ce sommeil, il vit en songe une petite statue de la Fortune, haute d'une coudée, et à laquelle il rendait un culte particulier dans sa villa de Fondi, lui ayant voué un sacrifice par mois et une veille annuelle. Elle sembla ouvrir sa porte, et lui dit que, fatiguée d'attendre au seuil, elle suivrait enfin un autre, s'il ne se pressait de la recevoir. Puis, comme il se leva ébranlé par ces deux augures, on lui annonça qu'un vaisseau chargé d'armes, sans passagers, matelots ni pilotes, venait d'aborder à Dertosa, ville située sur l'Ebre, dès-lors il considéra sa cause comme juste et gagnée, car il était visible qu'elle plaisait aux dieux.

Quant à Néron, il avait d'abord regardé ces nouvelles comme de peu d'importance, et s'en était plus réjoui, car il voyait sous le prétexte du droit de guerre un moyen de lever un nouvel impôt : il s'était donc contenté comme nous l'avons dit d'envoyer au sénat les proclamations de Vindex, en demandant justice de l'homme qui le traitait de mauvais joueur de cythare. Puis il avait pour le soir convoqué chez lui les principaux citoyens. Ceux-ci s'étaient empressés de s'y rendre, pensant que cette réunion avait pour but de tenir conseil; mais Néron se contenta de leur montrer un à un, et en discourant sur l'emploi et le mérite de chaque pièce, des instrumens de musique hydraulique d'une nouvelle espèce, et tout ce qu'il dit de la révolte gauloise fut qu'il ferait porter tous ces instrumens au théâtre, si Vindex ne l'en empêchait.

Le lendemain, de nouvelles lettres étant arrivées, qui annonçaient que le nombre des Gaulois révoltés s'élevait à cent mille, Néron pensa qu'il fallait enfin faire quelques préparatifs de guerre. Alors il les commanda étranges et insensés. Il fit amener des voitures au théâtre et au palais, les fit charger d'instrumens de musique au lieu d'instrumens de guerre, cita les tribus urbaines pour recevoir les sermens militaires; mais, voyant qu'aucun de ceux en état de porter les armes ne répondait, il exigea des maîtres un certain nombre d'esclaves, et alla lui-même dans les maisons choisir les plus forts et les plus robustes, prenant jusqu'aux économes et aux secrétaires : enfin il rassembla quatre cents courtisanes, auxquelles il fit couper les cheveux; il les arma de la hache et du bouclier des amazones, et les destina à remplacer près de lui la garde césarienne. Puis, sortant de la salle à manger, après son dîner, appuyé sur les épaules de Sporus et de Phaon, il dit à ceux qui attendaient pour le voir, et qui paraissaient inquiets, qu'ils se rassurassent, attendu que dès qu'il aurait touché le sol de la province, et se serait montré sans armes aux yeux des Gaulois, il n'aurait besoin que de verser quelques larmes, qu'aussitôt les séditieux se repentiraient, et que dès le lendemain on le verrait joyeux parmi les joyeux entonner une hymne de victoire, qu'il allait composer sur le champ.

Quelques jours après, un nouveau courrier arriva des Gaules : celui-ci au moins apportait des nouvelles favorables : c'était la rencontre des légions romaines et des Gaulois, la défaite des rebelles et la mort de Vindex. Néron jeta de grands cris de joie, courant comme un fou dans les appartemens et dans les jardins de la maison dorée, ordonnant des fêtes et des réjouissances, annonçant qu'il chanterait le soir au théâtre, et faisant inviter les principaux de la ville à un grand souper pour le lendemain.

Effectivement, le soir Néron se rendit au Gymnase, mais une étrange fermentation régnait dans Rome : en passant devant l'une de ses statues, il vit qu'on l'avait couverte d'un sac. Or, c'était dans un sac que l'on enfermait les parricides, puis on les jetait dans le Tibre avec un singe, un chat et une vipère. Un peu plus loin une colonne portait ces mots écrits sur sa base : Néron a tant chanté, qu'il a réveillé les coqs (1). Un riche patricien propriétaire qui se trouvait sur la route de l'empereur, se disputait ou feignait de se disputer si haut avec ses esclaves, que Néron s'informa de ce qui se passait ; on vint alors lui dire que les esclaves de cet homme méritant une correction, il réclamait un Vindex. (2).

Le spectacle commença par une atellane où jouait l'acteur Eatus ; le rôle dont il était chargé commençait par ces mots : Salut à mon père, salut à ma mère. Au moment de les prononcer, il se tourna vers Néron, et imita, en disant salut à mon père, l'action de boire, et en disant salut à ma mère, l'action de nager. Cette sortie fut accueillie par d'unanimes applaudissemens, car chacun y avait reconnu une allusion à la mort de Claude et à celle d'Agrippine ; quant à Néron, il se mit à rire et applaudit comme les autres, soit qu'il fût insensible à toute espèce de honte, soit de crainte que la vue de sa colère n'excitât davantage la raillerie, ou n'indisposât le public contre lui-même.

Lorsque son tour fut arrivé, il quitta sa loge et entra sur le théâtre ; pendant le temps qu'il s'habillait pour paraître, une étrange nouvelle se répandit dans la salle et circula parmi les spectateurs. Les lauriers de Livie étaient séchés, et toutes les poules étaient mortes. Voici comment ces lauriers avaient été plantés et comment les poules étaient devenues sacrées :

Dans le temps où Livie Drusille, qui par son mariage avec Octave reçut le nom d'Augusta, était promise à César, un jour qu'elle était assise dans sa villa de Veïes, un aigle du haut des airs laissa tomber sur ses genoux une poule blanche, qui non seulement était sans blessure, mais ne paraissait même pas effrayée. Livie, étonnée, regardait et caressait l'oiseau, lorsqu'elle s'aperçut que la poule tenait au bec une branche de laurier. Alors elle consulta les aruspices, qui ordonnèrent de planter le laurier pour en obtenir des rejetons, et de nourrir la poule pour en avoir de la race. Livie obéit. Une maison de plaisance des Césars, située sur la voie Flaminia, près du Tibre, à neuf milles de Rome, fut choisie pour cette expérience, qui réussit au-delà de tout espoir. Il naquit une si grande quantité de poussins, que la terre prit le nom d'*ad Gallinas*, et il poussa de si nombreux rejetons que le laurier fut bientôt le centre d'une forêt. Or, la forêt était desséchée jusqu'à ses racines, et tous les poussins étaient morts jusqu'au dernier.

Alors l'empereur parut sur le théâtre, mais il eut beau s'avancer humblement vers l'orchestre selon son habitude, et adresser une respectueuse allocution aux spectateurs, en leur disant qu'il ferait tout ce qu'il pourrait faire, mais que l'événement dépendait de la fortune, pas un applaudissement ne se fit entendre pour le soutenir. Il n'en commença pas moins, mais intimidé et tremblant. Tout son rôle fut écouté au milieu du silence et sans un seul encouragement ; puis, arrivé à ce vers :

Ma femme, ma mère et mon père demandent ma mort!

pour la première fois les applaudissemens et les cris éclatèrent ; mais cette fois il n'y avait pas à se tromper à leur expression. Néron en comprit le vrai sens, et quitta rapidement le théâtre ; mais en descendant l'escalier ses pieds s'embarrassèrent dans sa robe trop longue, de sorte qu'il tomba et se blessa au visage : on le ramassa évanoui.

Rentré au palatin et revenu à lui, il s'enferma dans son cabinet, plein de terreur et de colère. Alors il tira ses tablettes, et y traça des projets étranges qui n'avaient besoin que d'une signature pour devenir des ordres mortels. Ces projets étaient d'abandonner les Gaules au pillage des armées, d'empoisonner tout le sénat en l'invitant à un festin, de brûler la ville, et de lâcher en même temps toutes les bêtes féroces, afin que ce peuple ingrat qui ne l'avait applaudi que pour lui présager sa mort ne pût pas se défendre des ravages du feu ; puis, rassuré sur sa puissance par la conviction du mal qu'il pouvait faire encore, il se jeta sur son lit, et comme les dieux voulaient lui envoyer de nouveaux présages, ils permirent qu'il s'endormît.

Alors, lui qui ne rêvait jamais rêva qu'il était perdu pendant une tempête sur une mer furieuse, et qu'on lui arrachait des mains le gouvernail du navire qu'il dirigeait ; puis, par une de ces transitions incohérentes, il se trouva tout à coup près du théâtre de Pompée, et les quatorze statues exécutées par Coponius et représentant les nations descendirent de leurs bases, et, tandis que celle qui se trouvait devant lui barrait le passage, les autres formaient un cercle et se rapprochaient graduellement jusqu'à ce qu'il se trouvât enfermé entre leurs bras de marbre. A grand peine il avait échappé à ces fantômes de pierre, et courait, pâle, haletant et sans voix, dans le Champ-de-Mars, lorsqu'en passant devant le mausolée d'Auguste, les portes du tombeau s'ouvrirent d'elles-mêmes, et une voix en sortit qui l'appela trois fois. Ce dernier songe brisa son sommeil, et il se réveilla tremblant, les cheveux hérissés et le front ruisselant de sueur. Alors il appela, donna l'ordre qu'on lui amenât Sporus, et le jeune homme demeura dans sa chambre le reste de la nuit.

Avec le jour l'excès des terreurs nocturnes s'évanouit; mais il lui resta une crainte vague qui le faisait tressaillir à chaque instant. Alors il fit conduire devant lui le courrier qui avait apporté la dépêche qui annonçait la mort de Vindex. C'était un cavalier batave qui était venu de la Germanie avec Virginius, et avait assisté à la bataille. Néron lui fit répéter plusieurs fois tous les détails du combat, et surtout ceux de la mort de Vindex ; enfin il ne fut tranquille que lorsque le soldat lui jura par Jupiter qu'il avait vu de ses yeux le cadavre percé de coups, et prêt pour la tombe. Alors il lui fit compter une somme de cent mille sesterces, et lui fit don de son propre anneau d'or.

L'heure du dîner arriva : les convives impériaux se rassemblèrent au Palatin ; avant le repas, Néron, comme d'habitude, les fit passer dans la salle de bain, et en sortant du bain les esclaves leur offrirent des toges blanches et des couronnes de fleurs. Néron les attendait dans le triclinium, vêtu de blanc comme eux, et la tête couronnée, et l'on se coucha sur les lits au son d'une musique délicieuse.

Ce dîner était servi non seulement avec toute la recherche, mais encore avec tout le luxe des repas romains : chaque convive avait un esclave couché à ses pieds pour prévenir ses moindres caprices, un parasite mangeait à une petite table isolée et qui lui était entièrement abandonnée comme une victime, tandis qu'au fond sur une espèce de théâtre, des danseuses gaditanes semblaient, par leur grâce et leur légèreté, ces divinités printanières qui accompagnent au mois de mai Flore et Zéphyre visitant leur royaume.

A mesure que ce dîner s'avança et que les convives s'échauffèrent, le spectacle changea de caractère, et de voluptueux devint lascif. Enfin, des funambules succédèrent aux danseuses, et alors commencèrent ces jeux inouïs que la régence renouvela, dit-on, et qui avait été inventés pour réveiller les sens alanguis du vieux Tibère. En même temps Néron prit une cithare, et se mit à réciter des vers où Vindex était comblé de ridicule ; il accompagnait ces chants de gestes bouffons ; et gestes et chants étaient frénétique-

---

(1) *Galli*, qui veut dire *coqs* et *Gaulois*.
(2) Vengeur. Tous ces calembourgs, assez obscurs pour nous, devaient être fort compréhensibles pour Néron.

ment applaudis des convives, lorsqu'un nouveau messager arriva, porteur de lettres d'Espagne. Ces lettres annonçaient à la fois et la révolte et la proclamation de Galba.

Néron relut plusieurs fois ces lettres, pâlissant davantage à chaque fois ; alors saisissant deux vases qu'il aimait beaucoup, et qu'il appelait homériques parce que leurs sujets représentaient des poëmes tirés de l'Iliade, il les brisa comme s'ils eussent été de quelque matière commune ; puis aussitôt, se laissant tomber, il déchira ses vêtemens, se frappa violemment la tête contre les lits du festin, disant qu'il souffrait des malheurs inouïs et inconnus puisqu'il perdait l'empire de son vivant ; à ces cris sa nourrice Euglogé entra, le prit entre ses bras comme un enfant, et tâcha de le consoler ; mais, comme un enfant, sa douleur s'augmenta des consolations qu'on lui donnait ; bientôt la colère lui succéda. Il se fit apporter un roseau et du papyrus pour écrire au chef des prétoriens ; puis, lorsque l'ordre fut signé, il chercha sa bague pour le cacheter ; mais, comme nous l'avons déjà dit, il l'avait donnée le matin même au cavalier batave ; il demanda alors ce sceau à Sporus qui lui présenta le sien ; il l'appuya sur la cire sans le regarder, mais en le levant il s'aperçut que cet anneau représentait la descente de Proserpine aux enfers. Ce dernier présage, et dans un tel moment, lui parut le plus terrible de tous, et soit qu'il pensât que Sporus lui eût présenté cette bague avec intention, soit que dans la folie qui le possédait il ne reconnût pas ses amis les plus chers, lorsque Sporus s'approcha de lui pour s'informer de la cause de ce nouvel accès, il le frappa du poing au milieu du visage, et le jeune homme ensanglanté et évanoui alla rouler au milieu des débris du repas.

Aussitôt l'empereur, sans prendre congé de ses convives, remonta dans sa chambre, et ordonna qu'on lui fît venir Locuste.

XVIII.

Cette fois c'était pour lui-même que l'empereur en appelait à la science de sa vieille amie. Ils passèrent ensemble la nuit entière, et devant lui la magicienne composa un poison subtil, qu'elle avait combiné trois jours auparavant, et dont elle avait fait l'essai la veille. Néron le renferma dans une boîte d'or, et le cacha dans un meuble que lui avait donné Sporus, et dont il n'y avait que lui et l'eunuque qui connussent le secret.

Cependant le bruit de la révolte de Galba s'était répandu avec une rapidité effroyable. Cette fois ce n'était plus une menace lointaine, une entreprise désespérée comme celle de Vindex. C'était l'attaque puissante et directe d'un patricien dont la race, toujours populaire à Rome, était à la fois illustre et ancienne, qui prenait sur les statues le titre de petit fils de Quintus Catulus Capitolinus : c'est-à-dire du magistrat qui avait passé pour le premier de son temps par son courage et sa vertu.

A ces bonnes dispositions pour Galba se joignaient de nouveaux griefs contre Néron ; préoccupé de ses jeux et de ses courses et de ses chants, les ordres ordinaires qu'il devait donner en sa qualité de préfet de l'annone, avaient été négligés, de sorte que la flotte, qui devait apporter le blé de Sicile et d'Alexandrie, était partie seulement à l'époque où elle aurait dû revenir ; il en résultait qu'en peu de jours la cherté du grain était devenue excessive, puisque la famine lui avait succédé, et que Rome, mourante de faim comme un seul homme, et les yeux tournés vers le midi, courait tout entière aux bords du Tibre à chaque vaisseau qui remontait du port d'Ostie ; or, le matin du jour où Néron avait passé la nuit avec Locuste, et le lendemain de celui où les nouvelles de la révolte de Galba étaient arrivées, le peuple mécontent et affamé était rassemblé au Forum, lorsque l'on signala un bâtiment. Tout le monde courut au port Œlius, croyant le bâtiment l'avant-garde de la flotte nourricière, et chacun se précipita à bord avec des cris de joie. Le bâtiment rapportait du sable d'Alexandrie pour les lutteurs de la cour ; les murmures et les imprécations éclatèrent hautement.

Parmi les mécontens, un homme se faisait remarquer : c'était un affranchi de Galba, nommé Icelus. La veille au soir il avait été arrêté ; mais, pendant la nuit, une centaine d'hommes armés s'étaient portés à la prison, et l'avaient délivré. Il reparaissait donc au milieu du peuple, fort de sa persécution momentanée, et, profitant de cet avantage, il appelait les assistans à une révolte ouverte ; mais ceux-ci balançaient encore, par ce reste d'obéissance à ce qui existe, dont on ne se rend pas compte, mais que les esprits vulgaires brisent si difficilement ; lorsqu'un jeune homme, le visage caché sous son pallium, passa près de lui, et lui tendit un feuillet déchiré d'une tablette. Icelus prit la plaque d'ivoire enduite de cire qu'on lui présentait, et vit avec joie que le hasard venait à son secours, en lui livrant une preuve contre Néron : cette tablette contenait le projet qu'avait arrêté l'empereur pendant la nuit qu'il avait passée avec Sporus, de brûler une seconde fois cette Rome qui se lassait d'applaudir à ses chants, et de lâcher les bêtes féroces pendant l'incendie, afin que les Romains ne pussent pas éteindre le feu. Icelus lut à haute voix les lignes écrites sur la tablette, et cependant on hésitait à le croire, tant une pareille vengeance paraissait insensée. Quelques personnes même criaient que sans doute l'ordre que venait de lire Icelus était un ordre supposé, lorsque Nymphidius Sabinus prit la tablette des mains de l'affranchi, et déclara qu'il reconnaissait parfaitement, non seulement l'écriture de l'empereur, mais encore sa manière de raturer, d'effacer et d'intercaler. A ceci, il n'y avait rien à répondre, Nymphidius Sabinus, comme préfet du prétoire, ayant eu souvent l'occasion de recevoir des lettres autographes de Néron.

En ce moment plusieurs sénateurs passèrent en désordre et sans manteau ; ils se rendaient au Capitole où ils étaient convoqués ; le chef du sénat ayant vu le matin même une tablette pareille à celle que l'inconnu avait remise à Icelus, et sur laquelle était écrit le projet détaillé d'inviter tous les sénateurs à un grand repas et de les empoisonner tous ensemble et d'un seul coup, le peuple se mit à leur suite, et revint inonder le Forum, nombreux et pressé comme des vagues, et semblable à un flux qui recouvre le port ; puis, en attendant ce que le sénat allait décider, il s'attaqua aux statues de Néron, n'osant encore s'en prendre à lui-même. Du haut de la terrasse du Palatin l'empereur vit les outrages auxquels ses effigies étaient soumises ; alors il s'habilla de noir pour descendre vers le peuple et se présenter à lui comme suppliant ; mais au moment où il allait sortir, les cris de la foule avaient pris une telle expression de menace et de rage, qu'il rentra précipitamment, se fit ouvrir une porte de derrière, et se sauva dans les jardins de Servilius. Une fois à l'abri dans cette retraite que personne que ses confidens les plus intimes ne savait avoir été choisie par lui, il envoya Phaon au chef des prétoriens.

Mais l'agent de Galba avait précédé au camp l'agent de César. Nymphidius Sabinus venait de promettre au nom du nouvel empereur sept mille cinq cents drachmes par tête, et à chaque soldat des armées qui seraient dans les provinces douze cent cinquante drachmes : le chef des prétoriens répondit donc à Phaon que tout ce qu'il pouvait faire, c'était de donner pour la même somme la préférence à Néron. Phaon rapporta cette réponse à l'empereur ; mais la somme demandée s'élevait à deux cent quatre-vingt-cinq millions cent soixante-deux mille trois cents francs de notre monnaie, et le trésor était épuisé par des prodigalités insensées, de sorte que l'empereur ne possédait pas la vingtième partie de cette somme. Cependant Néron ne désespérait point : la nuit approchait, et, avec l'aide de ses anciens amis, dont, grâce aux ténèbres, il pouvait aller implorer l'assistance sans être vu, il parviendrait peut-être à rassembler cette somme.

La nuit s'abaissa sur la ville pleine de tumulte et de

lueurs : partout où il y avait un forum, une place, un carrefour, il y avait des groupes éclairés par des torches. Au milieu de toute cette foule animée de tant de sentimens divers, les nouvelles les plus étranges et les plus contradictoires circulaient comme si une aigle les secouait de ses ailes, et toutes obtenaient créance, si insensées et si incohérentes qu'elles fussent. Alors il s'élevait dans les airs des clartés et des rumeurs qu'on eût prises de loin pour des éruptions de volcans et des rugissements de bêtes féroces. Au milieu de tout ce tumulte, les prétoriens quittèrent leurs casernes et allèrent camper hors de Rome; partout où ils passèrent le silence se rétablit, car on ne savait encore pour qui ils étaient; mais à peine la foule les avait-elle perdus de vue qu'elle se remettait à secouer ses torches et à hurler, désordonnée et menaçante.

Cependant, malgré l'agitation de la ville, Néron se hasarda à descendre en maison, déguisé sous les habits d'un homme du peuple, des jardins de Servilius, où, comme nous l'avons dit, il s'était retiré pendant toute la journée. Cette démarche hasardée lui était inspirée par l'espoir de trouver une aide, sinon dans les bras, du moins dans la bourse de ses anciens compagnons de débauche ; mais il eut beau se traîner de maison en maison, s'agenouiller en suppliant à toutes les portes et implorer comme un mendiant cette aumône qui seule pouvait racheter sa vie; mais il eut beau appeler et gémir, les cœurs restèrent insensibles et les portes fermées. Alors, comme cette multitude lassée des délais du sénat commençait à se faire entendre, Néron comprit qu'il n'y avait pas un instant à perdre. Au lieu de retourner aux jardins de Servilius, il se dirigea vers le Palatin pour y prendre de l'or et quelques bijoux précieux. Arrivé à la fontaine Jupiter, il se glissa derrière le temple de Vesta, parvint jusqu'à l'ombre que projetaient les murs du palais de Tibère et de Caligula; gagna la porte qui s'était ouverte pour son arrivée de Corinthe, traversa ces jardins magnifiques qu'il allait être forcé d'abandonner pour les grèves désertes de la proscription, puis, rentrant dans la maison dorée, il gagna sa chambre par des corridors secrets et obscurs : en y entrant il jeta un cri de surprise.

Pendant son absence, les gardes du Palatin avaient pris la fuite, emportant avec eux tout ce qui s'était trouvé à leur portée : couvertures attaliques, vases d'argent, meubles précieux. Néron courut au petit coffre où il avait renfermé le poison de Locuste, et ouvrit le tiroir ; mais la boîte d'or avait disparu, et avec elle la dernière ressource contre la honte d'une mort publique et infâme. Alors se sentant faible contre le danger, délaissé ou trahi par tout le monde, celui qui la veille encore était le maître de la terre, se jeta la face contre le plancher, et se roula, appelant à son aide avec des cris insensés. Trois personnes accoururent : c'étaient Sporus, Épaphrodite, son secrétaire, et Phaon, son affranchi. A leur vue, Néron se releva sur un genou et les regarda avec anxiété; puis, voyant à leurs visages tristes et abattus qu'il n'y avait plus d'espoir, il ordonna à Épaphrodite d'aller chercher le gladiateur Spiculus, ou tout autre qui voulût le tuer. Puis il commanda à Sporus et à Phaon qui restaient avec lui, d'entonner les lamentations que les femmes louées pour pleurer chantaient en accompagnant les funérailles; ils n'avaient pas fini, qu'Épaphrodite rentra. Ni Spiculus, ni personne, n'avait voulu venir. Alors Néron, qui avait rassemblé toutes ses forces, voyant que ce dernier moyen de mourir d'une mort prompte lui échappait, laissa tomber les bras en s'écriant : Hélas! hélas!... je n'ai donc ni ami ni ennemi; alors il voulut sortir du Palatin, courir vers le Tibre et s'y précipiter. Mais Phaon l'arrêta en lui offrant sa maison de campagne, située à quatre milles à peu près de Rome, entre les voies Salaria et Nomentane. Néron, se rattachant à cette dernière espérance, accepte. Cinq chevaux sont préparés; Néron monte sur l'un d'eux, se voile le visage, et, suivi de Sporus, qui ne le quitte plus que son ombre, tandis que Phaon reste au Palatin pour lui faire parvenir des nouvelles, il traverse la ville tout entière, sort par la porte Nomentane, et suit la voie sur laquelle nous l'avons retrouvé, au moment où le salut du soldat qui l'avait reconnu avait mis le comble à sa terreur.

Cependant la petite troupe était arrivée à la hauteur de la villa de Phaon, située où est aujourd'hui la Serpentara. Cette campagne, cachée derrière le mont Sacré, pouvait offrir à Néron une retraite momentanée, assez isolée pour qu'il eût au moins le temps de se décider à mourir, si toute chance de salut lui échappait. Epaphrodite, qui connaissait le chemin, prit alors la tête de la cavalcade, et, se jetant à gauche, s'engagea dans la traverse ; Néron le suivit, puis les deux affranchis et Sporus formèrent l'arrière-garde. Arrivés à moitié chemin, ils entendirent quelque bruit sur la route, quoiqu'ils ne pussent voir quelles étaient les personnes qui le causaient : cette obscurité les servit eux-mêmes. Néron et Epaphrodite se jetèrent dans la campagne, tandis que Sporus et les deux affranchis continuèrent de côtoyer le mont Sacré. Ce bruit était causé par une patrouille de nuit envoyée à la recherche de l'empereur, et commandée par un centurion. — Elle arrêta les trois voyageurs; mais, ne reconnaissant pas Néron parmi eux, le centurion les laissa continuer leur route, après avoir échangé quelques mots avec Sporus.

Cependant l'empereur et Epaphrodite avaient été forcés de mettre pied à terre, tant la plaine était semée de roches et de terrains éboulés par la dernière commotion qui s'était fait sentir au moment où la petite troupe avait quitté Rome. Ils s'avancèrent alors au travers des joncs et des épines, qui mettaient en sang les pieds nus de Néron, et déchiraient son manteau. Enfin ils aperçurent une masse noire dans l'ombre. Un chien de garde aboya, les suivant le long du mur intérieur, tandis qu'eux côtoyaient la paroi extérieure. Enfin ils arrivèrent à l'entrée d'une carrière attenante à la villa, et dont Phaon avait fait tirer du sable. L'ouverture en était basse et étroite. Néron, pressé par la peur, se mit à plat ventre, et se glissa dans l'intérieur. Alors, de l'entrée, Epaphrodite lui dit qu'il allait faire le tour des murs, pénétrer dans la villa, et s'informer si l'empereur pouvait l'y suivre sans danger. Mais à peine Epaphrodite fut-il éloigné, que Néron, se trouvant seul dans cette carrière, fut saisi d'une terreur extrême ; il lui semblait être dans un sépulcre dont la porte aurait été fermée sur lui tout vivant; il se hâta donc d'en sortir afin de revoir le ciel et de respirer l'air. Arrivé au bord, il aperçut, à quelques pas de lui une mare. Quoique l'eau en fût stagnante, il avait une soif telle qu'il ne put résister à l'envie d'en boire. Alors, mettant son manteau sous ses pieds pour se garantir quelque peu des cailloux et des ronces, il se traîna jusqu'à cette eau, en puisa quelques gouttes dans le creux de sa main, puis, regardant le ciel, et d'un ton de reproche :
— Voilà donc, dit-il, le dernier rafraîchissement de Néron.

Il était depuis quelques instans assis morne et pensif au bord de cette mare, occupé d'arracher les épines et les ronces qui étaient restées dans son manteau, lorsqu'il s'entendit appeler. Cette voix rompant le silence de la nuit, bien qu'elle eût une expression bienveillante, le fit tressaillir : il se retourna et aperçut à l'entrée de la carrière Epaphrodite, une torche à la main. Son secrétaire lui avait tenu parole, et avoir indiqué aux affranchis la place où les attendait l'empereur, ils avaient d'un commun effort percé un vieux mur, et préparé une ouverture qui lui permettait de passer de la carrière dans la villa. Néron s'empressa de suivre son guide avec tant de hâte qu'il oublia son manteau au bord de la mare. Alors il rentra dans la caverne, et de la caverne dans une petite chambre d'esclave n'ayant pour tous meubles qu'un matelas et une vieille couverture, et éclairée par une mauvaise lampe de terre, qui faisait dans ce bouge sépulcral et infect plus de fumée que de lumière.

Néron s'assit sur le matelas, le dos appuyé au mur ; il avait faim et soif. Il demanda à boire et à manger. On lui apporta un peu de pain bis et un verre d'eau. Mais après avoir goûté le pain, il le jeta loin de lui : puis il rendit l'eau en demandant qu'on la lui fît tiédir. Resté seul, il laissa tomber sa tête sur ses genoux, et demeura quelques instans immobile et muet comme une statue de la Douleur ; bientôt la porte s'ouvrit. Croyant que c'était l'eau qu'on lui rapportait, Néron releva la tête, et vit devant lui Sporus, tenant une lettre à la main.

Il y avait sur la figure pâle de l'eunuque, habituée à exprimer l'abattement ou la tristesse, une expression si étrange de joie cruelle, que Néron le regarda un instant, ne reconnaissant plus l'esclave docile de tous ses caprices dans ce jeune homme qui s'approchait de lui. Arrivé à deux pas du lit, il tendit les bras et lui présenta le parchemin. Néron, quoiqu'il ne comprît rien au sourire de Sporus, se douta qu'il contenait quelque fatale nouvelle.

— De qui est cette lettre? dit-il sans faire aucun mouvement pour la prendre.

— De Phaon, répondit le jeune homme.

— Et qu'annonce-t-elle? continua Néron en pâlissant.

— Que le sénat t'a déclaré ennemi de l'État, et qu'on te cherche pour te conduire au supplice.

— Au supplice! s'écria Néron en se soutenant sur un genou, au supplice! moi! moi, Claudius César!...

— Tu n'es plus Claudius César, répondit froidement l'eunuque; tu es Domitius Œnobarbus, voilà tout, déclaré traître à la patrie et condamné à mort!

— Et quel est le supplice des traîtres à la patrie ? dit Néron.

— On les dépouille de leurs vêtements, on leur serre le cou entre les branches d'une fourche, on les promène aux forums, aux marchés et au Champ-de-Mars, puis on les frappe de verges jusqu'à ce qu'ils meurent.

— Oh! s'écria Néron en se dressant tout debout, je puis fuir encore, j'ai encore le temps de fuir, de gagner la forêt de Larice et les marais de Minturnes; quelque vaisseau me recueillera, et je me cacherai en Sicile ou en Égypte.

— Fuir! dit Sporus, toujours pâle et froid comme un simulacre de marbre, fuir, et par où ?

— Par ici, s'écria Néron ouvrant la porte de la chambre et s'élançant vers la carrière ; puisque je suis entré je puis sortir.

— Oui, mais depuis que tu es entré, dit Sporus, l'ouverture est rebouchée, et, si bon athlète que tu sois, je doute que tu puisses repousser seul le rocher qui la ferme.

— Par Jupiter! c'est vrai! s'écria Néron, épuisant vainement ses forces pour essayer de soulever la pierre. Qui a fermé cette caverne ? qui a fait rouler ce rocher ?

— Moi et les affranchis, répondit Sporus.

— Et pourquoi avez-vous fait cela? pourquoi m'avez-vous enfermé comme Cacus dans son antre ?

— Pour que tu y meures comme lui, dit Sporus avec une expression de haine à laquelle on n'aurait jamais cru sa voix douce capable d'atteindre.

— Mourir! mourir! dit Néron, se frappant la tête comme une bête fauve enfermée et qui cherche une issue; mourir! tout le monde veut donc que je meure? tout le monde m'abandonne donc ?

— Oui, répondit Sporus, tout le monde veut que tu meures, mais tout le monde ne t'abandonne pas, puisque me voilà, puisque je viens mourir avec toi.

— Oui, oui, murmura Néron, se laissant de nouveau tomber sur le matelas; oui, c'est de la fidélité.

— Tu te trompes, César, dit Sporus, croisant les bras et regardant Néron qui mordait les coussins de son lit, tu te trompes, ce n'est pas de la fidélité, c'est mieux que cela, c'est de la vengeance.

— De la vengeance! s'écria Néron, se retournant vivement, de la vengeance! Et que t'ai-je donc fait, Sporus!

— Jupiter! il le demande! dit l'eunuque levant les deux bras au ciel ; ce que tu m'as fait!...

— Oui, oui... murmura Néron effrayé et se reculant contre le mur.

— Ce que tu m'as fait? répondit Sporus avançant d'un pas vers lui et laissant retomber ses mains comme si les forces lui eussent manqué, d'un enfant qui était né pour devenir un homme, pour avoir sa part des sentiments de la terre et des joies du ciel, tu as fait un pauvre être qui n'appartenait plus à rien, qui n'avait plus de droit à rien, qui n'avait plus d'espoir en rien. Tous les plaisirs et tous les bonheurs, je les ai vu passer devant moi, comme Tantale voit les fruits et l'eau sans pouvoir les atteindre, enchaîné que j'étais à mon impuissance et à ma nullité ; et ce n'est pas tout, car si j'avais pu souffrir et pleurer sous des habits de deuil, en silence et dans la solitude, je te pardonnerais peut être ; mais il m'a fallu revêtir la pourpre comme les puissants, sourire comme les heureux, vivre au milieu du monde comme ceux qui existent, moi, pauvre fantôme, pauvre spectre, pauvre ombre.

— Mais que voulais-tu de plus, dit Néron tremblant ; j'ai partagé avec toi mon or, mes plaisirs et ma puissance ; tu as été de toutes mes fêtes, tu as eu comme moi des courtisans et des flatteurs, et, quand je n'ai plus su que te donner, je t'ai donné mon nom.

— Et voilà justement ce qui fait que je te hais, César. Si tu m'avais fait empoisonner comme Britannicus, si tu m'avais fait assassiner comme Agrippine, si tu m'avais fait ouvrir les veines comme à Sénèque, j'aurais pu te pardonner au moment de ma mort. Mais tu ne m'as traité ni comme un homme, ni comme une femme ; tu m'as traité comme un jouet frivole dont tu pouvais faire tout ce que bon te semblait ; comme une statue de marbre, aveugle, muette et sans cœur. Ces faveurs dont tu parles, c'étaient des humiliations dorées, et voilà tout ; et plus tu me couvrais de honte, et plus tu m'élevais au-dessus des têtes, chacun pouvait mesurer mon infamie. Et ce n'est pas tout : avant-hier, quand je t'ai donné cet anneau, quand tu pouvais me répondre par un coup de poignard, ce qui aurait fait croire au moins à tous ces hommes et à toutes ces femmes qui étaient là que je valais la peine d'être tué, tu m'as frappé du poing, comme un parasite, comme un esclave, comme un chien !...

— Oui, oui, dit Néron, oui, j'ai eu tort. Pardonne-moi, mon bon Sporus !

— Et cependant, continua Sporus, comme s'il n'avait pas entendu l'interruption de Néron, cet être, sans nom, sans sexe, sans amis et sans cœur ; cet être, quel qu'il fût, s'il ne pouvait faire le bien, pouvait au moins faire le mal ; il pouvait, la nuit, entrer dans ta chambre, te voler tes tablettes qui condamnaient à mort le sénat et le peuple, et les éparpiller, comme l'eût fait un vent d'orage, sur le Forum ou au Capitole, de manière à ce que tu n'eusses plus de grâce à attendre ni du peuple ni du sénat. Il pouvait t'enlever la boîte où était renfermé le poison de Locuste, afin de te livrer seul, sans défense et sans armes, à ceux qui te cherchent pour te faire subir une mort infâme.

— Tu te trompes ! s'écria Néron en tirant un poignard de dessous le coussin de son lit ; tu te trompes, il me reste ce fer.

— Oui, dit Sporus, mais tu n'oseras pas t'en servir ni contre les autres, ni contre toi. Et cet exemple sera donné au monde, grâce à un eunuque, d'un empereur expirant sous les verges et le fouet, après avoir été promené nu et la fourche au cou, par le forum et les marchés.

— Mais je suis bien caché ici, ils ne me trouveront pas, dit Néron.

— Oui, oui, il eût été possible que tu leur échappasses encore, si tu n'eusses rencontré un centurion et si je ne lui cusse dit où tu étais. A cette heure il frappe à la porte de la villa ; César, il va venir, il vient...

— Oh ! je ne t'attendrai pas, dit Néron, mettant la pointe du poignard sur son cœur ; je me frapperai... je me tuerai.

— Tu n'oseras pas, dit Sporus.

— Et cependant, murmura en grec Néron, comme cherchant avec la pointe de la lame une place où se tuer, mais hésitant toujours à enfoncer le fer, cependant cela ne sied pas à Néron de ne pas savoir mourir... Oui, oui, j'ai vécu honteusement et je meurs avec honte. O univers, univers, quel grand artiste tu vas perdre en me perdant... Tout à coup il s'arrêta, le coup tendu, les cheveux hérissés, le front couvert de sueur, écoutant un bruit nouveau qui venait de se faire entendre, et balbutia ce vers d'Homère :

7

C'est le bruit des chevaux à la course rapide.

En ce moment, Epaphrodite se précipita dans la chambre. Néron ne s'était pas trompé, ce bruit était bien celui des cavaliers qui le poursuivaient, et qui, guidés par les renseignemens de Sporus, étaient venus droit à la villa. Il n'y avait donc pas un instant à perdre si l'empereur ne voulait pas tomber entre les mains de ses bourreaux. Alors Néron parut prendre une résolution décisive; il tira Epaphrodite à part, et lui fit jurer, par le Styx, de ne laisser sa tête au pouvoir de personne, et de brûler au plus tôt son corps tout entier; puis, tirant son poignard de sa ceinture où il l'avait remis, il en posa la pointe contre son cou. En ce moment le bruit se fit entendre plus rapproché, des voix retentirent avec un accent de menace. Epaphrodite vit que l'heure suprême était venue; il saisit la main de Néron, et, appuyant le poignard contre sa gorge, il y enfonça la lame tout entière; puis, suivi de Sporus, il se précipita dans la carrière, refermant la porte de la chambre derrière eux.

Néron poussa un cri terrible en arrachant et en jetant loin de lui l'arme mortelle, chancela un instant les yeux fixes et la poitrine haletante, tomba sur un genou, puis sur l'autre essaya de se soutenir encore sur un bras, tandis que le sang jaillissait de sa gorge à travers les doigts de son autre main, avec laquelle il cherchait à fermer sa blessure; enfin il regarda une dernière fois autour de lui avec une expression de désespoir mortel, et, se voyant seul, il se laissa aller étendu sur la terre en poussant un gémissement. En ce moment la porte s'ouvrit, et le centurion parut. En voyant l'empereur sans mouvement, il s'élança vers lui, et voulut étancher le sang avec son manteau; mais Néron, rappelant un reste de force, le repoussa, puis : — Est-ce là la foi que vous m'aviez jurée, lui dit-il d'un ton de reproche; et il rendit le dernier soupir; seulement, chose étrange ! ses yeux restèrent fixes et ouverts.

Alors tout fut dit. Les soldats qui avaient accompagné le centurion entrèrent pour s'assurer que l'empereur avait cessé de vivre, et n'ayant plus de doute à cet égard, ils retournèrent à Rome pour y annoncer sa mort, de sorte que le cadavre de celui qui la veille encore était le maître du monde demeura seul étendu dans une boue sanglante, sans un esclave pour lui rendre le dernier devoir.

Un jour entier s'écoula ainsi; le soir une femme entra, pâle, lente et grave. Elle avait obtenu d'Icelus, cet affranchi de Galba que nous avons vu exciter le peuple, et qui était devenu tout-puissant à Rome où l'on attendait son maître, la permission de rendre le dernier devoir à Néron. Elle le déshabilla, lava le sang dont son corps était souillé, l'enveloppa d'un manteau blanc brodé d'or qu'il portait la dernière fois qu'elle l'avait vu, et qu'il lui avait donné, puis le ramena à Rome dans un chariot couvert qu'elle avait fait conduire avec elle. Là elle lui fit des funérailles modestes et qui ne dépassèrent pas celles d'un simple citoyen, puis elle déposa le cadavre dans le monument de Domitien, que du Champ-de-Mars on apercevait sur la colline des Jardins, et où d'avance Néron s'était fait préparer une tombe de porphyre surmontée d'un autel de marbre de Luna, et entourée d'une balustrade de marbre de Thasos.

Enfin ces derniers devoirs accomplis, elle resta un jour entier immobile et muette comme la statue de la Douleur, agenouillée et priant à la tête de cette tombe.

Puis, lorsque le soir fut venu, elle descendit lentement la colline des Jardins, reprit sans regarder derrière elle le chemin de la vallée Egérie, et rentra pour la dernière fois dans les Catacombes.

Quant à Epaphrodite et à Sporus, on les retrouva morts et couchés l'un près de l'autre dans la carrière. Entre eux était la boîte d'or : ils avaient partagé en frères, et le poison préparé pour Néron avait suffi à tous deux.

C'est ainsi que mourut Néron dans la trente-deuxième année de son âge, et le jour même où il avait fait autrefois périr Octavie. Cependant, ce trépas étrange et ignoré, ces funérailles accomplies par une femme, sans que le corps, ainsi que c'était la coutume, eût été exposé, laissèrent de grands doutes au peuple romain, le plus superstitieux de tous les peuples. Beaucoup dirent que l'empereur avait gagné le port d'Ostie, d'où un vaisseau l'avait transporté en Syrie, de sorte que l'on s'attendait à le voir reparaître de jour en jour; et, tandis qu'une main inconnue pendant quinze ans encore orna religieusement sa tombe des fleurs du printemps, et de l'été, il y en eut qui, tantôt apportaient à la tribune aux harangues des images de Néron représenté en robe prétexte; tantôt qui venaient y lire des proclamations comme s'il vivait et comme s'il devait revenir puissant et armé pour le malheur de ses ennemis. Enfin, vingt ans après sa mort, et dans la jeunesse de Suétone, qui raconte ce fait, un homme d'une condition obscure, qui se vantait d'être Néron, parut chez les Parthes, et fut longtemps soutenu par ce peuple qui avait particulièrement honoré la mémoire du dernier César. Ce n'est pas tout : ces traditions passèrent des païens aux chrétiens, et, appuyé sur quelques passages de saint Paul lui-même, saint Jérôme présenta Néron comme l'Ante-Christ, ou du moins comme son précurseur. Sulpice Sévère dit dire à saint Martin dans ses dialogues, qu'avant la fin du monde Néron et l'Ante-Christ doivent paraître, le premier dans l'Occident où il rétablira le culte des idoles; le second dans l'Orient où il relèvera le temple et la ville de Jérusalem pour y fixer le siège de son empire, jusqu'à ce qu'enfin l'Ante-Christ se fasse reconnaître pour le Messie, déclare la guerre à Néron et le fasse périr. Enfin, saint Augustin assure, dans sa Cité de Dieu, que, de son temps, c'est-à-dire au commencement du cinquième siècle, beaucoup encore ne voulaient pas croire que Néron fût mort, mais soutenaient au contraire qu'il était plein de vie et de colère, caché dans un lieu inaccessible, et conservant toute sa vigueur et sa cruauté pour reparaître de nouveau quelque jour et remonter sur le trône de l'empire.

Aujourd'hui encore, parmi toute cette longue suite d'empereurs qui tour à tour sont venus ajouter un monument aux monumens de Rome, le plus populaire est Néron. Il y a encore la maison de Néron, les bains de Néron, la tour de Néron. A Bauli, un vigneron m'a montré sans hésiter la place où était située la villa de Néron. Au milieu du golfe de Baïa, mes matelots se sont arrêtés juste à l'endroit où s'était ouverte la trirème préparée par Néron, et, de retour à Rome, un paysan m'a conduit, en suivant la même voie Nomentane qu'avait suivie Néron dans sa fuite, droit à la S rpentara; et, dans quelques ruines éparses au milieu de cette magnifique plaine de Rome toute jonchée de ruines, m'a forcé de reconnaître la place où la villa où s'était poignardé l'empereur. Enfin, il n'y a pas jusqu'au voiturin que j'avais pris à Florence qui ne m'ait fait, dans son ignorante dévotion au souvenir du dernier César, en me montrant une ruine placée à droite de la Stora à Rome :
— Voici le tombeau de Néron.

Explique qui pourra maintenant l'oubli dans lequel sont tombés, aux mêmes lieux, les noms de Titus et de Marc-Aurèle.

FIN DE L'ACTE

Paris. — Imprimerie J. Voisvenel, 16, rue du Croissant.

LES DEUX DIANE.

I.

UN FILS DE COMTE ET UNE FILLE DE ROI.

C'était le 5 mai de l'année 1551. Un jeune homme de dix-huit ans, et une femme de quarante, sortant d'une petite maison de simple apparence, traversaient côte à côte le village de Montgommery, situé dans le pays d'Auge.

Le jeune homme était de cette belle race normande aux cheveux châtains, aux yeux bleus, aux blanches dents, aux lèvres rosées. Il avait ce teint frais et velouté des hommes du nord, qui, parfois, ôte un peu de puissance à leur beauté en leur faisant presque une beauté de femme. Au reste, admirablement pris dans sa taille forte et flexible à la fois, tenant tout ensemble du chêne et du roseau. Il était simplement mis, mais élégamment vêtu d'un pourpoint de drap violet foncé avec de légères broderies de soie de même couleur. Les trousses étaient du même drap et portaient les mêmes ornements que son pourpoint ; de longues bottes de cuir noir, comme en avaient les pages et les varlets, lui montaient au-dessus du genou, et un toquet de velours légèrement incliné sur le côté et ombragé d'une plume blanche couvrait un front où l'on pouvait reconnaître tout à la fois les indices du calme et de la fermeté.

Son cheval, dont il tenait la bride passée à son bras, le suivait en relevant de temps en temps la tête en aspirant l'air, et en hennissant aux émanations que lui apportait le vent.

La femme paraissait appartenir, sinon à la classe inférieure de la société, du moins à celle qui se trouve placée entre celle-là et la bourgeoisie. Son costume était simple, mais d'une propreté si grande, que cette propreté extrême semblait lui donner de l'élégance. Plusieurs fois le jeune homme lui avait offert de s'appuyer sur son bras, mais elle avait toujours refusé, comme si cet honneur eût été au-dessus de sa condition.

A mesure qu'ils marchaient en traversant le village, et s'avançant, comme nous l'avons dit, vers l'extrémité de la rue qui conduisait au château dont on voyait les tours massives dominer l'humble bourg, une chose était à remarquer, c'est que non-seulement les jeunes gens et les hommes, mais encore les vieillards, saluaient profondément au passage le jeune homme, qui leur répondait par un signe de tête amical. Chacun semblait reconnaître pour son supérieur et son maître cet adolescent qui, on le verra bientôt, ne se connaissait pas lui-même.

En sortant du village, tous deux prirent le chemin ou plutôt le sentier qui, s'escarpant au flanc de la montagne, donnait à grand'peine passage à deux personnes de front. Aussi, après quelques difficultés, et sur l'observation que le jeune cavalier fit à sa compagne de route, qu'étant forcé de tenir son cheval en bride il serait dangereux pour elle de marcher derrière, la bonne femme se décida à passer devant.

Le jeune homme la suivit sans prononcer une parole. On voyait que son front pensif s'inclinait sous le poids d'une puissante préoccupation.

C'était un beau et redoutable château que celui vers lequel s'acheminaient ainsi ces deux pèlerins si différens d'âge et de condition. Il avait fallu quatre siècles et dix générations pour que cette masse de pierres s'élevât de sa base à ses crénaux, et, montagne elle-même, dominât la montagne sur laquelle elle était bâtie.

Comme tous les édifices de cette époque, le château des comtes de Montgommery ne présentait aucune régularité. Les pères l'avaient légué à leurs fils, et chaque propriétaire provisoire avait, selon son caprice ou son besoin, ajouté quelque chose au géant de pierre. Le donjon carré, la forteresse principale, avait été bâti sous les ducs de Normandie. Puis les tourelles aux crénaux élégans, aux fenêtres brodées, s'étaient ajoutées au donjon sévère, multipliant leurs ciselures de pierre à mesure que le temps marchait, comme si le temps eût fécondé cette végétation de granit. Enfin, vers la fin du règne de Louis XII et le commencement de celui de François Ier, une longue galerie aux croisées ogivales avait complété la séculaire agglomération.

De cette galerie, et mieux encore du haut du donjon, la vue s'étendait à plusieurs lieues sur les plaines riches et verdoyantes de la Normandie. Car, nous l'avons déjà dit, le comté de Montgommery était situé dans le pays d'Auge, et ses huit ou dix baronneries, ainsi que ses cent cinquante fiefs, dépendaient des bailliages d'Argenten, de Caen et d'Alençon.

Enfin on arriva à la grande porte du château.

Chose étrange ! depuis plus de quinze ans, le magnifique et puissant donjon était sans maître. Un vieil intendant continuait de percevoir les fermages ; des serviteurs qui, eux aussi, avaient vieilli dans cette solitude, continuaient d'entretenir le château qu'on ouvrait chaque jour, comme si chaque jour le maître avait dû revenir ; qu'on fermait chaque soir, comme si le maître était attendu le lendemain.

L'intendant reçut les deux visiteurs avec la même amitié que chacun témoignait à la femme, et la même déférence que tous paraissaient accorder au jeune homme.

— Maître Elyot, dit la femme, qui, comme nous l'avons vu, marchait la première, voulez-vous bien nous laisser entrer au château? j'ai quelque chose à dire à monsieur Gabriel (elle montrait le jeune homme), et je ne puis le dire que dans le salon d'honneur.

— Passez, dame Aloyse, dit Elyot, et dites où vous voudrez ce que vous avez à dire à ce jeune maître. Vous savez que malheureusement personne ne viendra vous déranger.

On traversa la salle des gardes. Autrefois douze hommes, levés sur les terres de la comté, veillaient incessamment dans cette salle. Depuis quinze ans, sept de ces hommes étaient morts, et n'avaient point été remplacés. Cinq restaient et vivaient là, faisant le même service qu'ils faisaient du temps du comte en attendant qu'ils mourussent à leur tour.

On traversa la galerie; on entra dans le salon d'honneur.

Il était meublé comme au jour où le dernier comte l'avait quitté. Seulement, dans ce salon où se réunissaient autrefois, comme dans le salon d'un seigneur suzerain, toute la noblesse de Normandie, depuis quinze ans, personne n'était entré que les serviteurs chargés de l'entretenir, et un chien, le chien favori du dernier comte, qui, chaque fois qu'il y entrait, appelait lamentablement son maître, et un jour n'ayant pas voulu en sortir, s'était couché aux pieds du dais, où en l'avait retrouvé mort le lendemain.

Ce ne fut point sans une certaine émotion que Gabriel, on se rappelle que c'est le nom qui avait été donné au jeune homme; que Gabriel, disons-nous, entra dans ce salon aux vieux souvenirs. Cependant l'impression qu'il recevait de ces murailles sombres, de ce dais majestueux, de ces fenêtres si profondément entaillées dans la muraille que, quoiqu'il fût dix heures du matin, le jour semblait s'arrêter à l'extérieur, cette impression, disons-nous, ne fut point assez puissante pour le distraire un seul instant de la cause qui l'avait amené, et, dès que la porte se fut refermée derrière lui:

— Voyons, ma chère Aloyse, ma bonne nourrice, dit-il, en vérité, quoique tu paraisses plus émue que moi même, tu n'as plus aucun prétexte pour reculer l'aveu que tu m'as promis. Maintenant, Aloyse, il faut me parler sans crainte et surtout sans retard. N'as-tu pas assez hésité, bonne nourrice, — et, fils obéissant, n'ai-je point assez attendu? quand je te demandais quel nom j'avais le droit de porter, quelle famille était la mienne, et quel gentilhomme était mon père, tu me répondais: — Gabriel, je vous dirai tout cela le jour où vous aurez dix-huit ans, l'âge de la majorité pour quiconque a le droit de porter une épée. Or, aujourd'hui 5 mai 1551, j'ai dix-huit ans accomplis; je suis venu alors, ma bonne Aloyse, te sommer de tenir ta promesse, mais tu m'as répondu avec une solennité qui m'a presque épouvanté.

« Ce n'est point dans l'humble maison de la veuve d'un pauvre écuyer que je dois vous découvrir à vous-même ; c'est dans le château des nobles comtes de Montgommery, et dans la salle d'honneur de ce château. »

Nous avons gravi la montagne, bonne Aloyse, nous avons franchi le seuil du château des nobles comtes, nous sommes dans la salle d'honneur, parle donc.

— Asseyez-vous, Gabriel, car vous me permettez de vous donner encore une fois ce nom.

Le jeune homme lui prit les deux mains avec un mouvement d'affection profonde.

— Asseyez-vous, reprit-elle, non pas sur cette chaise, non pas sur ce fauteuil.

— Mais où veux-tu donc que je m'asseye, bonne nourrice? interrompit le jeune homme.

— Sous ce dais, dit Aloyse avec une voix qui ne manquait pas d'une certaine solennité.

Le jeune homme obéit.

Aloyse fit un signe de tête.

— Maintenant, écoutez-moi, dit-elle.

— Mais assieds-toi, au moins, dit Gabriel.

— Vous le permettez?

— Railles-tu, nourrice?

La bonne femme s'assit sur les degrés du dais, aux pieds du jeune homme attentif et fixant sur elle un regard plein de bienveillance et de curiosité.

— Gabriel, dit la nourrice décidée enfin à parler, vous aviez à peine six ans quand vous perdîtes votre père et quand moi je perdis mon mari. Vous aviez été mon nourrisson, car votre mère était morte en vous mettant au monde. De ce jour-là, moi, qui vous ai donné le lait de votre mère, je vous aimai comme mon propre enfant. La veuve dévoua sa vie à l'orphelin. Comme elle vous avait donné son lait, elle vous donna son âme, et vous me rendrez cette justice, n'est-ce pas, Gabriel, que dans votre conviction, jamais, à défaut de moi, ma pensée n'a cessé de veiller sur vous.

— Chère Aloyse, dit le jeune homme, beaucoup de mères véritables eussent fait moins bien que toi, je le jure, et pas une, je le jure encore, n'eût fait mieux.

— Chacun, au reste, reprit la nourrice, s'empressa autour de vous comme je m'étais empressée la première. — Dom Jamet de Croisic, le digne chapelain de ce château, qui est retourné au Seigneur il y a trois mois, vous enseigna avec soin les lettres et les sciences, et nul, à ce qu'il disait, ne pourrait vous en remontrer pour ce qui est de lire, d'écrire et de connaître l'histoire du temps passé, et surtout celle des grandes maisons de France. Enguerrand Lorien, l'ami intime de mon défunt mari, Perrot Travigny, et l'ancien écuyer des comtes de Vimoutiers, nos voisins, vous instruisirent aux armes, au maniement de la lance et de l'épée, à l'équitation, enfin à toutes les choses de la chevalerie, et lors des fêtes et joûtes qui se tinrent à Alençon à l'occasion du mariage et du couronnement de notre sire Henri II, vous avez prouvé, il y a deux ans déjà, que vous aviez profité des bonnes leçons d'Enguerrand. Moi, pauvre ignorante, je ne pouvais que vous aimer et vous apprendre à servir Dieu; c'est ce que j'ai toujours tâché de faire. La bonne Vierge m'y a aidée, et aujourd'hui, à dix-huit ans, vous voilà un pieux chrétien, un seigneur savant, et un homme d'armes accompli, et j'espère qu'avec le secours de Dieu vous ne serez pas indigne de vos ancêtres, MONSEIGNEUR GABRIEL, SEIGNEUR DE LORGE, COMTE DE MONTGOMMERY !

Gabriel se leva en jetant un cri.

— Comte de Montgommery, moi ! puis il reprit avec un sourire superbe :

— Eh bien ! je l'espérais, et je m'en doutais presque; tiens, Aloyse, dans mes rêves d'enfant, je l'ai dit un jour à ma petite Diane. Mais qu'est-ce donc que tu fais-là à mes pieds, bonne Aloyse ? debout et dans mes bras, sainte femme ! Est-ce que tu ne veux plus me reconnaître pour ton enfant, parce que je suis l'héritier des Montgommery? l'héritier des Montgommery ! répétait-il malgré lui avec une fierté frémissante, tout en embrassant sa bonne nourrice. L'héritier des Montgommery ! mais c'est que je porte un des plus vieux et des plus glorieux noms de France. Oui, Dom Jamet m'a appris, règne par règne, génération par génération, l'histoire de mes nobles aïeux... de mes aïeux ! Embrasse-moi encore, Aloyse ! Qu'est-ce donc que va dire Diane de tout cela? Saint-Godegrand, évêque de Suez, et Sainte-Opportune, sa sœur, qui vivaient sous Charlemagne, étaient de notre maison. Roger de Montgommery commanda une des armées de Guillaume-le-Conquérant, Guillaume de Montgommery fit une croisade à ses frais. Nous avons été alliés plus d'une fois aux maisons royales d'Ecosse et de France, et les premiers lords de Londres, les plus illustres gentilshommes de Paris m'appelleront mon cousin ; mon père enfin...

Le jeune homme s'arrêta comme abattu. Puis il reprit bientôt :

— Hélas! avec tout cela, Aloyse, je suis seul au monde. Ce grand seigneur est un pauvre orphelin, ce descendant de tant d'aïeux royaux n'a pas son père! Mon pauvre père! Tiens, je pleure, Aloyse, à présent. Et ma mère! morts l'un et l'autre. Oh! parle-moi d'eux que je sache comment ils étaient, maintenant que je sais que je suis leur fils. Voyons, commençons par mon père : comment est-il mort? raconte-moi cela.

Aloyse se tut. Gabriel la regarda avec étonnement.

— Je te demande, nourrice, comment mon père est mort? reprit-il.

— Monseigneur, Dieu seul peut-être le sait, dit-elle. Un jour, le comte Jacques de Montgommery a quitté l'hôtel qu'il habitait rue des Jardins-Saint-Paul à Paris. Il n'y est plus rentré. Ses amis, ses cousins, l'ont cherché depuis vainement. Disparu, monseigneur! Le roi François Iᵉʳ a ordonné une enquête qui n'a pas eu de résultats. Ses ennemis, s'il a péri victime de quelque trahison, étaient bien habiles ou bien puissans. Vous n'avez plus de père, monseigneur, et cependant la tombe de Jacques de Montgommery manque dans la chapelle de votre château; car on ne l'a retrouvé ni vivant ni mort.

— C'est que ce n'était pas son fils qui le cherchait, s'écria Gabriel. Ah! nourrice, pourquoi as-tu si longtemps gardé le silence! Me cachais-tu donc ma naissance, parce que j'avais mon père à venger ou à sauver?

— Non, mais parce que je devais sauver vous-même, monseigneur. Ecoutez-moi. Savez-vous quelles furent les dernières paroles de mon mari, du brave Perrot Travigny, qui avait pour votre maison comme une religion, monseigneur? Femme, me dit-il quelques minutes avant de rendre le dernier soupir, tu n'attendras pas que je sois consolé, tu me fermeras seulement les yeux et tu quitteras Paris tout de suite avec l'enfant. Tu iras à Montgommery, non pas au château, mais dans la maison que nous tenons des bontés de monseigneur. C'est là que tu élèveras l'héritier de nos maîtres, sans mystère, mais aussi sans bruit. Nos bonnes gens du pays le respecteront et ne le trahiront pas. Cache-lui surtout à lui-même son origine; il se montrerait et se perdrait. Qu'il sache seulement qu'il est gentilhomme, c'est assez pour sa dignité et ta conscience. Puis, quand l'âge l'aura fait prudent et grave, comme le sang le fera brave et loyal, quand il aura dix-huit ans, par exemple, dis-lui son nom et sa race, Aloyse. Il jugera lui-même alors ce qu'il doit et ce qu'il peut faire. Mais prends garde jusque-là; des inimitiés redoutables, des haines invincibles le poursuivraient, s'il était découvert, et ceux qui ont atteint et touché l'aigle n'épargneraient pas sa couvée. Il me dit cela et mourut, monseigneur, et moi, docile à ses ordres, je vous pris, pauvre orphelin de six ans qui aviez vu à peine votre père, et je vous amenai ici. On y savait déjà la disparition du comte, et l'on soupçonnait que ses ennemis terribles et implacables menaçaient quiconque portait son nom. On vous vit, on vous reconnut sans doute dans le village, mais, par un accord tacite, nul ne m'interrogea, nul ne s'étonna de mon silence. Peu de temps après, mon fils unique, votre frère de lait, mon pauvre Robert me fut enlevé par les fièvres. Dieu voulait apparemment que je fusse à vous tout entière. La volonté de Dieu soit bénie! Tous firent semblant de croire que c'était mon fils qui survivait, et cependant tous vous traitaient avec un respect pieux et une obéissance touchante. C'est que vous ressembliez déjà à votre père et de figure et de cœur. L'instinct du lion se révélait en vous, et l'on voyait bien que vous étiez né maître et chef. Les enfans des environs prenaient déjà l'habitude de se former en troupe sous votre commandement. Dans tous leurs jeux, vous marchiez à leur tête, et pas un d'eux n'eût osé vous refuser son hommage. Jeune roi du pays, c'est le pays qui vous a élevé, qui vous voyait grandir fier et beau vous admirait. La redevance des plus beaux fruits, la dîme de la récolte, venaient à la maison sans que j'eusse rien demandé. Le plus beau cheval du pâturage vous était toujours réservé. Dom Jamet, Enguerrand et tous les varlets et serviteurs du château, vous donnaient leurs services comme une dette naturelle, et vous les acceptiez comme votre droit. Rien en vous que de vaillant, de hardi et de magnanime. Vous faisiez voir dans les moindres choses de quelle race vous sortiez. On raconte encore dans les veillées comment un jour vous avez troqué à un page mes deux vaches contre un faucon. Mais ces instincts et ces élans ne vous trahissaient que pour les fidèles, et vous restiez caché et inconnu aux malveillans. Le grand bruit des guerres d'Italie, d'Espagne et de Flandre contre l'empereur Charles-Quint, ne contribuait pas peu, Dieu merci! à vous protéger, et vous êtes enfin arrivé sain et sauf à cet âge où Perrot m'avait permis de me fier à votre raison et à votre sagesse. Mais vous d'ordinaire si grave et si prudent, voilà que vos premiers mots sont pour la témérité et le bruit, la vengeance et les éclats.

— La vengeance, oui ; les éclats, non! Aloyse, tu penses donc que les ennemis de mon pauvre père vivent encore?

— Monseigneur, je ne sais ; seulement il serait plus sûr de le présumer, et je suppose que vous arriviez à la cour inconnu encore, mais avec votre nom éclatant qui attirera sur vous les regards, brave mais inexpérimenté, fort de votre bon désir et de la justice de votre cause, mais sans amis, sans alliés, et même sans réputation personnelle, qu'arrivera-t-il? Ceux qui vous haïssent vous verront venir et vous ne les verrez pas ; ils vous frapperont et vous ne saurez pas d'où partira le coup, et non-seulement votre père ne sera pas vengé, mais vous, monseigneur, vous serez perdu.

— Voilà justement, Aloyse, pourquoi je regrette de n'avoir pas le temps de me faire des amis et un peu de gloire... Ah! si j'avais été averti. Il y a deux ans, par exemple!... N'importe! ce n'est qu'un retard, et je regagnerai les jours perdus. Aussi bien, pour d'autres raisons, je me félicite d'être resté ces deux dernières années à Montgommery; j'en serai quitte pour doubler le pas. J'irai à Paris, Aloyse; et sans cacher que je suis un Montgommery, je puis bien ne pas dire que je suis le fils du comte Jacques ; les fiefs et les titres ne manquent pas plus dans notre maison que dans la maison de France, et notre parenté est assez nombreuse en Angleterre et en France pour qu'un indifférent ne puisse s'y reconnaître. Je puis prendre le nom de vicomte d'Exmès, Aloyse, et ce ne sera ni me cacher, ni me montrer. Puis, j'irai trouver...—Qui irai-je trouver à la cour? Grâce à Enguerrand, je suis au fait des choses et des hommes. M'adresserai-je au connétable de Montmorency, à ce cruel diseur de patenôtres? non, et je suis de l'avis de la grimace, Aloyse. Au maréchal de Saint-André? il n'est pas assez jeune ni assez entreprenant... A François de Guise plutôt? oui, c'est cela. Montmédy, Saint-Dizier, Bologne, ont prouvé déjà ce qu'il peut faire. C'est à lui que j'irai, c'est sous ses ordres que je gagnerai mes éperons. C'est à l'ombre de son nom que je conquerrai le mien.

— Monseigneur me permettra de lui faire remarquer, dit Aloyse, que l'honnête et loyal Elyot a eu le temps de mettre de bonnes sommes de côté pour l'héritier de ses maîtres. Vous pourrez mener un équipage royal, monseigneur, et les jeunes hommes vos tenanciers, que vous exerciez en jouant à la guerre, ont pour devoir et auront pour joie de vous suivre à la guerre pour tout de bon. C'est votre droit de les appeler autour de vous, vous le savez, monseigneur.

— Et nous en userons, Aloyse, de ce droit, nous en userons.

— Monseigneur veut-il bien actuellement recevoir tous ses domestiques, serviteurs, et gens de ses fiefs et baronnies, qui brûlent du désir de le saluer.

— Pas encore, s'il te plaît, ma bonne Aloyse; mais dis à Martin-Guerre qu'il selle un cheval pour m'accompagner, j'aurai avant tout une course à faire aux environs.

— Serait-ce pas du côté de Vimoutiers? dit la bonne Aloyse en souriant avec quelque malice.

— Oui, peut-être. Ne dois-je pas à mon vieux Enguerrand une visite et mes remercîments ?

— Et avec les complimens d'Enguerrand, monseigneur sera bien aise de recevoir ceux d'une jolie petite fille appelée Diane, n'est-ce pas ?

— Mais, répondit en riant Gabriel, cette jolie petite fille est ma femme et je suis son mari depuis trois ans, c'est-à-dire depuis que j'ai eu quinze ans et qu'elle en a neuf.

Aloyse devint rêveuse.

— Monseigneur, dit-elle, si je ne savais pas combien, malgré votre jeunesse, vous êtes grave et sincère, et que tout sentiment en vous est austère et profond, je me garderais des paroles que je vais oser vous dire. Mais ce qui pour d'autres est un jeu pour vous est souvent une chose sérieuse. Songez, monseigneur, qu'on ne sait pas de qui Diane est la fille. Un jour la femme d'Enguerrand, lequel dans ce temps-là avait suivi à Fontainebleau son maître, le comte de Vimoutiers, a retrouvé en rentrant chez elle un enfant dans un berceau et une lourde bourse d'or sur une table. Dans la bourse il y avait une somme assez considérable, la moitié d'un anneau gravé, et un papier avec ce seul mot : *Diane*. Berthe, la femme d'Enguerrand, n'avait pas d'enfant de son mariage, et elle a accepté avec joie cette autre maternité qu'on lui demandait. Mais, de retour à Vimoutiers, elle est morte, comme est mort mon mari à qui son maître vous avait confié, monseigneur, et c'est une femme qui a élevé l'orphelin, c'est un homme qui a élevé l'orpheline. Mais Enguerrand et moi, chargés tous deux d'une tâche pareille, nous avons échangé nos soins, et j'ai tâché de faire Diane bonne et pieuse, comme Enguerrand vous a fait adroit et savant. Naturellement vous avez connu Diane, et naturellement vous vous êtes attaché à elle. Vous vous êtes le comte de Montgommery reconnu par des papiers authentiques et par la notoriété publique, et l'on n'est pas encore venu réclamer Diane avec l'autre moitié de l'anneau d'or. Prenez garde, monseigneur, je sais bien que Diane est une enfant de douze ans à peine, mais elle grandira, mais elle sera d'une beauté ravissante, et avec un naturel comme le vôtre, je le répète, tout est sérieux. Prenez-garde ; il se peut qu'elle reste toujours ce qu'elle est encore, un enfant trouvé, et vous êtes trop grand seigneur pour l'épouser, et trop gentilhomme pour la séduire.

— Mais, nourrice, puisque je vais partir, te quitter et quitter Diane, dit Gabriel pensif.

— C'est juste, cela ; pardonnez à votre vieille Aloyse sa prévoyance trop inquiète, et allez voir, s'il cela vous plaît, cette douce et gentille enfant que vous nommez votre petite femme. Mais songez qu'on vous attend impatiemment ici. A bientôt, n'est-il pas vrai, monseigneur le comte ?...

— A bientôt, et embrasse-moi encore, Aloyse ; appelle-moi toujours ton enfant, et sois remerciée mille fois, ma bonne nourrice.

— Soyez mille fois béni, mon enfant et mon seigneur.

Maître Martin-Guerre attendait Gabriel à la porte, et tous deux montèrent à cheval.

II.

UNE MARIÉE QUI JOUE A LA POUPÉE.

Gabriel prit pour aller plus vite par des sentiers à lui connus.

Et pourtant il laissait parfois son cheval ralentir le pas, et on peut même dire qu'il laissait aller le bel animal selon le train de sa rêverie. Des sentiments bien divers en effet, tantôt passionnés et tantôt tristes, tantôt fiers et tantôt accablés, passaient tour à tour dans le cœur du jeune homme. Quand il songeait qu'il était le comte de Montgommery, son regard étincelait et il donnait de l'éperon à son cheval, comme s'enivrant de l'air qui sifflait autour de ses tempes, et puis il se disait : « Mon père a été tué et n'a pas été vengé !... » et il laissait fléchir la bride dans sa main. Mais tout à coup il pensa qu'il allait se battre, se faire un nom redoutable et redouté, et payer toutes ses dettes d'honneur et de sang, et il repartait au galop comme s'il courait vraiment à la gloire, jusqu'à ce que réfléchissant qu'il lui faudrait pour cela quitter sa petite Diane si riante et si jolie, il retombait dans la mélancolie, et en arrivait peu à peu à ne plus marcher qu'au pas, comme s'il eût pu retarder ainsi le moment cruel de la séparation. Mais, il reviendrait, il aurait retrouvé les ennemis de son père et les parens de Diane... Et Gabriel, piquant des deux, volait aussi prompt que son espérance. Il était arrivé, et décidément, dans cette jeune âme toute ouverte au bonheur, la joie avait chassé la tristesse.

Par dessus la haie qui entourait le verger du vieil Enguerrand, Gabriel aperçut à travers les arbres la robe blanche de Diane. Il eut bientôt fait d'attacher son cheval à un tronc de saule et de franchir d'un bond la haie ; radieux et triomphant, il tomba aux pieds de la jeune fille.

Mais Diane pleurait.

— Qu'y a-t-il, chère petite femme, dit Gabriel, et d'où nous vient cet amer chagrin ? Est-ce qu'Enguerrand nous aurait grondée pour avoir déchiré quelque robe, ou mal dit nos prières ? ou bien notre bouvreuil se serait-il envolé ? parle, Diane, ma chérie. Voici pour te consoler ton chevalier fidèle.

— Hélas ! non, Gabriel, vous ne pouvez plus être mon chevalier, dit Diane, et c'est justement pour cela que je suis triste et que je pleure.

Gabriel crut que Diane avait appris par Enguerrand le nom de son compagnon de jeux, et qu'elle voulait l'éprouver peut-être. Il reprit :

— Et quel est, Diane, le malheur ou le bonheur qui pourrait jamais me faire renoncer au doux titre que tu m'as laissé prendre et que je suis si joyeux et si fier de porter ? Vois donc, je suis à tes genoux.

Mais Diane ne parut pas comprendre, et pleurant plus fort que jamais en cachant son front sur la poitrine de Gabriel, elle s'écria en sanglotant :

— Gabriel ! Gabriel ! il faudra ne plus nous voir désormais.

— Et qui nous en empêchera ? reprit-il vivement.

Elle releva sa blonde et charmante tête et ses yeux bleus baignés de larmes ; puis avec une petite moue tout à fait solennelle et grave :

— Le devoir, répondit-elle en soupirant profondément.

Sa ravissante physionomie avait une expression si désolée et si comique à la fois que Gabriel, charmé et tout à ses pensées d'ailleurs, ne put s'empêcher de rire, et prenant entre ses mains le front pur de l'enfant, il le baisa à plusieurs reprises, mais elle s'éloigna vivement.

— Non, mon ami, dit-elle, plus de ces causeries. Mon Dieu ! mon Dieu ! elles nous sont à présent défendues.

— Quels contes lui aura fait Enguerrand ? se dit Gabriel persistant dans son erreur, et il ajouta : — Ne m'aimes-tu donc plus, ma Diane chérie !

— Moi ! ne plus t'aimer ! s'écria Diane. Comment peux-tu supposer et dire de pareilles choses, Gabriel ? N'es-tu pas l'ami de mon enfance et le frère de toute ma vie ? Ne m'as-tu pas toujours traitée avec une bonté et une tendresse de mère ? Quand je riais et quand je pleurais, qui trouvais-je là sans cesse à mes côtés, pour partager gaîté ou peine ? toi, Gabriel !... Qui me portait quand j'étais lasse ? qui m'aidait à apprendre mes leçons ? qui s'attribuait mes fautes et partageait mes punitions quand il ne pouvait pas les prendre pour lui seul ? toi encore ! Qui inventait pour moi mille jeux ? qui me faisait de beaux bouquets dans les prés ? qui me déniehait des nids de chardonnerets dans les bois ? toi, toujours ! Je t'ai trouvé, en tout lieu et en tout temps, bon, gracieux et dévoué pour moi, Gabriel. Gabriel, je ne t'oublierai jamais, et tant que mon cœur vivra, tu vivras dans mon cœur ; j'aurais voulu te donner mon existence et mon âme, et je n'ai jamais rêvé le bonheur qu'en rêvant à toi. Mais tout cela n'empêche pas, hélas ! qu'il faut nous séparer, et pour ne plus nous revoir, sans doute.

— Et pourquoi ? pour te punir d'avoir malicieusement introduit le chien Phylax dans la basse-cour ? demanda Gabriel.

— Oh ! pour bien autre chose, va !

— Et pourquoi enfin ?

Elle se leva, et laissant retomber ses bras le long de sa robe et sa tête sur sa poitrine :

— Parce que je suis la femme d'un autre, dit-elle.

Gabriel ne riait plus, et un trouble singulier lui serrait le cœur ; il reprit d'une voix émue :

— Qu'est-ce que cela signifie, Diane ?

— Je ne m'appelle plus Diane, répondit-elle, je m'appelle *madame la duchesse de Castro*, puisque mon mari s'appelle *Horace Farnèse, duc de Castro*.

Et la petite fille ne pouvait s'empêcher de sourire un peu à travers ses larmes en disant : *mon mari*, à douze ans ! En effet, c'était glorieux : *madame la duchesse !* mais sa douleur lui reprit en voyant la douleur de Gabriel.

Le jeune homme était debout devant elle, pâle et les yeux effarés.

— Est-ce un jeu ? est-ce un songe ? dit-il.

— Non, mon pauvre ami, c'est la triste réalité, reprit Diane. N'as-tu pas rencontré en route Enguerrand, qui est parti pour Montgommery, il y a une demi-heure ?

— J'ai pris par des chemins détournés. Mais achève.

— Pourquoi aussi, Gabriel, es-tu resté quatre jours sans venir ? Cela n'était jamais arrivé, et cela nous a porté malheur, vois-tu. Avant-hier au soir, j'avais eu de la peine à m'endormir. Je ne t'avais pas vu depuis deux jours, j'étais inquiète, et j'avais fait promettre à Enguerrand que, si tu ne venais pas le lendemain, nous irions à Montgommery le jour d'après. Et puis, comme par un pressentiment, nous avions parlé, Enguerrand et moi, de l'avenir, du passé, de mes parents qui semblaient m'avoir oubliée hélas ! C'est mal ce que je viens de dire, mais j'aurais été plus heureuse peut-être s'ils m'eussent oubliée en effet. Tout ce grave entretien m'avait, comme de raison, un peu attristée et fatiguée, et je fus, comme je te le disais, assez longtemps à m'endormir, ce qui fut cause que je m'éveillai hier matin un peu plus tard que de coutume. Je m'habillai en toute hâte, je fis ma prière, et je m'apprêtais à descendre, quand j'entendis un grand bruit sous ma fenêtre, devant la porte de la maison. C'étaient des cavaliers magnifiques, Gabriel, suivis d'écuyers, de pages et de varlets, et derrière la cavalcade un carrosse doré, tout éblouissant. Comme je regardais curieusement le cortège, m'étonnant qu'il s'arrêtât devant notre pauvre demeure, Antoine vint frapper à ma porte et me pria de la part d'Enguerrand de descendre tout de suite. Je ne sais pourquoi j'eus peur, mais il fallait obéir cependant, et j'obéis. Quand j'entrai dans la grande salle, elle était pleine de ces superbes seigneurs que j'avais vus de ma fenêtre. Je me mis alors à rougir et à trembler plus effrayée que jamais, tu conçois cela, Gabriel ?

— Oui, reprit Gabriel avec amertume. Continue donc, car la chose devient intéressante en vérité.

— A mon entrée, continua Diane, un des seigneurs les plus brodés vint à moi, et me présentant sa main gantée, me conduisit devant un autre gentilhomme non moins richement orné que lui, puis s'inclinant :

— Monseigneur le duc de Castro, lui dit-il, j'ai l'honneur de vous présenter votre femme. Madame, ajouta-t-il en se retournant vers moi, monsieur Horace Farnèse, duc de Castro, votre mari.

Le duc me salua avec un sourire. Mais moi, toute confuse et éplorée, je me jetai dans les bras d'Enguerrand que je venais d'apercevoir dans un coin.

— Enguerrand ! Enguerrand ! ce n'est pas mon mari, ce prince, je n'ai pas d'autre mari que Gabriel ; Enguerrand, dis-le donc à ces messieurs, je t'en prie.

Celui qui m'avait présentée au duc fronça le sourcil.

— Qu'est-ce que cet enfantillage ? demanda-t-il à Enguerrand d'une voix sévère.

— Rien, monseigneur, un enfantillage en effet, répondit Enguerrand tout pâle. Et s'adressant à moi tout bas : Etes-vous folle, Diane ! Qu'est-ce qu'une rébellion pareille ? refuser ainsi d'obéir à vos parents, qui vous ont retrouvée et qui vous réclament !

— Où sont-ils, mes parents ? dis-je tout haut. C'est à eux que je veux parler.

— C'est en leur nom que nous venons, mademoiselle, reprit le seigneur sévère. Je suis ici leur représentant. Si vous n'en croyez pas mes paroles, voici l'ordre signé du roi Henri II, notre sire ; lisez :

Il me présentait un parchemin scellé d'un cachet rouge, et je lisais au haut de la page : « Nous Henri, par la grâce de Dieu ; » et au bas la signature royale : Henri. J'étais aveuglée, étourdie, anéantie. J'avais le vertige et le délire. Tout ce monde qui avait les yeux sur moi ! Enguerrand lui-même qui m'abandonnait ! L'idée de mes parents ! le nom du roi ! c'était trop, tout cela, pour ma pauvre tête. Et tu n'étais pas là, Gabriel !

— Mais il me paraît que ma présence ne pouvait pas vous être nécessaire, reprit Gabriel.

— Oh ! si, Gabriel, toi présent, j'aurais résisté encore, tandis que ne t'ayant pas là quand le gentilhomme qui semblait tout conduire m'a dit : Allons, c'est assez de retard comme ça. Madame de Leviston, je confie à vos soins madame de Castro ; nous vous attendons pour monter à la chapelle. Sa voix était si brève et si impérieuse, il semblait permettre si peu la résistance, que je me suis laissé emmener. Gabriel, pardonne-moi, j'étais brisée, éperdue, et je n'avais plus une idée...

— Comment donc ! mais cela se conçoit à merveille, répondit Gabriel avec un sourire sardonique.

— On m'a conduite dans ma chambre, reprit Diane. Là, cette madame de Leviston, aidée de deux ou trois femmes, a tiré de grands coffres une robe blanche de soie. Puis, malgré ma honte, elles m'ont déshabillée et rhabillée. C'est tout au plus si j'osais marcher dans ces beaux atours. Puis elles m'ont mis des perles aux oreilles, un collier de perles autour du cou ; mes larmes roulaient sur les perles. Mais ces dames ne faisaient que rire de mon embarras sans doute, et peut-être même de mon chagrin. Au bout d'une demi-heure, j'étais prête, et elles avaient beau dire que j'étais charmante ainsi parée, je crois que c'était vrai, Gabriel, mais je pleurais tout de même. J'avais fini par me persuader que j'agissais dans un rêve éblouissant et terrible. Je marchais sans volonté, j'allais et venais machinalement. Cependant les chevaux piaffaient devant la porte, écuyers, pages et varlets attendaient debout. Nous descendîmes. Les regards imposants de toute cette assemblée recommencèrent à percer sur moi. Le seigneur à la voix rude m'offrit de nouveau la main, et me conduisit à une litière toute de satin, dans laquelle je dus m'asseoir sur des coussins presque aussi beaux que ma robe. Le duc de Castro marchait à cheval à la portière, et c'est ainsi que le cortège monta lentement à la chapelle du château de Vimoutiers. Le prêtre était déjà à l'autel. Je ne sais pas quelles paroles on prononça autour de moi, quelles paroles on me dicta, je sentis, à un moment, dans ce songe étrange, le duc me passer au doigt un anneau. Puis, au bout de vingt minutes ou de vingt ans, je n'en ai pas conscience, un air plus frais me frappa le visage. Nous sortions de la chapelle ; on m'appelait madame la duchesse ; j'étais mariée ! Entends-tu cela, Gabriel ? j'étais mariée !

Gabriel ne répondit que par un farouche éclat de rire.

— Tiens, Gabriel, reprit Diane, j'étais si véritablement hors de moi-même que, pour la première fois seulement, en rentrant à la maison, je songeai, un peu remise, à regarder le mari que tous ces étrangers étaient venus m'imposer. Jusque-là, je n'avais vu, mais je ne l'avais pas regardé, Gabriel. Ah! mon pauvre Gabriel! il est bien moins beau que toi! Sa taille d'abord est médiocre, et dans ses riches habits, il semble bien moins élégant que toi dans ton simple pourpoint brun. Et puis il a l'air aussi impertinent et hautain que tu parais doux et poli. Ajoute à cela des cheveux et une longue barbe d'un blond ardent. Je suis sacrifiée, Gabriel. Après s'être entretenu quelque temps avec celui qui s'était donné pour le représentant du roi, le duc s'est approché de moi, et me prenant la main:

— Madame la duchesse, m'a-t-il dit avec un sourire très fin, pardonnez moi la dure obligation où je suis de vous quitter si vite. Mais vous savez, ou vous ne savez pas, que nous sommes au plus fort de la guerre contre l'Espagne, et mes hommes d'armes réclament sur-le-champ ma présence. J'espère avoir la joie de vous revoir dans quelque temps à la cour, où vous irez demeurer près de Sa Majesté, dès cette semaine. Je vous prie d'accepter quelques présens que je me suis permis de laisser ici pour vous. Au revoir, madame. Conservez-vous gaie et charmante, comme on l'est à votre âge, et amusez-vous, jouez de tout votre cœur tandis que je vais me battre.

Ce disant, il m'a baisée familièrement au front, et même sa longue barbe m'a piquée; ce n'est pas comme la tienne, Gabriel. Et puis, tous ces seigneurs et ces dames m'ont saluée, et ils s'en sont allés peu à peu, Gabriel, me laissant enfin seule avec mon père Enguerrand. Il n'avait pas beaucoup plus compris que moi toute cette aventure. On lui avait donné à lire le parchemin que le roi qui m'ordonnait, à ce qu'il paraît, d'épouser le duc de Castro. Le seigneur qui représentait Sa Majesté s'appelle le comte d'Humières. Enguerrand l'a reconnu pour l'avoir vu autrefois avec monsieur de Vimoutiers. Tout ce qu'Enguerrand savait de plus que moi, c'était encore cette triste nouvelle que cette dame de Leviston qui m'a habillée, et qui habite Caen, me viendrait chercher ces jours-ci pour me conduire à la Cour, et que j'eusse à me tenir toujours prête. Voilà ma singulière et douloureuse histoire, Gabriel. Ah! j'oubliais. En rentrant dans ma chambre, j'ai trouvé dans une grande boîte, tu ne devinerais jamais quoi? une superbe poupée avec un trousseau complet de linge, et trois robes: soie blanche, damas rouge, et brocart vert, le tout à l'usage de ladite poupée. J'étais outrée, Gabriel, c'étaient donc là les présens de mon mari! me traiter comme une petite fille! c'est le rouge d'ailleurs qui va le mieux à la poupée, parce qu'elle a le teint naturellement coloré. Les petits souliers sont aussi charmans, que fin le procédé est indigne, car enfin, il me semble que je ne suis plus une enfant.

— Si l vous êtes une enfant, Diane, répondit Gabriel dont la colère avait insensiblement fait place à la tristesse, une véritable enfant! je ne vous en veux pas d'avoir douze ans, ce serait injuste et absurde. Je vois seulement que j'ai eu tort de m'attacher sur une âme jeune et légère un sentiment aussi ardent et aussi profond. Car je sens à ma douleur combien je vous aimais, Diane. Je vous répète pourtant que je ne vous en veux pas. Mais si vous aviez été plus forte, mais si vous aviez trouvé en vous l'énergie nécessaire pour résister à un ordre injuste, si vous aviez seulement su obtenir un peu de temps, Diane, nous aurions pu être heureux, puisque vous avez retrouvé vos parens et qu'ils paraissent de race illustre. Moi aussi, Diane, je venais vous dire un grand secret qui m'a été révélé aujourd'hui même. Mais à quoi bon à présent? il est trop tard. Votre faiblesse a fait rompre le fil de ma destinée que je croyais tenir enfin. Pourrai-je vous rattacher jamais? je prévois que toute ma vie se souviendra de vous, Diane, et que mes jeunes amours tiendront toujours la plus grande place dans mon cœur. Vous cependant, Diane, dans l'éclat de la Cour, dans le bruit des fêtes, vous perdrez vite de vue qui vous a tant chérie aux jours de votre obscurité.

— Jamais! s'écria Diane. Et tiens, Gabriel, maintenant que tu es là et que tu peux m'encourager et m'aider, veux-tu que je refuse de partir quand on viendra me chercher, et que je résiste aux prières, aux instances, aux ordres, pour rester toujours avec toi?

— Merci, chère Diane, mais dorénavant, vois-tu, devant les hommes et devant Dieu, tu appartiens à un autre. Il faut accomplir notre devoir et notre sort. Il faut, comme l'a dit le duc de Castro, aller chacun de notre côté, toi aux réjouissances et à la Cour, moi aux camps et aux batailles. Que Dieu me donne seulement de te voir un jour!

— Oui, Gabriel, je te reverrai, je t'aimerai toujours! s'écria la pauvre Diane en se jetant éplorée aux bras son ami.

Mais, en ce moment, Enguerrand parut dans une allée voisine, précédant madame de Leviston.

— La voici, madame, dit-il en lui montrant Diane. Ah! c'est vous, Gabriel, fit-il en apercevant le jeune comte, j'allais à Montgommery vous voir quand j'ai rencontré la voiture de madame de Leviston, et j'ai dû retourner sur mes pas.

— Oui, madame, dit à Diane, madame de Leviston, le roi a mandé à mon mari qu'il avait hâte de vous voir, et j'ai avancé notre départ. Nous allons, s'il vous plaît, nous mettre en route dans une heure. Vos préparatifs ne seront pas longs, j'imagine, n'est-ce pas?

Diane regarda Gabriel.

— Du courage! lui dit gravement celui-ci.

— J'ai la joie de vous annoncer, reprit madame de Leviston, que votre brave père nourricier peut et veut nous accompagner à Paris, et nous rejoindre demain à Alençon, si cela vous convient.

— Si cela me convient! s'écria Diane. Ah! madame, on ne m'a pas nommé encore mes parens, mais je le nommerai toujours mon père.

Et elle tendit sa main à Enguerrand, qui la couvrit de baisers, pour avoir le droit de regarder encore un peu, à travers le voile de ses larmes, Gabriel pensif et triste, mais résigné et décidé pourtant.

— Allons, madame, dit madame de Leviston que ces adieux et ces retards impatientaient peut-être, songez qu'il faut que vous soyez à Caen avant la nuit.

Diane alors, suffoquée de sanglots, s'éloigna précipitamment pour monter à sa chambre, non sans avoir fait signe à Gabriel de l'attendre. Enguerrand et madame de Leviston la suivirent. Gabriel attendit.

Au bout d'une heure, pendant laquelle on chargea dans la voiture les effets que Diane voulait emporter, Diane reparut toute prête et habillée pour le voyage. Elle demanda à madame de Leviston, qui la suivait comme son ombre, la permission de faire une dernière fois le tour du jardin où elle avait joué douze ans si insouciante et si heureuse. Gabriel et Enguerrand marchaient derrière elle durant cette visite. Diane s'arrêta devant un rosier de roses blanches que Gabriel et elle avaient planté l'année précédente. Elle cueillit deux roses, en attacha une à sa robe, respira l'autre, et la présenta à Gabriel. Le jeune homme sentit qu'elle lui glissait en même temps dans la main un papier qu'il cacha précipitamment dans son pourpoint.

Lorsque Diane eut dit adieu à toutes les allées, à tous les bosquets, à toutes les fleurs, il fallut cependant bien qu'elle se déterminât à partir. Arrivée devant la voiture qui allait l'emmener, elle donna la main aux serviteurs de la maison, et même aux bonnes gens du bourg, qui tous la connaissaient et l'aimaient. Elle n'avait pas eu la force de parler, la pauvre enfant; elle faisait seulement à chacun un petit signe de tête amical. Puis, elle embrassa Enguerrand, puis Gabriel, sans aucunement s'embarrasser de la présence de madame de Leviston. Dans les bras de son ami, elle recouvra même la voix, et comme il lui disait: Adieu! adieu! elle reprit: — Non, au revoir!

Elle monta alors en voiture, et l'enfance, après tout, ne perdant pas tout à fait ses droits sur elle, Gabriel l'entendit demander à madame de Leviston avec cette petite moue qui lui allait si bien:

— A-t-on mis au moins là-haut ma grande poupée?

La voiture partit au galop.

Gabriel ouvrit le papier que Diane lui avait remis: il y trouva une boucle de ces beaux cheveux cendrés qu'il aimait tant à baiser.

Un mois après Gabriel, arrivé Paris, se faisait annoncer à l'hôtel de Guise, au duc François de Guise, sous le m de vicomte d'Exmès.

III.

AU CAMP.

— Oui messieurs, dit en entrant dans sa tente le duc de Guise aux seigneurs qui l'entouraient ; oui, aujourd'hui 24 avril 1557, au soir, après être rentré le 15 sur le territoire de Naples, après avoir pris Campli en quatre jours, nous mettons le siège devant Civitetta ; le 1er mai, maîtres de Civitetta, nous irons camper devant Aquila. Au 10 mai, nous serons à Arpino, au 20 à Capoue, où nous ne nous endormirons pas comme Annibal. Au 1er juin, messieurs, je veux vous faire voir Naples, s'il plaît à Dieu...

— Et au pape, mon cher frère, dit le duc d'Aumale. Sa Sainteté, qui nous avait tant promis l'appui de ses soldats pontificaux, nous laisse jusqu'ici réduits à nous-mêmes, ce me semble, et notre armée n'est guère forte pour s'aventurer ainsi en pays ennemis.

— Paul II, dit François, a trop d'intérêt au succès de nos armes pour nous laisser sans secours. La belle nuit transparente et éclairée, messieurs! Biron, savez-vous si les partisans, dont les Caraffa nous avaient annoncé le soulèvement dans les Abruzzes, commencent à faire quelque bruit ?

— Ils ne bougent pas, monseigneur, j'ai des nouvelles toutes fraîches et certaines.

— Nos mousquetades les vont réveiller, dit le duc de Guise. Monsieur le marquis d'Elbœuf, reprit-il, avez-vous entendu parler des convois de vivres et de munitions que nous devions recevoir à Ascoli, et qui vont enfin nous rejoindre ici, j'imagine ?

— Oui, j'en ai entendu parler, mais à Rome, monseigneur, et depuis, hélas !...

— Un simple retard, interrompit le duc de Guise, ce n'est assurément qu'un retard ; et après tout nous ne sommes pas encore tout à fait au dépourvu. La prise de Campli nous a ravitaillés quelque peu, et, si, dans une heure d'ici, j'entrais dans la tente de chacun de vous, messieurs, je gage que j'y trouverais un bon souper servi, et à table avec vous, une pauvre veuve ou une jolie orpheline de Campli que vous seriez en train de consoler. Rien de mieux, messieurs. D'ailleurs, ce sont là devoirs de victorieux qui font trouver douce, n'est-ce pas, l'habitude de la victoire. Allez donc vous entretenir le goût, je ne vous retiens pas ; demain matin, au jour, je vous manderai pour chercher avec vous les moyens d'entamer ce pain de sucre de Civitetta ; jusque-là, allez messieurs, bon appétit et bonne nuit.

Le duc reconduisit en riant les chefs de l'armée jusqu'à la porte de sa tente ; mais, quand la tapisserie qui la fermait fut retombée sur le dernier d'entre eux, et que François de Guise se retrouva seul, sa mâle physionomie prit tout à coup une expression soucieuse, et, s'asseyant devant une table et prenant sa tête dans ses mains, il murmura avec inquiétude :

— Est-ce donc que j'aurais mieux fait de renoncer à toute ambition personnelle, de rester seulement le général de Henri II, et de me borner à recouvrer Milan et à affranchir Sienne ? Me voici sur cette terre de Naples dont mes rêves m'appelaient à être roi ; mais j'y suis sans alliés, bientôt sans vivres, et tous ces chefs de mes troupes, mon frère le premier, esprits sans énergie et sans portée, se laissent déjà aller au découragement, je le vois bien.

En ce moment, le duc de Guise entendit que quelqu'un marchait derrière lui. Il se retourna vivement, tout courroucé contre le téméraire interrupteur ; mais quand il l'eut vu, au lieu de le réprimander, il lui tendit la main.

— Ce n'est pas vous, n'est-ce pas, vicomte d'Exmès, dit-il, ce n'est pas vous, mon cher Gabriel, qui hésiteriez jamais à aller en avant, parce que le pain est trop rare et l'ennemi trop nombreux ? vous qui êtes sorti le dernier de Metz, et entré le premier à Valenza et à Campli. Mais venez-vous m'annoncer quelque chose de nouveau, ami ?

— Oui, monseigneur, un courrier qui arrive de France, répondit Gabriel ; il est, je crois, porteur de lettres de votre illustre frère, monseigneur le cardinal de Lorraine. Faut-il l'introduire auprès de vous ?

— Non, mais qu'il vous remette les messages dont il est chargé, vicomte, et apportez-les-moi vous-même, je vous prie.

Gabriel s'inclina, sortit et revint bientôt après, apportant une lettre cachetée aux armes de la maison de Lorraine.

Six ans écoulés n'avaient presque pas changé notre ancien ami Gabriel ; seulement ses traits avaient pris un caractère plus viril et plus résolu ; on devinait maintenant en lui un homme qui a éprouvé et connu sa propre valeur. Mais c'était toujours le même front pur et grave, le même regard loyal et franc, et, disons-le d'avance, le même cœur plein de jeunesse et d'illusion. Aussi bien, n'avait-il encore que vingt-quatre ans.

Le duc de Guise en avait trente-sept, lui ; et bien que ce fût une nature généreuse et grande, son âme était revenue déjà de bien des endroits où celle de Gabriel n'était pas encore allée, et plus d'une ambition déçue, plus d'un sentiment éteint, plus d'un combat inutile, avaient approfondi son œil et dégarni ses tempes. Pourtant il comprenait et il aimait le caractère chevaleresque et dévoué de Gabriel, et une irrésistible sympathie attirait l'homme éprouvé vers le jeune homme confiant.

Il prit de ses mains la lettre de son frère, et avant de l'ouvrir :

— Écoutez, vicomte d'Exmès, lui dit-il, mon secrétaire, que vous connaissez, Hervé de Thelen, est mort sous les murs de Valenza ; mon frère d'Aumale n'est qu'un soldat vaillant, mais incapable ; j'ai besoin d'un bras droit, d'un confident et d'un second, Gabriel. Or, depuis que vous êtes venu me trouver à Paris, en mon hôtel, il y a cinq ou six ans, je crois, j'ai pu m'assurer que vous êtes un esprit supérieur, et mieux encore un cœur fidèle. Je ne vous connaissais que de nom, et tout Montgommery est brave, mais vous ne m'étiez recommandé par personne, et cependant vous m'avez plu tout de suite ; si vous ai emmené avec moi défendre Metz, et si cette défense doit être une des belles pages de mon histoire, si, après soixante-cinq jours d'attaque, nous avons réussi à chasser des murs de Metz une armée qui comptait cent mille soldats, et un général qui s'appelait Charles-Quint ; je me rappelle que votre intrépidité toujours présente, et votre intelligence toujours en éveil, n'ont pas peu contribué à ce glorieux résultat. L'année d'après vous étiez encore avec moi à la victoire de Renty, et si cet âne de Montmorency, le bien baptisé... vous m'en avez pas à injurier mon ennemi, j'ai à louer mon ami et mon bon compagnon, Gabriel, vicomte d'Exmès, le digne parent des dignes Montgommery. J'ai à vous dire, Gabriel, qu'en toute occasion, depuis que nous sommes entrés en Italie plus que jamais, je vous ai trouvé de bonne aide, de bon conseil et de bonne amitié, et n'ai absolument qu'un reproche à vous faire, celui d'être avec votre général trop réservé et trop discret. Oui, certes il y a au fond de votre vie un sentiment ou une idée que vous me cachez, Gabriel. Mais bah ! vous me confierez cela un jour, l'important est de savoir que vous avez quelque chose à faire. Eh ! par Dieu ! j'ai aussi à faire quelque chose, moi, Gabriel, et, si vous voulez, nous unirons nos fortunes, vous m'aiderez et je vous aiderai. Quand j'aurai quelque entreprise importante et difficile à commander à un autre moi-même, je vous appellerai. Quand pour vos desseins un protecteur puissant vous sera nécessaire, je serai là. Est-ce dit ?

— Oh ! monseigneur, répondit Gabriel, je suis à vous

corps et âme. Ce que je voulais d'abord, c'est de pouvoir croire en moi et d'y faire croire les autres. Or, j'ai acquis un peu de confiance en moi-même, et vous daignez avoir pour moi quelque estime; j'ai donc jusqu'à présent touché mon but; qu'il s'en puisse offrir dans l'avenir un autre à mes efforts, c'est ce que je ne nie pas, monseigneur, et alors, puisque vous avez bien voulu m'offrir un marché si beau, j'aurai recours à vous; comme vous pouvez jusque-là compter sur moi à la vie, à la mort.

— A la bonne heure! per Bacco! comme disent ces païens ivrognes de cardinaux, et sois tranquille, Gabriel, François de Lorraine, duc de Guise, te servira chaudement à l'occasion dans ton amour ou dans ta haine, car il y a en nous sous jeu l'un et l'autre de ces sentimens-là, n'est-ce pas vrai, mon maître?

— Mais l'un et l'autre peut-être, monseigneur.

— Ah! oui-da? et comment quand on a l'âme si pleine, ne pas l'épancher dans celle d'un ami.

— Hélas! monseigneur, c'est que je sais à peine qui j'aime, et que je ne sais pas de tout qui je hais.

— Vraiment! dis donc, Gabriel, si tes ennemis allaient être les miens, par rencontre! si ce vieux paillard de Montmorency pouvait en être!

— Mais cela se pourrait bien, monseigneur, et si mes doutes ont raison... Mais ce n'est pas de moi qu'il s'agit pour l'heure, c'est de vous et de vos grands projets. A quoi puis-je vous être bon, monseigneur.

— Mais d'abord à me lire cette lettre de mon frère le cardinal de Lorraine, Gabriel.

Gabriel décacheta et déplia la lettre, puis, après y avoir jeté un coup d'œil, la rendant au duc :

— Pardon, monseigneur, cette lettre est écrite en caractères particuliers, et je ne saurais la lire.

— Ah! reprit le duc, c'est donc le courrier de Jean Panquet qui l'a apportée? c'est une lettre confidentielle à ce que je vois, une lettre à grille... Attendez, Gabriel.

Il ouvrit un coffret de fer ciselé, en tira un papier régulièrement découpé à jour, qu'il superposa sur la lettre du cardinal, et la présentant à Gabriel : — Lisez maintenant, lui dit-il. Gabriel semblait hésiter; François lui prit la main, la lui serra, et avec un regard empreint de confiance et de loyauté : — Lisez donc, mon ami.

Le vicomte d'Exmès lut :

« Monsieur, mon très honoré et très illustre frère (et quand pourrai-je vous nommer en un seul mot de quatre lettres : Sire...) »

Gabriel s'arrêta de nouveau ; le duc se prit à sourire.

— Vous vous étonnez, Gabriel, mais j'espère que vous ne me soupçonnez pas. Le duc de Guise n'est pas un connétable de Bourbon, mon ami; que Dieu conserve à notre sire Henri II la couronne et la vie! mais il n'y a pas au monde que le trône de France. Puisque le hasard m'a mis avec vous sur la voie d'une confidence entière, je ne veux rien vous céler, et veux vous faire entrer, Gabriel, dans tous mes desseins et dans tous mes rêves ; ils ne sont pas, je crois, d'une âme médiocre.

Le duc s'était levé, il marchait dans sa tente à grands pas.

— Notre maison, Gabriel, qui touche à tant de royautés, peut, selon moi, aspirer à toutes les grandeurs. Mais aspirer n'est rien ; je veux qu'elle obtienne. Notre sœur est reine d'Ecosse; notre nièce, Marie Stuart, est fiancée au dauphin François ; notre petit neveu, le duc de Lorraine, est gendre désigné du roi. Ce n'est pas tout: nous entendons encore représenter la seconde maison d'Anjou dont nous descendons par les femmes. Donc nous avons des prétentions ou des droits, c'est la même chose, sur la Provence et sur Naples. Contentons-nous de Naples pour l'instant. Est-ce que cette couronne n'irait pas mieux à un Français qu'à un Espagnol? Or, qu'étais-je venu faire en Italie? la prendre. Nous sommes alliés au duc de Ferrare, unis aux Caraffa neveux du pape. Paul IV est vieux; mon frère, le cardinal de Lorraine lui succède. Le trône de Naples est chancelant, j'y monte ; voilà pourquoi, mon Dieu! j'ai laissé derrière moi Sienne et le Milanais pour bondir jusqu'aux Abruzzes. Le songe était splendide, mais j'ai bien peur qu'il ne reste jusqu'ici un songe. Pensez donc, Gabriel, je n'avais pas douze mille hommes quand j'ai franchi les Alpes. Mais le duc de Ferrare m'avait promis sept mille hommes; il les garde dans ses états ; mais Paul IV et les Caraffa s'étaient vantés de soulever dans le royaume de Naples une faction puissante, et s'engageaient à fournir des soldats, de l'argent, des approvisionnemens; ils n'envoient ni un homme, ni un fourgon, ni un écu. Mes officiers hésitent, mes troupes murmurent ; n'importe! j'irai jusqu'au bout; je ne quitterai qu'à la dernière extrémité cette terre promise que je foule, et si je la quitte, j'y reviendrai, j'y reviendrai!

Le duc frappa du pied le sol comme pour en prendre possession ; son regard étincelait : il était grand et beau.

— Monseigneur, s'écria Gabriel, combien je suis fier à présent d'avoir pu être associé par vous, pour quelque faible part que ce soit, à d'aussi glorieuses ambitions.

— Et maintenant, reprit en souriant le duc, vous ayant donné deux fois la clef de cette lettre de mon frère, Gabriel, je crois que vous pouvez la lire et la comprendre. Donc, achevez, je vous écoute.

— «Sire!...» C'est là que j'en étais resté, reprit Gabriel. « J'ai à vous annoncer deux mauvaises nouvelles et une bonne. La bonne nouvelle, c'est que le mariage de notre nièce Marie Stuart est décidément fixé au 20 du mois prochain, et sera solennellement célébré à Paris ledit jour. L'une des mauvaises nouvelles est arrivée d'Angleterre. Philippe II d'Espagne y est débarqué, et excite journellement la reine Marie Tudor, sa femme, qui lui obéit si passionnément, à dénoncer la guerre à la France. Nul ne doute qu'il n'y réussisse, malgré les intérêts et le désir de la nation anglaise. On parle déjà d'une armée qui se rassemblerait sur les frontières des Pays-Bas, et dont le duc Philibert-Emmanuel de Savoie aurait le commandement. Alors, mon très cher frère, dans la pénurie d'hommes où nous sommes ici, le roi Henri II vous rappellerait nécessairement d'Italie ; alors nos plans de ce côté-là seraient au moins ajournés. Mais enfin, pensez, François, qu'il vaudrait mieux les remettre que de les compromettre; point de témérité ni de coup de tête. Notre sœur, la reine régente d'Ecosse, aura beau menacer de rompre avec l'Anglais, croyez que Marie d'Angleterre, tout énamourée de son jeune mari, n'en tiendra compte, et réglez-vous là-dessus. »

— Par le corps du Christ! interrompit le duc de Guise, en frappant violemment du poing la table, il n'a que trop raison, mon frère, et c'est un rusé renard qui sait flairer les choses. Oui, Marie la prude se laissera bien sûr séduire par son légitime mari ; et non, certes, je ne désobéirai pas ouvertement au roi qui me redemandera ses soldats dans un cas si grave, et me départirai plutôt de tous les royaumes du monde ; donc, encore un obstacle à cette maudite expédition. Car n'est-elle pas maudite, je vous le demande, Gabriel, malgré la bénédiction du saint père? Gabriel, entre nous, parlez-moi franchement, vous la trouvez désespérée, n'est-ce pas ?

— Je ne voudrais pas, monseigneur, dit Gabriel, être rangé par vous entre ceux qui se découragent, et pourtant, puisque vous faites appel à ma sincérité...

— Je vous entends, Gabriel, et suis de votre avis. Ce n'est pas de coup, je le prévois, que nous ferons ensemble ici les grandes choses que nous projetions tout à l'heure, mon ami ; mais je jure bien que ce ne sera que partie remise, et frapper Philippe II en quelque lieu que ce soit, ce sera toujours le frapper à Naples ; mais continuez, Gabriel, vous avez encore une mauvaise nouvelle à apprendre, si j'ai bonne mémoire.

Gabriel reprit sa lecture.

« L'autre fâcheuse affaire que j'ai à vous annoncer, pour être particulière à notre famille, n'en serait pas moins grave ; mais il est sans doute encore temps de la prévenir, et c'est pourquoi je me hâte de vous en donner avis. Il faut que vous sachiez que depuis votre départ monsieur le connétable de Montmorency est, comme de raison, toujours aussi maussade et acharné contre nous, et ne cesse de nous jalouser, et de maugréer, selon sa coutume, des bontés du roi pour notre famille. La prochaine célébration du mariage de notre chère nièce Marie avec le Dauphin n'est pas faite pour le remettre en bonne humeur. L'équilibre que le roi a pour politique de maintenir entre les deux maisons de Guise et de Montmorency se trouve, par là, pencher singulièrement en notre faveur, et le vieux connétable demande à grands cris un contrepoids ; il l'a trouvé ce contrepoids, mon cher frère, ce serait le mariage de son fils François, le prisonnier de Thérouanne, avec… »

Le jeune comte n'acheva pas. La voix lui manqua et la pâleur couvrit son front.

— Eh bien ! qu'avez-vous donc, Gabriel ? demanda le duc. Comme vous voilà pâle et défait ! Quel mal subit vous saisit donc ?

— Ce n'est rien, monseigneur, rien absolument, un peu de fatigue peut-être, une sorte d'étourdissement ; mais me voici remis, et je reprends, si vous voulez bien, monseigneur. Où en étais-je ? Le cardinal disait, je crois, qu'il y avait du remède. Ah ! non, plus loin. M'y voici :

« Ce serait le mariage de son fils avec madame Diane de Castro, la fille légitimée du roi et de madame Diane de Poitiers. Vous vous rappelez, mon frère, que madame de Castro, veuve à treize ans du duc Horace Farnèse, qui avait été tué six mois après son mariage au siège de Hesdin, est restée pendant ces cinq années au couvent des Filles-Dieu de Paris. Elle vient, à la sollicitation du connétable, vient de la rappeler à la cour. C'est une perle de beauté, mon frère, et vous savez que je m'y connais. Sa grâce d'abord conquis tous les cœurs, et avant tout le cœur paternel. Le roi, qui l'avait dotée autrefois déjà de la duché de Chatellerault, vient de l'apanager encore de celle d'Angoulême. Il n'y a pas deux semaines qu'elle est ici, et son ascendant sur l'esprit du roi est un fait reconnu. Son charme et sa douceur sont sans doute les causes de cette affection si vive. Enfin, la chose en est au point que madame de Valentinois qui, je ne sais pourquoi, a jugé convenable de lui supposer officiellement une autre mère, me semble, à l'heure qu'il est, jalouse de ce nouveau pouvoir qui s'élève. L'affaire serait donc bonne pour le connétable, s'il pouvait faire entrer dans sa maison cette puissante alliée. Vous savez, entre nous, que Diane de Poitiers n'a pas grand' chose à refuser ce vieux ribaud, et notre frère d'Aumale est son gendre, Anne de Montmorency la touche encore de plus près. Le roi, d'autre part, est disposé à compenser l'autorité trop grande qu'il nous voit prendre dans ses conseils et ses armées. Ce damné mariage a donc bien des chances pour s'accomplir… »

— Voilà encore que votre voix s'altère, Gabriel, interrompit le duc ; reposez-vous, mon ami, et laissez-moi achever moi-même cette lettre qui m'intéresse au plus haut point. Car, de fait, le connétable prendrait là sur nous un dangereux avantage. Mais je croyais son grand niais de François marié avec une de Fiennes. Voyons, donnez-moi cette lettre, Gabriel.

— Mais vraiment je suis très-bien, monseigneur, dit Gabriel qui avait lu un peu d'avance, et je puis parfaitement continuer les quelques lignes qui restent.

« Ce damné mariage a donc bien des chances pour s'accomplir. Une seule est pour nous. François de Montmorency est engagé par un mariage secret à mademoiselle de Fiennes ; un divorce est provisoirement nécessaire. Mais il y faut l'assentiment du pape, et François voue et part pour Rome afin de l'obtenir. C'est donc affaire à vous, mon cher frère, de devancer auprès de Sa Sainteté, et par nos amis les Caraffa, et par votre propre influence, de faire rejeter la demande en divorce qu'appuiera cependant, je vous en préviens, une lettre du roi. Mais la position attaquée est assez capitale pour que vous mettiez tous vos efforts à la défendre comme vous avez fait de Saint-Dizier et de Metz. J'agirai en même temps de mon côté avec toute mon énergie, car il le faut. Et sur ce, je prie Dieu, mon cher frère, de vous donner bonne et longue vie.

» De Paris, ce 12 avril 1557.

» Votre très-humble et obéissant frère,

» G. CARDINAL DE LORRAINE. »

— Allons ! rien n'est encore perdu, dit le duc de Guise, quand Gabriel eut achevé la lettre du cardinal, et le pape, qui me refuse des soldats, pourra bien au moins me faire cadeau d'une bulle.

— Ainsi, reprit Gabriel tremblant, vous espérez que Sa Sainteté ne ratifiera pas ce divorce de Jeanne de Fiennes, et s'opposera à ce mariage de François de Montmorency ?

— Oui, oui, je l'espère. Mais comme vous êtes ému, mon ami ! Ce cher Gabriel ! il entre dans nos intérêts avec une passion !… Je suis aussi tout à vous, Gabriel, soyez-en assuré. Et voyons donc, parlons de vous un peu ; et puisque dans cette expédition, dont je ne prévois que trop l'issue, vous ne pourrez guère, je le crois, ajouter maintenant de nouvelles actions d'éclat aux éminents services dont je vous suis déjà redevable, si je commençais à vous payer ma dette à mon tour ? je ne veux pas non plus rester trop en arrière, mon ami. Est-ce que je ne pourrais pas vous être utile ou agréable en quelque chose ? Dites, allons ! dites franchement.

— Oh ! monseigneur a trop de bonté, reprit Gabriel, et je ne vois pas…

— Depuis cinq ans tout à l'heure que vous combattez héroïquement parmi les miens, dit le duc, vous n'avez jamais accepté un denier de moi. Vous devez avoir besoin d'argent, que diable ! Tout le monde a besoin d'argent. Ce n'est pas un don ni un prêt que je vous offre, c'est une restitution. Ainsi, pas de vain scrupule, et quoique nous soyons, vous le savez, assez à court…

— Oui, je sais cela, monseigneur, que les petits moyens manquent parfois à vos grandes idées, et j'ai si peu besoin d'argent, que je voulais vous proposer quelques milliers d'écus qui serviraient fort à l'armée, et qui, en vérité, me sont bien inutiles à moi.

— Et que je reçois alors, car ils arrivent à propos, je l'avoue ; mais on ne peut donc absolument rien faire pour vous, ô jeune homme sans désirs ! — Ah ! tenez, ajouta-t-il en baissant la voix, ce gaillard de Thibault, vous savez, mon valet de corps, avant-hier, au sac de Campli, a fait mettre de côté pour moi la jeune femme du procureur de la ville, la beauté de l'endroit, à ce qu'on dit, après toutefois la femme du gouverneur, sur laquelle on n'a pu mettre la main. Mais moi, ma foi ! j'ai bien d'autres soucis en tête, et mes cheveux commencent à grisonner. Sans façon, Gabriel, voulez-vous ma part de prise ? Sang-Dieu ! vous êtes tourné de façon à dédommager d'un procureur ! Qu'en dites-vous ?

— Je dis, monseigneur, que la femme du gouverneur dont vous parlez, et sur laquelle on n'a pas mis la main, c'est moi qui l'ai rencontrée dans la bagarre et qui l'ai emmenée, non pour abuser de mes droits, comme vous pourriez penser. J'avais au contraire l'intention de soustraire une dame noble et charmante aux violences de la soldatesque. Mais j'ai vu depuis que la belle n'aurait pas de répugnance à se mettre du côté des vainqueurs, et criait volontiers comme le soldat gaulois : *Væ victis !* Mais comme moins que jamais, hélas ! je suis maintenant disposé à lui faire écho, je puis, si vous le souhaitez, monseigneur, la faire conduire ici auprès d'un appréciateur plus digne de ses attraits et de son rang.

— Oh ! oh ! s'écria le duc en riant, voilà une austérité qui sent presque le huguenot, Gabriel. Est-ce que vous auriez quelque penchant pour ceux de la religion ? Ah ! prenez garde, mon ami. Je suis par conviction, et par politique, qui pis est, un catholique ardent. Je vous ferais brûler sans miséricorde. Mais là aussi, plaisanterie à part, pourquoi diable n'êtes-vous pas libertin ?

— Parce que je suis amoureux peut-être, dit Gabriel.

— Ah! oui, je me rappelle; une haine, un amour. Eh bien! puis-je vous être bon à vous rapprocher de vos ennemis ou de votre amie? Vous faudrait-il par exemple des titres?

— Merci, monseigneur; cela non plus ne me fait pas défaut, et je vous l'ai dit en commençant, ce que j'ambitionne, ce ne sont pas des honneurs vagues, c'est un peu de gloire personnelle. Ainsi, puisque vous présumez qu'il n'y a plus grand'chose à faire ici et que je ne dois plus guère vous être utile, une grande joie pour moi, ce serait d'être chargé par vous d'aller porter à Paris, au roi, pour le mariage de votre royale nièce, je suppose, les drapeaux que vous avez gagnés en Lombardie et dans les Abruzzes. Mon bonheur surtout serait au comble, si une lettre de vous daignait attester à Sa Majesté et à la cour que quelques-uns de ces drapeaux ont été pris par moi-même, et non pas tout à fait sans danger.

— Eh bien! c'est facile cela, et de plus c'est juste, dit le duc de Guise. J'aurais regret toutefois à vous quitter, mais vraisemblablement ce ne sera pas pour longtemps, si la guerre éclate du côté de la Flandre, comme tout semble le prouver, et nous nous reverrions par là, n'est-ce pas, Gabriel? — Votre place à vous est où l'on se bat, et voilà pourquoi vous voulez vous en aller d'ici, où l'on ne fait plus que s'ennuyer, corps du Christ! Mais on se divertira autrement dans les Pays-Bas, et je veux, Gabriel, que nous nous y amusions ensemble.

— Je serai trop heureux de vous y suivre, monseigneur.

— En attendant, quand voulez-vous partir, Gabriel, pour porter au roi les présens de noce dont vous avez eu l'idée?

— Mais le plus tôt serait, je crois, le mieux, monseigneur, si le mariage a lieu le 20 mai, comme monseigneur le cardinal de Lorraine vous l'annonce.

— C'est vrai. Eh bien! partez dès demain, Gabriel, et vous n'aurez pas trop de temps encore. Allez vous reposer, mon ami, moi, je vais pendant ce temps écrire la lettre qui vous recommandera au roi, et aussi la réponse à monsieur mon frère, dont vous voudrez bien vous charger, et dites-lui de vive voix que j'espère bien mener à bonne fin l'affaire en question auprès du pape.

— Et peut-être, monseigneur, dit Gabriel, ma présence à Paris contribuerait-elle pour cette affaire à l'issue que vous souhaitez, et ainsi mon absence vous servirait encore.

Toujours mystérieux, vicomte d'Exmès! mais avec vous l'on s'y habitue. Adieu donc, et bonne nuit pour la dernière que vous passerez près de moi.

— Je viendrai demain matin chercher mes lettres et votre bénédiction, monseigneur. Ah! je laisse avec vous mes gens qui m'ont suivi dans toutes mes campagnes. Je vous demanderai seulement la permission d'emmener, avec deux d'entre eux, mon écuyer Martin-Guerre; il me suffira; il m'est dévoué, et c'est un brave soldat qui n'a peur au monde que de deux choses, de sa femme et de son ombre.

— Comment cela? dit le duc de Guise.

— Monseigneur, Martin-Guerre s'est sauvé de son pays d'Artigues, près de Rieux, pour échapper à sa femme Bertrand qu'il adorait, mais qu'il battait. Dès avant Metz il est entré à mon service; mais le diable ou sa femme, pour le tourmenter ou le punir, lui apparaît de temps en temps sous la forme de son Sosie. Oui, tout à coup, il voit à ses côtés un autre Martin-Guerre, sa frappante image, lui ressemblant comme son reflet dans un miroir, et dame! cela l'épouvante. Mais à cela près, il se moque des balles, et emporterait seul une redoute. A Renty et à Valenza, il m'a sauvé deux fois la vie.

— Emmenez donc avec vous ce vaillant poltron, Gabriel; serrez-moi encore la main, mon ami, et demain au jour soyez prêt: mes lettres vous attendront.

Gabriel, le lendemain, fut en effet prêt de bonne heure; il avait passé la nuit à rêver, mais sans dormir. Il vint prendre les dernières instructions et les derniers adieux du duc de Guise, et le 26 avril, à six heures du matin, partit, avec Martin-Guerre et deux de ses hommes, pour Rome, et de là pour Paris.

IV.

LA MAÎTRESSE D'UN ROI.

Nous sommes au 20 mai, à Paris, au Louvre, dans la chambre de madame la grande sénéchale de Brézé, duchesse de Valentinois, appelée communément Diane de Poitiers. Neuf heures du matin viennent de sonner à l'horloge du château. Madame Diane, tout en blanc, dans un négligé au moins coquet, est penchée ou couchée à demi sur un lit de repos couvert de velours noir. Le roi Henri II, déjà habillé et paré d'un magnifique costume, se tient assis sur une chaise à ses côtés.

Regardons un peu le décor et les personnages.

La chambre de Diane de Poitiers resplendissait de tout le luxe dont ce beau lever du soleil de l'art qu'on nomme la Renaissance avait pu éclairer une chambre de roi. Les peintures, signées *le Primatice*, représentaient les divers épisodes d'une chasse dont Diane la chasseresse, déesse des bois et des forêts, était naturellement la principale héroïne. Les médaillons et panneaux dorés et colorés offraient partout leurs armes mêlées de François Ier et de Henri II. Ainsi se mêlaient dans le cœur de la belle Diane les souvenirs du père et du fils. Les emblèmes n'étaient pas moins historiques et significatifs, et en vingt endroits le croissant de Diane-Phœbé se faisait remarquer entre la Salamandre du vainqueur de Marignan, et le Bellérophon terrassant une Chimère, symbole adopté par Henri II depuis la reprise de Boulogne sur les Anglais. Cet inconstant croissant se variait d'ailleurs en mille formes et combinaisons différentes, qui faisaient toutes honneur à l'imagination des décorateurs du temps: ici la couronne royale le surmontait; là, quatre H, quatre fleurs de lis et quatre couronnes lui formaient un glorieux entourage, plus loin il était triple et plus loin étoilé. Les devises n'étaient pas moins diverses, et la plupart du temps rédigées en latin: *Diana regum venatrix*. — Était-ce une impertinence ou une flatterie? — *Donec totum impleat orbem*. — Double traduction: Le croissant deviendra pleine lune; la gloire du roi remplira l'univers. — *Cùm plena est, fit æmula solis*. — Version libre: Beauté et royauté sont sœurs. Et les ravissantes arabesques qui encadraient emblèmes et devises, et les meubles élégans qui les reproduisaient, tout cela, si nous le décrivions, humilierait d'abord nos magnificences d'à-présent, et puis perdrait trop à être décrit.

Jetons maintenant les yeux sur le roi.

L'histoire nous apprend qu'il était grand, souple et fort. Il devait combattre par une diète régulière et par un exercice journalier certaine tendance à l'embonpoint, et cependant il dépassait à la course les plus lestes, et l'emportait dans les luttes et les tournois sur les plus vigoureux. Il avait les cheveux et la barbe noire, et le teint brun foncé; ce qui, disent les mémoires, ne l'en animait que mieux. Il portait, ce jour-là comme toujours, les couleurs de la duchesse de Valentinois: habit de satin vert à crevés blancs, relevé de lames et broderies d'or; toque à plume blanche, toute étincelante de perles et de diamans; chaîne d'or à double rang qui supportait un médaillon de l'ordre de Saint-Michel; épée ciselée par Benvenuto; col blanc en point de Venise; un manteau de velours étoilé de lys d'or flottait enfin gracieusement sur ses épaules. Le costume était d'une rare richesse, et le cavalier d'une élégance exquise.

Nous avons dit en deux mots que Diane était vêtue d'un simple peignoir blanc d'une transparence et d'une ténuité singulières; peindre sa divine beauté serait moins facile, on n'aurait su dire lequel, du coussin de velours noir où elle appuyait sa tête, ou de la robe d'une blancheur éclatante qui l'enveloppait, faisait ressortir le mieux les neiges et les lis de son teint. Et puis c'était une perfection de délicates formes à désespérer Jean Goujon lui-même. Il n'y a pas de statue antique plus irréprochable, et la statue était vivante, et bien vivante à ce qu'on dit. Quant à la grâce répandue sur ces membres charmans, il ne faut pas essayer d'en parler. Cela ne se reproduit pas plus qu'un rayon de soleil. Pour son âge, elle n'en avait pas. Pareille en ce point comme en bien d'autres, aux immortelles, seulement les plus fraîches et les plus jeunes paraissaient, à côté d'elle vieilles et ridées. Les protestans parlaient de philtres et de breuvages à l'aide desquels elle restait toujours à seize ans. Les catholiques disaient seulement qu'elle prenait un bain froid tous les jours, et se lavait le visage, même en hiver, avec de l'eau glacée. On a gardé les recettes de Diane ; mais s'il est vrai que la Diane au cerf de Jean Goujon ait été sculptée sur ce royal modèle, on n'a pas retrouvé sa beauté.

Elle était donc bien digne de l'amour des deux rois qu'elle a l'un après l'autre ébloui. Car si l'histoire de la grâce de monsieur Saint-Vallier obtenue par ses beaux yeux bruns semble apocryphe, il est à peu près prouvé que Diane fut la maîtresse de François avant de devenir celle de Henry.

«On dit, rapporte Le Laboureur, que le roi François, qui le premier avait aimé Diane de Poitiers, lui ayant un jour témoigné quelque déplaisir, après la mort du dauphin François son fils, du peu de vivacité qu'il voyait en le prince Henry, elle lui dit qu'il fallait le rendre amoureux et qu'elle en voulait faire son galant. »

Ce que femme veut, Dieu le veut, et Diane fut pendant vingt-deux ans la bien-aimée et la seule aimée de Henri. Mais après avoir regardé le roi et la favorite, n'est-il pas temps de les écouter ?

Henri tenant un parchemin lisait à voix haute les vers que voici, non sans entremêler sa lecture d'interruptions et de commentaires en action que nous ne pouvons noter ici, vu qu'ils appartiennent à la mise en scène :

Douce et belle bouchelette,
Plus fraîche et plus vermeillette
Que le bouton églantin,
Au matin ;
Plus suave et mieux fleurante
Que l'immortelle amarante,
Et plus mignarde cent fois
Que n'est la douce rosée
Dont la terre est arrosée
Goutte à goutte au plus doux mois.
Baise-moi, ma douce amie,
Baise-moi, chère vie,
Baise-moi mignonnement,
Serrement,
Jusques à tant que je die :
Las ! je n'en puis plus, ma mie,
Las ! mon Dieu, je n'en puis plus.
Lors ta bouchette retire,
Afin que mort, je soupire,
Puis, me donne le surplus.
Ainsi ma douce guerrière,
Mon cœur, mon tout, ma lumière,
Vivons ensemble, vivons,
Et suivons
Les doux soutiens de jeunesse,
Aussi bien une vieillesse
Nous menace sur le port,
Qui toute courbe et tremblante,
Nous attraîne, chancelante,
La maladie et la mort.

— Et comment s'appelle le gentil poëte qui dit si bien ce que nous faisons ? demanda Henri quand il eut achevé sa lecture.

— Il s'appelle Remy Belleau, sire, et promet, que je crois, un rival à Ronsard. Eh bien! continua la duchesse, estimez-vous comme moi cinq cents écus cette amoureuse poésie ?

— Il les aura, ton protégé, ma belle Diane.

— Mais il ne faut pas oublier pour cela les anciens, sire. Avez-vous signé le brevet de pension que j'ai promis en votre nom à Ronsard, le prince des poëtes ?... Oui, n'est-ce pas ? Je n'ai donc plus alors qu'à vous demander l'abbaye vacante de Recouls pour votre bibliothécaire, Mellin de Saint Gelais, notre Ovide de France.

— Ovide sera abbé, entends-tu, mon gentil Mécène, dit le roi.

— Ah ! que vous êtes heureux, sire, de pouvoir disposer à votre gré de tant de bénéfices et de charges. Si j'avais votre puissance seulement une heure !

— Ne l'as-tu pas toujours, ingrate ?

— Vraiment, mon roi ? — Mais voilà deux minutes au moins que je n'ai eu de baiser de vous !... à la bonne heure !... vous disiez que votre puissance était toujours à moi ? — Ne me tentez donc pas, sire ! je vous préviens que j'en userais pour acquitter la grosse dette que me réclame Philibert Delorme, sous prétexte que mon château d'Anet est terminé. Ce sera l'honneur de votre règne, sire, mais que c'est cher, un baiser, mon Henri !

— Et pour ce baiser, Diane, prends pour ton Philibert Delorme les sommes que produira la vente de ce gouvernement de Picardie.

— Sire, est-ce que je vends mes baisers ? Je te les donne, Henri... C'est deux cent mille livres que vaut ce gouvernement de Picardie, je crois ? Oh ! bien, alors je pourrai prendre ce collier de perles qu'on m'offrait, et dont j'avais bien envie de me parer aujourd'hui au mariage de votre bien-aimé fils François. Cent mille livres à Philibert, cent mille livres pour le collier, le gouvernement de Picardie y passera.

— D'autant plus que tu l'estimes juste la moitié au-dessus de sa valeur, Diane.

— Quoi ! ne vaut-il que cent mille livres ? Eh bien, c'est tout simple, je renonce au collier alors.

— Bah ! reprit en riant le roi, nous avons quelque part trois ou quatre compagnies vacantes qui pourront payer ce collier, Diane.

— Oh ! sire, vous êtes le plus généreux des rois, comme vous êtes le mieux aimé des amans.

— Oui, tu m'aimes vraiment comme je t'aime, n'est-ce pas, Diane ?

— Il le demande !

— C'est que moi, vois-tu, je t'adore toujours davantage, car tu es toujours plus belle. — Ah ! le doux sourire que vous avez, mignonne ! ah ! le gentil regard ! Laissez-moi, laissez-moi à vos pieds. Mettez vos deux blanches mains sur mes épaules. Que tu es belle, Diane ! Diane, que je t'aime ! je resterais ainsi à te contempler des heures, des années ; j'oublierais la France, j'oublierais le monde.

— Et même le solennel mariage de monseigneur le dauphin, dit Diane en riant, et c'est pourtant aujourd'hui, dans deux heures, qu'on le célèbre. Et si vous êtes déjà prêt et magnifique, sire, je ne suis pas prête du tout, moi. Allons ! mon roi, il est temps, je crois, que j'appelle mes femmes. Dix heures vont sonner dans un instant.

— Dix heures ! reprit Henri, j'ai un rendez-vous en effet pour cette heure-là.

— Un rendez-vous, sire ? avec une femme peut-être !

— Avec une femme.

— Et jolie sans doute ?

— Oui, Diane, très jolie.

— Alors, ce n'est pas la reine ?

— Méchante ! Catherine de Médicis a sa beauté, beauté sévère et froide, mais réelle. Cependant, ce n'est pas la reine que j'attends. Tu ne devines pas qui ?

— Non en vérité, sire.

— C'est une autre Diane, c'est le souvenir vivant de nos jeunes amours, c'est notre fille, notre fille chérie !

— Vous le répétez trop haut et trop souvent, sire, reprit Diane en fronçant le sourcil et d'un ton embarrassé. Il était convenu pourtant que madame de Castro passerait pour la fille d'une autre que moi. J'étais née pour avoir de vous des enfans légitimes. J'ai été votre maîtresse parce que je vous aimais; mais je ne souffrirai pas que vous me déclariez ouvertement votre concubine.

— Il sera fait comme ta fierté le désire, Diane, dit le roi, tu aimes bien notre enfant, cependant, n'est-il pas vrai?

— Je l'aime d'être aimée de vous.

— Oh! oui, bien aimée... Elle est si charmante, si spirituelle et si bonne? Et puis, Diane, elle me rappelle mes jeunes années, et ce temps où je t'aimais; ah! non pas plus profondément qu'aujourd'hui, mais où je t'aimais pourtant... jusqu'au crime.

Le roi était tout à coup tombé dans une sombre rêverie, puis relevant la tête.

— Ce Montgommery! vous ne l'aimiez pas, n'est-ce pas, Diane? vous ne l'aimiez pas?

— Quelle question! reprit avec un sourire de dédain la favorite. Après vingt ans, encore cette jalousie!

— Oui, j'étais jaloux, je le suis, je le serai toujours de toi, Diane. Enfin tu ne l'aimais pas; mais il t'aimait, lui, le misérable, il osait t'aimer!

— Mon Dieu! sire, vous avez toujours trop ajouté fi à aux calomnies dont ces protestans me poursuivent. Ce n'est pas d'un roi catholique, cela. En tout cas, quand cet homme m'aurait aimée, qu'importe, si mon cœur n'a pas un instant cessé d'être à vous, et le comte de Montgommery est mort depuis longtemps.

— Oui, mort! dit le roi d'une voix sourde.

— N'attristons donc pas de ces souvenirs un jour qui doit être un jour de fête, reprit Diane. Avez-vous déjà vu François et Marie, voyons? sont-ils toujours aussi amoureux, ces enfans? Voilà que leur grande impatience sera bientôt satisfaite. Enfin, dans deux heures, ils seront l'un à l'autre, bien joyeux, bien heureux encore, pas aussi joyeux que les Guises dont cette union doit combler les vœux.

— Oui, mais qui enrage? dit le roi; mon vieux Montmorency; et le connétable a d'autant plus le droit d'enrager que notre Diane, j'en ai peur, ne sera pas non plus pour son fils.

— Mais, sire, ne lui aviez-vous pas promis ce mariage comme dédommagement?

— Assurément, mais il paraît que madame de Castro a des répugnances...

— Un enfant de dix-huit ans qui sort du couvent à peine. Quelles répugnances peut-elle avoir?

— C'est pour me le confier qu'elle doit m'attendre à cette heure chez moi.

— Allez la rejoindre, sire; moi, je vais me faire belle pour vous plaire.

— Et après la cérémonie, je vous reverrai au carrousel. Je romprai encore aujourd'hui des lances en votre honneur, et veux vous faire la reine du tournoi.

— La reine? et l'autre?

— Il n'y en a qu'une, Diane, et tu le sais bien. Au revoir.

— Au revoir, sire, et surtout pas de témérité imprudente dans ce tournoi, vous me faites peur quelquefois.

— Il n'y a pas de danger, hélas! et je voudrais qu'il y en eût pour en avoir un peu plus de mérite à tes yeux. Mais l'heure s'écoule, et mes deux Diane s'impatientent. Dis-moi pourtant encore une fois que tu m'aimes.

— Sire, comme je vous ai toujours aimé, comme je vous aimerai toujours.

Le roi, avant de laisser retomber sur lui la portière, envoya de la main un dernier baiser à sa maîtresse.—Adieu! ma Diane bien aimante et bien aimée, dit-il.

Et il sortit.

Alors un panneau caché par une tapisserie s'ouvrit dans la muraille opposée.

— Par la mort Dieu! avez-vous assez bavardé aujourd'hui? dit brutalement en entrant le connétable de Montmorency.

— Mon ami, dit Diane qui s'était levée, vous avez vu que, même avant dix heures, l'heure où je vous avais donné rendez-vous, j'ai tout fait pour le renvoyer. Je souffrais autant que vous, croyez-le.

— Autant que moi! non, pasques-Dieu! ma chère, et si vous vous imaginez que vos discours étaient édifians et amusans... Et d'abord qu'est-ce que cette nouvelle lubie de refuser à mon fils François la main de votre fille Diane, après me l'avoir solennellement promise? Par la couronne d'épines! ne dirait-on pas que cette bâtarde fait un grand honneur à la maison des Montmorency en daignant y rentrer! Il faut que ce mariage ait lieu, entendez-vous, Diane; vous vous arrangerez pour cela. C'est le seul moyen qui nous reste de rétablir un peu l'équilibre entre nous et ces Guises que le diable étrangle! Ainsi, Diane, malgré le roi, malgré le pape, malgré tout, je veux que cela se fasse.

— Mais, mon ami...

— Ah! s'écria le connétable, quand je vous dis que je le veux, *Pater noster!...*

— Cela se fera donc, mon ami, s'empressa de dire Diane épouvantée.

V.

LA CHAMBRE DES ENFANS DE FRANCE.

Le roi, en rentrant chez lui, n'y trouva pas sa fille. L'huissier de service l'avertit qu'après l'avoir longtemps attendu, madame Diane avait passé dans le logement des enfans de France, priant qu'on la prévînt dès que Sa Majesté serait de retour.

— C'est bien, dit Henri, je vais moi-même l'y rejoindre. Qu'on me laisse, je veux aller seul.

Il traversa une grande salle, prit un long corridor, puis ouvrant doucement une porte, s'arrêta pour regarder derrière la haute portière entrebâillée. Les cris et les rires des enfans avaient couvert le bruit de ses pas, et il put voir sans être vu le plus charmant et le plus gracieux tableau.

Debout devant la croisée, Marie Stuart, la jeune et charmante mariée, avait autour d'elle Diane de Castro, Elisabeth et Marguerite de France, toutes trois empressées et babillantes, redressant un pli à son costume, ajustant une boucle dérangée à sa coiffure, donnant enfin à sa fraîche toilette ce dernier fini que les femmes seules savent donner. A l'autre extrémité de la chambre, les frères Charles, Henri, et le plus jeune, François, riant et criant à qui mieux mieux, pesaient de toutes leurs forces sur une porte qu'essayait vainement de pousser le dauphin François, le jeune marié, à qui les espiègles voulaient interdire jusqu'au dernier moment la vue de sa femme.

Jacques Amyot, précepteur des princes, causait gravement dans un coin avec madame de Coni et lady Lennox, gouvernantes des princesses.

Il y avait là aussi réunis, dans l'espace que peut embrasser d'un coup d'œil toute l'histoire de l'avenir, bien des malheurs, des passions et de la gloire. Le dauphin qui s'appela François II, Elisabeth qui épousa Philippe II et devint reine d'Espagne, Charles qui fut Charles IX, Henri qui fut Henri III, Marguerite de Valois qui fut reine et femme de Henri IV, François qui fut duc d'Alençon, d'Anjou et de Brabant, et Marie Stuart qui fut reine deux fois et de plus martyre.

L'illustre traducteur de Plutarque suivait, d'un œil mélancolique et profond en même temps, les jeux de ces enfans et les destinées futures de la France.

— Non, non, François n'entrera pas, criait avec une sorte de violence le sauvage Charles Maximilien qui ordonna la Saint-Barthélemy.

Et aidé de ses frères il réussit à pousser le verrou, et à rendre ainsi l'entrée tout à fait impossible au pauvre dauphin François, qui, trop frêle d'ailleurs pour l'emporter, même sur trois enfans, ne pouvait que trépigner et l'implorer au dehors.

— Cher François! comme ils le tourmentent dit Marie Stuart à ses sœurs.

— Tenez-vous donc, madame la dauphine, que j'attache au moins cette épingle, dit en riant la petite Marguerite. Quelle belle invention que celle des épingles, et comme celui qui les a imaginées l'an passé devait être un grand homme, ajouta-t-elle.

— Et l'épingle mise, reprit la tendre Elisabeth, je vais ouvrir, moi, à ce pauvre François, malgré ces démons; car je souffre de lo voir ainsi souffrir.

— Oui, tu comprends cela, toi, Elisabeth, dit en soupirant Marie Stuart, et tu penses à ton gentil espagnol don Carlos, le fils du roi d'Espagne, qui nous a tant fêtées et diverties à Saint-Germain.

— Tiens! s'écria malicieusement en battant des mains la petite Marguerite, Elisabeth rougit... le fait est qu'il était galant et beau son Castillan.

— Allons donc! intervint maternellement Diane de Castro, la sœur aînée, il n'est pas bien de se railler ainsi entre sœurs, Marguerite.

Rien n'était plus ravissant en effet que l'aspect de ces quatre beautés si diverses et si parfaites; boutons en fleurs! Diane, toute pureté et douceur; Elisabeth, gravité et tendresse; Marie Stuart, provoquante langueur; Marguerite, pétillante étourderie. Henri, ému et ravi, ne pouvait rassasier ses yeux de ce charmant spectacle.

Il fallut bien pourtant qu'il se décidât à entrer. — Le roi! cria-t-on d'une voix; et tous et toutes se levant accoururent vers le roi et le père. Seulement Marie Stuart, restant un peu en arrière, vint tirer doucement le verrou qui retenait François captif. Le dauphin entra promptement, et la jeune famille se trouva ainsi complète.

— Bonjour, mes enfans, dit le roi, je suis bien content de vous trouver ainsi tous en santé et en joie. — On te retenait donc dehors, François, mon pauvre amoureux? mais tu vas avoir le temps maintenant de voir souvent et toujours ta mignonne fiancée. Vous vous aimez bien mes enfans?

— Oh! oui, sire, j'aime Marie! et le passionné garçon mit un baiser ardent sur la main de celle qui allait être sa femme.

— Monseigneur, dit vivement et sévèrement lady Lennox, on ne baise pas ainsi publiquement la main des dames, en présence de Sa Majesté surtout. Que va-t-elle penser de madame Marie et de sa gouvernante?

— Mais cette main n'est-elle pas à moi? dit le dauphin.

— Pas encore, monseigneur, dit la duègne, et j'entends remplir jusqu'au bout mon devoir.

— Sois tranquille, reprit Marie à demi-voix à son mari qui boudait déjà, quand elle ne nous regardera pas, je te la rendrai.

Le roi riait sous sa barbe.

— Vous êtes bien austère, milady; mais vous avez raison, ajouta-t-il en se reprenant. — Et vous, messire Amyot, vous n'êtes pas mécontent, j'espère, de vos élèves. Ecoutez bien votre savant précepteur, messieurs, il vit dans la familiarité des grands héros de l'antiquité. — Messire Amyot, y a-t-il longtemps que vous n'avez eu de nouvelles de Pierre Danoy, notre maître à tous les deux, et de Henri Etienne notre condisciple?

— Le vieillard et le jeune homme vont bien, sire, et seront heureux et fiers du souvenir que Votre Majesté a daigné garder d'eux.

— Allons, mes enfans, dit le roi, j'ai voulu vous voir avant la cérémonie, et suis aise de vous avoir vus. Maintenant, Diane, je suis tout à vous, ma mignonne, suivez-moi donc.

Diane, s'inclinant profondément, se mit en devoir de suivre le roi.

VI.

DIANE DE CASTRO.

Diane de Castro, que nous avons vue enfant, avait maintenant près de dix-huit ans. Sa beauté avait tenu toutes ses promesses, et s'était développée à la fois régulière et charmante; l'expression particulière de son doux et fin visage était une candeur virginale. Diane de Castro, de caractère et d'esprit, était restée l'enfant que nous connaissons. Elle n'avait pas encore treize ans, quand le duc de Castro, qu'elle n'avait pas revu depuis le jour de son mariage, avait été tué au siège d'Hesdin. Le roi avait envoyé la veuve enfant passer son deuil au couvent des Filles-Dieu à Paris, et Diane avait trouvé là des affections si chères et de si douces habitudes, qu'elle avait demandé à son père la permission de rester avec les bonnes religieuses et ses compagnes, jusqu'à ce qu'il lui plût de disposer d'elle de nouveau. On ne pouvait que respecter une intention si pieuse, et Henri n'avait fait sortir Diane du couvent que depuis un mois, depuis que le connétable de Montmorency, jaloux de l'autorité prises par les Guises dans le gouvernement, avait sollicité et obtenu pour son fils la main de la fille du roi et de la favorite.

Pendant ce mois qu'elle venait de passer à la cour, Diane avait su s'attirer tout de suite le respect et l'admiration de tous : « Car, dit Brantôme au livre des dames illustres, elle était fort bonne et ne faisait point de déplaisir à personne, encore qu'elle eût le cœur grand et haut, et l'âme fort généreuse, sage et fort vertueuse. » Mais cette vertu, qui se détachait si pure et si aimable au milieu de la corruption générale du temps, n'était mêlée, d'ailleurs, d'aucune austérité et d'aucune rudesse. Comme un jour un homme dit devant Diane qu'une fille de France devait être vaillante, et que sa timidité sentait trop la religieuse, elle apprit en peu de jours à monter à cheval, et il n'y avait pas de cavalier qui fût aussi hardi et aussi élégant qu'elle. Elle accompagna dès-lors le roi à la chasse, et Henri se laissa de plus en plus captiver par cette bonne grâce qui cherchait sans affectation la moindre occasion de le prévenir et de lui plaire. Aussi Diane avait-elle le privilége d'entrer à toute heure chez son père et elle était toujours la bien venue. Son charme touchant, sa chaste attitude, ce parfum de virginité et d'innocence qu'on respirait autour d'elle, jusqu'à son sourire un peu triste, en faisaient la figure la plus exquise et la plus ravissante peut-être de cette cour, qui comptait cependant tant d'éblouissantes beautés.

— Eh bien! dit Henri, je vous écoute à présent, ma mignonne. Voilà onze heures qui sonnent. La cérémonie du mariage à Saint-Germain-l'Auxerrois n'est que pour midi. J'ai donc toute une demi-heure à vous donner, et que n'en ai-je plus encore! Ce sont de bons instans de ma vie, ceux que je passe auprès de vous.

— Sire, que vous êtes indulgent et paternel!

— Non, mais je vous aime bien, mon affectueuse enfant, et je voudrais de tout mon cœur faire quelque chose qui vous plût, à condition de ne pas nuire aux intérêts graves qu'un roi doit considérer toutefois avant toute affection. — Et tenez, Diane, pour vous en donner la preuve, je veux d'abord vous rendre compte des requêtes que vous m'avez adressées. La bonne sœur Monique, qui vous a tant chérie et soignée à votre couvent des Filles-Dieu, vient, à votre recommandation, d'être nommée abbesse supérieure du couvent d'Origny à Saint-Quentin.

— Oh! que de remercîmens, sire!

— Quant au brave Antoine, votre serviteur préféré à Vimoutiers, il aura sa vie durant une bonne pension sur notre trésor. Je regrette bien, Diane, que le sire Enguerrand ne soit plus. Nous aurions voulu royalement témoigner notre reconnaissance au digne écuyer qui a si heureusement élevé notre chère fille Diane. Mais vous l'avez perdu l'an passé, je crois, et il ne laisse pas même d'héritier.

— Sire, c'est trop de générosité et de bonté, vraiment.

— Voilà de plus, Diane, les lettres patentes qui vous confèrent le titre de duchesse d'Angoulême. Et ce n'est pas le quart de ce que je souhaiterais faire pour vous. Car je vous vois parfois rêveuse et triste, et c'est de quoi j'avais hâte de m'entretenir avec vous, désirant vous consoler, ou guérir vos peines. Voyons, ma mignonne, n'es-tu donc pas heureuse?

— Ah! sire, reprit Diane, comment ne le serais-je pas ainsi, entourée de votre affection et de vos bienfaits? Je ne demande qu'une chose, c'est que le présent si plein de joie se continue. L'avenir, si beau et si glorieux qu'il puisse être, ne le compenserait jamais.

— Diane, dit gravement Henri, vous savez que je vous ai rappelée du couvent pour vous donner à François de Montmorency. C'était un grand parti, Diane, et pourtant ce mariage, qui, je ne vous le cache pas, eût servi utilement les intérêts de ma couronne, semble vous répugner. Vous me devez au moins les motifs de ce refus qui m'afflige, Diane.

— Aussi ne vous les cacherai-je pas, mon père. Et d'abord, dit Diane avec quelque embarras, on m'a assuré que François de Montmorency était marié déjà secrètement à mademoiselle de Fiennes, une des dames de la reine?

— C'est vrai, reprit le roi, mais ce mariage contracté clandestinement, sans le consentement du connétable et le mien, est nul de plein droit, et si le pape prononce le divorce, vous ne pouvez pas, Diane, vous montrer plus exigeante que Sa Sainteté! Donc, c'est là votre raison?...

— Mais c'est qu'il y en a une autre, mon père.

— Et laquelle, voyons? comment une alliance qui honorerait les plus nobles et les plus riches héritières de France peut-elle faire votre malheur?

— Eh bien! mon père, parce que... parce que j'aime quelqu'un, dit Diane en se jetant toute confuse et éplorée dans les bras du roi.

— Vous aimez, Diane? reprit Henri étonné, et comment s'appelle celui que vous aimez?

— Gabriel, Sire!

— Gabriel de quoi? dit le roi en souriant.

— Je n'en sais rien, mon père.

— Comment cela, Diane? Au nom du ciel! expliquez-vous.

— Sire, je vais tout vous dire. C'est un amour d'enfance. Je voyais Gabriel tous les jours. Il était si complaisant, si brave, si beau, si savant, si tendre! il m'appelait sa petite fille. Ah! Sire, ne riez pas, c'était une affection grave et sainte, la première qui se fût gravée dans mon cœur; d'autres pourront s'y ajouter, aucune ne l'effacera. Et pourtant je me suis laissé marier au duc Farnèse, Sire, mais c'est que je ne savais pas ce que je faisais; c'est qu'on m'a contrainte et que j'ai obéi comme une petite fille. Depuis, j'ai vu, j'ai vécu, j'ai compris de quelle trahison je m'étais rendue coupable envers Gabriel! Pauvre Gabriel! en me quittant, il ne pleurait pas, mais dans son regard brillait quelle douleur! Tout cela m'est revenu avec les souvenirs dorés de mon enfance, pendant les années solitaires que j'ai passées au couvent. De sorte que j'ai vécu deux fois les jours écoulés auprès de Gabriel, dans le fait et dans la pensée, dans la réalité et dans le rêve. Et de retour ici, à la cour, Sire, parmi ces gentilshommes accomplis qui vous font comme une autre couronne, je n'en ai pas vu un seul qui pût rivaliser avec Gabriel; et ce n'est pas François, le fils soumis du hautain connétable, qui me fera jamais oublier le doux et fier compagnon de mon enfance. Aussi, maintenant que je comprends mes actions et leur portée, mon père, tant que vous me laisserez libre, je resterai fidèle à Gabriel.

— L'as-tu donc revu depuis que tu as quitté Vimoutiers, Diane?

— Hélas! non, mon père.

— Mais tu as eu de ses nouvelles, au moins?

— Pas davantage. J'ai seulement appris par Enguerrand qu'il avait quitté le pays après mon départ; il avait dit à Aloyse, sa nourrice, qu'il ne la reverrait que glorieux et redoutable, et qu'elle ne s'inquiétât pas de lui. Et là-dessus il est parti, Sire.

— Sans que sa famille ait depuis entendu parler de lui? demanda le roi.

— Sa famille? répéta Diane. Je ne lui connaissais pas d'autre famille qu'Aloyse, mon père, et jamais je n'ai vu ses parens quand j'allais avec Enguerrand lui faire visite à Montgommery.

— A Montgommery! s'écria Henri en pâlissant. Diane! Diane! ce n'est pas un Montgommery, j'espère! dis-moi bien vite que ce n'est pas un Montgommery.

— Oh! non, Sire; sans cela il me semble qu'il eût habité le château, et il demeurait dans la maison d'Aloyse sa nourrice. Mais que vous ont donc fait les comtes de Montgommery pour vous émouvoir à ce point, Sire? Seraient-ils vos ennemis? on n'en parle dans le pays qu'avec vénération.

— Ah! vraiment! reprit le roi avec un rire de dédain; ils ne m'ont rien fait d'ailleurs, rien du tout, Diane! que veux-tu qu'un Montgommery fasse à un Valois? Revenons à ton Gabriel. N'est-ce pas Gabriel que tu le nommes?

— Oui...

— Et il n'avait pas d'autre nom?

— Pas d'autre, que je sache, Sire; c'était un orphelin comme moi, et jamais en ma présence on n'a parlé de son père.

— Et vous n'avez pas enfin, Diane, d'autre objection à faire à l'alliance projetée entre vous et Montmorency, que votre ancienne affection pour ce jeune homme? pas d'autre, n'est-ce pas?

— Cela suffit à la religion de mon cœur, Sire.

— Fort bien, Diane, et je n'essayerais peut-être pas de vaincre vos scrupules si votre ami était là, qu'on pût le connaître et l'apprécier, et, bien qu'il soit, je le devine, de race douteuse...

— N'y a-t-il pas aussi une barre à mon écusson, Votre Majesté?

— Au moins avez-vous un écusson, madame, et les Montmorency comme les Castro tiennent à honneur d'introduire dans leurs maisons une fille légitimée de la mienne, veuillez vous le rappeler. Votre Gabriel, au contraire... mais ce n'est pas de cela qu'il s'agit. Ce qui m'occupe, c'est que depuis six ans il n'a pas reparu, qu'il vous a oublié, Diane, qu'il en aime une autre, peut-être.

— Sire, vous ne connaissez pas Gabriel, c'est un cœur sauvage et fidèle, et qui s'éteindra en m'aimant.

— Bien! Diane. Avec vous l'infidélité n'est pas vraisemblable sons doute, et vous avez raison de la nier. Mais tout vous porte enfin à croire que ce jeune homme est parti pour la guerre. Eh bien! n'est-il pas probable qu'il y a péri? Je t'afflige, mon enfant, et voilà ton beau front tout pâle et tes yeux tout noyés de larmes. Oui, je le vois, c'est en toi un sentiment profond, et quoique je n'aie guère eu occasion d'en rencontrer de pareil, et qu'on m'ait habitué à douter de ces grandes passions, je ne souris pas de la tienne et veux la respecter. Mais vois pourtant, ma mignonne, pour un amour d'enfant, dont l'objet n'est même plus, pour un souvenir, pour une ombre : vois dans quel embarras ton refus va me jeter. Le connétable, si je lui retire injurieusement ma parole, se fâchera, non sans droit, car il est de fort bon service peut-être; et alors, ce n'est plus moi qui suis le roi, c'est le duc de Guise. Regarde, Diane : des six frères de ce nom, le duc de Guise a sous la main toutes les forces militaires de la France, le cardinal toutes les finances, un troisième mes galères de Marseille, un quatrième commande en Ecosse, et un cinquième va remplacer Brissac en Piémont. De sorte que dans tout mon royaume, moi, le roi, je ne puis disposer ni d'un soldat ni d'un écu sans leur assentiment. Je te parle doucement, Diane, et je t'explique les choses; je [illisible] quand je pourrais ordonner. Mais j'aime bien mieux te faire juge toi-même, et que ce soit le père et non le roi qui obtienne de sa fille son consentement à ses vues. Je l'obtiendrai, car tu es bonne et dévouée. Ce mariage me sauve, mon enfant ; il donne sur Montmorency l'autorité qu'il retire aux Guises. Il égalise les deux plateaux de la balance, dont mon pouvoir royal est le fléau. Guise en devient moins superbe et Montmorency plus dévoué. Eh bien ! tu ne répondras pas, mignonne, resteras-tu sourde aux supplications de ton père, qui ne te violente pas, qui ne te brusque pas, qui entre dans tes idées, au contraire, et te demande seulement de ne pas lui refuser le premier service dont tu puisses payer ce qu'il a fait et ce qu'il veut encore faire pour ton bonheur et ton honneur ?... Eh bien ! Diane, ma fille, consens-tu, voyons !

— Sire, reprit Diane, vous êtes plus puissant mille fois quand votre voix implore que lorsqu'elle ordonne. Je suis prête à me sacrifier à vos intérêts, mais à une condition cependant, Sire.

— Et laquelle, enfant gâtée ?

— Ce mariage n'aura lieu que dans trois mois, et d'ici là, je ferai demander à Aloyse des nouvelles de Gabriel, et prendrai ailleurs toutes les informations possibles, afin que, s'il n'est plus, je le sache, et que s'il vit, je puisse au moins lui redemander ma promesse.

— Accordé de grand cœur, dit Henri tout joyeux, et j'ajouterai qu'on ne peut pas mettre plus de raison dans l'enfantillage... Ainsi, tu feras rechercher ton Gabriel, et je t'y aiderai au besoin, et dans trois mois tu épouseras François, quel que soit le résultat de nos informations, que ton jeune ami soit vivant ou mort ?

— Et à présent, dit Diane en secouant douloureusement la tête, je ne sais pas si je dois le plus souhaiter sa mort ou sa vie.

Le roi ouvrit la bouche, et allait hasarder une théorie assez peu paternelle, et une consolation passablement risquée. Mais il n'eut qu'à rencontrer le regard candide et le profil pur de Diane pour s'arrêter à temps, et sa pensée ne se traduisit que par un sourire.

— Par bonheur et par malheur, l'usage de la cour la formera, se dit-il.

Et tout haut :

— Voici l'heure de se rendre à l'église, Diane ; acceptez ma main jusqu'à la grande galerie, madame, et puis je vous reverrai aux carrousels et aux jeux de l'après-dîner, et si vous ne m'en voulez pas trop de ma tyrannie, vous daignerez applaudir à mes coups de lance et à mes passes-d'armes, mon joli juge.

VII.

LES PATENÔTRES DE M. LE CONNÉTABLE.

Le même jour, dans l'après-midi, pendant que les carrousels et les fêtes se tenaient aux Tournelles, le connétable de Montmorency achevait d'interroger au Louvre, dans le cabinet de Diane de Poitiers, un de ses affidés secrets.

L'espion était de taille moyenne et brun de figure. Il avait les yeux et les cheveux noirs, le nez aquilin, le menton fourchu, la lèvre inférieure saillante, et le dos légèrement courbé. Il ressemblait de la façon la plus frappante à Martin-Guerre, le fidèle écuyer de Gabriel. Qui les eût vus séparés les eût pris l'un pour l'autre. Qui les eût vus ensemble aurait cru avoir affaire à deux jumeaux, tant leur conformité était de tout point exacte. C'étaient les mêmes traits, le même âge, la même tournure.

— Et du courrier, qu'en avez-vous fait, maître Arnauld ? demanda le connétable.

— Monseigneur, je l'ai supprimé. Il le fallait bien. Mais c'était la nuit, dans la forêt de Fontainebleau. On mettra le meurtre sur le compte des voleurs.

— N'importe, maître Arnauld, la chose est grave, et je vous blâme d'être si prompt à jouer du couteau.

— Je ne recule devant aucune extrémité quand il s'agit du service de monseigneur.

— Oui, mais une fois pour toutes, maître Arnauld, songez que si vous vous laissez prendre, je vous laisserai pendre, dit d'un ton sec et quelque peu méprisant le connétable.

— Soyez tranquille, monseigneur, on est homme de précaution.

— Voyons la lettre maintenant.

— La voici, monseigneur.

— Eh bien ! décachetez-la sans altérer le scel, et lisez. Est-ce que vous vous imaginez que je sais lire, par la mort Dieu !

Maître Arnauld du Thill prit dans sa poche une sorte de ciseau tranchant, découpa soigneusement le cachet, et développa la lettre. Il courut d'abord à la signature.

— Monseigneur voit que je ne me trompais pas. La lettre adressée au cardinal de Guise est bien du cardinal Caraffa, comme ce misérable courrier avait eu la sottise de me l'avouer.

— Lisez donc, par la couronne d'épines ! s'écria Anne de Montmorency.

Maître Arnauld lut.

« Monseigneur et cher allié, trois mots seulement d'importance. Premièrement, selon votre demande, le Pape traînera en longueur l'affaire du divorce, et renverra de congrégation en congrégation François de Montmorency, qui nous est arrivé d'hier à Rome, pour finalement lui refuser les dispenses qu'il sollicite. »

— *Pater noster...* murmura le connétable. Que Satan les brûle, toutes ces robes rouges !

— « Deuxièmement, reprit Arnauld continuant sa lecture, monsieur de Guise, votre illustre frère, après avoir pris Campli, tient Civitella en échec. Mais pour nous résoudre ici à lui envoyer les hommes et provisions qu'il demande, grand sacrifice pour nous, en somme, nous voudrions être au moins assurés que vous ne le rappellerez pas pour la guerre de Flandres, comme le bruit en court ici. Faites en sorte qu'il nous reste ; et sa Sainteté se déterminera à une grande émission d'indulgences, quoique les temps soient durs, pour aider monsieur François de Guise à châtier efficacement le duc d'Albe et son maître arrogant. »

— *Adveniat regnum tuum...* grommelait Montmorency. Nous aviserons à cela, tête et sang ! nous y aviserons, dussions-nous appeler les Anglais en France ; continuez donc, par la messe ! Arnauld.

— « Troisièmement, reprit l'espion, je vous annonce, monseigneur, pour vous encourager et vous seconder dans vos efforts, l'arrivée prochaine à Paris d'un envoyé de votre frère, le vicomte d'Exmès, apportant à Henri les drapeaux conquis dans cette campagne d'Italie. Il part, et il arrivera sans doute en même temps que ma lettre, que j'ai préféré confier cependant à notre courrier ordinaire ; sa présence, et les glorieuses dépouilles qu'il va offrir au roi, vous seront assurément d'un bon secours pour diriger vos négociations dans le sens qu'il faut. »

— *Fiat voluntas tua !* s'écria le connétable furieux. Nous allons bien le recevoir cet ambassadeur d'enfer ! je te le recommande, Arnauld. Est-elle finie cette damnée lettre ?

— Oui, monseigneur, suivent les complimens et la signature.

— C'est bon, tu vois que tu vas avoir de la besogne, mon maître.

— Je ne demande que cela, monseigneur, avec un peu d'argent pour la conduire à bonne fin.

— Drôle ! voilà cent ducats. Il faut toujours avec toi avoir l'argent à la main.

— Je dépense tant pour le service de monseigneur.

— Tes vices te coûtent plus que mon service, maraud.

— Oh! comme monseigneur se trompe sur mon compte! Mon rêve serait de vivre calme et heureux, et riche, dans quelque province, entouré de ma femme et de mes enfans, et de couler là en paix mes jours comme un honnête père de famille.

— C'est tout à fait vertueux et bucolique, en effet. Eh bien! amende-toi, mets de côté quelques doublons, marie-toi, et tu pourras réaliser tes plans de bonheur domestique. Qui t'en empêche?

— Ah! monseigneur, la fougue! Et quelle femme voudrait de moi?

— Au fait, en attendant votre hyménée, maître Arnauld, recachetez toujours précieusement cette lettre, et portez-la au cardinal. Vous vous déguiserez, entendez-vous? et vous direz que vous avez été chargé par votre camarade mourant...

— Monseigneur peut se fier à moi. Lettre refermée et courrier remplacé seront plus vraisemblables que la vérité elle-même.

— Ah! mort Dieu! reprit Montmorency, nous avons oublié de prendre le nom de ce plénipotentiaire annoncé par le Guise. Comment s'appelle-t-il déjà?

— Le vicomte d'Exmès, monseigneur.

— Oui, c'est cela, maraud. Eh bien! retiens ce nom. Et là! qui vient me déranger encore?

— Que monseigneur me pardonne, dit en entrant le fourrier du connétable. C'est un gentilhomme arrivant d'Italie, qui demande à voir le roi de la part du duc de Guise, et j'ai cru devoir vous en prévenir, vu surtout qu'il voulait absolument parler au cardinal de Lorraine. Il s'appelle le vicomte d'Exmès.

— C'est très bien fait à toi. Guillaume, dit le connétable. Fais entrer ici ce seigneur. Et toi, maître Arnauld, mets-toi là, derrière cette portière, et ne perds pas cette occasion de voir celui à qui tu auras sans doute affaire. C'est pour toi que je le reçois, attention!

— M'est avis, monseigneur, répondit Arnauld, que je l'ai rencontré déjà dans mes voyages. N'importe! il est bon de s'en assurer... Le vicomte d'Exmès?...

L'espion se glissa derrière la tapisserie. Guillaume introduisit Gabriel.

— Pardon, dit le jeune homme en saluant le vieillard, à qui ai-je l'honneur de parler?

— Je suis le connétable de Montmorency, monsieur; que désirez-vous?

— Pardon encore, reprit Gabriel, ce que j'ai à dire, c'est au roi que je dois le dire.

— Vous savez que Sa Majesté n'est pas au Louvre? et en son absence...

— Je rejoindrai ou j'attendrai Sa Majesté, interrompit Gabriel.

— Sa Majesté est aux fêtes des Tournelles, et ne reviendra pas avant le soir ici. Ignorez-vous qu'on célèbre aujourd'hui le mariage de monseigneur le dauphin?

— Non, monseigneur, je l'ai appris sur mon chemin. Mais je suis venu par les rues de l'Université et le pont au Change, et n'ai point traversé la rue Saint-Antoine.

— Vous auriez dû suivre alors la direction de la foule. Elle vous eût conduit au roi.

— C'est que je n'ai pas l'honneur d'avoir été vu encore par Sa Majesté. Je suis tout à fait étranger à la cour. J'espérais trouver au Louvre monseigneur le cardinal de Lorraine. C'est son Éminence que j'avais demandée, et je ne sais pourquoi, monseigneur, c'est vous que l'on m'a mené.

— Monsieur de Lorraine, dit le connétable, aime les simulacres de combat, étant homme d'église; mais moi qui suis homme d'épée, je n'aime que les combats réels, et c'est pourquoi je suis au Louvre, tandis que monsieur de Lorraine est aux Tournelles.

— Je vais donc, s'il vous plaît, monseigneur, aller l'y rejoindre.

— Mon Dieu! reposez-vous un peu, monsieur, vous paraissez arriver de loin, d'Italie sans doute, puisque vous êtes entré par l'Université.

— D'Italie en effet, monseigneur. Je n'ai aucune raison de le cacher.

— Vous venez de la part du duc de Guise peut-être. Eh bien! que fait-il là-bas?

— Permettez-moi, monseigneur, de l'apprendre d'abord à Sa Majesté, et de vous quitter pour aller remplir ce devoir.

— Allez, monsieur, puisque vous êtes si pressé. Sans doute, ajouta-t-il avec une bonhomie jouée, vous êtes impatient de revoir quelqu'une de nos belles dames. Je gage que vous avez hâte et peur à la fois. Eh! n'est-ce pas vrai, voyons, jeune homme?

Mais Gabriel prit son air froid et grave, ne répondit que par un profond salut et s'éloigna.

— Pater noster qui es in cœlis!... grinça le connétable quand la porte se fut refermée sur Gabriel. Est-ce que ce maudit muguet s'imagine que je voulais lui faire des avances, par hasard, le gagner, qui sait? le corrompre peut-être! Est-ce que je ne sais pas aussi bien que lui ce qu'il vient dire au roi? N'importe, si je le retrouve, il me payera cher ses airs farouches et son insolente défiance!— Holà? maître Arnauld. Eh bien! quoi, où est-ce drôle? envolé aussi! Par la croix! tous les gens se sont donné le mot pour être stupides aujourd'hui; Satan les confonde!... Pater noster?...

Tandis que le connétable exhalait sa mauvaise humeur en injures et en patenôtres, selon sa coutume, Gabriel, traversant pour sortir du Louvre une galerie assez obscure, vit à son grand étonnement, debout près de la porte, son écuyer Martin-Guerre, auquel il avait ordonné de l'attendre dans la cour.

— C'est vous, maître Martin, lui dit-il. Vous êtes donc venu à ma rencontre? Eh bien! prenez les devans avec Jérôme, et allez m'attendre avec les drapeaux bien enveloppés au coin de la rue Sainte-Catherine, dans la rue Saint-Antoine. Monseigneur le cardinal voudra peut-être que nous les présentions au roi sur-le-champ, et devant la cour rassemblée au carrousel. Christophe me tiendra mon cheval et m'accompagnera. Allez! vous m'avez compris?

— Oui, monseigneur, je sais ce que je voulais savoir, répondit Martin-Guerre.

Et il se mit à descendre les escaliers, en devançant Gabriel, avec une promptitude de bon augure pour l'exécution de sa commission. Aussi Gabriel qui sortit du Louvre plus lentement et comme rêvant, fut très surpris de retrouver encore dans la cour son écuyer tout effaré et tout blême cette fois.

— Eh bien! Martin, qu'est-ce donc et qu'avez-vous? lui demanda-t-il.

— Ah! monseigneur, je viens de le voir, il a passé là près de moi, à l'instant, il m'a parlé.

— Qui donc?

— Qui? si ce n'est Satan, le fantôme, l'apparition, le monstre, l'autre Martin-Guerre.

— Encore cette folie, Martin! vous rêvez donc tout debout?

— Non, non, je n'ai pas rêvé. Il m'a parlé, monseigneur, vous dis-je; il s'est arrêté devant moi, m'a pétrifié de son regard magique, et riant de son rire infernal: « — Eh bien! m'a-t-il dit, nous sommes donc toujours au service du vicomte d'Exmès? remarquez ce pluriel nous sommes, monseigneur; et nous rapportons d'Italie les drapeaux conquis dans la campagne par monsieur de Guise? Je réponds oui de la tête, malgré moi, car il me fascinait. Comment sait-il tout cela, monseigneur? — Et il a repris: — N'ayons donc pas peur, ne sommes-nous pas amis et frères! — Et puis il a entendu le bruit de vos pas, monseigneur, il a seulement ajouté avec son ironie diabolique qui me fait dresser les cheveux sur la tête: — Nous nous reverrons, Martin-Guerre, nous nous reverrons. Et il a disparu, par cette petite porte peut-être, ou plutôt dans la muraille.

— Fou que tu es! reprit Gabriel. Comment aurait-il eu

le temps matériel de dire et de faire tout cela, depuis que tu m'as quitté là-haut dans la galerie.

— Moi, monseigneur, je n'ai pas bougé de cette place où vous m'aviez ordonné de vous attendre.

— En voici bien d'une autre, et si ce n'est à toi, à qui ai-je parlé tout à l'heure ?

— Assurément à l'autre, monseigneur, à mon double, à mon spectre.

— Mon pauvre Martin, reprit Gabriel avec pitié, souffres-tu ? tu dois avoir mal à la tête. Nous avons peut-être trop longtemps marché au soleil.

— Oui, dit Martin-Guerre, vous vous imaginez encore que j'ai le délire, n'est-ce pas ? Mais une preuve, monseigneur, que je ne me trompe pas, c'est que je ne sais pas le premier mot de ces ordres que vous êtes censé m'avoir donnés.

— Tu les a oubliés, Martin ! dit Gabriel avec douceur. Eh bien ! je vais te les répéter, mon ami. Je te disais d'aller m'attendre avec les drapeaux, rue Saint-Antoine, au coin de la rue Sainte-Catherine. Jérôme t'accompagnerait et je garderais Christophe ; te rappelles-tu cela maintenant ?

— Pardon, monseigneur, comment voulez-vous qu'on se rappelle ce qu'on n'a jamais su ?

— Enfin, dit Gabriel, vous le savez maintenant, Martin. Allons reprendre nos chevaux au guichet, où nos gens doivent nous le tenir, et en route promptement. Aux Tournelles !

— J'obéis, monseigneur. En somme cela vous fait à vous deux écuyers ? mais il est bien heureux au moins que je n'aie pas deux maîtres.

VIII.

UN CARROUSEL HEUREUX.

La lice des fêtes solennelles avait été dressée à travers la rue Saint-Antoine, depuis les Tournelles jusqu'aux écuries royales. Elle formait un carré long bordé de chaque côté par des échafauds couverts de spectateurs : à l'une des extrémités se tenaient la reine et la cour ; à l'extrémité opposée se trouvait l'entrée de la lice où attendaient les combattans des joûtes ; la foule se pressait aux deux autres galeries.

Quand, après la cérémonie religieuse et le repas qui suivit, la reine et la cour, vers trois heures de l'après-midi, vinrent prendre place aux rangs qui leur étaient réservés, les vivats et les acclamations de joie retentirent de toutes parts.

Mais ces cris bruyans d'allégresse firent précisément commencer la fête par un malheur. Le cheval de monsieur d'Avallon, un des capitaines des gardes, effrayé de ce tumulte, se cabra et s'emporta dans l'arène, et son cavalier désarçonné alla donner de la tête contre une des barrières de bois qui garnissaient l'enceinte, et fut retiré à demi mort et remis entre les mains des chirurgiens dans un état à peu près désespéré.

Le roi fut fort affecté de ce déplorable accident, mais sa passion pour les jeux et carrousels eut bientôt pris le dessus sur son chagrin.

— Ce pauvre monsieur d'Avallon, dit-il, un serviteur si dévoué ! qu'on en prenne bien soin au moins.

Et il ajouta :

— Allons ! On peut toujours commencer les courses à la bague.

Le jeu de bague de ce temps-là était un peu plus compliqué et plus difficile que celui que nous connaissons. La potence où pendait l'anneau était placée à peu près aux deux tiers de la lice. Il fallait parcourir au galop le premier tiers, au grand galop le second, et enlever, en passant, dans cette course rapide, la bague à la pointe de la lance. Mais le bois ne devait pas surtout toucher le corps, il fallait la tenir horizontalement et le coude haut au-dessus de la tête. On achevait de parcourir l'arène au trot. Le prix était une bague en diamans offerte par la reine.

Henri II, sur son cheval blanc caparaçonné d'or et de velours, était le plus élégant et le plus habile cavalier qui se pût voir. Il tenait sa lance et la maniait avec une grâce et une sûreté admirables, et ne manquait guères la bague. Pourtant monsieur de Vieilleville rivalisait avec lui, et il y eut un moment où l'on crut que la victoire appartiendrait à celui-ci. Il avait deux bagues de plus que le roi, et il n'en restait plus que trois à enlever, mais, monsieur de Vieilleville, en homme de cour bien appris, les manqua toutes les trois, par un guignon prodigieux, et ce fut le roi qui eut le prix.

En recevant la bague, il hésita un moment, et son regard se porta avec regret vers Diane de Poitiers, mais le don était offert par la reine, il dut venir le présenter à la nouvelle dauphine Marie Stuart, la mariée du jour.

— Eh bien ! demanda-t-il dans l'entr'acte qui suivit cette première course, a-t-on espoir de sauver monsieur d'Avallon ?

— Sire, il respire encore, lui fut-il répondu, mais il n'y a guères de chance de le tirer de là.

— Hélas ! fit le roi, passons donc au jeu des gladiateurs. Ce jeu de gladiateurs était un simulacre de combat avec passes et évolutions, fort nouveau et fort rare dans ce temps-là, mais qui ne frapperait pas sans doute l'imagination du spectateur de nos jours, et des lecteurs de notre livre. Nous renvoyons donc à Brantôme ceux qui seraient curieux de connaître les marches et contre-marches de ces douze gladiateurs « vestus de satin blanc les six, et les autres de satin cramoisi, fait à l'antique romaine. » Ce qui en effet devait paraître fort historique en un siècle où la couleur locale n'était pas encore inventée.

Cette belle lutte terminée au milieu des applaudissemens universels, on fit les dispositions nécessaires pour commencer la course aux pieux.

A l'extrémité de la lice où se tenait la cour, plusieurs pieux de cinq à six pieds étaient enfoncés en terre de distance en distance. Il fallait arriver au galop de son cheval, tourner et retourner de ces deux sens autour de ces arbres improvisés, sans en manquer et sans en dépasser un seul. Le prix était un bracelet du plus merveilleux travail.

Sur huit carrières fournies, l'honneur de trois revint au roi, et monsieur le colonel général de Bonnivet en gagna trois également. La neuvième et dernière devait décider ; mais monsieur de Bonnivet n'était pas moins respectueux que monsieur de Vieilleville ; et, malgré toute la bonne volonté de son cheval, il n'arriva que troisième, et Henri eut encore le prix.

Le roi alla s'asseoir alors auprès de Diane de Poitiers, et lui mit publiquement au bras le bracelet qu'il venait de recevoir.

La reine pâlit de rage.

Gaspard de Tavannes, qui était derrière elle, se pencha à l'oreille de Catherine de Médicis.

— Madame, lui dit-il, suivez-moi bien des yeux où je vais, et regardez-moi faire.

— Et que vas-tu faire, mon brave Gaspard ? dit la reine.

— Couper le nez à madame de Valentinois, répondit froidement et sérieusement Tavannes.

Il y allait, Catherine le retint moitié effrayée, moitié charmée.

— Mais, Gaspard, vous seriez perdu, y songez-vous ?

— J'y songe, madame, mais je sauverai le roi et la France.

— Merci ! Gaspard, reprit Catherine, vous êtes un vaillant ami, aussi bien qu'un rude soldat. Mais je vous ordonne de rester. Gaspard, ayons patience.

Patience ! C'était là en effet le mot d'ordre que Catherine de Médicis semblait jusqu'à présent avoir donné à sa vie. Celle qui se mit si volontiers plus tard au premier rang, ne paraissait jamais dans ce temps-là aspirer à sortir de l'ombre du second. Elle attendait. Elle était pourtant alors dans toute la puissance d'une beauté sur laquelle le sieur de Bourdeille nous a laissé les détails les plus intimes; mais elle évitait avant tout de paraître, et c'est probablement à cette modestie qu'elle dut le silence absolu de la médisance sur son compte du vivant de son mari. Il n'y avait que ce brutal de connétable assez osé pour faire remarquer au roi qu'après dix ans de stérilité, les dix enfans que Catherine avait donnés à la France, ressemblaient bien peu à leur père. Personne autre n'eût eu la témérité de souffler un mot contre la reine.

Toujours est-il que Catherine, ce jour-là comme d'habitude, sembla ne pas même remarquer les attentions dont le roi entourait Diane de Poitiers, et c'est au vu et au su de toute la cour. Après avoir calmé la fougueuse indignation du maréchal, elle se mit à s'entretenir avec ses dames des courses qui venaient d'avoir lieu, et de l'adresse qu'avait déployée Henri.

Les tournois ne devaient avoir lieu que le lendemain et les jours suivans; mais plusieurs seigneurs de la cour étaient venus demander au roi la permission, l'heure étant peu avancée, de rompre quelques lances en l'honneur et pour le plaisir des dames.

— Soit! messieurs, répondit comme de raison le roi; je vous l'accorde de grand cœur, bien que cela doive déranger peut-être monsieur le cardinal de Lorraine, qui n'a jamais eu, je crois, à démêler si nombreuse correspondance que depuis deux heures que nous sommes ici. Voilà coup sur coup des messages qu'il reçoit et dont il paraît fort affairé. N'importe! nous saurons après ce que c'est, et vous pouvez en attendant rompre quelques lances... Et voici un prix pour le vainqueur, ajouta Henri en détachant de son cou le collier d'or qu'il portait. Faites de votre mieux, messieurs, et prenez garde cependant que si la partie s'échauffe, je pourrai bien m'en mêler et tâcher de vous gagner ce que je vous offre, d'autant plus que je redois quelque chose à madame de Castro. Notez aussi qu'à six heures précises le combat sera fini, et le vainqueur, quel qu'il soit, couronné. Allez donc, vous avez une heure pour nous montrer vos beaux coups. Ayez soin toutefois qu'il n'arrive de mal à personne. — Et à propos, comment va monsieur d'Avallon?

— Hélas! sire, il vient tout à l'heure de trépasser.

— Que Dieu ait donc son âme, reprit Henri. De mes capitaines des gardes, c'était peut-être le plus zélé pour mon service et le plus brave. Qui donc me le remplacera?..... Mais les dames attendent, messieurs, et la lice va s'ouvrir. Voyons, qui aura le collier des mains de la reine?

Le comte de Pommerive fut le premier tenant, puis il dut céder à monsieur de Burie, à qui monsieur le maréchal d'Amville prit ensuite le champ. Mais le maréchal, qui était très vigoureux et très habile, s'y soutint constamment contre cinq tenans successifs.

Le roi n'y put tenir.

— Eh! dit-il au maréchal, je vais voir, monsieur d'Amville, si vous êtes rivé là pour l'éternité!

Il s'arma, et dès la première course monsieur d'Amville quitta les étriers. Ce fut après le tour de M. d'Aussun. Puis aucun assaillant ne se présenta plus.

— Qu'est-ce donc, messieurs? dit Henri. Quoi! personne ne veut plus jouter contre moi. Est-ce que par hasard on me ménage? reprit-il en fronçant le sourcil. Ah! mordieu! si je le croyais! il n'y a de roi ici que le vainqueur, et de priviléges que ceux de l'adresse. Donc, attaquez-moi, messieurs, et hardiment.

Mais pas un ne se risquait à faire la passe du roi, on craignait également d'être vainqueur et d'être vaincu.

Le roi pourtant s'impatientait fort. Il commençait à se douter peut-être qu'aux joûtes précédentes ses adversaires n'avaient pas usé de tous leurs moyens contre lui, et cette idée, qui diminuait à ses propres yeux sa victoire, le remplissait de dépit.

Enfin un nouvel assaillant passa la barrière. Henri, sans regarder seulement qui c'était, prit le champ, s'élança. Les deux lances se brisèrent, mais le roi, le tronçon jeté, trébucha en selle et fut obligé de saisir l'arçon: l'autre resta immobile. En ce moment six heures sonnaient. Henri était vaincu.

Il descendit leste et joyeux de cheval, jeta la bride aux mains d'un écuyer, et vint prendre par la main son vainqueur pour le conduire lui-même à la reine. A sa grande surprise, il vit un visage qui lui était parfaitement inconnu. C'était d'ailleurs un cavalier de belle prestance et de noble mine, et la reine, en passant le collier au cou du jeune homme agenouillé devant elle, ne put s'empêcher de le remarquer et de lui sourire.

Mais lui, après s'être incliné profondément se releva, fit quelques pas vers l'estrade de la cour, et s'arrêtant devant madame de Castro, lui offrit le collier, prix du vainqueur.

Les fanfares retentissaient encore, de sorte qu'on n'entendit pas deux cris sortis en même temps de deux bouches:

— Gabriel!
— Diane!

Diane, toute pâle de joie et de surprise, prit le collier d'une main tremblante. Chacun pensa que le cavalier inconnu avait entendu le roi promettre ce collier à madame de Castro, et ne voulait pas en frustrer une si belle dame. On trouva que sa démarche était galante et d'un bon gentilhomme. Le roi lui même ne prit pas la chose autrement.

— Voilà, dit-il, une courtoisie qui me touche. Mais moi qui passe pour connaître par leur nom tous les gentilshommes de ma noblesse, j'avoue, monsieur, ne pas me rappeler où et quand je vous ai déjà vu, et je serais pourtant charmé de savoir qui m'a donné tout à l'heure cette rude secousse qui m'aurait désarçonné. Je crois, si, Dieu merci! je n'avais pas les jambes assez fermes.

— Sire, répondit Gabriel, c'est la première fois que j'ai l'honneur de me trouver en présence de Votre Majesté. J'étais jusqu'à présent à l'armée, et en ce moment même j'arrive d'Italie. Je m'appelle le vicomte d'Exmès.

— Le vicomte d'Exmès! reprit le roi; bien! je me souviendrai à présent du nom de mon vainqueur.

— Sire, dit Gabriel, il n'y a pas de vainqueur là où vous êtes, et j'en apporte la preuve glorieuse à Votre Majesté.

Il fit un signe. Martin-Guerre et les deux hommes d'armes entrèrent dans la lice avec les drapeaux italiens qu'ils déposèrent aux pieds du roi.

— Sire, reprit Gabriel, voici les drapeaux conquis en Italie par votre armée, et que monseigneur le duc de Guise envoie à Votre Majesté. Son Eminence monsieur le cardinal de Lorraine m'assure que Votre Majesté ne me saura pas mauvais gré de lui rendre ces dépouilles aussi inopinément et en présence de la cour et du peuple de France témoins intéressés de votre gloire. Sire, j'ai aussi l'honneur de remettre entre vos mains les lettres que voici, de la part de monsieur le duc de Guise.

— Merci, monsieur d'Exmès, dit le roi. Voilà donc le secret de toute la correspondance de monsieur le cardinal. Ces lettres vous accréditent auprès de notre personne, vicomte. Mais vous avez de triomphantes façons de vous présenter vous-même. Qu'est-ce que je lis? que de ces drapeaux vous en avez pris quatre en personne. Notre cousin de Guise vous tient pour un de ses plus braves capitaines. Monsieur d'Exmès, demandez-moi ce que vous voudrez, et je jure Dieu que vous l'obtiendrez sur-le-champ.

— Sire, vous me comblez, et je m'en remets aux bontés de Votre Majesté.

— Vous êtes capitaine auprès de monsieur de Guise, monsieur, dit le roi. Vous plairait-il de l'être dans nos gardes? J'étais embarrassé de remplacer monsieur d'Avallon, si malheureusement trépassé aujourd'hui, mais je vois qu'il aura un digne successeur.

— Votre Majesté...

— Vous acceptez? c'est dit. Vous entrerez demain en fonction. Nous allons maintenant retourner au Louvre.

Vous m'entretiendrez plus au long des détails de cette guerre d'Italie.

Gabriel salua.

Henri donna l'ordre du départ. La foule se dispersa aux cris de Vive le roi! Diane, comme par enchantement, se retrouva un instant auprès de Gabriel.

— Demain, au cercle de la reine, lui dit-elle à voix basse.

Elle disparut emmenée par son cavalier, mais laissant à son ancien ami une espérance divine au cœur.

IX.

QU'ON PEUT PASSER A CÔTÉ DE SA DESTINÉE SANS LA CONNAÎTRE.

Quand il y avait cercle chez la reine, c'était ordinairement le soir après le souper. Voilà ce qu'on apprit à Gabriel, en le prévenant que sa nouvelle qualité de capitaine des gardes, non-seulement l'autorisait, mais l'obligeait même à s'y montrer. Il n'avait garde de manquer à ce devoir, et son seul souci était qu'il fallait attendre vingt-quatre heures avant de le remplir. On voit que, pour le zèle et pour la bravoure, monsieur d'Avallon était dignement remplacé.

Mais il s'agissait de tuer l'une après l'autre ces vingt-quatre éternelles heures qui séparaient Gabriel du moment désiré. Le jeune homme que la joie délassait, et qui n'avait guère vu Paris encore qu'en passant d'un camp à un autre, se mit à parcourir la ville avec Martin-Guerre, cherchant un logement convenable. Il eut le bonheur, car il était en chance ce jour-là, de trouver vacant le logement que son père le comte de Montgommery avait occupé autrefois. Il le retint, bien qu'il fût un peu splendide pour un simple capitaine aux gardes; mais Gabriel en serait quitte pour écrire à son fidèle Elyot de lui envoyer de Montgommery quelque somme. Il manderait aussi à sa bonne nourrice Aloyse de venir le rejoindre.

Le premier but de Gabriel était atteint. Il n'était plus un enfant à présent, mais un homme qui avait fait déjà ses preuves et avec lequel il fallait compter; à l'illustration qui lui venait de ses aïeux il avait su joindre une gloire qui lui était personnelle. Seul et sans autre appui que son épée, sans autre recommandation que son courage, il était arrivé à vingt-quatre ans à un grade éminent. Il pouvait enfin s'offrir fièrement à celle qu'il aimait comme à ceux qu'il devait haïr. Ceux-ci, Aloyse pourrait l'aider à les reconnaître; celle-là l'avait reconnu.

Gabriel s'endormit le cœur content et dormit bien.

Le lendemain, il dut se présenter chez monsieur de Boissy, le grand écuyer de France, pour y donner ses preuves de noblesse. Monsieur de Boissy, un honnête homme, avait été l'ami du comte de Montgommery. Il comprit les motifs de Gabriel pour tenir caché son vrai titre, et lui engagea sa parole qu'il lui garderait le secret. Ensuite, monsieur le maréchal d'Amville fit reconnaître le vicomte par sa compagnie. Puis Gabriel commença immédiatement son service par la visite et l'inspection des prisons d'État de Paris, commission pénible qui, une fois par mois, rentrait dans les attributions de sa charge.

Il commença par la Bastille et finit par le Châtelet.

Le gouverneur lui remettait la liste de ses prisonniers, lui déclarait ceux qui étaient morts, malades, transférés ou mis en liberté, et les lui faisait passer ensuite en revue, triste revue, morne spectacle. Il croyait avoir terminé, quand le gouverneur du Châtelet lui montra dans son registre une page presque blanche, laquelle portait seulement cette note singulière qui frappa entre toutes Gabriel.

— N° 21, X..., prisonnier au secret. Si dans la visite du gouverneur ou du capitaine des gardes, il essaye seulement de parler, le faire transporter dans un cachot plus profond et plus dur.

— Quel est ce prisonnier si important? peut-on le savoir? demanda Gabriel à monsieur de Salvoison, gouverneur du Châtelet.

— Nul ne le sait, répondit le gouverneur. Je l'ai reçu de mon prédécesseur, comme il l'avait reçu du sien. Vous voyez sur le registre que la date de son entrée est laissée en blanc. Ce doit être sous le règne de François Ier qu'on l'a amené. Il a essayé, m'a-t-on dit, deux ou trois fois de parler. Mais, au premier mot, le gouverneur doit, sous les peines les plus graves, refermer la porte de sa prison et le faire transporter dans une prison plus sévère; ce qu'on a fait. Il ne reste ici maintenant qu'un cachot plus terrible que le sien, et ce cachot serait la mort. On voulait en venir là sans doute, mais le prisonnier se tait à présent. C'est sans doute quelque criminel redoutable. Il demeure constamment enchaîné, et son geôlier, pour prévenir jusqu'à la possibilité d'une évasion, entre dans sa prison à toute minute.

— Mais, s'il parlait à ce geôlier? dit Gabriel.

— Oh! l'on a pris un sourd et muet, né au Châtelet, et qui n'en est jamais sorti.

Gabriel frissonna. Cet homme si complètement séparé du monde des vivans, qui vivait pourtant et qui pensait, lui inspirait une pitié mêlée de je ne sais quelle horreur. Quelle idée ou quel remords, quelle peur de l'enfer ou quelle foi au ciel pouvaient empêcher un être aussi misérable de se briser la tête contre les murs de son cachot? Était-ce une vengeance ou bien un espoir qui le retenait encore dans la vie?...

Gabriel ressentait une sorte d'avidité inquiète de voir cet homme; son cœur battait comme il n'avait encore battu qu'aux momens où il allait revoir Diane. Il venait de visiter cent prisonniers avec une compassion banale. Mais celui-là l'attirait et le touchait plus que tout les autres et l'angoisse serrait sa poitrine quand il songeait à cette existence tumulaire.

— Allons au numéro 21, dit-il au gouverneur d'un ton singulièrement ému.

Ils descendirent plusieurs escaliers noirs et humides, traversèrent plusieurs voûtes pareilles aux spirales horribles de l'enfer de Dante; puis le gouverneur s'arrêtant devant une porte de fer :

— C'est là. Je ne vois pas le gardien, il est dans la prison sans doute; mais j'ai de doubles clés. — Entrons.

Il ouvrit en effet, et ils entrèrent à la lueur de la lanterne que tenait un porte-clef.

Gabriel vit alors un tableau silencieux et effrayant, comme on n'en voit guère que dans les cauchemars du délire.

Pour parois, partout la pierre, — la pierre noire, moussue, fétide; car ce lieu lugubre était creusé plus bas que le lit de la Seine, et les eaux, dans les grandes crues, l'inondaient à moitié. Sur ces parois funèbres, des bêtes visqueuses rampaient; l'air glacé ne résonnait d'aucun bruit si ce n'est celui d'une goutte d'eau qui tombait régulière et sourde de la hideuse voûte.

Un peu moins que cette goutte d'eau, un peu plus que les limaces immobiles, vivaient là deux créatures humaines, l'une gardant l'autre, mornes et muettes toutes deux.

Le geôlier, espèce d'idiot, géant à l'œil hébété, au teint blafard, se tenait debout dans l'ombre, regardant d'un regard stupide le prisonnier couché dans un coin sur un grabat de paille, les mains et les pieds enchaînés d'une chaîne rivée au mur. C'était un vieillard à la barbe blanche, aux cheveux blancs. Quand on entra, il semblait dormir et ne bougea pas; on eût pu le prendre pour un cadavre ou pour une statue.

Mais tout à coup il se leva sur son séant, ouvrit les yeux, et son regard s'attacha sur le regard de Gabriel.

Il lui était défendu de parler, mais ce regard terrible et magnifique parlait. Gabriel en fut fasciné. Le gouverneur visitait avec le porte-clefs tous les recoins du cachot. Lui,

Gabriel, cloué au sol, n'avançait pas, ne remuait pas, mais restait là tout altéré par ces yeux de flammes; il ne pouvait s'en détacher, et en même temps tout un monde d'étranges et inexprimables pensées s'agitait en lui.

Le prisonnier ne paraissait pas non plus contempler son visiteur avec indifférence, et il y eut même un moment où il fit un geste, et ouvrit la bouche comme s'il allait parler... mais, le gouverneur s'étant retourné, il se souvint à temps de la loi qui lui était prescrite, et ses lèvres ne parlèrent que par un amer sourire. Il referma alors les yeux, et retomba dans son immobilité de pierre.

— Oh! sortons d'ici, dit Gabriel au gouverneur. Sortons, de grâce! j'ai besoin de respirer l'air et de voir le soleil.

Il ne reprit en effet son calme et pour ainsi dire sa vie qu'en se retrouvant dans la rue, au milieu de la foule et du bruit. — Encore la sombre vision était-elle restée en lui, et le poursuivit-elle tout le jour, tandis qu'il allait pensif le long de la grève.

Quelque chose lui disait que le sort de ce misérable prisonnier touchait au sien, et qu'il venait de passer à côté d'un grand événement de sa vie. Lassé enfin par ces pressentimens mystérieux, il se dirigea, comme le jour finissait, vers la lice des Tournelles. Les tournois de la journée, auxquels Gabriel n'avait pas voulu prendre part, se terminaient. Gabriel put apercevoir Diane, et fut aperçu par elle, et ce double regard dissipa l'ombre de son cœur comme un rayon de soleil dissipe les nuages. Gabriel oublia le morne captif qu'il avait vu dans le jour pour ne plus songer qu'à l'éblouissante jeune fille qu'il allait revoir dans la soirée.

X.

ÉLÉGIE PENDANT LA COMÉDIE.

C'était une tradition du règne de François Ier. Trois fois par semaine au moins, le roi, les seigneurs et toutes les dames de la cour, se réunissaient le soir dans la chambre de la reine. Là on devisait des événemens du jour en toute liberté, parfois même en toute licence. Puis, dans la conversation générale, des entretiens particuliers s'établissaient, et, « se trouvant là, dit Brantôme, une troupe de » déesses humaines, chaque seigneur et gentilhomme en- » tretenait celle qu'il aimait le mieux. » Souvent aussi il y avait bal ou spectacle.

C'est à une réunion de ce genre que devait se rendre le soir même notre ami Gabriel, et, contre son habitude, il se para et se parfuma pour ne point paraître avec trop de désavantage aux yeux de celle qu'il *aimait le mieux*, afin de parler toujours comme Brantôme.

La joie de Gabriel n'était pas d'ailleurs sans quelque mélange d'inquiétude, et certains mots vagues et malsonnans qu'on avait murmurés autour de lui sur le prochain mariage de Diane, ne laissaient pas de le troubler intérieurement. Tout au bonheur qu'il avait ressenti en revoyant Diane et en croyant retrouver dans ses regards la tendresse d'autrefois, il avait presque oublié d'abord la lettre du cardinal de Lorraine, qui l'avait pourtant fait partir si vite ; mais ces bruits qui circulaient dans l'air, ces noms réunis de Diane de Castro et de François de Montmorency, qu'il n'avait entendus que trop distinctement, rendirent la mémoire à sa passion. Diane se prêterait-elle donc à cet odieux mariage? Aimerait-elle ce François? Doutes déchirans que l'entrevue du soir ne réussirait peut-être pas à dissiper tout à fait.

Gabriel avait, en conséquence, résolu d'interroger là-dessus Martin-Guerre, qui avait fait déjà plus d'une connaissance, et, en sa qualité d'écuyer, devait en savoir bien plus long que les maîtres. Car, un effet d'acoustique généralement observé, c'est que les bruits de toutes sortes retentissent bien mieux en bas, et qu'il n'y a guère d'échos que dans les vallées. La résolution du comte d'Exmès lui était venue au reste d'autant plus à propos, que, de son côté, Martin-Guerre s'était bien promis d'interroger son maître, dont la préoccupation ne lui avait pas échappé, et qui cependant n'avait pas, en conscience, le droit de rien cacher de ses actions et de ses sentimens à un fidèle serviteur de cinq années, et à un sauveur, qui plus est.

De cette détermination réciproque, et de la conversation qui s'en suivit, il résulta pour Gabriel que Diane de Castro n'aimait pas François de Montmorency, et pour Martin-Guerre que Gabriel aimait Diane de Castro.

Cette double conclusion les réjouit tellement l'un et l'autre, que Gabriel arriva au Louvre une heure avant l'ouverture des portes, et que Martin-Guerre, pour faire honneur à la maîtresse royale du vicomte, alla sur-le-champ chez le tailleur de la cour s'acheter un justaucorps de drap brun et des chausses de tricot jaune. Il paya le tout comptant, et revêtit immédiatement ce costume pour le montrer dès le soir dans les antichambres du Louvre, où il devait aller attendre son maître.

Aussi le tailleur fut-il très étonné de voir une demi-heure après reparaître Martin-Guerre, et dans des habits différens. Il lui en fit la remarque. Martin-Guerre lui répondit que la soirée lui avait paru un peu fraîche, et qu'il avait jugé à propos de se vêtir plus chaudement. Du reste, il était toujours tellement satisfait du justaucorps et des chausses, qu'il venait prier le tailleur de lui vendre ou de lui faire un justaucorps du même drap et de la même coupe. Vainement le marchand fit observer à Martin-Guerre qu'il aurait l'air de porter toujours le même habit, et qu'il vaudrait mieux demander un costume différent, un justaucorps jaune et des chausses brunes, par exemple, puisqu'il semblait affectionner ces couleurs : Martin-Guerre ne voulut pas démordre de son idée, et le tailleur dut lui promettre de ne pas même varier la nuance des vêtemens qu'il allait promptement lui faire, puisqu'il n'en avait pas de tout faits. Seulement, pour cette seconde commande, Martin-Guerre demandait un peu de crédit. Il avait bellement acquitté la première, il était l'écuyer du vicomte d'Exmès, capitaine des gardes du roi; le tailleur était doué de cette héroïque confiance qui fut de tout temps l'apanage historique de ceux de son état, il consentit et promit pour le lendemain ce second costume complet.

Cependant l'heure pendant laquelle Gabriel avait dû rôder aux portes de son paradis était écoulée, et, avec nombre d'autres seigneurs et dames, il avait pu pénétrer dans l'appartement de la reine.

Du premier regard Gabriel aperçut Diane; elle était assise auprès de la reine-dauphine, comme on appela dès lors Marie Stuart.

L'aborder sur-le-champ eût été bien hardi pour un nouveau venu, et un peu imprudent sans doute. Gabriel se résigna à attendre un moment favorable, celui où la conversation allait s'animer et distraire les esprits. Il se mit à causer, en attendant, avec un jeune seigneur pâle et d'apparence délicate que le hasard avait amené près de lui. Mais, après s'être quelque temps entretenu de sujets insignifians, comme semblait l'être sa personne, le jeune cavalier ayant demandé à Gabriel :

— À qui donc ai-je l'honneur de parler, monsieur ?

— Je m'appelle le vicomte d'Exmès, répondit Gabriel. Et oserai-je, monsieur, vous adresser la même question ? ajouta-t-il.

Le jeune homme le regarda d'un air étonné, puis reprit :

— Je suis François de Montmorency.

Il aurait dit : Je suis le diable ! Gabriel ne se serait éloigné avec moins d'épouvante et de précipitation. François, qui n'avait pas l'intelligence très vive, en resta tout stupéfait; mais comme il n'aimait pas à travailler de tête, il laissa bientôt de côté cette énigme, et alla chercher ailleurs des auditeurs un peu moins farouches.

Gabriel avait eu soin de diriger sa fuite du côté de

Diane de Castro, mais il fut arrêté par un grand mouvement qui se fit du côté du roi. Henri II venait d'annoncer que voulant terminer cette journée par une surprise aux dames, il avait fait dresser un théâtre dans la galerie, et qu'on allait y représenter une comédie en cinq actes et en vers de monsieur Jean Antoine de Baïf, intitulée le Brave; cette nouvelle fut naturellement accueillie par les remercîmens et les acclamations de tous. Les gentilshommes présentèrent la main aux dames pour passer dans la salle voisine où la scène avait été improvisée ; mais Gabriel arriva trop tard auprès de Diane, et put seulement se placer non loin de la reine.

Catherine de Médicis l'aperçut et l'appela ; il dut venir devant elle.

— Monsieur d'Exmès, lui dit-elle, pourquoi donc ne vous a-t-on pas vu au tournoi d'aujourd'hui ?

— Madame, répondit Gabriel, les devoirs de la charge que Sa Majesté m'a fait l'honneur de me confier m'en ont empêché.

— Tant pis, reprit Catherine avec un charmant sourire, car vous êtes à coup sûr un de nos plus hardis et de nos plus adroits cavaliers. Vous avez fait chanceler le roi hier, ce qui est un coup rare. J'aurais eu du plaisir à être de nouveau témoin de vos prouesses.

Gabriel s'inclina tout embarrassé de ces complimens auxquels il ne savait que répondre.

— Connaissez-vous la pièce que l'on va nous représenter ? poursuivit Catherine, évidemment bien disposée en faveur du beau et timide jeune homme.

— Je ne la connais qu'en latin, répondit Gabriel, car c'est, m'a-t-on dit, une simple imitation d'une pièce de Térentius.

— Je vois, dit la reine, que vous êtes aussi savant que vaillant, aussi versé dans les choses des lettres qu'habile aux coups de lance.

Tout cela était dit à demi-voix, et accompagné de regards qui n'étaient pas précisément cruels. Assurément le cœur de Catherine était vide pour le moment. Mais sauvage comme l'Hippolyte d'Euripide, Gabriel n'accueillait ces avances de l'Italienne qu'avec un air contraint et des sourcils froncés. L'ingrat! il allait pourtant devoir à cette bienveillance dont il faisait fi d'abord, non-seulement la place qu'il ambitionnait depuis si longtemps auprès de Diane, mais encore la plus charmante bouderie où pût se trahir l'amour d'une jalouse.

En effet, lorsque le prologue vint, selon l'usage, réclamer l'indulgence de l'auditoire, Catherine dit à Gabriel :

— Allez vous asseoir là derrière moi, parmi ces dames: monsieur le lettré, pour qu'au besoin je puisse avoir recours à vos lumières.

Madame de Castro avait choisi sa place à l'extrémité d'une ligne, de sorte qu'après elle il n'y avait que le passage. Gabriel, après avoir salué la reine, prit modestement un tabouret et vint s'asseoir dans ce passage à côté de Diane, afin de ne déranger personne.

La comédie commença.

C'était, ainsi que Gabriel l'avait dit à la reine, une imitation de l'Eunuque de Térence, composée en vers de huit syllabes et rendue avec toute la pédante naïveté du temps. Nous nous abstiendrons d'analyser la pièce. Ce serait d'ailleurs un anachronisme, la critique et les comptes rendus n'étant pas inventés encore à cette époque barbare. Qu'il nous suffise de rappeler que le personnage principal de la pièce est un faux brave, un soldat fanfaron qui se laisse duper et malmener par un parasite.

Or, dès le début de la pièce, les nombreux partisans des Guises assis dans la salle virent dans le vieux pourfendeur ridicule le connétable de Montmorency, et les partisans de Montmorency voulurent reconnaître les ambitions du duc de Guise dans les rodomontades du soldat fanfaron. Dès-lors chaque scène fut une satire et chaque saillie une allusion. On riait dans les deux partis à gorge déployée : on se montrait réciproquement du doigt, et à vrai dire, cette comédie qui se jouait dans la salle, n'était pas moins amusante que celle que les acteurs représentaient sur l'estrade.

Nos amoureux profitèrent de l'intérêt que prenaient à la représentation les deux camps rivaux de la cour pour laisser parler harmonieusement leur amour au milieu des huées et des risées. Ils prononcèrent d'abord leurs deux noms à voix basse. C'est là l'invocation sacrée.

— Diane !

— Gabriel !

— Vous allez donc épouser François de Montmorency ?

— Vous êtes donc bien avant dans les bonnes grâces de la reine ?

— Vous avez entendu que c'est elle qui m'a appelé.

— Vous savez que c'est le roi qui veut ce mariage.

— Mais vous y consentez, Diane ?

— Mais vous écoutez Catherine, Gabriel ?

— Un mot, un seul! reprit Gabriel. Vous vous intéressez donc encore à ce qu'une autre peut me faire éprouver ? Cela vous fait donc quelque chose ce qui se passe dans mon cœur ?

— Cela me fait, dit madame de Castro, cela me fait ce que vous fait à vous ce qui se passe dans le mien.

— Oh! alors, Diane, permettez-moi de vous le dire, vous êtes jalouse si vous êtes comme moi: si vous êtes comme moi, vous m'aimez éperdument, follement.

— Monsieur d'Exmès, reprit Diane qui un moment voulut être sévère, la pauvre enfant! monsieur d'Exmès, je m'appelle madame de Castro.

— Mais n'êtes-vous pas veuve, madame? N'êtes-vous pas libre ?

— Libre, hélas!

— Oh! Diane! vous soupirez. — Diane, avouez que ce sentiment de l'enfant qui a parfumé nos premières années a laissé quelque trace dans le cœur de la jeune fille. Avouez, Diane, que vous m'aimez encore un peu. Oh! ne craignez pas qu'on vous entende : ils sont tous autour de nous aux plaisanteries de ce parasite; ils n'ont rien de plus doux à écouter et ils rient. Vous, Diane, souriez-moi, répondez-moi : Diane, m'aimez-vous?

— Chut! Ne voyez-vous pas que l'acte finit, dit la malicieuse enfant. Attendez que la pièce recommence au moins.

L'entr'acte dura dix minutes, dix siècles! Heureusement Catherine occupée par Marie Stuart n'appela pas Gabriel. Il eût été capable de n'y pas aller et il eût été perdu.

Quand la comédie recommença au milieu des éclats de rire et des applaudissemens bruyans :

— Eh bien? demanda Gabriel.

— Quoi donc? reprit Diane feignant une distraction bien loin de son cœur. Ah! vous me demandiez, je crois, si je je vous aime. Eh bien ! ne vous ai-je pas répondu tout à l'heure : « Je vous aime comme vous vous m'aimez. »

— Ah ! s'écria Gabriel, savez-vous bien, Diane, ce que vous dites? Savez-vous jusqu'où va mon amour auquel vous dites le vôtre pareil?

— Mais, dit la petite hypocrite, si vous voulez que je le sache, il faut au moins me l'apprendre.

— Écoutez-moi alors, Diane, et vous allez voir que, depuis six ans que je vous ai quittée, toutes les heures et toutes les actions de ma vie ont tendu à me rapprocher de vous. C'est seulement en arrivant à Paris, un mois après votre départ de Vimoutiers, que j'ai appris qui vous étiez : la fille du roi et de madame de Valentinois. Mais ce n'était pas votre titre de fille de France qui m'épouvantait, c'était votre titre de femme du duc de Castro, et pourtant quelque chose me disait : « N'importe ! rapproche-toi d'elle, acquiers de la renommée, qu'un jour elle entende au moins prononcer ton nom, et qu'elle t'admire comme d'autres te craindront. » Voilà ce que je pensais, Diane, et je me donnai au duc de Guise comme à celui qui me paraissait le plus propre à me faire toucher vite et bien au but de gloire que mon ambitionnais. En effet, l'année suivante, j'étais enfermé avec lui dans les murs de Metz, et contribuais de toutes mes forces à amener le résultat presque inespéré de la levée du siège. C'est à Metz, où j'étais resté pour faire relever les remparts et réparer tous les désastres causés par soixante-cinq jours d'attaque, que j'appris la prise d'Hesdin par les Impériaux et la mort du duc de Castro votre mari. Il ne vous avait pas même revue, Diane! Oh! je le plaignis, mais comme je me battis à Renty! vous le demanderez à monsieur de Guise J'étais aussi à Abbeville, à Dinant, à Bavay, à Cateau-Cambrésis. J'étais partout où retentissait la mousquetade, et je puis dire qu'il ne s'est rien fait de glorieux sous ce règne dont je n'aie eu ma petite part. A la trêve de Vaucelles, je vins à Paris, mais vous étiez toujours au couvent, Diane, et mon repos forcé me lassait bien, quand par bonheur la trêve fut rompue. Le duc de Guise, qui voulait bien déjà m'accorder quelque estime, me demanda si je voulais le suivre en Italie. Si je le voulais! Les Alpes franchies en plein hiver, nous traversons le Milanais, Valenza est emportée, le Plaisantin et le Parmesan nous livrent passage, et d'une marche triomphale par la Toscane et les États de l'Église, nous arrivons aux Abruzzes. Cependant l'argent et les troupes manquent à monsieur de Guise; il prend pourtant Campli et assiége Civitella; mais l'armée est démoralisée, l'expédition compromise. C'est à Civitella, Diane, que par une lettre de Son Éminence de Lorraine à son frère, j'apprends votre mariage annoncé avec François de Montmorency.

Il n'y avait plus rien de bon à faire de ce côté des Alpes. Monsieur de Guise en convenait lui-même, et j'obtins alors de sa bonté de revenir en France, appuyé de sa recommandation puissante, pour apporter au roi les drapeaux conquis Mais ma seule ambition était de vous voir, Diane, de vous parler, de savoir de vous si vous contractiez volontiers ce nouveau mariage, et enfin, après vous avoir raconté, comme je viens de le faire, mes luttes et mes efforts de six années, de vous demander ce que je vous demande : « Diane, dites, m'aimez-vous comme je vous aime? »

— Ami, dit doucement madame de Castro, je vais vous répondre à mon tour avec ma vie. Quand j'arrivai, enfant de douze ans, à cette cour, après les premiers moments que l'étonnement et la curiosité remplirent, l'ennui me prit, les chaînes dorées de cette existence me pesèrent, et je regrettai bien amèrement nos bois et nos plaines de Vimoutiers et de Montgommery, Gabriel! Chaque soir je m'endormais en pleurant. Le roi mon père était pourtant bien bon pour moi, et je tâchais de répondre à son affection par mon amour. Mais où était ma liberté? où était Aloyse? où étiez-vous, Gabriel? Je ne voyais pas le roi tous les jours. Madame de Valentinois était avec moi froide et contrainte, et semblait presque m'éviter, et moi, j'ai besoin d'être aimée, Gabriel, vous vous en souvenez. Donc, j'ai bien souffert, ami, cette première année.

— Pauvre chère Diane! dit Gabriel ému.

— Ainsi, reprit Diane, tandis que vous combattiez, je languissais. L'homme agit et la femme attend, c'est le sort. Mais il est parfois bien plus dur d'attendre que d'agir. Dès la première année de ma solitude, la mort du duc de Castro me laissa veuve, et le roi m'envoya passer mon deuil au couvent des Filles-Dieu. Mais l'existence pieuse et calme qu'on menait au couvent convenait bien mieux à ma nature que les intrigues et les agitations perpétuelles de la cour. Aussi, mon deuil terminé, je demandai au roi et j'obtins de rester encore au couvent. On m'y avait au moins! La bonne sœur Monique surtout qui me rappelait Aloyse. Je vous dis son nom, Gabriel, afin que vous l'aimiez. Et puis non-seulement j'étais chérie par toutes les sœurs, mais encore je pouvais rêver, Gabriel, j'en avais le temps et j'en avais le droit. J'étais libre; et qui remplissait mes rêves, faits autant du passé que de l'avenir? ami, vous le devinez, n'est-ce pas?

Gabriel rassuré et ravi ne répondit que par un regard passionné. Heureusement la scène de la comédie était des plus intéressantes Le fanfaron était odieusement bafoué, et les Guise et les Montmorency se pâmaient de joie. Les deux amans auraient été moins seuls dans un désert.

— Cinq années de paix et d'espoir passèrent, continua Diane. Je n'avais eu qu'un malheur, celui de perdre Enguerrand, mon père nourricier. Un autre malheur ne se fit pas attendre. Le roi me rappelait auprès de lui et m'apprenait que j'étais destinée à devenir la femme de François de Montmorency. J'ai résisté, Gabriel, je n'étais plus une enfant qui ne sait ce qu'elle fait. J'ai résisté. Mais alors mon père m'a suppliée, il m'a montré combien ce mariage importait au bien du royaume. Vous m'aviez oubliée, sans doute... Gabriel, c'est le roi qui disait cela! Et puis, où étiez-vous? qui étiez-vous? Bref, le roi a tant insisté, m'a tant implorée... C'était hier, oui, c'était hier! — j'ai promis ce qu'il voulait, Gabriel, mais à condition que, d'abord, mon supplice serait retardé de trois mois, et puis, que je saurais ce que vous étiez devenu.

— Enfin, vous avez promis?... dit Gabriel pâlissant.

— Oui, mais je ne vous avais pas revu, ami, je ne savais pas ce que, le jour même, votre aspect imprévu allait remuer en moi d'impressions délicieuses et douloureuses quand je vous ai reconnu. Gabriel, plus beau, plus fier qu'autrefois, et pourtant le même! Ah! j'ai senti tout de suite que ma promesse au roi était nulle et le mariage impossible; que ma vie vous appartenait, et que si vous m'aimiez encore, je vous aimais toujours. Eh bien! convenez que je ne suis pas en reste avec vous, et que votre vie n'a rien à reprocher à la mienne.

— Oh! vous êtes un ange, Diane! et tout ce que j'ai fait pour vous mériter n'est rien.

— Voyons, Gabriel, puisque maintenant le sort nous a un peu rapprochés, mesurons les obstacles qui nous séparent encore. Le roi est ambitieux pour sa fille, et les Castro et les Montmorency l'ont rendu difficile, hélas!

— Soyez tranquille sur ce point, Diane, la maison dont je suis n'a rien à envier aux leurs, et ce ne serait pas la première fois qu'elle s'allierait à la maison de France.

— Ah! vraiment! Gabriel, vous me comblez de joie en me disant cela. Je suis, comme vous le pensez, ignorante en blason. Je ne connaissais pas les d'Exmès. Là-bas, à Vimoutiers, je vous appelais Gabriel et mon cœur n'eut pas eu besoin d'un nom plus doux. C'est ce nom-là que j'aime, et si vous croyez que l'autre satisfasse le roi, tout va bien et je suis heureuse. Que vous vous appeliez d'Exmès, ou Gabriel, ou Montgommery... du moment que vous ne vous appelez pas Montgommery, tout va bien.

— Et pourquoi donc ne faut-il pas que je sois un Montgommery? reprit Gabriel épouvanté.

— Oh! les Montgommery, nos voisins de là-bas, ont fait, à ce qu'il paraît, du mal au roi; car il leur en veut beaucoup.

— Oh! vraiment? dit Gabriel dont la poitrine se serrait; mais sont-ce les Montgommery qui ont fait du mal au roi, ou bien est-ce le roi qui a fait du mal aux Montgommery?

— Mon père est trop bon pour avoir jamais été injuste, Gabriel.

— Bon pour sa fille, oui, dit Gabriel, mais contre ses ennemis...

— Terrible peut-être, reprit Diane, comme vous l'êtes contre ceux de la France et du roi. Mais qu'importe! et que nous font les Montgommery, Gabriel!

— Si pourtant j'étais un Montgommery, Diane?

— Oh! ne dites pas cela, ami.

— Mais enfin si cela était?

— Si cela était, reprit Diane, si je me trouvais ainsi placée entre mon père et vous, je me jetterais aux pieds de l'offensé, quel qu'il fût, et je pleurerais et je supplierais tant que mon père vous pardonnerait à cause de moi, ou qu'à cause de moi vous pardonneriez à mon père.

— Et votre voix est si puissante, Diane, que certainement l'offensé vous céderait, si toutefois il n'y avait pas eu de sang versé; car il n'y a que le sang qui lave le sang.

— Oh! vous m'effrayez, Gabriel! c'est assez longtemps prolonger cette épreuve, car ce n'était qu'une épreuve, n'est-ce pas?

— Oui, Diane, une simple épreuve. Dieu permettra que ce ne soit qu'une épreuve, murmura-t-il comme à lui-même.

— Et il n'y a, il ne peut y avoir de haine entre mon père et vous?

— Je l'espère, Diane, je l'espère; je souffrirais trop de vous faire souffrir.

— A la bonne heure, Gabriel. Eh bien! si vous espérez cela, mon ami, ajouta-t-elle avec son gracieux sourire, j'espère, moi, obtenir de mon père qu'il renonce à ce mariage qui serait ma mort. Un roi puissant comme lui doit avoir enfin des dédommagemens à offrir à ces Montmorency.

— Non, Diane, et tous ses trésors et tout son pouvoir ne sauraient dédommager de votre perte.

— Ah! c'est comme cela que vous l'entendez, bon, bon! vous m'aviez fait peur, Gabriel. Mais ne craignez rien, ami; François de Montmorency ne pense pas comme vous là-dessus, Dieu merci! et il préférera à votre pauvre Diane un bâton de bois qui le fera maréchal. Moi cependant, ce glorieux échange accepté, je préparerai le roi tout doucement. Je lui rappellerai les alliances royales de la maison d'Exmès, vos exploits à vous, Gabriel...

Elle s'interrompit.

— Ah! mon Dieu ! voilà la pièce qui finit, ce me semble.

— Cinq actes, que c'est court, dit Gabriel. Mais vous avez raison, Diane, et voilà l'Épilogue qui vient débiter l'affabulation.

— Heureusement, reprit Diane, nous nous sommes dit à peu près tout ce que nous avions à nous dire.

— Je ne vous en ai pas dit la millième partie, moi, fit Gabriel.

— Ni moi, au fait, repartit Diane, et les avances de la reine...

— Oh! méchante! dit Gabriel.

— La méchante, c'est elle qui vous sourit et non pas moi qui vous gronde, entendez-vous? Ne lui parlez plus ce soir, ami, je le veux.

— Vous le voulez! que vous êtes bonne!... Non, je ne lui parlerai pas. Mais voici l'épilogue aussi terminé, hélas! Adieu! et à bientôt, n'est-ce pas, Diane? Dites-moi un dernier mot qui me soutienne et me console, Diane?

— A bientôt, à toujours, Gabriel, *mon petit mari*, souffla la joyeuse enfant à l'oreille de Gabriel charmé.

Et elle disparut dans la foule pressée et bruyante. Gabriel s'esquiva de son côté pour éviter, selon sa promesse, la rencontre de la reine.. Touchante fidélité à ses sermens!... et il sortit du Louvre, trouvant qu'Antoine de Baïf était un bien grand homme, et qu'il n'avait jamais assisté à représentation qui lui eût fait autant de plaisir.

Il prit en passant dans le vestibule Martin-Guerre, qui l'attendait tout flambant dans ses habits neufs.

— Eh bien! monseigneur a-t-il vu madame d'Angoulême? demanda l'écuyer à son maître quand ils furent dans la rue.

— Je l'ai vue, répondit Gabriel rêveur.

— Et madame d'Angoulême aime toujours monsieur le vicomte? poursuivit Martin-Guerre, qui voyait Gabriel en bonne disposition.

— Maraud! s'écria Gabriel, qui t'a dit cela? Ou as-tu pris que madame de Castro m'aimât, ou que j'aimasse seulement madame de Castro? Veux-tu bien te taire, drôle?

— Bien! murmura maître Martin, monseigneur est aimé, — sinon il aurait soupiré et ne m'aurait pas injurié, — et monseigneur est amoureux, sinon il aurait remarqué que j'ai une cape et des chausses neuves.

— Que viens-tu me parler de chausses et de cape? Mais en effet, tu n'avais pas ce pourpoint-là tantôt?

— Non, monseigneur, je l'ai acheté ce soir pour faire honneur à mon maître et à sa maîtresse, et je l'ai payé comptant encore, — car ma femme Bertrande m'a formé à l'ordre et à l'économie, comme à la tempérance, à la chasteté, et à toutes sortes de vertus. — Je dois lui rendre cette justice, et, si j'avais pu la former, elle, à la douceur, nous aurions fait le plus heureux couple.

— C'est bon, bavard, on te remboursera tes avances, puisque c'est pour moi que tu t'es mis en frais.

— Oh! monseigneur, quelle générosité! Mais si monseigneur veut me faire son secret, qu'il ne me donne donc pas cette nouvelle preuve qu'il est aimé comme il est amoureux. On ne vide guère si volontiers sa bourse quand on n'a pas le cœur plein. D'ailleurs, monsieur le vicomte connaît Martin-Guerre, et sait qu'on peut se fier à lui. Fidèle et muet comme l'épée qu'il porte!

— Soit, mais en voilà assez, maître Martin.

— Je laisse monseigneur rêver.

Gabriel rêva tellement en effet que, rentré dans son logement, il eut absolument besoin d'épancher ses rêves, et écrivit dès le soir à Aloyse.

« Ma bonne Aloyse, Diane m'aime! Mais non, ce n'est pas cela que je dois te dire d'abord. — Ma bonne Aloyse, viens me rejoindre; depuis six ans d'absence, j'ai bien besoin de t'embrasser. Les préliminaires de ma vie sont maintenant posés. Je suis capitaine des gardes du roi, un des grades militaires les plus enviés, et le nom que je me suis fait m'aidera à remettre en honneur et gloire celui que je tiens de mes aïeux. J'ai aussi besoin de toi pour cette tâche, Aloyse. Et enfin j'ai besoin de toi parce que je suis heureux, parce que, je te le répète, Diane m'aime, — oui, la Diane d'autrefois, ma sœur d'enfance, qui n'a pas oublié sa Diane d'autrefois, quoiqu'elle appelle mon fils son père.

— Eh bien! Aloyse, la fille du roi et de madame de Valentinois, la veuve du duc de Castro, n'a jamais oublié et aime toujours de toute son âme charmante son obscur ami de Vimoutiers. Elle vient de me le dire il n'y a pas une heure, — et sa voix douce retentit encore à mon cœur.

» Viens donc, Aloyse, car vraiment je suis trop heureux pour être heureux seul. »

XI.

LA PAIX OU LA GUERRE?

Le 7 juin, il y avait séance du conseil du roi, et le conseil d'État était au grand complet. Autour d'Henri II et des princes de sa maison siégeaient ce jour-là Anne de Montmorency, le cardinal de Lorraine et son frère Charles de Guise, archevêque de Reims, le chancelier Olivier de Lenville, le président Bertrand, le comte d'Aumale, Sedan, Humières, et Saint-André avec son fils.

Le vicomte d'Exmès, en qualité de capitaine des gardes, se tenait debout près de la porte, l'épée nue.

Tout l'intérêt de la séance était, comme d'habitude, dans le jeu des ambitions adverses des maisons de Montmorency et de Lorraine, représentées ce jour-là au conseil par le connétable lui-même et le cardinal.

— Sire, disait le cardinal de Lorraine, le danger est pressant, l'ennemi est à nos portes. Une redoutable armée s'organise en Flandre, et demain Philippe II peut envahir notre territoire, et Marie d'Angleterre vous déclarer la guerre. Sire, il vous faut ici un général intrépide, jeune et vigoureux, qui puisse agir hardiment et dont le nom seul soit déjà un sujet d'effroi pour l'Espagnol et lui rappelle de récentes défaites.

— Comme le nom de votre frère monsieur de Guise, par exemple, dit Montmorency avec ironie.

— Comme le nom de mon frère, en effet, répondit bravement le cardinal; comme le nom du vainqueur de Metz, de Renty et de Valenza. Oui, Sire, c'est le duc de Guise qu'il est nécessaire de rappeler promptement d'Italie, où les moyens lui manquent, et où il vient d'être forcé de lever le siège de Civitella, et où sa présence et celle de son armée, qui seraient utiles contre l'invasion, deviennent inutiles pour la conquête.

Le roi se tourna nonchalamment vers M. de Montmorency, comme pour lui dire : A votre tour.

— Sire, reprit en effet le connétable, rappelez l'armée,

soit! puisque aussi bien cette conquête pompeuse d'Italie finit, comme je l'avais prédit, par le ridicule. Mais qu'avez-vous besoin du général? Voyez les dernières nouvelles du nord : la frontière des Pays-Bas est tranquille ; Philippe II tremble, et Marie d'Angleterre se tait. Vous pouvez encore renouer la trêve, Sire, ou dicter les conditions de la paix. Ce n'est pas un aventureux capitaine qu'il vous faut, c'est un ministre expérimenté et sage, que la fougue de l'âge n'aveugle pas, pour qui la guerre ne soit pas l'enjeu d'une ambition insatiable, et qui puisse poser avec honneur et dignité pour la France les bases d'une paix durable...

— Comme vous-même, par exemple, monsieur le connétable, interrompit avec amertume le cardinal de Lorraine.

— Comme moi-même, reprit superbement Anne de Montmorency, et je conseille ouvertement au roi de ne pas s'occuper des chances d'une guerre qu'on ne fera que s'il le veut et quand il le voudra. Les affaires intérieures, l'état des finances, les intérêts de la religion, réclament bien plus particulièrement nos soins ; et un administrateur prudent vaut cent fois aujourd'hui le plus entreprenant général.

— Et a droit cent fois plus aux faveurs de Sa Majesté, n'est-ce pas? dit aigrement le cardinal de Lorraine.

— Son Éminence achève ma pensée, poursuivit froidement Montmorency, et, puisqu'elle a mis la question sur ce terrain, eh! bien, j'oserai demander à Sa Majesté la preuve que mes services pacifiques lui plaisent.

— Qu'est-ce que c'est? dit en soupirant le roi.

— Sire, j'adjure Votre Majesté de déclarer publiquement l'honneur qu'elle daigne faire à ma maison en accordant à mon fils la main de madame d'Angoulême. J'ai besoin de cette manifestation officielle et de cette solennelle promesse pour marcher fermement dans ma voie, sans avoir à craindre les doutes de mes amis et les clabauderies de mes ennemis.

Cette hardie requête fut accueillie, malgré la présence du roi, par des mouvements d'approbation ou d'improbation, selon que les conseillers appartenaient à l'un ou à l'autre parti.

Gabriel pâlit et frissonna. Mais il reprit un peu courage en entendant le cardinal de Lorraine répondre avec vivacité :

— La bulle du saint-père, qui casse le mariage de François de Montmorency et de Jeanne de Fiennes, n'est pas encore arrivée, que je sache, et peut ne pas arriver du tout.

— On s'en passerait alors, dit le connétable : un édit peut déclarer nuls les mariages clandestins.

— Mais un édit n'a pas d'effet rétroactif, répondit le cardinal.

— On lui en donnerait un, n'est-il pas vrai, Sire? Dites-le hautement, je vous en conjure, pour apporter à ceux qui m'attaquent et à moi-même, Sire, un témoignage certain de l'approbation que vous voulez bien accorder à mes vues. Dites-leur que votre bienveillance royale irait jusqu'à donner un effet rétroactif à ce juste édit.

— Sans doute, on pourrait le donner, dit le roi, dont la faiblesse indifférente semblait céder à ce ferme langage.

Gabriel fut obligé pour ne pas tomber de se soutenir sur son épée.

Le regard du connétable étincela de joie. Le parti de la paix semblait, grâce à son impudence, décidément triompher.

Mais en ce moment un bruit de trompettes retentit dans la cour ; l'air qu'elles jouaient était un air étranger ; les membres du conseil se regardèrent surpris. L'huissier entra presque aussitôt, et après un profond salut :

— Sir Edward Flaming, héraut d'Angleterre, sollicite, dit-il, l'honneur d'être admis en présence de Sa Majesté.

— Faites entrer le héraut d'Angleterre, dit le roi surpris, mais calme.

Henri fit un signe : le dauphin et les princes vinrent se ranger debout autour de lui, et autour des princes les autres membres du conseil royal. Le héraut, accompagné seulement de deux suivans d'armes, fut introduit. Il salua le roi, qui, du fauteuil où il resta assis, inclina légèrement la tête.

Le héraut dit alors :

— Marie, reine d'Angleterre et de France, à Henri, roi de France : « Pour avoir entretenu relation et amitié avec les protestans anglais, ennemis de notre religion et de notre État, et pour leur avoir offert et promis secours et protection contre les justes poursuites exercées sur eux,

— Nous, Marie d'Angleterre, dénonçons la guerre sur terre et sur mer à Henri de France. Et en gage de ce défi, moi, Edward Flaming, héraut d'Angleterre, je jette ici mon gant de bataille! »

Sur un geste du roi, le vicomte d'Exmès alla ramasser le gant de sir Flaming. Puis Henri dit simplement et froidement au héraut :

— Merci !

Détachant ensuite le magnifique collier qu'il portait, il le lui fit remettre par Gabriel, et ajouta avec un nouveau signe de tête :

— Vous pouvez vous retirer.

Le héraut salua profondément et sortit. L'instant d'après, on entendit résonner de nouveau les trompettes anglaises, et ce fut alors seulement que le roi rompit le silence.

— Mon cousin de Montmorency, dit-il au connétable, il me semble que vous vous étiez un peu trop hâté de nous promettre la paix et les bonnes intentions de la reine Marie. Cette protection, soi-disant donnée aux protestans anglais, est un pieux prétexte qui cache l'amour de notre sœur d'Angleterre pour son jeune mari Philippe II. La guerre avec les deux époux, soit ! Un roi de France ne la redoute pas avec l'Europe, et, si la frontière des Pays-Bas nous laisse un peu le temps de nous reconnaître...

— Eh bien! qu'est-ce donc? Qu'y a-t-il encore, Florimond?

— Sire, dit l'huissier en rentrant, un courrier extraordinaire de monsieur le gouverneur de Picardie, avec des dépêches pressées.

— Allez voir ce que c'est, je vous prie, monsieur le cardinal de Lorraine, dit gracieusement le roi.

Le cardinal revint avec les dépêches qu'il remit à Henri.

— Ah! ah! messieurs, dit le roi après y avoir jeté un coup d'œil, voici bien d'autres nouvelles. Les armées de Philippe II se réunissent à Givet, et monsieur Gaspard de Coligny nous mande que le duc de Savoie est à leur tête. Un digne ennemi! Votre neveu, monsieur le connétable, pense que les troupes espagnoles vont attaquer Mézières et Rocroy pour isoler Marienbourg. Il demande en toute hâte des secours pour munir ces places et tenir tête aux premiers assaillans.

Toute l'assemblée s'était à moitié levée, émue et agitée.

— Monsieur de Montmorency, reprit Henri en souriant tranquillement, vous n'êtes pas heureux dans vos prédictions d'aujourd'hui. Marie d'Angleterre se tait, disiez-vous, et nous venons d'entendre ses trompettes retentissantes. Philippe II a peur et les Pays-Bas sont tranquilles, ajoutiez-vous. Or, le roi d'Espagne n'a pas plus peur que nous, et les Flandres se remuent passablement, ce me semble. Décidément, je vois que les administrateurs prudens doivent céder le pas aux hardis généraux.

— Sire, dit Anne de Montmorency, je suis connétable de France, et la guerre me connaît mieux encore que la paix.

— C'est juste, mon cousin, reprit le roi, et je vois avec plaisir que vous vous rappelez à temps la Bicoque et Marignan, et que les idées belliqueuses vous reviennent. Tirez donc du fourreau votre épée, je m'en réjouis. Tout ce que je voulais dire, c'est que nous ne devons plus penser qu'à faire la guerre, et à la faire bonne et glorieuse. Monsieur le cardinal de Lorraine, écrivez à votre frère, monsieur de Guise, qu'il ait à revenir sur le champ. Quant aux affaires d'intérieur et de famille, il faut nécessairement les ajourner ; et, pour le mariage de madame d'Angoulême, monsieur de Montmorency, nous ferons bien maintenant, je crois, d'attendre la dispense du pape.

Le connétable fit la grimace, le cardinal sourit, Gabriel respira.

— Allons ! messieurs, ajouta le roi, qui semblait avoir secoué tout à fait sa torpeur ; allons ! nous avons à nous recueillir pour songer gravement à tant de choses graves. La séance est levée ce matin ; mais il y aura conseil dès ce soir. A ce soir donc, et Dieu protège la France !

— Vive le roi ! crièrent tout d'une voix les membres du conseil.

Et l'on se sépara.

XII.

UN DOUBLE FRIPON.

Le connétable sortait soucieux de chez le roi. Maître Arnauld du Thill se trouva sur son chemin, et l'appela à voix basse.

Ceci se passait dans la grande galerie du Louvre.

— Monseigneur, un mot...

— Qu'est-ce donc ? dit le connétable. Ah ! c'est vous, Arnauld ? Que me voulez-vous ? Je ne suis guère en train de vous écouter aujourd'hui.

— Oui, je conçois, reprit Arnauld, monseigneur est contrarié de la tournure que prend le projet de mariage entre madame Diane et monseigneur François.

— Comment sais-tu cela déjà, drôle ? Mais au fait, que m'importe qu'on le sache. — Le vent est à la pluie et aux Guises, le fait est certain.

— Mais le vent sera demain au beau temps et aux Montmorency, dit l'espion, et s'il n'y avait aujourd'hui que le roi contre ce mariage, le roi serait pour ce mariage demain. Non, l'obstacle nouveau, qui va vous barrer la route, monseigneur, est plus grave et vient d'ailleurs.

— Et d'où peut venir, dit le connétable, un obstacle plus grave que la défaveur ou seulement la froideur du roi ?

— Mais de madame d'Angoulême, par exemple, répondit Arnauld.

— Tu as flairé quelque chose de ce côté-là, mon fin limier ! dit le connétable, en se rapprochant d'Arnauld, évidemment intéressé.

— A quoi monseigneur pensait-il donc que j'eusse employé les quinze jours qui viennent de s'écouler ?

— C'est vrai, il y a longtemps qu'on n'a entendu parler de toi.

— Ni directement, ni indirectement, monseigneur ! reprit fièrement Arnauld, et vous, qui me reprochez d'être noté trop souvent dans les rapports des rondes du guet de la police, il me semble que, depuis deux semaines, j'ai travaillé sagement et sans bruit.

— C'est encore vrai, dit le connétable, et je m'étonnais de n'avoir plus à intervenir pour te tirer d'embarras, coquin, qui bois quand tu ne joues pas, et qui ribaudes quand tu ne te bats pas.

— Et le héros turbulent de ces quinze derniers jours, ce n'a pas été moi, monseigneur, mais certain écuyer du nouveau capitaine des gardes, le vicomte d'Exmès, un nommé Martin-Guerre.

— En effet, je me le rappelle, et Martin-Guerre a remplacé Arnauld du Thill sur le rapport que je dois examiner chaque soir.

— Qui, par exemple, l'autre soir, a été ramassé ivre-mort par le guet ? demanda Arnauld.

— Martin-Guerre.

— Qui, à la suite d'une querelle de jeu pour des dés reconnus pipés, a donné un coup d'épée au plus beau gendarme du roi de France ?

— Oui, Martin-Guerre encore.

— Qui, hier enfin, a été surpris essayant d'enlever la femme de maître Gorju, taillandier ?

— Ce Martin-Guerre toujours ! dit le connétable. Un drôle tout à fait pendable. Et son maître, le vicomte d'Exmès, que je l'ai chargé de surveiller, ne doit pas valoir mieux que lui ; car il le soutient, le défend, et assure que son écuyer est le plus doux et le plus rangé des hommes.

— C'est ce que vous aviez parfois la bonté de dire pour moi, monseigneur. Martin-Guerre se croit possédé du diable. La vérité est que c'est moi qui le possède.

— Quoi ? qu'est-ce ? tu n'es pas Satan ? s'écria en se signant tout effrayé le connétable, ignorant comme une carpe, et superstitieux comme un moine.

Maître Arnauld ne répondit que par un ricanement infernal, et, quand il vit Montmorency assez effrayé :

— Eh ! non, je ne suis pas le diable, monseigneur, dit-il. Pour vous le prouver et vous rassurer, tenez, je vous demande cinquante pistoles. Or, si j'étais le diable, aurais-je besoin d'argent, et me tirerais-je moi-même par la queue ?

— C'est juste, dit le connétable, et voilà les cinquante pistoles.

— Que j'ai bien gagnées, monseigneur, en gagnant la confiance du vicomte d'Exmès ; car, si je ne suis pas diable, je suis sorcier un peu, et je n'ai qu'à endosser certain pourpoint brun et à passer certaines chausses jaunes pour que le vicomte d'Exmès me parle comme à un ancien ami et à un confident éprouvé.

— Hum ! tout ceci sent la corde, dit le connétable.

— Maître Nostradamus, rien qu'en me voyant passer dans la rue, m'a prédit, au seul aspect de ma physionomie, que je mourrais entre la terre et le ciel. Donc, je me résigne à ma destinée et la dévoue à vos intérêts, monseigneur. Avoir à soi la vie d'un pendu, c'est inappréciable. Un homme qui est sûr de finir par la potence ne craint rien, pas même la potence. Pour commencer, je me suis fait le double de l'écuyer du vicomte d'Exmès. Je vous disais que j'accomplissais des miracles ! or, savez-vous, devinez-vous, monseigneur, ce qu'est ledit vicomte ?

— Parbleu ! un partisan effréné des Guises.

— Mieux. L'amoureux aimé de madame de Castro.

— Que me dis-tu là, maraud, et comment sais-tu cela ?

— Je suis le confident du vicomte, vous dis-je. C'est moi qui le plus souvent porte ses billets à la belle, et apporte la réponse. Je suis au mieux avec la suivante de la dame, — laquelle suivante s'étonne seulement d'avoir un amoureux si inégal, entreprenant comme un page, un jour, et, le lendemain, timide comme une nonne. Le vicomte d'Exmès et madame de Castro se voient trois fois la semaine chez la reine, et s'écrivent tous les jours. Pourtant, vous me croirez si vous voulez, leur amour est pur. Ma parole ! je m'intéresserais à eux, si je ne m'intéressais à moi. Ils s'aiment comme des chérubins, et depuis l'enfance, à ce qu'il paraît. J'entr'ouvre de temps en temps leurs lettres, et elles me touchent. Madame Diane, elle, est jalouse, devinez un peu de qui, monseigneur ! — de la reine. Mais elle a bien tort, la pauvrette. Il se peut que la reine pense au vicomte d'Exmès...

— Arnauld, interrompit le connétable, vous êtes un calomniateur !

— Et vite sourire, monseigneur, il est au moins médisant, reprit le drôle. Je disais donc qu'il se pouvait bien que la reine pensât au vicomte, mais qu'à coup sûr, le vicomte ne pensait pas à la reine. Ce sont des amours arcadiens et irréprochables que les leurs, et qui m'émeuvent comme un doux roman pastoral ou chevaleresque ; ce qui n'empêche pas, Dieu m'épargne ! de les trahir pour cinquante pistoles, ces pauvres tourtereaux ! Mais avouez, monseigneur, que j'avais raison en commençant, et que j'ai bien gagné ces cinquante pistoles-là.

— Soit! dit le connétable; mais comment, encore une fois, es-tu si bien informé?

— Ah! pardon, monseigneur, c'est là mon secret, que vous pouvez deviner si vous voulez, mais que je dois encore vous taire. Peu vous importent, d'ailleurs, mes moyens, dont je suis seul responsable après tout, pourvu que vous touchiez la fin. Or, la fin pour vous, c'est d'être renseigné sur les actes et desseins qui pourraient vous nuire, et il me semble que ma révélation d'aujourd'hui n'est pas sans gravité et sans utilité pour vous, monseigneur.

— Sans doute, coquin; mais il faut continuer à épier ce damné vicomte.

— Je continuerai, monseigneur; je suis à vous autant qu'au vice. Vous me donnerez des pistoles, je vous donnerai des paroles, et nous serons contens tous deux. — Oh! mais quelqu'un entre dans cette galerie. Une femme! diable! je vous dis adieu, monseigneur.

— Qui est-ce donc? demanda le connétable, dont la vue baissait.

— Eh! madame de Castro elle-même, qui va sans doute chez le roi, et il est important qu'elle ne me voie pas avec vous, monseigneur, quoiqu'elle ne me connaisse pas sous ces habits-là. Elle s'approche, je m'esquive.

Il s'esquiva en effet du côté opposé à celui par où venait Diane.

Pour le connétable, il hésita un moment, puis, prenant le parti de s'assurer par lui-même de la vérité des rapports d'Arnauld, il aborda résolument madame d'Angoulême au passage.

— Vous vous rendez dans le cabinet du roi, madame, lui dit-il?

— En effet, monsieur le connétable.

— Je crains bien que vous ne trouviez pas Sa Majesté disposée à vous entendre, madame, reprit Montmorency naturellement alarmé de cette démarche, et les nouvelles graves qu'on a reçues...

— Rendent précisément le moment on ne peut pas plus opportun pour moi, monsieur.

— Et contre moi, n'est-il pas vrai, madame? car vous nous portez une terrible haine.

— Hélas! monsieur le connétable, je n'ai de haine contre personne.

— N'avez-vous vraiment que de l'amour? demanda Anne de Montmorency d'un ton si expressif que Diane rougit et baissa les yeux. — Et c'est à cause de cet amour sans doute, ajouta le connétable, que vous résistez aux désirs du roi et aux vœux de mon fils?

Diane embarrassée se tut.

— Arnauld m'a dit vrai, pensa le connétable, elle aime le beau messager des triomphes de monsieur de Guise.

Monsieur le connétable, reprit enfin Diane, mon devoir est d'obéir à Sa Majesté, mais mon droit est d'implorer mon père.

— Ainsi, dit le connétable, vous persistez à aller trouver le roi.

— Je persiste.

— Eh bien! moi, je vais aller trouver madame de Valentinois, madame.

— Comme il vous plaira, monsieur.

Ils se saluèrent, et quittèrent la galerie chacun par la porte opposée; et au moment où, en effet, Diane entrait chez le roi, le vieux Montmorency entrait chez la favorite.

XIII.

LA CIME DU BONHEUR.

— Venez çà, maître Martin, disait, le même jour et à la même heure à peu près, Gabriel à son écuyer; je suis obligé d'aller faire ma ronde et ne rentrerai ici à la maison que dans deux heures. Vous, Martin, dans une heure, vous irez vous poster à l'endroit accoutumé, et vous y attendrez une lettre, une lettre importante que Jacintho viendra vous remettre comme d'habitude. Ne perdez pas une minute et accourez me l'apporter. Si ma ronde est achevée, j'irai d'ailleurs au-devant de vous, sinon attendez-moi ici. Avez-vous compris?

— J'ai compris, monseigneur, mais j'ai une grâce à vous demander.

— Parle.

— Faites-moi accompagner par un garde, monseigneur, je vous en conjure.

— Un garde pour t'accompagner, qu'est-ce que cette nouvelle folie? que crains-tu?

— Je me crains, répondit piteusement Martin. Il paraît, monseigneur, que j'en ai fait de belles la nuit dernière! Jusqu'ici je ne m'étais montré qu'ivrogne, joueur et bretteur. Me voici paillard à présent! Moi que tout Artigues renommait pour la pureté des mœurs et la candeur de l'âme! Croiriez-vous, monseigneur, que j'ai eu la bassesse d'essayer cette nuit un rapt? oui, un rapt! J'ai tenté, de vive force, d'enlever la femme du sieur Gorju, taillandier, — une fort belle femme, à ce qu'il paraît. Par malheur, ou par bonheur plutôt, on m'a arrêté, et si je ne m'étais encore nommé et recommandé de vous, je passais la nuit en prison. C'est infâme.

— Voyons, Martin, as-tu rêvé ou commis cette nouvelle incartade?

— Rêvé! monseigneur, voici le rapport. Rien qu'en le lisant, je rougissais jusqu'aux oreilles. Oui, il fut un temps où je croyais que toutes ces actions damnables étaient des cauchemars affreux, ou bien que le diable s'amusait à prendre ma forme pour se livrer à des faits nocturnes et monstrueux. Mais vous m'avez détrompé, et d'ailleurs je ne vois plus celui que je prenais autrefois pour mon ombre. Le saint prêtre auquel j'ai remis la direction de ma conscience m'a détrompé aussi, et celui qui viole toutes les lois divines et humaines, le coupable, le mécréant, le scélérat, c'est bien moi, je vous en assure. Or, ce que je crois désormais. Comme une poule qui a couvé des canards, mon âme conçoit des pensées honnêtes qui se résolvent en actes impies, et toute ma vertu n'aboutit qu'au crime. Je n'ose dire qu'à vous que je suis possédé, monseigneur, par la raison qu'on me brûlerait vif, mais il faut, voyez-vous, qu'à de certains momens, j'aie vraiment, comme on dit, le diable au corps.

— Non, mon pauvre Martin, dit en riant Gabriel, seulement tu te laisses aller à boire, je crois, depuis quelque temps, et quand tu as bu, dam! tu vois double.

— Mais je ne bois que de l'eau, monseigneur, que de l'eau! à moins que cette eau de la Seine ne porte au cerveau...

— Pourtant, Martin, ce soir où l'on t'a déposé ivre en bas sous ta porche?

— Eh bien! monseigneur, ce soir-là, je m'étais couché et endormi en recommandant mon âme au Seigneur; je me suis levé aussi vertueusement, et c'est par vous, par vous seul, que j'ai appris la vie que j'avais menée. De même la nuit où j'ai blessé ce magnifique gendarme. De même cette nuit encore où le plus odieux attentat... Et cependant je me fais enfermer et verrouiller par Jérôme ma chambre, je clos mes volets à triple chaîne; mais baste! rien n'y fait; je me relève, il faut croire, et mon existence souillée de somnambule commence. Le lendemain au réveil je me demande: — Qu'est-ce que je vais avoir fait, doux Jésus! pendant les absences de cette nuit? Je descends l'apprendre de vous, monseigneur, ou des rapports du quartenier, et je vais sur-le-champ décharger ma conscience de ces nouveaux forfaits à confesse, où l'on me refuse une absolution rendue impossible par d'éternelles rechutes. Ma seule consolation est de jeûner et de me mortifier une partie du jour à grands coups de discipline. Mais je mourrai, je le prévois, dans l'impénitence finale.

— Crois plutôt, Martin, dit le vicomte, que cette fougue

s'apaisera, et que tu redeviendras le Martin sage et rangé d'autrefois. En attendant, obéis à ton maître et remplis ponctuellement cette commission dont il te charge. Comment veux-tu que je te donne quelqu'un pour t'accompagner ? tu sais bien que tout ceci doit rester secret, et que toi seul es dans la confidence.

— Soyez sûr, monseigneur, que je vais faire mon possible pour vous contenter. Mais je ne saurais répondre de moi, je vous en préviens.

— Oh! pour le coup, Martin, c'est trop fort, et pourquoi cela ?

— Ne vous impatientez pas à cause de mes absences, monseigneur ; — je crois être ici et je suis ici ; faire ceci et je fais cela. L'autre jour, ayant pour pénitence trente *pater* et trente *ave*, je prends la résolution de tripler la dose pour me mater par un ennui surhumain, et je reste ou plutôt je crois rester à l'église Saint-Gervais à tourner dans mes doigts les grains de mon chapelet pendant deux heures et plus. Ah bien oui ! en rentrant ici, j'apprends que vous m'aviez envoyé porter un billet, et qu'à preuve je vous avais rapporté la réponse, et le lendemain, dame Jacinthe, — une autre belle femme, hélas ! — me gronde pour avoir été la veille très téméraire à son endroit. Et cela s'est renouvelé trois fois, monseigneur, et vous voulez que je sois sûr de moi après de pareils tours de mon imagination ? non, non ; — je ne suis pas assez maître au logis pour cela, et quoique l'eau bénite ne me brûle pas les doigts, il y a parfois dans ma peau un autre compagnon que maître Martin.

— Enfin j'en cours le risque, dit Gabriel impatienté, et comme jusqu'ici, en somme, que tu sois à l'église ou rue Froid-Manteau, tu t'es habilement et fidèlement acquitté de la commission que je te donne, tu rempliras encore aujourd'hui, et sache, si tu as besoin de cela pour stimuler ton zèle, que tu me rapporter dans ce billet mon bonheur ou mon désespoir.

— Oh ! monseigneur, mon dévoûment pour vous n'a pas besoin d'être excité, je vous jure, et sans ces diaboliques substitutions...

— Allons ! vas-tu recommencer ? interrompit Gabriel, il faut que je parte, et toi, dans une heure par aussi, et n'oublie aucune de mes instructions. Un dernier mot : tu sais que depuis plusieurs jours j'attends avec inquiétude de Normandie Aloyse ma nourrice, si elle arrive en mon absence, il faut lui donner la chambre qui touche à la mienne, et la recevoir comme chez elle. Tu t'en souviendras ?

— Oui, monseigneur.

— Allons ! Martin, promptitude, discrétion, et présence d'esprit surtout.

Martin ne répondit qu'en poussant un soupir, et Gabriel quitta sa maison de la rue des Jardins.

Il y revenait deux heures après, comme il l'avait dit ; — l'œil distrait, la pensée préoccupée. Il ne vit en entrant que Martin, courut à lui, lui prit des mains la lettre qu'il attendait avec tant d'impatience, le congédia du geste, et lut :

« Remercions Dieu, Gabriel, disait cette lettre ; le roi a cédé, nous serons heureux. Vous devez avoir appris déjà l'arrivée du héraut d'armes d'Angleterre, qui est venu déclarer la guerre au nom de la reine Marie, et la nouvelle du grand mouvement qui se prépare en Flandre. Ces événemens, menaçans peut-être pour la France, sont favorables à notre amour, Gabriel, puisqu'ils augmentent le crédit du jeune duc de Guise, et diminuent celui du vieux Montmorency. Le roi a pourtant encore hésité. — Mais je l'ai supplié, Gabriel, j'ai dit que je vous avais retrouvé, que vous étiez noble et vaillant ; je vous ai nommé ; — tant pis !.. Le roi, sans rien promettre, a dit qu'il réfléchirait, qu'après tout, l'intérêt d'État devenant moins pressant, il serait cruel à lui de compromettre mon bonheur, qu'il pourrait donner à François de Montmorency une compensation dont il aurait à se contenter. Il n'a rien promis, mais il tiendra tout, Gabriel ! Oh ! vous l'aimerez, Gabriel,

comme je l'aime, ce bon père, qui va réaliser ainsi nos rêves de six années ! J'ai tant à vous dire, et ces paroles écrites sont si froides ! Écoutez, ami, venez ce soir à six heures, pendant le conseil. Jacinthe vous amènera près de moi, et nous aurons une grande heure pour causer de cet avenir radieux qui s'ouvre à nous. Aussi bien, je prévois que cette campagne de Flandre va vous réclamer, et il faut la faire, hélas ! pour servir le roi, et me mériter, monsieur, moi qui vous aime tant. Car je vous aime, mon Dieu, oui ! A quoi bon essayer maintenant de vous le cacher. Venez donc que je voie si vous êtes aussi heureux que votre Diane. »

— Oh ! oui, bien heureux ! s'écria Gabriel à haute voix quand il eut achevé cette lettre, et que manque-t-il à mon bonheur à présent ?

— Ce n'est pas sans doute la présence de votre vieille nourrice, dit tout à coup Aloyse qui était restée assise, immobile et silencieuse dans l'ombre.

— Aloyse ! s'écria Gabriel en courant vers elle, et en l'embrassant. — Aloyse ! Oh ! si, bonne nourrice, tu me manquais bien. Comment vas-tu ? tu n'as pas changé, toi. Embrasse-moi encore. Je ne suis pas changé non plus, du moins de cœur, de ce cœur qui t'aime. J'étais bien tourmenté de ton retard. Demande à Martin.. pourquoi donc t'es-tu fait si longtemps attendre ?

— Les dernières pluies. monseigneur, ont effondré les chemins, et si, excitée par votre lettre, je n'avais pas bravé des obstacles de toutes sortes, je ne serais pas arrivée encore.

— Oh ! tu as bien fait de te hâter, Aloyse, tu as bien fait, parce que vraiment, à quoi cela sert-il d'être heureux tout seul ? Vois-tu cette lettre que je viens de recevoir ? elle est de Diane, de ton autre enfant, et elle m'annonce, sais-tu ce qu'elle m'annonce ? que les obstacles qui s'opposaient à notre amour vont pouvoir être levés, que le roi n'exige plus le mariage de Diane avec François de Montmorency, que Diane m'aime enfin ! qu'elle m'aime ! et tu es là pour écouter tout cela, Aloyse, dis, ne suis-je pas véritablement à la cime du bonheur ?

— Si pourtant, monseigneur, dit Aloyse, sans quitter sa gravité triste, si pourtant il vous fallait renoncer à madame de Castro ?

— Impossible. Aloyse ! et puisque toutes les difficultés s'aplanissent comme d'elles-mêmes !

— On peut toujours vaincre les difficultés qui viennent des hommes, dit la nourrice, mais non celles qui viennent de Dieu. monseigneur ; vous savez si je vous aime, et si je donnerais ma vie pour épargner à la vôtre l'ombre d'un souci ; eh bien ! si je vous disais : Sans en demander la raison, monseigneur, renoncez à madame de Castro, cessez de la voir, étouffez cet amour par tous les moyens en votre pouvoir. Un secret terrible, et dont je vous conjure, dans votre intérêt même, de ne pas me demander la révélation, est entre vous deux. — Si je vous disais cela, suppliante et à genoux, que me répondriez-vous, monseigneur ?

— Si c'était ma vie, Aloyse, que tu me demandais d'anéantir, sans exiger la raison, je t'obéirais. Mais mon amour est hors de la portée de ma volonté, nourrice, et lui aussi vient de Dieu.

— Seigneur ! s'écria la nourrice en joignant les mains, il blasphème. Mais vous voyez qu'il ne sait pas ce qu'il fait, pardonnez-lui, Seigneur !

— Mais tu m'épouvantes, Aloyse ! ne me tiens pas si longtemps dans ces angoisses mortelles, et, quoique tu veuilles et que tu doives me dire, parle, parle, je t'en supplie.

— Vous le voulez, monseigneur ? il faut absolument vous révéler le secret que j'avais juré devant Dieu de garder, mais que Dieu lui-même, aujourd'hui, m'ordonne de ne pas céler plus longtemps ? Eh bien ! monseigneur, vous vous êtes trompé ; il faut, entendez-moi, il est nécessaire que vous vous soyez trompé sur la nature de l'affection que vous inspirait Diane. Ce n'était pas désir et ardeur, oh ! non, soyez-en sûr, mais une affection sérieuse et dévouée, un besoin de protection amicale et fraternelle, rien de plus tendre et de plus intéressé, monseigneur.

— Mais c'est une erreur, Aloyse, et la beauté charmante de Diane...

— Ce n'est pas une erreur, se hâta de dire Aloyse, et vous allez en convenir avec moi; car la preuve va vous en apparaître évidente comme à moi-même. Sachez que, selon toutes les probabilités, hélas! madame de Castro — du courage, mon enfant! — madame de Castro est votre sœur!

— Ma sœur! s'écria Gabriel en se dressant debout comme par un ressort, ma sœur! répéta-t-il presque insensé. Comment la fille du roi et de madame de Valentinois pourrait-elle être ma sœur?

— Monseigneur, Diane de Castro est née en mai 1539, n'est-ce pas? le comte Jacques de Montgommery, votre père, a disparu en janvier de la même année, et savez-vous sur quel soupçon? savez-vous de quoi on l'accusait, votre père? d'être l'amant heureux de madame Diane de Poitiers, et le rival préféré du dauphin, aujourd'hui roi de France. Maintenant, comparez les dates, monseigneur.

— Ciel et terre! s'écria Gabriel. Mais voyons, voyons, reprit-il en rassemblant toutes les puissances de son être, mon père était accusé, mais qui prouve que l'accusation fût fondée? Diane est née cinq mois après la mort de mon père, mais qui prouve que Diane n'est pas la fille du roi, qui l'aime comme son enfant?

— Le roi peut se tromper, comme je puis me tromper aussi, monseigneur; remarquez que je ne vous ai pas dit: Diane est votre sœur. Mais il est probable qu'elle l'est; il est possible qu'elle le soit, si vous voulez. Mon devoir, mon terrible devoir, n'était-il pas de vous faire cet aveu, Gabriel? Oui, n'est-ce pas? puisque vous ne vouliez pas, sans cet aveu, renoncer à elle? Maintenant, que votre conscience juge votre amour, et que Dieu juge votre conscience.

— Oh! mais ce doute est mille fois plus affreux que le malheur même, dit Gabriel. Qui me tirera de ce doute, mon Dieu!

— Le secret n'a été connu que de deux personnes au monde, monseigneur, dit Aloyse, et deux créatures humaines seulement auraient pu vous répondre: Votre père, enseveli aujourd'hui dans une tombe ignorée, et madame de Valentinois, qui n'avouera jamais, je pense, qu'elle a trompé le roi, et que sa fille n'est pas la fille du roi.

— Oui, et en tout cas, si je n'aime pas la fille de mon père, dit Gabriel, j'aime la fille de l'assassin de mon père! — Car c'est du roi, de Henri II que j'ai à tirer vengeance de la mort de mon père, n'est-il pas vrai, Aloyse?

— Qui sait encore cela, hormis Dieu? répondit la nourrice.

— Partout confusion et ténèbres! doute et terreur! dit Gabriel. Oh! j'en deviendrai fou, nourrice! Mais non, reprit l'énergique jeune homme, je ne veux pas devenir fou encore; je ne le veux pas! J'épuiserai d'abord tous les moyens de connaître la vérité. J'irai à madame de Valentinois, je lui demanderai son secret qui me serait sacré. Elle est catholique, dévote, j'obtiendrai d'elle un serment qui m'atteste sa sincérité. J'irai à Catherine de Médicis, qui a su quelque chose peut-être. J'irai à Diane, et, la main sur mon cœur, j'interrogerai les battements de mon cœur. Où n'irai-je pas? J'irais au tombeau de mon père, si je savais où le trouver, Aloyse, et je l'adjurerais d'une voix si puissante, qu'il se relèverait d'entre les morts pour me répondre.

— Pauvre cher enfant! murmurait Aloyse, si hardi et si vaillant, même après ce coup terrible! si fort contre un destin si cruel!

— Et je ne perdrai pas une minute pour me mettre à l'œuvre, dit en se levant Gabriel, animé d'une sorte de fièvre d'action. Il est quatre heures: dans une demi-heure, je serai près de madame la grande sénéchale; une heure après, chez la reine; à six heures, au rendez-vous où Diane m'attend, et, quand je reviendrai ce soir, Aloyse, j'aurai peut-être soulevé un coin de ce voile lugubre de ma destinée. A ce soir.

— Et moi, monseigneur, ne puis-je rien faire pour vous aider dans votre redoutable tâche? dit Aloyse.

— Tu peux prier Dieu, Aloyse; prie Dieu.

— Pour vous et pour Diane, oui, monseigneur.

— Prie aussi pour le roi, Aloyse, dit Gabriel d'un air sombre.

Et il sortit d'un pas précipité.

XIV.

DIANE DE POITIERS.

Le connétable de Montmorency était encore chez Diane de Poitiers, et lui parlait d'une voix altière, aussi rude et impératif avec elle qu'elle se montrait douce et tendre pour lui.

— Eh! mort Dieu! c'est votre fille, au bout du compte, lui disait-il, et vous avez sur elle les mêmes droits et la même autorité que le roi. Exigez ce mariage.

— Mais, mon ami, répondait Diane, songez qu'ayant été jusqu'ici assez peu mère pour la tendresse, je ne puis espérer être assez mère pour le pouvoir, et frapper sans avoir caressé. Nous sommes, vous le savez, madame d'Angoulême et moi, bien froides l'une pour l'autre, et, malgré ses avances du commencement, nous avons continué à ne nous voir qu'à des intervalles fort rares. Elle a su gagner, d'ailleurs, une grande influence personnelle sur l'esprit du roi, et je ne sais, en vérité, laquelle de nous deux est la plus puissante à cette heure. Ce que vous me demandez, ami, est donc bien difficile, pour ne pas dire impossible. Laissez-là ce mariage, et remplacez-le par une alliance plus brillante encore. Le roi a fiancé la petite Jeanne à Charles de Mayenne; nous obtiendrons de lui la petite Marguerite pour votre fils.

— Mon fils couche dans un lit et non dans un berceau, répondit le connétable, et comment une petite fille, qui sait parler d'hier, pourrait-elle aider à la fortune de ma maison? Madame de Castro, au contraire, a, comme vous me le faites remarquer vous-même avec un merveilleux à propos, une grande influence personnelle sur l'esprit du roi, et voilà pourquoi je veux madame de Castro pour bru. Mort Dieu! il est bien étrange que lorsqu'un gentilhomme, qui porte le nom du premier baron de la chrétienté, daigne épouser une bâtarde, il éprouve tant de difficultés à consommer cette mésalliance. Madame, vous n'êtes pas pour rien la maîtresse de notre sire, comme je ne suis pas pour rien votre amant. Malgré madame de Castro, malgré ce muguet qui l'adore, malgré le roi lui-même, je veux que ce mariage se fasse, je le veux.

— Eh bien! voyons, mon ami, dit doucement Diane de Poitiers, je m'engage à faire le possible et l'impossible pour vous amener à vos fins. Que voulez-vous que je vous dise de plus? Mais au moins, vous serez meilleur pour moi, dites, et ne me parlerez plus avec cette grosse voix, méchant!

Et de ses lèvres fines et roses, la belle duchesse effleura la barbe grise et rude du vieux Anne, qui se laissait faire en grommelant.

Car telle était cette passion étrange et que rien n'expliquait, sinon une dépravation singulière de la maîtresse idolâtrée d'un roi jeune et beau pour un vieux barbon qui la rudoyait. La brusquerie de Montmorency la dédommageait de la galanterie de Henri II, et elle trouvait plus de charmes à être malmenée par l'un qu'à être flattée par l'autre. Caprice monstrueux d'un cœur féminin! Anne de Montmorency n'était ni spirituel ni brillant, et il passait, à juste titre, pour être avide et avare. Les horribles supplices qu'il avait infligés à la population rebelle de Bordeaux, lui avaient seuls donné une sorte de célébrité odieuse. Brave, il est vrai, qualité vulgaire en France, il n'avait pourtant guère été heureux jusques-là dans les batailles où il s'était trouvé. Aux victoires de Ravennes et de Marignan, où il ne commandait pas encore, on ne le distingua pas dans la foule ; à La Bicoque, où il était colonel des Suisses, il laissa à peu près massacrer son régiment, et à Pavie, il fut fait prisonnier. Son illustration militaire n'allait pas au delà, et Saint-Laurent devait piteusement couronner tout cela. Sans la faveur de Henri II, inspirée sans doute par Diane de Poitiers, il fût resté au second rang dans les conseils comme à la guerre, et cependant Diane l'aimait, le choyait et lui obéissait en tout, maîtresse d'un roi charmant, esclave d'un soudard ridicule.

En ce moment, on gratta discrètement à la porte, et un page, entrant sur la permission de madame de Valentinois, annonça que le vicomte d'Exmès implorait avec instance la faveur d'être admis un instant, pour le motif le plus grave, auprès de la duchesse.

— L'amoureux ! s'écria le connétable. Que veut-il donc de vous, Diane ? Viendrait-il, par hasard, vous demander la main de votre fille ?

— Faut-il le laisser entrer ? demanda docilement la favorite.

— Sans doute, sans doute, cette démarche peut nous aider. Mais qu'il attende quelques instants. Un mot encore pour nous entendre !

Diane de Poitiers transmit ces ordres au page qui sortit.

— Si le vicomte d'Exmès vient à vous, Diane, reprit le connétable, c'est que quelques difficultés inattendues se présentent, et il faut que le cas soit bien désespéré pour qu'il ait recours à un si désespéré remède. Donc, écoutez-moi bien, et si vous suivez exactement mes instructions, votre intervention hasardée, j'en conviens, auprès du roi deviendra peut-être inutile. Diane, quelque chose que le vicomte vienne solliciter de vous, refusez le. Si c'est son chemin qu'il vous demande, envoyez-le du côté opposé à sa route. S'il veut que vous répondiez oui, dites non, et oui, si c'est non qu'il espère. Soyez avec lui dédaigneuse, hautaine, mauvaise, la digne fille enfin de la fée Mélusine, dont vous autres de la maison de Poitiers descendez à ce qu'il paraît. M'avez-vous bien compris, Diane ? et ferez-vous ce que je vous dis là ?

— De point en point, mon connétable.

— Alors, les écheveaux du galant vont un peu s'embrouiller, j'espère. Le pauvret, qui se jette ainsi dans la gueule de la... — Il allait dire de la louve, mais il se reprit : — Dans la gueule des loups. Je vous le laisse, Diane, et rendez-m'en bon compte de ce beau prétendant. À ce soir !

Il daigna embrasser Diane au front, et sortit. On introduisit par une autre porte le vicomte d'Exmès.

Gabriel fit le salut le plus respectueux à Diane, qui répondit par le salut le plus impertinent. Mais Gabriel, s'armant de courage pour ce combat inégal de la passion ardente contre la vanité glacée, commença avec assez de calme.

— Madame, dit-il, la démarche que j'ose faire auprès de vous est bien hardie, sans doute, et bien insensée. Mais il y a parfois, dans la vie, des circonstances si graves, si suprêmes et si solennelles, qu'elles vous mettent au-dessus des convenances ordinaires et des scrupules habituels. Or, je suis dans une de ces crises redoutables de la destinée, madame. L'homme qui vous parle vient mettre dans vos mains sa vie, et si vous la laissez tomber sans pitié, elle se brisera.

Madame de Valentinois ne fit pas le moindre signe d'encouragement. Le corps penché en avant, appuyant le menton sur sa main et le coude sur son genou, elle regardait fixement Gabriel avec un air d'étonnement ennuyé.

— Madame, reprit celui-ci en essayant de secouer l'influence attristante de ce silence affecté, vous savez ou vous ignorez peut-être que j'aime madame de Castro. Je l'aime, madame, d'un amour profond, ardent, irrésistible.

— Qu'est-ce que cela me fait ? sembla dire un sourire nonchalant de Diane de Poitiers.

— Je vous parle de cet amour, qui m'emplit l'âme, madame, pour arriver à vous dire que je dois comprendre, excuser, admirer même les aveugles fatalités et les exigences implacables de la passion. Loin de la blâmer comme le vulgaire, de la disséquer comme les philosophes, de la condamner comme les prêtres, je m'agenouille devant elle et je l'adore comme un reflet de Dieu. Elle fait le cœur où elle entre plus pur, plus grand, plus divin ; et Jésus ne l'a-t-il pas sacrée, le jour où il a dit à Madeleine qu'elle était bénie entre toutes les femmes pour avoir beaucoup aimé.

Diane de Poitiers changea d'attitude, et, les yeux à demi fermés, s'étendit négligemment dans son fauteuil.

— Où veut-il en venir avec son sermon ? pensait-elle.

— Ainsi, vous le voyez, madame, poursuivit Gabriel, l'amour pour moi est saint ; de plus, il est tout-puissant à mes yeux. Le mari de madame de Castro vivrait encore, que j'aimerais madame de Castro, et n'essaierais même pas de vaincre un instinct irrésistible. Il n'y a que les faux amours qui se puissent dompter, et l'amour vrai ne s'évite pas plus qu'il ne se commande. — Ainsi, madame, vous-même, choisie et aimée par le plus grand roi du monde, vous ne devez pas être, pour cela, à l'abri de la contagion d'une passion sincère, et vous n'auriez pas su lui résister, que je vous plaindrais et que je vous envierais, mais je ne vous condamnerais pas.

Même silence de la part de la duchesse de Valentinois. Un étonnement railleur était le seul sentiment qui se peignît sur son visage. Gabriel reprit avec plus de chaleur encore, comme pour amollir cette âme d'airain aux flammes de la sienne :

— L'on s'éprend, et c'est tout simple, de votre admirable beauté ; vous êtes touchée de cet amour, mais votre cœur qui veut y répondre le peut-il nécessairement ? Hélas ! non. Cependant, à côté du roi, un gentilhomme beau, vaillant et dévoué, vous voit, vous aime, et cette passion plus obscure, mais non pas moins puissante, atteint votre âme, où n'a pu entrer la pensée d'un roi. Mais n'êtes-vous pas aussi, reine de beauté, comme le souverain qui vous aime est roi de puissance ? N'y a-t-il pas entre vous égalité indépendante et libre ? Sont-ce les titres qui gagnent les cœurs ? Qui peut vous empêcher d'avoir préféré un jour, une heure, dans votre généreuse bonne foi, le sujet au maître ? Ce n'est pas moi, du moins, qui aurais assez peu d'intelligence des nobles sentiments pour faire un crime à Diane de Poitiers d'avoir, étant aimée de Henri II, aimé le comte de Montgommery.

Diane, pour le coup, se souleva à demi, et rouvrit ses grands yeux verts et clairs. Trop peu de personnes, en effet, savaient son secret à la cour pour que cette brusque parole de Gabriel ne lui causât pas quelque surprise.

— Est-ce que vous avez des preuves matérielles de cet amour ? demanda-t-elle, non sans une nuance d'inquiétude.

— Je n'ai qu'une certitude morale, madame, répondit Gabriel, mais je l'ai.

— Ah ! fit-elle en reprenant sa moue insolente. Eh bien ! alors, cela m'est bien égal de vous avouer la vérité. Oui, j'ai aimé le comte de Montgommery. Après ?

Mais, après, Gabriel ne savait plus rien de positif et ne marchait plus que dans les ténèbres des conjectures. Il continua pourtant :

— Vous avez aimé Jacques de Montgommery, madame, et j'ose dire que vous aimez encore son souvenir ; car enfin, s'il a disparu de la surface du monde, c'est pour vous. Eh bien ! c'est en son nom que je viens vous adjurer, madame, et vous faire une question qui vous paraîtra bien audacieuse, je le répète, mais je répète aussi que votre réponse, si vous avez la bonté de me répondre, ne produira dans mon cœur que reconnaissance et adoration : car à cette réponse est attachée ma vie ; je répète enfin que si vous ne me la refusez pas, je serai dorénavant à vous corps et âme, et la plus solide puissance du monde peut avoir besoin d'un bras et d'un cœur dévoués, madame.

— Achevez, monsieur, dit la duchesse, et venons donc à cette question terrible.

— Je veux être à genoux pour vous l'adresser, madame, dit Gabriel en se mettant à genoux en effet.

Et il reprit alors, le cœur palpitant et la voix tremblante :

— Madame, c'est dans le courant de l'année 1538 que vous avez aimé le comte de Montgommery ?

— Il se peut, dit Diane de Poitiers. — Ensuite ?

— C'est en janvier 1539 que le comte de Montgommery a disparu, et c'est en mai 1539 que madame Diane de Castro est née ?

— Eh bien ? demanda Diane.

— Eh bien ! madame, reprit Gabriel si bas qu'elle l'entendit à peine, là est le secret que je viens à vos pieds implorer de vous, le secret d'où dépend mon sort, et qui mourra, croyez-le bien, dans mon sein si vous daignez me le révéler. Devant le crucifix que voilà au-dessus de votre tête, je vous le jure, madame : on m'arracherait la vie avant votre confidence. Et d'ailleurs vous pourriez toujours me démentir ; on vous croirait plus que moi, et je ne vous demande pas de preuve, mais votre parole seulement. — Madame, madame, est-ce que Jacques de Montgommery serait le père de Diane de Castro ?

— Ah ! ah ! dit Diane en partant d'un rire dédaigneux, la question est téméraire, en effet, et vous aviez bien raison de la faire précéder de tant de préambules. Pourtant, rassurez-vous, mon cher monsieur, je ne vous en veux pas. Vous m'avez vraiment intéressée comme une énigme, et tenez, vous m'intéressez encore ; car enfin qu'est-ce que cela peut vous faire, monsieur d'Exmès, que madame d'Angoulême soit la fille du roi ou l'enfant du comte ? Le roi passe pour être son père ; cela doit suffire à votre ambition, si vous êtes ambitieux. De quoi venez-vous donc vous mêler, et qu'est-ce que cette prétention de vouloir inutilement interroger le passé ? vous avez une raison, voyons ; mais cette raison, quelle est-elle ?

— J'ai une raison, en effet, madame, dit Gabriel, mais je vous conjure en grâce de ne pas me la demander.

— Ah ! oui-da, reprit Diane, vous voulez mes secrets et vous gardez les vôtres. Le marché serait avantageux pour vous, au moins !

Gabriel détacha le crucifix d'ivoire qui dominait le prie-Dieu de chêne sculpté placé derrière Diane.

— Par votre salut éternel ! madame, lui dit-il, jurez-vous de taire ce que je vais vous dire, et de n'en abuser en aucune façon contre moi ?

— Un pareil serment ! dit Diane.

— Oui, madame, car je vous sais ardente et pieuse catholique, et, si vous jurez par votre salut éternel, je vous croirai.

— Et si je refuse de jurer ?

— Je me tairai, madame, et vous m'aurez refusé ma vie.

— Savez-vous, monsieur, reprit Diane, que vous piquez d'une étrange façon ma curiosité de femme ? Oui, le mystère dont vous m'entourez si tragiquement m'attire, me tente, je l'avoue. Vous avez obtenu sur mon imagination ce triomphe, je vous le dis franchement, et je ne croyais pas qu'on pût m'intriguer à ce point. Si je jure, c'est pour en savoir davantage sur votre compte, je vous en préviens. Curiosité pure, je dois en convenir.

— Moi aussi, madame, dit Gabriel, c'est pour savoir que vous supplie ; seulement ma curiosité est celle de l'accusé qui attend son arrêt de mort. Amère et terrible curiosité ! comme vous voyez. Voulez-vous prononcer ce serment, madame ?

— Dites les paroles et je les répéterai, monsieur.

Et, après Gabriel, Diane répéta en effet :

— « Sur mon salut, dans cette vie et dans l'autre, je jure de ne découvrir à personne au monde le secret que vous allez me dire, de ne jamais m'en servir pour vous nuire, et d'agir en tous points comme si je l'avais toujours ignoré, et comme si je l'ignorais toujours. »

— Bien, madame, dit Gabriel, et je vous remercie de cette première preuve de condescendance. Maintenant, en deux mots, vous allez tout comprendre : Je m'appelle Gabriel de Montgommery, et Jacques de Montgommery fut mon père.

— Votre père ! s'écria Diane, en se levant debout, toute émue et stupéfaite.

— De sorte, reprit Gabriel, que si Diane de Castro est la fille du comte, Diane de Castro, que j'aime ou que je croyais aimer d'un amour éperdu, est ma sœur !

— Ah ! je conçois, reprit Diane de Poitiers se remettant un peu. — Voilà qui sauve le connétable, pensa-t-elle.

— Maintenant, madame, continua Gabriel, pâle, mais ferme, voulez-vous bien m'accorder cette grâce de jurer, comme tout à l'heure, sur ce crucifix, que madame de Castro est la fille du roi Henri II ? Vous ne répondez pas ? Oh ! pourquoi donc ne répondez-vous pas, madame ?

— Parce que je ne puis prononcer ce serment, monsieur.

— Ah ! mon Dieu ! mon Dieu ! Diane est l'enfant de mon père ? dit Gabriel tout chancelant.

— Je ne dis pas cela ! je ne conviendrai jamais de cela ! s'écria madame de Valentinois ; Diane de Castro est bien la fille du roi.

— Oh ! vraiment, madame ! oh ! que vous êtes bonne ! dit Gabriel. Mais, pardon ! votre intérêt peut vous ordonner de parler ainsi. Jurez donc, madame, jurez ! au nom de votre enfant, qui vous bénira, jurez !

— Je ne jurerai pas, dit la duchesse. Pourquoi jurerais-je ?

— Mais, madame, dit Gabriel, tout à l'heure vous avez prononcé un serment pareil à celui que j'implore, seulement pour satisfaire une curiosité banale, c'est vous qui me l'avez dit ; et maintenant, quand il s'agit de la vie d'un homme, quand, avec quelques mots, vous pouvez tirer du gouffre deux destinées, vous demandez : — Pourquoi dirais-je ces quelques mots ?

— Enfin, monsieur, je ne jurerai pas, dit Diane froidement et résolument.

— Et si, néanmoins, j'épouse madame de Castro, madame ; et si madame de Castro est ma sœur, croyez-vous que le crime ne retombera pas sur vous ?

— Non, reprit Diane, puisque je n'aurai pas juré.

— Horrible ! horrible ! s'écria Gabriel. Mais pensez donc, madame, que je puis dire partout que vous avez aimé le comte de Montgommery, que vous avez trahi le roi, que moi, fils du comte, j'en ai la certitude.

— Certitude morale, mais pas de preuves, dit, avec un mauvais sourire, Diane, qui reprit dès lors sa nonchalance impertinente et hautaine. Je vous démentirai, monsieur ; et, vous me l'avez dit aussi vous-même, quand vous affirmerez et quand je nierai, ce n'est pas vous qu'on croira. Ajoutez que je puis dire au roi que vous avez osé me déclarer un insolent amour, me menaçant, si je n'y cédais, de me calomnier. Vous seriez perdu alors, monsieur Gabriel de Montgommery. Mais, pardon, ajouta-t-elle en se levant, je suis obligée de vous quitter, monsieur ; vous m'avez beaucoup intéressée, en vérité, mais beaucoup, et votre histoire est des plus singulières.

Elle frappa sur un timbre pour appeler.

— Oh ! c'est infâme ! s'écria Gabriel en se frappant le front de ses poings fermés. Oh ! pourquoi êtes-vous une femme ou pourquoi suis-je un gentilhomme ? Mais prenez garde, néanmoins, madame, vous n'aurez pas joué impunément avec mon cœur et ma vie, et Dieu vous punira et me vengera, car ce que vous faites est, je le répète, infâme.

— Vous trouvez ? dit Diane. Et elle accompagna ces paroles d'un petit rire sec et moqueur qui lui était particulier.

En ce moment, le page qu'elle avait appelé souleva la portière de tapisserie. Elle fit à Gabriel un petit salut ironique et quitta la chambre.

— Allons ! se disait-elle, il a décidément de la chance,

mon connétable. La Fortune est comme moi : elle l'aime. Pourquoi diable ! l'aimons-nous ?

Gabriel sortit sur les pas de Diane, ivre de rage et de douleur.

XV.

CATHERINE DE MÉDICIS.

Mais Gabriel était un cœur ferme et brave, plein de résolution et de fermeté. Après le premier moment de consternation, il secoua son abattement, releva la tête et se fit annoncer chez la reine.

Catherine de Médicis pouvait en effet avoir entendu parler de cette tragédie inconnue de la rivalité de son mari et du comte de Montgommery ; qui sait même si elle n'y avait pas joué un rôle. Elle n'avait guère plus de vingt ans dans ce temps-là. Sa jalousie de jeune femme belle et négligée n'avait-elle pas dû lui tenir les yeux constamment ouverts sur toutes les actions et sur toutes les fautes de sa rivale? Gabriel comptait sur ses souvenirs pour l'éclairer dans la voie obscure où il ne marchait qu'à tâtons, et où pourtant, comme amant et comme fils, pour son bonheur ou pour sa vengeance, il avait tant d'intérêt à voir clair.

Catherine accueillit le vicomte d'Exmès avec cette bienveillance marquée qu'elle ne cessait de lui témoigner en toute occasion.

— C'est vous, beau vainqueur, lui dit-elle. A quel heureux hasard dois-je donc votre bonne visite ? vous nous venez voir rarement, monsieur d'Exmès, et c'est même, que je crois, la première fois que vous nous demandez audience dans notre appartement. Vous êtes pourtant et vous serez toujours le bien arrivé auprès de nous, songez-y.

— Madame, dit Gabriel, je ne sais comment vous remercier de tant de bontés, et soyez sûre que mon dévoûment...

— Laissons là votre dévoûment, interrompit la reine et venons au but qui vous amène. Est-ce que je pourrais vous servir en quelque chose ?

— Oui, madame, je crois que vous le pourriez.

— Tant mieux ! monsieur d'Exmès, reprit Catherine avec le plus encourageant sourire, et si ce que vous allez me demander est en mon pouvoir, je m'engage par avance à vous l'accorder. C'est là un engagement un peu compromettant peut-être ; mais vous n'en abuserez pas, mon beau gentilhomme.

— Que Dieu m'en préserve ! madame, telle n'est pas mon intention.

— Parlez donc, voyons, dit en soupirant la reine.

— C'est un renseignement, madame, que j'ose venir chercher auprès de vous, rien de plus. Mais, pour moi, ce rien-là c'est tout. Aussi m'excuserez-vous de vous rappeler des souvenirs qui doivent être douloureux à Votre Majesté. Il s'agit d'un événement qui remonte à l'année 1539.

— Oh ! j'étais bien jeune alors, presque enfant, dit la reine.

— Mais déjà bien belle et bien digne d'amour assurément, répartit Gabriel.

— Aucuns le disaient quelquefois, reprit la reine, charmée de la tournure que prenait l'entretien.

— Et pourtant, continua Gabriel, une autre femme osait déjà empiéter sur le droit que vous tenez de Dieu, de votre naissance et de votre beauté, et cette femme, non contente de détourner de vous, par magie et enchantement sans doute, les yeux et le cœur d'un mari trop jeune pour être bien clairvoyant, cette femme trahissait celui qui vous trahissait, et aimait le comte de Montgommery. Mais dans votre juste dédain vous avez peut-être oublié tout cela, madame ?

— Non pas, dit la reine, et cette aventure, et tous les manéges commençans de celle dont vous parlez sont encore présents à ma mémoire. Oui, elle aima le comte de Montgommery ; puis, voyant sa passion découverte, elle prétendit lâchement que c'était une feinte pour éprouver le cœur du dauphin, et, quand Montgommery disparut, lui, — peut-être par son ordre seulement ! — elle ne le pleura pas et parut rieuse et folle au bal le lendemain. Oui, je me souviendrai toujours des premières intrigues à l'aide desquelles cette femme sapait ma jeune royauté ; car je m'en affligeais alors ; car je passais mes nuits et mes jours dans les larmes. Mais, depuis, ma fierté s'est réveillée ; j'avais toujours rempli et au-delà mon devoir ; j'avais fait constamment respecter par ma dignité, mes titres d'épouse, de mère et de reine ; j'avais donné sept enfans au roi et à la France. Mais maintenant, je n'aime mon mari qu'avec calme, comme un ami et comme le père de mes fils, et je ne lui reconnais plus le droit d'exiger de moi un sentiment plus tendre ; j'ai assez vécu pour le bien général, ne puis-je pas un peu vivre pour moi-même ? n'ai-je pas gagné assez chèrement mon bonheur ? si quelque dévoûment jeune et passionné s'offrait à moi, serait-ce un crime pour moi que de ne pas le repousser, Gabriel ?

Les regards de Catherine commentaient ses paroles. Mais l'esprit de Gabriel était ailleurs. Depuis que la reine avait cessé de parler de son père, il rêvait. Cette rêverie que Catherine interprétait dans le sens qu'elle désirait, ne lui déplaisait pas. Mais Gabriel rompit bientôt le silence.

— Un dernier éclaircissement, madame, et le plus grave, lui dit-il. Vous êtes si excellente pour moi ! Vraiment, je savais bien en venant près de vous que j'en sortirais satisfait. Vous avez parlé de dévoûment, comptez sur le mien, madame. Mais achevez votre œuvre, de grâce ! Puisque vous avez connu les détails de cette sombre aventure du comte de Montgommery, savez-vous si l'on a douté dans le temps que madame de Castro, née quelques mois après la disparition du comte, fût bien réellement la fille du roi ? La médisance, disons même la calomnie, n'a-t-elle pas exprimé des soupçons à cet égard, et attribué à monsieur de Montgommery la paternité de Diane ?

Catherine de Médicis regarda quelque temps Gabriel en silence, comme pour se rendre compte de l'intention qui avait dicté ses paroles. Elle crut avoir trouvé cette intention et se prit à sourire.

— Je m'étais aperçue en effet, dit-elle, que vous aviez remarqué madame de Castro, et que vous lui faisiez une cour assez assidue. Je vois maintenant vos motifs. Seulement, avant d'aller plus loin, vous voulez vous assurer, n'est-ce pas ? que vous ne faites pas fausse route, et que c'est bien à une fille de roi que vous adressez vos hommages ? Vous ne voulez pas qu'après avoir épousé la fille légitimée de Henri, vous vous trouviez un jour, par quelque découverte inattendue, avoir pour femme la bâtarde du comte de Montgommery. En un mot, vous êtes ambitieux, monsieur d'Exmès. Ne vous en défendez pas, je ne vous en estime que plus, et cela d'ailleurs, loin de contrarier les desseins que j'ai sur vous, peut les servir. Vous êtes ambitieux, n'est-ce pas ?

— Mais, madame... reprit Gabriel embarrassé ; peut-être effectivement...

— C'est bon, je vois que je vous avais deviné, mon gentilhomme, dit la reine. Eh bien ! voulez-vous en croire une amie ? dans l'intérêt même de vos projets, renoncez à vos vues sur cette Diane. Laissez là cette poupée. Je ne sais pas, à vrai dire, si elle est la fille du roi ou la fille du comte, et la dernière hypothèse pourrait pourtant bien être la véritable ; mais fût-elle née du roi, ce n'est pas là la femme et le soutien qu'il vous faut. Madame d'Angoulême est une nature faible et molle, toute de sentiment, de grâce, si vous voulez, mais sans force, sans énergie, sans vaillance. Elle a su gagner les bonnes grâces du roi, j'en conviens, mais elle ne saura pas en profiter. Ce qu'il vous faut, Gabriel, pour l'accomplissement de vos grandes chimères, c'est un cœur viril et puissant, qui vous aide comme il vous aime, qui vous serve et se serve de vous, et qui remplisse en même temps votre âme et votre vie. Ce cœur, vous l'avez trouvé sans le savoir, vicomte d'Exmès.

Il la regardait, surpris. Elle poursuivit, entraînée :

— Écoutez : notre sort doit nous affranchir, nous autres reines, des convenances vulgaires ; et, placées haut comme nous le sommes, si nous voulons qu'une affection arrive à nous, il faut que nous fassions quelques pas au-devant d'elle et que nous lui tendions la main. Gabriel, vous êtes beau, brave, ardent et fier ! Du premier moment où je vous ai vu, j'ai senti là pour vous un sentiment inconnu, et, — me suis-je trompée ? — vos paroles et vos regards, et jusqu'à cette démarche d'aujourd'hui, qui n'est peut-être qu'un adroit détour, tout m'a fait supposer enfin que je n'avais pas rencontré un ingrat.

— Madame !... dit Gabriel épouvanté.

— Oui, vous êtes ému et surpris, je le vois, reprit Catherine avec son plus doux sourire. Mais vous ne me jugez pas sévèrement, n'est-il pas vrai, sur ma sincérité nécessaire ? Je vous le répète, la reine doit faire excuser la femme. Vous êtes timide, quoique ambitieux, monsieur d'Exmès, et des scrupules au-dessous de moi auraient pu me faire perdre un dévoûment précieux ; j'ai mieux aimé parler la première. Allons, remettez-vous donc ! suis-je si redoutable ?

— Oh ! oui, murmura Gabriel pâle et consterné.

Mais la reine qui l'entendit se méprit au sens de son exclamation.

— Allons donc ! dit-elle avec un doute enjoué, je ne vous ai pas encore fait perdre la raison, ce me semble, au point de vous faire oublier vos intérêts, et ces renseignemens que vous me demandiez sur madame d'Angoulême en sont bien un peu la preuve. Mais, soyez tranquille, je ne veux pas, je vous le dis encore, votre abaissement, je veux votre grandeur. Gabriel, vous êtes jusqu'ici effacée au second rang ; mais, sachez-le, je brillerai bientôt au premier. Madame Diane de Poitiers n'est plus d'âge à conserver longtemps sa beauté et sa puissance. Du jour où le prestige de cette femme s'effacera, mon règne commence, et apprenez que je saurai régner, Gabriel : les instincts de domination que je sens en moi m'en sont garans, et d'ailleurs, c'est dans le sang des Médicis, cela. Le roi saura un jour qu'il n'a pas de conseiller plus habile, plus adroit et plus expérimenté que moi. — Et alors, Gabriel, à quoi ne pourra-t-on prétendre l'homme qui aura uni sa fortune à la mienne, quand la mienne était obscure encore ? qui aura aimé en moi la femme et non pas la reine ? La maîtresse du royaume ne voudra-t-elle pas dignement récompenser celui qui se sera dévoué à Catherine ? Cet homme ne sera-t-il pas son second, son bras droit, le roi véritable sous un fantôme de roi ? Ne tiendra-t-il pas dans sa main toutes les dignités et toutes les forces de la France ? Un beau rêve, n'est-ce pas, Gabriel ? Eh bien ! Gabriel, voulez-vous être cet homme ?

Elle lui tendit bravement la main.

Gabriel mit un genou en terre et baisa cette main blanche et charmante... Mais son caractère était trop entier et trop loyal pour pouvoir se plier aux ruses et aux mensonges d'une amour feint. Entre une tromperie et un danger, il était trop sincère et trop résolu pour hésiter, et, relevant son noble visage :

— Madame, dit-il, l'humble gentilhomme qui est à vos pieds vous prie de le considérer comme le plus respectueux de vos serviteurs et le plus dévoué de vos sujets. Mais...

— Mais, interrompit Catherine avec un sourire, ce ne sont pas ces termes de vénération qu'on vous demande, mon beau cavalier.

— Et pourtant, madame, continua Gabriel, je ne puis me servir en vous parlant de mots plus doux et plus tendres, car, — pardonnez ! — celle que j'aimais avant même de vous connaître, c'est bien véritablement madame Diane de Castro, et nul amour, fût-ce l'amour d'une reine, ne saurait plus trouver place dans ce cœur tout rempli d'une autre image.

— Ah ! dit seulement Catherine, le front pâle et les lèvres serrées.

Gabriel, tête baissée, attendait pourtant sans trembler l'orage d'indignation et de mépris qui allait fondre sur lui. Mépris et indignation ne se firent pas longtemps attendre, et, après quelques minutes de silence :

— Savez-vous, monsieur d'Exmès, dit Catherine de Médicis contenant à grand'peine sa voix et sa colère, savez-vous que je vous trouve hardi, pour ne pas dire impudent ! Qui vous parlait d'amour, monsieur ? Où avez-vous pris qu'on voulût tenter votre vertu si farouche ? Il faut que vous ayez de votre mérite une idée bien vaine et bien insolente pour oser croire à de pareilles choses, et pour expliquer si témérairement une bienveillance qui n'a eu que le tort de s'adresser en lieu indigne. Vous avez sérieusement insulté une femme et une reine, monsieur !

— Oh ! madame, reprit Gabriel, croyez que mon religieux respect...

— Assez ! interrompit Catherine, je vous dis que vous m'avez insultée, et que vous veniez pour m'insulter ! Pourquoi êtes-vous ici ? Quel motif vous amenait ? Que m'importe à moi votre amour et madame de Castro, et tout ce qui vous concerne ! Vous veniez chercher près de moi des renseignemens ! Ridicule prétexte ! Vous vouliez faire faire par une reine de France la confidente de votre passion ! C'est insensé, je vous le dis ; et j'ajoute encore : C'est outrageant !

— Non, madame, répondit Gabriel debout et fier, vous n'avez pas été outragée pour avoir rencontré un honnête homme qui a mieux aimé vous blesser que vous tromper.

— Taisez-vous, monsieur ! reprit Catherine ; je vous ordonne de vous taire et de sortir. Estimez-vous heureux que je veuille bien encore ne pas dévoiler au roi votre audacieuse méprise. Mais ne reparaissez jamais devant moi, et tenez désormais Catherine de Médicis pour votre implacable ennemie. Oui, je vous retrouverai, soyez-en certain, monsieur d'Exmès ! Mais en attendant, sortez.

Gabriel salua la reine, et se retira sans dire un mot.

— Allons ! pensa-t-il quand il se trouva seul, une haine de plus ! Mais qu'est-ce que cette haine me ferait si j'avais enfin quelque chose sur mon père et sur Diane ! La maîtresse du roi et la femme du roi pour ennemies ! Le sort veut me préparer peut-être à devenir l'ennemi du roi. Allons chez Diane à présent, l'heure est venue, et Dieu veuille que je ne sorte pas plus triste encore et plus désolé de chez celle qui m'aime que de chez celles qui me haïssent !

XVI.

AMANT OU FRÈRE ?

Quand Jacinte introduisit Gabriel dans la chambre que Diane de Castro, comme fille légitime du roi, occupait au Louvre, celle-ci, dans son effusion naïve et chaste, courut au devant du bien-aimé sans dissimuler aucunement sa joie. Elle n'eut pas même retiré son front de son baiser ; mais lui se contenta de lui serrer la main.

— Vous voilà donc enfin, Gabriel ! dit-elle. Avec quelle impatience je vous attendais, mon ami ! Depuis tantôt, je ne sais où déverser le trop plein de bonheur que je sens en moi. Je parle toute seule, je ris toute seule, je suis folle ! Mais vous voilà, Gabriel, et nous pourrons du moins être heureux ensemble ! — Eh bien ! qu'avez-vous donc, mon ami ? vous avez l'air froid, grave et presque triste. Est-ce avec ce visage contraint et ces manières réservées que vous me témoigniez votre amour, et à Dieu et à mon père votre reconnaissance?

— A votre père?... oui, parlons de votre père, Diane. Quant à cette gravité qui vous étonne, c'est mon habitude d'accueillir avec ce front sévère la bonne fortune ; car je me défie d'abord de ses dons, n'y étant pas jusqu'ici accoutumé, et j'ai éprouvé qu'elle cachait trop souvent une douleur sous une faveur.

— Je ne vous savais pas si philosophe ni si malheureux, Gabriel, reprit la jeune fille moitié enjouée et moitié piquée. Mais, voyons! vous disiez que vous vouliez parler du roi ; c'est mieux cela : comme il a été bon et généreux, Gabriel!

— Oui, Diane, il vous aime bien, n'est-ce pas?

— Avec une tendresse et une douceur infinies, Gabriel.

— Sans doute, murmura le vicomte d'Exmès, il peut croire, lui, qu'elle est sa fille... Une seule chose m'étonne, reprit-il tout haut : comment le roi, ayant certainement déjà au cœur le pressentiment de cet amour qu'il vous porterait, a-t-il pu néanmoins rester douze années sans vous voir et sans vous connaître, et vous laisser reléguée à Vimoutiers, perdue et inconnue? Ne lui avez-vous jamais demandé, Diane, la raison de cette étrange indifférence? Un oubli pareil, savez-vous? est difficile à concilier avec cette bienveillance qu'il vous témoigne maintenant.

— Oh! reprit Diane, c'est que ce n'était pas lui qui m'oubliait, pauvre père!

— Mais qui donc alors?

— Qui? si ce n'est madame Diane de Poitiers, je ne sais pas si je dois dire ma mère.

— Et pourquoi se résignait-elle à vous abandonner ainsi, Diane? Ne devait-elle pas se réjouir et se glorifier aux yeux du roi de votre naissance, qui lui donnait un titre de plus à son amour? Qu'avait-elle à craindre? son mari était mort... son père mort...

— Assurément, Gabriel, dit Diane, et il me serait difficile, pour ne pas dire impossible, de vous justifier cette fierté singulière qui fait que madame de Valentinois n'a jamais consenti à me reconnaître officiellement pour son enfant. Vous ignorez donc, ami, qu'elle a obtenu du roi de cacher d'abord ma naissance, qu'elle m'a seulement rappelée à la cour sur ses instances, et presque sur son ordre, et qu'elle n'a pas même voulu être nommée dans l'acte de ma légitimation? Je ne m'en plains pas, Gabriel, puisque, sans cet orgueil bizarre, je ne vous aurais pas connu et vous ne m'auriez pas aimée. Mais je n'ai pas moins songé parfois avec chagrin à cette sorte d'aversion de ma mère pour tout ce qui me concerne.

— Aversion qui pourrait bien n'être que du remords, pensa Gabriel avec épouvante ; elle savait tromper le roi, et ne le faisait pas sans hésitation et sans crainte...

— Mais à quoi songez-vous donc, mon ami? reprit Diane, et pourquoi m'adressez-vous toutes ces questions?

— Pour rien ; un doute de mon esprit inquiet. Ne vous en préoccupez pas, Diane ; mais, du moins, si votre mère n'a pour vous qu'éloignement et presque haine, votre père, Diane, votre père compense cette froideur par sa tendresse ; et vous, de votre côté, si vous vous sentez timide et contrainte avec madame de Valentinois, en présence du roi votre cœur se dilate, n'est-il pas vrai, et reconnaît en lui un vrai père?

— Oh! certainement! reprit Diane, et, du premier jour où je l'ai vu, et où il m'a parlé avec tant de bonté, je me suis sentie attirée vers lui tout de suite. Ce n'est pas par politique que je suis avec lui prévenante et affectueuse, c'est d'instinct. Il ne serait pas le roi, il ne serait pas mon bienfaiteur et mon protecteur, que je l'aimerais tout autant : c'est mon père!

— On ne se trompe pourtant pas à ces choses-là! s'écria Gabriel ravi. Ma chère Diane! ma bien-aimée! c'est bien à vous d'aimer ainsi votre père, et de vous sentir émue devant lui de reconnaissance et d'amour. Cette douce piété filiale vous fait honneur, Diane.

— Et c'est bien aussi à vous de la comprendre et de l'approuver, mon ami, dit Diane. Mais, après avoir parlé de mon père, et de l'affection qu'il me porte et que je lui rends, et de nos obligations envers lui, Gabriel, si nous parlions un peu de nous et de notre amour, hein? Que voulez-vous? on est égoïste, ajouta la jeune fille avec cette ingénuité charmante qui lui était propre. D'ailleurs, le roi serait là, qu'il me reprocherait de ne pas penser du tout à moi, à nous ; et savez-vous, Gabriel, ce que, tout à l'heure encore il me répétait : — Chère enfant, sois heureuse ! Être heureuse, entends-tu bien? c'est me rendre heureux.

— Ainsi, monsieur, notre dette à la reconnaissance payée, ne soyons pas non plus trop oublieux de nous-mêmes.

— C'est cela, dit Gabriel songeant, oui, c'est cela. Soyons maintenant tout à cet attachement qui nous lie pour la vie l'un à l'autre. Regardons dans nos cœurs, et voyons ce qui s'y passe. Racontons-nous réciproquement nos âmes.

— A la bonne heure! dit Diane ; ce sera charmant, cela.

— Oui, charmant, reprit tristement Gabriel. Et voyons, vous d'abord, Diane, que sentez-vous pour moi? dites. Ne m'aimez-vous pas moins que votre père?

— Méchant jaloux! dit Diane. Sachez seulement que je vous aime autrement. Ce n'est pas facile de vous expliquer cela, au moins ! Quand le roi est là, je suis calme, et mon cœur ne bat pas plus vite qu'à l'ordinaire ; mais lorsque je vous vois, oh! un trouble singulier, qui me fait mal et qui me charme, se répand dans tout mon être. Je dis à mon père, même devant tout le monde, les paroles caressantes et douces qui me viennent à la bouche ; mais à vous, il me semble que pendant quelqu'un je n'oserais jamais vous dire seulement : Gabriel! — même quand je serais votre femme. En un mot, autant la joie que je ressens auprès de mon père est paisible, autant le bonheur que votre présence m'apporte est inquiet, j'allais dire douloureux ; et cette douleur, pourtant, est plus délicieuse que ce calme.

— Tais-toi! oh! tais-toi! s'écria Gabriel éperdu. Oui, tu m'aimes, et cela m'effraie!... et cela me rassure, veux-je dire, car enfin Dieu n'aurait pas permis cet amour si tu ne pouvais pas m'aimer!

— Que voulez-vous dire, Gabriel? demanda Diane étonnée. Pourquoi mon aveu, que j'ai bien le droit de vous faire puisque vous allez être mon mari, vous met-il ainsi hors de vous? Quel danger peut se cacher dans mon amour?

— Aucun, chère Diane, aucun. Ne faites pas attention. C'est la joie qui m'enivre ainsi , la joie! Un bonheur si haut donne le vertige. Cependant, vous ne m'avez pas toujours aimé avec ces inquiétudes et ces souffrances. Lorsque nous nous promenions ensemble sous les ombrages de Vimoutiers, vous n'aviez pour moi qu'une amitié... fraternelle.

— J'étais une enfant, alors, dit Diane ; je n'avais pas rêvé à vous pendant six années de solitude ; mon amour n'avait pas grandi avec moi-même ; je n'avais pas vécu deux mois au milieu d'une cour où la corruption du langage et des mœurs n'a pu cependant me faire chérir davantage notre passion pure et sainte.

— C'est vrai, c'est vrai, Diane, dit Gabriel.

— Mais vous, mon ami, dit Diane, à votre tour, dites-moi donc ce qu'il y a en vous pour moi de dévouement et d'ardeur. Ouvrez-moi donc votre cœur comme je vous ai dévoilé le mien. Si mes paroles vous ont fait du bien, laissez-moi entendre votre voix me dire combien vous m'aimez, et comment vous m'aimez.

— Oh! moi, je ne sais pas, dit Gabriel, je ne peux pas vous dire cela ! Ne m'interrogez pas là-dessus ; n'exigez pas que je m'interroge moi-même, c'est trop affreux!

— Oh! mais Gabriel, s'écria Diane consternée, ce sont vos paroles qui sont affreuses ; ne le sentez-vous pas? Quoi! vous ne voulez pas même me dire que vous m'aimez!

— Si je t'aime, Diane! Elle me demande si je l'aime! Mais, oui, je t'aime, comme un insensé, comme un criminel, peut-être!

— Comme un criminel ! reprit madame de Castro étonnée. Quel crime peut-il y avoir dans notre amour ? Ne sommes-nous pas libres tous les deux ? Mon père ne va-t-il pas consentir à notre union ? Dieu et les anges se réjouissent d'un amour semblable !

— Faites, Seigneur, qu'elle ne blasphème pas ! s'écria en lui-même Gabriel, comme j'ai peut-être blasphémé tantôt, en parlant à Aloyse.

— Mais qu'a-t-il donc ? reprenait Diane. Mon ami, vous n'êtes pas malade, au moins ? Vous, si ferme d'ordinaire, d'où vous viennent ces craintes chimériques ? Oh ! moi, je n'ai pas peur auprès de vous ; je sais qu'avec vous je suis en sûreté comme avec mon père. Tenez, pour vous rappeler à vous-même, à la vie, au bonheur, je me serre contre votre poitrine sans effroi, ô mon époux bien-aimé ! Je pose mon front sur vos lèvres sans scrupule.

Elle s'approchait de lui, souriante et charmante, son lumineux visage levé vers le sien, et de son regard angélique sollicitant sa chaste caresse.

Mais Gabriel la repoussa avec terreur. — Non, va-t'en, lui cria-t-il, laisse-moi, fuis !

— O mon Dieu ! dit Diane laissant tomber ses bras le long de son corps, mon Dieu ! il me repousse, il ne m'aime pas !

— Je t'aime trop ! dit Gabriel.

— Si vous m'aimiez, mes caresses vous feraient-elles horreur ?

— Me font-elles donc horreur, vraiment ? se dit Gabriel pris d'un autre effroi. Est-ce que c'est mon instinct qui les repousse, et non ma raison ? Oh ! viens ! Diane, que je voie, que je sache, que je sente ! Viens, et laisse-moi en effet poser ma bouche sur ton front, baiser de frère, après tout, et qu'un fiancé peut bien se permettre.

Il attira Diane sur son cœur, et mit un long baiser sur ses cheveux.

— Ah ! je me trompais ! dit-il, ravi à ce doux contact, ce n'est pas la voix du sang qui crie en moi, c'est bien la voix de l'amour ! Je la reconnais. Quel bonheur !

— Que dis-tu donc, ami ? reprit Diane. Mais tu dis que tu m'aimes : voilà tout tout ce que je veux entendre et savoir.

— Oh ! oui, je t'aime, ange adoré, je t'aime avec désir, avec passion, avec frénésie. Je t'aime, et sentir ton cœur battre contre le mien, vois-tu, c'est le ciel... ou bien c'est l'enfer ! cria tout à coup Gabriel en se dégageant de l'étreinte de Diane. Va-t'en, va-t'en, laisse-moi fuir, je suis maudit !

Et il s'enfuit éperdu de la chambre, laissant Diane muette d'épouvante et pétrifiée de désespoir.

Pour lui, il ne savait plus où il allait, ni ce qu'il faisait. Il descendit machinalement les escaliers, tout chancelant et ivre en quelque sorte. C'était trop pour sa raison de ces trois épreuves terribles. Quand il arriva dans la grande galerie du Louvre, ses yeux se fermèrent malgré lui, ses jambes fléchirent, et il s'affaissa sur ses genoux auprès de la muraille, en murmurant :

— Je prévoyais bien que l'ange me ferait souffrir encore plus que les deux démons.

Et il s'évanouit. La nuit était tombée et personne ne passait dans la galerie.

Il ne revint à lui qu'en sentant une petite main passer sur son front, et qu'en entendant une voix douce parler à son âme. Il ouvrit les yeux. La petite reine-dauphine, Marie Stuart, était devant lui, un flambeau allumé à la main.

— Heureusement, voilà un autre ange, dit Gabriel.

— C'est donc vous, monsieur d'Exmès, dit Marie. Oh ! vous m'avez fait une peur ! Je vous ai cru mort. — Qu'avez-vous ? Comme vous êtes pâle ! Vous sentez-vous mieux ? Je vais appeler, si vous voulez.

— Inutile, madame, dit Gabriel en essayant de se soulever. Votre voix m'a rappelé à la vie.

— Attendez que je vous aide, reprit Marie Stuart. Pauvre jeune homme ! êtes-vous défait ! Vous étiez donc évanoui ? en passant, je vous ai aperçu et la force m'a manqué pour crier. Et puis, la réflexion m'a rassurée, je me suis approchée, il m'a fallu joliment du courage, j'espère ! J'ai posé ma main sur votre front qui était tout glacé. Je vous ai appelé, et vous avez repris vos sens. Le mieux continue-t-il ?

— Oui, madame, et soyez bénie pour votre bonté. Je me rappelle maintenant. Une horrible douleur m'a tout à coup serré les tempes comme un étau de fer ; mes genoux se sont dérobés sous moi et je suis tombé le long de cette tapisserie. Mais comment cette douleur m'a-t-elle pris ? Ah ! oui, je me rappelle maintenant, je me rappelle tout. Hélas ! mon Dieu ! mon Dieu ! voici que je me rappelle.

— C'est quelque grand chagrin qui vous a accablé, n'est-ce pas ? reprit Marie. Oh ! oui, car au seul souvenir de ce que vous avez souffert, vous voilà plus pâle que jamais. Appuyez-vous sur mon bras, je suis forte. Je vais appeler et vous donner du monde pour vous reconduire chez vous.

— Je vous remercie, madame, dit Gabriel en rassemblant ses forces et son énergie. Je me sens encore la vigueur nécessaire pour aller seul chez moi. Tenez, je marche sans aide et d'un pas assez ferme. Je ne vous en remercie pas moins, et je me souviendrai tant que je vivrai de votre simple et touchante bonté, madame. Vous m'êtes apparue comme un ange consolateur dans une crise de ma destinée. Il n'y a que la mort, madame, qui pourra effacer cela de mon cœur.

— O mon Dieu ! c'est bien naturel ce que j'ai fait, monsieur d'Exmès. L'eusse fait pour toute créature souffrante, à plus forte raison pour vous que je sais l'ami dévoué de mon oncle de Guise. Ne me remerciez pas pour si peu.

— Ce peu, madame, était tout pour moi dans la douleur désespérée où je gisais. Vous ne voulez pas qu'on vous remercie, mais moi, je veux me souvenir. Adieu, madame, je me souviendrai.

— Adieu ! monsieur d'Exmès, et soignez-vous bien au moins, et tâchez de vous consoler.

Elle lui tendit la main que Gabriel baisa avec respect. Puis, elle sortit d'un côté et lui de l'autre.

Quand il fut hors du Louvre, il prit le bord de l'eau, et fut à la rue des Jardins au bout d'une demi-heure. Il n'avait pas dans le cerveau une seule pensée, mais une grande souffrance.

Aloyse l'attendait avec anxiété.

— Eh bien ? lui dit-elle.

Gabriel maîtrisa un éblouissement qui voilait de nouveau sa vue. Il aurait bien voulu pleurer, mais il ne le pouvait pas. Il répondit d'une voix altérée :

— Je ne sais rien, Aloyse ! Tout a été muet, ces femmes et mon cœur. Je ne sais sais rien, sinon que mon front est glacé et que pourtant je brûle. Mon Dieu ! mon Dieu !

— Du courage, monseigneur, dit Aloyse.

— Du courage, j'en ai, dit Gabriel. Dieu merci ! je vais mourir.

Et il tomba de nouveau à la renverse sur le parquet, mais ne revint pas à lui cette fois.

XVII.

L'HOROSCOPE.

— Le malade vivra, dame Aloyse. Le danger a été grave, et le rétablissement sera long. Toutes ces saignées ont affaibli le pauvre jeune homme, mais il vivra, gardez-vous d'en douter, et remerciez Dieu que l'anéantissement du corps ait atténué le coup que son âme a reçu, car nous ne guérissons pas ces blessures-là, et la sienne aurait pu être mortelle et peut l'être encore.

Le docteur qui parlait ainsi était un homme de haute taille, au grand front bombé, aux yeux profonds et perçants. Le peuple l'appelait maître Nostredame ; il signait pour les savans *Nostradamus*. Il ne paraissait pas avoir plus de cinquante ans.

— Mais, Jésus! voyez-le donc, messire, reprit dame Aloyse : il est là, gisant depuis le 7 juin au soir ; nous sommes au 2 juillet, et durant tout ce temps il n'y a pas dit un mot, il n'a pas eu l'air de me voir ni de me connaître, il est déjà comme mort, hélas! Vous touchez sa main, et il ne s'en aperçoit même pas !

— Tant mieux, je vous le répète, dame Aloyse ; qu'il revienne le plus tard possible au sentiment de ses maux ; s'il peut demeurer, comme je l'espère, un mois encore dans cette langueur, sans intelligence et sans pensée, il est sauvé tout à fait.

— Sauvé! dit Aloyse en levant les yeux au ciel comme pour remercier Dieu.

— Il l'est dès à présent, s'il n'y a pas de rechute, et vous pouvez le dire à cette jolie suivante qui vient deux fois par jour savoir de ses nouvelles ; car il y a sous tout ceci quelque passion de grande dame, n'est-ce pas ? C'est parfois charmant, et parfois fatal.

— Oh ! ici, c'est fatal, vous avez bien raison, maître Nostredame, dit en soupirant Aloyse.

— Dieu veuille donc qu'il se tire de la passion comme de la maladie, dame Aloyse, si toutefois maladie et passion n'ont pas mêmes effets et même cause. Mais je répondrais de l'une et non de l'autre.

Nostradamus ouvrit la main molle et inerte qu'il tenait, et considéra avec une attention songeuse la paume de cette main. Il tendit même la peau au dessus de l'index et du médius ; il semblait chercher, non sans peine, dans sa mémoire un souvenir.

— C'est singulier, dit-il à demi-voix et comme à lui-même, voilà plusieurs fois que j'étudie cette main, et il me semble toujours qu'à une autre époque je l'ai déjà examinée. Mais quels signes m'avaient donc frappé alors ? La ligne mensale est favorable ; la moyenne est douteuse, mais la ligne de vie est parfaite. Rien que d'ordinaire, d'ailleurs. La qualité dominante de ce jeune homme doit être une volonté ferme, rigide, implacable comme la flèche dirigée par une main sûre. Ce n'est pas cela qui m'a autrefois étonné. Et puis, mes souvenirs sont trop confus pour n'être pas anciens, et votre maître, dame Aloyse, n'a pas plus de vingt-cinq ans, n'est-il pas vrai?

— Il n'en a que vingt-quatre, messire.

— Il est alors né en 1533... Savez-vous le jour, dame Aloyse?

— Le 6 mars.

— Mais vous ne savez pas si c'était le matin ou le soir?

— Pardon! j'étais auprès de sa mère, que j'assistais dans ses douleurs de l'enfantement. Monseigneur Gabriel est né au jour de six heures et demie du matin.

Nostradamus prit des notes.

— Je verrai quel était en ce jour et à cette heure l'état du ciel, dit-il. Mais si le vicomte d'Exmès avait vingt ans de plus, je jurerais que j'ai déjà tenu sa main dans la mienne. Au reste peu importe : ce n'est pas le sorcier, comme le peuple m'appelle quelquefois, qui a affaire ici, c'est le médecin, et, je vous le répète, dame Aloyse, le médecin répond à présent du malade.

— Pardon! maître, reprit tristement Aloyse, vous avez dit que vous répondiez de la maladie, mais que vous ne répondiez pas de la passion.

— La passion! Eh! mais, dit en souriant Nostradamus, il me semble que la présence de la petite suivante deux fois par jour prouve qu'elle n'est pas désespérée.

— Au contraire, maître, au contraire, s'écria Aloyse avec effroi.

— Allons donc, dame Aloyse ! riche, brave, jeune et beau, comme l'est le vicomte d'Exmès, on n'est pas longtemps repoussé par les dames dans un temps comme le nôtre ; on est quelquefois ajourné, tout au plus.

— Supposez pourtant qu'il n'en soit pas ainsi, maître. Supposez que lorsque monseigneur reviendra à la vie et à la raison, la première, la seule idée qui frappe cette raison ressuscitée soit celle-ci : La femme que j'aime est irrévocablement perdue pour moi ; qu'arrivera-t-il ?

— Oh ! espérons que votre supposition n'est pas fondée, dame Aloyse, ce serait terrible. Cette puissante douleur dans ce cerveau si faible, ce serait terrible ! Autant qu'on peut juger d'un homme par les traits de son visage et le regard de ses yeux, votre maître, Aloyse, n'est pas un homme superficiel, et ici sa volonté énergique et puissante ne serait qu'un danger de plus, et, brisée contre l'impossible, pourrait briser la vie avec elle.

— Jésus! mon enfant mourrait! s'écria Aloyse.

— Il y aurait danger du moins que l'inflammation du cerveau ne le reprît, dit Nostradamus. Mais quoi ! il y a toujours moyen de faire briller à ses yeux une lueur d'espérance. La chance la plus lointaine, la plus fugitive, il la saisirait et serait sauvé.

— Il sera sauvé alors, dit Aloyse d'un air sombre. Je me parjurerai, mais il sera sauvé. Messire Nostredame, je vous remercie.

Une semaine s'écoula, et Gabriel sembla, sinon trouver, du moins chercher sa pensée. Ses yeux, encore vagues et sans expression, interrogeaient pourtant les visages et les objets. Puis, il commençait à aider les mouvements qu'on voulait lui imprimer, à se soulever tout seul, à prendre le breuvage que lui présentait Nostradamus.

Aloyse, debout et infatigable au chevet du lit, attendait.

Au bout d'une autre semaine, Gabriel put parler. La lumière ne se faisait pas complète encore dans le chaos de son intelligence ; il ne prononçait que des mots incohérens et sans suite, mais qui enfin avaient trait aux faits de sa vie passée. Bien plus, Aloyse tremblait, quand le médecin était là, qu'il ne trahît quelqu'un de ses secrets.

Elle ne se trompait pas tout à fait dans ses appréhensions, et, un jour, Gabriel, dans son sommeil fiévreux, s'écria, en présence de Nostradamus :

— Ils croient que je m'appelle le vicomte d'Exmès. Non, non, prenez-y garde ! Je suis le comte de Montgommery.

— Le comte de Montgommery ! dit Nostradamus frappé d'un souvenir.

— Silence ! dit Aloyse en posant un doigt sur ses lèvres.

Mais Nostradamus partit sans que Gabriel eût ajouté un mot, et comme, le lendemain et les jours suivans, le médecin ne reparla plus des mots échappés au malade, Aloyse craignit, en revenant là-dessus, d'attirer son attention sur ce que son maître pouvait avoir intérêt à cacher. Cet incident parut donc oublié pour tous deux.

Cependant Gabriel allait de mieux en mieux. Il reconnaissait Aloyse et Martin-Guerre ; il demandait ce dont il avait besoin ; il parlait avec une douceur triste qui laissait croire qu'il avait enfin recouvré sa raison.

Un matin, le jour où il se levait pour la première fois, il dit à Aloyse :

— Nourrice, et la guerre ?

— Quelle guerre, monseigneur ?

— Mais la guerre contre l'Espagne et l'Angleterre?...

— Oh! monseigneur, on en fait des récits pitoyables. Les Espagnols renforcés de douze mille Anglais sont entrés, dit-on, en Picardie. On se bat sur toute la frontière.

— Tant mieux! dit Gabriel.

Aloyse attribua cette réponse à un reste de délire. Mais le lendemain, avec une présence d'esprit parfaite, Gabriel lui dit :

— Je ne t'ai pas demandé hier si monsieur de Guise était revenu d'Italie.

— Il est en route, monseigneur, répondit Aloyse étonnée.

— C'est bien ! Quel jour du mois sommes-nous, nourrice ?

— Le mardi 4 août, monseigneur.

— Il y aura deux mois le 7, repartit Gabriel, que je suis couché sur ce lit de douleur.

— Oh ! s'écria Aloyse tremblante, comme monseigneur se souvient!

— Oui, je me souviens, Aloyse, je me souviens ; mai

ajouta-t-il tristement, si je n'ai rien oublié, il me semble qu'on m'oublie, moi; personne n'est venu savoir de mes nouvelles, Aloyse?

— Si fait, monseigneur, répondit d'une voix altérée Aloyse qui suivait avec anxiété sur le visage de son jeune maître l'effet de ses paroles, si fait, une suivante du nom de Jacinthe venait deux fois par jour savoir comment vous vous trouviez. Mais, depuis quinze jours, depuis qu'un mieux sensible s'est déclaré, elle ne vient plus.

— Elle ne vient plus !... et sais-tu pourquoi, nourrice?

— Oui, monseigneur. Sa maîtresse, suivant ce que m'a dit Jacinthe la dernière fois, a obtenu du roi de se retirer dans un couvent, au moins jusqu'à la fin de la guerre.

— Vraiment! dit Gabriel avec un doux et mélancolique sourire.

Et tandis qu'une larme, la première qu'il eût versée depuis deux mois, coulait lentement le long de sa joue, il ajouta :

— Chère Diane!

— Oh! monseigneur! s'écria Aloyse transportée de joie, monseigneur a prononcé ce nom!... et sans secousse, sans défaillance. Maître Nostradamus s'est trompé. Monseigneur est sauvé! monseigneur vivra, et je n'aurai pas besoin de trahir mon serment.

On voit que la pauvre nourrice était folle de joie; mais Gabriel heureusement ne comprit pas ses dernières paroles. Il reprit seulement avec un sourire amer :

— Oui, je suis sauvé, et pourtant, ma bonne Aloyse, je ne vivrai pas.

— Comment cela, monseigneur? dit Aloyse en tremblant de tous ses membres.

— Le corps a bravement résisté, reprit Gabriel, mais l'âme, Aloyse, l'âme, crois-tu qu'elle ne soit pas mortellement atteinte? Je veux me relever de cette longue maladie, c'est vrai, et je me laisse guérir, comme tu vois. Mais par bonheur, on se bat à la frontière, je suis capitaine des gardes, et ma place est où l'on se bat. Dès que je pourrai monter à cheval, j'irai là où est ma place. Et à la première bataille où je me trouverai, Aloyse, je m'arrangerai de façon à n'avoir pas à revenir.

— Vous vous ferez tuer ! Sainte Vierge! Et pourquoi cela, monseigneur, pourquoi cela?

— Pourquoi? parce que madame de Poitiers s'est tuée, Aloyse, parce que Diane est peut-être ma sœur, et parce que j'aime Diane; parce que le roi a peut-être fait assassiner mon père, et que je ne puis punir le roi sans certitude. Or, ne pouvant ni venger mon père, ni épouser ma sœur, je ne sais pas trop ce que j'aurais à faire en ce monde. Voilà pourquoi je veux le quitter.

— Non, monseigneur, vous ne le quitterez pas, dit alors d'une voix sourde Aloyse morne et sombre. Vous ne le quitterez pas, parce que vous avez justement beaucoup à faire, et une besogne terrible, je vous en réponds... Mais je ne vous parlerai de cela que lorsque vous serez entièrement rétabli, et où maître Nostradamus m'affirmera que vous pouvez m'entendre et que vous en avez la force.

Ce jour-là arriva le mardi de la semaine suivante. Gabriel sortait depuis trois jours pour faire préparer ses équipages et son départ, et Nostradamus avait dit qu'il viendrait encore voir dans la journée son convalescent, mais que ce serait pour la dernière fois.

Dans un moment où Aloyse se trouva seule avec Gabriel :

— Monseigneur, lui dit-elle, avez-vous réfléchi à la détermination extrême que vous avez prise, et persistez-vous dans cette détermination?

— J'y persiste, dit Gabriel.

— Ainsi vous voulez vous tuer?

— Je veux me faire tuer.

— C'est parce que vous n'avez plus aucun moyen de savoir si madame de Castro est ou non votre sœur, que vous mourez?

— C'est pour cela.

— Que vous avais-je dit cependant, monseigneur, pour vous mettre sur la voie de ce terrible secret? Vous rappelez-vous ce que je vous avais dit?

— Certes! Que Dieu dans l'autre monde et deux personnes dans celui-ci avaient seules possédé ce secret. Les deux créatures humaines étaient Diane de Poitiers et le comte de Montgommery mon père. J'ai prié, conjuré, menacé madame de Valentinois, mais je suis sorti d'auprès d'elle, plus incertain et plus désolé que jamais.

— Mais vous aviez ajouté, monseigneur, dit Aloyse, que fallût-il descendre dans la tombe de votre père pour lui arracher ce secret, vous y descendriez sans pâlir.

— Eh! dit Gabriel, je ne sais seulement pas où est cette tombe.

— Ni moi, mais on la cherche, monseigneur.

— Et quand même je l'aurais trouvée! s'écria Gabriel, Dieu ferait-il pour moi un miracle. Les morts ne parlent pas, Aloyse.

— Les morts, non; les vivans, oui.

— Grand Dieu! que veux-tu dire? reprit Gabriel pâlissant.

— Que vous n'êtes pas, comme vous le répétiez dans votre délire, le comte de Montgommery, monseigneur, mais seulement le vicomte de Montgommery, puisque votre père, le comte de Montgommery, doit vivre encore.

— Ciel et terre! tu sais qu'il vit, lui ! mon père?

— Je ne le sais pas, monseigneur, mais je le suppose et je l'espère, — car c'était une nature vigoureuse et courageuse comme la vôtre, et qui se raidissait vaillamment aussi contre la souffrance et le malheur. Or, s'il vit, ce n'est pas lui qui vous refusera, comme madame Diane, le secret d'où dépend votre bonheur!

— Mais où le trouver? à qui le demander? Aloyse, au nom du ciel ! parle.

— C'est une histoire effrayante, monseigneur ! — et j'avais juré à mon mari, sur l'ordre même de votre père, de ne jamais vous la révéler; car, dès que vous la saurez, vous allez vous jeter dans des périls terribles, monseigneur, vous allez déclarer la guerre à des ennemis cent fois plus forts que vous. Mais le danger le plus désespéré vaut mieux encore qu'une mort certaine. Vous étiez résolu à mourir, et je sais que vous n'auriez pas faibli dans cette résolution. J'aime mieux après tout vous livrer aux chances redoutables de la lutte téméraire que votre père craignait pour vous. Au moins votre mort ainsi est moins assurée et sera toujours retardée un peu. Je vais donc tout vous dire, monseigneur, et Dieu m'absoudra peut-être de mon parjure.

— Oui, certainement, ma bonne Aloyse... Mon père! mon père vivant !... parle vite.

Mais en ce moment quelqu'un frappa discrètement à la porte, et Nostradamus parut.

— Ah! ah! monsieur d'Exmès, dit-il à Gabriel, comme je vous trouve allègre et animé! A la bonne heure ! vous n'étiez pas ainsi il y a un mois. Vous voilà tout prêt à entrer en campagne, ce me semble.

— A entrer en campagne en effet, dit Gabriel l'œil étincelant, et regardant Aloyse.

— Je vois donc que le médecin n'a plus rien à faire ici, reprit Nostradamus.

— Rien, qu'à recevoir mes remercîmens, maître, et, je n'ose dire, le prix de vos services, car, en certains cas, on ne paie pas les vies.

Et Gabriel, en serrant la main du docteur, mit dans cette main un rouleau d'or.

— Merci, monsieur le vicomte d'Exmès, dit Nostradamus. Mais permettez-moi, à moi aussi, de vous faire un présent que je crois de valeur.

— Qu'est-ce donc encore, maître?

— Vous savez, monseigneur, reprit Nostradamus, que je ne me suis pas occupé seulement de connaître les maladies des hommes j'ai voulu voir plus loin et plus haut. J'ai voulu sonder leurs destinées, tâche pleine de doutes et d'ombres, mais, à défaut de lumière, j'ai par fois, ce me semble, entrevu des lueurs. Dieu, j'en ai la conviction, a deux fois écrit d'avance le plan large et puissant du sort de chaque homme : dans les astres du ciel sa patrie, vers laquelle il lève les yeux si souvent, et dans les lignes do sa main, embrouillé grimoire qu'il porte avec lui sans cesse, mais qu'à moins d'études sans nombre il ne peut pas même épeler. Pendant bien des jours et bien des nuits, j'ai creusé, monseigneur, ces deux sciences sans fond comme le tonneau des Danaïdes, — la chiromancie et l'astrologie. — J'ai évoqué devant moi toutes les années de l'avenir, et dans mille ans d'ici, les hommes qui vivront alors s'étonneront peut-être parfois de mes prophéties. Mais je sais pourtant que la vérité n'y luit que par éclairs ; car si parfois je vois, plus souvent hélas! je doute. Néanmoins je suis certain d'avoir par intervalles des heures de lucidité qui vont même jusqu'à m'effrayer, monseigneur. Dans une de ces heures trop rares, j'avais vu, il y a vingt-cinq ans, la destinée d'un gentilhomme de la cour du roi François, clairement écrite dans les étoiles qui avaient présidé à sa naissance et dans les lignes compliquées de sa main. Cette destinée étrange, bizarre, dangereuse, m'avait frappé. Or, jugez de ma surprise, lorsque, dans votre main et dans les astres de votre naissance, je crus démêler un horoscope semblable à celui qui m'avait autrefois tant surpris. Mais je ne pouvais le distinguer nettement comme autrefois, et un espace de vingt-cinq années mettait de la confusion dans mes souvenirs. Enfin, monseigneur, le mois passé, dans votre fièvre, vous prononçâtes un nom, je n'entendis que ce nom, mais il me saisit. C'était le nom du comte de Montgommery.

— Du comte de Montgommery? s'écria Gabriel effrayé.

— Je vous répète, monseigneur, que je n'ai entendu que ce nom, et peu m'importait le reste. Car ce nom était celui de l'homme dont le sort m'était apparu lumineux comme le plein midi. Je courus chez moi, je fouillai mes anciens papiers, et je retrouvai l'horoscope du comte de Montgommery. Mais, chose singulière, monseigneur, et qui, depuis trente ans que j'étudie de sa destinée n'est pas encore arrivée, il faut que vous ayez avec le comte de Montgommery de mystérieux rapports et des affinités étranges, et Dieu, qui n'a jamais donné à deux hommes deux destinées semblables, vous avait réservés tous deux, sans doute, aux mêmes événemens. Car, je ne m'étais pas trompé, lignes de la main et horoscope, tout cela était pour vous deux les mêmes. Je ne veux pas dire cependant qu'il n'y ait aucune différence dans les détails de vos deux vies, mais le fait dominant qui les caractérise est pareil. J'ai autrefois perdu de vue le comte de Montgommery, mais j'ai su pourtant qu'une de mes prédictions s'était réalisée pour lui. Il a blessé à la tête le roi François Ier avec un tison ardent. A-t-il accompli le reste de sa destinée ? c'est ce que j'ignore. Je puis affirmer seulement que le malheur et la mort qui le menaçaient, vous menacent.

— Est-il possible ? dit Gabriel.

— Voici, monseigneur, dit Nostradamus en présentant au vicomte d'Exmès un parchemin roulé, voici l'horoscope que j'avais écrit dans le temps pour le comte de Montgommery. Je ne l'écrirais pas autrement aujourd'hui pour vous.

— Donnez, maître, donnez, dit Gabriel. Ce présent est inestimable en effet, et vous ne sauriez croire à quel point il m'est précieux.

— Un dernier mot, monsieur d'Exmès, reprit Nostradamus, un dernier mot pour vous mettre sur vos gardes, quoique Dieu soit le maître, et qu'on ne puisse guère échapper à ses desseins. La nativité de Henri II présage qu'il mourra en un duel ou combat singulier.

— Mais demanda Gabriel, quel rapport ?...

— En lisant ce parchemin, vous me comprendrez, monseigneur. Maintenant, il ne me reste qu'à prendre congé de vous, et à souhaiter que Dieu a mise la catastrophe que Dieu a mise dans votre vie soit du moins involontaire.

Et, après avoir salué Gabriel qui lui serra encore la main et le reconduisit jusqu'au seuil, Nostradamus sortit.

Dès qu'il revint auprès d'Aloyse, Gabriel déploya le parchemin, et, s'assurant que personne ne pouvait le déranger ou l'épier, lut à voix haute ce qui suit :

En joûte, en amour, celluy touchera
Le front du roy,
Et cornes ou bien trou sanglant mettra
Au front du roy,
Mais le veuille ou non, toujours blessera
Le front du roy ;
Enfin, l'aimera, puis, las! le tuera
Dame du roy.

— C'est bien ! s'écria Gabriel, le front radieux et le regard triomphant. Maintenant, chère Aloyse, tu peux me raconter comment le roi Henri II a enseveli vivant le comte de Montgommery mon père.

— Le roi Henri II ! s'écria Aloyse, comment savez-vous, monseigneur ?...

— Je devine ! Mais tu peux me révéler le crime, puisque Dieu déjà me fait annoncer la vengeance.

XVIII.

LE PIS-ALLER D'UNE COQUETTE.

En complétant par les mémoires et chroniques du temps le récit d'Aloyse, que son mari Perrot Davrigny, écuyer et confident du comte de Montgommery, avait instruite à mesure de tous les faits de la vie de son maître, voici quelle fut la sombre histoire de Jacques de Montgommery, père de Gabriel. Son fils en savait les détails généraux et officiels, mais le sinistre dénouement qui la terminait était ignoré de lui comme de tous.

Jacques de Montgommery, seigneur de Lorges, avait été, comme tous ses aïeux, brave et hardi, et, sous le règne guerrier de François Ier, on l'avait toujours vu au premier rang là où l'on se battait. Aussi, fut-il fait de bonne heure colonel de l'infanterie française.

Parmi ses cent actions d'éclat, il y eut cependant un événement fâcheux, celui auquel Nostradamus avait fait allusion.

C'était en 1521 ; le comte de Montgommery avait vingt ans à peine et n'était encore que capitaine ; l'hiver était rigoureux, et les jeunes gens, le jeune roi François Ier en tête, venaient de faire une partie de pelotes de neige ; un jeu non sans périls, fort à la mode dans ce temps-là : on se divisait en deux camps, — les uns gardaient une maison, et, avec des boules de neige, les autres l'assaillaient. Le comte d'Enghien, seigneur de Cérisoles, fut tué dans un jeu pareil. Peu s'en fallut que Jacques de Montgommery ne tuât aussi le roi. La bataille achevée, il s'agissait de se réchauffer ; on avait laissé le feu s'éteindre, et tous ces jeunes fous en tumulte voulurent eux-mêmes le rallumer. Jacques tout courant apporta le premier un tison enflammé entre des pincettes, mais il rencontra sur son passage François Ier qui n'eut pas le temps de se garantir, et fut violemment heurté au front par la bûche en feu. Il n'en résulta par bonheur qu'une blessure, mais assez grave encore, et la cicatrice disgracieuse qu'elle laissa donna lieu à la mode de la barbe longue et des cheveux courts décrétés alors par François Ier.

Comme le comte de Montgommery fit oublier ce malencontreux accident par mille beaux faits d'armes, le roi ne lui en garda pas rancune, et le laissa s'élever aux premiers rangs à la cour et à l'armée. En 1530, Jacques épousa Claudine de La Boissière. Ce fut un simple mariage de convenance, pourtant il pleura longtemps sa femme, qui mourut en 1533, après la naissance de Gabriel. — Le fond de son caractère d'ailleurs, comme du caractère de ceux qui sont prédestinés à quelque chose de fatal, était la tristesse. Quand il se trouva veuf et seul, ses distractions furent des coups d'épée, il se jetait dans les périls par ennui. Mais en 1533, après la trève de Nice, lorsque cet homme de guerre et d'action dut se mettre au régime de la cour, et se promener dans les galeries des Tournelles ou du Louvre, une épée de parade au côté, il faillit périr de dégoût.

Une passion le sauva et le perdit.

La Circé royale prit dans ses enchantemens ce vieil enfant robuste et naïf. Il s'éprit de Diane de Poitiers.

Il tourna trois mois autour d'elle, morne et sombre, sans lui adresser une seule fois la parole, mais il la regardait avec un regard qui disait tout. Il n'en fallait pas tant à la grande sénéchale pour comprendre que cette âme lui appartenait. Elle écrivit cette passion dans un coin de sa mémoire comme pouvant lui servir dans l'occasion.

L'occasion vint. François Ier commençait à négliger sa belle maîtresse, et il se tournait vers madame d'Etampes, qui était moins belle, mais qui avait l'avantage immense d'être belle autrement.

Quand les symptômes d'abandon furent flagrans, Diane, pour la première fois de sa vie, parla à Jacques de Montgommery.

Cela se passait aux Tournelles, dans une fête donnée par le roi à la favorite nouvelle.

— Monsieur de Montgommery? fit Diane en appelant le comte.

Il s'approcha, la poitrine émue, et salua gauchement.

— Comme vous êtes donc triste, monsieur de Montgommery! lui dit-elle.

— A en mourir, madame.

— Et pourquoi cela, grand Dieu !

— Madame, c'est que je voudrais me faire tuer.

— Pour quelqu'un, sans doute?

— Pour quelqu'un ce serait bien doux; mais, ma foi ! pour rien ce serait doux encore.

— Voilà, reprit Diane, une terrible mélancolie; et d'où vient cette maladie noire?

— Est-ce que je sais, madame?

— Je sais, moi, monsieur de Montgommery. Vous m'aimez.

Jacques devint tout pâle, puis, s'armant de plus de résolution qu'il ne lui en eût certes fallu pour se jeter seul au milieu d'un bataillon ennemi, il répondit d'une voix rude et tremblante :

— Eh bien ! oui, madame, je vous aime, tant pis !

— Tant mieux ! reprit Diane en riant.

— Comment avez-vous dit cela? s'écria Montgommery palpitant. Ah ! prenez-y garde, madame ! Ce n'est pas un jeu, ceci, c'est un amour sincère et profond, bien qu'il soit impossible, ou parce qu'il est impossible.

— Et pourquoi donc est-il impossible? demanda Diane.

— Madame, reprit Jacques, pardonnez ma franchise, je n'ai pas appris à farder les faits avec des mots. Est-ce que le roi ne vous aime pas, madame?

— C'est vrai, reprit Diane en soupirant, il m'aime.

— Vous voyez donc bien qu'il m'est défendu, sinon de vous aimer, du moins de vous déclarer cet amour indigne.

— Indigne de vous, c'est juste, dit la duchesse.

— Oh ! non, pas de moi ! s'écria le comte, et s'il se pouvait qu'un jour !...

Mais Diane l'interrompit avec une tristesse grave et une dignité bien jouée :

— Il suffit, monsieur de Montgommery, dit-elle, cessons, je vous prie, cet entretien.

Elle le salua froidement et s'éloigna, laissant le pauvre comte balloté de mille sentimens contraires, jalousie, amour, haine, douleur et joie. Diane connaissait donc l'adoration qu'il lui avait vouée ! Mais lui l'avait blessée peut-être ! Il avait dû lui paraître injuste, ingrat, cruel ! Il se répétait toutes les sublimes niaiseries de l'amour.

Le lendemain, Diane de Poitiers dit à François Ier :

— Vous ne savez pas, Sire? monsieur de Montgommery est amoureux de moi.

— Eh ! eh ! reprit François en riant, les Montgommery sont d'ancienne race, et presque aussi nobles, ma foi ! que moi-même, de plus, presque aussi braves, et, je le vois, presque aussi galans.

— Et c'est là tout ce que Votre Majesté trouve à me répondre? dit Diane.

— Et que voulez-vous, ma mie, que je vous réponde? reprit le roi. Et dois-je absolument en vouloir au comte de Montgommery pour avoir, comme moi, bon goût et bons yeux !

— S'il s'agissait de madame d'Etampes, murmura Diane blessée, vous ne diriez pas cela !

Elle ne poussa pas plus loin l'entretien, mais résolut de pousser plus loin l'épreuve. Lorsqu'elle revit Jacques, quelques jours après, elle l'interpella de nouveau :

— Eh quoi! monsieur de Montgommery, encore plus triste que d'habitude !

— Sans doute, madame, reprit le comte humblement, car je tremble de vous avoir offensée.

— Non pas offensée, monsieur, dit la duchesse, mais affligée seulement.

— Oh ! madame, s'écria Montgommery, moi qui donnerais tout mon sang pour vous épargner une larme, comment donc ai-je pu vous causer la moindre douleur ?

— Ne m'avez-vous pas fait entendre qu'étant la maîtresse du roi, je n'avais pas le droit d'aspirer à l'amour d'un gentilhomme ?

— Ah ! ce n'était pas là ma pensée, madame, fit le comte, et ce ne pouvait pas même être ma pensée, puisque, moi, gentilhomme, je vous aime d'un amour aussi sincère que profond. J'ai voulu dire uniquement que vous ne pouviez m'aimer, puisque le roi vous aimait et que vous aimez le roi.

— Le roi ne m'aime pas, et je n'aime pas le roi, répondit Diane.

— Dieu du ciel ! mais alors vous pourriez donc m'aimer ! s'écria Montgommery.

— Je puis vous aimer, répondit tranquillement Diane ; mais je ne pourrai jamais vous dire que je vous aime.

— Et pourquoi cela, madame ?

— J'ai pu, reprit Diane, pour sauver la vie à mon père, devenir la maîtresse du roi de France ; mais, pour relever mon honneur, je ne dois pas être celle du comte de Montgommery.

Elle accompagna ce demi-refus d'un regard si passionné et si languissant que le comte ne put y tenir.

— Ah ! madame, dit-il à la coquette duchesse, si vous m'aimiez comme je vous aime ?...

— Eh bien ?...

— Eh bien ! que m'importe le monde, les préjugés de famille et d'honneur ! Pour moi, l'univers c'est vous. Depuis trois mois je ne vis que de votre aspect. Je vous aime de tout l'aveuglement et de toute l'ardeur du premier amour. Votre beauté souveraine m'enivre et me bouleverse. Si vous m'aimez comme je vous aime, soyez la comtesse de Montgommery, soyez ma femme.

— Merci, comte, reprit Diane triomphante. Je me rappellerai ces nobles et généreuses paroles. En attendant, vous savez que le vert et le blanc sont mes couleurs.

Jacques transporté baisa la main blanche de Diane, plus fier et plus heureux que si la couronne du monde lui eût appartenu.

Et, le jour suivant, comme François Ier faisait remarquer à Diane de Poitiers que son adorateur nouveau commençait à porter publiquement ses couleurs :

— N'est-ce pas son droit, Sire? dit-elle en observant le roi de toute la pénétration de son regard, et ne puis-je permettre de porter mes couleurs quand il m'offre de porter son nom ?

— Est-il possible? demanda le roi.

— Cela est certain, Sire, répondit avec assurance la duchesse, qui avait cru un moment qu'elle avait réussi, et que la jalousie chez l'infidèle allait réveiller l'amour.

Mais, après un moment de silence, le roi, en se levant pour rompre là le discours, dit galment à Diane :

— S'il en est ainsi, madame, la charge de grand sénéchal étant restée vacante depuis la mort de monsieur de Brézé, votre premier mari, nous la donnerons en présent de noces à monsieur de Montgommery.

— Et monsieur de Montgommery pourra l'accepter, reprit fièrement Diane, car je lui serai une fidèle et loyale épouse, et ne lui trahirais pas ma foi pour tous les rois de l'univers.

Le roi s'inclina en souriant sans répondre, et s'éloigna.

Décidément, madame d'Étampes l'emportait.

L'ambitieuse Diane, le dépit au cœur, disait le même jour à Jacques ravi :

— Mon vaillant comte, mon noble Montgommery, je t'aime.

XIX.

COMMENT HENRI II, DU VIVANT DE SON PÈRE, COMMENÇA A RECUEILLIR SON HÉRITAGE.

Le mariage de Diane et du comte de Montgommery fut fixé à trois mois de là, et le bruit public de cette cour médisante et licencieuse fut que, dans la précipitation de sa vengeance, Diane de Poitiers donna des arrhes à son mari futur.

Et cependant les trois mois se passèrent; le comte de Montgommery était plus amoureux que jamais, mais Diane remettait de jour en jour l'exécution de sa promesse.

C'est que fort peu de temps après l'avoir engagée, elle avait remarqué de quel regard la couvait à son tour à l'écart le jeune dauphin Henri. Là-dessus une ambition nouvelle s'était éveillée dans le cœur de l'impérieuse Diane. Le titre de comtesse de Montgommery ne pouvait que couvrir une défaite. Le titre de maîtresse du dauphin était presque un triomphe. — Quoi! madame d'Étampes, qui parlait toujours dédaigneusement de l'âge de Diane, n'était aimée que du père, et elle, Diane, serait aimée du fils! A elle la jeunesse, à elle l'espérance, à elle l'avenir. Madame d'Étampes lui avait succédé, mais elle succéderait à madame d'Étampes. Elle se tiendrait devant elle, attendant, patiente et calme, comme une vivante menace... Car Henri serait roi un jour, et Diane toujours belle, et de nouveau reine. C'était une victoire véritable en effet.

Le caractère de Henri la rendait plus certaine encore. Il n'avait alors que dix-neuf ans, mais il avait pris part à plus d'une guerre; mais, depuis quatre ans, il était marié à Catherine de Médicis, et cependant il était resté un enfant sauvage et enveloppé. Autant il se montrait entier et hardi à l'équitation, aux armes, aux joutes, et dans tous les exercices qui demandent de la souplesse et de l'adresse, autant il était gauche et embarrassé aux fêtes du Louvre et devant les femmes. Lourd d'esprit et de jugement, il se livrait à qui voulait le prendre. Anne de Montmorency, qui était en froid avec le roi, s'était tourné vers le dauphin, et imposait sans peine au jeune homme tous ses conseils et tous ses goûts d'homme déjà mûr. Il le menait à son gré et le ramenait à son caprice. Enfin, il avait jeté dans cette âme tendre et faible les racines profondes d'un indestructible pouvoir, et s'était emparé de Henri de telle sorte, que l'ascendant d'une femme pouvait seul désormais mettre en péril le sien.

Mais il s'aperçut bientôt avec effroi que *son élève* devait être amoureux. Henri négligeait les amitiés dont il l'avait savamment entouré. Henri, de farouche devenait triste et presque songeur. Montmorency regarda autour de lui, et crut s'apercevoir que Diane de Poitiers était la reine de ses pensées. Il aimait mieux Diane qu'une autre, le brutal gendarme! Dans ses idées grossières, il estimait la courtisane royale plus justement que le chevaleresque Montgommery. Il arrangea son plan sur les instincts vils qu'il devinait chez cette femme, d'après les siens, et, tranquille dès lors, laissa le dauphin soupirer sournoisement pour la grande sénéchale.

C'était bien en effet la beauté qui devait réveiller le cœur engourdi de Henri! Elle était malicieuse, provocante, vivante; sa tête fine avait des mouvements jolis et prompts, son regard brillait de promesses, et toute sa personne avait un attrait magnétique (on disait magique alors), qui devait séduire le pauvre Henri. Il lui semblait que cette femme devait lui révéler la science inconnue d'une vie nouvelle. La sirène était pour lui, sauvage curieux et naïf, attirante et dangereuse comme un mystère, comme un abîme.

Diane sentait tout cela; seulement, elle hésitait encore, par crainte de François I*er* dans le passé et du comte de Montgommery dans le présent, à se hasarder dans ce nouvel avenir.

Mais un jour que le roi, toujours galant et empressé, même avec les femmes qu'il n'aimait pas, même avec celles qu'il n'aimait plus, causait avec Diane de Poitiers dans l'embrasure d'une croisée, il aperçut le dauphin qui, d'un œil furtif et jaloux, épiait cet entretien de Diane et de son père.

François appela à haute voix Henri.

— Ah çà! monsieur mon fils, que faites-vous là? approchez-vous donc! lui dit-il.

Mais Henri, tout pâle et honteux, après une minute d'hésitation entre son devoir et sa peur, au lieu de répondre à l'invitation de son père, prit le parti de s'enfuir comme s'il n'avait pas entendu.

— Oh là! quel garçon sauvage et empêché! dit le roi; comprenez-vous rien, madame Diane, à une timidité semblable? Vous, la déesse des forêts, avez-vous jamais vu daim plus effarouché? ah! le vilain défaut!

— Plaît-il à Votre Majesté que j'en corrige monseigneur le dauphin? reprit Diane en souriant.

— Mais, dit le roi, il serait difficile qu'il eût plus gentil maître au monde et plus doux apprentissage.

— Tenez-le donc pour amendé, Sire, repartit Diane; je m'en charge.

En effet, elle eut bientôt rejoint le fugitif.

Le comte de Montgommery, en service ce jour-là, n'était pas au Louvre.

— Je vous cause donc un effroi bien grand, monseigneur?

Diane commença ainsi la conversation — et la conversion.

Comment elle la termina, comment elle ne s'aperçut d'aucune des bévues du prince et admira ses moindres mots, comment il la quitta avec la conviction qu'il venait d'être spirituel et charmant, et devint en effet peu à peu près d'elle charmant et spirituel, comment enfin elle fut, dans tous les sens, sa maîtresse, et lui donna en même temps des ordres, des leçons et du bonheur; c'est là la comédie éternelle et intraduisible qui se jouera toujours, mais qui ne s'écrira jamais.

Et Montgommery? Oh! Montgommery aimait trop Diane pour la juger, et s'était donné trop aveuglément pour y voir clair. Chacun glosait déjà à la cour sur les amours nouvelles de madame de Poitiers, que le noble comte en était toujours à ses illusions, entretenues par Diane avec soin. L'édifice qu'elle bâtissait était trop fragile pour qu'elle ne redoutât pas toute secousse et tout éclat. Elle gardait donc le dauphin par ambition et le comte par prudence.

XX.

DE L'UTILITÉ DES AMIS.

Laissons maintenant Aloyse continuer et achever le récit qu'ont posé seulement ces préliminaires.

— Mon mari, le brave Perrot, disait-elle à Gabriel attentif, n'avait pas été sans apprendre les bruits qui couraient publiquement sur madame Diane, et toutes les railleries qu'on faisait de monsieur de Montgommery. Mais il ne savait s'il devait avertir son maître, qu'il voyait confiant et heureux, ou bien s'il fallait lui cacher la trame odieuse où cette ambitieuse femme l'avait enveloppé. Il me faisait part de ses doutes, car je lui donnais ordinairement de bons conseils, et il avait éprouvé ma discrétion et ma fermeté ; mais ici j'étais comme lui bien embarrassée sur le parti à prendre.

Un soir, nous étions dans cette même chambre, monseigneur, Perrot et moi, car le comte de Montgommery ne nous traitait pas en serviteurs, mais en amis, et avait voulu garder, même à Paris, l'habitude patriarcale de nos veillées d'hiver de Normandie, où maîtres et gens se réchauffent au même foyer après le labeur commun du jour. Le comte, pensif et la tête dans sa main, était assis devant le feu. Il allait ordinairement le soir chez madame de Poitiers, mais depuis quelque temps elle lui faisait souvent dire qu'elle était malade et ne pourrait le recevoir. Il songeait à cela sans doute ; Perrot raccommodait les courroies d'une cuirasse, et moi je filais.

C'était le 7 janvier 1539, par une soirée froide et pluvieuse, et le lendemain de l'Épiphanie. Rappelez-vous cette date sinistre, monseigneur.

Gabriel fit signe qu'il ne perdait pas un mot, et Aloyse continua :

— Tout à coup on annonça monsieur de Langeais, monsieur de Boutières et le comte de Sancerre, trois gentilshommes de la cour, amis de monseigneur, mais encore plus de madame d'Étampes. Tous trois étaient enveloppés de grands manteaux sombres, et, quoiqu'ils fussent entrés en riant, il me sembla qu'ils apportaient avec eux le malheur, et mon instinct, hélas ! ne me trompait guères.

Le comte de Montgommery se leva et alla au-devant des arrivants avec ces façons hospitalières et gracieuses qui lui allaient si bien.

— Soyez les bien venus, mes amis, dit-il aux trois gentilshommes en leur serrant la main.

Sur un signe, je vins les débarrasser de leurs manteaux, et tous trois prirent place.

— Quelle bonne fortune vous amène donc dans mon logis ? continua le comte.

— Un triple pari, répondit monsieur de Boutières, et votre présence ici, mon cher comte, me fait gagner le mien en ce moment.

— Moi, dit monsieur de Langeais, j'avais le mien déjà gagné.

— Et moi, reprit le comte de Sancerre, je gagnerai le mien tout à l'heure ; vous allez voir.

— Et qu'aviez-vous donc parié, messieurs ? demanda Montgommery.

— Mais, dit monsieur de Boutières, Langeais que voilà avait gagé avec d'Enghien que le dauphin ne serait pas ce soir au Louvre. Nous en arrivons, et avons bien et dûment constaté que d'Enghien avait perdu.

— Quant à de Boutières, reprit le comte de Sancerre, il avait parié avec monsieur de Montejan que vous seriez ce soir chez vous, mon cher comte, et vous voyez qu'il a gagné.

— Et tu as gagné aussi, Sancerre, je t'en réponds, reprit à son tour monsieur de Langeais ; car, en somme, les trois paris n'en font qu'un, et nous aurions perdu ou gagné ensemble. Sancerre, monsieur de Montgommery, a gagé cent pistoles contre d'Aussun que madame de Poitiers serait malade ce soir.

Votre père, Gabriel, pâlit affreusement.

— Vous avez gagné, en effet, monsieur de Sancerre, dit-il d'une voix émue ; car madame la grande sénéchale m'a fait savoir tantôt qu'elle ne pourrait me recevoir personne ce soir, s'étant trouvée subitement indisposée.

— La ! s'écria le comte de Sancerre, quand je le disais !

Vous attesterez à d'Aussun, messieurs, qu'il me doit cent pistoles.

Et tous de rire comme des fous ; mais le comte de Montgommery restait sérieux.

— Maintenant, mes bons amis, dit-il avec un accent quelque peu amer, consentirez-vous à m'expliquer cette énigme ?

— De grand cœur, ma foi ! dit monsieur de Boutières, mais éloignez ces bonnes gens.

Nous étions déjà près de la porte, Perrot et moi ; monseigneur nous fit signe de rester.

— Ce sont des amis dévoués, dit-il aux jeunes seigneurs, et comme d'ailleurs je n'ai à rougir de rien, je n'ai rien à cacher.

— Soit ! dit monsieur de Langeais, cela sent un peu la province ; mais la chose vous regarde plus que nous, comte. Aussi bien je suis sûr qu'ils savent déjà le grand secret, car il court la ville, et vous aurez été le dernier à l'apprendre, selon l'usage.

— Mais parlez donc ! s'écria monsieur de Montgommery.

— Mon cher comte, reprit monsieur de Langeais, nous allons parler, car cela nous fait peine de voir ainsi tromper un gentilhomme comme nous et un galant homme comme vous ; mais si nous parlons pourtant, c'est à la condition que vous accepterez la révélation avec philosophie, c'est-à-dire en riant ; car tout ceci ne vaut pas votre colère, je vous assure, et d'ailleurs votre colère serait ici d'avance désarmée.

— Nous verrons ; j'attends, répondit froidement monseigneur.

— Cher comte, dit alors monsieur de Boutières, le plus jeune et le plus étourdi des trois, vous connaissez la mythologie, n'est il pas vrai ? Vous savez l'histoire d'Endymion, sans aucun doute ? mais quel âge croyez-vous qu'il ait eu, Endymion, lors de ses amours avec Diane-Phœbé ? Si vous vous imaginiez qu'il touchait à la quarantaine, détrompez-vous, mon cher, il n'avait même pas vingt ans, et sa barbe n'était pas poussée. Je tiens le fait de mon gouverneur, qui savait parfaitement la chose. Et voilà justement pourquoi, ce soir, Endymion n'est pas au Louvre ; pourquoi dame Luna est couchée et invisible, probablement à cause de la pluie ; et pourquoi, enfin, vous êtes chez vous, monseigneur de Montgommery ; d'où il suit que mon gouverneur est un grand homme, et que nous avons gagné nos trois paris. Vive la joie !

— Des preuves ? demanda froidement le comte.

— Des preuves ! reprit monsieur de Langeais, mais vous pouvez en aller chercher vous-même. Ne demeurez-vous pas à deux pas de la Luna ?

— C'est juste. Merci ! dit seulement le comte.

Et il se leva. Les trois amis durent se lever aussi, assez refroidis et presque effrayés par cette attitude sévère et morne de monsieur de Montgommery.

— Ah çà ! comte, dit monsieur de Sancerre, n'allez pas faire de sottise ni d'imprudence, et souvenez-vous qu'il ne fait pas bon se frotter au lionceau, pas plus qu'au lion.

— Soyez tranquille ! répondit le comte.

— Vous ne vous en voulez pas au moins ?

— C'est selon, reprit-il.

Il les reconduisit, ou plutôt les poussa jusqu'à la porte, et, en revenant, il dit à Perrot :

— Mon manteau et mon épée.

Perrot apporta épée et manteau.

— Est-ce vrai que vous saviez cela, vous autres ? demanda le comte en ceignant son épée :

— Oui, monseigneur, répondit Perrot les yeux baissés.

— Et pourquoi ne m'avez-vous pas averti, Perrot ?

— Monseigneur !... balbutia mon mari.

— C'est juste ; vous n'étiez pas des amis, vous, mais de bonnes gens seulement.

Il frappa amicalement sur l'épaule de son écuyer. Il était très pâle, mais parlait avec une sorte de tranquillité solennelle. Il dit encore à Perrot :

— Y a-t-il longtemps que ces bruits courent?

— Monseigneur, répondit Perrot, il y a cinq mois que vous aimez madame Diane de Poitiers, puisque votre mariage était fixé au mois de novembre. Eh bien! on assure que monseigneur le dauphin a aimé madame Diane un mois après qu'elle a eu accueilli votre demande. Cependant il n'y a guère plus de deux mois qu'on en parle, et il n'y a pas quinze jours que je le sais. Les bruits n'ont pris de la consistance que depuis l'ajournement du mariage, et l'on ne s'en entretenait que sous le couvert, par peur de monseigneur le dauphin. J'ai battu hier un des gens de monsieur de La Garde, qui avait eu le front d'en rire en dessous devant moi, et le baron de La Garde n'a pas osé me reprendre.

— On n'en rira plus, dit monseigneur avec un accent qui me fit frissonner.

Quand il fut tout prêt, il passa la main sur son front et me dit:

— Aloyse, va me chercher Gabriel, je veux l'embrasser. Vous dormiez, monseigneur Gabriel, de votre sommeil calme de chérubin, et vous vous mîtes à pleurer quand je vins vous éveiller et vous prendre. Je vous enveloppai dans une couverture et vous apportai ainsi à votre père. Il vous prit dans ses bras, vous regarda quelque temps en silence, comme pour se rassasier de votre vue, puis posa sur vos beaux yeux à demi-clos un baiser. Une larme roula en même temps sur votre figure rose, la première larme qu'il eût versée devant moi, cet homme fort et vaillant! Il vous remit ensuite à moi en disant:

— Je te recommande mon Gabriel, Aloyse.

Hélas! c'est la dernière parole qu'il m'ait adressée. Elle est restée là, et je l'entends toujours.

— Je vais vous accompagner, monseigneur, dit alors mon brave Perrot.

— Non, Perrot, répondit monsieur de Montgommery, il faut que je sois seul; reste.

— Cependant, monseigneur...

— Je le veux, dit-il.

Il n'y avait pas à répliquer quand il parlait ainsi, et Perrot se tut. Le comte nous prit les mains.

— Adieu! mes bons amis, nous dit-il, non! pas adieu! au revoir.

Et puis, il sortit calme et d'un pas assuré, comme s'il devait rentrer au bout d'un quart d'heure.

Perrot ne dit rien; mais, dès que son maître fut dehors, il prit à son tour son manteau et son épée. Nous n'échangeâmes pas une parole, et je n'essayai pas de le retenir: il faisait son devoir en suivant le comte, fût-ce à la mort. Il me tendit les bras, je m'y jetai en pleurant; puis après m'avoir tendrement embrassée, il s'élança sur les traces de monsieur de Montgommery. Tout cela n'avait pas duré une minute, et nous n'avions pas dit un seul mot.

Restée seule, je tombai sur une chaise, sanglotant et priant. La pluie avait redoublé au dehors, et le vent mugissait avec violence. Vous, cependant, monseigneur Gabriel, vous aviez paisiblement repris votre sommeil interrompu, dont vous ne deviez vous réveiller qu'orphelin.

XXI.

OÙ IL EST DÉMONTRÉ QUE LA JALOUSIE A PU ABOLIR QUELQUEFOIS LES TITRES AVANT LA RÉVOLUTION FRANÇAISE.

Ainsi que l'avait dit monsieur de Langeais, l'hôtel de Brézé, que madame Diane habitait alors, n'était qu'à deux pas du nôtre, rue du Figuier-Saint-Paul, où il existe encore, ce logis de malheur.

Perrot suivit de loin son maître, le vit s'arrêter à la porte de madame Diane, frapper, puis entrer. Il s'approcha alors. Monsieur de Montgommery parlait avec hauteur et assurance aux valets, qui essayaient de s'opposer à son passage, prétendant que leur maîtresse était malade dans sa chambre. Mais le comte passa outre, et Perrot profita du trouble pour se glisser à sa suite par la porte restée entr'ouverte. Il connaissait bien les êtres de la maison pour avoir porté plus d'un message à madame Diane. Il monta sans obstacle dans l'obscurité derrière monsieur de Montgommery, soit qu'on ne l'aperçût pas, soit qu'on n'attachât pas d'importance à l'écuyer dès que le maître avait rompu la consigne.

Au haut de l'escalier, le comte trouva deux des femmes de la duchesse tout inquiètes et éplorées, qui lui demandèrent ce qu'il voulait à pareille heure. Dix heures du soir sonnaient en effet à toutes les horloges des environs. Monsieur de Montgommery répondit avec fermeté qu'il voulait voir sur-le-champ madame Diane, qu'il avait des choses graves à lui communiquer sans retard, et que, si elle ne pouvait le recevoir, il attendrait.

Il parlait très haut et de manière à être entendu de la chambre à coucher de la duchesse, qui était proche. L'une des femmes entra dans cette chambre et revint bientôt, disant que madame de Poitiers se couchait, mais qu'elle allait venir parler au comte, et qu'il eût à l'attendre dans l'oratoire.

Le dauphin n'était donc pas là, ou il se conduisait bien peureusement pour un fils de France! Monsieur de Montgommery suivit sans difficulté dans l'oratoire les deux femmes qui le précédaient portant des flambeaux.

Perrot alors, qui était resté tapi dans l'ombre sur les marches de l'escalier, acheva de le gravir et se cacha derrière une tapisserie de haute lisse, dans un grand corridor qui séparait justement la chambre à coucher de madame Diane de Poitiers de l'oratoire où monsieur de Montgommery l'attendait. Au fond de ce vaste couloir, deux portes condamnées avaient donné autrefois, l'une dans l'oratoire, l'autre dans la chambre. Ce fut derrière les portières laissées là pour la symétrie que se glissa Perrot, et il vit avec joie qu'il pourrait, en prêtant l'oreille, entendre à peu de choses près ce qui se passerait dans l'une ou l'autre chambre. Non que mon brave mari fût dirigé par un vulgaire sentiment de curiosité, monseigneur, mais les dernières paroles du comte en nous quittant, et un secret instinct, l'avertissaient que son maître courait un danger, et qu'en ce moment même on lui tendait peut-être un piège, et il voulait rester à portée de le secourir au besoin.

Malheureusement, comme vous allez le voir, monseigneur, aucune des paroles qu'il entendit et qu'il me rapporta depuis, ne peut répandre le moindre jour sur l'obscure et fatale question qui vous préoccupe aujourd'hui.

Monsieur de Montgommery n'avait pas attendu deux minutes, quand madame de Poitiers entra dans l'oratoire et même avec quelque précipitation.

— Qu'est-ce à dire, monsieur le comte? fit-elle, et d'où vient cette invasion nocturne, après la prière que je vous avais adressée de ne pas venir aujourd'hui?

— Je vais vous répondre en deux mots sincères, madame; mais renvoyez vos femmes d'abord. Maintenant écoutez-moi. Je serai bref. On vient me dire que vous me donnez un rival, que ce rival est le dauphin, et qu'il est chez vous ce soir même.

— Et vous l'avez cru, puisque vous accourez pour vous en assurer? dit madame Diane avec hauteur.

— J'ai souffert, Diane, et j'accours pour chercher auprès de vous un remède à ma souffrance.

— Eh bien! maintenant, reprit madame de Poitiers, vous m'avez vue. Vous savez qu'ils ont menti, laissez-moi me reposer. Au nom du ciel, sortez, Jacques.

— Non, Diane, dit le comte inquiet sans doute de cet empressement à l'éloigner; car, s'ils ont menti en prétendant que le dauphin était ici, ils n'ont point menti peut-être en assurant qu'il y viendrait ce soir: et je serais bien aise de les convaincre jusqu'au bout de calomnie.

— Ainsi, vous resterez, monsieur?

— Je resterai, madame. Allez vous reposer, si vous êtes

malade, Diane. Moi je garderai, si vous le voulez bien, votre sommeil.

— Mais de quel droit enfin feriez-vous cela, monsieur? s'écria madame de Poitiers. A quel titre? Ne suis-je pas libre encore?

— Non, madame, reprit avec fermeté le comte, vous n'êtes plus libre de rendre la risée de la cour un loyal gentilhomme dont vous avez accepté les prétentions.

— Je n'accepterai pas du moins, dit madame Diane, cette prétention dernière. Vous n'avez pas plus le droit de rester ici que les autres n'ont le droit de vous railler. Vous n'êtes pas mon mari, n'est-ce pas? et je ne porte pas votre nom, que je sache?

— Eh! madame! s'écria alors avec une sorte de désespoir monsieur de Montgommery, que m'importe qu'on me raille! Ce n'est pas là la question! mon Dieu! vous le savez bien, Diane; et ce n'est pas mon honneur qui saigne et crie, c'est mon amour. Si je m'étais trouvé offensé des moqueries de ces trois fats, j'aurais tiré mon épée, voilà tout. Mais j'en ai eu le cœur déchiré, Diane, et je suis accouru. Ma dignité! ma réputation! Ce n'est pas de cela qu'il s'agit, pas du tout : il s'agit que je vous aime, que je suis fou, que je suis jaloux; que vous m'aviez dit et prouvé que vous m'aimiez, et que je tuerai quiconque osera toucher à cet amour qui est mon bien, quand ce serait le dauphin, quand ce serait le roi, madame! Je ne m'inquiéterai guère du nom de ma vengeance, je vous assure. Mais aussi vrai que Dieu existe, je me vengerai.

— Et de quoi donc, s'il vous plaît? et pourquoi? demanda derrière monsieur de Montgommery une voix impérieuse.

Et Perrot frissonna; car, à travers le corridor faiblement éclairé, il venait de voir apparaître monsieur le dauphin, actuellement roi ; et, derrière le dauphin, la figure railleuse et dure de monsieur de Montmorency.

— Ah! s'écria madame Diane en tombant sur un fauteuil et en se tordant les mains, voilà ce que je redoutais.

Monsieur de Montgommery ne jeta d'abord qu'un cri : Ah! puis, Perrot l'entendit reprendre d'une voix assez calme :

— Monseigneur le dauphin, un seul mot... par grâce! Dites-moi que vous ne venez pas ici parce que vous aimez madame de Poitiers, et parce que madame Diane de Poitiers vous aime.

— Monsieur de Montgommery, répondit le dauphin avec une colère encore contenue, un seul mot, par ordre! Dites-moi que je ne vous trouve pas ici parce que madame Diane vous aime, et parce que vous aimez madame Diane.

La scène se posant ainsi, il n'y avait plus en présence l'héritier du plus grand trône du monde et un simple gentilhomme, mais deux hommes, deux rivaux irrités et jaloux, deux cœurs souffrans, deux âmes déchirées.

— J'étais l'époux accepté et désigné de madame Diane on le savait, vous le saviez, reprit monsieur de Montgommery, omettant déjà le titre auquel le prince avait droit.

— Promesse en l'air, promesse oubliée! s'écria Henri, et, pour être plus récens que les vôtres peut-être, les droits de mon amour n'en sont pas moins certains, et je les maintiendrai.

— Ah! l'imprudent! il parle de ses droits, tenez! s'écria le comte ivre déjà de jalousie et de rage. Vous osez donc dire que cette femme est à vous?

— Je dis qu'elle n'est pas à vous du moins, reprit Henri. Je dis que je suis chez madame de l'aveu de madame, et qu'il n'en est pas de même de vous, ce me semble. Donc, j'attends impatiemment que vous sortiez, monsieur.

— Si vous êtes si impatient, eh bien! sortons ensemble ; c'est tout simple.

— Un défi! s'écria Montmorency, s'avançant alors. Vous osez, monsieur, porter un défi au dauphin de France!

— Il n'y a pas ici de dauphin de France, reprit le comte, il y a un homme qui se prétend aimé de la femme que j'aime, voilà tout.

Il fit sans doute un pas vers Henri, car Perrot entendit madame Diane crier :

— Il veut insulter le prince! il veut tuer le prince! à l'aide!

Et, probablement embarrassée du rôle singulier qu'elle jouait, elle s'élança dehors, malgré monsieur de Montmorency qui lui disait qu'elle se rassurât, et qu'ils avaient deux épées contre une et une bonne escorte en bas. Perrot vit madame Diane traverser le corridor et se jeter dans sa chambre tout éplorée, en appelant ses femmes et les gens du dauphin.

Mais sa fuite ne calma pas l'ardeur des deux adversaires, loin de là! et monsieur de Montgommery releva avec amertume le mot d'escorte qui venait d'être prononcé.

— C'est avec l'épée de ses gens, sans doute, dit-il, que monseigneur le dauphin entend venger ses injures?

— Non, monsieur, reprit fièrement Henri, et la mienne me suffira pour châtier un insolent.

Tous deux portaient déjà la main à la poignée de leur épée, mais monsieur de Montmorency intervint.

— Pardon! monseigneur, dit-il; mais celui qui sera peut-être roi demain, n'a pas le droit de risquer sa vie aujourd'hui. Vous n'êtes pas un homme, monseigneur, vous êtes une nation : un dauphin de France ne se bat que pour la France.

— Mais alors, s'écria monsieur de Montgommery, un dauphin de France ne m'arrache pas, lui qui a tout, celle en qui j'ai mis uniquement ma vie, celle qui est pour moi plus que ma patrie, plus que mon honneur, plus que mon enfant au berceau, plus que mon âme immortelle ; car elle m'eût fait oublier tout cela, cette femme qui me trompait peut-être! Mais non, elle ne trompait pas, c'est impossible ; je l'aime trop! Monseigneur, pardonnez-moi ma violence et ma folie, et daignez me dire que vous n'aimez pas Diane. Enfin, on ne vient pas chez une femme qu'on aime accompagné de monsieur de Montmorency, et escorté de huit ou dix reîtres! J'aurais dû songer à cela.

— J'ai voulu, dit monsieur de Montmorency, suivre monseigneur ce soir avec une escorte, malgré ses instances, parce qu'on m'avait prévenu secrètement qu'il lui serait tendu un guet-apens aujourd'hui. Je devais pourtant le laisser au seuil de cette maison. Mais les éclats de votre voix, monsieur, arrivant jusqu'à nous, m'ont engagé à passer outre et à ajouter foi jusqu'au bout aux avis des amis inconnus qui m'avaient si à propos mis sur mes gardes.

— Je les connais, moi, ces amis inconnus! dit en riant amèrement le comte. Ce sont les mêmes, sans doute, qui m'ont prévenu aussi que le dauphin serait ici ce soir, et ils ont réussi à souhait dans leur dessein, eux et celle qui les faisait agir. Car madame d'Etampes ne voulait, je le présume, que compromettre par un éclat scandaleux madame de Poitiers. Or monsieur le dauphin, en n'hésitant pas à venir faire sa visite amoureuse avec une armée, a merveilleusement servi ce plan merveilleux! Ah! vous n'en êtes donc plus, Henri de Valois, à garder le moindre ménagement pour madame de Brézé?... Vous l'affichez donc publiquement pour votre maîtresse officielle? Elle est donc bien réellement et bien authentiquement à vous, cette femme? Il n'y a plus à douter et à espérer! Vous me l'avez bien certainement volée, et avec elle mon bonheur, et avec elle ma vie? Eh bien! tonnerre et sang! je n'ai pas non plus de ménagement à garder, moi. Parce que tu es fils de France, Henri de Valois, tu n'es pas un motif pour être plus gentilhomme, et tu me rendras raison de ta forfaiture, ou tu n'es qu'un lâche!

— Misérable! s'écria le dauphin en tirant son épée et en marchant sur le comte.

Mais monsieur de Montmorency se jeta de nouveau au devant de lui.

— Monseigneur! encore une fois, je vous dis qu'en ma présence l'héritier du trône ne croisera pas le fer pour une

— Avec un gentilhomme plus ancien que toi, premier baron chrétien ! interrompit le comte hors de lui. Tout noble d'ailleurs vaut le roi, et les rois n'ont pas toujours été aussi prudens que vous voulez le prétendre, vous autres, et pour cause ! Charles de Naples a défié Alphonse d'Aragon ; François Ier, en voilà pas si longtemps, a défié Charles-Quint. C'était roi contre roi : soit ! Monsieur de Nemours, le neveu du roi, a appelé un simple capitaine espagnol. — Les Montgommery valent les Valois, et, comme ils se sont alliés plusieurs fois avec les enfans des rois de France ou d'Angleterre, ils peuvent bien se battre avec eux. Les anciens Montgommery portaient de France pure, au deuxième et troisième. Depuis leur retour d'Angleterre, où ils avaient suivi Guillaume-le-Conquérant, les armes des Montgommery étaient d'azur au lion d'or armé et lampassé d'argent, avec cette devise : *Garde bien !* et trois fleurs de lis sur un fond de gueule. Allons, monseigneur ! nos armes sont semblables comme nos épées ! un bon mouvement de chevalerie ! Ah ! si vous l'aimiez comme je l'aime, cette femme, et si vous me haïssiez comme je vous hais ! Mais non : vous n'êtes qu'un enfant timide, heureux de se cacher derrière son précepteur.

— Monsieur de Montmorency, laissez-moi ! s'écriait le dauphin en se débattant contre monsieur de Montmorency qui le retenait.

— Non, pâques-Dieu ! disait Montmorency, je ne vous laisserai pas vous battre avec ce furieux. Arrière ! à moi ! cria-t-il dehors à voix haute.

Et l'on entendit distinctement madame Diane, penchée sur l'escalier, crier aussi de toutes ses forces :

— A l'aide ! Montez donc, vous autres ! Allez-vous laisser égorger vos maîtres ?

Cette trahison de Dalilah, puisque, après tout, ils étaient deux contre monsieur de Montgommery, porta sans doute au dernier degré l'exaspération aveugle du comte. Perrot, glacé de terreur, l'entendit leur dire :

— Faut-il donc le dernier outrage pour vous convaincre, ton entremetteur et toi, Henri de Valois, de la nécessité de me rendre raison ?

Perrot supposa qu'il s'était alors avancé sur le dauphin, et avait levé la main sur lui. Henri poussa un rugissement sourd. Mais monsieur de Montmorency avait probablement retenu le bras du comte, car, tandis qu'il appelait plus fort que jamais : A moi ! à moi ! Perrot, qui ne pouvait voir, entendait le prince s'écrier :

— Son gant a effleuré mon front : il ne peut plus mourir que de ma main, Montmorency !

Tout cela s'était passé avec la rapidité de l'éclair. En ce moment, les hommes de l'escorte entrèrent. Il se fit une lutte acharnée et un grand bruit de piétinemens et de armes. Monsieur de Montmorency criait : — Liez-le, cet enragé ! Et le dauphin : — Ne le tuez pas ! Au nom du ciel ! ne le tuez pas !...

Ce combat trop inégal ne dura pas une minute. Perrot n'eut même pas le temps d'accourir pour aider son maître. En arrivant au seuil de la porte, il vit un des reîtres gisant sur le plancher et deux ou trois autres saignans. Mais le comte désarmé était lié déjà et maintenu par les cinq ou six gens d'armes qui l'avaient assailli à la fois. Perrot, qu'on n'avait pas aperçu dans le tumulte, crut plus utile aux intérêts de monsieur de Montgommery de rester libre et maître d'avertir ses amis ou de le secourir en une occasion plus favorable. Il retourna donc sans bruit à son poste, et là, l'oreille au guet et la main à l'épée, attendit, puisque monsieur de Montmorency n'était ni tué ni même blessé, le moment de se montrer et de le sauver peut-être... car vous allez voir tout à l'heure, monseigneur, que ce n'était ni le courage, ni la hardiesse qui manquaient à mon brave mari. Mais il était aussi sage que vaillant, et savait habilement prendre son avantage. Pour l'instant, il n'y avait qu'à observer : c'est ce qu'il fit avec sang-froid et attention.

Cependant, monsieur de Montgommery tout garotté criait encore :

— Ne te le disais-je pas, Henri de Valois, que tu ne ferais qu'opposer dix épées à la mienne, et le courage obéissant de tes soldats à mon insulte ?

— Vous voyez, monsieur de Montmorency ! disait le dauphin tout frémissant.

— Qu'on le bâillonne ! dit monsieur de Montmorency pour toute réponse. Je vous enverrai dire, reprit-il, s'adressant toujours aux gens d'armes, ce qu'il faudra faire de lui. Jusques-là, gardez-le à vue. Vous m'en répondez sur votre tête.

Et il quitta l'oratoire, entraînant le dauphin. Ils traversèrent le corridor où Perrot se tenait caché derrière la tapisserie, et entrèrent chez madame Diane.

Perrot alors passa du côté de l'autre muraille, et colla son oreille à l'autre porte condamnée.

La scène à laquelle il venait d'assister était encore moins épouvantable peut-être que celle qu'il allait entendre.

XXII.

QUELLE EST LA PREUVE LA PLUS ÉCLATANTE QUE PUISSE DONNER UNE FEMME QU'UN HOMME N'EST PAS SON AMANT.

— Monsieur de Montmorency, disait en entrant le dauphin avec une tristesse courroucée, si vous ne m'aviez pas retenu presque par la force, je serais moins mécontent de moi et de vous que je ne le suis.

— Que monseigneur, répondit Montmorency, me permette de lui dire que c'est parler en jeune homme et non en fils de roi. Vos jours ne vous appartiennent pas. Ils sont à votre peuple, monseigneur, et les têtes couronnées ont d'autres devoirs que les autres hommes.

— Pourquoi donc suis-je alors irrité contre moi-même et comme honteux ? dit le prince. Ah ! c'est vous, madame, reprit Henri, en s'adressant à Diane qu'il venait d'apercevoir sans doute.

Et l'amour-propre blessé l'emportait en ce moment sur l'amour jaloux :

— C'est chez vous et par vous, ajouta-t-il, que j'ai reçu mon premier outrage.

— Hélas ! oui, chez moi, mais ne dites pas par moi, monseigneur, répondit Diane. Est-ce que je n'ai pas souffert autant que vous, et plus que vous ? Est-ce que je ne suis pas innocente de tout ceci ? Est-ce que j'aime cet homme, enfin ? Est-ce que je l'ai jamais aimé ?

Elle le reniait après l'avoir trahi ; c'était tout simple.

— Je n'aime que vous, monseigneur, reprit-elle ; mon âme et ma vie sont à vous tout entières, et mon existence ne date que du jour où vous avez accepté ce cœur qui vous est dévoué. Autrefois pourtant, il se peut... et je me rappelle vaguement que j'avais laissé entrevoir à ce Montgommery quelques espérances. Rien de positif, toutefois, nul engagement certain. Mais vous êtes venu, et tout a été oublié. Et, depuis ce temps, je vous le jure, et croyez-en mes paroles plutôt que les calomnies jalouses de madame d'Etampes et des siens ! depuis ce temps béni, il n'y a pas une des pensées de mon intelligence, pas une des pulsations de mon sang qui n'ait été pour vous, à vous, monseigneur. Cet homme ment, cet homme agit de concert avec mes ennemis, cet homme n'a aucun droit sur celle qui vous appartient si entièrement, Henri. Je connais à peine cet homme, et non-seulement je ne l'aime pas, grand Dieu ! mais je le hais et je le méprise. Je ne vous demande pas seulement, tenez ! s'il est mort ou vivant. Je ne m'occupe que de vous. Lui, je le hais !

— Est-ce bien vrai, madame ? dit le dauphin avec un reste de défiance sombre.

— L'épreuve en sera facile et prompte, reprit monsieur de Montmorency. Monsieur de Montgommery est vivant, madame, mais chargé de liens par nos gens, et hors d'état de nuire. Il a grièvement offensé le prince. Cependant le traduire devant des juges est impossible : le jugement pour un crime semblable aurait plus de dangers que le crime même. D'un autre côté, que monseigneur le dauphin se commette en un combat singulier avec cet insolent, la chose est plus impossible encore. Quel est donc là-dessus votre avis, madame ? et que devons-nous faire de cet homme ?

Il y eut un moment de silence plein d'émotion. Perrot suspendait son souffle pour mieux entendre ces paroles qui tardaient tant à sortir. Mais, évidemment, madame Diane avait peur d'elle-même et de ce qu'elle allait dire. Elle hésitait devant son propre arrêt.

Enfin, il fallait parler, et, d'une voix encore assez ferme :

— Monsieur de Montgommery, dit-elle, a commis un crime de lèze-majesté. Monsieur de Montmorency, à quelle peine condamne-t-on les coupables de lèze-majesté ?

— A la mort, répondit le connétable.

— Mon avis est donc que cet homme meure, dit froidement madame Diane.

Tous frissonnèrent, et ce ne fut qu'après une autre pause que monsieur de Montmorency reprit :

— En effet, madame, vous n'aimez pas et n'avez jamais aimé monsieur de Montgommery.

— Mais moi, reprit le dauphin, je veux moins que jamais que monsieur de Montgommery meure.

— C'est aussi mon avis, dit Montmorency, mais non pas, je suppose, pour les mêmes motifs que vous, monseigneur. L'opinion que vous émettez par générosité, je l'approuve par prudence. Monsieur de Montgommery a des amis et des alliés puissans en France et en Angleterre ; on sait de plus à la cour qu'il a dû nous rencontrer ici cette nuit. Si on nous le redemande hautement et bruyamment demain, il ne faut pas que nous n'ayons à produire qu'un cadavre. La noblesse n'entend pas qu'on la traite comme les vilains et qu'on la tue sans cérémonie. Il est nécessaire que nous puissions repondre : — Monsieur de Montgommery est en fuite... ou : — Monsieur de Montgommery est blessé et malade... mais, en tout cas : — Monsieur de Montgommery est vivant ! Et, si l'on nous pousse à la dernière extrémité, si l'on persiste à le réclamer jusqu'au bout, eh bien ! il faut qu'à la rigueur nous soyons libres de le tirer de sa prison ou de son lit, et de le montrer aux calomniateurs. Mais j'espère que la précaution, pour être bonne, n'en sera pas moins inutile. On demandera demain et après-demain monsieur de Montgommery. Mais, dans huit jours, on en parlera moins, et, dans un mois, on n'en parlera plus du tout. Rien n'oublie vite comme un ami, et il faut bien changer de sujet de conversation ! Je trouve donc que le coupable ne doit ni mourir ni vivre : il doit disparaître.

— Soit ! dit le dauphin. Qu'il parte, qu'il quitte la France. Il a des biens et des parens en Angleterre, qu'il s'y réfugie.

— Non pas, monseigneur ! reprit Montmorency. La mort c'est trop, mais l'exil ce n'est pas assez. Voulez-vous, ajouta-t-il en baissant la voix, que cet homme dise en Angleterre plus qu'en France qu'il vous a menacé d'un geste insultant ?

— Oh ! ne me rappelez pas cela ! s'écria le dauphin les dents serrées.

— Laissez-moi pourtant me le rappeler, monseigneur, afin de vous prémunir contre une imprudente détermination. Il faut, je le répète, que le comte ne puisse rien révéler ni vivant, ni mort. Les hommes de notre escorte sont sûrs, et ne savaient pas d'ailleurs à qui ils avaient affaire. Le gouverneur du Châtelet est mon ami ; de plus, muet et sourd comme sa prison, et dévoué au service de Sa Majesté. Que monsieur de Montgommery soit transporté au Châtelet cette nuit même. Un bon cachot nous le gardera ou nous le rendra, comme nous voudrons. Demain il aura disparu, et nous répandrons sur cette disparition les bruits les plus contradictoires. Si ces rumeurs ne tombent pas d'elles-mêmes, si les amis du comte le redemandent avec trop d'instances, ce qui n'est guère probable, et poussent jusqu'au bout une enquête sévère, ce qui m'étonnerait bien, alors nous nous justifions d'un mot en produisant les registres du Châtelet qui prouvent que monsieur de Montgommery, accusé du crime de lèze-majesté, attend en prison l'arrêt régulier de la justice. Puis, cette preuve faite, sera-ce de notre faute si la prison est malsaine, si le chagrin et le remords ont eu trop de prise sur monsieur de Montgommery, et s'il est mort avant d'avoir pu comparaître devant un tribunal ?

— Oh ! monsieur de Montmorency ! reprit le dauphin en frémissant.

— Soyez tranquille, monseigneur, reprit le conseiller du prince, nous n'aurons pas besoin d'en venir à cette extrémité. Les bruits causés par l'absence du comte s'apaiseront tout seuls. Les amis se consoleront et oublieront vite, et monsieur de Montgommery vivra, s'il veut, pour la prison, du moment qu'il sera mort pour le monde.

— Mais n'a-t-il pas un fils ? demanda madame Diane.

— Oui, un enfant en bas-âge, auquel on dira qu'on ne sait ce qu'est devenu son père, et qui, une fois grand, s'il grandit, ce pauvre orphelin ! aura des intérêts à lui, des passions à lui, et ne cherchera plus à approfondir une histoire vieille de quinze ou vingt ans.

— Tout cela est juste et bien combiné, dit madame de Poitiers ; allons, je m'incline, j'approuve et j'admire.

— Vous êtes trop bonne en vérité, madame, reprit Montmorency très flatté, et je vois avec plaisir que nous sommes faits pour nous entendre.

— Mais je n'approuve ni je n'admire, moi ! s'écria le dauphin, je désavoue, au contraire, et je m'oppose...

— Désavouez, monseigneur, et vous aurez raison, reprit monsieur de Montmorency, désavouez, mais ne vous opposez pas ; blâmez, mais laissez faire. Tout ceci ne vous regarde en rien, et je prends sur moi toute la responsabilité de l'action devant les hommes et devant Dieu.

— Seulement, il y aura désormais un crime entre nous, n'est-ce pas ? dit le dauphin, et vous serez plus que mon ami, vous serez mon complice.

— Oh ! monseigneur, loin de moi de telles pensées ! s'écria l'astucieux ministre. Mais vous ne devez pas plus vous compromettre à châtier le coupable qu'à le combattre. Voulez-vous que nous en référions au roi votre père ?

— Non, non ; que mon père ignore tout ceci, dit vivement le dauphin.

— Mon devoir, dit monsieur de Montmorency, m'obligerait pourtant à l'avertir, monseigneur, si vous persistiez à croire que le temps des actions chevaleresques dure toujours. Mais, tenez, ne précipitons rien, si vous le désirez, et laissons le temps mûrir nos conseils. Assurons-nous seulement de la personne du comte, condition nécessaire à nos desseins ultérieurs quels qu'ils puissent être, et remettons à plus tard toute décision formelle à ce sujet.

— Soit ! dit le dauphin dont la volonté faible accepta avec empressement cet atermoiement prétendu. Monsieur de Montgommery aura ainsi le temps de revenir sur un premier emportement irréfléchi, et moi je pourrai aussi songer à loisir à ce que ma conscience et ma dignité m'ordonnent de faire.

— Rentrons donc au Louvre, monseigneur, dit monsieur de Montmorency, et constatons-y bien notre présence. Je vous le renverrai demain, madame, reprit-il en s'adressant à madame de Poitiers avec un sourire ; car j'ai pu voir que vous l'aimiez d'un amour véritable.

— Mais monseigneur le dauphin en est-il persuadé, lui ? dit Diane, et m'a-t-il pardonné le malheur, si peu prévu par moi, de cette rencontre ?

— Oui, vous m'aimez... terriblement en effet, Diane, reprit le dauphin pensif, et j'ai trop besoin de croire pour douter, et, le comte eût-il dit vrai, j'ai trop vu à la douleur qui m'a saisi quand je m'imaginais vous avoir perdue, que votre amour est désormais nécessaire à mon existence, et que, quand on vous aime, c'est pour la vie.

— Ah! puissiez-vous dire vrai! s'écria Diane avec un accent passionné, en baisant la main que lui tendait le prince en signe de réconciliation.
— Allons! partons sans plus de retard, dit monsieur de Montmorency.
— Au revoir, Diane.
— Au revoir, mon seigneur, dit la duchesse en séparant ces deux mots avec une expression de charme indicible.

Elle le reconduisit jusqu'au seuil de sa chambre. Tandis que le dauphin descendait l'escalier, monsieur de Montmorency rouvrit la porte de l'oratoire où monsieur de Montgommery gisait toujours, gardé et enchaîné, et, s'adressant au chef des hommes d'armes :

— J'enverrai tout à l'heure, lui dit-il, un homme à moi qui vous informera de ce que vous aurez à faire de votre prisonnier. Jusque là, surveillez tous ses mouvemens et ne le perdez pas de vue une minute. Vous m'en répondez tous sur votre vie.

— Il suffit, monseigneur, répondit le reître.

— D'ailleurs, j'y veillerai, reprit, de la porte où elle était restée, madame de Poitiers.

Tous s'éloignèrent, et Perrot, de sa cachette, n'entendit plus que le pas régulier de la sentinelle placée dans l'intérieur de l'oratoire, et qui gardait la porte tandis que ses camarades gardaient le prisonnier.

XXIII.

UN DÉVOUEMENT INUTILE.

Aloyse, après s'être reposée quelques instans, car elle pouvait respirer à peine au souvenir de cette lugubre histoire, reprit courage, et, sur les sollicitations de Gabriel, acheva son récit en ces termes :

Une heure du matin sonnait au moment où s'éloignaient le dauphin et son peu scrupuleux mentor. Perrot voyait que son maître était perdu sans ressources, s'il laissait au messager de monsieur de Montmorency le temps d'arriver. L'instant d'agir était donc venu pour lui. Il avait remarqué que monsieur de Montmorency n'avait indiqué aucun mot d'ordre, ni aucun signe auquel on pût reconnaître son envoyé. Donc, après avoir attendu une demi-heure environ, afin de rendre probable la rencontre que monsieur de Montmorency pourrait avoir faite de lui, Perrot sortit doucement de sa cachette, descendit d'un pied suspendu quelques marches de l'escalier, les remonta ensuite en marquant, au contraire, nettement le bruit de son pas, et vint frapper à la porte de l'oratoire.

Le plan qu'il avait spontanément conçu était hardi, mais avait, à cause de cette hardiesse même, des chances de réussite.

— Qui est-là? demanda la sentinelle.

— Envoyé de monseigneur le baron de Montmorency.

— Ouvrez, dit le chef de la troupe à la sentinelle.

On ouvrit, Perrot entra hardiment et la tête haute.

— Je suis, dit-il, l'écuyer de monsieur Charles de Manffol qui est à monsieur de Montmorency, comme vous savez. Nous rentrions, mon maître et moi, de la garde au Louvre, quand nous avons rencontré sur la Grève monsieur de Montmorency, accompagné d'un grand jeune homme tout enveloppé d'un manteau. Monsieur de Montmorency a reconnu monsieur de Manffol et l'a appelé. Après quelques instans d'entretien, tous deux m'ont ordonné de venir ici rue du Figuier, chez madame Diane de Poitiers. J'y trouverai, m'ont-ils dit, un prisonnier sur lequel monsieur de Montmorency m'a donné des instructions que je viens remplir. J'ai demandé pour cela quelques hommes d'escorte ; mais il m'a prévenu qu'il y avait déjà ici une force suffisante, et je vois en effet que vous êtes plus nombreux qu'il ne le faut pour appuyer la mission de conciliation qui m'a été confiée. Où est le prisonnier? Ah! le voici! Otez-lui son bâillon, car il faut que je lui parle et qu'il puisse me répondre.

Le consciencieux chef des estafiers hésitait encore, malgré le ton délibéré de Perrot.

— N'avez-vous pas d'ordre écrit à me remettre? lui demanda-t-il.

— Ecrit-on des ordres sur la place de Grève, à deux heures du matin? répondit Perrot en haussant les épaules; mais monsieur de Montmorency m'avait dit que vous étiez prévenu de mon arrivée.

— C'est vrai.

— Eh bien! quelles chicanes me venez-vous faire, mon brave homme? Çà, éloignez-vous, vous et vos gens ; car ce que j'ai à dire à ce seigneur doit rester secret entre lui et moi. Eh! ne m'entendez-vous pas? Reculez, vous autres.

Ils reculèrent, en effet, et Perrot approcha librement de monsieur de Montgommery délivré de son bâillon.

— Mon brave Perrot! dit le comte qui avait reconnu d'abord son écuyer, comment donc te trouves-tu ici?

— Vous le saurez, monseigneur, mais nous n'avons pas une minute à perdre ; écoutez-moi.

Il lui raconta en peu de mots la scène qui venait de se passer chez madame Diane, et la résolution que monsieur de Montmorency paraissait avoir prise d'ensevelir à jamais le secret terrible de l'insulte avec l'insulteur. Il fallait donc se soustraire à cette captivité mortelle par un coup désespéré.

— Et que comptes-tu faire, Perrot? demanda monsieur de Montgommery. Vois, ils sont huit contre nous deux ; et nous ne sommes pas ici dans une maison amie, ajouta-t-il avec amertume.

— N'importe! dit Perrot, laissez-moi faire et dire seulement, et vous êtes sauvé, vous êtes libre.

— A quoi bon? Perrot, dit tristement le comte. Que ferais-je de la vie et de la liberté? Diane ne m'aime pas! Diane me déteste et me trahit!

— Laissez là le souvenir de cette femme, et songez à votre enfant, monseigneur.

— Tu as raison, Perrot, je l'ai trop oublié, mon pauvre petit Gabriel, et Dieu m'en punit avec justice. Pour lui donc, je dois, je veux tenter la dernière chance de salut que tu viens m'offrir, ami. Mais, avant tout, écoute ; si elle me manque, cette chance, si l'entreprise, insensée à force d'être audacieuse, que tu vas risquer, échoue, je ne veux pas, Perrot, léguer à l'orphelin pour héritage la suite de ma destinée fatale ; je ne veux pas lui imposer, après ma disparition de la vie, les inimitiés redoutables sous lesquelles j'aurai succombé. Jure-moi donc que, si la prison ou la tombe s'ouvre pour moi et si tu survis, Gabriel ne saura jamais par toi comment son père a disparu du monde. S'il connaissait ce secret terrible, il voudrait un jour me venger ou me sauver, et il se perdrait. J'aurai un compte assez grave à rendre à sa mère, sans y ajouter encore ce poids. Que mon fils vive heureux et sans souci du passé de son père! Jure-moi cela, Perrot, et ne te crois relevé de ce serment que si les trois acteurs de la scène que tu m'as rapportée meurent avant moi, et si le dauphin (qui sera roi sans doute alors), madame Diane et monsieur de Montmorency emportent dans la tombe leur haine toute-puissante et ne peuvent plus rien contre mon enfant. Alors, dans cette hypothèse bien douteuse, qu'il essaie, s'il veut, de me retrouver et de me redemander. Mais, jusque-là, qu'il ignore, autant que les autres, plus que les autres, la fin de son père. Tu me le promets, Perrot? tu me le jures? Je ne m'abandonne d'abord à ton dévoûment téméraire et, j'en ai peur, inutile, qu'à cette seule condition, Perrot.

— Vous le voulez, monseigneur? je le jure donc.

— Sur la croix de ton épée, Perrot, Gabriel ne saura rien par toi de ce dangereux mystère?

— Sur la croix de mon épée, monseigneur, dit Perrot la main droite étendue.

— Merci! ami. Maintenant fais ce que tu voudras, mon

fidèle serviteur. Je me livre à ton courage et à la grâce de Dieu.

— Du sang-froid et de l'assurance, monseigneur, reprit Perrot. Vous allez voir.

Et, s'adressant au chef des gens d'armes :

— Les paroles que le prisonnier vient de me donner sont satisfaisantes, lui dit-il, vous pouvez le délier et le laisser partir.

— Le délier? le laisser partir? répliqua le sbire étonné.

— Eh! sans doute! c'est l'ordre de monseigneur de Montmorency.

— Monseigneur de Montmorency, reprit l'estafier en hochant la tête, nous a ordonné de garder ce prisonnier à vue, a dit en partant que nous en répondions sur notre vie. Comment monseigneur de Montmorency peut-il vouloir maintenant mettre ce seigneur en liberté?

— Comme cela, vous refusez de m'obéir, à moi, parlant en son nom? dit Perrot, sans rien perdre de son assurance.

— J'hésite. Ecoutez donc, vous me commanderiez d'égorger ce seigneur, ou d'aller le jeter à l'eau, ou de le conduire à la Bastille, nous obéirions, mais le relâcher, ce n'est pas dans notre état, cela.

— Soit! répondit Perrot sans se déconcerter. Je vous ai transmis les ordres que j'avais reçus, je me lave les mains du reste. Vous répondrez à monsieur de Montmorency des suites de votre désobéissance. Moi, je n'ai plus rien à faire ici, bonsoir!

Et il ouvrit la porte, comme pour s'en aller.

— Hé! un instant, dit l'estafier, êtes-vous pressé donc! Ainsi vous m'affirmez que c'est la volonté de monsieur de Montmorency qu'on laisse aller le prisonnier? vous êtes sûr que c'est bien monsieur de Montmorency qui vous envoie?

— Niais! reprit Perrot, comment aurais-je su sans cela qu'il y avait un prisonnier gardé? Quelqu'un est-il pour le dire, si ce n'est monsieur de Montmorency lui-même?

— Allons! on va donc vous délier votre homme, dit le miquelet, mécontent comme un tigre à proie à qui l'on retire son os à déchirer. Que ces grands seigneurs sont changeans, corps Dieu !

— C'est bon. Je vous attends, dit Perrot.

Il resta néanmoins dehors, sur la première marche de l'escalier, la face tournée vers les degrés et son poignard tiré à la main. S'il voyait monter le véritable messager de Montmorency, il ne lui laisserait pas faire un pas de plus.

Mais il ne vit pas et n'entendit pas derrière lui madame Diane, attirée par le bruit des voix, sortir de sa chambre et s'avancer jusqu'à la porte laissée ouverte de l'oratoire. Elle vit qu'on détachait monsieur de Mongommery, qui resta muet d'horreur en l'apercevant.

— Misérables! s'écria-t-elle, que faites-vous donc là ?

— Nous obéissons aux ordres de monsieur de Montmorency, madame, dit le chef des sbires, nous délions le prisonnier.

— Impossible! reprit madame de Poitiers. Monsieur de Montmorency n'a pu donner un ordre pareil. Qui vous a apporté cet ordre?

Les estafiers montrèrent Perrot, qui s'était retourné frappé d'épouvante et de stupeur, en entendant madame Diane. Un rayon de la lampe donnait sur le visage pâle du pauvre Perrot; madame Diane le reconnut.

— Cet homme? dit-elle, cet homme est l'écuyer du prisonnier ! Voyez ce que vous alliez faire!

— Mensonge! reprit Perrot, essayant encore de nier. Je suis à monsieur de Manffol et envoyé ici par monsieur de Montmorency.

— Qui se dit envoyé par monsieur de Montmorency ? dit la voix d'un survenant qui n'était autre que l'envoyé véritable. Mes braves gens, cet homme ment. Voici l'anneau et le sceau des Montmorency, et vous devez d'ailleurs me reconnaître, je suis le comte de Montansier (1). Quoi ! vous avez osé retirer le bâillon du prisonnier et vous le détachez? Malheureux! qu'on le bâillonne et qu'on le lie plus solidement encore.

— A la bonne heure! dit l'estafier en chef, voilà des ordres vraisemblables et intelligibles!

— Pauvre Perrot ! dit seulement le comte.

Il ne daigna pas ajouter un mot de reproche à madame Diane, bien qu'il en eût eu le temps avant que le mouchoir qu'on lui mit entre les dents fût attaché. Peut-être aussi craignit-il de compromettre davantage son brave écuyer. Mais Perrot, malheureusement, n'imita pas sa prudence, et s'adressant à madame Diane avec indignation :

— Bien! madame, dit-il, vous ne vous arrêtez pas au moins à moitié chemin dans la félonie ! Saint-Pierre avait renié trois fois son Dieu ; mais Judas ne l'avait trahi qu'une fois. Vous, depuis une heure, vous avez trahi trois fois votre amant. Il est vrai que Judas n'était qu'un homme et vous êtes une femme et une duchesse !

— Emparez-vous de cet homme, s'écria madame Diane furieuse.

— Emparez-vous de cet homme, répéta après elle le comte de Montansier.

— Ah! je ne suis pas pris encore, s'écria Perrot.

Et, dans une passe si désespérée, il fit un coup de désespoir, s'élança et bondit jusqu'à monsieur de Montgommery, et du tranchant de son poignard commença à couper ses liens, en lui criant :

— Aidez-vous, monseigneur, et vendons-leur cher notre vie.

Mais il eut seulement le temps de lui délivrer le bras gauche; car il ne pouvait que se défendre imparfaitement, tout en essayant de couper les cordes du comte. Dix épées écartèrent la sienne. Entouré et frappé de toutes parts, un coup violent qu'il reçut entre les épaules le jeta aux pieds de son maître, et il tomba sans connaissance et comme mort.

XXIV.

QUE LES TACHES DE SANG NE S'EFFACENT JAMAIS COMPLÈTEMENT.

Ce qui se passa depuis, Perrot l'ignorait.

Quand il revint à lui, la première impression qu'il ressentit fut une impression de froid. Il rappela ses idées alors, rouvrit les yeux et regarda autour de lui : c'était toujours la nuit profonde. Il se trouvait étendu sur la terre mouillée, et un cadavre gisait à son côté. A la lueur de la petite lampe toujours allumée dans la niche de la statue de la Vierge, il reconnut qu'il était dans le cimetière des Innocens. Le cadavre jeté près de lui était celui du garde tué par monsieur de Montgommery. On avait cru mon pauvre mari mort, sans doute...

Il essaya de se lever ; mais alors l'atroce douleur de ses blessures se réveilla. Pourtant, en rassemblant toutes ses forces avec un courage surhumain, il parvint à se dresser debout et à faire quelques pas. En ce moment, la lueur

---

(1) Le jeune comte de Montansier préludait ainsi par l'arrestation de Montgommery à l'assassinat de Lignerolles. On sait que M. de Lignerolles ayant rapporté à Charles IX que le duc d'Anjou, son maître, lui avait confié le secret dessein qu'on avait de se défaire des chefs huguenots, le roi détermina son frère à faire tuer Lignerolles pour prévenir toute indiscrétion. Le comte de Montansier se chargea de l'exécution avec quatre ou cinq autres gentilshommes-bourreaux, qui tous périrent misérablement par la suite. « En quoi, dit Brantôme, doit-on
» bien prendre garde quand on tue un homme mal à propos ;
» car guère n'a-t-on vu de tels meurtres qu'ils n'aient été ven-
» gés par la permission de Dieu, *lequel nous a donné une épée
» au côté* pour en user et non pour en abuser. »

d'un fallot étoila l'ombre profonde, et Perrot vit venir deux hommes de mauvaise mine, portant bêches et pioches avec eux.

— On nous a dit au bas de la statue de la Vierge, dit l'un des deux hommes.

— Voici nos gaillards, reprit le second, en apercevant le soldat. Mais non, il n'y en a qu'un.

— Eh bien ! cherchons l'autre.

Les deux fossoyeurs éclairèrent avec leur lanterne le sol avoisinant. Mais Perrot avait eu la force de se traîner derrière une tombe assez éloignée de l'endroit où ils cherchaient.

— Le diable aura emporté notre homme, dit l'un des fossoyeurs qui paraissait jovial.

— Oh ! reprit l'autre en frissonnant, ne dis donc pas de pareilles choses, toi, à pareille heure et en pareil lieu !

Et il se signa avec toutes les marques de l'effroi.

— Allons ! il n'y en a décidément qu'un, dit le premier fossoyeur. Que faire en somme ? Bah ! enterrons toujours celui qui reste ; nous dirons que son ami s'était échappé ; ou peut-être, avait-on mal compté.

Ils se mirent à creuser une fosse, et Perrot, qui s'éloignait pas à pas en chancelant, entendit encore avec joie le fossoyeur gai dire à son camarade :

— J'y songe, si nous avouons n'avoir trouvé qu'un corps et creusé qu'une fosse, l'homme ne nous donnera peut-être que cinq pistoles au lieu de dix. Est-ce que le mieux, pour notre intérêt, ne serait pas de taire cette fuite bizarre du second cadavre ?

— Oui, au fait ! répondit le fossoyeur pieux. Nous nous contenterons de dire que nous avons achevé la besogne, et nous n'aurons pas menti.

Cependant Perrot, non sans de mortelles défaillances, avait atteint la rue Aubry-le-Boucher. Là, il vit passer une charrette de maraîcher qui revenait du marché, et demanda à l'homme qui la conduisait où il allait.

— A Montreuil, répondit l'homme.

— Alors, seriez-vous assez charitable pour me laisser asseoir sur le bord de votre charrette jusqu'au coin de la rue Geoffroy-L'Asnier, dans la rue Saint-Antoine où je demeure !

— Montez, dit le maraîcher.

Perrot fit ainsi, sans trop de fatigue, le chemin qui le séparait du logis, et pourtant, dix pendant la route, il crut qu'il allait passer de vie à trépas. Enfin, à la rue Geoffroy-L'Asnier, la voiture s'arrêta.

— Holà ! vous voilà chez vous, l'ami, dit le maraîcher.

— Merci ! mon brave homme, dit Perrot.

Il descendit tout trébuchant, et fut obligé de s'appuyer contre la première muraille qu'il rencontra.

— Le compagnon a bu un coup de trop, reprit le paysan. Hé ! dia ! la grise !

Il s'éloigna en chantant la chanson, alors toute nouvelle, de maître François Rabelais, le joyeux curé de Meudon :

O Dieu, père Paterne
Qui muas l'eau en vin,
Fais de mon cul lanterne
Pour luire à mon voisin...

Perrot mit une heure pour venir de la rue Saint-Antoine à la rue des Jardins. Heureusement les nuits de janvier sont longues ! Il ne rencontra encore personne et arriva vers les six heures.

Malgré le froid, monseigneur, l'inquiétude m'avait tenue toute la nuit debout à la fenêtre ouverte. Au premier appel de Perrot, je courus donc à la porte et lui ouvris.

— Silence ! sur ta vie ! me dit-il tout d'abord. Aide-moi à monter jusqu'à notre chambre ; mais surtout pas un cri, pas un mot.

Il marcha, soutenu par moi, qui le voyant blessé n'osais pourtant pas parler, suivant sa défense, mais pleurais à petit bruit. Quand nous fûmes arrivés et que j'eus défait ses habits et ses armes, le sang du malheureux couvrait mes mains, et ses plaies m'apparurent larges et béantes. Il prévint mon cri d'un geste impérieux, et prit sur le lit la position qui le faisait le moins souffrir.

— Du moins laisse que je fasse venir un chirurgien, lui dis-je en sanglotant.

— Inutile ! me dit-il. Tu sais que je m'y connais un peu en chirurgie. Une de mes blessures pour le moins, celle au-dessous du cou, est mortelle ; et je ne vivrais déjà plus, je crois, si quelque chose de plus fort que la douleur ne m'avait soutenu, et si Dieu qui punit les assassins et les traîtres n'avait prolongé ma fin de quelques heures pour servir à ses desseins futurs. Bientôt la fièvre me va prendre, et tout sera dit. Nul médecin au monde ne peut rien à cela.

Il parlait avec des efforts pénibles. Je le suppliai de se reposer un peu.

— C'est juste, me dit-il, et je dois ménager mes dernières forces. Donne-moi seulement de quoi écrire.

Je lui apportai ce qu'il demandait. Mais il ne s'était pas aperçu qu'un coup d'épée lui avait déchiré la main droite. Il n'écrivait d'ailleurs que difficilement ; il dut jeter là plume et papier.

— Allons ! je parlerai, dit-il, et Dieu me laissera vivre jusqu'à ce que j'aie achevé. Car enfin, s'il frappe, ce Dieu juste ! les trois ennemis de mon maître dans leur puissance ou dans leur vie, qui sont les biens périssables des méchans, il faut que monsieur de Montgommery puisse être sauvé, lui, par son fils.

— Alors, monseigneur, reprit Aloyse, Perrot me raconta toute la lugubre histoire que je viens de vous dérouler. Il y fit cependant de longues et fréquentes interruptions, et, quand il se sentait trop épuisé pour continuer, il m'ordonnait de le quitter et de descendre me montrer aux gens de la maison. Je parus, et sans peine, hélas ! très inquiète du comte et de mon mari. Je les envoyais tous prendre des informations au Louvre, puis chez tous les amis de monsieur le comte de Montgommery successivement, puis, chez ses simples connaissances. Madame de Poitiers répondit qu'elle ne l'avait pas vu et monsieur de Montmorency qu'il ne savait de quoi on venait l'ennuyer.

Ainsi, tout soupçon fut écarté de moi, ce que voulait Perrot, et ses meurtriers purent croire leur secret enseveli dans le cachot du maître et dans la fosse de l'écuyer.

Quand j'avais pour quelque temps écarté les serviteurs, et que je vous avais confié à l'un d'eux, monseigneur Gabriel, je remontais auprès de mon pauvre Perrot qui reprenait courageusement son récit.

Vers le milieu du jour, les horribles souffrances qu'il avait endurées jusque-là parurent s'apaiser un peu. Il parlait plus aisément et avec une sorte d'animation. Mais, comme je me réjouissais de ce mieux :

— Ce mieux, me dit-il en souriant tristement, c'est la fièvre que je t'avais annoncée. Mais, Dieu merci j'ai achevé de te dérouler l'affreuse trame. Maintenant tu sais ce que Dieu et les trois assassins savaient seuls, et ton âme fidèle, ferme et vaillante saura garder, j'en suis sûr, ce secret de mort et de sang jusqu'au jour où, je l'espère, il te sera permis de le révéler à qui de droit. Tu as entendu le serment qu'a exigé de moi monsieur de Montgommery, tu vas me répéter ce serment, Aloyse.

— Tant qu'il y aura danger pour Gabriel à savoir son père vivant, tant que les trois ennemis tout puissans qui ont tué mon maître seront laissés en ce monde par le courroux de Dieu, tu te tairas, Aloyse. Jure-le à ton mari qui va mourir.

— Je jurai en pleurant, et c'est ce serment sacré que je viens de trahir, monseigneur ; car vos trois ennemis, plus puissans et plus redoutables que jamais, vivent encore. Mais vous alliez mourir, et si vous voulez user de ma révélation avec prudence et sagesse, ce qui devait vous perdre peut sauver votre père et vous. Pourtant, répétez-moi, monseigneur, que je n'ai pas commis un crime irrémissible, et qu'à cause de l'intention, Dieu et mon cher Perrot pourront me pardonner mon parjure.

— Il n'y a pas de parjure en tout ceci, sainte femme, reprit Gabriel, et toute ta conduite n'est que dévouement et héroïsme. Mais achève ! achève !

— Perrot, continua Aloyse, ajouta encore :

— Quand je n'y serai plus, chère femme, tu feras prudemment de fermer cette maison, de congédier les serviteurs et de t'en aller à Montgommery avec Gabriel et notre enfant. Et même, à Montgommery, n'habite pas le château, retire-toi dans notre petite maison, et élève l'héritier des nobles comtes, sinon tout à fait secrètement, du moins sans faste et sans bruit, de façon à ce que ses amis le connaissent et à ce que ses ennemis l'oublient. Toutes nos bonnes gens de là-bas, et l'intendant et le chapelain, t'aideront dans le grand devoir que le seigneur t'impose. Il vaudra peut-être mieux que Gabriel lui-même, jusqu'à dix-huit ans, ignore le nom qu'il porte, et sache seulement qu'il est gentilhomme. Tu verras. Notre digne chapelain et le seigneur de Vimoutiers, tuteur-né de l'enfant, te donneront leurs conseils. Mais à ces amis sûrs eux-mêmes cache le récit que je viens de te faire. Borne-toi à dire que tu crains pour Gabriel les ennemis puissans de son père.

Perrot ajouta encore toutes sortes d'avertissemens qu'il me répétait en mille façons jusqu'à ce que les souffrances le reprirent, mêlées d'abattemens non moins douloureux. Et cependant, il profitait encore du moindre moment de calme pour m'encourager et me consoler.

Il me dit aussi et me fit promettre une chose qui n'exigea pas de moi le moins d'énergie, je l'avoue, et ne me causa pas le moins d'angoisses.

— Pour monsieur de Montmorency, me dit-il, je suis enseveli au cimetière des Innocens. Il faut donc que je sois disparu avec le comte. Si une trace de mon retour ici se retrouvait, tu serais perdue, Aloyse, et Gabriel avec toi, peut-être ! Mais tu as le bras robuste et le cœur vaillant. Quand tu m'auras fermé les yeux, rassemble toutes les forces de ton âme et de ton corps, attends le milieu de la nuit, et, dès que tout le monde ici, après les fatigues de cette journée, sera endormi, descends mon corps dans l'ancien caveau funéraire des seigneurs de Brissac auxquels cet hôtel a autrefois appartenu. Personne ne pénètre plus dans cette tombe abandonnée et tu en trouveras la clef rouillée dans le grand bahut de la chambre du comte. J'aurai ainsi une sépulture consacrée, et, bien qu'un simple écuyer soit indigne de reposer parmi tant de grands seigneurs, après la mort, n'est-ce pas ? il n'y a que des chrétiens.

Comme une défaillance ait prendre mon pauvre Perrot, et qu'il insistait pour avoir ma parole, je lui promis tout ce qu'il voulut. Vers le soir, le délire s'empara de lui ; puis, d'épouvantables douleurs se succédèrent. Je me frappais la poitrine de désespoir de ne pouvoir le soulager, mais il me faisait signe que tout serait inutile.

Enfin, brûlé par la fièvre et dévoré d'atroces souffrances, il me dit :

— Aloyse, donne-moi à boire ; une goutte d'eau seulement.

— Je lui avais déjà offert, dans mon ignorance, d'étancher cette soif ardente dont il disait souffrir, mais il m'avait toujours refusé. Je m'empressai donc d'aller chercher un verre que je lui tendis.

Avant de le prendre :

— Aloyse, me dit-il, un dernier baiser et un dernier adieu !... et souviens-toi ! souviens-toi !

Je couvris son visage de baisers, et de larmes. Il me demanda ensuite le crucifix et posa ses lèvres mourantes sur les clous de la croix de Jésus, en disant seulement : Ô mon Dieu ! ô mon Dieu ! Puis, me serrant la main d'une faible et dernière étreinte, il prit le verre que je lui offris. Il n'en but qu'une gorgée, fit un soubresaut violent, et retomba sur l'oreiller.

Il était mort.

Je passai le reste de la soirée dans les prières et dans les larmes. Cependant j'allai, comme d'habitude, présider à votre coucher, monseigneur. Personne, bien entendu, ne s'étonna de ma douleur. La consternation était dans la maison, et tous les fidèles serviteurs pleuraient le comte et leur bon camarade Perrot.

Pourtant, vers deux heures de la nuit, nul bruit ne se fit plus entendre, et moi seule veillais. Je lavai le sang dont le corps de mon mari était couvert, je l'enveloppai d'un drap, et, me recommandant à Dieu, je me mis à descendre le cher fardeau, plus lourd encore à mon cœur qu'à mon bras. Quand mes forces défaillaient, je m'agenouillais auprès du cadavre et je priais.

Enfin, au bout d'une demi-heure éternelle, j'arrivai à la porte du caveau. Quand je l'ouvris, non sans peine, un vent glacé éteignit la lampe que je portais et faillit me suffoquer. Néanmoins, je revins à moi, je rallumai ma lampe, et je déposai le corps de mon mari dans une tombe restée ouverte et vide, et qui semblait attendre ; puis, après avoir baisé une dernière fois son linceul, je fis retomber le lourd couvercle de marbre, qui séparait de moi à jamais le cher compagnon de ma vie. Le bruit de la pierre sur la pierre me causa une telle épouvante, que, me donnant à peine le temps de refermer la porte du caveau, je pris la fuite et ne m'arrêtai que dans ma chambre où je tombai à demi morte sur une chaise. Cependant, avant le jour, il me fallut encore brûler les draps et les linges sanglans qui auraient pu me trahir. Mais, quand le matin parut, ma dure besogne était achevée, et il ne restait pas une seule trace des événemens de la veille et de la nuit. J'avais tout fait disparaître avec le soin d'une criminelle qui ne veut pas laisser de voix et de souvenir à son crime.

Seulement tant d'efforts m'avaient épuisée, et je tombai malade. Mais mon devoir était de vivre pour les deux orphelins que la Providence avait confiés à ma seule protection, et je vécus, monseigneur.

— Pauvre femme ! pauvre martyre ! dit Gabriel en serrant la main d'Aloyse dans les siennes.

— Un mois après, poursuivit la nourrice, je vous emportais à Montgommery, suivant les dernières instructions de mon mari.

Du reste, ce que monsieur de Montmorency avait prévu était arrivé. Il ne fut bruit à la cour pendant une semaine que de l'inexplicable disparition du comte de Montgommery et de son écuyer ; puis, on en parla moins ; puis, la prochaine arrivée de l'empereur Charles-Quint, qui devait traverser la France pour aller punir les Gantois, fut l'unique sujet de toutes les conversations.

C'est au mois de mai de la même année, cinq mois après la mort de votre père, monseigneur, que Diane de Castro naquit.

— Oui ! reprit Gabriel pensif ; et madame de Poitiers était-elle à mon père ? a-t-elle aimé le dauphin après lui, en même temps que lui ?... questions sombres, que les bruits médisans d'une cour oisive ne suffisent pas à résoudre... Mais mon père vit ! mon père doit vivre ! et je le retrouverai, Aloyse. Il y a maintenant en moi deux hommes, un fils et un amant qui sauront les retrouver.

— Dieu le veuille ! dit Aloyse.

— Et tu n'as rien appris depuis, nourrice, dit Gabriel, sur la prison où ces misérables avaient pu enfouir mon père ?

— Rien, monseigneur, et le seul indice que nous ayons là-dessus est cette parole de monsieur de Montmorency recueillie par Perrot que le gouverneur du Châtelet était un ami dévoué à lui et dont il pouvait répondre.

— Le Châtelet ! s'écria Gabriel, le Châtelet !

Et le rapide éclair d'un souvenir horrible lui montra tout à coup le morne et désolé vieillard qui ne devait jamais prononcer une parole, et qu'il avait vu, avec un remuement de cœur si étrange, dans l'un des plus profonds cachots de la prison royale.

Gabriel se jeta dans les bras d'Aloyse en fondant en larmes.

XXV.

LA RANÇON HÉROÏQUE.

Mais le lendemain, 12 août, ce fut d'un pas ferme et avec un visage calme que Gabriel de Montgommery s'acheminait vers le Louvre pour demander audience au roi.

Il avait longuement débattu avec Aloyse et avec lui-même ce qu'il devait faire et dire. Convaincu que la violence ne servirait avec un adversaire couronné qu'à lui attirer le sort de son père, Gabriel avait résolu d'être net et digne, mais modéré et respectueux. Il demanderait, il n'exigerait pas. Ne serait-il pas toujours temps de parler haut, et ne fallait-il pas d'abord voir si dix-huit ans écoulés n'avaient pas émoussé la haine de Henri II?

Gabriel, en prenant une détermination pareille, montrait autant de sagesse et de prudence qu'on pouvait admettre le parti hardi auquel il s'était arrêté.

Les circonstances allaient d'ailleurs lui prêter une aide inattendue.

En arrivant dans la cour du Louvre, suivi de Martin-Guerre, du véritable Martin-Guerre pour cette fois, Gabriel remarqua bien une agitation inusitée, mais il regardait trop fixement sa pensée pour considérer avec attention les groupes affairés et les visages attristés qui bordaient tout son chemin.

Pourtant, il dut bien reconnaître sur son passage une litière aux armes des Guises, et saluer le cardinal de Lorraine, qui descendait, tout animé, de sa litière.

— Eh! c'est vous, monsieur le vicomte d'Exmès, dit Charles de Lorraine, vous voilà donc remis tout à fait? Tant mieux! tant mieux! monsieur mon frère me demandait encore de vos nouvelles avec beaucoup d'intérêt dans sa dernière lettre.

— Monseigneur, tant de bonté !... répondit Gabriel.

— Vous la méritez par tant de bravoure! dit le cardinal. Mais où allez-vous donc si vitement?

— Chez le roi, monseigneur.

— Hum! le roi a bien d'autres affaires que de vous recevoir, mon jeune ami. Tenez, je vais aussi chez Sa Majesté, qui vient de me mander tout à l'heure. Montons ensemble, je vous introduirai, vous m'avez prêté votre jeune bras. Aide pour aide. C'est cela même justement que je vais dire à l'instant à Sa Majesté ; car vous savez la triste nouvelle, je suppose?

— Non, vraiment! répondit Gabriel, j'arrive de chez moi, et j'ai seulement remarqué en effet une certaine agitation.

— Je crois bien! dit le cardinal. Monsieur de Montmorency a fait des siennes là-bas à l'armée. Il a voulu voler au secours de Saint-Quentin assiégé, le vaillant connétable! Ne montez pas si vite, monsieur d'Exmès, je vous prie, je n'ai plus vos jambes de vingt ans. Je disais donc qu'il a offert aux ennemis la bataille, l'intrépide général! C'était avant-hier, 10 août, jour de la Saint-Laurent. Il avait les troupes égales à peu près en nombre à celles des Espagnols, une cavalerie admirable et l'élite de la noblesse française. Eh bien! il a si habilement arrangé les choses, l'expérimenté capitaine! qu'il a essuyé dans les plaines de Gibercourt et de Lizerolles une épouvantable défaite, qu'il est pris lui-même et blessé, et, avec lui, tous ceux des chefs et généraux qui ne sont pas restés sur le champ de bataille. Monsieur d'Enghien est de ces derniers, et, de toute l'infanterie, il n'est pas revenu cent hommes. Et voilà pourquoi, monsieur d'Exmès, vous voyez tout le monde si préoccupé, et pourquoi Sa Majesté me fait mander sans doute.

— Grand Dieu! s'écria Gabriel, frappé, même au milieu de sa douleur personnelle, de ce grand désastre public, grand Dieu! est-ce que les journées de Poitiers et d'Azincourt peuvent vraiment revenir pour la France! Mais Saint-Quentin, monseigneur?...

— Saint-Quentin, répondit le cardinal, tenait encore au départ du courrier ; et le neveu du connétable, monsieur l'amiral Gaspard de Coligny, qui défend la ville, avait juré d'atténuer la bévue de son oncle, en se laissant ensevelir sous les débris de la place plutôt que de la rendre. Mais j'ai bien peur qu'à l'heure qu'il est il ne soit enseveli déjà, et le dernier rempart qui arrête l'ennemi emporté.

— Mais alors le royaume serait perdu ! dit Gabriel.

— Que Dieu protège la France! reprit le cardinal, mais nous voici chez le roi, nous allons voir ce qu'il va faire pour se protéger lui-même.

Les gardes, comme de raison, laissèrent passer en s'inclinant le cardinal, l'homme nécessaire de la situation, et celui dont le frère pouvait seul encore sauver le pays. Charles de Lorraine, suivi de Gabriel, entra sans opposition chez le roi, qu'il trouva seul avec madame de Poitiers, et plongé dans la consternation. Henri, en voyant le cardinal, se leva et vint avec empressement à sa rencontre.

— Que Votre Éminence soit la bien arrivée! dit-il. Eh bien! monsieur de Lorraine, quelle affreuse catastrophe! Qui l'eût dit, je vous le demande?

— Moi, sire, répondit le cardinal, si Votre Majesté me l'eût demandé il y a un mois, lors du départ de monsieur de Montmorency.

— Pas de récrimination vaine! mon cousin, dit le roi ; il ne s'agit pas du passé, mais de l'avenir si menaçant, du présent si périlleux. Monsieur le duc de Guise est en route pour venir d'Italie, n'est-ce pas ?

— Oui, sire, et il doit être à Lyon maintenant.

— Dieu soit loué! s'écria le roi. Eh bien! Monsieur de Lorraine, je remets aux mains de votre illustre frère le salut de l'État. Ayez, vous et lui, pour ce glorieux but plein pouvoir et autorité souveraine. Soyez rois comme moi et plus que moi. Je viens d'écrire moi-même à monsieur le duc de Guise, pour hâter son retour ici. Voici la lettre. Que Votre Éminence veuille bien en écrire une aussi et peigne à son frère l'horrible situation où nous sommes et la nécessité de ne pas perdre une minute, si l'on veut encore préserver la France. Dites bien à monsieur de Guise que je m'abandonne à lui entièrement. Écrivez, monsieur le Cardinal, écrivez vite, je vous prie. Vous n'avez pas besoin de sortir d'ici. Tenez, là, dans ce cabinet, vous trouverez tout ce qu'il vous faut, vous savez. Le courrier, botté et éperonné, attend en bas, déjà en selle. Allez, de grâce! monsieur le Cardinal. Allez ! une demi-heure de plus ou de moins peut tout sauver ou tout perdre.

— J'obéis à Votre Majesté, répondit le cardinal en se dirigeant vers le cabinet, et mon glorieux frère obéira comme moi, car sa vie appartient au roi et au royaume ; cependant, qu'il réussisse ou qu'il échoue, Sa Majesté voudra bien se rappeler plus tard qu'elle lui a confié le pouvoir dans une situation désespérée.

— Dites dangereuse, reprit le roi, mais ne dites pas désespérée. Enfin, ma bonne ville de Saint-Quentin et son brave défenseur monsieur de Coligny tiennent encore?

— Où du moins tenaient il y a deux jours, dit Charles de Lorraine. Mais les fortifications étaient dans un pitoyable état, mais les habitants affamés parlaient de se rendre ; et, Saint-Quentin au pouvoir de l'Espagnol aujourd'hui, Paris est à lui dans huit jours. N'importe, Sire ! je vais écrire à mon frère, et, vous savez dès à présent que ce qui est seulement possible à un homme, monsieur de Guise le fera.

Et le cardinal, saluant le roi et madame Diane, entra dans le cabinet pour écrire la lettre que lui demandait Henri.

Gabriel était resté à l'écart tout pensif sans être aperçu. Son cœur jeune et généreux était profondément touché de cette extrémité terrible où la France était réduite. Il oubliait que c'était monsieur de Montmorency, son plus cruel ennemi, qui était vaincu, blessé et prisonnier. Il ne voyait plus pour le moment en lui que le général des troupes françaises. Enfin, il songeait presqu'autant aux dangers de la patrie qu'aux douleurs de son père. Le noble enfant avait de l'amour pour tous les sentimens et de la pitié pour toutes les infortunes, et quand le roi, après la sortie du cardinal, retomba désolé sur son fauteuil, le front dans les mains, en s'écriant:

— O Saint-Quentin ! c'est là qu'est maintenant la fortune de la France. Saint-Quentin ! ma bonne ville ! si tu pouvais résister seulement huit jours encore, monsieur de Guise aurait le temps de revenir, la défense pourrait s'organiser derrière tes murailles fidèles ! tandis que, si elles tombent, l'ennemi marche sur Paris, et tout est perdu. Saint-Quentin ! oh ! je te donnerais pour chacune de tes heures de résistance un privilége et pour chacune de tes pierres écroulées un diamant, si tu pouvais résister seulement huit jours encore !

— Sire ! elle résistera, et plus de huit jours ! dit en s'avançant Gabriel.

Il avait pris son parti, un parti sublime !

— Monsieur d'Exmès ! s'écrièrent en même temps Henri et Diane ; le roi avec surprise et Diane avec dédain.

— Comment êtes-vous ici, monsieur ? demanda sévèrement le roi.

— Sire, je suis entré avec Son Éminence.

— C'est différent, reprit Henri, mais que disiez-vous donc, monsieur d'Exmès ! que Saint-Quentin pourrait résister, je crois ?

— Oui, Sire, et vous disiez, vous, que, si elle résistait, vous lui donneriez libertés et richesses.

— Je le dis encore, reprit le roi.

— Eh bien ! ce que vous accorderiez, Sire, à la ville qui se défendrait, le refuseriez-vous à l'homme qui la ferait se défendre ; à l'homme dont l'énergique volonté s'imposerait à la cité tout entière, et qui ne la rendrait que lorsque le dernier pan de mur tomberait sous le canon ennemi. La faveur que vous demanderait alors cet homme, qui vous aurait donné ces huit jours de répit, et votre royaume par conséquent, Sire, la lui feriez-vous attendre ? et marchanderiez-vous une grâce à qui vous aurait rendu un empire ?

— Non, certes ! s'écria Henri, et tout ce que peut un roi, cet homme l'aurait.

— Marché conclu ! Sire, car non-seulement un roi peut, mais un roi doit pardonner, et c'est un pardon et non point des titres ou de l'or que cet homme vous demande.

— Mais où est-il ? quel est-il ce sauveur ? dit le roi ?

— Il est devant vous, Sire. C'est moi, votre simple capitaine des gardes, qui ai sans doute mon âme et dans mon bras une force surhumaine, qui vous prouverait que je ne me vante pas en m'engageant à sauver à la fois mon pays et mon père.

— Votre père ! monsieur d'Exmès ? reprit le roi étonné.

— Je ne m'appelle pas monsieur d'Exmès, dit Gabriel. Je suis, Sire, reprit tranquillement Gabriel, je suis le vicomte de Montgommery, qui du comte Jacques de Montgommery, que vous devez vous rappeler, Sire.

— Le fils du comte de Montgommery ! s'écria en se levant le roi, qui pâlit.

Madame Diane recula aussi son fauteuil avec un mouvement de terreur.

— Oui, Sire, reprit tranquillement Gabriel, je suis le vicomte de Montgommery, qui, en échange du service qu'il vous rendra en maintenant huit jours Saint-Quentin, vous demande seulement la liberté de son père.

— Votre père, monsieur ! dit le roi, votre père est mort, a disparu, que sais-je ? J'ignore, moi, où est votre père.

— Mais, moi, Sire, je le sais, reprit Gabriel qui surmonta une appréhension terrible. Mon père est au Châtelet depuis dix-huit ans, attendant la mort divine ou la pitié royale. Mon père est vivant, j'en suis sûr. Pour son crime, je l'ignore...

— L'ignorez-vous ? demanda le roi sombre et fronçant le sourcil.

— Je l'ignore, Sire ; et la faute doit être grave pour avoir mérité une captivité si longue ; mais elle n'est pas irrémissible, puisqu'elle n'a pas mérité la mort. Sire, écoutez-moi. En dix-huit ans, la justice a eu le temps de s'endormir et la clémence de se réveiller. Les passions humaines, qu'elles nous fassent méchans ou bons, ne résistent pas à une si longue durée. Mon père, qui est entré homme en prison, en sortirait vieillard. Si coupable qu'il soit, n'a-t-il pas assez expié ; et si, par hasard, la punition avait été trop sévère, n'est-il pas trop faible pour se souvenir ? Rendez à la vie, Sire, un pauvre prisonnier désormais sans importance. Rappelez-vous, roi chrétien, les paroles du symbole chrétien, et pardonnez les offenses d'autrui pour que les vôtres vous soient pardonnées.

Ces derniers mots furent prononcés d'un ton significatif, qui fit que le roi et madame de Valentinois se regardèrent comme pour s'interroger l'un autre avec épouvante.

Mais Gabriel ne voulait toucher que délicatement le point douloureux de leurs consciences, et il se hâta de reprendre :

— Remarquez, Sire, que je vous parle en sujet obéissant et dévoué. Je ne viens pas vous dire : Mon père n'a pas été jugé, mon père a été condamné secrètement sans avoir été entendu, et cette injustice ressemble bien à de la vengeance... donc, moi, son fils, je vais en appeler hautement devant la noblesse de France de l'arrêt clandestin qui l'a frappé ; je vais dénoncer publiquement à tout ce qui porte une épée l'injure qu'on nous a faite à tous dans la personne d'un gentilhomme...

Henri fit un mouvement.

— Je ne viens pas vous dire cela, Sire, continua Gabriel. Je sais qu'il est des nécessités suprêmes plus fortes que la loi et le droit, et où l'arbitraire est encore le moindre danger. Je respecte, comme mon père les respecterait sans doute, les secrets d'un passé déjà loin de nous. Je viens vous demander seulement de me permettre de racheter par une action glorieuse et libératrice le reste de la peine de mon père. Je vous offre pour sa rançon de soustraire pendant une semaine Saint-Quentin aux ennemis, et, si cela ne suffit pas, tenez ! de compenser la perte de Saint-Quentin en reprenant aux Espagnols ou bien aux Anglais une autre ville ! Cela vaut bien, en somme, la liberté d'un vieillard. Eh bien ! je ferai cela, Sire, et plus encore ! car la cause qui arme mon bras est pure et sainte, ma volonté est forte et hardie, et je sens que Dieu sera avec moi.

Madame Diane ne put retenir un sourire d'incrédulité devant cette héroïque confiance de jeune homme qu'elle ne savait pas et ne pouvait pas comprendre.

— Je comprends votre sourire, madame, reprit Gabriel avec un regard mélancolique ; vous croyez que je succomberai à cette grande tâche, n'est-il pas vrai ? Mon Dieu ! c'est possible. Il est possible que mes pressentimens me mentent. Mais quoi ! alors je mourrai. Oui, madame, oui, Sire, si les ennemis entrent à Saint-Quentin avant la fin du huitième jour, je me ferai tuer sur la brèche de la ville que je n'aurai pas su défendre. Dieu, mon père et vous, ne pouvez m'en demander davantage. Ma destinée aura été ainsi accomplie dans le sens qu'aura voulu le Seigneur : mon père mourra dans son cachot comme je serai mort sur le champ de bataille, et vous, vous serez débarrassé naturellement de la dette en même temps que du créancier. Vous pouvez donc être tranquille.

— C'est assez juste au moins ce qu'il dit là !... murmura Diane à l'oreille du roi tout pensif.

Cependant, elle reprit en s'adressant à Gabriel, tandis que Henri gardait ce silence rêveur.

— Même dans le cas où vous succomberiez, monsieur, laissant votre œuvre inaccomplie, n'est-il pas difficile de supposer qu'il ne vous survivra aucun héritier de votre créance, aucun confident de votre secret ?

— Je vous jure sur le salut de mon père, dit Gabriel, que, moi mort, tout mourra avec moi, et que nul n'aura le droit ni le pouvoir d'importuner Sa Majesté là-dessus. Je me soumets d'avance, je le répète, aux desseins de Dieu, comme vous devrez, sire, reconnaître son intervention s'il me prête la force nécessaire pour accomplir mon grand projet. Mais dès à présent, si je péris, je vous dégage de toute obligation comme de toute responsabilité, sire ;

du moins envers les hommes ; car les droits du Très-Haut ne se prescrivent pas.

Henri frissonna ; mais cette âme naturellement irrésolue ne savait quelle décision prendre, et le faible prince se tournait vers madame de Poitiers comme pour lui demander aide et conseil.

Celle-ci, qui comprenait bien ces incertitudes, auxquelles elle était habituée, reprit avec un singulier sourire :

— Est-ce que ce n'est pas votre avis, sire, que nous devons croire à la parole de monsieur d'Exmès, qui est un gentilhomme loyal et tout à fait chevaleresque, ce me semble? Je ne sais pas si sa demande est ou non fondée, et le silence de Votre Majesté à cet égard ne permet ni à moi ni à personne d'affirmer rien, et laisse tous les doutes subsister là-dessus. Mais, à mon humble avis, sire, on ne peut rejeter une offre aussi généreuse ; et, si j'étais que de vous, j'engagerais volontiers à monsieur d'Exmès ma parole royale de lui accorder, s'il réalisait ses héroïques et aventureuses promesses, la grâce, quelle qu'elle fût, qu'il me demanderait à son retour.

— Ah! madame, c'est tout ce que je souhaite, demanda Gabriel.

— Un dernier mot pourtant, reprit Diane. Comment, ajouta-t-elle, en fixant sur le jeune homme son regard pénétrant, comment et pourquoi vous êtes-vous décidé à parler d'un mystère, qui me paraît d'importance, devant moi, devant une femme, assez indiscrète peut-être, et fort étrangère à tout ce secret, je suppose ?

— J'avais deux raisons, madame, répondit Gabriel avec un sang-froid parfait. Je pensais d'abord qu'aucun secret ne pouvait et ne devait subsister pour vous dans le cœur de Sa Majesté. Je vous apprenais donc que ce que vous auriez su plus tard, ou ce que vous saviez déjà. Ensuite, j'espérais, ce qui est arrivé, que vous daigneriez m'appuyer auprès du roi, que vous l'exciteriez à m'envoyer à cette épreuve, et que vous, femme, vous seriez encore, comme vous avez dû l'être toujours, du parti de la clémence.

Il eût été impossible à l'observateur le plus attentif de démêler dans l'accent de Gabriel la moindre intention d'ironie, et sur ses traits impassibles le plus imperceptible sourire de dédain : le regard perçant de madame Diane y perdit sa peine.

Elle répondit à ce qui pouvait être, après tout, un compliment, par une légère inclinaison de tête.

— Permettez-moi encore une question, monsieur, reprit-elle, cependant. Une circonstance qui pique ma curiosité, voilà tout. Comment donc, vous, si jeune, pouvez-vous être en possession d'un secret de dix-huit années ?

— Je vous répondrai d'autant plus volontiers, madame, dit Gabriel grave et sombre, que ma réponse doit servir à vous convaincre de l'intervention de Dieu dans tout ceci. Un écuyer de mon père, Perrot d'Avrigny, tué dans les événemens qui ont amené la disparition du comte, est sorti de sa tombe, par la permission du Seigneur, et m'a révélé ce que je viens de vous dire.

A cette réponse faite d'un ton solennel, le roi se dressa debout, pâle et la poitrine haletante, et madame de Poitiers elle-même, malgré ses nerfs d'acier, ne put s'empêcher de frémir. Dans cet époque superstitieuse, où l'on croyait volontiers aux apparitions et aux spectres, la parole de Gabriel, dite avec la conviction de la vérité même, devait être effrayante, en effet, pour deux consciences bourrelées.

— Cela suffit, monsieur, dit précipitamment le roi d'une voix émue, et tout ce que vous me demandez, je vous l'accorde. Allez! allez !

— Ainsi, reprit Gabriel, je puis partir sur-le-champ pour Saint-Quentin, confiant dans la parole de Votre Majesté ?

— Oui, partez, monsieur, dit le roi qui, malgré les regards d'avertissement de Diane, avait grand'peine à se remettre de son trouble ; partez tout de suite ; faites ce que vous avez promis, et je vous donne ma parole de roi et de gentilhomme que je ferai ce que vous voudrez.

Gabriel, la joie au cœur, s'inclina devant le roi et devant la duchesse, puis sortit sans prononcer d'autre parole, comme si, ayant obtenu ce qu'il désirait, il n'avait plus maintenant une seule minute à perdre.

— Enfin ! il n'est plus là ! dit Henri, respirant, comme soulagé d'un poids énorme.

— Sire, reprit madame de Poitiers, calmez-vous et maîtrisez-vous. Vous avez failli vous trahir devant cet homme.

— C'est que ce n'est pas un homme, madame, dit le roi rêveur, c'est mon remords qui vit, c'est ma conscience qui parle.

— Eh bien ! sire, reprit Diane qui se remettait, vous avez très bien fait d'accorder à ce Gabriel sa requête, et de l'envoyer là où il va ; car, je me trompe fort, ou votre remords va mourir devant Saint-Quentin, et vous serez débarrassé de votre conscience.

Le cardinal de Lorraine rentra en ce moment avec la lettre qu'il venait d'écrire à son frère, et le roi n'eut pas le temps de répondre.

Cependant Gabriel, en sortant de chez le roi, le cœur léger, n'avait plus qu'une pensée dans le monde et qu'un désir : revoir, plein d'espérance, celle qu'il avait quittée plein d'épouvante ; dire à Diane de Castro tout ce qu'il attendait maintenant de l'avenir, et puiser dans ses regards le courage dont il allait avoir tant besoin.

Il savait qu'elle était entrée au couvent, mais dans quel couvent? Ses femmes ne l'y avaient peut-être pas suivie, et il se dirigea vers le logement qu'elle occupait autrefois au Louvre, afin d'interroger Jacinthe.

Jacinthe avait accompagné sa maîtresse ; mais Denise, la seconde suivante, était restée, et ce fut elle qui reçut Gabriel.

— Ah! monsieur d'Exmès! s'écria-t-elle. Soyez le bienvenu ! est-ce que vous m'apportez des nouvelles de ma bonne maîtresse, par hasard ?

— Je venais, au contraire, en chercher auprès de vous, Denise, dit Gabriel.

— Ah! Sainte-Vierge ! je ne sais rien de rien, et vous m'en voyez tout justement alarmée.

— Et pourquoi cette inquiétude, Denise ? demanda Gabriel qui commençait à être assez inquiet lui-même.

— Quoi donc ! reprit la suivante ; vous n'ignorez pas, sans doute, où madame de Castro se trouve maintenant ?

— Si fait ! je l'ignore entièrement, Denise, et c'est ce que j'espérais apprendre de vous.

— Jésus ! Eh bien ! monseigneur, ne s'est-elle pas avisée, il y a un mois, de demander au roi la permisssion de se retirer au couvent.

— Je sais cela ; après ?

— Après ! C'est là justement qu'est le terrible. Car, savez-vous quel couvent elle a choisi ? celui des Bénédictines ! dont son ancienne amie, sœur Monique, est la supérieure, à Saint-Quentin, monseigneur ; à Saint-Quentin, actuellement assiégée et peut-être prise par ces païens d'Espagnols et d'Anglais. Elle n'était pas arrivée de quinze jours, monseigneur, qu'on a mis le siège devant la place.

— Oh ! s'écria Gabriel, le doigt de Dieu est dans tout ceci. Il anime toujours en moi le fils par l'amant et double ainsi mon courage et mes forces. Merci, Denise. Voici pour tes bons renseignemens, ajouta-t-il, en lui mettant une bourse dans les mains. Prie le ciel pour ta maîtresse et pour moi.

Il redescendit en toute hâte dans la cour du Louvre, où Martin-Guerre l'attendait.

— Où allons-nous maintenant, monseigneur? lui demanda l'écuyer.

— Là où le canon retentit, Martin, à Saint-Quentin ! à Saint-Quentin ! il faut que nous y soyons après-demain, et nous partons dans une heure, mon brave.

— Ah ! tant mieux ! s'écria Martin. O grand Saint-Martin, mon patron, ajouta-t-il, je me résigne encore à être buveur, joueur et paillard. Mais je me jetterais, je vous en préviens, à travers les bataillons ennemis, si jamais j'étais lâche.

XXVI.

JEAN PEUQUOY LE TISSERAND.

Il y avait dans la maison de ville de Saint-Quentin conseil et assemblée des chefs militaires et des notables bourgeois. On était au 15 août déjà, et la ville ne s'était pas rendue encore, mais elle parlait fort de se rendre. La souffrance et le dénûment des habitans étaient au comble, et puisqu'il n'y avait aucun espoir de sauver leur vieille cité, puisque l'ennemi, un jour plus tôt, un jour plus tard, devait s'en emparer, ne valait-il pas mieux abréger du moins tant de misères.

Gaspard de Coligny, le vaillant amiral, que le connétable de Montmorency, son oncle, avait chargé de la défense de la place, n'eût voulu y laisser entrer l'Espagnol qu'à la dernière extrémité. Il savait que chaque jour de retard, si douloureux aux pauvres assiégés, pouvait être le salut du royaume. Mais que pouvait-il contre le découragement et les murmures d'une population tout entière? La guerre du dehors ne permettait pas les chances de la lutte du dedans, et, si les habitans de Saint-Quentin se refusaient un jour aux travaux qu'on leur demandait aussi bien qu'aux soldats, toute résistance devenait inutile, il n'y avait plus qu'à livrer à Philippe II, et à son général Philibert-Emmanuel de Savoie, les clefs de la ville et la clef de la France.

Pourtant, avant d'en venir là, Coligny avait voulu tenter un dernier effort, et voilà pourquoi il avait convoqué cette assemblée des principaux de la ville, pour achever de nous renseigner sur l'état désespéré des remparts, et surtout sur l'état des courages; ces remparts meilleurs.

Au discours par lequel l'amiral ouvrit la séance en faisant appel au patriotisme de ceux qui l'entouraient, il ne fut répondu que par un morne silence. Alors Gaspard de Coligny interpella directement le capitaine Oger, un des braves gentilshommes qui l'avaient suivi. Il espérait, en commençant par les officiers, entraîner les bourgeois à la résistance. Mais l'avis du capitaine Oger ne fut pas, par malheur, celui que l'amiral attendait.

— Puisque vous me faites l'honneur de me demander mon opinion, monsieur l'amiral, dit le capitaine, je vous la dirai avec tristesse, mais avec franchise : Saint-Quentin ne peut pas résister plus longtemps. Si nous existions seulement huit jours encore, seulement quatre jours, seulement deux jours même, je dirais : Ces jours peuvent permettre à l'armée de s'organiser derrière nous, ces deux jours peuvent sauver la patrie, laissons tomber la dernière muraille et le dernier homme, et ne nous rendons pas. Mais je suis convaincu que le premier assaut, qui aura lieu dans une heure peut-être, nous livrera à l'ennemi. N'est-il donc pas préférable, puisqu'il en est temps encore, de sauver par une capitulation ce qui peut être sauvé de la ville, et, si nous ne pouvons éviter la défaite, d'éviter au moins le pillage?

— Oui, oui, c'est cela, bien dit; c'est le seul parti raisonnable, murmura l'assistance.

— Non, messieurs, non! s'écria l'amiral, et ce n'est pas de raison qu'il s'agit ici, c'est de cœur. Qu'un seul assaut d'ailleurs doive maintenant introduire l'Espagnol dans la place quand nous en avons déjà repoussé cinq, c'est ce que je ne puis croire. Voyons, Lauxford, vous qui avez la direction des travaux et des contremines, n'est-ce pas que les fortifications sont en assez bon état pour tenir longtemps encore? Parlez sincèrement, ne faites les choses ni meilleures ni pires qu'elles ne sont. Nous sommes réunis pour connaître la vérité, c'est la vérité que je vous demande.

— Je vais donc vous la dire, reprit l'ingénieur Lauxford, ou plutôt les faits vous la diront mieux que moi, et sans flatterie. Il suffira pour cela que vous examiniez avec moi par la pensée les points vulnérables de nos remparts. Monsieur l'amiral, quatre portes y sont ouvertes, à l'heure qu'il est, à l'ennemi, et je m'étonne, s'il faut l'avouer, qu'il n'en ait pas profité déjà. D'abord, au boulevard Saint-Martin, la brèche est si large que vingt hommes de front y pourraient passer. Nous avons perdu là plus de deux cents hommes, murs vivans, qui ne pourront pas pourtant suppléer aux murs de pierre. A la porte Saint-Jean, la grosse tour seule reste debout, et la meilleure partie de la courtine est abattue. Il y a bien là une contremine toute formée et apprêtée; mais je crains, si l'on en fait usage, qu'elle ne fasse crouler cette grosse tour qui seule tient encore les assaillans en échec, et dont les ruines leur serviraient d'échelles. Au hameau de Remicourt, les tranchées des Espagnols ont percé le revers du fossé, et ils s'y sont établis à l'abri d'un mantelet sous lequel ils attaquent sans relâche les murailles. Enfin, du côté du faubourg d'Isle, vous savez, monsieur l'amiral, que les ennemis sont maîtres non seulement des fossés, mais encore du boulevard et de l'abbaye, et ils s'y sont logés si bien qu'il n'est plus guère possible de leur faire du mal sur ce point-là, tandis qu'eux, pas à pas, gagnent le parapet qui n'a que cinq à six pieds d'épaisseur, et dont leurs batteries prennent en flanc les travailleurs du boulevard de la Reine, et leur causent un dommage tel qu'on a dû renoncer à les retenir à l'ouvrage. Le reste des remparts se soutiendrait, peut-être; mais ce sont là quatre blessures mortelles et par où la vie de la cité doit s'échapper bientôt, monsieur. Vous m'avez demandé la vérité, je vous la donne dans toute sa tristesse, laissant à votre sagesse et à votre prévoyance le soin de s'en servir.

Là-dessus, les murmures de la foule recommencèrent, et, si personne n'osait prendre tout haut la parole, chacun disait tout bas :

— Le mieux est de se rendre et de ne pas courir les chances désastreuses d'un assaut.

Mais l'amiral reprit sans se décourager :

— Voyons, messieurs, un mot encore. Comme vous l'avez dit, monsieur Lauxford, si nos murs nous font défaut, nous avons, pour y suppléer, de vaillans soldats, vivans remparts. Avec eux, avec le concours zélé des citoyens, n'est-il pas possible de retarder de quelques jours la prise de la ville? (Et ce qui serait encore honteux aujourd'hui deviendrait glorieux alors!) Oui, les fortifications sont trop faibles, j'en conviens, mais enfin nos troupes sont assez nombreuses, n'est-il pas vrai, monsieur de Rambouillet?

— Monsieur l'amiral, dit le capitaine invoqué, si nous étions là-bas sur la place, au milieu de la foule qui attend les résultats de nos délibérations, je vous répondrais : Oui; car il faudrait inspirer à tous espoir et confiance.

Mais ici, en conseil, devant des courages éprouvés, je n'hésite pas à vous dire qu'en vérité les hommes ne sont pas suffisans pour le rude et périlleux service que nous avons à faire. Nous avons donné des armes à tous ceux qui étaient en état d'en porter. Les autres sont employés aux travaux de la défense, et enfans et vieillards y contribuent. Les femmes elles-mêmes nous aident en secourant et en soignant les blessés. Pas un bras enfin n'est inutile, et cependant les bras manquent. Il n'y a pas sur aucun point des remparts un homme de trop, et souvent il y en a trop peu. Mais on a beau se multiplier, on ne peut faire que cinquante hommes de plus ne soient tout à fait nécessaires à la porte Saint-Jean, et cinquante autres au moins au boulevard Saint-Martin. La défaite de Saint-Laurent nous a privés des défenseurs que nous pouvions espérer, et, si vous n'en attendez pas de Paris, monseigneur, c'est à vous de considérer si, dans une extrémité semblable, il y a lieu de hasarder le peu de forces qui nous restent, et ces débris de notre vaillante gendarmerie, qui peuvent si efficacement encore servir à conserver d'autres places, et peut-être à préserver la patrie.

Toute l'assemblée appuya et approuva ces paroles de ses murmures, et la lointaine clameur de la foule pressée autour de la maison de ville les commenta plus éloquemment encore.

Mais alors une voix de tonnerre cria :
— Silence !

Et tous en effet se turent, car celui qui parlait si haut et si ferme, c'était Jean Peuquoy, le syndic de la corporation des tisserands, un citoyen très estimé, très écouté, et un peu redouté par la ville.

Jean Peuquoy était le type de cette brave race bourgeoise qui aimait sa cité à la fois comme une mère et comme un enfant, l'adorait et la grondait, vivait pour elle toujours et mourait pour elle au besoin. Pour l'honnête tisserand, il n'y avait au monde que la France, et en France que Saint-Quentin. Nul ne connaissait comme lui l'histoire et les traditions de la ville, les vieilles coutumes et les vieilles légendes. Il n'y avait pas un quartier, pas une rue, pas une maison qui, dans le présent et dans le passé, eût quelque chose de caché pour Jean Peuquoy. C'était le municipe incarné. Son atelier était la seconde Grand'place, et sa maison de bois de la rue Saint-Martin l'autre maison de ville. Cette vénérable maison se faisait remarquer par une enseigne assez étrange : une navette couronnée entre les bois d'un cerf dix-cors. Un des aïeux de Jean Peuquoy (car Jean Peuquoy comptait des aïeux comme un gentilhomme !) tisserand comme lui, cela va sans dire, et, de plus, tireur d'arc renommé, avait à plus de cent ans crevé de deux coups de flèche les deux yeux de ce beau cerf. On voit encore à Saint-Quentin, rue Saint-Martin, la magnifique ramure. A dix lieues à la ronde on connaissait alors la magnifique ramure et le tisserand. Jean Peuquoy était donc comme la cité vivante, et chaque habitant de Saint-Quentin en l'écoutant entendait parler sa patrie.

Voilà pourquoi pas un ne bougea plus quand la voix du tisserand, au milieu des rumeurs, cria : silence !

— Oui, silence ! reprit-il, et prêtez-moi, mes bons compatriotes et chers amis, une minute d'attention, je vous prie. Regardons, s'il vous plaît, ensemble ce que nous avons fait déjà, cela nous instruira peut être de ce que nous avons encore à faire. Quand l'ennemi est venu mettre le siège devant nos murs, quand nous avons vu sous la conduite du redoutable Philibert-Emmanuel tous ces Espagnols, Anglais, Allemands et Wallons, s'abattre comme des sauterelles de malheur autour de notre ville, nous avons bravement accepté notre sort, n'est-ce pas ? Nous n'avons pas murmuré, nous n'avons pas accusé la Providence de ce qu'elle marquait justement Saint Quentin comme la victime expiatoire de la France. Loin de là, monseigneur l'amiral nous rendra cette justice, du jour même où il est arrivé ici, nous apportant le secours de son expérience et de son courage, nous avons tâché d'aider nos projets de nos personnes et de nos biens. Nous avons livré nos provisions et nos biens, donné notre argent, et pris nous-mêmes l'arbalète, la pique ou la pioche. Ceux de nous qui n'étaient pas sentinelles sur les remparts, se faisaient ouvriers dans la ville. Nous avons contribué à discipliner et à réduire les paysans mutins des environs qui refusaient de payer de leur travail le refuge que nous leur avions donné. Tout ce qu'on pouvait demander enfin à des hommes dont la guerre n'est pas le métier, nous l'avons fait, que je crois. Aussi espérions-nous que le roi notre Sire penserait bientôt à ses braves Saint-Quentinois et nous enverrait prompte assistance. Ce qui est arrivé. Monsieur le connétable de Montmorency est accouru pour chasser d'ici les troupes de Philippe II, et nous avons remercié Dieu et le roi. Mais la fatale journée de Saint-Laurent a en quelques heures anéanti nos espérances. Le connétable a été pris, son armée détruite, et nous voilà plus abandonnés que jamais. Il y a de cela déjà cinq jours, et l'ennemi a mis à profit ces cinq journées. Trois assauts acharnés nous ont coûté plus de deux cents hommes et des pans entiers de muraille. Le canon ne cesse plus de tonner, et, tenez, il accompagne encore mes paroles. Nous, cependant, nous

ne voulons pas l'entendre, et nous écoutons seulement du côté de Paris si quelque bruit n'annonce pas un secours nouveau. Mais rien ! les dernières ressources sont, à ce qu'il paraît, pour le moment épuisées. Le roi nous délaisse, et a bien autre chose à faire qu'à songer à nous. Il faut qu'il rallie là-bas ce qui lui reste de forces, il faut qu'il sauve le royaume avant une ville, et, s'il tourne quelquefois encore les yeux et la pensée vers Saint-Quentin, c'est pour se demander si son agonie laissera à la France le temps de vivre. Mais d'espoir, mais de chances de salut ou de secours, il n'y en a plus pour nous maintenant, chers concitoyens et amis ; monsieur de Rambouillet et monsieur de Lauxford ont dit la vérité. Les murs et les soldats nous manquent, notre vieille cité se meurt, nous sommes abandonnés, désespérés, perdus !...

— Oui ! oui ! cria tout d'une voix l'assemblée, il faut se rendre, il faut se rendre.

— Non pas, reprit Jean Peuquoy, il faut mourir.

Le silence de l'étonnement succéda à cette conclusion inattendue. Le tisserand en profita pour reprendre avec plus d'énergie :

— Il faut mourir. Ce que nous avons fait déjà nous commande ce qui nous reste à faire. Messieurs Lauxford et de Rambouillet disent que nous ne pouvons pas résister. Mais monsieur de Coligny dit que nous devons résister. Résistons ! Vous savez si je suis dévoué à notre bonne ville de Saint-Quentin, mes compatriotes et frères. Je l'aime comme j'aimais ma vieille mère, en vérité. Chacun des boulets qui vient frapper ses vénérables murailles semble m'atteindre au cœur. Et pourtant, quand le général a parlé, je trouve qu'il faut obéir. Que le bras ne se révolte pas contre le tête, et que Saint-Quentin périsse ! monsieur l'amiral sait ce qu'il fait et ce qu'il veut. Il a pesé dans sa sagesse les destinées d'une ville et les destinées de la France. Il trouve que Saint-Quentin meure comme une sentinelle à son poste, c'est bien. Celui qui murmure est un lâche, et celui qui désobéit un traître. Les murs croulent, faisons des murs avec nos cadavres, gagnons une semaine, gagnons deux jours, gagnons une heure au prix de tout notre sang et de tous nos biens, monsieur l'amiral n'ignore pas ce que tout cela vaut, et puisqu'il nous demande tout cela c'est qu'il le faut. Il rendra ses comptes à Dieu et au roi, cela ne nous regarde pas. Nous, notre affaire est de mourir quand il nous dit : mourez. Que la conscience de monsieur de Coligny s'arrange du reste. Il est responsable, soyons soumis.

Après ces sombres et solennelles paroles, tous se turent et baissèrent la tête, et Gaspard de Coligny comme les autres, et plus que les autres. C'était en effet un rude poids que celui dont le chargeait le syndic des tisserands, et il ne put s'empêcher de frémir en songeant à toutes ces existences dont on le faisait comptable.

— Je vois à votre silence, amis et frères, reprit Jean Peuquoy, que vous m'avez compris et approuvé. Mais on ne peut pas demander à des époux et à des pères de condamner tout haut leurs enfans et leurs femmes. Se taire ici, c'est répondre. Vous laissez monsieur l'amiral faire vos femmes veuves et vos enfans orphelins ; mais vous ne pouvez, n'est-ce pas, prononcer leur arrêt vous-mêmes ? c'est juste. Ne dites rien et mourez. Nul n'aurait la cruauté d'exiger que vous criiez : meure Saint-Quentin ! Mais, si vos cœurs patriotiques sont, comme je le crois, d'accord avec le mien, vous pouvez du moins crier : Vive la France !

— Vive la France ! répétèrent quelques murmures faibles comme des plaintes et lugubres comme des sanglots.

Mais alors Gaspard de Coligny très ému et très agité se leva précipitamment.

— Écoutez ! écoutez ! s'écria-t-il ; je n'accepte pas seul une responsabilité aussi terrible ; j'ai pu vous résister quand vous vouliez céder à l'ennemi, mais quand vous me cédez à moi, je ne puis plus discuter, et, puisqu'enfin vous êtes dans cette assemblée tous contre mon avis, et que vous jugez tous votre sacrifice inutile...

— Je crois, Dieu me pardonne ! interrompit une voix

XXVII.

GABRIEL A L'ŒUVRE.

— Qui donc ose ainsi m'interrompre? demanda Gaspard de Coligny en fronçant le sourcil.

— Moi! dit en s'avançant un homme revêtu du costume des paysans des environs de Saint-Quentin.

— Un paysan! dit l'amiral.

— Non, pas un paysan, reprit l'inconnu, mais le vicomte d'Exmès, capitaine aux gardes du roi, et qui vient au nom de Sa Majesté.

— Au nom du roi! reprit la foule étonnée.

— Au nom du roi, reprit Gabriel; et vous voyez qu'il n'abandonne pas ses braves Saint-Quentinois, et pense à eux toujours. Je suis arrivé déguisé en paysan, il y a trois heures, et pendant ces trois heures, j'ai vu vos murailles et entendu votre délibération. Mais laissez-moi vous dire que ce que j'ai entendu ne s'accorde guères avec ce que j'ai vu. Qu'est-ce que ce découragement, bon tout au plus pour vos femmes, qui s'empare ici comme une panique des plus fermes esprits? D'où vient que vous perdez ainsi subitement tout espoir pour vous laisser aller à des craintes chimériques? Quoi! vous ne savez que vous rebeller contre la volonté de monsieur l'amiral ou courber la tête en victimes résignées? Relevez le front, vive Dieu! non contre vos chefs, mais contre l'ennemi, et, s'il vous est impossible de vaincre, faites que votre défaite soit plus glorieuse qu'un triomphe. J'arrive des remparts, et je vous dis que vous pouvez tenir quinze jours encore, et le roi ne vous demande qu'une semaine pour sauver la France. A tout ce que vous venez d'entendre dans cette salle, je veux répondre en deux mots, indiquer aux maux un remède, et aux doutes un espoir.

Les officiers et les notables se pressaient autour de Gabriel, saisis déjà par l'ascendant de cette volonté puissante et sympathique.

— Ecoutez, écoutez! disaient-ils.

Ce fut au milieu du silence de l'intérêt que Gabriel reprit:

— Vous d'abord, monsieur Lauxford l'ingénieur, que disiez-vous? que quatre points faibles des remparts pouvaient ouvrir des portes à l'ennemi? Voyons ensemble. Le côté du faubourg d'Isle est le plus menacé: les Espagnols sont maîtres de l'abbaye et entretiennent par là un feu si bien nourri que nos travailleurs n'osent plus s'y montrer. Permettez-moi, monsieur Lauxford, de vous indiquer un moyen très simple et très excellent de les préserver, que j'ai vu employer à Civitella par les assiégés, cette année même. Il suffit pour mettre nos ouvriers à couvert des batteries espagnoles, d'établir en travers du boulevard et de superposer de vieux bateaux remplis de sacs de terre. Les boulets se perdent dans cette terre molle, et, derrière cet abri, nos travailleurs seront aussi en sûreté que s'ils étaient hors de la portée du canon. Au hameau de Remicourt, les ennemis, garantis par un mantelet, sapent tranquillement la muraille, disiez-vous? J'ai effectivement vérifié le fait. Mais c'est là, monsieur l'ingénieur, qu'il faut établir une contremine et non à la porte Saint-Jean, où la grosse tour rend votre contremine non seulement inutile, mais dangereuse. Rappelez donc vos mineurs de l'ouest au sud, monsieur Lauxford, et vous vous en trouverez bien. Mais la porte Saint-Jean, demanderez-vous, mais le boulevard Saint-Martin vont donc demeurer sans défense? Cinquante hommes au premier point, cinquante au second suffisent, monsieur de Rambouillet vient lui-même de nous le dire. Mais, a-t-il ajouté, ces cent hommes manquent. Eh bien! je vous les amène.

Un murmure de surprise et de joie circula dans l'auditoire.

— Oui, reprit Gabriel, d'un accent plus ferme en voyant les esprits un peu ranimés par sa parole, j'ai rallié à trois lieues d'ici le baron de Vaulpergues avec sa compagnie de trois cent lances. Nous nous sommes entendus. J'ai promis de venir ici, à travers tous les dangers du camp ennemi, m'assurer des endroits favorables où il pourrait entrer dans la ville avec sa troupe. Je suis venu, comme vous voyez, et mon plan est fait. Je vais retourner près de Vaulpergues. Nous partagerons sa compagnie en trois corps, je prendrai moi-même le commandement d'un des détachemens, et, la nuit prochaine, nuit sans lune, nous nous dirigerons, chacun de notre côté, vers une poterne désignée d'avance. Nous aurons certes du malheur s'il n'y a qu'une de nos trois troupes qui échappe à l'ennemi distrait par les deux autres. En tout cas, il y en aura bien une, cent hommes déterminés seront jetés dans la place, et ce ne sont pas les provisions qui manquent. Les cent hommes seront postés, comme je le disais, à la porte Saint-Jean et au boulevard Saint-Martin, et dites-moi maintenant, monsieur Lauxford, monsieur de Rambouillet, dites-moi quel point des murailles pourra encore livrer à l'ennemi un passage facile?

Une acclamation universelle accueillit ces bonnes paroles qui venaient de réveiller si puissamment l'espoir dans tous ces cœurs découragés.

— Oh! maintenant, s'écria Jean Peuquoy, nous pourrons combattre, nous pourrons vaincre.

— Combattre, oui, vaincre, je ne l'ose espérer, reprit avec autorité Gabriel; je ne veux pas vous faire la situation meilleure qu'elle n'est, je voulais seulement qu'on ne vous la fît pas pire. Je voulais vous prouver à tous, et à vous le premier, maître Jean Peuquoy, qui avez prononcé de si vaillantes, mais de si tristes paroles, je voulais vous prouver d'abord que le roi ne vous abandonnait pas, et, puis, que votre défaite pouvait être glorieuse et votre résistance utile. Vous disiez: immolons-nous. Vous venez de dire: combattons. C'est un grand pas. Oui, il est possible, il est probable que les soixante mille hommes qui assiégent vos pauvres remparts finiront par s'en emparer. Mais, d'abord, gardez-vous de croire que la généreuse lutte que vous aurez supportée vous expose à de plus cruelles représailles. Philibert-Emmanuel est un soldat courageux, qui aime et honore le courage, et qui ne punira pas votre vertu. Ensuite, songez que si vous pouvez tenir dix ou douze jours encore, vous aurez peut-être perdu votre ville, mais vous aurez certainement sauvé votre pays. Grand et sublime résultat! Les villes comme les hommes, ont leurs lettres de noblesse, et les hauts faits qu'elles accomplissent sont leurs titres et leurs aïeux. Vos petits enfans, habitans de Saint-Quentin, seront fiers un jour de leurs pères. On peut détruire vos murailles, mais qui pourra détruire l'illustre souvenir de ce siége?... Courage donc! héroïques sentinelles d'un royaume. Sauvez le roi, sauvez la patrie. Tout à l'heure, le front baissé, vous paraissiez résolus à mourir en victimes résignées. Relevez maintenant la tête! Si vous périssez, ce sera en héros volontaires, et votre mémoire ne périra pas! Donc, vous voyez que vous pouvez crier avec moi: Vive la France! et vive Saint-Quentin!

— Vive la France! vive Saint-Quentin! vive le roi! crièrent cent voix avec enthousiasme.

— Et maintenant, reprit Gabriel, aux remparts et au travail! et ranimez de votre exemple vos concitoyens qui vous attendent. Demain cent bras de plus, je vous le jure, vous aideront dans votre œuvre de salut et de gloire.

— Aux remparts! cria la foule.

Et elle se précipita dehors, toute transportée de joie, d'espoir et d'orgueil, entraînant par ses récits et son enthousiasme ceux qui n'avaient pas entendu le libérateur inespéré que Dieu et le roi venaient d'envoyer à la ville épuisée.

Gaspard de Coligny, le digne et généreux chef, avait écouté Gabriel dans le silence de l'étonnement et de l'admiration. Quand toute l'assemblée se dissipa avec des cris de triomphe, il descendit du siége qu'il occupait, vint au jeune homme et lui serra la main avec une sorte de surprise.

— Merci ! monsieur, lui dit-il, vous avez sauvé Saint-Quentin et moi de la honte, peut-être la France et le roi de leur perte.

— Hélas ! je n'ai rien fait encore, monsieur l'amiral, reprit Gabriel. Il faut maintenant que j'aille rejoindre Vaulpergues, et Dieu seul peut faire que je sorte comme je suis entré et que j'introduise ces cent hommes promis dans la place. C'est Dieu, ce n'est pas moi qu'il faudra remercier dans dix jours.

XXVIII

OU MARTIN-GUERRE N'EST PAS ADROIT.

Gabriel de Montgommery s'entretint encore plus d'une heure avec l'amiral. Coligny était émerveillé de la fermeté, de la hardiesse et des connaissances de ce jeune homme qui lui parlait de stratégie comme un général en chef, de travaux de défense comme un ingénieur et d'influence morale comme un vieillard. Gabriel, de son côté, admira le noble et beau caractère de Gaspard et cette bonté, cette honnêteté de conscience qui en faisaient peut-être le gentilhomme le plus pur et le plus loyal du temps. Certes le neveu ne ressemblait guères à l'oncle ! Au bout d'une heure, ces deux hommes, l'un aux cheveux grisonnans déjà, l'autre aux boucles toutes noires encore, se comprenaient et s'estimaient comme s'ils se fussent connus depuis vingt ans.

Quand ils se furent bien entendus sur les mesures à prendre pour favoriser dans la nuit suivante l'entrée de la compagnie de Vaulpergues, Gabriel prit congé de l'amiral en lui disant avec assurance : Au revoir ! Il emportait les mots d'ordre et les signaux nécessaires.

Martin-Guerre, déguisé en paysan comme son maître, l'attendait au bas de l'escalier de la maison de ville.

— Ah ! vous voilà donc, monseigneur ! s'écria le brave écuyer. Je suis bien aise de vous revoir enfin, depuis une heure que j'entends tous ceux qui passent parler du vicomte d'Exmès, Dieu sait avec quelles exclamations et quels éloges ! Vous avez bouleversé toute la ville. Quel talisman avez-vous donc apporté, monseigneur, pour changer ainsi l'esprit d'une population entière ?

— La parole d'un homme déterminé, Martin, rien de plus. Mais il ne suffit pas de parler et maintenant il faut agir.

— Agissons, monseigneur, l'action pour ma part me va même mieux que la parole, nous allons, je vois cela, aller nous promener dans la campagne au nez des sentinelles ennemies. Allons ! monseigneur, je suis prêt.

— Pas tant de hâte, Martin, reprit Gabriel ; il fait trop jour encore et j'attends la brune pour sortir d'ici, c'est convenu avec monsieur l'amiral. Nous avons donc devant nous près de trois heures. J'ai d'ailleurs pendant ce temps quelque chose à faire, ajouta-t-il avec un certain embarras, oui, un soin important à prendre, quelques informations à demander par la ville.

— J'entends, reprit Martin-Guerre ; encore sur les forces de la garnison, n'est-ce pas ? ou sur les côtés faibles des fortifications ! quel zèle infatigable !

— Tu n'entends pas du tout, mon pauvre Martin, dit en souriant Gabriel ; non, je sais tout ce que je voulais savoir quant aux remparts et aux troupes, et c'est d'un sujet plus... personnel que je m'occupe en ce moment.

— Parlez, monseigneur, et si je puis vous être bon à quelque chose...

— Oui, Martin, tu es, je le sais, un serviteur fidèle et un ami dévoué. Aussi n'ai-je de secrets pour toi que ceux qui ne m'appartiennent pas. Si donc tu ne sais pas qui je cherche avec inquiétude et amour dans cette ville après mes devoirs remplis, Martin, c'est tout simplement parce que tu l'as oublié.

— Oh ! pardon, monseigneur, j'y suis à présent, s'écria Martin. Il s'agit, n'est-il pas vrai, d'une... Bénédictine ?

— C'est cela, Martin. Qu'est-elle devenue dans cette ville en alarme ? Je n'ai pas osé, en vérité, le demander à monsieur l'amiral de peur de me trahir par mon trouble. Puis, aurait-il su me répondre ? Diane aura changé de nom sans doute en rentrant au couvent ?

— Oui, reprit Martin, car je me suis laissé dire que celui qu'elle porte, et qui me semble charmant à moi, était païen quelque peu, à cause de madame de Poitiers, je suppose... Sœur Diane ! le fait est que cela jure comme mon autre moi quand il est gris.

— Comment donc faire ? dit Gabriel. Le mieux serait peut-être de s'informer d'abord du couvent des Bénédictines en général ?...

— Oui, dit Martin-Guerre, et puis, nous irons du général au particulier, comme disait mon ancien curé qu'on soupçonnait d'être luthérien. Eh bien ! monseigneur, pour ces informations comme pour toutes choses, je suis à vos ordres.

— Il faut aller aux renseignemens chacun de notre côté, Martin, nous aurons ainsi deux chances pour une. Sois adroit et réservé, et tâche surtout de ne pas boire, ivrogne ; nous avons besoin de tout notre sang-froid.

— Oh ! monseigneur sait que, depuis Paris, j'ai retrouvé mon ancienne sobriété et ne bois que de l'eau pure. Il ne m'est pas arrivé d'y voir double une seule fois.

— A la bonne heure ! dit Gabriel. Eh bien ! alors, Martin, dans deux heures rendez-vous à cette même place.

— J'y serai, monseigneur.

Et ils se séparèrent.

Deux heures après, ils se retrouvaient comme ils en étaient convenus. Gabriel était radieux, mais Martin-Guerre assez penaud. Tout ce que Martin-Guerre avait appris, c'est que les Bénédictines avaient voulu partager avec les autres femmes de la ville le soin et l'honneur de panser et de garder les blessés ; que tous les jours elles étaient dispersées dans les ambulances et ne rentraient au couvent que le soir, entourées de l'admiration et du respect des soldats et des citoyens.

Gabriel, par bonheur, en savait davantage. Quand le premier passant venu l'eut informé de tout ce que Martin-Guerre avait appris, Gabriel demanda le nom de la supérieure du couvent. C'était, si l'on s'en souvient, la mère Monique, l'amie de Diane de Castro. Gabriel s'enquit alors de l'endroit où il trouverait la sainte femme.

— A l'endroit le plus périlleux, lui fut-il répondu.

Gabriel alla au faubourg d'Isle et trouva en effet la supérieure. Elle savait déjà par le bruit public ce qu'était le vicomte d'Exmès, ce qu'il avait dit à la maison de ville et ce qu'il venait faire à Saint-Quentin. Elle le reçut comme l'envoyé du roi et comme le sauveur de la cité.

— Vous ne vous étonnerez donc pas, ma mère, lui dit Gabriel, si, venant ici au nom du roi, je vous demande des nouvelles de la fille de Sa Majesté, madame Diane de Castro. Je l'ai en vain cherchée parmi les religieuses que je rencontrais sur mon passage. Elle n'est pas malade, j'espère ?

— Non, monsieur le vicomte, répondit la supérieure ; mais j'ai pourtant exigé d'elle qu'elle restât aujourd'hui au couvent et prît un peu de repos, car nulle de nous ne l'a égalée en dévouement et en courage. Elle était partout présente et toujours prête, exerçant à toute heure et en tout lieu, et avec une sorte de joie et d'ardeur, sa sublime charité, qui est notre bravoure à nous autres pacifiques religieuses. Ah ! c'est la digne fille du sang de France ! Et cependant elle n'a pas voulu qu'on connût son titre et son rang, et vous saura même gré, monsieur le vicomte, de respecter son glorieux incognito. N'importe! si elle cachait sa noblesse, elle montrait sa bonté, et tous ceux qui souffrent connaissent cette figure d'ange qui passe comme un espoir céleste au milieu de leurs douleurs. Elle s'était appelée du nom de notre ordre, la sœur *Benedicta*; mais nos blessés, qui ne savent pas le latin, l'appellent la sœur Bénie.

— Cela vaut bien madame la duchesse! s'écria Gabriel qui sentit de douces larmes mouiller ses paupières. Ainsi, ma mère, reprit-il, je pourrai la voir demain? si je reviens, toutefois!

— Vous reviendrez, mon frère, répondit la supérieure, et, là où vous entendrez le plus de gémissemens et de cris, c'est là que vous trouverez la sœur Bénie.

Ce fut alors que Gabriel revint joindre Martin-Guerre, le cœur plein de courage, et certain maintenant, comme la supérieure, qu'il sortirait sain et sauf du redoutable péril de la nuit.

XXIX.

OU MARTIN-GUERRE EST MALADROIT.

Gabriel avait pris des renseignemens assez précis sur les environs de Saint-Quentin, pour ne pas s'égarer dans un pays où il n'était pas encore venu. Favorisé par la nuit tombante, il sortit sans encombre de la ville avec Martin-Guerre par la poterne la moins surveillée. Couverts tous deux de longs manteaux bruns, ils se glissèrent comme des ombres dans les fossés, puis, de là, par la brèche, dans la campagne.

Mais ils n'étaient pas quittes du plus grand danger. Des détachemens ennemis couraient jour et nuit les environs; divers camps étaient établis çà et là autour de la ville assiégée, et toute rencontre pouvait être fatale à nos paysans-soldats. Le moindre risque qu'ils couraient était de faire retarder d'un jour, c'est-à-dire de rendre peut-être à jamais inutile l'expédition projetée.

Aussi, quand, après une demi-heure de chemin, ils arrivèrent à un carrefour où la route bifurquait, Gabriel s'arrêta et parut réfléchir. Martin-Guerre s'arrêta aussi, mais ne réfléchit point. Il laissait d'ordinaire ce soin à son maître. Martin-Guerre était un brave et fidèle écuyer, mais il ne voulait et ne pouvait être que la main. Gabriel était la tête.

— Martin, reprit donc Gabriel au bout d'un instant de réflexion, voici devant nous deux routes qui toutes deux conduisent auprès du bois d'Angimont, où nous attend le baron de Vaulpergues. Si nous restons ensemble, Martin, nous pouvons être pris ensemble. Séparés, nous doublons nos chances de réussite, comme pour la recherche de madame de Castro. Prenons chacun un des deux chemins. Toi, va par celui-ci le plus long, mais le plus sûr, à ce que croit monsieur l'amiral. Tu rencontreras pourtant les tentes des Wallons où monsieur de Montmorency doit être prisonnier. Tu les tourneras, comme nous avons fait la nuit passée. De l'assurance et du sang-froid! Si tu rencontres quelque troupe, tu te donnes pour un paysan d'Angimont attardé qui revient de porter des vivres aux Espagnols campés autour de Saint-Quentin. Imite de ton mieux le patois picard, ce qui n'est pas très difficile avec des étrangers. Mais, sur toute chose, va plutôt du côté de l'impudence que du côté de l'hésitation. Aie l'air sûr de ton affaire. Si tu barguignes, tu es perdu.

— Oh! soyez tranquille, monseigneur, reprit Martin-Guerre d'un air capable. On n'est pas si simple qu'on semble, et je leur en ferai voir de belles.

— Bien dit, Martin. Pour moi, je vais prendre par là; c'est le plus court, mais le plus périlleux, car c'est la route directe de Paris qu'on surveille avant toutes les autres. Je rencontrerai, je le crains, plus d'un détachement ennemi,

et j'aurai plus d'une fois à me mouiller dans les fossés ou à m'écorcher dans les buissons. Puis, au bout du compte, il est bien possible que je n'arrive pas à mon but. N'importe! Martin; qu'on ne m'attende qu'une demi-heure. Si après ce délai je ne vous ai pas rejoints, que monsieur de Vaulpergues parte sans plus de retard. Ce sera vers le milieu de la nuit, et le danger sera moins grand que ce soir. Néanmoins, recommande-lui de ma part les plus grandes précautions, Martin. Tu sais ce qu'il y a à faire : partager sa compagnie en trois corps, et, par trois points opposés, s'approcher de la ville le plus secrètement possible. Il ne faut pas trop espérer que les trois détachemens réussissent. Mais la perte de l'un fait alors peut-être le salut des autres. C'est égal! il y a quelques chances pour que nous ne nous revoyions plus, mon brave Martin! Mais il ne faut penser qu'au bien de la patrie. Ta main, et que Dieu te garde!

— Oh! je ne le prie que pour vous, monseigneur, reprit Martin. S'il vous sauve, il peut bien faire de moi ce qu'il voudra, je ne suis guère bon qu'à vous aimer et à vous servir. Oh! et aussi, j'espère, à jouer quelque bon tour ce soir à ces Espagnols damnés.

— J'aime à te voir dans ces dispositions, Martin. Allons, adieu! Bonne chance, et de l'aplomb, surtout!

— Bonne chance, monseigneur, et de la prudence!

Le maître et l'écuyer se séparèrent encore. Tout alla bien d'abord pour Martin, et, bien qu'il ne lui fût guère possible de s'écarter de la route, il évita pourtant assez habilement quelques gens d'armes suspects auxquels la nuit noire le déroba. Mais il approchait du camp des Wallons, et les sentinelles allaient se multiplier.

A l'angle de deux chemins, Martin-Guerre se trouva tout à coup entre deux troupes, l'une à pied, l'autre à cheval, et un : Qui vive? bien accentué prouva au malheureux Martin-Guerre qu'il avait été aperçu.

— Allons! se dit-il, voilà le moment venu de montrer l'impudence que m'a tant recommandée mon maître.

Et, frappé d'une idée tout à fait lumineuse et providentielle, il se mit, avec un à-propos parfait, à chanter à tue-tête la chanson du siége de Metz :

> Le vendredi de la Toussaint,
> Est arrivé la Germanie
> A la belle croix de Messain,
> Pour faire grande boucherie.

— Holà? qui va là? cria une voix rude avec un accent et un jargon à peu près inintelligibles, mais que nous n'imiterons pas de peur d'être inintelligible nous-même.

— Paysan d'Angimont, répondit Martin-Guerre dans un patois non moins obscur.

Et il continua sa route et sa chanson avec une célérité et une verve croissantes.

> Se campant au haut des vignes,
> Le duc d'Albe et sa compagnie
> A Saint-Arnou, près nos fossés.
> C'était pour faire l'entreprise
> De reconnaître nos fossés...

— Hé! là! veux-tu te taire et t'arrêter, paysan de malheur, avec ta maudite chanson! reprit la voix féroce.

Martin-Guerre réfléchit que les importuns qui l'interpellaient étaient dix contre un; que, grâce à leurs chevaux, ils l'atteindraient toujours sans peine, et que sa fuite d'ailleurs produirait le plus mauvais effet. Il s'arrêta donc tout court. Après tout, il n'était pas précisément fâché d'avoir occasion de déployer son sang-froid et son habileté. Son maître qui semblait parfois douter de lui n'en aurait plus de motif désormais, s'il savait se tirer adroitement d'un pas aussi difficile.

Il affecta d'abord de la plus grande confiance.

— Par Saint-Quentin, martyr! murmurait-il en s'avançant vers la troupe, voilà un beau coup que vous faites-là d'empêcher un pauvre paysan attardé d'aller rejoindre à Angimont sa femme et ses petits. Parlez, çà, que me voulez-vous ?

Ceci eût l'intention d'être dit en picard, mais fut dit en auvergnat avec un accent provençal.

L'homme qui avait crié eut de même l'intention de répondre en français, mais répondit en wallon avec un accent allemand.

— Ce que nous voulons ? t'interroger et te visiter, rôdeur de nuit qui, sous ta souquenille de paysan, pourrais bien cacher un espion.

— Dà, interrogez-moi, visitez-moi, reprit Martin-Guerre avec un gros rire invraisemblable.

— C'est ce que nous verrons au camp où tu vas nous suivre.

— Au camp ! reprit Martin. Eh bien ! c'est ça. Je veux parler au chef. Ah ! vous arrêtez un malheureux paysan qui revient de Saint-Quentin porter des vivres à vos camarades de là-bas. Que Dieu me damne, si je recommence ! Je laisserai toute votre armée crever de faim à son aise. J'allais à Angimont chercher d'autres provisions ; mais, puisque vous me retenez en route, bonsoir ! Ah ! vous ne me connaissez guère ! et je vous revaudrai ce procédé-là. Saint-Quentin, tête de kien, dit le proverbe picard. Me prendre pour un espion ! Je veux me plaindre au chef ! Allons, au camp.

— Mordieu ! quelle langue ! reprit celui qui commandait le détachement. Le chef, l'ami, c'est moi ! et c'est à moi que vous aurez affaire quand nous y verrons clair, s'il vous plaît. Croyez-vous qu'on va réveiller les généraux pour un drôle de votre espèce ?

— Oui, c'est aux généraux que je veux être conduit ! s'écria Martin-Guerre avec volubilité. J'ai à dire quelque chose aux généraux et aux maréchaux. J'ai à leur dire qu'on n'arrête pas ainsi sans crier seulement : Gare ! un quelqu'un qui vous nourrit, vous et vos gens. Je n'ai pas fait de mal. Je suis un honnête habitant d'Angimont. Je vais demander une indemnité pour ma peine, et, vous, vous serez pendu pour la vôtre.

— Camarade, il a l'air sûr de son fait, pourtant ! dit au reître un des hommes.

— Oui, répondit l'autre, et je le relâcherais bien si je ne croyais, par moments, reconnaître cette tournure et cette voix. Allons, marchons. Au camp tout s'expliquera.

Martin-Guerre, placé pour plus de sûreté entre deux des cavaliers, ne cessa de jurer et de maugréer pendant toute la route. En entrant dans la tente où on le conduisit d'abord, il jurait et maugréait encore.

— Voilà comme vous arrangez vos alliés, vous autres ! ah bien ! à la bonne heure ! on vous en fournira de l'avoine pour vos bêtes et de la farine pour vous ! Je vous abandonne. Dès que vous m'aurez reconnu et relâché, je retourne à Angimont et n'en sors plus. Ou plutôt, si, j'en sors, et dès demain, pour aller porter plainte contre vous à monseigneur Philibert-Emmanuel en personne. Ce n'est pas lui qui me ferait un affront semblable.

En ce moment, l'enseigne des reîtres approchait un flambeau du visage de Martin-Guerre. Il recula trois pas de surprise et d'horreur.

— Par le diable ! s'écria-t-il, je ne me trompais pas. C'est bien lui, le misérable ! Est-ce que vous ne le reconnaissez pas maintenant, vous autres ?

— Oh, oui ! Oh, oui ! répéta l'un après l'autre chacun des reîtres en venant à son tour examiner Martin-Guerre avec une curiosité qui se changeait immédiatement en indignation.

— Ah ! vous me reconnaissez donc enfin ? reprit le pauvre écuyer qui commençait à s'alarmer sérieusement. Vous savez qui je suis ? Martin Cornouiller d'Angimont... Vous allez me relâcher, ce n'est pas malheureux !

— Nous, te relâcher, malandrin, paillard, pendard ! s'écria l'enseigne, les yeux enflammés et les poings menaçants.

— Ah ! çà, qu'est-ce qui vous prend donc, l'ami ? dit Martin. Je ne suis peut-être plus Martin Cornouiller, à cette heure ?

— Non, tu n'es pas Martin Cornouiller, reprit l'enseigne, et, pour te démasquer et te démentir, voilà dix hommes autour de toi qui te connaissent. Mes amis, nommez cet imposteur à lui-même, afin de le convaincre de fraude et de flagrant mensonge.

— C'est Arnauld du Thill ! c'est ce misérable Arnauld du Thill, répétèrent les dix voix ensemble avec une effrayante unanimité.

— Arnauld du Thill ! qu'est-ce que cela ? demanda Martin en pâlissant.

— Oui, rends-toi toi-même, infâme ! s'écria l'enseigne. Mais voilà par bonheur dix témoins qui te contredisent. Devant eux, malgré ton déguisement de paysan, aurais-tu le front d'assurer que je ne t'ai pas fait prisonnier à la bataille de Saint-Laurent, dans la suite du connétable ?

— Non, non, je suis Martin Cornouiller, balbutia Martin qui perdait la tête.

— Tu es Martin Cornouiller ? dit l'enseigne avec un rire méprisant ; tu n'es pas ce lâche Arnauld du Thill qui m'avait promis rançon, que je traitais avec égards, et qui, la nuit dernière, a pris la fuite, m'enlevant, outre le peu d'argent que je possédais, ma bien-aimée Gudule, la gentille vivandière ? Scélérat ! qu'as-tu fait de Gudule ?

— Qu'as-tu fait de Gudule ? répétèrent les reîtres dans un chœur formidable.

— Ce que j'ai fait de Gudule ? dit Martin-Guerre accablé. Eh ! le sais-je, misérable que je suis ! Ah çà ! vraiment, vous me reconnaissez donc tous ? vous êtes donc certains de ne pas vous tromper ? vous pourriez tous jurer que je m'appelle... Arnauld du Thill, que ce brave homme m'a fait prisonnier à la bataille de Saint-Laurent et que je lui ai enlevé traîtreusement sa Gudule ? vous pourriez le jurer ?

— Oui ! oui ! oui ! s'écrièrent les dix voix avec énergie.

— Eh bien ! cela m'étonne pas, reprit piteusement Martin-Guerre qui divaguait assez, on s'en souvient, quand on touchait ce sujet de sa double existence. Non, vraiment cela ne m'étonne pas. Je vous aurais soutenu jusqu'à demain que je m'appelle Martin Cornouiller. Mais vous me connaissez comme Arnauld du Thill, j'étais hier ici, je ne dis plus non ; je ne résiste plus ; je me résigne. Du moment que la chose est ainsi, j'ai les pieds et les poings liés. Je n'avais pas prévu celle-là. Voilà si longtemps, mon Dieu ! que mes alibi avaient cessé ! Allons ! c'est très bien, faites de moi ce que vous voudrez, emmenez-moi, emprisonnez-moi, garottez-moi. Ce que vous me dites de Gudule achève surtout de me convaincre que vous ne vous trompez pas. Oui, je me reconnais là ! Seulement, je suis bien aise de savoir que je m'appelle Arnauld du Thill.

Le pauvre Martin-Guerre avoua dès-lors tout ce qu'on voulut, se laissa accabler d'injures et de rebuffades, et offrit le tout à Dieu en pénitence des nouveaux méfaits qu'on venait de lui reprocher. Comme il ne put dire ce que Gudule était devenue, on le chargea de liens et on lui fit souffrir toutes sortes de mauvais traitements, mais sans lasser son angélique patience. Tout ce qu'il regrettait, c'est de n'avoir pas eu le temps d'accomplir sa mission auprès du baron de Vaulpergues. Mais qui aurait pu supposer que de nouvelles actions criminelles allaient tourner contre lui et réduire à néant ses beaux projets d'adresse et de présence d'esprit.

— Ce qui me console du moins, pensait-il dans le coin humide où on l'avait jeté sur le sol, c'est que peut-être Arnauld du Thill entre triomphant à Saint-Quentin avec le détachement de Vaulpergues. Mais non, non, c'est encore une chimère cela ! et ce que je connais du drôle me ferait plutôt conjecturer que le monstre est dans quelque auberge sur la route de Paris à caresser la gentille Gudule. Hélas ! hélas ! il me semble que j'aurais plus de cœur à la pénitence si du moins j'avais un peu conscience du péché.

XXX.

RUSES DE GUERRE.

Quelque chimérique qu'il lui parût, l'espoir de Martin-Guerre fut cependant réalisé. Quand Gabriel, après mille dangers, arriva dans le bois où l'attendait le baron de Vaulpergues, la première figure qu'il aperçut fut celle de son écuyer, le premier cri qu'il jeta fut : Martin-Guerre !

— Moi-même, monseigneur, répondit résolument l'écuyer.

Ce n'est pas à ce Martin-Guerre là qu'il était besoin de recommander l'impudence.

— Est-ce que tu me devances de beaucoup, Martin ? demanda Gabriel.

— Mais je suis ici depuis une heure ? monseigneur.

— En vérité ! mais il me semble que tu as changé de costume, tu n'avais pas en me quittant il y a trois heures ce justau-corps-là ?

— Non, monseigneur, je l'ai demandé à un paysan plus vraisemblable que moi, à ce qu'il m'a paru, et je lui ai donné le mien en échange.

— Bien ! et tu n'as fait d'ailleurs aucune mauvaise rencontre ?

— Aucune, monseigneur.

— Au contraire, reprit le baron de Vaulpergues survenant, et le drôle, en arrivant ici, était accompagné d'une fille de fort jolie tournure, ma foi ! une vivandière flamande, comme nous avons pu en juger à son langage. Elle paraissait pleurer fort, la pauvre petite, mais il l'a très brutalement et très prudemment congédiée, malgré ses larmes, sur la lisière du bois, avant de pénétrer jusqu'ici.

— Non pas sans l'avoir, au préalable, débarrassée d'une partie de sa marchandise, dit le faux Martin-Guerre avec son rire insolent.

— Ah ! Martin ! Martin ! reprit Gabriel, voilà encore le vieil homme qui reparaît.

— Monseigneur veut dire le jeune homme. Mais, pardon ! reprit maître Arnauld se souvenant de son rôle, j'occupe avec mes balivernes les momens si précieux de vos seigneuries.

— Oh ! dit le baron de Vaulpergues, si c'est votre avis, monsieur d'Exmès, et celui de l'amiral, nous ne partirons d'ici que dans une demi-heure. Il n'est pas encore minuit je suis pour n'arriver devant Saint-Quentin que vers trois heures. C'est le moment où la surveillance se fatigue et se relâche. Ne le pensez-vous pas, monsieur le vicomte ?

— Si fait, et les instructions de monsieur de Coligny s'accordent exactement avec votre opinion. C'est à trois heures du matin qu'il nous attendra et que nous devons arriver, si toutefois nous arrivons.

— Oh ! nous arriverons, monseigneur, permettez-moi de vous l'affirmer, dit Arnauld-Martin. J'ai profité de mon passage auprès du camp des Wallons pour observer les alentours, et je vous guiderai par là aussi sûrement que si j'avais couru les environs pendant quinze jours.

— Mais, c'est prodigieux, Martin ! s'écria Gabriel. En si peu de temps, que de choses faites ! Allons, j'aurai dorénavant la même confiance en ton intelligence qu'en ta fidélité.

— Oh ! monseigneur, si vous vous fiez seulement à mon zèle et surtout à ma discrétion, je n'ai pas d'ambition plus haute.

La trame de l'astucieux Arnauld était si bien ourdie par le hasard et par son audace, que, depuis l'arrivée de Gabriel, l'imposteur n'avait dit que la vérité.

Pendant que Gabriel et Vaulpergues s'entendaient à l'écart sur la marche à suivre, lui, de son côté, acheva de combiner son plan, de façon à ne pas déranger les miraculeuses chances qui l'avaient servi jusque-là.

Voici, en effet, ce qui était arrivé. Arnauld, après s'être échappé, grâce à Gudule, du camp où on le tenait prisonnier, avait rôdé, pendant dix-huit heures, dans les bois environnans, n'osant sortir de peur de retomber aux mains de l'ennemi. Vers le soir, il avait cru reconnaître dans la forêt d'Angimont des traces de cavaliers, qui devaient se cacher pour s'être hasardés par des sentiers si peu frayés. C'étaient donc des Français en embuscade, et Arnauld lâcha de les rejoindre et y parvint. Ce fut alors qu'il congédia le plus lestement du monde la pauvre Gudule, qui s'en retourna pleurant aux tentes, sans se douter qu'après la perte de son amoureux, elle allait y retrouver un autre lui-même. Pour Arnauld, le premier soldat de Vaulpergues qui l'aperçut le salua du nom de Martin-Guerre, et, comme de raison, il ne le démentit point. En écoutant de toutes ses oreilles et en parlant le moins possible, il apprit bientôt tout. Le vicomte d'Exmès allait revenir la nuit même, après avoir averti l'amiral de l'arrivée à Saint-Quentin de Vaulpergues, et pris avec lui les dispositions nécessaires pour favoriser l'entrée de détachement dans la place. Martin-Guerre l'accompagnerait. On prenait donc naturellement Arnauld pour Martin, et on l'interrogeait sur son maître.

— Il va venir, répondait-il ; nous avons pris des chemins différens.

Et, en lui-même, il calculait combien il lui serait avantageux dans le moment de se réunir à Gabriel : d'abord, sa subsistance, dans ces temps difficiles, serait assurée ; puis, il savait que le connétable de Montmorency, son maître, pour l'heure prisonnier de Philibert-Emmanuel, souffrait moins peut-être de la honte de sa défaite et de sa captivité, que de la pensée que son rival odieux, le duc de Guise, allait avoir toute puissance à la cour et tout crédit sur l'esprit du roi. S'attacher aux pas d'un ami du Guise, c'était donc, pour Arnauld, se mettre à la source de tous les renseignemens qu'il vendrait assez cher au connétable. Enfin, Gabriel n'était-il pas l'ennemi personnel des Montmorency et l'obstacle principal au mariage du duc François avec madame de Castro ?

Arnauld se remémorait tout cela, mais songeait en même temps avec mélancolie que le retour de Martin-Guerre à côté de son maître allait déranger quelque peu ses beaux plans. Aussi, pour ne pas être convaincu d'imposture, guetta-t-il avec soin Gabriel, espérant éloigner ou supprimer le crédule Martin-Guerre. Mais quelle fut sa joie en voyant le vicomte d'Exmès arriver seul et le reconnaître tout de suite pour son écuyer ! Arnauld avait dit vrai, sans le savoir. Alors il s'abandonna à sa chance, et, comptant que le diable, son patron, avait fait tomber le pauvre Martin aux mains des Espagnols, il prit audacieusement le rôle de l'absent, ce qui lui réussit comme nous venons de le voir.

Cependant, la conférence de Gabriel et de Vaulpergues terminée, et lorsqu'on forma les trois détachemens pour se mettre en route de différens côtés, Arnauld insista pour accompagner Gabriel par la route des tentes wallones. C'était le chemin qu'aurait dû prendre le vrai Martin-Guerre, et, si on le rencontrait dans la route, Arnauld voulait être là pour le faire disparaître ou disparaître lui-même au besoin.

Mais on dépassa la hauteur du camp sans trouver le moindre Martin, et l'idée de ce péril assez mince s'effaça bientôt, pour Arnauld, devant le péril plus grave qui l'attendait, avec Gabriel et la troupe dont il faisait partie, devant les murailles partout entourées de Saint-Quentin.

Dans l'intérieur de la ville, l'anxiété n'était pas moindre, comme on le peut supposer ; car le salut ou la perte de tous dépendait à peu près du coup de main hardi de Gabriel et de Vaulpergues. Aussi, dès deux heures du matin, l'amiral fit-il lui-même sa ronde aux points convenus entre lui et le vicomte d'Exmès, et il recommanda aux sentinelles choisies qu'on avait placées à ces postes délicats la plus sévère attention. Puis, Gaspard de Coligny monta sur la tour du beffroi qui dominait la ville et tous les environs, et, là, muet, immobile, retenant son haleine, écouta le silence et regarda la nuit. Mais il n'entendit que le bruit sourd et lointain des mines espagnoles et des contre-mines françaises ; il ne vit que les tentes de l'ennemi, et, plus loin, les bois sombres d'Origny se détachant noirs dans l'ombre noire.

Alors, incapable de maîtriser son inquiétude, l'amiral voulut au moins se rapprocher de l'endroit où allait se décider le sort de Saint-Quentin. Il descendit de la tour du beffroi, et, à cheval, suivi de quelques officiers, courut au boulevard de la Reine, vers une des poternes où devait arriver Vaulpergues, et, monté sur l'un des angles du rempart, attendit.

Comme trois heures sonnaient à la Collégiale, du fond des marais de la Somme le cri d'un hibou retentit.

— Dieu soit loué ! les voici ! s'écria l'amiral.

Monsieur Du Breuil, sur un geste de Coligny, se faisant de ses mains un porte-voix, répondit au signal en imitant distinctement le cri de l'orfraie.

Puis un silence de mort succéda. L'amiral et ceux qui l'entouraient demeurèrent immobiles et comme de pierre, l'oreille au guet et le cœur serré.

Mais subitement un coup de mousquet se fit entendre dans la direction d'où il était parti, presque aussitôt, succéda une décharge générale qu'accompagnaient sinistrement des gémissemens aigus et une rumeur terrible.

Le premier détachement avait été découvert.

— Déjà cent braves de moins ! s'écria l'amiral.

Alors il descendit rapidement du boulevard, remonta à cheval, et, sans ajouter une parole, se dirigea vers le boulevard Saint-Martin, où il attendait une autre partie de la compagnie de Vaulpergues.

Là, il fut repris des mêmes angoisses. Gaspard de Coligny ressemblait à un joueur qui joue sa fortune sur trois coups de dés : il venait de perdre la première partie, quelle chance aurait la seconde ?

Hélas ! le même cri se fit entendre de l'autre côté du rempart, le même cri lui répondit dans la ville ; puis, comme si cette seconde scène n'était que la répétition fatale de la première, une sentinelle donna encore l'alarme, et la mousquetade et les cris annoncèrent aux Saint-Quentinois épouvantés un second combat ou plutôt une autre boucherie.

— Deux cents martyrs ! dit Coligny d'une voix sourde.

Et de nouveau, s'élançant sur son cheval, il fut arrivé en deux minutes à la poterne du faubourg, qui était le troisième point convenu entre Gabriel et lui. Il allait si vite qu'il se trouva le premier et seul sur le rempart, et que ses officiers ne le rejoignirent que peu à peu. Mais tous eurent beau écouter, on n'entendait toujours que le cri des mourans au loin, et les exclamations des vainqueurs.

L'amiral jugea tout perdu. L'alarme était donnée au camp ennemi. Pas un soldat espagnol qui ne fût éveillé maintenant. Celui qui commandait la troisième troupe aurait jugé à propos de ne pas s'aventurer à un péril aussi mortel, et se serait retiré sans rien entreprendre. Ainsi, cette troisième et dernière chance manquait et la fait au joueur éperdu. Coligny se disait même, par momens, que le dernier détachement avait peut-être été surpris avec le second, et que seulement le bruit des deux massacres s'était confondu en un seul.

Une larme, larme brûlante de désespoir et de fureur, coula sur les joues basanées de l'amiral. Dans quelques heures, la population, découragée de nouveau par ce dernier échec, demanderait à grands cris la reddition de la place, et, ne la demandât-elle pas, Gaspard de Coligny ne se dissimulait plus que devant des troupes aussi démoralisées que les siennes, le premier assaut ouvrirait aux Espagnols les portes de Saint-Quentin et de la France. Et cet assaut, il ne se ferait pas certes attendre, et le signal en serait donné dès le jour paraîtrait, ou peut-être même sur-le-champ, pendant la nuit, alors que ces trente mille hommes, tout fiers d'avoir égorgé trois cents soldats, étaient encore dans l'enivrement d'un si glorieux triomphe.

Comme pour confirmer les appréhensions de Gaspard de Coligny, le gouverneur Du Breuil fit entendre à ses côtés le cri : Alerte ! d'une voix étouffée, et, comme l'amiral se retournait vers lui, il lui montra dans le fossé une troupe noire et silencieuse, qui semblait marcher du pas des ombres et se diriger vers la poterne.

— Sont-ce des amis ou des ennemis ! demanda Du Breuil à voix basse.

— Silence ! reprit l'amiral, et tenons-nous en tous cas sur nos gardes.

— Comment ne font-ils donc pas plus de bruit ! reprit le gouverneur. Il me semble pourtant que j'aperçois des chevaux, et pas un caillou ne résonne ! et la terre même semble sourde sous leurs pas ! on dirait vraiment des fantômes !

Et le superstitieux Du Breuil se mit à faire le signe de la croix, pour plus de sûreté. Mais Coligny, le grave penseur, regardait attentivement la troupe noire et muette sans crainte et sans émotion.

Quand les survenans ne furent plus qu'à cinquante pas Coligny imita lui-même le cri de l'orfraie.

Le cri du hibou répondit.

Alors l'amiral, transporté de joie, se précipita vers le corps de garde de la poterne, donna ordre d'ouvrir sur-le-champ, et cent cavaliers enveloppés, eux et leurs montures, de grands manteaux sombres, entrèrent dans la haute ville, toujours aussi silencieux. Mais on put remarquer alors que les sabots des chevaux, qui frappaient si mats sur le pavé, étaient enveloppés de morceaux de toile remplis de sable. C'est grâce à cet expédient, dont on n'avait eu l'idée qu'en voyant les deux autres détachemens trahis par le bruit, que la troisième troupe avait pu entrer sans encombre. Et celui qui avait trouvé cet expédient et qui commandait la troupe n'était autre que Gabriel.

C'était peu de chose, sans doute, que ce secours de cent hommes ; mais il suffisait pour quelques jours à maintenir deux postes menacés, mais c'était le premier événement heureux d'un siège si fécond en désastres. Aussi la nouvelle de bon augure circula-t-elle sur-le-champ par toute la ville. Les portes s'ouvrirent, les fenêtres s'éclairèrent, et des applaudissemens unanimes accueillirent sur leur passage Gabriel et ses cavaliers.

— Non, pas de joie ! dit Gabriel d'une voix grave. Songez aux deux cents qui sont tombés là-bas.

Et il souleva son chapeau, comme pour saluer ces morts héroïques, au nombre desquels devait être le brave Vaulpergues.

— Oui, répondit Coligny, nous les plaignons et nous les admirons. Mais vous, monsieur d'Exmès, que faut-il vous dire et comment vous remercier ! Laissez-moi du moins, ami, vous presser dans mes bras, car vous avez sauvé déjà Saint-Quentin deux fois.

Mais Gabriel lui serrant la main, reprit encore :

— Monsieur l'amiral, vous me direz cela dans dix jours.

XXXI.

LE MÉMOIRE D'ARNAULD DU THILL.

Il était temps que le coup réussît, et que le bienheureux secours entrât dans la ville ; car le jour commençait à poindre. Gabriel écrasé de fatigue, pour avoir à peine reposé depuis quatre jours, fut conduit par l'amiral à la maison de ville, où Coligny voulut lui donner la chambre la plus voisine de celle qu'il occupait lui-même. Là, Gabriel épuisé se jeta sur un lit et s'endormit comme s'il ne devait plus se réveiller.

Il ne se réveilla en effet que sur les quatre heures de l'après-midi, et encore ce fut Coligny qui, en entrant dans sa chambre, interrompit ce bon sommeil réparateur, dont le pauvre jeune homme, malgré ses soucis, avait tant besoin. Un assaut avait été tenté dans la journée par l'ennemi et repoussé vaillamment; mais il en annonçait un autre sans doute pour le lendemain, et l'amiral, qui s'était bien trouvé jusque-là des conseils de Gabriel, venait les lui demander encore.

Gabriel fut bientôt à bas de son lit et prêt à recevoir Coligny.

— Un mot seulement à mon écuyer, monsieur l'amiral, lui dit-il, et je suis tout à vos ordres.

— Faites, monsieur le vicomte d'Exmès, répondit Coligny. Puisque sans vous le drapeau espagnol flotterait à l'heure qu'il est sur cet Hôtel de ville, je puis bien vous dire : Vous êtes chez vous.

Gabriel alla à la porte et appela Martin-Guerre. Martin-Guerre accourut aussitôt, Gabriel le prit à l'écart.

— Mon brave Martin, lui dit-il, je te répétais hier encore que j'aurais désormais une confiance égale dans ton intelligence et dans ta fidélité. Je te le prouve. Tu vas aller sur-le-champ à l'ambulance du faubourg d'Isle. Là, tu demanderas, non pas madame de Castro, mais la supérieure des Bénédictines, la respectable mère Monique, et c'est elle, elle seulement, que tu prieras d'avertir la sœur Bénie, tu entends, la sœur Bénie, que le vicomte d'Exmès, envoyé à Saint-Quentin par le roi, sera auprès d'elle dans une heure, et qu'il la conjure de l'attendre. Tu vois, monsieur de Coligny m'a retenu ici quelque temps, et un intérêt de vie et de mort m'oblige, tu le sais, à mettre toujours mon devoir avant ma joie. Va donc, et qu'elle sache du moins que mon cœur est avec elle.

— Elle le saura, monseigneur, dit l'empressé Martin, qui sortit en effet, laissant son maître un peu moins impatient et un peu plus tranquille.

Et, de fait, il se hâta jusqu'à l'ambulance du faubourg d'Isle, et demanda partout la sœur Monique avec beaucoup d'empressement.

On lui indiqua la supérieure.

— Ah ! ma mère, lui dit en l'abordant le rusé drôle, que je suis aise de vous rencontrer enfin ! mon pauvre maître eût été si triste si je n'avais pu remplir ma commission auprès de vous et de madame Diane de Castro surtout.

— Qui donc êtes-vous, mon ami, et de la part de qui venez-vous? demanda la supérieure surprise autant qu'affligée de voir le secret qu'elle avait recommandé à Gabriel aussi mal gardé par lui.

— Je viens de la part du vicomte d'Exmès, reprit le faux Martin-Guerre affectant la simplicité et la bonhomie. Vous devez connaître le vicomte d'Exmès, j'espère ! toute la ville ne connaît que lui.

— Certes ! dit la supérieure, je connais notre sauveur à tous. Nous avons bien prié pour lui. J'ai eu l'honneur de le voir déjà hier, et je comptais, d'après sa promesse, le revoir aujourd'hui.

— Il va venir, le digne seigneur, il va venir, reprit Arnauld-Martin. Mais monsieur de Coligny le retient, et, dans son impatience, il m'a d'avance envoyé vers vous, vers madame de Castro. Ne vous étonnez pas, ma mère, que je sache et que je prononce ce nom. Une vieille fidélité, vingt fois éprouvée, permet à mon maître de se fier à moi comme à lui-même, et il n'a pas de secrets pour son loyal et dévoué serviteur. Je n'ai d'esprit et d'intelligence, à ce que disent les autres, que pour l'aimer et le défendre ; mais cet instinct-là, du moins, je l'ai bien, et nul ne peut me le refuser, par les reliques de Saint-Quentin ! Oh ! pardonnez-moi, ma mère, de jurer comme cela devant vous. Je n'y pensais pas, et l'habitude, voyez-vous, et puis l'élan du cœur...

— C'est bien ! c'est bien ! dit en souriant la mère Monique. Ainsi monsieur d'Exmès va venir? il sera bien arrivé. La sœur Bénie surtout désire sa présence pour avoir de lui des nouvelles du roi qui l'a envoyé.

— Eh ! eh ! dit Martin en riant niaisement, qui l'a envoyé à Saint-Quentin, mais pas à madame Diane, je suppose.

— Que voulez-vous dire? reprit la supérieure.

— Je dis, madame, que moi, qui aime le vicomte d'Exmès, à la fois comme un maître et comme un frère, je suis vraiment bien aise que vous, une femme si digne de respect et si pleine d'autorité, vous vous mêliez un peu des amours de monseigneur et de madame de Castro.

— Des amours de madame de Castro ! s'écria la supérieure épouvantée.

— Eh ! sans doute, reprit le faux imbécile. Madame Diane n'a pas été sans vous confier tout, à vous, sa véritable mère et sa seule amie ?

— Elle m'a parlé vaguement de peines profondes de cœur, dit la religieuse, mais de cet amour profane, mais du nom du vicomte, je n'en savais rien, rien absolument !

— Oui, oui, vous niez... par modestie, reprit Arnauld en hochant la tête d'un air capable. De fait, moi, je trouve votre conduite très belle, et je vous en suis, pour ma part, on ne peut plus reconnaissant. Vous agissez très courageusement au moins ! Ah ! vous êtes-vous dit, le roi s'oppose aux amours de ces enfans ! ah ! le père de Diane entrerait dans une redoutable colère s'il soupçonnait qu'ils peuvent seulement se rencontrer ! Eh bien ! moi, sainte et digne femme, je braverai la majesté royale et l'autorité paternelle, je prêterai à mes pauvres amoureux la sanction de mon appui et de mon caractère ; je leur ménagerai des entrevues, je leur rendrai l'espérance et ferai taire leurs remords. Eh bien ! c'est superbe, c'est magnifique ce que vous faites là, entendez-vous !

— Jésus ! put seulement dire en joignant les mains de surprise et de terreur la supérieure, cœur craintif et consciencieux timorée. Jésus ! un père, un roi bravés, et mon nom, ma vie mêlés à ces intrigues amoureuses ! oh !

— Tenez, reprit Arnauld, j'aperçois justement là-bas mon maître qui accourt pour vous remercier lui-même de votre bonne entremise et pour vous demander, l'impatient jeune homme ! quand et comment il pourra, grâce à vous, revoir sa maîtresse adorée.

Gabriel arrivait en effet, hors d'haleine. Mais, avant qu'il se fût approché, la supérieure l'arrêta d'un geste et se redressant avec dignité :

— Pas un pas de plus et pas un mot, monsieur le vicomte, lui dit-elle. Je sais maintenant à quel titre et dans quelles intentions vous vouliez vous rapprocher de madame de Castro. N'espérez donc pas que désormais je prête les mains à des projets, indignes, je le crains, d'un gentilhomme. Et non-seulement je ne dois plus et ne veux plus vous entendre, mais je prétends user de mon autorité pour retirer à Diane toute occasion et tout prétexte de vous voir et de vous rencontrer, soit au parloir du couvent, soit aux ambulances. Elle est libre, je le sais, et n'a pas prononcé de vœux qui l'engagent ; mais, tant qu'elle voudra rester dans l'asile, choisi par elle, de notre saint couvent, elle trouvera bon que ma protection sauvegarde son honneur et non pas son amour.

La supérieure salua d'un air glacial Gabriel immobile d'étonnement, et se retira, sans écouter sa réponse et sans se retourner vers lui une seule fois.

— Qu'est-ce que cela signifie? demanda, après un moment de stupéfaction, le jeune homme à son prétendu écuyer.

— Je n'en sais pas plus que vous, monseigneur, répondit Arnauld, qui donnait à sa joie intérieure le masque de la consternation. Madame la supérieure m'a fort mal reçu, s'il faut le dire, et m'a déclaré qu'elle n'ignorait rien de vos desseins, mais qu'elle devait s'y opposer et seconder les vues du roi, et que madame Diane ne vous aimait plus, si elle vous avait jamais aimé.

— Diane ne m'aime plus ! s'écria Gabriel pâlissant. Hélas! hélas! reprit-il, tant mieux peut-être ! Cependant je veux la voir encore, je veux lui prouver que je ne suis envers elle ni indifférent ni coupable. Cet entretien suprême, dont j'ai besoin pour m'encourager dans ma tâche, il faudra absolument que tu m'aides à l'obtenir, Martin-Guerre.

— Monseigneur sait, répondit humblement Arnauld,

que je suis un instrument dévoué de sa volonté, et que je lui obéis en toutes choses, comme la main obéit au front. Je m'emploierai de tous mes efforts, comme je viens de le faire encore à l'instant même, pour que monseigneur ait avec madame de Castro cet entretien qu'il souhaite.

Et le rusé drôle suivit, en riant sous cape, Gabriel qui rentra à la maison de ville tout abattu.

Puis, le soir quand, après une ronde aux remparts, le faux Martin-Guerre se retrouva seul dans sa chambre, il tira de sa poitrine un papier qu'il se mit à lire avec un air de vive satisfaction.

« Compte d'Arnauld du Thill, pour M. le connétable de » Montmorency, depuis le jour où il a été séparé violem- » ment de monseigneur. (Ce compte comprenait, tant les » services publics que les services privés.)

» — Pour avoir, étant prisonnier de l'ennemi après la » journée de Saint-Laurent, et conduit en présence de » Philibert-Emmanuel, conseillé à ce général de renvoyer » le connétable sans rançon, sous le spécieux prétexte » que monseigneur ferait moins de tort aux Espagnols » avec son épée, que de bien par ses avis au roi, — cin- » quante écus.

» Pour s'être échappé par ruse adroite du camp, où » l'on retenait ledit Arnauld prisonnier, et avoir ainsi » épargné à M. le connétable les frais de la rançon qu'il » n'aurait pas manqué de payer généreusement pour re- » trouver un si fidèle et si précieux serviteur, — cent écus.

» Pour avoir conduit habilement, par des sentiers igno- » rés, le détachement que le vicomte d'Exmès amenait au » secours de Saint-Quentin et de monsieur l'amiral de » Coligny, le neveu bien-aimé de monsieur le connétable, » — vingt livres. »

Il y avait encore dans la note du sieur Arnauld plus d'un article aussi impudemment avide que ceux-là. L'espion les relisait en se caressant la barbe. Quand il eut achevé sa lecture, il prit une plume et ajouta à la liste :

« Pour avoir, étant entré au service du vicomte d'Exmès, » sous le nom de Martin-Guerre, dénoncé ledit vicomte à » la supérieure des Bénédictines comme amant de ma- » dame de Castro, et séparé ainsi pour longtemps ces deux » jeunes gens comme c'est l'intérêt de monsieur le conné- » table, — deux cents écus. »

— Cela, par exemple, n'est pas cher, se dit Arnauld, et voilà un de ces chapitres qui font passer les autres. Le total, en somme, est assez rond. Nous approchons de mille livres, et, avec un peu d'imagination, nous irons bien jusqu'à deux mille ; — et, si je les ai, ma foi ! je me retirerai des affaires, je me marierai, je serai père de mes enfans et marguillier de ma paroisse dans quelque province, et toucherai ainsi le rêve de toute ma vie et le but honnête de toutes mes mauvaises actions.

Arnauld se coucha et s'endormit sur ces vertueuses résolutions.

Le lendemain, il fut requis par Gabriel d'aller encore à la recherche de Diane, et l'on devine comment il s'acquitta de la commission. Gabriel lui-même quitta monsieur de Coligny pour s'informer et interroger. Mais, vers dix heures du matin, l'ennemi tenta un furieux assaut, et il fallut courir aux boulevards. Gabriel y fit des prodiges de valeur, selon sa coutume, et s'y conduisit comme s'il avait deux vies à perdre.

C'est qu'il en avait deux à sauver.

En outre, s'il se faisait remarquer, Diane entendrait parler de lui, peut-être.

XXXII.

THÉOLOGIE.

Gabriel revenait de l'assaut brisé de fatigue, à côté de Gaspard de Coligny, quand deux hommes qui passaient à trois pas de lui prononcèrent dans leur conversation le nom de la sœur Bénie. Il laissa l'amiral, et courant à ces hommes, leur demanda avec empressement s'ils savaient des nouvelles de celle qu'ils venaient de nommer.

— Oh ! mon Dieu ! non, mon capitaine, pas plus que vous, dit l'un des hommes, lequel n'était autre que Jean Peuquoy. Justement, je m'en inquiétais avec mon compagnon, car on n'a pas vu la noble et vaillante fille de tout le jour, et je disais que pourtant, après une chaude journée comme celle-ci, il y a bien des malheureux blessés qui auraient besoin de ses soins et de son sourire d'ange. Mais nous saurons bientôt si c'est qu'elle est sérieusement malade ; car c'est son tour demain soir de faire à l'ambulance le service de nuit : elle n'y a pas manqué jusqu'ici, et les religieuses sont en trop petit nombre et se relaient de trop près pour qu'on veuille ou qu'on puisse l'en dispenser, à moins de nécessité absolue. Nous la reverrons donc demain soir, bien sûr, et j'en remercierai Dieu pour nos malades, vu qu'elle sait vous consoler et vous ranimer comme la vraie Notre-Dame.

— Merci, ami, merci, dit Gabriel en serrant chaleureusement la main à Jean Peuquoy, tout surpris d'un tel honneur.

Gaspard de Coligny avait entendu Jean Peuquoy, et remarqué la joie de Gabriel. Quand celui-ci l'eut rejoint, il ne lui dit pourtant rien d'abord ; mais, une fois qu'ils furent rentrés à la maison, et seuls tous deux dans la chambre où l'amiral avait ses papiers et donnait ses ordres, Gaspard dit avec son fin et doux sourire à Gabriel :

— Vous prenez, je le vois, à cette religieuse, la sœur Bénie, un vif intérêt, mon ami ?

— Le même intérêt que Jean Peuquoy, répondit Gabriel en rougissant ; le même intérêt que vous-même sans doute, monsieur l'amiral, car vous avez dû remarquer comme moi à quel point elle manque réellement à nos blessés, et quelle influence bienfaisante exercent sur eux et sur tous ceux qui combattent sa parole et sa présence.

— Pourquoi voulez-vous me tromper, ami ? reprit l'amiral avec une nuance de tristesse. Vous avez donc bien peu de confiance en moi que vous essayez ainsi de me mentir.

— Quoi ! monsieur l'amiral... répondit Gabriel de plus en plus embarrassé, qui a pu vous faire supposer ?...

— Que la sœur Bénie n'est autre que madame Diane de Castro ? reprit Coligny, et que vous aimez d'amour madame de Castro ?

— Vous le savez ? s'écria Gabriel au comble de la surprise.

— Comment ne le saurais-je pas ? reprit l'amiral. Monsieur le connétable n'est-il pas mon oncle ? Est-il pour lui quelque chose de caché à la cour ? Madame de Poitiers n'a-t-elle pas l'oreille du roi, et monsieur de Montmorency n'a-t-il pas le cœur de Diane de Poitiers ? Comme il y a sous toute cette affaire de graves intérêts pour notre famille, à ce qu'il paraît, j'ai été naturellement prévenu tout d'abord de me tenir sur mes gardes et prêt à seconder les projets de ma noble parenté. Je n'étais pas entré depuis un jour dans Saint-Quentin pour défendre la place ou pour mourir, quand j'ai reçu de mon oncle un exprès. Cet exprès ne venait pas m'informer, comme je le crus d'abord, des mouvements de l'ennemi et des plans militaires du connétable. Non, vraiment ! Il avait traversé mille périls pour venir me donner avis qu'au couvent des Bénédictines de Saint-Quentin se cachait, sous un nom supposé, madame Diane de Castro, fille du roi, et que j'eusse à surveiller exactement toutes ses démarches. Puis, hier, un émissaire flamand, gagné à prix d'or par monsieur de Montmorency prisonnier, m'a demandé à la poterne du Sud. J'ai pensé qu'il allait me dire de la part de mon oncle de prendre courage, que je devais relever la gloire des Montmorency ternie par l'échec de Saint-Laurent, que le roi ajouterait immanquablement d'autres secours à ceux amenés par vous, Gabriel, et qu'en tous cas, je mourusse sur la brèche plutôt que de rendre Saint-Quentin. Non ! non ! l'émissaire acheté ne venait pas m'apporter de ces généreuses paroles qui raniment et excitent, et je m'étais grossièrement trompé ! Cet homme devait m'avertir seulement que le vicomte d'Exmès, arrivé de la veille dans ces murs sous prétexte d'y combattre et d'y mourir, aimait madame de Castro fiancée à mon cousin François de Montmorency, et que la réunion des amans pouvait porter atteinte aux grands projets mûris par mon oncle. Mais je me trouvais, par bonheur ! gouverneur de Saint-Quentin, et mon devoir était d'employer mon activité tout entière à séparer par tous les moyens possibles madame Diane et Gabriel d'Exmès, à m'opposer surtout à toutes leurs entrevues, et à contribuer ainsi à l'élévation et à la puissance de ma famille !

Tout ceci fut dit avec une amertume et une tristesse évidentes. Mais Gabriel ne sentait que le coup porté à ses espérances d'amour.

— Ainsi, monsieur, dit-il avec une sourde colère à l'amiral, c'est vous qui m'avez dénoncé à la supérieure des Bénédictines, et qui, fidèle aux instructions de votre oncle, comptez sans doute m'enlever une à une toutes les chances qui pourraient me rester de retrouver et de revoir Diane ?

— Taisez-vous, jeune homme ! s'écria l'amiral avec une expression de fierté indicible. Mais je vous pardonne, reprit-il plus doucement, la passion vous aveugle, et vous n'avez pas encore eu le temps de connaître Gaspard de Coligny.

Il y eut dans l'accent de ces paroles tant de noblesse et de bonté que tous les soupçons de Gabriel s'évanouirent, et qu'il eut honte de les avoir seulement admis une minute.

— Pardon ! dit-il en tendant la main à Gaspard. Comment ai-je pu croire que vous fussiez mêlé à de pareilles intrigues ! Pardon mille fois, monsieur l'amiral.

— A la bonne heure, Gabriel, reprit Coligny, je vous retrouve avec vos instincts jeunes et purs. Non, certes, je ne me mêle pas à de telles menées, je les méprise et je méprise ceux qui les ont conçues. Je n'y vois pas la gloire, mais la honte de ma famille, et loin de vouloir en profiter, j'en rougis. Si ces hommes, qui bâtissent leur fortune par tous les moyens, scandaleux ou non, qui ne regardent pas, pour assouvir leur ambition et leur cupidité, à la douleur et à la ruine de leurs semblables, qui passeraient même, pour arriver plus tôt à leur but infâme, sur le cadavre de la mère-patrie, si ces hommes sont mes parens, c'est le châtiment par lequel Dieu frappe mon orgueil et me rappelle à l'humilité ; c'est un encouragement à me montrer sévère envers moi-même, et intègre envers les autres pour racheter les fautes de mes proches.

— Oui, reprit Gabriel, je sais que l'honneur et la vertu des temps évangéliques résident en vous, monsieur l'amiral, et je vous fais encore mes excuses de vous avoir un moment parlé comme à un de ces seigneurs de notre cour, sans foi ni loi, que j'ai trop appris à mépriser et à haïr.

— Hélas ! dit Coligny, il faut plutôt les plaindre, ces pauvres ambitieux de rien, ces pauvres papistes aveuglés. Mais, reprit-il, j'oublie que je ne suis point devant un de mes frères en religion. N'importe, vous êtes digne d'être des nôtres, Gabriel, et vous serez des nôtres tôt ou tard. Oui, Dieu, pour qui tous les moyens sont saints, vous ramènera, je le prévois, à la vérité par la passion même, et cette lutte inégale, où votre amour va vous briser contre une cour corrompue, finira par vous conduire dans nos rangs un jour ou l'autre. Je serais heureux de contribuer à jeter en vous, ami, les premières semences de la moisson divine.

— Je savais déjà, monsieur l'amiral, dit Gabriel, que vous apparteniez au parti des réformés, et j'en ai appris à estimer le parti qu'on persécute. Néanmoins, voyez-vous, je suis un faible d'esprit, étant un faible de cœur, et je sens bien que je serai toujours de la religion dont sera Diane.

— Eh bien ! dit Gaspard de Coligny, pris comme ses coreligionnaires de la fièvre du prosélytisme ; eh bien ! si madame de Castro est de la religion de la vertu et de la vérité, elle est de notre religion, et vous en serez, Gabriel. Vous en serez aussi, je le répète, parce que cette cour dissolue avec laquelle, imprudent ! vous entrez en lutte, vaincra, et que vous voudrez vous venger. Croyez-vous que monsieur de Montmorency, qui a jeté son dévolu sur la fille du roi pour son fils, consente à vous abandonner cette riche proie ?

— Hélas ! je ne la lui disputerais peut-être pas, dit Gabriel. Que le roi tienne seulement des engagemens sacrés pris avec moi...

— Des engagemens sacrés ! reprit l'amiral. Est-ce qu'il en est, Gabriel, pour celui qui, après avoir ordonné au parlement de discuter librement devant lui la question de la liberté de conscience, fit brûler Anne Dubourg et Dufaur, pour avoir, sur la foi de la parole royale, plaidé la cause de la réforme.

— Oh ! ne me dites pas cela ! monsieur l'amiral, s'écria Gabriel ; ne me dites pas que le roi Henri II ne tiendra pas la promesse solennelle qu'il m'a faite ; car alors ce ne serait pas seulement ma croyance qui se ferait rebelle, ce serait aussi, j'en ai peur, mon épée ; je ne deviendrais pas huguenot, je deviendrais meurtrier.

— Non, si vous deveniez huguenot, reprit Gaspard de Coligny. Nous pourrions être martyrs ; nous ne serons jamais assassins.. Mais votre vengeance, pour n'être pas sanglante, n'en serait pas moins terrible, ami. Vous nous aideriez de votre jeune courage, de votre ardent dévouement, dans une œuvre de rénovation, qui devra sembler plus funeste au roi qu'un coup de poignard, peut-être. Songez, Gabriel, que nous voudrions lui arracher ses droits iniques et ses monstrueux privilèges ; songez que ce n'est pas seulement dans l'Église, mais aussi dans le gouvernement, que nous tâcherions d'apporter une réforme, salutaire aux bons, mais redoutable aux pervers. Vous avez pu voir si j'aime la France et si je la sers. Eh bien ! je suis avec les réformés, en partie, parce que je vois dans la réforme la grandeur et l'avenir de la patrie. Gabriel ! Gabriel ! si vous aviez lu seulement une fois les livres puissans de notre Luther, vous verriez comme cet esprit d'examen et de liberté qu'ils respirent mettraient en vous une autre âme, et vous ouvriraient une nouvelle vie.

— Ma vie, c'est mon amour pour Diane, répondit Gabriel ; mon âme, c'est une tâche sainte que Dieu m'a imposée et que j'espère accomplir.

— Amour et tâche d'un homme, reprit Gaspard, mais qui doivent pouvoir se concilier, certes, avec la tâche et l'amour d'un chrétien ! Vous êtes jeune et aveugle, ami ; mais, je ne le prévois que trop, et mon cœur saigne de vous le prédire, le malheur vous dessillera les yeux. Votre générosité et votre pureté vous attireront tôt ou tard des douleurs dans cette cour licencieuse et méchante, comme les grands arbres, dans un air de tempête, attirent la foudre. Vous réfléchirez alors à ce que je vous dis aujourd'hui. Vous connaîtrez nos livres, celui-ci, par exemple, reprit l'amiral en montrant sur sa table un volume ouvert qu'il prit. Vous comprendrez ces paroles hardies et sévères, mais justes et belles, que vient de nous faire entendre un jeune homme comme vous, conseiller au parlement de Bordeaux, qu'on appelle Étienne de la Boétie. Vous direz alors, Gabriel, avec ce livre vigoureux de *La servitude volontaire* : « Quel malheur ou quel vice de voir un nombre infini, non pas obéir, mais servir ; non pas être gouvernés, mais tyrannisés d'un seul, et non pas d'un Hercule ni d'un Samson, mais d'un seul hommeau, et le plus souvent du plus lâche et féminin de la nation, tout empêché de servir virilement à quelque femmelette. »

— Ce sont là, en effet, dit Gabriel, de dangereux et audacieux discours, et qui étonnent l'intelligence. Vous avez d'ailleurs raison, monsieur l'amiral, il se peut qu'un jour la colère me jette dans vos rangs, et que l'oppression me mette du parti des opprimés. Mais jusque-là, voyez-vous, ma vie est trop pleine pour que ces idées nouvelles que vous me présentez puissent y tenir, et j'ai à faire trop de choses pour avoir le temps de méditer des livres.

Néanmoins, Gaspard de Coligny développa encore avec chaleur les doctrines et les idées qui fermentaient alors comme un vin nouveau dans son esprit, et la conversation se prolongea longtemps entre le jeune homme passionné et l'homme convaincu, l'un résolu et fougueux comme l'action, l'autre grave et profond comme la pensée.

L'amiral d'ailleurs ne se trompait guère dans ses sombres prévisions, et le malheur devait en effet se charger de féconder les germes que cet entretien semait dans l'âme ardente de Gabriel.

XXXIII.

LA SOEUR BÉNIE.

C'était une soirée d'août sereine et splendide. Dans le ciel, d'un bleu calme et profond, tout parsemé d'étoiles, la lune cependant ne s'était pas encore levée; mais la nuit, plus mystérieuse, n'en était que plus rêveuse et plus charmante.

Cette douce tranquillité contrastait singulièrement avec le mouvement et le fracas qui avaient rempli la journée. Les Espagnols avaient donné deux assauts consécutifs. Ils avaient été repoussés deux fois, mais non sans faire plus de morts et plus de blessés que le petit nombre des défenseurs de la place ne pouvait en supporter. L'ennemi, au contraire, avait de puissantes réserves et des troupes fraîches pour remplacer les troupes fatiguées. Aussi Gabriel, toujours sur ses gardes, craignait que les deux assauts du jour n'eussent pour but unique d'épuiser les forces et la vigilance des assiégeans, afin de favoriser un troisième assaut ou une surprise nocturne. Cependant dix heures venaient de sonner à la Collégiale, et rien ne confirmait ces soupçons. Pas une lumière ne brillait parmi les tentes espagnoles. Dans le camp, comme dans la ville, on n'entendait que le cri monotone des sentinelles, et, comme la ville, le camp semblait se reposer des rudes fatigues de la journée.

En conséquence, Gabriel, après une dernière ronde autour des remparts, crut pouvoir se relâcher un moment de cette surveillance de toutes les minutes dont il avait entouré la ville, comme un fils à sa mère malade. Saint-Quentin, depuis l'arrivée du jeune homme, avait résisté déjà quatre jours. Quatre jours encore, et il aurait tenu la promesse faite au roi, et le roi n'aurait plus qu'à tenir la sienne.

Gabriel avait ordonné à son écuyer de le suivre, mais sans lui dire où il allait. Depuis la déconvenue de la veille auprès de la supérieure, il commençait à se défier, sinon de la fidélité, au moins de l'intelligence de Martin-Guerre. Il s'était donc gardé de lui faire part des précieux renseignemens que Jean Peuquoy lui avait donnés, et le Martin-Guerre postiche, qui croyait n'accompagner son maître qu'à une ronde militaire, fut assez étonné de le voir se diriger vers le boulevard de la Reine, où la grande ambulance avait été établie.

— Allez-vous donc voir quelque blessé, monseigneur? dit-il.

— Chut! répondit seulement Gabriel en mettant un doigt sur ses lèvres.

La principale ambulance, devant laquelle Gabriel et Arnauld arrivaient en ce moment, avait été placée auprès des remparts, non loin du faubourg d'Isle, qui était l'endroit le plus périlleux et celui par conséquent où les secours étaient le plus nécessaires. C'était un grand bâtiment qui servait, avant le siége, de magasin à fourrage, mais qu'on avait dû mettre par urgence à la disposition des chirurgiens. La douceur d'une nuit d'été avait permis de laisser ouverte la porte du milieu de l'ambulance, pour renouveler et rafraîchir l'air. Du bas des marches d'une galerie extérieure, Gabriel pouvait donc déjà, à la lueur des lampes allumées sans cesse, plonger son regard dans cette salle des souffrances.

Le spectacle était navrant. Il y avait bien çà et là quelques lits sanglans dressés à la hâte; mais ce luxe n'était accordé qu'aux privilégiés. La plupart des malheureux blessés gisaient à terre sur des matelas, des couvertures, et même sur la paille. Des gémissemens aigus ou plaintifs appelaient de toutes parts les chirurgiens et leurs aides qui, malgré leur zèle, ne pouvaient entendre à tous cependant. Ils allaient au pansement le plus nécessaire, à l'amputation la plus pressée et les autres devaient attendre. Et le tremblement de la fièvre ou les convulsions de l'agonie tordaient sur leur grabat les misérables; et si, dans quelque coin, l'un d'eux étendu restait sans mouvement et sans cri, le drap-linceul, ramené sur sa tête, disait assez qu'il ne devait plus jamais remuer ou se plaindre.

Devant ce douloureux et lugubre tableau, les cœurs les plus vaillans et les plus pervers auraient perdu leur endurcissement et leur courage. Arnauld du Thill ne put s'empêcher de frissonner et Gabriel de pâlir.

Mais, tout à coup, sur cette pâleur soudaine du jeune homme un sourire attendri se dessina. Au milieu de cet enfer rempli d'autant de douleurs que celui de Dante, l'ange calme et radieux, la douce Béatrix, venait de lui apparaître. Diane, ou plutôt la sœur Bénie, venait de passer, sereine et mélancolique, au milieu de tous ces pauvres blessés.

Jamais elle n'avait semblé plus belle à Gabriel ébloui. Certes, aux fêtes de la cour, l'or, les diamans et le velours ne lui seyaient pas comme, dans cette morne ambulance, la robe de bure et la guimpe blanche de la religieuse. A son profil pur, à sa chaste démarche, à son consolant regard, on eût dû la prendre pour la Pitié elle-même descendue en ce lieu de souffrances. La pensée chrétienne ne pouvait pas s'incarner sous une forme plus admirable, et rien n'était touchant comme de voir cette beauté choisie se pencher sur ces fronts hâves et défigurés par l'angoisse, et cette fille de roi tendre sa petite main émue à ces soldats sans nom qui allaient mourir.

Gabriel songea involontairement à madame Diane de Poitiers occupée sans doute, en ce moment même, de dilapidations joyeuses et d'impudiques amours, et Gabriel, frappé de ce contraste étrange entre les deux Diane, se dit qu'à coup sûr Dieu avait fait les vertus de la fille pour racheter les fautes de la mère.

Tandis que Gabriel, dont le défaut n'était pourtant pas d'être un rêveur, se livrait à sa contemplation et à ses comparaisons sans s'apercevoir que le temps passait, et, dans l'intérieur de l'ambulance la tranquillité s'établissait peu à peu. La soirée en effet était déjà avancée; les chirurgiens achevaient leur tournée; le mouvement cessait et aussi le bruit. On recommandait aux blessés le silence et le repos et des breuvages assoupissans aidaient à la recommandation. On entendait encore bien çà et là quelques gémissemens plaintifs, mais plus de ces cris déchirans de tout à l'heure. Avant qu'une demi-heure se fût écoulée, tout redevint calme, autant que la souffrance peut être calme.

Diane avait adressé aux malades ses dernières paroles de consolation, et les avait, après les médecins et mieux qu'eux exhortés à la paix et à la patience. Tous obéissaient de leur mieux à sa voix doucement impérieuse. Quand elle vit que pour chacun d'eux les prescriptions ordonnées étaient remplies, et qu'en ce moment nul n'avait plus besoin d'elle, elle respira longuement, comme pour soulager sa poitrine oppressée et s'approcha de la galerie extérieure, sans doute afin de respirer un peu à la porte l'air frais du soir, et de se reposer des misères et des infirmités des hommes en contemplant les étoiles de Dieu.

Elle vint, en effet, s'appuyer sur une sorte de balustre de pierre, et son regard levé au ciel n'aperçut pas au bas des marches, à dix pas d'elle, Gabriel ravi en extase à son aspect comme devant une apparition céleste.

Un assez brusque mouvement de Martin-Guerre, qui ne semblait pas partager ce ravissement, ramena notre amoureux sur la terre.

— Martin, dit-il à son écuyer à voix basse, tu vois quelle occasion unique m'est offerte. Je dois, je veux en profiter, et parler, peut-être hélas! pour la dernière fois, à madame Diane. Toi, veille cependant à ce qu'on ne nous interrompe pas, et fais le guet un peu à l'écart, tout en restant néanmoins à portée de ma voix. Va, mon fidèle serviteur, va.

— Mais, monseigneur, objecta Martin, ne craignez-vous pas que madame la supérieure?...

— Elle est dans une autre salle probablement, reprit Gabriel. Et puis, il n'y a pas à hésiter devant la nécessité qui peut désormais nous séparer pour toujours.

Martin parut se résigner et s'éloigna en jurant, mais tout bas.

Pour Gabriel, il s'approcha de Diane un peu plus, et, contenant sa voix afin de n'éveiller l'attention de personne, appela doucement :

— Diane! Diane!

Diane tressaillit ; mais ses yeux, qui n'avaient pas encore eu le temps de s'habituer à l'ombre, ne virent pas d'abord Gabriel.

— M'appelle-t-on? dit-elle ; et qui m'appelle ainsi?

— Moi! répondit Gabriel, comme si le monosyllabe de Médée devait suffire pour le faire reconnaître.

Il suffit en effet, car Diane, sans en demander davantage, reprit d'une voix que l'émotion et la surprise faisaient tremblante.

— Vous, monsieur d'Exmès! est-ce bien vous? et que voulez-vous de moi en ce lieu et à cette heure? Si, comme on me l'avait annoncé, vous m'apportez des nouvelles du roi mon père, vous avez bien tardé, et vous choisissez mal l'endroit et le moment. Sinon, vous le savez, je n'ai rien à entendre de vous et je ne veux rien entendre. Eh bien! monsieur d'Exmès, vous ne répondez pas? ne m'avez-vous pas comprise? Vous vous taisez? que signifie ce silence, Gabriel?

— Gabriel! à la bonne heure donc! s'écria le jeune homme. Je ne vous répondais pas, Diane, parce que vos froides paroles me glaçaient, et que je ne trouvais pas la force de vous appeler *madame*, comme vous m'appeliez *monsieur*. C'est bien assez déjà de vous dire : Vous!

— Ne m'appelez pas madame ni ne m'appelez plus non plus Diane. Madame de Castro n'est plus ici ; c'est la sœur Bénie qui est devant vous. Appelez-moi ma sœur, et je vous appellerai mon frère!

— Quoi! qu'est-ce à dire? s'écria Gabriel en reculant épouvanté. Moi, vous nommer ma sœur! pourquoi voulez-vous, grand Dieu! que je vous nomme ma sœur?

— Mais c'est le nom qu'à présent tout le monde me donne, reprit Diane. Est-ce donc un nom si effrayant?

— Oh! oui, oui, certes! ou plutôt non ; pardonnez-moi, je suis fou. C'est un titre doux et charmant ; je m'y habituerai, Diane, je m'y habituerai... ma sœur.

— Vous voyez, reprit Diane en souriant tristement. C'est d'ailleurs le vrai nom chrétien qui me convient désormais; car, bien que je n'aie pas encore prononcé mes vœux, je suis déjà religieuse par le cœur; et je le serai bientôt par le fait, j'espère, dès que j'aurai obtenu la permission du roi. M'apportez-vous cette permission, mon frère?

— Oh! fit Gabriel avec douleur et reproche.

— Mon Dieu! reprit Diane, il n'y a, je vous assure, aucune amertume dans mes paroles. J'ai tant souffert depuis quelque temps parmi les hommes, que naturellement je cherche mon refuge en Dieu. Ce n'est pas le dépit qui me fait agir et parler, c'est la douleur.

Il n'y avait, en effet, dans l'accent de Diane que de la douleur et de la tristesse. Et dans son cœur pourtant se mêlait à cette tristesse une joie involontaire qu'elle n'avait contenir à l'aspect de Gabriel, de Gabriel qu'elle avait autrefois perdu pour son amour et pour ce monde, qu'elle retrouvait aujourd'hui énergique, fort et peut-être tendre.

Aussi, sans le vouloir, sans le savoir, elle avait descendu de deux ou trois degrés l'escalier, et, attirée par un aimant invincible, s'était ainsi rapprochée de Gabriel.

— Ecoutez, dit celui-ci, il faut que le malentendu cruel qui a déchiré nos deux cœurs cesse à la fin. Je ne puis supporter plus longtemps cette pensée que vous me méconnaissez, que vous croyez à mon indifférence, ou, qui sait? à ma haine. Cette idée affreuse me trouble, même dans la tâche sainte et difficile que je dois accomplir. Mais venez un peu à l'écart... ma sœur, vous avez encore confiance en moi, n'est-ce pas? Eloignons-nous, je vous prie, de cette place ; si l'on ne peut nous voir, on peut nous entendre, et j'ai des raisons de craindre qu'on ne veuille troubler notre entretien, et cet entretien qui, je vous le dis, ma sœur, est nécessaire à ma raison et à ma tranquillité.

Diane ne réfléchit plus. De tels mots prononcés par un telle bouche étaient tous-puissans sur elle. Elle remonta seulement deux marches pour voir dans la salle de l'ambulance si l'on n'avait pas besoin d'elle, et, trouvant tout en repos comme il fallait, elle redescendit aussitôt vers Gabriel, appuyant sa main confiante sur la main loyale de son *gentilhomme*.

— Merci! lui dit Gabriel, les momens sont précieux ; car ce que je crains, ne savez-vous, c'est que la supérieure, qui connaît mon amour maintenant, ne vienne s'opposer à cette explication, grave et pure pourtant comme mon affection pour vous, ma sœur,

— C'est donc cela, reprit Diane, qu'après m'avoir parlé elle-même de votre arrivée et du désir que vous aviez de m'entretenir, ma bonne mère Monique, instruite par quelqu'autre sans doute du passé que je lui avais en partie caché, je l'avoue, m'a empêchée depuis trois jours de sortir du couvent, et aurait voulu encore m'y retenir ce soir, si, mon tour de veille à l'ambulance étant arrivé, je n'avais tenu absolument à remplir mon douloureux devoir. Oh! Gabriel! la tromper, cette douce et vénérable amie, n'est-ce pas bien mal à moi?

— Faut-il donc vous répéter, reprit Gabriel avec mélancolie, que vous êtes auprès de moi comme auprès d'un frère, hélas! et que je dois, que je veux faire taire tous les tressaillemens de mon cœur, et vous parler uniquement comme un ami, certes toujours dévoué et qui mourrait pour vous avec joie, mais qui écoutera sa tristesse bien plutôt que son amour, soyez tranquille!

— Alors parlez donc, mon frère, reprit Diane.

Mon frère! ce nom terrible et charmant rappelait toujours à Gabriel l'étrange et solennelle alternative où la destinée l'avait placé, et, comme un mot magique, chassait les ardentes pensées qu'auraient pu éveiller au cœur du jeune homme la nuit solitaire et la ravissante beauté de sa bien-aimée.

— Ma sœur, dit-il d'une voix assez ferme, j'avais absolument besoin de vous voir et de vous parler, pour vous adresser deux prières : l'une qui a trait au passé, l'autre qui se rapporte à l'avenir. Vous êtes bonne et généreuse, Diane, et vous ne saurez refuser celles-ci à un ami qui ne vous rencontrera peut-être plus sur son chemin en ce monde, et qu'une mission fatale et dangereuse expose à toute minute à la mort.

— Oh! ne dites pas cela, ne dites pas cela! s'écria madame de Castro prête à défaillir, et mesurant, éperdue, son amour à son épouvante.

— Je vous dis cela, ma sœur, repartit Gabriel, non pour que vous vous alarmiez, mais pour que vous ne me refusiez pas un pardon et une grâce. Le pardon est pour cet effroi et ce chagrin qu'a dû vous causer mon délire, le jour où je vous ai vue pour la dernière fois à Paris. J'ai jeté dans votre pauvre cœur l'épouvante et la désolation. Hélas! ma sœur, ce n'était pas moi qui vous parlais, c'était la fièvre. Je ne savais pas ce que je disais, vraiment; et une révélation terrible reçue ce jour-là même, et que j'avais peine à contenir en moi, m'emplissait de démence et de désespoir. Vous vous souvenez peut-être, ma sœur, que c'est en vous quittant que je fus pris de cette longue et douloureuse maladie qui faillit me coûter la vie ou au moins la raison?

— Si je m'en souviens, Gabriel! s'écria Diane.

— Ne m'appelez pas Gabriel, par grâce! appelez-moi mon frère toujours, comme tout à l'heure; appelez-moi mon frère! Ce nom qui me faisait peur d'abord, j'ai besoin de l'entendre à présent.

— Comme vous voudrez... mon frère, reprit Diane étonnée.

Mais en ce moment, à cinquante pas d'eux, le bruit régulier d'une troupe en marche se fit entendre, et la sœur Bénie se serra contre Gabriel avec crainte.

— Qui vient là? mon Dieu! on va nous voir! dit-elle.

— C'est une patrouille de nos hommes, reprit Gabriel assez contrarié.

— Mais ils vont passer auprès de nous, me reconnaître ou appeler. Oh! laissez-moi rentrer avant qu'ils n'approchent; laissez-moi me sauver, je vous en supplie.

— Non, il est trop tard, reprit Gabriel en la retenant. Fuir maintenant, ce serait se montrer. Par ici, plutôt; venez par ici, ma sœur.

Et, suivi de Diane tremblante, il monta en toute hâte un escalier caché par une rampe de pierre, qui conduisait sur les remparts mêmes. Là, il plaça Diane et se plaça lui-même entre une guérite non gardée et les créneaux.

La patrouille passa à vingt pas sans les voir.

— Que voilà un point mal protégé! se dit Gabriel, chez qui son idée fixe veillait toujours.

Mais il revint aussitôt à Diane, à peine rassurée encore.

— Soyez tranquille maintenant, ma sœur, lui dit-il; le péril est passé. Mais écoutez-moi, car le temps passe, et j'ai encore sur mon cœur les deux poids qui l'oppressaient. Vous ne m'avez pas dit d'abord que vous m'aviez pardonné ma folie, et j'ai toujours à porter ce lourd fardeau du passé.

— Pardonne-t-on la fièvre et le désespoir? reprit Diane; non, mon frère, on les plaint et on les console. Je ne vous en voulais pas, je pleurais; à présent, vous voilà revenu à la raison et à la vie, et je suis, moi, résignée à la volonté de Dieu.

— Ah! ce n'est pas le tout que la résignation, ma sœur, s'écria Gabriel, il faut que vous ayez l'espérance. C'est pour cela que j'ai voulu vous voir. Vous m'avez délivré de mon remords du passé, merci! Mais il faut que vous m'ôtiez de dessus la poitrine mon angoisse pour votre avenir. Vous êtes, voyez-vous, un des buts rayonnans de mon existence. Il faut que, tranquille sur ce but, je n'aie à me préoccuper, en y marchant, que des périls du chemin; il faut que je sois certain de vous trouver au terme de ma route, avec un sourire, triste si j'échoue, et joyeux si je réussis, mais, en tout cas, avec un sourire ami. Pour cela, il ne doit pas y avoir entre nous de méprise. Cependant, ma sœur, il sera nécessaire que vous me croyiez sur parole et que vous ayez en moi un peu de confiance; car le secret qui réside au fond de mes actions ne m'appartient pas; j'ai juré de le garder, et si je veux qu'on tienne les engagemens pris envers moi, je dois tenir aussi les engagemens pris par moi envers les autres.

— Expliquez-vous, dit Diane.

— Ah! reprit Gabriel, vous voyez bien que j'hésite et que je cherche des détours, parce que je songe à cet habit que vous portez, à ce nom de sœur que je vous donne, et, plus que tout cela, au profond respect qu'il y a pour vous dans mon cœur; et je ne veux prononcer aucune parole qui réveille ou des souvenirs trop enivrans, ou des illusions trop dangereuses. Et pourtant, il faut bien que je vous le dise, que jamais votre image adorée ne s'est effacée ou seulement affaiblie en mon âme, et que rien ni personne ne pourra l'affaiblir jamais!

— Mon frère!... interrompit Diane, à la fois confuse et charmée.

— Oh! écoutez-moi jusqu'au bout, ma sœur, reprit Gabriel. Je vous le répète, rien n'a altéré et rien n'altérera jamais cet ardent... dévouement que je vous ai consacré; et même, je suis heureux de le penser et de le dire, quoi qu'il advienne, il me sera toujours, non-seulement permis, mais commandé presque de vous aimer. Seulement, de quelle nature devra être cette tendresse? Dieu seul le sait, hélas! mais nous le saurons bientôt aussi, je l'espère. En attendant, voici ce que j'ai à vous demander, sœur: Confiante au Seigneur et en votre frère, vous laisserez faire la Providence et mon amitié, n'espérant rien, mais ne désespérant pas non plus. Comprenez-moi bien. Vous m'avez dit autrefois que vous m'aimiez, et, pardonnez-moi! je sens dans mon cœur que vous pouvez m'aimer encore, si le destin le veut bien. Or, je désire atténuer ce que mes paroles ont eu de trop désolant dans ma folie, lorsque je vous ai quittée au Louvre. Il ne faut ni nous leurrer de vaines chimères, ni croire que tout est décidément fini pour nous en ce monde. Attendez. D'ici à peu de temps je viendrai vous dire de deux choses l'une; ou bien: Diane, je t'aime, souviens-toi de notre enfance et de tes aveux; il faut que tu sois à moi, Diane, et que, par tous les moyens possibles, nous obtenions du roi son consentement à notre union. Ou bien, je vous dirai: Ma sœur, une fatalité invincible s'oppose à notre amour et ne veut pas que nous soyons heureux; rien ne dépend de nous en tout ceci, et c'est quelque chose de surhumain, de divin presque, qui vient se placer entre nous, ma sœur. Je vous rends votre promesse. Vous êtes libre. Donnez votre vie à un autre, vous n'en serez pas à blâmer, ni même, hélas! à plaindre; non, nos larmes même seraient ici de trop. Courbons la tête sans mot dire, et acceptons notre destinée inévitable. Vous me serez toujours chère et sacrée; mais nos deux existences qui pourront, Dieu merci! se côtoyer encore, ne pourront jamais se mêler.

— Quelle étrange et redoutable énigme! ne put s'empêcher de dire madame de Castro, perdue dans une rêverie pleine d'effroi.

— Cette énigme, reprit Gabriel, je pourrai sans doute vous en dire le mot alors. Jusque-là, vous creuseriez en vain l'abîme de ce secret, ma sœur. Jusque-là donc, attendez et priez. Me le promettez-vous, d'abord, de croire en mon cœur, et puis, de ne plus nourrir la pensée désolée de renoncer au monde pour vous ensevelir dans un cloître? Me le promettez-vous d'avoir la foi et l'espérance, comme vous avez déjà la charité?

— Foi en vous, espérance en Dieu, oui, je puis vous promettre cela maintenant, mon frère. Mais pourquoi voulez-vous que je m'engage à retourner dans le monde, si ce n'est pour vous y accompagner. Mon âme, n'est-ce pas assez! pourquoi voulez-vous que je vous soumette aussi ma vie, quand ce n'est pas à vous peut-être que je devrai la consacrer? Tout n'est donc en moi et autour de moi que ténèbres, mon Dieu!

— Sœur, dit Gabriel de sa voix pénétrante et solennelle, je vous demande cette promesse pour marcher paisible et fort désormais dans ma voie redoutable et mortelle peut-être, et pour être sûr de vous trouver libre et prête au rendez-vous que je vous donne.

— C'est bien, mon frère, je vous obéirai, dit Diane.

— Oh! merci, merci! s'écria Gabriel. L'avenir m'appartient maintenant. Voulez-vous mettre votre main dans la mienne comme gage de votre promesse, ma sœur?

— La voici, mon frère.

— Ah ! je suis sûr de vaincre à présent, reprit l'ardent jeune homme. Il me semble que rien ne sera plus désormais contraire à mes désirs et à mes desseins.

Mais, comme pour donner un double démenti à ce rêve, en ce moment même des voix appelant la sœur Bénie s'écrièrent du côté de la ville, et, dans le même temps, Gabriel crut entendre derrière lui un léger bruit du côté des fossés. Mais il ne s'occupa d'abord que de l'effroi de Diane.

— On me cherche, on m'appelle ! Jésus ! si on nous trouvait ensemble ! Adieu, mon frère, adieu, Gabriel.

— Au revoir, ma sœur, au revoir Diane. Allez ! je reste ici. Vous serez sortie seulement pour prendre l'air. A bientôt, et merci encore.

Diane se hâta de redescendre l'escalier et d'aller au-devant des gens portant des torches qui l'appelaient de toutes parts à tue-tête, précédés par la mère Monique.

Qui donc avait, par ses insinuations faussement niaises, donné l'éveil à la supérieure ? qui, si ce n'est mons Arnauld, mêlé, avec la mine la plus piteuse du monde, à ceux qui cherchaient la sœur Bénie. Personne n'avait un air candide comme ce coquin-là ! aussi ressemblait-il à bon Martin-Guerre.

Gabriel, rassuré en voyant de loin Diane rejoindre sans encombre la mère Monique et sa troupe, s'apprêtait aussi à quitter les remparts, quand tout à coup une ombre se dressa derrière lui.

Un homme, un ennemi, armé de toutes pièces, enjambait la muraille.

Courir à cet homme, le renverser d'un coup d'épée, et, tout en criant : Alarme ! alarme ! d'une voix retentissante, s'élancer à la tête de l'échelle dressée contre les murs, et toute chargée d'Espagnols, ce fut pour Gabriel l'affaire d'un instant.

Il s'agissait tout simplement d'une surprise nocturne, et Gabriel ne s'était pas trompé, l'ennemi avait donné coup sur coup deux assauts dans le jour pour pouvoir hasarder plus sûrement dans la nuit cette tentative hardie.

Mais la Providence, ou, pour parler plus véridiquement et plus païennement, l'Amour avait amené là Gabriel. Avant qu'un second ennemi eût le temps de suivre sur la plate-forme celui qu'il avait déjà abattu, il saisit de ses mains vigoureuses les deux montans de l'échelle et les dix assiégeans qu'elle portait.

Leurs cris, en se brisant à terre, se mêlèrent aux cris de Gabriel appelant toujours : Aux armes ! Pourtant, à vingt pas plus loin, une autre échelle s'était déjà dressée, et, là, pas de point d'appui pour Gabriel ! Par bonheur, il avisa dans l'ombre une grosse pierre, et, le danger doublant sa vigueur, il put la soulever jusque sur le parapet, d'où il n'eut qu'à la pousser sur la seconde échelle : ce poids terrible la brisa en deux du coup, et les malheureux qui y montaient, assommés ou meurtris, vinrent tomber dans les fossés, effrayant de leur agonie leurs compagnons dès lors hésitant.

Cependant les cris de Gabriel avaient donné l'alarme ; les sentinelles l'avaient propagée ; les tambours battaient le rappel ; le tocsin de la Collégiale retentit à coups pressés. Cinq minutes ne s'étaient pas écoulées, et plus de cent hommes déjà étaient accourus auprès du vicomte d'Exmès, prêts à repousser avec lui les assaillans qui oseraient se présenter encore, et tirant même avec avantage sur ceux qui étaient dans les fossés et qui ne pouvaient répondre au feu de leurs arquebuses.

Le hardi coup de main des Espagnols était donc manqué. Il ne pouvait réussir que si, en réalité, le point de l'attaque avait été dégarni de défenseurs, comme on avait cru le remarquer. Mais Gabriel, en se trouvant là, avait déjoué la surprise. Les assiégeans n'avaient plus qu'à battre en retraite, ce qu'ils firent au plus vite, mais non pas sans laisser nombre de morts, et sans emporter nombre de blessés.

La ville était sauvée encore une fois, et encore une fois grâce à Gabriel.

Mais il fallait qu'elle tînt bon quatre longs jours encore, pour que la promesse faite au roi fût accomplie.

XXXIV.

UNE VICTORIEUSE DÉFAITE.

L'échec inattendu qu'ils venaient de subir eut pour premier effet de décourager les assiégeans, et ils semblèrent comprendre qu'ils ne s'empareraient décidément de la ville qu'après avoir anéanti un à un les moyens de résistance qu'elle pouvait leur opposer encore. Donc, pendant trois jours, ils ne tentèrent pas de nouvel assaut ; mais toutes leurs batteries tonnèrent, toutes leurs mines jouèrent sans relâche et sans repos. Les hommes qui défendaient la place, animés d'un esprit surhumain, leur paraissaient invincibles ; ils s'attaquèrent aux murailles, et les murailles furent moins solides que les poitrines. Les tours croulaient, les fossés se comblaient, toute la ceinture de la ville tombait lambeau par lambeau.

Puis, quatre jours après leur surprise nocturne, les Espagnols se hasardèrent enfin à l'assaut. C'était le huitième et dernier jour demandé à Henri II par Gabriel. Si l'attaque des ennemis échouait encore cette fois, son père était sauvé comme la ville ; sinon, toutes ses peines et tous ses efforts devenaient inutiles, le vieillard, Diane et lui-même, Gabriel, étaient perdus.

Aussi, quel furieux courage il déploya dans cette journée suprême, c'est ce qu'il est plus qu'impossible de dire. On n'eût pas cru qu'il pût y avoir dans l'âme et dans le corps d'un homme tant de puissance et d'énergie. Il ne voyait pas les dangers et la mort, mais seulement la pensée de son père et de sa fiancée, et il marchait contre les piques et au devant des balles et des boulets comme s'il eût été invulnérable. Un éclat de pierre l'atteignit au côté et un fer de lance au front, mais il ne sentait pas ses blessures ! il semblait ivre de bravoure ; il allait, courant, frappant, exhortant de la voix et de l'exemple. On le voyait partout où le péril était le plus urgent. Comme l'âme anime tout le corps, il animait toute cette ville : il était dix, il était vingt, il était cent. Et, dans cette exaltation prodigieuse, le sang-froid et la prudence ne lui manquaient pas. D'un coup d'œil plus prompt que l'éclair il apercevait le danger et y parait sur-le-champ. Puis, quand les assa lans cédaient, quand les nôtres, électrisés par cette valeur contagieuse, reprenaient évidemment l'avantage, vite Gabriel s'élançait à un autre poste menacé ; et sans se lasser, sans s'affaiblir, recommençant son héroïque mission.

Cela dura six heures, depuis une heure jusqu'à sept.

A sept heures, la nuit tombait et les Espagnols battaient en retraite de toutes parts. Derrière quelques pans de murs, avec quelques ruines de tours et quelques soldats décimés et mutilés, Saint-Quentin avait encore prolongé d'un jour, de plusieurs jours peut-être, sa glorieuse résistance.

Quand le dernier ennemi quitta le dernier poste attaqué, Gabriel tomba entre les mains de ceux qui l'entouraient, épuisé de fatigue et de joie.

On le porta triomphalement à la maison de ville.

Ses blessures d'ailleurs étaient légères et son évanouissement ne pouvait se prolonger. Quand il revint à lui, l'amiral de Coligny tout radieux était à ses côtés.

— Monsieur l'amiral, dit pour premier mot Gabriel, je n'ai pas rêvé, n'est-ce pas ? il y a bien eu aujourd'hui un assaut terrible que nous avons encore repoussé ?

— Oui, ami, et en partie grâce à vous, répondit Gaspard.

— Et les huit jours que le roi m'avait accordés sont écoulés ! s'écria Gabriel. Oh ! merci, merci ! mon Dieu !

— Et pour achever de vous reconforter, ami, reprit l'amiral, je vous apporte d'excellentes nouvelles. Protégée par notre défense de Saint-Quentin, la défense de tout le territoire s'organise, à ce qu'il paraît ; un de mes espions, qui a pu voir le connétable et entrer pendant le tumulte d'aujourd'hui, me donne là-dessus les meilleures espérances. Monsieur de Guise est arrivé à Paris avec l'armée de Piémont, et, de concert avec le cardinal de Lorraine, prépare à la résistance les villes et les hommes. Saint-Quentin dépeuplé et démantelé ne pourra pas résister au premier assaut, mais son œuvre et la nôtre est faite ; et la France est sauvée, ami. Oui, tout s'arme derrière nos fidèles remparts ; la noblesse et tous les ordres de l'État se soulèvent, les recrues abondent, les dons gratuits pleuvent, deux corps auxiliaires allemands viennent d'être engagés. Quand l'ennemi en aura fini avec nous, et cela par malheur ne peut plus tarder, il trouvera du moins après nous à qui parler. La France est sauvée, Gabriel !

— Ah ! monsieur l'amiral, vous ne savez pas tout le bien que vous me faites, reprit Gabriel. Mais permettez-moi une question : ce n'est pas par un vain sentiment d'amour-propre que je vous la fais au moins ! vous me connaissez trop maintenant pour le croire, non ! il y a au fond de ma demande un motif bien sérieux et bien grave, allez ! Monsieur l'amiral, en deux mots, croyez-vous que ma présence ici depuis huit jours ait été pour quelque chose dans l'heureux résultat de la défense de Saint-Quentin ?

— Pour tout, ami, pour tout ! répondit Gaspard avec une généreuse franchise. Le jour de votre arrivée, vous l'avez vu, sans votre intervention bien inattendue, je cédais, j'allais plier sous la responsabilité terrible dont on chargeait ma conscience, je rendais moi-même aux Espagnols les clefs de cette cité que le roi avait confiée à ma garde. Le lendemain, n'avez-vous pas achevé votre œuvre en introduisant dans la ville un secours, faible sans doute, mais qui a suffi à remonter les esprits des assiégés ? Je ne parle pas des excellents conseils que vous donniez à nos mineurs et à nos ingénieurs. Je ne parle pas du brillant courage que vous avez toujours et partout déployé à chaque assaut. Mais, il y a quatre jours, qui a miraculeusement préservé la ville de cette surprise nocturne ? Mais, aujourd'hui même, qui, avec une audace et un bonheur inouïs, a prolongé encore une résistance que je croyais moi-même désormais impossible ? vous, toujours vous, ami, qui, partout présent et prêt sans cesse sur toute la ligne de nos remparts, sembliez vraiment partager le don d'ubiquité des anges ; bien que nos soldats ne vous appellent plus autrement que le capitaine cinq-cents ! Gabriel, je vous le dis avec une joie sincère et une reconnaissance profonde, vous êtes le premier et le seul sauveur de cette ville et, par conséquent, de la France.

— Oh ! grâces vous soient rendues, monsieur l'amiral, dit Gabriel, pour vos bonnes et vos indulgentes paroles ! Mais pardon ! est-ce que vous voudrez bien les répéter devant Sa Majesté ?

— Ce n'est pas seulement ma volonté, ami, reprit l'amiral, c'est mon devoir, et vous savez qu'à son devoir Gaspard de Coligny ne faut jamais.

— Quel bonheur ! fit Gabriel, et quelle obligation ne vous aurai-je pas, monsieur l'amiral ! Mais voulez-vous ajouter encore à ce service ? Ne parlez à personne, je vous prie, pas même à monsieur le connétable, à monsieur le connétable surtout, de ce que j'ai pu faire pour vous aider dans votre glorieuse tâche. Que le roi le sache seul. Sa Majesté verra par là que je n'ai pas travaillé pour la gloire et le bruit, mais seulement pour tenir un engagement pris vis-à-vis d'elle, et elle a dans les mains pour me récompenser, si elle le souhaite, un prix mille fois plus enviable que tous les honneurs et toutes les dignités de son royaume. Oui, monsieur l'amiral, que ce prix me soit accordé, et la dette de Henri II envers moi, si dette il y a, sera payée au centuple.

— Il faut donc que la récompense soit en effet magnifique, reprit l'amiral. Dieu veuille que la reconnaissance du roi ne vous en frustre pas ! Je ferai d'ailleurs comme vous le désirez, Gabriel, et, quoiqu'il m'en coûte de me taire sur vos mérites, puisque vous l'exigez, je me tairai.

— Ah ! s'écria Gabriel, qu'il y a donc longtemps que je

n'ai goûté une tranquillité pareille à celle que j'éprouve en ce moment ! Que c'est bon d'espérer et de croire un peu à l'avenir maintenant j'irai gaîment aux remparts, je me battrai le cœur léger, et il me semble que je serai invincible. Est-ce que le fer ou le plomb oseraient toucher un homme qui espère ?

— Ne vous y fiez pas trop, ami, cependant ! reprit en souriant Coligny. Déjà je puis vous dire à coup sûr que cette certitude de victoire vous mentira. La ville est presque ouverte désormais ; quelques coups de canon auront bientôt mis à bas ses derniers fragments de murailles et ses derniers fragments de tours. De plus, il ne nous reste guères de bras valides, et les soldats qui ont si bravement jusqu'ici suppléé aux remparts vont nous manquer à leur tour. Le prochain assaut rendra l'ennemi maître de la place, ne nous faisons pas illusion là-dessus.

— Mais, monsieur de Guise ne peut-il pas nous envoyer de Paris des secours ? demanda le vicomte d'Exmès.

— Monsieur de Guise, répondit Gaspard, n'exposera pas ses précieuses ressources pour une ville prise aux trois quarts, et monsieur de Guise fera bien. Qu'il garde ses hommes au cœur de la France, c'est là qu'ils sont nécessaires. Saint-Quentin est sacrifié. La victime expiatoire a lutté assez longtemps, Dieu merci ! il ne lui reste plus qu'à tomber noblement, et c'est à quoi nous tâcherons de l'aider encore, n'est-il pas vrai, Gabriel ? Il faut que le triomphe des Espagnols devant Saint-Quentin leur coûte plus cher qu'une défaite. Nous ne nous battons plus à présent pour nous sauver, mais pour nous battre.

— Oui, pour le plaisir, pour le luxe ! reprit joyeusement Gabriel, plaisir de héros ! monsieur l'amiral, luxe digne de vous ! Eh bien ! soit, amusons-nous à tenir la ville encore deux, trois jours, quatre jours si nous le pouvons. Faisons rester Philippe II, Philibert-Emmanuel, l'Espagne, l'Angleterre et la Flandre, en échec devant quelques débris de pierre. Ce sera toujours un peu de temps de gagné pour monsieur de Guise, et pour nous un spectacle assez comique à voir. Qu'en dites-vous ?

— Je dis, ami, répondit l'amiral, que vous avez la plaisanterie sublime et que, jusque dans vos jeux, il y a de la gloire.

L'aventure aida au souhait de Gabriel et de Coligny. En effet, le général Philibert-Emmanuel, furieux d'être arrêtés si longtemps devant une ville et d'avoir déjà livré dix assauts en vain, ne voulurent pas en tenter un onzième sans être assurés cette fois de la victoire. Comme ils l'avaient fait déjà précédemment, ils restèrent trois jours sans attaquer, et remplacèrent leurs soldats par leurs canons, puisque décidément, dans la cité héroïque, les murs étaient moins durs que les cœurs. L'amiral et le vicomte d'Exmès, pendant ces trois jours, firent bien réparer à mesure, autant que possible, par leurs travailleurs, les dégâts des batteries et des mines ; mais les bras manquaient, par malheur. Le 26 août, à midi, il ne restait pas debout un seul pan de muraille. Les maisons se voyaient à découvert comme dans une ville ouverte, et les soldats étaient tellement clair-semés qu'ils ne pouvaient même plus former une ligne d'un homme de front sur les points principaux.

Gabriel lui-même fut obligé d'en convenir ; avant que le signal de l'assaut fût seulement donné, la ville était déjà prise.

On ne la prit pas du moins à la brèche que défendait Gabriel. Là se trouvaient avec lui monsieur du Breuil et Jean Peuquoy, et tous trois s'escrimèrent si bien et firent de si merveilleuses prouesses que, de leur côté, ils repoussèrent jusqu'à trois fois les assaillans. Gabriel surtout s'en donna à cœur joie, et Jean Peuquoy s'ébahissait tellement des grands coups d'épée qu'il lui voyait distribuer à droite et à gauche qu'il faillit être tué lui-même dans ses étonnemens distraits, et que Gabriel fut obligé à deux reprises de sauver la vie à son admirateur.

Aussi le bourgeois jura sur place au vicomte un culte et un dévouement éternels. Il s'écria même, dans son enthousiasme, qu'il regrettait un peu moins sa ville natale, puisqu'il aurait une autre affection à vénérer et à chérir, et que Saint-Quentin, il est vrai, lui avait donné la vie, mais que le vicomte d'Exmès la lui avait conservée !

Néanmoins, malgré ces généreux efforts, la ville ne pouvait plus absolument résister : ses remparts n'étaient plus qu'une brèche continue, et Gabriel, du Breuil et Jean Peuquoy se battaient encore, que, derrière eux, les ennemis, maîtres de Saint-Quentin, remplissaient déjà les rues.

Mais la vaillante cité ne cédait à la force qu'au bout de dix-sept jours et après onze assauts.

Il y avait douze jours que Gabriel était arrivé, et il avait outrepassé la promesse faite au roi de deux fois quarante-huit heures !

XXXV.

ARNAULD DU THILL FAIT ENCORE SES PETITES AFFAIRES.

Dans le premier moment, le pillage et le carnage sévirent par la ville. Mais Philibert donna des ordres sévères, fit cesser la confusion, et, l'amiral de Coligny lui ayant été amené, il le complimenta hautement.

— Je ne sais pas punir la bravoure, et la ville de Saint-Quentin ne sera pas traitée plus rigoureusement que si elle s'était rendue le jour où nous avons mis le siège devant ses murailles.

Et le vainqueur, aussi généreux que le vaincu, laissa l'amiral débattre avec lui les conditions qu'il aurait pu imposer.

Saint-Quentin fut naturellement déclarée ville espagnole ; mais ceux de ses habitants qui ne voudraient pas accepter la domination étrangère pourraient se retirer, en abandonnant toutefois la propriété de leurs maisons. Tous, d'ailleurs, soldats et bourgeois, seraient libres dès à présent, et Philibert retiendrait seulement cinquante prisonniers de tout âge, de tout sexe et de toute condition, à son choix ou au choix de ses capitaines, afin d'en avoir rançon et de pouvoir payer ainsi la solde arriérée des troupes. Les biens et les personnes des autres seraient respectés, et Philibert s'appliquerait à prévenir tout désordre. Il faisait, du reste, à Coligny, qui avait épuisé toutes ses ressources personnelles dans ce siège, la galanterie de ne pas exiger d'argent de lui. L'amiral serait libre dès le lendemain de rejoindre à Paris son oncle, le connétable de Montmorency, qui n'avait pas trouvé, lui, après Saint-Laurent, des vainqueurs aussi désintéressés, et qui venait de fournir une bonne rançon, rançon que devait payer la France, bien entendu, d'une façon ou de l'autre. Mais Philibert-Emmanuel tenait à honneur de devenir l'ami de Gaspard, et ne voulut pas mettre de prix à sa liberté. Ses principaux lieutenants et les plus riches d'entre les bourgeois suffiraient aux frais de la guerre.

Ces décisions, qui témoignaient certes de plus de mansuétude qu'on n'eût dû s'y attendre, furent acceptées avec soumission par Coligny, et par les habitants avec une joie mêlée de quelque crainte. Sur qui, en effet, allait tomber le choix redoutable de Philibert-Emmanuel et des siens ? C'est ce que la journée du lendemain devait apprendre, et ce jour-là, les plus fiers se firent bien humbles, et les plus opulents parlèrent bien haut de leur pauvreté.

Arnauld du Thill, trafiquant aussi actif qu'ingénieux, avait passé la nuit, lui, à songer à ses affaires, et avait trouvé une combinaison qui pouvait lui devenir assez lucrative. Il s'habilla avec le plus de luxe possible, et s'en alla dès le matin se promener fièrement dans les rues tout encombrées déjà de vainqueurs de toutes les langues, Allemands, Anglais, Espagnols, etc.

— Quelle tour de Babel ! se disait Arnauld soucieux, en n'entendant sonner à ses oreilles que des syllabes étrangères. Avec les quelques mots d'anglais que je sais, jamais je ne pourrai m'aboucher avec aucun de ces baragouineurs. Les uns disent : Carajo ! les autres : Goddam ! les autres : Tausend sapperment ! et pas un...

— Tripes et boyaux ! veux-tu t'arrêter, malandrin ! cria en ce moment derrière Arnauld une voix assez puissante.

Arnauld se retourna avec empressement vers celui qui, malgré un accent anglais prononcé, semblait pourtant posséder aussi à fond les finesses de la langue française.

C'était un grand gaillard au teint blême et aux cheveux roux, qui paraissait assez rusé comme marchand et fort bête comme homme. Arnauld du Thill le reconnut Anglais au premier coup d'œil.

— Qu'y a-t-il pour votre service ? lui demanda-t-il.

— Je vous fais prisonnier, voilà ce qu'il y a pour mon service, répondit l'homme d'armes qui, d'ailleurs, émaillait son langage de vocables anglais, ce qu'Arnauld s'efforçait à son tour d'imiter, pour se rendre plus intelligible à son interlocuteur.

— Pourquoi, reprit-il, me faites-vous prisonnier plutôt qu'un autre ? plutôt que ce tisserand qui passe, par exemple ?

— Parce que vous êtes mieux nippé que le tisserand, répondit l'Anglais.

— Oui dà ! repartit Arnauld, et de quel droit m'arrêtez-vous, s'il vous plaît, vous, un simple archer, comme il me semble ?

— Oh ! je n'agis pas pour mon compte, dit l'Anglais, mais au nom de mon maître, lord Grey, qui commande en effet les archers anglais, et auquel le duc Philibert-Emmanuel a alloué, pour sa part de prise, trois prisonniers, dont deux nobles et un bourgeois, avec les rançons qu'il en pourra tirer. Or, mon maître, qui ne me sait ni manchot, ni aveugle, m'a chargé d'aller à la chasse et de lui dépister trois prisonniers de valeur. Vous êtes le meilleur gibier que j'aie encore rencontré, et je vous prends au collet, messire le bourgeois.

— C'est bien de l'honneur pour un pauvre écuyer, répondit modestement Arnauld. Me nourrira-t-il bien, votre maître ?

— Maraud ! est-ce que tu crois qu'il va te nourrir longtemps ? dit l'archer.

— Mais jusqu'à ce qu'il lui plaise de me rendre la liberté, j'imagine ! reprit Arnauld, il ne me laissera sûrement pas mourir de faim.

— Hum ! fit l'archer, est-ce que j'aurais vraiment pris un pauvre loup pelé pour un renard à magnifique fourrure ?

— J'en ai peur, seigneur archer, dit Arnauld, et, si lord Grey votre maître vous a promis un droit de commission sur les captures que vous lui procureriez, je crains que vingt ou trente coups de bâton soient le seul bénéfice que vous retireriez de la mienne. Après cela, ce que j'en dis n'est pas pour vous dégoûter, et je vous conseille d'essayer.

— Drôle ! tu peux bien avoir raison ! reprit l'anglais en examinant de plus près le regard malicieux d'Arnauld, et je perdrais de même avec toi ce que lord Grey m'a promis, une livre par cent livres qu'il obtiendra de mes prises.

— Voilà mon homme ! pensa Arnauld. Holà ! dit-il tout haut, camarade ennemi, si je vous faisais mettre la main sur une riche proie, sur un prisonnier qui vaudrait dix mille livres tournois par exemple, seriez-vous homme à vous montrer envers moi un peu reconnaissant, dites ?

— Dix mille livres tournois ! s'écria l'anglais, ils sont assez rares en effet les prisonniers de ce prix ! C'est cent livres qui me reviendraient à moi, une belle part !

— Oui, mais il faudrait en donner cinquante à l'ami qui vous aurait indiqué la voie. C'est juste, cela, hein ?

— Eh bien ! soit, dit l'archer de lord Grey après une minute d'hésitation, mais menez-moi sur-le-champ à l'homme et nommez-le-moi.

— Nous n'irons pas loin pour le trouver, reprit Arnauld, faisons quelques pas de ce côté. Attendez, je ne veux pas me montrer avec vous sur la grand'place. Laissez-moi me cacher derrière l'angle de cette maison. Vous, avancez.

Voyez-vous au balcon de la maison de ville un gentilhomme qui cause avec un bourgeois?
— Je le vois, dit l'Anglais, est-ce mon homme?
— C'est notre homme.
— Il s'appelle?
— Le vicomte d'Exmès.
— Ah! vraiment, reprit l'archer, c'est là le vicomte d'Exmès! on en parlait joliment au camp. Est-ce qu'il est aussi riche que brave?
— Je vous en réponds.
— Vous le connaissez donc particulièrement, mon maître?
— Pardieu! je suis son écuyer.
— Ah! Judas! ne put s'empêcher de dire l'archer.
— Non, répondit tranquillement Arnauld, car Judas s'est pendu, et moi, je ne me pendrai pas.
— On vous en évitera peut-être la peine, dit l'anglais qui était facétieux à ses heures.
— Mais, voyons, reprit Arnauld, voilà bien des paroles; tenez-vous notre marché, oui, ou non?
— Tenu! reprit l'anglais, je vais conduire votre maître à milord. Vous m'indiquerez après un autre noble et quelque bon bourgeois enrichi, si vous en connaissez.
— J'en connais au même prix, moitié de votre bénéfice.
— Vous l'aurez, pourvoyeur du diable.
— Je suis bien le vôtre, dit Arnauld: Ah çà! pas de tricheries au moins! Entre coquins, on doit s'entendre. D'ailleurs je vous rattraperais; votre maître paie-t-il comptant?
— Comptant et d'avance, vous viendrez avec nous chez milord, sous couleur d'accompagner votre vicomte d'Exmès, je toucherai ma somme et vous en donnerai votre part tout de suite. Mais vous, très reconnaissant comme de raison, vous m'aiderez à trouver ma deuxième et ma troisième capture, n'est-il pas vrai?
— On verra, dit Arnauld, occupons-nous d'abord de la première.
— Ce sera vite fait! répondit l'archer, votre maître est trop rude en temps de guerre pour n'être pas doux en temps de paix, nous connaissons cela; prenez deux minutes d'avance sur moi, et allez vous poster derrière lui, vous verrez qu'on sait son métier.
Arnauld quitta en effet son digne acolyte, entra dans la maison de ville, et, avec son visage deux fois double, vint dans la chambre où Gabriel causait avec son ami Jean Peuquoy, et lui demanda s'il n'avait pas besoin de ses services. Il parlait encore lorsque l'archer entra avec une mine de circonstance. L'anglais alla droit au vicomte qui le regardait assez surpris, et, lui faisant un salut profond:
— C'est à monseigneur le vicomte d'Exmès que j'ai l'honneur de parler? demanda-t-il avec les égards que tout marchand accorde à sa marchandise.
— Je suis le vicomte d'Exmès, en effet, répondit Gabriel de plus en plus étonné; que voulez-vous de moi?
— Votre épée, monseigneur, dit l'archer en s'inclinant jusqu'à terre.
— Toi! s'écria Gabriel en se reculant avec un geste inexprimable de dédain.
— Au nom de lord Grey mon maître, monseigneur, reprit l'archer qui n'était pas fier. Vous êtes désigné pour l'un des cinquante prisonniers que monseigneur l'amiral doit remettre à nos vainqueurs. Ne m'en veuillez pas, à moi chétif, d'être forcé de vous annoncer cette désagréable nouvelle.
— T'en vouloir! dit Gabriel, non; mais lord Grey, un gentilhomme! aurait pu prendre la peine de me demander lui-même mon épée. C'est à lui que je veux la remettre, entends-tu?
— Comme il plaira à monseigneur.
— Et j'aime à croire qu'il me recevra à rançon, ton maître?
— Oh! croyez-le, croyez-le, monseigneur, dit avec empressement l'archer.
— Je te suis donc, dit Gabriel.

— Mais c'est une indignité! s'écria Jean Peuquoy. Mais vous avez tort de céder ainsi, monseigneur. Résistez, vous n'êtes pas de Saint-Quentin! vous n'êtes pas de la ville!
— Maître Jean Peuquoy a raison, reprit Arnauld du Thill avec ardeur, tout en dénonçant d'un signe à la dérobée le bourgeois à l'archer. Oui, maître Jean Peuquoy a mis le doigt sur la vérité; monseigneur n'est pas de Saint-Quentin, et maître Jean Peuquoy s'y connaît, lui! maître Jean Peuquoy connaît toute sa ville! Il en est bourgeois depuis quarante ans! et syndic de sa corporation! et capitaine de la compagnie de l'arc! Qu'avez-vous à dire à cela, anglais?
— J'ai à dire à cela, reprit l'Anglais qui avait compris, que, si c'est la maître Jean Peuquoy, j'ai ordre de l'arrêter aussi, et qu'il est couché sur ma liste.
— Moi! s'écria le digne bourgeois.
— Vous-même, mon maître, dit l'archer.
Peuquoy regardait Gabriel avec interrogation.
— Hélas! messire Jean, dit en soupirant malgré lui le vicomte d'Exmès, je crois que le mieux, après avoir fait notre devoir de soldat pendant la bataille, est que nous acceptions le droit du vainqueur, la bataille achevée. Résignons-nous, maître Jean Peuquoy.
— A suivre cet homme? demanda Peuquoy.
— Sans doute, mon digne ami. Et, dans cette épreuve, je suis heureux encore de n'être pas séparé de vous.
— C'est juste cela, monseigneur! dit Jean Peuquoy touché, et vous êtes bien bon, et, puisqu'un grand et vaillant capitaine comme vous accepte son sort, est-ce qu'un malheureux bourgeois comme moi doit murmurer? Allons! coquin, reprit-il en s'adressant à l'archer, c'est dit, je suis ton prisonnier ou celui de ton maître.
— Et vous allez me suivre chez lord Grey, dit l'archer, où vous resterez, s'il vous plaît, jusqu'à ce que vous ayez fourni une bonne rançon.
— Où je resterai toujours, fils du diable! s'écria Jean Peuquoy. Ton anglais de maître ne saura jamais, je le meure! la couleur de mes écus; il faudra qu'il me nourrisse, s'il est chrétien, jusqu'à mon dernier jour, et je me nourris puissamment, je t'en préviens.
L'archer jeta un regard d'épouvante du côté d'Arnauld du Thill, mais celui-ci le rassura d'un signe et lui montra Gabriel qui riait de la boutade de son ami. L'anglais savait entendre la plaisanterie et se mit à rire avec bienveillance.
— Comme cela, dit-il, monseigneur, et vous, messire, je vais vous emm...
— Vous allez nous précéder jusqu'au logis de lord Grey, interrompit Gabriel avec hauteur, et nous conviendrons de nos faits avec votre maître.
— A la volonté de monseigneur, reprit humblement l'archer.
Et, marchant devant eux en ayant même soin de se mettre de côté, il conduisit chez lord Grey le gentilhomme et le bourgeois qu'Arnauld du Thill suivait à distance.
Lord Grey était un soldat flegmatique et pesant, ennuyé et ennuyeux, pour qui la guerre était un commerce et qui était de fort mauvaise humeur de n'être payé, lui et sa troupe, que par la rançon de trois malheureux prisonniers. Il accueillit Gabriel et Jean Peuquoy avec une dignité froide.
— Ah! c'est le vicomte d'Exmès que j'ai l'avantage d'avoir pour prisonnier! dit-il en considérant Gabriel avec curiosité. Vous nous avez donné bien de l'embarras, monsieur, et, si je vous demandais pour rançon ce que vous avez fait perdre au roi Philippe II, je crois bien que la France du roi Henri y passerait.
— J'ai fait de mon mieux, dit simplement Gabriel.
— Votre mieux est bien! et je vous en félicite, reprit lord Grey. Mais ce n'est pas de cela qu'il s'agit. Le sort de la guerre, bien que vous ayez accompli des miracles pour le détourner, vous a mis en mon pouvoir, vous et votre vaillante épée. Oh! gardez-la, monsieur, gardez-la, ajouta-t-il en voyant que Gabriel faisait un mouvement pour la lui remettre. Mais, pour racheter le droit de vous en servir, que pouvez-vous bien sacrifier? Arrangeons cela. Je sais

que par malheur bravoure et richesse ne vont pas toujours ensemble. Pourtant je ne puis pas tout perdre. Cinq mille écus, monsieur, vous semblent-ils pour votre liberté un prix convenable?

— Non, milord, dit Gabriel.

— Non? vous trouvez cela trop cher? reprit lord Grey. Ah! maudite guerre! pauvre campagne! Allons! quatre mille écus, ce n'est pas trop, Dieu me damne!

— Ce n'est pas assez, milord, répondit froidement Gabriel.

— Comment, monsieur, que dites-vous? s'écria l'Anglais.

— Je dis, reprit Gabriel, que vous vous êtes mépris à mes paroles, milord. Vous m'avez demandé si cinq mille écus me paraissaient une rançon convenable, et je vous ai répondu que non; car, à mon estimation, je vaux le double, milord.

— Bien cela! répondit l'Anglais, et, de fait, votre roi pourra bien donner cette somme pour conserver un vaillant de votre sorte.

— J'espère n'avoir pas besoin de recourir au roi, dit Gabriel, et ma fortune personnelle me permettra, je crois, de faire face à cette dépense imprévue et de m'acquitter envers vous directement.

— Tout est donc pour le mieux, reprit lord Grey un peu surpris. C'est dix mille écus, dans l'état des choses, que vous aurez à me compter, et, pardon! à quand le payement?

— Vous comprenez, dit Gabriel que je n'ai pas apporté cette somme dans une ville assiégée; d'autre part, les ressources de monsieur de Coligny et de ses amis comme des miens sont bien restreintes ici, j'imagine, et je ne veux pas les importuner. Mais, si vous m'accordez un peu de temps, je puis faire venir de Paris...

— Très bien! dit lord Grey, et au besoin, je me contenterais de votre parole qui vaut de l'or. Mais comme les affaires sont les affaires, et que la mésintelligence entre nos troupes et celles de l'Espagne m'obligera peut-être à retourner en Angleterre, vous ne vous offenserez pas si, jusqu'à l'entier payement de la somme convenu, je vous fais retenir, non pas dans cette ville espagnole de Saint-Quentin que je quitte, mais à Calais qui est ville anglaise, et dont mon beau-frère lord Wentworth est le gouverneur. Cet arrangement vous convient-il?

— A merveille, dit Gabriel dont un sourire amer effleura les lèvres pâles; je vous demanderai seulement la permission d'envoyer à Paris mon écuyer chercher l'argent, afin que ma captivité et votre confiance n'aient pas à souffrir d'un trop long retard.

— Rien de plus juste, reprit lord Grey, et, en attendant le retour de votre homme de confiance, soyez convaincu que vous serez traité par mon beau-frère avec tous les égards qui vous sont dus. Vous aurez à Calais toute la liberté possible, d'autant plus que la ville est fortifiée et fermée, et lord Wentworth vous fera faire bonne chère; car il aime la table et la débauche plus qu'il ne le devrait. Mais c'est son affaire, et sa femme, ma sœur, est morte. Je voulais seulement vous dire que vous ne vous ennuieriez pas trop.

Gabriel s'inclina sans répondre.

— A vous, maître, reprit lord Grey en s'adressant à Jean Peuquoy, qui avait plus d'une fois haussé les épaules d'admiration pendant la scène précédente, à vous. Vous êtes, je le vois, le bourgeois qui m'a été accordé avec deux gentilshommes.

— Je suis Jean Peuquoy, milord.

— Eh bien! Jean Peuquoy, quelle rançon peut-on bien vous demander à vous?

— Oh! moi, je vais marchander, monseigneur. Marchand contre marchand comme on dit. Vous avez beau froncer le sourcil, je ne suis pas fier, moi, milord, et m'est avis que je ne vaux pas dix livres.

— Allons! reprit lord Grey avec dédain. vous paierez cent livres, c'est à peu près ce que j'ai promis à l'archer qui vous a amené ici.

— Cent livres, soit! milord, puisque vous m'estimez si haut, repartit le malin capitaine des compagnons de l'arc. Mais cent livres comptant, n'est-ce pas?

— Quoi! n'avez-vous pas même cette misérable somme? dit lord Grey.

— Je l'avais, milord, reprit Jean Peuquoy, mais j'ai tout donné aux pauvres et aux malades pendant le siège.

— Vous avez au moins des amis? des parens peut-être? reprit lord Grey.

— Des amis? il ne faut pas trop compter sur eux, milord; des parens? non, je n'en ai pas. Ma femme est morte sans me laisser d'enfans, et je n'avais pas de frère, il ne me reste qu'un cousin...

— Eh bien! ce cousin?... dit lord Grey impatienté.

— Ce cousin, milord, qui m'avancera, je n'en doute pas, la somme que vous me demandez, il habite précisément Calais.

— Ah! oui dà? dit lord Grey avec quelque défiance.

— Mon Dieu! oui, milord, reprit Jean Peuquoy avec un air de sincérité irrécusable, mon cousin s'appelle Pierre Peuquoy, et il est depuis plus de trente ans armurier de son état, rue du Martroi, à l'enseigne du Dieu Mars.

— Et il vous est dévoué? demanda lord Grey.

— Je crois bien, milord! je suis le dernier des Peuquoy de ma branche, c'est-à-dire qu'il me vénère! Il y a plus de deux siècles, un Peuquoy de nos ancêtres eut deux fils, un qui devint tisserand et s'établit à Saint-Quentin, l'autre qui se fit armurier et qui alla demeurer à Calais. Depuis ce temps-là, les Peuquoy de Saint-Quentin tissent et les Peuquoy de Calais forgent. Mais, quoique séparés, ils s'aiment toujours de loin et s'assistent le plus qu'ils peuvent, comme il sied à de bons parens et à des bourgeois de la vieille roche. Pierre me prêtera ce qu'il me faut pour me racheter, j'en suis sûr, et pourtant je ne l'ai pas vu depuis près de dix ans, ce brave cousin; car, vous autres Anglais, vous ne nous permettez pas aisément, à nous autres Français, d'entrer dans vos villes fortes.

— Oui, oui, dit lord Grey avec complaisance, il y a tout à l'heure deux cent dix ans qu'ils sont Anglais vos Peuquoy de Calais!

— Oh! s'écria Jean avec chaleur, les Peuquoy...

Puis, il s'interrompit subitement.

— Eh bien! reprit lord Grey étonné, les Peuquoy?...

— Les Peuquoy, milord, dit Jean en tournant son bonnet avec embarras, les Peuquoy ne s'occupent point de politique, voilà ce que je voulais dire. Qu'ils soient Anglais ou Français, dès qu'ils ont pour gagner leur pain, ceux de là-bas une enclume et ceux d'ici une navette, les Peuquoy sont contens.

— Eh bien? alors, qui sait! dit lord Grey en gaîté; vous vous établirez peut-être tisserand à Calais, et deviendrez aussi un sujet fidèle de la reine Marie, et les Peuquoy seront enfin, après tant d'années, réunis.

— Ma foi! cela se peut bien, dit Jean Peuquoy avec bonhomie.

Gabriel ne pouvait revenir de sa surprise, en entendant le vaillant bourgeois, qui avait défendu si héroïquement sa ville, parler tranquillement de devenir Anglais comme de changer de casaque. Mais un clignement d'œil de Jean Peuquoy, pendant que lord Grey ne pouvait le voir, rassura Gabriel sur le patriotisme de son ami, et lui apprit qu'il y avait sous jeu quelque mystère.

Lord Grey les congédia bientôt l'un et l'autre.

— Nous quitterons demain ensemble Saint-Quentin pour Calais, leur dit-il. Jusque-là, vous pouvez aller faire vos apprêts et vos adieux dans la ville. Je vous laisse libres sur parole, d'autant plus, ajouta-t-il avec cette délicatesse qui le distinguait, d'autant plus que vous serez consignés aux portes, et qu'on ne laisse sortir personne sans un permis du gouverneur.

Gabriel rendit son salut à lord Grey sans répondre, et s'éloignant avec Jean Peuquoy, sortit de la maison de l'Anglais, sans remarquer que son écuyer Martin-Guerre restait en arrière au lieu de le suivre.

— Quelle est donc votre intention, ami? dit-il au Peuquoy lorsqu'ils furent dehors. Est-il possible que vous n'ayez pas cent écus pour vous racheter sur-le-champ ? Pourquoi tenez-vous ainsi à faire le voyage de Calais ? est-ce que ce cousin armurier existe réellement ? Quel motif étrange vous pousse en tout ceci ?

— Chut ! reprit Jean Peuquoy d'un air mystérieux, dans cette atmosphère espagnole j'ose à peine maintenant hasarder une parole. Vous pouvez compter, je crois, sur votre écuyer Martin-Guerre ?

— J'en réponds, reprit Gabriel ; malgré quelques oublis et quelques intermittences, c'est le plus fidèle cœur du monde.

— Bon ! répondit Peuquoy. Il ne faudra pas l'envoyer directement d'ici quérir votre rançon à Paris ; mais l'emmener à Calais avec nous, et le faire partir de là. Nous ne saurions avoir trop d'yeux.

— Mais que signifient ces précautions enfin ? demanda Gabriel. Vous n'avez pas à Calais le moindre parent, je le vois.

— Si fait ! reprit Peuquoy vivement ; Pierre Peuquoy existe, aussi vrai qu'il a été élevé à aimer et à regretter son ancienne patrie la France, et qu'il donnera comme moi un bon coup de main au besoin, si, par hasard, vous formez là-bas quelque héroïque projet comme vous en avez tant exécuté ici.

— Noble ami, je te devine, reprit Gabriel en serrant la main du bourgeois ; mais tu m'estimes trop haut et me juges à ta mesure ; tu ne sais pas ce qu'il y avait d'égoïsme dans ce prétendu héroïsme ; tu ne sais pas que, pour l'avenir, un devoir sacré, plus sacré encore, s'il est possible, que la gloire de la patrie, me réclame avant tout et tout entier.

— Eh bien ! dit Jean Peuquoy, vous remplirez ce devoir comme tous les autres devoirs ! Et parmi les autres, ajouta-t-il en baissant la voix, c'en est un pour vous peut-être, si l'occasion s'en présente, de prendre à Calais votre revanche de Saint-Quentin.

XXXVI.

SUITE DES HONORABLES NÉGOCIATIONS DE MAITRE ARNAULD DU THILL.

Mais laissons le jeune capitaine et le vieux bourgeois à leurs rêves de victoire, et revenons à l'écuyer et à l'archer qui font leurs comptes dans la maison de lord Grey.

L'archer, en effet, après le départ des deux prisonniers, avait demandé la prime promise à son maître, qui la lui avait sans trop de peine octroyée, satisfait qu'il était de la sagacité des choix de son émissaire.

Arnauld du Thill, à son tour, attendait sa part que l'Anglais, il faut être juste, lui apporta consciencieusement. Il trouva Arnauld griffonnant dans un coin quelques lignes sur l'éternelle *note* du connétable de Montmorency, et murmurant à part lui :

« Pour avoir adroitement fait mettre le vicomte d'Exmès au nombre des prisonniers de guerre, et avoir ainsi pour un temps débarrassé monseigneur le connétable dudit vicomte... »

— Qu'est-ce que vous faites donc là, l'ami ? dit à Arnauld l'archer en lui frappant sur l'épaule.

— Ce que je fais ? un compte, répondit le faux Martin-Guerre. Où en est le nôtre ?

— Le voici réglé, dit l'archer en mettant dans les mains d'Arnauld des écus que l'autre se mit à vérifier et à compter avec attention. Vous voyez que je suis de parole, et je ne regrette pas mon argent. Vous m'avez indiqué deux bons choix : votre maître surtout, qui n'a pas marchandé, au contraire ! La barbe grise a bien fait des difficultés, mais, pour un bourgeois, il n'est point trop mauvais non plus, et,

sans vous, j'aurais pu rencontrer plus mal, j'en conviens.

— Je crois bien, dit Arnauld en mettant l'argent dans sa poche.

— Ah çà ! reprit l'archer, tout n'est pas fini, vous voyez que je suis de bonne paie ; il s'agit de m'indiquer maintenant ma troisième capture, le second prisonnier noble auquel nous avons droit.

— Par la messe ! dit Arnauld, je n'ai plus à favoriser personne, et vous n'avez qu'à choisir.

— Je le sais bien, reprit l'archer : et ce que je vous demande c'est précisément de m'aider à choisir parmi les hommes, femmes, vieillards ou enfans de race noble qu'on peut happer dans cette bonne ville.

— Quoi ! demanda Arnauld, les femmes en sont aussi ?

— Les femmes en sont surtout, dit l'Anglais, et si vous en connaissez une qui ait, outre la noblesse et la richesse, la jeunesse et la beauté, nous aurons un joli bénéfice à partager, car milord Grey la revendra cher à son beau-frère, milord Wentworth, qui aime encore mieux les prisonnières que les prisonniers, à ce que je me suis laissé dire.

— Par malheur, je n'en connais pas, reprit Arnauld du Thill. Ah ! si fait pourtant ! mais non, non, c'est impossible.

— Pourquoi impossible, camarade ? ne sommes-nous pas maîtres et vainqueurs ici ? et, hormis l'amiral, y a-t-il quelqu'un d'exempté dans la capitulation ?

— C'est vrai, dit Arnauld, mais il ne faut pas que la beauté dont je parle soit rapprochée de mon maître et le revoie. Or, les mettre en prison dans la même ville serait un mauvais moyen de les séparer.

— Bah ! reprit l'archer, est-ce que milord Wentworth ne gardera pas au secret et pour lui seul sa jolie captive ?

— Oui, à Calais, dit Arnauld pensif ; mais sur la route ?... mon maître aura le temps de la voir et de lui parler.

— Non pas, si je veux, répondit l'Anglais. Nous formons deux détachemens dont l'un doit précéder l'autre, et il y aura deux heures de marche entre le chevalier et la belle, si cela peut vous faire plaisir.

— Oui, mais que dira le vieux connétable ? se demanda Arnauld à voix haute, et s'il sait que j'ai contribué à ce beau coup-là, comme il me fera pendre haut et court !

— Est-ce qu'il le saura ? est-ce que personne le saura ? repartit l'archer tentateur. Ce n'est pas vous qui irez le dire, et, à moins que votre argent ne prenne la parole pour dire d'où il vient...

— Et il y aurait encore pas mal d'argent, hein ? demanda Arnauld.

— Il y aurait encore moitié pour vous.

— Quel dommage ! reprit Arnauld, car la somme serait bonne, je le crois, et le père n'y regarderait pas, je pense.

— Le père est duc ou prince ? demanda l'archer.

— Le père est roi, camarade, et s'appelle Henri II de son nom.

— Une fille du roi ici ! s'écria l'Anglais. Dieu me damne ! si vous ne me dites pas maintenant où je trouverai la colombe, je crois que je serai obligé de vous étrangler, camarade ! Une fille du roi !

— Et une reine de beauté, dit Arnauld.

— Oh ! milord Wentworth en perdrait la tête, reprit l'archer. Camarade, ajouta-t-il solennellement en tirant son escarcelle et en l'ouvrant aux yeux fascinés d'Arnauld, le contenant et le contenu pour toi en échange du nom de la belle et de l'indication de son gîte.

— Tope ! dit Arnauld incapable de résister, en saisissant la bourse.

— Le nom ? demanda l'archer.

— Diane de Castro, surnommée la sœur Bénie.

— Et le gîte ?

— Le couvent des Bénédictines.

— Je cours, s'écria l'Anglais qui disparut.

— C'est égal, se dit Arnauld en allant rejoindre son maître, c'est égal, je mettrai pas celle-là sur le compte du connétable.

XXXVII.

LORD WENTWORTH.

A trois jours de là, le 1er septembre, lord Wentworth, gouverneur de Calais, après avoir pris les instructions de son beau-frère, lord Grey, et l'avoir vu s'embarquer pour l'Angleterre, remonta à cheval et revint à son hôtel, où se trouvaient alors Gabriel et Jean Peuquoy, et, dans une autre pièce, Diane.

Mais madame de Castro ne se savait pas si près de son amant, et, d'après la promesse faite à Arnauld par l'émissaire de lord Grey, n'avait eu avec lui aucune communication depuis son départ de Saint-Quentin.

Lord Wentworth formait avec son beau-frère le plus parfait contraste : autant lord Grey était rogue, froid et avare, autant lord Wentworth était vif, aimable et généreux. C'était un beau gentilhomme de haute taille et de façons élégantes. Il pouvait bien avoir quarante ans, et quelques cheveux blancs se mêlaient déjà à ses abondans cheveux noirs naturellement bouclés. Mais son allure toute juvénile, et la flamme ardente de ses yeux gris, annonçaient en lui la fougue et les passions d'un jeune homme, et il menait en effet joyeusement et vaillamment la vie, comme s'il n'eût eu que vingt ans encore.

Il entra d'abord dans la salle où l'attendaient le vicomte d'Exmès et Jean Peuquoy, et les salua avec une affabilité souriante comme des hôtes et non comme des prisonniers.

— Soyez le bien venu dans ma maison, monsieur et vous, maître, leur dit-il. Je sais le plus grand gré à mon cher beau-frère de vous avoir amené ici, monsieur le vicomte, et je me réjouis deux fois de la prise de Saint-Quentin. Pardonnez-moi, mais dans cette triste place de guerre, où je vis confiné, les distractions sont si rares, et la société si bornée, que je suis heureux de rencontrer de temps en temps quelqu'un à qui parler, et je vais former des vœux égoïstes pour que votre rançon arrive le plus tard possible.

— Elle tardera en effet plus que je ne croyais, milord, répondit Gabriel. Lord Grey a dû vous le dire : mon écuyer, que j'avais l'intention d'envoyer à Paris pour me la rapporter, s'est, dans l'ivresse, pris de querelle en route avec un des hommes de l'escorte, et a reçu à la tête une blessure, peu dangereuse il est vrai, mais qui, je le crains, le retiendra à Calais plus longtemps que je n'aurais voulu, je l'avoue.

— Tant pis pour le pauvre garçon et tant mieux pour moi, monsieur, dit lord Wentworth.

— C'est trop de civilité, milord, reprit avec un sourire triste Gabriel.

— Non, il n'y a pas là, ma foi ! la moindre civilité, et la civilité serait sans doute de vous laisser aller sur-le-champ vous-même à Paris sur votre parole. Mais, je vous le répète, je suis pour cela trop égoïste et trop ennuyé, et n'ai pas eu de peine, quoique pour des motifs différens, à entrer dans les intentions méfiantes de mon beau-frère, qui m'a fait solennellement promettre de ne vous donner la liberté que contre un sac d'écus. Que voulez-vous ? nous serons prisonniers ensemble et nous tâcherons de nous adoucir l'un à l'autre les ennuis de notre captivité.

Gabriel s'inclina sans mot dire. Il eût mieux aimé, en effet, que lord Wentworth le rendît sur parole à la liberté et à sa tâche. Mais pouvait-il réclamer, lui inconnu, une telle confiance ?

Il se consolait du moins un peu en pensant que Coligny était en ce moment auprès de Henri II. Or, il l'avait chargé de rapporter au roi ce qu'il avait pu faire pour prolonger la résistance de Saint-Quentin. Certes, le noble ami n'y aurait pas manqué ! Et Henri, fidèle à sa royale pro-

messe, n'attendrait pas peut-être le retour du fils pour s'acquitter envers le père.

N'importe ! Gabriel n'était pas tout à fait maître de son inquiétude, d'autant plus qu'elle était double et qu'il n'avait pu revoir, avant de quitter Saint-Quentin, une autre personne non moins chère. Aussi maudissait-il de bon cœur l'accident arrivé à cet incorrigible ivrogne de Martin-Guerre, et ne partageait-il pas sur ce point la satisfaction de Jean Peuquoy, lequel voyait avec une joie secrète ses mystérieux desseins favorisés par ce même retard dont s'affligeait tant Gabriel.

Cependant lord Wentworth poursuivait, sans vouloir s'apercevoir de la mélancolique distraction de son prisonnier.

— Je m'efforcerai, d'ailleurs, monsieur d'Exmès, de ne pas vous être un geôlier trop farouche, et, pour vous prouver déjà que ce n'est pas une défiance injurieuse qui me fait agir, si vous voulez me donner votre parole de gentilhomme de ne pas chercher à vous échapper, je vous accorde toute permission de sortir à votre gré et d'aller courir par la ville.

Ici, Jean Peuquoy ne put retenir un mouvement de satisfaction non équivoque, et, pour le communiquer à Gabriel, tira vivement par derrière l'habit du jeune homme, assez surpris de cette démonstration.

— J'accepte de bon cœur, milord, répondit Gabriel à l'offre courtoise du gouverneur, et vous avez ma parole d'honneur que je ne penserai à aucune tentative d'évasion.

— Cela suffit, monsieur, reprit lord Wentworth, et si même l'hospitalité que je puis et dois vous offrir ici, quoique ma maison de passage soit assez mal montée ; si cette hospitalité, dis-je, vous semblait gênante et un peu forcée, eh bien ! il ne faudrait pas vous contraindre, et je ne vous saurais nullement mauvais gré de préférer au mauvais gîte que j'ai à votre disposition, un logement plus ouvert et plus commode que vous trouveriez dans Calais.

— Oh ! monsieur le vicomte, dit Jean Peuquoy à Gabriel d'un ton suppliant, si vous daigniez accepter la plus belle chambre de la maison de mon cousin Pierre Peuquoy, l'armurier ? vous rendriez bien fier, et moi, vous me rendriez bien heureux, je vous jure !

Et le digne Peuquoy accompagna ces paroles d'un geste significatif. Car il ne procédait plus que par mystères et réticences, le digne Peuquoy ! et il était devenu d'un ténébreux à faire peur.

— Merci, mon ami, dit Gabriel ; mais vraiment, profiter d'une telle permission serait en abuser peut-être.

— Non, je vous assure, reprit vivement lord Wentworth, et vous êtes parfaitement libre d'accepter ce logement chez Pierre Peuquoy. C'est un riche bourgeois, actif et habile dans sa profession, et le plus honnête homme qui soit. Je le connais bien, je lui ai acheté plusieurs fois des armes, et il a même chez lui une assez jolie personne, sa fille ou sa femme, je ne sais trop.

— Sa sœur, milord, dit Jean Peuquoy ; ma cousine Babette. Eh ! oui, elle est assez avenante, et si je n'étais pas si vieux !... mais les Peuquoy ne s'éteindront pas pour cela : Pierre a perdu sa femme, mais elle lui a laissé deux gros garçons fort vivans, qui vous distrairont, monsieur le vicomte, si vous voulez bien accepter la cordiale hospitalité du cousin.

— Ce à quoi non-seulement je vous autorise, mais aussi je vous engage, ajouta lord Wentworth.

Décidément, Gabriel commençait à croire, et non pas sans raison, que le beau et galant gouverneur de Calais aimait autant, pour des motifs à lui connus, se débarrasser d'un commensal qui serait à toute heure dans sa maison, et qui, à cause de la liberté même qu'il lui laisserait, pourrait finir par gêner la sienne. Telle était en effet la pensée de lord Wentworth qui, ainsi que l'archer de lord Grey l'avait élégamment dit à Arnauld, préférait les prisonnières aux prisonniers.

Dès lors, Gabriel n'eut plus aucun scrupule, et, se tournant en souriant vers Jean Peuquoy ;

— Puisque lord Wentworth me le permet, lui dit-il, ami, j'irai demeurer chez votre cousin.

Jean Peuquoy fit un bond de joie.

— Ma foi ! à vrai dire, je crois que vous faites bien, reprit lord Wentworth. Non que je n'eusse été heureux de vous héberger de mon mieux ! mais dans un logis gardé nuit et jour par des soldats, et où mon ennuyeuse autorité a dû établir des règles sévères, vous auriez bien pu ne pas vous trouver toujours à l'aise, comme vous allez l'être dans la maison de ce brave armurier. Et un jeune homme a besoin de ses aises, nous savons cela.

— Vous me paraissez le savoir en effet, dit en riant Gabriel, et je vois que vous connaissez tout le prix de l'indépendance.

— Ma foi ! oui, reprit lord Wentworth sur le même ton enjoué, et je ne suis pas encore d'âge à médire de la liberté !

Puis s'adressant à Jean Peuquoy :

— Et vous, maître Peuquoy, lui dit-il, comptez-vous, pour votre part, sur la bourse du cousin, comme vous comptez sur sa maison quand il s'agit de monsieur d'Exmès ? Lord Grey m'a dit que vous attendiez de lui les cent écus fixés pour votre rançon.

— Tout ce que Pierre possède appartient à Jean, répondit le bourgeois sentencieusement ; c'est toujours ainsi entre les Peuquoy. J'étais tellement sûr d'avance que la maison de mon cousin était la mienne, que j'ai envoyé chez lui déjà l'écuyer blessé de monsieur le vicomte d'Exmès, et je suis si certain encore que sa bourse m'est ouverte comme sa porte, que je vous prie de me faire accompagner de l'un de vos gens qui vous rapportera la somme convenue.

— Inutile, maître Peuquoy, répondit lord Wentworth, et je vous laisse aussi aller sur parole. J'irai, demain ou après-demain, faire visite au vicomte d'Exmès chez Pierre Peuquoy, et je choisirai, pour l'argent dû à mon beau-frère, une de ces belles armures qu'il fait si bien.

— Comme il vous plaira, milord, dit Jean.

— Maintenant, monsieur d'Exmès, dit le gouverneur, ai-je besoin de vous dire que toutes les fois que vous voudrez bien frapper à ma porte, vous serez d'autant plus le bien venu que vous étiez libre de ne pas le faire ? Je vous le répète, la vie est monotone à Calais, vous le reconnaîtrez bien sans doute, et vous vous liguerez, je l'espère, avec moi contre l'ennemi commun, l'ennui. Votre présence est une fort bonne fortune dont je veux profiter le plus possible : si vous vous teniez éloigné, j'irais vous importuner, je vous en préviens : et rappelez-vous qu'en somme, je ne vous laisse la liberté qu'à demi, et que l'ami doit me ramener souvent le prisonnier.

— Merci, milord, dit Gabriel, j'accepte toute votre obligeance. A titre de revanche, ajouta-t-il en souriant, car la guerre a des retours, et l'ami d'aujourd'hui redeviendra l'ennemi de demain.

— Oh ! dit lord Wentworth, je suis en sûreté, moi, et trop en sûreté, hélas ! derrière mes invincibles murailles. Si les Français avaient dû reprendre Calais, ils n'auraient pas attendu deux cents ans pour cela. Je suis tranquille, et si vous avez un jour à me faire les honneurs de Paris, ce sera en temps de paix, j'imagine.

— Laissons faire Dieu, milord, reprit Gabriel. Monsieur de Coligny, que je quitte, avait coutume de dire que le plus sage parti pour l'homme c'est d'attendre.

— Soit ! et en attendant, de vivre le plus heureusement possible. A propos, j'oubliais, vous devez être assez mal en argent, monsieur ; vous savez que ma bourse est à votre disposition.

— Merci, encore, milord : la mienne, bien qu'elle ne soit pas assez garnie pour me permettre de m'acquitter sur-le-champ, est au moins suffisante pour les frais de mon séjour ici. Ma seule inquiétude matérielle, je l'avoue, est que la maison de votre cousin, maître Peuquoy, ne puisse s'ouvrir ainsi à l'improviste à trois nouveaux hôtes sans dérangement, et j'aimerais mieux, en ce cas, me mettre en quête d'un autre logement, où, pour quelques écus...

— Vous vous moquez ! interrompit vivement Jean Peuquoy, et la maison de Pierre est assez grande, Dieu merci ! pour contenir trois familles, s'il le fallait. En province, on ne bâtit pas chichement et à l'étroit comme à Paris.

— C'est vrai, dit lord Wentworth, et je vous atteste, monsieur d'Exmès, que le logement de l'armurier n'est pas indigne du capitaine. Une suite plus nombreuse que la vôtre y tiendrait à l'aise, et deux métiers ne s'y gêneraient point. N'était-ce pas votre intention, maître Peuquoy, de vous y établir et d'y continuer votre état de tisserand ? lord Grey m'a touché deux mots de ce projet que je verrais se réaliser avec plaisir.

— Et qui se réalisera en effet peut-être, dit Jean Peuquoy. Calais et Saint-Quentin appartenant bientôt aux mêmes maîtres, je préférerais me rapprocher de ma famille.

— Oui, reprit lord Wentworth, qui se méprit au sens des paroles du malicieux bourgeois, oui, il se peut que Saint-Quentin soit avant peu une ville anglaise. Mais je vous retiens, ajouta-t-il, et après les fatigues de la route, vous devez avoir besoin de repos. Monsieur d'Exmès, et vous, maître, je vous le dis encore une fois, vous êtes libres. Au revoir, et à bientôt, n'est-ce pas ?

Il conduisit le capitaine et le bourgeois jusqu'à la porte, serra la main de l'un, fit un salut amical à l'autre, et les laissa s'acheminer ensemble vers la rue du Martroi. C'est là, si nous le rappelons, que Pierre Peuquoy demeurait, à l'enseigne vaillante du dieu Mars, et que nous retrouverons bientôt Gabriel et Jean, s'il plaît à Dieu.

— Ma foi ! se dit lord Wentworth quand il les vit s'éloigner, je crois que j'ai aussi bien fait d'écarter de chez moi ce vicomte d'Exmès. Il est gentilhomme, il a dû vivre à la cour, et, n'eût-il aperçu qu'une fois la belle prisonnière qui m'est confiée, il se la rappellerait certes toute sa vie. Oui, car moi qui n'ai fait que l'entrevoir, quand elle a passé devant moi il y a deux heures, j'en suis encore ébloui. Qu'elle est belle ! Oh ! je l'aime ! je l'aime ! Pauvre cœur, si longtemps muet dans cette morne solitude, comme tu bats enfin ! Mais ce jeune homme, qui me paraît vif et brave, aurait pu, en reconnaissant la fille de son roi, se mêler peu agréablement aux rapports qui, j'y compte, ne vont pas manquer de s'établir entre madame Diane et moi. La présence d'un compatriote, et peut-être d'un ami, eût aussi sans doute gêné dans ses aveux ou encouragé dans ses refus madame de Castro. Point de tiers entre nous. Si je ne veux avoir recours en tout ceci qu'à des moyens dignes de moi, il est fort inutile cependant de se créer des obstacles.

Il frappa d'une façon particulière sur un timbre. Au bout d'une minute, une suivante parut.

— Jane, lui dit en anglais lord Wentworth, vous êtes-vous mise, comme je vous l'ai ordonné, à la disposition de cette dame ?

— Oui, milord.

— Comment se trouve-t-elle en ce moment, Jane ?

— Elle paraît triste, milord, mais non pas accablée. Elle a le regard fier et la parole ferme, et commande avec douceur, mais avec l'habitude d'être obéie.

— C'est bien, dit le gouverneur. A-t-elle pris la collation que vous lui avez fait servir ?

— A peine a-t-elle touché à un fruit, milord ; sous l'air d'assurance qu'elle affecte, il n'est pas difficile de démêler beaucoup d'inquiétude et de douleur.

— Il suffit, Jane, dit lord Wentworth. Vous allez retourner auprès de cette dame, et vous lui demanderez de ma part, de la part de lord Wentworth, gouverneur de Calais, à qui lord Grey a dévolu ses droits, si elle veut bien me recevoir. Allez et revenez vite.

Au bout de quelques minutes qui parurent des siècles à l'impatient Wentworth, la suivante reparut.

— Eh bien ? demanda-t-il.

— Eh bien ! milord, répondit Jane, cette dame non-seulement consent, mais encore demande à vous entretenir sur-le-champ.

— Allons! tout va au mieux, se dit lord Wentworth.

— Seulement, ajouta Jane, elle a retenu auprès d'elle la vieille Mary, et m'a ordonné à moi-même de remonter tout de suite.

— Bien, Jane, allez. Il faut lui obéir en tout, vous entendez. Allez. Dites que vous ne me précédez que d'un instant.

Jane sortit, et lord Wentworth, le cœur serré comme un amoureux de vingt ans, se mit à monter l'escalier qui conduisait à la chambre de Diane de Castro.

— Oh! quel bonheur! se disait-il, j'aime! Et celle que j'aime, la fille d'un roi! est en ma puissance!

XXXVIII.

LE GEOLIER AMOUREUX.

Diane de Castro reçut lord Wentworth avec cette dignité calme et chaste qui empruntait de son regard angélique et de son pur visage un pouvoir et un charme irrésistibles. Sous sa tranquillité apparente, il y avait pourtant bien de l'angoisse, et elle tremblait, la pauvre jeune fille, tout en répondant au salut du gouverneur et en lui indiquant d'un geste tout royal un fauteuil à quelques pas d'elle.

Puis, elle fit signe à Mary et à Jane, qui paraissaient vouloir se retirer, de demeurer au contraire, et, voyant que lord Wentworth, perdu dans son admiration, gardait le silence, elle se décida à parler la première.

— C'est devant lord Wentworth, gouverneur de Calais, que je me trouve, je crois? dit-elle.

— C'est lord Wentworth, votre dévoué serviteur, qui attend vos ordres, madame.

— Mes ordres! reprit-elle avec amertume, oh! milord! ne parlez pas ainsi, car je pourrais croire que vous raillez. Si l'on avait écouté, non mes ordres, mais mes prières, mais mes supplications, je ne serais pas ici. Vous savez qui je suis, milord, et de quelle maison?

— Je sais que vous êtes madame Diane de Castro, madame, la fille chérie du roi Henri II.

— Pourquoi m'a-t-on faite prisonnière, alors? reprit Diane dont la voix s'affaiblit au lieu de s'élever en faisant cette question.

— Mais précisément parce que vous étiez la fille d'un roi, madame, reprit Wentworth, parce que, d'après la capitulation consentie par l'amiral Coligny, on devait livrer aux vainqueurs cinquante prisonniers à leur choix, de tout rang, de tout âge et de tout sexe, et qu'ils ont naturellement choisi les plus illustres, les plus dangereux, et, permettez-moi de le dire, ceux qui pouvaient leur payer la plus grosse rançon.

— Mais comment a-t-on su, reprit Diane, que j'étais cachée à Saint-Quentin sous le nom et l'habit d'une religieuse Bénédictine? Avec la supérieure du couvent, une seule personne dans la ville savait mon secret.

— Eh bien! c'est cette personne qui vous aura trahie, voilà tout, dit lord Wentworth.

— Oh! non, je suis sûre que non! s'écria Diane avec une vivacité et une conviction telles que lord Wentworth se sentit mordu au cœur par le serpent de la jalousie, et ne trouva rien à répondre.

— C'était le lendemain de la prise de Saint-Quentin, poursuivit Diane en s'animant. Je m'étais réfugiée toute tremblante et toute émue au fond de ma cellule. On fait demander au parloir la sœur Bénie, mon nom de novice, milord. C'était un soldat anglais qui me demandait ainsi. Je redoute quelque malheur, quelque nouvelle terrible. Je descends, néanmoins, saisie par cette redoutable curiosité de la douleur qui veut savoir ce qu'elle doit pleurer. Cet archer, que je ne connaissais pas, me déclare que je suis sa prisonnière. Je m'indigne, je résiste, mais que pouvais-je contre la force? Ils étaient trois soldats, oui, trois, mylord, pour arrêter une femme! Je vous demande pardon si cela vous blesse, mais je dis ce qui est. Ces hommes s'emparent donc de moi et me somment d'avouer que je suis Diane de Castro, fille du roi de France. Je nie d'abord, mais comme, malgré mes dénégations, ils m'entraînent, je demande à être conduite à monsieur l'amiral de Coligny, et, comme l'amiral ne connaît pas la sœur Bénie, je déclare qu'en effet je suis celle qu'ils désignent. Vous croyez peut-être, milord, qu'alors, sur mon aveu, ils cèdent à ma prière et m'accordent cette grâce bien simple d'être menée à monsieur l'amiral qui m'eût reconnue et réclamée? Pas du tout! ils se réjouissent seulement de leur capture, me poussent et m'entraînent plus vite, me font entrer ou plutôt me jettent, pleurante et éperdue, dans une litière fermée, et quand, suffoquée de sanglots et anéantie de douleur, je cherche pourtant à reconnaître où l'on me mène, je suis déjà sortie de Saint-Quentin et sur la route de Calais. Puis, lord Grey qui commande, me dit-on, l'escorte, refuse de m'entendre, et c'est un soldat qui m'apprend que je suis prisonnière de son maître, et qu'en attendant le paiement de ma rançon, on me conduit à Calais. C'est ainsi que je suis arrivée, milord, sans en savoir davantage.

— Je n'ai rien rien de plus à vous dire, madame, reprit lord Wentworth pensif.

— Rien de plus, milord, reprit Diane. Vous ne pouvez pas me dire pourquoi on ne m'a laissé parler ni à la supérieure des Bénédictines ni à monsieur l'amiral? Vous ne pouvez pas me dire ce qu'on veut de moi, donc, puisqu'on ne me permet pas d'approcher de ceux qui auraient annoncé ma captivité au roi et envoyé de Paris le prix de ma rançon? Pourquoi cette sorte d'enlèvement secret? Pourquoi n'ai-je pas même vu lord Grey, qui, m'a-t-on dit, a ordonné tout cela?

— Vous avez vu lord Grey, madame, tantôt, quand vous avez passé devant nous. C'est le gentilhomme avec lequel je causais, et qui vous a saluée en même temps que moi.

— Excusez-moi, milord, j'ignorais en présence de qui je me trouvais, reprit Diane. Mais, puisque vous avez causé avec lord Grey, votre parent, à ce que m'a dit cette fille, il a dû vous faire part de ses intentions envers moi.

— En effet, madame, et, avant de s'embarquer pour l'Angleterre, il me les expliquait, au moment même où l'on vous amenait dans cet hôtel. Il m'apprenait qu'on vous avait désignée à lui à Saint-Quentin pour la fille du roi, et qu'ayant trois prisonniers à choisir pour sa part, il avait accepté avec empressement une si excellente prise, sans toutefois prévenir personne de sa capture, afin d'éviter toute contestation. Son but, fort simple, était de tirer de vous le plus d'argent possible, madame, et j'approuvais, en riant, mon avide beau-frère, quand vous avez traversé la salle où nous étions. Je vous ai vue, madame, et j'ai compris que, si vous étiez fille du roi par la naissance, vous étiez reine par la beauté. Dès-lors, je vous l'avoue à ma honte, j'ai changé vis-à-vis de lord Grey d'avis, sinon sur son action passée, du moins sur son projet à venir. Oui, et j'ai cessé d'approuver son dessein d'obtenir une rançon de vous. Je lui ai représenté qu'il pouvait espérer bien davantage! que l'Angleterre et la France étant en guerre, vous serviriez peut-être à quelqu'important échange, et que vous valiez bien même une ville. Bref, je m'engageais fort à ne pas abandonner pour quelques écus une si riche proie. Vous étiez à Calais, une ville à nous, une ville imprenable, il fallait vous y garder, et attendre.

— Quoi! s'écria Diane, vous avez donné à lord Grey de tels conseils, et vous en convenez devant moi! Ah! milord, pourquoi vous être opposé ainsi à ma délivrance? Que vous avais-je fait? Vous ne m'aviez vue qu'une minute. Vous me haïssiez donc?

— Je ne vous avais vue qu'une minute, et je vous aimais, madame, dit lord Wentworth éperdu.

Diane recula pâlissante.

— Jane! Mary! cria-t-elle en appelant les deux femmes qui se tenaient à l'écart dans l'embrasure d'une croisée.

Mais lord Wentworth leur fit un signe impérieux, et elles ne bougèrent pas. Puis il reprit en souriant avec tristesse :

— N'ayez pas peur, madame, je suis un gentilhomme, et ce n'est pas vous, c'est moi qui dois craindre et trembler. Oui, je vous aime, et n'ai pu me tenir de vous le dire, oui, quand je vous ai vue passer si gracieuse, si charmante, et pareille à une déesse, tout mon cœur est allé à vous ; oui, encore, vous êtes en mon pouvoir ici et l'on m'y obéit sur un signe... C'est égal, ne craignez rien, je suis plus en votre possession, hélas ! que vous n'êtes en la mienne, et, de nous deux, le véritable prisonnier ce n'est pas vous. Vous êtes la reine, madame, et je suis l'esclave. Ordonnez, et j'obéirai.

— Alors, monsieur, dit Diane palpitante, renvoyez-moi à Paris, d'où je vous ferai passer telle rançon que vous fixerez.

Lord Wentworth hésita, puis il reprit :

— Tout, hormis cela, madame ! car je sens que ce sacrifice est au-dessus de mes forces. Quand je vous dis qu'un regard a pour jamais enchaîné ma vie à la vôtre ! Ici, dans cet exil où je suis confiné, voilà bien longtemps que mon cœur ardent n'avait aimé d'un amour digne de lui ! Dès que je vous ai vue, si belle, si noble, si fière, j'ai senti que toutes les forces comprimées de mon âme avaient désormais leur essor et leur but. Je vous aime depuis deux heures ; mais, si vous me connaissiez, vous sauriez que c'est comme si je vous aimais depuis dix années.

— Mais, mon Dieu ! que voulez-vous donc, milord ? reprit Diane. Qu'espérez-vous ? Qu'attendez-vous ? Quel est votre dessein ?

— Je veux vous voir, madame, je veux jouir de votre présence et de votre aspect gracieux, voilà tout. Ne me supposez pas, encore une fois, des projets indignes d'un gentilhomme. Seulement mon droit, que je bénis, est de vous garder près de moi, et j'en use.

— Et vous croyez, milord, dit madame de Castro, que cette violence contraindra mon amour à répondre au vôtre ?...

— Je ne crois pas cela, dit doucement lord Wentworth, mais peut-être qu'en me voyant chaque jour si résigné, si respectueux, venir seulement prendre de vos nouvelles pour pouvoir vous regarder une minute, peut-être que vous serez touchée de la soumission de celui qui pourrait contraindre et qui implore.

— Et alors, reprit Diane avec un dédaigneux sourire, la fille de France, vaincue, deviendra la maîtresse de lord Wentworth ?

— Et alors, lord Wentworth, répondit le gouverneur, lord Wentworth, le dernier rejeton d'une des maisons les plus riches et les plus illustres de l'Angleterre, offrira à genoux à madame de Castro son nom et sa vie. Mon amour, vous le voyez, est aussi honorable qu'il est sincère.

— Serait-il ambitieux ? pensa Diane.

— Écoutez, milord, reprit-elle à voix haute en essayant de sourire, je vous le conseille, laissez-moi libre, rendez-moi au roi mon père, et je ne me croirai pas quitte envers vous pour une rançon. Vienne entre les deux États une paix, à la fin inévitable, si je ne puis me donner moi-même, j'obtiendrai au moins pour vous, je vous le jure, autant et plus d'honneurs et de dignités que vous n'en pourriez souhaiter si vous étiez mon mari. Soyez généreux, milord, et je serai reconnaissante.

— Je devine votre pensée, madame, dit Wentworth avec amertume ; mais je suis à la fois plus désintéressé et plus ambitieux que vous ne croyez. De tous les trésors de l'univers, je ne souhaite que vous.

— Alors, un dernier mot, milord, et que vous comprendrez, peut-être, dit Diane en même temps confuse et fière : Milord, un autre m'aime.

— Et vous vous imaginez que je vais vous livrer à ce rival en vous laissant aller ! s'écria Wentworth hors de lui. Non ! il sera du moins aussi malheureux que moi ! plus malheureux encore, car il ne vous verra pas, madame. A partir de ce jour, trois événemens peuvent seuls vous délivrer : ou ma mort, mais je suis encore jeune et robuste ; ou une paix entre la France et l'Angleterre, mais les guerres entre la France et l'Angleterre durent, vous le savez, cent ans ; ou la prise de Calais, mais Calais est imprenable. Hors ces trois chances presque désespérées, vous serez, je crois, longtemps ma prisonnière ; car j'ai acheté à lord Grey tous ses droits sur vous, et je ne veux pas vous recevoir à rançon, fût-elle un empire ! Et quand à la fuite, vous ferez aussi bien de n'y pas penser ; car c'est moi qui vous garde, et vous verrez quel geôlier attentif et sûr est un homme qui aime.

Ce disant, lord Wentworth salua profondément et se retira, laissant Diane tremblante et désolée.

Elle ne se rassurait un peu qu'en pensant que la mort était un refuge certain, et qui, dans les dangers suprêmes, restait toujours ouvert aux malheureux.

XXXIX.

LA MAISON DE L'ARMURIER.

La maison de Pierre Peuquoy formait l'angle de la rue du Martroi et de la place du marché. Des deux côtés, elle s'appuyait sur de larges piliers de bois comme on en voit encore à Paris aux piliers des Halles. Elle avait deux étages, plus les combles. Sur sa façade, le bois, la brique et l'ardoise se jouaient curieusement en arabesques à la fois capricieuses et régulières. De plus, les appuis des croisées et les grosses poutres offraient des figures d'animaux bizarres enroulées dans des feuillages amusans ; le tout naïf et grossier, mais non sans invention et sans vie. Le toit haut et large débordait assez pour mettre à couvert une galerie extérieure à balustres, qui, comme dans les chalets suisses, circulait autour du second étage.

Au-dessus de la porte vitrée de la boutique pendait l'enseigne, sorte de drapeau de bois, sur lequel un guerrier formidablement peint voulait représenter le Dieu Mars, ce à quoi l'aidait sans doute l'inscription suivante : *Au Dieu Mars. Pierre Peuquoy, armurier.*

Sur le pas de la porte, une armure complète, casque, cuirasse, brassards et cuissards, servait d'enseigne parlante pour ceux des gentilshommes qui ne savaient pas lire.

En outre, à travers le vitrage en plomb de la devanture de boutique, on pouvait distinguer, malgré l'obscurité des magasins, d'autres panoplies et des armes offensives et défensives de toute sorte. Les épées surtout se faisaient remarquer par leur nombre, leur variété et leur richesse.

Deux apprentis assis sous les piliers interpellaient les passans, leur offrant la marchandise avec les invitations les plus engageantes.

Pour l'armurier Pierre Peuquoy, il se tenait majestueusement d'ordinaire, soit dans son arrière-boutique donnant sur la cour, soit dans sa forge établie dans un hangard au fond de cette même cour. Il ne venait que lorsqu'un chaland d'importance, attiré par les cris des apprentis ou plutôt par la réputation de Peuquoy, faisait demander le maître.

L'arrière-boutique, mieux éclairée que le magasin, servait en même temps de salon et de salle à manger. Elle était partout lambrissée de chêne et meublée d'une table carrée à pieds tors, de chaises en tapisserie, et d'un magnifique bahut sur lequel se voyait le *chef-d'œuvre* de Pierre Peuquoy exécuté par lui sous les yeux de son père lorsqu'il avait été reçu maître ; c'était une charmante petite armure en miniature, toute damasquinée d'or et du travail le plus fin et le plus délicat. On ne saurait imaginer ce qu'il avait fallu d'art et de patience pour obtenir la perfection d'un pareil bijou.

En face du bahut, une niche pratiquée dans le lambris encadrait une statue de plâtre de la Vierge, entourée de buis bénit. La pensée sainte veillait ainsi toujours dans la salle de famille.

Une autre pièce en retour était prise tout entière par la cage d'un escalier droit, de bois, qui conduisait aux étages supérieurs.

Pierre Peuquoy, ravi de recevoir chez lui le vicomte d'Exmès et Jean Peuquoy, avait absolument voulu céder le premier étage à Gabriel et à son cousin. Là donc étaient les chambres des hôtes. Pour lui, il habitait le second avec sa jeune sœur Babette et ses enfans. On avait aussi logé au deuxième l'écuyer blessé, Arnauld du Thill. Les apprentis couchaient aux combles. Dans toutes les chambres, commodes et bien closes, on sentait, sinon la richesse, au moins l'aisance et la simplicité abondante propre à la vieille bourgeoisie de tous les temps.

C'est à table que nous retrouverons Gabriel et Jean Peuquoy auxquels leur digne hôte achève de faire les honneurs d'un souper copieux. Babette servait les convives. Les enfans se tenaient respectueusement à quelque distance.

— Vive Dieu! monseigneur, dit l'armurier, comme vous mangez peu, si vous me permettez de le dire! vous êtes tout soucieux et Jean est tout pensif. Pourtant si le régal est médiocre, le cœur qui l'offre est bon. Prenez donc au moins de ces raisins, ils sont assez rares dans notre pays. Je tiens de mon grand-père, qui tenait du sien, qu'autrefois, du temps des Français, la vigne à Calais était généreuse, et la grappe dorée. Mais quoi! depuis que la ville est anglaise, le raisin se trompe et se croit en Angleterre où il n'a pas coutume de mûrir.

Gabriel ne put s'empêcher de sourire des singulières déductions du patriotisme de ce brave Pierre.

— Allons, dit-il en levant son verre, je bois à la maturité des raisins à Calais!

On pense si les Peuquoy répondirent cordialement à un semblable toast! Puis, le souper achevé, Pierre dit les grâces que ses hôtes écoutèrent debout et tête nue. Les enfans furent alors envoyés au lit.

— Toi aussi, Babette, tu peux maintenant te retirer, dit l'armurier à sa sœur. Veille à ce que les apprentis ne fassent pas trop de bruit là-haut, et, avant de rentrer dans ta chambre, entre, avec Gertrude, dans celle de l'écuyer de monsieur le vicomte, pour voir si le malade n'aurait pas besoin de quelque chose.

La gentille Babette rougit, fit une révérence et sortit.

— Maintenant, dit Pierre à Jean, mon cher compère et cousin, nous voilà seuls tous trois, et, si vous avez une communication secrète à me faire, je suis prêt à l'entendre.

Gabriel regarda avec étonnement Jean Peuquoy mais celui-ci reprit avec sa mine grave :

— En effet, Pierre, je vous ai dit que j'avais à vous parler de choses importantes.

— Je vais me retirer, dit Gabriel.

— Pardon, monsieur le vicomte, dit Jean ; mais votre présence à cet entretien est non seulement utile, mais nécessaire ; car, sans votre concours, les projets que j'ai à confier à Pierre ne sauraient aboutir.

— Je vous écoute donc, ami, reprit Gabriel en retombant dans sa tristesse rêveuse.

— Oui, monseigneur, dit le bourgeois, oui, écoutez-nous, et en nous écoutant, vous relèverez la tête avec espérance, et, qui sait même? avec joie.

Gabriel sourit douloureusement en pensant que, tant qu'il serait retenu loin de la liberté de son père, loin de l'amour de Diane, la joie serait pour lui comme un ami absent. Néanmoins, le courageux jeune homme se retourna vers Jean en lui faisant signe qu'il pouvait commencer.

Alors Jean s'adressant gravement à Pierre :

— Cousin, lui dit-il, et plus que cousin, frère, c'est à vous à parler le premier, afin de montrer à monsieur le vicomte d'Exmès quel fonds on peut faire sur votre patriotisme. Dites-nous donc, Pierre, dans quels sentiments envers la France votre père vous a élevé et avait été élevé lui-même par son père. Dites-nous si, Anglais par la force depuis plus de deux cents ans, vous avez jamais été Anglais par le cœur. Dites-nous enfin si, le cas échéant, vous croiriez devoir votre sang et votre appui à l'ancienne patrie de vos aïeux ou à la patrie nouvelle qu'on leur a imposée?

— Jean, répondit l'autre bourgeois avec autant de solennité que son cousin ; Jean, je ne sais pas, si mon nom et ma race étaient anglais, ce que je penserais et ce que je sentirais ; mais je sais bien par expérience que quand une famille a été Française, ne fût-ce qu'un moment, fût-ce au-delà de deux siècles, toute autre domination étrangère est insupportable aux membres de cette famille, et leur semble dure comme la servitude et amère comme l'exil. Celui de mes aïeux, Jean, qui avait vu Calais tomber au pouvoir de l'ennemi, n'a jamais devant son fils parlé de la France qu'avec larmes, et de l'Angleterre qu'avec haine. Son fils en a fait autant pour le sien, et ce double sentiment de regret et d'aversion s'est transmis de génération en génération, sans s'affaiblir et sans s'altérer. L'air de nos vieilles maisons bourgeoises conserve. Le Pierre Peuquoy d'il y a deux siècles revit dans le Pierre Peuquoy d'aujourd'hui, et, comme le même nom français, j'ai le même cœur français, Jean. L'affront d'hier et aussi la douleur. Ne dites pas, Jean, que j'ai deux patries ; il n'y en a, il ne peut y en avoir jamais qu'une ! Et, s'il fallait choisir entre le pays que les hommes m'ont fait et le pays que Dieu m'avait donné, croyez bien que je n'hésiterais pas.

— Vous entendez, monseigneur! s'écria Jean en se tournant vers le vicomte d'Exmès.

— Oui, ami, oui, j'entends, et c'est bien, et c'est noble! répondit Gabriel pourtant un peu distrait.

— Mais en moi, Pierre, reprit Jean Peuquoy, tous nos anciens compatriotes d'ici ne pensent pas malheureusement comme vous, n'est-ce pas? Vous êtes sans doute, à Calais, au bout de deux cents ans, le seul enfant de la France qui ne soit pas devenu ingrat à la mère-patrie.

— Vous vous trompez, Jean, répondit l'armurier. J'ai parlé en général et non pour moi seul. Je ne dis pas que tous ceux qui portent comme moi un nom français n'ont pas oublié leur origine ; mais plusieurs familles bourgeoises aiment et regrettent toujours la France, et c'est dans ces familles que les Peuquoy se plaisaient à choisir leurs femmes. Tenez! dans les rangs de la garde civique de Calais, dont je fais malgré moi partie, maint citoyen briserait sa hallebarde plutôt que de la tourner contre un soldat français.

— Bon encore à savoir cela! murmurait Jean Peuquoy en se frottant les mains, et dites-moi, cousin, vous devez certainement avoir quelque grade dans cette garde civique aimé et estimé comme vous l'êtes, cela va sans dire!

— Non pas, Jean, et j'ai refusé tout grade, pour refuser toute responsabilité.

— Tant pis et tant mieux alors! Est-ce que le service qu'on vous impose est bien pénible, Pierre? Est-ce qu'il se renouvelle souvent?

— Mais oui, Jean, la corvée est assez fréquente et assez rude, vu que dans une place comme Calais la garnison n'est jamais suffisante, et, pour ma part, je suis commandé le 5 de chaque mois.

— Le 5 de chaque mois régulièrement, Pierre? Ces Anglais n'ont pas de prudence de fixer ainsi d'une manière certaine le jour de service de chacun.

— Oh! reprit l'armurier en secouant la tête, il n'y a pas de danger après deux siècles de possession. Et puis, comme néanmoins ils se défient toujours un peu de la garde civique, ils ne lui remettent que des postes imprenables par eux-mêmes. Moi, je suis toujours de faction sur la plateforme de la tour Octogone, qui est défendue par la mer mieux que par moi, et d'où les mouettes seules peuvent s'approcher, je crois.

— Ah! vous êtes toujours de faction le 5 de chaque mois sur la plate-forme de la tour Octogone, Pierre?

— Oui, de quatre heures à six heures du matin. C'est l'heure que le quartenier me laisse choisir et que je préfère, parce qu'à cette heure-là, je vois, les trois quarts de l'année, le reflet du lever du soleil sur l'Océan, et, même pour un pauvre marchand comme moi, c'est là un spectacle divin.

— Un spectacle tellement divin en effet, Pierre, reprit Jean Peuquoy en baissant la voix, que si, malgré la position imprenable, quelque hardi aventurier essayait d'escalader de ce côté-là votre tour Octogone, vous ne le verriez pas, je parie, tant vous seriez absorbé par votre contemplation!

Pierre regarda son cousin avec surprise.

— Je ne le verrais pas, c'est vrai, répondit-il après une minute d'hésitation; car je saurais qu'un Français seul peut avoir intérêt à pénétrer dans la ville, et, comme étant contraint je ne suis tenu à rien envers ceux qui me contraignent, plutôt que de repousser l'assaillant, je l'aiderais à entrer peut-être.

— Bien dit, Pierre! s'écria Jean Peuquoy. Vous voyez, monseigneur, que Pierre est un Français dévoué, ajouta-t-il en s'adressant à Gabriel.

— Je le vois, maître, reprit celui-ci toujours inattentif malgré lui à un entretien qui lui semblait inutile. Je le vois, mais hélas! à quoi bon ce dévouement?

— A quoi bon? je vais vous le dire, moi, répondit Jean Peuquoy; car c'est à mon tour de parler, je pense. Eh bien donc, si vous le voulez, monsieur le vicomte, nous pouvons prendre à Calais notre revanche de Saint-Quentin. Les Anglais, tout fiers de deux siècles de possession, s'endorment dans une sécurité trompeuse; cette sécurité doit les perdre. Nous avons, monseigneur le voit, des auxiliaires tout prêts dans la place. Mûrissons ce projet; que votre intervention auprès de ceux qui ont la puissance nous vienne en aide, et ma raison, plus encore mon instinct, me dit qu'un coup de main hardi nous rendrait maîtres de la ville. Vous m'entendez, n'est-ce pas, monseigneur?

— Oui, oui, certainement! répondit Gabriel qui n'écoutait plus en réalité, mais que cet appel direct réveilla de sa rêverie, oui, votre cousin veut retourner, n'est-ce pas? dans notre beau royaume de France, être transféré dans une ville française, Amiens par exemple... Eh bien! j'en parlerai à milord Wentworth et à monsieur de Guise. La chose peut se faire et mon intervention que vous réclamez ne vous fera pas défaut. Continuez, ami, je suis tout à vous. Certainement je vous écoute.

Et il retomba dans sa distraction puissante.

Car la voix qu'il écoutait en ce moment, ce n'était pas, à vrai dire, celle de Jean Peuquoy, non c'était en lui-même celle du roi Henri II, donnant ordre, sur le récit du siège de Saint-Quentin fait par l'amiral, de délivrer sur-le-champ le comte de Montgommery. Puis, c'était la voix de son père lui attestant, morne et jaloux encore, que Diane était bien la fille de son rival couronné. Enfin, c'était la voix de Diane elle-même qui, après tant d'épreuves, pouvait lui dire, et de laquelle il pouvait écouter ce mot suprême et divin : Je t'aime.

On comprend que, dans ce doux songe, il devait n'écouter qu'à moitié les projets hasardeux et victorieux du digne Jean Peuquoy.

Mais le grave bourgeois devait, lui, se trouver blessé du peu d'attention accordée par Gabriel à un dessein qui avait certes sa grandeur et son courage, et ce fut avec un peu d'amertume qu'il reprit :

— Si monseigneur avait daigné prêter à mon discours une oreille moins distraite, il aurait vu que nos idées, à Pierre et à moi, étaient moins personnelles et moins médiocres qu'il ne les suppose...

Gabriel ne répondit pas.

— Il ne vous entend pas, Jean, dit Pierre Peuquoy, en montrant à son cousin leur hôte de nouveau absorbé, il pense peut-être aussi son projet, sa passion...

— La sienne n'est pas plus désintéressée que la nôtre toujours! reprit Jean, non sans aigreur. Je dirais même qu'elle est égoïste, si je n'avais vu ce gentilhomme braver le danger avec une sorte de fureur et même exposer sa vie pour sauver la mienne. N'importe! il aurait dû m'écouter quand je parlais pour le bien et la gloire de la patrie. Mais, sans lui, malgré tout notre zèle, nous serions des instrumens inutiles, Pierre. Nous n'avons que le sentiment! la pensée nous manque et la puissance.

— C'est égal! le sentiment était bon; car je t'ai entendu et compris, moi, frère! dit l'armurier.

Et les deux cousins se serrèrent solennellement la main.

— Il faut, en attendant, renoncer à notre chimère, ou l'ajourner du moins, dit Jean Peuquoy; car que peut le bras sans la tête? que peut le peuple sans les nobles?...

Ce bourgeois du vieux temps ajouta avec un singulier sourire :

— Jusqu'au jour où le peuple sera à la fois le bras et la tête.

XL.

OU DE NOMBREUX ÉVÉNEMENS SONT RASSEMBLÉS AVEC BEAUCOUP D'ART.

Trois semaines s'étaient écoulées, on touchait aux derniers jours de septembre, et aucun changement notable ne s'était opéré dans la situation des divers personnages de cette histoire.

Jean Peuquoy avait, comme de raison, payé à lord Wentworth la faible rançon à laquelle il avait su se faire taxer. De plus, il avait obtenu la permission de se fixer à Calais. Mais nous devons dire qu'il ne se pressait nullement de monter un établissement nouveau et de se remettre à l'ouvrage. Il paraissait fort curieux et fort nonchalant de sa nature, le bonnête bourgeois! on le voyait, du matin au soir, flâner sur les remparts et causer avec les soldats de la garnison, sans paraître plus songer au métier de tisserand que s'il eût été abbé ou moine.

Toutefois, il n'avait pas voulu ou n'avait pu entraîner son cousin Pierre Peuquoy dans son désœuvrement, et jamais l'habile armurier n'avait fourbi plus d'armes et de plus belles.

Gabriel devenait de jour en jour plus triste. Il n'arrivait jusqu'à lui, de Paris, que des nouvelles générales. La France commençait à respirer. Les Espagnols et les Anglais avaient perdu à prendre des bicoques un temps irréparable; le pays avait pu se reconnaître, et Paris et le roi étaient sauvés. Ces nouvelles, que l'héroïque défense de Saint-Quentin n'avait pas peu contribué à faire si bonnes, réjouissaient Gabriel sans doute! mais quoi? de Henri II, de Coligny, de son père, de Diane, pas un mot! Cette pensée assombrissait son front et l'empêchait de se livrer, comme il l'eût fait peut-être en toute autre occasion, aux amicales avances de lord Wentworth pour lui.

Le facile et expansif gouverneur semblait, en effet, s'être pris de belle amitié pour son prisonnier. L'ennui et, depuis quelques jours, un peu de tristesse avaient sans doute contribué à cette sympathie. C'était une distraction précieuse, dans ce morne Calais, que la compagnie d'un jeune et spirituel gentilhomme de la cour de France. Aussi, lord Wentworth ne passait jamais deux jours sans aller faire visite au vicomte d'Exmès, et voulait le voir trois fois par semaine au moins à sa table. Affection gênante, à tout prendre; car le gouverneur jurait en riant qu'il ne lâcherait son captif qu'à la dernière extrémité, qu'il ne se résignerait jamais à le laisser aller sur parole, et que ce ne serait que lorsque le dernier écu de la rançon de Gabriel lui aurait été bien et dûment payé qu'il subirait la dure nécessité de se séparer d'un ami si cher.

Comme, au fond, cela pouvait n'être fort bien qu'une

façon élégante et seigneuriale de se défier de lui, Gabriel n'osait pas insister, et, dans se délicatesse, souffrait sans se plaindre, en attendant le rétablissement de son écuyer qui, si l'on s'en souvient, devait aller chercher à Paris la rançon convenue pour la mise en liberté du vicomte d'Exmès.

Mais Martin-Guerre, ou plutôt son remplaçant Arnauld du Thill, ne se rétablissait que bien lentement. Au bout de quelques jours cependant, le chirurgien chargé de soigner la blessure que le drôle avait reçue dans une rixe s'était retiré, déclarant sa tâche achevée et son malade entièrement remis. Un ou deux jours de repos et les bons soins de la gentille Babette, sœur de Pierre Peuquoy, suffiraient pour compléter la guérison, si elle avait besoin d'être complétée.

Sur cette assurance, Gabriel avait annoncé à son écuyer qu'il partirait sans retard pour Paris le surlendemain. Mais le surlendemain au matin, Arnauld du Thill se plaignit d'éblouissemens et d'étourdissemens qui l'exposeraient à des chutes graves s'il faisait seulement quelques pas sans l'appui accoutumé de Babette. Nouveau délai, demandé et accordé, de deux jours. Mais, au bout de ce temps, une sorte de lassitude générale cassait bras et jambes au pauvre Arnauld; il fallut combattre cette fatigue, causée par ses souffrances assurément, au moyen de bains et d'une diète assez sévère. Mais ce régime occasionna une faiblesse si grande qu'un autre délai fut jugé indispensable pour donner au fidèle écuyer le temps de réfaibir sa vigueur par des fortifians et un peu de vin généreux. Du moins sa garde-malade Babette jurait en pleurant à Gabriel que, s'il exigeait de Martin-Guerre un départ immédiat, il l'exposait à périr d'inanition sur la grand'route.

Cette singulière convalescence se prolongeant ainsi bien au-delà de la maladie, malgré les soins, un médisant dirait grâce aux soins de Babette, deux semaines, gagnées jour par jour, s'écoulèrent; ce qui faisait près d'un mois depuis l'arrivée de Gabriel à Calais.

Mais cela ne pouvait pas durer plus longtemps. Gabriel à la fin s'impatientait, et Arnauld du Thill lui-même, qui, dans le commencement, cherchait et trouvait des expédiens avec la meilleure volonté du monde, lui déclarait maintenant d'un air suffisant et vainqueur à Babette éplorée qu'il ne pouvait pas risquer de mécontenter son maître, et que le mieux était, après tout, de partir plus vite pour revenir plus vite aussi. Mais les yeux rouges et la mine abattue de la pauvre Babette prouvaient qu'elle n'entendait guères cette raison-là.

La veille du jour où, d'après sa déclaration formelle, Arnauld du Thill devait enfin se mettre en route pour Paris, Gabriel alla souper chez lord Wentworth.

Le gouverneur semblait avoir plus de mélancolie encore que d'ordinaire à secouer, car il força sa gaîté jusqu'à la folie.

Quand il quitta Gabriel, après l'avoir reconduit jusqu'au préau, éclairé seulement à cette heure par une lampe déjà pâlissante, le jeune homme, au moment où il s'enveloppait de son manteau pour sortir, vit une des portières qui donnaient dans le préau s'entr'ouvrir. Une femme, que Gabriel reconnut pour une des camérières de la maison, se glissa jusqu'à lui, un doigt sur les lèvres, et lui tendant de l'autre main un papier :

— Pour le gentilhomme français que reçoit souvent ord Wentworth, dit-elle à voix basse en lui remettant let billet plié.

Et avant que Gabriel stupéfait eût eu le temps de l'interroger, elle avait déjà pris la fuite.

Le jeune homme, fort intrigué, et de sa nature un peu curieux et passablement imprudent, songea qu'il avait un quart d'heure de chemin à faire dans l'obscurité et de pouvoir lire le billet à son aise dans sa chambre, et que c'était bien longtemps attendre le mot d'une énigme qui paraissait piquante. Donc, sans plus de façon, et pour savoir à quoi s'en tenir tout de suite, il regarda autour de lui, et, voyant qu'il était bien seul, il s'approcha de la lampe fumeuse, déploya le billet et lut, non sans quelque émotion, ce qui suit :

« Monsieur, je ne vous connais pas, je ne vous ai jamais vu; mais une des femmes qui me sert me dit que vous êtes Français comme moi et prisonnier comme moi. Cela me donne le courage de crier vers vous dans ma détresse. Vous êtes sans doute reçu à rançon, vous. Vous retournerez probablement bientôt à Paris. Vous pourrez y voir les miens qui ignorent ce que je suis devenue. Vous pourriez leur dire où je suis, que lord Wentworth me retient sans me permettre de communiquer avec âme qui vive, sans vouloir accepter de prix pour ma liberté, et qu'abusant du droit cruel que ma position lui donne, il ose chaque jour me parler d'un amour que je repousse avec horreur, mais que ce mépris même et la certitude de l'impunité peuvent exciter au crime. Un gentilhomme et surtout un compatriote me doit certainement son aide dans cette misérable extrémité; mais je veux encore vous dire qui je suis pour que ce devoir... »

La lettre s'arrêtait là, non signée. Un obstacle inattendu, un accident subit l'avait fait interrompre probablement, et cependant on avait voulu l'envoyer, même inachevée, pour ne pas laisser perdre quelque précieuse occasion, et parce qu'ainsi incomplète elle disait pourtant encore tout ce qu'elle voulait dire, hormis le nom de la femme si indignement contrainte.

Ce nom, Gabriel ne le savait pas, cette écriture tremblante et hâtée il ne pouvait la connaître, et cependant un trouble étrange, un pressentiment inouï s'était glissé dans son cœur. Et, tout pâle d'émotion, il se rapprochait de la lampe pour mieux relire le billet, quand une autre portière s'ouvrit et donna passage à lord Wentworth lui-même qui, précédé d'un petit page, traversait le préau pour se rendre à sa chambre.

En apercevant Gabriel, qu'il venait de reconduire cinq minutes auparavant, le gouverneur s'arrêta assez étonné.

— C'est vous encore, mon ami? lui dit-il en allant à lui avec l'intérêt qu'il lui témoignait d'habitude. Qui vous a retenu? ce n'est pas, du moins je l'espère, un accident, une indisposition?

Le loyal jeune homme, sans répondre à lord Wentworth, lui tendit seulement la lettre qu'il venait de recevoir. L'Anglais y jeta un coup d'œil et devint plus pâle que Gabriel, mais il sut garder son sang-froid, et, tout en feignant de lire, combina habilement sa réponse.

— La vieille folle! dit-il en froissant et en jetant à terre le billet avec un dédain bien joué.

Aucune parole ne pouvait désenchanter plus vite et mieux Gabriel, tout à l'heure perdu dans les rêves les plus émouvans, et maintenant fort refroidi déjà à l'endroit de l'inconnue. Pourtant, il ne se rendit pas encore tout de suite et reprit avec quelque défiance :

— Vous ne me dites pas quelle est cette prisonnière que vous retenez ici malgré elle, milord ?

— Malgré elle, je crois bien ! dit d'un ton dégagé Wentworth. C'est une parente de ma femme, cerveau fêlé, s'il en est au monde, que la famille a voulu éloigner d'Angleterre, et qu'on a fort mal à propos confiée à ma garde, dans cette ville où la surveillance est plus facile pour les insensés aussi bien que pour les prisonniers. Puisque vous avez pénétré dans ce secret de famille, mon cher ami, j'aime mieux vous dire tout de suite ce qu'il en est. La manie de lady Howe, qui a lu trop de poèmes de chevalerie, est de se croire, malgré ses cinquante ans et ses cheveux gris, une héroïne opprimée et persécutée, et de vouloir intéresser à sa cause, au moyen de fables plus ou moins bien trouvées, tout chevalier jeune et galant qui passe à sa portée. Et, Dieu me damne! Gabriel, il me semble que les contes de la vieille tante vous avaient touché. Allons! je convenez que sa missive vous avait un peu troublé, mon pauvre ami!

— L'histoire aussi est étrange, convenez-en vous-même, milord, reprit Gabriel assez froidement, et vous ne m'aviez jamais parlé, que je sache, de cette parente?

— Non, en vérité, répondit lord Wentworth, et l'on ne se soucie pas d'ordinaire d'introduire des étrangers dans ses affaires d'intérieur.

— Mais comment votre parente se dit-elle Française, reprit Gabriel.

— Eh! pour vous intéresser probablement, dit lord Wentworth avec un sourire qui commençait à être contraint.

— Mais cet amour dont elle se dit obsédée, milord?

— Illusions de vieille qui prend des souvenirs pour des espérances! reprit Wentworth, non sans marquer toutefois un peu d'impatience.

— Et c'est pour éviter le ridicule, n'est-ce pas, milord, que vous la tenez cachée à tous les regards?

— Ah! voilà bien des questions! dit lord Wentworth en fronçant le sourcil, mais sans éclater toutefois. Je ne vous savais pas interrogatif à ce point, Gabriel. Mais il est neuf heures moins un quart, et je vous engage à rentrer chez vous avant que le couvre-feu ait sonné; car vos licences de prisonnier sur parole ne doivent pas aller jusqu'à enfreindre les règlemens de sûreté de Calais. Si lady Howe vous intéresse tellement, nous pourrons reprendre demain l'entretien sur ce sujet. En attendant, je vous demande le silence sur ces choses délicates de famille, et je vous souhaite le bonsoir, monsieur le vicomte.

Là-dessus, le gouverneur salua Gabriel et sortit. Il voulait rester maître de lui jusqu'au bout, et craignait de trop s'animer si la conversation se prolongeait.

Gabriel, après une minute d'hésitation et de réflexion, quitta l'hôtel du gouverneur pour retourner à la maison de l'armurier. Mais lord Wentworth ne s'était pas assez bien contenu jusqu'au bout pour effacer tout soupçon du cœur de Gabriel, et les doutes du jeune homme, doutes qu'un secret instinct encourageait, l'assaillirent de nouveau pendant le chemin.

Il résolut de garder désormais là-dessus le silence avec lord Wentworth, qui certes ne devait rien lui apprendre, mais d'observer, d'interroger et de s'assurer si véritablement la dame inconnue n'était pas une compatriote et la prisonnière de l'Anglais.

— Mais, mon Dieu! quand cela me serait prouvé jusqu'à l'évidence, se disait Gabriel, que pourrais-je faire? Ne suis-je pas moi-même prisonnier ici? N'ai-je pas les mains liées, et lord Wentworth ne peut-il pas me redemander cette épée que je ne porte que grâce à sa tolérance? Il faut que cela finisse, et qu'au besoin je puisse sortir de cette position équivoque. Il faut que définitivement et sans plus de délai Martin-Guerre parte demain. Je vais le lui signifier ce soir même.

En effet, Gabriel, à qui un apprenti de Pierre Peuquoy vint ouvrir, monta au second étage, au lieu de rester comme à l'ordinaire à son logement du premier. Toute la maison dormait à cette heure, et Martin-Guerre dormait sans doute comme les autres. Mais Gabriel voulait le réveiller pour lui intimer sa volonté expresse. Il s'avança pourtant sans faire de bruit jusqu'à la chambre de son écuyer, afin de ne point troubler le sommeil de personne.

La clef était sur la première porte, et Gabriel l'ouvrit doucement. Mais la seconde porte était fermée, et Gabriel put seulement entendre, à travers la cloison, des éclats de rire et le bruit de verres qui se choquent. Il frappa alors avec quelque violence, et se nomma d'une voix impérieuse. Tout aussitôt, le silence se fit, et, comme Gabriel n'en élevait que plus haut la voix, Arnauld du Thill vint en hâte ouvrir les verrous à son maître. Mais justement il se hâta trop et ne laissa pas le temps à une robe de femme, qui s'enfuyait par une porte de côté, de disparaître complétement avant l'entrée de Gabriel.

Celui-ci crut à quelque amourette avec la servante de la maison, et, comme, après tout, le jeune homme n'était pas d'une pruderie exagérée, il ne put s'empêcher de sourire en morigénant son écuyer.

— Ah! ah! dit-il, il me semble, Martin, que tu portes mieux que tu ne le prétends! une table dressée, trois bouteilles, deux couverts! Il me paraît que j'ai mis l'autre convive en fuite. N'importe, j'ai vu assez de preuves flagrantes de ta guérison, et je crois plus que jamais pouvoir sans scrupule t'ordonner de partir demain.

— C'était, vous le savez, mon intention, monseigneur, dit Arnauld du Thill assez penaud, et précisément je faisais mes adieux...

— A un ami? c'est d'un bon cœur, dit Gabriel, mais il ne faut pas que l'amitié fasse oublier le devoir, et j'exige que demain, avant mon lever, tu so's sur la route de Paris. Tu as la passe du gouverneur, ton équipage est prêt depuis quelques jours, ton cheval reposé comme toi, ton escarcelle pleine, grâce à la confiance de notre excellent hôte, qui n'a qu'un regret, le digne homme! celui de ne pouvoir m'avancer ma rançon toute entière. Rien ne te manque, Martin, et, si tu pars demain matin de bonne heure, dans trois jours tu peux être à Paris. Là, tu te rappelles ce que as à faire.

— Oui, monseigneur; je vais sur-le-champ à l'hôtel de la rue des Jardins-Saint-Paul; je rassure votre nourrice sur votre compte; je lui demande les dix mille écus de votre rançon, plus trois mille autres pour vos dépenses et vos dettes ici, et, comme gage, je lui montre ce mot de vous et votre anneau.

— Précautions inutiles, Martin, car ma bonne nourrice te connaît bien, mon fidèle serviteur; mais j'ai cédé à tes scrupules. Seulement, fais que cet argent soit rassemblé un peu promptement, entends-tu?

— Soyez tranquille, monseigneur. Et l'argent rassemblé, votre lettre à monsieur l'amiral remise, je reviens ici plus vite encore que je ne suis parti.

— Et pas de mauvaises querelles en route, surtout!

— Il n'y a pas de danger, monseigneur.

— Allons! adieu, Martin, et bonne chance!

— Dans dix jours d'ici vous me reverrez, monseigneur, et demain, au lever du soleil, je serai déjà loin de Calais.

Arnauld du Thill, cette fois, tint sa promesse. Il permit seulement le lendemain matin à Babette de l'accompagner, jusqu'à la porte de la ville. Il l'embrassa une dernière fois lui jurant à elle aussi qu'elle le reverrait bientôt, puis il piqua des deux, fort allègre en somme, comme un sacripant qu'il était, et disparut bientôt à un angle du chemin.

La pauvre fille se dépêcha de rentrer avant que son terrible frère Pierre Peuquoy ne fût levé, mais elle fut obligée de se dire malade pour pouvoir pleurer seule à son aise dans sa chambre.

Dès-lors, il serait difficile de dire si ce fut elle ou Gabriel qui attendit avec le plus d'impatience le retour de l'écuyer.

Ils devaient attendre longtemps tous deux.

XLI.

COMMENT ARNAULD DU THILL FIT PENDRE ARNAULD DU THILL, A NOYON.

Arnauld du Thill, le premier jour, ne fit pas de mauvaise rencontre et poursuivit sa route sans trop d'obstacles. Il trouvait bien, de temps en temps, sur le chemin, des troupes d'ennemis, Allemands qui désertaient, Anglais licenciés, Espagnols insolens comme leur victoire; car, dans cette pauvre France désolée, il y avait alors plus d'étrangers que de Français. Mais, à tous ces questionneurs de grand'route, Arnauld montrait fièrement le laissez-passer de lord Wentworth, et tous, non sans regrets et sans murmures, respectaient le porteur de la signature du gouverneur de Calais.

Néanmoins, le second jour, aux environs de Saint-Quentin, un détachement d'Espagnols lui chercha de mauvaises chicanes, prétendant que son cheval n'était pas compris dans le laissez-passer, et qu'il serait bon de le confisquer peut-être. Mais le faux Martin-Guerre déploya une grande fermeté, demandant à être conduit au chef, et on relâcha avec son cheval ce compagnon difficile.

L'aventure toutefois lui servit de leçon, et il résolut dorénavant d'éviter autant que possible les troupes qu'il rencontrerait. La chose était difficile : — l'ennemi, sans remporter depuis la prise de Saint-Quentin d'avantage décisif, avait pourtant occupé tout le pays. Le Catelot, Ham, Noyon, Chauny, lui appartenaient, et Arnauld arrivant, le soir de ce deuxième jour, devant Noyon, dut se déterminer, pour prévenir tout embarras, à tourner la ville et à n'aller coucher qu'au village suivant.

Mais pour cela il fallut quitter la route : Arnauld connaissait mal le pays, il s'égara, et, en cherchant son chemin, il tomba tout à coup, au détour d'un sentier, au milieu d'une troupe de reîtres ennemis qui paraissaient chercher aussi.

Or, quelle ne fut pas la satisfaction d'Arnauld en entendant l'un d'eux s'écrier, quand il l'aperçut :

— Holà ! hé ! ne serait-ce pas lui par hasard, ce misérable Arnauld du Thill ?

— Est-ce qu'Arnauld du Thill serait à cheval ? dit un autre reître.

— Grand Dieu ! se dit l'écuyer en pâlissant, il paraît que je suis connu par ici, et, si je suis connu, je suis perdu.

Mais il était trop tard pour reculer et fuir; les reîtres l'entouraient. Heureusement la nuit se faisait déjà assez sombre.

— Qui êtes-vous ? et où allez-vous ? lui demanda l'un d'eux.

— Je m'appelle Martin-Guerre, répondit Arnauld tremblant, je suis l'écuyer du vicomte d'Exmès, actuellement prisonnier à Calais, et je vais chercher à Paris l'argent de sa rançon. Voici la passe de milord Wentworth, gouverneur de Calais.

Le chef de la troupe appela un des siens qui portait une torche, et se mit à vérifier gravement le laissez-passer d'Arnauld.

— Le sceau est bien authentique, dit-il, et la passe véritable. Vous avez dit la vérité, l'ami, et vous pouvez continuer votre route.

— Merci ! dit Arnauld qui respira.

— Un mot encore pourtant, l'ami. Vous n'auriez pas rencontré sur votre route un homme qui semblait fuir, un coquin, un pendard qui répond au nom d'Arnauld du Thill.

— Je ne connais pas du tout Arnauld du Thill, se hâta de crier Arnauld du Thill.

— Vous ne le connaissez pas, l'ami, mais vous auriez pu le rencontrer par ces sentiers. Il est de votre taille, et, autant qu'on en peut juger par cette soirée noire, un peu de votre tournure. Seulement, il n'est pas aussi bien habillé que vous, il s'en faut. Il porte une cape brune, un chapeau rond et des chausses grises, et il doit se cacher du côté d'où vous venez, le brigand ! Oh ! qu'il nous tombe sous la main, cet Arnauld du diable !

— Qu'a-t-il donc fait ? demanda timidement Arnauld.

— Ce qu'il a fait ? c'est la troisième fois qu'il s'échappe. Il prétend qu'on lui rend la vie trop dure. Je crois bien ! A sa première escapade, il avait enlevé la maîtresse de son maître. Cela méritait punition, il me semble. Et puis, il n'a pas de quoi payer sa rançon ! on l'a vendu et revendu, il passe de main en main, et c'est à qui n'en voudra plus. Il est juste au moins, puisqu'il ne peut nous profiter, qu'il nous amuse. Eh bien ! il fait le fier, il ne veut pas, il se sauve. Voilà trois fois qu'il se sauve. Mais si nous le rattrapons, le scélérat !...

— Que lui ferez-vous ? demanda encore Arnauld.

— La première fois, on l'a battu ; la seconde, on l'a tué à moitié ; la troisième, on le pendra.

— On le pendra ! répéta Arnauld effrayé.

— Tout de suite, l'ami ! et sans autre forme de procès. Il est à nous. Cela nous divertira, et cela lui apprendra. Regarde à ta droite, l'ami. Tu vois bien cette potence ? Eh bien ! c'est à cette potence-là que nous pendrons immédiatement Arnauld du Thill si nous parvenons à le reprendre.

— Ah ! oui-dà ! dit Arnauld avec un rire un peu forcé.

— C'est comme je te l'affirme, l'ami ! et, si tu rencontres le drôle, mets la main dessus et amène-nous-le ; nous reconnaîtrons le service. Là-dessus, bon voyage !

Ils s'éloignaient. Arnauld, rassuré, les rappela.

— Pardon, mes maîtres, service pour service ! je me suis égaré, voyez-vous, et je ne sais plus trop où je suis. Orientez-moi donc un peu, s'il vous plaît.

— Mais c'est bien aisé, l'ami, là, derrière vous, ces murailles et cette poterne que vous distinguez peut-être dans l'ombre, c'est Noyon. Vous regardez trop à droite, du côté du gibet ! c'est là, à gauche, où vous devez voir briller les piques de nos camarades; car c'est à cette poterne que notre compagnie est de garde cette nuit. A présent, retournez-vous, vous avez devant vous la route de Paris à travers le bois. A vingt pas d'ici, la route se bifurque. Vous prendrez à gauche ou à droite, comme bon vous semblera ; les deux chemins ne sont pas plus longs l'un que l'autre, et tous deux se rejoignent au bac de l'Oise, à un quart de lieue d'ici. Le bac traversé, allez toujours tout droit. Le premier village est Auvray, à une lieue du bac. Maintenant vous voilà aussi bien renseigné que nous, l'ami. Bon voyage !

— Merci ! et bonsoir, dit Arnauld en mettant au trot sa monture.

Les indications qu'on lui avait données étaient exactes. A vingt pas, il trouva le carrefour et laissa son cheval prendre la route de gauche.

La nuit était épaisse, et la forêt aussi. Pourtant, au bout de dix minutes, Arnauld du Thill arriva à une clairière dans le bois, et la lune, à travers la nacre des nuages, répandit une faible lueur sur le chemin.

En ce moment, l'écuyer rêvait à la peur qu'il venait d'avoir et à la bizarre aventure qui avait éprouvé son sang-froid. Rassuré sur le passé, il n'envisageait pas l'avenir sans mélancolie.

— Ce ne peut être que le vrai Martin-Guerre qu'on poursuit ainsi sous mon nom, pensait-il. Mais s'il s'est échappé, ce pendard ! je le retrouverai aussitôt que moi à Paris, et un étrange conflit pourra s'en suivre. Je sais bien que l'impudence peut me sauver, mais elle peut aussi me perdre. Quel besoin ce drôle avait-il de s'échapper ! il devient bien gênant, en vérité ! et ce service rendu à ces braves ennemis de me le pendre. Cet homme est décidément mon mauvais génie.

Cet édifiant monologue durait encore quand Arnauld, qui avait la vue très pénétrante et très exercée, aperçut, ou crut apercevoir, à cent pas en avant, un homme, ou plutôt une ombre qui, à son approche, disparut vitement dans un fossé.

— Holà ! encore une mauvaise rencontre, quelque embuscade, pensa le prudent Arnauld.

Il essaya d'entrer dans le bois, mais le fossé était impénétrable pour le cavalier et pour le cheval. Il attendit quelques minutes, puis se hasarda à regarder. Le fantôme, qui s'était relevé, se jeta rapidement dans son fossé.

— Est-ce qu'il aurait peur de moi, comme moi de lui ? se dit Arnauld. Est-ce que nous chercherions réciproquement à nous éviter ? Mais il faut prendre un parti, puisque ces maudits taillis m'empêchent de gagner l'autre route à travers bois. Faut-il rebrousser chemin ? ce serait le plus prudent. Faut-il bravement mettre mon cheval au galop et passer comme un éclair devant mon homme ? ce serait le plus court. Il est à pied, et à moins qu'un coup d'arquebuse... Mais bon ! je ne lui en laisserai pas le temps.

Aussitôt résolu, aussitôt exécuté. Arnauld piqua des deux et passa comme un trait devant l'homme embusqué ou caché.

L'homme ne bougea pas.

Ceci ôta à Arnauld sa frayeur, il arrêta court son cheval, et revint même de quelques pas en arrière, saisi de l'éclair d'une idée soudaine.

L'homme ne fit pas un seul mouvement.

Cela rendit à Arnauld tout son courage; et, presque certain maintenant de son fait, il alla droit au fossé,

Mais, alors, et avant qu'il eût le temps de dire : Jésus! l'homme s'élança d'un bond, et, dégageant subitement de l'étrier la jambe droite d'Arnauld et la relevant avec violence, il jeta à bas de cheval l'écuyer, tomba avec lui sur lui, et lui mit la main à la gorge et le genou sur la poitrine.

Tout cela n'avait pas duré vingt secondes.

— Qui es-tu? et que veux-tu? demanda le vainqueur à son ennemi terrassé.

— Lâchez-moi, par grâce! dit d'une voix fort étranglée Arnauld qui sentit son maître. Je suis Français, mais j'ai un laissez-passer de lord Wentworth, gouverneur de Calais.

— Si vous êtes Français, dit l'homme, et, en effet, vous n'avez pas l'accent de tous ces étrangers du démon, je n'ai pas besoin de votre laissez-passer. Mais qu'aviez-vous à vous approcher si curieusement de moi?

— J'avais cru voir un homme dans le fossé, reprit Arnauld sous une étreinte moins vigoureuse, et je m'avançais pour regarder s'il n'était pas blessé, et s'il n'y avait pas à lui porter secours.

— L'intention était bonne, dit l'homme en retirant sa main et en écartant son genou. Allons, camarade, relevez-vous, ajouta-t-il en tendant la main à Arnauld qui fut debout bien vite. Je vous ai peut-être accueilli un peu... sévèrement, excusez-moi. C'est qu'il ne vaut rien pour moi qu'on mette en ce moment le nez dans mes affaires. Mais vous êtes un compatriote, c'est différent, et, loin de nuire, vous me servirez. Nous allons nous entendre tout de suite. Moi je m'appelle Martin-Guerre, et vous?

— Moi! moi? Bertrand, dit Arnauld tressaillant ; car seul avec lui, la nuit, dans ce bois, l'homme qu'il dominait d'ordinaire par la ruse et l'astuce le dominait à son tour par la force et le courage.

Heureusement, la nuit profonde assurait l'incognito d'Arnauld, et il déguisait encore sa voix de son mieux.

— Eh bien! camarade Bertrand, continua Martin-Guerre, sachez que je suis un prisonnier fugitif échappé ce matin pour la deuxième fois, d'autres disent pour la troisième, à ces Espagnols, Anglais, Allemands, Flamands, bref, à toute cette séquelle ennemie qui s'est jetée sur notre pauvre pays comme une nuée de sauterelles. Car la France ressemble à cette heure, ou Dieu me confonde! à la tour de Babel. Depuis un mois, j'ai appartenu, tel que vous me voyez, à vingt baragouineurs de nations différentes, et c'était toujours un nouveau patois plus rude et plus barbare à entendre. Je me suis lassé d'être promené de bourgade en bourgade, d'autant qu'il m'a semblé qu'on se moquait de moi et qu'on se faisait un jeu de me tourmenter. Ils me reprochaient toujours une jolie diablesse appelée Gudule qui m'avait aimé, à ce qu'il paraît, jusqu'à fuir avec moi.

— Ah! ah! fit Arnauld.

— Je vous dis ce qu'on m'a dit. Donc, leurs moqueries m'ont ennuyé, si bien qu'un beau jour, c'était à Chauny, je me suis enfui de rechef, mais tout seul. On m'a, par guignon, repris et roué de coups que je m'en faisais pitié à moi-même. Mais à quoi bon tout cela? ils ont eu beau menacer de me pendre si je recommençais, je n'en avais que plus envie de recommencer, et, ce matin, trouvant l'occasion belle, pendant qu'on m'emmenageait à Noyon, j'ai planté là bel et bien mes tyrans. Dieu sait comme ils m'ont cherché pour me pendre!... Mais moi, qui y répugne, je m'étais juché, s'il vous plaît, sur un gros arbre de la forêt pour y attendre la nuit, et je ne pouvais m'empêcher de rire, quoique un peu pâle, en les voyant passer maugréant et jurant sous mon arbre. Le soir arrivé, j'ai quitté mon observatoire, mais, premièrement, je me suis égaré dans ce bois, n'étant jamais venu par ici, et, deuxièmement, je meurs de faim, n'ayant rien mis sous ma dent, depuis vingt-quatre heures, que quelques feuilles et quelques racines, maigre régal ! c'est ce qui fait que je tombe de faiblesse, comme vous pouvez aisément le voir.

— Peuh! dit Arnauld, je n'ai pas vu cela tout à l'heure, et vous m'avez paru, je dois l'avouer, assez vigoureux au contraire.

— Ah! oui, reprit Martin, parce que je vous ai un peu gourmé. Ne m'en tenez pas rancune. C'était en vérité la fièvre de la faim qui me soutenait. Mais, à cette heure, vous êtes ma providence, car puisque vous êtes un compatriote, vous ne me laisserez pas retomber aux mains de ces ennemis, n'est-ce pas?

— Non certainement, si j'y puis quelque chose, répondit Arnauld du Thill qui réfléchissait sournoisement au discours de Martin.

Il commençait à voir jour à reprendre ses avantages un moment compromis par le poignet de fer de son sosie.

— Vous devez pouvoir beaucoup pour moi, continua bonnement Martin-Guerre. Connaissez-vous un peu les environs d'abord?

— Je suis d'Auvray, à un quart de lieue d'ici, dit Arnauld.

— Vous y allez? reprit Martin.

— Non pas, j'en revenais, répondit, après un moment d'hésitation, le maître fourbe.

— C'est donc par là, Auvray? dit Martin, désignant le côté où se trouvait Noyon.

— Par là justement, repartit Arnauld. C'est le premier village après Noyon sur la route de Paris.

— Sur la route de Paris! s'écria Martin; eh bien! voyez comme on se perd dans les bois. Je m'imaginais tourner le dos à Noyon et j'y marcher. Je m'imaginais marcher vers Paris et je m'en éloignais. Votre maudit pays m'est, comme je vous le disais, parfaitement inconnu. C'est donc du côté d'où vous arriviez qu'il faut que je me dirige pour ne pas tomber dans la gueule du loup.

— Comme vous dites, mon maître. Moi, je vais à Noyon; mais faites avec moi quelques pas. Nous allons trouver tout près d'ici, un peu avant le bac de l'Oise, une autre route qui vous conduira plus directement à Auvray.

— Grand merci! ami Bertrand, dit Martin; il est certain que je souhaite fort épargner mes pas, car je suis bien las et de plus bien faible, me trouvant, comme je vous le disais encore, aussi à jeun qu'on peut l'être. Vous n'auriez pas sur vous, par hasard, quelques subsistances, ami Bertrand ? ce serait me sauver deux fois! une fois de l'Anglais et une fois de la faim non moins horrible que l'Anglais.

— Hélas! répondit Arnauld, je n'ai pas une miette dans mon havresac. Mais, si vous voulez boire un coup, j'ai ma grosse gourde pleine.

En effet, Babette avait eu soin d'emplir de petit Chypre, un vin assez chaud du temps, la gourde de son infidèle, et Arnauld, jusque là, avait prudemment ménagé sa bouteille, pour ménager sa raison un peu fragile au milieu des dangers du chemin.

— Je crois bien que je veux boire! s'écria avec enthousiasme Martin-Guerre. Un coup de vin me ranimera toujours un peu.

— Eh bien! prenez et buvez, mon brave homme, dit Arnauld en lui tendant sa gourde.

— Merci! et que Dieu vous le rende, fit Martin.

Et il se mit à s'ingurgiter sans défiance ce vin, aussi traître que celui qui le lui offrait, et dont les fumées troublèrent presque aussitôt son cerveau vide.

— Eh! dit-il, tout hilare, il ne manque pas d'ardeur votre clairet.

— Oh! mon Dieu! il est bien innocent, dit Arnauld, et j'en bois à chaque repas deux bouteilles. Mais, tenez, la soirée est belle, asseyons-nous sur l'herbe un instant, vous vous reposerez et vous boirez tout à votre aise. J'ai le temps, moi, et pourvu que j'arrive à Noyon avant dix heures, heure où les portes sont fermées, tout ira bien. Vous, de votre côté, bien qu'Auvray tienne toujours pour la France, vous pourrez encore rencontrer, si vous suivez la grande route de si bonne heure, des patrouilles embarrassantes, et, si vous quittez la grande route, vous vous égarerez de nouveau. Le mieux est de nous arrêter quelques minutes à causer là de bonne amitié. Où donc avez-vous été fait prisonnier?

— Je ne sais pas au juste, dit Martin-Guerre, car il y a là-dessus, comme sur presque toute ma pauvre existence, deux versions contradictoires : ce que je crois et ce qu'on me dit. Or, on m'assure que c'est à la bataille de Saint-Laurent que je me suis rendu à merci, et moi je m'imagine que je n'étais pas à cette journée, et que c'est plus tard que je suis tombé seul dans un détachement ennemi.

— Comment l'entendez-vous? demanda Arnauld du Thill jouant l'étonnement. Vous avez donc deux histoires? Vos aventures me paraissent devoir être intéressantes et instructives, au moins ! Il faut vous dire que j'aime les récits à en perdre la tête. Buvez donc cinq ou six gorgées pour vous donner de la mémoire, et racontez-moi quelque chose de votre vie, hein ! Vous n'êtes pas de la Picardie?

— Non, répondit Martin, après une pause qu'il remplit en vidant la gourde aux trois quarts, non, je suis du midi, d'Artigues.

— Un beau pays, dit-on. Vous avez là votre famille?

— Famille et femme, cher ami, répondit Martin-Guerre devenu, grâce au petit Chypre, très expansif et très confiant.

Et excité, moitié par les questions d'Arnauld, moitié par ses libations réitérées, il se mit à raconter avec volubilité son histoire dans ses plus intimes détails : sa jeunesse, ses amours, son mariage; que sa femme était charmante, à cela près d'un petit défaut à la main, qu'elle avait trop légère et trop lourde à la fois. A la vérité un soufflet de femme ne déshonorait pas un homme, mais à la longue cela l'ennuyait. C'est pourquoi Martin-Guerre avait quitté sa femme par trop expressive. Narration circonstanciée des causes, des accidens et des suites de cette rupture. Il l'aimait pourtant toujours, au fond, cette chère Bertrande! il portait encore à son doigt l'anneau de fer de son mariage, et, sur son cœur, les deux ou trois lettres que Bertrande lui avait écrites, lors d'une première séparation. Ce disant, il pleurait, le bon Martin-Guerre. Il avait décidément le vin tendre. Il voulait raconter ensuite ce qui lui était arrivé, depuis qu'il était entré au service du vicomte d'Exmès, qu'un démon le poursuivait, que lui, Martin-Guerre était double et ne s'y reconnaissait pas du tout dans ses deux existences. Mais cette partie de son histoire paraissait moins intéresser Arnauld du Thill, lequel ramenait toujours le narrateur à son enfance, à la maison paternelle, aux amis, aux parens d'Artigues, aux grâces et aux défauts de Bertrande.

En moins de deux heures, le perfide Arnauld du Thill, au moyen du plus habile interrogatoire, sut tout ce qu'il voulait savoir sur les anciennes habitudes et les plus secrètes actions du pauvre Martin-Guerre.

Au bout de deux heures, Martin-Guerre, la tête en feu, se leva ou plutôt voulut se lever ; car dans son mouvement, il trébucha et retomba lourdement assis.

— Eh bien ! eh bien ! qu'est-ce que c'est? dit-il en partant d'un éclat de rire qui se prolongea fort longtemps avant de s'éteindre. Je crois, Dieu me damne! que ce petit vin impertinent fait des siennes. Donnez-moi donc la main, mon camarade, que je voie à me tenir debout.

Arnauld le hissa courageusement et parvint à le rétablir sur ses jambes, mais non pas dans un équilibre classique.

— Holà ! hé ! que de lanternes ! s'écria Martin. Mais que je suis bête! je prenais les étoiles pour des lanternes.

Puis il se mit à chanter d'une voix formidable :

Par ta foy, envoyras-tu pas
Au vin, pour fournir le repas
Du me lleur cabaret d'Enfer,
Le vieil ravasseur Lucifer.

— Mais voulez-vous bien vous taire, s'écria Arnauld. Si quelque troupe ennemie passait aux environs et vous entendait!

— Baste ! je m'en moque beaucoup, dit Martin ; qu'est-ce qu'ils pourraient me faire? me pendre? on doit être bien, pendu! Vous m'avez fait trop boire, camarade. Moi qui suis sobre ordinairement comme un agneau, je ne sais pas me battre avec l'ivresse, et puis, j'étais à jeun, j'avais faim; maintenant j'ai soif.

Par ta foy, envoyras-tu pas...

— Chut! dit Arnauld. Allons ! essayez de marcher. Ne voulez-vous pas aller coucher à Auvray ?

— Oh ! oui, me coucher ! dit Martin. Mais pas à Auvray, là, sur l'herbe, sous les lanternes du bon Dieu.

— Oui, reprit Arnauld, et demain matin une patrouille espagnole vous découvrira et vous enverra coucher chez le diable.

— Le vieil ravasseur Lucifer? dit Martin ; non j'aime encore mieux prendre un peu sur moi et me traîner jusqu'à Auvray. C'est par là n'est-ce pas ? j'y vais.

Mais il eut beau prendre sur lui, il décrivait des zigzags si extravagans qu'Arnauld vit bien que, s'il ne l'aidait un peu, Martin allait se perdre encore, c'est-à-dire cette fois se sauver. Or, ce n'était pas là le compte du vilain sire.

— Voyons, dit-il au pauvre Martin, j'ai l'âme charitable, et Auvray n'est pas si loin. Je vais vous conduire jusque-là. Laissez-moi détacher mon cheval, je le mènerai par la bride et vous me donnerez le bras.

— Ma foi! j'accepte, reprit Martin. Je n'ai aucune fierté, moi, et entre nous, je vous avouerai que je me crois un peu gris. J'en reviens à mon opinion, votre clairet ne manque pas d'ardeur. Je suis très heureux, mais un peu gris.

— Allons ! en route, il se fait tard, dit Arnauld du Thill, en reprenant, avec son sosie sous le bras, le chemin par lequel il était venu, et qui conduisait directement à la poterne de Noyon. Mais, reprit-il, pour abréger le chemin, est-ce que vous n'allez pas me raconter encore quelque bonne histoire d'Artigues ?

— Voulez-vous que je vous raconte l'histoire de Papotte? dit Martin-Guerre, ah ! ah ! cette pauvre Papotte !

L'épopée de Papotte fut trop déroutée pour que nous la relations ici. Elle était pourtant à peu près achevée lorsque, cahin caha, les deux ménechmes du XVIe siècle arrivèrent à la poterne de Noyon.

— Là ! dit Arnauld, je n'ai pas besoin d'aller plus loin. Vous voyez bien cette porte ? c'est la porte d'Auvray. Frappez, le gardien voudra vous ouvrir, vous vous recommanderez de moi, Bertrand, et il vous montrera à deux pas de là ma maison, où mon frère vous accueillera, et où vous trouverez bon souper et bon gîte. Là-dessus, adieu, camarade. Oui, une dernière poignée de main, et adieu !

— Adieu ! et merci, répondit Martin. Je ne suis qu'un pauvre hère qui ne peux pas reconnaître ce que vous avez fait pour moi. Mais, soyez tranquille ! le bon Dieu, qui est juste, saura bien vous payer, lui. Adieu, l'ami.

Chose étrange ! cette prédiction d'ivrogne fit frémir Arnauld, qui pourtant n'était pas superstitieux, et il eut, une minute, envie de rappeler Martin. Mais celui-ci le frappait déjà à tour de bras à la poterne.

— Pauvre diable ! il frappe à sa tombe ! pensait Arnauld; mais bah ! ce sont là des puérilités.

Cependant, Martin, qui ne se doutait pas que son compagnon de route faisait l'observait de loin, criait à tue-tête :

— Hé! le gardien! Hé ! Cerbère ! veux-tu bien ouvrir, manant ! c'est Bertrand, le digne Bertrand qui m'envoie.

— Qui est là? demanda la sentinelle de l'intérieur. On n'ouvre plus. Qui êtes-vous pour faire tant de tapage?

— Qui je suis? butor ! je suis Martin-Guerre, ou, si tu veux, Arnauld du Thill, ou, si tu veux l'ami de Bertrand. Je suis plusieurs, moi, surtout quand j'ai bu. Je suis une vingtaine de gaillards qui allons te rosser d'importance si tu ne m'ouvres pas sur-le-champ.

— Arnauld du Thill ! vous êtes Arnauld du Thill? demanda la sentinelle.

— Oui, Arnauld du Thill en est, vingt mille charretées de diables! dit Martin-Guerre qui battait la porte des pieds et des poings.

Il se fit alors derrière la porte une rumeur de soldats appelés par la sentinelle.

Puis, on vint ouvrir avec une lanterne, et Arnauld du Thill, embusqué derrière les arbres à quelque distance, entendit plusieurs voix s'écrier ensemble avec l'accent de la surprise :

— C'est lui, ma foi! c'est bien lui, Dieu me damne!

Pour Martin-Guerre, en reconnaissant ses tyrans, il jeta un cri de désespoir qui vint frapper Arnauld dans sa cachette comme une malédiction.

Puis, Arnauld jugea, aux piétinemens et aux cris, que le brave Martin, voyant tout perdu, entreprenait une lutte impossible. Mais il n'avait que ses deux poings contre vingt épées. Le bruit diminua, puis s'éloigna, puis cessa. On avait emmené Martin jurant et blasphémant.

— Si c'est avec des injures et des coups qu'il compte accommoder ses affaires!... se disait Arnauld en se frottant les mains.

Quand il n'entendit plus rien, il se livra pendant un quart d'heure à ses réflexions ; car c'était un coquin très profond qu'Arnauld du Thill. Le résultat de sa méditation fut qu'il s'enfonça dans le bois à trois ou quatre cents pas, attacha son cheval à un arbre, étendit à terre sur des feuilles mortes la selle et la couverture du cheval, s'enveloppa de son manteau, et, au bout de quelques minutes, s'endormit de ce profond sommeil que Dieu permet au méchant endurci, encore plus qu'à l'innocent timide.

Il dormit huit heures de suite.

Néanmoins, lorsqu'il se réveilla, il faisait nuit encore, et il vit à la position des étoiles qu'il pouvait être quatre heures du matin. Il se leva, se secoua, et, sans détacher son cheval, s'avança avec précaution jusqu'à la grande route.

Au gibet qu'on lui avait montré la veille, se balançait doucement le corps du pauvre Martin-Guerre.

Un sourire hideux erra sur les lèvres d'Arnauld.

Il s'approcha sans trembler du cadavre. Mais le corps pendait trop haut pour qu'il pût l'atteindre. Alors, il grimpa le long du poteau du gibet, son épée à la main, et, parvenu à la hauteur nécessaire, coupa la corde du tranchant de son épée.

Le corps tomba à terre.

Arnauld redescendit, détacha du doigt du mort un anneau de fer qui ne valait pas la peine d'être pris, fouilla la poitrine du pendu dont il trouva des papiers qu'il serra avec soin, remit son manteau, et se retira tranquillement, sans un regard, sans une prière pour le malheureux qu'il avait tant tourmenté pendant sa vie et qu'il volait encore dans la mort.

Il retrouva son cheval dans le taillis, le sella et s'éloigna au grand galop du côté d'Aulnay. Il était content, le misérable! Martin ne lui faisait plus peur.

Une demi-heure après, comme une faible lueur commençait à poindre au levant, un bûcheron passant par hasard sur la route vit la corde du gibet coupée, et le pendu gisant à terre. Il s'approcha, à la fois craintif et curieux, du mort qui avait ses vêtemens en désordre et la corde assez lâche autour du cou ; il se demandait si c'était le poids du corps qui avait cassé la corde ou quelque ami qui l'avait coupée, trop tard sans doute. Il se hasarda même à toucher le patient pour s'assurer qu'il était bien mort.

Mais alors, à grande terreur, le pendu remua la tête et les mains, et se releva sur ses genoux, et le bûcheron épouvanté s'enfuit à toutes jambes dans le bois, en multipliant les signes de croix et en se recommandant à Dieu et aux saints.

XLII.

LES RÊVES BUCOLIQUES D'ARNAULD DU THILL.

Le connétable de Montmorency, revenu à Paris seulement de la veille, après avoir payé une rançon royale, s'était présenté au Louvre pour tâter tout de suite le terrain de sa faveur. Mais Henri II l'avait reçu avec une froideur sévère, et lui avait fait l'éloge de l'administration du duc de Guise, qui s'était arrangé, lui dit-il, de façon à atténuer, sinon à réparer, les malheurs du royaume.

Le connétable, pâlissant de colère et d'envie, avait du moins espéré trouver auprès de Diane de Poitiers quelque consolation. Mais la favorite lui avait battu froid aussi, et, comme Montmorency se plaignait de cet accueil et semblait craindre que l'absence ne lui eût fait tort, et qu'un plus heureux que lui eût succédé dans les bonnes grâces de la duchesse.

— Dame! reprit impertinemment madame de Poitiers, vous savez sans doute le nouveau dicton du peuple de Paris?

— J'arrive, madame, et j'ignore... balbutia le connétable.

— Eh bien ! il dit, ce méchant peuple : C'est aujourd'hui la saint Laurent ; qui quitte sa place la rend.

Le connétable devint blême, salua la duchesse, et sortit du Louvre, la mort dans le cœur.

En rentrant à son hôtel et dans sa chambre, il jeta violemment son chapeau à terre.

— Oh ! les rois et les femmes, s'écria-t-il, race ingrate! cela n'aime que le succès.

— Monseigneur, lui dit un valet, il y a là un homme qui demande à vous parler.

— Qu'il aille au diable! reprit le connétable ; je suis bien en train de recevoir ! envoyez-le chez monsieur de Guise.

— Monseigneur, cet homme m'a prié de vous dire son nom, il s'appelle Arnauld du Thill.

— Arnauld du Thill ! s'écria le connétable frappé, c'est différent, faites-le entrer.

Le valet s'inclina et sortit.

— Cet Arnauld, pensait le connétable, est habile, rusé et avide, de plus, sans scrupule et sans conscience. Oh! s'il pouvait m'aider à me venger de tous ces gens-là. Me venger! eh! qu'y gagnerais-je? s'il pouvait m'aider à rentrer en grâce plutôt ! il sait beaucoup de choses. J'avais déjà songé à me servir de ce secret de Montgommery ; mais si Arnauld peut me dispenser d'y avoir recours, ce sera mieux.

En ce moment Arnauld du Thill fut introduit.

La joie et l'impudence éclataient sur la figure du drôle. Il salua le connétable jusqu'à terre.

— Je te croyais prisonnier, lui dit Montmorency.

— Et je l'étais en effet, monseigneur, comme vous, dit Arnauld.

— Mais tu t'en es tiré, à ce que je vois, reprit le connétable.

— Oui, monseigneur, je les ai payés en ma monnaie, monnaie de singe. Vous vous êtes servi de votre argent, je me suis servi de mon esprit, et nous voilà libres tous les deux.

— Ah! çà, est-ce une impertinence, misérable ? dit le connétable.

— Non monseigneur, répondit Arnauld, c'est de l'humilité, cela veut dire que je manque d'argent, voilà tout.

— Hum ! fit Montmorency grondant, qu'est-ce que tu veux de moi ?

— De l'argent, puisque j'en manque, monseigneur.

— Et pourquoi te donnerais-je de l'argent ? reprit le connétable.

— Mais pour me payer, monseigneur, répondit l'espion.

— Pour te payer quoi ?

— Les nouvelles que je vous apporte.
— Voyons les nouvelles.
— Voyons vos écus.
— Drôle! si je te faisais pendre?
— Un détestable moyen pour me délier la langue que de me l'allonger, monseigneur.
— Il est bien insolent, se dit Montmorency, il faut qu'il se sache nécessaire.
— Voyons, reprit-il tout haut, je consens encore à te faire quelques avances.
— Monseigneur est bien bon, reprit Arnauld, et je lui rappellerai cette généreuse parole quand il se sera acquitté envers moi des dettes du passé.
— Quelles dettes? demanda le connétable.
— Voici ma note, monseigneur, dit Arnauld en lui présentant la fameuse pancarte que nous lui avons vu si souvent grossir.

Anne de Montmorency y jeta un coup d'œil.

— Oui, dit-il, il y a là, à côté de services parfaitement chimériques et illusoires, des services qui auraient pu m'être utiles dans la situation où j'étais au moment où tu me les rendais, mais qui, à l'heure qu'il est, ne sont bons qu'à me donner des regrets tout au plus.

— Bah! monseigneur, vous vous exagérez peut-être votre disgrâce aussi, dit Arnauld.

— Hein? fit le connétable. Tu sais donc, on sait donc déjà que je suis en disgrâce?

— On s'en doute et je m'en doute, monseigneur.

— Eh bien! alors, Arnauld, reprit Montmorency avec amertume, tu dois te douter aussi qu'il ne me sert de rien à présent que le vicomte d'Exmès et Diane de Castro aient été séparés à Saint-Quentin, puisque, selon toute probabilité, le roi et la grande sénéchale ne voudront plus donner leur fille à mon fils.

— Mon Dieu! monseigneur, reprit Arnauld, je crois, moi, que le roi consentirait de grand cœur à vous la donner, si vous pouviez la lui rendre.

— Que veux-tu dire?

— Je dis, monseigneur, que Henri II, notre sire, doit être en ce moment bien triste, non-seulement de la perte de la ville de Saint-Quentin et de la bataille de Saint-Laurent, mais aussi de la perte de sa fille bien-aimée Diane de Castro, qui a disparu après le siège de Saint-Quentin, sans qu'on pût savoir au juste ce qu'elle était devenue; car vingt bruits contradictoires ont couru sur cette disparition. Revenu d'hier seulement vous deviez ignorer cela, monseigneur? je ne l'ai su moi-même que ce matin.

— J'ai en effet tant d'autres soucis! reprit le connétable. Je devais naturellement penser plutôt à ma défaveur présente qu'à ma faveur passée.

— C'est juste, dit Arnauld. Mais cette faveur ne refleurirait-elle pas, monseigneur, si vous veniez dire au roi, par exemple: Sire, vous pleurez votre fille, vous la cherchez partout, vous la demandez à tous. Mais moi seul je sais où elle est, sire.

— Est-ce que tu le saurais, toi, Arnauld? demanda vivement Montmorency.

— Savoir est mon métier, répondit l'espion. Je vous ai dit que j'avais des nouvelles à vendre, vous voyez que ma marchandise n'est pas de mauvaise qualité. Vous y réfléchissez? réfléchissez, monseigneur.

— Je réfléchis, dit le connétable, que les rois se souviennent des échecs de leurs serviteurs, mais non de leurs mérites. Quand j'aurai rendu à Henry II sa fille, il sera d'abord transporté: tout l'or, tous les honneurs du royaume ne suffiraient pas dans le premier moment à me payer. Et puis, Diane pleurera, Diane dira qu'elle veut mourir si on la donne à un autre qu'à son vicomte d'Exmès, et le roi, obsédé par elle, vaincu par mes ennemis, se rappellera la bataille que j'ai perdue, et non plus l'enfant que je lui aurai retrouvé. Ainsi tous mes efforts auront abouti à rendre heureux le vicomte d'Exmès.

— Il faudrait donc, reprit Arnauld de son mauvais sourire, il faudrait qu'en même temps que madame de Castro reparût, le vicomte d'Exmès disparût. Ah! ce serait bien joué cela, hein!

— Oui, mais ce sont là des moyens extrêmes dont il me répugne d'user, dit le connétable. Je sais que ton bras est sûr et ta bouche discrète. Cependant...

— Ah! monseigneur se méprend à mes intentions, s'écria Arnauld jouant l'indignation, monseigneur me calomnie! Monseigneur a cru que je voulais le délivrer de ce jeune homme par un procédé... violent. (Il fit un geste expressif.) Non, cent fois non! j'ai mieux que cela.

— Qu'as-tu donc? demanda vivement le connétable.

— Faisons d'abord nos petits arrangemens, monseigneur, reprit Arnauld. Voyons, je vous dis l'endroit où gîte la biche égarée. Je vous assure, au moins pour le temps nécessaire à la conclusion du mariage du duc François, l'absence et le silence de son dangereux rival. Ce sont là deux fameux services, monseigneur! Vous, de votre côté, que ferez-vous bien pour moi?

— Que demandes-tu? dit Montmorency.

— Vous êtes raisonnable, je le serai, reprit Arnauld. Vous acquittez d'abord sans marchander, n'est-il pas vrai? la petite note du passé, que j'ai eu l'honneur de vous présenter tout à l'heure?

— Soit, répondit le connétable.

— Je savais bien que nous n'aurions point de difficultés sur ce premier point, monseigneur; le total est une misère, et cet argent n'est pas pour payer mes frais de route et quelques cadeaux dont je compte faire emplette avant de quitter Paris. Mais l'or n'est pas tout en ce monde.

— Quoi! dit le connétable étonné et presque effrayé, c'est bien Arnauld du Thill qui vient de me dire que l'or n'était pas tout en ce monde?

— Arnauld du Thill lui-même, monseigneur, mais non plus cet Arnauld du Thill gueux et avide que vous avez connu, non: un autre Arnauld du Thill, content d'une modique fortune qu'il s'est... acquise, et n'ayant plus d'autre désir hélas! que de passer paisiblement le reste de sa vie dans le pays qui l'a vu naître, sous le toit paternel, au milieu de ses amis d'enfance, au sein de sa famille. Ce fut toujours là mon rêve, monseigneur, ce fut là le but tranquille et charmant de mon existence... agitée.

— Oui, en effet, dit Montmorency, si, pour jouir du calme il faut passer par la tempête, tu seras heureux, Arnauld. Mais tu es donc devenu riche?

— A mon aise, monseigneur, à mon aise. Dix mille écus pour un pauvre diable comme moi, c'est une fortune, surtout dans mon humble village, au sein de ma modeste famille.

— Ta famille! ton village! reprit le connétable; moi qui te croyais sans feu ni lieu, et vivant au hasard avec un habit de rencontre et sous un nom de contrebande.

— Arnauld du Thill est de fait un nom supposé, monseigneur. Mon nom véritable est Martin-Guerre, et je suis né au village d'Artigues près Rieux, où j'ai laissé ma femme et mes enfans.

— Ta femme! répétait le vieux Montmorency de plus en plus stupéfait. Tes enfans!

— Oui, monseigneur, reprit Arnauld d'un ton sentimental le plus comique du monde, et je dois prévenir monseigneur qu'il n'a plus dorénavant à compter sur mes services, et que ces deux expédients, dont je le secours en ce moment, seront assurément les derniers. Je me retire des affaires, et veux vivre honnêtement désormais, entouré de l'affection de mes parens et de l'estime de mes concitoyens.

— A la bonne heure! dit le connétable, mais si tu es devenu si modeste et pastoral que tu ne veuilles plus entendre parler d'argent, que demandes-tu donc pour prix des secrets que tu dis posséder?

— Je demande plus et moins que de l'argent, monseigneur, reprit Arnauld de son ton naturel cette fois, je demande de l'honneur, non pas des honneurs, cela s'entend, seulement un peu d'honneur, dont j'ai, je vous l'avoue, le plus urgent besoin.

— Explique-toi, dit Montmorency; car tu parles en énigmes, véritablement.

— Eh bien! voici, monseigneur : j'ai fait préparer un écrit qui atteste que moi, Martin-Guerre, je suis resté à votre service pendant tant d'années, en qualité... en qualité d'écuyer (il faut embellir la chose); que, durant tout ce temps, je me suis conduit en serviteur loyal et fidèle, de plus dévoué; et que ce dévouement, monseigneur, vous l'avez voulu reconnaître en me faisant don d'une somme assez forte pour me mettre le reste de mes jours à l'abri du besoin. Apposez au bas de cet écrit votre sceau et votre signature, et nous serons quittes, monseigneur.

— Impossible, reprit le connétable. Je m'exposerais à être faussaire, c'est-à-dire à être appelé faussaire et félon, si je signais de pareils mensonges.

— Ce ne sont pas des mensonges, monseigneur; car je vous ai toujours servi fidèlement... dans mes moyens, et je vous atteste que, si j'avais économisé tout l'argent que j'ai obtenu de vous jusqu'ici, la somme irait à plus de dix mille écus. Vous n'êtes donc exposé à aucun démenti, et croyez-vous d'ailleurs que je ne me sois pas terriblement exposé, moi, pour amener l'heureux résultat dont vous n'aurez plus qu'à recueillir les fruits.

— Misérable! cette comparaison...

— Est juste, monseigneur, reprit Arnauld. Nous avons besoin l'un de l'autre, et l'égalité est fille de la nécessité. L'espion vous rend votre crédit, rendez son crédit à l'espion. Allez! personne ne nous entend, monseigneur, pas de fausse honte! concluez le marché : il est bon pour moi, meilleur pour vous. Donnant, donnant. Signez, monseigneur.

— Non, après, reprit Montmorency. Donnant, donnant, comme tu dis. Je veux d'abord connaître tes moyens pour arriver au double résultat que tu me promets. Je veux savoir ce qu'est devenue Diane de Castro et ce que deviendra le vicomte d'Exmès.

— Eh bien! monseigneur, à part quelques réticences que je crois nécessaires, je veux bien vous satisfaire sur ces deux points, et vous allez être forcé de convenir que le hasard et moi nous avons assez bien arrangé les choses dans votre intérêt.

— J'écoute, dit le connétable.

— Pour ce qui est d'abord de madame de Castro, reprit Arnauld du Thill, elle n'a été ni tuée ni enlevée, mais seulement faite prisonnière à Saint-Quentin, et comprise parmi les cinquante personnages notables dont on devait tirer rançon. Maintenant, pourquoi celui aux mains de qui elle est tombée n'a-t-il pas publié sa capture? comment madame de Castro elle-même n'a-t-elle pas donné de ses nouvelles? c'est que je l'ignore absolument. A vrai dire, je la croyais déjà libre, et, en arrivant à Paris, je pensais l'y trouver. C'est seulement ce matin que le bruit public m'a appris qu'on ne savait à la cour ce que la fille du roi était devenue, et que je n'en était pas l'un des moindres soucis de Henry II. Peut-être, en ces temps de troubles, les messages de madame Diane ont-ils été détournés ou égarés, peut-être quelqu'autre mystère est-il caché sous ce retard. Mais enfin je puis lever sur ce point tous les doutes et dire positivement en quel endroit et de qui madame de Castro est prisonnière.

— Le renseignement est assez précieux en effet, dit le connétable, et quel est cet endroit, quel est cet homme?

— Attendez donc, monseigneur, reprit Arnauld, ne voulez-vous pas avant tout être édifié également sur le compte du vicomte d'Exmès? car, s'il est bon de savoir où sont ses amis, il est mieux de savoir où sont ses ennemis.

— Trêve de maximes! dit Montmorency. Où est ce d'Exmès?

— Prisonnier aussi, monseigneur, répondit Arnauld. Qui n'a pas été un peu prisonnier dans ces derniers temps? C'était fort la mode! Or, le vicomte d'Exmès s'est conformé à la mode, et il est prisonnier.

— Mais il saura bien donner de ses nouvelles, lui! reprit le connétable, il doit avoir des amis, de l'argent; il trouvera sans doute de quoi payer sa rançon, et nous tombera au premier jour sur les épaules.

— Vous l'avez fort bien conjecturé, monseigneur, Oui, le vicomte d'Exmès a de l'argent, oui, il est impatient de sortir de captivité et entend payer sa rançon le plus tôt possible. Il a même déjà envoyé quelqu'un à Paris pour aller chercher et lui rapporter au plus vite le prix de sa liberté.

— Que faire à cela? dit Montmorency.

— Mais, par bonheur pour nous, par malheur pour lui, continua Arnauld, ce quelqu'un qu'il a envoyé à Paris en si grande hâte, c'est moi, monseigneur, moi qui servais le vicomte d'Exmès sous mon vrai nom de Martin-Guerre, en qualité d'écuyer. Vous voyez que je puis être écuyer sans invraisemblance.

— Et tu n'as pas fait la commission, drôle? dit le connétable. Tu n'as pas ramassé la rançon de ton prétendu maître?

— Je l'ai ramassée précieusement, monseigneur, on ne laisse pas ces choses-là à terre. Considérez d'ailleurs que ne pas prendre cet argent, c'était exciter des soupçons. Je l'ai pris scrupuleusement... pour le bien de l'entreprise. Seulement, soyez tranquille! je ne le lui porterai d'ici à bien longtemps sous aucun prétexte. Ce seraient justement ces dix mille écus qui m'aideraient à passer pieusement et honnêtement le reste de ma vie, et que je serais censé tenir de votre générosité, monseigneur, d'après le papier que vous allez signer.

— Je ne le signerai pas, infâme! s'écria Montmorency. Je ne me ferai pas sciemment le complice d'un vol.

— Oh! monseigneur, reprit Arnauld, comment appelez-vous d'un nom si dur une nécessité que je subis pour vous rendre service? Quoi! je fais taire ma conscience par dévoûment et c'est ainsi que vous m'en récompensez! Eh bien! soit! envoyons au vicomte d'Exmès cette somme d'argent, et il sera ici aussitôt que madame Diane, s'il ne la devance. Tandis que s'il ne la reçoit pas...

— S'il ne la reçoit pas? dit le connétable.

— Nous gagnons du temps, monseigneur. Monsieur d'Exmès m'attend d'abord patiemment quinze jours. Il faut bien quelque délai pour recueillir dix mille écus, et sa nourrice ne me les a comptés en vérité que ce matin.

— Elle s'est donc fiée à toi, cette pauvre femme?

— A moi, et à l'anneau et à l'écriture du vicomte, monseigneur. Et puis elle m'a bien reconnu. Nous disions donc quinze jours d'attente impatiente, une semaine d'attente inquiète, une autre semaine d'attente désolée. Ce n'est que dans un mois, un mois et demi que le vicomte d'Exmès désespéré enverra un autre messager à la recherche du premier. Mais le premier ne se retrouvera pas; mais, si dix mille écus sont difficiles à réunir, dix mille autres sont presqu'impossibles. Vous aurez assez de loisir pour marier vingt fois votre fils, monseigneur; car le vicomte d'Exmès va disparaître comme s'il était mort pendant plus de deux mois, et ne reviendra vivant et furieux que l'année prochaine.

— Oui, mais il reviendra! dit Montmorency, et, ce jour-là, ne s'informera-t-il pas de ce qu'est devenu son bon écuyer Martin-Guerre?

— Hélas! monseigneur, reprit piteusement Arnauld, on lui répondra, j'ai le regret de vous l'apprendre, que le fidèle Martin-Guerre, en venant retrouver son maître avec la rançon qu'il était allé chercher, est malheureusement tombé entre les mains d'un parti d'Espagnols qui, après l'avoir, selon toutes probabilités, pillé et dépouillé, l'ont cruellement pendu, pour s'assurer son silence, aux portes de Noyon.

— Comment! Arnauld, tu seras pendu?

— Je l'ai été, monseigneur, voyez jusqu'où va mon zèle. Il n'y a que sur la date de la pendaison que les versions se contrediront un peu. Mais croira-t-on aux reîtres pillards intéressés à déguiser la vérité? Allons! monseigneur, reprit gaîment et résolument l'impudent Arnauld. Pensez donc que mes précautions sont habilement prises, et qu'avec un gaillard exprimenté comme moi, il n'y a pas de danger que votre Excellence soit jamais compromise. Si la prudence était bannie de la terre, elle se réfugierait au cœur d'un... pendu. D'ailleurs, je le répète, vous n'affirmez que la vérité : je vous sers depuis longtemps, nombre de vos gens peuvent l'attester comme vous, et vous m'avez bien donné en somme dix mille écus, soyez-en sûr. Voulez-vous, au reste, reprit magnifiquement le drôle, que je vous fasse mon reçu ?

Le connétable ne put s'empêcher de sourire.

— Oui, mais, coquin, dit-il, si, au bout du compte...

Arnauld du Thill l'interrompit :

— Allons ! monseigneur, dit-il, vous n'hésitez plus que pour la forme, et qu'est-ce que la forme pour les esprits supérieurs ? signez sans plus de façons.

Il mit sur la table devant Montmorency le papier qui n'attendait plus que cette signature.

— Mais, d'abord, le nom de la ville et le nom de l'homme qui tiennent Diane de Castro prisonnière ?

— Nom pour nom, monseigneur, le vôtre au bas de ce papier et vous saurez les autres.

— Allons ! dit Montmorency.

Il traça le paraphe hardi qui lui servait de signature.

— Et le sceau, monseigneur ?

— Le voici. Es-tu content ?

— Comme si monseigneur me donnait les dix mille écus.

— Eh bien ! maintenant, où est Diane ?

— Entre les mains de lord Wentworth, à Calais, dit Arnauld en voulant prendre le parchemin au connétable qui le retint encore.

— Un instant, dit-il, et le vicomte d'Exmès ?

— A Calais, entre les mains de lord Wentworth.

— Mais alors Diane et lui se voient ?

— Non, monseigneur ; il demeure, lui chez un armurier de la ville appelé Pierre Peuquoy, et elle doit habiter, elle, l'hôtel du gouverneur. Le vicomte d'Exmès ne sait pas plus que moi, j'en jurerais, que sa belle est aussi près de lui.

— Je cours au Louvre, dit le connétable en lâchant le papier.

— Et moi à Artigues, s'écria Arnauld triomphant. Bonne chance, monseigneur ! tâchez de ne plus être connétable pour rire.

— Bonne chance, drôle ! tâche de ne pas être pendu pour tout de bon.

Ils sortirent chacun de leur côté.

XLIII.

LES ARMES DE PIERRE PEUQUOY, LES CORDES DE JEAN PEUQUOY, ET LES PLEURS DE BABETTE PEUQUOY.

A Calais, près d'un mois se passa sans apporter, à leur grand regret, aucun changement dans la situation de ceux que nous y avons laissés. Pierre Peuquoy confectionnait toujours des armes à force ; Jean Peuquoy s'était remis à tisser et, dans ses momens perdus, achevait des cordes d'une longueur invraisemblable ; Babette Peuquoy pleurait.

Pour Gabriel, son attente avait subi les phases prédites par Arnauld du Thill au connétable. Il avait patienté les quinze premiers jours ; mais, depuis, il s'impatientait.

Il n'allait plus que très rarement chez lord Wentworth, et ne lui rendait que de fort courtes visites. Il y avait du froid entre eux, depuis le jour où Gabriel était intervenu témérairement dans les prétendues affaires du gouverneur.

Celui-ci d'ailleurs, nous devons le dire avec satisfaction, devenait de jour en jour plus triste. Ce n'était pourtant pas les trois messages envoyés depuis le départ d'Arnauld de la part du roi de France à de courts intervalles qui inquiétaient lord Wentworth. Tous trois, le premier avec politesse, le second avec aigreur, le troisième avec menace, demandaient, on peut s'en douter, la même chose, la liberté de madame de Castro moyennant une rançon qu'on laissait au gouverneur de Calais le soin de fixer lui-même. Mais à tous trois il avait fait la même réponse : qu'il entendait garder madame de Castro comme ôtage, pour l'échanger, si besoin était, contre quelque prisonnier important pendant la guerre, ou pour le rendre au roi sans rançon à la paix. Il était dans son droit strict, et bravait derrière ses fortes murailles la colère de Henri II.

Ce n'était donc pas cette colère qui le troublait, bien qu'il se demandât comment le roi avait appris la captivité de Diane ; ce qui le troublait, c'était l'indifférence de plus en plus méprisante de sa belle prisonnière. Ni soumissions, ni prévenances n'avaient pu adoucir l'humeur fière et dédaigneuse de madame de Castro. Elle restait toujours triste, calme et digne devant le passionné gouverneur, et, lorsqu'il hasardait un mot de son amour, tout en restant fidèle, il faut le dire, à la réserve que lui imposait son titre de gentilhomme, un regard à la fois douloureux et hautain venait briser le cœur et offenser l'orgueil du pauvre lord Wentworth. Il n'avait osé parler à Diane ni de la lettre écrite par elle à Gabriel, ni des tentatives faites par le roi pour obtenir la liberté de sa fille, tant il craignait un mot amer, un reproche ironique de cette bouche charmante et cruelle.

Mais Diane, en ne revoyant plus dans l'hôtel la camérière qui avait osé remettre son billet, avait bien compris que cette chance désespérée lui échappait encore. Pourtant, elle n'avait pas perdu courage, la chaste et noble fille : elle attendait et elle priait. Elle se confiait en Dieu et en la mort, au besoin.

Le dernier jour d'octobre, terme que Gabriel s'était fixé à lui-même pour attendre Martin Guerre, il résolut d'aller chez lord Wentworth, et de lui demander comme un service la permission d'envoyer à Paris un autre messager.

Vers deux heures, il quitta donc la maison des Peuquoy où Pierre polissait une épée, où Jean nattait une de ses cordes énormes, et où, depuis plusieurs jours, Babette, les yeux rougis par les larmes, tournait autour de lui sans pouvoir lui parler ; et il se rendit directement à l'hôtel du gouverneur.

Lord Wentworth était pour le moment retenu par quelque affaire, et fit prier Gabriel de l'attendre cinq minutes. Il serait tout à lui ensuite.

La salle où se trouvait Gabriel donnait sur une cour intérieure. Gabriel s'approcha de la fenêtre pour regarder dans cette cour, et machinalement ses doigts jouaient et couraient sur les vitres. Tout à coup, sous ses doigts même, des caractères tracés sur le verre avec une bague en diamant appelèrent son attention. Il s'approcha pour mieux voir et put lire distinctement ces mots : *Diane de Castro.*

C'était la signature qui manquait au bas de la lettre mystérieuse qu'il avait reçue le mois précédent.

Un nuage passa devant les yeux de Gabriel, et il fut obligé de s'appuyer contre la muraille pour ne pas tomber. Ses pressentimens intérieurs ne lui avaient donc pas menti ! Diane ! c'était bien Diane, sa fiancée ou sa sœur, que ce Wentworth débauché tenait actuellement en son pouvoir ! c'était à la pure et douce créature qu'il osait parler de son amour.

D'un geste involontaire, Gabriel portait la main à la garde de son épée absente.

En ce moment, lord Wentworth entra.

Comme la première fois, Gabriel, sans prononcer une parole le conduisit devant la fenêtre et lui montra la signature accusatrice.

Le gouverneur pâlit d'abord, puis, se remettant aussitôt avec cet empire sur lui-même qu'il possédait à un degré éminent :

— Eh bien! quoi? demanda-t-il.

— N'est-ce pas là le nom de cette parente folle que vous êtes obligé de garder ici, milord? dit Gabriel.

— C'est possible; après? reprit lord Wentworth d'un air hautain.

— C'est que si cela était, milord, je connais cette parente... bien éloignée sans doute. Je l'ai vue souvent au Louvre. Je lui suis dévoué, comme tout gentilhomme français doit l'être à une fille de la maison de France.

— Et puis? dit lord Wentworth.

— Et puis, milord, je vous demanderais compte de la façon dont vous retenez et dont vous traitez une prisonnière de ce rang.

— Et si je refusais, monsieur, de vous rendre ce compte, comme je l'ai refusé déjà au roi de France?

— Au roi de France! répéta Gabriel étonné.

— Sans doute, monsieur, reprit lord Wentworth avec son inaltérable sang-froid. Un Anglais n'a pas, ce me semble, à répondre de ses actions à un souverain étranger, surtout quand son pays est en guerre avec ce souverain. Ainsi, monsieur d'Exmès, si à vous aussi je refusais de rendre compte?

— Je vous demanderais de me rendre raison, milord? s'écria Gabriel.

— Et vous espérez me tuer sans doute, monsieur, reprit le gouverneur, avec l'épée que vous ne portez que grâce à ma permission et que j'ai le droit de vous redemander tout à l'heure?

— Oh! milord milord! dit Gabriel furieux, vous me paierez aussi celle-là.

— Soit, monsieur, reprit lord Wentworth, et je ne renierai pas ma dette, quand vous aurez acquitté la vôtre.

— Impuissant! s'écriait Gabriel en se tordant les mains, impuissant dans un moment où je voudrais avoir la force de dix mille hommes!

— Il est en effet fâcheux pour vous, reprit lord Wentworth, que la convenance et le droit vous lient les mains; mais avouez aussi qu'il serait trop commode pour un prisonnier de guerre et pour un débiteur d'obtenir tout simplement sa quittance et sa liberté en coupant la gorge à son créancier et à son ennemi.

— Milord, dit Gabriel s'efforçant de recouvrer son calme, vous n'ignorez pas que j'ai envoyé, il y a un mois, mon écuyer à Paris pour m'aller chercher cette somme qui vous préoccupe si fort. Martin-Guerre a-t-il été blessé, tué sur les routes, malgré nos sauf-conduit? lui a-t-on volé l'argent qu'il rapportait? c'est ce que j'ignore. Le fait est qu'il ne revient pas, et je venais en ce moment même vous prier de me laisser envoyer de nouveau quelqu'un à Paris, puisque vous n'avez pas foi dans une parole de gentilhomme, et que vous ne m'avez pas offert d'aller chercher ma rançon moi-même. Maintenant, milord, cette permission que je venais vous demander, vous n'avez plus le droit de me la refuser, ou bien, moi, j'ai le droit de dire maintenant que vous avez peur de ma liberté, et que vous n'osez pas me rendre mon épée.

— Et à qui diriez-vous cela, monsieur, reprit lord Wentworth, dans une ville anglaise, placée sous mon autorité immédiate, et où vous ne devez être regardé que comme un prisonnier et un ennemi?

— Je dirais cela tout haut, milord, à tout homme qui sent et qui pense, à tout noble de cœur ou de nom, à vos officiers qui s'entendent aux choses d'honneur, à vos ouvriers même que leur instinct éclairerait, et tous conviendraient avec moi contre vous, milord, qu'en ne m'accordant pas les moyens de sortir d'ici, vous avez démérité d'être le chef de vaillants soldats.

— Mais vous ne songez pas, monsieur, reprit froidement lord Wentworth, qu'avant de vous laisser répandre parmi les miens l'esprit d'indiscipline, je n'ai qu'un mot à prononcer, qu'un geste à faire pour que vous soyez jeté dans une prison où vous ne pourrez m'accuser que devant des murailles.

— Oh! c'est vrai pourtant, mille tempêtes! murmurait Gabriel les dents serrées et les poings fermés.

Cet homme de sentiment et d'émotion se brisait contre l'impassibilité de cet homme de fer et d'airain.

Mais un mot changea la face de la scène et rétablit soudain entre Wentworth et Gabriel l'égalité.

— Chère Diane! chère Diane! répéta le jeune homme avec angoisse; ne pouvoir rien pour toi dans ton danger!

— Qu'est-ce que vous avez dit, monsieur? demanda lord Wentworth chancelant, vous avez dit, je crois : Chère Diane! l'avez-vous dit ou ai-je mal entendu? est-ce que vous aimeriez aussi madame de Castro, vous?

— Eh bien! oui, je l'aime! s'écria Gabriel. Vous l'aimez bien, vous! mais mon amour est aussi pur et dévoué que le vôtre est indigne et cruel. Oui, devant Dieu et les anges! je l'aime avec idolâtrie.

— Qu'est-ce que vous veniez donc alors me parler de fille de France et de protection que tout gentilhomme devait à une telle opprimée! reprit lord Wentworth hors de lui. Ah! vous l'aimez! et vous êtes celui qu'elle aime sans doute! dont elle invoque le souvenir quand elle veut me torturer! Vous êtes l'homme pour l'amour duquel elle me méprise! l'homme sans lequel elle m'aimerait peut-être! Ah! celui qu'elle aime, c'est vous?

Lord Wentworth, tout à l'heure si railleur et dédaigneux, considérait maintenant avec une sorte de respectueuse terreur celui qu'aimait Diane, et Gabriel, de son côté, aux paroles de son rival, relevait peu à peu son front joyeux et triomphant.

— Ah! vraiment elle m'aime ainsi! s'écria-t-il, elle pense à moi encore! elle m'appelle, comme vous le dites! Oh! bien, si elle m'appelle, j'irai, je la secourrai, je la sauverai. Allez, milord! prenez mon épée, bâillonnez-moi, liez-moi, emprisonnez moi. Je saurai bien, malgré l'univers et malgré vous, la secourir et la préserver, puisqu'elle m'aime toujours, ma sainte Diane! Puisqu'elle m'aime toujours, je vous brave et je vous défie, et, vous armé, moi sans armes je suis sûr de vous vaincre encore avec l'amour de Diane pour divine égide.

— C'est vrai, c'est vrai, je le crois bien! murmurait à son tour lord Wentworth écrasé.

— Aussi ne serait-il pas généreux à moi maintenant de vous appeler en duel, reprit Gabriel, faites venir vos gardes, et dites-leur de m'enfermer, si cela vous plaît. La prison près d'elle et en même temps qu'elle, c'est encore une sorte de bonheur.

Il se fit un assez long silence.

— Monsieur, reprit enfin lord Wentworth après quelque hésitation, vous veniez me demander, je crois, de laisser partir pour Paris un second envoyé qui rapporterait votre rançon?

— En effet, milord, répondit Gabriel, tel était d'abord mon dessein quand je suis arrivé ici.

— Et vous m'avez reproché dans vos discours, ce me semble, continua le gouverneur, de n'avoir pas eu foi dans votre honneur de gentilhomme et de ne vous avoir pas permis, avec votre parole pour garant, d'aller chercher votre rançon vous-même?

— C'est vrai, milord.

— Eh bien! monsieur, reprit Wentworth, vous pouvez dès aujourd'hui partir : les portes de Calais vous seront ouvertes, votre demande vous est accordée.

— J'entends, dit Gabriel avec amertume, vous voulez m'éloigner d'elle. Et si je refusais de quitter Calais maintenant?

— Je suis le maître ici, monsieur, reprit lord Wentworth, et vous n'avez ni à refuser ni à accepter ma volonté, mais à la subir.

— Soit donc, dit Gabriel, je partirai, milord, sans toutefois vous savoir gré de cette générosité, je vous en préviens.

— Aussi, n'ai-je pas besoin, monsieur, de votre reconnaissance.

— Je partirai, poursuivit Gabriel, mais sachez que je ne

resterai pas longtemps votre débiteur, et que je reviendrai bientôt, milord, pour vous payer toutes mes dettes ensemble. Et, comme je ne serai plus votre prisonnier alors, et que vous ne serez plus mon créancier, il n'y aura plus de prétexte pour que l'épée que j'aurai le droit de porter ne se rencontre pas avec la vôtre.

— Je pourrais refuser ce combat, monsieur, reprit lord Wentworth avec une sorte de mélancolie ; car les chances entre nous ne sont pas égales : si je vous tue, *elle* me haïra plus ; si vous me tuez, *elle* vous aimera davantage. N'importe ! il faut que j'accepte, et j'accepte. Mais ne craignez-vous pas, ajouta-t-il d'un air sombre, de me réduire par là à quelque extrémité ? Quand tous les avantages sont de votre côté, ne pourrais-je pas, dites, abuser de ceux qui me restent ?

— Dieu là-haut, et en ce monde la noblesse de tous les pays vous jugeront, milord, dit Gabriel frissonnant, si vous vous vengez lâchement sur ceux qui ne peuvent se défendre de ceux que vous n'aurez pas vaincus.

— Quoi qu'il en soit, monsieur, reprit Wentworth, je vous récuse parmi mes juges.

Il ajouta après une pause :

— Il est trois heures, monsieur, vous avez jusqu'à sept heures, pour la fermeture des premières portes, pour faire vos apprêts et quitter la ville. J'aurai donné mes ordres pour qu'on vous laisse librement passer.

— A sept heures, milord, dit Gabriel, je ne serai plus à Calais.

— Et comptez, reprit Wentworth, que vous n'y rentrerez de votre vie, et que, quand même je mourrais tué par vous dans ce duel hors de nos remparts, mes précautions du moins seront prises, et bien prises, fiez-vous-en à ma jalousie ! pour que vous ne possédiez et ne revoyiez jamais madame de Castro.

Gabriel avait déjà fait un pas pour sortir de la chambre. Il s'arrêta devant la porte.

— Ce que vous dites est impossible, milord, reprit-il, il est nécessaire qu'un jour ou l'autre je revoie Diane.

— Cela ne sera pourtant pas, monsieur, je vous le jure ! si la volonté d'un gouverneur de place ou le dernier ordre d'un mourant ont quelque chance de s'imposer.

— Cela sera, milord, je ne sais comment, mais j'en suis sûr, dit Gabriel.

— Alors, monsieur, reprit Wentworth avec un sourire dédaigneux, alors vous prendrez Calais d'assaut.

Gabriel réfléchit une minute.

— Je prendrai d'assaut Calais, dit-il. Au revoir, milord.

Il salua et sortit, laissant lord Wentworth pétrifié et ne sachant plus s'il devait s'épouvanter ou rire.

Gabriel retourna sur-le-champ à la maison des Peuquoy. Il trouva Pierre qui polissait la lame de son épée, Jean qui faisait des nœuds à sa corde, et Babette qui soupirait.

Il raconta à ses amis la conversation qu'il venait d'avoir avec le gouverneur, et leur annonça son départ qui en était la suite. Il ne leur cacha même pas le mot téméraire peut-être avec lequel il avait pris congé de lord Wentworth.

Puis il leur dit :

— Maintenant je monte à ma chambre pour faire mes préparatifs, et je vous laisse à vos épées, Pierre, à vos cordes, Jean, à vos soupirs, Babette.

Il monta en effet afin de tout disposer en hâte pour son départ. Maintenant qu'il était libre, il tardait au vaillant jeune homme de revoir Paris pour sauver son père, puis, de revoir Calais pour sauver Diane.

Quand il sortit de sa chambre, une demi-heure après, il trouva sur le palier Babette Peuquoy.

— Vous partez donc, monsieur le vicomte ? lui dit-elle. Vous ne me demanderez donc plus pourquoi je pleure ?

— Non, mon enfant, car j'espère que lorsque je reviendrai, vous ne pleurerez plus.

— Je l'espère aussi, monseigneur, reprit Babette. Ainsi, malgré les menaces de notre gouverneur, vous comptez revenir, n'est-ce pas ?

— Je vous en réponds ! Babette.

— Avec votre écuyer Martin-Guerre, je suppose ?

— Assurément.

— Comme cela, monsieur d'Exmès, reprit la jeune fille, vous êtes certain de le retrouver à Paris, Martin-Guerre ? Ce n'est pas un malhonnête homme, n'est-ce pas ? il n'a pas à coup sûr détourné votre rançon ? il est incapable d'une... infidélité ?

— J'en jurerais, dit Gabriel assez étonné de ces questions. Martin a l'humeur changeante, surtout depuis quelque temps, et il y a comme deux hommes en lui, l'un simple d'esprit et tranquille de mœurs, l'autre rusé et tapageur. Mais, à part ces variations de caractère, c'est un serviteur loyal et fidèle.

— Et, reprit Babette, il ne tromperait pas plus une femme que son maître, n'est-il pas vrai ?

— Oh ! ceci est plus chanceux, dit Gabriel, et je n'en répondrais plus, je l'avoue.

— Enfin, monseigneur, reprit la pauvre Babette pâlissant, auriez-vous la bonté de lui remettre cette bague ? il saura de qui elle vient et ce qu'elle signifie.

— Je la remettrai, Babette, dit Gabriel surpris, en se rappelant cette soirée du départ de son écuyer. Je la remettrai, mais la personne qui l'envoie sait... que Martin-Guerre... est marié, je présume.

— Marié ! s'écria Babette. Alors monseigneur, gardez cette bague, jetez-la, mais ne la lui remettez pas.

— Mais, Babette...

— Merci ! monseigneur, et adieu, murmura la pauvre fille.

Elle s'enfuit au second étage, et, à peine rentrée dans sa chambre, tomba sur une chaise, évanouie.

Gabriel, chagrin et inquiet du soupçon qui, pour la première fois, lui traversait l'esprit, descendait pensif l'escalier de bois de la vieille maison des Peuquoy.

Au bas des marches, il trouva Jean qui s'approcha de lui avec mystère.

— Monsieur le vicomte, lui dit à voix basse le bourgeois, vous me demanderez toujours pourquoi je confectionnais des cordes d'une telle longueur. Je ne veux pourtant pas vous laisser partir, surtout après vos admirables adieux à ce Wentworth, sans vous donner le mot de l'énigme. En joignant par de petites cordes transversales deux longues et solides cordes comme celle que je fais, monsieur le vicomte, on obtient une immense échelle. Cette échelle, quand on est de la garde urbaine, comme Pierre depuis vingt ans, comme moi depuis trois jours, on peut la transporter à deux en deux fois sous la guérite de la plate-forme de la tour Octogone. Puis, par une matinée noire de décembre ou de janvier, on peut, par curiosité, étant en sentinelle, en attacher solidement deux bouts à ces tronçons de fer scellés dans les créneaux, et laisser tomber les deux autres bouts dans la mer, à trois cents pieds, où quelque hardi canot pourrait se trouver par mégarde.

— Mais, mon brave Jean... interrompit Gabriel.

— Assez sur ce point ! monsieur le vicomte, reprit le tisserand. Laissez-moi, je voudrais, avant de vous quitter vous laisser encore un souvenir de votre dévoué serviteur Jean Peuquoy. Voici un dessin tel quel, représentant le plan des murs et des fortifications de Calais. Je l'ai fait, en m'amusant, après ces éternelles promenades qui vous étonnaient si fort de ma part. Cachez-le sous votre pourpoint, et, quand vous serez à Paris, regardez-le quelquefois, je vous prie, par amitié pour moi.

Gabriel voulut interrompre encore, mais Jean ne lui en laissa pas le temps, et, lui serrant la main que lui tendait le jeune homme, s'éloigna en lui disant seulement :

— Au revoir, monsieur d'Exmès. Vous trouverez à la porte Pierre, qui vous attend pour vous faire aussi ses adieux. Ils compléteront les miens.

En effet, Pierre attendait devant sa maison, tenant en bride le cheval de Gabriel.

— Merci de votre bonne hospitalité, maître, lui dit le vicomte d'Exmès. Je vous enverrai sous peu, si même je ne vous rapporte pas moi-même, l'argent que vous avez bien voulu m'avancer. Vous y joindrez, s'il vous plaît, une bonne gratification pour vos gens. En attendant, veuillez offrir de ma part ce petit diamant à votre chère sœur.

— J'accepte pour elle, monsieur le vicomte, répondit l'armurier, mais à condition que vous accepterez aussi quelque chose de ma façon, ce cor que j'ai pendu à l'arçon de votre selle, ce cor que j'ai fabriqué de mes mains et dont je reconnaîtrais le son, fût-ce à travers les mugissemens de la mer orageuse, par exemple dans ces nuits du 5 de chaque mois, où je monte ma faction de quatre à six heures du matin sur la tour Octogone qui donne sur la mer.

— Merci ! dit Gabriel, en serrant la main de Pierre de façon à lui prouver qu'il avait compris.

— Quant à ces armes que vous vous étonniez de me voir faire en si grande quantité, reprit Pierre, je me repens, en effet, d'en avoir chez moi un tel nombre : car, enfin, si Calais était assiégé quelque jour, le parti qui existe encore pour la France parmi nous pourrait s'emparer de ces armes, et faire, dans le sein même de la ville, une diversion dangereuse.

— C'est vrai ! dit Gabriel en serrant plus fort encore la main du brave citoyen.

— Là-dessus, je vous souhaite bon voyage et bonne chance, monsieur d'Exmès, reprit Pierre. Adieu et à bientôt !

— A bientôt ! dit Gabriel.

Il se retourna et salua une dernière fois de la main Pierre debout sur le seuil, Jean, la tête penchée à la fenêtre du premier étage, et même Babette qui le regardait aussi partir derrière un rideau du rez.

Puis il donna de l'éperon à son cheval, et s'éloigna au galop.

Des ordres avaient été envoyés par lord Wentworth à la porte de Calais; car on ne fit nulle difficulté pour laisser passer le prisonnier, qui se trouva bientôt sur la route de Paris, seul avec ses anxiétés et ses espérances.

Pourrait-il délivrer son père en arrivant à Paris? pourrait-il délivrer Diane en revenant à Calais ?

XLIV.

SUITE DES TRIBULATIONS DE MARTIN-GUERRE.

Les routes de France n'étaient pas plus sûres pour Gabriel de Montgommery que pour son écuyer, et il dut déployer toute l'intelligence et toute l'activité de son esprit pour éviter les obstacles et les encombres. Encore, malgré toute sa diligence, n'arriva-t-il à Paris que le quatrième jour après son départ de Calais.

Mais les périls du chemin préoccupaient peut-être moins Gabriel que son inquiétude touchant le but. Bien qu'il ne fût pas de sa nature fort porté aux songeries, sa marche solitaire le contraignait presque à rêver sans cesse à la captivité de son père et de Diane, aux moyens de délivrer ces êtres chers et sacrés, à la promesse du roi, au parti qu'il faudrait prendre si Henri II manquait à cette promesse. Mais non ! Henri II n'était pas pour rien le premier gentilhomme de la chrétienté. L'accomplissement de son serment lui coûtait, et il attendait que Gabriel vînt le réclamer pour pardonner au vieux comte rebelle, mais il pardonnerait. Et s'il ne pardonnait pas pourtant ?...

Gabriel, quand cette idée désespérante traversait son esprit, comme un poignard eût traversé son cœur; Gabriel donnait de l'éperon à son cheval et portait la main à la garde de son épée...

C'était d'ordinaire la douce et douloureuse pensée de Diane de Castro qui ramenait au calme son âme agitée.

Ce fut au milieu de ces incertitudes et de ces angoisses qu'il arriva enfin aux portes de Paris, le matin du quatrième jour. Il avait voyagé toute la nuit, et les clartés pâles de l'aube éclairaient à peine la ville, lorsqu'il traversa les rues qui avoisinaient le Louvre.

Il s'arrêta devant la maison royale fermée et endormie, et se demanda s'il devait attendre ou passer outre. Mais son impatience s'accommodait mal de l'immobilité. Il résolut d'aller tout de suite jusque chez lui, à la rue des Jardins-Saint-Paul, où il pourrait du moins apprendre quelque chose de ce qu'il souhaitait ou de ce qu'il redoutait.

Sa route le conduisait devant les sinistres tourelles du Châtelet.

Il s'arrêta aussi devant la porte fatale. Une sueur froide baignait son front. Son passé et son avenir étaient pourtant là, derrière ces humides murailles. Mais Gabriel n'était pas homme à donner aux émotions une longue partie du temps qu'il pouvait utilement consacrer à agir. Il secoua ces sombres pensées et se remit en marche en se disant : Allons !

Lorsqu'il arriva devant son hôtel, qu'il n'avait pas revu depuis si longtemps, une lumière brillait aux vitres de la salle basse. La vigilante Aloyse était debout déjà.

Gabriel frappa en se nommant. Deux minutes après, il était dans les bras de la bonne et digne femme qui lui avait servi de mère.

— Ah ! vous voilà donc, monseigneur ! vous voilà, mon enfant !

C'est tout ce qu'elle eut la force de dire.

Gabriel, après l'avoir tendrement embrassée, recula d'un pas et la regarda.

Il y avait dans ce profond regard une muette interrogation plus claire que toutes les paroles.

Aussi Aloyse comprit-elle, et cependant elle baissa la tête et ne répondit rien.

— Donc, aucune nouvelle de la cour ? demanda alors le vicomte, comme si la révélation contenue dans ce silence ne lui suffisait pas.

— Aucune nouvelle, monseigneur, répondit la nourrice.

— Oh ! je m'en doutais bien. S'il s'était passé quelque chose d'heureux ou de malheureux, tu me l'aurais crié d'abord dans le premier baiser. Tu ne sais rien ?

— Rien, hélas !

— Oui, je conçois, reprit amèrement le jeune homme. J'étais prisonnier, mort peut-être ! On ne paie pas ses dettes à un prisonnier, encore moins à un mort. Mais me voici vivant et libre, et il faudra bien que l'on compte avec moi ; de gré ou de force, il le faudra.

— Oh ! prenez garde, monseigneur ! s'écria Aloyse.

— Ne crains rien, nourrice. Monsieur l'amiral est-il à Paris ?

— Oui, monseigneur. Il est venu et il a envoyé ici dix fois pour s'informer de votre retour.

— Bien. Et monsieur de Guise ?

— Il est revenu aussi. C'est sur lui que le peuple compte pour réparer les malheurs de la France et les douleurs des citoyens.

— Dieu veuille, reprit Gabriel, qu'il ne trouve pas des douleurs qu'on ne puisse plus réparer !

— Pour madame Diane de Castro, que l'on croyait perdue, continua Aloyse avec empressement, monsieur le connétable a découvert qu'elle était prisonnière à Calais, et l'on espère l'en tirer bientôt.

— Je le savais, et je l'espère comme eux, dit Gabriel avec un accent singulier. Mais, reprit-il, tu ne me parles pas de ce qui a si longtemps prolongé ma propre captivité, de Martin-Guerre, de son message en retard. Qu'est donc devenu Martin ?

— Il est ici, monseigneur, le fainéant, l'imbécile !

— Quoi ! ici ! Mais depuis quand ? que fait-il ?

— Il est couché là-haut et il dort, dit Aloyse, qui semblait parler du pauvre Martin avec quelque aigreur. Il se dit un peu malade, sous prétexte qu'on l'a pendu !

— Pendu ! s'écria Gabriel. Pour lui voler l'argent de ma rançon, probablement ?

— L'argent de votre rançon, monseigneur ? Oui, parlez-lui un peu à ce triple idiot de l'argent de votre rançon ! vous verrez ce qu'il vous répondra. Il ne saura pas ce que vous voudrez lui dire. Figurez-vous, monseigneur, qu'il arrive ici tout zélé, tout en hâte, et que, d'après votre lettre, je réunis bien vite et je lui compte dix mille beaux écus sonnans. Il repart tout chaud, sans perdre une minute. Quelques jours après, qui vois-je revenir ici, l'oreille basse et l'air piteux ? mon Martin-Guerre. Il prétend n'avoir pas reçu de moi un rouge denier. Prisonnier lui-même, bien avant la prise de Saint-Quentin, il ignore, dit-il, depuis trois mois, ce que vous êtes devenu. Vous ne l'avez chargé d'aucune mission. Il a été battu, pendu ! Il a réussi à s'échapper, et rentre à Paris, pour la première fois, depuis la guerre. Voilà les contes que Martin-Guerre nous rabâche, du matin au soir, quand on lui parle de votre rançon.

— Explique-toi, nourrice, dit Gabriel. Martin-Guerre n'a pas pu détourner cet argent, j'en jurerais. Ce n'est pas un malhonnête homme, assurément, et il m'est loyalement dévoué.

— Non, monseigneur, il n'est pas malhonnête homme, mais il est fou. j'en ai peur, fou sans idée et sans souvenir, fou à lier, croyez-moi. Bien qu'il ne soit pas encore méchant, il est dangereux du moins. Enfin, je ne suis pas la seule qui l'aie vu ici ! tous vos gens l'accablent de leur témoignage. Il a réellement reçu les dix mille écus. Maître Elyot a même eu quelque peine à me les ramasser si promptement.

— Il faudra pourtant, reprit Gabriel, qu'il réunisse de nouveau au plus vite une somme pareille, voire même une somme plus forte. Mais il ne s'agit pas encore de cela. Voici le grand jour. Je vais au Louvre, je vais parler au roi.

— Quoi ! monseigneur, sans prendre une minute de repos ! dit Aloyse. En outre, vous ne réfléchissez pas qu'il n'est guère plus de sept heures, et que vous trouveriez fermées les portes qu'on ouvre seulement à neuf.

— C'est juste ! dit Gabriel, encore deux heures d'attente ! O mon Dieu ! donnez-moi la patience d'attendre deux heures, puisque j'ai pu attendre deux mois. Mais du moins, reprit-il, je puis trouver monsieur de Coligny et monsieur de Guise.

— Non, car ils sont vraisemblablement au Louvre, dit Aloyse. D'ailleurs, le roi ne reçoit pas avant midi, et vous ne pourriez le voir plus tôt, je le crains. Vous aurez donc trois heures pour entretenir monsieur l'amiral et monseigneur le lieutenant général du royaume. C'est, vous le savez, le nouveau titre dont le roi, dans les circonstances graves où nous sommes, a revêtu monsieur de Guise. En attendant, monseigneur, vous ne me refuserez pas de prendre quelques alimens, et de recevoir vos fidèles et anciens serviteurs, qui ont si longtemps langui après votre retour.

Dans le même moment, et comme pour occuper en effet et distraire la douloureuse attente du jeune homme, Martin-Guerre, averti sans doute de l'arrivée de son maître, se précipita dans la chambre, plus pâle encore de joie que des suites de sa souffrance.

— Quoi ! c'est vous ! quoi ! vous voilà, monseigneur, s'écria-t-il. Oh ! quel bonheur !

Mais Gabriel accueillit assez froidement les transports du pauvre écuyer.

— Si je suis heureusement arrivé, Martin, lui dit-il, convenez que ce n'est pas de votre faute, et que vous avez fait tout pour me laisser à jamais prisonnier !

— Allons ! vous aussi, monseigneur, dit Martin avec consternation. Vous aussi, au lieu de me justifier du premier mot, comme je l'espérais, vous allez m'accuser d'avoir touché ces dix mille écus. Qui sait ? vous direz peut-être même que vous m'aviez chargé de les recevoir et de vous les rapporter ?

— Mais sans doute, reprit Gabriel stupéfait.

— Ainsi, repartit le pauvre écuyer d'une voix sourde, vous me jugez capable, moi Martin-Guerre, de m'être approprié lâchement un argent qui ne m'appartenait pas, un argent destiné à payer la liberté de mon maître ?

— Non, Martin, non, reprit vivement Gabriel, touché de l'accent de son loyal serviteur, mes soupçons, je te le jure, n'ont jamais été jusqu'à douter de ta probité, et nous le disions à l'instant même avec Aloyse. Mais on a pu te prendre cette somme, tu as pu la perdre sur le chemin en venant me rejoindre.

— En venant vous rejoindre, répéta Martin. Mais où, monseigneur. Depuis notre première sortie de Saint-Quentin, que Dieu me foudroie si je sais où vous avez été ! Où allais-je vous rejoindre ?

— A Calais, Martin. Quelque légère et folle que soit ta tête, il est impossible que tu aies oublié Calais !

— Comment oublierais-je en effet ce que je n'ai jamais connu, dit tranquillement Martin-Guerre.

— Mais, malheureux, peux-tu te renier à ce point ! s'écria Gabriel.

Il dit tout bas quelques mots à la nourrice qui sortit. S'approchant alors de Martin :

— Et Babette ? ingrat ! lui dit-il.

— Babette ! quelle Babette ? demanda l'écuyer stupéfait.

— Mais celle que tu as séduite, indigne.

— Ah ! bon ! Gudule ! dit Martin, vous vous trompez de nom. Ce n'est pas Babette, c'est Gudule, monseigneur. Ah ! oui, la pauvre fille ! mais franchement je ne l'ai pas séduite, elle s'est séduite toute seule, je vous jure.

— Quoi ! une autre encore ! reprit Gabriel. Mais celle-là, je ne la connais pas, et quoi qu'il en soit, elle ne peut être aussi à plaindre que Babette Peuquoy.

Martin-Guerre n'osait pas s'impatienter ; mais s'il eût été du rang du vicomte, il n'y eût pas manqué, certes.

— Tenez, monseigneur, ils disent tous ici que je suis fou, et, à force de me l'entendre dire, je crois, par Saint-Martin ! que je le deviendrai. Pourtant, j'ai bien encore ma raison et ma mémoire, que diable ! et au besoin, monseigneur, quoique j'aie eu à subir des épreuves multipliées et des malheurs... pour deux, cependant, au besoin, je vous raconterais de point en point ce que je vous ai arrivé depuis trois mois, depuis que je vous ai quitté. Au moins, ajouta-t-il, ce que je me rappelle... pour ma part !

— Je serais curieux en effet, dit Gabriel, de savoir comment tu vas expliquer ton étrange conduite.

— Eh bien ! monseigneur, quand, au sortir de Saint-Quentin pour aller quérir les secours de monsieur de Vaulpergues, nous eûmes pris chacun notre route, comme vous devez vous en souvenir, ce que vous aviez prévu arriva. Je tombai entre les mains des ennemis. Je voulais, selon vos recommandations, payer d'audace ; mais, chose étrange ! les ennemis me reconnurent. J'étais déjà leur prisonnier.

— Allons ! interrompit Gabriel, voilà déjà que tu divagues !

— Oh ! monseigneur. reprit Martin, je vous en conjure en grâce, laissez-moi raconter ce que je sais comme je le sais. J'ai assez de peine à m'y reconnaître ! vous me critiquerez après. Du moment où les ennemis me reconnaissaient, monseigneur, j'avoue que je me résignai ; car je savais, et, au fond, vous savez bien comme moi, monseigneur, que je suis deux, et que, sans m'en prévenir, mon autre moi fait souvent des siennes. Donc, nous acceptâmes notre sort ; car dorénavant je veux parler de moi, de nous, dis-je, au pluriel. Gudule, une gentille Flamande que nous avions enlevée, nous reconnut aussi ; ce qui nous valut, par parenthèse, des grêles de coups. Il n'y a vraiment que nous qui ne nous reconnaissions pas. Vous raconter toutes les misères qui suivirent, et au pouvoir de combien de maîtres, tous embellis de patois différens, votre malheureux écuyer tomba successivement, ce serait trop long, monseigneur.

— Oui, abrège tes condoléances, dit Gabriel.

— J'en passe et des pires. Mon numéro 2 s'était déjà échappé une fois, et on m'avait fort éreinté pour sa peine. Mon numéro 1, celui dont j'ai conscience et dont je vous narre le martyre, parvint à s'échapper de nouveau, mais eut la sottise de se faire reprendre, et on me laissa pour mort sur la place. N'importe ! je pris une troisième fois la fuite ! Mais, rattrapé une troisième fois par une double trahison, celle du vin et celle d'un passant, je voulus faire un coup de tête, et gourmai mes estaffiers avec la fureur du désespoir et de l'ivresse. Pour le coup, après m'avoir bafoué et tourmenté toute la nuit de la façon la plus barbare, mes bourreaux me pendirent vers le matin.

— Ils te pendirent ! s'écria Gabriel jugeant que la monomanie de son écuyer le reprenait sans doute. Ils te pendirent, Martin ! qu'entends-tu par là ?

— J'entends, monseigneur, qu'ils me hissèrent entre ciel et terre au bout d'une corde de chanvre solidement attachée à un gibet, autrement dit potence. Ce qui, dans toutes les langues et patois dont on m'a écorché les oreilles, s'appelle vulgairement pendre, monseigneur ! Est-ce clair cela ?

— Pas trop, Martin ; car enfin pour un pendu...

— Je me porte assez bien, monseigneur, c'est un fait ; mais vous ne savez pas la fin de l'histoire. Ma douleur et ma rage, quand je me vis pendre, firent que je perdis à peu près connaissance. Quand je revins à moi, j'étais étendu sur l'herbe fraîche avec ma corde coupée autour du cou. Quelque voyageur passant par la route avait-il voulu, touché de ma position, délivrer le gibet de son fruit humain ? C'est ce que ma misanthropie actuelle me défend de croire. J'imagine plutôt qu'un filou aura souhaité me dépouiller et coupé la corde pour fouiller mes poches à son aise. C'est ce que ma bague nuptiale et mes papiers enlevés m'autorisent, je pense, à affirmer, sans trop faire de tort à la race humaine. Toujours est-il que j'avais été détaché à temps, et que, malgré mon cou un peu disloqué, je pus m'enfuir une quatrième fois à travers bois et champs, me cachant le jour, m'avançant la nuit avec précaution, vivant de racines et d'herbes sauvages, une détestable nourriture, et à laquelle les bestiaux doivent avoir bien de la peine à s'accoutumer. Enfin, après m'être égaré cent fois, j'ai pu, au bout de quinze jours, revoir Paris et cette maison où je suis arrivé depuis douze jours, et où j'ai été reçu plus médiocrement que je ne m'y attendais après tant d'épreuves. Voilà mon histoire, monseigneur.

— Eh bien ! moi, dit Gabriel, en regard de cette histoire, je pourrais bien t'en raconter une autre, une entièrement différente que je t'ai vu accomplir sous mes yeux.

— L'histoire de mon numéro 2, monseigneur ? dit tranquillement Martin. Ma foi monseigneur, s'il n'y a pas d'indiscrétion, et si vous aviez cette bonté de m'en toucher deux mots, je serais assez curieux de la connaître.

— Railles-tu, coquin ? dit Gabriel.

— Oh ! monseigneur connaît mon profond respect ! Mais chose singulière ! cet autre moi-même m'a causé bien des embarras, n'est-il pas vrai ?! il m'a fourré dans de cruelles passes ! Eh bien ! malgré cela, je ne sais pas, je m'intéresse à lui ! je crois, ma parole d'honneur ! que j'aurais à la fin la faiblesse de l'aimer, le drôle !

— Le drôle, en effet !... dit Gabriel.

Il allait entamer peut-être le récit des méfaits d'Arnauld du Thill ; mais il fut interrompu par sa nourrice qui rentra suivie d'un homme en habit de paysan.

— Qu'est-ce encore que ceci ? dit Aloyse. Voici un homme qui se prétend envoyé ici pour nous annoncer votre mort, Martin-Guerre !

XLV.

OU LA VERTU DE MARTIN-GUERRE COMMENCE À SE RÉHABILITER.

— Ma mort ? s'écria Martin-Guerre pâlissant aux terribles paroles de dame Aloyse.

— Ah ! Jésus Dieu ! s'écria de son côté le paysan dès qu'il eut dévisagé l'écuyer.

— Mon autre moi serait-il mort ? bonté divine ! reprit Martin. N'aurais-je plus d'existence de rechange ? Bah ! au fond, avec la réflexion, j'en serais bien un peu fâché, mais cependant assez content. Parle, toi, l'ami, parle, ajouta-t-il en s'adressant au paysan ébahi.

— Ah ! maître, reprit ce dernier quand il eut bien regardé et touché Martin, comment se fait-il que je vous retrouve arrivé avant moi ? Je vous jure pourtant, maître, que je me suis dépêché autant qu'homme puisse se dépêcher, pour faire votre commission et gagner vos dix écus ; et, à moins que vous n'ayez pris un cheval, il est absolument impossible, maître, que vous m'ayez dépassé sur la route, où j'aurais dû, en tous cas, vous revoir.

— Ah çà ! mais mon brave, je ne t'ai jamais vu, moi ! dit Martin-Guerre, et tu me parles comme si tu me connaissais.

— Si je vous connais ! dit le paysan stupéfait ; ce n'est pas vous peut-être qui m'avez donné la commission de venir dire ici que monsieur Martin-Guerre était mort pendu ?

— Comment ! mais Martin-Guerre, c'est moi, dit Martin-Guerre.

— Vous ? impossible ! est-ce que vous auriez pu annoncer votre propre pendaison ? reprit le paysan.

— Mais pourquoi, où et quand t'ai-je annoncé de pareilles atrocités ? demanda Martin.

— Il faut donc tout dire à cette heure ? dit le paysan.

— Oui, tout.

— Malgré la frime que m'avez recommandée ?

— Malgré la frime.

— Eh bien, alors, puisque vous avez si peu de mémoire, je vous tout dire ; tant pis pour vous si vous m'y forcez ! Il y a de cela six jours, au matin, j'étais en train de sarcler mon champ...

— Où est-il d'abord, ton champ ? demanda Martin.

— Est-ce la vérité vraie qu'il faut répondre, mon maître ? dit le paysan.

— Eh ! sans doute, animal !

— Pour lors, mon champ est derrière Montargis, là ! Je travaillais, vous vîntes à passer sur la route, un sac de voyage sur le dos.

— Eh ! l'ami, que fais-tu là ? C'est vous qui parlez.

— Je sarcle, notre maître. C'est moi qui réponds.

— Combien cela te rapporte-t-il, ce métier-là ?

— Bon an mal an, quatre sols par jour.

— Veux-tu gagner vingt écus en deux semaines ?

— Oh ! oh !

— Je te demande oui ou non.

— Oui-da.

— Eh bien ! tu vas partir sur-le-champ pour Paris. En marchant bien, tu y seras au plus tard dans cinq ou six jours ; tu demanderas la rue des Jardins-Saint-Paul et l'hôtel du vicomte d'Exmès. C'est à cet hôtel que je t'envoie. Le vicomte n'y sera pas ; mais tu trouveras la dame Aloyse, une bonne femme, sa nourrice ; et voici ce que tu lui diras. Ecoute bien. Tu lui diras : J'arrive de Noyon... Tu comprends ? Pas de Montargis, de Noyon. J'arrive de Noyon, où quelqu'un de votre connaissance a été pendu, il y a quinze jours. Ce quelqu'un s'appelle Martin-Guerre. Retiens bien ce nom : Martin-Guerre. On a pendu Martin-Guerre, après l'avoir dépouillé de l'argent qu'il portait, de peur qu'il ne s'allât plaindre. Mais, avant d'être conduit au gibet, Martin-Guerre a eu le temps de me charger de venir vous prévenir de ce malheur, afin, m'a-t-il dit, que vous puissiez ramasser une nouvelle rançon à son maître. Il m'a promis que pour ma peine vous me compteriez dix écus. Je l'ai vu pendre, et je suis venu.

— Voilà ce que tu diras à la bonne femme. As-tu compris? m'avez-vous demandé.

— Oui, maître, ai-je répondu; seulement, vous aviez dit vingt écus d'abord, et vous ne dites plus que dix.

— Imbécile! fîtes-vous, voilà d'avance les dix autres.

— A la bonne heure! fis-je. Mais si la bonne femme Aloyse me demande comment était fait ce monsieur Martin-Guerre que je n'ai jamais vu et que je dois avoir vu?

— Regarde-moi.

— Je vous regarde.

— Eh bien! tu peindras Martin-Guerre comme si c'était moi-même.

— C'est étrange! murmura Gabriel, qui écoutait le narrateur avec une attention profonde.

— Maintenant, reprit le paysan, je suis venu, mon maître, prêt à répéter ma leçon comme vous me l'avez apprise à deux fois et presque par cœur, et je vous retrouve ici avant moi! Il est bien vrai que j'ai flâné en route et rogné dans les cabarets du chemin des dix écus, dans l'espérance de toucher bientôt les dix autres. Mais enfin je n'ai eu garde de dépasser le terme que vous m'aviez fixé. Vous m'aviez donné les six jours, et il y a précisément six jours aujourd'hui que j'ai quitté Montargis.

— Six jours! dit Martin-Guerre mélancolique et rêveur. J'ai passé à Montargis il y a six jours! j'étais, il y a six jours, sur la route de mon pays! Ton récit est extrêmement vraisemblable, l'ami, continua-t-il, et je le crois vrai.

— Mais non! interrompit vivement Aloyse; cet homme est évidemment un menteur, au contraire, puisqu'il prétend vous avoir parlé à Montargis il y a six jours, et que, depuis douze jours, vous n'êtes pas sorti de ce logis.

— C'est juste, dit Martin. Pourtant, mon numéro 2...

— Et puis, reprit la nourrice, il n'y a pas quinze jours que vous avez été pendu à Noyon; d'après vos dires mêmes, il y a un mois.

— C'est certain, repartit l'écuyer, et c'est justement aujourd'hui le quantième, j'y pensais en m'éveillant. Cependant, mon autre moi-même...

— Balivernes! s'écria la nourrice.

— Non pas, dit Gabriel intervenant, cet homme nous met, je le crois, sur la voie de la vérité.

— Oh! mon bon seigneur, vous ne vous trompez pas! dit le paysan. Aurai-je les dix écus?

— Oui, dit Gabriel, mais vous nous laisserez votre nom et votre adresse. Nous aurons peut-être quelque jour besoin de votre témoignage. Je commence, à travers des soupçons encore obscurs, à entrevoir bien des crimes.

— Cependant, monseigneur... voulut objecter Martin.

— En voilà assez là-dessus, interrompit Gabriel. Tu veilleras, ma bonne Aloyse, à ce que ce brave homme s'en aille satisfait. Cette affaire-ci aura son heure. Mais, tu le sais, ajouta-t-il en baissant la voix, avant de punir la trahison envers l'écuyer, j'ai peut-être à venger la trahison envers le maître.

— Hélas! murmura Aloyse.

— Voilà huit heures, reprit Gabriel. Je ne verrai nos gens qu'au retour, car je veux me trouver à l'ouverture des portes du Louvre; si je ne puis approcher le roi qu'à midi, je m'entretiendrai au moins avec l'amiral et monsieur de Guise.

— Et, après avoir vu le roi, vous reviendrez ici sur-le-champ, n'est-ce pas? demanda Aloyse.

— Sur-le-champ, et tranquillise-toi, bonne nourrice. Quelque chose me dit que je sortirai vainqueur de tous ces ténébreux obstacles que l'intrigue et l'audace accumulent autour de moi.

— Oh! oui, si Dieu entend ma prière ardente, cela sera! dit Aloyse.

— Je pars, reprit Gabriel. Reste, Martin, il faut que je sois seul. Va, nous te justifierons et nous te délivrerons, ami. Mais, vois-tu, j'ai une autre justification et une autre délivrance à accomplir avant tout. A bientôt, Martin; au revoir, nourrice.

Tous deux baisèrent les mains que leur tendait le jeune homme. Puis il sortit, seul, à pied, enveloppé d'un grand manteau, et prit, grave et fier, le chemin du Louvre.

— Hélas! pensa la nourrice, voilà comme j'ai vu une fois partir son père, qui depuis n'est pas revenu.

Au moment où Gabriel, après avoir dépassé le Pont-au-Change, continuait sa route le long de la Grève, il remarqua de loin un homme couvert aussi d'un grand manteau, mais plus grossier et plus soigneusement fermé que le sien. De plus, cet homme s'efforçait de dérober les traits de son visage sous les larges rebords de son chapeau.

Gabriel, bien qu'il eût cru d'abord distinguer vaguement la tournure d'une personne amie, passait cependant son chemin. Mais l'inconnu, à l'aspect du vicomte d'Exmès, fit un mouvement, parut hésiter, puis enfin s'arrêtant tout à fait :

— Gabriel! mon ami! dit-il avec précaution.

Il se découvrit à demi la figure, et Gabriel vit qu'il ne s'était pas trompé.

— Monsieur de Coligny! s'écria-t-il sans toutefois élever la voix. Vous à cette place! à cette heure!

— Chut! fit l'amiral. Je vous avoue que je ne voudrais pas être en ce moment reconnu, épié, suivi. Mais en vous voyant, mon ami, après une si longue séparation et tant d'inquiétude sur votre compte, je n'ai pu résister au besoin de vous appeler et de vous serrer la main. Depuis quand donc êtes-vous à Paris?

— De ce matin même, dit Gabriel, et j'allais avant tout vous voir au Louvre.

— Eh bien! si vous n'êtes pas trop pressé, reprit l'amiral, faites quelques pas avec moi de mon côté. Vous me direz ce que vous étiez devenu pendant cette longue absence.

— Je vous dirai tout ce que je puis vous dire comme au plus loyal et au plus dévoué des amis, répondit Gabriel. Néanmoins, veuillez d'abord, monsieur l'amiral, me permettre une question sur un point qui m'intéresse plus que tout au monde.

— Je prévois cette question, dit l'amiral. Mais ne devez-vous pas, ami, prévoir aussi ma réponse? Vous allez me demander, n'est-il pas vrai, si j'ai tenu la promesse que je vous avais faite? si j'ai raconté au roi la part glorieuse et efficace que vous aviez prise à la défense de Saint-Quentin?

— Non, monsieur l'amiral, reprit le vicomte d'Exmès, ce n'est pas cela, en vérité! que j'allais vous demander; car je vous connais, j'ai appris à me fier à votre parole, et je suis bien sûr que votre premier soin, à votre retour ici, a été de remplir votre engagement et de déclarer généreusement au roi, au roi lui seul, que j'avais été pour quelque chose dans la résistance de Saint-Quentin. Vous avez même dû, je le crois, exagérer à Sa Majesté mes quelques services. Oui, monsieur, cela je le savais d'avance. Mais ce que j'ignore et ce qu'il m'importe de savoir pourtant, c'est ce que Henri II a répondu à vos bonnes paroles.

— Hélas! Gabriel, dit l'amiral, Henri II a répondu qu'en m'interrogeant sur ce que vous étiez devenu. J'étais assez embarrassé de le lui dire. La lettre que vous aviez laissée pour moi en quittant Calais n'était guère explicite et me rappelait seulement ma promesse. J'ai répondu au roi qu'à coup sûr vous n'aviez pas succombé, mais que, selon toutes les probabilités, vous aviez été fait prisonnier, et que, par délicatesse, vous n'aviez pas voulu m'en instruire.

— Et le roi alors?... demanda Gabriel.

— Le roi, mon ami, a dit : — C'est bien! Et un sourire de satisfaction a effleuré ses lèvres. Puis, comme j'insistais sur le mérite de vos faits d'armes et sur les obligations que vous avaient le roi et la France. — En voilà assez là-dessus, a repris Henri II, et, changeant impérieusement le sujet de la conversation, il m'a contraint à parler d'autre chose.

— Oui, c'est bien ce que je présumais ! dit Gabriel avec ironie.

— Ami, du courage ! reprit l'amiral. Vous vous rappelez que, dès Saint-Quentin, je vous avais prévenu qu'il ne fallait pas trop compter sur la reconnaissance des grands de ce monde.

— Oh! mais, dit Gabriel d'un air menaçant, le roi a bien pu vouloir oublier, alors qu'il m'espérait captif ou mort. Mais quand je viendrai tantôt lui rappeler mes droits en face, il faudra bien qu'il se souvienne !

— Et s'il persiste à manquer de mémoire ? demanda monsieur de Coligny.

— Monsieur l'amiral, dit Gabriel, quand on a subi quelque offense, on s'adresse au roi, qui vous fait justice. Quand le roi lui-même est l'offenseur, on n'a plus besoin de s'adresser qu'à Dieu, qui vous venge.

— D'ailleurs, reprit l'amiral, j'imagine que, s'il le fallait, vous vous feriez volontiers l'instrument de la vengeance divine ?

— Vous l'avez dit, monsieur.

— Eh bien ! reprit Coligny, c'est peut-être ici le lieu et le moment de vous rappeler une conversation que nous eûmes ensemble sur la religion des opprimés, et où je vous parlai d'un moyen sûr de punir les rois, tout en servant la vérité.

— Oh ! j'ai cet entretien présent à la pensée, dit Gabriel ; la mémoire ne me fait pas défaut, à moi ? J'aurai peut-être recours à votre moyen, monsieur, sinon contre Henri II lui-même, du moins contre ses successeurs, puisque ce moyen est bon contre tous les rois.

— Cela étant, reprit l'amiral, pouvez-vous en ce moment me donner une heure ?

— Le roi ne reçoit qu'à midi. Mon temps vous appartient jusque-là.

— Venez donc avec moi là où je vais, dit l'amiral. Vous êtes gentilhomme, et j'ai vu votre caractère à l'épreuve, je ne vous demande donc pas de serment. Promettez-moi simplement de garder un secret inviolable sur les personnes que vous allez voir et les choses que vous allez entendre.

— Je vous promets un silence absolu, dit Gabriel.

— Suivez-moi donc, reprit l'amiral, et, si vous essuyez au Louvre quelque injustice, vous aurez du moins d'avance entre les mains votre revanche. Suivez-moi.

Coligny et Gabriel traversèrent le Pont-au-Change et la Cité, et s'engagèrent ensemble dans les ruelles tortueuses qui avoisinaient alors la rue Saint-Jacques.

XLVI.

UN PHILOSOPHE ET UN SOLDAT.

Coligny s'arrêta, au commencement de la rue Saint-Jacques, devant la porte basse d'une maison de pauvre apparence. Il frappa, un guichet s'ouvrit d'abord, puis la porte, quand un gardien invisible eut reconnu l'amiral.

Gabriel, à la suite de son noble guide, traversa une longue allée noire, et gravit les trois étages d'un escalier vermoulu. Lorsqu'ils furent arrivés presque au grenier, à la porte de la chambre la plus haute et la plus misérable de la maison, Coligny frappa trois coups contre cette porte, non avec la main, mais avec le pied.

On ouvrit, et ils entrèrent.

Ils entrèrent dans une chambre assez grande, mais triste et nue. Deux étroites fenêtres, l'une sur la rue Saint-Jacques, l'autre sur une arrière-cour, ne l'éclairaient que d'une lueur sombre. Pour tous meubles, il n'y avait là que quatre escabeaux et une table de chêne aux pieds tors.

A l'entrée de l'amiral, deux hommes qui paraissaient l'attendre vinrent à sa rencontre. Un troisième resta discrètement à l'écart, debout devant la croisée de la rue, et fit seulement de loin un profond salut à Coligny.

— Théodore, et vous, capitaine, dit l'amiral aux deux hommes qui l'avaient reçu, je vous amène et vous présente un ami, ami sinon dans le passé ou le présent, du moins, je le crois, dans l'avenir.

Les deux inconnus s'inclinèrent en silence devant le vicomte d'Exmès. Puis, le plus jeune, celui qui se nommait Théodore, se mit à parler à voix basse à Coligny avec vivacité.

Gabriel s'éloigna un peu pour les laisser plus libres, et put alors examiner à son aise ceux à qui l'amiral venait de le présenter et dont il ignorait encore les noms.

Le capitaine avait les traits accentués et l'allure décidée d'un homme de résolution et d'action. Il était grand, brun et nerveux. On n'avait pas besoin d'être un observateur pour lire l'audace sur son front, l'ardeur dans ses yeux, l'énergique volonté aux plis de ses lèvres serrées.

Le compagnon de cet aventurier hautain ressemblait plutôt à un courtisan : c'était un gracieux cavalier, à la figure ronde et gaie, au regard fin, aux gestes élégans et faciles. Son costume, conforme aux lois de la mode la plus récente, contrastait singulièrement avec le vêtement, simple jusqu'à l'austérité, du capitaine.

Pour le troisième personnage, qui était resté debout et séparé du groupe des autres, malgré son attitude réservée sa puissante physionomie attirait d'abord l'attention ; l'ampleur de son front, la netteté et la profondeur de son coup-d'œil indiquaient assez aux moins clairvoyans l'homme de pensée, et, disons-le tout de suite, l'homme de génie.

Cependant Coligny, après avoir échangé quelques paroles avec son ami, se rapprocha de Gabriel.

— Je vous demande pardon, lui dit-il, mais je ne suis pas le seul maître ici, et j'ai dû consulter mes frères avant de vous révéler où vous êtes, et en compagnie de qui vous êtes.

— Et maintenant puis-je le savoir ? demanda Gabriel.

— Vous le pouvez, ami.

— Où suis-je donc ?

— Dans la pauvre chambre où le fils du tonnelier de Noyon, où Jean Calvin, a tenu les premières réunions secrètes des réformés, et d'où il a failli sortir pour marcher au bûcher de l'Estrapade. Mais il est aujourd'hui triomphant et tout-puissant à Genève ; les rois de ce monde comptent avec lui, et son seul sourire suffit à faire resplendir les murs humides de ce taudis plus que les arabesques d'or du Louvre.

Gabriel en effet, à ce nom déjà grand de Calvin, se découvrit. Bien que l'impétueux jeune homme ne se fût guère occupé jusque-là de questions de religion ou de morale, cependant il n'eût pas été de son siècle si la vie austère et laborieuse, le caractère sublime et terrible, les doctrines hardies et absolues du législateur de la réforme, n'eussent préoccupé plus d'une fois son esprit.

Il reprit toutefois avec assez de calme :

— Et quels sont ceux qui m'entourent dans la chambre vénérée du maître ?

— Ses disciples, répondit l'amiral : Théodore de Bèze, sa plume ; La Renaudie, son épée.

Gabriel salua l'élégant écrivain qui devait être l'historien des églises réformées, et l'aventureux capitaine qui devait être le fauteur du Tumulte d'Amboise.

Théodore de Bèze rendit à Gabriel son salut avec la grâce courtoise qui lui était habituelle, et, prenant à son tour la parole :

— Monsieur le vicomte d'Exmès, lui dit-il en souriant, bien que vous ayez été introduit ici avec quelques précautions, ne nous regardez pas, je vous prie, comme de trop dangereux et ténébreux conspirateurs. Je me hâte de vous déclarer que, si les principaux de la religion se réunissent en secret dans cette maison trois fois par semaine, c'est uniquement pour se communiquer les nouvelles de la réforme, et pour recevoir soit les néophytes qui, partageant nos principes, demandent à partager nos périls, soit ceux que, pour leur mérite personnel, nous serions jaloux de gagner à notre cause. Nous remercions l'amiral de vous avoir conduit ici, monsieur le vicomte; car vous êtes certes de ces derniers.

— Et moi, messieurs, je suis des autres, dit en s'avançant d'un air simple et modeste l'inconnu qui était resté jusque-là à l'écart. Je suis un de ces humbles songeurs que la lumière de vos idées attire dans leur ombre, et qui voudrait s'en rapprocher.

— Mais vous ne tarderez pas, Ambroise, à compter entre les plus illustres de nos frères, dit alors La Renaudie. Oui, messieurs, continua-t-il en s'adressant à Coligny et à de Bèze, celui que je vous présente, un praticien encore obscur, c'est vrai, encore jeune, comme vous le voyez, sera pourtant, j'en réponds, une des gloires de la religion, car il travaille et pense beaucoup; et, puisqu'il vient de lui-même à nous, il faut nous réjouir, car nous citerons bientôt avec orgueil parmi les nôtres le chirurgien Ambroise Paré.

— Oh! monsieur le capitaine! se récria Ambroise.

— Par qui maître Ambroise Paré a-t-il été instruit? demanda Théodore de Bèze.

— Par le ministre Chaudieu, qui m'a fait connaître monsieur de La Renaudie, répondit Ambroise.

— Et avez-vous abjuré déjà solennellement?

— Pas encore, répondit le chirurgien. Je veux être sincère et ne m'engager qu'en connaissance de cause. Or, je conserve quelques doutes, je l'avoue; et, pour que je me donne sans retour et sans réserve, certains points me sont trop obscurs encore. C'est pour les éclaircir que j'ai souhaité connaître les chefs des réformés, et que j'irais, s'il le fallait, à Calvin lui-même; car la vérité et la liberté sont mes passions.

— Bien dit! s'écria l'amiral, et, soyez tranquille, maître, nul de nous n'aurait garde de vouloir porter atteinte à votre rare et fière indépendance d'esprit.

— Que vous disais-je? reprit La Renaudie triomphant. Ne sera-ce pas là pour notre foi une précieuse conquête?... J'ai vu Ambroise Paré dans sa *librairie*, je l'ai vu au chevet des malades, je l'ai vu même sur les champs de bataille, et partout, devant les erreurs et les préjugés comme devant les blessures et les maladies des hommes, il est ainsi, calme, froid, supérieur, maître des autres et de lui-même.

Gabriel reprit ici, tout ému de ce qu'il voyait et de ce qu'il entendait :

— Qu'on me permette de dire un mot : je sais maintenant où je suis, et je devine pour quels motifs mon généreux ami, monsieur de Coligny, m'a amené dans cette maison, où se réunissent ceux que le roi Henri II appelle des hérétiques, et considère comme ses mortels ennemis. Mais j'ai certainement plus besoin d'être instruit que maître Ambroise Paré. Comme lui, j'ai beaucoup agi peut-être, mais je n'ai guère réfléchi, hélas! et il rendrait service à un nouveau venu dans toutes ces idées nouvelles, s'il voulait lui apprendre quelles raisons ou quels intérêts ont acquis au parti de la réforme sa noble intelligence.

— Ce ne sont pas des intérêts, répondit Ambroise Paré; car, pour réussir dans mon état de chirurgien, mon intérêt serait de m'attacher aux croyances de la cour et des princes. Ce ne sont pas des intérêts, monsieur le vicomte, mais ce sont, comme vous le disiez, des raisons; et, si les éminens personnages devant qui j'élève la voix m'y autorisent, je vous ferai comprendre ces raisons en deux mots.

— Parlez! parlez! dirent à la fois Coligny, La Renaudie et Théodore de Bèze.

— J'abrégerai, reprit Ambroise, mon temps ne m'appartient pas. Sachez d'abord que j'ai voulu dégager l'idée de la réforme de toutes les théories et de toutes les formules. Ces broussailles une fois écartées, voici les principes qui me sont apparus et pour lesquels je me soumettrais assurément à toutes les persécutions...

Gabriel écoutait avec une admiration qu'il ne cherchait pas à cacher, ce confesseur désintéressé de la vérité.

Ambroise Paré poursuivit :

— Les pouvoirs religieux et politiques, l'église et la royauté ont jusqu'ici substitué leur règle et leur loi à la volonté et à la raison de l'individu. Le prêtre dit à chaque homme : crois ceci, et le prince : fais ceci. Or, les choses ont pu durer de cette façon tant que les esprits étaient enfans encore et avaient besoin de s'appuyer sur cette discipline pour marcher dans la vie. Mais, à cette heure, nous nous sentons forts : donc nous le sommes. Et cependant, le prince et le prêtre, l'église et le roi, ne veulent pas se départir de l'autorité qui est devenue pour eux une habitude. C'est contre cet anachronisme d'iniquité que *proteste*, selon moi, la réforme. Que toute âme dorénavant puisse examiner sa croyance et raisonner sa soumission, c'est là, ce me semble, que doit tendre la rénovation à laquelle nous consacrons nos efforts. Est-ce que je me trompe, messieurs?

— Non, mais vous allez bien loin et bien avant, dit Théodore de Bèze, et cette audace de mêler aux questions morales les choses politiques...

— Ah! c'est justement cette audace-là qui me plaît à moi! interrompit Gabriel.

— Eh! ce n'est pas de l'audace, mais de la logique! reprit Ambroise Paré. Pourquoi ce qui est équitable dans l'Église ne le serait-il pas dans l'État? Ce que vous admettez pour la pensée, comment le repousseriez-vous pour l'action?

— Il y a bien des révoltes dans les paroles hardies que vous avez prononcées, maître, s'écria Coligny pensif.

— Des révoltes? reprit tranquillement Ambroise. Oh! moi, je dis tout de suite des révolutions.

Les trois réformés s'entre-regardèrent avec surprise.

Cet homme est plus fort encore que nous ne le supposions, semblait signifier ce regard.

Pour Gabriel, il n'oubliait pas l'éternelle pensée de sa vie, mais il y rapportait ce qu'il venait d'entendre, et il songeait.

Théodore de Bèze dit vivement à l'audacieux chirurgien :

— Il faut absolument que vous soyez des nôtres. Que demandez-vous?

— Rien que la faveur de vous entretenir quelquefois, et de soumettre à vos lumières les quelques difficultés qui m'arrêtent encore.

— Vous aurez plus, dit Théodore de Bèze, vous correspondrez directement avec Calvin.

— Un tel honneur à moi? s'écria Ambroise Paré rougissant de joie.

— Oui, il faut que vous le connaissiez et qu'il vous connaisse, repartit l'amiral. Un disciple comme vous réclame un maître comme lui. Vous remettrez vos lettres à votre ami La Renaudie, et nous nous chargerons de les faire parvenir à Genève. C'est nous aussi qui vous rendrons les réponses. Elles ne se feront pas attendre. Vous avez entendu parler de la prodigieuse activité de Calvin; vous serez content.

— Ah! dit Ambroise Paré, vous me récompensez avant que j'aie rien fait. Comment donc ai-je mérité tant de faveur?

— En étant ce que vous êtes, ami, dit La Renaudie. Je savais bien que vous les séduiriez du premier coup.

— Oh! merci, merci mille fois! reprit Ambroise. Mais, continua-t-il, il faut malheureusement que je vous quitte. Il y a tant de souffrances qui m'attendent!

— Allez! allez! dit Théodore de Bèze, vos motifs sont trop sacrés pour que nous voulions vous retenir. Allez s faites le bien comme vous pensez le vrai.

— Mais, en nous quittant, reprit Coligny, répétez-vous bien que vous quittez des amis, et, comme nous le disons, de ceux de notre religion, des frères.

Ils prirent ainsi cordialement congé de lui, et Gabriel,

en lui serrant la main avec chaleur, s'unit à ce témoignage d'amitié.

Ambroise Paré sortit, la joie et la fierté au cœur.

— Une âme vraiment d'élite ! s'écria Théodore de Bèze.

— Quelle haine du lieu commun ! reprit La Renaudie.

— Et quel dévoûment sans calcul et sans arrière-pensée à la cause de l'humanité? dit Coligny.

— Hélas ! reprit Gabriel, comme à côté de cette abnégation mon égoïsme doit vous paraître mesquin, monsieur l'amiral ! Je ne subordonne pas, moi, comme Ambroise Paré, les faits et les personnes aux idées et aux principes, mais, au contraire, les principes et les idées aux personnes et aux faits. La Réforme, vous ne le savez que trop, ne serait pas pour moi un but, mais un moyen. Dans votre grand combat désintéressé, je combattrais pour mon propre compte. Je le sens, mes motifs sont trop personnels pour que j'ose défendre une cause si pure, et vous ferez très bien de me repousser dès à présent de vos rangs comme indigne.

— Vous vous calomniez certainement monsieur d'Exmès, dit Théodore de Bèze. Lors même que vous obéiriez à des vues moins élevées que celles d'Ambroise Paré, les voies de Dieu sont diverses, et l'on ne trouve pas la vérité dans un seul chemin.

— Oui, dit La Renaudie, nous obtenons bien rarement des professions de foi comme celle que vous venez d'entendre, quand nous adressons à ceux que nous voudrions enrôler dans notre parti cette question : Que demandez-vous?

— Eh bien ! reprit Gabriel avec un sourire triste, Ambroise Paré, à cette question, a répondu : Je demande si réellement la justice et le bon droit sont de votre côté. Savez-vous ce que, moi, je demanderais ?

— Non, répondit Théodore de Bèze ; mais, sur tous les points, nous serions prêts à vous satisfaire.

— Je demanderais, reprit Gabriel : Êtes-vous sûrs qu'il y ait de votre côté suffisamment de puissance matérielle et de nombre, sinon pour vaincre, au moins pour lutter ?

De nouveau les trois réformés s'entreregardèrent avec surprise. Mais cette surprise n'avait plus la même signification que la première fois.

Gabriel les observait dans un mélancolique silence. Théodore de Bèze, après une pause, repartit :

— Quel que soit, monsieur d'Exmès, le sentiment qui vous dicte cette interrogation, je vous ai promis d'avance de vous répondre sur tous les points, et je tiens ma promesse. Nous n'avons pas seulement pour nous la raison, mais aussi désormais la force, grâce à Dieu ! Les progrès de la religion sont rapides et incontestables. Depuis trois ans une église réformée s'est établie à Paris, et les grandes villes du royaume, Blois, Tours, Poitiers, Marseille, Rouen, ont maintenant les leurs. Vous pourrez voir vous-même, monsieur d'Exmès, le prodigieux concours qu'attirent nos promenades au Pré-aux-Clercs. Le peuple, la noblesse et la cour délaissent les fêtes pour venir chanter avec nous les psaumes français de Clément Marot. Nous comptons, l'an prochain, constater notre nombre par une procession publique, mais, dès à présent, j'affirmerais que nous avons pour nous le cinquième de la population. Nous pouvons donc nous intituler sans présomption un parti, et inspirer, je crois, à nos amis quelque confiance, et à nos ennemis quelque terreur.

— Cela étant, dit froidement Gabriel, je pourrai bien, moi, être avant peu au nombre des premiers, et vous aider à combattre les seconds.

— Mais si nous avions été plus faibles ?... demanda La Renaudie.

— J'aurais cherché d'autres alliés, je l'avoue, répondit Gabriel avec sa fermeté tranquille.

La Renaudie et Théodore de Bèze laissèrent échapper un geste d'étonnement.

— Ah ! s'écria Coligny, ne le jugez pas, amis, avec trop de promptitude et de sévérité. Je l'ai vu à l'œuvre au siège de Saint-Quentin, et, quand on risque sa vie comme il la risquait, on n'a point une âme vulgaire. Mais je sais qu'il lui faut accomplir un devoir secret et terrible, qui ne laisse libre aucune part de son dévoûment.

— Et, à défaut de ce dévoûment, je voudrais vous apporter du moins la sincérité, dit Gabriel. Si les événemens me déterminent à être des vôtres, monsieur l'amiral peut vous attester que je vous offrirai un bras et un cœur solides. Mais la vérité est que je ne puis pas me donner tout entier et sans calcul ; car j'appartiens à une œuvre nécessaire et redoutable que le courroux de Dieu et la méchanceté des hommes m'ont imposée, et, tant que cette œuvre ne sera pas achevée, il faut me pardonner, je ne suis pas le maître de mon sort. La destinée d'un autre réclame, à toute heure, en tout lieu, la mienne.

— On peut se dévouer à un homme aussi bien qu'à une idée, dit Théodore de Bèze.

— Et, dans ce cas, reprit Coligny, nous serons heureux, ami, de vous servir, comme nous serons fiers de nous servir de vous.

— Nos vœux vous accompagneront, et nos volontés vous aideront au besoin, continua La Renaudie.

— Ah ! vous êtes des héros et des saints ! s'écria Gabriel.

— Seulement, prends-y garde, jeune homme, reprit l'austère La Renaudie dans son langage familier et grand ; prends-y garde, quand une fois nous t'appellerons notre frère, il faudra rester digne de nous. Nous pouvons admettre dans nos rangs un dévoûment particulier ; mais le cœur se trompe quelquefois lui-même. Es-tu bien sûr, jeune homme, que, lorsque tu te crois uniquement consacré à la pensée d'un autre, aucune pensée personnelle ne se mêle à tes actions ? Dans le but que tu poursuis, es-tu absolument et réellement désintéressé ? n'es-tu conseillé enfin par aucune passion, cette passion fût-elle la plus généreuse du monde ?

— Oui, reprit Théodore de Bèze, nous ne vous demandons pas vos secrets ; mais descendez dans votre cœur, dites-nous que, si vous aviez le droit de nous en révéler tous les sentiments et tous les projets, vous n'éprouveriez d'embarras à aucun moment, et nous vous croirons sur parole.

— S'ils vous parlent ainsi, ami, dit à son tour l'amiral à Gabriel, c'est qu'il faut en effet pour défendre les causes pures des mains pures ; sinon, l'on porterait malheur et à sa cause et à soi-même.

Gabriel écoutait et regardait l'un après l'autre ces trois hommes, sévères pour autrui comme pour eux-mêmes, qui, debout autour de lui, pénétrans et graves, l'interrogeaient à la fois comme des amis et comme des juges.

Gabriel, à leurs paroles, pâlissait et rougissait tour à tour.

Lui-même il interrogeait sa conscience. Homme tout d'extérieur et de mouvement, il s'était trop peu accoutumé sans doute à réfléchir et se reconnaître. En ce moment, il se demandait avec terreur si dans sa piété filiale son amour pour madame de Castro n'avait pas une bien grande part ; s'il ne tenait pas autant à apprendre le secret de la naissance de Diane qu'à délivrer le vieux comte ; si enfin, en cette question de vie et de mort, il apportait autant de désintéressement qu'il en fallait, selon Coligny, pour mériter la faveur de Dieu.

Doute effrayant ! si, par quelque arrière-pensée d'égoïsme, il compromettait vraiment devant le Seigneur le salut de son père !

Il frémissait dans sa pensée inquiète. Une circonstance, en apparence insignifiante, le rappela à sa nature, à l'action.

Onze heures sonnèrent à l'église Saint-Séverin.

Dans une heure, il serait en présence du roi !

Alors, d'une voix assez ferme, Gabriel dit aux réformés :

— Vous êtes des hommes de l'âge d'or, et ceux qui se croyaient les plus irréprochables, quand ils se comparent à votre idéal, se sentent troublés et attristés dans leur estime d'eux-mêmes. Cependant il est impossible que tous ceux de votre parti soient semblables à vous. Que vous, qui êtes la tête et le cœur de la Réforme, vous surveilliez sévèrement vos intentions et vos actes, cela est utile et nécessaire ; mais, si je me donne, moi, à votre cause, ce ne sera pas comme chef, ce sera seulement comme soldat. Or, les souillures de l'âme sont seules indélébiles ; celles de la main peuvent se laver. Je serai votre main, voilà tout. Cette main courageuse et hardie, j'ose le dire, auriez-vous le droit de la refuser ?

— Non, dit Coligny, et nous l'acceptons dès cette heure, ami.

— Et je répondrais, continua Théodore de Bèze, qu'elle se posera aussi pure que vaillante sur la garde de son épée.

— Nous en voudrions pour tout garant, reprit La Renaudie, l'hésitation même qu'ont pu faire naître dans votre cœur scrupuleux nos paroles peut-être trop rudes et trop exigeantes. Nous savons juger les hommes.

— Merci, messieurs, dit Gabriel. Merci de ne pas vouloir altérer la confiance dont j'ai tant besoin dans la dure tâche que je vais remplir. Merci à vous surtout, monsieur l'amiral, qui, selon votre promesse, m'avez fourni d'avance les moyens de faire payer un manquement de foi, même à un roi couronné. Il faut maintenant que je vous quitte, messieurs, et je ne vous dis pas adieu, mais au revoir. Bien que je sois de ceux qui obéissent plutôt aux événemens qu'aux abstractions, je crois pourtant que ce que vous avez semé aujourd'hui en moi germera plus tard.

— Nous le souhaitons pour nous, dit Théodore de Bèze.

— Il ne faudrait pas le souhaiter pour moi, reprit Gabriel ; car, je vous l'ai avoué, ce sera le malheur qui me donnera la victoire. Adieu encore une fois, messieurs, je dois me rendre à cette heure au Louvre.

— Et je vous y accompagne, dit Coligny. J'ai à répéter à Henri II, devant vous, ce que je lui ai déclaré déjà, en votre absence. La mémoire des rois est courte, et il ne faut pas que celui-ci puisse oublier ou nier. Je vais avec vous.

— Je n'aurais pas osé vous demander ce service, monsieur l'amiral, dit Gabriel. Mais j'accepte votre offre avec reconnaissance.

— Partons donc, dit Coligny.

Quand ils eurent quitté la chambre de Calvin, Théodore de Bèze prit ses tablettes et y inscrivit deux noms :

Ambroise Paré,
Gabriel, vicomte d'Exmès.

— Mais, lui dit La Renaudie, il me semble que vous vous hâtez un peu trop en inscrivant ces deux hommes parmi les nôtres. Ils ne se sont nullement engagés.

— Ces deux hommes sont à nous, répondit de Bèze. L'un cherche la vérité, et l'autre fuit l'injustice. Je vous dis qu'ils sont à nous, et je l'écrirai à Calvin.

— La matinée aura été bonne pour la religion alors, reprit La Renaudie.

— Certes ! dit Théodore, nous y aurons conquis un profond philosophe et un valeureux soldat, une tête puissante et un bras fort, un gagneur de batailles et un semeur d'idées. Vous avez raison, La Renaudie ; la matinée est bonne, en effet.

XLVII.

OÙ LA GRÂCE DE MARIE STUART PASSE DANS CE ROMAN AUSSI FUGITIVEMENT QUE DANS L'HISTOIRE DE FRANCE.

Gabriel, en arrivant avec Coligny aux portes du Louvre, fut atterré du premier mot qu'il entendit.

Le roi ne recevait pas ce jour-là.

L'amiral, tout amiral et neveu de Montmorency qu'il était, se trouvait trop fortement entaché du soupçon d'hérésie pour avoir à la cour beaucoup de crédit. Quant au capitaine des gardes, Gabriel d'Exmès, les huissiers du logis royal avaient eu le temps d'oublier sa figure et son nom. Les deux amis eurent de la peine rien qu'à franchir les portes extérieures.

Ce fut bien pis au dedans. Ils perdirent plus d'une heure en pourparlers, séductions, menaces même. A mesure qu'ils avaient réussi à faire lever une hallebarde, un autre venait leur barrer le chemin. Tous ces dragons, plus ou moins invincibles, qui gardent les rois, semblaient se multiplier devant eux.

Mais lorsqu'ils furent arrivés, à force d'instances, dans la grande galerie qui précédait le cabinet de Henri II, il leur fut impossible de passer outre. La consigne était trop sévère. Le roi, enfermé avec le connétable et madame de Poitiers, avait donné les ordres les plus stricts pour qu'on ne le dérangeât sous aucun prétexte.

Il fallait que Gabriel, pour avoir audience, attendît jusqu'au soir.

Attendre, attendre encore, quand on croit enfin toucher au but poursuivi par tant de luttes et de douleurs ! Ces quelques heures à traverser paraissaient à Gabriel plus redoutables et plus mortelles que tous les dangers qu'il avait jusque-là bravés et vaincus.

Sans entendre les bonnes paroles par lesquelles l'amiral essayait de le consoler et de lui faire prendre patience, il regardait tristement par la fenêtre la pluie qui commençait à tomber du ciel assombri, et, saisi de colère et d'angoisse, il tourmentait fièvreusement la poignée de son épée.

Comment renverser et dépasser ces gardes stupides qui l'empêchaient de parvenir jusqu'à la chambre du roi, et peut-être jusqu'à la liberté de son père ?...

Tout à coup la portière de l'antichambre royale se souleva, et une forme blanche et rayonnante sembla au morne jeune homme illuminer l'atmosphère grise et pluvieuse.

La petite reine-dauphine, Marie Stuart, traversa la galerie.

Gabriel, comme d'instinct, jeta un cri et étendit les bras vers elle.

— Oh ! madame ! fit-il sans se rendre même compte de son mouvement.

Marie Stuart se retourna, reconnut l'amiral et Gabriel, et vint tout de suite à eux, souriante comme toujours.

— Vous enfin de retour, monsieur le vicomte d'Exmès ! dit-elle. Je suis heureuse de vous revoir ; j'ai beaucoup entendu parler de vous dans ces derniers temps. Mais que faites-vous au Louvre à cette heure matinale, et que voulez-vous ?

— Parler au roi ! parler au roi, madame ! répondit Gabriel d'une voix étranglée.

— Monsieur d'Exmès, dit alors l'amiral, a en effet bien besoin de parler sur-le-champ à Sa Majesté. La chose est grave pour lui et pour le roi lui-même, et tous ces gardes lui interdisent le passage, en le remettant à ce soir.

— Comme si je pouvais attendre à ce soir ! s'écria Gabriel.

— C'est que, dit Marie Stuart, je crois que Sa Majesté achève en ce moment de donner des ordres importans. Monsieur le connétable de Montmorency est encore avec le roi, et, vraiment, je crains...

Un regard suppliant de Gabriel empêcha Marie d'achever sa phrase.

— Allons, voyons, tant pis ! je me risque, dit-elle.

Elle fit un signe de sa main mignonne. Les gardes s'écartèrent respectueusement. Gabriel et l'amiral purent passer.

— Oh ! merci, madame, dit l'ardent jeune homme. Merci à vous qui, pareille en tout à un ange, m'apparaissez toujours pour me consoler ou pour m'aider dans mes douleurs.

— Voilà le chemin libre, reprit en souriant Marie Stuart. Si Sa Majesté se met trop en colère, ne trahissez pas l'intervention de l'ange qu'à la dernière extrémité, je vous en prie.

Elle fit à Gabriel et à son compagnon un salut gracieux et disparut.

Gabriel était déjà à la porte du cabinet du roi. Il y avait, dans la dernière antichambre, un dernier huissier qui faisait encore mine de s'opposer à leur passage. Mais, au même instant, la porte s'ouvrait, et Henri II paraissait en personne sur le seuil, achevant de donner quelques instructions au connétable.

La vertu du roi n'était pas la résolution. A la vue subite du vicomte d'Exmès, il recula, et ne sut pas même s'irriter.

La vertu de Gabriel était la fermeté. Il s'inclina d'abord profondément devant le roi.

— Sire, dit-il, daignez agréer l'expression de mon respectueux hommage...

Puis, se tournant vers monsieur de Coligny, qui s'avançait derrière lui, et auquel il voulut éviter l'embarras des premières paroles :

— Venez, monsieur l'amiral, lui dit-il, et, d'après la bienveillante promesse que vous m'avez faite, veuillez rappeler à Sa Majesté la part que j'ai pu prendre à la défense de Saint-Quentin.

— Qu'est-ce à dire, monsieur ? s'écria Henri qui commençait à recouvrer son sang-froid. Comment vous introduisez-vous ainsi jusqu'à nous, sans être autorisé, sans être annoncé ? Comment osez-vous interpeller monsieur l'amiral en notre présence ?...

Gabriel, audacieux dans ces occasions décisives comme devant l'ennemi, et comprenant bien que ce n'était pas le moment de s'intimider, reprit d'un ton respectueux, mais résolu :

— J'ai pensé, Sire, que Votre Majesté était toujours prête quand il s'agissait de rendre justice, fût-ce au dernier de ses sujets.

Il avait profité du mouvement en arrière du roi pour entrer hardiment dans le cabinet, où Diane de Poitiers, pâlissante et à demi-soulevée sur son fauteuil de chêne sculpté, regardait faire et dire le téméraire, sans pouvoir, dans sa fureur et sa surprise, trouver une seule parole.

Coligny était entré à la suite de son impétueux ami, et Montmorency, aussi stupéfait qu'eux tous, avait pris le parti de l'imiter.

Il y eut un moment de silence. Henri II, tourné vers sa maîtresse, l'interrogeait du regard. Mais, avant qu'il eût pris ou qu'elle lui eût dicté une résolution, Gabriel, qui savait bien qu'en cette minute il jouait une partie suprême, dit de nouveau à Coligny avec un accent suppliant et digne à la fois :

— Je vous adjure de parler, monsieur l'amiral.

Montmorency fit rapidement à son neveu un signe négatif ; mais le brave Gaspard n'en tint compte.

— Je parlerai en effet, dit-il, car c'est mon devoir et ma promesse.

— Sire, reprit-il en s'adressant au roi, je vous répète sommairement en présence de monsieur le vicomte d'Exmès ce que j'ai cru déjà devoir vous dire en détail avant son retour. C'est à lui, c'est à lui seul que nous devons d'avoir prolongé la défense de Saint-Quentin au-delà du terme fixé par Votre Majesté elle-même.

Le connétable fit ici un haut-le-corps significatif. Mais Coligny, le regardant fixement, n'en reprit pas moins avec calme :

— Oui, Sire, trois fois et plus, monsieur d'Exmès a sauvé la ville, et, sans son courage, sans son énergie, la France, à l'heure qu'il est, ne serait pas sans doute dans la voie de salut où l'on peut désormais espérer qu'elle se maintiendra.

— Allons donc ! vous êtes trop modeste ou trop complaisant, notre neveu ! s'écria monsieur de Montmorency, hors d'état de contenir plus longtemps l'expression de son impatience.

— Non, monsieur, dit Coligny, je suis juste et véridique, voilà tout. J'ai contribué pour ma part et de toutes mes forces à la défense de la cité qui m'était confiée. Mais le vicomte d'Exmès a ranimé le courage des habitants que, moi, je considérais déjà comme à jamais éteint ; le vicomte d'Exmès a su introduire dans la place un secours que je ne savais pas, moi, si voisin de nous ; le vicomte d'Exmès a déjoué enfin une surprise de l'ennemi que, moi, je n'avais pas prévue. Je ne parle pas de la façon dont il se comportait dans les mêlées : nous faisions tous de notre mieux. Mais ce qu'il a fait seul, je le proclame hautement, dût la part immense de gloire qu'il s'est acquise en cette occasion diminuer d'autant, ou même rendre tout à fait illusoire la mienne.

Et, se tournant vers Gabriel, le brave amiral ajouta :

— Est-ce ainsi qu'il fallait parler, ami ? Ai-je rempli à votre gré mes engagemens, et êtes-vous content de moi ?

— Oh ! je vous remercie et je vous bénis, monsieur l'amiral, pour tant de loyauté et de vertu, dit Gabriel ému en serrant les mains de Coligny. Je n'attendais pas moins de vous. Mais comptez sur moi, je vous prie, comme sur votre éternel obligé. Oui, de cette heure, votre créancier est devenu votre débiteur, et se souviendra de sa dette, je vous le jure.

Pendant ce temps, le roi, les sourcils froncés et les yeux baissés à terre, frappait impatiemment du pied le parquet et semblait profondément contrarié.

Le connétable s'était peu à peu rapproché de madame de Poitiers et échangeait avec elle quelques paroles à voix basse.

Ils parurent s'être arrêtés à une détermination, car Diane se mit à sourire ; et ce féminin et diabolique sourire fit frémir Gabriel, qui en ce moment portait par hasard ses yeux du côté de la belle duchesse.

Cependant Gabriel trouva la force d'ajouter :

— Je ne vous retiens plus, maintenant, monsieur l'amiral ; vous avez fait pour moi plus que votre devoir, et, si Sa Majesté daigne à présent m'accorder, comme première récompense, la faveur d'une minute d'entretien particulier...

— Plus tard, monsieur, plus tard, je ne dis pas non, reprit vivement Henri II ; mais, pour l'instant, la chose est impossible.

— Impossible ! s'écria douloureusement Gabriel.

— Et pourquoi, impossible, sire ? interrompit paisiblement Diane, à la grande surprise et de Gabriel et du roi lui-même.

— Quoi ! madame, balbutia Henri, vous pensez ?...

— Je pense, sire, que ce qu'il y a de plus pressé pour un roi, c'est de rendre à chacun de ses sujets ce qui lui est dû. Or, votre dette envers monsieur le vicomte d'Exmès est des plus légitimes et des plus sacrés, ce me semble.

— Sans doute, sans doute, dit Henri, qui cherchait à lire dans les yeux de sa maîtresse, et je veux...

— Entendre monsieur d'Exmès sur-le-champ, reprit Diane ; c'est bien, sire, c'est justice.

— Mais Sa Majesté sait, dit Gabriel de plus en plus stupéfait, que j'ai besoin de lui parler seul ?

— Monsieur de Montmorency se retirait comme vous entriez, monsieur, reprit madame de Poitiers. Quant à monsieur l'amiral, vous avez pris vous-même la peine de lui dire que vous ne le reteniez plus. Pour moi, qui ai été témoin de l'engagement contracté par le roi envers vous, et qui saurais même, s'il le fallait, en rappeler à Sa Majesté les termes précis, vous me permettrez de demeurer peut-être ?

— Assurément, madame, je vous le demande, murmura Gabriel.

— Nous prenons congé, mon neveu et moi, de Sa Majesté et de vous, madame, dit Montmorency.

Il fit à Diane, en s'inclinant devant elle, un signe d'encouragement dont elle ne paraissait pourtant pas avoir besoin.

De son côté, Coligny osa serrer la main de Gabriel ; puis il sortit sur les pas de son oncle.

Le roi et la favorite restèrent seuls avec Gabriel, tout épouvanté de l'imprévue et mystérieuse protection que lui accordait la mère de Diane de Castro.

XLVIII.

L'AUTRE DIANE.

Malgré sa rude puissance sur lui-même, Gabriel ne put empêcher la pâleur de couvrir son visage et l'émotion de briser sa voix, quand, après une pause, il dit au roi :

— Sire, c'est en tremblant, et pourtant avec une confiance profonde en votre royale promesse, que j'ose, échappé d'hier seulement de la captivité, rappeler à Votre Majesté l'engagement solennel qu'elle a daigné prendre envers moi. Le comte de Montgommery vit encore, sire ! sans quoi, vous auriez arrêté depuis longtemps déjà mes paroles...

Il s'arrêta la poitrine oppressée. Le roi resta immobile et muet. Gabriel reprit :

— Eh bien ! sire, puisque le comte de Montgommery est vivant encore, et que, d'après l'attestation de monsieur l'amiral, j'ai prolongé au delà du terme fixé la résistance de Saint-Quentin, sire, j'ai dépassé ma promesse, tenez la vôtre ; sire, rendez-moi mon père !

— Monsieur !... dit Henri II hésitant.

Il regardait Diane de Poitiers, dont le calme et l'assurance ne paraissaient pas se troubler.

Le pas était cependant difficile. Henri s'était habitué à regarder Gabriel comme mort ou prisonnier, et n'avait pas prévu la réponse à sa terrible demande.

Devant cette hésitation, Gabriel sentait l'angoisse lui serrer le cœur.

— Sire, reprit-il avec une sorte de désespoir, il est impossible que Votre Majesté ait oublié ! Votre Majesté certainement se rappelle ce solennel entretien ; elle se rappelle quel engagement j'ai pris au nom du prisonnier, mais quel engagement elle a pris aussi envers moi.

Le roi fut, malgré lui, saisi de la douleur et de l'effroi du noble jeune homme ; ses instincts généreux s'éveillèrent en lui.

— Je me souviens de tout, dit-il à Gabriel.

— Ah ! sire, merci ! s'écria Gabriel dont le regard brilla de joie.

Mais madame de Poitiers reprit en ce moment avec tranquillité :

— Sans doute, le roi se souvient de tout, monsieur d'Exmès ; mais c'est vous qui me paraissez avoir oublié.

La foudre tombant à ses pieds au milieu d'une belle journée de juin n'eût pas davantage épouvanté Gabriel.

— Comment ! murmura-t-il, qu'ai-je donc oublié, madame ?

— La moitié de votre tâche, monsieur, répondit Diane. Vous avez dit en effet à Sa Majesté, et si ce ne sont pas vos propres paroles, c'en est du moins le sens ; vous avez dit : Sire, pour racheter la liberté du comte de Montgommery, j'arrêterai l'ennemi dans sa marche triomphale vers le centre de la France.

— Eh bien ! ne l'ai-je pas fait, madame ? demanda Gabriel éperdu.

— Oui, répondit Diane. Mais vous avez ajouté : *Et même, s'il le fallait, d'attaqué devenant agresseur, je m'emparerais d'une des places dont l'ennemi est le maître.* Voilà ce que vous avez dit, monsieur. Or, vous n'avez fait, ce me semble, que la moitié de ce que vous aviez dit. Que pouvez-vous répondre à cela ? Vous avez maintenu Saint-Quentin durant un certain nombre de jours, c'est fort bien, et je ne le nie pas. Voilà la ville défendue, mais la ville prise, où est-elle ?

— Oh ! mon Dieu ! mon Dieu ! put seulement dire Gabriel anéanti.

— Vous voyez, reprit Diane avec le même sang-froid, que ma mémoire est encore meilleure et plus présente que la vôtre. Pourtant, j'espère que maintenant, à votre tour, vous vous souvenez ?

— Oui, c'est vrai, je me souviens maintenant ! s'écria amèrement Gabriel. Mais, en disant cela, je voulais dire seulement qu'au besoin je ferais l'impossible ; car prendre en ce moment une ville aux Espagnols ou aux Anglais, est-ce possible ? je vous le demande, sire ? Votre Majesté, en me laissant partir, a tacitement accepté la première de mes offres, sans me laisser croire qu'après cet effort héroïque, après cette longue captivité, j'aurais encore à exécuter la seconde. Sire ! c'est à vous, à vous que je m'adresse, une ville pour la liberté d'un homme, n'est-ce donc pas assez ? ne vous contenterez-vous pas d'une rançon pareille ? et faudra-t-il que, sur une parole en l'air échappée à mon exaltation, on m'impose à moi, pauvre Hercule humain, une autre tâche cent fois plus rude que la première, et même, cela se comprend, sire, irréalisable.

Le roi fit un mouvement pour parler ; mais la grande sénéchale se hâta de le prévenir.

— Est-il donc plus facile et plus réalisable, dit-elle, y a-t-il donc moins de dangers et de folie, malgré vos promesses, à rendre à la liberté un redoutable captif, un criminel de lèse-majesté ? Pour obtenir l'impossible, vous avez offert l'impossible, monsieur d'Exmès ; mais il n'est pas juste que vous exigiez l'accomplissement de la parole du roi, quand vous n'avez pas tenu jusqu'au bout la vôtre. Les devoirs d'un souverain ne sont pas moins graves que ceux d'un fils ; d'immenses et surhumains services rendus à l'État pourraient seuls excuser l'extrémité qui ferait imposer silence par Sa Majesté aux lois de l'État. Vous avez à sauver votre père, soit ; mais le roi a la France à garder.

Et, d'un regard expressif commentant ses paroles, Diane rappelait deux fois à Henri quels risques il y avait à laisser sortir de la tombe le vieux comte de Montgommery et son secret.

Aussi, lorsque Gabriel, tentant un dernier effort, s'écria en étendant les mains vers le roi :

— Sire, c'est à vous, c'est à votre équité, c'est à votre clémence même que j'en appelle ! Sire, plus tard, avec l'aide du temps et des circonstances, je m'engage encore à rendre à la patrie cette ville, ou à mourir à la tâche. Mais en attendant, sire, faites, de grâce, que je voie mon père !

Henri, conseillé par le regard fixe et par toute l'attitude de Diane, répondit en affermissant sa voix :

— Tenez votre promesse jusqu'au bout, monsieur, et je jure Dieu qu'alors, mais alors seulement, je remplirai la mienne. Ma parole ne vaut qu'autant que la vôtre.

— C'est votre dernier mot, sire, dit Gabriel.

— C'est mon dernier mot.

Gabriel courba un moment la tête, écrasé, vaincu et tout frémissant de cette terrible défaite.

En une minute il remua un monde de pensées.

Il se vengerait de ce roi ingrat et de cette femme perfide ; il se jetterait dans les rangs des réformés ! il remplirait la destinée des Montgommery ! il frapperait mortellement Henri, comme Henri avait frappé le vieux comte ! il ferait renvoyer Diane de Poitiers honteuse et sans honneurs ! Ce serait là désormais le but unique de sa volonté et de sa vie, et ce but, quelque éloigné et invraisemblable qu'il parût pour un simple gentilhomme, il saurait l'atteindre à la fin !

Mais quoi ! son père, pendant ce temps, serait mort vingt fois ! Le venger était bien, le sauver était mieux. Dans sa position, prendre une ville n'était pas plus difficile peut-être que de punir un roi. Seulement, ce but-là était saint et glorieux, et l'autre criminel et impie !

Avec l'un il perdrait Diane de Castro à jamais ; avec l'autre, qui sait s'il ne la gagnerait pas !

Tous les événemens qui s'étaient accomplis depuis la prise de Saint-Quentin passèrent devant les yeux de Gabriel comme un éclair.

En dix fois moins de temps que nous n'en mettons à écrire tout ceci, l'âme vaillante et toujours prête du jeune homme s'était relevée. Il avait arrêté une résolution, conçu un plan, entrevu une issue.

Le roi et sa maîtresse le virent avec étonnement, et

presque avec effroi, redresser son front pâle, mais calme.
— Soit! dit-il seulement.
— Vous vous résignez? reprit Henri.
— Je me décide, répondit Gabriel.
— Comment? expliquez-vous! dit le roi.
— Écoutez-moi, sire. L'entreprise par laquelle je tenterais de vous rendre une ville pour celle que les Espagnols vous ont occupée, vous paraîtrait désespérée, impossible, insensée, n'est-ce pas? Soyez de bonne foi, sire, et vous aussi, madame, c'est ainsi qu'au fond vous la jugiez?
— C'est vrai, répondit Henri.
— Je le crains, ajouta Diane.
— Selon toutes les probabilités, poursuivit Gabriel, cette tentative me coûterait la vie, sans produire d'autres résultats que de me faire passer pour un fou ridicule.
— Ce n'est pas moi qui vous l'ai proposée, dit le roi.
— Et il sera sage sans doute d'y renoncer, reprit Diane.
— Je vous ai dit pourtant que j'y étais déterminé, dit Gabriel.
Henri et Diane ne purent retenir un mouvement d'admiration.
— Oh! prenez garde! s'écria le roi.
— A quoi? à ma vie? reprit en riant tout haut Gabriel, il y a longtemps que j'en ai fait le sacrifice. Seulement, sire, pas de malentendu et de faux-fuyant cette fois. Les termes du marché que nous concluons ensemble devant Dieu sont clairs et nets à présent. Moi, Gabriel, vicomte d'Exmès, vicomte de Montgommery, je ferai de telle sorte que, par moi, une ville, actuellement au pouvoir des Espagnols ou des Anglais, tombera au vôtre. Cette ville ne sera pas une bicoque ou une bourgade, mais une place forte aussi importante que vous puissiez la souhaiter. Pas d'ambiguïté là-dedans, je pense!
— Non vraiment, dit le roi troublé.
— Mais aussi, reprit Gabriel, vous, de votre côté, Henri II, roi de France, vous vous engagez à ouvrir, à ma première réquisition, le cachot de mon père, et à me rendre le comte de Montgommery. Vous vous y engagez? c'est dit?
Le roi vit le sourire d'incrédulité de Diane et dit :
— Je m'y engage.
— Merci, Votre Majesté! Mais ce n'est pas tout : vous pouvez bien accorder une garantie de plus à ce pauvre insensé qui se jette les yeux ouverts dans l'abîme. Il faut être indulgent pour ceux qui vont mourir. Je ne vous demande pas d'écrit signé qui puisse vous compromettre, vous me refuseriez sans doute. Mais voici là une Bible. Sire, posez dessus votre main royale et jurez ce serment : « En échange d'une ville de premier ordre que me rendra au seul Gabriel de Montgommery, je m'engage sur les saints livres à rendre au vicomte d'Exmès la liberté de son père, et déclare d'avance, si je viole ce serment, ledit vicomte dégagé envers moi et les miens de toute fidélité; dis que tout ce qu'il fera pour punir le parjure sera bien fait, et l'absous devant les hommes et devant Dieu, fût-ce d'un crime sur ma personne. » Jurez ce serment-là, sire.
— De quel droit me le demandez-vous? reprit Henri.
— Je vous l'ai dit, sire, du droit de celui qui va mourir.
Le roi hésitait encore. Mais la duchesse, avec son dédaigneux sourire, lui faisait signe qu'il pouvait bien s'engager sans crainte.
En effet, elle pensait que, pour le coup, Gabriel avait tout à fait perdu la raison, et haussait les épaules de pitié.
— Allons! je consens, dit Henri avec un entraînement fatal.
Et il répéta, la main sur l'Évangile, la formule de serment que lui dicta Gabriel.
— Au moins, dit le jeune homme quand le roi eut fini, cela suffirait pour m'épargner tout remords. Le témoin de notre nouveau marché, ce n'est pas seulement madame, c'est Dieu. Maintenant, je n'ai plus de temps à perdre. Adieu, sire. Dans deux mois d'ici je serai mort, où j'embrasserai mon père.
Il s'inclina devant le roi et la duchesse, et sortit précipitamment.

Henri, malgré lui, resta un moment sérieux et pensif, mais Diane éclata de rire.
— Allons! vous ne riez pas, sire! dit-elle. Vous voyez bien que ce fou est perdu, et que son père mourra en prison. Vous pouvez rire, allez! sire.
— Ainsi fais-je, dit le roi en riant.

LXIX.

UNE GRANDE IDÉE POUR UN GRAND HOMME.

Le duc de Guise, depuis qu'il portait le titre de lieutenant général du royaume, occupait un logement dans le Louvre même. C'était maintenant dans le château des rois de France que dormait, ou plutôt que veillait, chaque nuit, l'ambitieux chef de la maison de Lorraine.
Quels rêves rêvait-il tout éveillé sous ces lambris peuplés de Chimères! N'avaient-ils pas fait bien du chemin, ses songes, depuis le jour où il confiait à Gabriel sous sa tente de Civitella ses projets sur le trône de Naples? s'en contenterait-il à présent? l'hôte de la maison royale ne se disait-il pas dès-lors qu'il en pourrait bien devenir le maître? ne sentait-il pas déjà vaguement autour de ses tempes le contact d'une couronne? ne regardait-il pas avec un sourire de complaisance sa bonne épée, qui, plus sûre que la baguette d'un magicien, pouvait transformer son espérance en réalité?
Il est permis de supposer que, même à cette époque, François de Lorraine nourrissait de telles pensées. Voyez! le roi lui-même, en l'appelant à son secours dans sa détresse, n'autorisait-il point ses ambitions les plus audacieuses? Lui confier le salut de la France dans cette passe désespérée, c'était le reconnaître le premier capitaine du temps! François Ier n'eût pas agi avec cette modestie! il eût saisi son épée de Marignan. Mais Henri II, quoique personnellement fort brave, manquait de la volonté qui commande et de la force qui exécute.
Le duc de Guise se disait tout cela, mais il se disait aussi qu'il ne suffisait pas de se justifier à soi-même ces espoirs téméraires, il fallait les justifier aux yeux de la France; il fallait, par des services éclatants, par des succès signalés, acheter ses droits et conquérir sa destinée.
L'heureux général, qui avait eu la chance d'arrêter à Metz la seconde invasion du grand empereur Charles-Quint, sentait bien pourtant qu'il n'avait pas encore assez fait pour tout oser. Quand bien même, à cette heure, il repousserait de nouveau jusqu'à la frontière les Espagnols et les Anglais, ce n'était pas assez non plus. Pour que la France se donnât ou se laissât prendre, il ne fallait pas seulement réparer ses défaites, il fallait lui remporter des victoires.
Telles étaient les réflexions qui occupaient d'ordinaire le grand esprit du duc de Guise, depuis son retour d'Italie.
Il se les répétait ce jour même où Gabriel de Montgommery concluait avec Henri II son nouveau pacte insensé et sublime.
Seul dans sa chambre, François de Guise, debout à la fenêtre, regardait sans voir dans la cour, et tambourinait machinalement des doigts contre la vitre.
Un de ses gens gratta à la porte avec discrétion, et, entrant sur la permission du duc, lui annonça le vicomte d'Exmès.
— Le vicomte d'Exmès! dit le duc de Guise qui avait la mémoire de César, et qui d'ailleurs avait de bonnes raisons pour se rappeler Gabriel. Le vicomte d'Exmès! mon jeune compagnon d'armes de Metz, de Renty et de Valenza! Faites entrer, Thibault, faites entrer sur-le-champ.
Le valet s'inclina pour introduire Gabriel.
Notre héros (nous avons bien le droit de lui donner ce nom), notre héros n'avait pas hésité. Avec cet instinct qui

illumine l'âme aux heures de crise, et qui, s'il éclaire tou le cours ordinaire de l'existence, s'appelle le génie, Gabriel, en quittant le roi, comme s'il eût pressenti les secrètes pensées que caressait dans le moment même le duc de Guise, s'était rendu tout droit au logement du lieutenant général du royaume.

C'était peut-être le seul homme vivant qui dût le comprendre et qui pût l'aider.

Gabriel, d'ailleurs, eut lieu d'être touché de l'accueil que lui fit son ancien général.

Le duc de Guise vint au-devant de lui jusqu'à la porte, et le serra dans ses bras.

— Ah! c'est vous enfin, mon vaillant! lui dit-il avec effusion. D'où arrivez-vous? qu'êtes-vous devenu depuis Saint-Quentin? Que j'ai souvent pensé à vous et parlé de vous, Gabriel!

— Vraiment, monseigneur, j'aurais gardé dans votre souvenir quelque place?

— Pardieu! il le demande! s'écria le duc. Aussi bien n'avez-vous pas des façons à vous de vous rappeler aux gens? Coligny, qui vaut mieux à lui tout seul que tous les Montmorency ensemble, m'a raconté (quoiqu'à mots couverts, je ne sais pourquoi) une partie de vos exploits là-bas, à Saint-Quentin; et encore il m'en taisait, à ce qu'il disait, la meilleure moitié.

— J'en ai trop peu fait, pourtant! dit en souriant tristement Gabriel.

— Ambitieux, reprit le duc.

— Bien ambitieux, en effet! dit Gabriel en secouant la tête avec mélancolie.

— Mais, Dieu merci! reprit le duc de Guise, vous voilà de retour? nous voilà réunis, ami! et vous savez les projets que nous faisions ensemble en Italie! Ah! mon pauvre Gabriel, c'est maintenant que la France a plus que jamais besoin de votre bravoure. A quelles tristes extrémités ils ont réduit la patrie!

— Tout ce que je suis et tout ce que je puis, dit Gabriel, est consacré à son soutien, et n'attend que votre signal, monseigneur.

— Merci, ami, répondit le duc, j'userai de l'offre, soyez-en certain, et mon signal ne se fera pas attendre.

— Ce sera donc à moi à vous remercier, monseigneur! s'écria Gabriel.

— A vrai dire pourtant, reprit le duc de Guise, plus je regarde autour de moi, plus je trouve la situation embarrassante et grave. J'ai dû courir d'abord au plus pressé, organiser autour de Paris la résistance, présenter une ligne formidable de défense à l'ennemi, arrêter ses progrès enfin. Mais ce n'est rien, cela. Il a Saint-Quentin! il a le nord! je dois, e veux agir. Mais comment?...

Il s'arrêta, comme pour consulter Gabriel. Il connaissait la haute portée de l'esprit du jeune homme, et s'était en plus d'une occasion trouvé bien de ses avis; mais, cette fois, le vicomte d'Exmès se tut, observant lui-même le duc et le laissant venir, pour ainsi dire.

François de Lorraine reprit donc :

— N'accusez point ma lenteur, ami. Je ne suis point, vous le savez, de ceux qui hésitent, mais je suis de ceux qui réfléchissent. Vous ne m'en blâmerez pas, car vous êtes un peu comme moi, à la fois résolu et prudent. Et même, ajouta le duc, la pensée de votre jeune front me semble encore plus austère que par le passé. Je n'ose vous interroger sur vous-même. Vous aviez, je m'en souviens, à vous acquitter de graves devoirs et à découvrir de dangereux ennemis. Auriez-vous à déplorer d'autres malheurs que ceux de la patrie? J'en ai peur; car je vous ai quitté sérieux et je vous retrouve triste.

— Ne parlons pas de moi, monseigneur, je vous prie, dit Gabriel. Parlons de la France, ce sera encore parler de moi.

— Soit! reprit le duc de Guise. Je veux donc vous dire à cœur ouvert ma pensée et mon souci. Il me semble que ce qui serait actuellement nécessaire, ce serait de relever par quelque coup d'éclat le moral de nos gens et notre vieille réputation de gloire, ce serait de mettre la défense dans l'attaque, ce serait enfin de ne pas se borner à remédier à nos revers, mais de les compenser par un succès.

— Cet avis, c'est le mien, monseigneur! s'écria vivement Gabriel, surpris et ravi d'une coïncidence si favorable à ses propres desseins.

— C'est votre avis, n'est-ce pas? reprit le duc de Guise, et vous avez songé plus d'une fois sans doute aux dangers de notre France et aux moyens de l'en retirer?

— J'y ai songé souvent en effet, dit Gabriel.

— Eh bien! reprit François de Lorraine, êtes-vous, ami, plus avancé que moi? Avez-vous envisagé la difficulté sérieuse? Ce coup d'éclat, que vous jugez comme moi nécessaire, où, quand et comment le tenter?

— Monseigneur, je crois le savoir.

— Se peut-il? s'écria le duc. Oh! parlez, parlez, mon ami!

— Mon Dieu! j'ai peut-être déjà parlé trop vite, dit Gabriel. La proposition que j'ai à vous faire est de celles qui auraient besoin sans doute de longues préparations. Vous êtes très grand, monseigneur; mais, c'est égal! la chose que j'ai à vous dire pourra bien encore vous paraître à vous-même démesurée.

— Je ne suis guère sujet au vertige, dit le duc de Guise en souriant.

— N'importe, monseigneur, reprit le vicomte d'Exmès. Au premier aspect, mon projet, je le crains et je vous en préviens, va vous paraître étrange, insensé, irréalisable même! Il n'est cependant que difficile et périlleux.

— Mais c'est un attrait de plus, cela! dit François de Lorraine.

— Ainsi, continua Gabriel, il est convenu, monseigneur, que vous ne vous en effrayerez pas d'abord. Il y aura, je le répète, de grands risques à courir. Mais les moyens de réussite sont en mon pouvoir, et quand je vous les aurai développés, vous en conviendrez vous-même.

— S'il en est ainsi, parlez donc, Gabriel, dit le duc. Mais, ajouta-t-il avec impatience, qui vient nous interrompre encore? Est-ce vous qui frappez, Thibault?

— Oui, monseigneur, dit le valet survenant. Monseigneur m'avait ordonné de l'avertir quand il serait l'heure du conseil, et voilà deux heures qui sonnent, monsieur de Saint-Remy et ces messieurs vont venir dans l'instant prendre monseigneur.

— C'est vrai, c'est vrai, reprit le duc de Guise, il y a conseil tout à l'heure, et conseil important. Il est indispensable que j'y assiste. C'est bien, Thibault, laissez-nous. Vous introduirez ces messieurs quand ils arriveront. Vous voyez, Gabriel, que mon devoir va m'appeler près du roi. Mais, en attendant que vous puissiez ce soir me développer à loisir votre dessein, qui doit être grand puisqu'il est de vous, satisfaites brièvement, je vous en supplie, ma curiosité et mon impatience. En deux mots, Gabriel, que prétendriez-vous faire?

— En deux mots, monseigneur! *prendre Calais*, dit tranquillement Gabriel.

— Prendre Calais! s'écria le duc de Guise en reculant de surprise.

— Vous oubliez, monseigneur, reprit Gabriel avec le même sang-froid, que vous aviez promis de ne pas vous effrayer de la première impression.

— Oh! mais y avez-vous bien songé aussi? dit le duc. Prendre Calais défendu par une garnison formidable, par des remparts imprenables, par la mer! Calais au pouvoir de l'Angleterre depuis plus de deux siècles! Calais gardé comme on garde la clef de la France quand on la tient! J'aime ce qui est audacieux. Mais ceci ne serait-il pas téméraire?

— Oui, monseigneur, répondit Gabriel. Mais c'est justement parce que l'entreprise est téméraire, c'est parce qu'on ne peut même en concevoir la pensée ou le soupçon, qu'elle a des chances meilleures de réussite.

— C'est possible, au fait, dit le duc rêvant.

— Quand vous m'aurez entendu, monseigneur, vous

direz : C'est certain ! La conduite à tenir est marquée d'avance : garder le plus absolu secret, donner le change à l'ennemi par quelque fausse manœuvre, et arriver devant la ville à l'improviste. En quinze jours, Calais sera à nous.

— Mais, reprit vivement le duc de Guise, ces indications générales ne suffisent pas. Votre plan, Gabriel, vous avez un plan ?

— Oui, monseigneur, il est simple et sûr...

Gabriel n'eut pas le temps d'achever. En ce moment, la porte s'ouvrit, et le comte de Saint-Remy entra, suivi de nombre de seigneurs attachés à la fortune des Guise.

— Sa Majesté attend au conseil monseigneur le lieutenant général du royaume, dit Saint-Remy.

— Je suis à vous, messieurs, reprit le duc de Guise en saluant les arrivants.

Puis, revenant rapidement à Gabriel, il lui dit à voix basse :

— Il faut, vous le voyez, que je vous quitte, ami. Mais l'idée inouïe et magnifique que vous venez de jeter dans mon esprit ne me quittera pas de la journée, je vous en réponds ! Si vraiment vous croyez un tel prodige exécutable, je me sens digne de vous comprendre. Pouvez-vous revenir ici ce soir à huit heures ? nous aurons à nous toute la nuit, et nous ne serons plus interrompus.

— A huit heures, je serai exact, dit Gabriel, et j'emploierai bien mon temps d'ici là.

— Je ferai observer à monseigneur, dit le comte de Saint-Remy, qu'il est maintenant plus de deux heures.

— Me voici ! me voici ! répondit le duc.

Il fit quelques pas pour sortir, puis se retourna vers Gabriel, le regarda, et, se rapprochant encore de lui, comme pour s'assurer de nouveau qu'il avait bien entendu :

— Prendre Calais ? répéta-t-il tout bas avec une sorte d'interrogation.

Et Gabriel, inclinant affirmativement la tête, de répondre avec son sourire doux et calme :

— Prendre Calais.

Le duc de Guise sortit, et le vicomte d'Exmès quitta derrière lui le Louvre.

L.

DIVERS PROFILS DE GENS D'ÉPÉE.

Aloyse guettait avec angoisse le retour de Gabriel à la fenêtre basse de l'hôtel. Quand elle l'aperçut enfin, elle leva au ciel ses yeux pleins de larmes, larmes de bonheur et de gratitude, cette fois.

Puis elle courut elle-même ouvrir la porte à son maître bien-aimé.

— Dieu soit béni ! je vous revois, monseigneur, s'écria-t-elle. Vous sortez du Louvre ? vous avez vu le roi ?

— Je l'ai vu, répondit Gabriel.

— Eh bien ?

— Eh bien ! ma bonne nourrice, il faut encore attendre.

— Attendre encore ! répéta Aloyse en joignant les mains. Sainte Vierge ! c'est pourtant bien triste et bien difficile d'attendre.

— Ce serait impossible, dit Gabriel, si, en attendant, je n'agissais pas. Mais j'agirai, Dieu merci ! je pourrai me distraire de la route en regardant le but.

Il entra dans la salle et jeta son manteau sur le dossier d'un fauteuil.

Il n'apercevait pas Martin-Guerre assis dans un coin et plongé dans des réflexions profondes.

— Eh bien, Martin, eh bien, paresseux ! cria dame Aloyse à l'écuyer, vous ne venez seulement pas aider monseigneur à se débarrasser de son manteau ?

— Oh ! pardon ! pardon ! fit Martin en s'éveillant de sa rêverie et en se levant précipitamment.

— C'est bon, Martin, ne te dérange pas, dit Gabriel. Aloyse, je ne veux pas que tu tourmentes mon pauvre Martin ; son zèle et son dévouement me sont en ce moment plus que jamais nécessaires, et j'ai à m'entendre avec lui de choses graves.

Tout désir du vicomte d'Exmès était sacré pour Aloyse. Elle favorisa l'écuyer rentré en grâce de son plus aimable sourire, et sortit discrètement, pour laisser Gabriel plus libre de l'entretenir.

— Ça, Martin, dit celui-ci quand ils furent seuls, que faisais-tu donc là, de fait ? et sur quel sujet méditais-tu si gravement ?

— Monseigneur, répondit Martin-Guerre, je me creusais, s'il vous plaît, la cervelle pour deviner un peu l'énigme de l'homme de ce matin.

— Eh bien ! l'as-tu trouvée ? reprit Gabriel en souriant.

— Très peu, hélas ! monseigneur. S'il faut vous l'avouer, j'ai beau m'écarquiller les yeux, je ne vois absolument que la nuit noire.

— Mais je te l'ai annoncé, moi, Martin, que je croyais voir autre chose.

— En effet, monseigneur, mais quoi ? c'est ce que je me tue à chercher.

— Le moment n'est pas venu de te le dire, reprit Gabriel. Écoute : tu m'es dévoué, Martin ?

— Est-ce une question que fait monseigneur ?

— Non, Martin, c'est ton éloge. J'invoque ce dévouement dont je parle. Il faut, pour un temps, t'oublier toi-même, oublier l'ombre qu'il y a sur ta vie et que nous dissiperons plus tard, je te le promets. Mais à présent, j'ai besoin de toi, Martin.

— Ah ! tant mieux ! tant mieux ! tant mieux ! s'écria Martin-Guerre.

— Mais entendons-nous bien, reprit Gabriel. J'ai besoin de toi tout entier, de toute ta vie, de tout ton courage. Veux-tu te fier à moi, ajourner tes inquiétudes personnelles et te donner à ma seule fortune ?

— Si je le veux ! s'écria Martin. Mais, monseigneur, c'est mon devoir, et qui plus est, mon plaisir. Par saint Martin ! je n'ai été que trop longtemps séparé de vous ! je veux réparer les jours perdus, grêle et tempête ! Quand il y aurait des légions de Martin-Guerre à mes trousses, soyez tranquille, monseigneur, je m'en moquerai entièrement. Dès que vous serez là, devant moi, je ne verrai que vous au monde.

— Brave cœur ! dit Gabriel. Réfléchis pourtant, Martin, que l'entreprise où je te demande de t'engager est pleine de dangers et d'abîmes.

— Baste ! on saute par dessus ! dit Martin en faisant claquer ses doigts avec insouciance.

— Nous jouerons cent fois nos existences, Martin.

— Tant vaut l'enjeu, tant vaut la partie, monseigneur !

— Mais cette partie terrible, une fois qu'elle sera engagée, ami, il ne nous sera plus permis de la quitter.

— On est beau joueur ou on ne l'est pas, reprit fièrement l'écuyer.

— N'importe ! dit Gabriel, malgré toute ta résolution, tu ne prévois pas les chances redoutables et étranges que comporte la lutte surhumaine dans laquelle je vais te conduire, et tant d'efforts resteront peut-être, songes-y bien, sans récompense ! Martin, pense à ceci : le plan qu'il me faut accomplir, quand je l'envisage, il me fait peur à moi-même.

— Bon ! les périls et moi nous nous connaissons, dit Martin d'un air capable, et quand on a eu l'honneur d'être pendu...

— Martin, reprit Gabriel, il faudra braver les éléments, se réjouir de la tempête, rire de l'impossible !...

— Nous rirons ! dit Martin-Guerre. A vous parler franchement, monseigneur, depuis mon gibet, les jours que je vis me paraissent des jours de grâce, et je ne vais pas chicaner le bon Dieu sur la portion de surplus qu'il veut bien m'octroyer. Ce que le marchand vous accorde par dessus le marché, il ne faut pas le compter ; sans quoi, l'on est un ingrat ou un sot.

— C'est dit alors, Martin ! reprit le vicomte d'Exmès, tu partages mon sort et tu me suivras.

— Jusqu'en enfer, monseigneur ! pourvu toutefois que ce soit pour narguer Satan; car on est bon catholique.

— Ne crains rien là-dessus, dit Gabriel. Tu compromettras peut-être avec moi ton salut en ce monde, mais non pas dans l'autre.

— C'est tout ce qu'il me faut, reprit Martin. Mais est-ce que monseigneur n'avait pas à me demander autre chose que ma vie?

— Si vraiment, dit Gabriel en souriant de la naïveté héroïque de cette question; si vraiment, Martin-Guerre, il faut encore que tu me rendes un service.

— De quoi s'agit-il, monseigneur?

— Te ferais-tu bon, reprit Gabriel, de me chercher et de me trouver le plus promptement possible, aujourd'hui même s'il se pouvait, une douzaine de compagnons de ta trempe, braves, forts, hardis, qui ne redoutent ni le fer ni le feu, qui sachent supporter la faim et la soif, le chaud et le froid, qui obéissent comme des anges et se battent comme des démons? Cela se peut-il?

— C'est selon. Seront-ils bien payés? demanda Martin-Guerre.

— Une pièce d'or pour chaque goutte de leur sang, dit Gabriel. Ma fortune est la moindre chose que je regrette, hélas ! dans la pieuse et rude tâche que je dois mener à bout.

— A ce taux-là, monseigneur, reprit l'écuyer, je vous ramasserai en deux heures de bons chenapans qui, je vous en réponds, ne plaindront pas leurs blessures. En France, et surtout à Paris, on ne chôme jamais de lurons pareils. Mais qui serviront-ils?

— Moi-même, dit le vicomte d'Exmès. Ce n'est pas comme capitaine des gardes, c'est comme volontaire que je vais faire la campagne qu'on prépare. Il me faut des gens à moi.

— Oh ! s'il en est ainsi, monseigneur, dit Martin, j'ai d'abord sous la main, et prêts au premier signal, cinq ou six de nos anciens gaillards de la guerre de Lorraine. Ils jaunissent, les pauvres diables, depuis que vous les avez congédiés. Vont-ils être contens de retourner au feu avec vous! Ah ! c'est pour vous-même que je vais recruter? Oh! bien alors, dès ce soir, je vous présenterai votre galerie complète.

— Bien ! dit Gabriel. Une condition nécessaire de leur enrôlement, c'est qu'ils devront se disposer à quitter Paris à toute heure et à me suivre partout où j'irai, sans questions ni commentaires, sans seulement regarder si nous marchons vers le sud ou vers le septentrion.

— Ils marcheront vers la gloire et l'argent les yeux bandés, monseigneur.

— Je compte donc sur eux et sur toi, Martin. Pour ta part, à toi...

— N'en parlons pas, monseigneur, interrompit Martin.

— Parlons-en, au contraire. Si nous survivons à la bagarre, mon brave serviteur, je m'engage ici solennellement à faire pour toi ce que tu auras fait pour moi, et à te servir à mon tour contre tes ennemis, sois tranquille. En attendant, ta main, mon fidèle.

— Oh ! monseigneur ! dit Martin-Guerre en baisant respectueusement la main que lui tendait son maître.

— Allons, va, Martin, reprit le vicomte d'Exmès; mets-toi tout de suite en quête. Discrétion et courage ! J'ai besoin maintenant d'être seul.

— Pardon ! monseigneur va-t-il rester à l'hôtel? demanda Martin.

— Oui, jusqu'à sept heures. Je ne dois aller au Louvre qu'à huit.

— En ce cas, reprit l'écuyer, avant sept heures, monsieur le vicomte, j'espère pouvoir vous présenter au moins quelques échantillons du personnel de votre troupe.

Il salua et sortit, tout fier et tout préoccupé déjà de sa haute mission.

Gabriel, resté seul, passa le reste du jour enfermé, à consulter le plan que lui avait remis Jean Peuquoy, à écrire des notes, à marcher de long en large dans sa chambre et à méditer.

Il ne fallait pas qu'il laissât le soir une seule objection du duc de Guise sans réponse.

Il s'interrompait seulement de temps en temps pour répéter d'une voix ferme et d'un cœur ardent :

— Je te sauverai, mon père ! Ma Diane, je te sauverai !

Vers six heures, Gabriel, sur les instances d'Aloyse, venait de prendre quelque nourriture, Martin-Guerre entra d'un air grave et composé :

— Monseigneur, dit-il, vous plairait-il recevoir six ou sept de ceux qui aspirent à l'honneur de servir sous vos ordres le roi?

— Quoi ! déjà six ou sept ! s'écria Gabriel.

— Six ou sept inconnus de monseigneur. Nos anciens de Metz compléteraient les douze. Ils sont tous enchantés de risquer leur peau pour un maître tel que vous, et acceptent toutes les conditions que vous voudrez bien leur faire.

— Diable ! tu n'as pas perdu de temps, dit le vicomte d'Exmès. Eh bien ! voyons, introduis tes hommes.

— L'un après l'autre, n'est-ce pas? reprit Martin-Guerre. Monseigneur pourra mieux les juger ainsi.

— L'un après l'autre, soit ! dit Gabriel.

— Un dernier mot, ajouta l'écuyer. Je n'ai pas besoin d'avertir monsieur le vicomte que tous ces hommes me sont connus, soit par moi-même, soit par des informations exactes. Ils sont d'humeurs diverses et d'instincts variés ; mais leur caractère commun, c'est une bravoure à l'épreuve. Je puis répondre à monseigneur de cette qualité essentielle, s'il veut bien être indulgent d'ailleurs à l'endroit de quelques petits travers.

Après cette harangue préparatoire, Martin-Guerre sortit un instant, et revint presque aussitôt suivi d'un grand gaillard au teint basané, à la tournure leste, à la physionomie insouciante et spirituelle.

— Ambrosio, dit Martin-Guerre en le présentant.

— Ambrosio ! c'est un nom étranger. N'est-il pas Français? demanda Gabriel.

— Qui le sait? dit Ambrosio. On m'a trouvé enfant, et j'ai vécu homme dans les Pyrénées, un pied en France, un pied en Espagne, et ma foi ! j'ai gaîment pris mon parti de ma double bâtardise, sans en vouloir autrement ni au bon Dieu, ni à ma mère.

— Et comment viviez-vous? reprit Gabriel.

— Ah ! voilà, dit Ambrosio. Impartial entre mes deux patries, je tâchais toujours, dans la limite de mes faibles moyens, d'annuler entre elles les barrières, d'étendre à chacune d'elles les avantages de l'autre, et, par ce libre échange des dons qu'elles tiennent séparément de la Providence, de contribuer, en fils pieux, de tout mon pouvoir à leur mutuelle prospérité.

— En un mot, reprit Martin-Guerre, Ambrosio faisait la contrebande.

— Mais, continua Ambrosio, signalé aux autorités espagnoles comme aux autorités françaises, méconnu et poursuivi à la fois par mes compatriotes des deux versans pyrénéens, j'ai pris le parti de leur quitter la place et de venir à Paris, ville de ressources pour les braves...

— Où Ambrosio serait heureux, ajouta Martin, de mettre au service du vicomte d'Exmès son intrépidité, son adresse et sa longue habitude de la fatigue et du danger.

— Accepté Ambrosio le contrebandier ! dit Gabriel. A un autre.

Ambrosio sortit, ravi, et fit place à un personnage de mine ascétique et de façons discrètes, vêtu d'une longue cape brune, avec un chapelet à gros grains autour du cou.

Martin-Guerre l'annonça sous le nom de Lactance.

— Lactance, ajouta-t-il, a déjà servi sous les ordres de monsieur de Coligny, qui le regrette et qui en rendra bon témoignage à monseigneur. Mais Lactance est un zélé catholique, et il lui répugnait d'obéir à un chef entaché d'hérésie.

Lactance, sans mot dire, approuvait par signes de la tête et de la main les paroles de Martin, qui continua :

— Ce pieux soudard era, comme c'est son devoir, tous ses efforts pour contenter monsieur le vicomte d'Exmès ; mais il demande que toutes facilités et libertés lui soient laissées pour accomplir rigoureusement les pratiques de religion qu'exige son salut. Obligé par la profession des armes qu'il a embrassée, et par sa vocation naturelle, à se battre contre ses frères en Jésus-Christ et à les tuer le plus possible, Lactance estime sagement qu'il lui faut du moins compenser à force d'austérités ces nécessités cruelles. Plus Lactance est enragé à la bataille, plus Lactance est ardent à la messe, et il a renoncé à compter les jeûnes et les pénitences qu'il s'est imposées pour les morts et les blessés qu'il a envoyés avant leur heure au pied du trône du Seigneur.

— Accepté Lactance le dévot ! dit en souriant Gabriel.

Lactance, toujours silencieux, s'inclina profondément et sortit en marmottant une prière de reconnaissance au Très-Haut qui venait de lui accorder la faveur d'être agréé par un si vaillant capitaine.

Après Lactance, Martin-Guerre introduisit, sous le nom d'Yvonnet, un jeune homme de taille moyenne, à la figure distinguée et fine, aux mains petites et soignées. Depuis sa fraise jusqu'à ses bottes, son costume était non-seulement propre, mais coquet. Il salua Gabriel le plus gracieusement du monde, et se tint debout devant lui, dans une pose aussi respectueuse qu'élégante, secouant légèrement de la main quelques grains de poussière qui s'étaient attachés à sa manche droite.

— Voilà, monseigneur, le plus déterminé de tous, dit Martin-Guerre. Yvonnet, dans les mêlées, est un vrai lion déchaîné que rien n'arrête. Il frappe d'estoc et de taille avec une sorte de frénésie. Mais c'est surtout à l'assaut qu'il brille. Il faut toujours qu'il mette le pied le premier sur la première échelle, et qu'il plante le premier étendard français sur les murailles ennemies.

— Mais c'est donc un vrai héros ? dit Gabriel.

— Je fais de mon mieux, reprit modestement Yvonnet, et monsieur Martin-Guerre apprécie sans doute au-delà de leur valeur mes faibles efforts.

— Non, je vous rends justice, dit Martin, et la preuve, c'est qu'après avoir vanté vos vertus, je vais signaler vos défauts. Yvonnet, monseigneur, n'est le diable sans peur dont je vous parle que sur le champ de bataille. Il est nécessaire à sa bravoure qu'autour d'elle le tambour retentisse, les flèches sifflent, le canon tonne. Hors de là, et dans la vie ordinaire, Yvonnet est timide, impressionnable et nerveux comme une jeune fille. Sa sensibilité exige les plus grands ménagemens. Il n'aime pas rester seul dans l'obscurité, il a en horreur les souris et les araignées, et reçoit volontiers connaissance pour une égratignure. Il ne retrouve enfin sa belliqueuse audace que lorsque l'odeur de la poudre et la vue du sang l'enivrent.

— N'importe, dit Gabriel, comme ce n'est pas au bal, mais au carnage que nous le menons, accepté Yvonnet le délicat !

Yvonnet fit au vicomte d'Exmès un salut dans toutes les règles, et s'éloigna, souriant, en tortillant de sa main blanche sa fine moustache noire.

Deux colosses blonds, raides et calmes lui succédèrent. L'un paraissait avoir quarante ans; l'autre n'en accusait guère que vingt-cinq.

— Heinrich Scharfenstein et Frantz Scharfenstein, son neveu, annonça Martin-Guerre.

— Diantre ! qui sont ceux-là ? dit Gabriel ébloui. Qui êtes-vous, mes braves ?

— *Wir versteen nur ein wenig das französich*, dit l'aîné des colosses.

— Comment ? demanda le vicomte d'Exmès.

— Nous comprendre français mal, reprit le géant cadet.

— Ce sont des reîtres allemands, dit Martin-Guerre ; en italien, des condottieri ; en français, des soldats. Ils vendent leurs bras au plus offrant et tiennent la bravoure à juste prix. Ils ont travaillé déjà pour les Espagnols et les Anglais. Mais l'Espagnol paie trop mal, et l'Anglais marchande trop. Achetez-les, monseigneur, et vous vous trouverez bien de l'acquisition. Jamais ils ne discutent un ordre, et iraient se placer à la bouche d'un canon avec un sang-froid inaltérable. Le courage est pour eux une affaire de probité, et, pourvu qu'ils touchent exactement leurs appointemens, ils subiront sans une plainte les éventualités périlleuses ou même mortelles de leur genre de commerce.

— Je retiens donc ces manœuvres de gloire, dit Gabriel, et, pour plus de sûreté, je leur paie un mois d'avance. Mais le temps presse. A d'autres.

Les deux Goliath germaniques portèrent militairement et mécaniquement la main à leur chapeau, et se retirèrent ensemble tout d'une pièce en emboîtant le pas avec précision.

— Le suivant, dit Martin-Guerre, a nom Pilletrousse. voici.

Une espèce de brigand, à la mine farouche, aux habits déchirés, fit son entrée en se dandinant avec embarras, et en détournant les yeux de Gabriel comme d'un juge.

— Pourquoi paraissez-vous honteux, Pilletrousse ? lui demanda Martin-Guerre avec aménité. Monseigneur que voici m'a demandé des gens de cœur. Vous êtes un peu plus... accentué que les autres, mais, en somme, vous n'avez pas à rougir.

Il reprit gravement en s'adressant à son maître :

— Pilletrousse, monseigneur, est ce que nous appelons un routier. Dans la guerre générale contre les Espagnols et les Anglais, il a fait jusqu'ici la guerre pour son propre compte. Pilletrousse rôde sur nos grands chemins, remplis à cette heure de pillards étrangers, et Pilletrousse pille les pillards. Pour ses compatriotes, non-seulement il les respecte, mais il les protége. Donc, Pilletrousse conquiert, il ne vole pas. Pilletrousse vit de butin, non de larcins. Néanmoins, il a éprouvé le besoin de régulariser sa profession... errante, et d'inquiéter moins... arbitrairement les ennemis de la France. Aussi a-t-il accepté avec empressement l'offre de s'enrôler sous la bannière du vicomte d'Exmès...

— Et moi, dit Gabriel, sous ta caution, Martin-Guerre, je le reçois, à condition qu'il ne prendra plus pour théâtre de ses exploits les routes ou les sentiers, mais les villes fortes et les champs de bataille.

— Rends grâce à monseigneur, drôle, tu es des nôtres, dit au routier Martin-Guerre, qui semblait avoir un faible pour ce coquin.

— Oh ! oui, merci, monseigneur, reprit avec effusion Pilletrousse. Je vous promets de ne plus jamais me battre maintenant un contre deux ou trois, mais un contre dix toujours.

— A la bonne heure ! dit Gabriel.

Celui qui vint après Pilletrousse était un individu pâle, mélancolique et même soucieux, qui semblait envisager l'univers avec découragement et tristesse. Ce qui ajoutait surtout au cachet lugubre de sa figure, c'étaient les balafres et cicatrices dont elle était largement et abondamment couturée.

Martin-Guerre présenta cette septième et dernière recrue sous l'appellation funèbre de Malemort.

— Monseigneur le vicomte d'Exmès serait réellement coupable s'il refusait le pauvre Malemort, ajouta-t-il. Malemort est, en effet, atteint d'une passion, d'une passion sincère et profonde, à l'endroit de Bellone, pour parler un peu mythologiquement. Mais cette passion a jusqu'ici été bien malheureuse. L'infortuné a un goût fini et prononcé pour la guerre. Il ne se plaît que dans les combats, il n'est heureux que devant un beau carnage, et il n'a encore, hélas ! goûté à son bonheur que du bout des lèvres. Il se jette si aveuglément et si furieusement dans les mêlées, que

20

toujours il vous attrape, du premier bond, quelque estafilade qui le met sur le flanc et le renvoie d'abord à l'ambulance, où il passe le reste de la bataille à gémir, moins de sa blessure que de son absence. Tout son corps n'est qu'une plaie ; mais il est robuste, Dieu merci ! il se relève promptement. Seulement il lui faut attendre une autre occasion ! Ce long désir inassouvi le mine plus que tout le sang qu'il a si glorieusement perdu. Monseigneur voit qu'il y aurait vraiment conscience à exclure ce mélancolique batailleur d'une joie qu'il peut lui procurer avec avantage réciproque.

— Aussi j'accepte Malemort avec enthousiasme, mon cher Martin, dit Gabriel.

Un sourire de satisfaction effleura la face pâle de Malemort. L'espérance ranima d'une étincelle ses yeux éteints, et il alla rejoindre ses camarades d'un pas plus allègre que lorsqu'il était entré.

— Sont-ce là tous ceux que tu as à me présenter ? demanda Gabriel à son écuyer.

— Oui, monseigneur, je n'en ai pas, pour le moment, d'autres à vous offrir. Je n'osais espérer que monseigneur les accepterait tous.

— Je serais difficile, dit Gabriel ; tu as le goût bon et sûr, Martin. Reçois tous mes complimens sur ces heureux choix.

— Oui, dit modestement Martin-Guerre, j'aime à penser au fond que Malemort, Pilletrousse, les deux Scharfenstein, Lactance, Yvonnet et Ambrosio ne sont pas précisément des gaillards à dédaigner.

— Je le crois bien ! dit Gabriel. Quels rudes compagnons !

— Si monseigneur, ajouta Martin, consent à leur adjoindre Landry, Chesnel, Aubriot, Contamine et Balu, nos vétérans de la guerre de Lorraine, j'estime, avec monseigneur à notre tête, et quatre ou cinq des gens d'ici pour nous servir, que nous aurons une troupe véritablement bonne à montrer à nos amis, et, mieux encore, à nos ennemis.

— Oui, certes, dit Gabriel, des bras et des têtes de fer ! Tu feras armer et équiper ces douze braves dans le plus bref délai, Martin. Mais repose-toi aujourd'hui. Tu as bien employé ta journée, ami, et je t'en remercie ; la mienne, quoique pleine aussi d'activité et de douleur, n'est cependant pas encore achevée.

— Où donc monseigneur va-t-il ce soir ? demanda Martin-Guerre.

— Au Louvre, auprès de monsieur de Guise, qui m'attend à huit heures, dit Gabriel en se levant. Mais, grâce à la promptitude de ton zèle, Martin, j'espère que quelques unes des difficultés qui pouvaient se présenter dans mon entretien avec le duc sont d'avance levées.

— Oh ! j'en suis bien heureux, monseigneur.

— Et moi donc, Martin ! Tu ne sais pas à quel point j'a besoin de réussir ! Oh ! mais je réussirai !

Et le noble jeune homme se répétait dans son cœur, en se dirigeant vers la porte pour se rendre au Louvre :

— Oui, je te sauverai, mon père ! ma Diane, je te sauverai !

LI.

ADRESSE DE LA MALADRESSE.

Franchissons par la pensée soixante lieues et deux semaines, et retournons à Calais vers la fin du mois de novembre 1557.

Vingt-cinq jours ne s'étaient pas écoulés depuis le départ du vicomte d'Exmès, quand un messager se présenta de sa part aux portes de la ville anglaise.

Cet homme demandait à être mené à milord Wentworth, le gouverneur, auquel il devait remettre la rançon de son ancien prisonnier.

Il paraissait d'ailleurs assez maladroit et peu avisé, ledit messager ! car on avait eu beau lui indiquer son chemin, il avait passé vingt fois sans y entrer devant la grande porte qu'on se tuait à lui désigner, et s'en était toujours allé stupidement frapper à des poternes et à des portes condamnées ; si bien qu'il fit en pure perte, l'imbécile ! presque tout le tour des boulevards extérieurs de la place.

Enfin, à force d'informations plus précises les unes que les autres, il voulut bien se laisser mettre dans la vraie route, et tel était déjà, en ce temps lointain, le pouvoir magique de ces mots : J'apporte dix mille écus au gouverneur ! que les précautions de rigueur accomplies du reste, après avoir fouillé notre homme, après être allé prendre les ordres de lord Wentworth, on laissa volontiers pénétrer dans Calais le porteur d'une somme aussi respectable.

Décidément, il n'y a que le siècle d'or qui n'ait pas été un siècle d'argent !

L'inintelligent envoyé de Gabriel s'égara encore plus d'une fois dans les rues de Calais avant de trouver l'hôtel du gouverneur, que des âmes compatissantes lui indiquaient pourtant les cent pas. Il semblait croire, à chaque corps-de-garde qu'il rencontrait, que c'était là qu'il fallait demander lord Wentworth, et, vite, il courait de ce côté.

Après avoir dépensé une heure à faire un chemin qui eût pris dix minutes à tout autre, il atteignit enfin l'hôtel du gouverneur.

Il fut introduit presque aussitôt en présence de lord Wentworth, qui le reçut de son air grave, poussé même ce jour-là jusqu'à une tristesse morne.

Quand il eût expliqué l'objet de son message et posé sur la table un sac gonflé d'or :

— Le vicomte d'Exmès, lui demanda l'Anglais, vous a-t-il seulement chargé de me remettre cet argent, sans rien ajouter pour moi ?

Pierre, ainsi se nommait l'envoyé, regarda lord Wentworth avec une mine d'étonnement qui continuait à faire peu d'honneur à ses moyens naturels.

— Milord, dit-il enfin, je n'ai rien à faire auprès de vous qu'à vous remettre cette rançon. Mon maître du moins ne m'a rien ordonné de plus, et je ne comprends pas...

— A la bonne heure ! interrompit lord Wentworth avec un dédaigneux sourire. Monsieur le vicomte d'Exmès est devenu plus raisonnable là-bas, à ce que je vois ! Je l'en félicite. L'air de la cour de France est fait d'oubli : tant mieux pour ceux qui le respirent !

Il murmura à voix basse, comme se parlant à lui-même :

— L'oubli, c'est la moitié du bonheur souvent !

— Milord, de son côté, n'a rien à mander à mon maître ? reprit le messager qui paraissait écouter d'un air fort insouciant et assez stupide les à-parte mélancoliques de l'Anglais.

— Je n'ai rien à dire à monsieur d'Exmès, puisqu'il ne me dit rien, repartit sèchement lord Wentworth. Cependant, prévenez-le, si vous voulez, que durant un mois encore, jusqu'au 1er janvier, tenez, je l'attendrai et serai à ses ordres, et comme gentilhomme et comme gouverneur de Calais. Il comprendra.

— Jusqu'au 1er janvier ? répéta Pierre. Je le lui dirai, milord.

— Bien ! voici votre reçu, l'ami, de plus, pour vous, un petit dédommagement des peines de ce long voyage. Prenez. Prenez donc !

L'homme, qui avait paru d'abord hésiter, se ravisa et accepta la bourse que lui offrait lord Wentworth.

— Merci, milord, dit-il. Mais milord m'accordera-t-il encore une grâce !

— Qu'est-ce que c'est ! demanda le gouverneur de Calais.

— Outre cette dette que je viens d'acquitter envers milord, reprit le messager, le vicomte d'Exmès en a contracté une autre, pendant son séjour ici, envers un des habitans de cette ville, un nommé... Comment est-ce donc qu'on le nomme? Un nommé Pierre Peuquoy, dont il a été l'hôte.

— Eh bien? dit lord Wentworth.

— Eh bien! milord, me sera-t-il permis d'aller présentement chez ce Pierre Peuquoy pour lui rembourser ses avances?

— Mais sans doute, dit le gouverneur. On vous montrera sa maison. Voici votre laissez-passer pour sortir de Calais. Je voudrais pouvoir vous permettre d'y séjourner quelques jours; vous auriez peut-être besoin de vous reposer du voyage. Mais les règlemens de la place défendent d'y garder un étranger, un Français surtout. Adieu donc, l'ami, et bonne route!

— Adieu, et bonne chance, milord, avec tous mes remercîmens.

En quittant l'hôtel du gouverneur, le messager, non sans s'être trompé encore dix fois de chemin, se rendit rue du Martroi, où demeurait, si nos lecteurs veulent bien se le rappeler, l'armurier Pierre Peuquoy.

L'envoyé de Gabriel trouva Pierre Peuquoy plus triste encore dans son atelier que lord Wentworth dans son hôtel. L'armurier, qui le prit d'abord pour une pratique, le reçut avec une indifférence marquée.

Néanmoins, quand l'autre s'annonça comme venant de la part du vicomte d'Exmès, le front du brave bourgeois s'éclaircit soudainement.

— De la part du vicomte d'Exmès! s'écria-t-il.

Puis, s'adressant à un de ses apprentis, qui tout en rangeant l'établi pouvait écouter :

— Quentin, lui dit-il négligemment, laissez-nous et allez tout de suite avertir mon cousin Jean qu'un messager du vicomte d'Exmès vient d'arriver.

L'apprenti, désappointé, sortit sur cet ordre.

— Parlez maintenant, ami, reprit avec vivacité Pierre Peuquoy. Oh! nous savions bien que ce digne seigneur ne nous oublierait point! Parlez vite. Que nous apportez-vous de sa part?

— Ses complimens et remercîmens cordiaux, cette bourse d'or et ces mots : *Souvenez-vous du 5!* qu'il a dit que vous comprendriez.

— C'est tout? demanda Pierre Peuquoy.

— Absolument tout, maître. Sont-ils exigeans dans ce pays-ci! pensa le messager. Il paraît qu'ils ne tiennent guère aux écus. Seulement, ils vous ont des prétentions secrètes auxquelles le diable ne comprendrait rien.

— Mais, reprit l'armurier, nous sommes trois dans cette maison. Il y a aussi Jean mon cousin et ma sœur Babette. Vous vous êtes acquitté de votre commission envers moi, c'est bien. Mais n'en avez-vous point quelque autre pour Babette ou pour Jean?

Jean Peuquoy, le tisserand, entra justement pour entendre le messager de Gabriel répondre :

— Je n'ai rien à dire qu'à vous, maître Pierre Peuquoy, et je vous ai dit tout ce que j'avais à vous dire.

— Eh bien! tu le vois, frère, reprit Pierre en se tournant vers Jean, le vicomte d'Exmès nous remercie; monsieur le vicomte d'Exmès nous renvoie en toute hâte cet argent; monsieur le vicomte d'Exmès nous fait dire : Souvenez-vous!... Mais lui ne se souvient pas!

— Hélas! dit une voix faible et douloureuse derrière la porte.

C'était la pauvre Babette qui avait tout entendu.

— Un instant! reprit Jean Peuquoy, qui s'obstinait à espérer. L'ami, continua-t-il en s'adressant à l'envoyé, si vous êtes de la maison de monsieur d'Exmès, vous devez connaître, parmi ses serviteurs et vos compagnons, un nommé Martin-Guerre?

— Martin-Guerre?... Ah! oui, Martin-Guerre l'écuyer? Oui, maître, je le connais.

— Il est toujours au service de M. d'Exmès?

— Toujours.

— Mais a-t-il su que vous veniez à Calais?

— Il l'a su, répondit l'homme. Il était même là, je m'en souviens, quand j'ai quitté l'hôtel de monsieur d'Exmès. Il m'a accompagné avec son... avec notre maître jusqu'à la porte, et m'a vu me mettre en route.

— Et il ne vous a rien dit pour moi, ni pour personne de cette maison?

— Rien du tout, je vous le répète.

— Attendez, Pierre, reprit Jean, ne vous impatientez pas encore! L'ami, Martin-Guerre vous a peut-être recommandé de rendre votre message secrètement? Apprenez que la précaution est devenue inutile. Nous savons maintenant la vérité. La douleur de... la personne à qui Martin-Guerre doit une réparation ne nous a rien laissé ignorer. Vous pouvez donc parler en notre présence. Au surplus, s'il vous restait sur ce point des scrupules, nous nous retirerons, et cette personne à laquelle je fais allusion, et que Martin-Guerre vous a désignée, viendra seule s'entretenir avec vous sur-le-champ.

— Par ma foi! je vous jure, reprit le messager, que je ne comprends pas un mot à tous vos discours.

— Il suffit, Jean, et vous devez en avoir assez! s'écria Pierre Peuquoy, dont la prunelle s'enflamma d'un éclair d'indignation. Par la mémoire de mon père! je ne vois pas, Jean, quel génie vous pouvez trouver à insister sur l'affront qu'on nous fait subir.

Jean baissa douloureusement la tête sans rien ajouter. Il trouvait que son cousin n'avait que trop raison.

— Daignerez-vous compter cet argent, maître? demanda le messager assez embarrassé de son rôle.

— Ce n'en est pas la peine, dit Jean, plus calme, sinon moins triste, que Pierre. Prenez ceci pour vous, l'ami. Je vais, en outre, vous faire apporter à manger et à boire.

— Merci pour l'argent; reprit l'envoyé, qui semblait pourtant assez gêné de le prendre. Quant à boire et à manger, je n'ai ni faim ni soif, ayant déjeuné tantôt à Nieullay. Il faut même que je reparte sur-le-champ; car votre gouverneur m'a défendu de séjourner longtemps dans votre ville.

— Nous ne vous retenons donc pas, l'ami, reprit Jean Peuquoy. Adieu. Dites à Martin-Guerre... Mais non! à lui nous n'avons rien à dire. Dites seulement à monsieur d'Exmès que nous le remercions, et que nous nous souvenons du 5. Mais, nous l'espérons, de son côté aussi, lui se souviendra.

— Écoutez, de plus, ajouta Pierre Peuquoy qui sortit un moment de sa sombre méditation. Vous direz encore à votre maître que nous persisterons à l'attendre un mois. En un mois, vous pouvez retourner à Paris, et il pourra renvoyer quelqu'un ici. Mais si la présente année se termine sans que nous recevions de ses nouvelles, nous croirons que son cœur n'a pas de mémoire, et nous en serons fâchés pour lui autant que pour nous. Car, enfin, sa probité de gentilhomme, qui se rappelle si bien l'argent prêté, devrait se souvenir encore mieux des secrets confiés. Là-dessus, adieu, l'ami.

— Que Dieu vous garde! dit le messager de Gabriel en se levant pour partir. Toutes vos questions et tous vos avis seront fidèlement rapportés à mon maître.

Jean Peuquoy accompagna l'homme jusqu'à la porte de la maison. Pour Pierre, il resta atterré dans son coin.

Le messager flâneur, après maints détours et mainte nouvelle erreur dans cette ville embrouillée de Calais qu'il avait tant de peine à comprendre, regagna enfin la porte principale, où il exhiba son laissez-passer, et, quand on l'eut soigneusement fouillé, put sortir dans la campagne.

Il marcha trois quarts d'heure, d'un pas allègre, sans s'arrêter, et ne ralentit sa marche qu'à une lieue environ de la place.

Alors, il se permit à lui-même de se reposer, s'assit sur un tertre de gazon, parut réfléchir, et un sourire de contentement illumina ses yeux et ses lèvres.

— Je ne sais pas, se dit-il, ce qu'ils ont dans cette ville de Calais à être plus tristes et plus mystérieux les uns que les autres. Le Wentworth me paraît avoir un compte à régler avec monsieur d'Exmès, et les Peuquoy me semblent garder quelque rancune à ce Martin-Guerre. Mais bah ! qu'est-ce que cela me fait au bout du compte ? Je ne suis pas triste, moi ! J'ai ce que je veux et ce qu'il me faut ! Pas un trait de plume, pas un brin de papier, c'est vrai ! mais tout est là, dans ma tête, et, avec le plan de monsieur d'Exmès, je reconstruirai aisément dans ma pensée cette place, qui rend les autres si mornes et dont le souvenir me rend si joyeux, moi.

Il repassa rapidement, dans son imagination, par les rues, boulevards et postes fortifiés, où sa prétendue balourdise l'avait si à propos conduit.

— C'est cela ! se dit-il. Tout est net et clair comme si je voyais tout encore. Le duc de Guise sera content. Grâce à ce voyage et aux précieuses indications du capitaine des gardes de Sa Majesté, nous pourrons l'amener en force, ce cher vicomte d'Exmès, et son écuyer avec lui, au rendez-vous que leur assignent dans un mois lord Wentworth et Pierre Peuquoy. Dans six semaines, si Dieu et les circonstances nous favorisent, nous serons les maîtres de Calais, ou j'y perdrai mon nom !

Et nos lecteurs conviendront que c'eût été dommage, quand on sait ce nom était celui du maréchal Pierre Strozzi, l'un des plus célèbres et des plus habiles ingénieurs du quatorzième siècle.

Au bout de quelques minutes de repos, Pierre Strozzi se remit en route, comme s'il eût eu hâte d'être déjà de retour à Paris. Il pensait beaucoup à Calais et fort peu à ses habitans.

LII.

LE 31 DÉCEMBRE 1557.

On a deviné sans doute pourquoi Pierre Strozzi avait trouvé lord Wentworth si amer et si chagrin, et pourquoi le gouverneur de Calais parlait encore du vicomte d'Exmès avec tant de hauteur et d'aigreur.

C'est que madame de Castro paraissait le haïr de plus en plus.

Quand il lui faisait demander la permission d'aller lui rendre visite, elle cherchait toujours des prétextes pour se dispenser de le recevoir. Si pourtant elle était forcée parfois de subir sa présence, son accueil glacial et cérémonieux trahissait trop clairement ses sentiments pour lui et le laissait chaque fois plus désolé.

Lui, cependant, ne se lassait pas encore dans son amour. Sans espérer rien, il n'en était pas à désespérer. Il voulait, du moins, rester pour Diane le parfait gentilhomme qui avait laissé à la cour de Marie d'Angleterre une réputation de courtoisie exquise. Il accablait, c'est le mot, sa prisonnière de ses prévenances. Elle était servie avec des égards et un luxe princiers. Il lui avait donné un page français, il avait engagé pour elle un de ces musiciens italiens si recherchés au siècle de la renaissance. Diane trouvait parfois dans sa chambre des parures et des atours du plus grand prix : c'était lord Wentworth qui les avait fait venir de Londres à son intention ; mais elle ne les regardait seulement pas.

Une fois, il donna en son honneur une grande fête à laquelle il convia tout ce qu'il y avait d'Anglais illustres à Calais et en France. Ses invitations traversèrent même le détroit. Mais madame de Castro refusa obstinément d'y paraître.

Lord Wentworth, en présence de tant de froideurs et de dédains, se répétait chaque jour qu'il vaudrait assurément mieux, pour son repos, accepter la rançon royale que lui faisait offrir Henri II, et rendre Diane à la liberté.

Mais c'était, en même temps, la rendre à l'amour heureux de Gabriel d'Exmès, et l'Anglais ne trouvait jamais dans son cœur assez de force et de courage pour accomplir un si rude sacrifice.

— Non, non, se disait-il, si je ne l'ai pas, personne du moins ne l'aura !

Au milieu de ces irrésolutions et de ces angoisses, les jours, les semaines, les mois s'écoulaient.

Le 31 décembre 1557, lord Wentworth avait réussi à se faire admettre dans le logement de madame de Castro. Nous l'avons dit, il ne respirait que là, bien qu'il en sortît toujours plus triste et plus épris. Mais voir Diane, même sévère, l'entendre, même ironique, était devenu pour lui le plus impérieux besoin.

Lui debout, elle assise devant la haute cheminée, ils causaient.

Ils causaient sur l'unique et navrant sujet qui les réunissait et les séparait à la fois.

— Enfin, madame, disait l'amoureux gouverneur, si pourtant, outré de votre cruauté, exaspéré de vos mépris, j'oubliais que j'étais gentilhomme et votre hôte ?...

— Vous vous déshonoreriez, milord, vous ne me déshonoreriez pas, répondit Diane avec fermeté.

— Nous serions déshonorés ensemble ! reprit lord Wentworth. Vous êtes en mon pouvoir ! Où vous réfugieriez-vous ?

— Mais, mon Dieu ! dans la mort, répondit-elle tranquillement.

Lord Wentworth pâlit et frissonna. Lui, causer la mort de Diane !

— Une telle obstination n'est point naturelle, reprit-il en secouant la tête. Au fond, vous craindriez de me pousser à bout, si vous ne conserviez quelque espérance insensée, madame. Vous croyez donc toujours à je ne sais quelle chance impossible ? Voyons, dites, de qui pouvez-vous cependant attendre du secours à cette heure ?

— De Dieu, du roi... répondit Diane.

Il y eut dans sa phrase une suspension et dans sa pensée, une réticence que lord Wentworth ne comprit que trop.

— A coup sûr, elle songe à ce d'Exmès ! se dit-il.

Mais c'était là un dangereux souvenir qu'il n'osa pas aborder ou réveiller.

Il se contenta donc de reprendre avec amertume :

— Oui, comptez sur le roi ! comptez sur Dieu ! Mais si Dieu avait voulu vous secourir, madame, c'est le premier jour qu'il vous eût sauvée, ce me semble ! et voici une année qui finit aujourd'hui sans qu'il ait étendu sur vous sa protection.

— J'espère donc en l'année qui commence demain, répliqua Diane, en levant ses beaux yeux au ciel, comme pour implorer le céleste appui.

— Quant au roi de France, votre père, poursuivit lord Wentworth, il a, j'imagine, sur les bras des affaires assez lourdes pour employer toute sa puissance et toute sa pensée. La France est encore dans un plus urgent danger que sa fille.

— C'est vous qui le dites ! reprit Diane avec un accent de doute.

— Lord Wentworth ne ment pas, madame. Savez-vous où en sont les choses pour le roi, votre auguste père ?...

— Que puis-je apprendre dans cette prison ? répondit Diane, qui pourtant n'avait pu retenir un mouvement d'intérêt.

— Vous n'auriez qu'à m'interroger, reprit lord Wentworth, heureux d'être un moment écouté, fût-ce comme messager de malheur. Eh bien ! sachez que le retour de monsieur le duc de Guise à Paris n'a nullement amélioré jusqu'ici la situation de la France. On a organisé quelques troupes, renforcé quelques places, rien de plus. A l'heure où nous sommes, ils hésitent et ne savent trop que faire. Toutes leurs forces rassemblées sur les frontières du Nord ont bien pu arrêter la marche triomphante des Espagnols, mais n'entreprennent rien pour leur compte. Attaqueront-elles le Luxembourg ? Se dirigeront-elles sur la Picardie ? on l'ignore. Essayeront-elles de prendre Saint-Quentin ou Ham ?...

— Ou Calais ? interrompit Diane, en levant vivement

les yeux sur le gouverneur, pour saisir sur son visage l'effet de ce nom jeté.

Mais lord Wentworth ne sourcilla pas, et, avec un superbe sourire :

— Oh! madame, reprit-il, permettez-moi de ne pas même me poser cette question-là. Quiconque a seulement une idée de la guerre n'admettra pas cette folle supposition une minute, et monsieur le duc de Guise a trop d'expérience pour s'exposer, par une tentative aussi étrangement irréalisable, à la risée de tout ce qui porte une épée en Europe.

En ce même moment, il se fit quelque bruit à la porte, et un archer entra précipitamment.

Lord Wentworth se levant alla à lui avec impatience.

— Qu'y a-t-il donc pour qu'on ose venir me déranger ainsi? demanda-t-il irrité.

— Que milord me pardonne! répondit l'archer. C'est lord Derby qui m'envoie en hâte.

— Et pour quel si pressant motif? Expliquez-vous, voyons!

— C'est, reprit l'archer, qu'on vient d'annoncer à lord Derby qu'une avant-garde de deux mille arquebusiers français avait été vue à dix lieues de Calais hier, et lord Derby m'a donné ordre d'en venir sur-le-champ avertir milord.

— Ah! s'écria Diane qui ne chercha pas à dissimuler un mouvement de joie.

Mais lord Wentworth reprit froidement en s'adressant à l'archer :

— Et c'est pour cela que vous avez pris l'audace de me poursuivre jusqu'ici, drôle?

— Milord, dit le pauvre diable stupéfait, lord Derby...

— Lord Derby, interrompit le gouverneur, est un myope qui prend des mottes de terre pour des montagnes. Allez le lui dire de ma part.

— Ainsi, milord, reprit l'archer, les postes que lord Derby voulait faire doubler au plus vite?

— Qu'ils restent comme ils sont! et qu'on me laisse tranquille avec ces paniques ridicules!

L'archer s'inclina respectueusement et sortit.

— Pourtant, milord, dit Diane de Castro, vous voyez que, dans l'opinion même de l'un de vos meilleurs lieutenans, mes prévisions si insensées pourraient se réaliser à la rigueur.

— Je suis obligé de vous détromper plus que jamais sur ce point, madame, reprit lord Wentworth avec son imperturbable assurance. Je puis vous donner en deux mots l'explication de cette fausse alerte, à laquelle je ne conçois pas que lord Derby se soit laissé prendre.

— Voyons, dit madame de Castro, avide de lumière sur un point où se concentrait maintenant sa vie.

— Eh bien! madame, continua lord Wentworth, de deux choses l'une : ou messieurs de Guise et de Nevers, qui sont, je le reconnais, d'habiles et prudens capitaines, veulent ravitailler Ardres et Boulogne, et dirigent de ce côté les troupes qu'on a signalées, ou bien ils font vers Calais un mouvement simulé pour tranquilliser Ham et Saint-Quentin; puis, revenant brusquement sur leurs pas, ils vont tâcher de surprendre une de ces deux villes.

— Et qui vous dit, en somme, monsieur, reprit madame de Castro plus imprudente que patiente, qui vous dit que ce n'est pas vers Ham ou Saint-Quentin qu'ils ont dirigé leur feinte, pour surprendre plus sûrement Calais?

Heureusement, elle avait affaire à une conviction solide, et ancrée à la fois sur l'orgueil national et l'orgueil individuel.

— J'ai déjà eu l'honneur de vous affirmer, madame, reprit lord Wentworth avec dédain, que Calais est une de ces villes qu'on ne saurait ni surprendre ni prendre. Avant qu'on pût seulement en approcher, il faudrait emporter le fort Sainte-Agathe, se rendre maître du fort de Nieullay. Il faudrait quinze jours de lutte victorieuse sur tous les points, et, pendant ces quinze jours, l'Angleterre avertie aurait quinze fois le temps d'accourir tout entière au secours de sa précieuse cité. Prendre Calais! Ah! ah! je ne puis m'empêcher de rire quand j'y songe!

Madame de Castro blessée repartit avec quelque amertume :

— Ce qui fait ma douleur fait votre joie. Comment voulez-vous que nos âmes parviennent jamais à s'entendre?

— Eh! madame, s'écria lord Wentworth pâlissant, je voudrais justement anéantir vos illusions qui nous séparent. Je voudrais vous prouver, clair comme le jour, que vous vous leurrez de chimères, et que, pour concevoir seulement l'idée de la tentative que vous rêvez, il faudrait qu'à la cour de France on fût atteint de folie.

— Il y a des folies héroïques, milord, dit fièrement Diane, et je sais en effet des insensés grandioses qui ne reculeraient pas devant cette sublime extravagance, par amour de la gloire, ou simplement par dévoûment.

— Ah! oui, monsieur d'Exmès par exemple! s'écria lord Wentworth emporté par une fureur jalouse qu'il fut incapable de maîtriser.

— Qui vous a dit ce nom? demanda madame de Castro stupéfaite.

— Ce nom, madame, reprit le gouverneur, avouez que vous l'avez sur les lèvres depuis le commencement de cet entretien, et qu'en même temps que Dieu et votre père, vous invoquiez dans votre pensée ce troisième libérateur.

— Ai-je à vous rendre compte de mes sentimens? dit Diane.

— Ne me rendez compte de rien, je sais tout, reprit le gouverneur. Je sais ce que vous ignorez vous-même, madame, et ce qu'il me plaît de vous apprendre aujourd'hui, pour vous montrer quel fonds il faut établir sur la belle passion de ces romanesques amoureux! Je sais notamment que le vicomte d'Exmès, fait prisonnier à Saint-Quentin en même temps que vous, a été amené en même temps que vous ici, à Calais.

— Se peut-il! s'écria Diane au comble de la surprise.

— Oh! mais il n'y est plus, madame! Sans cela je ne vous le dirais pas. Depuis deux mois, monsieur d'Exmès est libre.

— Et j'ai ignoré qu'un ami souffrait avec moi, si près de moi! reprit Diane.

— Oui, vous l'ignoriez, mais ne l'ignorait pas, lui, madame, dit le gouverneur. Je dois même avouer que, lorsqu'il l'a su, il s'est répandu contre moi en menaces fort redoutables. Non-seulement il m'a provoqué en duel, mais, poussant, comme vous l'avez prévu avec une sympathie admirable, l'amour jusqu'à la folie, il m'a déclaré en face sa résolution nette de prendre Calais.

— J'espère donc plus que jamais! reprit Diane.

— N'espérez pas trop, madame, dit lord Wentworth; car, je vous le répète, depuis que monsieur d'Exmès m'a adressé ses adieux effrayans, deux mois se sont écoulés. J'ai bien eu, il est vrai, dans ces deux mois, des nouvelles de mon agresseur; il m'a envoyé à la fin de novembre, avec une scrupuleuse exactitude, l'argent de sa rançon. Mais de son fier défi, plus un mot.

— Attendez, milord, reprit Diane. Monsieur d'Exmès saura payer tous ses genres de dettes.

— J'en doute, madame; car le jour de l'échéance est bientôt passé.

— Que voulez-vous dire? demanda madame de Castro.

— J'ai fait annoncer, madame, au vicomte d'Exmès, par l'homme qu'il m'a envoyé, que j'attendrais l'effet de sa double provocation jusqu'au 1er janvier 1558. Or, nous voici au 31 décembre...

— Eh bien! interrompit Diane, il a encore douze heures devant lui.

— C'est juste, madame, dit lord Wentworth. Mais si demain, à pareille heure; je n'ai pas de ses nouvelles...

Il n'acheva pas. Lord Derby tout effaré se précipita en ce moment dans la chambre.

— Milord! s'écria-t-il, milord, je le disais bien! c'étaient les Français! et c'est à Calais qu'ils en veulent.

— Allons donc! reprit lord Wentworth qui changea de

couleur malgré sa feinte assurance. Allons donc ! c'est impossible ! Qui vous prouve cela ? encore des bruits, des propos, des terreurs chimériques ?...

— Hélas! non, des faits, par malheur, répondit lord Derby.

— Plus bas, Derby, alors, parlez plus bas, dit le gouverneur en se rapprochant de son lieutenant; voyons, du sang-froid. Que voulez-vous dire avec vos faits ?

Lord Derby reprit à voix basse, comme l'exigeait son supérieur qui ne voulait pas faiblir devant Diane.

— Les Français ont attaqué à l'improviste le fort Sainte-Agathe. Rien n'était préparé pour les recevoir, ni les murs, ni les hommes ; et j'ai bien peur qu'à l'heure qu'il est ils ne soient déjà maîtres de ce premier boulevard de Calais.

— Ils seraient loin de nous encore ! dit vivement lord Wentworth.

— Oui, reprit lord Derby, mais rien dès-lors ne leur ferait obstacle jusqu'au pont de Nieullay, et le pont de Nieullay est à deux milles de la place.

— Avez-vous envoyé des renforts aux nôtres, Derby ?

— Oui, milord, excusez-moi ; sans vos ordres et malgré vos ordres.

— Vous avez bien fait, dit lord Wentworth.

— Mais ces secours seront encore arrivés trop tard, reprit le lieutenant.

— Qui sait ? Ne nous effrayons point. Vous allez m'accompagner sur-le-champ à Nieullay. Nous ferons payer cher à ces imprudens leur audace ! Et, s'ils ont déjà Sainte-Agathe, eh bien ! nous en serons quitte pour les en chasser.

— Dieu le veuille ! dit lord Derby. Mais ils ont bien fermement engagé la partie.

— Nous aurons la revanche, répondit lord Wentworth. Qui les commande, savez-vous ?

— On l'ignore ; monsieur de Guise probablement, ou, au moins, monsieur de Nevers. L'enseigne qui, au grand galop de son cheval, est accouru ici apporter l'incroyable nouvelle de leur subite arrivée, m'a dit seulement avoir reconnu lui même de loin, aux premiers rangs, votre ancien prisonnier, vous vous rappelez, ce vicomte d'Exmès...

— Damnation ! s'écria le gouverneur en serrant les poings. Venez, Derby, venez vite !

Madame de Castro, avec cette finesse de perception qu'on trouve dans les grandes circonstances, avait entendu presque tout le rapport, fait pourtant à voix basse, de lord Derby.

Quand lord Wentworth prit congé d'elle, en lui disant :

— Vous m'excuserez, madame, il faut que je vous quitte. Une affaire importante...

— Allez, milord, interrompit Diane, non sans quelque malice de femme ; allez tâcher de reprendre vos avantages si cruellement compromis Mais sachez, en attendant, deux choses ; d'abord, que les illusions les plus fortes sont précisément celles qui ne doutent pas, et puis, qu'il faut toujours compter sur la parole d'un gentilhomme français. Nous ne sommes pas au 1er janvier, milord.

Lord Wentworth, furieux, sortit sans répondre.

LIII.

PENDANT LA CANONNADE.

Lord Derby ne s'était guère trompé dans ses conjectures. Voici ce qui était arrivé :

Les troupes de monsieur de Nevers s'étant rapidement unies, la nuit, à celles du duc de Guise, étaient arrivées inopinément, grâce à une marche forcée, devant le fort Sainte-Agathe. Trois mille arquebusiers, soutenus de vingt-cinq à trente chevaux, avaient emporté ce fort en moins d'une heure.

Lord Wentworth n'arriva avec lord Derby au fort de Nieullay, que pour voir sur le pont les siens en fuite accourir demander un refuge à ce second et meilleur rempart de Calais.

Mais, le premier moment de saisissement passé, nous devons convenir que lord Wentworth se redressa vaillamment. C'était, après tout, une âme d'élite, et qui puisait dans l'orgueil particulier à sa race une grande énergie.

— Il faut que ces Français soient véritablement fous ! dit-il de très bonne foi à lord Derby. Mais nous leur ferons payer cher leur folie. Il y a deux siècles, Calais a tenu une année contre les Anglais, et tiendrait dix ans avec eux. Nous n'aurons pas, au surplus, besoin de si longs efforts. Avant la fin de la semaine, Derby, vous verrez l'ennemi battre honteusement en retraite. Il a gagné tout ce qu'il pouvait emporter par surprise. Mais nous sommes sur nos gardes à présent. Qu'on se rassure donc, et qu'on rie avec moi de cette bévue de monsieur de Guise.

— Allez-vous faire venir des renforts d'Angleterre ? demanda lord Derby.

— A quoi bon ? répondit superbement le gouverneur. Si nos étourdis persistent dans leur imprudence, avant trois jours, et tandis que Nieullay les tiendra en échec, les troupes espagnoles et anglaises qui sont en France viendront d'elles-mêmes à notre aide. Si ces fiers conquérans s'entêtent tout à fait, en vingt-quatre heures un avis transmis à Douvres nous amènera dix mille hommes. Mais, jusque-là, ne leur faisons pas trop d'honneur par trop d'appréhension. Nos neuf cents soldats et nos bonnes murailles leur donneront assez de besogne. Ils n'iront pas plus loin que le pont de Nieullay !

Toujours est-il que le lendemain, 1er janvier 1558, les Français étaient déjà à ce pont que lord Wentworth leur marquait pour dernier terme. Ils avaient ouvert la tranchée pendant la nuit, et, dès midi, leurs canons battaient le fort de Nieullay en brèche.

Ce fut donc au bruit formidable et régulier des deux artilleries tonnantes qu'une scène de famille, solennelle et triste, se passa dans la vieille maison de Peuquoy.

Les questions pressantes adressées par Pierre Peuquoy au messager de Gabriel l'ont déjà, sans nul doute, appris au lecteur, Babette n'avait pu cacher longtemps à son frère et à son cousin ses larmes, et la cause de ses larmes.

Elle n'était pas en effet malheureuse à moitié, la pauvre fille ! Et la réparation que lui devait le prétendu Martin-Guerre n'était plus seulement nécessaire pour elle, elle l'était aussi pour un enfant.

Babette Peuquoy allait être mère.

Toutefois, en avouant sa faute et la dure conséquence de sa faute, elle n'avait pas osé convenir vis-à-vis de Pierre et de Jean que son avenir était sans issue, que Martin-Guerre était marié.

Elle n'en convenait pas vis-à-vis de son propre cœur ; elle se disait que c'était impossible, que monsieur d'Exmès s'était trompé, et que Dieu, qui est bon, n'accable pas ainsi sans ressource une pauvre misérable créature dont tout le crime est d'avoir aimé ! Elle se répétait naïvement, tout le jour, ces raisonnemens d'enfant, et elle espérait. Elle espérait dans Martin-Guerre, elle espérait dans le vicomte d'Exmès. Quoi ? elle ne le savait pas ; mais enfin elle espérait.

Néanmoins, le silence gardé pendant ces deux mois éternels, par le maître et par le serviteur, lui avait porté un coup affreux.

Elle attendait avec une impatience mêlée d'épouvante le 1er janvier, cette dernière limite que Pierre Peuquoy avait osé assigner au vicomte d'Exmès lui-même.

Aussi, le 31 décembre, la nouvelle, d'abord vague et bientôt certaine, que les Français marchaient sur Calais, lui causa un tressaillement de joie indicible.

Elle entendait dire à son frère et à son cousin que sûrement le vicomte d'Exmès était parmi les assaillans. Donc Martin-Guerre y était aussi ; donc Babette avait eu raison d'espérer.

Ce fut cependant avec un certain serrement de cœur que, le lendemain 1er janvier, elle reçut de Pierre Peuquoy l'invitation de se rendre dans la salle basse, où ils allaient s'entendre avec Jean, devant elle, sur ce qu'il y avait lieu de faire dans les circonstances actuelles.

Elle se présenta toute pâle et tremblante devant cette sorte de tribunal domestique, composé pourtant des deux seuls êtres qui lui portaient une affection presque paternelle.

— Mon cousin, mon frère, dit-elle d'une voix émue, me voici à vos ordres.

— Asseyez-vous, Babette, lui dit Pierre en lui montrant une chaise préparée pour elle.

Puis, il reprit avec douceur, mais avec gravité :

— Au commencement, Babette, lorsque, vaincue par nos instances et nos alarmes, vous nous avez confié la triste vérité, je n'ai pas, je m'en souviens à regret, été le maître d'un premier mouvement de colère et de douleur, je vous ai injuriée, menacée même ; mais Jean est heureusement intervenu entre nous.

— Qu'il soit béni pour sa générosité et son indulgence ! dit Babette en tournant vers son cousin son regard noyé de larmes.

— Ne parlez pas de cela, Babette, n'en parlez pas, reprit Jean plus remué qu'il n'eût voulu le paraître. Ce que j'ai fait est bien simple, et, après tout, ce n'était pas le moyen de remédier à vos peines que de vous en infliger de nouvelles.

— C'est ce que j'ai compris, reprit Pierre. D'ailleurs, Babette, votre repentir et vos larmes m'ont touché ; ma fureur s'est adoucie en pitié, ma pitié en tendresse, et je vous ai pardonné la tache que vous aviez faite à notre nom jusque-là sans tache.

— Jésus sera bon pour vous comme vous avez été bon pour moi, mon frère.

— Et puis, continua Pierre, Jean me faisait encore remarquer que votre malheur n'était peut-être pas sans remède, et que celui qui vous avait entraînée dans la faute avait pour droit et pour devoir de vous en retirer.

Babette courba plus bas son front rougissant. Lorsqu'un autre qu'elle paraissait croire à cette réparation, elle n'y croyait plus.

Pierre poursuivit :

— Malgré cet espoir, que j'accueillis avec transport, de voir votre honneur, et le nôtre réhabilités, Martin-Guerre se taisait toujours, et le messager que monsieur d'Exmès a envoyé, il y a un mois, à Calais ne nous a même rapporté de votre séducteur aucune nouvelle. Mais, voici les Français devant nos murs. Le vicomte d'Exmès et son écuyer sont avec eux, j'imagine.

— Dites que cela est certain, Pierre, interrompit le brave Jean Peuquoy.

— Ce n'est pas moi qui vous contredirai là-dessus, Jean. Admettons donc que monsieur d'Exmès et son écuyer ne sont séparés de nous que par les murailles et les fossés qui nous gardent, ou plutôt qui gardent les Anglais. En ce cas, si nous les revoyons, Babette, comment estimez-vous que nous devions nous comporter envers eux ? Seront-ils des amis ou des ennemis pour nous ?

— Ce que vous ferez sera bien fait, mon frère, dit Babette, effrayée du tour que prenait l'entretien.

— Mais, Babette, ne présumez-vous rien de leurs intentions ?

— Rien, mon Dieu ! J'attends, voilà tout.

— Ainsi, vous ne savez pas s'ils viennent pour vous sauver ou pour vous abandonner, et si le canon qui sert d'accompagnement à mes paroles annonce à notre famille des libérateurs qu'il faut bénir, ou des infâmes qu'il faut punir ? Vous n'en savez rien, Babette ?

— Hélas ! dit Babette, pourquoi me demandez-vous cela, à moi, triste fille sans pensée, qui ne sais plus que prier et me résigner ?

— Pourquoi je vous demande cela, Babette ? Écoutez. Vous vous rappelez dans quels sentiments nous a élevés notre père à l'endroit de la France et des Français. Les Anglais n'ont jamais été pour nous des compatriotes, mais des oppresseurs, et, il y a trois mois, nulle musique n'eût été plus agréable à mes oreilles que celle qui retentit en ce moment.

— Ah ! pour moi, s'écria Jean, c'est toujours comme la voix de ma patrie qui m'appelle.

— Jean, reprit Pierre Peuquoy, la patrie, c'est le foyer en grand ; c'est la famille multipliée, c'est la fraternité élargie. Mais, sied-il de lui sacrifier l'autre fraternité, l'autre foyer, l'autre famille ?

— Mon Dieu ! à quoi voulez-vous donc en venir, Pierre ? demanda Babette.

— À ceci, répondit Pierre : dans les rudes mains plébéiennes et travailleuses de ton frère, Babette, réside peut-être, à la minute où nous sommes, le sort de la ville de Calais. Oui, ces pauvres mains, noircies par le travail de chaque jour, peuvent rendre au roi de France la clef de la France.

— Et elles hésitent ! s'écria Babette qui avait véritablement sucé avec le lait la haine du joug étranger.

— Ah ! noble fille ! dit Jean Peuquoy ; oui, tu étais bien digne de notre confiance !

— Ni mon cœur ni mes mains n'hésiteraient, reprit Pierre imperturbable, si j'avais la possibilité de restituer directement sa belle cité au roi Henri II, ou à son représentant monsieur le duc de Guise. Mais les circonstances sont telles que nous serions forcés de nous servir de l'intermédiaire de monsieur d'Exmès.

— Eh bien ? demanda Babette surprise de cette réserve.

— Eh bien ! reprit Pierre, autant je serais heureux et fier d'associer à cette grande action celui qui fut notre hôte, et dont l'écuyer devrait devenir mon frère, autant il me répugnerait de faire cet honneur au gentilhomme sans entrailles qui aurait contribué à nous ôter l'honneur.

— Lui, monsieur d'Exmès, si compatissant, si loyal ! s'écria Babette.

— Il n'en est pas moins vrai, dit Pierre, que monsieur d'Exmès, par ta confidence, Babette, comme Martin-Guerre par sa conscience, a su ton malheur, et tu vois bien que tous deux ils se taisent.

— Mais que pouvait dire et faire monsieur d'Exmès ? demanda Babette.

— Il pouvait, ma sœur, dès son retour à Paris, faire venir Martin-Guerre, et lui commander de te donner son nom ! Il pouvait, au lieu de cet inconnu, renvoyer ici son écuyer, et nous payer ainsi à la fois la dette de sa bourse et la dette de son cœur !

— Non, non, il ne le pouvait pas, dit la sincère Babette en hochant tristement la tête.

— Quoi ! il n'était pas libre de donner un ordre à son serviteur ?

— Et à quoi bon donner cet ordre ? reprit Babette.

— Comment ! à quoi bon ? s'écria Pierre Peuquoy. À quoi bon réparer un crime ? à quoi bon sauver une réputation ? mais devenez-vous folle, Babette ?

— Hélas ! non, pour mon malheur ! dit la pauvre fille en larmes. Les fous oublient.

— Alors, continua Pierre, comment, si vous avez votre raison, pouvez-vous dire que monsieur d'Exmès a bien fait de ne pas user de son autorité de maître pour contraindre votre séducteur à vous épouser ?...

— M'épouser ! m'épouser ! eh ! le pourrait-il ? dit Babette éperdue.

— Mais qui donc l'en empêcherait ? s'écrièrent en même temps Jean et Pierre.

Tous deux s'étaient levés d'un mouvement irrésistible. Babette tomba sur ses genoux.

— Ah ! s'écria-t-elle égarée, pardonnez-moi une fois de plus, mon frère ! Je voulais vous cacher cela... Je me cachais à moi-même !... Mais voilà que vous venez me parler de notre honneur flétri, de la France, de monsieur d'Exmès, de cet indigne Martin-Guerre... que sais-je ?... Ah ! ma tête se perd. Vous me demandiez si je devenais folle.

je crois qu'en effet la démence me saisit. Voyons, vous qui êtes plus calmes, dites-moi si je me trompe, si j'ai rêvé, ou bien si c'est vraiment possible ce qu'il m'a annoncé, monsieur d'Exmès?...

— Ce qu'il vous a annoncé! répéta Pierre saisi d'épouvante.

— Oui, dans ma chambre, le jour de son départ, quand je le priais de remettre à Martin cette bague... Je n'osais pas lui avouer, à lui étranger, ma faute. Et cependant il a dû me comprendre. Et s'il m'a comprise, comment a-t-il pu me dire?...

— Quoi? Que t'a-t-il dit? Achève! s'écria Pierre.

— Hélas! que Martin-Guerre était déjà marié! dit Babette.

— Malheureuse! s'écria Pierre Peuquoy s'élançant, hors de lui, et levant la main sur sa sœur.

— Ah! c'est donc vrai! dit d'une voix mourante la malheureuse enfant; je sens que c'est vrai à présent.

Et elle tomba sur le parquet, évanouie.

Jean avait eu le temps de prendre Pierre par le corps et de le rejeter en arrière.

— Que fais-tu donc, Pierre? lui dit-il sévèrement. Ce n'est pas la malheureuse qu'il faut frapper, c'est le misérable.

— C'est juste, reprit Pierre Peuquoy, honteux de sa colère aveugle.

Il se retira à l'écart, farouche et sombre, tandis que Jean, penché sur Babette, s'efforçait de la rappeler à la vie. Il y eut un assez long silence.

Au dehors, par intervalles presque réglés, le canon grondait toujours.

Enfin, Babette rouvrit les yeux, et, d'abord, essaya de rappeler ses souvenirs.

— Que s'est-il donc passé? demanda-t-elle.

Elle regarda, avec un regard vague, le visage incliné vers elle de Jean Peuquoy.

Chose étrange! Jean ne paraissait pas trop triste. Il y avait même sur son excellente physionomie, en même temps qu'un attendrissement profond, une sorte de contentement secret.

— Mon bon bon cousin! dit Babette en lui tendant la main.

Le premier mot de Jean Peuquoy à la chère affligée fut:

— Espérez, Babette, espérez!

Mais les yeux de Babette s'arrêtèrent en ce moment sur la figure morne et désolée de son frère, et elle tressaillit, car tout lui revint à la mémoire à la fois.

— Oh! Pierre, pardon! pardon! cria-t-elle.

Sur un signe touchant de Jean Peuquoy pour l'exhorter à la miséricorde, Pierre s'avança vers sa sœur, la releva, la fit s'asseoir.

— Rassure-toi, lui dit-il. Ce n'est pas à toi que j'en veux. Tu as dû tant souffrir! Rassure-toi. Je te répéterai après Jean: Espère.

— Ah! que puis-je espérer maintenant? dit-elle.

— Non plus la réparation, c'est vrai, mais du moins la vengeance, répondit Pierre les sourcils froncés.

— Et moi, lui glissa Jean à voix basse, moi, je vous dis: la vengeance et la réparation en même temps.

Elle le regarda avec surprise. Mais, avant qu'elle pût l'interroger, Pierre reprit:

— De nouveau, pauvre sœur, je te pardonne. Ta faute, en somme, n'est pas plus grande parce qu'un lâche t'a trompée deux fois. Je t'aime, Babette, comme je t'ai toujours aimée.

Babette, heureuse dans sa douleur, se jeta dans les bras de son frère.

— Mais, reprit Pierre Peuquoy quand il l'eut embrassée, ma colère ne s'est pas éteinte, elle s'est seulement déplacée. Celui qu'elle voudrait maintenant atteindre c'est, je le répète, cet infâme suborneur, cet odieux Martin-Guerre!...

— Mon frère! interrompit douloureusement Babette.

— Non, pour lui pas de pitié! s'écria le bourgeois rigide. Mais à son maître, à monsieur d'Exmès, je dois une réparation, ma loyauté en convient sans peine.

— Je vous l'avais bien dit, Pierre, reprit Jean Peuquoy.

— Oui, Jean, vous aviez raison, comme toujours, et j'avais mal jugé ce digne seigneur. Désormais, tout s'explique. Son silence même était de la délicatesse. Pourquoi nous eût-il cruellement rappelé un malheur irréparable? J'avais tort! Et quand je songe que, par une méprise funeste, j'allais peut-être mentir aux convictions et aux instincts de toute ma vie, et faire payer à cette France que j'aime tant une faute qui n'existait même pas!

— A quoi tiennent, mon Dieu! les grands événements de ce monde! reprit philosophiquement Jean Peuquoy; mais par bonheur, rien n'est perdu encore, ajouta-t-il, grâce à la confiance de Babette, nous savons maintenant que le vicomte d'Exmès n'a pas démérité de notre amitié. Oh! je connaissais son noble cœur; car je n'ai jamais eu qu'à l'admirer, hormis dans son hésitation première, quand nous lui avons d'abord proposé la revanche de la prise de Saint-Quentin. Mais cette hésitation, m'est avis qu'il contribue en ce moment à la réparer d'une éclatante façon.

Et le brave tisserand faisait signe qu'on écoutât le son formidable du canon, qui semblait retentir à coups de plus en plus pressés.

— Jean, reprit Pierre Peuquoy, savez-vous ce que dit pour nous cette canonnade?

— Elle nous dit que monsieur d'Exmès est là, répondit Jean.

— Oui, frère, mais, ajouta Pierre à l'oreille de son cousin, elle nous dit encore: *Souvenez-vous du 5!*

— Et nous nous en souviendrons, Pierre, n'est-il pas vrai?

Ces confidences à voix basse alarmaient Babette, qui, toute à une idée fixe, murmura:

— Que complotent-ils? Jésus! Si monsieur d'Exmès est là, Dieu veuille que du moins ce Martin-Guerre n'y soit pas avec lui!

— Martin-Guerre? reprit Jean qui l'entendit. Oh! monsieur d'Exmès aura honteusement chassé ce serviteur indigne! Et il aura bien fait dans l'intérêt même du lâche; car nous l'eussions provoqué et tué, à son premier pas dans Calais; n'est-ce pas, Pierre?

— En tout cas, reprit le frère de son accent inflexible, si ce n'est à Calais, ce sera à Paris; je le tuerai!

— Oh! s'écria Babette, ce sont justement ces représailles que je craignais! non pas pour lui, que je n'aime plus, que je méprise, mais pour vous, Pierre, pour vous Jean, tous deux si fraternels et si dévoués!

— Ainsi, Babette, dit Jean Peuquoy ému, dans un combat entre lui et moi ce n'est pas pour lui c'est pour *moi* que vous feriez des vœux.

— Ah! reprit Babette, cette seule question, Jean, est la plus cruelle punition de ma faute que vous puissiez m'infliger. Entre vous si bon et si clément et lui si vil et si traître, comment donc pourrais-je hésiter aujourd'hui?

— Merci! s'écria Jean. Ce que vous dites là me fait du bien, Babette, et croyez que Dieu vous en récompensera.

— Je suis sûr, moi du moins, reprit Pierre, que Dieu punira le coupable. Mais ne songeons pas encore à lui, ami, dit-il à Jean, nous avons actuellement d'autres choses à faire, et trois jours seulement pour préparer ces choses. Il faut sortir, voir nos amis, compter les armes...

Il répéta à voix basse:

— Jean, souvenons-nous du 5!

Un quart d'heure après, tandis que Babette, retirée plus calme dans sa chambre, remerciait Dieu, sans trop savoir de quoi, de leur côté, l'armurier et le tisserand sortaient tout affairés par la ville.

Ils ne paraissaient plus penser à Martin-Guerre, lequel, en ce moment, pour le dire en passant, se doutait aussi fort peu du mauvais parti qu'on lui préparait dans cette ville de Calais où il n'avait jamais mis le pied.

Cependant, les canons tonnaient toujours, et, comme dit Rabutin, *chargeaient et déchargeaient, de furie esmerveillable, leur tempête d'artillerie.*

LIV.

SOUS LA TENTE.

Trois jours après cette scène, le 4 janvier au soir, les Français, en dépit des prédictions de lord Wentworth, avaient encore fait du chemin.

Ils avaient dépassé, non-seulement le pont, mais aussi le fort de Nieullay, dont ils étaient depuis le matin les maîtres, ainsi que de toutes les armes et munitions qu'il contenait.

De cette position, ils pouvaient désormais fermer le passage à tout secours d'Espagnols ou d'Anglais venant de terre.

Un tel résultat valait bien, certes, les trois jours de lutte acharnée et meurtrière qu'il avait coûtés.

— Mais c'est un rêve ! s'était écrié le hautain gouverneur de Calais, quand il avait vu ses troupes fuir en désordre vers la ville, malgré ses courageux efforts pour les retenir à leur poste.

Et, comble d'humiliation ! il avait dû les suivre. Son devoir était de mourir le dernier.

— Par bonheur, lui dit lord Derby quand ils furent en sûreté, par bonheur, Calais et le Vieux-Château, même avec le peu de forces qui nous restent, tiendront bien deux ou trois jours encore. Le fort de Risbank et l'entrée par mer demeurent libres, et l'Angleterre n'est pas loin !

Le conseil de lord Wentworth assemblé déclara en effet avec assurance que là était le salut. Mais ce n'était plus le temps d'écouter l'orgueil. Un avis devait être sur-le-champ expédié à Douvres. Le lendemain, au plus tard, de puissans renforts arriveraient, et Calais était sauvé !

Lord Wentworth adopta ce parti avec résignation. Une barque partit aussitôt, emportant un message pressant pour le gouverneur de Douvres.

Puis, les Anglais prirent des mesures pour concentrer toute leur énergie sur la défense du Risbank.

C'était là le côté vulnérable de Calais. Car la mer, les dunes et une poignée de milices urbaines suffisaient, et au-delà, à protéger le fort de Risbank.

Tandis que les assiégés organisent dans Calais la résistance sur le point attaquable, voyons un peu, hors de la ville, où en sont les assiégeans, et ce que notamment deviennent, dans cette soirée du 4, le vicomte d'Exmès, Martin-Guerre, et leurs vaillantes recrues.

Leur besogne étant celle de soldats et non de mineurs, et leur place n'étant pas aux tranchées et travaux du siége, mais au combat et à l'assaut, ils doivent se reposer, à l'heure qu'il est. Nous n'aurons en effet qu'à soulever la toile de cette tente placée un peu à l'écart sur la droite du camp français, pour retrouver Gabriel et sa petite troupe de volontaires.

Le tableau qu'ils présentaient était pittoresque et surtout varié.

Gabriel, la tête baissée, assis dans un coin sur le seul escabeau qu'il y eût, paraissait absorbé par une préoccupation profonde.

A ses pieds, Martin-Guerre raccommodait la boucle d'un ceinturon. Il relevait de temps en temps les yeux vers son maître avec sollicitude, mais il respectait la silencieuse méditation où il le voyait plongé.

Non loin d'eux, sur une sorte de lit formé de manteaux, gisait et geignait un blessé. Hélas ! ce blessé n'était autre encore que le malencontreux Malemort.

A l'autre extrémité de la tente, le pieux Lactance agenouillé égrenait son chapelet avec activité et ferveur. Lactance avait eu le malheur d'assommer à la prise du fort Nieullay, trois de ses frères en Jésus-Christ. Il redevait donc à sa conscience trois cents *Pater* et autant d'*Ave*. C'était le taux ordinaire que lui avait imposé pour ses morts son confesseur. Ses blessés ne comptaient que pour moitié.

Près de lui, Yvonnet, après avoir soigneusement décrotté et brossé ses habits tachés par la boue et la poudre, cherchait des yeux un coin du sol qui ne fût pas trop humide afin de s'y étendre et de prendre un peu de repos, les veilles et fatigues trop prolongées étant tout à fait contraires à son tempérament délicat.

A deux pas d'Yvonnet, Scharfenstein oncle et Scharfenstein neveu faisaient sur leurs doigts énormes des calculs compliqués. Ils supputaient ce que pourrait leur rapporter le butin de la matinée. Scharfenstein neveu avait eu le talent de mettre la main sur une armure de prix, et ces dignes Teutons, le visage épanoui, partageaient d'avance l'argent qu'ils comptaient tirer de cette riche proie.

Pour le reste des soudards, groupés au centre de la tente, ils jouaient aux dés, et joueurs et parieurs suivaient avec animation les chances diverses de la partie.

Une grosse chandelle fumeuse, fichée à même la terre, éclairait leurs physionomies joyeuses ou désappointées, et projetait même quelques lueurs incertaines jusqu'aux autres figures, aux expressions opposées, que nous avons tâché de découvrir et d'esquisser dans la pénombre.

A un gémissement plus douloureux poussé par le pauvre Malemort, Gabriel releva la tête, et, interpellant son écuyer :

— Martin-Guerre, quelle heure peut-il être maintenant ? lui demanda-t-il.

— Monseigneur, je ne sais pas trop, répondit Martin, cette nuit pluvieuse a éteint toutes les étoiles. Mais j'estime qu'il ne doit pas être loin de six heures ; car il y a plus d'une heure qu'il fait nuit formée.

— Et ce chirurgien t'a bien promis de venir à six heures ? reprit Gabriel.

— A six heures précises, monseigneur. Et tenez, on soulève la portière, c'est lui, le voilà.

Le vicomte d'Exmès jeta un seul coup d'œil sur le nouvel arrivant, et sur-le-champ le reconnut. Il ne l'avait pourtant vu qu'une fois. Mais la figure du chirurgien était de celles que l'on n'oublie pas quand on les a rencontrées.

— Maître Ambroise Paré ! s'écria Gabriel en se levant.

— Monsieur le vicomte d'Exmès ! dit Paré avec un profond salut.

— Ah ! maître, je ne vous savais pas au camp, si près de nous, reprit Gabriel.

— Je tâche d'être toujours à l'endroit où je puis me rendre le plus utile, répondit le chirurgien.

— Oh ! je vous reconnais bien là, généreux cœur ; et je vous sais doublement gré aujourd'hui d'être ainsi, car je vais recourir à votre science et à votre habileté.

— Pas pour vous, j'espère, dit Ambroise Paré. De quoi s'agit-il ?

— C'est un de mes gens, reprit Gabriel, qui, ce matin, en se ruant avec une espèce de frénésie sur les fuyards anglais, a reçu de l'un d'eux un coup de lance dans l'épaule.

— Dans l'épaule ? ce n'est peut-être pas grave, dit le chirurgien.

— J'ai peur du contraire, reprit Gabriel en baissant la voix ; car un des camarades du blessé, Scharfenstein que voilà, a si rudement et si maladroitement essayé de dégager le bois de la lance, qu'il l'a cassée, et le fer est resté dans la plaie.

Ambroise Paré laissa échapper une grimace de mauvais augure.

— Voyons cela, dit-il cependant avec son calme accoutumé.

On le mena au lit du patient. Tous les soudards s'étaient levés et entouraient le chirurgien, laissant là, qui son jeu, qui ses calculs, qui son nettoyage. Lactance seul continua à marmotter dans son coin. Lactance, quand il faisait pénitence de ses prouesses, ne s'interrompait jamais que pour en commettre d'autres.

Ambroise Paré écarta les linges qui enveloppaient l'épaule de Malemort, et examina attentivement la blessure

Il secoua la tête avec doute et mécontentement, mais il dit tout haut :

— Ce ne sera rien.

— Heuh ! grommela Malemort. Si ce n'est rien, pourrai-je demain retourner me battre?

— Je ne crois pas, dit Ambroise Paré qui sondait la plaie.

— Aïe ! mais vous me faites un peu mal, savez-vous? reprit Malemort.

— Pour cela, je le crois, dit le chirurgien; du courage, mon ami!

— Oh! j'en ai, fit Malemort. Après tout, jusqu'ici c'est fort tolérable. Sera-ce plus dur quand il faudra extirper ce damné tronçon ?

— Non, car le voici, dit Ambroise Paré triomphant, en élevant et montrant à Malemort le fer de lance qu'il venait d'extraire.

— Je vous suis bien obligé, monsieur le chirurgien, repartit poliment Malemort.

Un murmure d'admiration et d'étonnement accueillit le coup de maître d'Ambroise Paré.

— Quoi ! tout est fini ? dit Gabriel. Mais c'est un prodige !

— Il faut convenir aussi, reprit Ambroise en souriant, que le blessé n'était pas douillet.

— Ni l'opérateur maladroit, par la messe ! s'écria derrière les soldats un survenant, que dans l'anxiété générale personne n'avait vu entrer.

Mais, à cette voix bien connue, tous s'écartèrent respectueusement.

— Monsieur le duc de Guise ! dit Paré en reconnaissant le général en chef.

— Oui, maître, reprit le duc, monsieur de Guise qui est stupéfait et ravi de votre savoir-faire. Par Saint-François, mon patron ! j'ai vu là-bas tout à l'heure, à l'ambulance, des ânes bâtés de médecins qui, j'en jure, faisaient plus de mal à nos soldats avec leurs instruments que les Anglais avec leurs armes. Mais vous avez arraché ce pieu, vous, aussi aisément qu'un cheveu blanc. Et je ne vous connaissais pas ! Comment vous appelle-t-on, maître?

— Ambroise Paré, monseigneur, dit le chirurgien.

— Eh bien! maître Ambroise Paré, reprit le duc de Guise, je vous réponds que votre fortune est faite, à une condition toutefois.

— Et peut-on savoir laquelle, monseigneur?

— C'est que s'il m'arrive plaie ou bosse, ce qui est fort possible, et ces jours-ci plus que jamais, vous vous chargiez de moi et me traiteriez sans plus de façon et de cérémonie que ce pauvre diable-là.

— Monseigneur, je le ferais, dit Ambroise en s'inclinant. Tous les hommes sont égaux devant la souffrance.

— Hum ! reprit François de Lorraine, vous tâcherez donc, au cas que je vous dis, qu'ils le soient aussi devant la guérison.

— Monseigneur me permettra-t-il actuellement, dit le chirurgien, de fermer et de bander la plaie de cet homme. Tant d'autres blessés ont besoin de mes soins aujourd'hui !

— Faites, maître Ambroise Paré! reprit le duc. Faites sans vous occuper de moi. J'ai hâte moi-même de vous renvoyer délivrer le plus de patients possible des mains de nos Esculapes jurés. D'ailleurs, j'ai à m'entretenir avec monsieur d'Exmès.

Ambroise Paré se remit donc tout de suite au pansement de Malemort.

— Monsieur le chirurgien, je vous remercie de nouveau, lui dit le blessé. Mais, pardonnez-moi, j'ai encore un service à vous demander.

— Qu'est-ce que c'est, mon vaillant? demanda Ambroise.

— Voici, monsieur le chirurgien, reprit Malemort. Maintenant que je ne sens plus dans ma chair cet horrible bâton qui me gênait atrocement, il me semble que je dois être à peu près guéri?

— Oui, à peu près, dit Ambroise Paré tout en serrant les ligatures.

— Eh bien! alors, fit Malemort d'un ton simple et dégagé, voulez-vous avoir la bonté de dire à mon maître, à monsieur d'Exmès, que, si l'on se bat demain, je suis parfaitement en état de me battre.

— Vous battre demain ! s'écria Ambroise Paré, Ah çà ! mais vous n'y songez pas !

— Oh ! si fait ! j'y songe, reprit Malemort avec mélancolie.

— Mais, malheureux, dit le chirurgien, sachez que je vous ordonne huit jours de repos absolu, au moins huit jours de lit, huit jours de diète !

— Diète de nourriture, soit, reprit Malemort, mais pas diète de bataille, je vous en prie.

— Vous êtes fou ! continua Ambroise Paré; si vous vous leviez seulement, la fièvre vous prendrait, vous seriez perdu. J'ai dit huit jours, je n'en rabats pas une heure.

— Heuh ! beugla Malemort, dans huit jours le siége sera bâclé. Je ne me battrai donc jamais tout mon saoul.

— Voilà un rude gaillard ! dit le duc de Guise qui avait prêté l'oreille à ce singulier dialogue.

— Malemort est comme cela, reprit en souriant Gabriel, et je vous prierai même, monseigneur, de donner des ordres pour qu'on le transporte à l'ambulance et pour qu'on l'y surveille ; car s'il entend le bruit de quelque mêlée, il est capable de vouloir se lever malgré tout.

— Eh bien! rien de plus simple, fit le duc de Guise. Faites-le transporter vous-même par ses camarades.

— C'est que, monseigneur, reprit Gabriel avec quelque embarras, j'aurai peut-être besoin de mes hommes cette nuit.

— Ah ! fit le duc, en regardant le vicomte d'Exmès avec surprise.

— Si monsieur d'Exmès le désire, dit Ambroise Paré qui s'approcha après avoir terminé son pansement, je vais envoyer deux de mes aides avec un brancard pour prendre ce blessé batailleur.

— Je vous remercie et j'accepte, dit Gabriel. Je le recommande à votre attention la plus vigilante, n'est-ce pas !

— Heuh ! clama de nouveau Malemort avec désespoir.

Ambroise Paré sortit alors après avoir pris congé du duc de Guise. Les gens de monsieur d'Exmès, sur un signe de Martin-Guerre, se retirèrent tous à l'extrémité de la tente, et Gabriel put rester dans une sorte de tête-à-tête avec le général commandant le siége.

LV.

LES PETITES BARQUES SAUVENT LES GROS NAVIRES.

Quand le vicomte d'Exmès se trouva ainsi à peu près seul avec le duc de Guise, il commença en lui disant :

— Eh bien! êtes-vous content, monseigneur ?

— Oui, ami, répondit François de Lorraine, oui, content du résultat obtenu, mais, je l'avoue, inquiet du résultat à obtenir. C'est cette inquiétude qui m'a fait sortir de ma tente, errer par le camp, et venir chercher auprès de vous bon encouragement et bon conseil.

— Mais qu'y a-t-il donc de nouveau ? reprit Gabriel. L'événement a, ce me semble, dépassé toutes vos espérances. En quatre jours, vous voilà maître des deux boucliers de Calais. Les défenseurs de la ville même et du Vieux-Château ne tiendront pas maintenant plus de quarante-huit heures.

— C'est vrai, dit le duc, mais ils tiendront quarante-huit heures, et cela suffit pour nous perdre et les sauver.

— Oh ! monseigneur me permettra encore d'en douter, dit Gabriel.

— Non, ami, ma vieille expérience ne me trompe point, reprit le duc de Guise. A moins d'un coup de fortune imprévu, d'une chance hors des calculs humains, notre entreprise est manquée. Croyez-moi quand je vous le dis.

— Et comment cela? demanda Gabriel avec un sourire qui répondait mal à la tristesse d'une telle confidence.

— Je vais vous le démontrer en deux mots, et sur votre plan même. Suivez-moi bien.

— Je suis tout attention, dit Gabriel.

— La tentative étrange et hasardeuse où votre jeune ardeur a entraîné ma prudente ambition, reprit le duc, n'avait d'issue possible que par l'isolement et l'étonnement de la garnison anglaise. Calais était imprenable, soit, mais n'était pas insurpassable. C'est d'après cette idée que nous avons raisonné notre folie, n'est-il pas vrai?

— Et jusqu'à présent, reprit Gabriel, les faits n'ont pas trop donné tort à nos calculs.

— Non, sans doute, dit le duc de Guise, et vous avez prouvé, Gabriel, que vous saviez aussi bien juger les hommes que voir les choses, et que vous aviez étudié le cœur du gouverneur de Calais aussi habilement que l'intérieur de sa ville. Lord Wentworth n'a démenti aucune de vos conjectures. Il a cru que ses neuf cents hommes et ses redoutables avant-postes suffiraient pour nous faire repentir de notre audacieuse équipée. Il nous a estimé trop peu pour s'alarmer, et n'a pas daigné appeler à son secours une seule compagnie, ni sur le continent ni en Angleterre.

— J'avais été à même, dit Gabriel, de préjuger comment son dédaigneux orgueil se comporterait en pareille circonstance.

— Aussi, reprit le duc de Guise, avons-nous, grâce à cette outrecuidance, emporté le fort Saint-Agathe presque sans coup férir, et le fort de Nieullay par trois jours de lutte heureuse.

— Si bien qu'à présent, dit joyeusement Gabriel, les Anglais ou les Espagnols venant secourir, du côté de la terre, leur compatriote ou leur allié, trouveraient, au lieu des canons de lord Wentworth pour les seconder, les batteries du duc de Guise pour les écraser.

— Ils s'en défieront et ne s'approcheront qu'à distance, reprit en souriant François de Guise, que gagnait la bonne humeur du jeune homme.

— Eh bien, n'avons-nous pas conquis là un point important? reprit Gabriel.

— Sans doute, sans doute, dit le duc; mais ce n'est malheureusement pas le seul, ce n'est même pas le plus important. Nous avons fermé aux auxiliaires extérieurs de Calais un des chemins qu'ils pouvaient prendre, une des portes de la place. Mais il leur reste une autre porte, un second chemin.

— Lequel donc, monseigneur? demanda Gabriel, qui feignait de chercher.

— Jetez les yeux sur cette carte, refaite par le maréchal Strozzi, d'après le plan que vous nous aviez remis, dit le général en chef. Calais peut être secouru par deux extrémités: par le fort de Nieullay qui défend les chaussées et avenues de terre.

— Mais qui les défend pour nous à présent, interrompit Gabriel.

— Sans doute, reprit le duc de Guise; mais là, du côté de la mer, protégé par l'Océan, les marais et les dunes, il y a, voyez, le fort de Risbank ou, si vous l'aimez mieux, la tour Octogone; le fort de Risbank, qui commande tout le port et qui l'ouvre et le ferme aux navires. Qu'un avertissement en partie pour Douvres, en quelques heures les vaisseaux anglais amènent assez de renforts et de vivres pour assurer la place pendant des années. Ainsi, le fort de Risbank garde la ville, et la mer garde le fort de Risbank. Or, savez-vous, Gabriel, ce qu'a fait après son échec de tantôt, fait à cette heure lord Wentworth?

— Parfaitement, répondit avec calme le vicomte d'Exmès. Lord Wentworth, sur l'avis unanime de son conseil, expédie en toute hâte à Douvres un avertissement jusqu'ici trop retardé, et compte recevoir demain, à pareille heure, les renforts qu'il reconnaît enfin nécessaires.

— Après? vous n'achevez pas? dit monsieur de Guise.

— Mais j'avoue, monseigneur, que je ne vois pas beaucoup plus loin, reprit Gabriel. Je n'ai pas la prescience de Dieu.

— Il suffit ici de la prévoyance d'un homme, reprit François de Lorraine, et, puisque la vôtre s'arrête à moitié chemin, je continuerai pour elle.

— Que monseigneur veuille donc m'apprendre ce qui, selon lui, adviendra, dit Gabriel en s'inclinant.

— C'est fort simple, reprit monsieur de Guise. Les assiégés, secourus au besoin par l'Angleterre entière, pourront, dès demain, nous opposer, au Vieux-Château, des forces supérieures, des forces désormais invincibles. Si néanmoins nous tenons bon, d'Ardres, de Ham, de Saint-Quentin, tout ce qui se trouve d'Espagnols et d'Anglais en France va s'amasser, comme la neige hivernale, aux environs de Calais. Puis, quand ils se jugeront assez nombreux, ils nous assiégeront à leur tour. J'admets qu'ils ne reprennent pas tout de suite le fort de Nieullay, ils finiront bien par reprendre celui de Sainte-Agathe. Ce sera assez pour nous foudroyer entre deux feux.

— Une telle catastrophe serait épouvantable en effet, dit paisiblement Gabriel.

— Elle n'est que trop probable pourtant! reprit le duc de Guise, qui serrait sa main contre son front avec découragement.

— Mais, dit le vicomte d'Exmès, vous n'avez pas été, monseigneur, sans songer aux moyens de la prévenir, cette catastrophe terrible?

— Je ne songe qu'à cela, parbleu! dit le duc de Guise.

— Ah! Eh bien? demanda négligemment Gabriel.

— Eh bien! la seule chance, chance trop précaire, hélas! qui nous reste, c'est, je crois, de donner demain au Vieux-Château, en tout état de choses, un assaut désespéré. Rien ne sera prêt comme il faut sans doute, quoique l'on doive pousser cette nuit les travaux avec toute l'activité possible. Mais il n'y a pas d'autre parti à prendre, et cela ne sera pas moins fou encore que d'attendre l'arrivée des renforts d'Angleterre. La *furie française*, comme ils disent en Italie, viendra peut-être à bout, dans son impétuosité prodigieuse, de ces inabordables murailles.

— Non, elle s'y brisera repartit froidement Gabriel. Pardonnez-moi, monseigneur, mais il me semble que l'armée de France n'est, en ce moment, ni assez forte ni assez faible pour l'aventurer ainsi dans l'impossible. Une responsabilité terrible pèse sur vous, monseigneur. Il est vraisemblable qu'après avoir perdu la moitié de notre monde, nous serions finalement repoussés. Que compte faire alors le duc de Guise?

— Ne pas s'exposer du moins à une ruine totale, à un échec complet, dit douloureusement François de Lorraine, retirer de ces murs maudits les troupes qui me resteront, et les conserver pour de meilleurs jours au roi et à la patrie.

— Le vainqueur de Metz et de Renty battre en retraite! s'écria Gabriel.

— Cela vaut toujours mieux que de s'obstiner dans la défaite, comme le connétable à la journée de Saint-Laurent, dit le duc de Guise.

— N'importe! reprit Gabriel, le coup serait désastreux et pour la gloire de la France et pour la réputation de monseigneur.

— Eh! qui le sait mieux que moi! s'écria le duc de Guise. Voilà ce que c'est que le succès et que la fortune! Si j'avais réussi, j'eusse été un héros, un grand génie, un demi-dieu. J'échoue, et je ne serai plus qu'un esprit présomptueux et vain qui méritera la honte de sa chute. La même tentative qu'on eût appelée grandiose et surprenante, si elle eût heureusement abouti, va m'attirer les huées de l'Europe, et ajourner, ou même détruire dans leur germe, tous mes projets et toutes mes espérances. A quoi tiennent les pauvres ambitions de ce monde!...

Le duc se tut, consterné. Il y eut un assez long silence que Gabriel, à dessein, se garda d'interrompre.

Il voulait laisser monsieur de Guise mesurer de son œil expert les terribles difficultés de sa situation.

Puis, quand il jugea que le duc les avait de nouveau bien sondées, il reprit :

— Je vous vois, monseigneur, dans un de ces momens de doute qui, au milieu même des plus grandes œuvres, saisissent les plus grands ouvriers. Un mot cependant. Ce n'est pas certainement un génie supérieur, un capitaine consommé comme celui auquel j'ai l'honneur de parler, qui a pu s'engager à la légère dans une entreprise aussi grave que celle-ci. Les moindres détails, les éventualités les plus improbables en ont été prévus dès Paris, dès le Louvre. Vous avez dû trouver d'avance des dénouemens à toutes les péripéties et des remèdes à tous les maux. Comment se fait-il que vous hésitiez et cherchiez encore ?

— Mon Dieu ! dit le duc de Guise, votre enthousiasme et votre assurance juvéniles m'ont, je crois fasciné et aveuglé, Gabriel.

— Monseigneur !... reprit le vicomte d'Exmès avec reproche.

— Oh ! ne vous blessez pas, je ne vous en veux point, ami ! j'admire toujours votre idée qui était grande et patriotique. Mais la réalité aime justement à tuer les beaux rêves. Néanmoins, je m'en souviens bien, je vous avais posé mes objections sur cette même extrémité où nous voilà, et vous aviez détruit ces objections.

— Et comment, s'il vous plaît, monseigneur ? demanda Gabriel.

— Vous m'aviez promis, dit le duc de Guise, que si nous nous rendions maîtres en peu de jours des deux forts de Sainte-Agathe et de Nieullay, les intelligences que vous aviez dans la place mettraient, dans nos mains le fort de Risbank, et qu'ainsi Calais ne pourrait plus être secouru ni par mer, ni par terre. Oui, Gabriel, je me le rappelle, et vous devez vous le rappeler aussi, vous m'aviez promis cela.

— Eh bien !... dit le vicomte d'Exmès, sans paraître troublé le moins du monde.

— Eh bien ! reprit le duc, vos espérances vous ont menti, n'est-ce pas ? vos amis de Calais n'ont pas tenu parole, c'est l'usage. Ils ne sont pas encore certains de notre victoire, et ils ont peur, et ils ne se montreront que si nous n'avons plus besoin d'eux.

— Excusez-moi, monseigneur ; qui vous a dit cela ? demanda Gabriel.

— Mais, mon ami, votre silence même. L'instant est venu où vos auxiliaires secrets devraient nous servir et pourraient nous sauver. Ils ne bougent pas et vous vous taisez. J'en conclus que vous ne comptez plus sur eux, et qu'il faut renoncer à ce secours.

— Si vous me connaissiez mieux, monseigneur, reprit Gabriel, vous sauriez que je n'aime guère parler quand je puis agir.

— Eh quoi ? espérez-vous toujours ? dit le duc de Guise.

— Oui, monseigneur, puisque je vis, répondit Gabriel avec une expression mélancolique et grave.

— Ainsi le fort de Risbank ?...

— Vous appartiendra, si je ne suis mort, quand cela sera nécessaire.

— Mais, Gabriel, ce serait nécessaire demain, demain au matin !

— Nous l'aurons donc demain, au matin ! répondit avec calme Gabriel, à moins, je le répète, que je ne succombe ; mais alors vous ne pourrez pas reprocher un manque de parole à celui qui aura donné sa vie pour tenir sa promesse.

— Gabriel, dit le duc de Guise, qu'allez-vous faire ? braver quelque danger mortel, courir quelque chance insensée ? Je ne veux pas je ne veux pas ! La France n'a que trop besoin d'hommes tels que vous.

— Ne vous inquiétez de rien, monseigneur, reprit Gabriel. Si le péril est grand le but est grand aussi, et la partie vaut bien les risques qu'elle entraîne. Ne pensez qu'à profiter du résultat, et laissez-moi maître des moyens. Je ne réponds que de moi, et vous répondez de tous.

— Que pourrais-je faire pour vous seconder du moins ? dit le duc de Guise. Quelle part me laissez-vous dans vos desseins ?

— Monseigneur, reprit Gabriel, si vous ne m'aviez fait la grâce de venir ce soir sous cette tente, mon intention était d'aller vous trouver dans la vôtre et de vous adresser une requête...

— Parlez, parlez ! dit vivement François de Lorraine.

— Demain, 5 du mois, au point du jour, monseigneur, c'est-à-dire sur les huit heures, les nuits sont longues en janvier, veuillez poster quelqu'un de sûr à ce promontoire d'où l'on voit le fort de Risbank. Si le drapeau anglais continue d'y flotter, hasardez l'assaut désespéré que vous aviez résolu, car j'aurai échoué, en d'autres termes je serai mort.

— Mort ! s'écria le duc de Guise. Vous voyez bien, Gabriel, que vous allez vous perdre.

— N'employez pas, en ce cas, votre temps à me regretter, monseigneur, dit le jeune homme. Que seulement tout soit prêt et animé pour votre dernier effort, et je prie Dieu qu'il vous soit donné d'y réussir. Allez ! que tout marche et combatte ! Les secours d'Angleterre ne pourront arriver avant midi ; vous aurez quatre heures d'héroïsme pour prouver, avant de battre en retraite, que les Français sont intrépides autant que prudens.

— Mais vous, Gabriel, reprit le duc, répétez-moi du moins que vous avez quelques chances de succès.

— Oui, j'en ai, rassurez-vous, monseigneur. Aussi, restez calme et patient comme un homme fort que vous êtes. Ne donnez pas trop vite le signal d'un assaut trop précipité. Ne vous jetez pas, avant l'ordre de la nécessité, dans cette extrémité hasardeuse, Enfin ! vous n'aurez qu'à faire continuer tranquillement par monsieur le maréchal Strozzi et ses mineurs les travaux du siège, et vos soldats et artilleurs pourront attendre l'instant favorable pour l'assaut, si, à huit heures, on vous signale sur le fort de Risbank l'étendard de France.

— L'étendard de France sur le fort de Risbank ! s'écria le duc de Guise.

— Où sa vue, je pense, continua Gabriel, ferait immédiatement rebrousser chemin aux navires qui arriveraient d'Angleterre.

— Je le pense comme vous, dit monsieur de Guise. Mais, ami, comment ferez-vous ?...

— Laissez-moi mon secret, je vous en supplie, monseigneur, dit Gabriel. Si vous connaissiez mon dessein étrange, vous voudriez m'en détourner peut-être. Or, ce n'est plus l'heure de réfléchir et de douter. D'ailleurs, je ne compromets en tout ceci ni l'armée, ni vous. Les hommes qui sont là, les seuls que je veuille employer, sont tous des volontaires à moi, et vous vous êtes engagé à me laisser libre avec eux. Je désire accomplir mon projet sans aide, ou mourir.

— Et pourquoi cette fierté ? demanda le duc de Guise.

— Ce n'est point fierté, monseigneur, mais je veux payer de mon mieux la grâce inappréciable que vous avez bien voulu me promettre à Paris, et que vous vous rappelez, j'espère.

— De quelle grâce inappréciable parlez-vous, Gabriel ? dit le duc de Guise. Je passe pour avoir bonne mémoire, à l'endroit de mes amis surtout. Mais j'avoue à ma honte qu'ici je ne me souviens pas...

— Hélas ! monseigneur, reprit Gabriel, la chose est pourtant pour moi bien importante ! Voici en effet ce que j'avais sollicité de votre bonté : s'il vous devenait prouvé que, par l'exécution comme par l'idée, on me devait, à moi seul, la prise de Calais, je vous avais demandé, non point de m'en faire publiquement l'honneur, cet honneur vous revient à vous, chef de l'entreprise, mais seulement de déclarer au roi Henri II la part que j'aurais eue, sous vos ordres, dans cette conquête. Or, vous aviez bien voulu me laisser espérer que cette récompense me serait accordée.

— Quoi ! est-ce là cette faveur inouïe à laquelle vous faisiez allusion, Gabriel ? reprit le duc. Du diable si je m'en doutais ! Mais, mon ami, ce ne sera pas une récompense cela, ce sera une justice ; et, secrètement ou publiquement, à votre gré, je serai toujours prêt à reconnaître et attester comme je le dois vos mérites et vos services.

— Mon ambition ne va pas au-delà, monseigneur, dit Gabriel. Que le roi soit informé de mes efforts, il a dans les mains un prix qui vaudra pour moi tous les honneurs et tous les bonheurs du monde.

— Le roi saura donc tout ce que vous aurez fait pour lui, Gabriel. Mais moi ne puis-je rien de plus pour vous ?

— Si fait, monseigneur, j'ai encore quelques services à réclamer de votre bienveillance.

— Parlez, dit le duc.

— D'abord, reprit Gabriel, j'ai besoin du mot de passe pour pouvoir cette nuit, à quelque heure que ce soit, sortir du camp avec mes gens.

— Vous n'avez qu'à dire : *Calais et Charles*, les sentinelles vous livreront passage.

— Ensuite, monseigneur, dit Gabriel, et si je succombe et que vous réussissiez, j'ose vous rappeler que madame Diane de Castro, la fille du roi, est prisonnière de lord Wentworth, et a les droits les plus légitimes à votre courtoise protection.

— Je me souviendrai de mon devoir d'homme et de gentilhomme, répondit François de Lorraine. Après ?

— Enfin, monseigneur, dit le vicomte d'Exmès, je vais contracter cette nuit une dette considérable envers un pêcheur de ces côtes appelé Anselme. Si Anselme périt avec moi, j'ai écrit à maître Élyot, celui qui a soin de mes domaines, de pourvoir à la subsistance et au bien-être de sa famille privée désormais de soutien. Mais, pour plus de sûreté, monseigneur, je vous serais obligé de veiller à l'exécution de mes ordres.

— Ce sera fait, dit le duc de Guise. Est-ce tout ?

— C'est tout, monseigneur, reprit Gabriel. Seulement, si vous ne me revoyez plus, pensez parfois, je vous prie, à moi avec quelque regret, et parlez de moi avec quelque estime, soit au roi qui sera certainement content de ma mort, soit à madame de Castro qui en sera peut-être fâchée. Et maintenant je ne vous retiens plus, et vous dis adieu, monseigneur.

Le duc de Guise se leva.

— Chassez donc vos tristes idées, ami, dit-il. Je vous quitte pour vous laisser tout entier à votre mystérieux projet, et je conviens que jusqu'à demain huit heures je serai bien inquiet et ne dormirai guère. Mais ce sera surtout à cause de cette obscurité qui pour moi plane sur ce que vous allez faire. Quelque chose me dit que je vous reverrai, et que vous ne m'avez pas dit pas adieu, moi.

— Merci de l'augure, monseigneur ! dit Gabriel ; car, si vous me revoyez, ce sera dans Calais ville française.

— Et, en ce cas, reprit le duc de Guise, vous pourrez vous vanter d'avoir tiré d'un grand péril et l'honneur de la France, et le mien propre.

— Les petites barques, monseigneur, sauvent quelquefois les gros navires, dit en s'inclinant Gabriel.

Le duc de Guise, sur le seuil de la tente, serra une dernière fois, dans une accolade amicale, la main du vicomte d'Exmès, et rentra tout songeur à son logis.

VI.

OBSCURI SOLA SUB NOCTE...

Quand Gabriel revint à sa place, après avoir reconduit jusqu'à la porte monsieur de Guise, il fit de loin un signe à Martin-Guerre, qui se leva sur-le-champ et sortit, sans paraître avoir besoin d'autre explication.

L'écuyer rentra, un quart-d'heure après, accompagné d'un homme au teint hâve, et vêtu misérablement.

Martin s'approcha de son maître qui était retombé dans ses réflexions. Pour les autres compagnons, ils jouaient ou dormaient à qui mieux mieux.

— Monseigneur, dit Martin-Guerre, voici notre homme.

— Ah ! bien ! dit Gabriel. C'est vous qui êtes le pêcheur Anselme dont Martin-Guerre m'a parlé ? ajouta-t-il en s'adressant au nouveau venu.

— Je suis le pêcheur Anselme, oui, monseigneur, dit l'homme.

— Et vous savez, reprit le vicomte d'Exmès, le service que nous attendons de vous ?

— Votre écuyer me l'a dit, monseigneur, et je suis prêt.

— Martin-Guerre a dû cependant vous dire aussi, continua Gabriel, que dans cette expédition vous courriez avec nous risque de la vie.

— Oh ! reprit le pêcheur, cela il n'avait pas besoin de me le dire. Je le savais aussi bien et mieux que lui.

— Et pourtant vous êtes venu ? dit Gabriel.

— Me voilà tout à vos ordres, repartit Anselme.

— Bien ! ami, c'est le fait d'un vaillant cœur.

— Ou d'une existence perdue, reprit le pêcheur.

— Comment cela ? demanda Gabriel. Que voulez-vous dire ?

— Eh ! par Notre-Dame de Grâce ! fit Anselme, je brave tous les jours la mort pour rapporter quelque poisson, et bien souvent je ne rapporte rien. Il n'y a donc pas grand mérite à hasarder aujourd'hui ma peau hâlée pour vous, qui vous engagez, si je meurs ou si je vis, à assurer le sort de ma femme et de mes trois enfans.

— Oui, dit Gabriel, mais le danger que vous affrontez journellement est douteux et caché. Vous ne vous embarquez jamais par la tempête. Cette fois le péril est visible et certain.

— Ah ! reprit le pêcheur, il est sûr qu'il faut être un fou ou un saint pour s'aventurer sur la mer par une nuit pareille. Mais la chose vous regarde et je n'ai rien à y reprendre, si c'est votre idée. Vous m'avez payé d'avance ma barque et mon corps. Seulement vous devrez à la Sainte-Vierge une fameuse chandelle de vraie cire, si nous arrivons sains et saufs.

— Et une fois arrivés, Anselme, reprit Gabriel, votre tâche n'est pas finie. Après avoir ramé, vous devez, au besoin, vous battre, et faire œuvre de soldat après avoir fait œuvre de marin. Partant, il y a deux dangers pour un, ne l'oubliez pas.

— C'est bon, dit Anselme, ne me découragez pas trop. On vous obéira. Vous me garantissez la vie de ceux qui me sont chers. Je vous donne la mienne. Marché conclu, n'en parlons plus.

— Vous êtes un brave homme, reprit le vicomte d'Exmès. Pour votre femme et vos enfans, soyez tranquille, ils ne manqueront jamais de rien. J'ai écrit à mon intendant Élyot mes ordres à ce sujet, et monsieur le duc de Guise lui-même s'en occupera.

— C'est plus qu'il ne m'en faut, dit le pêcheur, et vous êtes plus généreux qu'un roi. Je ne ferai pas le finaud avec vous. Vous ne m'auriez donné que cette somme qui nous a, par ces temps si durs, tiré d'embarras, je ne vous aurais pas demandé mon reste. Mais si je suis content de vous, j'espère que vous le serez de moi.

— Voyons, reprit Gabriel, pourrons-nous bien tenir quatorze dans votre barque ?

— Elle en a tenu vingt, monseigneur.

— Il vous faut des bras pour vous aider à ramer, n'est-ce pas ?

— Ah ! oui, par exemple ! dit Anselme. J'aurai déjà assez à faire au gouvernail et à la voile, si la voile peut tenir.

— Nous avons, dit Martin-Guerre, Ambrosio, Pilletrousse et Landry qui rameront comme s'ils n'avaient fait que cela toute leur vie, et moi-même je nage aussi bien avec du bois qu'avec mes bras.

— Oh ! bien, reprit gaîment Anselme, j'aurai l'air d'un patron huppé, j'espère, avec tant et de si bons compagnons à mon service ! Maître Martin ne m'a plus maintenant laissé ignorer qu'une chose, c'est le point précis où nous devons débarquer.

— Le fort de Risbank, répondit le vicomte d'Exmès.

— Le fort de Risbank! vous avez dit le fort de Risbank? s'écria Anselme avec stupéfaction.

— Eh! sans doute, dit Gabriel, qu'avez-vous à objecter à cela?

— Rien, reprit le pêcheur, sinon que l'endroit n'est guère abordable, et que, pour ma part, je n'y ai jamais jeté l'ancre. C'est tout rocher.

— Refusez-vous de nous conduire? dit Gabriel.

— Ma foi! non, et, quoique je connaisse mal ces parages-là, je ferai de mon mieux. Mon père, qui était comme moi pêcheur de naissance, avait coutume de dire : Il ne faut vouloir régenter ni le poisson ni la pratique. Je vous mènerai au fort de Risbank, si je puis. Une jolie promenade que nous ferons là!

— A quelle heure faudra-t-il nous tenir prêts? demanda Gabriel.

— Vous voulez arriver à quatre heures, je crois? reprit Anselme.

— De quatre à cinq, pas plus tôt.

— Eh bien! du lieu dont nous partons afin de n'être pas vus et de n'exciter nul soupçon, il faut compter, à vue de nez, deux heures de navigation : l'essentiel est de ne pas nous fatiguer inutilement en mer. Puis, pour se rendre d'ici à la crique, calculons une heure de marche.

— Nous quitterions alors le camp à une heure après minuit, dit Gabriel.

— C'est cela, répondit Anselme.

— Je vais donc à présent avertir mes hommes, reprit le vicomte d'Exmès.

— Faites, monseigneur, dit le pêcheur. Je vous demanderai seulement la permission de dormir jusqu'à une heure un somme avec eux. J'ai fait mes adieux chez nous ; la barque nous attend soigneusement cachée et solidement amarrée: je n'ai donc plus rien qui m'appelle dehors.

— Reposez-vous, vous avez raison, Anselme, dit Gabriel; vous aurez assez de fatigue cette nuit. Martin-Guerre, préviens les compagnons maintenant.

— Hé! vous autres, les joueurs et les dormeurs! cria Martin-Guerre.

— Quoi? Qu'est-ce qu'il y a? dirent-ils en se levant et s'approchant.

— Remerciez monseigneur. Il y a expédition particulière à une heure, dit Martin.

— Bon! très bien! parfait! répondirent en chœur unanime les soudards.

Malemort mêlait aussi son hourrah de joie à ces marques non équivoques de satisfaction.

Mais, dans le moment, entrèrent quatre aides d'Ambroise Paré, annonçant qu'ils venaient chercher le blessé pour le transporter à l'ambulance.

Malemort se mit à jeter les hauts cris.

En dépit de ses protestations et de sa résistance, on le plaça et on le maintint sur un brancard. Il adressa vainement à ses camarades les plus durs reproches, appelant même déserteurs et traîtres ces lâches qui allaient se battre sans lui. On ne tint compte de ses injures, et on l'emporta maugréant et jurant.

— Il nous reste actuellement, dit Martin-Guerre, à régler toutes nos dispositions et à assigner à chacun son rôle et son rang.

— Quelle espèce de besogne aurons-nous à faire? demanda Pilletrousse.

— Il s'agit d'une sorte d'assaut, répondit Martin.

— Oh! alors, c'est moi qui monte le premier! s'écria Yvonnet.

— Soit! dit l'écuyer.

— Non, c'est injuste! réclama Ambrosio. Yvonnet accapare toujours la première place au danger. On dirait qu'il n'y en a que pour lui, vraiment!

— Laissez faire, dit le vicomte d'Exmès intervenant. Dans l'ascension périlleuse que nous allons tenter, celui qui montera le premier sera le moins exposé, je pense. La preuve en est que je veux monter le dernier, moi!

— Alors, Yvonnet est volé! reprit Ambrosio en riant.

Martin-Guerre désigna à chacun son numéro d'ordre, soit pour la marche, soit dans la barque, soit à l'assaut. Ambrosio, Pilletrousse et Landry furent avertis qu'ils auraient à ramer. On prévit enfin tout ce qui pouvait être prévu, afin d'éviter autant que possible les malentendus et la confusion.

Lactance prit un instant Martin Guerre à part.

— Pardon, lui dit-il, croyez-vous que nous ayons à tuer?

— Je ne sais pas au juste; mais c'est fort possible, répondit Martin.

— Merci, reprit Lactance, en ce cas, je vais toujours me mettre en avance dans mes prières pour trois ou quatre morts et autant de blessés.

Quand tout fut réglé, Gabriel engagea ses gens à prendre une heure ou deux de repos. Il se chargeait de les réveiller lui-même lorsqu'il le faudrait.

— Oui, je dormirai volontiers un peu dit Yvonnet ; car mes pauvres nerfs sont horriblement excités ce soir, et j'ai tant besoin d'être dispos et frais quand je me bats!

Au bout de quelques minutes, on n'entendait plus sous la tente que les ronflemens réguliers des soudards et les monotones patenôtres de Lactance.

Encore ce dernier bruit s'éteignit-il bientôt. Lactance s'assoupit aussi, vaincu par le sommeil.

Gabriel seul veillait et pensait.

Vers une heure, il éveilla sans bruit et un à un ses hommes. Tous se levèrent et s'armèrent en silence. Puis, ils sortirent doucement de la tente et du camp.

Aux mots *Calais et Charles* prononcés à voix basse par Gabriel, les sentinelles les laissèrent passer sans obstacle.

La petite troupe, guidée par le pêcheur, s'avança alors par la campagne, le long des côtes. Pas un ne prononçait un mot. On n'entendait que le vent qui pleurait et la mer qui dans le lointain se lamentait.

La nuit était noire et brumeuse. Personne ne se trouva sur le chemin de nos aventuriers. Mais, quand même ils eussent rencontré quelqu'un, on ne les eût pas vus peut-être, et si on les eût vus, à cette heure et par cette ombre, on les eût certainement pris pour des fantômes.

Dans l'intérieur de la ville, il y avait aussi quelqu'un qui, à ce moment, veillait encore.

C'était lord Wentworth le gouverneur.

Et cependant, comptant pour le lendemain sur les secours qu'il avait envoyé demander à Douvres, lord Wentworth s'était retiré chez lui pour prendre quelques instans de repos.

Il n'avait pas dormi, en effet, depuis trois jours, s'exposant, il faut le dire, aux endroits les plus périlleux avec une infatigable valeur, se multipliant sur tous les points où sa présence était nécessaire.

Le soir du 4 janvier, il avait encore visité la brèche du Vieux-Château, posé lui-même les factionnaires, passé en revue la milice urbaine chargée de la facile défense du fort de Risbank.

Mais, malgré sa fatigue, et bien que tout fût certain et tranquille, il ne pouvait dormir.

Une crainte vague, absurde, incessante, le tenait éveillé sur son lit de repos.

Toutes ses précautions étaient pourtant bien prises. L'ennemi ne pouvait matériellement pas tenter un assaut nocturne par une brèche aussi peu avancée que celle du Vieux Château. Quant aux autres points, ils se gardaient d'eux-mêmes par les marais et par l'Océan.

Lord Wentworth se répétait tout cela mille fois, et cependant il ne pouvait dormir.

Il sentait vaguement circuler dans la nuit autour de la ville un danger redoutable, un ennemi invisible.

Cet ennemi n'était pas, dans sa pensée, le maréchal Strozzi, ce n'était pas le duc de Nevers, ce n'était pas même le grand François de Guise.

Quoi! était-ce donc son ancien prisonnier que, de loin,

du haut des remparts, sa haine avait plusieurs fois reconnu dans la mêlée? Était-ce vraiment ce fou, ce vicomte d'Exmès, l'amoureux de madame de Castro?

Risible adversaire pour le gouverneur de Calais dans sa ville encore si formidablement gardée!

Cependant, lord Wentworth, quoiqu'il fît, ne pouvait ni maîtriser cet effroi indistinct, ni l'expliquer.

Mais il le sentait et ne dormait pas.

LXVII.

ENTRE DEUX ABIMES.

Le fort de Risbank, qu'à cause de ses huit pans on nommait aussi la tour Octogone, était bâti, comme nous l'avons dit, à l'entrée du port de Calais, en avant des dunes, et posait sa masse noire et formidable de granit sur une autre masse aussi sombre et aussi énorme de rocher.

La mer, quand elle était haute, venait briser ses lames contre le rocher, mais n'atteignait jamais aux dernières assises de la pierre.

Or, la mer était bien forte et bien menaçante dans la nuit du 4 au 5 janvier 1558, vers quatre heures du matin. Elle poussait de ces immenses et lugubres gémissemens qui la font ressembler à une âme toujours inquiète et toujours désolée.

A un moment, un peu après que la sentinelle de deux à quatre heures eût été remplacée, sur la plate-forme de la tour, par la sentinelle de quatre à six, une sorte de cri humain, comme échappé d'une bouche de cuivre, se mêla, mais distinctement, dans la raffale, à la plainte éternelle de l'Océan.

Alors on eut pu voir le nouveau factionnaire tressaillir, prêter l'oreille, et, après avoir reconnu la nature de ce bruit étrange, poser son arbalète contre la muraille. Ensuite, quand il se fut assuré que nul œil ne pouvait l'observer, il souleva d'un bras puissant sa guérite de pierre, et en tira un monceau de cordes formant une longue échelle à nœuds, qu'il assujétit fortement à des crampons de fer scellés dans les créneaux du fort.

Enfin, l'homme attacha solidement l'un à l'autre ces divers fragments de cordes, puis, les déroula par dessus les créneaux, et deux lourdes balles de plomb les firent bientôt descendre jusqu'au roc sur lequel le fort était assis.

L'échelle mesurait deux cent douze pieds de longueur et le fort de Risbank deux cent quinze.

A peine la sentinelle avait-elle achevé son opération mystérieuse, qu'une ronde de nuit parut au haut de l'escalier de pierre qui menait à la plate-forme.

Mais la ronde trouva le factionnaire debout près de sa guérite, lui demanda et reçut le mot de ralliement, et passa sans avoir rien vu.

La sentinelle, plus tranquille, attendit. Le premier quart de quatre heures était déjà passé.

Sur la mer, après plus de deux heures de lutte et d'efforts surhumains, une barque montée par quatorze hommes parvint enfin à aborder au rocher du fort de Risbank. Une échelle de bois fut dressée contre le rocher. Elle atteignait à une première excavation de la pierre où cinq à six hommes pouvaient se tenir debout.

Un à un et en silence, les hardis aventuriers de la barque gravirent cette échelle, et, sans s'arrêter à l'excavation, continuèrent à grimper, s'aidant seulement des pieds et des mains, et en profitant de tous les accidens du terrain.

Leur but était certainement d'arriver au pied de la tour, mais la nuit était noire, la roche était glissante; leurs ongles s'arrachaient, leurs doigts s'ensanglantaient sur la pierre. Le pied manqua à l'un d'eux, il roula sans pouvoir se retenir et tomba dans la mer.

Heureusement, le dernier des quatorze hommes était encore dans la barque, qu'il cherchait, mais inutilement, à amarrer avant de se confier à l'échelle.

Celui qui était tombé, et qui d'ailleurs en tombant avait eu le courage de ne pas pousser un seul cri, nagea vigoureusement vers la barque. L'autre lui tendit la main, et, malgré les impatiences de la barque mouvante sous ses pieds, eut la joie de le recueillir sain et sauf.

— Quoi! c'est toi Martin-Guerre? dit-il, croyant le reconnaître dans l'ombre.

— Moi-même, je l'avoue, monseigneur, répondit l'écuyer.

— Comment as-tu pu te laisser glisser, maladroit? reprit Gabriel.

— Il vaut encore mieux que cela soit arrivé à moi qu'à un autre, dit Martin.

— Et pourquoi?

— Un autre eût peut-être crié, dit Martin-Guerre.

— Allons! aide-moi, puisque te voilà, dit Gabriel, à passer cette corde derrière cette grosse racine. J'ai renvoyé Anselme avec les autres et j'ai eu tort.

— La racine ne tient guère, monseigneur, reprit Martin. Une secousse la brisera, et la barque sera perdue et nous avec.

— Il n'y a pas mieux à faire, répondit le vicomte d'Exmès. Ainsi agissons, ne parlons pas.

Quand ils eurent fixé la barque du mieux qu'ils purent;

— Monte, dit Gabriel à son écuyer.

— Après vous, monseigneur; qui vous tiendrait l'échelle?

— Monte donc, te dis-je! reprit Gabriel en frappant du pied avec impatience.

Le moment n'était pas propice aux discussions et cérémonies. Martin-Guerre grimpa jusqu'à l'excavation, et, arrivé là, maintint d'en haut, de toutes ses forces, le montant de l'échelle, tandis que Gabriel la gravissait à son tour.

Il avait le pied sur le dernier échelon, quand une vague violente secoua la barque, brisa le câble et emporta en pleine mer échelle et chaloupe.

Gabriel était perdu si Martin, au risque de se perdre avec lui, ne se fût penché vers l'abîme d'un mouvement plus prompt que la pensée, et n'eût saisi son maître au collet de son pourpoint. Ensuite, avec la vigueur du désespoir, le brave écuyer ramena à lui Gabriel, sans blessure comme lui, sur le rocher.

— Tu m'as sauvé à ton tour, mon vaillant Martin, reprit Gabriel.

— Oui, mais la barque est loin! reprit l'écuyer.

— Bah! comme dit Anselme, elle est payée! répondit Gabriel avec une insouciance qui voulait cacher son inquiétude.

— C'est égal! dit le prudent Martin-Guerre en hochant la tête, si votre ami ne se trouve pas en faction là-haut, si l'échelle ne pend pas à la tour ou se rompt sous notre poids, si la plate-forme est occupée par des forces supérieures, toute chance de retraite, tout espoir de salut nous est enlevé avec cette maudite barque.

— Eh bien, tant mieux! dit Gabriel, il nous faut maintenant réussir ou mourir.

— Soit! répondit Martin avec son indifférente et héroïque naïveté.

— Allons! reprit Gabriel, les compagnons doivent être arrivés au bas de la tour, puisque je n'entends plus de bruit. Il faut les rejoindre. Fais attention, Martin, à te bien tenir cette fois, et à ne jamais lâcher une main que lorsque l'autre sera fixée solidement.

— Soyez tranquille, je tâcherai, dit Martin.

Ils commencèrent leur périlleuse ascension, et, au bout de dix minutes, après avoir vaincu des difficultés et des dangers innombrables, ils rejoignirent leurs douze compagnons qui les attendaient, pleins d'anxiété, groupés sur le roc, au bas du fort de Risbank.

Le troisième quart de quatre heures s'était, et au-delà, écoulé.

Gabriel aperçut, avec une joie inexprimable, l'échelle de cordes qui pendait sur le rocher.

— Vous le voyez, amis, dit-il à voix basse à sa troupe, nous sommes attendus là-haut. Remerciez-en Dieu, car nous ne pouvons plus regarder en arrière : la mer a emporté notre barque. Donc, en avant ! et que Dieu nous sauve !

— Amen ! dit Lactance.

Il fallait que ce fussent véritablement des hommes déterminés ceux qui entouraient Gabriel ! En effet, l'entreprise, qui jusque-là était déjà bien téméraire, devenait presque insensée ; et pourtant, à la terrible nouvelle que toute retraite leur était interdite, pas un ne bougea.

Gabriel, à la lueur noire qui tombe du ciel le plus couvert, regarda attentivement leurs mâles visages et les trouva tous impassibles.

Ils répétèrent tous après lui :

— En avant !

— Vous vous souvenez de l'ordre convenu ? dit Gabriel. Vous passez le premier, Yvonnet, puis Martin-Guerre, puis chacun à la suite, à son rang désigné, jusqu'à moi, qui veux monter le dernier. La corde et les nœuds de cette échelle sont solides, j'espère !

— La corde est de fer, monseigneur, dit Ambrosio. Nous l'avons essayée, elle en porterait trente aussi bien que quatorze.

— Allons donc, mon brave Yvonnet, reprit le vicomte d'Exmès, tu n'as pas la part la moins dangereuse de l'entreprise. Marche, et du courage !

— Du courage, je n'en manque pas, monseigneur ! dit Yvonnet, surtout quand le tambour bat et le canon gronde. Mais je vous avoue que je n'ai pas plus l'habitude des assauts silencieux que de ces cordages flottans. Aussi suis-je bien aise de passer le premier, pour avoir derrière moi les autres.

— Prétexte modeste pour t'assurer le poste d'honneur ! dit Gabriel qui ne voulait pas s'engager dans une discussion dangereuse. Allons ! pas de phrases ! Quoique le vent et la mer couvent nos paroles, il faut faire et non dire. En avant, Yvonnet ! et souvenez-vous tous qu'au cent cinquantième échelon seulement il est permis de se reposer. Vous êtes prêts ! Le mousquet attaché sur le dos, l'épée aux dents ?... Regardez en haut et non en bas, et pensez à Dieu et non au danger. En avant !

Yvonnet mit le pied sur le premier échelon.

Quatre heures venaient de sonner ; une deuxième ronde de nuit venait de passer devant la sentinelle de la plateforme.

Alors, lentement et en silence, ces quatorze hommes intrépides se hasardèrent, l'un derrière l'autre, sur cette frêle échelle balancée au vent.

Ce ne fut tant que Gabriel, qui venait le dernier, resta à quelques pas du sol. Mais à mesure qu'ils avançaient, et que leur grappe vivante vacillait davantage, le péril prenait des proportions inouïes.

C'eût été un spectacle superbe et terrible que de voir, dans la nuit et dans la raffale, ces quatorze hommes taciturnes, ces quatorze démons escalader la noire muraille, au haut de laquelle était la mort possible, au bas de laquelle était la mort certaine.

Au cent cinquantième nœud, Yvonnet s'arrêta. Tous en firent autant.

Il était convenu qu'on se reposerait là, le temps de réciter chacun deux *Pater* et deux *Ave*.

Quand Martin-Guerre eut fini ses prières, il vit avec étonnement qu'Yvonnet ne bougeait pas. Il crut s'être trompé, et, se reprochant son trouble, recommença consciencieusement un troisième *Pater* et un troisième *Ave*.

Mais Yvonnet restait toujours immobile.

Alors, bien qu'on ne fût plus qu'à une centaine de pieds de la plate-forme, et qu'il devînt assez dangereux de parler, Martin-Guerre prit le parti de frapper sur les jambes d'Yvonnet et de lui dire :

— Avance donc !

— Non, je ne peux plus, dit Yvonnet d'une voix étranglée.

— Tu ne peux plus, misérable, et pourquoi ? demanda Martin frémissant.

— J'ai le vertige, dit Yvonnet.

Une sueur froide perla au front de Martin-Guerre.

Il resta une minute sans savoir à quoi se résoudre. Si le vertige prenait Yvonnet et qu'il se précipitât, tous étaient entraînés dans sa chute. Redescendre n'était pas moins chanceux. Martin se sentit incapable d'accepter une responsabilité quelconque dans cette effrayante conjoncture. Il se contenta de se pencher vers Anselme, qui le suivait, et de lui dire :

— Yvonnet a le vertige.

Anselme frémit comme avait frémi Martin, et dit à son tour à Scharfenstein son voisin :

— Yvonnet a le vertige.

Et chacun, retirant une minute son poignard d'entre ses dents, dit ainsi à celui qui venait après lui :

— Yvonnet a le vertige, Yvonnet a le vertige.

Jusqu'à ce qu'enfin la fatale nouvelle arrivât à Gabriel, qui pâlit et trembla à son tour en l'entendant.

LVIII.

ARNAULD DU THILL ABSENT EXERCE ENCORE SUR CE PAUVRE MARTIN-GUERRE UNE MORTELLE INFLUENCE.

Ce fut un moment d'angoisse terrible et de crise suprême.

Gabriel se voyait entre trois dangers. Au-dessous de lui, la mer mugissante semblait appeler sa proie de sa voix formidable. Devant lui, douze hommes effrayés, immobiles, ne pouvant plus reculer ni avancer, lui barraient pourtant par leur masse le chemin vers le troisième péril, les piques et les arquebuses anglaises qui les attendaient peut-être là-haut.

De toutes parts, sur cette échelle vacillante, s'offraient l'épouvante et la mort.

Heureusement, Gabriel n'était pas homme à hésiter longtemps, même entre des abîmes, et, en une minute, il eut pris son parti.

Il ne se demanda point si la main n'allait point lui échapper et s'il ne se briserait pas le crâne contre les rochers d'en bas. Il se souleva, en se cramponnant à la corde sur le côté, par la seule force de ses poignets, et passa successivement par-dessus les douze hommes qui le précédaient.

Grâce à sa prodigieuse vigueur de corps et d'âme, il arriva ainsi jusqu'à Yvonnet sans encombre, et put enfin poser ses pieds à côté de ceux de Martin-Guerre.

— Veux-tu avancer ? dit-il alors à Yvonnet d'une voix brève et impérieuse.

— J'ai... le vertige... répondit le malheureux dont les dents claquaient, dont les cheveux se hérissaient.

— Veux-tu avancer ? répéta le vicomte d'Exmès.

— Impossible !... dit Yvonnet. Je sens... que si mes pieds et mes mains... quittent les échelons qu'ils serrent .. je me laisserai tomber.

— Nous allons voir ! dit Gabriel.

Il s'éleva jusqu'à la ceinture d'Yvonnet et lui mit la pointe de son poignard dans le dos.

— Sens-tu la pointe de mon poignard, lui demanda-t-il.

— Oui, monseigneur, ah ! grâce ! j'ai peur, grâce !

— La lame est fine et acérée, poursuivit Gabriel avec un merveilleux sang-froid. Au moindre mouvement elle s'enfonce comme d'elle-même. Écoute bien, Yvonnet. Martin-Guerre va passer devant toi, et moi je resterai derrière. Si tu ne suis pas Martin, tu m'entends, si tu fais mine de broncher, je jure Dieu que tu ne tomberas pas et que tu ne feras pas tomber les autres ; car je te clouerai avec mon poignard contre la muraille, jusqu'à ce qu'ils aient tous passé sur ton cadavre.

— Oh! pitié! monseigneur! j'obéirai! s'écria Yvonnet, guéri d'une terreur par une autre plus forte.

— Martin, dit le vicomte d'Exmès, tu m'as entendu. Passe devant.

Martin-Guerre exécuta à son tour le mouvement qu'il avait vu faire à son maître, et se trouva dès lors le premier.

— Marche! dit Gabriel.

Martin se mit à monter bravement, et Yvonnet, que Gabriel, en ne se servant que de la main gauche et des pieds, menaçait toujours de son poignard, oublia son vertige et suivit l'écuyer.

Les quatorze hommes franchirent ainsi les cent cinquante derniers échelons.

— Parbleu! pensait Martin-Guerre à qui la bonne humeur revint quand il vit diminuer la distance qui le séparait du sommet de la tour, parbleu! monseigneur a trouvé là un remède souverain contre le vertige!

Il achevait cette joyeuse réflexion, lorsque sa tête se trouva au niveau du rebord de la plate-forme.

— Est-ce vous? demanda une voix inconnue à Martin.

— Parbleu! répondit l'écuyer d'un ton dégagé.

— Il était temps! reprit la sentinelle. Avant cinq minutes, la troisième ronde va passer.

— Bon! c'est nous qui la recevrons, dit Martin-Guerre. Et il posa victorieusement un genou sur le rebord de pierre.

— Ah! s'écria tout à coup l'homme du fort en cherchant à le mieux distinguer dans l'ombre, comment t'appelles-tu?

— Eh! Martin-Guerre...

Il n'acheva pas. Pierre Peuquoy, c'était bien lui, ne lui laissa pas poser l'autre genou, et, le poussant avec fureur de la paume de ses deux mains, le précipita dans l'abîme.

— Jésus! dit seulement le pauvre Martin-Guerre.

Et il tomba, mais sans crier, et se détournant, par un dernier et sublime effort, pour ne pas faire tomber avec lui ses compagnons et son maître.

Yvonnet qui le suivait, et qui, en sentant de nouveau le sol ferme sous ses pas, recouvra tout à fait son sang-froid et son audace, Yvonnet s'élança sur la plate-forme, et, après lui, Gabriel et tous les autres.

Pierre Peuquoy ne leur opposa aucune résistance. Il restait debout, insensible et comme pétrifié.

— Malheureux! lui dit le vicomte d'Exmès en le saisissant et le secouant par le bras. Quelle fureur insensée vous a pris? Que vous avait fait Martin-Guerre?

— A moi? rien, répondit l'armurier d'une voix sourde. Mais à Babette! à ma sœur!...

— Ah! j'avais oublié! s'écria Gabriel frappé. Pauvre Martin?... Mais ce n'est pas lui!... Ne peut-on le sauver encore.

— Le sauver d'une chute de plus de deux cent cinquante pieds sur le roc! dit Pierre Peuquoy avec un rire strident. Allez! monsieur le vicomte, vous ferez mieux, pour l'heure, de songer à vous sauver vous-même avec vos compagnons.

— Mes compagnons, et mon père, et Diane! se dit le jeune homme, rappelé par ces mots aux devoirs et aux périls de sa situation. — C'est égal! reprit-il tout haut, mon pauvre Martin!...

— Ce n'est pas le moment de pleurer le coupable! interrompit Pierre Peuquoy.

— Coupable! il était innocent, vous dis-je! je vous le prouverai. Mais l'instant n'est pas venu, vous avez raison. Voyons, êtes-vous toujours disposé à nous servir? demanda Gabriel à l'armurier avec quelque brusquerie.

— Je suis dévoué à la France et à vous, répondit Pierre Peuquoy.

— Eh bien! dit Gabriel, que nous reste-t-il à faire!

— Une ronde de nuit va passer, répondit le bourgeois. Il faudra garotter et bâillonner les quatre hommes qui la composent... Mais, ajouta-t-il, il n'est plus temps de les surprendre. Les voici!

Comme Pierre Peuquoy parlait encore, la patrouille urbaine débouchait en effet d'un escalier intérieur sur la plate-forme. Si elle donnait l'alarme, tout était perdu peut-être.

Heureusement, les deux Scharfenstein, oncle et neveu, qui étaient très curieux et très fureteurs de leur nature, rôdaient déjà de ce côté-là. Les hommes de la ronde n'eurent pas le temps de jeter un cri. Une large main, fermant tout à coup à chacun d'eux la bouche par derrière, les renversa de plus que le dos fort vigoureusement.

Pilletrousse et deux autres accourent, et, dès lors, purent sans peine bâillonner et désarmer le quatre miliciens stupéfaits.

— Bien engagé! dit Pierre Peuquoy. Maintenant, monseigneur, il faut s'assurer des autres sentinelles, et puis descendre hardiment aux corps-de-garde. Nous avons deux postes à emporter. Mais ne craignez point d'être accablés par le nombre. Plus de la moitié de la milice urbaine, pratiquée par Jean et par moi, est dévouée aux Français et les attend pour les seconder. Je vais descendre le premier pour avertir ces alliés de votre réussite. Occupez-vous, pendant ce temps, des factionnaires. Quand je remonterai, mes paroles auront fait déjà les trois quarts de la besogne.

— Ah! je vous remercierais, Peuquoy, dit Gabriel, si cette mort de Martin-Guerre... Et pourtant, ce crime n'était pour vous que justice!

— Encore une fois, laissez cela à Dieu et à ma conscience, monsieur d'Exmès, reprit gravement le rigide bourgeois. Je vous quitte. Agissez de votre côté, tandis que j'agirai du mien.

Tout se passa à peu près comme Pierre Peuquoy l'avait prévu. Les factionnaires appartenaient en grande partie à la cause des Français. Un seul qui voulut résister fut bientôt lié et mis hors d'état de nuire. Quant l'armurier remonta, accompagné de Jean Peuquoy et de quelques amis sûrs, tout le haut du fort de Risbank était déjà au pouvoir du vicomte d'Exmès.

Il s'agissait maintenant de se rendre maître des corps-de-garde. Avec le renfort qui lui amenaient les Peuquoy, Gabriel n'hésita pas à y descendre sur-le-champ.

On profita habilement du premier moment de surprise et d'indécision.

A cette heure matinale, la plupart de ceux qui tenaient pour les Anglais par leur naissance ou par leurs intérêts dormaient encore, en toute sécurité, sur leurs lits de camp. Avant qu'ils ne s'éveillassent, pour ainsi dire, ils étaient déjà garottés.

Le tumulte, car ce ne fut pas un combat, ne dura que quelques minutes. Les amis de Peuquoy criaient : Vive Henri II! Vive la France! Les neutres et les indifférens se rangèrent immédiatement, comme c'est la coutume, du côté du succès. Ceux qui essayèrent quelque résistance durent bientôt céder au nombre. Il n'y eut, en tout, que deux morts et cinq blessés, et l'on ne tira que trois coups d'arquebuse. Le pieux Lactance eut la douleur d'avoir sur son compte deux des blessés et un des morts. Par bonheur, il avait de la marge!

Six heures n'avaient pas sonné, que tout au fort de Risbank était soumis aux Français. Les récalcitrans et les suspects étaient enfermés en lieu sûr, et tout le reste de la garde urbaine entourait et saluait Gabriel comme un libérateur.

Ainsi fut emporté presque sans coup férir, en moins d'une heure, par un effort étrange et surhumain, ce fort que les Anglais n'avaient même pas songé à munir, tant la mer seule semblait puissamment le défendre! ce fort qui était cependant la clef du port de Calais, la clef de Calais même!

L'affaire fut si bien et si promptement menée que la tour de Risbank était prise et que le vicomte d'Exmès y avait placé de nouvelles sentinelles avec un nouveau mot d'ordre, sans qu'on en sût rien dans la ville.

— Mais tant que Calais ne se sera pas rendu aussi, dit Pierre Peuquoy à Gabriel, je ne regarde par notre tâche comme terminée. Aussi, monsieur le vicomte, je suis d'avis que vous gardiez Jean et la moitié de nos hommes pour maintenir le fort de Risbank, et que vous me laissiez rentrer dans la ville avec l'autre moitié. Nous y servirons, au besoin, les Français mieux qu'ici par quelque utile diversion. Après les cordes de Jean, il est bon d'utiliser les armes de Pierre.

— Ne craignez-vous pas, dit Gabriel, que lord Wentworth furieux ne vous fasse un mauvais parti?

— Soyez tranquille! reprit Pierre Peuquoy, j'agirai de ruse : avec nos oppresseurs de deux siècles, c'est de bonne guerre. S'il le faut, j'accuserai Jean de nous avoir trahis. Nous aurons été surpris par des forces supérieures, et contraints, malgré notre résistance, de nous rendre à discrétion. On aura chassé du fort ceux d'entre nous qui se seront refusé à reconnaître votre victoire. Lord Wentworth est trop bas dans ses affaires pour ne pas paraître nous croire et ne pas nous remercier.

— Soit! rentrez donc dans Calais, reprit Gabriel, vous êtes, je le vois, aussi adroit que brave. Et il est certain que vous pourrez m'aider si, par exemple, de mon côté, je tente quelque sortie.

— Oh! ne risquez pas cela, je vous y engage! dit Pierre Peuquoy. Vous n'êtes pas assez en force, et vous avez peu à gagner et tout à perdre à une sortie. Vous voilà à votre tour inattaquable derrière ces bonnes murailles. Restez-ici. Si vous preniez l'offensive, lord Wentworth pourrait bien vous regagner le fort de Risbank. Et après avoir tant fait, ce serait grand dommage de tout défaire.

— Mais quoi! reprit Gabriel, vais-je rester oisif et l'épée au côté, tandis que monsieur de Guise et tous les nôtres se battent et jouent leur vie?...

— Leur vie est à eux, monseigneur, et le fort de Risbank est à la France, répondit le prudent bourgeois. Ecoutez cependant : Quand je jugerai le moment favorable et qu'il ne faudra plus qu'un dernier coup décisif pour arracher Calais aux Anglais, je ferai soulever ceux que j'emmène et tous les habitans qui partagent mes opinions. Alors, comme tout sera mûr pour la victoire, vous pourrez sortir, pour nous donner un coup de main et pour ouvrir la ville au duc de Guise.

— Mais qui m'avertira que je puis me hasarder? demanda le vicomte d'Exmès.

— Vous m'allez rendre ce cor que je vous avais confié, dit Pierre Peuquoy, dont le son m'a servi à vous reconnaître. Quand, du fort de Risbank, on l'entendra de nouveau sonner, sortez sans crainte, et vous pourrez une seconde fois participer au triomphe que vous avez si bien préparé.

Gabriel remercia cordialement Pierre Peuquoy, choisit avec lui les hommes qui devaient rentrer dans la ville pour seconder les Français au besoin, et les accompagna gracieusement jusqu'aux portes de ce fort de Risbank dont ils étaient censés expulsés avec honte.

Quand ce fut fait, il était sept heures et demie, et le jour commençait à blanchir dans le ciel.

Gabriel voulut éveiller lui-même à ce que les étendards de France, qui devaient tranquilliser monsieur de Guise et épouvanter les vaisseaux anglais, fussent placés sur le fort de Risbank. Il monta en conséquence sur la plate-forme témoin des événemens de cette nuit terrible et glorieuse.

Il s'approcha, tout pâle, de l'endroit où l'échelle de cordes avait été attachée, et d'où le pauvre Martin-Guerre, victime de la plus fatale méprise, avait été précipité.

Il se pencha en frémissant, pensant apercevoir sur le roc le cadavre mutilé de son fidèle écuyer.

Mais son regard ne le trouva pas d'abord et dut le chercher, avec une surprise mêlée d'un commencement d'espoir.

Une gargouille de plomb, par où s'écoulaient les eaux pluviales de la tour, avait en effet arrêté le corps à moitié chemin dans sa chute formidable, et c'est là que Gabriel le vit suspendu, plié en deux, immobile.

Il le crut sans vie, au premier aspect. Mais il voulait du moins lui rendre les derniers devoirs.

Pilletrousse qui était là, pleurant, que Martin-Guerre avait toujours aimé, associa son dévouement à la pieuse pensée de son maître. Il se fit solidement attacher à l'échelle de cordes de la nuit et se risqua dans l'abîme.

Quand il remonta, non sans peine, le corps de son ami, on s'aperçut que Martin respirait encore.

Un chirurgien appelé constata aussi la vie, et le brave écuyer reprit en effet un peu connaissance.

Mais ce fut pour souffrir davantage. Martin-Guerre était dans un cruel état. Il avait un bras démis et une cuisse cassée.

Le chirurgien pouvait remettre le bras, mais il jugeait l'amputation de la jambe nécessaire et n'osait cependant prendre sur lui une opération aussi difficile.

Plus que jamais. Gabriel se dépitait d'être enfermé vainqueur dans le fort de Risbank. L'attente, qui était déjà bien pénible, devenait atroce.

Si l'on eût pu communiquer avec le maître-expert Ambroise Paré, Martin-Guerre était sauvé peut-être.

LIX.

LORD WENTWORTH AUX ABOIS.

Le duc de Guise, bien qu'avec la réflexion il ne pût croire au succès d'une entreprise aussi téméraire, voulut cependant s'assurer par lui-même si le vicomte d'Exmès avait ou non réussi. Dans la passe difficile où il se trouvait, on espère même l'impossible.

Avant huit heures, il arrivait donc à cheval, avec une suite peu nombreuse, à la falaise que lui avait indiquée Gabriel, et d'où l'on pouvait en effet, au moyen d'une longue-vue, apercevoir le fort de Risbank.

Au premier regard que le duc jeta dans la direction du fort, il poussa un cri de triomphe.

Il ne se trompait pas! Il reconnaissait bien l'étendard et les couleurs de France! Ceux qui l'entouraient lui affirmaient que ce n'était pas une illusion, et partageaient sa joie.

— Mon brave Gabriel! s'écria-t-il. Il est véritablement venu à bout de ce prodige! N'est-il pas supérieur à moi qui doutais? Maintenant nous avons, grâce à lui, tout loisir de préparer et d'assurer la prise de Calais. Viennent les secours d'Angleterre, c'est Gabriel qui se chargera de les recevoir!

— Monseigneur, il semble que vous les ayez appelés, dit un des suivans du duc qui, en ce moment, dirigeait la longue-vue du côté de la mer. Regardez, monseigneur, ne voilà-t-il pas à l'horizon les voiles anglaises?

— Elles auraient fait diligence! repartit monsieur de Guise. Voyons cela.

Il prit la lorgnette et regarda à son tour.

— Ce sont bien vraiment nos Anglais! dit-il. Diantre! ils n'ont pas perdu de temps, et je ne les attendais pas sitôt! Savez-vous que si, à cette heure, nous avions attaqué le Vieux-Château, l'arrivée subite de ces renforts nous eût joué un assez vilain tour. Double sujet de reconnaissance envers monsieur d'Exmès! Il ne nous donne pas seulement la victoire, il nous sauve la honte de la défaite. Mais, puisque nous ne sommes plus pressés, voyons comment les nouveaux venus vont se conduire, et comment, de son côté, le jeune gouverneur du fort de Risbank se comportera avec eux.

Il faisait tout à fait jour quand les vaisseaux anglais arrivèrent en vue du fort.

Le drapeau français leur apparut, comme un spectre menaçant, aux premières lueurs du matin.

Et, comme pour leur confirmer cette apparition inouïe, Gabriel les fit saluer de trois ou quatre coups de canon.

Il n'y avait donc pas à en douter! c'était bien l'étendard de France qui *ventelait* sur la tour anglaise. Il fallait donc que, comme la tour, la ville fût déjà au pouvoir des assiégeans. Les renforts, malgré leur grande hâte, arrivaient trop tard.

Après quelques minutes données à la surprise et à l'irrésolution, les vaisseaux anglais parurent s'éloigner peu à peu et retourner vers Douvres.

Ils amenaient bien des forces suffisantes pour secourir Calais mais non pour le reprendre.

— Vive Dieu! s'écria le duc de Guise ravi, parlez-moi de ce Gabriel! Il sait aussi bien garder qu'il sait conquérir! Il nous a mis Calais dans les mains, et nous n'avons plus qu'à le serrer pour tenir la belle ville.

Et, remontant à cheval, il revint tout joyeux au camp presser les travaux du siège.

Les événemens humains ont presque toujours une double face, et, quand ils font rire les uns, font pleurer les autres. Dans le même moment où le duc de Guise se frottait les mains, lord Wentworth s'arrachait les cheveux.

Après une nuit agitée, comme nous l'avons vu, de pressentimens sinistres, il s'était enfin endormi vers le matin, et sortait seulement de sa chambre quand les prétendus vaincus du fort de Risbank, Pierre Peuquoy à leur tête, apportèrent dans la ville la fatale nouvelle.

Le gouverneur n'en fut pour ainsi dire, informé que le dernier.

Dans sa douleur et sa colère, il ne pouvait en croire ses oreilles. Il ordonna que le chef de ces fugitifs lui fût amené.

On introduisit bientôt auprès de lui Pierre Peuquoy, qui entra l'oreille basse et avec une mine fort bien composée pour la circonstance.

Le rusé bourgeois raconta, tout terrifié encore, l'assaut de la nuit, et dépeignit les *trois cents* farouches aventuriers qui avaient escaladé tout à coup le fort de Risbank, aidés sans aucun doute par une trahison, que lui, Pierre Peuquoy, n'avait pas eu le temps d'approfondir.

— Mais qui commandait ces trois cents hommes? demanda lord Wentworth.

— Mon Dieu! votre ancien prisonnier, monsieur d'Exmès, répondit ingénuement l'armurier.

— Oh! mes songes éveillés! s'écria le gouverneur.

Puis, les sourcils froncés, frappé d'un souvenir inévitable :

— Eh! mais, dit-il à Pierre Peuquoy, monsieur d'Exmès, pendant son séjour ici, avait été votre hôte ce me semble?

— Oui, monseigneur, répondit Pierre sans se troubler. Aussi, ai-je tout lieu de croire, pourquoi vous le cacher? que mon cousin Jean, le tisserand, a trempé dans cette machination plus qu'il n'eût fallu.

Lord Wentworth regarda le bourgeois de travers. Mais le bourgeois regarda intrépidement lord Wentworth en face.

Comme sa hardiesse l'avait conjecturé, le gouverneur se sentait trop faible et savait Pierre Peuquoy trop puissant dans la ville pour laisser paraître ses soupçons.

Après lui avoir demandé quelques dernières informations, il le congédia avec des paroles tristes, mais amicales.

Resté seul, lord Wentworth tomba dans un accablement profond.

N'y avait-il pas de quoi! La ville, réduite à sa faible garnison, fermée désormais à tout secours venant de terre ou de mer, serrée entre le fort de Nieullay et le fort de Risbank, qui l'accablaient au lieu de la défendre, la ville ne pouvait plus tenir qu'un petit nombre de jours, ou peut-être même un petit nombre d'heures.

Horrible condition pour le superbe orgueil de lord Wentworth.

— N'importe! se dit-il tout bas à lui-même, pâle encore d'étonnement et de rage, n'importe! je leur vendrai cher leur victoire. Calais est maintenant à eux, c'est trop certain! mais enfin je m'y maintiendrai jusqu'au bout, et leur ferai payer une si précieuse conquête du plus de cadavres que je pourrai. Et quant à l'amoureux de la belle Diane de Castro...

Il s'arrêta, une pensée infernale éclaira d'une lueur de joie son visage sombre.

— Quant à l'amoureux de la belle Diane, reprit-il avec une sorte de complaisance, si je m'ensevelis, comme je le dois, comme je le veux, sous les ruines de Calais, nous tâcherons du moins qu'il n'ait pas trop à se réjouir de notre mort! et son rival agonisant et vaincu lui réserve aussi, qu'il y prenne garde! une effrayante surprise.

Là-dessus, il s'élança hors de son hôtel pour ranimer les courages et donner ses ordres. Raffermi et calmé, en quelque sorte, par je ne sais quel sinistre dessein, il déploya un sang-froid tel que son désespoir même rendit à plus d'un esprit hésitant l'espérance.

Il n'entre pas dans le plan de ce livre de raconter au long tous les détails du siège de Calais. François de Rabutin, dans ses *Guerres de Belgique*, vous les donnera dans toute leur prolixité.

Les journées du 5 et du 6 janvier se consumèrent en efforts également énergiques de la part des assiégeans et de la part des assiégés. Travailleurs et soldats agissaient des deux côtés avec le même courage et la même héroïque obstination.

Mais la belle résistance de lord Wentworth était paralysée par une force supérieure : le maréchal Strozzi, qui conduisait les travaux du siège, semblait deviner tous les moyens de défense et tous les mouvemens des Anglais, comme si les remparts de Calais eussent été transparens.

Il fallait que l'ennemi se fût procuré un plan de la ville! Ce plan, nous savons qui l'avait fourni au duc de Guise. Ainsi le vicomte d'Exmès, même absent, même oisif, était encore utile aux siens, et, comme le faisait remarquer monsieur de Guise dans sa reconnaissante équité, son influence salutaire exerçait ses effets même de loin.

Cependant, l'impuissance à laquelle il se trouvait réduit lui pesait bien lourdement, au bouillant jeune homme! Emprisonné dans sa conquête, il était obligé d'employer son activité à des soins de surveillance qu'il trouvait trop faciles et trop vite remplis.

Quand il avait fait sa ronde de toutes les heures avec cette attentive vigilance que lui avait apprise la défense de Saint-Quentin, il revenait d'ordinaire s'asseoir au chevet de Martin-Guerre pour le consoler et l'encourager.

Le brave écuyer endurait ses souffrances avec une patience et une égalité d'âme admirables. Mais ce qui l'étonnait et l'indignait douloureusement, c'était le méchant procédé dont Pierre Peuquoy avait cru devoir user à son égard.

La naïveté de son chagrin et de sa surprise, quand il s'interrogeait sur ce sujet obscur, eût dissipé les derniers soupçons que Gabriel aurait pu conserver encore sur la bonne foi de Martin.

Le jeune homme se décida donc à raconter à Martin-Guerre sa propre histoire, telle du moins qu'il la présumait d'après les apparences et ses conjectures : il était maintenant évident pour lui qu'un fourbe avait profité de sa merveilleuse ressemblance avec Martin pour commettre, sous le nom de celui-ci, toutes sortes d'actions vilaines et répréhensibles dont il se souciait peu d'accepter la responsabilité, et, aussi, pour accaparer sans doute tous les avantages et bénéfices qu'il avait pu détourner de son Sosie sur lui-même.

Cette révélation, Gabriel eut soin de la faire en présence de Jean Peuquoy. Jean s'affligeait et s'effrayait, dans sa conscience d'honnête homme, des suites de la fatale méprise. Mais il s'inquiétait surtout de celui qui les avait tous abusés. Qu'était ce misérable ? était-il marié aussi ? où se cachait-il ?...

Martin-Guerre, de son côté, s'épouvantait à l'idée d'une perversité si grande. Tout en se réjouissant de voir sa conscience déchargée d'un tas de méfaits qu'elle s'était si longtemps reprochés, il se désolait en pensant que son nom avait été porté et sa réputation compromise par un tel misérable. Et qui sait à quels excès le coquin se livrait encore, à l'abri de son pseudonyme, à cette heure même où Martin gisait à sa place sur un lit de douleur !

Ce qui surtout remplit de tristesse et de pitié le cœur du bon Martin-Guerre, ce fut l'épisode de Babette Peuquoy. Oh ! il excusait à présent la brutalité de Pierre. Non-seulement il lui pardonnait, mais il l'approuvait. Il avait très bien fait certainement de venger ainsi son honneur indignement outragé ! C'était à présent Martin-Guerre qui consolait et rassurait Jean Peuquoy consterné.

Le bon écuyer, dans ses félicitations au frère de Babette, n'oubliait qu'une chose, c'est qu'en somme c'était lui qui avait payé pour le vrai coupable.

Lorsque Gabriel, en souriant, le lui fit observer :

— Eh bien ! n'importe ! dit Martin-Guerre, je bénis encore mon accident ! du moins, si j'y survis, ma pauvre jambe boiteuse, ou encore mieux absente, servira à me distinguer de l'imposteur et du traître.

Mais, hélas ! cette médiocre consolation qu'espérait là Martin était encore fort problématique ; car survivrait-il ? le chirurgien de la garde urbaine n'en répondait pas. Il eût fallu les prompts secours d'un praticien habile, et deux jours allaient bientôt s'écouler sans que l'état alarmant de Martin-Guerre fût autrement soulagé que par quelques pansemens insuffisans.

Ce n'était pas là pour Gabriel un de ses moindres sujets d'impatience, et bien souvent, la nuit comme le jour, il se dressait et prêtait l'oreille pour écouter s'il n'entendrait pas ce son attendu du cor qui le devait tirer enfin de son oisiveté forcée. Mais nul bruit de ce genre ne venait varier le bruit lointain et monotone des deux artilleries d'Angleterre et de France.

Seulement, dans la soirée du 6 janvier, comme Gabriel, depuis trente-six heures déjà, en possession du fort de Risbank, il crut distinguer du côté de la ville un tumulte plus grand que de coutume et des clameurs inusitées de triomphe ou de détresse.

Les Français venaient, après une lutte des plus chaudes, d'entrer en vainqueurs au Vieux-Château.

Calais ne pouvait pas dorénavant résister plus de vingt-quatre heures.

Néanmoins, toute la journée du 7 se passa en efforts inouïs de la part des Anglais pour reprendre une position si importante et pour se maintenir sur les derniers points qu'ils possédaient encore.

Mais monsieur de Guise, loin de laisser l'ennemi reconquérir un pouce de terrain, en gagnait peu à peu sur lui ; si bien qu'il dovint bientôt évident que le lendemain ne verrait pas Calais sous la domination anglaise.

Il était trois heures de l'après-midi : lord Wentworth, qui ne s'était pas ménagé depuis sept jours, et qu'on avait constamment vu au premier rang, donnant la mort et la bravant, jugea qu'il ne restait guère aux siens que deux heures de force physique et d'énergie morale.

Alors, il appela lord Derby.

— Combien croyez-vous, lui demanda-t-il, que nous puissions tenir encore ?

— Pas plus de trois heures, je le crains, répondit tristement lord Derby.

— Mais vous répondriez de deux heures, n'est-ce pas ? reprit le gouverneur.

— Sauf quelque événement imprévu, j'en répondrais, dit lord Derby en mesurant le chemin que les Français avaient à faire encore.

— Eh bien ! ami, dit lord Wentworth, je vous confie le commandement et me retire. Si les Anglais, dans deux heures, mais pas avant, vous entendez ! si, dans deux heures, les nôtres n'ont pas la chance plus favorable, et cela n'est que trop probable, je vous permets, je vous ordonne même, pour mieux mettre votre responsabilité à couvert, de faire sonner la retraite et de demander à capituler.

— Dans deux heures, cela suffit, milord, dit lord Derby.

Lord Wentworth fit part à son lieutenant des conditions qu'il pouvait exiger et que le duc de Guise lui accorderait sans nul doute.

— Mais, lui fit remarquer lord Derby, vous vous oubliez dans ces conditions, milord. Je dois demander aussi à monsieur de Guise qu'il vous reçoive à rançon, n'est-ce pas ?

Un feu sombre brilla dans le morne regard de lord Wentworth.

— Non, non, reprit-il avec un singulier sourire, ne vous occupez pas de moi, ami. Je me suis assuré moi-même tout ce qu'il me faut, tout ce que je souhaite encore.

— Cependant... voulut objecter lord Derby.

— Assez ! dit le gouverneur avec autorité. Faites seulement ce que je vous dis, rien de plus. Adieu. Vous me rendrez ce témoignage en Angleterre que j'ai fait ce qu'il était humainement possible de faire pour défendre ma ville, et que je n'ai cédé qu'à la fatalité ? Pour vous, luttez aussi jusqu'au dernier moment, mais ménagez l'honneur et le sang anglais, Derby. C'est mon dernier mot. Adieu.

Et, sans vouloir en dire et en entendre davantage, lord Wentworth, après avoir serré la main de lord Derby, quitta le lieu du combat, et se retira seul dans son hôtel désert, en défendant, par les ordres les plus sévères, qu'on l'y suivît sous aucun prétexte.

Il était sûr d'avoir au moins deux heures devant lui.

LX

AMOUR DÉDAIGNÉ.

Lord Wentworth se croyait bien certain de deux choses : d'abord, il lui restait deux bonnes heures avant la reddition de Calais, et lord Derby ne demanderait assurément à capituler qu'après cinq heures. Ensuite, il allait trouver son hôtel entièrement vide ; car il avait eu la précaution d'envoyer aussi ses gens à la brèche depuis le matin. André, le page français de madame de Castro, avait été enfermé par ses ordres. Diane devait être seule avec une ou deux femmes.

Tout était en effet désert et comme mort sur les pas de lord Wentworth rentrant chez lui, et, Calais, pareil à un corps dont la vie se retire, avait concentré sa dernière énergie à l'endroit où l'on combattait.

Lord Wentworth morne, farouche et, en quelque sorte, ivre de désespoir, alla droit au logement qu'occupait madame de Castro.

Il ne se fit pas annoncer à Diane, comme c'était son habitude, mais il entra brusquement, en maître, dans la chambre où elle se trouvait avec une des suivantes qu'il lui avait données.

Sans saluer Diane stupéfaite, ce fut à cette suivante qu'il s'adressa impérieusement :

— Vous, dit-il, sortez sur-le-champ ! Il se peut que les Français entrent dès ce soir dans la ville, et je n'ai le loisir ni le moyen de vous protéger. Allez retrouver votre père. C'est là votre place. Allez tout de suite, et dites aux deux ou trois femmes qui sont ici que je veux qu'elles en fassent autant sur l'heure.

— Mais, milord... objecta la suivante.

— Ah ! reprit le gouverneur en frappant du pied avec colère, n'avez-vous donc pas entendu que j'ai dit : Je veux !

— Pourtant, milord... voulut dire Diane à son tour.

— J'ai dit : Je veux ! madame, repartit lord Wentworth avec un geste inflexible.

La suivante, terrifiée, sortit.

— Je ne vous reconnais pas, milord, en vérité, reprit Diane après un silence plein d'angoisse.

— C'est que vous ne m'avez pas vu encore vaincu, madame, reprit lord Wentworth avec un amer sourire. Car vous avez été pour moi un excellent prophète de ruine et de malédiction, et j'étais en vérité un insensé de ne pas vous croire. Je suis vaincu, tout à fait vaincu, vaincu sans espoir et sans ressources. Réjouissez-vous !

— Le succès des Français est-il vraiment assuré à ce point? dit Diane qui avait bien de la peine à dissimuler sa joie.

— Comment ne serait-il point assuré, madame? Le fort de Nieullay, le fort de Risbank, le Vieux-Château sont en leur pouvoir. Ils peuvent prendre la ville entre trois feux. Allez ! Calais est bien à eux. Réjouissez-vous.

— Oh ! reprit Diane, c'est qu'avec un homme comme vous pour adversaire, milord, on doit n'être jamais certain de la victoire, et, malgré moi, oui, je l'avoue et vous me comprendrez, malgré moi, j'en doute encore.

— Eh ! madame, s'écria lord Wentworth, ne voyez-vous pas que j'ai déserté la partie ? Après avoir assisté jusqu'au bout à la bataille, ne voyez-vous pas que je n'ai pas voulu assister à la défaite, et que c'est pour cela que je suis ici ? Lord Derby dans une heure et demie va se rendre. Dans une heure et demie, madame, les Français entreront triomphans dans Calais, et le vicomte d'Exmès avec eux. Réjouissez-vous !

— C'est que, milord, vous dites cela d'un tel ton, qu'on ne sait pas si l'on doit vous croire, dit Diane, qui cependant commençait à espérer, et dont le regard, dont le sourire rayonnaient à cette pensée de délivrance.

— Alors pour vous persuader, madame, reprit lord Wentworth, car je tiens à vous persuader, je prendrai une autre manière, et je vous dirai : — Madame, dans une heure et demie, les Français entreront ici triomphans, et le vicomte d'Exmès avec eux. Tremblez !

— Que voulez-vous dire ? s'écria Diane pâlissante.

— Quoi ! ne suis-je pas assez clair? dit lord Wentworth en se rapprochant de Diane avec un rire menaçant. Je vous dis : — Dans une heure et demie, madame, nos rôles seront changés. Vous serez libre et je serai prisonnier. Le vicomte d'Exmès viendra vous rouvrir la liberté, l'amour, le bonheur, et me faire jeter, moi, dans quelque cul de basse fosse. Tremblez !

— Mais pourquoi dois-je trembler ? reprit Diane en reculant jusqu'au mur sous le sombre et ardent regard de cet homme.

— Mon Dieu ! c'est bien facile à comprendre, dit lord Wentworth. En ce moment, je suis le maître, je serai l'esclave dans une heure et demie, ou plutôt dans une heure un quart, car les minutes passent. Dans une heure un quart je serai en votre pouvoir ; à présent vous êtes au mien. Dans une heure un quart, le vicomte d'Exmès sera ici ; dans ce moment, c'est moi qui y suis. Donc, réjouissez-vous et tremblez, madame!

— Milord ! milord ! s'écria la pauvre Diane repoussant palpitante lord Wentworth, que voulez-vous de moi ?

— Ce que je veux de toi ? toi ! dit le gouverneur d'une voix sourde.

— Ne m'approchez pas! ou je crie, j'appelle, et je vous déshonore, misérable ! reprit Diane au comble de l'effroi.

— Crie et appelle, cela m'est bien égal, dit lord Wentworth avec une tranquillité sinistre. L'hôtel est désert, les rues sont désertes. Nul ne viendra à tes cris, du moins avant une heure. Vois : je n'ai pas même pris la peine de fermer portes ni fenêtres, tant je suis sûr qu'on ne viendra pas avant une heure.

— Mais dans une heure enfin on viendra, reprit Diane, et je vous accuserai, je vous dénoncerai, on vous tuera.

— Non, dit froidement lord Wentworth, c'est moi qui me tuerai. Crois-tu que je veuille survivre à la prise de Calais ! dans une heure je me tuerai, j'y suis résolu. Ne parlons pas de cela. Mais, auparavant, je veux te prendre à ton amant et satisfaire à la fois, dans une volupté terrible et suprême, et ma vengeance et mon amour. Allons ! la belle, vos refus et vos dédains ne sont plus de saison, je ne prie plus, j'ordonne ! je n'implore plus, j'exige !

— Et moi, je meurs ! s'écria Diane en tirant de son sein un couteau.

Mais, avant qu'elle eût le temps de se frapper, lord Wentworth s'était élancé vers elle, avait saisi ses petites mains frêles dans ses mains vigoureuses, lui avait arraché le couteau et l'avait jeté bien loin.

— Pas encore ! s'écria lord Wentworth avec un effrayant sourire. Je ne veux pas, madame, que vous vous frappiez encore. Après, vous ferez ce que vous voudrez, et, si vous aimez mieux mourir avec moi que de vivre avec lui, vous serez certainement libre. Mais maintenant, car il n'y a plus qu'une heure à présent, cette dernière heure de votre existence m'appartient ; je n'ai que cette heure pour me dédommager de l'éternité de l'enfer. Croyez donc bien que je n'y renoncerai pas.

Il voulut la saisir. Alors, défaillante, et sentant que ses forces lui échappaient, elle se jeta à ses pieds.

— Grâce ! milord, cria-t-elle, grâce ! je vous demande grâce et pardon à genoux. Par votre mère ! souvenez-vous que vous êtes un gentilhomme.

— Un gentilhomme ! reprit lord Wentworth en secouant la tête, oui, j'étais un gentilhomme et je me suis comporté en gentilhomme, ce me semble, tant que je triomphais, tant que j'espérais, tant que je vivais. Mais maintenant, je ne suis plus un gentilhomme, je suis tout simplement un homme, un homme qui va mourir et qui veut se venger.

Il releva madame de Castro, gisant à ses genoux, d'une étreinte effrénée. Le beau corps abandonné de Diane se meurtrissait à la peau de buffle de son ceinturon. Elle voulait prier, crier, elle ne pouvait plus.

En ce moment, il se fit un grand tumulte dans la rue.

— Ah ! cria seulement Diane dont l'œil éteint se ranima encore sur un peu d'espérance.

— Bon ! dit Wentworth avec un rire infernal, il paraît que les habitans commencent à se piller entre eux, en attendant les ennemis. Soit ! je trouve qu'ils font bien, ma foi ! c'est encore au gouverneur à leur donner ici l'exemple.

Il souleva Diane, comme il eût pu faire d'un enfant, et la porta pantelante et brisée par ses propres efforts sur un lit de repos qu'il y avait là.

— Grâce ! put-elle dire encore.

— Non ! non, reprit lord Wentworth. Tu es trop belle ! Elle s'évanouit...

Mais le gouverneur n'avait pas eu le temps de poser sa bouche sur les lèvres décolorées de Diane, quand, le tumulte se rapprochant, la porte s'ouvrit avec fracas.

Le vicomte d'Exmès, avec Pierre Peuquoy et trois ou quatre archers français parurent sur le seuil.

Gabriel bondit jusqu'à lord Wentworth, l'épée à la main, avec un cri terrible :

— Misérable !

Lord Wentworth, les dents serrées, saisit aussi son épée laissée sur un fauteuil.

— Arrière ! dit Gabriel aux siens qui allaient intervenir. Je veux être seul à châtier l'infâme.

Les deux adversaires, sans ajouter une parole, croisèrent le fer avec furie.

Pierre et Jean Peuquoy, et leurs compagnons, se rangèrent pour leur faire place, témoins muets mais non pas indifférens de ce combat mortel.

Diane était toujours étendue sans connaissance.

On a d'ailleurs deviné comment ce secours providentiel était arrivé à la prisonnière sans défense plus tôt que lord Wentworth ne s'y attendait.

Pierre Peuquoy, pendant les deux jours précédens, avait, selon sa promesse à Gabriel, excité et armé ceux qui tenaient secrètement avec lui pour le parti de la France. Or, la victoire n'étant plus douteuse, ceux-là étaient devenus naturellement assez nombreux. C'étaient, pour la plupart, des bourgeois avisés et prudens qui s'accordaient tous à penser que, puisqu'il n'y avait plus moyen de résister, le mieux était, après tout, de se ménager la meilleure capitulation possible.

L'armurier, qui ne voulait frapper qu'avec toute sûreté son coup décisif, attendit que sa troupe fût assez forte et le siége assez avancé pour ne pas courir le risque d'exposer gratuitement la vie de ceux qui s'étaient fiés à lui. Dès que le Vieux-Château fut pris, il avait résolu d'agir. Mais il n'avait pas pu réunir sans quelques retards ses conspirateurs disséminés. Ce fut seulement au moment où lord Wentworth venait de quitter la brèche que, derrière lui, le mouvement intérieur se manifesta.

Mais plus ce mouvement avait été lentement préparé, plus il fut irrésistible.

Et d'abord le son retentissant du cor de Pierre Peuquoy avait fait, comme par enchantement, se précipiter hors du fort de Risbank le vicomte d'Exmès, Jean, et la moitié de leurs hommes. Le faible détachement qui gardait la ville de ce côté fut promptement désarmé et la porte ouverte aux Français.

Puis, tout le parti des Peuquoy, grossi par ce renfort et enhardi par le premier et facile succès, s'élança vers la brèche, où lord Derby tâchait de tomber le plus honorablement possible.

Mais, quand cette sorte de révolte prit ainsi entre deux feux le lieutenant de lord Wentworth, que lui restait-il à faire? Le drapeau français était déjà entré dans Calais avec le vicomte d'Exmès. La milice urbaine soulevée, menaçait d'ouvrir elle-même les portes aux assiégeans. Lord Derby préféra se rendre tout de suite. Il ne faisait en somme qu'avancer un peu l'exécution des ordres laissés par le gouverneur, et une heure et demie de résistance inutile, quand même cette résistance ne fût pas devenue impossible, ne retirait rien à la défaite et pouvait ajouter au représailles.

Lord Derby envoya des parlementaires au duc de Guise.

C'était tout ce que demandaient pour le moment Gabriel et les Peuquoy. L'absence remarquée de lord Wentworth les inquiétait. Ils laissèrent donc la brèche, où retentissaient les derniers coups de feu, et, poussés par un secret pressentiment, prirent, avec deux ou trois soldats dévoués, le chemin connu de l'hôtel du gouverneur.

Toutes les portes étaient ouvertes, et ils pénétrèrent sans aucune difficulté jusqu'à la chambre de madame de Castro, où les entraînait Gabriel.

Il était temps! et l'épée brandie de l'amant de Diane s'étendit à propos sur la fille de Henri II pour la préserver du plus lâche des attentats.

Le combat de Gabriel et du gouverneur fut assez long. Les deux adversaires semblaient également experts aux choses de l'escrime. Ils montraient l'un et l'autre le même sang-froid dans la même fureur. Leurs fers s'enroulaient comme deux serpens et se croisaient comme deux éclairs.

Cependant, au bout de deux minutes, l'épée de lord Wentworth lui échappa des mains, enlevée par un vigoureux contre du vicomte d'Exmès.

Lord Wentworth voulut rompre pour éviter le coup, glissa sur le parquet et tomba.

La colère, le mépris, la haine et tous les sentimens voilens qui fermentaient au cœur de Gabriel n'y laissaient plus de place pour la générosité. Il n'avait pas de ménagemens à garder avec un pareil ennemi. Il fut à l'instant sur lui, l'épée levée sur sa poitrine.

Il n'était aucun des assistans de cette scène, émus d'une indignation si récente, qui eût voulu arrêter le bras vengeur.

Mais Diane de Castro, pendant ce combat, avait eu le temps de revenir de sa défaillance.

En rouvrant ses yeux appesantis, elle vit, elle comprit tout, et s'élança entre Gabriel et lord Wentworth.

Par une coïncidence sublime, le dernier cri qu'elle avait jeté en s'évanouissant fut le premier qu'elle poussa en ro prenant ses sens :

— Grâce !

Elle priait pour celui-là même qu'elle avait inutilement prié.

Gabriel, à l'aspect chéri de Diane, à l'accent de sa voix toute-puissante, ne sentit plus que sa tendresse et son amour. La clémence succéda tout à coup dans son âme à la rage.

— Vous voulez donc qu'il vive, Diane? demanda-t-il à la bien-aimée.

— Je vous en prie, Gabriel, dit-elle, ne faut-il pas qu'il ait le temps de se repentir !

— Soit ! dit le jeune homme, que l'ange sauve le démon, c'est son rôle.

Et, tout en maintenant toujours sous son genou vainqueur lord Wentworth furieux et rugissant :

— Vous autres, dit-il tranquillement aux Peuquoy et aux archers, approchez-vous et liez cet homme pendant que je le tiens. Puis, vous le jetterez dans la prison de son propre hôtel, jusqu'à ce que monsieur le duc de Guise ait décidé de son sort.

— Non, tuez-moi ! tuez-moi ! criait lord Wentworth en se débattant.

— Faites ce que je dis, poursuivit Gabriel sans lâcher prise. Je commence à croire que la vie le punira plus que la mort.

On obéit au vicomte d'Exmès, et lord Wentworth eut beau se démener, écumer et injurier, il fut en un instant bâillonné et garotté. Puis, deux ou trois hommes le prirent dans leurs bras et emportèrent, sans plus de cérémonie, l'ex-gouverneur de Calais.

Gabriel s'adressa alors à Jean Peuquoy, en présence de son cousin.

— Ami, lui dit-il, j'ai raconté devant vous à Martin-Guerre sa singulière histoire, et vous possédez maintenant les preuves de son innocence. Vous avez déploré la cruelle méprise qui a frappé l'innocent au lieu du coupable, et vous ne demandez, je le sais, qu'à soulager le plus vite possible la rude souffrance qu'il endure pour un autre en ce moment. Rendez-moi donc un service...

— Je devine, interrompit le brave Jean Peuquoy. Il faut, n'est-ce pas, que j'aille chercher et trouver cet Ambroise Paré qui doit sauver votre pauvre écuyer ? J'y cours, et, pour qu'il soit mieux soigné, je le ferai transporter sur-le-champ chez nous, si la chose peut se faire sans danger pour lui.

Pierre Peuquoy, stupéfait, regardait et écoutait Gabriel et son cousin, comme s'il eût été sous l'empire d'un rêve.

— Venez, Pierre, lui dit Jean, vous m'aiderez en tout ceci. Ah ! oui, vous êtes étonné, vous ne comprenez pas ; je vous expliquerai cela, chemin faisant, et vous convaincrai de ma conviction sans peine. Vous serez le premier ensuite, je vous connais, à vouloir réparer le mal que vous avez involontairement commis.

Là-dessus, après avoir salué Diane et Gabriel, Jean sortit, emmenant Pierre qui déjà le questionnait.

Quand madame de Castro demeura seule avec Gabriel, elle tomba à genoux par un premier mouvement de piété et de gratitude et, levant les yeux et les mains, en même temps vers le ciel et vers celui qui avait été l'instrument de son salut :

— Soyez béni, mon Dieu ! dit-elle. Soyez béni deux fois : pour m'avoir sauvée, et pour m'avoir sauvée par lui !

LXI.

AMOUR PARTAGÉ.

Puis, Diane se jeta dans les bras de Gabriel.

— Et vous, Gabriel, dit-elle, il faut aussi que je vous

remercie et que je vous bénisse. Dans le dernier éclair de ma pensée, j'invoquais mon ange sauveur, et vous êtes venu. Merci ! merci !

— Oh ! dit-il, Diane, que j'ai souffert depuis que je ne vous ai vue, et qu'il y a longtemps que je ne vous ai vue !

— Et moi donc ! s'écria-t-elle.

Ils se mirent alors à se raconter, avec des longueurs peu dramatiques, il faut en convenir, ce qu'ils avaient fait et senti, chacun de leur côté, pendant cette dure absence.

Calais, le duc de Guise, les vaincus, les vainqueurs, tout était oublié. Toutes les rumeurs et toutes les passions qui entouraient les deux amoureux ne parvenaient plus jusqu'à eux. Perdus dans leur monde d'amour et d'ivresse, ils ne voyaient plus, ils n'entendaient plus l'autre triste monde.

Quand on a subi tant de douleurs et tant d'épouvantes, l'âme s'affaiblit et s'amollit en quelque sorte par la souffrance, et, forte contre la peine, ne sait plus résister au bonheur. Dans cette tiède atmosphère de pures émotions, Diane et Gabriel se laissaient aller avec abandon aux douceurs, bien inaccoutumées depuis longtemps pour eux, du calme et de la joie.

A la scène d'amour violent que nous avons rapportée en succéda alors une autre, à la fois pareille et différente.

— Qu'on est bien près de vous, ami ! disait Diane. Au lieu de la présence de cet homme impie que je haïssais et dont l'amour me faisait peur, quelle ivresse que d'avoir votre présence rassurante et chérie !

— Et moi, reprit Gabriel, depuis notre enfance, où nous étions heureux sans le savoir, je ne me rappelle pas, Diane, avoir eu, dans ma pauvre vie agitée et isolée, un seul moment comparable à celui-ci !

Ils gardèrent un moment le silence, absorbés par une contemplation réciproque.

Diane reprit :

— Venez donc là vous asseoir près de moi, Gabriel : le croiriez-vous, ami ? cet instant qui nous réunit d'une façon si inespérée, je l'ai pourtant rêvé et presque prévu, dans ma captivité même. Il me semblait toujours que ma délivrance me viendrait de vous, et qu'en un danger suprême, ce serait vous, mon chevalier, que Dieu amènerait tout à coup pour me sauver.

— Pour moi, reprit Gabriel, c'est votre pensée, Diane, qui m'attirait à la fois comme un aimant et me guidait comme une lumière. L'avouerai-je à vous et à ma conscience ? bien que d'autres puissans mobiles eussent dû m'y pousser, je n'aurais peut-être pas conçu, Diane, cette idée, qui est mienne, de prendre Calais, je ne l'aurais pas exécutée par des moyens vraiment téméraires, si vous n'aviez été prisonnière ici, si l'instinct des périls que vous y couriez ne m'eût animé et encouragé. Sans l'espoir de vous secourir, sans l'autre intérêt sacré que ma vie poursuit aussi, Calais serait encore au pouvoir des Anglais. Pourvu que Dieu ne me punisse pas, dans son équité, de n'avoir voulu et fait le bien que dans des vues intéressées !

Le vicomte d'Exmès pensait en ce moment à la scène de la rue Saint-Jacques, à l'abnégation d'Ambroise Paré, et à cette rigide croyance de l'amiral, que le ciel veut des mains pures pour les causes pures.

Mais la voix aimée de Diane le rassura un peu en s'écriant :

— Dieu vous punir, vous, Gabriel ! Dieu vous punir d'avoir été grand et généreux !

— Qui sait ? dit-il, en interrogeant le ciel par un regard chargé d'une sorte de mélancolique pressentiment.

— Je sais, moi, reprit Diane avec son charmant sourire.

Elle était si ravissante en disant cela, que Gabriel, frappé de cet éclat, et distrait de toute autre pensée, ne put s'empêcher de s'écrier :

— Oh ! vous êtes belle comme un ange, Diane !

— Vous êtes vaillant comme un héros, Gabriel ! dit Diane.

Ils étaient assis tout près l'un de l'autre ; leurs mains, par hasard, se rencontrèrent et se pressèrent. La nuit commençait d'ailleurs à se faire.

Diane, la rougeur au front, se leva et fit quelques pas dans la chambre.

— Vous vous éloignez, vous me fuyez, Diane ! reprit tristement le jeune homme.

— Oh ! non, fit-elle vivement en se rapprochant. Avec vous, c'est bien différent ! Je n'ai pas peur, ami !

Diane avait tort : le danger était autre ; mais c'était toujours le danger, et l'ami n'était pas moins à craindre peut-être que l'ennemi.

— A la bonne heure, Diane ! dit Gabriel en prenant la petite main blanche et douce qu'elle lui abandonnait de nouveau ; à la bonne heure ! laissons-nous être heureux un peu, après avoir tant souffert. Laissons nos âmes se détendre et se reposer dans la confiance et dans la joie.

— Oui, c'est vrai ; on est si bien près de vous, Gabriel ! reprit Diane. Oublions un moment, tant pis ! le monde et le bruit d'alentour. Cette heure délicieuse et unique, savourons-la ; Dieu, je crois, nous le permet, sans trouble et sans crainte. Vous avez raison : pourquoi avons-nous tant souffert aussi !

Par un gentil mouvement qui lui était familier lorsqu'elle était enfant, elle posa sa tête charmante sur l'épaule de Gabriel ; ses grands yeux de velours se fermèrent lentement ; ses cheveux effleurèrent les lèvres de l'ardent jeune homme.

Ce fut lui qui, à son tour, se leva, tout frémissant et éperdu.

— Eh bien ? dit Diane en rouvrant ses yeux étonnés et languissans.

Il tomba tout pâle à genoux devant elle, et ses mains l'entourèrent.

— Eh bien ! Diane, je t'aime ! cria-t-il du fond du cœur.

— Je t'aime, Gabriel ! répondit Diane, sans frayeur et comme obéissant à l'irrésistible instinct de son cœur.

Comment leurs visages se rapprochèrent, comment leurs lèvres s'unirent ; comment, dans ce baiser, se confondirent leurs âmes, Dieu seul le sait ; car il est certain qu'ils ne le surent pas eux-mêmes.

Mais, tout à coup, Gabriel, qui sentait sa raison vaciller devant le vertige du bonheur, s'arracha d'auprès de Diane.

— Diane, laissez-moi !... laissez-moi fuir ! s'écria-t-il avec un accent de terreur profonde.

— Fuir ! et pourquoi fuir ? demanda-t-elle, surprise.

— Diane ! Diane ! si vous étiez ma sœur ! reprit Gabriel hors de lui.

— Votre sœur ! répéta Diane anéantie, foudroyée.

Gabriel s'arrêta, étonné et comme étourdi de ses propres paroles, et, passant la main sur son front brûlant :

— Qu'ai-je donc dit ? se demanda-t-il à voix haute.

— Qu'avez-vous dit en effet ? reprit Diane. Faut-il la prendre à la lettre, cette terrible parole ? Quel est le mot de cet effrayant mystère ? serais-je réellement votre sœur, mon Dieu !

— Ma sœur ? vous ai-je avoué que vous étiez ma sœur ? dit Gabriel ?

— Ah ! c'est donc la vérité ! s'écria Diane palpitante.

— Non, ce n'est pas, ce ne peut pas être la vérité ! je ne la sais pas, qui peut la savoir ? Et, d'ailleurs, je ne dois rien vous dire de tout cela ! C'est un secret de vie et de mort que j'ai juré de garder ! Ah ! céleste miséricorde ! j'avais conservé mon sang-froid et ma raison dans les souffrances et les malheurs ; faut-il que la première goutte de bonheur qui touche mes lèvres m'enivre jusqu'à la démence, jusqu'à l'oubli de mes sermens !

— Gabriel, reprit gravement madame de Castro, Dieu sait que ce n'est pas une vaine curiosité qui m'anime ; mais vous m'en avez dit trop ou trop peu pour mon repos. Il faut achever maintenant.

— Impossible ! impossible ! s'écria Gabriel avec une sorte d'effroi.

— Et pourquoi impossible ? dit Diane. Quelque chose en

moi m'assure que ces secrets m'appartiennent aussi bien qu'à vous, et que vous n'avez pas le droit de me les cacher.

— C'est juste cela, reprit Gabriel, et vous avez certainement autant de droits que moi à ces douleurs. Mais, puisque le poids m'en accable seul, n'en demandez pas la moitié.

— Si fait, je la demande, je la veux, je l'exige, cette moitié de vos peines! repartit Diane, et, pour dire encore plus, Gabriel, mon ami, je l'implore! me la refuserez-vous?

— Mais j'ai juré au roi! dit Gabriel avec anxiété.

— Vous avez juré? reprit Diane. Eh bien, observez loyalement ce serment envers les étrangers, les indifférens, envers les amis mêmes, ce sera bien fait à vous. Mais avec moi qui, de votre propre aveu, ai dans ce mystère les mêmes intérêts que vous, pouvez-vous, devez-vous garder un injurieux silence? Non, Gabriel, si vous avez quelque pitié de moi. Mes doutes, mes inquiétudes à ce sujet ont déjà bien assez torturé mon cœur! Sur ce point, sinon hélas! dans les autres accidens de votre vie, je suis, en quelque sorte, un autre vous-même. Est-ce que vous vous parjurez, dites, quand vous pensez à votre secret dans la solitude de votre conscience? Croyez-vous que mon âme profonde et sincère, et mûrie par tant d'épreuves, ne saura pas, comme la vôtre, contenir et renfermer jalousement le dépôt confié, de joie ou d'amertume, qui est à elle comme à vous?

La voix douce et caressante de Diane continua, remuant les fibres intimes du jeune homme comme un instrument docile :

— Et puis, Gabriel, puisque le sort nous défend d'être joints dans l'amour et dans le bonheur, comment avez-vous le courage de récuser encore la seule communauté qui nous soit permise, celle de la tristesse? Ne souffrirons-nous pas moins en souffrant du moins ensemble? Voyez donc! n'est-il pas bien douloureux de songer que l'unique lien qui devrait nous réunir nous sépare!

Et, sentant que Gabriel, à moitié vaincu, hésitait cependant encore :

— Prenez garde, d'ailleurs! reprit Diane, si vous persistez à vous taire, pourquoi ne reprendrais-je pas avec vous ce langage qui vous cause à présent, je ne sais pourquoi, tant d'épouvante et d'angoisse, mais que vous-même, après tout, avez autrefois appris à ma bouche et à mon cœur. Enfin, n'ai-je pas le droit de vous répéter qu'elle vous aime, qu'elle n'aime que vous. Votre promise devant Dieu peut bien, dans ses chastes caresses, approcher ainsi sa tête de votre épaule et ses lèvres de votre front...

Mais Gabriel, le cœur serré, écarta de nouveau Diane en frémissant.

— Non! s'écria-t-il, ayez pitié de ma raison, Diane, je vous en supplie. Vous voulez donc absolument le savoir tout entier notre redoutable secret? Eh bien! devant un crime possible, il m'échappe! Oui, Diane, il faut les prendre à la lettre les paroles que ma fièvre avait laissé tomber tout à l'heure. Diane, vous êtes peut-être la fille du comte de Montgommery, mon père! vous êtes peut-être ma sœur!

— Sainte Vierge! murmura madame de Castro écrasée par cette révélation.

— Mais comment donc cela se fait-il? reprit-elle.

— J'aurais voulu, lui dit Gabriel, que votre vie pure et calme ne connût jamais cette histoire pleine d'épouvante et de crimes. Mais je sens bien, hélas! qu'à la fin mes seules forces ne sont plus suffisantes contre mon amour. Il faut que vous m'aidiez contre vous-même, Diane, et je vais tout vous dire.

— Je vous écoute, effrayée mais attentive, reprit Diane.

Gabriel alors lui raconta tout, en effet : comment son père avait aimé madame de Poitiers, et, au vu de toute la cour, avait paru aimé d'elle; comment le dauphin, aujourd'hui roi, était devenu son rival; comment le comte de Montgommery avait disparu un jour, et comment Aloyse avait été à même de savoir et de révéler à son fils ce qu'il était devenu. Mais c'était tout ce que savait la nourrice, et, puisque madame de Poitiers refusait obstinément de l'avouer, le comte de Montgommery seul pouvait dire, s'il vivait encore, le secret de la naissance de Diane.

Quand Gabriel eut achevé ce lugubre récit :

— C'est affreux! s'écria Diane. Mais alors, quelle que soit l'issue, ami, il y aura donc un malheur au bout de notre destin! Si je suis la fille du comte de Montgommery, vous êtes mon frère, Gabriel. Si je suis la fille du roi, vous êtes l'ennemi justement irrité de mon père. Dans tous les cas, nous sommes séparés.

— Non, Diane, répondit Gabriel. Notre malheur, grâce à Dieu, n'est pas tout à fait sans espérance. Puisque j'ai commencé à tout vous dire, je vais achever. Aussi bien, je sens que vous aviez raison : cette confidence m'a soulagé, et mon secret, après tout, n'est pas sorti de mon cœur pour être entré dans le vôtre.

Gabriel apprit alors à madame de Castro le pacte étrange et dangereux qu'il avait conclu avec Henri II, et la promesse solennelle du roi de rendre la liberté au comte de Montgommery, si le vicomte de Montgommery, après avoir défendu Saint-Quentin contre les Espagnols, reprenait Calais aux Anglais.

Or, Calais était depuis une heure ville française, et Gabriel pouvait croire sans vanité qu'il avait été pour beaucoup dans ce glorieux résultat.

A mesure qu'il parlait, l'espoir dissipait peu à peu la tristesse du visage de Diane, comme l'aurore dissipe les ténèbres :

Quand Gabriel eut fini, elle se recueillit un instant, pensive, puis, lui tendant la main :

— Mon pauvre Gabriel, lui dit-elle avec fermeté, il y a pour nous sans doute dans le passé et dans l'avenir de quoi beaucoup penser et beaucoup souffrir. Mais ne nous arrêtons pas à cela, mon ami. Nous ne devons pas nous attendrir et nous amollir. Pour ma part, je tâcherai de me montrer forte et courageuse comme vous et avec vous. L'essentiel est actuellement d'agir et de dénouer notre sort d'une façon ou d'une autre. Nos angoisses touchent, je crois, à leur terme. Vous avez été à présent tenu, et au-delà, vos engagemens envers le roi. Le roi tiendra, je l'espère, les siens envers vous. C'est sur cette attente qu'il faut concentrer désormais tous nos sentimens et toutes nos pensées. Que comptez-vous faire maintenant?

— Monsieur le duc de Guise, répondit Gabriel, a été le confident et le complice illustré de tout ce que j'ai tenté ici. Je sais que, sans lui, je n'aurais rien fait ; mais il sait qu'il n'aurait rien fait sans moi. C'est lui, lui seul qui peut et qui doit attester la part que j'ai eue dans cette nouvelle conquête. J'ai d'autant plus lieu d'attendre de lui cet acte de justice qu'il s'est, pour la seconde fois, ces jours-ci, solennellement engagé à me rendre ce témoignage. Or, je vais de ce pas rappeler sa promesse à monsieur de Guise, réclamer de lui une lettre pour Sa Majesté, puis, ma présence ici n'étant plus nécessaire, partir sur-le-champ pour Paris...

Comme Gabriel parlait encore avec animation, et que Diane l'écoutait l'œil brillant d'espérance, la porte s'ouvrit, et Jean Peucquoy parut, défait et consterné.

— Eh bien! qu'y a-t-il demanda Gabriel inquiet. Martin-Guerre est-il plus mal?

— Non, monsieur le vicomte, répondit Jean Peucquoy. Martin-Guerre, transporté chez nous par mes soins, a déjà été visité par maître Ambroise Paré. Bien que l'amputation de la jambe soit jugée nécessaire, maître Paré croit pouvoir assurer que votre vaillant serviteur survivra à l'opération.

— L'excellente nouvelle! dit Gabriel. Ambroise Paré est encore près de lui sans doute?

— Monseigneur, reprit tristement le bourgeois, il a été obligé de le quitter pour un autre blessé plus considérable et plus désespéré.

— Qui donc cela? demanda Gabriel en changeant de couleur. Le maréchal Strozzi? monsieur de Nevers?...

— Monsieur le duc de Guise, qui se meurt en ce moment, répondit Jean Peuquoy.

Gabriel et Diane jetèrent en même temps un cri de douleur.

— Et je disais que nous touchions au terme de nos angoisses ! reprit après un silence madame de Castro. O mon Dieu ! mon Dieu ! mon Dieu !

— N'appelez pas Dieu, madame ! dit Gabriel avec un mélancolique sourire. Dieu est juste et punit justement mon égoïsme. Je n'avais pris Calais que pour mon père et vous. Dieu veut que je l'aie pris seulement pour la France.

LXII.

LE BALAFRÉ.

Néanmoins, toute espérance n'était pas morte pour Gabriel et Diane, puisqu'enfin le duc de Guise respirait encore. Les malheureux se rattachent avidement à la chance la plus incertaine, comme les naufragés à quelque débris flottant.

Le vicomte d'Exmès quitta donc Diane pour aller voir par lui-même jusqu'où portait le nouveau coup qui venait les frapper, au moment même où la mauvaise fortune semblait se relâcher pour eux de ses rigueurs.

Jean Peuquoy, qui l'accompagna, lui raconta, chemin faisant, ce qui s'était passé.

Lord Derby, sommé par les bourgeois mutinés de se rendre avant l'heure fixée par lord Wentworth, venait d'envoyer au duc de Guise des parlementaires pour traiter de la capitulation.

Cependant, sur plusieurs points le combat durait encore, plus acharné dans ses derniers efforts par la colère des vaincus et l'impatience des vainqueurs.

François de Lorraine, aussi intrépide soldat qu'habile général, se montrait à l'endroit où la mêlée semblait la plus chaude et la plus périlleuse.

C'était à une brèche déjà à moitié emportée, au delà d'un fossé entièrement comblé.

Le duc de Guise à cheval, en butte aux traits dirigés sur lui de toutes parts, animait tranquillement les siens et de l'exemple et de la parole.

Tout à coup il aperçut, au-dessus de la brèche, le drapeau blanc des parlementaires.

Un fier sourire effleura son noble visage; car c'était la consécration définitive de sa victoire qu'il voyait ainsi venir à lui.

— Arrêtez ! cria-t-il, au milieu du fracas, à ceux qui l'entouraient. Calais se rend : Bas les armes !

Il leva la visière de son casque, et, poussant son cheval, il fit quelque pas en avant, les yeux fixés sur ce drapeau, signal de son triomphe et de la paix.

L'ombre, d'ailleurs, commençait à tomber, et le tumulte n'avait pas cessé.

Un homme d'armes anglais, qui vraisemblablement n'avait, ni vu les parlementaires, ni entendu, dans le bruit, le cri de monsieur de Guise, s'élança à la bride du cheval qu'il fit reculer, et, comme le duc distrait, sans même regarder l'obstacle qui l'arrêtait ainsi, donnait de l'éperon pour passer outre, l'homme le frappa de sa lance à la tête.

— On n'a pu me dire, continua Jean Peuquoy, à quel endroit du visage monsieur le duc de Guise avait été atteint; mais il est certain que la blessure est terrible. Le bois de la lance s'est brisé et le fer est resté dans la plaie. Le duc, sans prononcer une parole, est tombé, le front en avant, sur le pommeau de sa selle. Il paraît que l'Anglais qui avait porté ce coup désastreux a été mis en pièces par les Français furieux. Mais cela n'a pas sauvé monsieur de Guise, hélas ! On l'a emporté comme mort. Depuis, il n'a seulement pas repris connaissance.

— De sorte que Calais n'est pas même à nous? demanda Gabriel.

— Oh ! si fait ! répondit Jean Peuquoy. Monsieur le duc de Nevers a reçu les parlementaires et a imposé en maître les conditions les plus avantageuses. Mais le gain d'une telle ville compensera à peine pour la France la perte d'un tel héros.

— Mon Dieu ! vous le regardez donc déjà comme trépassé? dit en frissonnant Gabriel.

— Hélas ! hélas ! fit pour toute réponse le tisserand en hochant la tête.

— Et où me menez-vous de ce pas? reprit Gabriel. Vous savez donc où on l'a transporté?

— Dans le corps de garde du Château-Neuf, a dit à maître Ambroise Paré l'homme qui nous a donné la fatale nouvelle. Maître Paré a voulu y courir tout de suite, Pierre lui a montré le chemin, et moi je suis allé vous avertir. Je pressentais bien que cela était important pour vous, et que, dans cette circonstance, vous auriez sans doute quelque chose à faire.

— Je n'ai qu'à me désoler comme les autres et plus que les autres, dit le vicomte d'Exmès.

— Mais, ajouta-t-il, autant que la nuit me permet de distinguer les objets, il me semble que nous approchons.

— Voici le Château-Neuf, en effet, dit Jean Peuquoy.

Bourgeois et soldats, une immense foule agitée, pressée et murmurante, encombrait les abords du corps de garde où le duc de Guise avait été porté. Les questions, les conjectures et les commentaires circulaient dans les groupes inquiets, comme un souffle de vent entre les ombrages sonores d'une forêt.

Le vicomte d'Exmès et Jean Peuquoy eurent bien de la peine à percer toute cette foule pour arriver jusqu'aux marches du corps de garde dont un fort détachement de piquiers et hallebardiers défendait l'entrée. Quelques-uns d'entre eux tenaient des torches allumées qui projetaient leurs lueurs rougeâtres sur les masses mouvantes du peuple.

Gabriel tressaillit en apercevant, à cette lumière incertaine, debout au bas des marches, Ambroise Paré sombre, immobile, les sourcils contractés, et serrant convulsivement de ses bras croisés sa poitrine émue. Des larmes de douleur et d'indignation étincelaient dans son beau regard.

Derrière lui se tenait Pierre Peuquoy, aussi morne et aussi abattu que lui.

— Vous ici, maître Paré ! s'écria Gabriel. Mais que faites-vous là ? Si monsieur le duc de Guise a encore un souffle de vie, votre place est à ses côtés !

— Eh ! ce n'est pas à moi qu'il faut dire cela, monsieur d'Exmès ! reprit vivement le chirurgien, lorsque, levant les yeux, il reconnut Gabriel. Dites-le, si vous avez sur eux quelque autorité, à ces gardes stupides.

— Quoi ! vous refusent-ils donc le passage? demanda Gabriel.

— Sans vouloir rien entendre, reprit Ambroise Paré. Oh ! songer que Dieu fait peut-être dépendre une si précieuse existence de si misérables fatalités !

— Mais il faut que vous entriez ! dit Gabriel, vous vous serez mal pris.

— Nous avons supplié d'abord, dit Peuquoy intervenant, nous avons menacé ensuite. Ils ont répondu à nos prières par des rires, à nos menaces par des coups. Maître Paré, qui voulait forcer le passage, a été violemment repoussé, et atteint, je crois, par le bois d'une hallebarde.

— C'est tout simple ! reprit Ambroise Paré avec amertume, je n'ai ni collier d'or ni éperons; je n'ai que le coup d'œil prompt et la main sûre.

— Attendez, dit Gabriel, je saurai bien vous faire entrer, moi.

Il s'avança vers les marches du corps de garde. Mais un piquier, tout en s'inclinant à sa vue, lui barra le passage.

— Pardon, lui dit-il respectueusement, nous avons reçu pour consigne de ne plus laisser pénétrer qui que ce soit,

— Drôle! reprit Gabriel qui pourtant se modérait encore, la consigne est-elle pour le vicomte d'Exmès, capitaine aux gardes de Sa Majesté, et l'ami de monsieur de Guise? Où est ton chef, que je lui parle?

— Monseigneur, il garde la porte intérieure, reprit plus humblement le piquier.

— Je vais donc à lui, reprit impérieusement le vicomte d'Exmès. Venez, maître Paré, suivez-moi.

— Monseigneur, passez, vous, puisque vous l'exigez, fit le soldat. Mais celui-là ne passera pas.

— Et pourquoi cela? demanda Gabriel. Pourquoi le chirurgien n'irait-il point au blessé?

— Tous les chirurgiens, médecins et myrrhes, reprit le piquier, du moins tous ceux qui sont reconnus et patentés, ont été appelés auprès de monseigneur. Il n'en manque pas un, nous a-t-on dit.

— Eh! voilà justement ce qui m'épouvante! dit avec un dédain ironique Ambroise Paré.

— Celui-ci n'a pas brevet en poche, continua le soldat. Je le connais bien. Il en a sauvé plus d'un au camp, c'est vrai; mais il n'est point fait pour les ducs!

— Pas tant de phrases! s'écria Gabriel en frappant du pied avec impatience. Je veux, moi, que maître Paré passe avec moi.

— Impossible, monsieur le vicomte.

— J'ai dit: je veux! drôle!

— Songez, reprit le soldat, que m'a consigne m'ordonne de vous désobéir.

— Ah! s'écria douloureusement Ambroise, le duc meurt peut-être pendant ces ridicules débats?

Ce cri eût dissipé toutes les hésitations de Gabriel, si l'impétueux jeune homme avait pu en conserver dans un pareil moment.

— Vous voulez donc absolument que je vous traite comme les Anglais! cria-t-il aux hallebardiers. Tant pis pour vous alors! La vie de monsieur de Guise vaut bien vingt existences comme les vôtres, après tout. Nous allons voir si vos piques oseront toucher mon épée.

Sa lame flamboya hors du fourreau comme un éclair, et, entraînant derrière lui Ambroise Paré, il monta, l'épée haute, les marches du corps-de-garde.

Il y avait tant de menace dans son attitude et dans son regard; il y avait tant de puissance dans le calme et l'attitude du chirurgien; puis, la personne et la volonté d'un gentilhomme avaient à cette époque un tel prestige, que les gardes subjugués s'écartèrent et baissèrent leurs armes, moins devant le fer que devant le nom du vicomte d'Exmès.

— Eh! laissez-le! cria une voix dans le peuple. Ils ont vraiment l'air d'être envoyés de Dieu pour sauver le duc de Guise.

Gabriel et Ambroise Paré arrivèrent donc sans autres obstacles à la porte du corps de garde.

Dans l'étroit vestibule qui précédait la grande salle, il y avait encore le lieutenant des soldats du dehors, avec trois ou quatre hommes.

Mais le vicomte d'Exmès, sans s'arrêter, lui dit d'une voix brève et qui ne voulait pas de réplique:

— J'amène à monseigneur un nouveau chirurgien.

Le lieutenant s'inclina et laissa passer sans la moindre objection.

Gabriel et Paré entrèrent.

L'attention de tous était trop vivement et trop cruellement distraite ailleurs pour qu'on prît garde à leur arrivée.

Le spectacle qui s'offrit à eux était vraiment terrible et navrant.

Au milieu de la salle, sur un lit de camp, était étendu le duc de Guise, toujours immobile et sans connaissance, la figure inondée de sang.

Il avait le visage traversé de part en part; le fer de la lance, après avoir percé la joue au-dessous de l'œil droit, avait pénétré jusqu'à la nuque au dessous de l'oreille gauche, et le tronçon brisé sortait d'un demi-pied de la tête ainsi fracassée. La plaie était horrible à voir.

Autour du lit se tenaient dix ou douze médecins et chirurgiens, consternés au milieu de la désolation générale.

Mais ils n'agissaient pas, ils regardaient seulement et ils parlaient.

Au moment où Gabriel entra avec Ambroise Paré, un d'eux disait à voix haute:

— Ainsi, après nous être concertés, nous nous voyons dans la douloureuse nécessité de convenir que monsieur le duc de Guise est frappé mortellement, sans espoir et sans remède: car, pour avoir quelque chance de le sauver, il faudrait que ce tronçon de lance fût retiré de la tête; et l'arracher, ce serait à coup sûr tuer monseigneur.

— Donc, vous aimez mieux le laisser mourir! dit hardiment, derrière les spectateurs du premier rang, Ambroise Paré, qui de loin avait jugé d'un coup d'œil l'état, presque désespéré en effet, de l'illustre blessé.

Le chirurgien qui avait parlé releva la tête pour chercher son audacieux interrupteur, et, ne le voyant pas, reprit:

— Quel téméraire oserait porter ses mains impies sur cet auguste visage, et risquer, sans certitude, d'achever un tel mourant?

— Moi! dit Ambroise Paré en s'avançant, le front haut, dans le cercle des chirurgiens.

Et, sans se préoccuper davantage de ceux qui l'entouraient et des murmures de surprise qu'avaient excités ses paroles, il se pencha sur le duc pour voir de plus près sa blessure.

— Ah! c'est maître Ambroise Paré! reprit avec dédain le chirurgien en chef en reconnaissant l'insensé qui osait émettre un avis différent du sien. Maître Ambroise Paré oublie, ajouta-t-il, qu'il n'a pas l'honneur d'être au nombre des chirurgiens du duc de Guise.

— Dites plutôt, reprit Ambroise, que je suis son seul chirurgien, puisque ses chirurgiens ordinaires l'abandonnent. D'ailleurs, il y a quelques jours, le duc de Guise, après une opération qui réussit sous ses yeux, voulut bien me dire, et très sérieusement, sinon officiellement, qu'au besoin désormais il réclamerait mes services. Monsieur le vicomte d'Exmès qui était présent peut l'attester.

— C'est la vérité, je le déclare, dit Gabriel.

Ambroise Paré était déjà retourné au corps, en apparence inanimé, du duc, et examinait de nouveau la blessure.

— Eh bien? demanda le chirurgien en chef avec un sourire ironique; après examen, persistez-vous encore à vouloir arracher le fer de la plaie?

— Après examen, je persiste, dit Ambroise Paré résolument.

— Et de quel merveilleux instrument comptez-vous donc vous servir?

— Mais de mes mains, dit Ambroise.

— Je proteste hautement, s'écria le chirurgien furieux, contre la profanation de cette agonie.

— Et nous protestons avec vous, acclamèrent tous ses confrères.

— Avez-vous quelque moyen de sauver le prince? reprit Ambroise Paré.

— Non, la chose est impossible! dirent-ils tous.

— Il est donc à moi, dit Ambroise en étendant la main sur le corps comme pour en prendre possession.

— Et nous, retirons-nous, reprit le chirurgien en chef, qui fit en effet avec les siens un mouvement de retraite.

— Mais qu'allez-vous faire? demandait-on de tous côtés à Ambroise.

— Le duc de Guise est mort pour tous, répondit-il, je vais agir comme s'il était mort.

Ce disant, il se débarrassait de son pourpoint et relevait ses manches.

— Faire de telles expériences sur monseigneur, *tanquàm in animâ vili!* dit en joignant les mains un vieux médecin scandalisé.

— Eh! répondit Ambroise, sans quitter des yeux le blessé, je vais le traiter en effet, non comme un homme, non pas même comme une âme vile, mais comme une chose. Regardez.

Il mit hardiment le pied sur la poitrine du duc.

Un murmure mêlé de terreur, de doute et de menace, courut dans l'assemblée.

— Prenez garde, maître! dit monsieur de Nevers, en touchant l'épaule d'Ambroise Paré; prenez garde! Si vous échouez, je ne réponds pas de la colère des amis et serviteurs du duc.

— Ah! fit Ambroise avec un sourire triste en se retournant.

— Vous risquez votre tête! reprit un autre.

Ambroise Paré regarda le ciel; puis, avec une gravité mélancolique :

— Soit! dit-il, je risquerai ma tête pour essayer de sauver celle-ci. Mais, au moins, reprit-il avec un fier regard, au moins qu'on me laisse tranquille!

Tous s'écartèrent avec une sorte de respect devant la domination du génie.

On n'entendit plus, dans un silence solennel, que les respirations haletantes.

Ambroise Paré posa le genou gauche sur la poitrine du duc; puis, se penchant, prit seulement avec ses ongles, comme il l'avait dit, le bois de la lance, et l'ébranla par degré, doucement d'abord, et plus fort ensuite.

Le duc tressaillit comme dans une souffrance horrible.

L'effroi avait mis sur tous les fronts des assistants la même pâleur.

Ambroise Paré s'arrêta lui-même une seconde, comme épouvanté. Une sueur d'angoisse mouillait son front. Mais il se remit presque aussitôt à l'œuvre.

Au bout d'une minute, plus longue qu'une heure, le fer sortit enfin de la blessure.

Ambroise Paré le jeta vivement loin de lui, et, vite, se courba sur la plaie béante.

Quand il se releva, un éclair de joie illuminait son visage. Mais bientôt, redevenant sérieux, il tomba à genoux, joignit les mains vers Dieu, et une larme de bonheur coula lentement sur sa joue.

Ce fut un moment sublime. Sans que le grand chirurgien eût parlé, on comprenait qu'il y avait maintenant de l'espoir. Des serviteurs du duc pleuraient à chaudes larmes; d'autres baisaient par derrière l'habit d'Ambroise Paré.

Mais on se taisait, on attendait sa première parole.

Il dit enfin de sa voix grave, quoique émue :

— Je réponds à présent de la vie de monseigneur de Guise.

Et, en effet, une heure après, le duc de Guise avait recouvré la connaissance et même la parole.

Ambroise Paré achevait de bander la blessure, et Gabriel se tenait à côté du lit où le chirurgien avait fait transporter son auguste client.

— Ainsi, Gabriel, disait le duc, je vous dois, non-seulement la prise de Calais, mais aussi la vie, puisque c'est vous qui avez amené, presque de force, auprès de moi maître Paré.

— Oui, monseigneur, reprenait Ambroise, sans monsieur d'Exmès, ils ne me laissaient pas même approcher de vous.

— O mes deux sauveurs! dit François de Lorraine.

— Ne parlez pas tant, monseigneur, je vous en supplie, reprit le chirurgien.

— Allons, je me tais. Mais un mot cependant, une seule question.

— Qu'est-ce que c'est, monseigneur?

— Croyez-vous, maître Paré, demanda le duc, que les suites de cette horrible blessure n'altéreront ni ma santé, ni ma pensée?

— J'en suis sûr, monseigneur, dit Ambroise. Mais il vous en restera, je le crains, une cicatrice, une balafre...

— Une cicatrice! s'écria le duc, oh! ce n'est rien cela!

cela orne un visage guerrier! et c'est un sobriquet qui ne me déplairait pas que celui de *balafré*.

On sait que les contemporains et la postérité ont été de l'avis du duc de Guise; lequel dès lors, comme son fils depuis, fut surnommé le Balafré par son siècle et par l'histoire.

LXIII

DÉNOUEMENT PARTIEL.

Nous sommes au 8 janvier, lendemain du jour où Gabriel d'Exmès a rendu au roi de France sa plus belle ville perdue, Calais, et son plus grand capitaine en danger, le duc de Guise.

Mais il ne s'agit plus ici de ces questions d'où l'avenir des nations dépend, il s'agit tout simplement d'intérêts bourgeois et d'affaires de famille. De la brèche devant Calais, et du lit de mort de François de Lorraine, nous passons à la salle basse de la maison des Peuquoy.

C'est là que, pour lui éviter de la fatigue, Jean Peuquoy avait fait transporter Martin-Guerre; c'est là que, la veille au soir, Ambroise Paré avait, avec son bonheur habituel, pratiqué sur le brave écuyer une amputation jugée nécessaire.

Ainsi, ce qui jusque-là n'avait été qu'espérance, était devenu certitude. Martin-Guerre, il est vrai, resterait estropié, mais Martin-Guerre vivrait.

Peindre les regrets ou, pour mieux dire, les remords de Pierre Peuquoy, quand il avait appris de Jean la vérité, serait impossible. Cette âme rigide, mais probe et loyale, ne devait jamais se pardonner une si cruelle méprise. L'honnête armurier conjurait à chaque instant Martin-Guerre, de demander ou d'accepter tout ce qu'il possédait, bras et cœur, biens et vie.

Mais on sait que Martin-Guerre n'avait pas attendu l'expression de se repentir pour pardonner à Pierre Peuquoy, et, qui plus est, pour l'approuver.

Ils étaient donc pour le mieux ensemble, et on ne s'étonnera plus, dès lors, de voir se passer auprès de Martin-Guerre, qui était désormais de la famille, un conseil domestique pareil à celui auquel nous avons assisté déjà pendant le bombardement.

Le vicomte d'Exmès, qui repartait le soir même pour Paris, était aussi de cette délibération, moins pénible après tout que la précédente pour ses vaillans alliés du fort de Risbank.

En effet, la réparation qu'avait à exiger l'honneur des Peuquoy n'était pas sans doute plus désormais impossible. Le vrai Martin-Guerre était marié, mais rien ne prouvait que le séducteur de Babette le fût. Il n'y avait plus qu'à retrouver le coupable.

Aussi le visage de Pierre Peuquoy, exprimait plus de sérénité et de calme. Celui de Jean, au contraire, était assez triste, et Babette, de son côté, paraissait fort abattue.

Gabriel les observait tous en silence, et Martin-Guerre, étendu sur son lit de souffrance, se désolait de ne rien pouvoir pour ses nouveaux amis que leur fournir des renseignemens bien vagues et bien incertains sur la personne de son Sosie.

Pierre et Jean Peuquoy revenaient, dans le moment, d'auprès de monsieur de Guise. Le duc n'avait pas voulu tarder plus longtemps à remercier de bouche les braves bourgeois patriotes de la part efficace et glorieuse qu'ils avaient eue dans la reddition de la ville; Gabriel, sur sa demande expresse, les lui avait amenés.

Pierre Peuquoy racontait, tout fier et joyeux, à Babette, les détails, de cette présentation.

— Oui, ma sœur, disait-il; quand monsieur d'Exmès a eu raconté au duc de Guise notre coopération en tout ceci, dans des termes certainement trop flatteurs et trop exagréés, ce grand homme a daigné nous témoigner, à Jean et à moi, sa satisfaction, avec une grâce et une bonté dont, pour ma part, je ne perdrai jamais la mémoire, lors même que je vivrais plus de cent ans. Mais il m'a surtout réjoui et touché en ajoutant qu'il désirait à son tour nous être utile, et me demandant en quoi il pourrait nous servir. Ce n'est pourtant pas que je sois intéressé, tu me connais, Babette. Seulement, sais-tu quel service je compte réclamer de lui ?...

— Non, en vérité, mon frère, murmura Babette.

— Eh bien ! sœur, reprit Pierre Peuquoy, dès que nous aurons trouvé celui qui t'a si indignement trompée, et nous le trouverons, sois en sûre ! je demanderai à monsieur de Guise de m'aider de son crédit pour le faire rendre l'honneur. Nous n'avons ni force, ni richesse par nous-mêmes, et un tel appui nous sera peut-être nécessaire pour obtenir justice,

— Et si, même avec cet appui, la justice vous fait défaut, cousin ? demanda Jean.

— Grâce à ce bras, reprit Pierre avec énergie, la vengeance du moins ne me manquerait pas. Et cependant continua-t-il en baissant la voix, et en jetant du côté de Martin-Guerre un regard timide, je dois convenir que la violence m'a jusqu'ici réussi bien mal.

Il se tut et resta pensif une minute. Quand il sortit de cette distraction rêveuse, il s'aperçut avec surprise que Babette pleurait.

— Eh bien, qu'y a-t-il donc, sœur ? demanda-t-il.

— Ah ! je suis bien malheureuse ! s'écria Babette en sanglotant.

— Malheureuse ! et pourquoi ? l'avenir, il me semble, se rassérène...

— Il se rembrunit, reprit-elle.

— Non, tout ira bien, sois tranquille, dit Pierre Peuquoy. Entre une douce réparation et un châtiment terrible on ne saurait hésiter. Ton amant va revenir à toi, tu seras sa femme...

— Et si je le refuse pour mari, moi ? s'écria Babette.

Jean Peuquoy ne put retenir un mouvement joyeux qui n'échappa point à Gabriel.

— Le refuser ? reprit Pierre au comble de l'étonnement. Mais tu l'aimais !

— J'aimais, dit Babette, celui qui souffrait, qui paraissait m'aimer, qui me témoignait du respect et de la tendresse. Mais celui qui m'a trompée, qui m'a menti, qui m'a abandonnée, celui qui avait volé, pour surprendre un pauvre cœur, le langage, le nom, et peut-être les habits d'un autre, ah ! celui-là, je le hais et je méprise.

— Mais enfin, s'il t'épousait ? reprit Pierre Peuquoy.

— Il m'épouserait, dit Babette, parce qu'il y serait contraint, ou bien parce qu'il espèrerait les faveurs du duc de Guise. Il me donnerait son nom par contrainte ou par cupidité. Non ! non ! à mon tour je ne veux plus de lui, moi !

— Babette, reprit sévèrement Pierre Peuquoy, vous n'avez pas le droit de dire : Je ne veux pas de lui.

— Mon bon frère, par grâce ! par pitié ! s'écria Babette éplorée, ne me forcez pas à épouser celui que vous nommiez vous-même un misérable et un lâche.

— Babette, songez à votre front sans honneur !

— J'aime mieux avoir à rougir de mon amour un instant, que d'avoir à rougir de mon mari toute ma vie.

— Babette, songez à votre enfant sans père !

— Il vaut mieux pour lui, je crois, dit Babette, perdre son père qui le détesterait, que sa mère qui l'adorera. Or, si elle épouse cet homme, sa mère mourra certainement de honte et de chagrin.

— Ainsi, Babette, vous fermez l'oreille à mes remontrances et à mes prières ?

— J'implore votre affection, mon frère, et votre pitié.

— Eh bien ! dit Pierre Peuquoy, ma pitié et mon affection vont donc vous répondre avec douleur, mais avec fermeté. Comme il est nécessaire avant toute chose, Babette, que vous viviez estimée des autres et de vous-même,

comme je vous préférerais malheureuse à déshonorée, vû que déshonorée vous seriez malheureuse deux fois ; je veux, moi, votre frère, votre aîné, le chef de votre famille, je veux, vous m'entendez bien ! que vous épousiez, s'il y consent, celui qui vous a perdue et qui seul peut vous rendre actuellement cet honneur qu'il vous a pris. La loi et la religion m'arment vis-vis de vous d'une autorité dont j'userais au besoin, je vous en préviens, pour vous contraindre à ce que je considère comme votre devoir envers Dieu, envers votre famille, envers votre enfant et envers vous-même.

— Vous me condamnez à mort, mon frère, reprit Babette d'une voix altérée ; c'est bien, je me résigne, puisque c'est mon destin, puisque c'est mon châtiment, puisque personne n'intercède pour moi...

Elle regardait, en parlant ainsi, Gabriel et Jean Peuquoy qui se taisaient tous deux, celui-ci parce qu'il souffrait, celui-là parce qu'il voulait observer,

Mais à l'appel direct de Babette, Jean Peuquoy ne sut point se contenir, et, s'adressant à elle, mais en se tournant vers Pierre, il reprit avec une amertume ironique, qui n'était pourtant guère dans son caractère :

— Qui voulez-vous qui intercède pour vous, Babette ? Est-ce que la chose qu'exige de vous votre frère n'est pas tout à fait juste et sage ? Sa manière de voir est admirable, en vérité ! Il a principalement à cœur l'honneur de sa famille et le vôtre, et, pour sauvegarder cet honneur, que fait-il ? il vous contraint d'épouser un faussaire. C'est merveilleux ! Il est vrai que ce misérable, une fois entré dans la famille, la déshonorera probablement par sa conduite. Il est certain que monsieur d'Exmès ici présent ne manquera pas de lui demander, au nom de Martin-Guerre, un compte sévère d'une infâme susbtitution de personne, et que ceci pourra bien vous conduire devant les juges, Babette, comme femme de cet odieux voleur de nom. Mais qu'importe ! Vous ne lui en appartiendrez pas moins au titre le plus légitime, votre enfant n'en sera pas moins le fils reconnu et avéré du faux Martin-Guerre. Vous mourrez peut-être de honte comme épouse ; mais votre réputation de jeune fille demeurera intacte aux yeux de tous.

Jean Peuquoy s'exprimait avec une chaleur et une indignation qui frappèrent de surprise Babette elle-même.

— Je ne vous reconnais pas, Jean ! lui dit Pierre avec étonnement. Est-ce bien vous qui parlez, vous si modéré, si calme ?...

— C'est parce que je suis calme et modéré, reprit Jean, que je vois mieux la situation où vous voulez inconsidérément nous entraîner aujourd'hui.

— Croyez-vous donc, reprit Pierre Peuquoy, que j'accepterais plus aisément l'infamie de mon beau-frère que le déshonneur de ma sœur ? Non, si nous retrouvons le séducteur de Babette, j'espère qu'après tout le mal qu'il aura causé de préjudice qu'à nous et à Martin-Guerre ; et, en ce cas, je compte sur le dévouement de l'excellent Martin pour se désister de la plainte qui tomberait sur des innocens en même temps que sur le coupable.

— Oh ! dit de son lit Martin Guerre, je n'ai point l'âme vindicative et ne veux pas la mort du pêcheur. Qu'il vous paie sa dette et je le tiens quitte envers moi.

— Voilà qui est superbe pour le passé ! reprit Jean Peuquoy, qui paraissait médiocrement charmé de la clémence de l'écuyer. Mais l'avenir ? qui nous répondra de l'avenir ?

— C'est moi qui y veillerai, dit Pierre. L'époux de Babette ne quittera pas mes yeux, et il faudra bien qu'il reste honnête homme et marche droit, ou sinon...

— Vous vous ferez encore justice vous-même, n'est-ce pas ? interrompit Jean. Il sera bien temps ! Babette, en attendant, n'en aura pas moins été sacrifiée !

— Eh ! mais, Jean, reprit Pierre avec quelque impatience, si la position est difficile, je la subis, je ne l'ai pas faite. Vous qui parlez, avez-vous trouvé une issue autre que celle que je propose ?

— Oui, sans doute, il y a une autre issue, dit Jean Peuquoy.

— Laquelle? demandèrent à la fois Pierre et Babette, et Pierre, il faut le dire, avec autant d'empressement que sa sœur.

Le vicomte d'Exmès gardait toujours le silence, mais il redoubla d'attention.

— Eh bien, dit Jean Peuquoy, ne peut-il pas se rencontrer un honnête homme, qui, touché plus qu'effrayé du malheur de Babette, consente à lui donner son nom!

Pierre hocha la tête d'un air d'incrédulité.

— N'espérons pas cela, dit-il. Pour fermer ainsi les yeux, il faudrait être ou amoureux ou lâche. Dans tous les cas, nous serions obligés d'initier à notre douloureux secret des étrangers, des indifférens; et, quoique monsieur d'Exmès et Martin soient pour nous des amis dévoués, je regrette déjà que les circonstances leur aient révélé ce qui n'eût pas dû sortir de la famille.

Jean Peuquoy reprit avec une émotion qu'il essayait vainement de dissimuler :

— Je ne proposerais pas à Babette un lâche pour époux, mais votre autre supposition, Pierre, n'est-elle pas également admissible? Si quelqu'un aimait ma cousine, si, a lui aussi, les événements avaient appris la faute mais en même temps le repentir, et s'il était résolu, pour s'assurer un avenir heureux et calme, d'oublier un passé que Babette, à coup sûr, voudrait effacer à force de vertus?... Si cela était, que diriez-vous, Pierre? Babette, que diriez-vous?

— Oh! cela ne se peut pas! c'est un rêve! s'écria Babette, dont les yeux s'illuminèrent pourtant d'un rayon d'espoir.

— Connaîtriez-vous un tel homme, Jean? demanda Pierre Peuquoy plus positif. Ou bien n'est-ce, de votre part, qu'une hypothèse, et, comme dit Babette, un rêve?

Jean Peuquoy, à cette question précise, hésita, balbutia, se troubla...

Il ne remarquait pas l'attention silencieuse et profonde dont Gabriel suivait tous ses mouvemens; il était absorbé tout entier à regarder Babette qui, palpitante et les yeux baissés, semblait ressentir une émotion, que le brave tisserand, peu expert en ces matières, ne savait en quel sens interpréter.

Il ne se détermina pas pour une traduction favorable à ses désirs : car ce fut d'un ton piteux qu'il répondit à l'interpellation directe de son cousin :

— Hélas! Pierre, il est vraisemblable, je l'avouerai, que tout ce que j'ai dit n'était qu'un songe : il ne suffirait pas, en effet, pour la réalisation de mon rêve, que Babette fût beaucoup aimée, il faudrait aussi qu'elle aimât un peu; sans quoi, elle serait encore malheureuse. Or, celui qui voudrait acheter ainsi de Babette son bonheur au prix de l'oubli aurait sans doute, de son côté, à se faire pardonner quelque désavantage, et ne serait probablement ni jeune, ni beau, ni, en un mot, aimable. Il n'y a donc pas d'apparence que Babette elle-même consentît à devenir sa femme, et c'est pourquoi tout ce que j'ai dit n'était, je le crains, qu'un songe.

— Oui, c'était un songe! reprit tristement Babette, mais non pas, mon cousin, pour les raisons que vous dites. L'homme assez généreux pour me secourir d'un pareil dévouement, fût-il le vieillard le plus flétri et le plus morose, je devrais, moi, le trouver jeune; car son action témoignerait d'une fraîcheur d'âme qu'on n'a pas toujours à vingt ans; je devrais le trouver beau; car de si bonnes et si charitables pensées ne peuvent laisser qu'une noble empreinte sur un visage; je devrais enfin le trouver aimable, car il m'aurait donné la plus grande preuve d'amour qu'une femme pût recevoir. Mon devoir et ma joie seraient donc de l'aimer toute ma vie, de tout mon cœur, et ce serait bien simple. Mais ce qui est impossible et invraisemblable c'est de trouver une abnégation comme celle que vous imaginiez, mon cousin, pour une pauvre fille comme moi sans beauté et sans honneur. Il est peut-être des hommes assez grands et assez clémens pour concevoir un instant l'idée d'un pareil sacrifice, et c'est déjà beaucoup; mais, avec la réflexion, ceux-là même douteraient, ceux-là reculeraient au dernier moment, et moi je retomberais de mon espérance dans mon désespoir. Voilà, mon bon Pierre, les vraies raisons pour lesquelles ce que vous avez dit n'était qu'un songe.

— Et si pourtant c'était la vérité? fit tout à coup Gabriel en se levant.

— Comment? que dites-vous? s'écria Babette Peuquoy éperdue.

— Je dis, Babette, reprit Gabriel, que cet homme si dévoué, si généreux existe.

— Vous le connaissez? demanda Pierre tout ému.

— Je le connais, répondit en souriant le jeune homme. Il vous aime en effet, Babette, mais d'une affection aussi paternelle que tendre, d'une affection qui aime à protéger, à pardonner même. Aussi pouvez-vous accepter sans arrière-pensée son sacrifice où ne se mêle aucun mépris, et qui n'est inspiré que par la pitié la plus douce et le plus sincère dévouement. D'ailleurs, vous donnerez autant que vous recevrez, Babette, vous recevrez l'honneur mais vous donnerez le bonheur; car celui qui vous aime est seul, isolé au monde, sans joie, sans intérêts, et sans avenir, et vous lui apporterez tout cela, et, si vous l'agréez, vous le rendrez aussi heureux aujourd'hui qu'il vous rendra un jour heureuse... N'est-il pas vrai, Jean Peuquoy?...

— Mais..... monsieur le vicomte... j'ignore... balbutia Jean tremblant comme la feuille.

— Oui, Jean, poursuivit toujours souriant Gabriel, oui, vous ignorez peut-être en effet une chose : c'est que, de son côté, Babette a pour celui dont elle est aimée non-seulement une profonde estime, non-seulement une reconnaissance sentie, mais aussi une pieuse tendresse. Babette a, sinon deviné, du moins pressenti vaguement l'amour dont elle était l'objet, et elle en a été d'abord relevée à ses propres yeux, et puis touchée, et puis heureuse. C'est depuis ce temps qu'elle a conçu une si violente aversion contre le misérable qui l'a trompée. C'est pour cela qu'elle suppliait tout à l'heure à genoux son frère de ne pas l'unir à celui qu'elle a cru seulement aimer par une sorte d'erreur et de surprise, et qu'elle exècre aujourd'hui de toute son affection pour celui qui veut la sauver... Est-ce que je me trompe, Babette?...

— En vérité... monseigneur... je ne sais, dit Babette pâle comme la neige.

— L'une ne sait pas, l'autre ignore, reprit Gabriel. Comment, Babette! comment, Jean, vous ne savez rien de vos propres consciences? vous ignorez vos propres sentiments? Allons donc! c'est impossible! Ce n'est pas moi qui vous révèle, Babette, que Jean vous aime! Vous vous doutiez avant moi, Jean, que vous étiez aimé de Babette!

— Se peut-il! s'écria Pierre Peuquoy ravi, non, ce serait trop de joie!

— Eh! voyez-les! lui dit Gabriel.

Babette et Jean s'étaient regardés, encore irrésolus et à moitié incrédules.

Et puis, Jean lut dans les yeux de Babette une si fervente reconnaissance, et Babette dans les yeux de Jean une prière si touchante, qu'ils furent tout d'un coup convaincus et décidés.

Sans savoir comment cela s'était fait, ils se trouvèrent dans les bras l'un de l'autre.

Pierre Peuquoy, dans son ravissement, n'avait pas la force de prononcer une parole, mais il serrait la main de Jean, d'une étreinte plus éloquente que tous les langages du monde.

Pour Martin-Guerre, il s'était, à tous risques, soulevé sur son séant, et des larmes de joie plein la paupière, battait des mains avec enthousiasme à ce dénoûment inattendu.

Quand ces premiers transports furent un peu apaisés :

— Voilà donc qui est conclu, dit Gabriel. Jean Peuquoy épousera Babette Peuquoy le plus promptement possible, et avant de s'installer près de leur frère, ils viendront chez moi passer quelques mois à Paris. Ainsi le secret de

Babette, triste cause de cet heureux mariage, mourra enseveli dans les cinq loyales poitrines de ceux qui sont ici présens ; un sixième pourrait trahir ce secret ; mais celui-là, s'il s'informait du sort de Babette, ce qui est douteux, n'aurait plus longtemps à les troubler ; c'est moi qui vous en réponds ! Vous pouvez donc, mes bons et chers amis, vivre désormais contens et tranquilles, et vous abandonner en toute sécurité à l'avenir.

— Mon noble et généreux hôte ! dit Pierre Peuquoy en baisant la main de Gabriel.

— C'est à vous, à vous seul, reprit Jean, que nous devons notre bonheur, tout comme le roi vous doit Calais.

— Et chaque jour, matin et soir, dit Babette, nous prierons Dieu ardemment pour notre sauveur.

— Oui, Babette, reprit Gabriel ému, oui, je vous remercie de cette pensée ; priez Dieu pour que votre sauveur puisse à présent se sauver lui-même !

LXIV.

HEUREUX AUSPICES.

— Oh ! répondit Babette Peuquoy au doute mélancolique de Gabriel, ne réussissez-vous pas dans tout ce que vous entreprenez ? dans la défense de Saint-Quentin et la prise de Calais, comme dans la conclusion du mariage de la pauvre Babette ?

— Oui, c'est vrai, reprit Gabriel avec un triste sourire, Dieu consent à ce que les obstacles les plus invincibles et les plus effrayans de ma route se dissipent devant moi comme par enchantement. Mais hélas ! ce n'est pas une raison, ma chère enfant, pour que je touche à mon but souhaité.

— Bon ! fit Jean Peuquoy, vous avez fait trop d'heureux pour n'être pas à la fin heureux vous-même !

— J'accepte cet augure, Jean, répondit Gabriel, et rien ne pourrait être pour moi d'un plus favorable présage que de laisser mes amis de Calais dans la paix et dans la joie. Mais, vous le savez, il faut à présent que je les quitte, qui sait ? pour la douleur et les larmes, peut-être ! Ne laissons du moins aucun souci en arrière, et réglons bien tout ce qui nous intéresse.

On fixa alors l'époque du mariage, auquel Gabriel, à son grand regret, ne devait pas assister, puis le jour du départ pour Paris de Babette et de Jean.

— Il se peut, dit tristement Gabriel, que vous ne me trouviez pas à mon hôtel pour vous recevoir. Cette prévision ne se réalisera point, j'espère, mais enfin je serai peut-être obligé de m'absenter pour un temps de Paris et de la cour. N'importe ! venez toujours. Aloyse, ma bonne nourrice, vous accueillera à ma place aussi bien que je le ferais moi-même. Pensez quelquefois avec elle à votre hôte absent.

Quant à Martin-Guerre, il devait, malgré qu'il en eût, demeurer à Calais. Ambroise Paré avait déclaré que sa convalescence serait longue, et exigerait les plus grands soins et les plus grands ménagemens. Son dépit n'y laissait donc rien, il fallait que Martin se résignât.

— Mais, dès que tu seras guéri, mon fidèle, lui dit le vicomte d'Exmès, reviens aussi à Paris, et, quoiqu'il m'arrive, je tiendrai ma promesse, sois tranquille ! et te délivrerai de ton étrange persécuteur. J'y suis maintenant doublement engagé.

— Oh ! monseigneur, pensez à vous et non à moi, dit Martin-Guerre.

— Toute dette sera payée, reprit Gabriel. Mais adieu, mes bons amis. Voici l'heure où je dois retourner auprès de monsieur de Guise. Je lui ai demandé en votre présence certaines grâces qu'il accordera, je pense, si j'ai pu le servir en ces derniers événemens.

Mais les Peuquoy ne voulurent pas accepter ainsi les adieux de Gabriel. Ils iraient l'attendre à trois heures à la Porte de Paris pour prendre congé de lui et le revoir encore une fois.

Martin-Guerre seul se séparait en ce moment de son maître, non sans regret et sans chagrin. Mais Gabriel le consola un peu avec quelques-unes de ces bonnes paroles qu'il savait trouver.

Un quart d'heure après le vicomte d'Exmès était introduit auprès du duc de Guise.

— Vous voilà donc, ambitieux ! lui dit en riant, quand il le vit entrer, François de Lorraine.

— Toute mon ambition a été de vous seconder de mon mieux, monseigneur, dit Gabriel.

— Oh ! de ce côté-là, vous ne vous en êtes pas tenu à l'ambition, reprit le Balafré. (Nous pouvons à présent donner au duc ce nom, ou pour mieux dire, ce titre). Je vous appelle ambitieux, Gabriel, continua-t-il avec enjouement, à causes des demandes nombreuses et exorbitantes que vous m'avez adressées, et auxquelles je ne sais trop en vérité si je pourrai satisfaire !

— Je les ai, en effet, mesurées à votre générosité plus qu'à mes mérites, monseigneur, dit Gabriel.

— Vous avez alors de ma générosité une belle opinion ! reprit le duc de Guise avec une douce raillerie. Je vous en fais juge, monsieur de Vaudemont, dit-il à un seigneur assis près de son lit, et, qui, dans l'instant, lui rendait visite. Je vous en fais juge, et vous allez voir s'il est permis de présenter à un prince d'aussi piètres requêtes.

— Prenez donc que j'ai mal dit, monseigneur, repartit Gabriel, et que j'ai seulement mesuré mes demandes à mes mérites, et non pas à votre générosité.

— Faussement répliqué encore ! dit le duc ; car votre valeur est cent fois au-dessus de mon pouvoir. Or, écoutez un peu, monsieur de Vaudemont, les faveurs inouïes que réclame de moi le vicomte d'Exmès.

— Je prononce d'avance, monseigneur, dit le marquis de Vaudemont, qu'elles seront toujours trop peu de chose, et pour vous et pour lui. Cependant, voyons-les.

— Premièrement, reprit le duc de Guise, monsieur d'Exmès me demande de ramener avec moi à Paris, mais jusque-là d'employer à mon gré, la petite troupe qu'il avait enrôlée pour son propre compte. Il ne se réserve que quatre hommes de suite jusqu'à Paris. Et ces vaillans qu'il me prête ainsi, sous couleur de me les recommander, ne sont autres, monsieur de Vaudemont, que les diables incarnés qui ont pris avec lui, par une escalade titanique, cet inexpugnable fort de Risbank. Eh bien ! lequel déjà de monsieur d'Exmès ou de moi rend service à l'autre en ceci ?

— Je dois convenir que c'est monsieur d'Exmès, dit le marquis de Vaudemont.

— Et, ma foi ! j'accepte cette nouvelle obligation, reprit gaîment le duc de Guise. Je ne gâterai point par l'oisiveté vos huit braves, Gabriel. Dès que je pourrai me lever, je les emmène avec moi devant Ham ; car je ne veux pas laisser à ces Anglais un pouce de terre dans notre France. Malemort lui-même, l'éternel blessé, y viendra aussi. Maître Paré lui a promis qu'il serait guéri en même temps que moi.

— Il va être bien heureux, monseigneur ! dit Gabriel.

— Voilà donc, reprit le Balafré, une première grâce accordée, et sans trop d'effort de ma part. Pour seconde obligation, monsieur d'Exmès me rappelle qu'il y a ici, à Calais, madame Diane de Castro, la fille du roi, que vous connaissez, monsieur de Vaudemont, que les Anglais détenaient prisonnière. Le vicomte d'Exmès, au milieu des préoccupations qui m'assaillent, me fait très à-propos songer à assurer à cette dame du sang royal la protection et les honneurs qui lui sont dûs. Est-ce encore là, oui ou non, un service que me rend monsieur d'Exmès ?

— Sans aucun doute, répondit le marquis de Vaudemont.

— Ce second point est donc réglé, dit le duc de Guise.

Mes ordres sont déjà donnés, et, bien que je passe pour assez mauvais courtisan, je tiens trop à mes devoirs de gentilhomme envers les dames pour oublier actuellement les égards commandés par la personne et le rang de madame de Castro, laquelle sera accompagnée à Paris, quand et comme elle le voudra, par une escorte convenable.

Gabriel s'inclina devant le duc pour tout remercîment, craignant de laisser voir l'intérêt et l'importance qu'il ajoutait à cette promesse.

— Troisièmement, reprit le duc de Guise, lord Wentworth, l'ex-gouverneur anglais de cette ville, avait été fait prisonnier par le vicomte d'Exmès. Dans la capitulation accordée à lord Derby, nous nous engagions à le recevoir à rançon, mais monsieur d'Exmès auquel prisonnier et rançon appartiennent, nous permet de nous montrer plus généreux encore. Il demande en effet l'autorisation de renvoyer en Angleterre lord Wentworth, sans que celui-ci ait à payer aucun prix pour sa liberté. Cette action ne va-t-elle pas faire grand honneur, au-delà du détroit, à notre courtoisie, et monsieur d'Exmès ne nous rend-il pas encore ainsi un vrai service ?

— De la noble façon dont l'entend monseigneur, la chose est certaine, dit monsieur de Vaudemont.

— Aussi, reprit le duc, soyez satisfait, Gabriel ; monsieur de Thermes est allé, de votre part et de la mienne, délivrer lord Wentworth et lui rendre son épée. Dès qu'il le souhaitera, il pourra partir.

— Je vous remercie, monseigneur, dit Gabriel ; mais ne me croyez pas si magnanime. Je ne fais qu'acquitter quelques gracieux procédés de lord Wentworth à mon égard quand j'étais moi-même son prisonnier, et lui donner en même temps une leçon de prud'homie dont il comprendra, je le présume, le reproche et l'allusion tacites.

— Vous avez plus que tout autre le droit d'être sévère sur ces questions, dit sérieusement le duc de Guise.

— Maintenant, monseigneur, reprit Gabriel qui voyait avec inquiétude son principal souci passé sous silence par le duc de Guise, permettez-moi de vous rappeler ce que vous aviez bien voulu me promettre sous ma tente, la veille de la prise du fort de Risbank.

— Attendez donc, ô jeune homme impatient ! dit le Balafré. Après les trois éminens service que je vous rends, et que monsieur de Vaudemont a constatés, j'ai bien le droit, à mon tour, d'en réclamer un de vous. Je vous demande donc, puisque vous partez tantôt pour Paris, d'y porter et d'y présenter au roi les clefs de Calais...

— Oh ! monseigneur ! interrompit Gabriel avec une effusion de gratitude.

— Cela ne vous gênera pas trop, je pense, reprit le duc. Vous avez déjà d'ailleurs l'habitude de ces sortes de messages, vous qui vous étiez chargé des drapeaux de notre campagne d'Italie.

— Ah ! vous savez doubler les bienfaits par la bonne grâce, monseigneur ! s'écria Gabriel ravi.

— De plus, continua le duc de Guise, vous remettrez à Sa Majesté, par la même occasion, une copie de la capitulation, et cette lettre qui lui annonce notre succès, et que j'ai écrite tout entière de ma main ce matin, en dépit des prescriptions de maître Ambroise Paré. Mais, ajouta-t-il d'un air significatif, nul n'aurait pu sans doute, avec autant d'autorité que moi, vous rendre justice, Gabriel, et vous faire rendre justice. Or, vous sentez content de moi, je l'espère, et, par conséquent, content du roi. Tenez, ami, voici cette lettre, voici, là, les clefs. Je n'ai pas besoin de vous recommander d'en prendre soin.

— Et moi, monseigneur, je n'ai pas besoin de me dire vôtre à la vie à la mort, reprit Gabriel d'une voix émue.

Il prit le coffret de bois sculpté et la lettre cachetée que lui tendait le duc de Guise. C'étaient là les précieux talismans qui lui vaudraient peut-être, et la liberté de son père et son propre bonheur !

— A présent, je ne vous retiens plus, dit le duc de Guise. Vous avez probablement hâte de partir, et moi, moins heureux que vous, j'éprouve, après cette matinée agitée, une fatigue qui, plus impérieusement encore que maître Paré, m'ordonne quelques heures de repos.

— Adieu donc, et, de nouveau, merci, monseigneur, reprit le vicomte d'Exmès.

En ce moment rentra, tout consterné, monsieur de Thermes, que le duc de Guise avait envoyé à lord Wentworth.

— Ah ! dit le duc à Gabriel en l'apercevant, notre ambassadeur auprès du vainqueur ne partira pas sans avoir revu notre ambassadeur auprès du vaincu. Eh ! mais, ajouta-t-il, qu'y a-t-il donc, de Thermes ? Vous paraissez tout chagrin ?

— Aussi, le suis-je, monseigneur, dit monsieur de Thermes.

— Quoi ! qu'est-il arrivé ? demanda le Balafré. Est-ce que lord Wentworth ?...

— Lord Wentworth auquel, d'après vos ordres, monseigneur, j'avais annoncé sa délivrance et remis son épée, a froidement et sans mot dire accepté cette faveur. Je le quittais, étonné de cette réserve, quand de grands cris m'ont rappelé auprès de lui. Lord Wentworth, pour premier usage de sa liberté, s'était passé au travers du corps cette épée que je venais de lui rendre. Il est mort sur le coup et je n'ai revu que son cadavre.

— Ah ! s'écria le duc de Guise, c'est le désespoir de sa défaite qui l'aura poussé à cette extrémité. Ne le pensez-vous pas, Gabriel ? C'est un véritable malheur !

— Non, monseigneur, répondit Gabriel avec une gravité triste, non, lord Wentworth n'est pas mort parce qu'il avait été vaincu.

— Comment ! mais quelle cause alors ?... demanda le Balafré.

— Cette cause, permettez-moi de vous la taire, monseigneur, reprit le vicomte d'Exmès. J'eusse gardé ce secret à la vie de lord Wentworth, je le garderai encore plus à sa tombe ! Cependant, devant ce fier trépas, continua Gabriel en baissant la voix, je puis vous confier, à vous, monseigneur, qu'à sa place, j'eusse agi comme il vient d'agir. Oui, lord Wentworth a bien fait ! car, n'eût-il pas eu à rougir devant moi, la conscience d'un gentilhomme est déjà un témoin assez important pour qu'on doive, à tout prix, lui imposer silence, et, quand on l'a, l'honneur d'appartenir à la noblesse d'un noble pays, il est de ces chutes fatales dont on ne se relève qu'en tombant mort.

— Je vous comprends, Gabriel, dit le duc de Guise. Nous n'avons donc plus qu'à rendre à lord Wentworth les honneurs suprêmes.

— Il en est maintenant digne, reprit Gabriel, et, tout en déplorant amèrement cette fin... nécessaire, j'aime néanmoins à pouvoir encore estimer et regretter, en partant, celui dont je fus l'hôte en cette ville.

Quand il eut pris, quelques instants après, congé du duc de Guise, avec de nouveaux remercîmens, Gabriel alla droit à l'ancien hôtel du gouverneur où madame de Castro demeurait encore.

Il n'avait pas revu Diane depuis la veille ; mais elle avait bien vite appris, avec tout Calais, l'heureuse intervention d'Ambroise Paré et le salut du duc de Guise. Gabriel la trouva donc calme et raffermie.

Les amoureux sont superstitieux, et cette tranquillité de sa bien-aimée lui fit du bien.

Diane fut naturellement plus contente encore quand le vicomte d'Exmès lui rapporta ce qui venait de se passer entre le duc de Guise et lui, et montra cette lettre et ce coffret qu'il avait achetés par tant et de si grands périls.

Cependant, même au milieu de cette joie, elle donna un regret de chrétienne à la triste fin de ce lord Wentworth qui l'avait, il est vrai, outragée une heure, mais qui, pendant trois mois, l'avait respectée et protégée.

— Que Dieu lui pardonne comme je lui pardonne ! dit-elle.

Gabriel lui parla ensuite de Martin-Guerre, des Peuquoy, de la protection que lui assurait, à elle, Diane, monsieur de Guise... Il lui parla encore de tout ce qui l'entourait.

Il eût voulu trouver, pour rester, mille autres sujets d'entretien, et pourtant la pensée qui l'appelait à Paris le préoccupait bien impérieusement. Il souhaitait partir et demeurer, il était à la fois heureux et inquiet.

Enfin, l'heure s'avançant, il fallut bien que Gabriel annonçât son départ qu'il ne pouvait plus retarder que de peu d'instans.

— Vous partez, Gabriel ? tant mieux pour cent raisons! dit Diane. Je n'avais pas le courage de vous parler de ce départ, et, toutefois, en ne le différant point, vous me donnez la plus grande preuve d'affection que je puisse recevoir de vous. Oui, mon ami, partez, pour que j'aie moins longtemps à souffrir et à attendre. Partez, pour que notre sort se décide plus promptement.

— Soyez bénie pour ce bon courage qui soutient le mien ! lui dit Gabriel.

— Oui, tout à l'heure, reprit Diane, je sentais en vous écoutant et vous deviez, en me parlant, éprouver je ne sais quelle gêne. Nous causions de cent choses, et nous n'osions aborder la vraie question de nos cœurs et de nos existences. Mais, puisque vous partez dans quelques minutes, nous pouvons revenir sans crainte au seul sujet qui nous intéresse.

— Vous lisez du même coup d'œil dans mon âme et dans la vôtre, reprit Gabriel.

— Ecoutez-moi donc, dit Diane. Outre cette lettre que vous portez au roi, de la part du duc de Guise, vous en remettrez à Sa Majesté une autre de moi, que j'ai écrite cette nuit et que voici. Je lui raconte comment vous m'avez délivrée et sauvée. Ainsi, il sera clair pour lui et pour tous que vous avez rendu au roi de France sa cité, et moi à père sa fille. Je parle ainsi ; car j'espère que les sentimens de Henri II pour moi ne se trompent pas, et que j'ai bien le droit de l'appeler mon père.

— Chère Diane ! puissiez-vous dire vrai ! s'écria Gabriel.

— Je vous envie, Gabriel, reprit madame de Castro, vous soulèverez avant moi le voile de nos destinées. Cependant je vous suivrai de près, ami. Puisque monsieur de Guise est si bien disposé pour moi, je lui demanderai à partir dès demain, et, quoiqu'il me faille voyager plus lentement que vous, vous ne me précéderez pourtant à Paris que de peu de jours.

— Oh ! oui, venez vite, dit Gabriel, votre présence me portera bonheur, il me semble.

— En tout cas, reprit Diane, je ne veux pas être entièrement absente de vous ; je veux que quelqu'un me rappelle de temps en temps à votre pensée. Puisque vous êtes forcé de laisser ici votre fidèle écuyer Martin-Guerre, prenez avec vous le page français que lord Wentworth avait placé près de moi. André n'est qu'un enfant, il a dix-sept ans à peine, et son caractère est peut-être plus jeune encore que son âge ; mais il est dévoué, loyal, et pourra vous rendre service. Acceptez-le de moi. Parmi les autres rudes compagnons qui vous accompagnent, ce sera un serviteur plus aimant et plus doux que j'aimerai à savoir à vos côtés.

— Oh ! merci de ce soin délicat, dit Gabriel. Mais vous savez ce que je parlais dans peu d'instans...

— André est prévenu, dit Diane. Si vous saviez comme il est fier de vous appartenir ! Il a dû se préparer, et je n'ai plus qu'à lui donner quelques dernières instructions. Pendant que vous ferez vos adieux à cette bonne famille des Peuquoy, André vous rejoindra, avant que vous soyez sorti de Calais.

— J'accepte donc avec joie ! reprit Gabriel. J'aurai du moins quelqu'un à qui parler parfois de vous.

— J'y avais aussi pensé ! dit madame de Castro en rougissant un peu. Mais maintenant, adieu, reprit-elle vivement, il faut nous dire adieu.

— Oh ! non pas adieu, fit Gabriel, c'est le triste mot de la séparation ; non pas adieu, mais au revoir!

— Hélas ! dit Diane, quand et surtout comment nous reverrons-nous ! Si l'énigme de notre sort se résout par le malheur, le mieux ne sera-t-il pas de ne nous revoir jamais ?

— Oh ! ne dites pas cela, Diane ! s'écria Gabriel, ne dites pas cela. D'ailleurs, si ce n'est moi, qui pourra vous apprendre le dénouement funeste ou prospère ?

— Ah ! Dieu ! reprit Diane en frissonnant, qu'il soit prospère ou funeste, il me semble que, si je dois l'entendre de votre bouche, je mourrai de joie ou de douleur, rien qu'en vous écoutant.

— Cependant, comment faire pour que vous sachiez ?... dit Gabriel.

— Attendez une minute, reprit madame de Castro.

Elle tira de son doigt un anneau d'or ; puis, elle alla prendre dans un bahut le voile de religieuse qu'elle avait porté au couvent des Bénédictines de Saint-Quentin.

— Ecoutez, Gabriel, dit-elle solennellement. Comme il est probable que tout se décidera avant mon retour, envoyez André hors de Paris, à ma rencontre. Si Dieu est pour nous, il remettra cet anneau nuptial à la vicomtesse de Montgommery. Si notre espérance nous ment, au contraire, il remettra ce voile de religieuse à la sœur Bénie.

— Oh ! laissez-moi à vos pieds vous adorer comme un ange ! s'écria le jeune homme, l'âme pénétrée de ce touchant témoignage d'amour.

— Non, Gabriel, non, relevez-vous, reprit Diane ; soyons fermes et dignes devant les desseins de Dieu. Posez sur mon front un baiser chaste et fraternel, comme j'en pose un sur le vôtre, en vous douant, autant qu'il est en mon pouvoir, de foi et d'énergie.

Ils échangèrent en silence ce saint et douloureux baiser.

— Et maintenant, mon ami, reprit Diane, quittons-nous, il le faut, en nous disant, non pas adieu, puisque vous craignez ce mot ; mais au revoir, dans ce monde ou dans l'autre !

— Au revoir ! au revoir ! murmurait Gabriel.

Il serrait Diane d'une muette étreinte contre sa poitrine, il la regardait avec une sorte d'avidité, comme pour puiser dans ses beaux yeux la force dont il avait tant besoin.

Enfin, sur un signe triste mais expressif qu'elle lui fit, il la laissa aller, et, mettant à son doigt l'anneau, et le voile dans son sein :

— Au revoir, Diane ! dit-il encore une fois d'une voix étouffée.

— Gabriel, au revoir ! repartit Diane avec un geste d'espérance.

Gabriel s'enfuit en quelque sorte comme un insensé.

A une demi-heure de là, le vicomte d'Exmès, plus calme, sortait de cette ville de Calais qu'il venait de rendre à la France.

Il était à cheval, accompagné du jeune page André, qui l'avait rejoint, et de quatre de ses volontaires.

C'était Ambrosio, qui était bien aise d'emporter à Paris quelques menues marchandises anglaises dont il se déferait avantageusement dans le voisinage de la cour.

C'était Pilletrousse qui, dans une ville conquise, où il était maître et vainqueur... avec les autres, craignait les tentations et le retour de ses anciennes habitudes.

Pour Yvonnet, il n'avait pas trouvé dans ce provincial Calais un seul tailleur digne de sa confiance, et son costume avait été trop endommagé par tant d'épreuves pour être désormais présentable. On ne le lui remplacerait convenablement qu'à Paris.

Enfin, Lactance avait demandé à accompagner son maître pour aller s'assurer auprès de son confesseur que ses exploits n'avaient pas dépassé ses pénitences, et que l'actif de ses austérités égalait le passif de ses faits d'armes.

Pierre et Jean Peuquoy, avec Babette, avaient voulu accompagner à pied les cinq cavaliers jusqu'à la porte dite de Paris.

Là, il fallait absolument se séparer. Gabriel, de la voix et de la main, dit un dernier adieu à ses bons amis, qui, les larmes aux yeux, lui envoyaient mille souhaits et mille bénédictions.

Mais les Peuquoy perdirent bientôt de vue la petite troupe, qui partit au trot et disparut à un tournant du chemin. Les braves bourgeois retournèrent, le cœur navré, auprès de Martin-Guerre.

Pour Gabriel, il se sentait grave, mais non pas triste.

Il espérait !

Une fois déjà, il avait ainsi quitté Calais, pour aller chercher à Paris une solution à sa destinée. Mais, cette fois-là, les circonstances étaient bien moins favorables : il était inquiet de Martin-Guerre, inquiet de Babette et des Peuquoy, inquiet de Diane qu'il laissait prisonnière au pouvoir de lord Wentworth amoureux. Enfin, ses vagues pressentimens de l'avenir ne lui disaient rien de bon ; car il n'avait fait, après tout, que prolonger la résistance d'une ville ; mais cette ville n'en était pas moins perdue pour la patrie. Était-ce là un assez grand service pour une si grande récompense ?...

Aujourd'hui, il ne laissait derrière lui aucune fâcheuse préoccupation. Ses chers blessés, le général et l'écuyer, étaient sauvés l'un et l'autre, et Ambroise Paré répondait de leur guérison ; Babette Peuquoy allait épouser un homme qu'elle aimait et dont elle était aimée, et son honneur comme son bonheur étaient assurés désormais ; madame de Castro restait libre dans une ville française, et, dès le lendemain, partirait pour rejoindre Gabriel à Paris.

Enfin, notre héros avait assez lutté avec la fortune pour pouvoir espérer qu'il l'avait lassée : l'entreprise qu'il avait menée à bout en fournissant l'idée et les moyens de prendre Calais n'était pas de celles que l'on discute ou dont on marchande le prix. La clef de la France rendue au roi de France ! une telle prouesse légitimait sans aucun doute les plus extrêmes ambitions, et celle du vicomte d'Exmès était si juste et si sacrée !

Il espérait ! Les encouragemens persuasifs et les douces promesses de Diane retentissaient encore à son oreille avec les derniers vœux des Peuquoy. Gabriel regardait autour de lui André dont la présence lui rappelait sa bien-aimée, et les dévoués et vaillans soldats qui l'escortaient ; devant lui, solidement attaché au pommeau de la selle, il voyait le coffret qui contenait les clefs de Calais ; il touchait dans son pourpoint la précieuse capitulation, et les plus précieuses lettres du duc de Guise et de madame de Castro ; l'anneau d'or de Diane brillait à son petit doigt. Que de gages présens et éloquens de bonheur !

Le ciel même, tout bleu sans nuages, semblait parler d'espérance ; l'air vif mais pur laissait bien circuler le sang dans les veines ; les mille bruits de la campagne au crépuscule du soir avaient un caractère de calme et de paix, et le soleil, qui se couchait dans sa splendeur de pourpre, à la gauche de Gabriel, donnait à ses yeux et à sa pensée le plus consolant spectacle.

Il était impossible de se mettre en route vers un but désiré sous de plus heureux auspices !

Nous allons voir ce qui en advint.

LXV.

UN QUATRAIN.

Le 12 janvier 1558, au soir, il y avait au Louvre, chez la reine Catherine de Médicis, une de ces réceptions dont nous avons déjà parlé, et qui réunissaient autour du roi tous les princes et gentilshommes du royaume.

Celle-ci surtout était fort brillante et fort animée, bien que la guerre retînt en ce moment, dans le nord, auprès du duc de Guise, une bonne partie de la noblesse.

Il y avait là, parmi les femmes, outre Catherine la reine de droit, madame Diane de Poitiers la reine de fait, la jeune reine dauphine Marie Stuart, et la mélancolique princesse Élisabeth qui allait être reine d'Espagne, et que sa beauté déjà si admirée devait faire un jour si malheureuse.

Parmi les hommes, il y avait le chef actuel de la maison de Bourbon, Antoine, le roi équivoque de Navarre, prince indécis et faible, que sa femme au cœur viril, Jeanne d'Albret, avait envoyé à la cour de France pour tâcher de s'y faire rendre, par l'entremise de Henri II, les terres de Navarre que l'Espagne avait confisquées.

Mais Antoine de Navarre protégeait déjà les opinions calvinistes, et n'était pas vu d'un fort bon œil à une cour qui brûlait les hérétiques.

Son frère, Louis de Bourbon, prince de Condé, était là aussi ; mais lui savait se faire mieux respecter, sinon mieux aimer. Il était cependant calviniste plus avéré que le roi de Navarre, et on le donnait pour le chef secret des rebelles. Mais il avait eu le don de se faire aimer du peuple. Il montait hardiment à cheval et maniait habilement l'épée et la dague, bien qu'il eût la taille petite et les épaules un peu exagérées. Il était d'ailleurs galant, spirituel, aimait les femmes avec passion, et la chanson populaire disait de lui :

> Ce petit homme tant joli,
> Toujours cause et toujours rit,
> Et toujours baise sa mignonne.
> Dieu gard' de mal le petit homme.

Autour du roi de Navarre et du prince de Condé, se groupaient naturellement les gentilshommes qui, ouvertement ou secrètement, tenaient pour le parti de la réforme l'amiral Coligny, La Renaudie, le baron de Castelnau qui, arrivé récemment de la Touraine, sa province, était ce jour-là même présenté pour la première fois à la cour.

L'assemblée, malgré les absens, était donc, on le voit, nombreuse et distinguée. Mais, au milieu du bruit, de l'agitation et de la joie, deux hommes restaient distraits, sérieux et presque tristes.

C'étaient, pour des motifs bien opposés, le roi et le connétable de Montmorency.

La personne de Henri II était au Louvre, mais sa pensée était à Calais.

Depuis trois semaines, depuis le départ du duc de Guise, il songeait sans cesse, nuit et jour, à cette expédition hasardeuse qui pouvait chasser à jamais les Anglais du royaume, mais qui pouvait aussi compromettre gravement le salut de la France.

Henri s'était reproché plus d'une fois d'avoir permis à monsieur de Guise un coup si dangereux.

Si l'entreprise avortait, quelle honte aux yeux de l'Europe ! que d'efforts il faudrait pour réparer un tel échec ! La journée de Saint-Laurent ne serait rien à côté de cela. Le connétable avait subi la défaite, François de Lorraine serait allé la chercher.

Le roi qui, depuis trois jours, n'avait pas de nouvelles de l'armée de siège, était donc tristement préoccupé et n'écoutait qu'à peine les encouragemens et les assurances du cardinal de Lorraine qui, debout près de son fauteuil, essayait de ranimer son espoir.

Diane de Poitiers remarqua bien la sombre humeur de son royal amant ; mais, comme elle voyait d'un autre côté monsieur de Montmorency pour le moins aussi morne, ce fut à lui qu'elle alla.

C'était aussi le siège de Calais qui tourmentait le connétable, mais, nous l'avons dit, dans un sens fort différent.

Le roi avait peur de la défaite, le connétable avait peur du succès.

Un succès, en effet, mettrait définitivement au premier rang le duc de Guise, et rejetterait tout à fait le connétable au second. Le salut de la France était la perte de ce pauvre connétable, et son égoïsme, il en faut convenir, avait toujours eu le pas sur son patriotisme.

Aussi reçut-il fort maussadement la belle favorite qui s'avançait souriante vers lui.

On se rappelle quel amour étrange et dépravé la maîtresse du roi le plus galant du monde portait à ce soudard brutal.

— Qu'a donc aujourd'hui mon vieux guerrier? lui demanda-t-elle de sa voix la plus caressante.

— Ah! vous aussi, vous me raillez, madame! dit Montmorency avec aigreur.

— Moi, vous railler, ami! Vous ne pensez pas à ce que vous dites.

— Je pense à ce que vous dites, vous, reprit le connétable en maugréant. Vous m'appelez votre vieux guerrier. Vieux? c'est vrai, je ne suis plus un muguet de vingt ans. Guerrier? non. Vous voyez bien qu'on ne me juge plus bon qu'à me montrer en parade avec une épée dans les salles du Louvre.

— Ne parlez pas ainsi, dit la favorite avec un doux regard. N'êtes-vous pas toujours le *connétable?*

— Qu'est-ce qu'un connétable, lorsqu'il y a un lieutenant général du royaume!

— Ce dernier titre passe avec les événemens qui l'ont fait déférer. Le vôtre, attaché sans révocation possible à la première dignité militaire du royaume, ne passera qu'avec vous.

— Aussi suis-je déjà passé et trépassé, dit le connétable avec un rire amer.

— Pourquoi dites-vous cela, ami? reprit madame de Poitiers. Vous n'avez pas cessé d'être puissant, et aussi redoutable aux ennemis publics du dehors qu'à vos ennemis personnels du dedans.

— Parlons sérieusement, Diane, et ne cherchons point à nous leurrer l'un l'autre avec des mots.

— Si je vous trompe, c'est que je me trompe, reprit Diane. Donnez-moi des preuves de la vérité, et non-seulement je reconnais sur-le-champ mon erreur, mais je la répare autant qu'il est en moi.

— Eh bien! dit le connétable, vous faites d'abord trembler devant moi les ennemis du dehors, ce sont là de consolantes paroles; mais, effectivement, qui envoie-t-on contre ces ennemis! un général plus jeune et sans doute plus heureux que moi qui, seulement, pourrait bien un jour se servir de ce bonheur pour son propre compte.

— Où voyez-vous que le duc de Guise réussira? demanda Diane par la plus habile flatterie.

— Ses revers, reprit hypocritement le connétable, seraient pour la France un malheur affreux que je déplorerais amèrement pour mon pays; mais ses succès deviendraient peut-être un malheur plus affreux encore que je redouterais pour mon roi.

— Croyez-vous donc, dit Diane, que l'ambition de monsieur de Guise?...

— Je l'ai sondée, et elle est profonde, répondit l'envieux courtisan. Si, par un accident quelconque, il y avait un changement de règne, avez-vous songé, Diane, à ce que pourrait cette ambition, aidée de l'influence de Marie Stuart, sur l'esprit d'un roi jeune et sans expérience? Mon dévouement à vos intérêts m'a complétement aliéné la reine Catherine. Les Guise seraient plus souverains que le souverain.

— Un tel malheur est, Dieu merci! bien improbable et bien éloigné, reprit Diane qui ne put s'empêcher de penser que son connétable de soixante ans préjugeait trop facilement la mort d'un roi de quarante.

— Il est contre nous d'autres chances plus rapprochées et presqu'aussi terribles, dit en hochant la tête d'un air grave monsieur de Montmorency.

— Ces chances contraires, quelles sont-elles, mon ami?

— Avez-vous perdu la mémoire, Diane? ou faites-vous semblant d'ignorer qui est parti à Calais avec le duc de Guise, qui lui a soufflé, selon toute apparence, l'idée de cette téméraire entreprise, qui reviendra triomphant avec lui, s'il triomphe, en sachant peut-être se faire attribuer par lui une partie de l'honneur de la victoire?...

— Est-ce du vicomte d'Exmès que vous parlez? demanda Diane.

— Et de quel autre, madame? Si vous avez oublié son extravagante promesse, il s'en souvient, lui! Bien plus, le hasard est si singulier! il est capable de la tenir et de venir réclamer hautement celle du roi.

— Impossible! s'écria Diane.

— Qu'est-ce qui vous paraît impossible, madame? que monsieur d'Exmès tienne sa parole? ou que le roi tienne la sienne?

— Les deux alternatives sont également folles et absurdes, et la seconde plus encore que la première.

— Si cependant la première se réalisait, dit le connétable, il faudrait bien que la seconde s'ensuivît; le roi est faible sur ces questions d'honneur, il serait fort capable, madame, de se piquer d'une loyauté chevaleresque, et de livrer son secret et le nôtre en des mains ennemies...

— Encore une fois, c'est un rêve insensé! s'écria Diane pâlissante.

— Enfin, Diane, ce rêve, si vous le touchiez de vos mains et le voyiez de vos yeux, que feriez-vous?

— Mais, je ne sais, mon bon connétable, dit madame de Valentinois; il faudrait aviser, chercher, agir. Tout plutôt que cette extrémité! Si le roi nous abandonnait, eh bien! nous nous passerions du roi, et, sûrs d'avance qu'il n'oserait nous désavouer après l'événement, nous nous servirions de notre pouvoir à nous, de notre crédit personnel.

— Ah! c'est ici que je vous attendais! dit le connétable; notre pouvoir à nous, notre crédit personnel! parlez du vôtre, madame! mais, quant au mien, il est si bas, qu'à vrai dire, je le considère comme mort. Mes ennemis du dedans, que tout à l'heure vous plaigniez si fort, auraient certes beau jeu avec moi à cette heure. Il n'y a pas de gentilhomme dans cette cour qui n'ait plus de pouvoir que ce piteux connétable. Aussi, voyez quel vide autour de ma personne! c'est tout simple! qui donc se soucierait de faire sa cour à une puissance déchue? Il est donc plus sûr pour vous, madame, de ne pas désormais compter sur l'appui d'un vieux serviteur disgracié, sans amis, sans influence, voire même sans argent.

— Sans argent? répéta Diane avec quelque incrédulité.

— Eh! oui, pâsque Dieu! madame, sans argent! dit une seconde fois le connétable en colère, et c'est là peut-être, à mon âge, et après de tels services rendus, ce qu'il y a de plus douloureux! La dernière guerre m'a ruiné, ma rançon et celle de quelques-uns de mes gens ont épuisé mes dernières ressources pécuniaires. Ils le savent bien ceux qui m'abandonnent! Je serai réduit, un de ces jours, à m'en aller, par les rues, demandant l'aumône comme ce général carthaginois, Bélisaire, je crois, dont j'ai oui parler à mon neveu l'amiral.

— Eh! connétable, n'avez-vous plus d'amis? reprit Diane, souriant à la fois de l'érudition et de la rapacité de son vieil amant.

— Non, fit le connétable, plus d'amis, vous dis-je.

Il ajouta avec l'accent le plus pathétique du monde:

— Les malheureux n'en ont pas.

— Je vais vous prouver le contraire, reprit Diane. Je vois bien maintenant d'où provient cette farouche humeur où vous étiez plongé. Mais que ne me le disiez-vous d'abord! Vous manquez donc de confiance avec moi? C'est mal. N'importe! je ne prétends me venger qu'en amie. Dites-moi, le roi n'a-t-il pas levé un nouvel impôt la semaine passée?

— Oui, ma chère Diane, répondit le connétable singulièrement radouci, un impôt fort juste et assez lourd pour subvenir aux frais de la guerre.

— Cela suffit, dit Diane, et je veux vous montrer tout de suite qu'une femme peut réparer, et au-delà, les injustices de la fortune à l'égard des gens de mérite comme vous. Henri me paraît aussi fort mal en train; c'est égal! je vais de ce pas l'aborder, et il faudra bien que vous conveniez ensuite que je suis une alliée fidèle et une bonne amie.

— Ah! Diane aussi bonne que belle! je le proclame dès à présent, dit galamment Montmorency.

— Mais, de votre côté, reprit Diane, quand j'aurai renouvelé les sources de votre crédit et de votre faveur, vous ne m'abandonnerez pas au besoin, n'est-il pas vrai, mon vieux lion ? et vous ne parlerez plus à votre amie dévouée de votre impuissance contre ses ennemis et les vôtres ?

— Eh ! chère Diane, tout ce que je suis et tout ce que je puis n'est-il pas à vous ? dit le connétable, et, si je m'afflige parfois de la perte de mon influence, n'est-ce point uniquement parce que je crains de moins bien servir ma belle souveraine et maîtresse.

— Bon ! reprit Diane avec le plus prometteur de ses sourires.

Elle mit sa main blanche et royale sur les lèvres barbues de son adorateur émérite, qui y déposa un tendre baiser, puis, le rassurant par un dernier regard, elle se dirigea sans retard vers le roi.

Le cardinal de Lorraine était toujours près de Henri, faisant les affaires de son frère absent, et rassurant de toute son éloquence le roi sur l'issue à craindre de la téméraire expédition de Calais.

Mais Henri écoutait plutôt sa pensée inquiète que le consolant cardinal.

Ce fut en ce moment que madame Diane s'avança vers eux.

— Je gage, messire, dit-elle d'abord vivement au cardinal, que Votre Éminence dit du mal au roi de ce pauvre monsieur de Montmorency ?

— Oh ! madame, reprit Charles de Lorraine, étourdi de cette attaque imprévue, j'ose prendre à témoin Sa Majesté que le nom de monsieur le connétable n'a pas même été prononcé dans notre entretien.

— C'est vrai, dit nonchalamment le roi.

— Autre manière de le desservir ! fit Diane.

— Mais si je ne puis ni parler ni me taire sur le compte du connétable, que dois-je donc faire, madame, je vous prie ?

— Il faudrait en parler pour en dire du bien, répartit Diane.

— Soit donc ! reprit le rusé cardinal ; en ce cas, je dirai, car les ordres de la beauté m'ont toujours trouvé obéissant et soumis, je dirai que monsieur de Montmorency est un grand homme de guerre, qu'il a gagné la bataille de Saint-Laurent et relevé la fortune de la France, et, qu'en ce moment encore, pour achever son œuvre, il a pris une glorieuse offensive contre les ennemis, et tente un mémorable effort sous les murs de Calais.

— Calais ! Calais ! ah ! qui me donnera des nouvelles de Calais! murmura le roi qui, dans cette guerre de mots entre le ministre et la favorite, n'avait entendu que ce nom.

— Vous avez une admirable et chrétienne façon de louer, monsieur le cardinal ! reprit Diane, et je vous fais mon compliment d'une charité si caustique.

— C'est qu'en vérité, madame, dit Charles de Lorraine, je ne vois pas du tout quel autre éloge on pourrait trouver de ce pauvre monsieur de Montmorency, comme vous l'appeliez tout à l'heure.

— Vous cherchez mal, messire, reprit Diane. Ne pourrait-on, par exemple, rendre justice au zèle avec lequel le connétable organise à Paris les derniers moyens de défense, et rassemble le peu de troupes qui restent à la France, tandis que d'autres risquent et compromettent les vraies forces de la patrie dans des expéditions aventureuses.

— Oh ! fit le cardinal.

— Hélas ! soupira le roi, à l'esprit duquel n'arrivait que ce qui avait trait à son souci.

— Ne pourrait-on ajouter encore, reprit Diane, que si le hasard n'a pas favorisé les magnifiques efforts de monsieur de Montmorency, que si le malheur s'est déclaré contre lui, il est du moins exempt de toute ambition personnelle, il n'a d'autre cause, lui, que celle du pays, et a sacrifié tout à cette cause, tout ; sa vie, qu'il exposait le premier ; sa liberté, qu'on lui a si longtemps ravie ; sa fortune même, dont il ne lui reste plus rien à cette heure.

— Ah ! dit avec l'air de l'étonnement Charles de Lorraine.

— Oui, Votre Éminence, insista Diane, monsieur de Montmorency, sachez-le bien, est ruiné.

— Ruiné ! vraiment ? reprit le cardinal.

— Et si bien ruiné, continua l'impudente favorite, que je viens actuellement demander à Sa Majesté de secourir ce loyal serviteur dans sa détresse.

Et comme le roi, toujours préoccupé, ne répondait pas :

— Oui, sire, dit Diane, s'adressant directement à lui pour appeler son attention, je vous adjure expressément de venir en aide à votre fidèle connétable, que le prix de sa rançon, et les frais considérables d'une guerre soutenue pour le service de Votre Majesté, ont privé de ses dernières ressources... Sire, vous m'écoutez ?

— Madame, excusez-moi, dit Henri, mon attention ne saurait ce soir s'arrêter sur ce sujet. La pensée d'un désastre possible à Calais m'absorbe tout entier, vous le savez bien.

— C'est justement pour cela, reprit Diane, que Votre Majesté, ce me semble, doit ménager et favoriser l'homme qui s'applique d'avance à atténuer les effets de ce désastre, s'il vient à tomber sur la France.

— Mais l'argent nous manque à nous-même autant qu'au connétable, dit le roi.

— Et ce nouvel impôt qu'on vient d'établir ? reprit Diane.

— Cet argent, dit le cardinal, est destiné à la paie et à l'entretien des troupes.

— Alors, reprit Diane, la meilleure part doit en revenir au chef de ces troupes.

— Eh bien ! ce chef est à Calais, répondit le cardinal.

— Non, il est à Paris, au Louvre, dit Diane.

— Vous voulez donc qu'on récompense la défaite, madame ?

— Cela vaut encore mieux, monsieur le cardinal, que d'encourager la démence.

— Assez ! interrompit le roi, ne voyez-vous pas que cette querelle me fatigue et m'offense. Savez-vous, madame, monsieur de Lorraine, savez-vous le quatrain que j'ai trouvé tantôt dans mon livre d'Heures ?

— Un quatrain ? répétèrent ensemble Diane et Charles de Lorraine.

— Si j'ai bonne mémoire, dit Henri, le voici :

« Sire, si vous laissez, comme Charles désire,
» Comme Diane fait, par trop vous gouverner,
» Fondre, pétrir, mollir, refondre et retourner,
» Sire, vous n'êtes plus, vous n'êtes plus que cire. »

Diane ne se déconcerta pas le moins du monde :

— Un jeu de mots galant ! dit-elle, qui m'attribue seulement sur l'esprit de Votre Majesté plus d'influence que je n'en possède, hélas !

— Eh ! madame, reprit le roi, vous ne devriez pas abuser de cette influence justement parce que vous savez l'avoir.

— L'ai-je réellement, sire ?... dit Diane de sa voix douce. Votre Majesté m'accorde donc ce que je lui demande pour le connétable ?...

— Soit ! dit le roi importuné. Mais maintenant vous me laisserez, je pense, à mes douloureux pressentimens, à mes inquiétudes.

Le cardinal, devant cette faiblesse, ne put que lever les yeux au ciel. Diane lui lança de côté un regard triomphant.

— Merci, Votre Majesté, dit-elle au roi. Je vous obéis en me retirant ; mais bannissez le trouble et la crainte, sire ! la victoire aime les généreux, et m'est avis que vous vaincrez.

— Ah ! j'en accepte l'augure, Diane ! reprit Henri. Mais avec quels transports j'en recevrais la nouvelle ! Depuis quelque temps je ne dors plus, je n'existe plus. Mon Dieu ! que le pouvoir des rois est borné ! n'avoir aucun moyen d'apprendre ce qui se passe en ce moment à Calais ! Vous avez beau dire, monsieur le cardinal, ce silence de votre frère est effrayant. Ah! des nouvelles de Calais! qui donc m'en apportera? Jésus!

L'huissier de service entra, et, s'inclinant dans le même instant devant le roi, annonça à voix haute :

— Un envoyé de monsieur de Guise, arrivant de Calais sollicite la faveur d'être admis par Sa Majesté.

— Un envoyé de Calais! répéta le roi en se levant debout, l'œil brillant, se contenant à peine.

— Enfin! dit le cardinal tout tremblant de crainte et de joie.

— Introduisez le messager de monsieur de Guise, introduisez-le sur-le-champ, reprit vivement le roi.

Il va sans dire que toutes les conversations s'étaient tues, que toutes les poitrines palpitaient, que tous les regards se tournaient vers la porte.

Gabriel entra au milieu d'un silence de statues.

LXVI.

LE VICOMTE DE MONTGOMMERY.

Gabriel était suivi, comme lors de son retour d'Italie, de quatre de ses gens, Ambrosio, Lactance, Yvonnet et Pilletrousse, lesquels portaient les drapeaux anglais, mais qui s'arrêtèrent en dehors sur le seuil de la porte.

Le jeune homme tenait lui-même, de ses deux mains, sur un coussin de velours, deux lettres et des clefs de ville.

A cette vue, le visage de Henri II exprima un singulier mélange de joie et de terreur.

Il croyait comprendre l'heureux message, mais le sévère messager l'inquiétait.

— Le vicomte d'Exmès! murmurait-il en voyant Gabriel s'approcher de lui à pas lents.

Et madame de Poitiers et le connétable, échangeant entre eux un regard d'alarme, balbutiaient aussi à voix basse :

— Le vicomte d'Exmès!

Cependant Gabriel, solennel et grave, vint mettre un genou en terre devant le roi, et, d'une voix ferme :

— Sire, lui dit-il, voici les clefs de la ville de Calais qu'après sept jours de siége et trois assauts acharnés, les Anglais ont remises à monsieur le duc de Guise que monsieur le duc de Guise s'empresse de faire remettre à Votre Majesté.

— Calais est à nous? demanda encore le roi, quoiqu'il eût parfaitement entendu.

— Calais est à vous, Sire, répéta Gabriel.

— Vive le roi! crièrent d'une seule voix tous les assistants, à l'exception peut-être du connétable de Montmorency.

Henri II, qui ne pensait plus qu'à ses craintes dissipées et à ce triomphe éclatant de ses armes, salua d'un visage radieux l'assemblée émue.

— Merci, messieurs, merci! dit-il ; j'accepte, au nom de la France, ces acclamations, mais elles ne doivent point s'adresser à moi seul : il est juste que la meilleure part en revienne au vaillant chef de l'entreprise, à mon noble cousin monsieur de Guise.

Des murmures d'approbation coururent dans l'assistance. Mais le temps n'était pas venu où l'on osât crier devant le roi : Vive le duc de Guise !

— Et, en l'absence de notre cher cousin, continua Henri, nous sommes heureux de pouvoir, du moins, adresser nos remerciements et nos félicitations à vous qui le représentez ici, monsieur le cardinal de Lorraine, et à vous qu'il a chargé de cette glorieuse commission, monsieur le vicomte d'Exmès.

— Sire, dit respectueusement mais hardiment Gabriel en s'inclinant devant le roi, Sire, excusez-moi, je ne m'appelle plus le vicomte d'Exmès, maintenant.

— Comment?... reprit Henri II en fronçant le sourcil.

— Sire, continua Gabriel, depuis le jour de la prise de Calais, j'ai cru pouvoir me nommer de mon vrai nom et de mon vrai titre, le vicomte de Montgommery.

A ce nom qui, depuis tant d'années, n'avait pas été prononcé tout haut à la cour, il y eut, dans la foule, comme une explosion de surprise. Ce jeune homme s'intitulait le vicomte de Montgommery : donc, le comte de Montgommery, son père sans doute, était vivant encore! Après cette longue disparition, que signifiait le retour de ce vieux nom si fameux jadis ?

Le roi n'entendait pas ces commentaires, pour ainsi dire muets, mais il les devinait sans peine ; il était devenu plus blanc que sa fraise italienne, et ses lèvres tremblaient d'impatience et de colère.

Madame de Poitiers avait frémi aussi, et, dans son coin, le connétable était sorti de son immobilité morne, et son vague regard s'était allumé.

— Qu'est-ce à dire, monsieur ? reprit le roi d'une voix qu'il modérait difficilement. Quel est ce nom que vous osez prendre ? et d'où vous vient tant de témérité ?

— Ce nom est le mien, Sire, dit avec calme Gabriel, et ce que Votre Majesté croit de la témérité n'est que de la confiance.

Il était évident que Gabriel avait voulu, par un coup d'audace, engager irrévocablement la partie, risquer le tout pour le tout, et fermer au roi comme à lui-même toute hésitation et tout retour.

Henri le comprit bien ainsi, mais il craignit son propre courroux, et, pour ajourner du moins l'éclat qu'il redoutait, il reprit :

— Votre affaire personnelle pourra venir plus tard, monsieur ; mais en ce moment, ne l'oubliez pas, vous êtes l'envoyé de monsieur de Guise, et vous n'avez pas achevé de remplir votre message, ce me semble.

— C'est juste, dit Gabriel avec un profond salut. Il me reste à présenter à Votre Majesté les drapeaux conquis sur les Anglais. Les voici. De plus, monsieur le duc de Guise a écrit lui-même cette lettre au roi.

Il offrit sur le coussin la lettre du Balafré. Le roi la prit, rompit le cachet, déchira l'enveloppe, et, tendant la lettre avec vivacité au cardinal de Lorraine :

— A vous, monsieur le cardinal, lui dit-il, la joie de lire tout haut cette lettre de votre frère. Elle n'est pas adressée au roi, mais à la France.

— Quoi ! sire ! dit le cardinal, Votre Majesté veut?...

— Je désire, monsieur le cardinal, que vous acceptiez cet honneur qui vous est dû.

Charles de Lorraine s'inclina, prit avec respect des mains du roi la lettre qu'il déplia, et lut ce qui suit au milieu du plus profond silence :

« Sire,

» Calais est en notre pouvoir ; nous avons repris en une semaine aux Anglais ce qui leur avait coûté, il y a deux siècles, un an de siége.

» Guines et Ham, les deux derniers points qu'ils possèdent encore en France, ne peuvent maintenant tenir bien longtemps ; j'ose promettre à Votre Majesté qu'avant quinze jours nos ennemis héréditaires seront définitivement expulsés de tout le royaume.

» J'ai cru devoir être généreux pour les vaincus. Ils nous ont consigné leur artillerie et leurs munitions ; mais la capitulation que j'ai consentie donne aux habitants de Calais qui le souhaiteraient le droit de se retirer avec leurs biens en Agleterre. Il eût peut-être été dangereux aussi de laisser, dans une ville si nouvellement occupée, cet actif ferment de révolte.

» Le nombre de nos morts et de nos blessés est peu considérable, grâce à la rapidité avec laquelle la place a été emportée.

» Le temps et le loisir me manquent, Sire, pour donner aujourd'hui à Votre Majesté de plus amples détails. Blessé moi-même grièvement... »

A cet endroit, le cardinal pâlit et s'arrêta.

— Quoi, notre cousin est blessé ! s'écria le roi feignant la sollicitude.

— Que Votre Majesté et Son Éminence se rassurent, dit Gabriel. Cette blessure de monsieur le duc de Guise n'aura pas de suites, grâce à Dieu ! Il ne doit lui en rester, à l'heure qu'il est, qu'une noble cicatrice au visage et le glorieux surnom de *Balafré*.

Le cardinal, en lisant quelques lignes d'avance, avait pu se convaincre par lui-même que Gabriel disait vrai, et tranquillisé il reprit la lecture en ces termes :

« Blessé moi-même grièvement, le jour même de notre entrée dans Calais, j'ai été sauvé par le prompt secours et l'admirable génie d'un jeune chirurgien, maître Ambroise Paré ; mais je suis faible encore, et privé, par conséquent, de la joie de m'entretenir longuement avec Votre Majesté.

» Elle pourra apprendre les autres détails de celui qui va lui porter, avec cette lettre, les clefs de la ville et les drapeaux anglais prisonniers, et duquel il faut pourtant qu'avant de finir je parle à Votre Majesté.

» Car ce n'est pas à moi, Sire, que revient tout l'honneur de cette étonnante prise de Calais. J'ai tâché d'y contribuer de toutes mes forces avec nos vaillantes troupes ; mais on en doit l'idée première, les moyens d'exécution et la réussite même au porteur de cette lettre, à monsieur le vicomte d'Exmès... »

— Il paraît, monsieur, interrompit le roi en s'adressant à Gabriel, il paraît que notre cousin ne vous connaissait pas encore sous votre nouveau nom.

— Sire, dit Gabriel, je n'aurais osé le prendre pour la première fois qu'en présence même de Votre Majesté.

Le cardinal continua sur un signe du roi :

« J'avouerai, en effet, que je ne pensais pas même à ce coup hardi, quand monsieur d'Exmès est venu me trouver au Louvre, m'a exposé le sublime dessein, a levé mes doutes et dissipé mes hésitations, et enfin a déterminé ce fait d'armes inouï qui suffirait, Sire, à la gloire d'un règne.

» Mais ce n'est pas tout : on ne pouvait risquer légèrement une expédition si grave ; il fallait que le conseil de l'expérience donnât raison au rêve du courage. Monsieur d'Exmès fournit à monsieur le maréchal Strozzi les moyens de s'introduire dans Calais sous un déguisement, et de vérifier les chances de l'attaque et de la défense. De plus, il nous donna un plan exact et détaillé des remparts et des postes fortifiés, de sorte que nous nous avançâmes vers Calais comme si ses murailles eussent été de verre.

» Sous les murs de la ville et dans les assauts, au fort de Nieullay, au Vieux-Château, partout, le vicomte d'Exmès, à la tête d'une petite troupe levée à ses frais, fit encore des prodiges de valeur. Mais là, il fut seulement égal à nombre de nos intrépides capitaines, qu'il est, je crois, impossible de surpasser. Je m'appesantirai donc peu sur les marques de courage qu'il donna en toute occasion, pour ne m'attacher qu'aux actions qui lui sont particulières et personnelles.

» Ainsi, la prise du fort de Risbank, cette entrée de Calais, libre du côté de la mer, allait ouvrir passage à de formidables secours venus d'Angleterre. Dès lors nous étions écrasés, perdus. Notre gigantesque entreprise échouait au milieu des risées de l'Europe. Cependant, par quels moyens, sans vaisseaux, s'emparer d'une tour que défendait l'Océan ? Eh bien ! le vicomte d'Exmès a fait ce miracle. La nuit, sur une barque, seul avec ses volontaires, à l'aide des intelligences qu'il s'était ménagées dans la place, il a pu, par une téméraire navigation, par une effrayante escalade, planter le drapeau français sur cet imprenable fort. »

Ici, malgré la présence du roi, un murmure d'admiration que rien ne put comprimer interrompit un moment la lecture, et s'échappa de cette foule illustre et vaillante, comme l'irrésistible accent de tous les cœurs.

L'attitude de Gabriel, debout, les yeux baissés, calme, digne et modeste, à deux pas du roi, ajoutait à l'impression causée par le récit du chevaleresque exploit, et charmait à la fois les jeunes femmes et les vieux soldats.

Le roi lui-même fut ému et fixa un regard déjà adouci sur le jeune héros de l'aventure épique.

Il n'y avait que madame de Poitiers qui mordait sa lèvre blanche, et monsieur de Montmorency qui fronçait son sourcil épais.

Le cardinal, après cette courte interruption, reprit la lettre de son frère.

« Le fort de Risbank gagné, la ville était à nous. Les vaisseaux anglais n'osèrent pas même tenter une attaque inutile. Trois jours après, nous entrions triomphans dans Calais, secondés encore par une heureuse diversion des alliés du vicomte d'Exmès dans la place, et par une énergique sortie du vicomte d'Exmès lui-même. »

» C'est dans cette dernière lutte, Sire, que j'ai reçu cette terrible blessure qui a failli me coûter la vie, et, s'il m'est permis de rappeler un service personnel après tant de services publics, j'ajouterai que ce fut encore monsieur d'Exmès qui, à la force presque, amena à mon lit de mort maître Paré, le chirurgien qui m'a sauvé.

— Oh ! monsieur, à mon tour, merci ! dit en s'interrompant Charles de Lorraine d'une voix émue.

Puis, avec un accent plus chaleureux, il reprit, comme si c'eût été son frère même qui eût parlé.

« Sire, on n'attribue d'ordinaire l'honneur des grands succès pareils à celui-ci qu'au chef sous lequel ils ont été remportés. Monsieur d'Exmès, le premier, aussi modeste que grand, laisserait volontiers son nom s'effacer devant le mien. Néanmoins, il m'a semblé juste d'apprendre à Votre Majesté que le jeune homme qui lui remettra cette lettre a vraiment été la tête et le bras de notre entreprise, et, que, sans lui, Calais, à l'heure où j'écris ceci dans Calais, serait encore à l'Angleterre. Monsieur d'Exmès m'a demandé de ne le déclarer, si je voulais, qu'au roi, mais enfin de le dire au roi. C'est ce que je fais ici d'une voix haute avec reconnaissance et joie.

» Mon devoir était de donner à monsieur d'Exmès ce glorieux certificat. Le reste est votre droit, Sire. Un droit que j'envie, mais que je ne peux ni ne veux usurper. Il n'est guère, ce semble, de présens qui puissent payer celui d'une ville frontière reconquise et de l'intégrité d'un royaume assuré.

» Il paraît cependant, monsieur d'Exmès me dit, que Votre Majesté a dans la main un prix digne de sa conquête. Je le crois, Sire. Mais il n'y a en effet qu'un roi et qu'un grand roi comme Votre Majesté qui puisse récompenser, à peu près à sa valeur, ce royal exploit.

» Sur ce, je prie Dieu, Sire, qu'il vous donne une longue vie et un heureux règne.

» Et suis, de Votre Majesté,

» Le très humble et très obéissant serviteur et sujet,

» FRANÇOIS DE LORRAINE.

» A Calais, ce 8 janvier 1558. »

Quand Charles de Lorraine eut achevé ainsi sa lecture et remis sa lettre aux mains du roi, le mouvement d'approbation qui était la félicitation contenue de toute cette cour se manifesta de nouveau, et, de nouveau, fit tressaillir le cœur de Gabriel, violemment ému sous son apparence tranquille. Si le respect n'eût imposé silence à l'enthousiasme, les applaudissemens auraient sans nul doute fêté avec éclat le jeune vainqueur.

Le roi sentit instinctivement cet élan général, qu'il partageait d'ailleurs un peu, et il ne put s'empêcher de dire à Gabriel, comme s'il eût été l'interprète du désir inexprimé de tous :

— C'est bien, monsieur ! c'est beau ce que vous avez fait ! Je souhaite que, comme monsieur de Guise me le donne à entendre, il me soit réellement possible de vous accorder une récompense digne de vous et digne de moi.

— Sire, répondit Gabriel, je n'en ambitionne qu'une seule, et Votre Majesté sait laquelle...

Puis, sur un mouvement de Henri, il se hâta de reprendre :

— Mais, pardon ! ma mission n'est pas encore tout à fait terminée, Sire.

— Qu'y a-t-il encore ? dit le roi.

— Sire, une lettre de madame de Castro pour Votre Majesté.

— De madame de Castro? répéta vivement Henri.

D'un mouvement prompt et irréfléchi, il se leva de son fauteuil, descendit les deux marches de l'estrade royale pour prendre lui-même la lettre de Diane, et, baissant la voix :

— C'est vrai, monsieur, dit-il à Gabriel, vous ne rendez pas seulement sa fille au roi, vous rendez aussi sa fille et père. J'ai contracté deux dettes envers vous !... Mais voyons cette lettre...

Et, comme la cour, toujours immobile et muette, attendait avec respect les ordres du roi, Henri, gêné lui-même par ce silence observateur, reprit à voix haute :

— Que je ne contraigne pas, messieurs, l'expression de votre joie. Je n'ai plus rien à vous apprendre, le reste est affaire entre moi et l'envoyé de notre cousin de Guise. Vous n'avez donc qu'à commenter l'heureuse nouvelle et à vous en féliciter, et vous êtes libres de le faire, messieurs.

La permission royale fut vite acceptée, les groupes causeurs se reformèrent, et bientôt l'on n'entendit plus que ce chuchotement indistinct et confus qui résulte dans les foules du bruit de cent conversations éparses.

Madame de Poitiers et le connétable pensaient encore seuls à épier le roi et Gabriel.

D'un coup d'œil éloquent, ils s'étaient communiqué leur crainte, et Diane, par un mouvement insensible, s'était rapprochée de son royal amant.

Henri ne remarquait pas le couple envieux, il était tout entier à la lettre de sa fille.

— Chère Diane !... pauvre chère Diane !... murmurait-il seulement attendri.

Et, quand il eut terminé cette lecture, entraîné par sa nature de roi, dont le premier et le spontané mouvement était certainement généreux et loyal :

— Madame de Castro, dit-il à Gabriel presque à voix haute, me recommande aussi son libérateur, et c'est justice ! Elle me dit que vous ne lui avez pas seulement rendu la liberté, monsieur, vous lui avez aussi, à ce qu'il paraît, sauvé l'honneur.

— Oh ! j'ai fait mon devoir, Sire, dit Gabriel.

— C'est donc à moi à faire le mien à mon tour, reprit vivement Henri. A vous de parler à présent, monsieur. Dites, que souhaitez-vous de nous, *monsieur le vicomte de Montgommery?*

LXVII.

JOIE ET ANGOISSE.

Monsieur le vicomte de Montgommery ! A ce nom qui, prononcé par le roi, contenait déjà plus qu'une promesse, Gabriel tressaillit de bonheur.

Henri allait évidemment pardonner !

— Le voilà qui faiblit ! dit à voix basse madame de Poitiers au connétable qui s'était rapproché d'elle.

— Attendons notre tour, reprit monsieur de Montmorency sans se déconcerter.

— Sire, disait cependant au roi Gabriel, plus ému, selon son habitude, par l'espoir que par la crainte, Sire, je n'ai pas besoin de répéter à Votre Majesté quelle grâce j'ose attendre de sa bonté, de sa clémence, un peu de sa justice. Ce que Votre Majesté avait exigé de moi, j'espère l'avoir fait... Ce que je demandais, Votre Majesté daignera-t-elle le faire ?... A-t-elle oublié sa promesse, ou veut-elle bien la tenir ?...

— Oui, monsieur, je la tiendrai, sous les conditions de silence convenues, répondit Henri sans hésiter.

— Ces conditions, sire, j'engage de nouveau mon honneur qu'elles seront exactement et rigoureusement remplies, dit le vicomte d'Exmès.

— Approchez-vous donc, monsieur, dit le roi.

Gabriel s'approcha, en effet. Le cardinal de Lorraine s'écarta discrètement. Mais madame de Poitiers, assise aussi tout près de Henri, ne bougea pas, et put sans doute entendre ce qu'il disait, bien qu'il baissât la voix pour parler au seul Gabriel.

Cette sorte de surveillance ne fit pourtant pas fléchir, il faut en convenir, la volonté du roi, qui reprit avec fermeté :

— Monsieur le vicomte de Montgommery, vous êtes un vaillant que j'estime et que j'honore. Quand vous aurez ce que vous demandez, et ce que vous avez si bien conquis, nous ne serons pas, certes, encore quitte envers vous. Mais prenez toujours cet anneau. Demain matin, à huit heures, présentez-le au gouverneur du Châtelet ; il sera prévenu d'ici-là, et vous rendra sur-le-champ l'objet de votre sainte et sublime ambition.

Gabriel, qui de joie sentit se dérober sous lui ses genoux, ne se retint pas et se laissa tomber aux pieds du roi.

— Ah ! sire, lui dit-il, la poitrine inondée de bonheur et les yeux mouillés de douces larmes, sire, toute la volonté, toute l'énergie dont je crois avoir donné des preuves sont, pour le reste de ma vie, au service de mon dévouement à Votre Majesté, comme elles eussent été, je l'avoue, au service de ma haine, si vous aviez dit : Non !

— En vérité ! fit le roi en souriant avec bonté.

— Oui, sire, je le confesse, et vous devez me comprendre puisque vous avez pardonné ; oui, j'eusse poursuivi, je crois, Votre Majesté jusque dans ses enfans, comme je vous défendrai et vous aimerai encore en eux, sire. Devant Dieu, qui punit tôt ou tard les parjures, je garderai mon serment de fidélité, comme j'eusse tenu mon serment de vengeance !

— Allons ! relevez-vous, monsieur, dit le roi en souriant toujours. Calmez-vous aussi, et, pour vous remettre, racontez-nous un peu en détail cette prise si inespérée de Calais, dont je ne me lasserai jamais, j'imagine, de parler et d'entendre parler.

Henri II garda ainsi plus d'une heure auprès de lui Gabriel, l'interrogeant et l'écoutant, et lui faisant répéter cent fois sans se lasser les mêmes détails.

Puis, il dut le céder aux dames avides de questionner à leur tour le jeune héros.

Et d'abord, le cardinal de Lorraine, assez mal renseigné sur les antécédens de Gabriel, et qui ne voyait en lui que l'ami et le protégé de son frère, voulut absolument le présenter lui-même à la reine.

Catherine de Médicis, en présence de toute la cour, fut bien obligée de féliciter celui qui venait de gagner au roi une si belle victoire. Mais elle le fit avec une froideur et une hauteur marquées, et le sévère et dédaigneux regard de son œil gris démentait à mesure les paroles que sa bouche devait prononcer contre lui de son cœur.

Gabriel, tout en adressant à Catherine de respectueux remerciemens, se sentait l'âme en quelque sorte glacée par ces complimens menteurs de la reine, sous lesquels, en se rappelant le passé, il lui semblait deviner une ironie secrète et comme une menace cachée.

Lorsqu'après avoir salué Catherine de Médicis, il se retourna pour se retirer, il crut avoir trouvé la cause du douloureux pressentiment qu'il avait éprouvé.

En effet, ses regards étant tombés du côté du roi, il vit avec épouvante que Diane de Poitiers s'était rapprochée de lui et lui parlait bas avec son méchant et sardonique sourire. Plus Henri II paraissait se défendre, plus elle avait l'air d'insister.

Elle appela ensuite le connétable, qui parla aussi pendant longtemps au roi avec vivacité.

Gabriel voyait tout cela de loin. Il ne perdait pas un seul des mouvemens de ses ennemis, et il souffrait le martyre.

Mais, dans le moment même où son cœur était ainsi déchiré, le jeune homme fut gaîment abordé et interrogé par la jeune reine-dauphine, Marie Stuart, qui l'accabla à la fois de complimens et de questions.

Gabriel, malgré son inquiétude, y répondit de son mieux.

— C'est magnifique! lui disait Marie enthousiasmée, n'est-il pas vrai, mon gentil dauphin? ajouta-t-elle en s'adressant à François, son jeune mari, qui joignit ses éloges à ceux de sa femme.

— Pour mériter de si bonnes paroles, que ne ferait-on pas? disait Gabriel dont les yeux distraits ne quittaient pas le groupe du roi, de Diane et du connétable.

— Quand je me sentais portée vers vous par je ne sais quelle sympathie, continua Marie Stuart avec sa grâce accoutumée, mon cœur m'avertissait sans doute que vous fourniriez ce merveilleux exploit à la gloire de mon cher oncle de Guise. Ah! tenez, je voudrais avoir, comme le roi, le pouvoir de vous récompenser à mon tour. Mais une femme, hélas! n'a pas de titres ni d'honneurs à sa disposition.

— Oh! vraiment, j'ai tout ce que je pouvais souhaiter au monde! dit Gabriel. Le roi ne répond plus, il écoute seulement! pensait-il en lui-même.

— C'est égal! reprit Marie Stuart, si j'avais le pouvoir, je vous créerais, je crois, des souhaits pour pouvoir les accomplir. Mais, pour le moment, tout ce que j'ai, tenez, c'est ce bouquet de violettes que le jardinier des Tournelles m'a envoyé tantôt comme assez rare après ces dernières gelées. Eh bien! monsieur d'Exmès, avec la permission de monseigneur le dauphin, je vous le donne ces fleurs, comme un souvenir de ce jour. Les acceptez-vous?

— Oh! madame!... s'écria Gabriel en baisant respectueusement la main qui les lui offrait.

— Les fleurs, reprit Marie Stuart songeuse, sont en même temps un parfum pour la joie et une consolation pour la tristesse. Je pourrai quelque jour être bien malheureuse! je ne le serai jamais tout à fait tant qu'on me laissera des fleurs. Il est bien entendu qu'à vous, monsieur d'Exmès, à vous heureux et triomphant, je n'offre celles-ci que comme parfum.

— Qui sait? dit Gabriel en secouant la tête avec mélancolie, qui sait si le triomphant et l'heureux n'en a pas plutôt besoin comme consolation.

Ses regards, tandis qu'il parlait ainsi, étaient toujours fixés sur le roi, qui, pour le coup, semblait réfléchir et baisser la tête devant les représentations de plus en plus vives de madame de Poitiers et du connétable.

Gabriel tremblait en pensant qu'assurément la favorite avait entendu la promesse du roi, et qu'il devait être question entre eux de son père et de lui.

La jeune reine-dauphine s'était éloignée en se moquant doucement des préoccupations de Gabriel.

L'amiral de Coligny l'aborda en ce moment, et, à son tour, lui adressa ses félicitations cordiales sur la brillante façon dont il avait soutenu et dépassé à Calais sa réputation de Saint-Quentin.

On n'avait jamais trouvé le pauvre jeune homme plus favorisé du sort et plus digne d'envie que depuis qu'il endurait des angoisses jusque-là inconnues.

— Vous valez autant, lui disait l'amiral, pour gagner des victoires que pour atténuer des défaites. Je suis tout fier d'avoir pressenti votre haut mérite, et je n'ai qu'un regret, c'est de n'avoir pas participé avec vous à ce beau fait d'armes, si heureux pour vous et si glorieux pour la France.

— L'occasion s'en retrouvera, monsieur l'amiral, dit Gabriel.

— peu, reprit Coligny avec quelque tristesse. Dieu veuille seulement que, si nous nous rencontrons encore sur un champ de bataille, ce ne soit pas dans deux camps opposés!

— Le ciel m'en préserve, en effet! dit vivement Gabriel. Mais, qu'entendez-vous par ces paroles, monsieur l'amiral.

— On a brûlé vifs le mois dernier quatre religionnaires dit Coligny. Les réformés, qui chaque jour croissent en nombre et en puissance, finiront par se lasser de ces odieuses et iniques persécutions. Ce jour-là, des deux partis qui divisent la France, il pourra, je le crains, se former deux armées.

— Eh bien? demanda Gabriel.

— Eh bien! monsieur d'Exmès, malgré la promenade que nous avons faite ensemble rue Saint-Jacques, vous avez gardé votre liberté et ne vous êtes engagé qu'à la discrétion. Or, vous me paraissez trop bien et trop justement en faveur pour n'être pas de l'armée du roi contre *l'hérésie*, comme on l'appelle.

— Je crois que vous vous trompez, monsieur l'amiral, dit Gabriel dont les yeux ne se détournaient pas du roi, j'ai lieu de penser, au contraire, que j'aurai bientôt le droit de marcher avec les oppressés contre les oppresseurs.

— Quoi! qu'est-ce à dire? demanda l'amiral. Vous pâlissez, Gabriel, votre voix s'altère! qu'avez-vous donc?

— Rien! rien! monsieur l'amiral. Mais il faut que je vous quitte. Au revoir! à bientôt!

Gabriel venait de surprendre de loin un geste d'acquiescement échappé au roi, et monsieur de Montmorency s'était éloigné sur-le-champ en jetant à Diane un regard de triomphe.

Néanmoins, quelques minutes après, la réception fut close, et Gabriel, en allant saluer le roi pour prendre congé, osa lui dire:

— Sire, à demain.

— A demain, monsieur, répondit le roi.

Mais, en disant cela, Henri II ne regarda pas Gabriel en face; il détournait même la vue; il ne souriait plus, et madame de Poitiers souriait au contraire.

Gabriel, que chacun croyait voir radieux d'espérance et de joie, se retira l'épouvante et la douleur au cœur.

Tout le soir, il erra autour du Châtelet.

Il reprit un peu de courage en n'en voyant pas sortir monsieur de Montmorency.

Il tâtait à son doigt l'anneau royal, et se rappelait ces paroles formelles de Henri II, qui n'admettaient pas le doute et ne pouvaient cacher un leurre: L'objet de votre sainte et sublime ambition vous sera rendu.

N'importe! cette nuit qui séparait encore Gabriel du moment décisif allait lui paraître plus longue qu'une année!

LXVIII.

PRÉCAUTIONS.

Ce que pensa, ce que souffrit Gabriel pendant ces mortelles heures, Dieu seul le sut; car en rentrant chez lui, il ne voulut rien dire ni à ses serviteurs, ni même à sa nourrice, et ce fut de ce moment-là que commença pour lui cette vie concentrée, et muette en quelque sorte, toute à l'action, avare de paroles, qu'il continua rigidement depuis, comme s'il eût fait, dans sa pensée, vœu de silence.

Ainsi, espérances déçues, énergiques résolutions, projets d'amour et de vengeance, tout ce que, dans cette nuit d'attente, Gabriel sentit, rêva et se jura à lui-même, tout resta un secret entre cette âme profonde et le Seigneur.

C'était à huit heures seulement qu'il pouvait se présenter au Châtelet avec l'anneau que lui avait remis le roi et qui devait ouvrir toutes les portes, non-seulement à lui, mais à son père.

Jusqu'à six heures du matin, Gabriel demeura seul dans sa chambre, sans vouloir recevoir personne.

A six heures, il descendit, vêtu et équipé comme pour un long voyage. Il avait déjà demandé la veille à sa nourrice tout l'or qu'elle pourrait lui réunir.

Les gens de sa maison s'empressèrent autour de lui, lui offrant leurs services. Les quatre volontaires qu'il avait ramené de Calais se mettaient surtout à sa disposition. Mais il les remercia amicalement, et les congédia, ne gardant auprès de lui que le page André, le dernier venu, et sa nourrice Aloyse.

— Ma bonne Aloyse, dit-il d'abord à cette dernière, j'attends ici de jour en jour deux hôtes, deux amis de Calais, Jean Peuquoy et sa femme Babette. Il se peut, Aloyse, que je ne sois pas là pour les recevoir. Mais, en mon absence même, en mon absence surtout, je te prie, Aloyse, de les accueillir et de les traiter comme s'ils étaient mon frère et ma sœur. Babette te connaît pour m'avoir entendu cent fois parler de toi. Elle aura en toi une confiance filiale ; aie pour elle, je t'en conjure au nom de l'affection que tu me portes, la tendresse et l'indulgence d'une mère.

— Je vous le promets, monseigneur, dit simplement la brave nourrice, et vous savez qu'avec moi cette seule parole suffit. Soyez tranquille sur vos hôtes. Rien ne leur manquera pour les soins de l'âme et du corps.

— Merci, Aloyse, dit Gabriel en lui pressant la main. A vous maintenant, André, reprit-il en s'adressant au page que lui avait donné madame Diane de Castro. J'ai certaines commissions graves dont je veux charger quelqu'un de sûr, et c'est vous, André, qui les remplirez, vous qui remplacez pour moi mon fidèle Martin-Guerre.

— Je suis à vos ordres, monseigneur, dit André.

— Écoutez bien, reprit Gabriel ; je vais dans une heure quitter cette maison, seul. Si je reviens tantôt vous n'aurez rien à faire, ou plutôt je vous donnerai de nouveaux ordres. Mais il est possible que je ne revienne pas, que du moins je ne revienne ni aujourd'hui, ni demain, ni enfin de longtemps d'ici...

La nourrice leva toute éplorée les bras au ciel. André interrompit son maître.

— Pardon, monseigneur ! vous dites qu'il se peut que vous ne reveniez pas de longtemps d'ici ?

— Oui, André.

— Et je ne vous accompagne pas ! et, de longtemps d'ici peut-être, je ne vous reverrai ? reprit André qui, à cette nouvelle, parut à la fois triste et embarrassé.

— Sans doute, cela se peut ! dit Gabriel.

— Mais reprit le page, c'est que madame de Castro m'avait, avant mon départ, confié pour monseigneur un message, une lettre...

Et cette lettre vous ne me l'avez pas encore remise, André ? dit vivement Gabriel.

— Excusez-moi, monseigneur, répondit André, je ne devais vous la remettre que lorsqu'au retour de Louvre, je vous verrais bien triste ou bien furieux. Alors seulement, m'avait dit madame Diane, donnez à monsieur d'Exmès cette lettre, qui contient pour lui un avertissement ou une consolation.

— Oh ! donnez, donnez vite ! s'écria Gabriel. Conseil et soulagement ne peuvent, je le crains, m'arriver plus à propos.

André tira de son pourpoint la lettre soigneusement enveloppée et la remit à son nouveau maître, Gabriel la décacheta en hâte, et se retira pour la lire dans l'embrasure d'une croisée.

Voici ce que contenait cette lettre :

« Ami, parmi les angoisses et les rêves de cette dernière
» nuit qui doit, peut-être à jamais ! me séparer de vous, la
» pensée la plus cruelle qui ait déchiré mon cœur est cel-
» le-ci :

» Il se peut que, dans le grand et redoutable devoir que
» vous allez si courageusement accomplir, vous vous trou-
» viez en contact et en conflit avec le roi. Il se peut que

» l'issue imprévue de votre lutte vous force à le hair ou
» vous pousse à le punir...

» Gabriel, je ne sais pas encore s'il est mon père ; mais
» je sais qu'il m'a jusqu'ici chérie comme son enfant. La
» seule prévision de votre vengeance me fait frémir en
» ce moment ; l'accomplissement de cette vengeance me
» ferait mourir.

» Et cependant, le devoir de ma naissance me contrain-
» dra peut-être à penser comme vous ; peut-être aurai-je
» aussi à venger celui qui sera mon père contre celui qui
» a été mon père, effroyable extrémité !

» Mais, tandis que le doute et les ténèbres flottent encore
» pour moi sur cette terrible question, tandis que j'ignore
» encore de quel côté doivent aller ma haine et mon
» amour, Gabriel, je vous en conjure, et, si vous m'avez
» aimée, vous m'obéirez, Gabriel, respectez la personne
» du roi.

» Je raisonne encore maintenant, sinon sans émotion,
» au moins sans passion, et je sens... il me semble, que ce
» n'est pas aux hommes à punir les hommes, mais à
» Dieu...

» Donc, ami, quoi qu'il arrive, ne prenez pas aux mains
» de Dieu le châtiment pour en frapper même un criminel.
» Si celui que j'ai nommé jusqu'ici mon père est cou-
» pable, il est homme, il peut l'être, ne vous faites pas
» son juge, encore moins son bourreau. Soyez tranquille,
» tout se paie au Seigneur, et le Seigneur vous vengera
» plus terriblement que vous ne pourriez-le faire vous-
» même. Remettez sans crainte votre cause à sa justice.

» Mais, à moins que Dieu ne fasse de vous l'instrument
» involontaire, et en quelque sorte fatal, de cette justice
» impitoyable ; à moins qu'il ne se serve, malgré vous, de
» votre main ; à moins que vous ne portiez le coup sans
» voir et sans vouloir, Gabriel, je vous condamnez pas vous-
» même et surtout n'exécutez pas vous-même la sentence.

» Faites cela pour l'amour de moi, ami. Grâce ! c'est
» la dernière prière et le dernier cri que veut jeter vers
» vous

DIANE DE CASTRO. »

Gabriel relut deux fois cette lettre ; mais, pendant ces deux lectures, André et la nourrice ne surprirent sur son visage pâle d'autre signe que celui du sourire triste qui lui était devenu familier.

Quand il eut replié et caché dans sa poitrine la lettre de Diane, il resta quelque temps en silence, la tête penchée, songeant.

Puis, s'éveillant pour ainsi dire de ce rêve :

— C'est bien, dit-il tout haut. Ce que j'ai à vous commander ne subsiste pas moins, André, et si, comme je vous le disais, je ne reviens pas ici tantôt, que vous appreniez sur mon compte quelque chose ou que vous n'entendiez plus parler de moi, quoiqu'il advienne ou n'advienne pas enfin, retenez bien mes paroles, voici ce qu'il vous faudra faire.

— Je vous écoute, monseigneur, dit André, et je vous obéirai exactement ; car je vous aime et vous suis dévoué.

— Madame de Castro, dit Gabriel, sera dans quelques jours à Paris. Arrangez-vous de façon à être informé de son retour le plus promptement possible.

— C'est facile cela, monseigneur, dit André.

— Allez au-devant d'elle si vous pouvez, dit Gabriel, et remettez-lui de ma part ce paquet cacheté. Prenez bien garde de l'égarer, André, quoiqu'il ne contienne pour vous le monde rien de précieux, un voile de femme, rien de plus. N'importe ! vous lui remettrez ce voile vous-même, à elle-même, et vous lui direz...

— Que lui dirai-je, monseigneur ? demanda André voyant que son maître hésitait.

— Non, ne lui dites rien, reprit Gabriel, sinon qu'elle est libre, et que je lui rends toutes ses promesses, même celle dont ce voile est le gage.

— Est-ce tout, monseigneur ? demanda le page.

— C'est tout, dit Gabriel... Si pourtant on n'avait plus du

tout entendu parler de moi, André, et si vous voyiez madame de Castro s'en inquiéter un peu, vous ajouteriez... Mais à quoi bon? n'ajoutez rien, André, demandez-lui, si vous voulez, de vous prendre à son service. Sinon, revenez ici et attendez-y mon retour.

— Comme cela, vous reviendrez sûrement, monseigneur ! demanda la nourrice, les larmes aux yeux. C'est que, comme vous disiez qu'on n'entendrait peut-être plus parler de vous ?...

— Ce sera peut-être le mieux, bonne mère, si l'on n'entend plus parler de moi, reprit Gabriel. En ce cas-là, espère et attends-moi.

— Espérer ! quand vous aurez disparu pour tous, et même pour votre nourrice ! Ah ! c'est bien difficile cela ! reprit Aloyse.

— Mais qui te dit que je disparaîtrai ? repartit Gabriel. Ne faut-il pas tout prévoir. Pour moi, en vérité quoique je prenne mes précautions, je compte bien l'embrasser tantôt, Aloyse, dans toute l'effusion de mon cœur ! C'est là le plus probable ; car la Providence est une mère tendre pour qui l'implore. Et n'ai-je pas commencé par dire à André que toutes mes recommandations seraient vraisemblablement inutiles et non avenues, au cas presque certain de mon retour aujourd'hui ?...

— Oh ! que Dieu vous bénisse pour ces bonnes paroles-là, monseigneur ! s'écria la pauvre Aloyse toute émue.

— Et vous n'avez pas d'autres ordres à nous donner, monseigneur, pendant cette absence, que Dieu abrège ! demanda André.

— Attendez, dit Gabriel qu'un souvenir parut frapper, et, s'asseyant à une table, il écrivit la lettre qui suit à Coligny :

« Monsieur l'amiral,

» Je vais me faire instruire dans votre religion, et comptez-moi, dès aujourd'hui, pour un des vôtres.

» Que ce soit la foi, votre persuasive parole ou quelque autre motif qui détermine ma conversion, je n'en voue pas moins sans retour à votre cause, à celle de la religion opprimée, mon cœur, ma vie et mon épée.

« Votre très humble compagnon et bon ami,

» GABRIEL DE MONTGOMMERY. »

— A remettre encore si je ne reviens pas, dit Gabriel en donnant à André cette lettre cachetée. Et maintenant, mes amis, il faut que je vous dise adieu et que je parte. Voici l'heure...

Une demi-heure après, en effet, Gabriel frappait d'une main tremblante à la porte du Châtelet.

LXIX.

PRISONNIER AU SECRET.

Monsieur de Salvoison, le gouverneur du Châtelet qui avait reçu Gabriel à sa première visite, était mort récemment, et le gouverneur actuel se nommait monsieur de Sazerac.

Ce fut auprès de lui qu'on introduisit le jeune homme. L'anxiété, de sa main de fer, serrait si rudement la gorge à pauvre Gabriel qu'il ne put articuler une parole. Mais il présenta en silence au gouverneur l'anneau que lui avait donné le roi.

Monsieur de Sazerac s'inclina gravement.

— Je vous attendais, monsieur, dit-il à Gabriel. J'ai reçu depuis une heure l'ordre qui vous concerne. Je dois, à la seule vue de cet anneau, et sans vous demander d'autres explications, remettre entre vos mains le prisonnier sans nom détenu depuis de longues années au Châtelet sous le numéro 21. Est-ce bien cela, monsieur ?

— Oui, oui, monsieur, répondit vivement Gabriel à qui l'espérance rendit la voix. Et cet ordre, monsieur le gouverneur ?

— Je suis tout prêt à l'accomplir, monsieur.

— Oh ! oh ! vraiment ! dit Gabriel qui tremblait des pieds à la tête.

— Mais sans doute, répondit monsieur de Sazerac avec un accent où un indifférent aurait pu découvrir une nuance de tristesse et d'amertume.

Pour Gabriel, il était trop troublé et absorbé par sa joie.

— Ah ! c'est donc bien vrai ! s'écria-t-il. Je ne rêve pas. Mes yeux sont ouverts. C'étaient mes folles terreurs qui étaient des rêves. Vous allez me rendre ce prisonnier, monsieur ! Oh ! merci, mon Dieu ! Sire, merci ! Mais courons vite, je vous en supplie, monsieur.

Et il fit deux ou trois pas, comme pour précéder monsieur de Sazerac. Mais ses forces, si robustes contre la souffrance, défaillirent devant la joie. Il fut contraint de s'arrêter un moment. Son cœur battait si vite et si fort qu'il crut qu'il allait étouffer.

La pauvre nature humaine ne pouvait suffire à tant d'émotions accumulées.

La réalisation presque inattendue de si lointaines espérances, le but de toute une vie, le terme d'efforts surhumains atteint tout à coup ; la reconnaissance pour ce roi si loyal et ce Dieu si juste; l'amour filial enfin satisfait; un autre amour, plus ardent encore, enfin éclairé; tant de sentimens touchés et excités à la fois, faisaient déborder l'âme de Gabriel.

Mais ce qui, de trouble inexprimable, de ce bonheur insensé, ce qui peut-être s'exhalait le moins confusément encore, c'était comme un hymne d'actions de grâces à Henri II d'où lui venait toute cette ivresse.

Et Gabriel répétait dans son cœur reconnaissant le serment de dévouer sa vie à ce roi loyal et à ses enfans. Comment avait-il donc pu douter une minute de ce grand et excellent souverain !...

Puis, enfin, Gabriel secouant cette extase :

— Pardon ! monsieur, dit-il au gouverneur du Châtelet qui s'était arrêté avec lui. Pardon de cette faiblesse qui m'a un instant comme anéanti. C'est que la joie, voyez-vous, est quelquefois si lourde à porter !

— Oh ! ne vous excusez pas, monsieur, je vous en conjure ! répondit d'une voix profonde le gouverneur.

Gabriel, frappé cette fois de cet accent, leva les yeux sur monsieur de Sazerac.

Il était impossible de rencontrer une physionomie plus bienveillante, plus ouverte et plus honnête. Tout dans ce gouverneur de prison dénotait la sincérité et la bonté !

Eh bien ! chose étrange ! le sentiment qui dans le moment se peignait sur ce visage d'homme de bien, tandis qu'il contemplait la joie expansive de Gabriel, c'était une sorte de compassion attendrie !

Gabriel surprit cette expression singulière, et, saisi par un pressentiment sinistre, il pâlit tout à coup.

Mais telle était sa nature, que cette crainte vague, introduite soudainement dans son bonheur, ne fit que rendre du ressort à ce vaillant esprit, et redressant sa haute taille :

— Allons, monsieur, marchons, dit Gabriel au gouverneur. Me voici prêt et fort maintenant.

Le vicomte d'Exmès et monsieur de Sazerac descendirent alors dans les prisons, précédés d'un valet qui portait une torche.

Gabriel retrouvait à chaque pas ses lugubres souvenirs, et reconnaissait aux détours des corridors et des escaliers les murailles sombres qu'il avait déjà vues, et les sombres impressions que, sans pouvoir se les expliquer, il avait ressenties là autrefois.

Quand on arriva à la porte de fer du cachot où il avait visité avec un serrement de cœur si étrange le prisonnier hâve et muet, il n'hésita pas une seconde et s'arrêta court.

— C'est là, dit-il la poitrine oppressée.

Mais monsieur de Sazerac secoua la tête avec tristesse.

— Non, reprit-il, ce n'est pas là encore.
— Comment! pas là encore! s'écria Gabriel. Est-ce que vous voulez me railler, monsieur?
— Oh! monsieur, dit le gouverneur d'un ton de doux reproche.

Une sueur froide mouilla le front de Gabriel.
— Pardon! pardon! reprit-il. Mais que signifient ces paroles? Oh! parlez, parlez vite.
— Depuis hier soir, monsieur, j'ai la douloureuse mission de vous l'apprendre, le prisonnier au secret enfermé dans cette prison a dû être transféré un étage encore au-dessous.
— Ah! dit Gabriel comme égaré. Et pourquoi cela?
— On l'avait prévenu, monsieur, vous le savez, je crois, que s'il essayait seulement de parler à qui que ce fût, s'il poussait le moindre cri, balbutiait le moindre nom, fût-il même interpellé, il serait transporté sur-le-champ dans un autre cachot plus profond encore, plus redoutable et plus mortel que le sien.
— Je sais cela, murmura Gabriel, si bas que le gouverneur ne l'entendit point.
— Une fois déjà, monsieur, poursuivit monsieur de Sazerac, le prisonnier avait osé contrevenir à cet ordre, et c'est alors qu'on l'avait jeté dans cette prison, déjà bien cruelle! que voici et où vous l'avez vu. Il paraît, monsieur, on m'a dit, que vous aviez été informé dans le temps de cette condamnation au silence qu'il subissait tout vivant.
— En effet, en effet, dit Gabriel avec une espèce d'impatience terrible. Eh bien! monsieur?...
— Eh bien! reprit péniblement monsieur de Sazerac, hier au soir, un peu avant la fermeture des portes extérieures, un homme est venu au Châtelet, un homme puissant dont je dois taire le nom.
— N'importe, allez! dit Gabriel.
— Cet homme, continua le gouverneur, a ordonné qu'on l'introduisît dans le cachot du numéro 21. Je l'ai accompagné seul. Il a adressé la parole au prisonnier sans obtenir d'abord de réponse, et j'espérais que le vieillard allait sortir vainqueur de cette épreuve; car pendant une demi-heure, devant toutes les obsessions et les provocations, il a gardé un obstiné silence.

Gabriel poussa un profond soupir et leva les yeux au ciel, mais sans prononcer un mot pour ne pas interrompre le lugubre récit du gouverneur :
— Malheureusement, reprit celui-ci, le prisonnier, sur une dernière phrase qu'on lui a glissée à l'oreille, s'est levé sur son séant, des larmes ont jailli de ses yeux de pierre! Il a parlé, monsieur! On m'a autorisé à vous rapporter tout ceci pour que vous croyiez mieux à mon attestation de gentilhomme lorsque j'ajoute: le prisonnier a parlé; je vous affirme, hélas! sur l'honneur, que je l'ai moi-même entendu.
— Et alors? demanda Gabriel d'une voix brisée.
— Et alors, reprit monsieur de Sazerac, j'ai été sur-le-champ requis, malgré mes représentations et mes prières, d'accomplir le barbare devoir que m'impose ma charge, d'obéir à une autorité supérieure à la mienne, et qui, à mon défaut, eût vite trouvé des serviteurs plus dociles, et de faire transférer le prisonnier par son gardien muet dans le cachot placé au-dessous de celui-ci.
— Dans le cachot au-dessous de celui-ci! cria Gabriel. Ah! courons-y vite! puisqu'enfin j'apporte la délivrance.

Le gouverneur hochait tristement la tête; mais Gabriel ne vit pas ce signe, il heurtait déjà ses pieds aux marches glissantes et délabrées de l'escalier de pierre qui conduisait au plus profond abîme de la morne prison.

Monsieur de Sazerac avait pris la torche des mains du valet qu'il avait congédié d'un geste, et, mettant son mouchoir sur sa bouche, il suivit Gabriel.

A chaque pas que l'on descendait, l'air devenait de plus en plus rare et suffoquant.

Quand on atteignait le bas de l'escalier, la poitrine haletante avait peine à respirer, et l'on sentait tout de suite que les seules créatures qui pussent vivre plus de quelques minutes dans cette atmosphère de mort étaient les bêtes immondes qu'on écrasait avec horreur sous ses pieds.

Mais Gabriel ne pensait à rien de tout cela. Il prit des mains tremblantes du gouverneur la clef rouillée que celui-ci lui tendait, et, ouvrant la lourde porte vermoulue, il se précipita dans le cachot.

A la lueur de la torche, on pouvait voir dans un coin, sur une sorte de fumier de paille, un corps étendu.

Gabriel se jeta sur ce corps, le tira, le secoua, cria :
— Mon père!

Monsieur de Sazerac trembla d'effroi à ce cri.

Les bras et la tête du vieillard retombèrent inertes sous le mouvement que leur imprimait Gabriel.

LXX.

LE COMTE DE MONTGOMMERY.

Gabriel, toujours à genoux, releva seulement sa tête pâle et effarée et promena autour de lui un regard sinistrement tranquille. Il avait simplement l'air de s'interroger et de réfléchir. Mais ce calme émut et effraya plus monsieur de Sazerac que tous les cris et tous les sanglots.

Puis, comme frappé d'une idée, Gabriel mit vivement sa main sur le cœur du cadavre.

Il écouta et chercha pendant une ou deux minutes.
— Rien! dit-il ensuite d'une voix égale et douce, mais terrible par cela même; rien! le cœur ne bat plus du tout, mais la place est chaude encore.
— Quelle vigoureuse nature! murmura le gouverneur; il eût pu vivre encore longtemps.

Cependant, les yeux du cadavre étaient restés ouverts. Gabriel se pencha sur lui et les lui ferma pieusement. Puis il mit un respectueux baiser, le premier et le dernier, sur les pauvres paupières éteintes que tant de larmes amères avaient dû mouiller.
— Monsieur, lui dit monsieur de Sazerac qui voulut absolument le distraire de cette affreuse contemplation, si le mort vous était cher...
— S'il m'était cher, monsieur! interrompit Gabriel. Mais, oui, c'était mon père.
— Eh bien! monsieur, si vous vouliez lui rendre les derniers devoirs, on m'a permis de vous le laisser enlever d'ici.
— Ah! vraiment? reprit Gabriel avec le même calme effrayant. On est très juste pour moi alors, et l'on me tient exactement parole, je dois en convenir. Sachez, monsieur le gouverneur, qu'on m'avait juré devant Dieu de me rendre mon père. On me le rend, le voilà. Je reconnais qu'on ne s'était nullement engagé à me le rendre vivant.

Il partit d'un éclat de rire strident.
— Allons, du courage? reprit monsieur de Sazerac. Il est temps de dire adieu à celui que vous pleurez.
— C'est ce que je fais, comme vous voyez, monsieur, reprit Gabriel.
— Oui, mais j'entends qu'il faut actuellement vous retirer. L'air qu'on respire ici n'est pas fait pour les poitrines des vivants, et un plus long séjour au milieu de ces miasmes délétères pourrait devenir dangereux.
— En voici sous nos yeux la preuve, dit Gabriel en montrant le corps.
— Allons! allons! venez, repartit le gouverneur qui voulut prendre le jeune homme sous le bras pour l'entraîner dehors.
— Eh bien! oui, je vous suivrai, dit Gabriel, mais par grâce! ajouta-t-il d'une voix suppliante, laissez-moi une minute encore.

Monsieur de Sazerac fit un geste d'acquiescement et s'éloigna jusqu'à la porte où l'air était un peu moins méphitique et épais.

Pour Gabriel, il resta à genoux près du cadavre, et, la tête penchée, les mains abandonnées, demeura quelques minutes immobile et muet, priant ou rêvant.

Que dit-il à son père mort? Demanda-t-il à ces lèvres touchées un peu trop tôt par le doigt fatal de la mort, le mot de l'énigme qu'il cherchait? Jura-t-il à la sainte victime de la venger en ce monde, en attendant que Dieu la vengeât dans l'autre? Chercha-t-il dans ces traits défigurés déjà ce qu'avait été ce père qu'il voyait pour la seconde fois, et quelle aurait pu être une vie douce et heureuse passée sous la protection de son amour? Songea-t-il enfin au passé ou à l'avenir, aux hommes ou au Seigneur, à la justice ou au pardon?

Ce morne dialogue entre un père mort et son fils resta encore un secret entre Gabriel et Dieu.

Quatre ou cinq minutes s'étaient écoulées.

La respiration commençait à manquer déjà à la poitrine des deux hommes qu'un devoir de piété et d'humanité avait amenés sous ces voûtes mortelles.

— Je vous en supplie à mon tour, dit à Gabriel le brave gouverneur, il est grandement temps de remonter.

— Me voici, dit Gabriel, me voici.

Il prit la main glacée de son père et la baisa; il se pencha sur son front humide et décomposé, et le baisa.

Tout cela sans pleurer. Il ne le pouvait pas.

— Au revoir! lui dit-il, au revoir!

Il se releva, toujours calme et ferme d'attitude, sinon de cœur, de front, sinon d'âme.

Il envoya à son père un dernier regard et un dernier baiser, et suivit monsieur de Sazerac d'un pas lent et grave.

En passant à l'étage supérieur, il demanda à revoir la cellule obscure et froide où le prisonnier avait laissé tant d'années et tant de pensées de douleur, et où lui, Gabriel, était entré déjà sans embrasser son père.

Il y passa encore quelques minutes de méditation muette et de curiosité avide et désolée.

Quand il remonta avec le gouverneur vers la lumière et la vie, monsieur de Sazerac, qui l'introduisit dans sa chambre, l'observa en le regardant au jour.

Mais il n'osa pas dire au jeune homme que des mèches blanches argentaient maintenant par place ses cheveux châtains.

Après une pause, il lui dit seulement d'une voix émue :

— Puis-je à présent quelque chose pour vous, monsieur? demandez, et je serai bien heureux de vous accorder tout ce que ne me défendent pas mes devoirs.

— Monsieur, reprit Gabriel, vous m'avez dit qu'on me permettrait de faire rendre au mort les derniers honneurs. Ce soir, les hommes envoyés par moi viendront, et, si vous voulez bien faire mettre d'avance dans un cercueil le corps et leur laisser emporter ce cercueil, ils iront inhumer le prisonnier dans le caveau de sa famille.

— Cela suffit, monsieur, répondit monsieur de Sazerac; je dois cependant vous avertir qu'on a mis une condition à cette tolérance.

— Laquelle, monsieur? demanda froidement Gabriel.

— Celle de ne faire, conformément à une promesse que vous auriez donnée, aucun scandale à cette occasion.

— Je tiendrai aussi cette promesse, reprit Gabriel. Les hommes viendront à la nuit, et, sans savoir eux-mêmes de quoi il s'agit, emporteront seulement le corps rue des Jardins-Saint-Paul, dans le caveau funéraire des comtes de...

— Pardon! monsieur, interrompit vivement le gouverneur du Châtelet, je ne savais pas le nom du prisonnier, et ne veux ni ne dois le savoir. J'ai été obligé par mon devoir et ma parole de me taire avec vous sur bien des points; vous n'êtes donc pas tenu à moins de réserve à mon égard.

— Mais, moi, je n'ai rien à cacher, répondit fièrement Gabriel. Il n'y a que les coupables qui se cachent.

— Et vous êtes seulement au nombre des malheureux, dit le gouverneur. Voyons, cela ne vaut-il pas encore mieux?

— D'ailleurs, monsieur, continua Gabriel, ce que vous m'avez tu, je l'ai deviné, et je pourrais moi-même vous le dire. Tenez, par exemple, l'homme puissant qui est venu ici hier soir, et qui a voulu parler au prisonnier pour le faire parler, eh bien! je sais à peu près au moyen de quels charmes il a dû lui faire rompre le silence; ce silence d'où dépendait le reste de vie qu'il avait jusque-là disputé à ses bourreaux.

— Quoi! vous sauriez?... dit monsieur de Sazerac étonné.

— Mais, sans doute, reprit Gabriel, l'homme puissant a dit au vieillard : Votre fils vit! Ou bien : Votre fils vient de se couvrir de gloire! Ou encore : Votre fils va venir vous délivrer! Il lui a parlé de son fils enfin, l'infâme!

Le gouverneur laissa échapper un mouvement de surprise.

— Et, à ce nom de son fils, continua Gabriel, le malheureux père qui avait su jusque-là se contenir devant son plus mortel ennemi, n'a pu maîtriser un élan de joie, et, muet pour la haine, s'est écrié pour l'amour. Est-ce vrai, cela, monsieur, dites?

Le gouverneur baissa la tête sans répondre.

— C'est vrai, puisque vous ne niez pas, reprit Gabriel. Vous voyez bien qu'il était inutile de vouloir me cacher ce que l'homme puissant avait dit au pauvre prisonnier! Et, quant à son nom, à cet homme, vous avez eu beau le passer aussi sous silence, voulez-vous que je vous le nomme?

— Monsieur! monsieur! s'écria monsieur de Sazerac avec vivacité. Nous sommes seuls, c'est vrai! pourtant, prenez garde! ne craignez-vous pas?...

— Je vous ai dit, repartit Gabriel, que je n'avais rien à craindre! Donc, cet homme s'appelle monsieur le connétable, duc de Montmorency, monsieur! Le bourreau n'est pas toujours masqué.

— Oh! monsieur! interrompit le gouverneur en jetant autour de lui des regards de terreur.

— Pour ce qui est du nom du prisonnier, continua tranquillement Gabriel, pour ce qui est de mon nom, vous les ignorez. Mais rien ne s'oppose à ce que je vous les dise. Au surplus, vous auriez pu me rencontrer déjà, et vous pourriez encore me rencontrer dans la vie. Puis, vous avez été bon pour moi dans ces momens suprêmes, et, quand vous m'entendrez nommer, ce qui vous arrivera peut-être d'ici à quelques mois, il sera bon que vous sachiez que l'homme dont on parle est votre obligé d'aujourd'hui.

— Et je serai, dit monsieur de Sazerac, heureux d'apprendre que le sort n'a pas toujours été aussi cruel envers vous.

— Oh! il n'est plus pour moi question de ces choses, dit Gabriel gravement. Mais, en tout cas, pour que vous sachiez mon nom, je m'appelle, depuis la mort de mon père cette nuit dans cette prison, je m'appelle le comte de Montgommery.

Le gouverneur du Châtelet, comme pétrifié, ne trouva pas un mot à dire.

— Là-dessus, adieu, monsieur, reprit Gabriel. Adieu et merci. Que Dieu vous garde!

Il salua monsieur de Sazerac et sortit d'un pas ferme du Châtelet.

Mais quand l'air extérieur et le grand jour le frappèrent, il s'arrêta une minute, ébloui et chancelant. La vie l'étonnait en quelque sorte au sortir de cet enfer.

Pourtant, comme les passans commençaient à le considérer avec surprise, il rassembla ses forces et s'éloigna de la fatale place.

Ce fut d'abord vers un endroit désert de la grève qu'il se dirigea. Il tira ses tablettes et écrivit ceci à sa nourrice :

« Ma bonne Aloyse,
» Décidément, ne m'attends pas, je ne rentrerai pas au-

jourd'hui. J'ai besoin pour quelque temps d'être seul, de marcher, de penser, d'attendre. Mais sois sans inquiétude sur mon compte. Je te reviendrai sûrement.

» Ce soir, fais en sorte que tout repose de bonne heure à l'hôtel. Toi, tu veilleras seule, et tu ouvriras à quatre hommes qui viendront frapper à la grande porte un peu avant dans la soirée, à l'heure où la rue est déserte.

» Tu conduiras toi-même ces quatre hommes, chargés d'un fardeau lugubre et précieux, au caveau funéraire de la famille.

» Tu leur montreras la tombe ouverte où ils doivent ensevelir celui qu'ils apporteront. Tu veilleras religieusement à ces funèbres apprêts. Puis, quand ils seront terminés, tu donneras à chacun des hommes quatre écus d'or, tu les reconduiras sans bruit, et tu reviendras ensuite auprès de la tombe t'agenouiller et prier comme pour ton maître et pour ton père.

» Moi aussi, à la même heure, je prierai, mais loin de là. Il le faut. Je sens que la vue de cette tombe me jetterait dans d'imprudentes et violentes extrémités, j'ai besoin de demander plutôt conseil à la solitude et à Dieu.

» Au revoir, ma bonne Aloyse, au revoir. Rappelle à André ce qui concerne madame de Castro, et souviens-toi de ce qui concerne mes hôtes, Jean et Babette Peuquoy. Au revoir, et que Dieu te garde !

» GABRIEL DE M. »

Cette lettre écrite, Gabriel chercha et trouva quatre hommes de peuple, quatre ouvriers.

Il donna d'avance à chacun d'eux quatre écus d'or et leur en promit autant après. Pour gagner cette somme, l'un d'eux devait d'abord porter sur-le-champ une lettre à son adresse ; puis, tous quatre n'avaient qu'à se présenter, le soir même au Châtelet, un peu avant dix heures, à recevoir des mains du gouverneur monsieur de Sazerac un cercueil, et à transporter ce cercueil secrètement et silencieusement rue des Jardins-Saint-Paul, à l'hôtel où la lettre était adressée.

Les pauvres ouvriers remercièrent Gabriel avec effusion et, en le quittant, tout joyeux de l'aubaine, lui promirent d'accomplir scrupuleusement ses ordres.

— Eh bien ! cela du moins fait quatre heureux, se dit Gabriel avec une joie triste, si l'on peut ainsi parler.

Il poursuivit ensuite sa route pour sortir de Paris.

Son chemin le conduisait devant le Louvre. Enveloppé dans son manteau, et les bras croisés sur sa poitrine, il s'arrêta quelques minutes à considérer le château royal.

— A nous deux maintenant ! murmura-t-il avec un regard de défi.

Il se remit en marche, et, tout en allant, il se récitait dans sa mémoire l'horoscope que maître Nostradamus avait écrit autrefois pour le comte de Mon'gommery, et qui, au dire du maître, par une coïncidence étrange, s'était trouvé, selon les lois de l'astrologie, convenir exactement à son fils :

En joute, en amour, cettuy touchera
Le front du roy,
Et cornes ou bien trou sanglant mettra
Au front du roy,
Mais le veuille ou non, toujours blessera
Le front du roy ;
Enfin, l'aimera, puis, las ! le tuera
Dame du roy.

Gabriel songeait que cette singulière prédiction s'était accomplie de tout point pour son père. En effet, le comte de Montgommery qui, dans un jeu, avait, étant jeune, frappé le roi François Ier d'un tison embrasé à la tête, depuis, était devenu le rival du roi Henri en amour, et venait enfin d'être tué la veille, par cette même dame du roi qui l'avait aimé.

Or, jusqu'à présent, Gabriel, lui aussi, avait été aimé par une reine, par Catherine de Médicis.

Suivrait-il sa destinée jusqu'au bout ? Sa vengeance ou le sort devait-il de même lui faire vaincre et frapper *en joute* le roi ?

Si la chose arrivait, cela était bien égal ensuite à Gabriel que la dame du roi qui l'avait aimé le tuât tôt ou tard !

LXXI.

LE GENTILHOMME ERRANT.

La pauvre Aloyse, faite depuis longtemps à l'attente, à la solitude et à la douleur, passa encore une fois deux ou trois heures éternelles, assise devant la fenêtre, à regarder si elle ne verrait pas revenir son jeune maître bien-aimé.

Quand l'ouvrier que Gabriel avait chargé de sa lettre frappa à la porte, ce fut Aloyse qui courut ouvrir. Enfin, c'étaient des nouvelles !

Terribles nouvelles ! Aloyse, dès les premières lignes, sentit un voile s'étendre sur sa vue, et, pour cacher son émotion, dut rentrer promptement dans la chambre où elle acheva, non sans peine, de lire la lettre fatale avec des yeux gonflés de larmes.

Pourtant, comme c'était une nature forte et une âme vaillante, elle se raffermit, essuya ses pleurs, et sortit pour dire au messager :

— C'est bien. A ce soir. Je vous attendrai avec vos compagnons.

Le page André l'interrogea avec anxiété. Mais elle ajourna toute réponse au lendemain. Jusque là, elle avait assez à penser, assez à faire.

Le soir venu, elle envoya au lit de bonne heure les gens de la maison.

— Le maître ne reviendra sûrement pas cette nuit, leur dit-elle.

Mais, quand elle resta seule, elle pensa

— Si le maître reviendra ! Mais hélas ! ce ne sera pas le jeune, ce sera le vieux. Ce ne sera pas le vivant, ce sera le mort. Car quel cadavre m'ordonnerait-on de descendre dans la sépulture des comtes de Montgommery, si ce n'est celui du comte de Montgommery. O mon noble seigneur ! vous pour qui est mort mon pauvre Perrot, vous êtes donc allé le rejoindre ce fidèle serviteur ! Mais avez-vous donc emporté votre secret dans la tombe ? O mystères ! mystères ! Partout le mystère et l'effroi ! N'importe ! sans savoir, sans comprendre, sans espérer, hélas ! j'obéirai. C'est mon devoir, je le ferai mon Dieu !

Et la douloureuse rêverie d'Aloyse se termina en une ardente prière. C'est l'habitude de l'âme humaine, quand le poids de la vie lui devient trop lourd, de se réfugier dans le sein de Dieu.

Vers onze heures, les rues alors étaient entièrement désertes, un coup sourd retentit à la grand'porte.

Aloyse tressaillit et pâlit, mais, rassemblant tout son courage, elle alla, un flambeau à la main, ouvrir aux hommes chargés du fardeau lugubre.

Elle reçut avec un profond et respectueux salut le maître qui rentrait ainsi chez lui après une si longue absence. Puis, elle dit aux porteurs :

— Suivez-moi en faisant le moins de bruit possible. Je vais vous montrer le chemin.

Et, marchant devant eux avec sa lumière, elle les conduisit au caveau sépulcral.

Arrivés là, les hommes déposèrent le cercueil dans une des tombes ouvertes, replacèrent le couvercle de marbre noir, puis, ces pauvres gens que la souffrance avait rendus religieux envers la mort, ôtèrent leurs bonnets, s'agenouillèrent, et firent une courte prière pour l'âme du mort inconnu.

Quand ils se relevèrent, la nourrice les reconduisit en silence, et, sur le seuil de la porte, glissa dans la main de l'un d'entre eux la somme promise par Gabriel. Ils s'éloignèrent comme des ombres muettes, sans avoir prononcé une seule parole.

Pour Aloyse, elle redescendit au tombeau, et passa le reste de la nuit agenouillée à prier et à pleurer.

Le lendemain matin, André la trouva le front pâle mais calme, et elle se contenta de lui dire gravement :

— Mon enfant, nous devons toujours espérer, mais nous ne devons plus attendre monsieur le vicomte d'Exmès. Pensez donc à remplir les commissions dont il vous a chargé au cas où il ne reviendrait pas tout de suite.

— Cela suffit, dit tristement le page. Je compte alors partir dès aujourd'hui pour aller au-devant de madame de Castro.

— Au nom du maître absent, je vous remercie de ce zèle, André, dit Aloyse.

L'enfant fit ce qu'il disait, et, le jour même, se mit en route.

Il alla, s'informant tout le long du chemin, de la noble voyageuse. Mais ce ne fut qu'à Amiens qu'il la retrouva.

Diane de Castro ne faisait que d'arriver dans cette ville, avec l'escorte que le duc de Guise avait donnée à la fille de Henri II. Elle était descendue se reposer quelques heures chez monsieur de Thuré, gouverneur de la place.

Dès que Diane aperçut le page, elle changea de couleur, mais, se maîtrisant, elle lui fit signe de la suivre dans la chambre voisine, et, lorsqu'ils furent seuls :

— Eh bien ? lui demanda-t-elle, que m'apportez-vous, André ?

— Rien que ceci, madame, répondit le page en lui remettant le voile enveloppé.

— Ah ! ce n'est pas l'anneau ! s'écria Diane.

C'est tout ce qu'elle dit d'abord, et puis, elle se remit un peu, et, prise de cette curiosité avide qui fait que les malheureux veulent aller jusqu'au fond de leur douleur, elle questionna vivement André.

— Monsieur d'Exmès ne vous a-t-il pas en outre chargé de quelque écrit pour moi ? lui dit-elle.

— Non, madame.

— Mais vous avez à me transmettre du moins quelque message de vive voix ?

— Hélas ! répondit le page en secouant la tête, monsieur d'Exmès a dit seulement qu'il vous rendait, madame, toutes vos promesses, même celle dont le voile est le gage ; il n'a rien ajouté de plus.

— Dans quelles circonstances, cependant, vous a-t-il envoyé vers moi ? Il avait reçu de vous ma lettre ? Qu'a-t-il dit après l'avoir lue ? En remettant ceci entre vos mains, qu'a-t-il dit ? Parlez, André. Vous êtes dévoué et fidèle. L'intérêt de ma vie est peut-être dans vos réponses, et le moindre indice pourra me guider et me rassurer dans ces ténèbres.

— Madame, dit André, je vais vous apprendre tout ce que je sais. Mais ce que je sais est bien peu de chose.

— Oh ! dites ! dites toujours ! s'écria madame de Castro.

André raconta alors, sans rien omettre, car Gabriel ne lui avait pas recommandé le secret vis-à-vis de Diane, tout ce que son maître, avant de partir, leur avait recommandé à Aloyse et à lui André, dans la prévision que son absence pourrait se prolonger. Il dit les hésitations et les angoisses du jeune homme. Après la lecture de la lettre de Diane, Gabriel avait paru d'abord vouloir parler, et puis, il avait fini par garder le silence, ne laissant échapper que quelques paroles vagues. Enfin, André, selon sa promesse, n'oublia rien, ni un geste, ni un demi-mot, ni une réticence. Mais, comme il l'avait annoncé, il n'était guère instruit, et son récit ne fit qu'augmenter les doutes et les incertitudes de Diane.

Elle regardait tristement ce voile noir, le seul messager et le vrai symbole de sa destinée. Elle semblait l'interroger et lui demander conseil.

— En tout cas, se disait-elle, de deux choses l'une : ou Gabriel sait qu'il est mon frère, ou il a perdu toute espérance et tout moyen de pénétrer un jour le fatal secret. Je n'ai qu'à choisir entre ces deux malheurs. Oui, la chose est certaine, et je n'ai plus d'illusion dont je me puisse leurrer là-dessus. Mais Gabriel n'aurait-il pas dû m'épargner ces équivoques cruelles ? Il me rend ma parole ; pourquoi ? Pourquoi ne me confie-t-il pas ce qu'il va devenir et ce qu'il veut faire lui-même ? Ah ! ce silence m'effraie plus que toutes les colères et toutes les menaces !

Et Diane s'interrogeait pour savoir si elle devait suivre son premier dessein, et rentrer, pour n'en plus sortir cette fois, dans quelque couvent de Paris ou de la province ; ou si son devoir n'était pas plutôt de revenir à la cour, de chercher à revoir Gabriel, de lui arracher la vérité sur les événements du passé et sur ses desseins de l'avenir, et de veiller, en toute occurrence, sur les jours peut-être menacés du roi, de son père...

De son père ? mais Henri II était-il son père ? n'était-elle pas précisément fille impie et coupable en entravant la vengeance qui voulait punir et frapper le roi. Terrible extrémité !

Mais Diane était une femme, et une femme tendre et généreuse. Elle se dit, que quoiqu'il advînt, on pouvait se repentir de la colère, jamais du pardon, et, entraînée par la pente naturelle de sa bonté, elle se détermina à retourner à Paris, et, jusqu'au jour où elle aurait des nouvelles rassurantes de Gabriel et de ses projets, à rester auprès du roi comme une défense et une sauvegarde. Gabriel lui-même n'aurait-il pas, qui sait, besoin de son intervention ? Quand elle aurait sauvé ceux qu'elle aimait l'un de l'autre, il serait temps alors de se réfugier dans le sein de Dieu.

Cette résolution prise, la vaillante Diane n'hésita plus et continua sa route pour Paris.

Elle y arrivait trois jours après, et descendait au Louvre, où Henri II l'accueillait avec une joie tout expansive et une tendresse toute paternelle.

Mais, malgré qu'elle en eût, elle ne put s'empêcher de recevoir ces témoignages d'affection avec tristesse et froideur, et le roi lui-même, qui se souvenait de l'inclination de Diane pour Gabriel, se sentait parfois embarrassé et ému en présence de sa fille. Elle lui rappelait des choses qu'il eût mieux aimé oublier.

Aussi n'osait-il plus lui parler de l'union autrefois projetée avec François de Montmorency, et, sur ce point du moins, madame de Castro fut tranquille.

Elle avait bien assez d'autres soucis. Ni à l'hôtel de Montgommery, ni au Louvre, ni nulle part on n'avait de nouvelles positives du vicomte d'Exmès.

Le jeune homme avait en quelque sorte disparu.

Des jours, des semaines, des mois entiers s'écoulaient, et Diane avait beau s'informer directement ou indirectement, nul ne pouvait dire ce que Gabriel était devenu.

Quelques-uns croyaient cependant l'avoir rencontré morne et sombre. Mais aucun ne lui avait parlé : l'âme en peine qu'ils avaient prise pour Gabriel les avait toujours évités et fuis dès le premier abord. D'ailleurs, tous différaient dans leurs témoignages sur le lieu où ils avaient vu passer le vicomte d'Exmès ; ceux-ci disaient à Saint-Germain, ceux-là à Fontainebleau, d'autres à Vincennes, et quelques-uns même à Paris. Quel fonds pouvait-on faire sur tant de rapports contradictoires ?

Et cependant beaucoup avaient raison. Gabriel, en effet, poussé par un terrible souvenir et par une pensée plus terrible, ne restait pas un jour à la même place. Un éternel besoin d'action et de mouvement le chassait d'un endroit dès qu'il y était arrivé. A pied ou à cheval, dans les villes ou dans les champs, il fallait qu'il allât sans cesse, pâle et sinistre, et pareil à l'antique Oreste poursuivi par les Furies.

Il errait d'ailleurs toujours dehors, sous le ciel, et n'entrait dans les maisons que lorsqu'il y était contraint par la nécessité.

Une fois pourtant, maître Ambroise Paré qui, ses blessés étant guéris et les hostilités un peu suspendues dans le Nord, était revenu à Paris, vit arriver et s'asseoir chez lui son ancienne connaissance le vicomte d'Exmès. Il le reçut avec déférence et cordialité comme un gentilhomme et comme un ami.

Gabriel, en homme qui revient d'un pays étranger, interrogea le chirurgien sur des choses que personne n'ignorait.

Ainsi, après s'être d'abord informé de Martin-Guerre qui, rétabli tout à fait, devait à cette heure être en route déjà pour Paris, il le questionna sur le duc de Guise et l'armée. Tout allait à merveille de ce côté. Le Balafré était devant Thionville ; le maréchal de Thermes avait pris Dunkerque ; Gaspard de Tavannes s'était emparé de Guines et du pays d'Oie. Il ne restait plus aux Anglais, ainsi que se l'était juré François de Lorraine, un seul pouce de terre dans tout le royaume.

Gabriel écouta gravement et en apparence assez froidement ces bonnes nouvelles.

— Je vous remercie, maître, dit-il ensuite à Ambroise Paré, je me réjouis d'apprendre que, pour la France du moins, notre entreprise de Calais ne sera pas tout à fait sans résultat. Néanmoins ce n'était pas la curiosité de ces choses qui m'amenait surtout à vous. Maître, avant de vous admirer à l'œuvre au chevet des blessés, je me souviens que votre parole m'avait profondément remué, certain jour de l'an passé, dans la petite maison de la rue Saint-Jacques. Maître, je viens m'entretenir avec vous de ces matières de religion où pénètre si avant la vue de votre pensée. Vous avez définitivement embrassé la cause de la réforme, je suppose ?

— Oui, monsieur d'Exmès, dit fermement Ambroise Paré. La correspondance qu'a bien voulu ouvrir avec moi le grand Calvin a levé mes derniers doutes et mes derniers scrupules. Je suis maintenant le religionnaire le plus convaincu qui soit.

— Eh bien ! maître, dit le vicomte d'Exmès, voulez-vous faire participer à vos lumières un néophyte de bonne volonté ? C'est de moi-même que je parle. Voulez-vous raffermir ma foi hésitante comme vous remettez un membre rompu ?

— C'est mon devoir de soulager, quand je le puis, les âmes de mes semblables aussi bien que leurs corps, dit Ambroise Paré. Je suis tout à vous, monsieur d'Exmès.

Et ils causèrent pendant plus de deux heures, Ambroise Paré ardent et éloquent, Gabriel calme, triste et docile.

Au bout de ce temps, Gabriel se leva, et, serrant la main du chirurgien :

— Merci, lui dit-il, cette conversation m'a fait grand bien. Le temps n'est malheureusement pas encore venu où je puisse me déclarer ouvertement Réformé. Dans l'intérêt même de la religion, il faut que j'attende. Sinon, ma conversion pourrait bien exposer quelque jour votre sainte cause à des persécutions, ou du moins à des calomnies. Je sais ce que je dis. Mais je comprends maintenant, grâce à vous, maître, que les vôtres marchent véritablement dans la bonne voie, et, dès à présent, croyez que je suis avec vous par le cœur, sinon par le fait. Adieu, maître Ambroise, adieu. Nous nous reverrons.

Et Gabriel, sans s'expliquer davantage, salua le chirurgien philosophe et sortit.

Dans les premiers jours du mois suivant, mai 1558, il reparut pour la première fois depuis son départ mystérieux à l'hôtel de la rue des Jardins-Saint-Paul.

Il y avait là du nouveau. Martin-Guerre y était revenu depuis quinze jours, et Jean Peuquoy y demeurait depuis trois mois avec sa femme Babette.

Mais Dieu n'avait pas voulu que le dévouement de Jean souffrît jusqu'au bout, ni peut-être que la faute de Babette restât totalement impunie. Babette, quelques jours auparavant, était accouchée avant terme d'un enfant mort.

La pauvre mère avait beaucoup pleuré, mais elle avait courbé la tête devant une douleur qui apparaissait à son repentir comme une expiation ; et, de même que Jean Peuquoy lui avait généreusement offert son sacrifice, elle lui offrait sa résignation à son tour.

D'ailleurs, les consolations affectueuses de son mari et les encouragemens maternels d'Aloyse ne manquèrent pas à la douce affligée.

Martin-Guerre aussi, avec sa bonhomie accoutumée, la réconfortait de son mieux.

Et un jour, comme ils devisaient amicalement tous les quatre, la porte s'ouvrit, et, à leur grande surprise, à leur plus grande joie, le maître de la maison, le vicomte d'Exmès, entra tout à coup d'un pas lent et d'un air grave.

Quatre cris se confondirent en un seul, et Gabriel fut promptement entouré par ses deux hôtes, son écuyer et sa nourrice.

Les premiers transports apaisés, Aloyse voulut questionner celui que tout haut elle appelait son seigneur, mais que dans son cœur elle nommait toujours son enfant.

Qu'était-il devenu pendant cette longue absence ? que voulait-il faire, maintenant ? allait-il enfin rester parmi ceux qui l'aimaient ?

Gabriel posa un doigt sur ses lèvres, et, d'un regard triste mais ferme, imposa d'abord silence à la tendre sollicitude d'Aloyse.

Il était évident qu'il ne voulait ou ne pouvait s'expliquer ni sur le passé ni sur l'avenir.

Mais, en revanche, il interrogea Babette et Jean Peuquoy sur eux-mêmes. N'avaient-ils manqué de rien ? Avaient-ils eu récemment des nouvelles de leur brave frère Pierre, resté à Calais ?

Il plaignit avec émotion Babette, et tâcha aussi de la consoler, autant qu'on peut consoler une mère qui pleure son enfant.

Gabriel passa ainsi le reste du jour au milieu de ses amis et de ses serviteurs, bon et affectueux envers tous, mais sans secouer un seul instant la noire mélancolie qui semblait l'accabler.

Quant à Martin-Guerre, qui ne quittait pas des yeux son cher maître enfin retrouvé, Gabriel lui parla et s'informa de lui avec beaucoup d'intérêt. Mais, de tout le jour, il ne dit pas un mot de la promesse qu'il lui avait faite autrefois, et parut avoir oublié l'obligation qu'il avait prise de punir le voleur de nom et d'honneur qui avait si longtemps persécuté le pauvre Martin.

Martin-Guerre, de son côté, était trop respectueux et trop peu égoïste pour ramener la pensée du vicomte d'Exmès sur ce sujet.

Mais, quand vint le soir, Gabriel se leva, et, d'un ton qui n'admettait ni contradiction, ni réplique :

— Il faut à présent que je reparte, dit-il.

Puis se tournant vers Martin-Guerre, il ajouta :

— Mon brave Martin, je me suis occupé de toi dans mes courses, et, inconnu comme j'étais, j'ai demandé, j'ai cherché, et je crois avoir trouvé les traces de la vérité qui t'intéresse : car je me souvenais bien de l'engagement que j'avais pris envers toi, Martin.

— Oh ! monseigneur ! s'écria l'écuyer tout heureux et tout confus.

— Donc, je te le répète, reprit Gabriel, j'ai recueilli des indices suffisans pour me croire maintenant sur la voie. Mais il faut que tu m'aides, ami. Pars, dès cette semaine, pour ton pays. Mais ne t'y rends pas directement. Sois seulement à Lyon d'aujourd'hui en un mois. Je t'y retrouverai et nous nous concerterons pour agir ensemble.

— Je vous obéirai, monseigneur, dit Martin-Guerre. Mais jusque-là ne vous reverrai-je pas ?

— Non, non, il faut que je sois seul dorénavant, reprit Gabriel avec énergie. Je m'en vais de nouveau, et n'essayez pas de me retenir, ce serait m'affliger inutilement. Adieu, mes bons amis. Martin, souviens-toi, dans un mois d'ici, à Lyon.

— Je vous y attendrai, monseigneur, dit l'écuyer.

Gabriel prit cordialement congé de Jean Peuquoy et de sa femme, serra dans ses mains les mains d'Aloyse, et, sans vouloir remarquer la douleur de sa bonne nourrice, partit encore une fois pour reprendre cette vie errante à laquelle il semblait s'être condamné.

LXXII.

OÙ L'ON RETROUVE ARNAUD DU THILL.

Six semaines après, le 13 juin 1558, au village d'Artigues, près Rieux, sur le seuil de la plus belle maison du bourg, la vigne verte qui courait sur la brune muraille servait de fonds à un tableau domestique et villageois qui, dans sa simplicité un peu grossière, ne manquait pas toutefois d'un certain accent.

Un homme qui, à en juger par ses pieds poudreux, venait de faire une assez longue course, était assis là sur un banc de bois, tendant nonchalamment ses souliers à une femme qui, agenouillée devant lui, était en train de les lui délacer.

L'homme fronçait les sourcils, la femme souriait.

— Auras-tu bientôt fini, Bertrande? dit l'homme durement. Tu es d'une maladresse et d'une lenteur qui me mettent hors de moi!

— Voilà qui est fait, Martin, dit doucement la femme.

— Voilà qui est fait? hum! grommela le prétendu Martin. Où sont maintenant mes souliers de rechange? Là! je parie que tu n'as pas eu seulement la précaution de les apporter, sotte femelle. Il va falloir que je reste pieds nus au moins deux minutes!

Bertrande courut dans la maison, et, en moins d'une seconde, rapporta d'autres souliers qu'elle s'empressa de chausser elle-même à son maître et seigneur.

On a sans doute reconnu les personnages. C'était, sous le nom de Martin-Guerre, Arnauld du Thill, toujours impérieux et brutal ; c'était Bertrande de Rolles, infiniment adoucie et prodigieusement mise à la raison.

— Et mon verre d'hydromel, où est-il? reprit Martin du même ton bourru.

— Il est là tout prêt, mon ami, dit craintivement Bertrande, et je vais te le aller quérir.

— Toujours attendre! reprit l'autre en frappant du pied avec impatience. Allons! dépêche, ou sinon...

Un geste expressif acheva sa pensée.

Bertrande sortit et revint avec la rapidité de l'éclair. Martin lui prit des mains un plein verre d'hydromel qu'il avala d'un trait avec une évidente satisfaction.

— C'est bien! daigna-t-il dire en rendant à sa femme le gobelet vide.

— Pauvre ami! as-tu chaud! se hasarda à dire alors celle-ci, en essuyant avec son mouchoir le front de son rude époux. Tiens, mets ton chapeau, de crainte d'un coup d'air. Tu es bien las, n'est-ce pas?

— Eh! reprit Martin-Guerre tout grognant, ne faut-il pas se conformer aux sots usages de ce sot pays, et, à chaque anniversaire de ses noces, aller inviter à dîner, dans tous les villages environnans, un tas de parens affamés?... J'avais, par ma foi! oublié cette stupide coutume, et si tu ne me l'avais rappelée hier, Bertrande!... Enfin, la tournée est achevée ; dans deux heures, toute la parenté aux mâchoires voraces arrivera ici.

— Merci, mon ami, dit Bertrande. Tu as bien raison, c'est une usage absurde, mais enfin un usage impérieux auquel il faut se conformer, si l'on ne veut passer pour dédaigneux et insolens.

— Bien raisonné! dit Martin-Guerre avec ironie. Et toi, fainéante, as-tu travaillé de ton côté, au moins? la table est-elle dressée dans le verger?

— Oui, Martin, comme tu l'avais ordonné.

— Tu es allée aussi inviter le juge? demanda le tendre époux.

— Oui, Martin, dit Bertrande, et il a dit qu'il ferait son possible pour assister au repas.

— Qu'il ferait son possible! s'écria Martin en colère. Ce n'est pas cela! il faut qu'il y vienne! Tu l'auras invité de travers! je tiens à ménager ce juge, tu le sais, mais tu fais tout pour me déplaire. Sa présence était la seule chose qui me fît passer un peu sur la fastidieuse coutume et l'inutile corvée de ce ridicule anniversaire.

— Ridicule anniversaire! celui de notre mariage! reprit Bertrande les larmes aux yeux. Ah! Martin, tu es certainement à présent un homme instruit, tu as beaucoup vu et beaucoup voyagé, tu peux mépriser les vieux préjugés du pays... mais n'importe! cet anniversaire me rappelle un temps où tu étais moins sévère et plus tendre pour ta pauvre femme.

— Oui, dit Martin avec un rire sardonique, et où ma femme était moins douce et plus acariâtre pour moi, où elle s'oubliait même quelquefois jusqu'à...

— Oh! Martin! Martin! s'écria Bertrande, ne rappelle pas ces souvenirs qui me font rougir, et dont j'ai peine à présent à me rendre compte.

— Et moi donc! quand je pense que j'ai pu être assez bête pour supporter... Ah! ah! ah! Mais laissons cela : mon caractère s'est fort modifié, et le tien aussi, j'aime à te rendre cette justice. Comme tu dis, Bertrande, j'ai vu depuis ce temps-là du pays. Tes mauvais procédés, en me forçant à courir le monde, m'ont contraint à gagner de l'expérience, et, en revenant cet an passé, j'ai pu rétablir les choses dans leur ordre naturel. Je n'ai eu pour cela qu'à rapporter avec moi un autre Martin appelé Martin-bâton. Aussi maintenant tout marche à souhait, et nous faisons vraiment le ménage le plus uni.

— C'est bien vrai, grâce à Dieu! dit Bertrande.

— Bertrande?

— Martin!

— Tu vas sur-le-champ, dit Martin-Guerre d'un ton absolu et souverain, tu vas retourner chez le juge d'Artigues. Tu renouvelleras tes instances, tu obtiendras de lui la promesse formelle de se rendre à notre repas, et, s'il n'y vient pas, songes-y, c'est à toi, à toi seule que je m'en prendrai. Va, Bertrande, et reviens vite.

— Je vais et je reviens, dit Bertrande en disparaissant à la minute.

Arnauld du Thill la suivit un instant d'un regard satisfait. Puis, resté seul, il s'étendit paresseusement sur son banc de bois, humant l'air et clignant des yeux avec la béatitude égoïste et dédaigneuse d'un homme heureux qui n'a rien à craindre et rien à désirer.

Il ne vit pas un homme, un voyageur, qui, appuyé sur un bâton, marchait péniblement sur la route, solitaire à cette heure ardente, et qui, en apercevant Arnauld, s'arrêta devant lui :

— Pardon, compagnon, lui dit cet homme, n'y a-t-il pas, je vous prie, dans votre bourg, d'auberge où je puisse me reposer et dîner?

— Non, vraiment, répondit Arnauld sans se déranger, et il faut que vous alliez à Rieux, à deux lieues d'ici, pour trouver une enseigne d'hôtelier.

— Deux lieues encore! s'écria le voyageur, quand je n'en puis plus déjà de fatigue. Volontiers donnerais-je une pistole pour trouver tout de suite un gîte et un repas.

— Une pistole! dit avec un mouvement Arnauld, toujours le même à l'endroit de l'argent. Eh bien! mon brave homme, on pourra, si vous voulez, vous donner chez nous un lit dans un coin, et, quant au dîner, nous avons aujourd'hui un dîner d'anniversaire auquel un convive de plus ne paraîtra pas. Cela vous va-t-il, hein?

— Sans doute, répondit le voyageur, je vous dis que je tombe de fatigue et de faim.

— Eh bien! c'est chose dite, restez, reprit Arnauld, pour une pistole.

— La voici d'avance, dit le voyageur.

Arnauld du Thill se redressa pour la prendre et souleva en même temps le chapeau qui couvrait ses yeux et son visage.

L'étranger put alors seulement voir ses traits, et, reculant de surprise :

— Mon neveu! s'écria-t-il. Arnauld du Thill!

Arnauld l'envisagea et pâlit, mais se remettant aussitôt:

— Votre neveu? dit-il, je ne vous reconnais pas. Qui êtes-vous?

— Tu ne me reconnais pas, Arnauld! reprit l'homme. Tu ne reconnais pas ton vieil oncle maternel, Carbon Barreau, à qui tu as donné tant de souci comme à toute ta famille d'ailleurs?...

— Par ma foi! non, dit Arnauld avec un rire insolent.

— Eh quoi! tu me renies et te renies ainsi! reprit Carbon Barreau. Tu n'as pas fait, dis? mourir de chagrin ta mère, ma sœur, une pauvre veuve que tu as abandonnée à Sagias, voilà quelque dix ans? Ah! tu ne me reconnais pas, mauvais cœur! mais je te reconnais bien, moi!

— Je ne sais pas du tout ce que vous voulez me dire, reprit l'impudent Arnauld sans se déconcerter. Je ne m'appelle pas Arnauld, mais Martin-Guerre, je ne suis pas de Sagias, mais d'Artigues. Les vieux du pays m'ont vu naître et l'attesteraient, et, si vous voulez qu'on se moque de vous, vous n'avez qu'à répéter votre dire devant Bertrande de Rolles ma femme et tous mes parens.

— Votre femme! vos parens! dit Carbon Barreau stupéfait. Pardon! est-ce que je me serais véritablement trompé? Mais non, c'est impossible! une telle ressemblance...

— Au bout de dix ans est difficile à constater, interrompit Arnauld. Allez! vous avez la berlue, mon brave homme! Mes vrais oncles et mes vrais parens, vous allez les voir et les entendre vous-même tout à l'heure.

— Oh bien! alors, reprit Carbon Barreau qui commençait à être convaincu, vous pouvez vous vanter de ressembler à mon neveu Arnauld du Thill, vous!

— C'est vous qui me l'apprenez, dit Arnauld, en ricanant, et je ne m'en suis pas vanté encore.

— Ah! quand je dis que vous pouvez vous en vanter reprit le bonhomme, ce n'est pas qu'il y ait de quoi être fier de ressembler à un gueux pareil, au moins! Je puis en convenir puisque je suis de la famille, mon neveu était bien le plus affreux coquin qui se pût imaginer. Et quand j'y pense, au fait, il serait fort invraisemblable qu'il vécut encore! car, à l'heure qu'il est, il doit être depuis longtemps pendu, le misérable!

— Vous croyez? reprit Arnauld du Thill avec quelque amertume.

— J'en suis certain, monsieur Martin-Guerre, dit avec assurance Carbon Barreau. Cela, d'ailleurs, ne vous fait rien, n'est-ce pas, que je parle ainsi de ce drôle, puisque ce n'est pas vous, mon hôte?

— Cela ne me fait rien absolument, dit Arnauld assez mal satisfait.

— Ah! monsieur, reprit l'oncle qui était un peu radoteur, que de fois me suis-je félicité, devant sa pauvre mère en larmes, d'être resté garçon, et de n'avoir jamais eu d'enfans, qui auraient pu, pareils à ce mauvais garnement, déshonorer mon nom, et désoler ma vie.

— Tiens, mais c'est juste, se dit Arnauld, l'oncle Carbon n'avait pas d'enfans, c'est-à-dire pas d'héritiers.

— A quoi pensez-vous, maître Martin? demanda le voyageur.

— Je pense, dit doucereusement Arnauld, que, malgré vos assertions contraires, messire Carbon Barreau, vous seriez peut-être bien aise aujourd'hui d'avoir un fils, ou même, à défaut de fils, ce méchant neveu que vous regrettez si médiocrement, mais qui enfin vous serait une affection, une famille, et à qui vous pourriez transmettre vos biens après vous.

— Mes biens?... dit Carbon Barreau.

— Sans doute, vos biens, reprit Arnauld du Thill. Vous qui semez si libéralement les pistoles, vous ne devez pas être pauvre! et cet Arnauld qui me ressemble serait votre héritier, je suppose. Pardieu! voilà que je regrette de ne pas être un peu lui.

— Arnauld du Thill, s'il était pendu, serait mon héritier en effet, repartit gravement Carbon Barreau. Mais il ne tirerait pas grand profit de ma succession; car je ne suis pas riche. J'offre une pistole pour me reposer et me rassasier un peu en ce moment, parce que je suis épuisé de lassitude et de faim; cela n'empêche point, hélas! ma bourse d'être légère... trop légère!

— Hum? fit Arnauld du Thill avec incrédulité.

— Vous ne me croyez pas, maître Martin-Guerre? à votre aise. Il n'en est pas moins vrai que je me rends présentement à Lyon, où M. le président du parlement, dont j'ai été vingt ans l'huissier, m'offre un asile et du pain pour le reste de mes jours. Il m'a envoyé vingt-cinq pistoles pour payer mes petites dettes et faire ma route, le généreux homme! Mais ce qui m'en reste est tout ce que je possède. Et, par ainsi, mon héritage est trop peu de chose pour qu'Arnauld du Thill, quand même il vivrait encore, eût intérêt à le réclamer. C'est pourquoi...

— En voilà assez, bavard! interrompit avec brusquerie Arnauld du Thill, mécontent. Est-ce que j'ai le temps d'écouter vos radotages? Donnez-moi toujours votre pistole et entrez dans la maison, si cela vous plaît. Vous dînerez dans une heure, vous dormirez après, et nous serons quittes. Il n'y a pas besoin pour cela de tant de discours.

— Mais c'est vous qui m'interrogiez? dit Carbon Barreau.

— Allons! entrez-vous, bonhomme, ou n'entrez-vous pas? Voici déjà quelques-uns de mes convives, et vous me permettrez bien de vous quitter pour eux. Entrez. J'agis avec vous sans façons, je ne vous conduis pas.

— Je le vois bien, dit Carbon Barreau.

Et il entra dans le logis, tout en maugréant contre les subits reviremens d'humeur de son hôte.

Trois heures après, on était encore à table sous les ormes. Les convives étaient au complet, et le juge d'Artigues, dont Arnauld tenait tant à se concilier la faveur, était assis à la place d'honneur.

Les bons vins et les propos joyeux circulaient. Les jeunes gens parlaient de l'avenir et les vieux du passé, et l'oncle Carbon Barreau avait pu s'assurer que son hôte s'appelait bien Martin-Guerre, et était connu et traité de tous les habitans d'Artigues comme un des leurs.

— Te rappelles-tu, Martin-Guerre, disait l'un, ce moine augustin, le frère Chrysostôme, qui nous a appris à lire à tous les deux?

— Je me le rappelle, disait Arnauld.

— Te souviens-tu, cousin Martin, disait un autre, que c'est à ta noce qu'on a tiré pour la première fois des coups de fusil en réjouissance dans le pays?

— Je m'en souviens, répondait Arnauld.

Et, comme pour raviver ses souvenirs, il embrassait sa femme, assise à ses côtés toute fière et joyeuse.

— Puisque vous avez si bonne mémoire, mon maître, dit tout à coup derrière les convives une voix haute et ferme apostrophant Arnauld du Thill, puisque vous vous souvenez de tant de choses, vous vous souviendrez bien aussi de moi, peut-être!

LXXIII.

LA JUSTICE DANS L'EMBARRAS.

Celui qui parlait ainsi, d'un ton impérieux, jeta le manteau brun et le large chapeau qui le cachaient, et les conviés d'Arnauld du Thill, qui s'étaient retournés en l'entendant, purent voir un jeune cavalier de fière mine et de riches habits.

A quelque distance, un serviteur tenait par la bride les deux chevaux qui les avaient amenés.

Tous se levèrent respectueusement, assez surpris et fort intrigués.

Pour Arnauld du Thill, il devint pâle comme un mort.

— Monsieur le vicomte d'Exmès ! murmura-t-il tout effaré.

— Eh bien ! reprit d'une voix tonnante Gabriel, en s'adressant à lui ; eh bien ! me reconnaissez-vous ?

Arnauld, après un moment d'hésitation, eut bien vite calculé ses chances et pris son parti.

— Sans doute, dit-il d'une voix qui tâchait d'être ferme, sans doute, je reconnais monsieur le vicomte d'Exmès pour l'avoir vu quelquefois au Louvre et ailleurs, du temps que j'étais au service de monsieur de Montmorency ; mais je ne puis croire que monseigneur me reconnaisse, moi pauvre et obscur serviteur du connétable.

— Vous oubliez, dit Gabriel, que vous avez été aussi le mien.

— Qui ? moi ! s'écria Arnauld feignant la plus profonde surprise. Oh ! pardon, monseigneur se trompe assurément.

— Je suis tellement certain de ne pas me tromper, reprit Gabriel avec calme, que je requiers ouvertement le juge d'Artigues, ici présent, de vous faire sur-le-champ arrêter et emprisonner. Est-ce clair, cela ?

Il y eut parmi les assistans un mouvement de terreur. Le juge s'approcha fort étonné. Arnauld seul garda son apparence tranquille.

— Puis-je savoir au moins de quel crime je suis accusé ? demanda-t-il.

— Je vous accuse, répondit Gabriel avec fermeté, de vous être iniquement substitué au lieu et place de mon écuyer Martin-Guerre, et de lui avoir méchamment et traîtreusement volé son nom, sa maison et sa femme, à l'aide d'une ressemblance si parfaite qu'elle passe l'imagination.

A cette accusation si nettement formulée, les conviés s'entre-regardèrent tout stupéfaits.

— Qu'est-ce que cela signifie ? murmuraient-ils. Martin-Guerre n'est pas Martin-Guerre ! Quelle diabolique sorcellerie y a-t-il donc là-dessous ?

Plusieurs de ces bonnes gens se signaient et prononçaient tout bas des formules d'exorcisme. La plupart commençaient à considérer leur hôte avec épouvante.

Arnauld du Thill comprit qu'il était temps de frapper un coup décisif pour ramener à lui les esprits ébranlés, et, se tournant vers celle qu'il appelait sa femme :

— Bertrande ! s'écria-t-il, parle donc ! suis-je, oui ou non, ton mari ?

La pauvre Bertrande, jusque-là effrayée, haletante, avait, sans dire un mot, regardé seulement de ses yeux, tout grands ouverts, tantôt Gabriel, tantôt son époux supposé.

Mais au geste souverain d'Arnauld du Thill, à son accent de menace, elle n'hésita pas, elle se jeta dans ses bras avec effusion.

— Cher Martin-Guerre ! s'écria-t-elle.

A ces mots, le charme fut rompu et les murmures offensifs se tournèrent contre le vicomte d'Exmès.

— Monsieur, dit Arnauld du Thill triomphant, en présence du témoignage de ma femme, et de tous mes amis et parens qui m'entourent, persistez-vous dans votre étrange accusation ?

— Je persiste, dit simplement Gabriel.

— Un instant ! s'écria maître Carbon-Barreau intervenant. Je savais bien, mon hôte, que je n'avais pas la berlue ! Puisqu'il y a quelque part un autre individu qui ressemble trait pour trait à celui-ci, j'affirme, moi, que l'un des deux est mon neveu Arnauld du Thill, natif de Sagias comme moi.

— Ah ! voici un secours providentiel qui arrive à point ! dit Gabriel. Maître, reprit-il en s'adressant au vieillard, reconnaissez-vous donc votre neveu dans cet homme ?

— En vérité, dit Carbon-Barreau, je ne saurais distinguer si c'est lui ou l'autre ; mais je jurerais d'avance que, s'il y a imposture, elle est du fait de mon neveu, fort coutumier de la chose.

— Vous entendez, monsieur le juge ? dit Gabriel au magistrat ; quel que soit le coupable, le délit n'est déjà plus douteux.

— Mais enfin où donc est celui qui pour me frustrer so prétend frustré ? s'écria Arnauld du Thill audacieusement. Ne va-t-on pas me confronter avec lui ? Se cache-t-il ? qu'il se montre et qu'on en juge.

— Martin-Guerre, mon écuyer, dit Gabriel, s'est, d'après mon ordre, constitué le premier prisonnier à Rieux. Monsieur le juge, je suis le comte de Montgommery, ex-capitaine des gardes de Sa Majesté. L'accusé lui-même m'a reconnu. Je vous somme de le faire arrêter et emprisonner comme son accusateur. Quand ils seront l'un et l'autre sous la main de la justice, j'espère pouvoir aisément prouver de quel côté est la vérité et de quel côté l'imposture.

— C'est évident, monseigneur, dit à Gabriel le juge ébloui. Qu'on mène à la prison Martin-Guerre.

— Je m'y rends moi-même de ce pas, dit Arnauld, fort que je suis de mon innocence. Mes bons et chers amis, ajouta-t-il en s'adressant à la foule qu'il jugea prudent de se gagner, je compte sur vos loyaux témoignages pour me secourir dans cette extrémité. Vous tous qui m'avez connu, vous me reconnaîtrez, n'est-ce pas ?

— Oui, oui, sois tranquille, Martin ! dirent tous les amis et parens émus de cet appel.

Quant à Bertrande, elle avait pris le parti de s'évanouir.

Huit jours après, l'instruction du procès s'ouvrit devant le tribunal de Rieux.

Un curieux et difficile procès assurément ! et qui méritait bien de devenir aussi célèbre qu'il l'est encore, après trois cents ans, de nos jours.

Si Gabriel de Montgommery ne s'en était un peu mêlé, il est probable que ces excellens juges de Rieux, auxquels fut déférée l'affaire, ne s'en seraient jamais tirés.

Ce que Gabriel demanda avant tout, ce fut que les deux adversaires ne fussent mis, jusqu'à nouvel ordre, en présence l'un de l'autre sous aucun prétexte. Les interrogatoires et confrontations eurent lieu séparément, et Martin, comme Arnauld du Thill, resta soumis au plus rigoureux secret.

Martin-Guerre, enveloppé d'un manteau, fut amené tour à tour en face de sa femme, de Carbon-Barreau, de tous ses voisins et parens.

Tous le reconnurent. C'était bien son visage, c'était sa tournure. Il n'y avait pas à s'y tromper.

Mais tous reconnaissaient également Arnauld du Thill, quand on le leur présentait à son tour.

Ils s'écriaient, ils s'épouvantaient, aucun ne trouva d'indice qui pût faire éclater la vérité.

Comment la distinguer en effet entre deux Sosies aussi exactement semblables qu'Arnauld du Thill et Martin-Guerre ?

— Le diable d'enfer y perdrait son latin, disait Carbon-Barreau fort embarrassé de ses deux neveux.

Mais devant ce jeu inouï et merveilleux de la nature, ce qui devait guider Gabriel et les juges, c'étaient, à défaut de différences matérielles, les contradictions des faits et surtout les oppositions des caractères.

Dans le récit de leurs premières années, Arnauld et Martin, chacun de son côté, racontait les mêmes faits, rappelait les mêmes dates, citait les mêmes noms avec une effrayante identité.

A l'appui de ses dires, Arnauld apportait de plus des lettres de Bertrande, des papiers de famille et l'anneau béni le jour de ses noces.

Mais Martin narrait comment Arnauld, après l'avoir fait pendre à Noyon, avait pu lui voler ces papiers et son anneau de mariage.

Donc, la perplexité des juges était toujours la même, leur incertitude toujours aussi grande. Les apparences et les indices étaient aussi clairs et aussi éloquens d'une part que de l'autre ; les allégations des deux accusés semblaient aussi sincères.

Il fallait des preuves formelles et des témoignages évidens, pour trancher une question si ardue. Gabriel se chargea de les trouver et de les fournir.

D'abord, sur sa demande, le président du tribunal posa

de nouveau à Martin et à Arnauld du Thill, interrogés toujours séparément d'ailleurs, cette question :

— Où avez-vous passé votre temps de douze à seize ans?

Réponse immédiate des deux accusés pris chacun à part :

— A Saint-Sébastien, en Biscaye, chez mon cousin Sanxi.

Sanxi était là, témoin assigné, et certifiait que le fait était exact.

Gabriel s'approcha de lui, et lui dit un mot à l'oreille. Sanxi se prit à rire et interpella Arnauld en langue basque. Arnauld pâlit et ne dit mot.

— Comment? reprit Gabriel, vous avez passé quatre ans à Saint-Sébastien, et vous ne comprenez pas le patois du pays?

— J'ai oublié, balbutia Arnauld.

Martin-Guerre, soumis à cette épreuve à son tour, bavarda en basque pendant un quart d'heure à la grande joie du cousin Sanxi, et à la parfaite édification de l'assistance et des juges.

Cette première épreuve, qui commençait à faire luire la vérité dans les esprits, fut bientôt suivie d'une autre, laquelle, pour être renouvelée de l'Odyssée, n'en était pas moins significative.

Les habitants d'Artigues, de l'âge de Martin-Guerre, se rappelaient encore avec admiration et jalousie son habileté au jeu de paume.

Mais, depuis son retour, le faux Martin avait refusé toutes les parties qu'on lui proposait, sous prétexte d'une blessure reçue à la main droite.

Le véritable Martin-Guerre se fit au contraire un plaisir, en présence des juges, de tenir tête aux plus forts joueurs de paume.

Il joua même assis et toujours enveloppé de son manteau. Son second ne faisait que lui ramener les balles, qu'il lançait avec une dextérité vraiment merveilleuse.

De ce moment-là, la sympathie publique, si importante dans ces occasions, fut du côté de Martin, c'est-à-dire, chose assez rare ! du côté du bon droit.

Un dernier fait bizarre acheva de ruiner dans l'esprit des juges Arnauld du Thill.

Les deux accusés étaient absolument de la même taille ; mais Gabriel, à l'affût du moindre indice, avait cru remarquer que son brave écuyer avait le pied, son pied unique, hélas ! beaucoup plus petit que le pied d'Arnauld du Thill.

Le vieux cordonnier d'Artigues comparut devant le tribunal, et apporta ses anciennes et nouvelles mesures.

— Oui, dit le brave homme, il est certain qu'autrefois Martin-Guerre se chaussait à neuf points, et j'ai été bien surpris en voyant qu'à son retour sa chaussure en portait douze ; mais j'ai cru que c'était l'effet de ses longs voyages.

Le véritable Martin-Guerre tendit alors fièrement au cordonnier le pied unique que lui avait conservé la Providence, sans doute pour le plus grand triomphe de la vérité. Le naïf cordonnier, après avoir mesuré, reconnut et proclama le pied authentique qu'il avait chaussé autrefois, et qui, malgré les longs voyages et sa double fatigue, était resté à peu près le même.

Dès lors il n'y eut plus qu'un cri sur l'innocence de Martin et sur la culpabilité d'Arnauld du Thill.

Mais ce n'était pas assez de ces preuves matérielles. Gabriel voulait encore des témoignages moraux.

Il produisit le paysan auquel Arnauld du Thill avait donné la commission étrange d'aller annoncer à Paris la pendaison de Martin-Guerre à Noyon. Le bonhomme raconta naïvement sa surprise en retrouvant rue des Jardins-Saint-Paul celui qu'il avait vu prendre la route de Lyon. C'était cette circonstance qui avait inspiré à Gabriel le premier soupçon de la vérité.

On entendit ensuite de nouveau Bertrande de Rolles.

La pauvre Bertrande, malgré le revirement de l'opinion, était toujours pour celui qui se faisait craindre.

Interrogée pourtant si elle n'avait pas remarqué de changement dans le caractère de son mari, depuis qu'il était revenu :

— Oh ! oui, certes, dit-elle, il est revenu bien changé, mais à son avantage, messieurs les juges, se hâta-t-elle d'ajouter.

Et, comme on la pressait de s'expliquer nettement :

— Autrefois, dit la naïve Bertrande, Martin était plus faible et plus bénin qu'un mouton, et se laissait mener, voire même gourmer par moi, au point que j'en avais parfois honte. Mais il est revenu un homme, un maître. Il m'a prouvé sans réplique que j'avais eu bien tort dans le temps, et que mon devoir de femme était d'obéir à sa parole et à sa baguette. A présent c'est lui qui ordonne et moi qui sers, lui qui lève la main et moi qui baisse la tête. C'est de ses voyages qu'il a rapporté cette autorité-là, et c'est depuis son retour que nos rôles à tous deux sont devenus ce qu'ils devaient être. Maintenant le pli en est pris et j'en suis bien aise.

D'autres habitants d'Artigues attestèrent à leur tour que l'ancien Martin-Guerre avait toujours été aussi inoffensif, pieux et bon, que le nouveau était agressif, impie et taquin.

Comme le cordonnier et comme Bertrande, ils avaient attribué ces changements à ses voyages.

Le comte Gabriel de Montgommery daigna prendre enfin la parole au milieu du respectueux silence des juges et des assistants.

Il raconta par quelles étranges circonstances il avait eu tour à tour son service les deux Martin-Guerre, comment il avait été si longtemps à s'expliquer les variations d'humeur et de nature de son double écuyer, mais quels événements l'avaient mis à la fin sur la voie.

Gabriel dit tout enfin, les terreurs de Martin, les trahisons d'Arnauld du Thill, les vertus de l'un, les crimes de l'autre ; il rendit nette et évidente à tous les yeux cette histoire obscure et embrouillée, et finit en demandant châtiment pour le coupable et réhabilitation pour l'innocent.

La justice de ce temps-là était moins complaisante et moins commode pour les accusés que celle de nos jours. C'est ainsi qu'Arnauld du Thill ignorait encore les charges accablantes acquises contre lui. Il avait bien vu avec inquiétude les épreuves de la langue basque et du jeu de paume tourner à sa confusion, mais il croyait après tout avoir donné des excuses suffisantes. Quant à l'essai du vieux cordonnier, il n'y avait rien compris. Enfin, il ne savait pas si Martin-Guerre, qu'on s'obstinait à lui cacher, s'était tiré mieux que lui, en somme, des interrogations et des difficultés.

Gabriel, mû par un sentiment d'équité et de générosité, avait exigé qu'Arnauld du Thill assistât au plaidoyer qui le chargeait, et pût au besoin y répondre. Martin, lui, n'avait qu'y faire et resta dans sa prison. Mais Arnauld y fut amené, pour qu'on pût le juger contradictoirement, et ne perdit pas un mot du récit convaincant de Gabriel.

Pourtant, quand le vicomte d'Exmès eut achevé, Arnauld du Thill, sans se laisser intimider ni décourager, se leva tranquillement et demanda la permission de se défendre. Le tribunal la lui aurait bien refusée ; mais Gabriel se joignit à lui, et Arnauld put parler.

Il parla admirablement. L'astucieux drôle avait réellement une éloquence naturelle, jointe à l'esprit le plus habile et le plus retors.

Gabriel s'était surtout appliqué à répandre la clarté de l'évidence sur les ténébreuses aventures des deux Martin. Arnauld s'appliqua à brouiller tous les fils et à jeter une seconde fois dans l'esprit de ses juges une confusion salutaire. Il avoua lui-même ne rien comprendre à tous ces événements emmêlés de deux existences prises l'une pour l'autre. Il n'avait pas à expliquer tous ces quiproquos dont on l'embarrassait. Il devait seulement répondre de sa propre vie et justifier de ses propres actions. C'est ce qu'il était prêt à faire.

Il reprit alors le récit logique et serré de ses faits et

gestes, depuis son enfance jusqu'au jour présent. Il interpella ses amis et parens, leur rappelant des circonstances qu'ils avaient eux-mêmes oubliées, riant à de certains souvenirs, s'attendrissant à d'autres.

Il ne pouvait plus, il est vrai, parler le basque, ni jouer à la paume ; mais tout le monde n'avait pas la mémoire des langues, et il montrait la cicatrice de sa main. Quand même son adversaire aurait satisfait les juges sur ces deux points, rien n'était plus facile au bout du compte que d'apprendre un patois et de s'exercer à un jeu.

Finalement, le comte de Montgommery, induit certainement en erreur par quelque intrigant, l'accusait d'avoir volé à son écuyer les papiers qui établissaient son état et sa personnalité ; mais il n'y avait de ce fait aucune preuve.

Quant au paysan, qui pouvait affirmer que ce n'était pas un compère du soi-disant Martin?

Pour l'argent de la rançon que lui, Martin-Guerre, aurait volé au comte de Montgommery, il était en effet revenu à Artigues avec une certaine somme, mais plus forte que celle annoncée par le comte, et il expliquait l'origine de cette somme en exhibant le certificat de très haut et très puissant seigneur le connétable duc de Montmorency.

Arnauld du Thill, pour sa péroraison, fit jouer avec une adresse infinie ce nom prestigieux du connétable aux yeux des juges éblouis. Il suppliait instamment qu'on envoyât prendre des informations sur son compte auprès de son illustre maître. Il était assuré que sa justification sortirait nette et palpable de cette enquête.

Bref, le discours du rusé coquin fut si habile et si captieux, il s'exprima avec une telle chaleur, et l'impudence ressemble quelquefois si bien à l'innocence, que Gabriel vit les juges de nouveau indécis et ébranlés.

Il s'agissait donc de frapper un coup décisif, et Gabriel s'y détermina, quoique avec peine.

Il vint dire un mot à l'oreille du président, et celui-ci ordonna qu'on ramenât Arnauld du Thill dans sa prison, et qu'on introduisît Martin-Guerre.

LXXIV.

LES MÉPRISES ONT L'AIR DE VOULOIR RECOMMENCER.

On ne reconduisit pas tout d'abord Arnauld du Thill au cachot qu'il occupait à la conciergerie de Rieux. Il fut mené dans le préau voisin du tribunal, où on le laissa seul pendant quelques instans.

Il se pourrait, lui dit-on, qu'après l'interrogatoire de son adversaire, les juges eussent besoin de l'entendre de nouveau.

Abandonné à ses réflexions, le rusé coquin commença par se féliciter en lui-même de l'effet qu'il avait évidemment produit par son habile et impudent discours. Le brave Martin-Guerre, avec son bon droit, aurait certes de la peine à être aussi persuasif.

En tout cas, Arnauld avait gagné du temps! Mais en examinant plus rigidement les choses, il ne pouvait guère se dissimuler qu'il n'avait gagné que cela. La vérité qu'il avait si audacieusement démentie finirait par éclater de tous côtés. Monsieur de Montmorency lui-même, dont il avait osé invoquer le témoignage, se hasarderait-il à couvrir de son autorité les méfaits avérés de son espion? cela était fort douteux.

Au bout du compte, Arnauld du Thill, d'abord si joyeux, tomba peu à peu de son espérance dans l'inquiétude, et, tout bien considéré, se dit que sa position n'était pas des plus rassurantes.

Il courbait la tête sous ce découragement, lorsqu'on vint le prendre pour le ramener à sa prison.

Le tribunal n'avait donc plus jugé à propos de l'interroger après les explications de Martin-Guerre! Nouveau sujet d'anxiété!

Cela néanmoins n'empêcha pas Arnauld du Thill, qui remarquait tout, de remarquer que ce n'était pas son geôlier ordinaire qui était venu le prendre et qui l'accompagnait en ce moment.

Pourquoi ce changement? redoublait-on de précautions avec lui? voulait-on le faire parler? Arnauld du Thill se promit de se tenir sur ses gardes et resta muet pendant tout le chemin.

Mais voici bien un autre motif d'étonnement! la prison dans laquelle ce gardien nouveau conduisit Arnauld n'était pas celle qu'il occupait d'habitude!

Celle-ci avait une fenêtre grillée et une haute cheminée qui manquaient dans l'autre.

Cependant, tout y attestait la présence récente d'un prisonnier, des débris de pain encore frais, une cruche d'eau à moitié vidée, un lit de paille, un coffre entr'ouvert, qui laissait voir des habits d'homme.

Arnauld du Thill, accoutumé à se contenir, ne marqua aucune surprise; mais, dès qu'il se vit seul, il courut au coffre pour le fouiller.

Il n'y trouva que des habits. Nul autre indice. Mais ces habits étaient d'une couleur et avaient une forme qu'Arnauld du Thill croyait se rappeler. Il y avait surtout deux justaucorps de drap brun et des hauts-de-chausse de tricot jaune qui n'étaient pas certainement d'une nuance ni d'une coupe fort commune.

— Oh! oh! se dit Arnauld du Thill, ce serait singulier!...

Comme la nuit commençait à tomber, le geôlier inconnu entra.

— Holà, maître Martin-Guerre! dit-il en frappant sur l'épaule d'Arnauld du Thill rêveur, de manière à lui prouver que, si le prisonnier ne connaissait pas son geôlier, le geôlier connaissait fort bien son prisonnier.

— Qu'est-ce qu'il y a donc? demanda Arnauld du Thill à ce geôlier si familier.

— Il y a, mon cher, reprit l'homme, que votre affaire apparemment se bonifie de plus en plus. Savez-vous qui a obtenu des juges et qui sollicite à présent de vous-même la faveur de vous entretenir quelques instans?

— Ma foi, non! dit Arnauld, comment voulez-vous que je sache? qui cela peut-il être?...

— Votre femme, mon cher, Bertrande de Rolles en personne, qui commence à voir sans doute de quel côté est le bon droit. Mais si j'étais à votre place, moi, je refuserais de la recevoir.

— Et pourquoi cela? dit Arnauld du Thill.

— Pourquoi? reprit le geôlier; mais parce qu'elle vous a si longtemps méconnu, donc! il est bien temps vraiment qu'elle se range du côté de la vérité, quand demain, au plus tard, une sentence du tribunal va la proclamer publiquement, officiellement! Aussi, vous êtes de mon avis, n'est-ce pas? et je vais congédier bel et bien votre ingrate?

Le geôlier fit un pas vers la porte; mais Arnauld du Thill le retint d'un geste.

— Non, non! lui dit-il, ne la renvoyez pas. Je veux la voir, au contraire, je veux... Enfin, puisqu'elle a obtenu le congé des juges, introduisez Bertrande de Rolles, mon ami.

— Hum! toujours le même! dit le geôlier, toujours débonnaire et clément! Si vous laissez si vite reprendre à votre femme son ascendant d'autrefois, vous ne risquez rien!... Enfin, enfin, cela vous regarde.

Le geôlier se retira en haussant les épaules de pitié.

Deux minutes après, il rentra avec Bertrande de Rolles. Le jour se faisait de plus en plus sombre.

— Je vous laisse seuls, dit le geôlier, mais je viendrai chercher Bertrande avant qu'il soit nuit tout à fait : c'est l'ordre. Vous n'avez donc guère à vous qu'un quart d'heure, profitez-en pour vous chamailler ou pour vous réconcilier; à votre choix.

Et il sortit de nouveau.

Bertrande de Rolles s'avança alors toute honteuse et la

tête basse vers le prétendu Martin-Guerre, qui resta assis et silencieux, la laissant venir et parler.

— Oh! Martin, lui dit-elle enfin d'une voix faible et timide quand elle fut auprès de lui, Martin, voudrez-vous jamais me pardonner?

Ses yeux se mouillèrent, et elle tremblait véritablement de tous ses membres.

— Vous pardonner quoi! reprit Arnauld du Thill qui ne voulait pas se compromettre.

— Mais ma grossière méprise, dit Bertrande. J'ai eu certainement bien tort de ne pas vous reconnaître. Pourtant, n'y avait-il pas de quoi s'y tromper, puisqu'il paraît que, dans le temps, vous vous y trompiez vous-même? Aussi, je vous l'avoue, il faut, pour que je croie à mon erreur, que tout le pays, que monsieur le comte de Montgommery, et que la justice, qui s'y connaît! m'attestent que vous êtes bien mon vrai mari et que l'autre n'était qu'un trompeur et qu'un imposteur.

— Lequel, voyons? dit Arnauld, lequel est l'imposteur avéré! celui qu'a ramené monsieur de Montgommery, ou celui qu'on a trouvé en possession du nom et des biens de Martin-Guerre?

— Mais l'autre! répondit Bertrande, celui qui m'a trompée, celui que la semaine passée j'appelais encore mon époux, stupide et aveugle que j'étais!

— Ah! la chose est donc bien établie maintenant? demanda Arnauld avec émotion.

— Mon Dieu! oui, Martin, reprit Bertrande avec la même confusion. Ces messieurs du tribunal et vous-même, ô digne seigneur, m'ont affirmé tout à l'heure encore qu'il n'y avait plus de doute pour eux, et que vous étiez bien le véritable Martin-Guerre, mon bon et cher mari.

— Ah! vraiment?... dit Arnauld du Thill en pâlissant.

— Là-dessus, reprit Bertrande, on m'a donné à entendre que je ferais bien de vous demander pardon et de me réconcilier avec vous avant l'arrêt, et j'ai sollicité et obtenu la permission de vous voir...

Elle s'arrêta, mais, voyant que son prétendu mari ne lui répondait pas, elle reprit:

— Il est trop certain, mon bon bon Martin-Guerre, que je suis extrêmement coupable envers vous. Mais je vous prie de songer que c'est bien involontairement, j'en prends à témoins la sainte Vierge et l'enfant Jésus! Ma première faute fut de n'avoir pas découvert et reconnu la fraude de cet Arnauld du Thill. Mais pouvais-je supposer qu'il pût y avoir au monde des ressemblances si complètes, et que le bon Dieu pût s'amuser à faire deux créatures si exactement pareilles. Pareilles de visage et de taille, mais non, il est vrai, de caractère et de cœur! et c'est cette différence qui eût dû m'ouvrir les yeux, j'en conviens. Mais quoi! rien ne m'avertissait de me tenir sur mes gardes. Arnauld du Thill m'entretenait du passé comme vous auriez pu le faire. Il avait votre anneau, vos papiers. Nul ami, nul parent ne e soupçonnait. J'y suis allée à la bonne foi. J'attribuais vos changements d'humeur à l'expérience que vous aviez gagnée en courant le monde. Considérez, mon cher mari, que sous le nom de cet étranger, c'est toujours vous enfin que j'aimais, vous à qui je me soumettais avec joie. Considérez cela, et vous me pardonnerez cette première erreur qui m'a fait commettre, sans le vouloir et sans le savoir, grand Dieu! le péché dont je passerai le reste de mes jours à demander grâce au ciel et à vous.

Bertrande de Rolles se tut de nouveau pour voir si Martin-Guerre lui parlerait et l'encouragerait un peu. Mais il garda obstinément le silence, et la pauvre Bertrande, le cœur navré, continua:

— S'il est impossible, Martin, que vous me gardiez rancune pour ce premier et involontaire grief, le second malheureusement mérite à coup sûr tous vos reproches et toute votre colère. Quand vous n'étiez pas là, j'ai pu prendre un autre pour vous? mais quand vous vous êtes présenté et qu'il m'a été loisible d'établir une comparaison, j'aurais dû vous reconnaître tout d'abord. Réfléchissez pourtant si, là encore, ma conduite n'aurait pas quelques excuses. D'abord, Arnauld du Thill était, comme vous disiez, en possession du titre et du nom qui vous appartiennent, et il me répugnait d'admettre la supposition qui me faisait coupable. En second lieu, c'est à peine si l'on m'a laissé vous voir et vous parler. Lorsqu'on m'a confrontée à vous, vous n'aviez pas vos habits ordinaires, et vous étiez enveloppé d'un long manteau qui me dérobait votre taille et votre allure. Depuis, j'ai presque été mise au secret comme Arnauld du Thill et comme vous-même, et je ne vous ai guère revus tous deux qu'au tribunal, toujours séparément et toujours d'assez loin. Devant cette effrayante ressemblance, quel moyen avais-je de constater la vérité? Je me suis décidée, presque au hasard, pour celui qui m'appelais mon mari la veille. Je vous conjure de ne pas m'en vouloir. Les juges aujourd'hui me certifient que je me suis trompée et qu'ils en ont acquis les preuves. Dès lors, je reviens à vous toute repentante et toute confuse, me fiant seulement à votre bonté et à votre amour d'autrefois. Ai-je eu tort de compter ainsi sur votre indulgence?

Après cette question presque directe, Bertrande fit une nouvelle pause. Mais le faux Martin resta toujours muet.

Il est évident que Bertrande, en abandonnant ainsi Arnauld du Thill, prenait pour l'attendrir un singulier moyen; mais elle était de très bonne foi, et s'enfonça de plus en plus dans cette voie, qu'elle croyait la vraie, pour arriver au cœur de celui qu'elle suppliait.

— Pour moi, reprit-elle d'un ton humble, vous me trouverez bien changée d'humeur. Je ne suis plus la femme dédaigneuse, capricieuse et colère, qui vous a fait tant souffrir. Les mauvais traitemens dont cet indigne Arnauld a usé envers moi, et qui auraient dû me le dénoncer, ont eu au moins le bon résultat de me plier et de me mater, et vous devez vous attendre à me trouver à l'avenir aussi docile et complaisante que vous êtes vous-même doux et bon... car vous serez bon et doux pour moi comme par le passé, n'est-il pas vrai? Vous allez me le prouver tout à l'heure en me pardonnant, et, ainsi, je vous reconnaîtrai à votre cœur comme je vous reconnais déjà à vos traits.

— Donc, vous me reconnaissez, maintenant? dit enfin Arnauld du Thill.

— Oh! oui, répondit Bertrande, et je me blâme seulement d'avoir attendu pour cela les sentences et jugemens des juges.

— Vous me reconnaissez? reprit Arnauld en insistant, vous me reconnaissez, non pour cet intrigant qui, la semaine dernière encore, s'intitulait audacieusement votre mari, mais bien pour le vrai et légitime Martin-Guerre, que vous n'avez pas revu depuis des années? Regardez-moi. Vous me reconnaissez bien pour votre premier, pour votre seul époux?

— Mais, sans doute, dit Bertrande.

— Et à quels signes me reconnaissez-vous, voyons? demanda Arnauld.

— Hélas! dit naïvement Bertrande, à des signes tout extérieurs et indépendans de votre personne, je vous l'avoue. Vous seriez à côté d'Arnauld du Thill, habillé comme lui, la similitude est si parfaite que je ne vous distinguerais peut-être pas encore. Je vous reconnais pour mon véritable mari, parce qu'on m'a dit que l'on allait me conduire à mon véritable mari, parce que vous occupez cette prison et non celle d'Arnauld, parce que vous me recevez avec cette sévérité que je mérite, tandis qu'Arnauld chercherait encore à m'abuser et à me séduire...

— Misérable Arnauld! s'écria Arnauld d'une voix sévère. Et toi, femme trop facile et trop crédule!...

— Oui, accablez-moi, reprit Bertrande de Rolles. J'aime encore mieux vos reproches que votre silence. Quand vous m'aurez dit tout ce que vous avez sur le cœur, je vous connais, vous êtes indulgent et tendre, vous vous adoucirez, vous me pardonnerez!

— Allons! dit Arnauld d'une voix plus douce; ne désespérez pas, Bertrande, nous verrons!

— Ah! s'écria Bertrande, qu'est-ce que je disais! Oui, vous êtes bien mon vrai, mon cher Martin-Guerre!

Elle se jeta à ses pieds, elle arrosa ses mains de larmes sincères ; car elle croyait parler véritablement à son mari, et Arnauld du Thill, qui l'observait de son regard défiant, ne put concevoir le moindre soupçon. Les marques de joie et de repentir qu'elle lui donnait n'étaient point équivoques.

— C'est bon ! grommelait Arnauld en lui-même, tu me payeras tout cela quelque jour, perfide !...

En attendant, il parut céder à un mouvement de tendresse irrésistible.

— Je suis sans courage et je sens que je faiblis, dit-il en ayant l'air d'essuyer une larme qui ne coulait pas.

Et, comme malgré lui, il effleura d'un baiser le front incliné de la repentante.

— Quel bonheur ! s'écria Bertrande, me voici presque rentrée en grâce !

En ce moment, la porte se rouvrit, et le geôlier reparut.

— Réconciliés ! dit-il d'un air bourru en apercevant le groupe sentimental des deux prétendus époux. J'en étais sûr d'avance. Poule mouillée que vous êtes, allez, Martin !

— Quoi ! vous lui faites un crime de sa bonté ? reprit Bertrande.

— Hé ! hé ! allons donc ! allons donc ! disait Arnauld en souriant de l'air le plus paterne possible.

— Enfin, je le répète, cela le regarde ! reprit l'inflexible geôlier. Ce qui me regarde, moi, c'est ma consigne. L'heure est passée, et vous ne pouvez demeurer ici une minute de plus, la belle éplorée.

— Quoi ! le quitter déjà ! dit Bertrande.

— Bon ! vous aurez le temps de le voir demain et les jours suivans, reprit le geôlier.

— C'est vrai, demain libre ! dit Bertrande. Demain, ami, nous reprendrons notre douce vie d'autrefois.

— A demain donc les tendresses, fit le geôlier féroce. Pour le moment il faut déguerpir.

Bertrande baisa une dernière fois la main que lui tendait royalement Arnauld du Thill, lui envoya de la main un dernier adieu, et sortit devant le geôlier.

Comme celui-ci allait fermer la porte, Arnauld le rappela.

— Ne pourrais-je avoir de la lumière... une lampe ? lui demanda-t-il.

— Si vraiment, aujourd'hui comme tous les soirs, dit le geôlier, du moins jusqu'à l'heure du couvre-feu, jusqu'à neuf heures. Dame ! on ne vous tient pas aussi sévèrement qu'Arnauld du Thill, vous ! et puis, votre maître le comte de Montgommery est si généreux ! On vous oblige... pour l'obliger. Dans cinq minutes, je vous enverrai votre chandelle, ami Martin.

Un valet de la prison apporta en effet de la lumière quelques instans après. Il se retira en souhaitant le bonsoir au prisonnier, et en lui recommandant de nouveau d'éteindre au couvre-feu.

Arnauld du Thill, quand il se vit seul, dépouilla lestement les habits de toile qu'il portait, et revêtit non moins lestement un des fameux justaucorps bruns et les haut-de-chausses de tricot jaune qu'il avait découverts dans le coffre de Martin-Guerre.

Puis il brûla pièce à pièce son ancien costume à la lumière de sa chandelle, et en mêla les cendres aux cendres qui remplissaient déjà le foyer de la cheminée.

Ce fut fait en moins d'une heure, et il put éteindre son flambeau et se coucher vertueusement, même avant que le couvre-feu sonné.

— Attendons, maintenant, se dit-il alors. Il paraît que décidément j'ai été vaincu devant les juges. Mais il serait plaisant que je pusse tirer de ma défaite même les moyens de ma victoire. Attendons.

LXXV.

LE RÉQUISITOIRE D'UN CRIMINEL CONTRE LUI-MÊME.

On comprend que, cette nuit-là, Arnauld du Thill ne dormit guères. Il resta seulement étendu sur la litière de paille, les yeux tout grands ouverts, fort occupé à évaluer ses chances, à ordonner son plan, et à combiner ses ressources. Le projet qu'il avait conçu de se substituer une dernière fois au pauvre Martin-Guerre était hardi sans doute, mais devait réussir par cette hardiesse même.

Quand le hasard le servait si merveilleusement, Arnauld se laisserait-il trahir par sa propre audace ?

Non : il eut vite pris son parti, quitte à se régler d'ailleurs sur les incidens à venir et les circonstances imprévues.

Lorsque le jour vint, il examina son costume, le trouva irréprochable, et s'appliqua à reprendre les allures et les attitudes qu'il avait autrefois étudiées sur Martin-Guerre. L'imitation était parfaite, si ce n'est qu'il exagérait un peu l'air bonasse de son Sosie. Il faut convenir que ce misérable drôle eût fait un excellent comédien.

Sur les huit heures du matin, la porte de la prison tourna sur ses gonds.

Arnauld du Thill comprima un tressaillement et se donna une apparence indifférente et tranquille.

Le geôlier de la veille reparut, introduisant le comte de Montgommery.

— Diantre ! voici la crise, se dit Arnauld du Thill. Jouons serré.

Il attendait avec anxiété le premier mot qui allait sortir de la bouche de Gabriel à sa vue.

— Bonjour, mon pauvre Martin-Guerre, dit tout d'abord Gabriel.

Arnauld du Thill respira. Le comte de Montgommery, en l'appelant Martin, l'avait bien regardé en face. Le quiproquo recommençait. Arnauld était sauvé !

— Bonjour, mon bon et cher maître, dit-il à Gabriel avec une effusion de reconnaissance qui n'était pas tout à fait feinte, en vérité.

Il osa ajouter :

— Eh bien ! qu'y a-t-il de nouveau, monseigneur ?

— La sentence sera, selon toute probabilité, prononcée ce matin, dit Gabriel.

— Enfin ! Dieu soit loué ! s'écria Arnauld. J'ai hâte d'en finir, je l'avoue. Et il n'y a pas de doute et pas de crainte à concevoir, n'est-il pas vrai, monseigneur ? Le bon droit triomphera.

— Mais je l'espère, dit Gabriel en regardant Arnauld plus fixement que jamais. Cet infâme Arnauld du Thill en es aux moyens désespérés.

— Vraiment ? et que machine-t-il donc encore ? demanda Arnauld.

— Le croirais-tu ? dit Gabriel, le traître essaie de renouveler encore les quiproquos d'autrefois.

— Se peut-il ? s'écria Arnauld en levant les bras au ciel. Et comment cela, grand Dieu ?

— Mais il ose prétendre, dit Gabriel, qu'hier, à l'issue de l'audience, les gardiens se sont trompés, qu'on l'a reconduit dans la prison d'Arnauld et qu'on t'a mené dans la sienne.

— Est-il possible ! dit Arnauld avec un beau mouvement de surprise et d'indignation. Et sur quoi fonde-t-il cette insolente affirmation, le malheureux ?

— Voici, dit Gabriel. Il n'a pas été, non plus que toi, ramené tout de suite hier dans son cachot. Le tribunal, en entrant en délibération, aurait pu avoir besoin d'interroger l'un ou l'autre. Les gardes l'ont donc laissé dans le vestibule d'en bas, comme ils t'avaient laissé dans le préau. Or, il jure que là est la cause de l'erreur, et qu'on avait coutume de laisser Arnauld dans le vestibule et Martin dans le préau. Les geôliers, en allant chercher leurs prisonniers, ont donc, selon lui, confondu naturellement l'un avec l'autre. Quant aux gardes, ce sont les mêmes qui vous ont conduits tous deux, et ces machines humaines ne connaissent que le prisonnier sans distinguer la personne. C'est sur ces misérables raisons qu'il appuie sa prétention nouvelle. Et il pleure, et il crie, et il me demande, il veut me voir.

— L'avez-vous vu, en effet, monseigneur? demanda vivement Arnauld.

— Ma foi! non, dit Gabriel. J'ai peur de ses ruses et de ses retours. Il serait capable de me séduire et de me tromper encore. Le drôle est si spirituel et si audacieux!

— Eh quoi! monseigneur le défend à présent! reprit Arnauld du Thill feignant le mécontentement.

— Je ne le défends pas, Martin, dit Gabriel. Mais convenons que c'est un esprit plein de ressources, et que s'il avait appliqué au bien la moitié de son habileté...

— C'est un infâme! s'écria Arnauld avec véhémence.

— Comme tu l'accables aujourd'hui! reprit Gabriel. Cependant, je pensais en venant, je l'avoue, qu'après tout, il n'a causé la mort de personne, que, s'il est condamné dans quelques heures, il sera pendu sûrement avant huit jours, que la peine capitale est peut-être exorbitante pour ses crimes, et qu'enfin... nous pourrions, si tu voulais, demander sa grâce.

— Demander sa grâce! répéta Arnauld du Thill avec un peu d'indécision.

— Oui, cela vaut quelque réflexion, je sais bien, dit Gabriel. Mais voyons, réfléchis, Martin, qu'en dis-tu?

Arnauld du Thill, le menton dans la main et se grattant la joue, demeura quelques secondes pensif sans répondre, puis, enfin, prenant son parti :

— Non, non! pas de grâce! dit-il résolument. Pas de grâce! cela vaut mieux.

— Oh! oh! reprit Gabriel, je ne te savais pas si implacable, Martin; ce n'est guère ton habitude, et hier encore tu plaignais ton faussaire et n'aurais pas demandé mieux que de le sauver.

— Hier! hier! grommela Arnauld, hier il ne nous avait pas joué ce dernier tour, plus odieux, à mon avis, que tous les autres.

— C'est vrai cela, dit Gabriel. Ainsi, décidément ton avis est que le coupable meure?

— Mon Dieu! reprit Arnauld du Thill d'un air béat, vous savez, monseigneur, à quel point ma nature répugne à la violence, à la vengeance et aux conseils de sang. Mon âme est navrée d'être obligée d'accepter une nécessité si cruelle, mais c'est une nécessité. Considérez, monseigneur, que, tant que cet homme est pareil à moi vivra, mon existence ne pourra être tranquille. Le dernier coup d'audace qu'il risque en ce moment nous prouve bien qu'il est incorrigible. En prison, il s'échappera; en exil, il reviendra! et, dès lors, me voilà inquiet, tourmenté, sans cesse prêt à le voir apparaître pour troubler encore et déranger ma vie. Mes amis, ma femme ne seront jamais certains d'avoir bien réellement affaire à moi. Ce sera une défiance perpétuelle. Il faudra toujours s'attendre à de nouveaux conflits, à d'autres contestations. Enfin, je ne pourrai jamais véritablement me dire en possession de moi-même. Je dois donc forcer mon caractère, monseigneur, avec douleur, avec désespoir; sans doute, je serai triste le reste de mes jours d'avoir causé la mort d'un homme, mais il le faut! il le faut! Cette imposture d'aujourd'hui lève mes derniers scrupules. Qu'Arnauld du Thill meure! je m'y résigne.

— Soit donc, il mourra, dit Gabriel. C'est-à-dire il mourra s'il est condamné. Car enfin l'arrêt n'est pas porté encore.

— Comment? est-ce que la chose n'est pas certaine? demanda Arnauld.

— Probable, oui; certaine, non, répondit Gabriel. Ce diable d'Arnauld a tenu hier aux juges un discours bien subtil et bien persuasif.

— Double sot que j'étais! pensa Arnauld du Thill.

— Tandis que toi, Martin, continua Gabriel, toi qui viens de me prouver avec une éloquence et une assurance admirables la nécessité de la mort d'Arnauld, tu n'a pas pu, tu t'en souviens, trouver hier devant le tribunal un seul argument, un seul fait pour le triomphe de la vérité. Tu es resté troublé et à peu près muet, malgré mes instances. On avait cependant consenti à t'instruire des moyens de défense de ton adversaire. Mais tu n'as su que dire pour les rétorquer.

— C'est que, monseigneur, reprit Arnauld, je suis à mon aise en votre présence, tandis que tous ces juges assemblés m'intimident. En outre, je vous avouerai que je comptais sur mon bon droit. Il me semblait que la justice plaiderait pour moi mieux que moi-même. Mais ce n'est pas cela qu'il faut avec ces gens de loi. Ils veulent des paroles, je le vois bien. Ah! si c'était à recommencer! et s'ils voulaient encore m'entendre!...

— Eh bien! que ferais-tu, Martin?

— Eh! je prendrais un peu sur moi-même, et je parlerais donc! Avec cela qu'il n'est pas difficile de réduire à néant toutes les preuves et allégations de cet Arnauld du Thill.

— Oh! ce n'est pas si facile encore! dit Gabriel.

— Pardonnez-moi, monseigneur, reprit Arnauld. Je voyais les défauts de ses ruses aussi nettement qu'il devait les voir lui-même, et, si j'avais été moins craintif, si les mots ne m'avaient manqué, j'aurais dit aux juges...

— Que leur aurais-tu dit? voyons, parle.

— Ce que je leur aurais dit? fit Arnauld. Mais rien de plus simple, monseigneur; écoutez!

Là-dessus, Arnauld du Thill se mit à réfuter d'un bout à l'autre son discours de la veille. Il débrouilla les événemens et les méprises de la double existence de Martin-Guerre et d'Arnauld avec d'autant plus de facilité qu'il les avait embrouillés de sa propre main. Le comte de Montgommery avait laissé obscurs quelques points qu'il n'avait pu encore bien s'expliquer à lui-même. Arnauld du Thill les éclaira avec une lucidité merveilleuse. Il montra enfin à Gabriel les deux destinées de l'honnête homme et du coquin, aussi évidemment séparées et distinctes dans leur confusion que de l'huile mêlée à de l'eau.

— Mais tu as donc pris, de ton côté, tes renseignemens à Paris? demanda Gabriel.

— Sans nul doute, monseigneur, reprit Arnauld, et au besoin, je fournirai des preuves de ce que j'avance. Je ne me remue pas aisément; mais quand on me pousse dans mes derniers retranchemens, je sais faire de vigoureuses sorties.

— Cependant, dit Gabriel, Arnauld du Thill a invoqué le témoignage de monsieur de Montmorency, et tu ne réponds pas à cela.

— Si fait, j'y réponds, monseigneur. Il est bien vrai que cet Arnauld a été au service du connétable, mais c'était un honteux service que le sien. Il devait être quelque chose comme son espion, et c'est justement ce qui explique comment et pourquoi il s'était attaché à vous pour vous observer et vous suivre. Mais on emploie de telles gens, on ne les avoue pas. Croyez-vous que monsieur de Montmorency veuille accepter la responsabilité des faits et gestes de son émissaire? Non! non! Arnauld du Thill, mis au pied du mur, n'oserait s'adresser réellement au connétable, ou bien, s'il l'osait, en désespoir de cause, il en serait pour la honte, et monsieur de Montmorency le renierait. Donc, je me résume...

Et dans ce résumé logique et clair, Arnauld du Thill acheva de démolir pièce à pièce l'édifice d'imposture qu'il avait si habilement construit le jour précédent.

Avec cette aisance dans la conviction et cette fluidité dans l'expression, Arnauld du Thill eût fait de nos jours un avocat bien distingué. Il eut le malheur de venir au monde trois cents ans trop tôt. Plaignons son ombre!

— J'espère que tout cela est sans réplique, dit-il à Gabriel quand il eut terminé. Quel dommage que les juges ne

puissent plus m'entendre ou qu'ils ne m'aient pas entendu !
— Ils t'ont entendu, dit Gabriel.
— Comment?
— Regarde.

La porte du cachot s'ouvrit, et Arnauld, tout stupéfait et un peu effrayé, aperçut debout, immobiles et graves sur le seuil, le président du tribunal et deux des juges.

— Qu'est-ce que cela signifie? dit Arnauld du Thill en se tournant vers Gabriel.

— Cela signifie, reprit monsieur de Montgommery, que je me défiais de la timidité de mon pauvre Martin-Guerre, et que j'ai voulu qu'à son insu ses juges pussent écouter le plaidoyer *sans réplique* qu'ils viennent d'entendre.

— A merveille, reprit Arnauld du Thill qui respira. Je vous remercie mille fois, monseigneur.

Et se tournant vers les juges.

— Puis-je croire, dit-il d'un ton qu'il essaya de rendre craintif, puis-je espérer que ma parole a vraiment établi le bon droit de ma cause pour les esprits éclairés qui sont en ce moment arbitres de ma destinée?

— Oui, dit le président du tribunal, les preuves qui viennent de nous être fournies nous ont convaincus.

— Ah !... fit Arnauld du Thill triomphant.

— Mais, reprit le président, d'autres preuves, non moins certaines et non moins concluantes, permettent d'affirmer qu'il y a eu hier confusion dans la translation des deux prisonniers; que Martin-Guerre a été reconduit dans votre prison, *Arnauld du Thill*, et que vous occupez à cette heure la sienne.

— Quoi !... comment? balbutia Arnauld foudroyé, monseigneur, que dites-vous de ceci? reprit-il en s'adressant à Gabriel.

— Je dis que je le savais, répondit Gabriel avec sévérité. Je vous répète, *Arnauld*, que j'ai voulu faire établir par vous-même les preuves de l'innocence de Martin et de votre culpabilité. Vous m'avez contraint là, malheureux, à un rôle qui me répugnait. Mais votre insolence m'a fait comprendre hier lorsqu'en acceptant une lutte avec vos pareils, il fallait employer leurs armes, et qu'on ne pouvait vaincre les trompeurs que par la tromperie. Au reste, vous ne m'avez laissé rien à faire, et vous vous êtes tellement hâté de trahir votre propre cause, que votre lâcheté a été toute seule au-devant du piége.

— Au devant du piége, répéta Arnauld. Il y a donc eu piége? Mais en tout cas, c'est votre Martin que vous abandonnez en moi, ne vous abusez pas, monseigneur !

— N'insistez pas, Arnauld du Thill, reprit le président. L'erreur avait été combinée et ordonnée par le tribunal. Vous êtes démasqué sans retour possible, vous dis-je.

— Mais, puisque vous convenez qu'il y a eu erreur, s'écria l'impudent Arnauld, que vous assure, monsieur le président, qu'il n'y a pas eu erreur aussi dans l'exécution de vos ordres?

— Le témoignage des gardes et des geôliers, dit le président.

— Ils se trompent, dit Arnauld du Thill, je suis bien Martin-Guerre, l'écuyer de monsieur de Montgommery; je ne me laisserai pas condamner ainsi ! Confrontez-moi avec votre autre prisonnier, et quand nous serons à côté l'un de l'autre, osez choisir, osez distinguer Arnauld du Thill de Martin-Guerre ! le coupable de l'innocent ! Comme s'il n'y avait pas déjà assez de confusion dans cette cause, vous en avez ajouté de nouvelles. Votre conscience vous empêchera de vous en tirer. Je vous crierai jusqu'au bout et malgré tout : je suis Martin-Guerre ! et je défie qui que ce soit de me démentir et quoi que ce soit de me contredire.

Les juges et Gabriel secouaient la tête et souriaient gravement et tristement en présence de cette obstination sans pudeur ni vergogne.

— Encore une fois, Arnauld du Thill, reprit le président, il n'y a plus de confusion possible entre Martin-Guerre et vous.

— Et pourquoi? dit Arnauld; à quoi le reconnaît-on? quel signe nous distingue?

— Vous allez le savoir, misérable ! dit Gabriel indigné.

Il fit un signe, et Martin-Guerre parut sur le seuil de la prison.

Martin-Guerre sans manteau ! Martin-Guerre mutilé ! Martin-Guerre avec une jambe de bois !

— Martin, mon brave écuyer, dit Gabriel à Arnauld, échappé au gibet que vous aviez fait dresser pour lui à Noyon, n'a pas échappé, sous Calais, à une vengeance trop légitime dirigée contre une de vos infamies; il a été précipité à votre place dans un abîme, et amputé de cette jambe, qui, du moins, par la volonté mystérieuse de la Providence, juste encore lorsqu'elle paraît cruelle, sert maintenant à établir une différence entre le persécuteur et la victime. Les juges ici présens ne risquent plus de se tromper, et peuvent désormais reconnaître le criminel à son impudeur et le juste à sa blessure.

Arnauld du Thill, pâle, écrasé, anéanti sous la parole terrible et le regard foudroyant de Gabriel, n'essaya plus de se défendre et de nier : l'aspect de Martin-Guerre estropié réduisait d'avance à néant tous ses mensonges.

Il se laissa lourdement tomber à terre comme une masse inerte.

— Je suis perdu ! murmura-t-il; perdu !

LXXVI.

JUSTICE !

Arnauld du Thill était perdu en effet. Le tribunal entra sur-le-champ en délibération, et, au bout d'un quart d'heure, l'accusé fut appelé pour entendre l'arrêt suivant que nous transcrivons textuellement sur les registres du temps :

« Vu l'interrogatoire d'Arnauld du Thill, dit Sancette,
» soi-disant Martin-Guerre, prisonnier à la conciergerie
» de Rieux.
» Vu les dépositions des divers témoins, de Martin-
» Guerre, de Bertrande de Rolles, de Carbon-Barreau, etc.,
» et notamment celle de monsieur le comte de Montgom-
» mery.
» Vu les aveux de l'accusé lui-même, lequel, après avoir
» vainement essayé de le nier, confessa à la fin son crime.
» Desquels interrogatoires, dépositions et aveux il appert :
» Que ledit Arnauld du Thill est bien et dûment con-
» vaincu d'imposture, fausseté, supposition de nom et de
» prénom, adultère, rapt, sacrilége, plagiat, larcins et au-
» tres.
» La cour a condamné et condamne ledit Arnauld du
» Thill :
» Premièrement, à faire amende honorable au-devant
» de l'église du lieu d'Artigues, à genoux, en chemise,
» tête et pieds nus, ayant la hart au col, et tenant en ses
» mains une torche de cire ardente.
» Ensuite de ce, à demander pardon publiquement à
» Dieu, au roi et à la justice, et auxdits Martin-Guerre et
» Bertrande de Rolles, mariés.
» Et, ce fait, sera ledit Arnauld du Thill délivré ès-mains
» de l'exécuteur de la haute justice, qui lui fera faire les
» tours par les rues et lieux accoutumés dudit lieu d'Arti-
» gues, et toujours la hart au col, l'amènera au-devant de
» la maison dudit Martin Guerre.
» Pour en une potence qui, à cet effet, y sera dressée,
» être pendu et étranglé, et, après, son corps brûlé.
» Et, en outre, la cour a mis et met hors de procès le-
» dit Martin-Guerre et ladite Bertrande de Rolles, et ren-
» voie ledit Arnauld du Thill au juge d'Artigues pour faire

» mettre le présent arrêt à exécution selon sa forme et te-
» neur.
» Prononcé judiciairement à Rieux, le douzième jour de
» juillet 1558. »

Arnauld du Thill écouta cette sentence prévue d'un air morne et sombre. Cependant, il renouvela ses aveux, reconnut la justice de l'arrêt et témoigna quelque repentir.

— J'implore, dit-il, la clémence de Dieu et le pardon des hommes, et suis disposé à subir ma peine en chrétien.

Martin-Guerre, présent à l'audience, donnait cependant une nouvelle preuve de son identité en fondant en larmes aux paroles, peut-être hypocrites, de son ennemi.

Il triompha même de sa timidité accoutumée pour demander au président s'il n'y aurait pas moyen d'obtenir la grâce d'Arnauld du Thill, auquel, pour sa part, il remettait de grand cœur le passé.

Mais il fut répondu au bon Martin-Guerre que le roi seul avait droit de faire grâce, et que, pour un crime si exceptionnel et si éclatant, il refuserait à coup sûr cette grâce, quand même le tribunal prendrait sur lui de la solliciter.

— Oui, murmurait Martin-Guerre dans sa pensée, oui, le roi refuserait de faire grâce ? et pourtant il aurait bien besoin qu'à lui-même aussi grâce fût accordée ! mais il aurait raison d'être inflexible. Pas de grâce ! jamais de grâce ! justice !

Martin-Guerre ne pensait probablement point comme son maître; car, dans son besoin de pardonner, il ouvrit tout de suite ses bras à Bertrande de Rolles, contrite et repentante.

Bertrande n'eut même pas à répéter les prières et les promesses que, par une dernière mais utile méprise, elle avait adressées au faussaire Arnauld du Thill, croyant parler à son mari. Martin Guerre ne lui laissa pas le temps de déplorer de nouveau ses erreurs et ses faiblesses. Il lui coupa d'abord la parole avec un gros baiser, et l'emmena, triomphant et joyeux, dans cette petite et bienheureuse maison d'Artigues que depuis si longtemps il n'avait pas revue.

Devant cette même maison, enfin retournée aux mains du possesseur légitime, Arnauld du Thill, huit jours après sa condamnation, subit, selon la sentence, la peine que ses crimes avaient si bien méritée.

De vingt lieues à la ronde on vint des campagnes environnantes pour assister à ce supplice, et les rues du pauvre bourg d'Artigues furent plus populeuses ce jour-là que celles de la capitale.

Le coupable, il faut le dire, montra un certain courage à ses derniers momens, et couronna, du moins, par une fin exemplaire son existence infâme.

Quand le bourreau eut crié trois fois au peuple, selon l'usage : Justice est faite ! tandis que la foule se retirait lentement, silencieuse et terrifiée, il y avait, dans la maison de la victime, un homme qui pleurait et une femme qui priait, Martin-Guerre et Bertrande de Rolles.

L'air natal, la vue des lieux où sa jeunesse s'était écoulée, l'affection des parens et des amis anciens, et surtout les soins de Bertrande, eurent en peu de jours dissipé du front de Martin-Guerre jusqu'à la trace du souci.

Un soir du même mois de juillet, il était assis à sa porte, sous la treille, après une journée heureuse et calme. Sa femme s'occupait dans la maison à quelques soins de ménage. Mais Martin l'entendait aller et venir, il n'était donc pas seul ! et il regardait à sa droite le soleil qui, se couchant dans tout son éclat, promettait au lendemain une journée aussi belle que celle qui venait de s'écouler.

Martin-Guerre ne vit donc pas un cavalier qui venait à sa gauche, et qui s'approcha de lui sans bruit.

Ce cavalier s'arrêta un instant à savourer avec un sourire grave la muette et tranquille contemplation de Martin.

Puis, il avança vers lui la main, et, sans rien dire, le toucha à l'épaule.

Martin-Guerre se retourna vivement, porta la main à son bonnet, se leva :

— Quoi ! c'est vous, monseigneur ! dit-il tout ému. Pardonnez, je ne vous avais pas vu venir.

— Ne t'excuse pas, mon brave Martin, reprit Gabriel (car c'était lui). je n'étais pas venu pour troubler ton calme, mais pour m'en assurer au contraire.

— Oh ! bien, monseigneur n'a qu'à me regarder alors, dit Martin.

— Ainsi faisais-je, Martin, dit Gabriel. Comme cela, tu es heureux ?

— Oh ! plus heureux, monseigneur, que l'hirondelle dans l'air ou le poisson dans l'eau.

— C'est tout simple, reprit Gabriel, d'abord tu as retrouvé dans ta maison l'abondance et le repos.

— Oui, dit Martin-Guerre, c'est là sans doute une des causes de ma satisfaction. J'ai peut-être assez couru le monde, assez vu de batailles, assez veillé, assez jeûné, assez souffert de cent façons, pour avoir un peu le droit, n'est-ce pas, monseigneur, de me délasser avec plaisir pendant quelques jours. Quant à l'abondance, reprit-il en prenant un ton plus grave, j'ai trouvé en effet la maison riche et trop riche. Cet argent-là ne m'appartient pas, et je n'y veux pas toucher. C'est Arnauld du Thill qui l'a apporté, et j'entends le restituer à qui de droit. La première et la plus forte part vous en revient à vous, monseigneur ; car c'est l'argent détourné de votre rançon de Calais. La somme est mise de côté, toute prête à vous être rendue. Pour le surplus, qu'Arnauld ait pris ou reçu, peu m'importe ! ces écus-là doivent salir les doigts. Maître Carbon-Barreau a pensé comme moi, l'honnête homme ! et, ayant de quoi vivre, il refuse l'héritage indigne de son neveu. Les frais de justice payés, c'est donc aux pauvres du pays que ce reste-là reviendra.

— Mais alors, tu ne dois pas posséder grand'chose, mon pauvre Martin ? dit Gabriel.

— Je vous demande pardon, monseigneur, dit l'écuyer, On n'a pas servi aussi longtemps un maître aussi généreux que vous sans qu'il en reste quelque chose. J'ai apporté de Paris dans mon sac une assez bonne somme. En outre, la famille de Bertrande avait du bien et lui a laissé quelque patrimoine. Bref, nous serons encore riches du pays quand j'aurai acquitté nos dettes et fait nos restitutions.

— Parmi ces restitutions, dit Gabriel, j'espère, Martin, que tu ne refuseras pas venant de moi ce que tu refuserais venant d'Arnauld. Je te prie, mon fidèle serviteur, de garder, à titre de souvenir et de récompense, cette somme que tu dis m'appartenir.

— Comment, monseigneur ! fit Martin-Guerre en se récriant, à moi un présent de cette importance !

— Allons ! dit Gabriel, crois-tu que je prétende payer ton dévouement ? ne serais-je pas toujours ton débiteur ? N'aie donc point de fierté avec moi, Martin, et ne parlons plus de ceci. Il est convenu que tu acceptes ce peu que je t'offre, moins pour toi que pour moi, en vérité ; car, tu me l'as dit, tu n'as pas besoin de cet argent pour vivre riche et considéré dans ton pays, et ce n'est pas cela qui ajoutera grand'chose à ton bonheur. Ton bonheur, tu ne t'en rends peut-être pas bien fidèlement compte, mais il doit être surtout, n'est-ce pas ? dans ton retour aux lieux qui t'ont vu enfant et jeune homme.

— C'est vrai, cela, monseigneur, dit Martin-Guerre. Je me sens à l'aise depuis que je suis ici, uniquement parce que j'y suis. Je regarde avec une joie attendrie des maisons, des arbres, des chemins qu'un étranger ne doit pas seulement remarquer. Décidément, on ne respire bien, je crois, que l'air qu'on a respiré le premier jour de sa vie !

— Et tes amis, Martin ? demanda Gabriel. Je viens, te dis-je, pour m'assurer par moi-même de tous tes sujets de bonheur. As-tu retrouvé tes amis ?

— Hélas ! monseigneur, quelques-uns étaient morts, dit Martin. Mais j'ai encore retrouvé bon nombre des compagnons de mon jeune temps, et tous m'aiment comme par le passé. Eux aussi reconnaissent avec satisfaction ma sincérité, ma bonne amitié et mon dévouement. Dame ! ils sont tout honteux d'avoir pu confondre avec moi Arnauld du Thill, qui leur avait donné, à ce qu'il paraît, des échantillons d'un caractère tout différent du mien. Il y en a même deux ou trois qui s'étaient brouillés avec le faux Martin-Guerre à cause de ses mauvais procédés. Il faut voir comme ceux-là sont fiers et contens ! En résumé, ils m'accablent à qui mieux mieux de marques d'estime et d'affection, pour réparer probablement le temps perdu, et, puisque nous en sommes, monseigneur, sur mes sujets de joie, c'en est là une bien douce, je vous assure.

— Je te crois, mon bon Martin, je te crois, dit Gabriel. Ah! çà, mais, entre ces affections qui t'entourent, tu ne me parles pas de celle de ta femme ?

— Ah! de ma femme!... reprit Martin-Guerre en se grattant l'oreille d'un air embarrassé.

— Sans doute, de ta femme, dit Gabriel inquiet. Eh! quoi! Est-ce que Bertrande te tourmente encore comme autrefois? Son humeur ne s'est-elle pas amendée ? Est-elle donc toujours ingrate envers ta bonté et envers le sort qui lui a donné un si tendre et si loyal mari? Comment! Martin, va-t-elle de nouveau te contraindre par ses façons acariâtres et querelleuses à quitter une seconde fois ton pays et tes chères habitudes?

— Eh! tout au contraire, monseigneur, dit Martin-Guerre, elle m'attache trop à ces habitudes et à ce pays ! Elle me soigne, elle me cajole, elle me baise. Plus de caprices ni de rébellions ! Ah! bien oui! elle est d'une douceur et d'une égalité d'humeur dont je ne reviens pas. Je n'ai pas plutôt ouvert la bouche qu'elle court. Elle n'attend pas mes désirs, elle les prévient. C'est admirable! et, comme naturellement je ne suis pas non plus impérieux et despotique, mais plutôt facile et débonnaire, nous avons une vie toute de miel, et formons le ménage le mieux uni qui soit au monde.

— A la bonne heure, donc! dit Gabriel; tu m'avais presque effrayé d'abord.

— C'est que, monseigneur, reprit Martin-Guerre, j'éprouve un peu de gêne et de confusion, s'il faut le dire, quand on met ce sujet sur le tapis. Le sentiment que je trouve dans mon cœur, si je m'interroge là-dessus, est assez singulier et me fait un peu honte. Mais, avec vous, n'est-il pas vrai? monseigneur, je puis m'exprimer en toute sincérité et naïveté?

— Assurément, dit Gabriel.

Martin-Guerre regarda craintivement autour de lui pour voir si personne ne l'écoutait, et surtout si sa femme ne pouvait l'entendre. Puis, baissant la voix :

— Eh bien! monseigneur, dit-il, non-seulement je pardonne à ce pauvre Arnauld du Thill ; mais à cette heure, je le bénis. Quel service il m'a rendu! d'une tigresse il a fait une brebis, d'un démon un ange. Je recueille les bienheureux résultats de ses manières brutales sans avoir à me les reprocher. A tous les maris contrariés et tourmentés: et le nombre en est grand, dit-on, je souhaite uniquement... un Sosie, un Sosie aussi... persuasif que le mien. Enfin, monseigneur, Arnauld du Thill m'a occasionné bien des désagrémens et des chagrins, c'est vrai; mais ces peines ne seront-elles pas, et au delà, compensées, s'il a su, par son énergique système, assurer mon bonheur domestique et la tranquillité de mes derniers jours?

— C'est certain, dit en souriant le jeune comte de Montgommery.

— J'ai donc raison, conclut gaiement Martin, de bénir Arnauld, quoique en secret, puisque je jouis à toute heure des fruits fortunés de sa collaboration. J'ai, vous le savez, monseigneur, quelque philosophie dans le caractère; et je prends partout le bon côté des choses. Or, il faut convenir qu'Arnauld m'a servi en tout point plus encore qu'il ne m'a nui. Il a été par intérim le mari de ma femme ; mais il me l'a rendue plus douce qu'un jour de mai. Il m'a volé momentanément mes biens et mes amis ; mais, grâce à lui, ces biens me reviennent augmentés et les amitiés consolidées. Enfin, il m'a fait passer par de fort rudes épreuves, notamment à Noyon et à Calais ; mais ma vie actuelle ne m'en semble que plus agréable. Je n'ai donc qu'à me louer de ce bon Arnauld, et je m'en loue.

— C'est d'un cœur reconnaissant, dit Gabriel.

— Oh ! mais, dit Martin-Guerre reprenant son sérieux, celui qu'avant tout et par dessus tout doit remercier et vénérer ma reconnaissance, ce n'est pas cet Arnauld du Thill, bienfaiteur fort involontaire, c'est vous, monseigneur, vous à qui je dois réellement tous ces biens, patrie, fortune, amis et femme !

— Encore une fois, assez là-dessus, Martin! dit Gabriel. Tout ce que je demande, c'est que ces biens tu les aies. Et tu les as, n'est-ce pas ? répète-le-moi encore, tu es heureux ?

— Je vous le répète, monseigneur, heureux comme je ne l'ai jamais été.

— C'est tout ce que je voulais savoir, dit Gabriel. Et, maintenant, je puis partir.

— Comment! partir! s'écria Martin. Vous pensez déjà à partir, monseigneur ?

— Oui, Martin. Rien ne m'attache ici, moi.

— Pardon, c'est juste, et quand donc partez-vous ?

— Mais dès ce soir, dit Gabriel.

— Et vous ne m'avez pas averti ! s'écria Martin-Guerre. Moi qui oubliais! moi qui m'endormais ! fainéant ! Mais attendez, attendez, monseigneur, ce ne sera pas long, allez !

— Quoi donc ! dit Gabriel.

— Eh ! mes apprêts de départ, donc !

Il se leva, agile et empressé, et courut à la porte de sa maison.

— Bertrande ! Bertrande ! appela-t-il.

— Pourquoi appelles-tu ta femme, Martin ? demanda Gabriel.

— Pour qu'elle me fasse tout de suite mon paquet et ses adieux, monseigneur.

— Mais c'est inutile, mon bon Martin, tu ne pars pas avec moi.

— Quoi ! vous ne m'emmenez pas, monseigneur ? dit Martin-Guerre.

— Non, je pars seul, dit Gabriel.

— Pour ne plus revenir ?

— Pour ne pas revenir de longtemps, du moins.

— Alors, qu'avez-vous donc, monseigneur, à me reprocher, demanda tristement Martin-Guerre.

— Mais, rien, Martin, tu es le plus fidèle et le plus dévoué des serviteurs.

— Pourtant, reprit Martin, il est naturel que le serviteur suive le maître, que l'écuyer suive le cavalier, et vous ne m'emmenez pas !

— J'ai trois bonnes raisons pour cela, Martin.

— Oserai-je, monseigneur, vous demander lesquelles ?

— D'abord, reprit Gabriel, il y aurait cruauté, Martin, à t'arracher à ce bonheur que tu goûtes si tardivement, et à ce repos que tu as si bien gagné.

— Oh ! quant à cela, monseigneur, mon devoir est de vous accompagner et de vous servir jusqu'à ma dernière heure, et j'abandonnerais, je crois, le paradis pour vous.

— Oui, mais c'est à moi à ne pas abuser de ce zèle dont je te remercie, dit Gabriel. En second lieu, le douloureux accident dont tu as été victime à Calais ne te permet plus, mon pauvre Martin, de me rendre des services aussi actifs que par le passé.

— Il est vrai, monseigneur, que je ne puis plus, hélas ! combattre à vos côtés ni monter à cheval avec vous. Mais à Paris, à Montgommery, ou même au camp, il est des offices de confiance, dont vous pourriez, je l'espère, encore charger le pauvre invalide, et dont il s'acquitterait de son mieux.

— Je le sais, Martin : aussi peut-être aurais-je l'égoïsme d'accepter, sans ma demander lesquelles troisième raison.

— Puis-je la connaître, monseigneur ?

— Oui, reprit Gabriel avec une gravité mélancolique, mais à condition, d'abord que tu ne l'approfondiras pas, et puis que tu t'en contenteras, et que tu n'insisteras plus pour me suivre.

— C'est donc bien sérieux et bien impérieux, monseigneur ?

— C'est triste et sans réplique, Martin, dit Gabriel d'une voix profonde. Jusqu'ici, ma vie a été toute d'honneur, et, si j'avais voulu laisser prononcer plus souvent mon nom, eût été toute de gloire. Je crois en effet avoir rendu à la France et au roi d'immenses services, et, pour ne parler que de Saint-Quentin et de Calais, j'ai peut-être largement et noblement payé ma dette à la patrie.

— Qui le sait mieux que moi, monseigneur ? dit Martin-Guerre.

— Oui, mais, Martin, autant cette première part de mon existence aura été loyale et généreuse, et appellera le grand jour et la lumière, autant celle qui me reste à remplir sera sombre, effrayante, et cherchera le secret et les ténèbres. J'aurai sans doute la même énergie à déployer, mais pour une cause que je n'avouerai pas, vers un but que je cacherai. J'avais jusqu'ici, en champ ouvert, devant Dieu et devant les hommes, à gagner joyeusement une récompense. J'ai maintenant, dans la nuit et dans l'angoisse à venger un crime. Je me battais ; je dois punir. De soldat de la France, je deviens le bourreau de Dieu.

— Jésus ! s'écria Martin-Guerre en joignant les mains.

— Donc, reprit Gabriel, il faut que je sois seul pour cette œuvre sinistre où moi-même je prie le ciel d'employer mon bras et non ma volonté, où je voudrais être seulement un instrument aveugle et non une tête pensante. Et puisque je demande, puisque j'espère que mon terrible devoir ne prendra que la moitié de mon être, comment veux-tu, Martin, que je songe à t'y associer ?

— C'est juste, et je comprends cela, monseigneur, dit le fidèle écuyer en baissant la tête. Je vous remercie d'avoir daigné me donner cette explication, bien qu'elle m'afflige, et je me résigne comme je vous l'avais promis.

— Et moi, je te remercie à mon tour de cette soumission, dit Gabriel ; le dévouement ici est de ne point trop alourdir le pesant fardeau de responsabilité qui déjà m'accable.

— Mais quoi, monseigneur, reprit Martin-Guerre, ne puis-je absolument rien pour vous servir en cette occasion ?

— Tu peux prier Dieu, Martin, pour que, selon mon souhait, il m'épargne cette initiative qui me coûte tant à aborder. Tu as un cœur pieux et une vie honnête et pure, ami, et ta prière peut m'aider ici plus que ton bras.

— Je prierai, monseigneur, je prierai ; avec quelle ardeur ! je n'ai pas besoin de vous le dire.

— Maintenant, adieu, Martin, reprit Gabriel ; il faut que je te quitte pour retourner à Paris, pour être prêt et présent au jour qu'il plaira à Dieu d'assigner. Toute ma vie j'ai défendu le droit en combattant pour l'équité : que le Seigneur s'en souvienne au jour suprême dont je parle ! qu'il fasse rendre justice à son serviteur comme j'ai fait rendre justice au mien !

Et les yeux au ciel, le noble jeune homme répétait :

— Justice ! justice !

Depuis six mois, quand Gabriel avait les yeux ouverts, c'était d'ordinaire pour les tenir ainsi fixés au ciel auquel il demandait justice. Quand il les refermait, c'était toujours pour revoir la sombre prison du Châtelet dans sa pensée plus sombre, qui criait alors en lui : Vengeance !

Dix minutes après, il s'arrachait à grand'peine aux adieux et aux larmes de Martin-Guerre et de Bertrande de Rolles que celui-ci avait appelée.

— Allons, adieu, adieu ! mon bon Martin, mon fidèle ami ! fit-il en dégageant presque de force ses mains de celles de son écuyer, qui les lui baisait en sanglotant. Il faut que je parte, adieu ! nous nous reverrons.

— Adieu, monseigneur, et que Dieu vous garde ! oh ! qu'il vous garde !

C'est tout ce que put dire le pauvre Martin-Guerre tout suffoqué.

Et il regarda à travers ses pleurs son maître et son bienfaiteur remonter à cheval et s'enfoncer dans les ténèbres qui commençaient à s'épaissir et qui lui dérobèrent bientôt le sombre cavalier, comme elles lui avaient dérobé depuis longtemps sa vie.

LXXVII.

DEUX LETTRES.

A la suite de ce procès si difficile et si heureusement terminé des deux Martin-Guerre, Gabriel de Montgommery disparut de nouveau pendant plusieurs mois, et reprit son existence errante, indécise et mystérieuse. On le rencontrait encore en vingt lieux différens. Néanmoins, il ne s'éloignait jamais des environs de Paris ni de la cour, s'arrangeant dans l'ombre de manière à tout voir sans être vu.

Il guettait les événemens ; mais les événemens se disposaient mal à son gré. L'âme du jeune homme, tout entière à une seule idée, n'entrevoyait pas encore l'issue qu'attendait sa juste vengeance.

Le seul fait d'importance qui se passa dans le monde politique pendant ces quelques mois, ce fut la conclusion de la paix par le traité de Cateau-Cambrésis.

Le connétable de Montmorency, jaloux des exploits du duc de Guise et des nouveaux droits que son rival acquérait chaque jour à la reconnaissance de la nation et à la faveur du maître, avait enfin arraché cette paix à Henri II par l'influence toute-puissante de Diane de Poitiers.

Le traité fut signé le 3 avril 1559. Bien que conclu en pleine victoire, il n'était guère avantageux à la France. Elle conservait les Trois-Évêchés, Metz, Toul et Verdun, avec leurs territoires. Elle retenait Calais pour huit ans seulement et payait huit cent mille écus d'or à l'Angleterre, si la place n'était pas restituée dans cet espace de temps (mais cette clef de la France ne fut jamais rendue, et les huit cent mille écus ne furent pas payés). Enfin, la France rentrait en possession de Saint-Quentin et de Ham, et gardait provisoirement, dans le Piémont, Turin et Pignerol.

Mais Philippe II obtint en toute souveraineté les fortes places de Thionville, Marienbourg, Hesdin. Il fit raser Thérouanne et Yvoy. Il fit rendre Bouillon à l'évêque de Liége, aux Génois l'île de Corse, à Philibert de Savoie la plus grande partie de la Savoie et du Piémont conquis sous François Ier. Enfin il stipula son mariage avec Élisabeth, fille du roi, et celui du duc de Savoie avec la princesse Marguerite. C'étaient là, pour lui, d'énormes avantages, et tels que sa victoire de Saint-Laurent ne lui en avait pas fait espérer de plus grands.

Le duc de Guise, en accourant, furieux, de l'armée, accusa hautement et non sans raison la trahison de Montmorency et la faiblesse du roi d'avoir cédé d'un trait de plume ce que les armes espagnoles n'auraient pu nous arracher après trente années de succès.

Mais le mal était fait, et le sombre mécontentement du Balafré n'y réparait rien.

Gabriel ne s'en réjouit point. Sa justice poursuivait l'homme dans le roi et non pas le roi dans la France. Il eût bien voulu se venger avec sa patrie mais non pas contre elle.

Cependant, il nota dans son esprit le ressentiment qu'avait dû concevoir et qu'avait conçu le duc de Guise en voyant les sublimes efforts de son génie déjoués par les sourdes menées de l'intrigue.

La colère d'un Coriolan princier pouvait servir dans l'occasion les desseins de Gabriel.

François de Lorraine n'était pas d'ailleurs, tant s'en faut ! le seul mécontent du royaume.

Un jour, Gabriel rencontra aux environs du Pré-aux-Clercs le baron de La Renaudie, qu'il n'avait pas revu depuis la conférence matinale de la rue Saint-Jacques.

Au lieu de l'éviter, comme il faisait chaque fois qu'un

visage de connaissance se trouvait devant lui, Gabriel l'aborda.

Ces deux hommes étaient faits pour s'entendre ; ils se ressemblaient par plus d'un côté, notamment par la loyauté et l'énergie. Tous deux également étaient nés pour l'action et passionnés pour la justice.

Après les premiers complimens échangés :

— Eh bien ! dit La Renaudie résolument, j'ai vu maître Ambroise Paré, vous êtes des nôtres, n'est-ce pas ?

— De cœur, oui, de fait, non, répondit Gabriel.

— Et quand donc enfin vous appartiendrez-vous tout à fait et ouvertement ? dit La Renaudie.

— Je ne vous tiendrai plus maintenant le langage égoïste qui vous avait peut-être indignés contre moi, reprit Gabriel. Je vous répondrai au contraire : Je veux être à vous quand vous aurez besoin de moi, et quand je n'aurai plus besoin de vous.

— C'est de la générosité ! repartit La Renaudie. Le gentilhomme vous admire, l'homme de parti ne peut vous imiter. Si vous attendez le moment où nous aurons besoin de tous nos amis, sachez que le moment est venu.

— Qu'arrive-t-il donc ? demanda Gabriel.

— Il y a un coup secret monté contre ceux de la religion, dit La Renaudie. On veut se débarrasser en une seule fois de tous les protestans.

— Quels indices vous le font présumer ?

— Mais on ne se cache guère, reprit le baron. Antoine Minard, le président au parlement, a dit tout haut, dans un conseil à Saint-Germain, « Qu'il fallait frapper un bon coup, si l'on ne voulait tomber dans une espèce de république comme les Etats suisses. »

— Quoi ! il a prononcé ce mot de *république* ? s'écria Gabriel surpris. Mais sans nul doute, pour qu'on exagérât le remède, il exagérait le danger ?

— Pas beaucoup, reprit La Renaudie en baissant la voix. Il ne l'exagérait pas beaucoup, à vrai dire. Nous aussi, allez ! nous sommes un peu changés depuis notre réunion dans la chambre de Calvin. Les théories d'Ambroise Paré ne nous sembleraient plus aujourd'hui si hardies ! et vous voyez d'ailleurs qu'on nous pousse aux partis extrêmes.

— Alors, dit vivement Gabriel, je serai peut-être des vôtres plus tôt que je ne le pensais.

— A la bonne heure, donc ! s'écria La Renaudie.

— De quel côté faut-il que j'aie les yeux ? demanda Gabriel.

— Sur le parlement, dit le baron. C'est là que la question va s'engager. Le parti évangéliste y compte une redoutable minorité, Anne Dubourg, Henri Dufaur, Nicolas Duval, Eustache de la Porte, et vingt autres. Aux mercuriales qui requièrent l'exécution des poursuites contre les hérétiques, ces partisans du calvinisme répondent en demandant la réunion du concile général, qui, aux termes des décrets de Constance et de Bâle, doit résoudre les affaires religieuses. Ils ont pour eux le droit ; donc, il faudra qu'on emploie contre eux la violence. Mais nous veillons, veillez avec nous.

— Cela suffit, dit Gabriel.

— Restez à Paris, à votre hôtel, pour qu'on vous y avertisse au besoin, reprit La Renaudie.

— Cela me coûte, mais j'y resterai, dit Gabriel, pourvu que vous ne m'y laissiez pas languir trop longtemps. Vous avez assez écrit et parlé, ce me semble, il faudrait réaliser et agir.

— C'est mon avis, reprit La Renaudie. Tenez-vous prêt et soyez tranquille !

Ils se séparèrent. Gabriel s'éloigna tout pensif.

Dans l'ardeur de la vengeance, sa conscience ne se fourvoyait-elle pas ? Voilà que maintenant il poussait à la guerre civile !

Mais, puisque les événemens ne venaient pas à lui, il fallait bien qu'il allât à eux.

Ce jour même, Gabriel revint à son hôtel de la rue des Jardins-Saint-Paul.

Il n'y retrouva que sa fidèle Aloyse. Martin-Guerre n'y était plus ; André était resté près de madame de Castro ; Jean et Babette Peuquoy étaient retournés à Calais, pour, de là, rentrer à Saint-Quentin, dont le traité de Cateau-Cambrésis rouvrait les portes au tisserand patriote.

Le retour du maître dans sa maison déserte fut donc, cette fois, encore plus triste que de coutume. Mais la maternelle nourrice ne l'aimait-elle pas pour tous ? Il faut renoncer à peindre la joie de la digne femme quand Gabriel lui apprit qu'il allait demeurer sans doute pour quelque temps avec elle. Il vivrait dans la retraite la plus cachée et la solitude la plus absolue ; mais enfin il resterait, il ne sortirait que très rarement ; Aloyse le verrait, le soignerait ! Il y avait bien longtemps qu'elle ne s'était sentie aussi heureuse !

Gabriel enviait avec un sourire triste ce bonheur d'une âme aimante. Hélas ! il ne pouvait plus le partager, lui. Sa vie n'était désormais pour lui-même qu'une énigme terrible dont il redoutait et désirait à la fois la solution.

Ce fut dans ces impatiences et ces appréhensions que ses jours s'écoulèrent, inquiets et ennuyés, pendant un mois et plus.

Selon sa promesse à sa nourrice, il ne quittait guère l'hôtel ; seulement, le soir, il allait quelquefois rôder autour du Châtelet, et, en revenant, il s'enfermait de longues heures dans le caveau funèbre où des ensevelisseurs inconnus avaient une nuit furtivement apporté le corps de son père.

Gabriel prenait un sombre plaisir à se reporter ainsi au jour de l'outrage pour entretenir son courage avec sa colère.

Quand il revoyait les noires murailles du Châtelet, quand quand il revoyait surtout la tombe de marbre où était venue aboutir la souffrance d'une si noble vie, l'effrayante matinée où il avait fermé les yeux à son père assassiné se représentait à lui dans toute son horreur.

Alors, ses poings se crispaient, ses cheveux se hérissaient, sa poitrine se gonflait, et il sortait de cette contemplation terrible avec une haine toute neuve.

Dans ces momens-là, Gabriel regrettait d'avoir mis sa vengeance à la remorque des circonstances ; attendre lui devenait insupportable.

Enfin ! tandis qu'il attendait si patiemment, les meurtriers étaient triomphans et joyeux ! Le roi trônait paisiblement dans son Louvre ! Le connétable s'enrichissait des misères du peuple ! Cette Diane de Poitiers s'enivrait de ses amours infâmes !

Cela ne pouvait durer ! Puisque la foudre de Dieu dormait, puisque la douleur des opprimés tremblait, Gabriel se passerait de Dieu et des hommes, ou plutôt il serait l'instrument des justices célestes et des rancunes humaines.

Là-dessus, emporté par un mouvement irrésistible, il portait la main à la poignée de son épée, il faisait un pas pour sortir...

Mais alors, sa conscience épouvantée lui rappelait la lettre de Diane de Castro, cette lettre écrite de Calais, dans laquelle la bien-aimée le suppliait de ne pas punir par lui-même, et, à moins qu'il ne fût un instrument involontaire, de ne pas frapper, fût-ce des coupables.

Gabriel relisait cette lettre touchante, et laissait retomber son épée au fourreau.

Indigné de ses remords, il se remettait à attendre.

Gabriel, en effet, était bien de ceux qui agissent, mais non pas de ceux qui conduisent. Son énergie était admirable quand il avait avec lui une armée, un parti ou seulement un grand homme. Mais il n'était ni d'un rang, ni d'une nature à exécuter seul des choses extraordinaires, même dans le bien, à plus forte raison dans le crime. Il n'était né ni un prince puissant, ni un puissant génie. Le pouvoir et la volonté de l'initiative lui manquaient également.

A côté de Coligny et du duc de Guise, il avait accompli de surprenans exploits. Mais maintenant, comme il l'avait donné à entendre à Martin-Guerre, sa tâche était bien changée : au lieu de l'ennemi à combattre, il avait son roi à punir. Et personne, cette fois, pour l'aider dans cette œuvre terrible !

Il comptait encore, néanmoins, sur ces mêmes hommes qui lui avaient prêté déjà leur puissance, sur Coligny le protestant, sur le duc de Guise l'ambitieux.

Une guerre civile pour la défense de la vérité religieuse, une révolte pour le triomphe de l'usurpation d'un grand génie, telles étaient les espérances secrètes de Gabriel. La mort ou la déposition de Henri II, son châtiment, dans tous les cas, résultait de l'un ou de l'autre de ces soulèvemens. Gabriel s'y montrerait au second rang comme un homme du premier. Il tiendrait jusqu'au bout le serment fait au roi lui-même : il poursuivrait le parjure jusque dans ses enfans et ses petits-enfans.

Si ces deux chances lui manquaient, Gabriel, accoutumé à ne venir qu'à la suite, n'aurait plus qu'à laisser faire Dieu.

Mais ces deux chances ne parurent pas d'abord devoir lui manquer. Un jour, le 13 juin, Gabriel reçut presque en même temps deux lettres.

La première lui fut apportée, vers les cinq heures de l'après-midi, par un homme mystérieux qui ne vou'ut la remettre qu'à lui seul, et ne la lui remit qu'après avoir comparé les traits de son visage aux indications d'un signalement précis.

Voici en quels termes cette lettre était conçue :

« Ami et frère,

» L'heure est venue, les persécuteurs ont levé le masque. Bénissons Dieu ! Le martyre mène à la victoire.

» Ce soir même, à neuf heures, cherchez, place Maubert, une porte de couleur brune, au n° 11.

» Vous frapperez à cette porte trois coups séparés par un intervalle régulier. Un homme ouvrira et vous dira N'entrez pas, vous n'y verriez pas clair. Vous lui répondrez : J'apporte ma lumière avec moi. L'homme vous conduira à un escalier de dix-sept marches que vous graviriez dans l'obscurité. En haut, un second acolyte vous abordera en vous disant : Que demandez-vous ? Répondez : Ce qui est juste. Vous serez introduit alors dans une chambre déserte où quelqu'un vous dira à l'oreille le mot d'ordre : Genève. Vous répondrez par le mot de ralliement : Gloire. Aussitôt l'on vous amènera parmi ceux qui ont aujourd'hui besoin de vous.

» A ce soir, ami et frère. Brûlez ce billet. Discrétion et courage !

» L. R. »

Gabriel se fit apporter une lampe allumée, brûla devant le messager la lettre et lui dit pour toute réponse :
— J'irai.

L'homme salua et se retira.

— Allons ! se dit Gabriel, voilà enfin les religionnaires qui se lassent !

Sur les huit heures, comme il réfléchissait encore à cette convocation de La Renaudie, un page aux armes de Lorraine fut amené auprès de lui par Aloyse.

Le page était porteur d'une lettre ainsi conçue :

« Monsieur et cher compagnon,

» Je suis depuis six semaines à Paris, de retour de cette armée où je n'avais que faire.

» On m'assure que vous devez être aussi depuis quelque temps chez vous. Comment ne vous ai-je pas revu ? N'auriez-vous oublié aussi dans ces temps d'ingratitude et d'oubli ? non, je vous connais, c'est chose impossible.

» Venez donc : Je vous attendrai, si vous voulez, demain matin, à dix heures dans mon logement des Tournelles.

» Venez, ne fût-ce que pour nous consoler mutuellement de ce qu'ils ont fait de nos succès.

» Votre ami bien affectionné,

» FRANÇOIS DE LORRAINE. »

— J'irai, dit encore simplement Gabriel au page.

Et, quand l'enfant se fut retiré :

— Allons ! pensa-t-il, voilà aussi l'ambitieux qui s'éveille !

Bercé par un double espoir, il se mettait en route un quart d'heure après pour la place Maubert.

LXXVIII.

UN CONCILIABULE DE PROTESTANS.

La maison n° 11 de la place Maubert, où la lettre de La Renaudie donnait rendez-vous à Gabriel, était celle d'un avocat nommé Trouillard. On la citait déjà vaguement dans le peuple comme un lieu de réunion des hérétiques. Des chants lointains de psaumes entendus quelquefois le soir par les voisins avaient accrédité ces bruits dangereux. Mais ce n'étaient que des bruits, et la police du temps n'avait pas encore eu l'idée de les vérifier.

Gabriel trouva sans peine la porte brune, et, d'après les instructions de la lettre, frappa trois coups régulièrement espacés.

La porte s'ouvrit comme d'elle-même, mais une main saisit dans l'ombre la main de Gabriel, et quelqu'un lui dit :
— N'entrez pas, vous n'y verriez pas clair.
— J'apporte avec moi ma lumière, répondit Gabriel, selon la formule.
— Entrez alors, lui dit la voix, et suivez la main qui vous guide.

Gabriel obéit et fit ainsi quelques pas. Puis, on le lâcha en disant :
— Allez maintenant.

Gabriel sentit avec son pied la première marche d'un escalier. Il compta dix-sept degrés et s'arrêta.
— Que demandez-vous ? lui dit une autre voix.
— Ce qui est juste, répondit-il.

Une porte s'ouvrit aussitôt devant lui, et il entra dans une chambre éclairée par une faible lumière.

Un homme s'y trouvait seul, qui s'approcha de Gabriel et lui dit tout bas :
— Genève !
— Gloire ! repartit sur-le-champ le jeune comte.

L'homme alors frappa sur un timbre, et La Renaudie en personne entra par une porte dérobée.

Il vint à Gabriel et lui serra la main affectueusement.
— Savez-vous ce qui s'est passé au parlement aujourd'hui ? lui demanda-t-il.
— Je ne suis pas sorti de chez moi, répondit Gabriel.
— Vous allez donc tout apprendre ici, reprit La Renaudie. Vous ne vous êtes pas encore engagé avec nous, n'importe ! nous nous engagerons avec vous. Vous saurez nos desseins, vous compterez nos forces ; il n'y aura plus rien de secret pour vous dans les choses de notre parti. Vous, cependant, vous resterez libre d'agir seul ou avec nous, à votre gré. Vous m'avez dit que vous étiez des nôtres d'intention, cela suffit. Je ne vous demande même pas votre parole de gentilhomme de ne rien révéler de ce que vous verrez ou entendrez. Avec vous la précaution est inutile.
— Merci de cette confiance ! dit Gabriel touché. Je ne vous en ferai pas repentir.
— Entrez avec moi, reprit La Renaudie, et restez à mon côté ; je vous dirai à mesure les noms de ceux de nos frères que vous ne connaîtrez pas ! Vous jugerez par vous-même du reste. Venez.

Il prit Gabriel par la main, poussa le ressort secret de la porte dérobée, et entra avec lui dans une grande salle oblongue où deux cents personnes environ étaient rassemblées.

Quelques flambeaux épars çà et là n'éclairaient qu'à demi les groupes mouvans. D'ailleurs ni meubles, ni tentures, ni bancs : une chaire de bois grossier pour le ministre ou l'orateur : voilà tout.

La présence d'une vingtaine de femmes expliquait, mais ne justifiait nullement (hâtons-nous de le dire), les calomnies auxquelles donnaient lieu parmi les catholiques ces conciliabules nocturnes et secrets des réformés.

Personne ne remarqua l'entrée de Gabriel et de son guide. Tous les yeux et toutes les pensées étaient tournés vers celui qui occupait dans le moment la tribune : religionnaire au front triste et à parole grave.

La Renaudie le nomma à Gabriel.

— C'est le conseiller au parlement Nicolas Duval, lui dit-il tout bas. Il vient de commencer le récit de ce qui s'est passé aujourd'hui aux Augustins. Écoutez :

Gabriel écouta.

« — Notre salle ordinaire du palais, continuait l'orateur, étant occupée par les apprêts des fêtes du mariage de la princesse Élisabeth, nous siégions provisoirement pour la première fois aux Augustins, et je ne sais, mais l'aspect de cette salle inusitée nous fit d'abord vaguement pressentir quelque événement inusité aussi.

» Cependant le président Gilles Lemaître ouvrit la séance comme de coutume, et rien ne semblait donner raison aux appréhensions de quelques-uns d'entre nous.

» On reprit la question agitée le mercredi précédent. Il s'agissait des opinions religieuses. Antoine Fumée, Paul de Foix et Eustache de la Porte parlèrent successivement en faveur de la tolérance, et leurs discours éloquens et fermes paraissaient avoir fait une vive impression sur la majorité.

» Eustache de La Porte venait de se rasseoir au milieu des applaudissemens, et Henri Dufaur prenait la parole pour emporter les suffrages encore hésitans, quand tout à coup la grande porte s'ouvrit, et l'huissier du parlement annonça tout haut : Le roi.

» Le président ne parut nullement surpris, et descendit en hâte de son siège pour aller au devant du roi. Tous les conseillers se levèrent en désordre, les uns tout stupéfaits, les autres fort calmes et comme s'attendant à ce qui arrivait.

» Le roi entra accompagné du cardinal de Lorraine et du connétable.

» — Je ne viens pas déranger vos travaux, messieurs du parlement, dit-il d'abord, je viens les seconder.

» Et, après quelques complimens insignifians, il termina en disant :

» — La paix est conclue avec l'Espagne ; mais, à l'occasion des guerres, il y a eu de mauvaises hérésies qui se sont introduites en ce royaume ; il les faut éteindre comme la guerre. Pourquoi n'avez-vous pas entériné un édit contre les luthériens que je vous ai mandé ?... Cependant, je le répète, continuez à poursuivre librement en ma présence vos délibérations commencées.

» Henri Dufaur qui avait la parole la reprit courageusement sur ce mot du roi, plaida la cause de la liberté de conscience, et ajouta même à ce hardi plaidoyer quelques avertissemens tristes et sévères sur la conduite du gouvernement du roi.

» — Vous vous plaignez des troubles ? s'écria-t-il. Eh bien ! nous en savons l'auteur. On pourrait répondre ce qu'Élie disait à Achab : « C'est vous qui tourmentez Israël ! »

» Henri II se mordit les lèvres en pâlissant mais garda le silence.

» Alors Dubourg se leva et fit entendre des remontrances plus directes et plus sérieuses encore.

» — Je sens, dit-il, qu'il est certains crimes, Sire, qu'on doit impitoyablement punir, tels que l'adultère, le blasphème, le parjure, qu'on favorise tous les jours par le désordre et les amours coupables. Mais de quoi accuse-t-on ceux qu'on livre au bras du bourreau ? De lèse-majesté ? Jamais ils n'ont omis le nom du prince en leurs prières ! Jamais ils n'ont ourdi de révolte ou de trahison ! Quoi ! parce qu'ils ont découvert par les lumières des Saintes Écritures les grands vices et les hontes défauts de la puissance romaine, parce qu'ils ont demandé qu'on y mît ordre, est-ce une licence digne du feu ?

» Le roi ne bougeait toujours pas. Mais on sentait couver sourdement sa colère.

» Le président Gilles Lemaître voulut flatter bassement cette rancune muette.

» — Il s'agit des hérétiques ! s'écria-t-il avec une feinte indignation. Qu'on en finisse avec eux comme avec les Albigeois : Philippe-Auguste en a fait brûler six cents le même jour.

» Ce langage violent servait peut-être encore plus la bonne cause que la fermeté modérée des nôtres. Il devenait évident qu'en définitive le résultat des opinions allait être au moins balancé.

» Henri II le comprit et voulut tout brusquer par un coup d'état.

» — Monsieur le président a raison, dit-il. Il faut en finir avec les hérétiques, où qu'ils se réfugient. Et, pour commencer, monsieur le connétable, qu'on arrête sur-le-champ ces deux rebelles.

» Il montra de la main Henri Dufaur et Anne Dubourg, et sortit précipitamment comme ne pouvant plus contenir son courroux.

» Je n'ai pas besoin de vous dire, amis et frères, que monsieur de Montmorency obéit aux ordres du roi. Dubourg et Dufaur furent enlevés et saisis au corps en plein parlement, et nous demeurâmes tous consternés.

» Gilles Lemaître trouva seul le courage d'ajouter :

» — C'est justice ! Ainsi soient punis tous ceux qui oseraient manquer de respect à la majesté royale !

» Mais, comme pour le démentir, des gardes entrèrent de nouveau dans l'enceinte des lois, et, en exécution d'autres ordres qu'ils produisirent, arrêtèrent encore de Foix, Fumée et de Laporte, qui avaient parlé, eux, avant l'arrivée du roi, et s'étaient bornés à défendre la tolérance religieuse, sans articuler contre le souverain le moindre reproche.

» Il était donc certain que ce n'était pas pour leurs remontrances au roi mais bien pour leurs opinions religieuses que cinq membres inviolables du parlement venaient, au moyen d'un guet-apens odieux, de tomber sous le coup d'une accusation capitale. »

Nicolas Duval se tut. Les murmures de douleur et de colère de l'assemblée avaient interrompu vingt fois et suivirent plus énergiquement que jamais le récit de cette grande et orageuse séance qui, pour nous, à distance, semble en vérité appartenir à une autre assemblée, et à l'air de s'être passée deux cent trente ans plus tard.

Seulement, deux cent trente ans plus tard, ce n'était pas la royauté, c'était la liberté qui devait avoir le dernier mot !...

Le ministre David succéda dans la chaire à Nicolas Duval.

— Frères, dit-il, avant la délibération, pour que Dieu l'anime de son esprit de vérité, élevons ensemble vers lui par quelque psaume nos voix et nos pensées.

— Le psaume 40 ! crièrent plusieurs des réformés.

Et tous se mirent à entonner ledit psaume.

Il était singulièrement choisi pour rétablir le calme. C'était beaucoup plus, il faut l'avouer, le chant de la menace que l'hymne de la prière.

Mais l'indignation débordait en ce moment dans les âmes, et c'était d'un accent pénétré que tous chantaient ces strophes, où leur émotion remplaçait presque la poésie absente :

> Gens insensés, où avez-vous les cœurs
> De faire guerre à Jésus-Christ ?
> Pour soutenir cet Ante-Christ,
> Jusques à quand serez persécuteurs ?
> Traîtres abominables !
> Le service des diables
> Vous allez soutenant ;
> Et de Dieu les édits

Par vous sont interdits
À tout homme vivant :

La dernière stance était surtout significative :

J'empêchez plus la prédication
De la parole et vive voix
De notre Dieu, le roi des rois !
Ou vous verrez sa malédiction
Sur vous, prompte, s'étendre,
Qui vous fera descendre
Aux enfers ténébreux,
Où vous serez punis
Des maux qu'avez commis
Par tourmens douloureux.

Le psaume terminé, comme si ce premier cri vers Dieu eût déjà soulagé les cœurs, le silence se rétablit et la délibération put s'ouvrir.

La Renaudie prit le premier la parole pour en préciser d'abord les termes et le sens.

— Frères, dit-il de sa place, en présence d'un fait inouï qui renverse toutes les idées du droit et de l'équité, nous avons à déterminer la conduite que doit tenir le parti de la réforme ? Allons-nous patienter encore, ou bien agirons-nous ? et, dans ce cas, comment agirons-nous ? telles sont les questions que chacun doit ici se poser et résoudre selon sa conscience. Vous voyez que nos persécuteurs ne parlent de rien moins que d'un massacre universel, et prétendent nous rayer tous de la vie comme un mot mal écrit d'un livre. Attendrons-nous docilement le coup mortel ? Ou bien, puisque la justice et la loi sont violées par ceux-là mêmes dont le devoir est de les protéger, essaierons-nous de nous faire justice à nous-mêmes et de substituer pour un moment la force à la loi ?... À vous de répondre, frères et amis.

La Renaudie fit une courte pause, comme pour laisser le temps au redoutable dilemme de se poser bien nettement dans tous les esprits ; puis, il reprit, voulant à la fois éclairer et hâter la conclusion :

— Deux partis divisent, nous le savons malheureusement tous, ceux que la cause de la réforme et de la vérité devrait réunir : il y a parmi nous le parti de la noblesse et le parti de Genève ; mais, devant le danger et l'ennemi commun, il sied, ce me semble, que nous n'ayons qu'un cœur et qu'une volonté. Les membres de l'une et l'autre fraction sont également invités à donner leur avis et à proposer leurs moyens. Le conseil qui offrira les meilleures chances de réussite, de quelque part qu'il vienne, doit être universellement adopté. Et maintenant, parlez, amis et frères, en toute liberté et en toute confiance.

Le discours de La Renaudie fut suivi d'une assez longue hésitation.

Ce qui manquait justement à ceux qui l'écoutaient, c'était la liberté, c'était la confiance.

Et, d'abord, malgré l'indignation dont tous les cœurs étaient réellement pleins, la royauté conservait alors un trop grand prestige pour que les réformés, conspirateurs novices, osassent exprimer tout de suite franchement et sans arrière-pensée leurs idées de rébellion armée. Ils étaient résolus et dévoués en masse : mais chacun en particulier reculait devant la responsabilité d'une première motion. Tous voulaient bien suivre le mouvement, aucun n'osait le donner.

Puis, ainsi que La Renaudie l'avait fait entendre, ils se défiaient les uns des autres ; chacun des deux partis ne savait où l'autre le conduirait, et cependant leurs buts étaient, en vérité, trop dissemblables pour que le choix du chemin et des guides leur fût indifférent.

En effet, le parti de Genève tendait en secret à la république, et celui de la noblesse seulement à un changement de royauté.

Les formes électives du calvinisme, le principe de l'égalité que posait partout la nouvelle église, menaient directement au système républicain dans les conditions adoptées par les cantons suisses. Mais la noblesse ne voulait pas aller si loin, et se serait contenté, d'accord avec la reine Élisabeth d'Angleterre, de déposer Henri II et de le remplacer par un roi calviniste. On nommait tout bas d'avance le prince de Condé.

On voit qu'il était difficile de faire concourir à une œuvre commune deux élémens plus opposés.

Gabriel s'aperçut donc avec regret, après le discours de La Renaudie, que les deux camps presque ennemis se mesuraient d'un œil défiant, sans paraître songer à tirer les conclusions des prémisses si hardiment établies.

Une ou deux minutes se passèrent, au milieu d'un murmure confus, dans ces indécisions douloureuses. La Renaudie en était à se demander si, par sa trop brusque sincérité, il n'avait pas involontairement détruit l'effet du récit de Nicolas Duval. Mais, puisqu'il était entré dans cette voie, il voulut tout risquer pour sauver tout, et, s'adressant à un petit homme maigre et chétif, aux sourcils épais et à la mine bilieuse, qui se tenait dans un groupe voisin de lui :

— Eh bien ! Lignières, lui dit-il à voix haute, n'allez-vous pas parler à nos frères, et leur dire une fois ce que vous avez sur le cœur ?

— Soit ! répondit le petit homme dont le regard sombre s'enflamma. Je parlerai, mais alors sans rien céder et sans atténuer rien !

— Allez, vous êtes avec des amis, reprit La Renaudie.

Tandis que Lignières montait dans la chaire, le baron dit à l'oreille de Gabriel :

— J'emploie là un dangereux moyen. Ce Lignières est un fanatique, de bonne ou de mauvaise foi ? je l'ignore, qui pousse les choses à l'extrême et provoque plus de répulsions que de sympathies. Mais n'importe ! il faut à tout prix savoir à quoi nous en tenir, n'est-ce pas ?

— Oui, que la vérité sorte enfin de tous ces cœurs fermés ! dit Gabriel.

— Lignières et ses doctrines genevoises ne l'y laisseront pas dormir, soyez tranquille ! reprit La Renaudie.

L'orateur en effet débuta fort ex abrupto.

— La loi elle-même vient d'être condamnée, dit-il. Quel appel nous reste ? l'appel à la force et aucun autre ! Vous demandez ce qu'il convient de faire ? Si je ne réponds pas à cette question, voici quelque chose qui pourra y répondre à ma place.

Il éleva et montra une médaille d'argent.

— Cette médaille, reprit-il, parlera plus éloquemment que ma parole. Pour ceux qui, de loin, ne peuvent la voir, je dirai ce qu'elle représente : elle offre l'image d'une épée flamboyante qui tranche un lis dont la tige se courbe et tombe. Auprès, le sceptre et la couronne sont roulés dans la poussière.

Lignières ajouta, comme s'il eût craint de n'être pas bien compris :

— Les médailles d'ordinaire servent à la commémoration des faits accomplis : que celle-ci serve à la prophétie d'un fait à venir ! Je ne dirai rien de plus.

Il en avait dit bien assez ! Il descendit de la chaire au milieu des applaudissemens d'une faible portion de l'assemblée et des murmures d'un plus grand nombre.

Mais l'attitude générale ce fut le silence de la stupeur.

— Allons ! dit La Renaudie à voix basse à Gabriel, ce n'est pas cette corde-là qui vibre le plus parmi nous. À une autre.

— Monsieur le baron de Castelnau, reprit-il tout haut en interpellant un jeune homme élégant et pensif, appuyé contre la muraille à dix pas de lui ; monsieur de Castelnau, n'avez-vous à votre tour rien à dire ?

— Je n'aurais rien à dire peut-être, mais j'ai à répondre, répondit le jeune homme.

— Nous écoutons, dit La Renaudie.

— Celui-ci, ajouta-t-il en se penchant à l'oreille de Gabriel, appartient au parti des gentilshommes, et vous avez dû le voir au Louvre le jour où vous apportez la nouvelle de la prise de Calais. Castelnau, lui, est franc, loyal et brave. Il plantera son drapeau tout aussi hardiment que Lignières, et nous verrons s'il est mieux accueilli.

Castelnau resta sur l'une des marches de la chaire, et ce fut de là qu'il parla :

— Je commencerai, dit-il, comme les orateurs qui m'ont précédé. On nous a frappés avec l'iniquité, défendons-nous avec l'iniquité. Menons en champ ouvert parmi les cuirasses la guerre qu'on a portée dans le parlement parmi les robes rouges !... Mais je diffère d'opinion sur le reste avec monsieur de Lignières. Moi aussi j'ai une médaille à vous montrer. La voici. Ce n'est pas la sienne. De loin, elle vous paraît ressembler aux écus monnayés qui sont dans nos bourses. C'est vrai, elle présente aussi l'effigie d'un roi couronné. Seulement, au lieu de : *Henricus II, rex Galliæ*, l'exergue porte : *Ludovicus XIII, rex Galliæ* (1). J'ai dit.

Le baron de Castelnau quitta, le front haut, sa place. L'allusion au prince Louis de Condé était flagrante. Ceux qui avaient applaudi Lignières murmurèrent, ceux qui avaient murmuré applaudirent.

Mais la masse restait encore immobile et muette entre les deux minorités.

— Que veulent-ils donc? demanda bas Gabriel à La Renaudie.

— J'ai peur qu'ils ne veuillent rien ! lui répondit le baron.

En ce moment, l'avocat Des Avenelles demanda la parole.

— Voici, je le crois, leur homme, reprit La Renaudie. Des Avenelles est mon hôte quand je suis à Paris ; un esprit honnête et sage, mais trop prudent, trop timide même. Son avis sera leur loi.

Des Avenelles, dès son début, donna raison aux prévisions de La Renaudie.

— Nous verrons, dit-il, d'entendre de courageuses et même d'audacieuses paroles. Mais le moment était-il réellement venu de les prononcer ? Ne va-t-on pas un peu trop vite ? On nous montre un but élevé, mais on ne parle pas des moyens. Ils ne peuvent être que violents. Plus qu'aucun de ceux qui sont ici, j'ai l'âme navrée de la persécution qu'on nous fait subir. Mais quand nous avons encore tant de préjugés à vaincre, faut-il, de plus, jeter sur la cause réformée l'odieux d'un assassinat? Oui, d'un assassinat ! car vous ne pourriez obtenir par une autre voie le résultat que vous osez nous montrer.

Des applaudissemens presque unanimes interrompirent Des Avenelles.

— Que disais-je? murmurait tout bas La Renaudie. Cet avocat est leur véritable expression !

Des Avenelles reprit :

— Le roi est dans la vigueur et la maturité de l'âge. Pour l'arracher du trône, il faudrait l'en précipiter. Quel homme vivant prendrait sur soi une telle violence? Les rois sont divins, Dieu seul a droit sur eux ! Ah ! si quelque accident, quelque mal imprévu, quelque attentat privé même, atteignait en notre maître la vie du roi et mettait la tutelle d'un roi enfant aux mains des insolens sujets qui nous oppriment !... alors, ce serait cette tutelle et non la royauté, ce seraient les Guises, non François II qu'on attaquerait. La guerre civile deviendrait louable et la révolte sainte, et je vous crierais le premier : Aux armes !

Cette énergie de la timidité frappa d'admiration l'assemblée, et de nouvelles marques d'approbation vinrent récompenser le courage prudent de Des Avenelles.

— Ah! dit tout bas La Renaudie à Gabriel, je regrette maintenant de vous avoir fait venir. Vous devez nous prendre en pitié.

Mais Gabriel pensif se disait en lui-même :

— Non, je n'ai point à leur reprocher leur faiblesse ; car elle ressemble à la mienne. Comme je complais secrètement sur eux, il semble qu'ils comptent sur moi.

(1) Ces deux curieuses et étranges médailles existent au cabinet des médailles.

— Que prétendez-vous donc faire? cria La Renaudie à son hôte triomphant.

— Rester dans la légalité, attendre! répondit résolument l'avocat. Anne Dubourg, Henri Dufaur et trois de nos amis du parlement ont été arrêtés ; mais qui nous dit qu'on osera les condamner, les accuser même? M'est avis que la violence de notre part pourrait bien n'aboutir qu'à provoquer celle du pouvoir. Et qui sait si notre réserve n'est pas justement le salut des victimes ! Ayons le calme de la force et la dignité du bon droit. Mettons tous les torts du côté de nos persécuteurs. Attendons. Quand ils nous verront modérés et fermes, ils y regarderont à deux fois avant de nous déclarer la guerre, comme je vous prie, amis et frères, d'y regarder à deux fois vous-mêmes avant de leur donner le signal des représailles.

Des Avenelles se tut, et les applaudissemens recommencèrent.

L'avocat, tout glorieux, voulut constater sa victoire.

— Que ceux qui pensent comme moi lèvent la main ! reprit-il.

Presque toutes les mains se dressèrent pour rendre témoignage à Des Avenelles que sa voix avait été celle de l'assemblée.

— Voilà donc, dit-il, la décision prise...

— De ne rien décider du tout, interrompit Castelnau.

— D'ajourner jusqu'à un moment plus favorable les partis extrêmes, reprit Des Avenelles en jetant un regard furieux sur l'interrupteur.

Le ministre David proposa de chanter un nouveau psaume pour demander à Dieu la délivrance des pauvres prisonniers.

— Allons-nous-en, dit La Renaudie à Gabriel. Tout ceci m'indigne et m'irrite, Ces gens-là ne savent que chanter. Ils n'ont de séditieux que leurs psaumes.

Quand ils furent dans la rue, ils marchèrent en silence, absorbés qu'ils étaient tous deux par leurs pensées.

Au pont Notre-Dame, ils se séparèrent, La Renaudie retournant dans le faubourg Saint-Germain, et Gabriel à l'Arsenal.

— Adieu donc, monsieur d'Exmès, dit La Renaudie. Je suis fâché de avoir fait perdre votre temps. Croyez, vous cependant, que ceci n'est pas tout à fait notre dernier mot. Le prince, Coligny, et nos meilleures têtes, nous manquaient ce soir.

— Je n'ai pas perdu mon temps avec vous, dit Gabriel. Vous vous en convaincrez peut-être avant peu.

— Tant mieux ! tant mieux ! reprit La Renaudie. Pourtant, je doute...

— Ne doutez pas, dit Gabriel. J'avais besoin de savoir si les protestans commençaient vraiment à perdre patience. Il m'est plus utile que vous ne croyez de m'être assuré qu'ils ne sont pas les encore.

LXXIX.

AUTRE ÉPREUVE.

Le mécontement des réformés lui faisant défaut, il restait encore à la vengeance de Gabriel une chance, celle de l'ambition du duc de Guise.

Aussi, le lendemain matin, à dix heures, fut-il exact au rendez-vous que la lettre de François de Lorraine lui avait assigné au palais des Tournelles.

Le jeune comte de Montgommery était attendu. Dès son arrivée, il fut sur-le-champ introduit auprès de celui que, grâce à son audace, on appelait maintenant le conquérant de Calais.

Le Balafré vint avec empressement au devant de Gabriel et lui serra affectueusement les mains dans les siennes.

— Vous voilà donc enfin, oublieux ami, lui dit-il ; j'ai

été forcé d'aller vous chercher, de vous poursuivre jusque dans votre retraite, et si je ne l'avais fait Dieu sait quand je vous aurais revu ! Pourquoi cela ? Pourquoi n'être pas venu me trouver depuis mon retour ?

— Monseigneur, dit Gabriel à voix basse, de douloureuses préoccupations...

— Ah ! voilà ! j'en étais sûr ! interrompit le duc de Guise. Ils ont aussi menti, n'est-ce pas ? aux promesses qu'ils vous avaient faites ? Ils vous ont trompé, mécontenté, ulcéré ? Vous le sauveur de la France ! Oh ! je me suis bien douté qu'il y avait là quelque infamie ! Mon frère, le cardinal de Lorraine, qui assistait à votre rentrée au Louvre, qui a entendu votre nom de comte de Montgommery, a deviné, avec sa finesse de prêtre, que vous alliez être la dupe ou la victime de ces gens-là. Pourquoi ne pas vous être adressé à lui ? Il eût pu vous aider en mon absence.

— Je vous remercie, monseigneur, reprit gravement Gabriel ; mais vous vous trompez, je vous assure. On a tenu le plus strictement du monde les engagemens pris avec moi.

— Oh ! vous dites cela d'un ton, ami !...

— Je dis cela comme je le sens, monseigneur ; mais je dois vous répéter que je ne me plains pas, et que les promesses sur lesquelles je comptais ont été exécutées... à la lettre. Ne parlons donc plus de moi, je vous en supplie, vous savez qu'ordinairement ce sujet d'entretien ne me plaît guère. Il m'est aujourd'hui, plus que jamais pénible. Je vous demande en grâce, monseigneur, de ne pas insister sur vos bienveillantes questions.

Le duc de Guise fut frappé de l'accent douloureux de Gabriel.

— Cela suffit, ami, lui dit-il, j'aurais peur en effet, maintenant, de toucher sans le vouloir à quelqu'une de vos cicatrices mal fermées, et je ne veux plus vous interroger sur vous-même.

— Merci, monseigneur, dit Gabriel d'un ton digne et pénétré.

— Sachez seulement, reprit le Balafré, qu'en tout lieu, en tout temps et pour quoi que ce soit, mon crédit, ma fortune et ma vie sont à vous, Gabriel, et que, si j'ai un jour cette chance que vous ayez besoin de moi en quelque chose, vous n'aurez qu'à étendre votre main pour trouver la mienne.

— Merci, monseigneur, répéta Gabriel.

— Ceci convenu entre nous, dit le duc de Guise, de quoi vous plaît-il, ami, que nous parlions ?

— Mais de vous, monseigneur, répondit le jeune homme, de votre gloire, de vos projets ; voilà ce qui m'intéresse ! voilà l'aimant qui m'a fait accourir à votre premier appel !

— Ma gloire ? mes projets ? reprit François de Lorraine en secouant la tête. Hélas ! c'est là pour moi aussi un triste sujet d'entretien.

— Oh ! que dites-vous, monseigneur ? s'écria Gabriel.

— La vérité, ami ! Oui, je croyais, je l'avoue, avoir gagné quelque réputation ; il me semblait que mon nom pouvait être actuellement prononcé avec un certain respect en France, avec une certaine terreur en Europe. Et ce passé déjà illustre me faisant un devoir de regarder l'avenir, j'arrangeais mes desseins sur ma renommée, je rêvais de grandes choses pour ma patrie et pour moi-même. Je les eusse accomplies, ce me semble !...

— Eh bien ? monseigneur ?... demanda Gabriel.

— Eh bien ! Gabriel, reprit le duc de Guise, depuis six semaines, depuis ma rentrée dans cette cour, j'ai cessé de croire à ma gloire, et j'ai renoncé à tous mes projets.

— Et pourquoi cela ? Jésus !

— Mais n'avez-vous pas vu d'abord à quel traité presque honteux ils ont fait aboutir nos victoires ! Nous aurions été forcés de lever le siège de Calais, les Anglais auraient encore en leur pouvoir les portes de la France, la défaite, enfin, nous eût, sur tous les points, démontré l'insuffisance de nos forces et l'impossibilité de continuer une lutte inégale,

qu'on n'eût pas signé une paix plus désavantageuse et plus déshonorante que celle de Cateau-Cambrésis.

— C'est vrai, monseigneur, dit Gabriel, et chacun déplore qu'on ait retiré de si pauvres fruits d'une aussi magnifique moisson.

— Eh bien ! reprit le duc de Guise, comment voulez-vous donc que je sème encore pour des gens qui savent si mal récolter ? D'ailleurs, ne m'ont-ils pas contraint à l'inaction par leur belle conclusion de paix ? Voilà mon épée condamnée pour longtemps à rester au fourreau. La guerre éteinte partout, à tout prix, éteint en même temps tous mes glorieux rêves ; et c'est bien là aussi, entre nous, une des choses qu'on a cherchées.

— Mais vous n'en êtes pas moins puissant, même dans ce repos, monseigneur, dit Gabriel. La cour vous respecte, le peuple vous adore, les étrangers vous redoutent.

— Oui, je me crois aimé au dedans et craint au dehors, reprit le Balafré ; mais ne dites pas, ami, qu'on me respecte au Louvre. Tandis qu'on annihilait publiquement les résultats certains de nos succès, on minait aussi en dessous mon influence privée. Quand je suis revenu de là-bas, qui ai-je trouvé plus que jamais en faveur ? l'insolent vaincu de Saint-Laurent, ce Montmorency que je déteste !...

— Oh ! pas plus que moi, certes ! murmurait Gabriel.

C'est par lui et pour lui que cette paix, dont nous rougissons tous, a été conclue. Non content de faire paraître ainsi mes efforts moins efficaces, il a gagné encore de soigner dans le traité ses propres intérêts, et s'y faire restituer pour la deuxième ou troisième fois, je pense, sa rançon de Saint-Laurent. Il spécule jusque sur sa défaite et sa honte !

— Et c'est là le rival qu'accepte le duc de Guise ! reprit Gabriel avec un dédaigneux sourire.

— Il en frémit, ami ! mais vous voyez bien que on le lui impose ! Vous voyez que monsieur le connétable est protégé par quelque chose de plus fort que la gloire, par quelqu'un de plus puissant que le roi lui-même ! Vous voyez bien que mes services ne pourront jamais égaler ceux de madame Diane de Poitiers, que la foudre écrase !

— Oh ! Dieu vous entende ! murmura Gabriel.

— Mais qu'a donc fait cette femme à ce roi ? le savez-vous, ami ? continua le duc de Guise. Le peuple a-t-il vraiment raison de parler de philtres et de sortiléges ? J'imagine, pour ma part, qu'il y a entre eux un lien plus fort que l'amour. Ce ne doit pas être seulement la passion qui les enchaîne ainsi l'un à l'autre, ce doit être le crime. Il y a, j'en jurerais ! parmi leurs souvenirs un remords. Ce sont plus que des amans, ce sont des complices.

Le comte de Montgommery frissonna de la tête aux pieds.

— Ne le croyez-vous pas comme moi, Gabriel ? lui demanda le Balafré.

— Oui, je le crois, monseigneur, répondit Gabriel d'une voix éteinte.

— Et, pour comble d'humiliation, reprit le duc de Guise, savez-vous, ami, outre le monstrueux traité de Cateau-Cambrésis, savez-vous la récompense que j'ai trouvée ici en revenant de l'armée ? ma révocation immédiate de la dignité de lieutenant général du royaume. Ces fonctions extraordinaires devenaient inutiles en temps de paix, m'a-t-on dit. Et sans me prévenir, sans me remercier, on m'a rayé ce titre, comme on met au rebut un meuble qui ne sert plus à rien.

— Est-il possible ? On ne vous a pas témoigné plus d'égards que cela ? reprit Gabriel qui voulait attiser le feu de cette âme courroucée.

— A quoi bon plus d'égards pour un serviteur superflu ! dit en serrant les dents le duc de Guise. Quant à monsieur de Montmorency, c'est autre chose. Il est et il reste connétable ! C'est un honneur qu'on ne reprend pas, celui-là, et qu'il a bien gagné par quarante ans d'échecs ! Oh ! mais, par la croix de Lorraine ! si le vent de la guerre souffle de nouveau, qu'on vienne encore me supplier, m'adjurer, me nommer le sauveur de la patrie ! je les renverrai à leur connétable. Que celui-là les sauve s'il peut! C'est son emploi et le devoir de sa charge. Pour moi, puisqu'ils me condamnent à l'oisiveté, j'accepte la sentence, et jusqu'à des temps meilleurs, je me repose.

Gabriel, après une pause, reprit gravement.

— Cette détermination de votre part est fâcheuse, monseigneur, et je la déplore. Car je venais précisément vous faire une proposition...

— Inutile, ami! inutile! dit le Balafré. Mon parti est pris. Aussi bien, la paix, je vous le répète et vous le savez aussi, nous ôte tout prétexte de gloire.

— Pardon, monseigneur, reprit Gabriel, c'est justement la paix qui fait ma proposition exécutable.

— Vraiment? dit François de Lorraine tenté. Et c'est quelque chose de hardi comme le siége de Calais?...

— C'est quelque chose de plus hardi, monseigneur.

— Comment cela? reprit le duc de Guise étonné. Vous excitez vivement ma curiosité, je l'avoue.

— Vous me permettez donc de parler? dit Gabriel.

— Sans doute, et je vous en prie.

— Nous sommes bien seuls ici?

— Tout seuls! et âme qui vive ne peut nous entendre.

— Eh bien! monseigneur, reprit résolument Gabriel, voici ce que j'avais à vous dire. Ce roi, ce connétable veulent se passer de vous; passez-vous d'eux! Ils vous ont retiré le titre de lieutenant général du royaume, reprenez-le!

— Comment? Expliquez-vous! dit le duc de Guise.

— Monseigneur, les princes étrangers vous redoutent, le peuple vous aime, l'armée est tout à vous : vous êtes déjà plus roi en France que le roi. Vous êtes roi par le génie; lui ne l'est que par la couronne. Osez parler en maître, et tous vous écouteront en sujets. Henri II sera-t-il plus fort dans son Louvre que vous dans votre camp? Celui qui vous est parle serait heureux et fier de vous y appeler le premier Votre Majesté.

— Voilà, en effet, un audacieux dessein, Gabriel, dit le duc de Guise.

Mais il n'avait pas l'air bien irrité. Il souriait même sous sa feinte surprise.

— J'apporte un dessein audacieux à une âme extraordinaire, reprit fermement Gabriel. Je parle pour le bien de la France. Il lui faut un grand homme pour roi. N'est-ce pas désastreux que toutes vos idées de grandeur et de conquête soient ignominieusement entravées par les caprices d'une courtisane et la jalousie d'un favori? Si vous étiez une fois libre et maître, où s'arrêterait votre génie? Vous renouvelleriez Charlemagne!

— Vous savez que la maison de Lorraine descend de lui! dit vivement le Balafré.

— Que nul n'en doute en vous voyant agir, reprit Gabriel. Soyez à votre tour pour les Valois un Hugues Capet.

— Oui, mais si je n'étais qu'un connétable de Bourbon? dit le duc de Guise.

— Vous vous calomniez, monseigneur. Le connétable de Bourbon avait appelé à son aide les étrangers, les ennemis. Vous ne vous serviriez que des forces de la patrie.

— Mais ces forces dont je pourrais, selon vous, disposer, où sont-elles? demanda le Balafré.

— Deux partis s'offrent à vous, dit Gabriel.

— Lesquels donc? car, en vérité, je vous laisse parler comme si tout ceci n'était pas une chimère. Quels sont ces deux partis?

— L'armée et la Réforme, monseigneur, répondit Gabriel. Vous pouvez d'abord être un chef militaire.

— Un usurpateur! dit le Balafré.

— Dites un conquérant! Mais, si vous l'aimez mieux, monseigneur, soyez le roi des Huguenots.

— Et le prince de Condé? dit en souriant le duc de Guise.

— Il a le charme et l'habileté, mais vous avez la grandeur et l'éclat. Croyez-vous que Calvin hésiterait entre vous deux. Or, il faut l'avouer, c'est le fils du tonnelier de Noyon qui dispose de son parti. Dites un mot, et demain vous avez à vos ordres trente mille religionnaires.

— Mais je suis un prince catholique, Gabriel.

— La religion des hommes comme vous, monseigneur, c'est la gloire.

— Je me brouillerais avec Rome.

— Ce sera un prétexte pour la conquérir.

— Ami, ami! reprit le duc de Guise en regardant fixement Gabriel, vous haïssez bien Henri II!

— Autant que je vous aime, j'en conviens, répondit le jeune homme avec une noble franchise.

— J'estime cette sincérité, Gabriel, repartit sérieusement le Balafré. Et pour vous le prouver, je veux à mon tour vous parler à cœur ouvert.

— Et mon cœur à moi se refermera pour toujours sur la confidence, dit Gabriel.

— Écoutez donc, reprit François de Lorraine. J'ai déjà j'en conviendrai, envisagé quelquefois, dans mes songes, le but que vous me montrez aujourd'hui. Mais vous m'accorderez sans doute, ami, que lorsqu'on se met en marche vers un tel but, il faut être au moins sûr de l'atteindre, et que, risquer prématurément une telle partie, c'est vouloir la perdre?...

— Cela est vrai, dit Gabriel.

— Eh bien! reprit le duc de Guise, estimez-vous réellement que mon ambition soit mûre et que les temps soient favorables? Il faut préparer de longue main de si profondes secousses! Il faut que les esprits soient déjà tout prêts à les accepter! Or, croyez-vous qu'on soit, dès aujourd'hui, habitué d'avance, pour ainsi dire, à la pensée d'un changement de règne?

— On s'y habituerait! dit Gabriel.

— J'en doute, reprit le duc de Guise. J'ai commandé des armées, j'ai défendu Metz et pris Calais, j'ai deux fois été lieutenant général du royaume. Mais ce n'est pas assez encore. Je ne me suis pas encore assez approché du pouvoir royal! Il y a des mécontens sans doute. Mais des partis ne sont pas un peuple. Henri II est jeune, intelligent et brave. Il est le fils de François Ier. Il n'y a pas péril en la demeure pour qu'on songe à le déposséder.

— Ainsi, vous hésitez, monseigneur! demanda Gabriel.

— Je fais plus, ami, je refuse, répondit le Balafré. Ah! si demain, par accident ou maladie, Henri II mourait subitement?...

— Et lui aussi pense à cela! se dit Gabriel. Eh bien! si ce coup imprévu se réalisait, monseigneur, dit-il tout haut, que feriez-vous?

— Alors, reprit le duc de Guise, sous un roi jeune, inexpérimenté, tout à ma discrétion, je deviendrais en quelque sorte le régent du royaume. Et si la reine-mère ou bien le connétable s'avisaient de faire de l'opposition contre moi; si les réformés se révoltaient; si enfin l'Etat en danger exigeait une main ferme au gouvernail, les occasions naîtraient d'elles-mêmes, je serais presque nécessaire! Alors, je ne dis pas, vos projets seraient peut-être les bien-venus, ami, et je vous écouterais.

— Mais jusque-là, dit Gabriel, jusqu'à cette mort, bien improbable, du roi?...

— Je me résignerai, ami. Je me contenterai de préparer l'avenir. Et si les rêves semés dans ma pensée ne germent en faits que pour mon fils, c'est que Dieu l'aura voulu ainsi.

— C'est votre dernier mot, monseigneur?

— C'est mon dernier mot, dit le duc de Guise. Mais je ne vous en remercie pas moins, Gabriel, d'avoir eu cette confiance dans ma destinée.

— Et moi, monseigneur, dit Gabriel, je vous remercie d'avoir eu cette confiance dans ma discrétion.

— Oui, reprit le duc, tout ceci est mort entre nous, c'est entendu.

— Maintenant, ajouta Gabriel en se levant, je me retire.

— Eh! quoi, déjà! dit le duc de Guise.

— Oui, monseigneur, j'ai su ce que je voulais savoir. Je me souviendrai de vos paroles. Elles sont en sûreté dans mon cœur, mais je m'en souviendrai. Excusez-moi, j'avais besoin de m'assurer que la royale ambition du duc de Guise était encore assoupie. Adieu, monseigneur.

— Au revoir, ami.

Gabriel quitta les Tournelles plus triste et plus inquiet encore qu'il n'y était entré.

— Allons! se dit-il, des deux auxiliaires humains sur lesquels je voulais compter, aucun ne m'aidera. Il me reste Dieu!

LXXX.

UNE DANGEREUSE DÉMARCHE.

Diane de Castro, dans son Louvre royal, vivait toujours au milieu de douleurs et de transes mortelles. Elle aussi attendait. Mais son rôle tout passif était peut-être plus cruel encore que celui de Gabriel.

Tout lien ne s'était pas rompu cependant entre elle et celui qui l'avait tant aimée. Presque chaque semaine le page André venait rue des Jardins-Saint-Paul, et s'informait de Gabriel auprès d'Aloyse.

Les nouvelles qu'il reportait à Diane n'étaient guère rassurantes. Le jeune comte de Montgommery était toujours aussi taciturne, aussi sombre, aussi inquiet. La nourrice ne parlait de lui que les larmes aux yeux et la pâleur au visage.

Diane hésita longtemps. Enfin un matin de ce mois de juin, elle prit un parti décisif pour en finir avec ses craintes.

Elle s'enveloppa d'un manteau fort simple, cacha son visage sous un voile, et, à l'heure où l'on s'éveillait à peine au château, sortit du Louvre, accompagnée du seul André, pour se rendre auprès de Gabriel.

Puisqu'il l'évitait, puisqu'il se taisait, elle irait à lui, elle! Une sœur pouvait bien visiter son frère! son devoir n'était-il même pas de l'avertir ou de le consoler?

Malheureusement, tout le courage qu'avait dépensé Diane pour se résoudre à cette démarche devait être inutile.

Gabriel, pour ses courses vagabondes, dont il n'avait pas tout à fait perdu l'habitude, cherchait aussi les heures solitaires. Quand Diane, d'une main émue, vint frapper à la porte de son hôtel, il était déjà sorti depuis plus d'une demi-heure.

L'attendre? On ne savait jamais quand il rentrerait. Et une trop longue absence du Louvre pouvait exposer Diane à des calomnies...

N'importe! elle attendrait au moins le temps qu'elle eût voulu lui consacrer.

Elle demanda Aloyse. Aussi bien elle avait besoin de la voir, de l'interroger elle-même.

André fit entrer sa maîtresse dans une pièce écartée, et courut prévenir la nourrice.

Depuis des années, depuis les jours heureux de Montgommery et de Vimoutiers, Aloyse et Diane, la femme du peuple et la fille du roi, ne s'étaient pas revues.

Mais leur vie à toutes deux avait été remplie par la même pensée; mais même inquiétude remplissait encore leurs jours de craintes et leurs nuits d'insomnies.

Aussi, quand Aloyse, entrant en hâte, voulut s'incliner devant madame de Castro, Diane, comme autrefois, se jeta dans les bras de la bonne femme et l'embrassa en disant, comme autrefois aussi :

— Chère nourrice!...

— Quoi! madame, dit Aloyse émue aux larmes, vous vous souvenez donc encore de moi? vous me reconnaissez?...

— Si je me souviens de toi! si je te reconnais! reprit Diane ; c'est comme si je ne devais pas me souvenir de la maison d'Enguerrand! c'est comme si je pouvais ne pas reconnaître le château de Montgommery !

Cependant Aloyse contemplait Diane avec plus d'attention, et joignant les mains :

— Etes-vous belle! s'écria-t-elle en souriant et en soupirant à la fois.

Elle souriait ; car elle avait bien aimé la jeune fille devenue une si belle dame. Elle soupirait ; car elle mesurait toute la douleur de Gabriel.

Diane comprit ce regard en même temps mélancolique et ravi d'Aloyse, et se hâta de dire en rougissant un peu.

— Ce n'est pas de moi que je suis venu parler, nourrice.

— Est-ce de lui? dit Aloyse.

— Et de qui serait-ce? devant toi, je puis ouvrir mon cœur. Quel malheur que je ne l'aie pas trouvé! Je venais le consoler en me consolant. Comment est-il? bien morne et bien désolé, n'est-ce pas? pourquoi n'est-il pas venu me voir une seule fois au Louvre? Que dit-il? que fait-il? parle! parle donc, nourrice!

— Hélas! madame, reprit Aloyse, vous avez bien raison de croire qu'il est morne et désolé. Figurez-vous...

Diane interrompit la nourrice.

— Attends, bonne Aloyse, lui dit-elle ; avant que tu ne commences, j'ai une recommandation à te faire. Je resterais ici jusqu'à demain à t'écouter, vois-tu ; sans me lasser, sans m'apercevoir de la fuite du temps. Il faut pourtant que je rentre au Louvre avant qu'on n'y ait remarqué mon absence. Promets-moi une chose : quand il y aura une heure que je serai ici avec toi, qu'il soit rentré ou non, avertis-moi, renvoie-moi?

— Mais c'est que, madame, dit Aloyse, je suis bien capable d'oublier l'heure, moi aussi ; et je ne me fatiguerais pas plus à vous parler que vous à m'entendre, savez-vous!

— Comment donc faire? reprit Diane, je crains nos deux faiblesses.

— Chargeons de la dure commission une troisième personne, dit Aloyse.

— C'est cela!... André.

Le page, qui était resté dans la pièce voisine, promit de frapper à la porte lorsqu'il y aurait une heure d'écoulée.

— Et maintenant, dit Diane en revenant s'asseoir près de la nourrice, causons à notre aise et tranquillement, sinon gaîment, hélas !

Mais cet entretien, bien attachant à la vérité pour ces deux femmes attristées, offrait cependant nombre de difficultés et d'amertumes.

— D'abord, aucune des deux ne savait au juste jusqu'où l'autre était dans la confidence des terribles secrets de la maison de Montgommery.

En outre, dans ce qu'Aloyse connaissait de la vie précédente de son jeune maître, il y avait bien des lacunes inquiétantes qu'elle avait peur pour elle-même de commenter. De quelle façon expliquer ses absences, ses retours soudains, ses préoccupations et son silence morne?

Enfin la nourrice dit à Diane tout ce qu'elle savait, tout ce qu'elle voyait du moins, et Diane, en écoutant la nourrice, trouvait sans doute une grande douceur à entendre parler de Gabriel, mais une grande douleur à en entendre parler si tristement.

En effet, les révélations d'Aloyse n'étaient pas faites pour calmer les angoisses de madame de Castro, mais bien plutôt pour les raviver, et ce témoin vivant et passionné des déchirements et des défaillances du jeune comte, rendait présens pour ainsi dire à Diane tous les tourments de cette vie agitée.

Diane put se persuader de plus en plus que, si elle voulait sauver ceux qu'elle aimait, il était grandement temps qu'elle intervînt.

Même dans les plus pénibles confidences, une heure est bien vite passée. Diane et Aloyse tressaillirent tout étonnées en entendant André frapper à la porte.

— Eh quoi! déjà! s'écrièrent-elles en même temps.

— Oh! bien, tant pis! reprit Diane, je vais rester encore un petit quart d'heure.

— Madame, prenez garde! dit la nourrice.

— Tu as raison, nourrice, je dois, je veux partir. Un mot seulement : Dans tout ce que tu m'as dit de Gabriel, tu as omis... il m'a semblé... enfin, il ne parle donc jamais de moi ?

— Jamais, madame, j'en conviens.

— Oh ! il fait bien ! dit Diane avec un soupir.

— Et il ferait mieux encore de ne jamais songer à vous non plus.

— Tu crois donc qu'il y songe, nourrice, demanda vivement madame de Castro.

— J'en suis trop sûre, madame, dit Aloyse.

— Pourtant, il m'évite avec soin, il évite le Louvre.

— S'il évite le Louvre, madame, dit Aloyse en secouant la tête, ce ne doit pas être à cause de qu'il aime.

— Je comprends, pensa Diane en frémissant : c'est à cause de ce qu'il hait.

— Oh !... dit-elle tout haut, il faut que je le voie ; il le faut absolument.

— Voulez-vous, madame, que je lui dise de votre part d'aller vous trouver au Louvre.

— Non ! non ! pas au Louvre ! dit Diane avec terreur ; qu'il ne vienne pas au Louvre ! Je verrai, je guetterai une occasion comme celle de ce matin. Je reviendrai ici, moi.

— Mais s'il est sorti encore ! dit Aloyse ; quel jour, quelle semaine sera-ce ? le savez-vous à peu près ? Il attendrait ; vous pensez bien.

— Hélas ! dit Diane, pauvre fille de roi que je suis, comment pourrais-je prévoir à quel instant, à quel jour je serai libre. Mais, s'il se peut, j'enverrai André d'avance.

Le page, en ce moment, craignant de n'avoir pas été entendu, frappa une seconde fois à la porte.

— Madame, cria-t-il, les rues et les alentours du Louvre commencent à se peupler.

— J'y vais, j'y vais, répondit madame de Castro.

— Allons ! il faut nous séparer, bonne nourrice, dit-elle tout haut à Aloyse. Embrasse-moi bien fort, tu sais, comme lorsque j'étais enfant, comme lorsque j'étais heureuse.

Et tandis qu'Aloyse, sans pouvoir rien dire, la tenait étroitement embrassée :

— Veille bien sur lui, soigne-le bien, lui dit-elle à l'oreille.

— Comme lorsqu'il était enfant, comme lorsqu'il était heureux, dit la nourrice.

— Mieux ! oh ! mieux encore, Aloyse ; dans ce temps-là il n'en avait pas autant besoin.

Diane quitta l'hôtel sans que Gabriel fût rentré.

Une demi heure après, elle se retrouvait sans encombre dans son logement du Louvre. Mais si les suites de la démarche qu'elle avait risquée ne l'inquiétaient plus, elle n'en sentait que plus vivement son angoisse au sujet des projets inconnus de Gabriel.

Les pressentimens d'une femme qui aime sont les plus évidente et la plus claire des prophéties.

Gabriel ne rentra chez lui qu'assez avant dans la journée.

La chaleur était grande ce jour-là. Il était fatigué de corps, plus fatigué d'esprit.

Mais quand Aloyse eut prononcé le nom de Diane et lui eut dit sa visite, il se redressa, il se ranima, tout vibrant et palpitant.

— Que voulait-elle ?... qu'a-t-elle dit ? qu'a-t-elle fait ?... Oh ! pourquoi n'étais-je pas là ! Mais parle, dis-moi tout, Aloyse, toutes ses paroles, tous ses gestes.

Ce fut à son tour d'interroger avidement la nourrice en lui laissant à peine le temps de répondre.

— Elle veut me voir ? s'écria-t-il. Elle a quelque chose à me dire ? mais elle ne sait quand elle pourra revenir ? Oh ! je ne puis pas attendre dans cette incertitude, tu conçois cela, Aloyse. Je vais aller sur-le-champ au Louvre.

— Au Louvre, Jésus ! s'écria Aloyse épouvantée.

— Eh ! sans doute, répondit Gabriel avec calme. Je ne suis pas banni du Louvre, je suppose, et celui qui a délivré à Calais madame de Castro a bien le droit d'aller lui présenter ses hommages à Paris.

— Assurément, dit Aloyse toute tremblante. Mais madame de Castro a bien recommandé que vous ne veniez pas la trouver au Louvre.

— Aurais-je quelque chose à y craindre ? dit Gabriel fièrement. Ce serait une raison pour y aller.

— Non, reprit la nourrice, c'est probablement pour elle-même que madame de Castro redoutait ?...

— Sa réputation aurait bien plus à souffrir d'une démarche secrète et furtive si elle était découverte, que d'une visite publique et au grand jour comme celle que je compte lui faire, que je lui ferai aujourd'hui, à l'instant même.

Et il appela pour qu'on vînt le changer d'habits.

— Mais, monseigneur, dit la pauvre Aloyse à bout de ses raisons, vous-même jusqu'ici vous évitiez le Louvre, madame de Castro l'a remarqué. Vous n'avez pas voulu aller la voir une seule fois depuis votre retour.

— Je n'allais pas voir madame de Castro quand elle ne m'appelait pas, dit Gabriel. J'évitais le Louvre quand je n'avais aucun motif d'y aller. Mais aujourd'hui, sans que mon action soit intervenue en rien, quelque chose d'irrésistible m'invite, madame de Castro désire me voir. J'ai juré, Aloyse, de laisser dormir en moi ma volonté, mais de laisser toujours faire la destinée et Dieu, et je vais me rendre au Louvre sur l'heure.

Ainsi, la démarche de Diane allait produire le contraire de ce qu'elle avait souhaité.

LXXXI.

L'IMPRUDENCE DE LA PRÉCAUTION.

Gabriel pénétra sans opposition dans le Louvre. Depuis la prise de Calais, le nom du jeune comte de Montgommery avait été prononcé trop souvent pour qu'on pensât à lui refuser l'entrée des appartemens de madame de Castro.

Diane, dans le moment, s'occupait seule avec une de ses femmes à quelque ouvrage de broderie. Bien souvent elle laissait sa main retomber, et, songeuse, se rappelait son entretien de la matinée avec Aloyse.

Tout à coup André entra tout effaré.

— Madame, monsieur le vicomte d'Exmès ! annonça-t-il. (L'enfant ne s'était pas déshabitué de donner ce nom à son ancien maître.)

— Qui ? monsieur d'Exmès ! ici ! répéta Diane bouleversée.

— Madame, il est sur mes pas, dit le page. Le voici.

Gabriel parut sur la porte, maîtrisant son émotion de son mieux. Il salua profondément madame de Castro qui, tout interdite, ne lui rendit pas d'abord son salut.

Mais elle congédia du geste la page et la suivante.

Quand Diane et Gabriel furent seuls, ils allèrent l'un à l'autre, se tendirent et se serrèrent la main.

Ils restèrent ainsi les mains unies une minute à se contempler en silence.

— Vous avez bien voulu venir chez moi, Diane, dit enfin Gabriel d'une voix profonde. Vous aviez à me voir, à me parler. Je suis accouru.

— Est-ce donc ma démarche qui vous a appris que j'avais besoin de vous voir, Gabriel, et ne le saviez-vous pas bien sans cela ?

— Diane, reprit Gabriel avec un sourire triste, j'ai fait ailleurs mes preuves de courage, je puis donc dire qu'en venant ici au Louvre, j'aurais eu peur !

— Peur de qui ? demanda Diane qui avait peur elle-même de sa question.

— Peur de vous !... peur de moi !... répondit Gabriel.

— Et voilà pourquoi, reprit Diane, vous avez préféré

oublier notre ancienne affection ?... je parle du côté légitime et saint de cette affection! se hâta-t-elle d'ajouter.

— J'aurais préféré tout oublier, j'en conviens, Diane, plutôt que de rentrer de moi-même dans ce Louvre. Mais, hélas! je ne l'ai pas pu. Et la preuve...

— La preuve?

— La preuve, c'est que je vous cherche toujours et partout, c'est que, tout en redoutant votre présence, j'aurais donné tout au monde pour vous entrevoir une minute de loin. La preuve, c'est qu'en rôdant à Paris, à Fontainebleau, à Saint-Germain, autour des châteaux royaux, au lieu de désirer ce que j'étais censé guetter, c'est vous, c'est votre aspect charmant et doux, c'est votre robe aperçue entre les arbres ou sur quelque terrasse que je souhaitais, que j'appelais, que je voulais! La preuve enfin, c'est que vous n'avez eu qu'à faire un pas vers moi, pour que, prudence, devoir, terreurs, tout fût oublié par moi. Et me voici dans ce Louvre que je devrais fuir! Et je réponds à toutes vos questions! Et je sens que tout cela est dangereux et insensé, et cependant je fais tout cela! Diane, avez-vous assez de preuves ainsi?

— Oui, oui, Gabriel, dit précipitamment Diane toute tremblante.

— Ah! que j'aurais été plus sage, reprit Gabriel, de persister dans mon ferme dessein, de ne plus vous voir, de m'enfuir si vous m'appeliez, de me taire si vous m'interrogiez! Cela eût bien mieux valu pour vous et pour moi, croyez-le bien, Diane. Je savais ce que je faisais. Je préférais encore pour vous des inquiétudes à des douleurs. Pourquoi, mon Dieu! suis-je sans force contre votre voix, contre votre regard ?...

Diane commençait à comprendre qu'en effet elle pouvait avoir eu tort de vouloir sortir de son indécision mortelle. Tout sujet d'entretien était une souffrance, toute question était un péril. Entre ces deux êtres que Dieu avait créés, pour le bonheur peut-être, il ne pouvait plus y avoir, grâce aux hommes, que défiance, danger et malheur.

Mais, puisque Diane avait ainsi provoqué le sort, elle ne voulait plus le fuir, tant pis! Elle sonderait tout l'abîme qu'elle avait tenté, dût-elle ne trouver au fond que le désespoir ou la mort!

Après un silence plein de pensées, elle reprit donc :

— Je tenais, moi, à vous voir pour deux raisons, Gabriel: j'avais d'abord une explication à vous donner, et puis, j'avais à vous en demander une.

— Parlez, Diane, repartit Gabriel. Ouvrez et déchirez à votre gré mon cœur. Il est à vous.

— J'avais premièrement besoin de vous faire savoir, Gabriel, pourquoi, dès votre message reçu, je n'avais pas pris tout de suite ce voile que vous me renvoyiez, et n'étais pas entrée sur-le-champ dans quelque couvent, ainsi que je vous en avais xprimé le vœu à Calais dans notre dernière et douloureuse entrevue.

— Vous ai-je adressé le moindre reproche à ce sujet, Diane? reprit Gabriel. Vous aviez fait dire par André que je vous rendais votre promesse. Ce n'était point de ma part une vaine parole mais une intention réelle.

— C'était aussi mon intention réelle de me faire religieuse, Gabriel, et cette intention n'est encore qu'ajournée, sachez-le bien.

— Pourquoi, Diane? pourquoi renoncer à ce monde pour lequel vous êtes faite?

— Que votre conscience se tranquillise sur ce point, ami, reprit Diane : ce n'est pas tant pour obéir au serment que je vous avais juré, mais pour contenter le secret désir de mon âme, que je veux quitter ce monde où j'ai tant souffert. J'ai bien besoin de paix et de repos, allez! et ne saurais maintenant trouver le calme qu'avec Dieu. Ne m'enviez pas ce dernier refuge.

— Oh! si, je vous l'envie! dit Gabriel.

— Seulement, continua Diane, je n'ai pas tout de suite accompli mon irrévocable dessein, pour une raison : je voulais veiller à ce que vous accomplissiez la demande contenue dans ma dernière lettre, à ce que vous ne vous fassiez pas juge et punisseur, à ce que vous ne préveniez pas Dieu.

— Si jamais on le prévient! murmura Gabriel.

— J'espérais enfin, continua Diane, pouvoir au besoin me jeter entre ceux que j'aime et qui se haïssent, et qui sait? peut-être empêcher un malheur ou un crime. M'en voulez-vous de cette pensée, Gabriel?

— On ne peut en vouloir aux anges de ce qui est de leur nature, Diane. Vous avez été généreuse, et c'est tout simple.

— Eh! s'écria madame de Castro, sais-je même si j'ai été généreuse? sais-je du moins jusqu'à quel point je le suis. Je demande dans l'ombre et au hasard! Et c'est justement là-dessus que j'ai à vous interroger, Gabriel; car je veux connaître dans toute son horreur ma destinée.

— Diane! Diane! c'est une curiosité fatale! dit Gabriel.

— N'importe! reprit Diane. Je ne resterai pas un jour de plus dans cette horrible perplexité! Dites-moi, Gabriel, avez-vous acquis enfin la conviction que j'étais réellement votre sœur? ou bien avez-vous perdu absolument tout espoir de savoir la vérité sur cet étrange secret? Répondez! je vous le demande, je vous en supplie.

— Je répondrai, dit tristement Gabriel. Diane, il y a un proverbe espagnol qui dit que: Toujours, il faut caver au pire. Je me suis donc habitué, depuis notre séparation, à vous regarder dans ma pensée comme ma sœur. Mais la vérité est que je n'en ai pas acquis de nouvelles preuves. Seulement, comme vous le disiez, je n'ai plus aucun espoir, n'ayant aucun moyen d'en acquérir.

— Dieu du ciel! s'écria Diane. Le... celui qui devait vous fournir ces preuves n'existait-il déjà plus lors de votre retour de Calais?

— Il existait, Diane.

— Alors, je le vois, c'est qu'on ne vous a pas tenu la promesse sacrée qu'on vous avait faite? Qui donc m'avait dit pourtant que le roi vous avait admirablement reçu?...

— On a tenu rigidement, Diane, tout ce qu'on m'avait promis.

— Oh! Gabriel! avec quel air sinistre vous me dites cela! Quelle effrayante énigme y a-t-il encore là-dessous, sainte Mère de Dieu!

— Vous l'avez exigé, vous allez tout savoir, Diane, dit Gabriel. Vous allez porter jusqu'au bout la moitié de mon secret d'épouvante. Aussi bien, je suis aise de voir ce que vous penserez de ma révélation, si vous persisterez, après l'avoir entendue, dans votre clémence, et si votre air, votre figure, vos gestes, ne démentiront point du moins vos paroles de pardon. Écoutez!

— J'écoute et je tremble, Gabriel, dit Diane.

Alors Gabriel, d'une voix haletante et frémissante, raconta tout à madame de Castro, la réception du roi, comment Henri II lui avait encore renouvelé sa promesse, les représentations que madame de Poitiers et le connétable avaient paru lui faire, quelle nuit d'angoisse et de fièvre lui, Gabriel, il avait alors passée ; sa seconde visite au Châtelet, sa descente dans l'enfer de la prison pestiférée, le récit lugubre de monsieur de Sazerac, tout enfin !

Diane écoutait sans interrompre, sans s'écrier, sans bouger, muette et raide comme une statue de pierre, les yeux fixes dans leur orbite, les cheveux hérissés sur le front.

Il y eut une longue pause quand Gabriel eut achevé sa lugubre histoire. Puis, Diane voulut parler, elle ne le put pas. Sa voix restait dans sa poitrine émue. Gabriel regardait avec une sorte de joie terrible son trouble et son épouvante. Enfin, elle put jeter ce cri :

— Grâce pour le roi !

— Ah ! s'écria Gabriel, vous demandez grâce? vous le jugez donc criminel aussi ! Grâce? ah ! c'est une condamnation ! Grâce? il mérite la mort, n'est-ce pas?

— Oh ! je n'ai pas dit cela, reprit Diane éperdue.

— Si fait ! vous l'avez dit ! vous êtes de mon avis, je le vois, Diane ! Vous pensez, vous sentez comme moi. Seulement, nous concluons différemment selon nos natures. La femme demande grâce et l'homme demande justice !

— Ah! s'écria Diane, imprudente et folle que je suis! pourquoi vous ai-je fait venir au Louvre?

Au même instant, quelqu'un frappa doucement à la porte.

— Qui est là? que me veut-on encore? mon Dieu! dit madame de Castro.

André entr'ouvrit la porte.

— Excusez-moi, madame, dit-il, c'est un message du roi.

— Du roi! répéta Gabriel dont le regard s'alluma.

— Pourquoi m'apporter cette lettre, André?

— Madame, elle est, m'a-t-on dit, pressée.

— Donnez, voyons. Que me veut le roi? Allez, André. S'il y a une réponse, je vous appellerai.

André sortit. Diane décacheta la lettre royale, et lut tout bas ce qui suit avec une terreur croissante :

« Ma chère Diane,

» On m'a dit que vous êtes au Louvre; ne sortez pas, je » vous prie, avant que je ne sois allé chez vous. Je suis au » conseil qui va s'achever d'un moment à l'autre. En le » quittant, je me rendrai sur-le-champ et sans suite à votre » logement. Attendez-moi à toute minute.

» Il y a si longtemps que je ne vous ai vue seule! Je » suis triste, et j'aurais besoin de causer quelques instans » avec ma fille bien-aimée. A tout à l'heure, donc.

» HENRI. »

Diane pâlissante froissa cette lettre dans sa main crispée, quand elle eut achevé de la lire.

Que devait-elle faire?

Congédier tout de suite Gabriel? Mais s'il rencontrait en s'en allant le roi qui, à tout instant, pouvait venir?

Retenir près d'elle le jeune homme? Mais le roi allait le trouver en entrant!

Prévenir le roi, c'était exciter des soupçons. Prévenir Gabriel, c'était provoquer sa colère en paraissant la craindre.

Un choc entre ces deux hommes si dangereux l'un pour l'autre semblait maintenant inévitable, et c'était elle, Diane, elle qui eût voulu les sauver au prix de son sang, qui avait amené cette rencontre fatale!

— Que vous mande le roi, Diane? demanda Gabriel avec un calme affecté que démentait le tremblement de sa voix.

— Rien, rien, en vérité! répondit Diane. Une recommandation pour la réception de ce soir.

— Je vous dérange peut-être, Diane, dit Gabriel. Je me retire.

— Non, non! restez! s'écria Diane vivement. Après cela pourtant, reprit-elle, si quelque affaire vous appelle au dehors sur-le-champ, je ne voudrais pas vous retenir.

— Cette lettre vous a troublée, Diane. Je crains de vous être importun et vais prendre congé de vous.

— Vous, importun, le pouvez-vous penser! dit madame de Castro. N'est-ce pas moi qui suis allée vous chercher, en quelque sorte? Hélas! peut-être bien imprudemment, j'en ai peur. Je vous reverrai sur-le-champ, non plus ici, chez vous. Dès que je pourrai m'échapper, j'irai vous voir, j'irai reprendre cet entretien terrible et doux. Je vous le promets. Comptez sur moi. Pour le moment, vous aviez raison, je vous avoue que je suis un peu préoccupée, un peu souffrante... J'ai comme la fièvre.

— Je le vois, Diane, et je vous quitte, reprit tristement Gabriel.

— A bientôt, ami, dit-elle. Allez, allez!

Elle marcha avec lui jusqu'à la porte de la chambre.

— Si je le retiens, pensait-elle en le reconduisant, il est certain qu'il verra le roi; s'il s'éloigne dans l'instant, il y a du moins une chance pour qu'il ne le rencontre pas.

Cependant elle hésitait, doutait et tremblait encore.

— Pardon, un dernier mot, Gabriel, dit-elle toute hors d'elle-même, sur le seuil de la porte. Mon Dieu! votre récit m'a tellement bouleversée!... j'ai peine à rassembler mes idées... Que voulais-je vous demander?... Ah! j'y suis. Un mot seulement, un mot d'importance. Vous ne m'avez toujours pas dit ce que vous aviez intention de faire? J'ai crié grâce! et vous criez justice! Cette justice comment espérez-vous donc l'obtenir?

— Je n'en sais rien encore, dit Gabriel d'un air sombre. Je me fie à Dieu, à l'événement et à l'occasion.

— A l'occasion? répéta Diane en frissonnant. A l'occasion? Qu'entendez-vous par là? Oh! rentrez, rentrez! Je ne veux pas vous laisser partir, Gabriel, que vous ne m'ayez expliqué ce mot : à l'occasion. Restez, je vous en conjure.

Et, le prenant par la main, elle le ramenait dans la chambre.

— S'il rencontre le roi hors d'ici, pensait la pauvre Diane, ils seront seul à seul, le roi sans suite, Gabriel l'épée au côté. Du moins, si je suis là, je pourrai me précipiter entre eux, supplier Gabriel, me jeter au devant du coup. Il faut que Gabriel reste.

— Je me sens mieux, dit-elle tout haut. Restez, Gabriel, reprenons cette conversation, donnez-moi l'explication que j'attends. Je me sens beaucoup mieux.

— Diane, vous êtes encore plus agitée que tout à l'heure, reprit Gabriel. Et savez-vous quelle pensée me vient à l'esprit, et quelle cause je devine à vos terreurs?

— Non, vraiment, Gabriel, comment voulez-vous que je sache?...

— Eh bien! dit Gabriel, si tout à l'heure votre cri de grâce avouait que pour vous le crime était patent, vos appréhensions de maintenant, Diane, déclarent qu'à vos yeux la punition serait légitime. Vous redoutez pour le coupable ma vengeance; donc, vous la comprendriez. Vous me retenez ici pour prévenir des représailles possibles qui vous effraient, mais qui ne vous étonneraient pas, dites? qui vous sembleraient toutes simples, n'est-ce pas?

Diane tressaillit, tant le coup avait frappé juste!

Néanmoins, rassemblant toute son énergie :

— Oh! Gabriel, dit-elle, comment croyez-vous que je puisse concevoir de vous de telles pensées? Vous, mon Gabriel, un meurtrier! Vous, frapper par surprise quelqu'un qui ne se défendrait pas! C'est impossible! Ce serait plus qu'un crime, ce serait une lâcheté! Vous vous imaginez que je vous retiens? Erreur! Allez! partez! je vous ouvre les portes. Je suis bien tranquille, mon Dieu! Bien tranquille sur ce point, du moins. Si quelque chose me trouble, ce n'est pas une pareille idée, je vous en réponds. Quittez-moi, quittez le Louvre en paix. Je retournerai chez vous achever notre entretien. Allez, mon ami, allez. Vous voyez comme je veux vous garder!

En parlant ainsi, elle l'avait conduit jusque dans l'antichambre.

Le page s'y trouvait. Diane pensa bien à lui ordonner d'accompagner Gabriel jusque hors du Louvre. Mais cette précaution eût encore trahi sa défiance.

Arrivée là cependant, elle ne put s'empêcher d'appeler André d'un signe, et de lui demander à l'oreille :

— Savez-vous si le conseil est terminé?

— Pas encore, madame, répondit tout bas André. Je n'ai pas vu sortir les conseillers de la grand chambre.

— Adieu, Gabriel, reprit tout haut Diane avec vivacité. Adieu, ami. Vous me forcez à vous renvoyer presque, pour vous prouver que je ne vous retiens pas. Adieu, mais à bientôt.

— A bientôt, dit avec un sourire mélancolique le jeune homme en lui serrant la main.

Il partit. Elle resta à le regarder jusqu'à ce que la dernière porte se fût refermée sur lui.

Puis, rentrant dans sa chambre, elle tomba à genoux, les yeux en pleurs, le cœur palpitant, devant son prie-Dieu.

— O mon Dieu! mon Dieu! disait-elle, veillez, au nom de Jésus! sur celui qui est peut-être mon frère, sur celui qui est peut-être mon père. Préservez l'un de l'autre les êtres que j'aime, ô mon Dieu! Vous seul le pouvez maintenant.

LXXXII.

OCCASION.

Malgré les efforts qu'elle avait faits pour l'empêcher, ou plutôt à cause de ces efforts, ce que madame de Castro avait prévu et craint se réalisa.

Gabriel était sorti de chez elle tout triste et tout troublé. La fièvre de Diane l'avait gagné en quelque sorte, et offusquait ses yeux, confondait ses pensées.

Il allait machinalement par les escaliers et les corridors connus du Louvre, sans faire beaucoup attention aux objets extérieurs.

Néanmoins, sur le point d'ouvrir la porte de la grande galerie, il se rappela qu'à son retour de Saint-Quentin, c'était là qu'il avait rencontré Marie Stuart et que l'intervention de la jeune reine-dauphine lui avait permis d'arriver jusqu'au roi, auprès duquel l'attendait une première déception.

Car on ne l'avait pas trompé et outragé qu'une fois! c'était à plusieurs reprises qu'on avait frappé de mort son espérance! Après une première duperie, il eût bien dû s'habituer et s'attendre à ces interprétations exagérées et lâches de la lettre d'un traité sacré!

Tandis que Gabriel roulait dans son esprit ces irritants souvenirs, il ouvrait la porte, et entrait dans la galerie.

Tout à coup il frémit, recula d'un pas et s'arrêta comme pétrifié.

A l'autre extrémité de la galerie, la porte parallèle venait de s'ouvrir.

Un homme était entré.

Cet homme, c'était Henri II, Henri, l'auteur, ou du moins le principal complice de ces criminelles déceptions qui avaient à jamais désolé et perdu l'âme et la vie de Gabriel!

Le roi s'avançait seul, sans armes et sans suite.

L'offenseur et l'offensé, pour la première fois depuis l'outrage, se trouvaient en présence, seuls et séparés l'un de l'autre par une distance de cent pas à peine, qu'en vingt secondes et en vingt bonds l'on pouvait franchir.

Nous avons dit que Gabriel s'était arrêté court, immobile et glacé comme une statue, comme la statue de la *Vengeance* ou de la *Haine*.

Le roi aussi s'arrêta, en apercevant subitement celui que, depuis près d'un an, il n'avait encore revu que dans ses songes.

Ces deux hommes demeurèrent ainsi près d'une minute sans bouger, comme fascinés l'un par l'autre.

Dans le tourbillon de sensations et d'idées qui remplissaient de ténèbres le cœur de Gabriel, le jeune homme éperdu ne savait choisir aucune réflexion, trouver aucune résolution. Il attendait.

Quant à Henri, malgré son courage éprouvé, ce qu'il ressentait, oui, c'était bien de l'effroi!

Pourtant il redressa le front à cette idée, chassa toute lâche velléité et prit son parti.

Appeler, c'eût été craindre, se retirer, c'eût été fuir.

Il s'avança vers la porte où Gabriel restait cloué.

Aussi bien, une force supérieure, une sorte d'entraînement invincible et fatal l'appelait, le poussait vers ce pâle fantôme qui semblait l'attendre!

Il commençait à subir le vertige de sa destinée.

Gabriel le voyait marcher ainsi vers lui avec une espèce de satisfaction aveugle et instinctive, mais il ne parvenait à dégager aucune pensée des nuages qui obscurcissaient son esprit.

Il mit seulement la main sur la garde de son épée.

Quand le roi ne fut plus qu'à quelques pas de Gabriel, cette crainte qu'il avait déjà repoussée le reprit, et lui serra le cœur comme dans un étau.

Il se disait vaguement que sa dernière heure était venue, et que c'était juste.

Pourtant, il s'approchait toujours. Ses pieds semblaient le porter en avant d'eux-mêmes, et sans que sa volonté endormie y eût part. Les somnambules doivent marcher ainsi.

Lorsqu'il se trouva tout à fait devant Gabriel, qu'il put entendre son souffle et qu'il eut pu toucher sa main, il porta, dans son trouble étrange, la main à sa toque de velours, et salua le jeune homme.

Gabriel ne lui rendit pas ce salut. Il garda son attitude de marbre, et sa main pétrifiée ne quitta pas son épée pour son chapeau.

Pour le roi, Gabriel n'était plus un sujet, mais un représentant de Dieu devant lequel on s'incline.

Pour Gabriel Henri n'était plus un roi, mais un homme qui avait tué son père, et auquel il ne pouvait devoir que de la haine.

Cependant, il le laissa passer sans rien lui faire et sans rien lui dire.

Le roi, de son côté, passa sans se retourner, sans s'étonner du manque de respect.

Quand la porte se fut refermée entre ces deux hommes, et que le charme fut rompu, chacun d'eux se réveilla, se frotta les yeux et se demanda:

— N'était-ce pas un rêve?

Gabriel sortit lentement du Louvre. Il ne regrettait pas l'occasion perdue, il ne se repentait pas de l'avoir laissé échapper.

Il éprouvait plutôt une espèce de joie confuse.

— Voici ma proie qui vient à moi, pensait-il, la voilà qui tourne autour de mes filets, et qui se rapproche de mon épieu.

Il dormit cette nuit là comme il n'avait pas dormi depuis longtemps.

Le roi n'était pas si tranquille! Il se rendit chez Diane qui l'attendait, et qui le reçut, on devine avec quels transports!

Mais Henri fut distrait et inquiet. Il n'osa parler du comte de Montgommery. Il se disait pourtant que Gabriel sortait sans doute de chez sa fille quand il l'avait rencontré. Mais il ne voulut point approfondir cela; seulement, lui qui était venu pour une effusion de confiance, il conserva pendant toute sa visite un air de défiance et de contrainte.

Puis il rentra chez lui sombre et triste. Il se sentait mécontent de lui-même et des autres. Il ne dormit pas de la nuit.

Il lui semblait qu'il était entré dans un labyrinthe d'où il ne sortirait pas vivant.

— Cependant, se disait-il, je m'offrais en quelque sorte aujourd'hui à l'épée de cet homme. Il est donc certain qu'il ne veut pas me tuer!

Le roi, pour se distraire et s'étourdir, ne voulut pas rester à Paris. Pendant les jours qui suivirent cette rencontre du comte de Montgommery, il alla successivement à Saint-Germain, à Chambord et chez Diane de Poitiers, au château d'Anet.

Vers la fin de ce mois de juin, il était à Fontainebleau.

Et partout il déployait le plus d'activité possible, et semblait vouloir éteindre sa pensée dans le bruit, le mouvement et l'action.

Les fêtes prochaines du mariage de sa fille Élisabeth avec le roi Philippe II donnaient à ce besoin fébrile d'activité un aliment et un prétexte.

A Fontainebleau, il voulut offrir à l'ambassadeur d'Espagne le spectacle d'une grande chasse à courre dans la forêt. Cette chasse fut fixée par lui au 23 juin.

La journée s'annonça comme devant être chaude et lourde. Le temps était à l'orage.

Henri ne contremanda pas néanmoins les ordres donnés. Une tempête c'est encore du bruit.

Il voulut monter son cheval le plus impétueux et le plus rapide, et se livra à la chasse avec une sorte de fureur.

Il y eut même un moment où, emporté par son ardeur

et l'ardeur de son cheval, il dépassa tous ceux qui le suivaient, perdit la chasse de vue et s'égara dans la forêt.

Les nuages s'amoncelaient au ciel, de sourds grondemens retentissaient au loin. L'orage allait éclater.

Henri, penché sur son cheval écumant, dont il n'essayait pas de ralentir la course, mais qu'il pressait plutôt de la voix et de l'éperon, allait, allait, plus vite que le vent, parmi les arbres et les pierres; ce galop vertigineux lui plaisait, et il riait tout haut et tout seul.

Pendant quelques instans, il avait oublié.

Tout à coup son cheval se cabra, effrayé; un éclair venait de déchirer la nue, et le fantôme soudain d'une de ces roches blanches qui abondent dans la forêt de Fontainebleau s'était dressé à l'angle d'un sentier.

Le tonnerre en éclatant redoubla la peur du cheval ombrageux. Il s'élança tout effaré. Son brusque mouvement en arrière avait cassé la bride près du mors. Henri n'en était plus maître.

Alors commença une course furieuse, terrible, insensée.

Le cheval à la crinière raidie, aux flancs fumans, aux jarrets d'acier, fendait l'air comme une flèche.

Le roi, penché sur son cou pour ne pas tomber, les cheveux hérissés, les habits au vent, cherchait vainement à reprendre la bride qui lui eût d'ailleurs été inutile.

Si quelqu'un les eût vu passer ainsi dans la tempête, il les eût pris à coup sûr pour une vision infernale et n'eût pensé qu'à faire le signe de la croix.

Mais personne n'était même là! pas une âme vivante, pas une chaumière habitée. Cette dernière chance de salut qu'offre à l'homme en péril la présence de son semblable, manquait au cavalier couronné.

Pas un bûcheron, pas un mendiant, pas un braconnier, pas un voleur pour sauver ce roi!

Et la pluie ruisselante, et les coups de plus en plus rapprochés de la foudre, accéléraient de plus en plus le galop éperdu du cheval terrifié.

Henri, de ses yeux égarés, tâchait vaguement de reconnaître le sentier de la forêt que suivait sa course mortelle.

Il se reconnut à certaine éclaircie d'arbres, et il frémit.

Le sentier menait droit au sommet d'une roche escarpée, qui surplombait à pic sur un trou profond, un abîme!

Le roi s'efforça d'arrêter le cheval de la main, de la voix. Rien n'y fit.

Se laisser tomber, c'était aller se briser le front sur quelque tronc d'arbre ou quelque saillie de granit. Mieux valait n'employer qu'au dernier moment cette ressource désespérée.

Mais en tout cas, Henri se sentait perdu, et déjà recommandait à Dieu son âme pleine de remords et pleine d'épouvante.

Il ne savait même pas au juste à quel endroit du sentier il se trouvait, et si le précipice était près ou loin.

Mais il devait être près, et le roi, à tous risques, allait se laisser glisser à terre...

En jetant devant lui un dernier regard au loin, il aperçut, au bout du sentier, un homme, à cheval comme lui, mais arrêté à l'abri sous un chêne.

Cet homme, il ne pouvait le reconnaître à cette distance. D'ailleurs, un manteau long et un chapeau à larges bords cachaient ses traits et sa tournure. Mais c'était sans nul doute quelque gentilhomme égaré aussi dans la forêt.

Dès-lors Henri était sauvé. Le sentier était étroit, et l'inconnu n'avait qu'à pousser son cheval en avant pour barrer le passage à celui du roi, ou seulement à allonger la main pour l'arrêter dans sa course.

Rien de plus facile, et, quand même il y aurait eu à cela quelque danger, l'homme, en reconnaissant le roi, ne devait pas hésiter à courir ce danger pour sauver son maître.

En vingt fois moins de temps qu'on n'en met à lire ceci, les trois ou quatre cents pas qui séparaient Henri de son sauveur avaient été franchis.

Henri, pour l'avertir, jeta vers lui un cri de détresse en agitant son bras levé.

L'homme le vit et fit un mouvement. Il s'apprêtait sans doute.

Mais, ô terreur! le cheval emporté passa devant lui sans que l'étrange cavalier fît pour le retenir le plus imperceptible geste.

Il sembla même s'être un peu reculé pour éviter tout choc possible.

Le roi poussa un second cri non plus d'appel et de prière, celte fois, mais de rage et de désespoir.

Cependant il croyait sentir sous les pieds de fer de son cheval sonner la pierre et non plus le sol.

Il était arrivé au rocher fatal.

Il prononça le nom de Dieu, dégagea son pied de l'étrier, et, à tout hasard, se laissa aller à terre.

La secousse l'envoya rouler à quinze pas de là. Mais, par un vrai miracle, il tomba sur un tertre de mousse et d'herbe, et ne se fit point de mal. Il était temps! l'abîme s'ouvrait à vingt pas de là.

Quant à son cheval, étonné de ne plus sentir son fardeau, il parut ralentir un peu son élan; si bien qu'arrivé sur le bord du gouffre, il eut le temps de le mesurer, et, par un dernier instinct, de se rejeter violemment en arrière, l'œil agrandi, les naseaux fumans, la crinière échevelée.

Mais si le roi l'eût monté encore, ce temps subit d'arrêt l'eût justement précipité dans l'abîme.

Aussi, après avoir élevé vers Dieu, qui l'avait si évidemment protégé, une fervente action de grâce; après avoir rejoint, calmé et remonté son cheval, la première pensée de Henri fut de courir, plein de colère, sur cet homme qui, sans l'intervention divine, l'eût laissé si lâchement périr.

L'inconnu était resté à la même place, toujours immobile sous les plis de son manteau noir.

— Misérable! lui cria en s'approchant le roi quand il fut à portée de se faire entendre. N'as-tu pas vu mon danger? Ne m'as-tu pas reconnu, régicide? Et, quand ce n'eût pas été ton roi, ne devais-tu pas sauver tout homme en un tel péril, puisque tu n'avais pour cela qu'à étendre le bras, infâme!

L'homme ne bougea pas, ne répondit pas; il releva seulement un peu sa tête que dérobait aux yeux de Henri son large feutre.

Le roi frémit en reconnaissant la figure pâle et morne de Gabriel. Dès lors, il se tut, et, courbant le front:

— Le comte de Montgommery! murmura-t-il tout bas, alors je n'ai rien à dire.

Et, sans ajouter une parole, il donna de l'éperon à son cheval, et rentra au galop dans la forêt.

— Il ne me tuerait pas, se disait-il pris d'un frisson mortel, mais il paraît qu'il me laisserait mourir.

Pour Gabriel, resté seul, il se répéta avec un sourire lugubre.

— Je sens ma proie venir et l'heure s'approcher.

LXXXIII.

ENTRE DEUX DEVOIRS.

Les contrats de mariage d'Élisabeth et de Marguerite de France devaient être signés le 28 juin au Louvre. Le roi, dès le 25, était donc de retour à Paris, plus triste et plus préoccupé que jamais.

Depuis cette dernière apparition de Gabriel surtout, sa vie était devenue un supplice. Il fuyait la solitude et voulait constamment des distractions à la sombre pensée dont il était pour ainsi dire possédé.

Il n'avait cependant parlé non plus de cette seconde rencontre à personne. Mais il avait à la fois envie et peur de s'épancher là-dessus avec quelqu'un de dévoué et de fidèle. Car pour lui il ne savait plus que croire et que résoudre, et l'idée funeste, à force d'être regardée par lui en face, s'était entièrement brouillée dans son esprit.

Il se décida à s'en ouvrir avec Diane de Castro.

Diane avait certainement revu Gabriel ; c'était de chez elle que le jeune comte sortait, sans nul doute, quand il l'avait vu la première fois. Diane savait donc peut-être ses desseins. Elle pouvait, elle devait ou rassurer sur ce point ou prévenir son père ! Et Henri, malgré les doutes amers dont il était sans cesse assailli, ne croyait pas sa fille bien-aimée coupable ou complice d'une trahison envers lui.

Un secret instinct semblait l'avertir que Diane n'était pas moins troublée que lui. Madame de Castro, en effet, si elle ignorait les deux chocs étranges qui venaient d'avoir lieu déjà entre les destinées du roi et de Gabriel, ignorait aussi ce qu'était devenu depuis quelques jours ce dernier. André, qu'elle avait envoyé plusieurs fois à l'hôtel de la rue des Jardins-Saint-Paul pour y prendre des informations, n'en avait rapporté aucune. Gabriel avait de nouveau disparu de Paris. Nous l'avons vu sur les traces du roi à Fontainebleau.

Dans l'après-midi du 26 juin, Diane était seule, toute pensive, dans sa chambre. Une de ses femmes, accourant précipitamment, lui annonça la visite du roi.

Henri était grave comme à son ordinaire. Après les premiers complimens, il entra tout de suite en matière, comme pour se débarrasser d'abord de ces importuns soucis.

— Ma chère Diane, dit-il en plongeant ses yeux dans les yeux de sa fille, il y a bien longtemps que nous n'avons parlé ensemble de monsieur le vicomte d'Exmès, qui a pris maintenant le titre de comte de Montgommery. Y a-t-il aussi longtemps que vous ne l'avez vu, dites ?

Diane, au nom de Gabriel, pâlit et frémit. Mais se remettant de son mieux :

— Sire, répondit-elle, j'ai revu une seule fois monsieur d'Exmès depuis mon retour de Calais.

— Et où l'avez-vous vu, Diane ? demanda le roi.

— Au Louvre, ici même, Sire.

— Il y a quinze jours environ, n'est-il pas vrai ? dit Henri.

— En effet, Sire, répondit madame de Castro, il peut y avoir quinze jours.

— Je m'en doutais, reprit le roi.

Il fit une pause comme pour reconnaître ses nouvelles pensées...

Diane le regardait avec attention et crainte, en essayant de deviner le motif de cet interrogatoire inattendu.

Mais la physionomie sérieuse de son père lui parut impénétrable.

— Sire, excusez-moi, dit-elle alors rassemblant tout son courage, oserai-je demander à Votre Majesté pourquoi, après le long silence qu'elle a en effet gardé avec moi sur celui qui m'a sauvé à Calais de l'infamie, aujourd'hui, à cette heure, elle me fait l'honneur de cette visite tout exprès, j'imagine, pour me questionner sur son compte ?

— Vous désirez le savoir, Diane ? dit le roi.

— Sire, j'ai cette audace, reprit-elle.

— Soit donc, vous saurez tout, poursuivit Henri, et je souhaite que ma confiance invite et provoque la vôtre. Vous m'avez dit souvent que vous m'aimiez, mon enfant ?

— Je l'ai dit et je le répète, Sire, s'écria Diane ; je vous aime comme mon roi, comme mon bienfaiteur et comme mon père.

— Je puis tout révéler à ma tendre et loyale fille, dit le roi ; or, écoutez-moi bien, Diane.

— Je vous écoute avec toute mon âme, Sire.

Henri raconta alors ses deux rencontres avec Gabriel : la première dans la galerie du Louvre, la seconde dans la forêt de Fontainebleau. Il dit à Diane l'étrange attitude de rébellion muette qu'avait gardée le jeune homme, et comment la première fois il n'avait pas voulu saluer son roi, comment la seconde il n'avait pas voulu le sauver.

Et Diane à ce récit ne sut point dissimuler sa tristesse et son effroi. Le conflit qu'elle redoutait tant entre Gabriel et le roi s'était déjà produit dans deux occasions, et pouvait se reproduire plus dangereux et plus terrible encore.

Henri, sans paraître s'apercevoir de l'émotion de sa fille, termina en disant :

— Ce sont là de graves offenses, n'est-il pas vrai, Diane ? Ce sont presque des crimes de lèse-majesté ! Et cependant, j'ai caché à tous ces injures et dissimulé mon ressentiment, parce que ce jeune homme a souffert à cause de moi dans le temps, malgré les glorieux services qu'il avait rendus à mon royaume, et dont il aurait dû sans doute être mieux récompensé...

Et fixant sur Diane son regard pénétrant :

— J'ignore, continua le roi, je veux ignorer, Diane, si si vous avez eu connaissance de mes torts envers monsieur d'Exmès ; je veux seulement que vous sachiez que mon silence m'a été dicté par le sentiment et le regret de ces torts... Mais ce silence n'est-il pas imprudent aussi ? Ces outrages ne m'en présagent-ils pas d'autres plus graves encore ? Ne dois-je pas enfin prendre garde à monsieur d'Exmès ? C'est là-dessus, Diane, que j'ai voulu amicalement venir vous consulter.

— Je vous remercie de cette confiance, Sire, répondit douloureusement madame de Castro, ainsi placée entre les devoirs de deux affections.

— Cette confiance est toute naturelle, Diane, reprit le roi. Eh bien ?... ajouta-t-il, voyant que sa fille hésitait.

— Eh bien ! Sire, reprit Diane avec effort, je crois que Votre Majesté a raison... et qu'elle agira peut-être sagement... en faisant attention à monsieur d'Exmès...

— Pensez-vous donc, Diane, que ma vie coure des dangers ? dit Henri.

— Oh ! je ne dis pas cela, Sire ! s'écria Diane vivement. Mais enfin monsieur d'Exmès paraît avoir été blessé profondément, et l'on peut craindre...

La pauvre Diane s'arrêta toute tremblante et le front baigné de sueur. Cette espèce de dénonciation, que lui arrachait la contrainte morale, répugnait à ce noble cœur.

Mais Henri interpréta sa souffrance d'une toute autre façon.

— Je vous comprends Diane ! dit-il en se levant et en marchant à grands pas dans la chambre. Oui, je le pressentais bien ; vous voyez, il faut que je me défie de ce jeune homme... Mais vivre sans cesse avec cette épée de Damoclès sur ma tête, c'est impossible. Les rois ont d'autres obligations que les autres gentilshommes. Je vais faire en sorte que l'on s'assure de monsieur d'Exmès.

Et il fit un pas comme pour sortir ; mais Diane se jeta au devant de lui.

Quoi ! Gabriel allait être accusé, livré, fait prisonnier peut-être ! Et c'était elle, Diane, qui l'aurait trahi !... Elle ne put supporter cette idée. Après tout, les paroles de Gabriel n'avaient pas été si menaçantes !...

— Sire, un moment !... s'écria-t-elle. Vous vous méprenez, je vous jure que vous vous méprenez ! Je n'ai pas dit le moins du monde qu'il y eût péril pour votre tête deux fois sacrée. Rien, dans les confidences de monsieur d'Exmès, n'a pu me faire supposer la pensée d'un crime. Sans cela, grand Dieu ! ne vous aurais-je pas tout révélé ?

— C'est juste, dit Henri en s'arrêtant. Mais alors que vouliez-vous dire, Diane ?

— Je voulais dire seulement, Sire, que Votre Majesté ferait bien d'éviter autant que possible ces rencontres fâcheuses où un sujet offensé pourrait oublier le respect dû à son roi. Mais d'un manque de respect à un régicide, il y a loin, Sire. Sire, serait-il digne de vous de réparer un premier tort par une autre iniquité ?...

— Non, certes, ce n'était point mon intention, dit le roi ; la preuve en est que je me suis tû. Et puisque vous dissipez mes soupçons, Diane, que vous répondez de ma sûreté devant votre conscience et Dieu, et que, selon vous, je puis être tranquille...

— Être tranquille ! interrompit Diane en frémissant.

Mais je ne me suis pas non plus avancée jusques là, Sire. De quelle terrible responsabilité m'accablez-vous? Votre Majesté devra peut-être au contraire veiller, se tenir sur ses gardes...

— Non, dit le roi, je ne puis toujours craindre et toujours trembler? Depuis deux semaines je n'existe plus. Il faut en finir. De deux choses l'une : ou, confiant en votre parole, Diane, je vais m'abandonner tranquille à mon sort et à ma vie, penser au royaume et non à mon ennemi, ne plus du tout m'occuper enfin du vicomte d'Exmès ; ou bien je vais faire mettre l'homme qui m'en veut hors d'état de me nuire, dénoncer à qui de droit ses insultes, et, trop haut placé et trop fièrement inspiré pour me défendre moi-même, laisser ce soin à ceux dont le devoir est de garder ma personne.

— Qui sont donc ceux-là, Sire? demanda Diane.

— Mais, dit le roi, monsieur de Montmorency d'abord, connétable et chef de l'armée.

— Monsieur de Montmorency ! répéta Diane en frissonnant.

Ce nom abhorré de Montmorency lui rappelait à la fois tous les malheurs du père de Gabriel, sa longue et dure captivité et sa mort. Si Gabriel, à son tour, tombait entre les mains du connétable, un sort pareil lui était promis, il était perdu !

Diane vit devant les yeux de sa pensée celui qu'elle avait tant aimé plongé dans un cachot sans air, y mourant en une nuit, ou, chose plus terrible ! en vingt ans, et mourant en accusant Dieu, les hommes et surtout Diane, qui, sur quelques paroles incertaines et équivoques, l'aurait lâchement livré.

Rien ne prouvait que la vengeance de Gabriel voulût ou pût atteindre le roi ; il était certain que la rancune de monsieur de Montmorency n'épargnerait pas Gabriel.

Diane, en quelques secondes, se représenta à l'esprit tout cela, et quand le roi, posant définitivement la question, lui demanda :

— Eh bien ! Diane, quel conseil me donnez-vous ? Comme vous pouvez mieux que moi conjecturer les dangers que je cours, votre parole sera ma loi. Dois-je ne plus m'occuper de monsieur d'Exmès, ou m'en occuper au contraire ?

— Sire, répondit Diane qu'effraya l'accent de ces dernières paroles du roi, je n'ai pas à donner à Votre Majesté d'autre conseil que celui de sa conscience. Si tout autre qu'un homme offensé par vous, Sire, vous eût manqué de respect sur votre chemin ou vous eût abandonné traîtreusement à votre danger, vous ne seriez pas venu me consulter, je pense, pour tirer un juste châtiment du coupable. Quelque impérieux motif a donc engagé Votre Majesté au silence du pardon. Or, je ne vois pas de raison pour qu'elle cesse d'agir comme elle a commencé de le faire. Car, enfin, monsieur d'Exmès, si la pensée d'un crime pouvait lui être venue, ne pourrait, ce me semble, attendre deux occasions meilleures que celles qui se sont offertes à lui dans une galerie solitaire du Louvre, et dans la forêt de Fontainebleau, sur le bord d'une fondrière...

— Cela suffit, Diane, dit Henri, et je ne vous demandais pas autre chose. Vous avez effacé de mon âme un grave souci, je vous en remercie, chère enfant. Ne parlons plus de ceci. Je vais pouvoir songer en toute liberté d'esprit aux fêtes de nos mariages. Je veux qu'elles soient splendides, je veux aussi que vous y soyez splendide, entendez-vous, Diane ?

— Que Votre Majesté m'excuse, dit Diane, mais je voulais lui demander justement la permission de ne point paraître à ces réjouissances. J'aimerais mieux, s'il faut l'avouer, rester dans ma solitude.

— Eh quoi ! dit le roi, mais ne savez-vous pas, Diane, que ce sera une pompe toute royale ? Il y aura des jeux et des tournois les plus beaux du monde, et je serai moi-même un des tenans de la lice. Quelle affaire peut donc vous écarter de ces spectacles magnifiques, ma fille aimée ?

— Sire, reprit Diane d'un ton grave, j'ai à prier...

OEUV. COMPL. — XIII.

Quelques minutes après, le roi quittait madame de Castro, l'âme allégée d'une partie de ses angoisses.

Mais ces angoisses, il les laissait toutes au cœur de la pauvre Diane.

LXXXIV.

PRÉSAGES.

Le roi, dès-lors, à peu près délivré des inquiétudes qui l'attristaient, pressa de toute son activité les préparatifs de ces fêtes magnifiques qu'il voulait donner à sa bonne ville de Paris, à l'occasion des heureux mariages de sa fille Elisabeth avec Philippe II, et de sa sœur Marguerite avec le duc de Savoie.

Mariages bien heureux, en effet, et qui méritaient certes d'être célébrés par tant de réjouissance ! Le poëte de *don Carlos* a dit de façon qu'il n'y ait plus à le redire où aboutit le premier. Nous allons voir ce qu'amenèrent les préliminaires du second.

Le contrat de ce mariage de Philibert Emmanuel avec la princesse Marguerite de France devait être signé le 28 juin.

Henri annonça que ce 28, et les deux jours suivans, il y aurait aux Tournelles lice ouverte pour tournois et autres jeux chevaleresques.

Et, sous prétexte de mieux honorer les deux époux, mais en réalité dans le but de satisfaire son goût passionné pour ces sortes de joutes, le roi déclara qu'il serait lui-même au nombre des tenans.

Mais le matin du 28 juin, la reine Catherine de Médicis, qui pourtant ne sortait guère en ce temps-là de sa retraite, fit demander avec instance un entretien au roi.

Henri, cela va sans dire, acquiesça tout d'abord à ce désir de sa femme et de sa dame.

Catherine entra tout émue dans la chambre du roi.

— Ah ! cher Sire, s'écria-t-elle, dès qu'elle le vit, au nom de Jésus! je vous en conjure, jusqu'à la fin de ce mois de juin, ne sortez pas du Louvre.

— Et pourquoi cela, madame ? demanda Henri, étonné de ce brusque début.

— Sire, il doit vous arriver malheur ces jours-ci, reprit la Florentine.

— Qui vous a dit cela? fit le roi.

— Votre étoile, Sire, observée cette nuit par moi et mon astrologue italien, avec les signes les plus menaçans de danger, de danger mortel.

Il faut savoir que Catherine de Médicis commençait dès lors à se livrer à ces pratiques de magie et d'astrologie judiciaire, qui, s'il faut en croire les mémoires du temps, lui mentirent rarement dans tout le cours de sa vie.

Mais Henri II était fort incrédule à l'endroit des astres, et répondit à la reine, en riant :

— Eh ! madame, si mon étoile m'annonce un danger, il m'atteindra aussi bien ici que dehors.

— Non, Sire, répondit Catherine, c'est sous le ciel et à l'air libre que le péril vous attend.

— Vraiment ? c'est peut-être alors quelque coup de vent, dit Henri.

— Sire, ne plaisantez pas sur ces choses ! reprit la reine. Les astres sont la parole écrite de Dieu.

— Eh bien ! il faut convenir alors, dit Henri, que l'écriture divine est en général bien obscure et bien embrouillée.

— Comment cela Sire ?

— Les ratures y rendent, je pense, le texte inintelligible ; de telle sorte que chacun peut y déchiffrer à peu près ce qu'il veut. Vous avez vu, n'est-il pas vrai, madame, dans le grimoire céleste, que ma vie était menacée si je quittais le Louvre ?

— Oui, Sire.

— Eh bien! Forcatel y a vu, le mois passé, autre chose. Vous estimez Forcatel, je crois, madame?

— Oui, dit la reine, c'est un savant homme! qui lit déjà là où nous ne faisons encore qu'épeler.

— Apprenez donc, madame, reprit le roi, que Forcatel a lu pour moi, dans vos astres, ce beau vers qui n'a d'autre défaut que d'être inintelligible:

« Si ce n'est Mars, redoutez son image. »

— En quoi cette prédiction infirme-t-elle celle que je vous apporte? dit Catherine.

— Attendez, madame! reprit Henri. J'ai là quelque part ma nativité qui fut composée l'an dernier. Vous rappelez-vous ce qu'elle me présage?

— Mais assez vaguement, Sire.

— D'après cette nativité, madame, il est écrit que je mourrai en duel : ce qui sera rare et nouveau pour un roi, assurément! Mais un duel, ce n'est pas l'image de Mars, il me semble, c'est bien Mars lui-même, à mon humble avis.

— Que concluez-vous, Sire, de ceci? dit Catherine.

— Mais, madame, que, puisque toutes les prédictions sont contradictoires, il est plus sûr de ne croire à aucune d'elles. Ces menteuses se démentent les unes les autres, vous voyez bien!

— Et Votre Majesté quittera le Louvre ces jours-ci? demanda Catherine.

— En toute autre circonstance, dit le roi, je serais heureux, madame, de vous être agréable en y demeurant avec vous. Mais j'ai promis et annoncé publiquement que j'irais à ces fêtes : je dois y aller.

— Au moins, Sire, vous ne descendrez pas dans la lice? reprit Catherine.

— Ici encore, ma parole donnée m'oblige, à mon grand regret, de vous refuser, madame. Mais quel danger y a-t-il dans ces jeux? Je vous suis reconnaissant du fond du cœur de votre sollicitude ; pourtant, laissez-moi vous dire que de telles craintes sont chimériques, et qu'y céder serait faire croire faussement aux périls de ces gentils et plaisans tournois, que je ne veux pas du tout qu'à cause de moi l'on abolisse.

— Sire, reprit Catherine de Médicis vaincue, je suis habituée à céder à votre volonté. Encore aujourd'hui je me résigne, mais avec la douleur et l'effroi dans le cœur.

— Et vous viendrez aux Tournelles, n'est-ce pas, madame? dit le roi en baisant la main de Catherine, ne fût-ce que pour applaudir à mes coups de lance, et vous convaincre par vous-même de l'aveuglement de vos craintes.

— Je vous obéirai jusqu'au bout, Sire, lui dit la reine en se retirant.

Catherine de Médicis assista, en effet, avec toute la cour, moins Diane de Castro, à ce premier tournoi, où, tout le jour, le roi courut des lances contre tout venant.

— Eh bien! madame, les étoiles avaient donc tort! dit-il en riant, le soir, à la reine.

Catherine secoua tristement la tête.

— Hélas! le mois de juin n'est pas fini, dit-elle.

Mais le second jour, 29 juin, ce fut de même : Henri ne quitta pas la lice, et il y eut autant de bonheur que de hardiesse.

— Vous voyez, madame, que les astres se trompaient aussi pour aujourd'hui, dit-il encore à Catherine lorsqu'ils rentrèrent au Louvre.

— Ah! Sire, je n'en redoute que plus le troisième jour! s'écria la reine.

Ce dernier jour des tournois, 30 juin, un vendredi, devait être le plus beau et le plus brillant des trois, et clore dignement ces premières fêtes.

Les quatre tenans étaient :

Le roi, qui portait pour livrée blanc, et noir les couleurs de madame de Poitiers ;

Le duc de Guise, qui portait blanc et incarnat ;

Alphonse d'Este, duc de Ferrare, qui portait jaune et rouge,

Jacques de Savoie, duc de Nemours, qui portait jaune et noir.

« C'étaient là, dit Brantôme, quatre princes des meilleurs hommes d'armes qu'on eût pu trouver, non pas seulement en France, mais en autres contrées. Aussi firent-ils tout ce jour-là merveilles, et ne savait-on à qui donner la gloire, encore que le roi fût un des plus excellens et des adroits à cheval de son royaume. »

Les chances, en effet, se partagèrent belles entre ces quatre habiles et renommés tenans, et les courses se succédaient, la journée s'avançait, sans qu'on pût dire à qui appartiendrait l'honneur du tournoi.

Henri II en était tout animé et tout enfiévré. Il était, dans ces jeux et passes d'armes, comme dans son élément, et il tenait à vaincre là autant peut-être que sur de vrais champs de bataille.

Cependant le soir venait, et les trompettes et clairons sonnèrent la dernière course.

Ce fut monsieur de Guise qui la fournit, et il le fit aux grands applaudissemens des dames et de la foule assemblée.

Puis la reine, qui respirait enfin, se leva.

C'était le signal du départ.

— Quoi! est-ce donc fini? s'écria le roi excité et jaloux. Attendez, mesdames, attendez! n'est-ce pas à mon tour à courir?

M. de Vieilleville fit observer au roi qu'il avait ouvert la lice le premier, que les quatre tenans avaient fourni un pareil nombre de courses, que l'avantage était, il est vrai, resté égal entre eux, et qu'il n'y avait pas de vainqueur ; mais qu'enfin la lice était fermée et la journée finie.

— Eh! reprit Henri avec impatience, si le roi entre le premier, il doit sortir le dernier. Je ne veux pas que cela finisse ainsi. Aussi bien voilà encore deux lances entières.

— Mais, Sire, reprit monsieur de Vieilleville, il n'y a plus d'assaillans.

— Si fait, dit le roi, tenez, celui-là qui a toujours tenu sa visière baissée et n'a pas couru encore. Qui est-ce, Vieilleville?

— Sire, je ne sais pas..... je n'avais pas remarqué, dit Vieilleville.

— Eh! monsieur! dit Henri en s'avançant vers l'inconnu, vous allez, s'il vous plaît, rompre une lance, cette dernière lance avec moi.

L'homme fut un peu de temps sans répondre, puis enfin, d'une voix grave, profonde et émue :

— Que Votre Majesté, dit-il, me permette de refuser cet honneur.

Sans que Henri pût s'en rendre compte, le son de cette voix mêla un trouble étrange à l'impatience fébrile dont il était agité.

— Vous permettre de refuser! non, je ne permets pas cela, monsieur, dit-il avec un mouvement nerveux de colère.

Alors l'inconnu leva silencieusement sa visière.

Et, pour la troisième fois depuis quinze jours, le roi put voir le visage pâle et morne de Gabriel de Montgommery.

LXXXV.

TOURNOI FATAL.

A l'aspect de cette sombre et solennelle figure du jeune comte de Montgommery, le roi avait senti un frémissement de surprise et peut-être de terreur courir par toutes ses veines.

Mais il ne voulut pas s'avouer à lui-même, encore moins laisser voir aux autres, ce premier mouvement qu'il réprima aussitôt. Son âme réagit contre son instinct, et, justement parce qu'il avait eu peur une seconde, il se montra brave et même téméraire.

Gabriel dit une seconde fois de sa voix lente et grave :

— Je supplie Votre Majesté de ne pas persister dans sa volonté !

— J'y persiste cependant, monsieur de Montgommery, répondit le roi.

Henri, la vue éblouie par tant d'émotions contraires, croyait deviner une sorte de défi dans les paroles et l'accent de Gabriel. Effrayé par le retour de ce trouble étrange que Diane de Castro avait un moment dissipé, il se raidissait énergiquement contre sa faiblesse, il voulait en finir avec ces lâches inquiétudes qu'il jugeait indignes de lui, Henri II, un fils de France, un roi !

Il dit donc encore à Gabriel avec une fermeté presque exagérée :

— Apprêtez-vous, monsieur, à courir contre moi.

Gabriel, l'âme aussi bouleversée pour le moins que celle du roi, s'inclina sans répondre.

En ce moment, monsieur de Boisy, le grand-écuyer, s'approcha et dit au roi que la reine l'envoyait conjurer de sa part Sa Majesté de ne plus courir pour l'amour d'elle.

— Répondez à la reine, dit Henri, que précisément c'est pour l'amour d'elle que je veux encore courir cette lance.

Et, se tournant vers monsieur de Vieilleville :

— Allons ! monsieur de Vieilleville, armez-moi sur-le-champ, dit-il.

Dans sa préoccupation, il demandait à monsieur de Vieilleville un service qui rentrait dans les attributions de la charge du grand-écuyer, monsieur de Boisy. Monsieur de Vieilleville surpris le lui fit respectueusement remarquer.

— C'est juste ! dit le roi en se frappant le front. Où donc ai-je la tête ?

Il rencontra le regard froid et immobile de Gabriel, et reprit avec impatience :

— Mais si ? j'avais raison ! Ne faut-il pas que monsieur de Boisy aille achever la commission de la reine et lui reporter mes paroles ? Je savais bien ce que je faisais et ce que disais ! Armez-moi, monsieur de Vieilleville.

— Cela étant, Sire, dit monsieur de Vieilleville, et puisque Votre Majesté veut absolument rompre encore cette dernière lance, je lui ferai observer que c'est à moi de la courir contre elle, et je réclame mon droit. En effet, monsieur de Montgommery ne s'est pas présenté au commencement dans la lice, et n'y est entré que lorsqu'il la croyait fermée.

— Vous avez raison, monsieur, dit vivement Gabriel, et je me retire pour vous céder ma place.

— Mais dans cet empressement du comte de Montgommery à éviter tout combat avec lui, le roi s'obstinait à voir les ménagements insultants d'un ennemi qui s'imaginait lui faire peur.

— Non ! non ! répondit-il à monsieur de Vieilleville en frappant du pied la terre. C'est contre monsieur de Montgommery et non contre un autre que je veux courir cette fois ! et voilà bien assez de délais ! Armez-moi.

Il échangea un regard hautain et fier contre le regard fixe et grave du comte, et, sans rien ajouter, il avança le front pour que monsieur de Vieilleville lui mît l'armet.

Évidemment son destin l'aveuglait.

Monsieur de Savoie vint encore le supplier de quitter le champ au nom de Catherine de Médicis.

Et, comme le roi ne répondait même plus à ses instances, il ajouta tout bas :

— Madame Diane de Poitiers, Sire, m'a dit aussi de vous prévenir en secret de prendre garde avec qui vous alliez disputer cette fois la partie.

Au nom de Diane, Henri tressaillit comme malgré lui, mais réprima encore ce tressaillement.

— Vais-je donc avoir l'air de craindre devant ma dame ! se dit-il.

Et il garda toujours le silence hautain d'un homme importuné et déterminé.

Cependant, monsieur de Vieilleville, tout en l'armant, lui disait de son côté à voix basse :

— Sire, je jure le Dieu vivant qu'il y a plus de trois nuits que je ne puis songer qu'il vous doit arriver quelque malheur aujourd'hui, et que ce dernier juin vous est fatal (1).

Mais le roi ne parut pas même l'avoir entendu : il était déjà armé et il saisit sa lance.

Gabriel tenait la sienne et comparaissait aussi en lice.

Les deux champions montèrent à cheval et prirent champ.

Il se fit alors dans la foule un silence étrange et profond. Tous les yeux étaient attentifs, toutes les respirations suspendues.

Pourtant, le connétable et Diane de Castro étant absents, chacun, à l'exception de madame de Poitiers, ignorait qu'il y eût entre le roi et le comte de Montgommery des motifs de haine et des sujets de vengeance. Nul ne prévoyait clairement à un combat simulé une issue sanglante. Le roi, habitué à ces jeux sans danger, s'était montré cent fois, depuis trois jours, dans l'arène, dans des conditions en apparence semblables à celles qui se présentaient encore.

Et cependant, dans cet adversaire resté mystérieux jusqu'au bout, dans ses refus significatifs de combattre, dans l'obstination aveugle du roi, on sentait vaguement quelque chose d'inusité et de terrible, et, devant ce danger inconnu, on se taisait et on attendait. Pourquoi ? personne n'aurait pu le dire ! Mais un étranger qui fût arrivé en ce moment, à voir l'air de tous les visages, se serait dit : Quelque événement suprême va certainement avoir lieu !

Il y avait de l'effroi dans l'air.

Une circonstance remarquable donna un signe évident de cette disposition sinistre des pensées de la foule :

Aux courses ordinaires, et tant qu'elles durent, les clairons et les trompettes sonnaient de continuelles et étourdissantes fanfares. C'était comme la voix éclatante et joyeuse du tournoi.

Mais lorsque le roi et Gabriel entrèrent dans la lice, les trompettes se turent tout à coup et toutes ensemble ; il n'y en eut plus une seule qui chantât, et, sans qu'on s'en rendit compte, l'attente et l'horreur générales, dans ce silence inaccoutumé, redoublèrent.

Les deux champions, bien plus encore que les assistants, ressentaient ces impressions extraordinaires de trouble qui remplissaient pour ainsi dire l'atmosphère.

Gabriel ne pensait plus, ne voyait plus, ne vivait plus, presque. Il allait machinalement et comme dans un rêve, faisant d'instinct ce qu'il avait déjà fait dans des circonstances pareilles, mais conduit en quelque sorte par une secrète et puissante volonté qui, à coup sûr, n'était pas la sienne.

Le roi était plus passif et plus égaré encore. Il avait aussi devant les yeux une espèce de nuage, et, pour lui-même, avait l'air d'agir et de se mouvoir dans une fantasmagorie inouïe qui n'était ni la réalité ni le songe.

Il y eut toutefois un éclair de sa pensée où il revit nettement et à la fois les prédictions que la reine lui avait apportées l'avant-veille au matin, celles de sa nativité, et celles de Forcatel. Tout à coup, éclairé par je ne sais quelle lueur terrible, il comprit et le sens et les corrélations de ces sinistres augures. Une sueur froide l'inonda de la tête aux pieds. Il eut un instant l'envie de sortir de la lice et de renoncer à ce combat. Mais quoi ! ces milliers d'yeux attentifs pesaient sur lui et le clouaient à sa place !

D'ailleurs, monsieur de Vieilleville venait de donner le signal du départ.

Le sort en est jeté. En avant ! et que Dieu fasse ce qu'il lui plaira !

(1) Mémoires de Vincent Carloix, secrétaire de M. de Vieilleville.

Les deux chevaux partirent au galop, en ce moment plus intelligens et moins aveugles peut-être que leurs lourds cavaliers bardés de fer.

Gabriel et le roi se rencontrèrent au milieu de l'arène. Leurs lances à tous deux se choquèrent et se rompirent sur leurs cuirasses, et ils se dépassèrent sans aucun accident.

Les pressentimens d'épouvante avaient donc eu tort! Il y eut comme un grand murmure de joie qui s'échappa à la fois de toutes les poitrines soulagées. La reine éleva vers Dieu un regard reconnaissant.

Mais on se réjouissait trop tôt!

Les cavaliers, en effet, étaient encore dans la lice. Après avoir touché chacun l'extrémité opposée à celle par où ils étaient entrés, ils devaient revenir au galop à leur point de départ, et, par conséquent, se rencontrer une seconde fois.

Seulement, quel danger pouvait-on craindre encore? ils se croisaient sans se toucher.

Mais soit dans son trouble, soit avec intention, soit par malheur, qui sut jamais la cause hormis Dieu? Gabriel, en revenant, ne jeta pas, selon la coutume, le tronçon de la lance brisée qui lui était resté dans la main. Il le porta baissé devant lui.

Et, en courant, emporté par son cheval lancé au galop, il rencontra au retour avec ce tronçon la tête de Henri II!

La visière du casque fut relevée par la violence du coup, et l'éclat de la lance entra profondément dans l'œil du roi et sortit par l'oreille.

Il n'y eut que la moitié des spectateurs déjà distraits et levés pour le départ qui vit ce coup terrible. Mais ceux-là poussèrent un grand cri qui avertit les autres.

Cependant, Henri avait lâché la bride, s'était attaché au col de son cheval, et avait achevé ainsi la carrière au bout de laquelle le reçurent messieurs de Vieilleville et de Boisy.

— Ah! je suis mort! ce fut la première parole du roi.

Il murmura encore:

— Qu'on n'inquiète pas monsieur de Montgommery!... c'était juste... je lui pardonne.

Et il s'évanouit.

Nous ne peindrons pas le trouble qui suivit. On entraîna Catherine de Médicis à demi morte. Le roi fut transporté sur-le-champ dans sa chambre des Tournelles, sans qu'il eût repris connaissance un seul instant.

Gabriel était descendu de cheval, et restait debout contre la barrière, immobile, pétrifié, et comme frappé lui-même par le coup qu'il avait porté.

Les dernières paroles du roi avaient été entendues et répétées. Nul n'osait donc l'inquiéter. Mais on chuchotait autour de lui, et on le regardait à l'écart avec une sorte d'effroi.

L'amiral de Coligny, qui avait assisté au tournoi, eut seul le courage de s'approcher du jeune homme, et, passant près de lui, à sa gauche, lui dit à voix basse:

— Voilà un accident terrible, ami! Je sais bien que le hasard a tout fait; nos idées et les discours que vous avez entendus, à ce que m'a dit La Renaudie, au conciliabule de la place Maubert, ne sont assurément pour rien dans cette fatalité! N'importe! bien qu'on ne puisse vous accuser d'un accident, soyez sur vos gardes. Je vous donne le conseil de disparaître pour un temps, et de quitter Paris et même la France. Comptez sur moi toujours. Au revoir.

— Merci, répondit Gabriel sans changer d'attitude.

Un triste et faible sourire avait effleuré ses lèvres pâles, tandis que le chef protestant lui parlait.

Coligny lui fit un signe de tête et s'éloigna.

Quelques momens après, le duc de Guise, qui venait de voir emporter le roi, s'avança à son tour du côté de Gabriel en donnant quelques ordres.

Il passa aussi près du jeune comte, à sa droite, et, en passant, lui dit à l'oreille:

— Un coup bien malheureux, Gabriel! Mais on ne peut vous en vouloir: il faut seulement vous plaindre. Voyez donc pourtant! si quelqu'un avait entendu la conversation que nous avons eue aux Tournelles, quelles affreuses conjectures tireraient les méchans de ce simple mais bien funeste hasard! C'est égal, me voici puissant, et je suis tout à vous, vous le savez. Ne vous montrez pas pendant quelques jours, mais ne quittez pas Paris, c'est inutile. Si quelqu'un osait se porter votre accusateur, vous vous souvenez de ce que je vous ai dit: comptez sur moi partout, toujours, et pour quoi que ce soit.

— Merci, monseigneur, dit encore Gabriel du même ton et avec le même mélancolique sourire.

Il était évident que le duc de Guise et Coligny avaient, non une conviction certaine, mais un vague soupçon que l'accident qu'ils feignaient de déplorer n'était pas tout à fait un accident. Au fond, le protestant et l'ambitieux, sans vouloir en convenir vis-à-vis de leur conscience, présumaient bien, celui-ci que Gabriel avait saisi à tout hasard l'occasion de servir la fortune d'un protecteur admiré, celui-là que le fanatisme du jeune huguenot avait pu l'entraîner à délivrer ses frères opprimés de leur persécuteur.

Tous deux s'étaient donc cru obligés de venir dire quelques bonnes paroles à leur discret et dévoué auxiliaire; et voilà pourquoi ils s'étaient rapprochés de lui tour à tour; et voilà pourquoi Gabriel avait accueilli leur double erreur avec ce triste sourire.

Cependant le duc de Guise était rentré dans les groupes troublés qui l'entouraient. Gabriel jeta enfin les yeux autour de lui, vit cette curiosité effrayée dont il était l'objet, soupira et se détermina à s'éloigner du lieu fatal.

Il revint à son hôtel de la rue des Jardins-Saint-Paul, sans que personne l'arrêtât ou l'interpellât même.

Aux Tournelles, la chambre du roi était fermée à tout le monde, excepté à la reine, à ses enfans, et aux chirurgiens accourus pour assister le royal blessé.

Mais Fernel et tous les autres médecins reconnurent bientôt qu'il n'y avait plus d'espoir, et qu'ils ne pourraient sauver Henri II.

Ambroise Paré était à Péronne. Le duc de Guise ne pensa pas à l'envoyer chercher.

Le roi resta quatre jours sans connaissance.

Le cinquième jour, il ne revint un peu à lui que pour donner quelques ordres, pour commander notamment qu'on célébrât sur-le-champ le mariage de sa sœur.

Il vit aussi la reine et lui fit ses recommandations touchant ses enfans et les affaires du royaume.

Puis, la fièvre le prit, le délire, et l'agonie.

Enfin, le 10 juillet 1559, le lendemain du jour où, selon sa dernière volonté, sa sœur Marguerite en larmes avait épousé le duc de Savoie, Henri II expira, après onze longs jours d'agonie.

Le même jour, madame Diane de Castro était partie ou plutôt s'était enfuie pour son ancien couvent des Bénédictines de Saint-Quentin, rouvert depuis la paix de Cateau-Cambrésis.

RÈGNE DE FRANÇOIS II.

LXXXVI.

NOUVEL ÉTAT DES CHOSES.

Pour la favorite comme pour le favori d'un roi, la vraie mort ce n'est pas la mort, c'est la disgrâce.

Le fils du comte de Montgommery devait donc avoir suffisamment vengé sur le connétable et sur Diane de Poitiers l'horrible mort de son père, si, par lui, les deux coupables tombaient de la puissance dans l'exil, et de l'éclat dans l'oubli.

C'est ce résultat que Gabriel attendait encore dans la morne et songeuse solitude de son hôtel, où il s'était enseveli, après le coup fatal du 30 juin. Ce n'était point son propre supplice qu'il redoutait, si Montmorency et sa complice restaient au pouvoir, c'était leur absolution. Et il attendait.

Durant les onze jours d'agonie de Henri II, le connétable de Montmorency avait mis tout en œuvre pour conserver sa part d'influence dans le gouvernement. Il avait écrit aux princes du sang, les exhortant à venir prendre leur place dans le conseil du jeune roi. Ses instances s'étaient adressées surtout à Antoine de Bourbon, roi de Navarre, le plus proche héritier du trône après les frères du roi. Il lui avait mandé de se hâter, et que le moindre délai allait donner à des étrangers une supériorité qu'on ne pourrait plus leur ravir. Enfin, il avait envoyé courrier sur courrier, excité les uns, sollicité les autres, et n'avait négligé rien pour former un parti capable de tenir tête à celui des Guise.

Diane de Poitiers, malgré sa douleur, l'avait aidé de son mieux dans ses efforts ; car sa fortune, à elle aussi, était maintenant attachée à celle de son vieil amant.

Avec lui elle pouvait régner encore, sinon directement, efficacement du moins.

En effet, quand, le 10 juillet 1559, l'aîné des fils de Henri II fut proclamé roi par le héraut d'armes, sous le nom de François II, le jeune prince n'avait que seize ans, et, bien que la loi le déclarât majeur, son âge, son inexpérience et la faiblesse de santé le condamnaient à abandonner pour plusieurs années la conduite des affaires à un ministre plus puissant sous son nom que lui-même.

Or, quel serait ce ministre ou plutôt ce tuteur ? Le duc de Guise ou le connétable ? Catherine de Médicis ou Antoine de Bourbon ?

Là était la question pendante le lendemain du jour de la mort de Henri II.

Ce jour-là, François II devait recevoir à trois heures les députés du parlement. Celui qu'il leur présenterait comme son ministre pouvait, en conscience, être salué par eux comme leur véritable roi.

Il s'agissait donc d'emporter la partie, et le matin de ce 12 juillet, Catherine de Médicis et François de Lorraine s'étaient rendus, chacun de son côté, auprès du jeune roi, sous prétexte de lui apporter leurs condoléances, mais, en réalité, afin de lui souffler leurs conseils.

La veuve de Henri II avait même enfreint, pour ce but important, l'étiquette qui lui ordonnait de rester quarante jours sans se montrer.

Catherine de Médicis, opprimée et laissée à l'écart par son mari, avait senti, depuis douze jours, s'éveiller en elle cette vaste et profonde ambition qui remplit le reste de sa vie.

Mais, puisqu'elle ne pouvait être la régente d'un roi majeur, sa seule chance était de régner par un ministre dévoué à ses intérêts.

Le connétable de Montmorency ne devait pas être ce ministre, il n'avait pas peu contribué sous le précédent règne à écarter l'influence légitime de Catherine, pour y substituer celle de Diane de Poitiers. La reine-mère ne lui pardonnait pas ces menées, et ne songeait plutôt qu'à le punir de ses procédés, toujours durs, et souvent barbares envers elle.

Antoine de Bourbon eût été dans sa main un instrument plus docile. Mais il était de la religion réformée ; mais Jeanne d'Albret, sa femme, était une ambitieuse, elle aussi ; mais enfin son titre de prince du sang, joint à ce pouvoir effectif, pouvait lui inspirer de dangereuses velléités.

Restait le duc de Guise. Seulement, François de Lorraine allait-il reconnaître de bonne grâce l'autorité morale de la reine-mère, ou bien se refuser à tout partage de la puissance ?

C'était ce dont Catherine de Médicis était bien aise de s'assurer. Aussi accepta-t-elle avec joie l'espèce d'entrevue qu'en présence du roi, dans la matinée de ce jour décisif, le hasard avait amenée entre elle et François de Lorraine.

Elle allait trouver ou créer des occasions d'éprouver le Balafré, et de sonder ses dispositions à son égard.

Mais le duc de Guise, de son côté, n'était pas moins habile en politique qu'à la guerre, et il se tint soigneusement sur ses gardes.

Ce prologue avant la pièce se passait au Louvre, dans la chambre royale où François II avait été installé la veille, et n'avait pour acteurs que la reine-mère, le Balafré, le jeune roi, et Marie Stuart.

François et sa jeune reine, à côté de ces ambitions déjà égoïstes et froides de Catherine et du duc de Guise, n'étaient, eux, que des enfans charmans, naïfs et amoureux, dont la confiance devait appartenir au premier venu qui saurait adroitement s'emparer de leurs âmes.

Ils pleuraient sincèrement la mort du roi leur père, et Catherine les trouva tout tristes et désolés.

— Mon fils, dit-elle à François, c'est bien à vous de donner ces larmes à la mémoire de celui que, le premier de tous, vous devez regretter. Vous savez si je partage cette amère douleur ? Cependant, songez aussi que vous n'avez pas seulement des devoirs de fils à remplir. Vous êtes père à votre tour, père de votre peuple ! Après avoir accordé au passé ce légitime tribut de regrets, tournez-vous vers l'avenir. Souvenez-vous enfin que vous êtes roi, mon fils, ou plutôt Votre Majesté, pour me conformer à un langage qui vous rappelle en même temps et vos obligations et vos droits.

— Hélas ! dit François II en secouant la tête, c'est, madame, un bien lourd fardeau que le sceptre de France pour des mains de seize ans, et rien ne m'avait préparé à penser qu'un tel poids dût accabler sitôt ma jeunesse sans expérience et sans gravité.

— Sire, reprit Catherine, acceptez, avec résignation et reconnaissance à la fois, la charge que Dieu vous impose ; ce sera ensuite à ceux qui vous entourent et qui vous aiment à l'alléger de tout leur pouvoir, et à joindre leurs efforts aux vôtres pour vous aider à la soutenir dignement.

— Madame... je vous remercie... murmura le jeune roi embarrassé de la réponse à faire à ces avances.

Et machinalement il tournait ses regards du côté du duc de Guise comme pour demander des conseils à l'oncle de sa femme.

Au premier pas dans la royauté, et même vis-à-vis de sa mère, le pauvre adolescent couronné sentait déjà instinctivement des embûches sur son chemin.

Mais le duc de Guise lui dit alors sans hésiter :

— Oui, sire, Votre Majesté a raison ; remerciez avec effusion la reine de ses bonnes et encourageantes paroles. Mais ne vous contentez pas de la remercier. Dites-lui aussi avec hardiesse que parmi ceux qui vous aiment et que vous aimez, elle est au premier rang entre toutes, et, par ainsi, vous devez compter et vous comptez sur son efficace et maternel concours dans la tâche difficile que vous êtes appelé si jeune à remplir.

— Mon oncle de Guise a été l'interprète fidèle de mes pensées, madame, dit alors tout ravi le jeune roi à sa mère, et si, de peur de les affaiblir, je ne vous répète point ses expressions, tenez-les cependant pour dites par moi-même, madame et mère bien aimée, et daignez promettre à ma faiblesse votre précieux appui.

La reine-mère avait jeté déjà au duc de Guise un coup d'œil de bienveillance et d'assentiment.

— Sire, répondit-elle à son fils, le peu de lumières que je possède est à vous, et je serai heureuse et fière chaque fois que vous me consulterez. Mais je ne suis qu'une femme, et il faut à côté de votre trône un défenseur qui puisse tenir une épée. Ce bras fort, cette énergie virile, Votre Majesté saura les trouver sans doute parmi ceux-là mêmes que l'alliance et la parenté font ses soutiens naturels.

Catherine de Médicis payait tout de suite au duc de Guise sa dette de bons procédés.

Ce fut entre eux comme un pacte muet conclu par un seul regard, mais qui, avouons-le, n'était sincère ni d'un côté ni de l'autre, et ne devait pas, on le verra, être fort durable.

Le jeune roi comprit sa mère, et, encouragé par un regard de Marie, tendit sa main timide au Balafré.

Dans ce serrement de main, il lui donnait le gouvernement de la France.

Toutefois Catherine de Médicis ne voulut pas laisser son fils s'engager trop avant, jusqu'à ce que le duc de Guise lui eût donné à elle-même des gages certains de son bon vouloir.

Elle devança donc le jeune roi, qui allait probablement confirmer par quelque promesse formelle son geste de confiance, et prit la parole la première :

— En tout cas, avant que vous ayez un ministre, Sire, dit-elle, votre mère a non pas une faveur à vous demander, mais une réclamation à vous faire.

— Dites un ordre à me donner, madame, répondit François II. Parlez, je vous prie.

— Eh bien ! mon fils, reprit Catherine, il s'agit d'une femme qui m'a fait beaucoup de mal, et en a fait plus encore à la France. Ce n'est pas à nous à blâmer les faiblesses de celui qui nous est plus que jamais sacré. Mais enfin votre père n'est malheureusement plus, Sire; sa volonté ne règne plus dans ce château, et cependant cette femme, que je ne veux même pas nommer, ose y demeurer encore et m'inflige jusqu'au bout l'insulte de sa présence. Pendant la longue léthargie du roi, on lui avait déjà représenté qu'il n'était pas convenable qu'elle restât au Louvre. — Le roi est-il mort ? a-t-elle demandé. — Non, il respire encore. — Eh bien ! personne que lui n'a d'ordre à me donner. Et elle est impudemment restée.

Le duc de Guise interrompit avec respect la reine-mère et se hâta de dire :

— Pardon, madame ; mais je crois connaître les intentions de Sa Majesté au sujet de celle dont vous parlez.

Et, sans autre préambule, il frappa sur un timbre pour appeler. Un valet parut.

— Qu'on fasse prévenir madame de Poitiers, lui dit-il, que le roi veut lui parler à l'instant.

Le valet s'inclina et sortit pour accomplir l'ordre.

Le jeune roi ne paraissait pas le moins du monde s'étonner ou s'inquiéter de cette autorité qu'on prenait ainsi de ses mains sans son aveu. Le fait qu'il était ravi de tout ce qui pouvait diminuer sa responsabilité et lui épargner la peine d'ordonner et d'agir.

Toutefois, le Balafré voulut donner à sa démarche la sanction de l'acquiescement royal.

— Je ne crois pas trop présumer, n'est-ce pas, Sire, reprit-il, en me disant certain des désirs de Votre Matesté sur cette question ?

— Non, certes, notre cher oncle, reprit François avec empressement. Allez ! faites ! je sais d'avance que ce que vous ferez sera bien fait.

— Et ce que vous dites est bien dit, mon mignon, glissa doucement Marie Stuart à l'oreille de son mari.

François rougit de satisfaction et d'orgueil. Pour un mot, pour un regard d'approbation de sa Marie adorée, il eût, à vrai dire, compromis et livré tous les royaumes de la terre.

La reine-mère attendait avec une curiosité impatiente le parti qu'allait prendre le duc de Guise.

Elle crut cependant devoir ajouter, autant pour remplir le silence que pour mieux marquer son intention :

— Celle que venez de mander, Sire, peut bien d'ailleurs, ce me semble, laisser le Louvre sans partage à la seule reine légitime du passé, aussi bien qu'à la charmante reine du présent, ajouta-t-elle en s'inclinant gracieusement vers Marie Stuart. L'opulente et belle dame n'a-t-elle pas pour refuge et consolation son superbe château royal d'Anet,

plus royal et plus superbe, certes, que ma simple maison de Chaumont-sur-Loire.

Le duc de Guise ne répondit rien, mais il nota dans son esprit cette insinuation.

Il faut l'avouer, il ne détestait pas moins Diane de Poitiers que ne le faisait Catherine de Médicis. C'est madame de Valentinois qui, jusque-là, pour p'aire à son connétable, avait entravé de tout son pouvoir la fortune et les desseins du Balafré ; c'est elle qui l'eût, sans doute, à tout jamais relégué dans l'ombre, si la lance de Gabriel n'eût brisé, avec la vie de Henri II, le pouvoir de l'enchanteresse.

Mais le jour de la revanche était arrivé enfin pour François de Lorraine, et il savait aussi bien haïr qu'il savait aimer.

Dans ce moment, l'huissier annonça à haute voix :

— Madame la duchesse de Valentinois.

Diane de Poitiers entra, évidemment troublée, mais hautaine encore.

LXXXVII.

SUITES DES VENGEANCES DE GABRIEL.

Madame de Valentinois s'inclina légèrement devant le jeune roi, plus légèrement encore devant Catherine de Médicis et Marie Stuart, et ne parut même pas s'apercevoir de la présence du duc de Guise.

— Sire, dit-elle, Votre Majesté m'a fait ordonner de comparaître devant elle...

Elle s'arrêta. François II, à la fois irrité et troublé par la fière attitude de l'ex-favorite, hésita, rougit, et finit par dire :

— Notre oncle de Guise a bien voulu se charger de vous faire connaître nos intentions, madame.

Et il se remit à causer à voix basse avec Marie Stuart.

Diane se retourna lentement vers le Balafré, et voyant le sourire fin et moqueur qui errait sur ses lèvres, essaya d'y opposer le plus impérieux de ses regards de Junon courroucée.

Mais le Balafré était beaucoup moins facile à intimider que son royal neveu.

— Madame, dit-il à Diane après un profond salut, le roi a su le chagrin sincère que vous avait causé le terrible malheur qui nous a frappés tous. Il vous en remercie. Sa Majesté croit aller au-devant de votre plus cher désir en vous permettant de quitter la cour pour la solitude. Vous pourrez partir aussitôt que vous le jugerez convenable, ce soir par exemple.

Diane dévora une larme de rage dans son œil enflammé.

— Sa Majesté remplit en effet mon souhait intime, dit-elle. Qu'aurais-je à faire ici maintenant ? Je n'ai rien tant à cœur que de me retirer dans mon exil, et cela, monsieur, le plus tôt possible, soyez tranquille !

— Tout est donc pour le mieux, reprit légèrement le duc de Guise en jouant avec les nœuds de son manteau de velours. Mais, madame, ajouta-t-il plus sérieusement et en donnant à sa parole l'accent et la signification d'un ordre, votre château d'Anet, que vous tenez des bontés du feu roi, est peut-être une retraite trop mondaine, bien ouverte et bien joyeuse pour une solitaire désolée comme vous. Voici donc madame la reine Catherine qui vous offre en échange son château de Chaumont-sur-Loire, plus éloigné de Paris, et partant plus conforme à vos goûts et à vos besoins du moment, je présume. Il sera mis à votre disposition dès que vous le souhaiterez.

Madame de Poitiers comprit fort bien que cet échange prétendu déguisait seulement une confiscation arbitraire. Mais que faire ? comment résister ? Elle n'avait plus ni crédit, ni pouvoir ! Tous ses amis de la veille étaient ses ennemis du jour ! Il fallait céder en frémissant. Elle céda.

— Je serai heureuse, dit-elle d'une voix sourde, d'offrir à la reine le magnifique domaine que je dois en effet à la générosité de son noble époux.

— J'accepte cette réparation, madame, dit sèchement Catherine de Médicis en jetant à Diane un froid regard, et un regard reconnaissant au duc de Guise.

Il semblait que ce fût lui qui fît présent d'Anet.

— Le château de Chaumont-sur-Loire est à vous, madame, ajouta-t-elle, et sera mis en état de recevoir dignement sa nouvelle propriétaire.

— Et là, poursuivit le duc de Guise pour opposer du moins une innocente raillerie aux furieux coups d'œil dont le foudroyait Diane, là, dans le calme, vous pourrez, madame, vous reposer à loisir des fatigues que vous ont occasionnées, m'a-t-on dit, durant ces derniers jours, les nombreuses correspondances et conférences tenues par vous de concert avec monsieur de Montmorency...

— Je ne croyais pas mal servir celui qui alors encore était le roi, reprit Diane, en m'entendant avec le grand homme d'État, le grand homme de guerre de son règne, pour tout ce qui concernait le bien du royaume.

Mais, dans son empressement à rendre un mot piquant pour un mot piquant, madame de Poitiers ne songeait pas qu'elle fournissait des armes contre elle-même, et rappelait à la rancune de Catherine de Médicis son autre ennemi, le connétable.

— C'est vrai, dit l'implacable reine-mère, monsieur de Montmorency a rempli de sa gloire et de ses travaux deux règnes tout entiers ! et il est bien temps, mon fils, ajouta-t-elle en s'adressant au jeune roi, que vous songiez à lui assurer aussi l'honorable retraite qu'il a si laborieusement gagnée.

— Monsieur de Montmorency, reprit Diane avec amertume, s'attend certes à cette récompense de ses longs services ! Il était chez moi tout à l'heure quand Sa Majesté m'a demandée. Il y doit être encore, je vais l'y rejoindre et lui annoncer les bonnes dispositions où l'on est à son égard ; il va pouvoir venir présenter tout de suite au roi ses remerciemens avec ses adieux. Et il est homme, lui, il est connétable, il est un des puissans seigneurs du royaume ! sans nul doute, il trouvera tôt ou tard l'occasion de témoigner mieux que par des paroles sa profonde reconnaissance à un roi si pieux envers le passé, et aux nouveaux conseillers qui concourent si activement à l'œuvre de justice et d'intérêt public qu'il veut accomplir.

— Une menace ! se dit le Balafré. La vipère se redresse encore sous le talon. Eh bien, tant mieux ! j'aime mieux cela !

— Le roi est toujours prêt à recevoir monsieur le connétable, reprit la reine-mère toute pâle d'indignation. Et, si monsieur le connétable a des réclamations ou des observations à adresser à Sa Majesté, il n'a qu'à venir ! on l'écoutera, et, comme vous dites, madame, on lui fera justice.

— Je vais l'envoyer, repartit madame de Poitiers d'un air de défi.

Elle fit de nouveau au roi et aux deux reines son salut superbe, et sortit, le front haut mais l'âme brisée, l'orgueil sur le visage et la mort dans le cœur.

Si Gabriel eût pu la voir, il se fût trouvé déjà assez vengé d'elle.

Catherine de Médicis elle-même, au prix de cette humiliation, consentait à ne plus autant en vouloir à Diane !...

Seulement la reine-mère avait remarqué avec inquiétude qu'au nom du connétable le duc de Guise s'était tû, et n'avait plus relevé les insolentes provocations de madame de Poitiers.

Le Balafré craignait-il donc monsieur de Montmorency et voulait-il le ménager ? Conclurait-il au besoin une alliance avec ce vieil ennemi de Catherine ?

Il était important pour la Florentine de savoir à quoi s'en tenir là-dessus avant de laisser tomber sans résistance le pouvoir aux mains de François de Lorraine.

Donc, pour le sonder et pour sonder en même temps le roi, elle reprit après la sortie de Diane :

— Madame de Poitiers est bien impertinente, et paraît bien forte avec son connétable ! Au fait, il est certain que si vous rendez à monsieur de Montmorency quelque autorité, mon fils, ce sera donner à madame Diane la moitié de cette autorité.

Le duc de Guise garda encore le silence.

— Quant à moi, poursuivit Catherine, si j'ai un avis à ouvrir à Votre Majesté, c'est celui de ne pas partager votre confiance entre plusieurs, c'est d'avoir pour seul ministre ou monsieur de Montmorency, ou votre oncle de Guise, ou votre oncle de Bourbon, à votre choix. Mais l'un ou l'autre et non pas les uns et les autres. Une seule volonté dans l'État, avec celle du roi conseillé par le petit nombre de personnes qui n'ont intérêt qu'à son salut et à sa gloire... n'est-ce pas là votre opinion, monsieur de Lorraine ?

— Oui, madame, si c'est la vôtre, répondit le duc de Guise comme avec condescendance.

— Allons ! se dit Catherine, je devinais juste ! il pensait à s'appuyer sur le connétable. Mais entre lui et moi il faut qu'il se décide, et je ne crois pas qu'il y ait lieu d'hésiter.

— Il me semble, monsieur de Guise, reprit-elle tout haut, que vous devez d'autant mieux partager mon avis qu'il vous sert ; car, le roi connaît ma pensée, ce n'est ni le connétable de Montmorency, ni Antoine de Navarre que je lui voudrais pour conseiller. Et, quand je me déclare pour l'exclusion, ce n'est pas contre vous que je me déclare.

— Madame, dit le duc de Guise, croyez, en même temps qu'à ma profonde reconnaissance, à mon dévouement non moins exclusif.

Le fin politique appuya sur ces derniers mots comme s'il eût pris son parti et sacrifié décidément le connétable à Catherine.

— A la bonne heure ! reprit la reine-mère. Quand ces messieurs du parlement vont arriver, il est bien qu'ils trouvent parmi nous cette rare et touchante unanimité de vues et de sentimens.

— C'est moi surtout qui suis réjoui de ce bon accord ! s'écria le jeune roi en battant des mains. Avec ma mère pour conseiller et mon oncle pour ministre, je commence à me réconcilier avec cette royauté qui m'effrayait tant d'abord.

— Nous gouvernerons en famille, ajouta gaîment Marie Stuart.

Catherine de Médicis et François de Lorraine souriaient à ces espérances ou plutôt à ces illusions de leurs jeunes souverains. Chacun d'eux avait pour le moment ce qu'il souhaitait, lui, la certitude que la reine-mère ne s'opposerait pas à ce que la toute-puissance lui fût confiée ; elle, la croyance que le ministre partagerait cette toute-puissance avec elle.

Cependant, on annonça monsieur de Montmorency.

Le connétable, il faut le dire, fut d'abord plus digne et plus calme que madame de Valentinois. Sans doute aussi il avait été prévenu par elle et voulait du moins tomber avec honneur.

Il s'inclina respectueusement devant François II, et prit le premier la parole.

— Sire, dit-il, je me doutais bien d'avance que le vieux serviteur de votre père et de votre aïeul aurait près de vous peu de faveur. Je ne me plains pas de ce revirement de fortune que j'avais prévu. Je me retire sans un murmure. Si jamais le roi ou la France ont encore besoin de moi, on me trouvera à Chantilly, sire, et mes biens, mes enfans, ma propre vie, tout ce que je possède sera toujours au service de Votre Majesté.

Cette modération parut toucher le jeune roi, qui, plus embarrassé que jamais, se tourna vers sa mère avec une sorte de détresse.

Mais le duc de Guise, pressentant bien que sa seule intervention allait faire tourner en colère la réserve du vieux connétable, dit alors avec les formes de la plus excessive politesse :

— Puisque monsieur de Montmorency quitte la cour, il voudra bien, je pense, remettre, avant son départ, à Sa Majesté, le cachet royal que lui avait confié le feu roi et dont nous avons besoin dès aujourd'hui.

Le Balafré ne s'était pas trompé. Ces simples paroles excitèrent au plus haut point l'ire du jaloux connétable.

— Ce cachet, le voici ! dit-il avec aigreur en le tirant de dessous son pourpoint. J'allais, sans qu'il fût besoin de m'en prier, le rendre à Sa Majesté ; mais Sa Majesté, je le vois, est entourée de gens disposés à lui conseiller l'affront envers ceux qui n'auraient droit qu'à la reconnaissance.

— De qui veut parler monsieur de Montmorency ? demanda d'un air hautain Catherine.

— Eh ? j'ai parlé de ceux qui entourent Sa Majesté, madame, reprit le connétable revenant à sa nature bourrue et brutale.

Mais il avait mal choisi son temps, et Catherine n'attendait que cette occasion pour éclater.

Elle se leva et, dispensée de tout ménagement, commença à reprocher au connétable les façons rudes et dédaigneuses dont il avait toujours usé avec elle, son hostilité pour tout ce qui était florentin, la préférence qu'il avait publiquement donnée à la maîtresse sur la femme légitime. Elle n'ignorait pas que c'était à lui qu'il fallait attribuer toutes les humiliations souffertes par les émigrés qui l'avaient suivie ! Elle savait que, pendant les premières années de son mariage, Montmorency avait osé proposer à Henri II de la répudier comme stérile, que, depuis, il l'avait lâchement calomniée !...

A cela, le connétable furieux, et peu accoutumé aux reproches, répondit par un ricanement qui était une nouvelle insulte.

Cependant, le duc de Guise avait eu le temps de prendre à voix basse les ordres de François II, ou plutôt de lui dicter ces ordres, et, à son tour, élevant tranquillement la voix, il foudroya son rival, à la plus grande satisfaction de Catherine de Médicis.

— Monsieur le connétable, lui dit-il avec sa politesse narquoise, vos amis et créatures qui siégeaient avec vous au conseil, Bochetel, l'Aubespine et les autres, notamment Son Éminence le garde des sceaux Jean Bertrandi, voudront probablement vous imiter dans vos désirs de retraite. Le roi vous charge de les remercier en effet de sa part. Dès demain ils seront entièrement libres et déjà remplacés.

— C'est bien ! murmura monsieur de Montmorency entre ses dents.

— Quant à monsieur de Coligny, votre neveu, qui est à la fois gouverneur de la Picardie et de l'Ile-de-France, poursuivit le Balafré, le roi considère qu'il y a là une double besogne vraiment trop lourde pour un seul, et veut bien décharger monsieur l'amiral de l'un des gouvernemens, à son choix. Vous aurez, n'est-il pas vrai ? la bonté de l'en avertir.

— Comment donc ! reprit le connétable avec un douloureux ricanement.

— Pour vous, monsieur le connétable... continua paisiblement le duc de Guise.

— Me reprend-on aussi le bâton de connétable ? interrompit avec aigreur monsieur de Montmorency.

— Oh ! repartit François de Lorraine, vous savez bien que la chose est impossible, et que la charge de connétable n'est pas comme celle de lieutenant général du royaume : elle est inamovible. Mais n'est-elle pas incompatible aussi avec celle de grand-maître dont vous êtes également revêtu ? C'est l'opinion de Sa Majesté, qui vous redemande cette dernière charge, monsieur, et veut bien me l'accorder, à moi qui n'en ai pas d'autre.

— C'est au mieux ! reprit Montmorency qui grinçait des dents. Est-ce tout ? monsieur.

— Mais oui, je pense, dit le duc de Guise en se rasseyant.

Le connétable sentit qu'il lui serait difficile de contenir plus longtemps sa rage, qu'il allait éclater peut-être, manquer de respect au roi, de disgrâcié devenir rebelle... Il ne voulut pas donner cette joie à son ennemi triomphant. Il salua brièvement et se disposa à partir.

Pourtant, avant de s'éloigner, et comme se ravisant :

— Sire, un dernier mot seulement, dit-il encore au jeune roi, un dernier devoir à remplir envers la mémoire de votre glorieux père. Celui qui l'a frappé du coup mortel, l'auteur de notre désolation à tous, n'a peut-être pas été uniquement maladroit, Sire, j'ai du moins tout lieu de le croire. Dans ce funeste hasard, il a bien pu entrer, selon moi, une intention criminelle. L'homme que j'accuse devait, je le sais, se croire lésé par le roi. Votre Majesté ordonnera sans doute une sévère enquête à ce sujet...

Le duc de Guise frémit de cette accusation formelle et dangereuse contre Gabriel. Mais Catherine de Médicis se chargea cette fois de répondre.

— Sachez, monsieur, dit-elle au connétable, qu'il n'était pas besoin de votre intervention pour appeler sur un tel fait l'attention de ceux auxquels n'était pas moins précieuse qu'à vous l'existence royale si cruellement interrompue. Moi, la veuve de Henri II, je ne puis laisser à personne au monde l'initiative dans un soin pareil. Soyez donc tranquille, monsieur, vous avez été devancé dans votre sollicitude. Vous pouvez vous retirer en paix sur ce point.

— Je n'ai rien à ajouter alors, dit le connétable.

Il ne lui était même pas permis de satisfaire personnellement sa profonde rancune contre le comte de Montgommery, et de se porter le dénonciateur du coupable et le vengeur de son maître.

Suffoqué de honte et de colère, il sortit désespéré.

Il partait le soir même pour son domaine de Chantilly.

Ce jour-là madame de Valentinois quittait aussi ce Louvre, où elle avait régné plus que la reine, pour le morne et lointain exil de Chaumont-sur-Loire, d'où elle ne devait plus revenir jusqu'à sa mort.

Vis-à-vis de Diane de Poitiers la vengeance de Gabriel fut donc accomplie.

Il est vrai que de son côté l'ex-favorite en gardait une terrible à celui qui l'avait ainsi précipitée de sa grandeur.

Pour le connétable, Gabriel n'en avait pas fini avec lui, et devait le retrouver le jour où il regagnerait son crédit.

Mais n'anticipons pas sur les événemens, et revenons en hâte au Louvre où l'on vient d'annoncer à François II les députés du parlement.

LXXXVIII.

CHANGEMENT DE TEMPÉRATURE.

Selon le vœu émis par Catherine de Médicis, les envoyés du parlement trouvèrent au Louvre l'accord le plus parfait. François II, ayant à sa droite sa femme, et sa mère à sa gauche, leur présenta le duc de Guise comme lieutenant général du royaume, le cardinal de Lorraine comme superintendant des finances, et François Olivier comme garde des sceaux. Le Balafré triomphait, la reine-mère souriait à son triomphe, tout allait pour le mieux ! Et nul symptôme de mésintelligence ne semblait troubler les fortunés auspices d'un règne qui promettait d'être aussi long qu'heureux.

Un des conseillers au parlement pensa sans doute qu'une idée de clémence ne serait pas mal venue dans ce bonheur, et, en passant devant le roi, cria du milieu d'un groupe :

— Grâce pour Anne Dubourg !

Mais ce conseiller oubliait quel zélé catholique était le nouveau ministre. Le Balafré, selon sa manière, feignit d'avoir mal entendu, et, sans même consulter le roi ni la reine-mère, tant il était sûr de leur assentiment! répondit d'une voix haute et ferme :

— Oui, messieurs, oui, le procès d'Anne Dubourg et de ses coaccusés sera poursuivi et promptement terminé, soyez tranquilles!

Sur cette assurance, les membres du parlement quittèrent le Louvre, joyeux ou tristes suivant leur opinion, mais persuadés tous que jamais gouvernement n'avait été plus uni et mieux satisfait les uns des autres que ceux qu'ils venaient de saluer.

Après leur départ en effet le duc de Guise vit encore sur les lèvres de Catherine de Médicis le sourire qui, chaque fois qu'elle le regardait, y semblait maintenant stéréotypé.

Pour François II, il se leva déjà fatigué par toute cette représentation.

— Nous voilà enfin quittes pour aujourd'hui, j'espère, de ces affaires et de ces cérémonies, dit-il. Ma mère, mon oncle, est-ce que nous ne pourrons pas un de ces jours laisser un peu Paris, et aller finir le temps de notre deuil à Blois, par exemple, au bord de cette Loire que Marie aime tant! Ne le pourrons-nous pas, dites?

— Oh! tâchez tous que cela se puisse! dit Marie Stuart. Par ces beaux jours d'été, Paris est si ennuyeux et les champs sont si gais!

— Monsieur de Guise verra cela, dit Catherine. Mais pour aujourd'hui, mon fils, votre tâche n'est pas encore tout à fait achevée. Avant de vous laisser au repos, j'ai encore à vous demander une demi-heure de votre temps, et il vous reste à remplir un devoir sacré.

— Lequel donc, ma mère? demanda François.

— Un devoir de justicier, Sire, dit Catherine, celui dans l'accomplissement duquel monsieur le connétable s'imaginait m'avoir devancé. Mais la justice de l'épouse est plus prompte que celle de l'ami.

— Que veut-elle dire? se demanda le duc de Guise, alarmé.

— Sire, reprit Catherine, votre auguste père est mort de mort violente. Celui qui l'a frappé n'est-il que malheureux ou bien est-il coupable? Je penche, quant à moi, pour cette dernière supposition... Mais, en tout cas, la question, ce me semble, vaut la peine d'être posée. Si nous acceptions avec indifférence un pareil attentat, sans prendre même le soin de demander s'il était volontaire ou non, quels dangers ne courraient pas tous les rois, vous le premier, Sire? Une enquête sur ce qu'on appelle l'accident du 30 juin est donc nécessaire.

— Mais alors, dit le Balafré, il faudrait, à votre avis, madame, faire arrêter sur-le-champ monsieur de Montgommery comme prévenu de régicide?

— Monsieur de Montgommery est arrêté depuis ce matin, dit Catherine.

— Arrêté! et sur l'ordre de qui? s'écria le duc de Guise.

— Sur le mien, reprit la reine-mère. Aucune autorité n'était constituée encore. J'ai pris sur moi cet ordre. Monsieur de Montgommery pouvait à tout instant prendre la fuite, il était urgent de le prévenir. Il a été conduit au Louvre sans bruit et sans scandale. Je vous demande, mon fils, de l'interroger.

Sans autre permission, elle frappa sur un timbre pour appeler, comme avait fait le duc de Guise, deux heures auparavant.

Mais cette fois, le Balafré fronça le sourcil. L'orage se préparait.

— Faites amener le prisonnier, dit Catherine de Médicis à l'huissier qui parut.

Il y eut, quand l'huissier fut sorti, un silence embarrassant. Le roi paraissait indécis, Marie Stuart inquiète, le duc de Guise mécontent. La reine-mère, seule, affectait la dignité et l'assurance.

Le duc de Guise laissa seulement tomber cette simple parole :

— Il me semble que si monsieur de Montgommery eût voulu s'échapper, rien ne lui eût été plus facile depuis quinze jours.

Catherine n'eut pas le temps de répondre; car Gabriel fut amené au même moment.

Il était pâle, mais calme. Ce matin-là, de grand matin, quatre estafiers étaient venus le chercher à son hôtel, au grand effroi d'Aloyse. Il les avait suivis sans résistance aucune; depuis, il attendait sans trouble apparent.

Lorsqu'il entra d'un pas ferme et d'un air tranquille, le jeune roi changea de couleur, soit émotion de voir celui qui avait frappé son père, soit effroi d'avoir pour la première fois à remplir ce devoir de justicier dont sa mère venait de lui parler : le devoir le plus terrible en effet qu'ait imposé aux rois le Seigneur.

Aussi, ce fut d'une voix qu'on entendit à peine qu'il dit à Catherine, en se tournant vers elle :

— Parlez, madame, à vous de parler.

Catherine de Médicis usa sur-le-champ de la permission. Elle se croyait maintenant certaine de sa toute-puissante influence sur François II et sur son ministre. Elle s'adressa donc à Gabriel, d'un ton magistral et superbe :

— Monsieur, lui dit-elle, nous avons voulu, avant toute information, vous faire comparaître devant Sa Majesté elle-même, et vous interroger de notre propre bouche, pour qu'il n'y eût même pas besoin, vis-à-vis de vous, d'une réparation si nous vous trouvions innocent; pour que la justice fût plus éclatante, si nous vous trouvions coupable. Les délits extraordinaires veulent des juges extraordinaires. Êtes-vous prêt à nous répondre, monsieur?

— Je suis prêt à vous entendre, madame, dit Gabriel.

Catherine fut plutôt irritée que persuadée par ce calme de l'homme qu'elle haïssait déjà avant qu'il ne l'eût rendue veuve, qu'elle haïssait de tout l'amour qu'elle avait pu ressentir un moment pour lui.

Elle reprit avec une sorte d'amertume offensante :

— De singulières circonstances s'élèvent contre vous, monsieur, et vous accusent : vos longues absences de Paris, votre exil volontaire de la cour depuis près de deux ans, votre présence et votre attitude mystérieuse au fatal tournoi, vos refus même d'entrer en lice contre le roi. Comment se fait-il, vous habitué à ces jeux et passes d'armes, que vous ayez omis la précaution accoutumée et nécessaire de jeter au retour le tronçon de votre lance? Comment expliquez-vous cet étrange oubli? Répondez enfin. Qu'avez-vous à dire à tout cela?

— Rien, madame, dit Gabriel.

— Rien? fit la reine-mère étonnée.

— Absolument rien.

— Comment! reprit Catherine, vous convenez donc?... vous avouez donc?...

— Je n'avoue rien, je ne conviens de rien, madame.

— Alors, vous niez?

— Je ne nie rien non plus. Je me tais.

Marie Stuart laissa échapper un geste d'approbation; François II écoutait et regardait avec une sorte d'avidité; le duc de Guise restait muet et immobile.

Catherine reprit d'un ton de plus en plus âpre :

— Monsieur, prenez garde! Vous feriez mieux peut-être d'essayer de vous défendre et de vous justifier. Apprenez une chose : monsieur de Montmorency, qu'au besoin on entendrait comme témoin, affirme, qu'à sa connaissance, vous pouviez avoir contre le roi certains griefs, des motifs d'animosité personnelle.

— Lesquels, madame? Monsieur de Montmorency a-t-il dit lesquels?

— Pas encore, mais il les dirait sans doute.

— Eh bien! qu'il les dise, s'il l'ose! reprit Gabriel avec un sourire fier et paisible.

— Ainsi, vous refusez tout à fait de parler? insista Catherine.

— Je refuse.

— La torture aurait peut-être raison de cet orgueilleux silence, savez-vous?

— Je ne crois pas, madame.

— Et puis, de cette façon-là, vous risquez votre vie, je vous en préviens.

— Je ne la défendrais pas, madame. Elle n'en vaut plus la peine.

— Vous êtes bien décidé, monsieur? Pas un mot?

— Pas un seul, madame, dit Gabriel en secouant la tête.

— Eh bien! c'est bien! s'écria Marie Stuart comme entraînée par un élan irrésistible. C'est noble et grand, ce silence! c'est d'un gentilhomme qui ne veut même pas repousser le soupçon, de peur que le soupçon ne le touche. Je dis, moi, que ce silence est la plus éloquente des justifications!

Cependant, la vieille reine regardait la jeune reine d'un air sévère et courroucé.

— Oui, j'ai peut-être tort de parler ainsi, reprit Marie Stuart; mais tant pis! je dis ce que je sens et ce que je pense. Mon cœur ne pourra jamais faire taire ma bouche. Il faut que mes impressions et mes émotions se fassent jour. Mon instinct, c'est ma politique à moi. Or, il me crie ici que monsieur d'Exmès n'a pas froidement conçu et exécuté volontairement un tel crime, qu'il n'a été que l'instrument aveugle de la fatalité, qu'il se croit au-dessus de toute supposition contraire, et qu'il dédaigne de se justifier. Mon instinct crie cela en moi, et je le crie tout haut. Pourquoi pas?

Le jeune roi regardait avec amour et joie sa mignonne, comme il l'appelait, s'exprimer avec cette éloquence, et cette animation qui la faisaient vingt fois plus jolie encore que de coutume.

Pour Gabriel, il s'écria d'une voix émue et profonde ;

— Oh? merci, madame, je vous remercie! Et vous faites bien! non pour moi, mais pour vous, vous faites bien d'agir ainsi.

— Tiens! je le sais bien! reprit Marie avec l'accent le plus gracieux qui se pût rêver.

— En avons-nous fini avec ces enfantillages de sentiment? s'écria Catherine irritée.

— Non, madame, dit Marie Stuart blessée dans son amour-propre de jeune femme, et de jeune reine, non! si vous en avez fini avec ces enfantillages-là, vous, nous qui sommes jeunes, Dieu merci! nous ne faisons que de commencer. N'est-il pas vrai, mon doux sire? ajouta-t-elle en se tournant gentiment vers son jeune époux.

Le roi ne répondit pas, mais il effleura de ses lèvres le bout de ces doigts rosés que lui tendait Marie.

La colère de Catherine, jusque là contenue, éclata. Elle n'avait pu s'habituer encore à traiter en roi un fils presque enfant; de plus, elle se croyait forte de l'appui du duc de Guise, qui ne s'était pas prononcé jusque-là, et qu'elle ne savait pas un protecteur dévoué, et, pour ainsi dire, un complice tacite, pour le comte de Montgommery. Elle osa donc franchement se mettre en colère.

— Ah! c'est ainsi! dit-elle aux dernières paroles légèrement moqueuses de Marie. Je réclame un droit, et l'on me raille! Je demande, en toute modération, que le meurtrier de Henri II soit au moins interrogé, et, quand il refuse de se justifier, de plus, elle s'approuve son silence, bien plus, on le loue ; Eh bien! puisque les choses vont de cette sorte, plus de lâches réserves et de demi-mesures. Je me porte hautement l'accusatrice du comte de Montgommery. Le roi refusera-t-il justice à sa mère parce qu'elle est sa mère?... On entendra le connétable, on entendra, s'il le faut, madame de Poitiers! la vérité se fera jour; et, si l'Etat a des secrets compromis dans cette affaire, nous aurons des jugemens, une condamnation secrète. Mais la mort d'un roi traîtreusement assassiné en présence de tout son peuple sera du moins vengée.

Pendant cette sortie de la reine-mère, un sourire triste et résigné errait sur les lèvres de Gabriel.

Il se rappelait, à part lui, les deux derniers vers de la prédiction de Nostradamus :

...... Enfin, l'aimera, puis, las! le tuera
Dame du roy.

Allons! la prédiction, jusque là si exacte, devait s'accomplir jusqu'au bout! Catherine ferait condamner et périr celui qu'elle avait aimé! Gabriel s'y attendait, Gabriel était prêt.

Cependant la Florentine, jugeant peut-être elle-même qu'elle allait bien loin, s'arrêta un instant, et se tournant de sa meilleure grâce vers le duc de Guise toujours taciturne :

— Mais vous ne dites rien, monsieur de Guise? fit-elle. Vous êtes de mon avis, n'est-il pas vrai?

— Non, madame, reprit lentement le Balafré, non, je ne suis pas de votre avis, je l'avoue, et voilà pourquoi je ne disais rien.

— Ah! vous aussi!... vous vous mettez contre moi! reprit Catherine d'une voix sourde et menaçante.

— J'ai pour cette fois ce regret, madame, dit le duc de Guise. Vous voyez cependant que jusqu'ici j'avais été avec vous, et que, pour ce qui ne concernait le connétable et madame de Valentinois, je suis entré tout à fait dans vos vues.

— Oui, parce qu'elles servaient les vôtres, murmura Catherine de Médicis. Je le vois à présent et trop tard.

— Mais quant à monsieur de Montgommery, continua tranquillement le Balafré, je ne puis en conscience partager votre sentiment, madame. Il me semble impossible de rendre responsable d'un accident tout fortuit un brave et loyal gentilhomme. Un procès serait pour lui un triomphe, pour ses accusateurs une confusion. Et quant aux périls que ferait, selon vous, madame, courir à la vie des rois une indulgence qui veut plutôt croire au malheur qu'au crime, je trouve au contraire que le danger serait d'habituer trop le peuple à cette idée que les existences royales ne sont pas pour le monde aussi invulnérables et sacrées qu'il le suppose...

— Voilà de hautes maximes politiques sans doute? reprit Catherine avec amertume.

— Je les estime du moins vraies et sensées, madame, ajouta le Balafré, et pour toutes ces raisons et d'autres encore, je suis d'opinion que ce qui nous reste à faire c'est de nous excuser vis à vis de monsieur de Montgommery d'une arrestation arbitraire, demeurée heureusement secrète, heureusement pour nous plus encore que pour lui! et ces excuses acceptées, nous n'aurons plus qu'à le renvoyer libre, honorable et honoré comme il l'était hier, comme il le sera demain, comme il le sera toujours. J'ai dit.

— A merveille! reprit en ricanant Catherine.

Et, s'adressant brusquement au jeune roi :

— Et cette opinion, voyons! est-ce aussi la vôtre, par hasard, mon fils? lui demanda-t-elle.

L'attitude de Marie Stuart, dont le regard et le sourire remerciaient le duc de Guise, ne devait pas laisser d'hésitation dans l'esprit de François II.

— Oui, ma mère, dit-il, je conviens que l'opinion de mon oncle est la mienne.

— Ainsi vous trahissez la mémoire de votre père? reprit Catherine d'une voix tremblante et profonde.

— Je la respecte, au contraire, madame, dit François II. La première parole de mon père après sa blessure ne fut-elle point pour demander qu'on n'inquiétât pas monsieur de Montgommery? N'a-t-il pas, dans un des momens lucides de son agonie, réitéré cette demande ou plutôt cet ordre? Permettez, madame, à son fils d'obéir.

— Bien! et vous méprisez, en attendant et pour commencer, la volonté sainte votre mère!...

— Madame, interrompit le duc de Guise, laissez-moi vous rappeler à vous-même vos propres paroles. Une seule volonté dans l'État!

— Mais j'ai dit, monsieur, que celle du ministre ne devait venir qu'après celle du roi, s'écria Catherine.

— Oui, madame, reprit Marie Stuart, mais vous avez ajouté que celle du roi pouvait être éclairée par les personnes dont le seul intérêt était évidemment celui de son salut et de sa gloire. Or, personne plus que moi, sa femme, n'a cet intérêt, je présume. Et je lui conseille, avec mon oncle de Guise, de croire plutôt à la loyauté qu'à la perfidie d'un sujet éprouvé et vaillant, et de ne pas inaugurer son règne par une iniquité.

— C'est à de telles suggestions que vous adhérez, mon fils! dit encore Catherine.

— Je cède à la voix de ma conscience, ma mère, répondit le jeune roi avec plus de fermeté qu'on n'eût pu en attendre de lui.

— Est-ce votre dernier mot, François? reprit Catherine. Prenez-y garde! Si vous refusez à votre mère la première demande qu'elle vous adresse, si vous vous posez ainsi d'abord pour elle en maître indépendant et pour d'autres en instrument docile, vous pourrez bien régner seul, avec ou sans vos fidèles ministres! je ne m'occupe plus de rien qui ait rapport au roi ou au royaume, je vous retire les conseils de mon expérience et de mon dévoûment, je rentre dans ma retraite, et vous abandonne, mon fils. Songez-y! songez-y bien!

— Nous déplorerions cette retraite, mais nous nous y résignerions, murmura à voix basse Marie Stuart que François II seul entendit.

Mais l'amoureux et imprudent jeune homme, comme un écho fidèle, répéta tout haut :

— Nous déplorerions cette retraite, mais nous nous y résignerions, madame.

— C'est bon!... dit seulement Catherine.

Elle ajouta à voix basse en désignant Gabriel :

— Quant à celui-ci, je le retrouverai tôt ou tard.

— Je le sais, madame, lui répondit le jeune homme qui pensait encore à la prédiction.

Mais Catherine ne l'entendit pas.

Furieuse, elle enveloppa le royal et charmant couple et le duc de Guise dans un regard vipérin, sanglant et terrible, regard fatal où l'on eût pu pressentir déjà tous les crimes de l'ambition de Catherine et toute la sombre histoire des derniers Valois!...

Puis, sur ce foudroyant regard, elle sortit sans ajouter une parole.

LXXXIX.

GUISE ET COLIGNY.

Après cette sortie de Catherine de Médicis, il y eut un moment de silence. Le jeune roi paraissait étonné lui-même de son audace. Marie, dans une intuition délicate de sa tendresse, songeait avec quelque terreur à ce dernier regard menaçant de la reine-mère. Pour le duc de Guise, il était secrètement charmé de se trouver débarrassé, dès sa première heure de pouvoir d'une ambitieuse et dangereuse associée.

Gabriel, qui avait occasionné tout ce trouble, prit le premier la parole :

— Sire, dit-il, et vous, madame, et vous aussi, monseigneur, je vous remercie de vos bonnes et généreuses intentions envers un malheureux que cet effort même abandonne. Mais, malgré cette profonde reconnaissance dont mon cœur est pénétré pour vous, je vous le dis : à quoi bon écarter les dangers et la mort d'une existence aussi triste et aussi perdue que la mienne. Ma vie ne sert plus à rien et à personne, pas même à moi. Allez! je ne l'aurais pas disputée à madame Catherine, parce qu'elle est désormais inutile.

Dans sa pensée il ajouta tristement :

— Et parce qu'elle pourrait encore être nuisible un jour.

— Gabriel, reprit le duc de Guise, votre vie a été glorieuse et bien remplie dans le passé, et sera encore bien remplie et glorieuse dans l'avenir. Vous êtes un homme d'énergie comme il en faudrait beaucoup à ceux qui gouvernent les empires, et comme ils n'en trouvent que trop peu.

— Et puis, ajouta la voix consolante et douce de Marie Stuart, et puis vous êtes, monsieur de Montgommery, un grand et noble cœur. Depuis longtemps je vous connais, et nous nous sommes bien souvent entretenus de vous, madame de Castro et moi.

— Enfin, reprit François II, vos services précédens, monsieur, m'autorisent à compter sur vos services futurs. Les guerres actuellement éteintes peuvent se rallumer, et je ne veux pas, moi, qu'un moment de désespoir, quel qu'en soit le motif, prive à jamais la patrie d'un défenseur aussi loyal, j'en suis certain, qu'il est vaillant.

Gabriel écoutait avec une sorte de surprise mélancolique et grave ces bonnes paroles d'encouragement et d'espérance. Il regardait tour à tour chacun des hauts personnages qui les lui adressaient, et il semblait profondément réfléchir.

— Eh bien! oui, reprit-il enfin, cette bonté inattendue que vous me témoignez, vous tous qui devriez me haïr peut-être, cette bonté change mon âme et ma destinée. A vous, sire, à vous, madame et monseigneur, tant que vous vivrez, cette existence dont vous m'avez fait don, pour ainsi dire! Je ne suis pas né méchant! Ce bienfait me touche au fond du cœur. J'étais fait pour me dévouer, pour me sacrifier, pour servir d'instrument aux belles idées et aux grands hommes. Instrument parfois heureux, parfois fatal! Hélas! la colère de Dieu ne le savait que trop!... Mais ne parlons plus du passé lugubre, puisque vous voulez bien me croire encore un avenir. Cet avenir pourtant, ce n'est pas à moi, c'est à vous qu'il appartient, c'est à mes admirations et à mes convictions. J'abdique ma volonté. Que les êtres et les choses auxquels je crois fassent de moi ce qu'il leur plaira. Mon épée, mon sang, ma mort, tout ce que je suis est leur chose. Je donne sans réserve et sans retour mon bras à votre génie, monseigneur, comme mon âme à la religion...

Il ne dit pas à laquelle. Mais ceux qui l'écoutaient étaient trop aveugles catholiques pour que la pensée de la réforme leur vînt un seul instant à l'esprit.

L'éloquente abnégation du jeune comte les toucha. Marie eut les larmes aux yeux, le roi se félicita d'avoir été ferme pour sauver ce cœur reconnaissant. Quant au duc de Guise, il croyait savoir mieux que personne jusqu'où pouvait aller chez Gabriel cette ardente vertu du sacrifice.

— Oui, lui dit-il, ami, j'aurai besoin de vous. Je réclamerai quelque jour, au nom de la France et du roi, cette brave épée que vous nous promettez.

— Elle sera prête, monseigneur, demain, aujourd'hui toujours!

— Gardez-la pour quelque temps au fourreau, reprit le duc de Guise. Sa Majesté vous le disait, le moment est tranquille, les guerres et les factions ont fait trêve. Reposez-vous donc, Gabriel, et laissez ainsi se reposer et s'apaiser le bruit funeste qui a entouré dans ces derniers jours votre nom. Certes, nul de ceux qui ont un titre et un cœur de gentilhomme ne songe à vous accuser de votre malheur. Mais votre vraie gloire exige que votre cruelle renommée s'éteigne un peu. Plus tard, dans un an ou deux, je redemanderai au roi, pour vous, cette charge de capitaine des gardes dont vous n'avez pas cessé d'être digne...

— Ah! dit Gabriel, ce ne sont pas des honneurs que je souhaite, mais des occasions d'être utile au roi et à la France, des occasions de combattre, je n'ose plus dire, de peur de vous paraître ingrat, des occasions de mourir.

— Ne parlez pas ainsi, Gabriel, reprit le Balafré. Dites-moi seulement que lorsque le roi vous appellera contre ses ennemis, vous vous rendrez sur-le-champ à l'appel.

— En quelque lieu que je sois et qu'il faille aller, oui, monseigneur.

— C'est bien, dit le duc de Guise, je ne vous demande pas autre chose.

— Et moi, dit François II, je vous remercie de cette promesse, et je ferai en sorte que vous ne vous repentiez pas de l'avoir tenue.

— Et moi, ajouta Marie Stuart, je vous assure que notre confiance répondra toujours à votre dévouement, et que vous serez à nos yeux un de ces amis auxquels on ne cache rien, et auxquels on ne refuse rien non plus.

Le jeune comte, plus ému qu'il n'eût voulu se l'avouer à lui-même, s'inclina et toucha respectueusement de ses lèvres la main que lui tendait la reine.

Puis, il serra celle du duc de Guise, et, congédié par un geste bienveillant du roi, se retira, désormais acquis par un bienfait au fils de celui qu'il s'était engagé à poursuivre jusque dans sa postérité.

Gabriel, en entrant chez lui, y trouva l'amiral de Coligny qui l'attendait.

Aloyse avait appris à l'amiral, qui était venu visiter son compagnon de Saint-Quentin, qu'on avait mandé le matin son maître au Louvre; elle lui avait fait part de ses inquiétudes, et Coligny avait voulu rester jusqu'à ce que le retour du comte de Montgommery l'eût rassuré en rassurant la nourrice.

Il reçut Gabriel avec effusion, et l'interrogea sur ce qui s'était passé.

Gabriel, sans entrer dans aucun détail, lui dit seulement que, sur une simple explication donnée par lui, touchant la déplorable mort de Henri II, il avait été renvoyé intact dans sa personne et son honneur.

— Il ne pouvait en être autrement, reprit l'amiral, et toute la noblesse de France eût protesté contre un soupçon qui eût ainsi entaché un de ses plus dignes représentans.

— Laissons ce sujet, dit Gabriel avec contrainte et tristesse. Je suis aise de vous voir, monsieur l'amiral. Vous savez que déjà j'appartenais de cœur à la religion réformée, je vous l'ai dit et écrit. Puisque vous pensez que je ne déshonorerais pas la cause à laquelle je croirai, je veux et je puis abjurer maintenant; vos discours, ceux de maître Paré, et les livres et mes propres réflexions, m'ont tout à fait convaincu! je suis des vôtres.

— Une bonne nouvelle et qui arrive à propos! dit l'amiral.

— Il me semble toutefois, reprit Gabriel, que, dans l'intérêt même de la religion, il serait peut-être bon de tenir quelque temps ma conversion secrète. Ainsi que me le faisait observer tout à l'heure monsieur de Guise, tout bruit autour de mon nom est pour l'instant à éviter. Ce retard, d'ailleurs, se conciliera avec de nouveaux devoirs que j'ai à remplir.

— Nous serions toujours fiers de vous nommer publiquement parmi les nôtres, dit l'amiral.

— Mais c'est à moi de refuser ou d'ajourner, du moins, cette précieuse marque de votre estime, répondit Gabriel. Je tiens seulement à donner ce gage à ma croyance intime et inébranlable, et à pouvoir me dire dans ma conscience, un de vos frères, et par l'intention et par le fait.

— A merveille! reprit monsieur de Coligny. Tout ce que je vous demande, c'est de me permettre d'annoncer aux chefs du parti cette notable conquête que font définitivement nos idées.

— Oh! j'y consens de tout mon cœur, dit Gabriel.

— Aussi bien, continua l'amiral, le prince de Condé, La Renaudie, le baron de Castelnau, vous connaissent déjà, et vous apprécient à votre valeur.

— J'ai peur, hélas! qu'ils ne se l'exagèrent : cette valeur en tout cas, est bien diminuée.

— Non, non! reprit Coligny, ils ont raison d'y compter. Moi aussi, je vous connais! D'ailleurs, continua-t-il en baissant la voix, nous allons peut-être avoir avant peu l'occasion de mettre à l'épreuve votre nouveau zèle.

— Ah! vraiment? dit Gabriel surpris. Vous savez, monsieur l'amiral, que vous pouvez compter sur moi; pourtant avec certaines réserves maintenant, que j'aurai à vous faire connaître.

— Qui n'a les siennes?... reprit l'amiral. Mais écoutez, Gabriel. Ce n'était pas seulement l'ami, c'était aussi le religionnaire qui venait vous faire visite aujourd'hui. Nous avons parlé de vous avec le prince et avec La Renaudie. Même avant votre acquiescement décisif à nos principes, nous vous tenions pour un auxiliaire de mérite singulier et de probité inattaquable. Enfin, nous nous accordions chacun de notre côté à vous considérer comme un homme capable de nous servir s'il le pouvait, incapable de nous trahir, quoiqu'il advînt.

— J'ai cette dernière qualité, en effet, à défaut de la première, reprit Gabriel. On peut toujours se fier, sinon à mon aide, du moins à ma parole.

— Aussi avons-nous résolu de n'avoir jamais de secret pour vous, dit l'amiral. Vous serez, comme un des chefs, initié à tous nos desseins, et vous n'aurez que la responsabilité du silence. Vous n'êtes pas un homme comme les autres, et vis-à-vis des hommes d'exception, il faut agir exceptionnellement. Vous demeurerez libre et nous seuls serons liés...

— Une telle confiance!... dit Gabriel.

— Ne vous engage qu'à la discrétion, je vous le répète, dit l'amiral. Et pour commencer, sachez une chose : les projets qui vous ont été révélés à l'assemblée de la place Maubert, et qui avaient dû être ajournés, deviennent exécutables aujourd'hui. La faiblesse du jeune roi, l'insolence des Guise, les idées de persécution qu'on ne dissimule plus contre nous, tout nous exhorte à l'action, et nous allons agir...

— Pardon! interrompit Gabriel. Je vous ai dit, monsieur l'amiral, que je ne me donnais à vous que dans de certaines limites. Avant que vous vous avanciez plus loin dans vos confidences, je dois vous déclarer que précisément je n'entends toucher en rien au côté politique de la réforme, au moins tant que durera le règne qui commence. Pour la propagande de nos idées et notre influence morale, j'offre volontiers ma fortune, mon temps, ma vie; mais je n'ai le droit de voir dans la réforme qu'une religion et non un parti. François II, Marie Stuart, et le duc de Guise lui-même, viennent d'agir avec moi avec générosité et grandeur. Je ne trahirai pas plus leur confiance que la vôtre. Laissez-moi m'abstenir de l'action et ne me préoccuper que de l'idée. Réclamez mon témoignage quand vous voudrez; mais je réserve l'indépendance de mon épée.

Monsieur de Coligny réfléchit une minute, puis reprit :

— Mes paroles, Gabriel, n'étaient point des paroles vaines. Vous êtes et serez toujours libre. Marchez seul dans votre voie si cela vous convient. Agissez sans nous ou n'agissez pas. Nous ne vous demanderons aucun compte. Nous savons, ajouta-t-il, d'un air significatif, que c'est quelquefois votre manière de ne vouloir ni associés, ni conseillers.

— Que voulez-vous dire? demanda Gabriel, surpris.

— Je m'entends, reprit l'amiral. Pour le moment, vous demandez à ne pas vous mêler à nos conspirations contre l'autorité royale? Soit! Notre rôle à nous se bornera à vous avertir de nos mouvements et de nos projets. Suivez-nous ou restez à l'écart, cela vous regarde et ne regarde que vous. Vous saurez toujours, soit par lettre, soit par messager, quand et comment nous aurions besoin de vous, et puis, vous ferez comme bon vous semblera. Si vous venez, vous serez le bien-venu; si vous vous abstenez, nul n'aura de reproche à vous faire. Voilà ce qui était convenu à votre égard entre les chefs du parti, même avant que vous m'eussiez prévenu de votre position. Vous pouvez accepter de telles conditions, ce me semble,

— Aussi, je les accepte et vous remercie, dit Gabriel.

La nuit qui suivit ce jour-là, Gabriel, agenouillé dans le caveau funéraire des comtes de Montgommery, devant la tombe de son père, parlait à son cher mort, et lui disait :

— Oui, sans doute, ô mon père! j'avais juré, non seulement de punir votre meurtrier dans sa vie, mais encore de le combattre après lui dans sa race. Sans doute, ô mon père! sans doute. Mais je n'avais pas prévu ce qui arrive. N'y a-t-il pas des devoirs plus sacrés même que le serment? Quelle obligation peut vous contraindre à frapper un ennemi qui vous met l'épée dans la main, et s'offre, la poitrine nue, à vos coups? Si vous viviez, mon père, vous me conseilleriez, j'en suis sûr, d'ajourner ma colère, et de ne pas répondre à la confiance par la trahison. Pardonnez-moi donc, mort, de faire ce que, vivant, vous m'ordonneriez... D'ailleurs, quelque chose me dit que ma vengeance n'est pas pour longtemps suspendue. Vous savez là-haut ce que nous ne pouvons que pressentir ici bas. Mais la pâleur de ce roi débile, le regard effrayant dont l'a menacé sa mère, les prédictions, jusqu'ici fidèles, qui condamnent ma propre vie à s'éteindre par la rancune de cette femme, les conjurations déjà ourdies contre ce règne commencé d'hier, tout me prouve que probablement l'enfant de seize ans trônera moins longtemps encore que l'homme de quarante, et que je pourrai bientôt, mon père, reprendre ma tâche et mon serment d'expiation sous un autre fils de Henri II.

XC.

RAPPORTS ET DÉNONCIATIONS.

Sept ou huit mois se passèrent sans grands événemens, ni pour les héros de ce livre, ni pour ceux de l'histoire.

Mais, du moins, dans cet espace de temps, se préparèrent des événemens d'une certaine gravité.

Pour les connaître et nous mettre au courant, nous n'avons qu'à nous transporter, le 25 février 1560, dans l'endroit où l'on est censé toujours savoir le mieux les nouvelles, c'est-à-dire, dans le cabinet de monsieur le lieutenant de police, qui s'appelait pour le moment monsieur de Braguelone.

Donc, le 25 février 1560, un soir, monsieur de Braguelonne, nonchalamment assis dans son grand fauteuil de cuir de Cordoue, écoutait le rapport de maître Arpion, l'un de ses secrétaires.

Maître Arpion lisait :

« Cejourd'hui, le fameux voleur Gilles Rose a été arrêté dans la grande salle du palais, coupant un bout de ceinture garnie d'or à un chanoine de la Sainte-Chapelle. »

— A un chanoine de la Sainte-Chapelle ! voyez-vous cela ! s'écria monsieur de Braguelonne.

— C'est bien impie ! dit maître Arpion.

— Et bien adroit ! reprit le lieutenant de police, bien adroit ! car le chanoine est défiant. Je vous dirai tout à l'heure, maître Arpion, ce qu'il faudra faire de ce filou retors. Passons.

« Les demoiselles des clapiers de la rue du Grand-Heuleu, continua Arpion, sont en état de révolte ouverte... »

— Et pourquoi donc, Jésus ?

— Elles prétendent avoir adressé directement une requête au roi, notre Sire, pour être maintenues en leur logis, et, en attendant, elles ont mis ou fait mettre le guet en déroute.

— C'est fort drôle ! dit en riant monsieur de Braguelonne. On mettra aisément ordre à cela. Ces pauvres filles ! Autre chose.

Maître Arpion reprit :

» Messieurs les députés de la Sorbonne s'étant présentés à Paris, chez madame la princesse de Condé, pour l'engager à ne plus manger de viande pendant le saint carême, ont été reçus avec force brocards par monsieur de Sechelles, lequel leur a dit, entre autres outrages, qu'il les aimait à peu près comme un clou sur son nez, et que c'étaient d'étranges ambassadeurs que des veaux comme eux. »

— Ah ! voilà qui est grave ! dit le lieutenant de police en se levant. Refuser de faire maigre et insulter ces messieurs de la Sorbonne ! Ceci va grossir votre compte, madame de Condé, et quand nous vous présenterons le total !... Arpion, est-ce tout ?

— Mon Dieu, oui ! pour aujourd'hui. Mais monseigneur ne m'a pas dit ce qu'on ferait de ce Gilles Rose ?

— Voici, dit monsieur de Braguelonne : Vous le prendrez dans sa prison avec les plus adroits filous et tire-laines que vous y trouverez avec lui, et vous enverrez ces bons drilles à Blois, où l'on veut, dans la fête qu'on prépare au roi, amuser Sa Majesté en leur faisant faire montre de leurs tours et adresses.

— Mais, monseigneur, s'ils retiennent les objets volés pour rire ?

— Ils seront pendus alors.

En ce moment, un huissier entra et annonça :

— Monsieur l'inquisiteur de la foi.

Maître Arpion n'eut pas même besoin qu'on lui dît de sortir. Il salua respectueusement et s'esquiva.

Celui qui entrait était effectivement un important et redoutable personnage.

A ses titres ordinaires de docteur en Sorbonne et de chanoine de Noyon, il joignait le beau titre extraordinaire de grand inquisiteur de la foi en France. Aussi, pour avoir un nom si sonore que son titre, se faisait-il appeler Démocharès, bien qu'il s'appelât simplement Antoine de Mouchy. Le peuple avait baptisé ses émissaires *mouchards*.

— Eh bien ! monsieur le lieutenant de police ? demanda le grand inquisiteur.

— Eh bien ! monsieur le grand inquisiteur ? demanda le lieutenant de police.

— Quoi de nouveau à Paris ?

— J'allais précisément vous adresser la même question.

— Cela veut dire qu'il n'y a rien, reprit Démocharès avec un profond soupir. Ah ! les temps sont durs. Rien ne va. Pas le moindre complot ! pas le plus léger attentat ! Que ces huguenots sont lâches ! Nos métiers s'en vont, monsieur de Braguelonne !

— Non, non, répondit monsieur de Braguelonne avec conviction. Non, les gouvernemens passent, mais la police reste.

— Cependant, reprit avec amertume monsieur de Mouchy, voyez où vient d'aboutir votre descente à main armée chez ces réformés de la rue des Marais. En les surprenant à table au milieu de leur cène, vous deviez bien espérer les surprendre mangeant du cochon en guise d'agneau pascal, comme vous nous l'aviez annoncé. On n'a rapporté de cette belle expédition qu'une pauvre poularde lardée. Est-ce cela, monsieur le lieutenant de police, qui peut faire beaucoup d'honneur à votre institution ?

— On ne réussit pas toujours, dit monsieur de Braguelonne piqué. Avez-vous été plus heureux, vous, dans votre affaire de cet avocat de la place Maubert, de ce Trouillard, je crois ? Vous en attendiez pourtant des merveilles.

— Je l'avoue, dit piteusement Démocharès.

— Vous comptiez prouver clair comme le jour, poursuivit monsieur de Braguelonne, que ce Trouillard avait livré ses deux filles à ses coreligionnaires à la suite d'une épouvantable orgie, et voilà que les témoins, que vous avez si chèrement payés, ah ! ah ! ah ! se rétractent tout à coup et vous démentent.

— Les traîtres ! murmura de Mouchy.

— De plus, continua le lieutenant de police, j'ai reçu les rapports des chirurgiens et des matrones : il y est établi le plus nettement du monde que la vertu des deux jeunes filles n'a pas reçu la moindre atteinte.

— C'est une infamie ! grommela Démocharès.

— Affaire manquée ! monsieur le grand inquisiteur de la foi. Affaire manquée ! répéta monsieur de Braguelonne avec complaisance.

— Eh ! s'écria avec impatience Démocharès, si l'affaire est manquée, c'est de votre faute.

— Comment ! de ma faute ! reprit le lieutenant de police stupéfait.

— Mais sans doute. Vous vous arrêtez à des rapports, à des rétractations, à des niaiseries ! Qu'importe ces échecs et ces démentis ! Il fallait poursuivre tout de même ! et, comme si de rien n'était, accuser hardiment ces papaillots.

— Quoi ! sans preuves ?
— Oui, et les condamner.
— Sans crimes ?
— Oui ! et les faire pendre.
— Sans juges ?
— Eh ! oui, cent fois oui ! sans juges, sans crimes, sans preuves ! Le beau mérite de faire pendre de vrais coupables !
— Mais quelles clameurs et quelles fureurs contre nous alors ! dit monsieur de Braguelonne.
— Ah ! c'est là que je vous attendais ! reprit Démocharès triomphant. Là est la pierre d'assise de tout mon système, monsieur. En effet, que produisent ces fureurs dont vous parlez ? des complots. Qu'amènent ces complots ? des révoltes. Que ressort-il de ces révoltes ? l'évidente utilité de nos fonctions.
— Il est certain qu'à ce point de vue !... dit en riant monsieur de Braguelonne.
— Monsieur, reprit magistralement Démocharès, retenez bien ce principe : Pour récolter des crimes, il faut en semer. La persécution est une force.
— Eh ! dit le lieutenant de police, il me semble que, depuis le commencement de ce règne, nous ne nous en sommes pas fait faute de la persécution. Il était difficile d'exciter et de provoquer plus qu'on l'a fait les mécontens de toute sorte.
— Peuh ! Qu'a-t-on fait ? dit le grand inquisiteur avec quelque dédain.
— Mais d'abord comptez-vous pour rien les visites, attaques et pillages de tous les jours, chez les huguenots innocens ou coupables ?
— Ma foi ! oui, je compte cela pour rien, dit Démocharès, vous voyez bien qu'ils supportent avec une patience calme ces vexations par trop médiocres.
— Et le supplice d'Anne Dubourg, neveu d'un chancelier de France, brûlé, il y a deux mois, en place de Grève, n'est-ce rien aussi ?
— C'est peu de chose toujours, dit le difficile de Mouchy. Qu'a produit ce supplice ? l'assassinat du président Minard, un des juges, et une prétendue conspiration, dont on n'a pas retrouvé les traces. Voilà-t-il pas de quoi faire un grand fracas !
— Et le dernier édit, qu'en pensez-vous ? demanda monsieur de Braguelonne, le dernier édit qui s'attaque, nonseulement aux huguenots, mais à toute la noblesse du royaume. Quant à moi, je l'ai dit sincèrement à monsieur le cardinal de Lorraine, je trouve cela bien audacieux.
— Quoi ! dit Démocharès, parlez-vous de l'ordonnance qui a supprimé les pensions ?
— Non, vraiment, mais de celle qui enjoignait aux solliciteurs, nobles ou vilains, de quitter la cour dans les vingt-quatre heures, sous peine d'être pendus. La hart pour les gentilshommes comme pour les manans, convenez que c'est assez dur et passablement révoltant.
— Oui, la chose ne manque pas de hardiesse, dit Démocharès avec un reste de satisfaction Il y a seulement cinquante ans, une ordonnance pareille, eût, je l'avoue, soulevé toute la noblesse du royaume. Mais aujourd'hui, vous voyez, ils ont crié, il n'ont pas agi. Pas un n'a bougé.
— C'est ce qui vous trompe, monsieur le grand inquisiteur, dit Braguelonne en baissant la voix, et, s'ils ne bougent pas à Paris, je crois qu'ils se remuent en province.
— Bah ! s'écria de Mouchy avec empressement, vous avez donc des nouvelles ?
— Je n'en ai pas encore, mais j'en attends à toute minute.
— Et d'où cela ?
— De la Loire.
— Vous avez par là des émissaires ?
— Je n'en ai qu'un, mais il est bon.

— Un seul ! c'est bien chanceux, dit Démocharès d'un air capable.
— J'aime mieux, moi, reprit monsieur de Braguelonne, payer un seul affidé intelligent et sûr aussi cher que vingt coquins stupides. C'est ma manière, que voulez-vous ?
— Oui, mais qui vous répond de cet homme ?
— Sa tête, d'abord, et puis ses services passés ; il a fait ses preuves.
— N'importe, c'est bien chanceux ! reprit Démocharès.

Maître Arpion rentra doucement, comme monsieur de Mouchy parlait encore, et vint dire un mot tout bas à l'oreille de son maître.

— Ah ! ah ! s'écria le lieutenant de police triomphant. Eh bien ! Arpion, introduisez Lignières, sur-le-champ..... Oui, en présence de monsieur le grand inquisiteur ; n'est-il pas un peu des nôtres ?

Arpion salua et sortit.

— Ce Lignières est justement l'homme dont je vous parlais, reprit monsieur de Braguelonne en se frottant les mains. Vous allez l'entendre. Il arrive de Nantes à l'instant. Nous n'avons pas de secrets l'un pour l'autre, n'est-ce pas ? et je suis aise de vous prouver que ma façon en vaut bien une autre.

Ici, maître Arpion ouvrit la porte au sieur Lignières.

C'était ce petit homme maigre, noir et chétif que nous avons vu déjà à l'assemblée protestante de la place Maubert, le même qui avait si hardiment montré la médaille républicaine, et parlé de lis tranchés et de couronnes foulées aux pieds.

On voit que si, dans ce temps-là, le nom d'agent provocateur n'existait pas encore, la chose florissait déjà.

XCI.

UN ESPION.

Lignières, en entrant, jeta d'abord sur Démocharès un regard froid et défiant, et après avoir salué monsieur de Braguelonne, resta prudemment silencieux et immobile, attendant qu'on l'interrogeât.

— Je suis enchanté de vous voir, monsieur Lignières, dit monsieur de Braguelonne. Vous pouvez parler sans crainte devant monsieur le grand inquisiteur de la foi en France.

— Oh ! certes ! s'écria Lignières avec empressement, et si j'avais su que j'étais en présence de l'illustre Démocharès, croyez, monseigneur, que je n'aurais pas ainsi hésité.

— Très bien ! dit, en hochant la tête d'un air approbateur, de Mouchy, évidemment flatté de la déférence respectueuse de l'espion.

— Allons !... parlez, monsieur Lignières, parlez vite ! dit le lieutenant de police.

— Mais, reprit Lignières, monsieur n'est peut-être pas parfaitement au courant de ce qui s'était passé à l'avantdernier conciliabule des protestans, à La Ferté ?

— Je ne sais pas grand'chose, en effet, là-dessus, dit Démocharès.

— Je vais donc, si l'on me le permet, ajouta Lignières, reprendre de là en quelques mots rapides le récit des faits graves recueillis par moi dans ces derniers jours ; ce sera plus clair et mieux assis.

Monsieur de Braguelonne donna d'un signe l'autorisation que Lignières attendait. Ce petit retard servait mal, sans doute, l'impatience du lieutenant de police, mais flattait sa fierté, en laissant briller devant le grand inquisiteur la capacité supérieure et même l'éloquence extraordinaire des agens qu'il savait choisir.

Il est certain que Démocharès était à la fois surpris et charmé comme un connaisseur habile qui rencontre un instrument plus irréprochable et plus complet que ceux dont il s'est jusque là servi.

Lignières, excité par cette haute faveur, voulut s'en montrer digne, et fut véritablement fort beau.

— Ce n'a pas été réellement bien grave cette première assemblée de La Ferté, dit-il. Il ne s'y est fait et dit que des choses assez fades, et j'ai eu beau proposer de renverser Sa Majesté et d'établir en France la constitution des Etats suisses, je n'ai trouvé pour écho que des injures. On a seulement arrêté provisoirement qu'on adresserait au roi une requête, pour mettre un terme aux persécutions contre les religionnaires, et pour demander le renvoi des Guise, le ministère des princes du sang, et l'appel immédiat aux Etats-Généraux. Une simple pétition, pauvre résultat ! Cependant on s'est compté et organisé. C'est quelque chose. Puis, il s'est agi de nommer des chefs. Tant qu'il n'a été question que des chefs secondaires de districts, on n'a trouvé aucune difficulté. Mais le chef général, la tête de la conspiration, c'est à ce qui a donné de la peine ! monsieur de Coligny et le prince de Condé ont récusé par leurs représentants le dangereux honneur qu'on voulait leur faire en les désignant. Il valait mieux, a-t-on dit en leur nom, choisir un huguenot moins haut placé, pour que le mouvement gardât plus évidemment le caractère d'une entreprise populaire. Un bon prétexte pour leur niais ! Ils s'en sont contentés, et, après maint débat, ils ont enfin élu Godefroid de Barry, seigneur de La Renaudie.

— La Renaudie ! répéta Démocharès. Oui, c'est en effet un des ardens meneurs de ces parpaillots. Je le connais pour un homme énergique et convaincu.

— Vous le connaîtrez bientôt pour un Catilina ! dit Lignières.

— Oh ! oh ! fit le lieutenant de police, il me semble que c'est le sur la re un peu.

— Vous allez voir, reprit l'espion, vous allez voir si je le surfais ! J'en viens à *notre* seconde assemblée, qui a eu lieu à Nantes, le 5 de ce mois de février.

— Ah ! ah ! s'écrièrent en même temps Démocharès et Braguelonne.

Et tous deux se rapprochèrent de maître Lignières, avec une avide curiosité.

— C'est que là, dit le Lignières d'un air important, on ne s'est pas borné aux discours, pour le coup ! Ecoutez... Donnerais-je à vos seigneuries les longs détails et les preuves ? ou bien courrai-je sur-le-champ aux résultats ? ajouta le drôle, comme s'il eût voulu prolonger le plus possible son espèce de possession de ces deux âmes.

— Des faits ! des faits ! cria le lieutenant de police, avec impatience.

— En voici donc, et vous allez frémir. Après quelques discours et préliminaires insignifians, La Renaudie a pris la parole, et voici ce qu'il a dit en substance : « L'an dernier, quand la reine d'Ecosse a voulu faire juger les ministres à Stirling, tous leurs paroissiens ont résolu de les suivre dans cette ville, et, quoique sans armes, ce grand mouvement a suffi pour intimider la régente et la faire renoncer à la violence qu'elle méditait. Je propose qu'en France nous commencions de même, qu'une grande multitude de religionnaires se dirige vers Blois, où le roi pour le moment réside, et qu'elle s'y présente sans armes, pour lui remettre une pétition par laquelle il sera supplié de supprimer les édits de persécution, et d'accorder le libre exercice de leur religion aux réformés ; et, puisque leurs assemblées nocturnes et secrètes ont été calomniées, de leur permettre de s'assembler dans les temples, sous les yeux de l'autorité.

— Eh bien ! quoi ! c'est toujours la même chose ! interrompit Démocharès d'un air désappointé. Des manifestations pacifiques et respectueuses qui n'aboutissent à rien ! Des pétitions ! des protestations ! des supplications ! Sont-ce là les terribles nouvelles que vous nous annonciez, maître Lignières ?

— Attendez ! attendez ! dit Lignières. Vous comprenez bien que comme vous et plus que vous je me suis récrié à l'innocente proposition de La Renaudie. Où avaient abouti, où devaient aboutir ces démarches sans portée ? D'autres religionnaires se sont prononcés dans ce sens. Alors, La Renaudie, enchanté, a découvert le fond de sa pensée et trahi le hardi projet qu'il cachait sous ces humbles apparences.

— Voyons ce hardi projet, dit Démocharès, en homme disposé à ne pas s'étonner pour peu.

— Il vaut, je crois, la peine qu'on le déjoue, reprit Lignières. Tandis que l'attention sera distraite par cette foule de pétitionnaires timides et sans armes qui s'approcheront du trône en suppliant, cinq cents cavaliers et mille fantassins, vous entendez, messieurs, quinze cents hommes, choisis parmi les gentilshommes les plus résolus et les plus dévoués à la réforme et aux princes, se réuniront des diverses provinces, sous trente capitaines élus, s'avanceront en silence sur Blois par différentes routes, pénétreront dans la ville, de gré ou de force, je dis de gré ou de force, enlèveront le roi, la reine mère et monsieur de Guise, mettront ceux-ci en jugement, et substitueront à leur autorité celle des princes du sang, quitte à faire décider ensuite par les Etats-Généraux la forme d'administration qu'il conviendra d'adopter... Voilà le complot, messieurs. Qu'en dites-vous ? Est-ce un enfantillage ? Faut-il passer outre sans autrement s'en occuper ! Suis-je enfin bon à rien ou utile à quelque chose ?

Il s'arrêta triomphant. Le grand inquisiteur et le lieutenant de police se regardaient tout surpris et assez alarmés. Il y eut une assez longue pause remplie pour eux par des réflexions de tout genre.

— Par la messe ! c'est admirable ! je l'avoue, s'écria enfin Démocharès.

— Dites que c'est effrayant, reprit monsieur de Braguelonne.

— Il faut voir ! il faut voir ! continua le grand inquisiteur en hochant la tête d'un air capable.

— Eh ! dit monsieur de Braguelonne, nous ne savons que les desseins que ce La Renaudie avoue ; mais il est facile de deviner qu'on ne doit pas s'en tenir là, que messieurs de Guise se défendront, qu'ils se feront tailler en pièces, et que si Sa Majesté confie au prince de Condé le pouvoir ce ne sera que par la violence.

— Mais puisque nous sommes prévenus ! reprit Démocharès. Tout ce que ces pauvres parpaillots vont faire contre nous tourne dès-lors contre eux, et ils se prennent à leur propre piége. Je gage que monsieur le cardinal sera ravi, et qu'il aurait payé cher cette occasion d'en finir avec ses ennemis.

— Dieu veuille qu'il soit ravi jusqu'au bout ! dit monsieur de Braguelonne.

Et s'adressant à Lignières, qui devenait un homme à ménager, un homme précieux, un homme important :

— Quant à vous, lui dit-il, monsieur le marquis (il était réellement marquis le misérable !), quant à vous, vous avez rendu à Sa Majesté et à l'État le plus éminent service. Vous en serez dignement récompensé, soyez tranquille !

— Oui, ma foi ! dit Démocharès, vous méritez une belle chandelle, monsieur ; et vous avez toute mon estime ! A vous aussi, monsieur de Braguelonne, mes sincères complimens sur le choix de ceux que vous employez ! Ah ! monsieur *de* Lignières a droit de compter sur ma plus haute considération, en vérité !

— Ce m'est un prix bien doux de ce que j'ai pu faire, dit le Lignières en s'inclinant avec modestie.

— Vous savez que nous ne sommes pas ingrats, monsieur de Lignières, continua le lieutenant de police. Mais, voyons, vous n'avez pas tout dit ? A-t-on fixé une époque ? un lieu de rendez-vous ?

— On doit se réunir autour de Blois le quinze mars, répondit Lignières.

— Le quinze mars ! voyez-vous cela ! dit monsieur de Braguelonne. Nous n'avons pas vingt jours devant nous ! Et monsieur le cardinal de Lorraine qui est à Blois ! Près de deux jours encore pour l'avertir et avoir ses ordres ! Quelle responsabilité !

— Mais quel triomphe au bout ! dit Démocharès.

— Voyons, mon cher monsieur de Lignières, reprit le lieutenant de police, avez-vous les noms des chefs ?

— Oui, par écrit, répondit Lignières.

— Un homme unique ! dit Démocharès avec admiration. Ceci me réconcilie un peu avec l'humanité.

Lignières défit une couture intérieure de son pourpoint, en tira un petit papier qu'il déroula, et lut à voix haute :

« Liste des chefs avec les noms des provinces qu'ils doivent diriger :

» Castelnau de Chalosses, — Gascogne.
» Mazères, — Béarn.
» Du Mesnil, — Périgord.
» Maillé de Brézé, — Poitou.
» La Chesnaye, — Maine.
» Sainte-Marie, — Normandie.
» Cocqueville, — Picardie.
» De Ferrières-Maligny, — Ile-de-France et Champagne.
» Châteauvieux, — Provence, etc. »

— Vous lirez et commenterez cette liste à loisir, monsieur, dit Lignières en remettant au lieutenant de police la pancarte de trahison.

— C'est la guerre civile organisée ! dit monsieur de Braguelonne.

— Et notez, ajouta Lignières, que, dans le même temps que ces bandes se dirigeront vers Blois, d'autres chefs, en chaque province, devront se tenir prêts à réprimer tout mouvement qui s'y manifesterait en faveur de messieurs de Guise.

— Bon ! nous les tiendrons tous comme en un vaste filet ! disait Démocharès en se frottant les mains. Eh ! comme vous avez l'air atterré, monsieur de Braguelonne ! Après le premier moment de surprise, je déclare que je serais bien fâché, pour mon compte, que tout ceci n'eût pas lieu.

— Mais voyez donc combien il nous reste peu de temps ! dit le lieutenant de police. En vérité, mon bon Lignières, je ne voudrais pour rien au monde vous adresser un seul reproche, mais, depuis e 5 février, vous auriez bien dû me prévenir.

— Le pouvais-je ? dit Lignières. J'ai été chargé par La Renaudie de plus de vingt commissions depuis Nantes jusqu'à Paris. Outre que j'ai pu recueillir ainsi de précieux renseignemens, négliger ou ajourner ces commissions c'eût été exciter les soupçons ; vous écrire une lettre ou vous envoyer un messager m'eût été compromettre nos secrets.

— C'est juste ! dit monsieur de Braguelonne, et vous avez raison toujours. Ne parlons donc plus de ce qui est fait mais de ce qui est à faire. Vous ne nous avez rien dit du prince de Condé ? N'était-il pas avec vous à Nantes ?

— Il y était, répondit Lignières. Mais avant de prendre un parti, il désirait avoir vu Chaudieu et l'ambassadeur anglais, et a dit qu'il accompagnerait dans ce but La Renaudie à Paris.

— Il viendra donc à Paris ? La Renaudie y viendra donc ?

— Mieux que cela, ils doivent y être arrivés, dit Lignières.

— Et où logent-ils ? demanda monsieur de Braguelonne avec empressement.

— Pour cela, je l'ignore. J'ai bien demandé, en manière de rien, où je pourrais retrouver notre chef si j'avais quelque communication à lui faire, mais on ne m'a enseigné qu'un moyen de correspondance indirect. Sans doute La Renaudie ne veut pas compromettre le prince.

— Voilà qui est fâcheux, on ne saurait en disconvenir, reprit le lieutenant de police. Nous aurions eu besoin de suivre jusqu'au bout leurs traces !

Maître Arpion rentra encore une fois, dans ce moment, de son pied léger et mystérieux.

— Qu'est-ce que c'est, Arpion ? dit avec impatience monsieur de Braguelonne. Vous savez bien que nous nous occupons de quelque chose d'important, que diable !

— Aussi ne me serais-je pas permis d'entrer sans quelque chose de non moins important, répondit Arpion.

— Voyons, qu'est-ce que c'est ? Dites vite et dites tout haut. Nous sommes entre nous ici.

— Un nommé Pierre Des Avenelles... reprit Arpion.

De Braguelonne, Démocharès et Lignières interrompirent Arpion par un seul et même cri :

— Pierre Des Avenelles !

— C'est cet avocat de la rue des Marmousets qui héberge d'ordinaire les réformés à Paris, dit Démocharès.

— Et sur la maison duquel j'ai l'œil depuis longtemps, reprit de Braguelonne. Mais le bonhomme est cauteleux et prudent, et déjoue toujours ma surveillance. Que veut-il, Arpion ?

— Parler à monseigneur, sur-le-champ, dit le secrétaire. Il m'a semblé tout effaré.

— I ne peut rien savoir ! dit vivement Lignières avec jalousie. D'ailleurs, ajouta-t-il avec dédain, c'est un honnête homme.

— Il faut voir ! il faut voir ! reprit le grand inquisiteur, (c'était son mot).

— Arpion, reprit monsieur de Braguelonne, introduisez tout de suite cet homme.

— Tout de suite, monseigneur, dit Arpion en sortant.

— Pardon, mon cher marquis, continua de Braguelonne en s'adressant à Lignières, ce Des Avenelles vous connaît, et votre vue inattendue le pourrait troubler. Puis, ni vous ni moi ne devons nous soucier qu'en tout cas il vous sache des nôtres. Ayez donc l'obligeance, pendant cette entrevue, de passer dans le cabinet d'Arpion, là-bas au fond de ce couloir. Je vous ferai rappeler dès que nous aurons terminé. Pour vous, restez, monsieur le grand inquisiteur. Votre présence imposante ne peut que nous être utile.

— Soit, je demeure pour vous servir, dit Démocharès satisfait.

— Et moi, je m'éloigne, reprit Lignières. Mais rappelez-vous ce que je vous dis, monsieur le lieutenant de police : Vous ne tirerez pas grand'chose de ce des Avenelles. Une pauvre cervelle ! esprit timoré mais probe ! rien qui vaille ! rien qui vaille !

— Nous ferons pour le mieux. Mais allez, allez, mon cher Lignières. Voici notre homme.

Lignières n'eut en effet que le temps de s'échapper... Un homme entra tout pâle et agité d'un tremblement nerveux, amené et presque porté par maître Arpion.

C'était l'avocat Pierre Des Avenelles, que nous avons vu pour la première fois avec le sieur Lignières, au conciliabule de la place Maubert, et qui avait eu, si l'on s'en souvient, le succès de la soirée avec son discours si bravement timide.

XCII.

UN DÉLATEUR.

Ce jour où nous le retrouvons, Des Avenelles était tout à fait timide, et n'était plus du tout brave.

Après avoir salué jusqu'à terre Démocharès et de Braguelonne :

— Je suis sans doute, dit-il d'une voix tremblante, en présence de monsieur le lieutenant de police !...

— Et du grand inquisiteur de la foi, ajouta de Braguelonne en montrant de Mouchy.

— Oh ! Jésus ! s'écria le pauvre Des Avenelles, pâlissant davantage encore s'il était possible. Messeigneurs, vous voyez devant vous un bien grand coupable, un trop grand coupable. Puis-je espérer ma grâce ? je ne sais. Un aveu sincère peut-il atténuer mes fautes ? c'est à votre clémenc à répondre.

Monsieur de Braguelonne vit tout de suite à quel homme il avait affaire.

— Avouer ne suffit pas, dit-il d'une voix dure, il faut réparer.

— Oh! si je le puis, je le ferai, monseigneur! reprit Des Avenelles.

— Oui, mais pour le faire, continua le lieutenant de police, il faudrait avoir quelque service à nous rendre, quelque précieux renseignement à nous donner.

— Je tâcherai d'en donner, dit l'avocat d'une voix étouffée.

— Ce sera difficile, reprit négligemment de Braguelonne, car nous savons tout.

— Quoi! vous savez?...

— Tout! vous dis-je, et, dans la passe où vous vous êtes mis, votre repentir tardif ne peut plus guère, je vous en préviens, sauver votre tête.

— Ma tête! ô ciel! ma tête est en danger? Pourtant, puisque je suis venu...

— Trop tard! dit l'inflexible Braguelonne. Vous ne pouvez plus nous être utile, et nous savons d'avance ce que vous pourriez nous révéler.

— Peut-être dit Des Avenelles. Excusez ma question, que savez-vous?

— D'abord, que vous êtes un de ces hérétiques damnés, dit d'une voix tonnante Démocharès intervenant.

— Hélas! hélas! ce n'est que trop vrai! répondit Des Avenelles. Oui, je suis de la religion. Pourquoi? je n'en sais rien. Mais j'abjurerai, mon-eigneur, si vous m'accordez la vie. Le prêche a trop de périls. Je reviens à la messe.

— Ce n'est pas tout, dit Démocharès, vous logez chez vous des huguenots.

— On n'a pu en découvrir un seul, dans aucune des perquisitions, reprit vivement l'avocat.

— Oui, dit monsieur de Braguelonne, vous avez probablement dans votre domicile quelque issue secrète, quelque couloir caché, quelque communication inconnue avec le dehors. Mais, un de ces jours, nous démolirons votre maison jusqu'à la dernière pierre, et il faudra bien qu'elle nous livre son secret.

— Je vous le livrerai moi-même, dit l'avocat. Car, j'en conviens, monseigneur, j'ai quelquefois reçu et hébergé des religionnaires. Ils paient de bonnes pensions, et les procès rapportent si peu! Il faut bien vivre! Mais cela ne m'arrivera plus, et, si j'abjure, enfin! pas un huguenot ne s'avisera de chez moi, je pense, de venir frapper à ma porte.

— Vous avez aussi, continua Démocharès, pris souvent la parole dans le conciliabule des protestans.

— Je suis avocat, dit piteusement Des Avenelles. Mais j'ai toujours parlé pour les partis modérés. Vous devez savoir cela, puisque vous savez tout...

Et, s'enhardissant à lever les yeux sur les deux sinistres personnages, Des Avenelles reprit:

— Mais pardon, il me semble que vous ne savez pas tout; car vous ne me parlez que de moi, et vous vous taisez sur les affaires générales du parti, bien autrement importantes en somme... Donc, je vois avec plaisir que vous ignorez encore bien des choses.

— C'est ce qui vous trompe, dit le lieutenant de police, et nous allons vous prouver le contraire.

Démocharès lui fit signe de prendre garde.

— Je vous comprends, monsieur le grand inquisiteur, lui dit-il. Mais il n'y a point d'imprudence à moi à montrer notre jeu à monsieur; car monsieur ne sortira pas d'ici de longtemps.

— Comment! je ne sortirai pas de longtemps d'ici! s'écria Pierre Des Avenelles avec épouvante.

— Non, sans doute, dit monsieur de Braguelonne avec calme. Vous figurez-vous donc que, sous couleur de venir faire de révélations, vous pourrez tranquillement voir où nous en sommes, et vous assurer de ce que nous savons, pour aller rapporter le tout à vos complices? Il n'en va pas ainsi, mon cher monsieur, et vous êtes de ce moment notre prisonnier.

— Prisonnier! répéta Des Avenelles, d'abord abattu.

Puis, avec la réflexion, il prit son parti. Notre homme, on se le rappelle, avait au plus haut point le courage de la lâcheté.

— Eh bien! j'aime mieux cela, au fait! s'écria-t-il. Je suis plus en sûreté ici que chez moi, au milieu de tous leurs complots. Et, puisque vous me gardez, monsieur le lieutenant de police, vous ne vous ferez plus scrupule de vouloir bien répondre à quelques-unes de mes respectueuses questions. M'est avis que vous n'êtes pas tout à fait aussi complètement informé que vous croyez l'être, et que je trouverai moyen de vous prouver, par quelque utile révélation, ma bonne foi et ma loyauté.

— Hum! j'en doute, dit monsieur de Braguelonne.

— Des dernières assemblées des huguenots, d'abord, que savez-vous, monseigneur? demanda l'avocat.

— Parlez-vous de celle de Nantes? dit le lieutenant de police?

— Aïe! vous savez cela. Eh bien! oui, voyons, de celle de Nantes. Que s'y est-il passé?

— Est-ce à la conspiration qu'on y a formée que vous faites allusion? reprit monsieur de Braguelonne.

— Hélas! oui, et je vois que je ne vous apprendrai pas grand'chose là-dessus, reprit Des Avenelles. Cette conspiration...

— Est d'enlever le roi de Blois, de substituer violemment les princes à messieurs de Guise, de convoquer les États-Généraux, etc... Tout cela c'est de l'histoire ancienne, mon cher monsieur Des Avenelles, et qui date déjà du 5 février.

— Et les conjurés qui se croient si sûrs du secret! s'écria l'avocat. Ils sont perdus! et moi aussi. Car, sans nul doute, vous connaissez les chefs du complot?

— Les chefs occultes et les chefs avoués. Les chefs occultes, c'est le prince de Condé, c'est l'amiral. Les chefs avoués, ce sont La Renaudie, Castelnau, Mazères... Mais l'énumération serait trop longue. Tenez, voici la liste de leurs noms et celle des provinces qu'ils doivent soulever.

— Miséricorde! que la police est habile et que les conspirateurs sont fous! s'écria encore Des Avenelles. N'aurai-je donc pas le plus petit mot à vous apprendre? Le prince de Condé et La Renaudie, vous savez où ils sont?

— A Paris, ensemble.

— C'est effrayant! et je n'ai plus qu'à recommander mon âme à Dieu. Pourtant, un mot encore, de grâce : où sont-ils à Paris?

Monsieur de Braguelonne ne répondit pas tout de suite, mais, de son regard pénétrant et clair, sembla vouloir sonder l'âme et les yeux de Des Avenelles.

Celui-ci respirant à peine répéta sa question :

— Savez-vous où sont à Paris le prince de Condé et La Renaudie, monseigneur?

— Nous les trouverons sans peine, répondit monsieur de Braguelonne.

— Mais vous ne les avez pas encore trouvés! s'écria Des Avenelles ravi. Dieu soit loué! je puis encore gagner mon pardon. Je sais où ils sont, moi, monseigneur!

L'œil de Démocharès étincela, mais le lieutenant de police dissimula sa joie.

— Où sont-ils donc? dit-il du ton le plus indifférent possible.

— Chez moi, messieurs, chez moi! dit fièrement l'avocat.

— Je le savais, répondit tranquillement monsieur de Braguelonne.

— Quoi! comment! vous le saviez aussi? s'écria Des Avenelles, pâlissant.

— Sans doute!... Mais j'ai voulu vous éprouver, voir si vous étiez de bonne foi. Allons! c'est bien! je suis content. C'est que votre cas était grave au moins. Avoir donné refuge à de si grands coupables!

— Vous vous faisiez aussi coupable qu'eux! dit sentencieusement Démocharès.

— Oh! ne m'en parlez pas, monseigneur, reprit Des

Avenelles. Je me doutais bien des dangers que je courais. Aussi, depuis que je connais les effrayans projets de mes deux hôtes, je n'existe plus. Mais je ne les connais que depuis trois jours. Depuis trois jours seulement, je vous le jure. Vous devez savoir que je n'étais pas à l'assemblée de Nantes. Quand le prince de Condé et le seigneur de La Renaudie sont arrivés chez moi au commencement de cette semaine, je croyais bien recevoir des réformés, mais non pas des conspirateurs. J'ai en horreur les conspirateurs et les conspirations. Ils ne m'ont rien dit d'abord, et c'est ce dont je leur en veux. Exposer ainsi à son insu un pauvre homme qui ne leur avait jamais rendu que des services ! c'est très mal. Mais ces grands personnages n'en font jamais d'autres.

— Hein ? dit monsieur de Braguelonne qui se regardait comme un très grand personnage.

— Je parle des grands personnages de la réforme ! se hâta de dire l'avocat. Donc, ils ont commencé par me cacher tout. Mais ils chuchotaient ensemble tout le jour ; mais ils écrivaient le jour et la nuit ; mais ils recevaient des visites à toute minute. J'ai guetté, j'ai écouté. Bref, j'ai deviné le commencement, de sorte qu'ils ont été obligés de me confesser la fin, leur assemblée de Nantes, leur grande conspiration, tout ce que vous savez enfin et ce qu'ils croient si bien à l'abri. Mais depuis cette révélation, je ne dors plus, je ne mange plus, je ne vis plus. Chaque fois qu'on entre chez moi, et Dieu sait comme on y entre souvent ! je m'imagine qu'on vient me chercher pour me traîner devant les juges. La nuit, dans mes rares instans de sommeil fiévreux, je ne rêve que tribunaux, échafauds et bourreaux. Et je m'éveille, baigné d'une sueur froide, pour supputer, prévoir et mesurer les risques que je cours.

— Les risques que vous couriez ? dit monsieur de Braguelonne. Mais la prison d'abord...

— La torture ensuite, reprit Démocharès.

— Puis, la pendaison probablement, ajouta le lieutenant de police.

— Peut-être le bûcher, continua le grand inquisiteur.

— Voire même d'occasion, la roue, dit, pour terminer par un effet, monsieur de Braguelonne.

— Emprisonné ! torturé ! pendu ! brûlé ! roué ! s'exclamait à chaque parole maître Des Avenelles, comme s'il eût subi chacun des supplices qu'on lui énumérait.

— Dame ! vous êtes avocat, vous savez la loi, reprit monsieur de Braguelonne.

— Je ne la sais que trop ! s'écria Des Avenelles. Aussi, au bout de trois jours d'angoisses, je n'ai pu y tenir, j'ai bien senti qu'un tel secret était un fardeau trop lourd pour ma responsabilité, et je suis venu le remettre entre vos mains, monsieur le lieutenant de police.

— C'était le plus sûr, reprit monsieur de Braguelonne, et, quoique votre révélation ne nous serve pas à grand'-chose, comme vous voyez, nous aurons cependant égard à votre bonne volonté.

Il s'entretint quelques instans à voix basse avec de Mouchy, qui parut lui faire adopter, non sans quelque peine, la résolution à suivre.

— Avant tout, je vous demanderai en grâce, leur dit Des Avenelles suppliant, de ne pas me trahir ma défection vis-à-vis de mes anciens... complices ; car, hélas ! ceux qui ont massacré le président Minard pourraient bien aussi me faire un mauvais parti.

— Nous vous garderons le secret, reprit le lieutenant de police.

— Vous m'allez toutefois retenir prisonnier, n'est-ce pas ? dit Des Avenelles d'un air humble et craintif.

— Non, vous pouvez rentrer librement chez vous à l'instant même, répondit de Braguelonne.

— En vérité ? dit l'avocat. Alors ce sont mes hôtes, je le vois, que vous allez faire saisir.

— Pas davantage. Ils resteront libres comme vous.

— Comment cela ? demanda Des Avenelles stupéfait.

— Écoutez-moi, reprit monsieur de Braguelonne avec autorité, et retenez bien mes paroles. Vous allez retourner chez vous sur l'heure, de peur qu'une trop longue absence n'excite quelque soupçon. Vous ne direz plus un mot à vos hôtes ni de vos craintes ni de leurs secrets. Vous agirez et les laisserez agir comme si vous n'étiez pas entré dans ce cabinet aujourd'hui. Me comprenez-vous bien ? N'empêchez rien et ne vous étonnez de rien. Laissez faire.

— C'est aisé cela, dit Des Avenelles.

— Seulement, ajouta monsieur de Braguelonne, si nous avons besoin de quelque renseignement, nous vous les ferons demander ou nous vous appellerons ici, et vous vous tiendrez toujours à notre disposition. Si quelque descente dans votre maison est jugée nécessaire, vous y prêterez la main.

— Puisque j'ai tant fait que de commencer, j'achèverai, dit Des Avenelles avec un soupir.

— C'est bien. Un seul mot pour conclure. Si les choses se passent de manière à nous prouver que vous avez obéi à ces instructions bien simples, vous aurez votre grâce. Si nous pouvons soupçonner que la moindre indiscrétion vous est échappée, vous serez le premier et le plus cruellement puni.

— Vous serez brûlé à petit feu, par Notre Dame ! dit Démocharès de sa voix lugubre et profonde.

— Cependant !... voulut dire l'avocat qui tressaillait.

— Il suffit, dit Braguelonne. Vous avez entendu. Souvenez-vous. Au revoir.

Il lui fit de la main un geste impérieux. Le trop prudent avocat sortit, à la fois soulagé et oppressé.

Après son départ, il y eut un moment de silence entre le lieutenant de police et le grand inquisiteur.

— Vous l'avez voulu, j'ai cédé, dit enfin le premier. Mais j'avoue qu'il me reste des doutes sur cette façon de procéder.

— Non, tout est pour le mieux ! reprit Démocharès. Il faut que cette affaire ait son cours, je vous dis, et, pour cela, l'important était de ne point donner l'éveil aux conjurés. Qu'ils se croient sûrs du secret et qu'ils agissent. Ils s'imaginent marcher dans la nuit, et nous suivons tous leurs mouvements au grand jour. C'est superbe ! une pareille occasion ne se présenterait pas, d'ici à vingt ans, de terrifier par un grand coup l'hérésie. Et je connais là-dessus les idées de Son Éminence le cardinal de Lorraine.

— Mieux que moi, c'est vrai, dit de Braguelonne. Que nous reste-t-il cependant à faire ?

— Vous, dit Démocharès, vous demeurez à Paris, vous surveillez, par Lignières et par Des Avenelles, vos deux chefs de conspiration. Moi, dans une heure, je pars pour Blois et j'avertis messieurs de Guise. Le cardinal aura d'abord un peu peur, mais le Balafré est auprès de lui pour le rassurer ; et, avec la réflexion, il sera ravi. C'est leur affaire à tous deux de réunir en quinze jours à petit bruit autour du roi toutes les forces dont ils pourront disposer. Nos huguenots cependant n'auront pu se douter de rien. Ils arriveront ensemble ou l'un après l'autre dans le piège tendu, ces étourneaux aveugles, et ils sont à nous ! nous les tenons ! Tuerie générale !

Le grand inquisiteur se promenait à grands pas dans la chambre en se frottant les mains tout joyeux.

— Dieu veuille seulement, dit monsieur de Braguelonne, qu'aucun retour imprévu ne vienne réduire à néant ce magnifique projet !

— Impossible ! reprit Démocharès. Tuerie générale ! Nous les tenons ! Faites revenir, s'il vous plaît, Lignières, qu'il achève de nous fournir les renseignemens que je vais reporter au cardinal de Lorraine. Mais je tiens déjà l'hérésie pour morte. Tuerie générale !

XCIII.

ROI ET REINE ENFANS.

En franchissant par la pensée deux jours et quarante lieues, nous serons au 27 février et dans le splendide château de Blois, où la cour était pour le moment réunie.

Il y avait eu la veille grande fête et réjouissance au château, fête ordonnée par monsieur Antoine de Baïf le poète, avec joutes, ballets et allégories.

Si bien que ce matin-là, le jeune roi et sa petite reine, pour l'amusement desquels la fête avait été donnée, se levèrent plus tard que de coutume et un peu fatigués encore de leur plaisir.

Heureusement, aucune réception n'était indiquée; et, pour se délasser, ils purent à loisir deviser ensemble des belles choses qu'ils avaient admirées.

— Pour moi, disait Marie Stuart, j'ai trouvé tous ces divertissemens les plus beaux et les plus singuliers du monde.

— Oui, reprenait François II, les ballets et les scènes jouées surtout. Mais j'avouerai que les sonnets et madrigaux m'ont paru faire un peu longueur.

— Comment! se récria Marie Stuart, ils étaient forts galans et spirituels, je vous assure.

— Mais trop perpétuellement élogieux, convien-en, mignonne. Ce n'est pas très amusant, vois-tu, de s'entendre ainsi louer pendant des heures, et je m'imaginais hier au soir que le bon Dieu devait avoir parfois des momens d'impatience dans son paradis. Ajoute à cela que ces messieurs, surtout messieurs de Baïf et de Maisonfleur, sèment leurs discours de nombre de mots latins que je ne comprends pas toujours.

— Mais c'est de fort bon air cela, dit Marie, c'est une façon qui sent son homme docte et de goût choisi.

— Ah! c'est que tu es une savante, toi, Marie! reprit le jeune roi en soupirant. Tu fais des vers, et tu comprends le latin auquel je n'ai jamais pu mordre.

— Mais c'est notre lot et notre récréation à nous autres femmes; le savoir! comme à vous autres hommes et princes l'action et le commandement.

— C'est égal, reprit François II, je voudrais, ne fût-ce que pour t'égaler en quelque chose, être seulement aussi instruit, tiens! que mon frère Charles.

— A propos de notre frère Charles, interrompit Marie, l'avez-vous remarqué hier dans son rôle de l'allégorie de la *Religion défendue par les trois Vertus théologales*?

— Oui, dit le roi, il faisait un des chevaliers qui représentaient les Vertus, la Charité, je crois.

— C'est cela même, reprit Marie. Eh bien! avez-vous vu, sire, avec quelle fureur il frappait la tête de l'Hérésie?

— Oui, vraiment, lorsqu'elle s'est avancée au milieu des flammes sur ce corps de serpent... Charles était hors de lui, c'est la vérité.

— Et, dites-moi, mon doux sire, reprit la reine, est-ce qu'elle ne vous a pas paru ressembler à quelqu'un cette tête de l'Hérésie?

— En effet, dit François II, j'avais cru me tromper, mais elle avait assurément de l'air de monsieur de Coligny, n'est-ce pas?

— Dites que c'était monsieur l'amiral trait pour trait.

— Et tous ces diables qui l'ont emporté! dit le roi.

— Et la joie de notre oncle le cardinal, reprit Marie.

— Et le sourire de ma mère!

— Il était presque effrayant! dit la jeune reine. N'importe! François, elle était encore bien belle hier, votre mère, avec sa robe d'or frisé, et son voile de crêpe tanné! un magnifique accoutrement!

— Oui, reprit le roi; aussi, ma mignonne, ai-je fait demander pour vous une robe semblable à Constantinople, par monsieur de Grandchamp, et vous aurez aussi un voile de gaze romaine pareil à celui de ma mère.

— Oh! merci, mon gentil roi! merci! Je n'envie pas certainement le sort de notre sœur Elisabeth d'Espagne, qui, dit-on, ne met jamais deux fois la même robe. Cependant, je ne voudrais pas que femme en France, fût-ce votre mère, semblât, à vous surtout, mieux parée que moi.

— Eh! que t'importe au fond! dit le roi, ne seras-tu pas toujours la plus belle?

— Il n'y a guère paru hier, reprit Marie boudant; car, après le branle au flambeau que j'ai dansé, vous ne m'avez pas dit un seul mot. Il faut croire qu'il ne vous a pas plu.

— Si fait bien! s'écria François. Mais qu'aurais-je dit, bon Dieu! à côté de tous ces beaux esprits de la cour qui te complimentaient en prose et en vers. Dubellay prétendait que tu n'avais pas besoin d'un flambeau comme les autres dames, et que c'était bien assez de tes deux yeux. Maisonfleur s'effrayait du danger de ces deux vives lumières de tes prunelles qui ne s'éteignaient pas, elles! et qui pouvaient embraser la salle entière. Sur quoi Ronsard ajoutait que ces astres de tes regards devaient éclairer la nuit parmi les ténèbres, et le jour parmi le soleil. Fallait-il donc, après cette poésie, venir te dire tout uniment que je vous avais trouvées charmantes, toi et ta danse.

— Et pourquoi pas? reprit Marie. Ce simple mot de vous m'eût plus réjouie que toutes leurs fadeurs.

— Eh bien! ce mot je te le dis ce matin, mignonne, et de tout mon cœur; car cette danse est toute parfaite et m'a presque fait oublier la pavane d'Espagne que j'aimais tant, et les pazzemeni d'Italie que tu dansais si divinement avec cette pauvre Elisabeth. C'est que ce que tu fais est toujours mieux fait que ce que font les autres. C'est que tu es la belle des belles, et que les plus jolies femmes paraissent comme chambrières auprès de toi! Oui, dans ton costume royal comme dans ce simple déshabillé, tu es toujours ma reine et mon amour. Je ne vois que toi! je n'aime que toi!

— Mon cher mignon!

— Mon adorée!

— Ma vie!

— Mon bien suprême! Tiens! l'eusses-tu qu'un chaperon de paysanne, je t'aimerais encore mieux que toutes les reines de la terre.

— Et moi, reprit Marie, quand tu ne serais qu'un simple page, ce serait toi encore qui aurais mon cœur.

— Oh! Dieu! dit François, que j'aime à passer mes doigts dans ces cheveux si doux, si blonds, si fins, à les mêler, à les brouiller. Je conçois bien que tes dames te demandent souvent à baiser ce col si rond, et si blanc, et ces bras si gracieux et si potelés... Pourtant, ne le leur permettez plus, Marie.

— Et pourquoi?

— J'en suis jaloux! dit le roi.

— Enfant! reprit Marie avec un geste adorable d'enfant.

— Ah! tiens, s'écria François avec passion, s'il fallait renoncer à ma couronne ou à Marie, mon choix serait bientôt fait.

— Quelle folie! reprit la jeune reine. Est-ce qu'on peut renoncer à la couronne de France, la plus belle de toutes après celle du ciel?

— Pour qu'elle fait sur mon front!... dit François avec un sourire moitié gai, moitié mélancolique.

— Comment! reprit Marie; mais j'oubliais que nous avons justement à régler une affaire... une affaire de haute importance que mon oncle de Lorraine nous a renvoyée.

— Oh! oh! s'écria le roi, cela ne lui arrive pas souvent.

— Il nous charge, dit gravement Marie, de décider les couleurs de l'habillement de nos gardes-suisses.

— C'est une marque de confiance qui nous fait honneur. Entrons donc en délibération. Quel est, madame, l'avis de Votre Majesté sur cette difficile question?

— Oh! je ne parlerai qu'après vous, sire?

— Voyons! je pense que la forme de l'habit doit rester

la même; large pourpoint à larges manches tailladé aux trois couleurs, n'est-il pas vrai?

— Oui, sire. Mais quelles seront ces couleurs? Là est la question.

— Elle n'est pas aisée. Mais vous ne m'aidez pas, mon gentil conseil. La première couleur?...

— Il faut que ce soit blanc, dit Marie, la couleur de France.

— Alors, reprit le roi, la seconde sera celle d'Ecosse, bleu.

— Soit! mais la troisième?

— Si c'était jaune?

— Oh! non c'est la couleur d'Espagne. Vert plutôt.

— C'est la couleur de Guise, dit le roi.

— Eh bien! monsieur, est-ce donc un motif d'exclusion? reprit Marie.

— Non pas! mais ces trois couleurs s'harmonieraient-elles bien?

— Une idée! s'écria Marie Stuart. Prenons le rouge, la couleur de la Suisse; cela rappellera au moins un peu leur pays à ces pauvres gens.

— Idée excellente comme ton cœur, Marie! reprit le roi. Voilà donc cette importante affaire glorieusement terminée. Ouf! nous avons eu assez de peine! Les choses sérieuses nous en donnent moins, par bonheur. Et vos chers oncles, Marie, veulent bien se charger pour moi de tout le poids du gouvernement. C'est charmant! Ils écrivent, et je n'ai qu'à signer, parfois sans lire. Si bien que ma couronne sur mon fauteuil royal me remplacerait fort suffisamment, s'il me prenait fantaisie... de faire un voyage.

— Ne savez-vous pas bien, sire, dit Marie, que mes oncles n'auront jamais à cœur que votre intérêt et celui de la France?

— Comment ne le saurais-je pas? reprit le roi, ils me le répètent trop souvent pour que je l'oublie. Tenez, c'est aujourd'hui jour de conseil, nous allons voir arriver monsieur le cardinal de Lorraine, avec ses humbles façons et ses respects exagérés, qui ne m'amusent pas toujours, il faut l'avouer, et nous l'entendrons me dire, avec sa voix douce, et en s'inclinant à chaque parole: « Sire, la proposition que je soumets à Votre Majesté n'a en vue que l'honneur de votre couronne. Votre Majesté ne peut pas douter du zèle qui nous anime pour la gloire de son règne et le bien de son peuple. Sire, la splendeur du trône et de l'Eglise est le but unique, etc., etc. »

— Comme vous l'imitez bien! s'écria Marie, en riant et battant des mains.

Mais, d'un ton plus sérieux, elle reprit:

— Il faut cependant être indulgent et généreux, François. Croyez-vous donc que votre mère, madame Catherine de Médicis, me réjouisse beaucoup aussi, quand, avec sa grande figure sévère et pâle, elle me fait des sermons sans fin, sur ma parure, mes gens et mes équipages. Ne l'entendez-vous pas d'ici, me disant, la bouche pincée: « Ma fille, vous êtes la reine; je ne suis plus aujourd'hui que la seconde femme du royaume; mais si j'étais à votre place, j'exigerais que mes femmes ne perdissent jamais la messe, non plus que les vêpres et le sermon. Si j'étais à votre place, je ne porterais pas de velours incarnadin, parce que c'est une couleur trop peu grave. Si j'étais à votre place, je réformerais ma robe d'argent et colombin à la bourbonnaise, parce qu'elle est trop décolletée. Si j'étais à votre place, je ne danserais jamais de ma personne, et me contenterais de voir danser. Si j'étais à votre place... »

— Oh! s'écria le roi, en riant aux éclats, comme c'est bien ma mère! Mais vois-tu, mignonne, elle est ma mère, après tout, et je l'ai déjà offensée assez grièvement en ne lui laissant aucune part dans les affaires de l'État, que tes oncles seuls administrent. Il faut donc lui passer quelque chose, et supporter avec respect ses gronderies. Moi, de mon côté, je me résigne à la tutelle doucereuse du cardinal de Lorraine, uniquement parce que tu es sa nièce, entends-tu?

— Merci, cher Sire, merci de ce sacrifice! dit Marie, avec un baiser.

— Mais réellement, continua François, il y a des moments où je suis tenté d'abandonner jusqu'au titre de roi, comme j'en ai déjà abandonné le pouvoir.

— Oh! que dites-vous là? se récria Marie Stuart.

— Je dis ce que je sens, Marie. Ah! si pour être ton époux, il ne fallait pas être roi de France! Songe donc! je n'ai que les ennuis et les contraintes de la royauté. Le dernier de nos sujets est plus libre que moi. Enfin, si je ne m'étais fâché pour tout de bon. nous aurions eu chacun un appartement séparé! Pourquoi? parce que, prétendait-on, c'est l'usage des rois et reines de France.

— Qu'ils sont absurdes avec leur usage! reprit Marie. Eh bien! nous le changeons, l'usage! et nous en établissons un nouveau, lequel, Dieu merci! vaut bien l'autre.

— Assurément, Marie. Dis-moi, sais-tu quel est le secret désir que je nourris depuis quelque temps, déjà?

— Non, en vérité.

— Celui de nous évader, de nous enfuir, de nous envoler, de quitter pour un temps les soucis du trône, Paris, Blois, la France même, et d'aller... où? je ne sais pas, mais loin d'ici enfin! pour respirer un peu à l'aise comme les autres hommes. Marie, dis, est-ce qu'un voyage de six mois, d'un an, ne te ferait pas plaisir?

— Oh! j'en serai ravie, mon bien aimé Sire, répondit Marie, pour vous surtout dont la santé parfois m'inquiète, et qui trop souvent souffrez de ces fâcheux maux de tête. Le changement d'air, la nouveauté des objets, tout cela vous distrairait, vous ferait du bien. Oui, partons, partons!... Oh! mais le cardinal, la reine-mère le souffriront-ils?

— Eh! je suis roi après tout, je suis le maître, dit François II. Le royaume est calme et tranquille, et, puisqu'on se passe bien de ma volonté pour le gouverner, on pourra bien se passer de ma présence. Nous partirons avant l'hiver, Marie, comme les hirondelles. Voyons, où veux-tu aller? Si nous visitions nos États d'Ecosse?

— Quoi! passer la mer! dit Marie. Aller dans ces brouillards dangereux, mon mignon, pour votre délicate poitrine! non! j'aime encore mieux notre riante Touraine, et ce plaisant château de Blois. Mais pourquoi n'irions-nous pas en Espagne rendre visite à notre sœur Elisabeth?

— L'air de Madrid n'est pas bon pour les rois de France, Marie.

— Eh bien! l'Italie alors! reprit Marie. Il y fait toujours beau, toujours chaud. Ciel bleu et mer bleue! des orangers en fleurs, de la musique et des fêtes!

— Accepté l'Italie! s'écria gaîment le roi. Nous verrons la sainte religion catholique dans sa gloire, les belles Églises et les saintes reliques.

— Et les peintures de Raphaël, dit Marie, et Saint-Pierre et le Vatican!

— Nous demanderons au saint-père sa bénédiction, et nous rapporterons force indulgences.

— Ce sera charmant! dit la reine, et réaliser ce doux rêve ensemble, à côté l'un de l'autre, aimés, aimans, avoir l'azur dans nos cœurs et sur nos têtes!...

— Le paradis! reprit François II avec enthousiasme.

Mais comme il s'écriait ainsi, bercé par ce ravissant espoir, la porte s'ouvrit brusquement, et le cardinal de Lorraine, repoussant l'huissier de service qui n'eut pas même le temps de l'annoncer, entra tout pâle et tout essoufflé dans la chambre royale.

Le duc de Guise, plus calme, mais aussi sérieux, suivait son frère à quelque distance, et l'on entendait déjà son pas grave retentir dans l'antichambre à travers la porte restée ouverte.

XCIV.

FIN DU VOYAGE EN ITALIE.

— Eh! quoi, monsieur le cardinal, dit le jeune roi avec vivacité, ne saurais-je donc avoir un moment de loisir et de liberté, même en ce lieu?

— Sire, répondit Charles de Lorraine, j'ai regret de contrevenir aux ordres donnés par Votre Majesté; mais l'affaire qui nous amène, mon frère et moi, est de telle importance qu'elle ne souffre pas de délais.

En ce moment, le duc de Guise entra gravement, salua en silence le roi et la reine, et resta debout derrière son frère, muet, immobile et sérieux.

— Eh bien! je vous écoute, parlez donc, monsieur, dit François au cardinal.

— Sire, reprit celui-ci, une conspiration contre Votre Majesté vient d'être découverte; ses jours ne sont plus en sûreté dans ce château de Blois: il importe de le quitter à l'instant même.

— Une conspiration! quitter Blois! s'écria le roi; qu'est-ce que cela signifie?

— Cela signifie, Sire, que des méchans en veulent aux jours et à la couronne de Votre Majesté.

— Quoi! dit François, ils m'en veulent à moi si jeune, à moi assis d'hier sur le trône, à moi qui, sciemment et volontairement du moins, n'ai jamais fait de mal à personne! Quels sont donc ces méchans, monsieur le cardinal?

— Et qui serait-ce, reprit Charles de Lorraine, sinon ces maudits huguenots et hérétiques.

— Encore les hérétiques! s'écria le roi. Etes-vous bien sûr, monsieur, de ne pas vous laisser entraîner contre eux à des soupçons sans fondement?

— Hélas! dit le cardinal, il n'y a malheureusement pas lieu de douter cette fois.

Le jeune roi, si mal à propos interrompu dans ses rêves de joie par cette désolante réalité, paraissait vivement contrarié; Marie était tout émue de sa mauvaise humeur, et le cardinal tout troublé par les nouvelles qu'il apportait. Le Balafré seul, calme en maître de lui, attendait l'issue de toutes ces paroles dans une attitude impassible.

— Qu'ai-je donc fait à mon peuple pour qu'il ne m'aime pas? reprit François dépité.

— J'ai dit, je crois, à Votre Majesté, que les révoltés ne sont que des huguenots, dit le cardinal de Lorraine.

— Ce n'en sont pas moins des Français! reprit le roi. Enfin, monsieur le cardinal, je vous ai confié tout mon pouvoir en espérant que vous le feriez bénir, et je ne vois autour de moi que troubles, plaintes et mécontentemens.

— Oh! sire! sire! dit Marie Stuart avec reproche.

Le cardinal de Lorraine reprit avec quelque sécheresse:

— Il ne serait pas juste, sire, de nous rendre responsables de ce qui ne tient qu'aux malheurs du temps.

— Pourtant, monsieur, continua le jeune roi, je désirerais connaître une fois le fond des choses, et que pour un temps vous ne fussiez plus à mon côté, afin de savoir si c'est à moi ou bien à vous qu'on en veut.

— Oh! Votre Majesté! s'écria encore Marie Stuart vivement affectée.

François s'arrêta, se reprochant déjà d'avoir été trop loin. Le duc de Guise ne manifestait pas le moindre trouble. Charles de Lorraine, après un silence glacé, reprit de l'air digne et contraint d'un homme injustement offensé:

— Sire, puisque nous avons la douleur de voir nos efforts méconnus ou inutiles, il ne nous reste plus, en loyaux sujets et en parens dévoués, qu'à nous éloigner pour laisser la place à de plus dignes ou à de plus heureux...

Le roi embarrassé se tut, et le cardinal continua après une pause:

— Votre Majesté n'aura donc qu'à nous dire en quelles mains nous devons remettre nos offices. En ce qui me touche, rien ne sera plus aisé sans doute que de me remplacer, et Votre Majesté n'aura qu'à choisir entre monsieur le chancelier Olivier, monsieur le cardinal de Tournon, et monsieur de L'Hôpital...

Marie Stuart désolée cacha son front dans ses mains, et François repentant n'eût pas mieux demandé que de revenir sur sa colère d'enfant; seulement, le silence hautain du grand Balafré l'intimidait.

— Mais, poursuivit Charles de Lorraine, la charge de grand-maître et la direction des choses de la guerre exigent des talens si rares et une illustration si haute, qu'après mon frère, je trouve à peine deux hommes qui puissent y prétendre, monsieur de Brissac peut-être...

— Oh! Brissac, toujours grondant, toujours fâché, dit le jeune roi, c'est impossible!

— Et, en second lieu, reprit le cardinal, monsieur de Montmorency, qui, à défaut des qualités, a du moins le renom.

— Eh! dit encore François, monsieur le connétable est trop vieux pour moi, et traitait autrefois trop légèrement le dauphin pour servir respectueusement aujourd'hui le roi. Mais, monsieur le cardinal, pourquoi omettez-vous mes autres parens, les princes du sang, le prince de Condé, par exemple?...

— Sire, dit le cardinal, c'est à regret que je l'apprends à Votre Majesté; mais entre les noms des chefs secrets de la conspiration annoncée, le premier est celui de monsieur le prince de Condé.

— Est-ce possible? dit le jeune roi stupéfait.

— Sire, c'est certain.

— Mais c'est donc tout à fait grave ce complot tramé contre l'État? demanda François.

— C'est presque une révolte, sire, répondit le cardinal, et, puisque Votre Majesté nous décharge, mon frère et moi, de la responsabilité plus terrible que jamais qui pesait sur nous, mon devoir m'oblige à la supplier de nommer nos successeurs le plus tôt possible; car les Réformés seront dans quelques jours sous les murs de Blois.

— Que dites-vous là, mon oncle? s'écria Marie effrayée.

— La vérité, madame.

— Et les rebelles sont nombreux? demanda le roi.

— Sire, on parle de deux mille hommes, dit le cardinal. Des rapports, que je n'avais pu croire avant d'avoir reçu de Paris par monsieur de Mouchy avis de la conspiration, signalaient déjà leur avant-garde auprès de La Carrelière... Nous allons donc, sire, monsieur de Guise et moi...

— Eh! quoi, dit vivement François, c'est dans un danger pareil que vous m'abandonneriez tous les deux?

— Mais j'avais cru comprendre, sire, reprit Charles de Lorraine, que telle était l'intention de Votre Majesté.

— Que voulez-vous? dit le roi, je suis si triste quand je vois que vous me faites... que j'ai des ennemis!... Mais, tenez, ne parlons plus de ce a, bel oncle, et donnez-moi plutôt des détails sur cette insolente tentative des révoltés. Que comptez-vous faire pour la prévenir?

— Pardon, sire! reprit le cardinal encore piqué; d'après ce que m'avait fait entendre Votre Majesté, il me semblait que d'autres que nous...

— Eh! bel oncle, je vous prie, qu'il ne soit plus question de ce mouvement de vivacité que je regrette, dit François II. Que puis-je vous dire de plus? Faut-il donc que je m'excuse et vous demande pardon?

— Oh! sire, fit Charles de Lorraine, du moment que Votre Majesté nous rend sa précieuse confiance...

— Toute entière, et de tout mon cœur, ajouta le roi, en tendant sa main au cardinal.

— Voilà bien du temps perdu! dit gravement le duc de Guise.

C'était le premier mot qu'il eût prononcé depuis le commencement de l'entrevue.

Il s'avança alors, comme si ce qui s'était passé jusque-là n'eût été que d'insignifians préliminaires, un ennuyeux prologue où il avait laissé au cardinal de Lorraine le principal rôle. Mais ces puérils débats vidés, il reprenait hautement la parole et l'initiative.

— Sire, dit-il au roi, voici ce dont il s'agit : deux mille révoltés, commandés par le baron de La Renaudie, et appuyés en sous main par le prince de Condé, vont descendre ces jours-ci du Poitou, du Béarn et d'autres provinces, et tenter de surprendre Blois et d'enlever Votre Majesté.

François fit un mouvement d'indignation et de surprise.

— Enlever le roi ! s'écria Marie Stuart.

— Et vous avec lui, madame, continua le Balafré, mais, rassurez-vous, nous veillons sur Vos Majestés.

— Quelles mesures allez-vous prendre? demanda le roi.

— Nous ne sommes prévenus que depuis une heure, dit e duc de Guise. Mais la première chose à faire, sire, est d'assurer votre personne sacrée. Il faut donc, que, dès aujourd'hui, vous quittiez cette ville ouverte de Blois, et son château sans défense, pour vous retirer à Amboise, dont le château fortifié vous met à l'abri d'un coup de main.

— Quoi ! dit la reine, nous enfermer dans ce vilain château d'Amboise, si haut perché, si sombre et si triste !

— Enfant! dit le Balafré à sa nièce, sinon avec la parole, du moins avec son regard sévère.

Il reprit seulement ;

— Madame, il le faut.

— Mais nous fuirons donc devant ces rebelles! dit le jeune roi, tout frémissant de courroux.

— Sire, reprit le duc de Guise, on ne fuit pas devant un ennemi qui ne vous a pas encore attaqué, qui ne vous a même pas dénoncé la guerre. Nous sommes censés ignorer les desseins coupables de ces factieux.

— Mais nous les savons cependant, dit François.

— Que Votre Majesté veuille bien s'en rapporter à moi sur les questions d'honneur, répondit François de Lorraine. Nous n'évitons le combat que pour déplacer le champ de bataille. Et j'espère bien que les rebelles se donneront la peine de nous suivre jusqu'à Amboise.

— Pourquoi dites-vous que vous l'espérez, monsieur ? demanda le roi.

— Pourquoi ? dit le Balafré, avec son superbe sourire, parce que ce sera une occasion d'en finir une fois pour toutes, avec les héritiques et l'hérésie, parce qu'il est temps de les frapper autrement que dans des fictions et allégories, parce que j'aurais donné deux doigts de ma main... de ma main gauche, pour amener sans torts de notre part cette lutte décisive que les imprudens provoquent pour notre triomphe.

— Hélas ! dit le roi, cette lutte, ce n'en est pas moins la guerre civile.

— Acceptons-la, pour la terminer, Sire, reprit le duc de Guise. En deux mots, voici mon plan : Que Votre Majesté se rappelle que nous n'avons affaire ici qu'à des révoltés. Sauf cette retraite sur Blois, qui ne me les effarouchera pas trop, j'espère, nous feindrons à leur égard la plus complète sécurité et la plus parfaite ignorance. Et quand ils s'avanceront pour nous surprendre en traîtres, ce sera nous qui les surprendrons et les saisirons dans leur propre piège. Donc, nul air d'alarme et de fuite, je vous le recommande à vous surtout, madame, dit-il en s'adressant à Marie. Mes ordres seront donnés et vos gens prévenus, mais en secret. Qu'on ne se doute au dehors ni de nos préparatifs, ni de nos appréhensions, et je réponds de tout.

— Et quelle heure est fixée pour le départ? demanda François avec une sorte de résignation abattue.

— Sire, trois heures de l'après-midi, dit le duc de Guise ; j'ai fait prendre d'avance les dispositions nécessaires.

— Quoi ! d'avance ?

— Oui, Sire, d'avance, reprit avec fermeté le Balafré, car d'avance je savais bien que Votre Majesté se rangerait aux conseils de la raison et de l'honneur.

— A la bonne heure ! dit avec un faible sourire le jeune roi subjugué, nous serons prêt à trois heures, monsieur ; nous avons toute confiance en vous.

— Sire, reprit le duc, je vous remercie de cette confiance. J'en serai digne. Mais que Votre Majesté m'excuse, dans une telle circonstance les minutes sont comptées, et j'ai vingt lettres à écrire, cent commissions à donner. Nous prenons donc, mon frère et moi, humblement congé de Votre Majesté.

Il salua assez sommairement le roi et la reine, et sortit avec le cardinal.

François et Marie se regardèrent un instant en silence, tout attristés.

— Eh bien ! ma mie, dit enfin le roi, et notre beau voyage rêvé à Rome ?

— Il se borne à une fuite à Amboise, répondit en soupirant Marie Stuart.

En ce moment entra madame Dayelle, la première femme de la reine.

— Est-ce donc vrai, madame, ce qu'on nous dit ? fit-elle après les salutations d'usage. Il nous faut déménager sur l'heure, et quitter Blois pour Amboise ?

— Ce n'est que trop vrai, ma pauvre Dayelle, répondit Marie.

— Mais savez-vous bien, madame, qu'il n'y a rien, mais rien dans ce château. Pas un miroir en état !

— Il faudra donc tout emporter d'ici, Dayelle, dit la reine. Écrivez là tout de suite une liste des choses indispensables. Je vais vous dicter. D'abord, ma nouvelle robe de damas cramoisi à passement d'or...

Et, revenant vers le roi qui était resté debout, pensif et triste, dans l'embrasure de la croisée ;

— Concevez-vous cela, cher Sire, lui dit-elle, l'audace de ces réformés?... mais, pardon, vous devriez aussi vous occuper des objets dont vous aurez besoin là-bas, afin de n'être pas pris au dépourvu.

— Non, dit François, je laisse ce soin à Aubert, mon valet de chambre. Pour moi, je ne pense qu'à mon chagrin.

— Croyez-vous que le mien soit moins vif ? dit Marie. Madame Dayelle, écrivez ma vertugade couverte de camelot d'or violet, et ma robe de damas blanc avec passement d'argent... Mais il faut se faire une raison, continuat-elle en s'adressant au roi, et ne pas s'exposer à manquer des choses de première nécessité... Madame Dayelle, marquez mon manteau de nuit, de toile d'argent plain, fourré de loups cerviers... Il y a des siècles, n'est-il pas vrai, Sire, que ce vieux château d'Amboise n'a été habité par la cour ?

— Depuis Charles VIII, dit François, je ne crois pas qu'un roi de France y ait demeuré plus de deux ou trois jours ?

— Et qui sait si nous n'allons pas y rester tout un mois ! dit Marie. Oh ! les vilains huguenots ! Pensez-vous, madame Dayelle, que du moins la chambre à coucher ne soit pas trop dépourvue ?

— Le plus sûr, madame, dit la première femme en secouant la tête, serait de faire comme si nous n'y devions rien trouver.

— Mettez donc ce miroir accouplé d'or, dit la reine, ce coffre de nuit de velours violet, ce tapis velu pour mettre à l'entour du lit... Mais avait on déjà vu, Sire, reprit-elle à demi-voix en revenant au roi, des sujets marcher ainsi contre leur maître et le chasser de chez lui, pour ainsi parler ?

— Jamais, je crois, Marie, répondit tristement François. On a bien vu quelquefois des marauds résister au commandement du roi, comme il y a quinze ans à Mérindol et à La Cabrière ; mais attaquer les premiers le roi... je ne l'eusse pas même imaginé, je l'avoue.

— Oh ! dit Marie, mon oncle de Guise a donc raison ; nous ne saurions prendre trop de précautions contre ces enragés rebelles... Madame Dayelle, ajoutez une douzaine de souliers, d'oreillers et douze linceuls... Est-ce tout ? Je crois vraiment que j'en perdrai l'esprit ! Tenez aussi, ma chère, cette pelote de velours, ce bougier d'or, ce poinçon, cette aiguille dorée... Je ne vois plus rien.

— Madame n'emporte pas ses deux accoutremens de pierreries? dit Dayelle.

— Si fait ! je les emporte ! s'écria vivement Marie. Les

laisser ici ! ils tomberaient peut-être aux mains de ces mécréans ! N'est-ce pas, Sire ? Je le crois bien que je les emporte !

— La précaution est bonne en effet, dit François avec un faible sourire.

— Je n'omets plus rien d'important, ce me semble, ma chère Dayelle ? reprit Marie Stuart cherchant des yeux autour d'elle.

— Madame pense, j'espère, à ses livres d'heures, reprit la camerera d'un air peu précieux.

— Ah ! vous m'y faites songer, dit naïvement Marie... Emportez surtout les plus beaux, celui que m'a donné mon oncle le cardinal, et celui de velours écarlate avec les orfévreries d'or. Madame Dayelle, je recommande tout cela à vos soins. Vous voyez à quel point nous sommes absorbés, le roi et moi, par la dure nécessité de ce départ subit.

— Madame n'a pas besoin de stimuler mon zèle, dit la duègne. Combien faudra-t-il commander de coffres, de bahuts pour emporter tout cela ? cinq suffiront, j'imagine.

— Demandez-en six, allez ! répondit la reine. Il ne faut pas rester court dans ces déplorables extrémités. Six, sans compter ceux de mes dames, bien entendu. Mais qu'elles s'arrangent de leur côté, je n'ai certainement pas le cœur de m'occuper de pareils détails... C'est vrai, je suis comme vous, François, je n'ai l'esprit qu'à ces huguenots... hélas ! Vous pouvez maintenant vous retirer, Dayelle.

— Pas d'ordre pour les laquais et muletiers, madame ?

— Qu'ils mettent tout simplement leurs habits de drap, dit la reine. Allez, ma chère Dayelle, allez promptement.

Dayelle salua et fit trois ou quatre pas vers la porte.

— Dayelle ! fit Marie la rappelant ; quand je dis que nos gens ne doivent mettre que leurs habits de drap, vous me comprenez, c'est pour la route. Mais ils auront soin d'emporter leurs saies de velours violet et leurs manteaux violets doublés de velours jaune, entendez-vous ?

— Cela suffit, madame. Madame n'a plus rien à ordonner ?

— Non, plus rien, dit Marie. Mais que tout ceci soit exécuté activement ; nous n'avons que jusqu'à trois heures. Et n'oubliez pas les manteaux des laquais.

Dayelle sortit pour tout de bon cette fois.

Marie alors se retournant vers le roi :

— Vous m'approuvez, n'est-il pas vrai, Sire, lui dit-elle, pour ces manteaux de nos gens ? Messieurs les réformés nous permettront bien au moins de donner à ceux de notre maison la tenue qui convient. Il ne faut pas non plus trop humilier la royauté devant ces rebelles ! J'espère même, Sire, que nous trouverons encore le moyen de donner à leur barbe quelque petite fête dans cet Amboise, tout affreux qu'il est.

François hocha tristement la tête.

— Oh ! ne méprisez pas cette idée, reprit Marie. Cela les intimiderait plus qu'on ne pense, en leur faisant voir qu'en fin de compte nous ne les craignons guère. Un bal en ce cas-là serait, je ne crains pas de le dire, de l'excellente politique, comme votre mère elle-même, qui sait la capable, n'en trouverait pas de meilleure. N'importe ! je n'en ai pas moins le cœur navré de tout cela, mon pauvre cher Sire. Ah ! les vilains réformés !

XCV.

DEUX APPELS.

Depuis le tournoi fatal du 10 juillet, Gabriel avait mené une vie calme, retirée et morne. Lui, cet homme d'énergie, de mouvement et d'action, dont les journées autrefois avaient été si pleines et si passionnées, il se complaisait maintenant dans la solitude et l'oubli.

Jamais il ne se montrait à la cour, il ne voyait pas un ami, il sortait à peine de son hôtel où il laissait s'écouler ses longues heures tristes et songeuses, entre sa nourrice Aloyse et le page André, qui était revenu près de lui quand Diane de Castro s'était tout à coup réfugiée au couvent des Bénédictines de Saint-Quentin.

Gabriel, jeune homme encore par l'âge, était un vieillard par la douleur.

Il se souvenait, il n'espérait plus.

Que de fois, durant ces mois plus longs que des années, il regretta de n'être pas mort ! Que de fois il se demanda pourquoi donc le duc de Guise et Marie Stuart s'étaient placés entre lui et la colère de Catherine de Médicis, et lui avaient imposé cet amer bienfait de la vie ! Que faisait-il en effet en ce monde ? A quoi était-il bon ? La tombe était-elle donc plus stérile que cette existence où il végétait ? si cela pouvait s'appeler une existence !

Il y avait cependant aussi des momens où sa jeunesse et sa vigueur protestaient en lui contre lui-même.

Alors il tendait son bras, il relevait son front, il regardait son épée.

Et il sentait vaguement que sa vie n'était pas terminée, qu'il y avait encore pour lui un avenir, et que les heures chaudes de la lutte, et peut-être de la victoire, reviendraient tôt ou tard dans sa destinée.

A tout bien considérer pourtant, il ne voyait plus que deux chances qui pussent le rendre à la vraie vie, à l'action, — la guerre étrangère ou la persécution religieuse.

Si la France, si le roi se trouvaient engagés dans quelque guerre nouvelle, conquête à tenter ou invasion à repousser, le comte de Montgommery se disait que sa juvénile ardeur renaîtrait sans peine, et qu'il lui serait doux de mourir comme il avait vécu, en combattant.

Et puis, il aimerait à payer ainsi la dette involontaire contractée par lui envers le duc de Guise, envers le jeune roi François II...

Gabriel pensait encore qu'il serait beau aussi de donner sa vie en témoignage pour les vérités nouvelles dont son âme avait été dans ses derniers temps éclairée. La cause de la réforme, c'est-à-dire, selon lui la cause de la justice et de la liberté, était aussi sans doute une noble et sainte cause.

Le jeune comte lisait assidûment les livres de controverse et de prédication religieuse qui abondaient alors. Il se passionnait pour ces grands principes révélés en paroles magnifiques par Luther, Mélanchton, Calvin, Théodore de Bèze et tant d'autres. Les livres de tous ces libres penseurs l'avaient séduit, convaincu, entraîné. Il eût été heureux et fier de signer avec son sang l'attestation de sa foi.

C'était toujours le noble instinct de ce noble cœur de dévouer sa vie à quelqu'un ou à quelque chose.

Naguère, il avait cent fois risqué ses jours pour sauver ou pour venger soit son père, soit sa bien-aimée Diane.. (O souvenirs éternellement saignans dans cette âme blessée !) Maintenant, à défaut de ces êtres chéris, c'étaient des idées sacrées qu'il eût voulu défendre.

Sa patrie au lieu de son père, sa religion au lieu de son amour.

Hélas ! hélas ! on a beau dire, ce n'est pas la même chose ! et l'enthousiasme pour les abstractions ne vaut pas, dans ses souffrances et dans ses joies, la tendresse pour les créatures.

N'importe ! pour l'une ou pour l'autre de ces deux causes, la réforme ou la France, Gabriel eût encore été content de se sacrifier, et c'était sur l'un de ces sacrifices qu'il comptait pour le dénoûment souhaité de son sort.

Le 6 mars au matin, par une pluvieuse matinée, Gabriel, accoudé sur une chaise à l'angle de son foyer, méditait sur ces pensées qui lui étaient devenues habituelles, quand Aloyse introduisit auprès de lui un messager botté, éperonné et couvert de boue comme après un long voyage.

Ce courrier arrivait d'Amboise, avec une forte escorte, porteur de plusieurs lettres de monsieur le duc de Guise, lieutenant général du royaume.

Une de ces lettres était adressée à Gabriel, et voici ce qu'elle contenait :

« Mon bon et cher compagnon,

» Je vous écris ceci à la hâte sans avoir le loisir ni la possibilité de m'expliquer. Vous nous avez dit, au roi et à moi, que vous nous étiez dévoué, et que, quand nous aurions besoin de ce dévouement nous n'aurions qu'à vous appeler.

» Nous vous appelons aujourd'hui.

» Partez sur l'heure pour Amboise où le roi et la reine viennent de s'installer pour quelques semaines. Je vous dirai à votre arrivée de quelle façon vous pouvez le servir

» Il est bien entendu toute fois que vous resterez libre d'agir ou de ne pas agir. Votre zèle m'est trop précieux pour que je veuille en abuser ou le compromettre. Mais, que vous soyez avec nous ou que vous demeuriez neutre, en manquant envers vous de confiance, je croirais manquer à un devoir.

» Venez donc en toute hâte, et vous serez, comme toujours, le bien venu.

» Votre affectionné,
» FRANÇOIS DE LORRAINE.

» Amboise, ce 4 février 1560. »

» P.-S. Ci-joint un sauf-conduit dans le cas où, par hasard, vous seriez interrogé sur la route par quelque troupe royale. »

Le messager du duc de Guise était déjà reparti pour ses autres commissions, quand Gabriel eut achevé cette lettre.

L'ardent jeune homme se leva aussitôt et, sans hésiter, dit à sa nourrice :

— Ma bonne Aloyse, fais, je te prie, venir André, et dis qu'on me selle le pommelé, et qu'on prépare ma valise de campagne.

— Vous partez encore, monseigneur ? dit la bonne femme.

— Oui, nourrice, dans deux heures, pour Amboise.

Il n'y avait pas à répliquer, et Aloyse sortit tristement, mais sans mot dire, pour faire exécuter les ordres de son jeune maître.

Mais, pendant les préparatifs, voici qu'un autre messager demanda à parler en secret au comte de Montgommery.

Il ne faisait point de fracas et n'avait point d'escorte, celui-là. Il était entré silencieusement et modestement, et il remit à Gabriel, sans prononcer une parole, une lettre dont il était chargé pour lui.

Gabriel tressaillit en croyant reconnaître l'homme qui lui avait apporté autrefois de la part de La Renaudie l'invitation de se rendre au conciliabule protestant de la place Maubert.

C'était le même homme en effet, et la lettre portait la même signature.

Cette lettre disait :

» Ami et frère,

» Je ne voulais pas quitter Paris sans vous avoir vu ; mais le temps m'a manqué, les événements se pressent et me poussent ; il faut que je parte, et je ne vous ai pas serré la main, je ne vous ai pas raconté nos projets et nos espérances.

» Mais nous savons que vous êtes avec nous, et je sais quel homme vous êtes.

» Avec vos pareils il n'est pas besoin de préparations, d'assemblées et de discours. Un mot suffit.

» Ce mot le voici : — Nous avons besoin de vous. Venez.

» Soyez du 10 au 12 de ce mois de mars à Noizai, près d'Amboise. Vous y trouverez notre brave et noble ami de Castelnau. Il vous dira ce dont il s'agit et ce que je ne puis confier au papier.

» Il reste convenu que vous n'êtes nullement engagé, que vous avez le droit de demeurer à l'écart, et que

» vous pourrez toujours vous abstenir sans encourir le moindre soupçon et le moindre reproche.

» Mais enfin, venez à Noizai. Je vous y retrouverai. Et, à défaut de votre aide, nous réclamerons vos conseils.

» Puis, quelque chose peut-il s'accomplir dans le parti sans que vous en soyez informé !

» Donc au revoir, à bientôt, à Noizai. Nous comptons au moins sur votre présence.

» L. R.

» P.-S. Si quelque troupe des nôtres vous rencontre en chemin, notre mot d'ordre est encore cette fois Genève, et notre mot de ralliement Gloire de Dieu ! »

— Dans une heure je pars, dit le comte de Montgommery au messager taciturne qui s'inclina et sortit.

» — Qu'est-ce que tout cela signifie? se demanda Gabriel quand il fut seul, et que veulent dire ces deux appels venus de deux parts si opposées et qui me donnent rendez-vous presque dans le même lieu. C'est égal ! c'est égal ! envers le duc tout-puissant comme envers les religionnaires opprimés, mes obligations sont certaines. Mon devoir est de partir d'abord. Advienne ensuite que pourra ! Quelque difficile que devienne ma position, ma conscience sait bien que je ne serai jamais un traître.

Et, une heure après, Gabriel se mettait en route, accompagné du seul André.

Mais il ne prévoyait guère l'alternative étrange et terrible dans laquelle allait le placer sa loyauté même.

XCVI.

UNE CONFIANCE PÉRILLEUSE.

Au château d'Amboise, dans l'appartement du duc de Guise, le Balafré lui-même était en train d'interroger un homme de haute taille, nerveux et vigoureux, aux traits accentués, à la mine fière et hardie, et qui portait le costume de capitaine d'arquebusiers.

— Le maréchal de Brissac, disait le duc, m'a assuré, capitaine Richelieu, que je pouvais avoir en vous pleine confiance.

— Monsieur le maréchal est bien bon, dit Richelieu.

— Il paraît que vous avez de l'ambition, monsieur, reprit le Balafré.

— Monseigneur, j'ai du moins celle de ne pas rester capitaine d'arquebusiers toute ma vie. Quoique né d'assez bonne souche, puisqu'on voit déjà des seigneurs du Plessis à Bovines, je suis le cinquième de six frères, et j'ai besoin, partant, d'aider un peu à ma fortune et de ne pas trop faire de fonds sur mon patrimoine.

— Bien ! dit avec satisfaction le duc de Guise. Vous pouvez ici, monsieur, nous rendre quelques bons offices dont vous ne vous repentirez pas.

— Vous me voyez, monseigneur, prêt à tout entreprendre pour vous satisfaire, dit Richelieu.

— Pour commencer, dit le Balafré, je vous ai fait donner la garde de la principale porte du château.

— Et je promets d'en rendre bon compte, monseigneur.

— Ce n'est pas, continua le duc, que messieurs les réformés soient assez mal avisés, je pense, pour faire leur attaque du côté où il leur faudrait emporter sept portes de suite ; mais, comme rien ne doit plus entrer et sortir que par là, le poste est des plus importans. Ne laissez donc passer personne, soit du dedans soit du dehors, que sur un ordre exprès signé de ma main.

— Ce sera fait, monseigneur. Pourtant un jeune gentilhomme appelé le comte de Montgommery s'est présenté tout à l'heure sans ordre exprès mais avec un sauf-conduit signé par vous. Il arrive, dit-il, de Paris. Dois-je l'introduire, comme il le demande, auprès de vous, monseigneur?

— Oui, oui, sans plus de retard, dit vivement le duc de Guise. Mais attendez ; je n'ai pas fini de vous donner mes instructions : Aujourd'hui, à cette porte dont vous avez la garde, doit arriver vers midi le prince de Condé, que nous avons mandé pour avoir sous la main le chef présumé des rebelles, et qui, j'en réponds, n'osera pas donner raison aux soupçons en manquant à notre appel. Vous lui ouvrirez, capitaine Richelieu, mais à lui seul, et point à ceux qu'il pourrait conduire avec lui. Vous aurez soin de faire garnir de vos soldats toutes les niches et casemates qui sont dans la longueur de la voûte, et aussitôt qu'il arrivera, sous prétexte de lui rendre les honneurs, tous devront se mettre en parade, arquebuse au bras et mèche allumée.

— Ce sera exécuté ainsi, monseigneur, dit Richelieu.

— En outre, reprit le duc de Guise, quand les réformés attaqueront et que l'action commencera, surveillez de près notre homme vous-même, capitaine, et, vous m'entendez, s'il bouge d'un pas, s'il fait mine de vouloir s'unir aux assaillans, ou seulement s'il hésite à tirer l'épée contre eux, comme le lui ordonne son devoir... n'hésitez pas, vous, à le frapper.

— Je ne verrais là aucune difficulté, monseigneur, dit avec simplicité le capitaine Richelieu, si ce n'est que mon rang de simple capitaine d'arquebusiers ne me rendra peut-être pas facile d'être toujours aussi près de lui qu'il le faudrait.

Le Balafré réfléchit une minute, et dit :

— Monsieur le grand prieur et le duc d'Aumale, qui ne quitteront pas non plus d'un pas le traître supposé, vous donneraient le signal, et vous leur obéirez.

— Je leur obéirai, monseigneur, répondit Richelieu.

— Bien ! dit le duc de Guise. Je n'ai pas d'autre ordre à vous donner, capitaine. Allez. Si l'éclat de votre maison a commencé avec Philippe-Auguste, vous pourrez bien le recommencer avec le duc de Guise. Je compte sur vous, comptez sur moi. Allez. Vous ferez, s'il vous plaît, introduire sur-le-champ auprès de moi monsieur de Montgommery.

Le capitaine Richelieu s'inclina profondément et sortit.

Quelques minutes après, on annonçait Gabriel au Balafré.

Gabriel était triste et pâle, et l'accueil cordial du duc de Guise ne le dérida pas.

En effet, d'après ses conjectures et quelques paroles que les gardes avaient laissé échapper sans scrupule devant un gentilhomme porteur d'un sauf-conduit signé de Guise, le jeune religionnaire avait pu deviner à peu près la vérité. Le roi qui lui avait fait grâce et le parti auquel il s'était dévoué étaient en guerre ouverte, et sa loyauté se trouvait compromise par le conflit.

— Eh bien ! Gabriel, lui dit le duc de Guise, vous devez savoir maintenant pourquoi je vous ai appelé ?

— Je m'en doute, mais je ne le sais pas précisément, monseigneur, répondit Gabriel.

— Les réformés sont en pleine révolte, reprit le Balafré, il vont venir nous attaquer en armes dans le château d'Amboise, voilà les nouvelles.

— C'est une douloureuse et terrible extrémité, dit Gabriel, songeant à sa propre situation.

— Mon ami, c'est une occasion magnifique, reprit le duc de Guise.

— Que voulez-vous dire, monseigneur ? dit Gabriel étonné.

— Je veux dire que les huguenots croient nous surprendre et que nous les attendons. Je veux dire que leurs plans sont découverts, leurs projets trahis. C'est de bonne guerre, puisqu'ils ont tiré les premiers l'épée, mais nos ennemis vont se livrer eux-mêmes. Ils sont perdus, vous dis-je.

— Est-ce possible ! s'écria le comte de Montgommery anéanti.

— Jugez-en, continua le Balafré, jugez à quel point tous les détails de leur folle entreprise sont à jour pour nous.

C'est le 16 mars, à midi, qu'ils doivent se réunir devant la ville et nous attaquer. Ils ont des intelligences dans la garde du roi, cette garde est changée. Leurs amis doivent leur ouvrir la porte de l'Ouest, cette porte est murée. Enfin, leurs détachemens doivent parvenir secrètement ici par ces sentiers notés de la forêt de Château-Regnault ; les troupes royales tomberont à l'improviste sur ces partis détachés à mesure qu'ils se présenteront, et ne laisseront par arriver devant Amboise la moitié de leurs forces. Nous sommes exactement informés et admirablement sur nos gardes, j'espère !

— Admirablement ! répéta Gabriel terrifié. Mais, ajouta-t-il dans son trouble et sans trop savoir ce qu'il disait, mais qui donc a pu vous instruire ?...

— Ah ! voilà, reprit le Balafré ; ce sont deux des leurs qui nous ont dénoncé tous leurs projets : l'un pour de l'argent, l'autre par peur. Deux traîtres, je l'avoue, un espion payé, un alarmiste effrayé. L'espion, que vous connaissez peut-être, hélas ! comme beaucoup d'entre nous, et dont il faudra vous défier, se nomme le marquis de....

— Ne me le dites pas ! s'écria vivement Gabriel, ne me dites pas ces noms ! Je vous les demanderais par mégarde ; vous m'en avez bien assez dit déjà ! Mais ce qu'il y a de plus difficile pour un homme d'honneur, c'est de ne pas trahir des traîtres.

— Oh ! dit le duc de Guise avec quelque surprise, nous avons tous en vous une entière confiance, Gabriel. Nous parlions de vous hier soir encore avec la jeune reine ; je lui disais que je vous avais mandé, et elle m'en félicitait.

— Et pourquoi m'avez-vous mandé, monseigneur ? vous me l'avez pas encore appris.

— Pourquoi ? dit le Balafré ; mais le roi n'a qu'un petit nombre de serviteurs dévoués et sûrs. Vous êtes de ceux-là pour nous, vous commanderez un détachement contre les rebelles.

— Contre les rebelles ? impossible ! dit Gabriel.

— Impossible ! et pourquoi donc ? reprit le Balafré ; vous ne m'avez pas habitué à entendre de vous ce mot-là, Gabriel.

— Monseigneur, dit Gabriel, je suis aussi de la religion.

Le duc de Guise se dressa debout avec un brusque tressaillement, et regarda le comte avec une surprise presque effrayée.

— Cela est ainsi, reprit en souriant tristement Gabriel. Quand il vous plaira, monseigneur, de me mettre en face des Anglais ou des Espagnols, vous savez que je ne reculerai pas, et que je vous offrirai ma vie plus qu'avec dévouement, avec joie. Mais dans une guerre civile, dans une guerre de religion, contre mes compatriotes, contre mes frères, je suis obligé, monseigneur, de réserver la liberté que vous avez bien voulu me garantir.

— Vous, un huguenot ! reprit enfin le duc de Guise.

— Et un huguenot convaincu, monseigneur, dit Gabriel ; c'est mon crime, mais c'est aussi mon excuse. J'ai foi aux idées nouvelles, et je leur ai donné mon âme.

— Et votre épée en même temps, sans doute ? dit le Balafré avec quelque amertume.

— Non, monseigneur, dit gravement Gabriel.

— Allons donc ! reprit le Balafré, vous allez me faire accroire que vous ignoriez le complot tramé contre le roi par vos frères, comme vous les appelez, et que ces mêmes frères renoncent de gaîté de cœur au concours d'un allié aussi intrépide que vous.

— Il le faudra bien, dit le jeune comte plus sérieux que jamais.

— Alors, c'est eux que vous déserterez, reprit le duc de Guise ; car votre foi nouvelle vous place entre deux manques de foi, voilà tout.

— Oh ! monsieur ! s'écria Gabriel avec reproche.

— Eh ! comment vous arrangeriez-vous autrement ? dit le Balafré en jetant avec une sorte de colère sa toque sur le fauteuil qu'il avait quitté.

— Comment je m'arrangerais autrement ? reprit Gabriel

froid et presque sévère. Mais la chose est simple. Mon avis est que plus la position est fausse, plus l'homme doit être sincère. Quand je me suis fait protestant, j'ai hautement et loyalement déclaré aux chefs huguenots que des obligations sacrées envers le roi, la reine et le duc de Guise, m'empêcheraient toujours, pendant toute la durée de ce règne, de combattre dans les rangs des protestans, s'il y avait combat. Ils savent que la réforme est pour moi une religion et non un parti. Avec eux comme avec vous-même, monseigneur, j'ai stipulé le strict maintien de mon libre arbitre. A eux comme à vous, j'ai le droit de refuser mon concours. Dans ce triste conflit de ma reconnaissance et de ma croyance, mon cœur saignera de tous les coups portés, mon bras n'en portera aucun. Et voilà comment, monseigneur, vous me connaissiez mal, et comment, en restant neutre, j'espère pouvoir rester honorable et honoré.

Gabriel parlait ainsi avec animation et fierté. Le Balafré, rappelé peu à peu au calme, ne pouvait s'empêcher d'admirer la franchise et la noblesse de son ancien compagnon d'armes.

— Vous êtes un homme étrange, Gabriel! lui dit-il tout pensif.

— Pourquoi étrange, monseigneur? Est-ce parce que je dis ce que je fais et fais ce que je dis? J'ignorais cette conspiration des protestans, je le jure. Pourtant, à Paris, j'ai reçu, je l'avoue, en même temps que votre lettre, une lettre de l'un d'entre eux; mais cette lettre, comme la vôtre, n'entrait dans aucune explication et ne disait seulement: Venez. J'ai prévu la dure alternative où j'allais me trouver, et je suis néanmoins venu à ce double appel, monseigneur. Je suis venu pour ne déserter aucun de mes devoirs. Je suis venu pour vous dire à vous : Je ne puis pas combattre ceux dont je partage la croyance. Je suis venu pour leur dire à eux : Je ne puis pas combattre ceux qui ont épargné ma vie.

Le duc de Guise tendit la main au jeune comte de Montgommery.

— J'ai eu tort, lui dit-il avec cordialité! Attribuez seulement mon mouvement de dépit au chagrin que j'ai ressenti en vous trouvant, vous sur qui je comptais tant, parmi mes ennemis.

— Ennemi! reprit Gabriel, je ne suis pas, je ne serai jamais le vôtre, monseigneur. Pour m'être déclaré plus franchement qu'eux, suis-je plus votre ennemi que le prince de Condé et que monsieur de Coligny, qui sont comme moi des protestans non armés?...

— Armés, si fait, ils le sont, dit le Balafré, je le sais bien, je sais tout! Seulement ils cachent leurs armes. Mais il est certain que, si nous nous rencontrons, je dissimulerai comme eux, les appellerai amis, et, au besoin, me porterai officiellement garant de leur innocence. Comédie! c'est vrai, mais comédie nécessaire!

— Eh bien! monseigneur, reprit Gabriel, puisque avec moi vous êtes assez bon pour dépouiller quelquefois ces conventions obligées, dites-moi qu'en dehors de la politique, vous pouvez encore croire à mon dévouement et à mon honneur, à moi huguenot; dites-moi surtout que, si quelque jour la guerre étrangère éclatait de nouveau, vous me feriez toujours la grâce de réclamer ma parole et de m'envoyer à l'armée mourir pour la patrie et le roi.

— Oui, Gabriel, dit le duc de Guise, tout en déplorant la différence qui maintenant nous sépare, je me fie et me fierai à vous toujours, et, pour me le prouver et racheter un instant de soupçon que je regrette, prenez ceci et faites-en l'usage qu'il vous plaira.

Il alla à une table écrire un mot qu'il signa et remit au jeune comte.

— C'est l'ordre de vous laisser sortir d'Amboise, en quelque endroit que vous vouliez vous rendre, lui dit-il. Avec ce papier vous êtes libre. Et cette marque d'estime et de confiance, sachez que je ne la donnerai pas au prince de Condé que vous me citiez tout à l'heure, et que, du moment où il mettra le pied dans ce château, il y sera sur-veillé de loin comme un ennemi et tacitement gardé comme un prisonnier.

— Aussi, cette marque de confiance et d'estime, je la refuse, monseigneur, dit Gabriel.

— Comment! et pourquoi, reprit le duc de Guise étonné.

— Monseigneur, savez-vous, si vous me laissiez sortir d'Amboise, où j'irais en en sortant?

— Cela vous regarde et je ne vous le demande pas, dit le Balafré.

— Mais, moi, justement, je veux vous le dire, reprit Gabriel. En vous quittant, monseigneur, j'irais où mon autre devoir me réclame, j'irais parmi les rebelles, retrouver l'un d'eux à Noizai...

— A Noizai? c'est Castelnau qui commande, dit le duc.

— Oui; oh! vous êtes bien informé, jusqu'au bout, monseigneur.

— Et qu'iriez-vous faire à Noizai, malheureux? reprit le Balafré.

— Ah! voilà! qu'irais-je en effet y faire? Leur dire : Vous m'avez appelé, me voici, mais je ne puis rien pour vous, et, s'ils m'interrogeaient sur ce que j'ai pu entendre et remarquer en chemin, je devrais me taire, je ne pourrais pas les avertir du piège que vous leur tendez, vos confidences même m'en ôtent le droit. Donc, monseigneur, je requiers une grâce de vous...

— Laquelle?

— Retenez-moi ici prisonnier, et sauvez-moi ainsi une perplexité cruelle, car, si vous me laissez partir, je voudrai aller du moins faire acte de présence parmi ceux qui vont se perdre, et, si j'y vais, je ne serai pas libre de les sauver.

— Gabriel, reprit le duc de Guise, après avoir réfléchi, je ne puis ni ne veux vous témoigner une telle défiance. Je vous ai dévoilé tout mon plan de bataille, vous vous rendez parmi des amis dont l'intérêt capital est de connaître ce plan, et cependant voici votre laissez-passer.

— Alors, monseigneur, reprit Gabriel abattu, accordez-moi du moins une dernière faveur. Je l'implore au nom de ce que j'ai pu faire pour votre gloire à Metz, en Italie, à Calais, au nom de ce que j'ai souffert depuis, et depuis, j'ai bien souffert!

— De quoi s'agit-il? dit le duc de Guise. Si je le puis, je le ferai, ami.

— Vous le pouvez, monseigneur, vous le devez peut-être, car ce sont des Français que vous combattez. Eh bien! permettez-moi de les détourner de leur fatal projet, non pas en leur en révélant l'issue certaine, mais en les conseillant, en les priant, en les conjurant.

— Gabriel, prenez garde! dit solennellement le duc de Guise; qu'un mot vous échappe sur nos dispositions, et les révoltés persisteront dans leur dessein en ne modifiant seulement l'exécution, et alors c'est le roi, c'est Marie Stuart, c'est moi qui serons perdus. Pesez bien cela. Maintenant vous engagez-vous sur votre honneur de gentilhomme à ne leur laisser deviner ou soupçonner ni par un mot, ni par une allusion, ni par un signe, rien de ce qui se passe ici?...

— Sur mon honneur de gentilhomme! je m'y engage, dit le comte de Montgommery.

— Allez donc, dit le duc de Guise, et essayez de les faire renoncer à leur criminelle attaque, je renoncerai, moi, avec joie à ma facile victoire, en songeant que c'est autant de sang français d'épargné. Mais, si, comme je le crois, les derniers rapports ne mentent pas, ils ont dans leur entreprise une confiance trop aveugle et trop obstinée, et vous échouerez, Gabriel. N'importe! allez, et tentez ce dernier effort. Pour eux, pour vous surtout, je ne veux pas m'y refuser.

— Pour eux et pour moi, je vous en remercie, monseigneur, dit Gabriel...

Un quart d'heure après, il était en route pour Noizai.

XCVII.

DÉLOYAUTÉ DE LA LOYAUTÉ.

Le baron Castelnau de Chalosses était un valeureux et généreux jeune homme, auquel les protestans n'avaient pas assigné le poste le moins difficile, en l'envoyant prendre les devans au château de Noizai, lieu du rendez-vous général de leurs détachemens pour le 16 mars.

Il fallait qu'il se montrât aux huguenots et se cachât aux catholiques, et cette délicate position voulait autant de prudence et de sang-froid que de courage.

Grâce au mot d'ordre que lui avait confié la lettre de La Renaudie, Gabriel put arriver sans trop d'obstacles jusqu'au baron de Castelnau.

On était déjà au 15 mars, dans l'après-midi.

Avant dix-huit heures, les protestans devaient se rallier à Noizai; avant vingt-quatre heures, ils devaient attaquer Amboise.

On voit qu'il n'y avait pas de temps à perdre pour les détourner de leur dessein.

Le baron de Castelnau connaissait bien le comte de Montgommery, qu'il avait vu maintes fois au Louvre, et dont les principaux du parti avaient souvent parlé devant lui.

Il alla à sa rencontre, et le reçut comme un ami et comme un allié.

— Vous voilà monsieur de Montgommery, lui dit-il, quand ils furent seuls. A la vérité je vous espérais, mais je ne vous attendais pas. La Renaudie a été blâmé par l'amiral pour vous avoir écrit cette lettre.

» Il fallait, lui a-t-il dit, avertir de nos projets le comte de Montgommery, mais ne point le convoquer. Il aurait fait ce qu'il aurait voulu. Le comte ne nous a-t-il pas prévenus que, tant que régnerait François II, son épée ne nous appartiendrait pas, ne lui appartiendrait pas à lui-même? » A cela, La Renaudie a répondu que la lettre ne vous engageait à rien, et vous laissait votre indépendance tout entière.

— C'est vrai, dit Gabriel.

— Néanmoins nous pensions bien que vous viendriez, reprit Castelnau, car la missive de cet enragé baron ne vous disait pas de quoi il s'agissait, et c'est moi qui suis chargé de vous apprendre et notre dessein et nos espérances.

— Je vous écoute, dit le comte de Montgommery.

Castelnau répéta alors à Gabriel tout ce que lui avait déjà annoncé en détail le duc de Guise.

Et Gabriel vit avec effroi à quel point le Balafré était bien informé. Pas un point du rapport des délateurs n'était inexact, pas une circonstance du complot n'avait été omise par eux.

Les conjurés étaient réellement perdus.

— Maintenant, vous savez tout, dit en terminant Castelnau à son auditeur anéanti, et il ne me reste plus qu'à vous adresser une question dont je prévois d'ailleurs la réponse. Vous ne pouvez marcher avec nous, n'est-il pas vrai?

— Je ne le puis, dit Gabriel en secouant tristement la tête.

— Bien! reprit Castelnau, nous n'en serons pas pour cela moins bons amis. Je sais que c'est votre droit stipulé d'avance de ne pas vous mêler du combat; et c'est surtout votre droit en cette circonstance où nous sommes sûrs de la victoire.

— En êtes-vous bien sûrs? demanda avec intention Gabriel.

— Parfaitement sûrs, répliqua le baron, l'ennemi ne se doute de rien et sera pris à l'improviste. Nous avons eu un moment de crainte quand le roi et la cour se sont transportés de la ville ouverte de Blois au château fortifié d'Amboise. Évidemment on avait eu quelques soupçons.

— Cela sautait aux yeux en effet, dit Gabriel.

— Oui, mais, reprit Castelnau, nos hésitations ont bientôt cessé, car il s'est trouvé que ce changement inopiné de résidence, loin de nuire à nos projets, les servait à merveille au contraire. Le duc de Guise s'endort à présent dans une sécurité trompeuse, et figurez-vous, cher comte, que nous avons des intelligences dans la place, et que la porte de l'Ouest nous sera livré dès que nous nous présenterons. Oh! le succès est certain, vous dis-je, et vous pouvez, sans aucun scrupule, vous abstenir de la bataille.

— L'événement, reprit gravement Gabriel, trompe quelquefois les plus magnifiques espérances.

— Mais ici nous n'avons aucune chance contre nous, aucune! répéta Castelnau en se frottant joyeusement les mains. Demain verra le triomphe de notre parti et la chute des Guise.

— Et... la trahison?... dit avec effort Gabriel, navré de voir tant de courage et de jeunesse se précipiter ainsi les yeux fermés dans l'abîme.

— La trahison est impossible, reprit imperturbablement Castelnau. Les chefs seuls sont dans le secret et aucun d'eux n'est capable... Or çà, monsieur de Montgommery, ajouta-t-il en s'interrompant, je crois, foi de gentilhomme! que vous êtes jaloux de nous, et vous me semblez vouloir à toute force mal augurer de notre entreprise par la rage que vous avez de n'y pouvoir prendre part. Fi, l'envieux!

— Oui, c'est vrai, je vous envie! dit Gabriel d'un air sombre.

— Là, j'en étais sûr! s'écria en riant le jeune baron.

— Cependant, voyons, vous avez en moi quelque confiance? reprit Gabriel.

— Une confiance aveugle, si nous parlons sérieusement, répondit Castelnau.

— Eh bien! voulez-vous écouter un bon conseil, un conseil d'ami?

— Lequel?

— Renoncez à votre dessein de prendre demain Amboise. Envoyez sur-le-champ des messagers sûrs à tous ceux des nôtres qui doivent vous rejoindre ici cette nuit ou demain, et faites-leur dire que le projet est manqué, ou doit être ajourné du moins.

— Mais pourquoi? pourquoi? dit Castelnau qui commençait à prendre l'alarme. Vous avez sûrement pour me parler ainsi quelque raison grave?

— Mon Dieu! non, reprit Gabriel avec une douloureuse contrainte.

— Enfin, dit Castelnau, vous ne me conseillez pas pour rien d'abandonner et de faire abandonner à nos frères un projet qui se présente sous d'aussi favorables auspices?

— Non, ce n'est pas pour rien sans doute, mais je ne puis vous dire pourquoi. Voulez-vous et pouvez-vous me croire sur parole?... Je m'avance en ceci plus que je ne devrais déjà. Faites-moi la grâce de me croire sur parole, ami.

— Ecoutez, reprit sérieusement Castelnau, si je prends sur moi cette étrange résolution de tourner bride au dernier moment, j'en serai responsable vis-à-vis de La Renaudie et des autres chefs. Pourrai-je au moins les renvoyer à vous?

— Oui, répondit Gabriel.

— Et vous leur direz, à eux, reprit Castelnau, les motifs qui ont dicté votre conseil?

— Je n'en aurai pas le droit, hélas!

— Comment voulez-vous alors, dit Castelnau, que je cède à vos instances? Ne me reprocherait-on pas cruellement d'avoir ainsi anéanti, sur un mot, des espérances certaines? Quelque confiance méritée que nous ayons tous en vous, monsieur de Montgommery, un homme n'est qu'un homme, et peut se tromper avec les meilleures intentions du monde. Si personne n'est admis à contrôler et à approuver vos raisons, nous serons certainement obligés de passer outre.

— Alors, prenez-y garde! reprit sévèrement Gabriel, vous acceptez seul à votre tour la responsabilité de tout ce qui peut advenir de funeste!

Castelnau fut frappé de l'accent avec lequel le comte prononça ces paroles.

— Monsieur de Montgommery! lui dit-il, éclairé d'une lumière soudaine, je crois pressentir la vérité! On vous a confié ou vous avez surpris un secret qu'il vous est défendu de révéler. Mais vous savez quelque chose de grave sur l'issue probable de notre entreprise, par exemple, que nous avons été trahis? n'est-ce pas?

— Je n'ai pas dit cela! s'écria vivement Gabriel.

— Ou bien, continua Castelnau, vous avez vu, en venant ici, le duc de Guise, qui est votre ami, et qui, ne vous sachant pas des nôtres peut-être, vous a mis à même de savoir le fond des choses.

— Rien dans mes paroles n'a pu vous faire supposer!... se récria Gabriel.

— Ou bien encore, poursuivit Castelnau, vous aurez, en passant par Amboise, surpris des préparatifs, entendu des ordres, provoqué des confidences... Enfin, notre complot est découvert!

— Est-ce donc moi, dit Gabriel effrayé, qui vous ai donné lieu de le croire?

— Non, monsieur le comte, non, car vous vous serez engagé au secret, je le vois. Aussi je ne vous demande pas d'assurance positive, pas même un mot, si vous voulez. Mais, si je ne me trompe pas, un geste, un clignement d'yeux, votre silence même, peuvent suffire à m'éclairer.

Cependant, Gabriel plein d'anxiété se rappelait les termes mêmes de la parole donnée au duc de Guise.

Sur son honneur de gentilhomme, il s'était engagé à ne laisser deviner ou soupçonner ni par un mot, ni par une allusion, ni par un signe, rien de ce qui se passait à Amboise.

Pourtant comme son silence se prolongeait :

— Vous vous taisez toujours? dit le baron de Castelnau qui avait ses yeux rivés à son visage. Vous vous taisez, je vous comprends et vais agir en conséquence.

— Et qu'allez-vous faire? demanda vivement Gabriel.

— Prévenir, comme vous me l'aviez d'abord conseillé, La Renaudie et les autres chefs, arrêter tout le mouvement, et déclarer aux nôtres, quand ils arriveront ici, que quelqu'un en qui nous devons avoir toute confiance, m'a dénoncé... m'a dénoncé une trahison probable...

— Mais il n'en est rien! interrompit vivement le comte de Montgommery. Je ne vous ai rien dénoncé, monsieur de Castelnau.

— Comte, reprit Castelnau en serrant avec une expression muette la main de Gabriel, est-ce que la réticence même ne peut être un avis et notre salut? et une fois mis en garde, alors...

— Alors? répéta Gabriel.

— Tout ira bien pour nous et mal pour eux, dit Castelnau ; nous ajournons à des temps plus propices notre entreprise, nous découvrons à quel prix les délateurs s'il en est parmi nous, nous redoublons de précautions et de mystère, et, un beau jour, quand tout est bien préparé, certains cette fois de notre coup, nous renouvelons notre tentative, et, grâce à vous, au lieu d'échouer, nous triomphons.

— Et voilà justement ce que je voulais éviter! s'écria Gabriel qui se vit avec terreur entraîné sur le bord d'une trahison involontaire. Voilà, monsieur de Castelnau, la vraie raison de mes avertissemens et de mes conseils. Je trouve, absolument parlant, votre entreprise coupable et dangereuse. Vous mettez, en attaquant les catholiques, tous les torts de votre côté. Vous justifiez toutes leurs représailles. D'opprimés vous vous faites rebelles. Si vous avez à vous plaindre des ministres, est-ce au jeune roi qu'il faut vous en prendre? Ah! je me sens triste à mourir en songeant à tout cela. Pour le bien, voyez-vous, vous devriez renoncer à tout jamais à cette lutte impie. Eh! laissez donc plutôt vos principes combattre pour vous.

Point de sang sur la vérité! voilà seulement ce que j'ai voulu vous dire. Voilà pourquoi je vous conjure de vous abstenir, vous et tous nos frères, de ces funestes guerres civiles qui ne peuvent que retarder l'avénement de nos idées.

— C'est réellement là le seul motif de tous vos discours? demanda Castelnau.

— Le seul... répondit Gabriel d'une voix sourde.

— Alors, je vous remercie de l'intention, monsieur le comte, reprit Castelnau avec quelque froideur, mais je n'en dois pas moins agir dans le sens qui m'a été prescrit par les chefs de la Réforme. Je conçois que, ne pouvant combattre, il vous soit douloureux, à vous, gentilhomme, de voir les autres combattre sans vous. Néanmoins, vous ne pouvez seul entraver et paralyser toute une armée.

— Ainsi, dit Gabriel pâle et morne, vous allez les laisser donner suite à ce fatal dessein, et y donner suite vous-même?

— Oui, monsieur le comte, répondit Castelnau avec une fermeté qui n'admettait pas de réplique, et, de ce pas, je vais, si vous le permettez, donner les ordres nécessaires pour l'attaque de demain.

Il salua Gabriel et sortit sans attendre sa réponse.

XCVIII.

LE COMMENCEMENT DE LA FIN.

Gabriel ne quitta pas cependant le château de Noizai, mais résolut d'y passer cette nuit-là. Sa présence donnerait aux religionnaires un gage de sa bonne foi, au cas où ils seraient attaqués, et, de plus, il espérait encore pouvoir le lendemain matin convaincre, à défaut de Castelnau, quelque autre chef moins obstinément aveugle. Si La Renaudie pouvait venir!

Castelnau le laissa entièrement libre, et parut avec quelque dédain ne plus faire attention à lui.

Gabriel le rencontra plusieurs fois ce soir-là dans les corridors et les salles du château, allant, venant, donnant des ordres pour les reconnaissances et les approvisionnemens.

Mais, entre ces deux braves jeunes hommes, aussi fiers et aussi nobles l'un que l'autre, il n'y eut plus une seule parole échangée.

Durant les longues heures de cette nuit d'angoisse, le comte de Montgommery, trop inquiet pour pouvoir dormir, resta sur les remparts, écoutant, méditant, priant.

Avec le jour, les troupes des réformés commencèrent à arriver par petites bandes séparées.

A huit heures, elles étaient déjà en assez grand nombre ; à onze heures, Castelnau n'en attendait plus aucune.

Mais Gabriel ne connaissait pas un seul des chefs. La Renaudie avait fait dire qu'il prendrait, pour gagner Amboise avec ses gens, la forêt de Château-Regnault.

Tout était prêt pour le départ. Les capitaine Mazère et Raunai, qui devaient faire l'avant-garde, étaient déjà descendus sur la terrasse du château pour y former leurs détachements en ordre de marche. Castelnau triomphait.

— Eh bien? dit-il à Gabriel qu'il rencontra, et auquel, dans sa joie, il pardonnait la conversation de la veille, eh bien! vous voyez, monsieur le comte, que vous aviez tort, et que tout va pour le mieux?

— Attendons! dit Gabriel en secouant la tête.

— Mais que vous faut-il donc pour croire, incrédule! dit en souriant Castelnau. Pas un de nôtres n'a manqué à ses engagements, ils sont tous arrivés à l'heure dite avec plus d'hommes qu'ils n'en avaient promis. Ils ont tous traversé leurs provinces sans avoir été inquiétés, et, ce qui vaut mieux encore peut-être, sans avoir inquiété. N'est-ce pas, en vérité, un bonheur insolent?

Le baron fut interrompu par un bruit de trompettes et d'armes et par un grand tumulte au dehors.

Mais, dans l'enivrement de sa confiance, il ne s'alarma point et ne put croire qu'à une chance heureuse.

— Tenez! dit-il à Gabriel, je gage encore que voilà de nouveaux renforts inattendus. Sans doute Lamothe et Deschamps avec les conjurés de Picardie. Ils ne devaient arriver que demain; mais ils auront forcé leur marche, les braves compagnons! pour avoir leur part du combat et de la victoire. Voilà des amis!

— Sont-ce bien des amis? dit Gabriel qui avait pâli en entendant le son des trompettes.

— Et qui pourrait-ce être? reprit Castelnau. Venez dans cette galerie, monsieur le comte. Par les créneaux, on y a vue sur la terrasse d'où paraît provenir le bruit.

Il entraîna Gabriel; mais en arrivant au bord de la muraille il jeta un grand cri, leva les bras et resta pétrifié.

Ce n'étaient pas des troupes réformées, mais bien des troupes royales qui avaient occasionné le tumulte. Ce n'était pas Lamothe qui commandait les nouveaux venus, mais bien Jacques de Savoie, duc de Nemours.

A la faveur des bois dont le château de Noizai était entouré, les cavaliers royaux avaient pu arriver presqu'à l'improviste sur la terrasse ouverte où l'avant-garde des rebelles se rangeait en ordre de bataille.

Il n'y avait pas même eu de combat, le duc de Nemours ayant d'abord fait mettre la main sur les faisceaux d'armes.

Mazère et Raunai avaient dû se rendre sans coup férir, et, dans le moment où Castelnau regardait du haut de la muraille, les siens, vaincus sans lutte, remettaient aux vainqueurs leurs épées. Là où il s'imaginait trouver ses soldats, il ne voyait plus que des prisonniers.

Il ne pouvait en croire ses yeux. Il demeura un instant immobile, stupéfait, atterré, sans prononcer une parole. Un tel événement était si loin de sa pensée qu'il avait d'abord peine à s'en rendre compte.

Gabriel, moins surpris par ce coup soudain, n'en était pas moins accablé.

Comme ils se regardaient tous deux, aussi mornes et aussi pâles l'un que l'autre, un enseigne entra précipitamment, cherchant Castelnau.

— Où en sommes-nous? lui dit celui-ci, retrouvant la voix à force d'anxiété.

— Monsieur le baron, répondit l'enseigne, ils se sont emparés du pont-levis et de la première porte; nous n'avons eu le temps que de fermer la seconde; mais elle ne résisterait pas, et, dans un quart d'heure, ils seraient dans la cour. Devons-nous néanmoins essayer de combattre ou bien parlementer? On attend vos ordres.

— Me voici, dit Castelnau. Le temps de m'armer, je descends.

Il rentra en hâte dans la salle voisine pour prendre sa cuirasse et ceindre son épée. Gabriel l'y suivit.

— Qu'allez-vous faire, ami? lui dit-il tristement.

— Je ne sais pas, je ne sais pas, répondit Castelnau avec égarement. On peut toujours mourir.

— Hélas! reprit Gabriel, pourquoi ne m'avez-vous pas cru hier?

— Oui, vous aviez raison, je le vois, reprit le baron. Vous aviez prévu ce qui arrive; vous le saviez d'avance peut-être?

— Peut-être!... dit Gabriel. Et c'est là mon plus grand supplice! Mais pensez, Castelnau, il y a dans la vie des combinaisons du sort étranges et terribles! Si je n'ai pas eu la liberté de vous dissuader au moyen de véritables raisons qui se pressaient sur mes lèvres?... Si j'avais donné ma parole de gentilhomme de ne vous laisser soupçonner, ni directement, ni indirectement la vérité...

— Vous auriez bien fait alors de vous taire, dit Castelnau; j'aurais agi comme vous à votre place. C'est moi, insensé, qui aurais dû vous comprendre, c'est moi, qui aurais dû penser qu'un vaillant comme vous ne déconseille pas la bataille sans des motifs tout puissants... Mais je vais expier ma faute, je vais mourir.

— Je mourrai donc avec vous, dit Gabriel avec calme.

— Vous! et pourquoi? s'écria Castelnau. Vous n'êtes contraint qu'à une chose: c'est de vous abstenir du combat.

— Aussi, ne combattrai-je pas, dit Gabriel, je ne le puis. Mais la vie m'est à charge; le rôle, double en apparence, que je joue m'est odieux. J'irai au combat sans armes. Je ne tuerai pas, mais je me laisserai tuer. Je pourrai me jeter peut-être au-devant du coup qui vous sera destiné. Si je ne puis être une épée, je puis encore être un bouclier.

— Non, reprit Castelnau, restez. Je ne dois pas, je ne veux pas vous entraîner dans ma perte.

— Eh! dit Gabriel, vous allez bien y entraîner, sans utilité et sans espoir, tous ceux des nôtres qui se sont enfermés avec vous dans ce château. Ma vie est bien plus inutile que les leurs.

— Puis-je faire autrement, pour la gloire de notre parti, que leur demander ce sacrifice? dit Castelnau. Des martyrs sont souvent plus utiles et plus glorieux à leur cause que des vainqueurs.

— Oui, reprit Gabriel, mais votre devoir de chef n'est-il pas d'abord d'essayer de sauver les forces qui vous ont été confiées? quitte à mourir ensuite à leur tête si le salut ne peut se concilier avec l'honneur.

— Donc, dit Castelnau, vous me conseillez?...

— De tenter les moyens pacifiques, reprit Gabriel. Si vous résistez, vous n'avez aucune chance d'éviter la défaite et le massacre. Si vous cédez à la nécessité, ils n'ont pas, ce me semble, le droit de punir un projet sans exécution. On ne préjuge pas, on châtie encore moins des desseins. Vous désarmez vos ennemis en vous désarmant.

— J'ai tant à me repentir de n'avoir pas suivi votre premier avis, dit Castelnau, que je voudrais vous obéir cette fois. Pourtant, j'avoue que j'hésite. Il me répugne de reculer.

— Pour reculer, il faudrait avoir fait un pas en avant, dit Gabriel. Or, qui prouve votre rébellion jusqu'ici? C'est en tirant l'épée que vous vous déclareriez coupable. Tenez, ma présence peut encore, Dieu merci! vous être bonne à quelque chose. Je n'ai pu vous sauver hier, voulez-vous que je tâche de vous sauver aujourd'hui?...

— Que feriez-vous? demanda Castelnau ébranlé.

— Rien que de digne de vous, soyez tranquille! dit Gabriel. J'irai au duc de Nemours qui commande la troupe royale. Je lui annoncerai qu'aucune résistance ne lui sera faite, qu'on va lui ouvrir les portes, et que vous vous rendrez à lui, mais qu'il faudra qu'il vous engage sa foi ducale qu'aucun mal ne sera fait ni à vous ni à vos gentilshommes, et qu'après vous avoir conduits auprès du roi pour exposer vos griefs et vos demandes, il vous fera mettre en liberté.

— Et s'il refuse? dit Castelnau.

— S'il refuse, répondit Gabriel, les torts seront de son côté; il aura repoussé une conciliation juste et honorable, et toute la responsabilité du sang versé retombera sur sa tête. S'il refuse, Castelnau, je reviendrai parmi vous pour mourir à vos côtés.

— Croyez-vous, dit Castelnau, que La Renaudie, s'il était à ma place, consentirait à ce que vous proposez?

— Sur mon âme! je crois que tout homme raisonnable y consentirait.

— Faites donc! dit Castelnau: notre désespoir, si, comme je le crains, vous échouez auprès du duc, n'en sera que plus redoutable.

— Merci, dit Gabriel. J'espère, moi, réussir, et préserver avec l'aide de Dieu tant de nobles et vaillantes existences.

Il descendit en courant, se fit ouvrir la porte de la cour, et, un drapeau de parlementaire à la main, s'avança vers le duc de Nemours qui, à cheval au milieu des siens, attendait la paix ou la guerre.

— Je ne sais si monseigneur me reconnaît dit Gabriel, au duc ; je suis le comte de Montgommery.

— Oui, monsieur de Montgommery, je vous reconnais, reprit Jacques de Savoie. Monsieur de Guise m'a prévenu que je vous trouverais ici, mais en ajoutant que vous y étiez avec sa permission, et en me recommandant de vous traiter en ami.

— Une précaution qui pourrait me calomnier auprès d'autres amis malheureux !... dit Gabriel en secouant tristement la tête. Mais monseigneur, oserais-je vous demander un moment d'entretien.

— Je suis à vous, dit monsieur de Nemours.

Castelnau qui, par une fenêtre grillée du château, suivait avec angoisse tous les mouvemens du duc et de Gabriel, les vit se retirer à l'écart et s'entretenir quelques minutes avec animation. Puis, Jacques de Savoie demanda de quoi écrire, et traça sur un tambour les lignes rapides d'un billet qu'il remit au comte de Montgommery. Gabriel parut le remercier avec effusion.

Il y avait donc de l'espoir. Gabriel, en effet, revint précipitamment vers le château, et, l'instant d'après, remettait, sans mot dire et tout hors d'haleine, à Castelnau, la déclaration suivante :

» Monsieur de Castelnau et ses compagnons du château de Noizai, ayant consenti dès mon arrivée à poser les armes et à se rendre à moi, je soussigné, Jacques de Savoie, leur ai juré ma foi de prince, sur mon honneur et la damnation de mon âme, qu'ils n'auraient aucun mal, et que je les ramènerais sains et saufs, — quinze d'entre eux avec le sieur de Castelnau devant seulement me suivre à Amboise, pour faire au roi, notre Sire, leurs pacifiques remontrances.

» Donné au château de Noizai, ce 16 de mars 1560.

» JACQUES DE SAVOIE. »

— Merci, ami, dit Castelnau à Gabriel après cette lecture ; vous nous avez sauvé la vie, et plus que la vie, l'honneur. A ces conditions-là, je suis prêt à suivre monsieur de Nemours à Amboise, car du moins, nous n'y arriverons pas en prisonniers devant leur vainqueur, mais en opprimés devant leur roi. Encore une fois, merci.

Mais en serrant la main de son libérateur, Castelnau s'aperçut que Gabriel était redevenu aussi triste qu'auparavant.

— Qu'avez-vous donc encore ? lui demanda-t-il.

— Je pense maintenant à La Renaudie et aux autres protestans qui doivent attaquer Amboise cette nuit, répondit Gabriel. Sans doute, hélas ! il est trop tard pour les sauver, eux. Pourtant, si j'essayais ? La Renaudie ne doit-il pas prendre par la forêt de Château-Regnault ?

— Oui, dit Castelnau avec empressement, et vous pourriez encore l'y retrouver peut-être, et le sauver comme vous nous avez sauvés.

— Je le tenterai, du moins, dit Gabriel. Le duc de Nemours va me laisser libre, je pense. Adieu donc, ami, je vais continuer, si je puis, mon rôle de conciliation. Au revoir, à Amboise.

— Au revoir ! reprit Castelnau.

Comme Gabriel l'avait prévu, le duc de Nemours ne s'opposa point à ce qu'il quittât Noizai et le détachement des troupes royales.

L'ardent et dévoué jeune homme put donc s'élancer à cheval dans la direction de la forêt de Château-Regnault.

Pour Castelnau et les quinze chefs qui marchaient avec lui, ils suivirent, confians et tranquilles, Jacques de Savoie à Amboise.

Mais, à leur arrivée, ils furent sur-le-champ conduits en prison. Ils devaient y rester, leur dit-on, jusqu'à ce que l'échauffourée fût terminée, et qu'il n'y eût plus de danger à les laisser pénétrer jusqu'au roi.

XCIX.

LA FORÊT DE CHÂTEAU-REGNAULT.

La forêt de Château-Regnault n'était pas, par bonheur, distante de plus d'une lieue et demie de Noizai. Gabriel s'y dirigea au galop de son bon cheval ; mais une fois qu'il y fût arrivé, il la parcourut en tous sens pendant plus d'une heure, sans rencontrer aucune troupe amie ou ennemie.

— Enfin, il crut entendre, au tournant d'une allée, le galop régulier de la cavalerie. Mais ce ne pouvaient être des réformés ; car on riait et on parlait, et les huguenots avaient trop intérêt à dérober leur marche pour ne pas garder le plus complet silence.

N'importe ! Gabriel s'élança de ce côté, et découvrit bientôt les écharpes rouges des troupes royales.

En s'avançant vers le chef, il le reconnut et fût reconnu par lui.

C'était le baron de Pardaillan, un jeune et vaillant officier, qui avait combattu avec lui sous monsieur de Guise en Italie.

— Eh ! c'est le comte de Montgommery ! s'écria Pardaillan. Je vous croyais à Noizai, comte.

— J'en arrive, dit Gabriel.

— Et que s'y est-il passé ? Marchez donc un peu avec nous, et contez-moi cela.

Gabriel fit le récit de l'arrivée soudaine du duc de Nemours, de la surprise de la terrasse et du pont-levis ; de son intervention à lui-même entre les deux partis ; et de la soumission pacifique qui en avait été l'heureux résultat.

— Pardieu ! dit Pardaillan, monsieur de Nemours a eu de la chance, et je voudrais bien en avoir autant. Savez-vous, monsieur de Montgommery, contre qui je marche en ce moment ?

— Contre La Renaudie, sans doute ? dit Gabriel.

— Justement. Et savez-vous ce qu'il m'est, La Renaudie ?

— Mais, votre cousin, je crois ; c'est vrai je m'en souviens.

— Oui, mon cousin, dit Pardaillan, et plus que mon cousin, mon ami, mon compagnon d'armes. Savez-vous que c'est dur de se battre contre celui qui s'est si souvent battu à nos côtés ?

— Oh ! oui ! dit Gabriel... Mais enfin vous n'êtes pas sûr de le rencontrer ?

— Eh ! si fait ! j'en suis sûr ! reprit Pardaillan ; mes instructions ne sont que trop précises, et les rapports de ceux qui l'ont livré que trop fidèles. Tenez : encore un quart d'heure de marche ; dans la seconde allée à gauche je dois me trouver en face de La Renaudie.

— Mais si vous preniez pas cette allée ? souffla Gabriel.

— Je manquerais à mon honneur et à mon devoir de soldat, reprit Pardaillan. Je le voudrais d'ailleurs que je ne le pourrais pas. Mes deux lieutenans ont reçu aussi bien que moi les ordres de monsieur de Guise, et ne me laisseraient pas y contrevenir. Non, mon seul espoir est que La Renaudie consente à se rendre à moi. Espoir bien incertain ! car il est fier et brave ; car en champ ouvert il ne va pas être surpris comme Castelnau ; car nous ne lui serons pas de beaucoup supérieurs en nombre. Enfin, vous m'aiderez toujours, monsieur de Montgommery ; à lui conseiller la paix ?

— Hélas ! dit Gabriel, je ferai de mon mieux.

— Au diable ces guerres civiles ! s'écria Pardaillan pour conclure.

Ils marchèrent à peu près dix minutes en silence.

Quand ils eurent tourné la deuxième allée à gauche :

— Nous devons approcher, dit Pardaillan. Le cœur me bat. Pour la première fois de ma vie, je crois ; Dieu me damne ! que j'ai peur.

Les cavaliers royaux ne riaient plus et ne causaient plus, mais s'avançaient lentement et avec précaution.

Ils n'eurent pas fait deux cents pas, qu'à travers un fourré d'arbres, dans un sentier qui longeait le grand chemin, ils crurent voir briller des armes.

Leur doute ne fut pas long d'ailleurs, car presque aussitôt une voix ferme cria :

— Halte ! qui va là ?

— C'est la voix de La Renaudie, dit Pardaillan à Gabriel.

Et il répondit à l'appel :

— Valois et Lorraine !

Sur-le-champ, déboucha à cheval de la contre-allée La Renaudie, suivi de sa troupe.

Néanmoins, il ordonna aux siens de s'arrêter, et fit quelques pas seul en avant.

Pardaillan l'imita, cria à ses gens : halte ! et s'avança vers lui avec le seul Gabriel.

On eût dit deux amis empressés de se revoir après une longue absence; plutôt que deux ennemis prêts à se combattre.

— Je t'aurais déjà répondu comme je le dois, dit La Renaudie en approchant, si je n'avais cru reconnaître une voix amie... Ou je me trompe bien, ou cette visière me cache les traits de mon cher Pardaillan.

— Eh ! oui, c'est moi, mon pauvre La Renaudie, reprit Pardaillan, et si j'ai un conseil de frère à te donner c'est de renoncer à ton entreprise, ami, et de mettre tout de suite bas les armes.

— Oui-dà, est-ce vraiment là un conseil de frère ? dit La Renaudie avec quelque ironie.

— Oui, monsieur de La Renaudie, reprit Gabriel en se montrant, le conseil est d'un ami loyal, je vous l'atteste. Castelnau s'est rendu à monsieur de Nemours, ce matin, et, si vous ne l'imitez, vous êtes perdu.

— Ah ! ah ! monsieur de Montgommery ! reprit La Renaudie, êtes-vous aussi avec ceux-là ?

— Je ne suis ni avec ceux-ci ni avec vous-même, dit gravement et tristement Gabriel; je suis entre vous.

— Oh ! pardonnez-moi, monsieur le comte, reprit La Renaudie ému par le noble et digne accent de Gabriel. Je n'ai pas voulu vous offenser, et je douterais, je crois, de moi plutôt que de vous.

— Croyez-moi donc alors, dit Gabriel, et ne risquez pas un combat inutile et funeste. Rendez-vous.

— Impossible ! dit La Renaudie.

— Mais sache donc, reprit Pardaillan, que nous ne sommes ici qu'une faible avant-garde.

— Et moi, répondit le chef réformé, crois-tu que j'aie commencé avec cette poignée de braves que voilà ?

— Je te préviens, dit Pardaillan, que tu as dans tes rangs des traîtres.

— Ils sont maintenant dans les vôtres, reprit La Renaudie.

— Je me charge d'obtenir votre grâce, de monsieur de Guise, dit encore Pardaillan qui ne savait que trouver.

— Ma grâce ! s'écria La Renaudie, j'espère avoir bientôt à en donner plutôt qu'à en recevoir, des grâces !

— La Renaudie ! La Renaudie ! tu ne voudras pas me contraindre à tirer le fer contre toi, Godefroy, mon vieux camarade, mon ami d'enfance.

— Il faut pourtant s'y préparer, Pardaillan : car tu me connais justement trop bien pour croire que je sois disposé à te céder le champ.

— Monsieur de La Renaudie, s'écria Gabriel, encore une fois vous avez tort...

Mais il fut brusquement interrompu...

Les cavaliers des deux partis, restés à distance, en vue les uns des autres, ne comprenaient rien à ces étranges pourparlers de leurs chefs, et brûlaient d'en venir aux mains.

— Que diable ! se disent-ils donc là si longuement ? murmuraient les soldats de Pardaillan.

— Ah ! çà, disaient de leur côté les huguenots, croient-ils donc que nous sommes venus ici pour les regarder causer de leurs affaires ?

— Attends ! attends ! dit un de ceux de la troupe de La Renaudie, où tout soldat était chef, je sais un moyen d'abréger leur conversation.

Et, au moment où Gabriel prenait la parole, il tira un coup de pistolet contre la troupe de Pardaillan.

— Tu vois ! s'écria douloureusement celui-ci, le premier coup est parti des tiens.

— Sans mon ordre ! dit vivement La Renaudie. Mais puisque le sort en est jeté, tant pis ! Allons ! mes amis, en avant !

Il retourna vers ses gens, et Pardaillan, pour ne pas rester en arrière, en fit autant, et cria aussi :

— En avant !

Le feu commença.

Cependant, Gabriel était resté immobile entre les rouges et les blancs, entre les royaux et les réformés. Il avait à peine rangé son cheval de côté, et essuyait le feu des deux parts.

Dès les premiers coups, le plumet de son casque fut traversé d'une balle, et son cheval tué sous lui.

Il se dégagea des étriers et demeura encore debout, sa rémuer, et comme pensif, au milieu de cette terrible mêlée.

La poudre était épuisée, les deux troupes s'élancèrent et continuèrent le combat à l'épée.

Gabriel ne bougea toujours pas parmi le cliquetis des armes, et sans seulement toucher la poignée de son épée, il se contenta de regarder les coups furieux qui se donnaient autour de lui, triste et morne comme eût été l'image de la France entre ces Français ennemis.

Les réformés, inférieurs en nombre et en discipline, commençaient d'ailleurs à plier.

La Renaudie, dans le tumulte, avait rejoint Pardaillan.

— A moi ! lui cria-t-il; que je meure du moins de ta main !

— Ah ! dit Pardaillan, celui qui tuera l'autre sera le plus généreux !

Et ils s'attaquèrent avec vigueur. Les coups qu'ils se portaient résonnaient sur leurs armures comme des marteaux sur l'enclume. La Renaudie tournait autour de Pardaillan, qui, ferme sur ses arçons, parait et ripostait sans se lasser. Deux rivaux altérés de vengeance n'eussent pas été plus acharnés.

Enfin, La Renaudie enfonça son épée dans la poitrine de Pardaillan qui tomba.

Mais ce ne fut point Pardaillan qui jeta un cri, ce fut La Renaudie !...

Heureusement pour le vainqueur, il n'eut pas même le temps d'envisager sa funeste victoire.

Montigny, le page de Pardaillan, tira sur lui un coup d'arquebuse qui l'abattit de son cheval, mortellement blessé.

Néanmoins, avant de mourir, La Renaudie trouva encore la force de renverser mort sur la place, du revers de son épée, le page qui l'avait frappé.

Autour de ces trois cadavres, la mêlée se concentra plus furieuse que jamais.

Mais les huguenots avaient évidemment le dessous; et bientôt, privés de leur chef, ils furent en pleine déroute.

Le plus grand nombre fut tué. On en fit quelques-uns prisonniers, et quelques-uns prirent la fuite.

Cet atroce et sanglant combat n'avait pas duré dix minutes.

Les cavaliers royaux se disposèrent à revenir à Amboise. On mit sur le même cheval, pour les rapporter ensemble, les deux cadavres de Pardaillan et de La Renaudie.

Gabriel qui, malgré ses ardents souhaits, ménagé sans doute par les armes des deux partis, n'avait pas reçu une égratignure, contempla tristement ces deux corps qu'animaient encore, il y avait à peine quelques instants, les deux plus nobles cœurs qu'il eût connus peut-être.

— Lequel des deux était le plus brave ? se disait-il. Lequel des deux aimait le mieux l'autre ? Lequel des deux fait perdre le plus à la patrie ?

C.

DE LA POLITIQUE AU SEIZIÈME SIÈCLE.

Il s'en fallait cependant qu'après la reddition du château de Noizai et l'escarmouche de la forêt de Château-Regnault, tout fût encore terminé.

La plupart des conjurés de Nantes n'avaient pas été avertis des deux échecs successifs de leur parti, et continuaient leur route vers Amboise, toujours disposés à l'attaquer cette nuit-là.

Mais on sait que, grâce aux rapports précis de Liguières, ils y étaient attendus.

Aussi, le jeune roi n'avait pas voulu se coucher, mais, debout et inquiet, allait et venait d'un pas fiévreux par la vaste salle dégarnie qu'on lui avait réservée pour chambre.

Marie Stuart, le duc de Guise et le cardinal de Lorraine, veillaient et attendaient près de lui.

— Quelle nuit éternelle ! disait François II. Je souffre, ma tête est en feu, et ces insupportables douleurs d'oreille recommencent à me torturer. Quelle nuit ! quelle nuit !

— Pauvre cher sire, reprit doucement Marie, ne vous agitez pas ainsi, je vous en conjure ; vous augmentez par là les maux de votre corps et les maux de votre âme. Prenez donc plutôt quelques moments de repos, par grâce !

— Eh ! puis-je me reposer, Marie, dit le roi, puis-je rester tranquille quand mon peuple se rebelle et s'arme contre moi ! Ah ! tous ces soucis vont sûrement abréger le peu de vie que m'avait accordé Dieu.

Marie ne répondit plus que par les larmes qui inondèrent son charmant visage.

— Votre Majesté ne devrait pas s'affecter à ce point, dit le Balafré. J'ai déjà eu l'honneur de lui affirmer que nos mesures étaient prises, et que la victoire était certaine. Je vous réponds de vous à vous-même, sire.

— N'avons-nous pas bien commencé ? ajouta le cardinal de Lorraine. Castelnau prisonnier, La Renaudie tué, n'est-ce pas là d'heureux augures pour l'issue de cette affaire ?

— De bien heureux augures en effet, dit François avec amertume.

— Demain tout sera fini, continua le cardinal, les autres chefs des rebelles seront en notre pouvoir, et nous pourrons effrayer, par un terrible exemple, ceux qui oseraient tenter de les imiter. Il le faut, sire, reprit-il en répondant à un mouvement de répulsion du roi. Un Acte de foi solennel, comme on dit en Espagne, est nécessaire à la gloire outragée de la religion et à la sécurité menacée du trône. Pour commencer, ce Castelnau doit mourir. Monsieur de Nemours a pris sur lui de lui jurer qu'il serait épargné, mais cela ne nous regarde pas, et nous n'avons rien promis, nous. La Renaudie a échappé par la mort au supplice ; mais j'ai déjà donné l'ordre que demain au jour sa tête fût exposée sur le pont d'Amboise, avec cette inscription : Chef des rebelles.

— Chef des rebelles ! répéta le jeune roi ; mais vous dites vous-même qu'il n'était pas ce chef, et que les aveux et la correspondance des conjurés chargent, comme le véritable moteur de l'entreprise, le seul prince de Condé.

— Au nom du ciel ! ne parlez pas si haut, sire, je vous en supplie, interrompit le cardinal. Oui, cela est vrai, oui, le prince a tout conduit, tout dirigé, de loin. Ces parpaillots le nommaient le capitaine muet, et, après le premier succès, il devait se déclarer. Mais, faute de ce succès, il ne s'est pas déclaré et ne se déclarera pas. Ne le poussons donc pas à quelque dangereuse extrémité. Ne reconnaissons pas ostensiblement cette tête puissante à la révolte. Faisons semblant de ne pas le voir afin de ne pas le montrer.

— Monsieur de Condé n'en est pas moins le vrai rebelle ! dit François, dont la jeune impatience s'arrangeait mal de toutes ces fictions gouvernementales, comme on les a appelées depuis.

— Oui, sire, reprit le Balafré ; mais le prince, loin d'avouer ses projets, les renie. Faisons semblant de le croire sur parole. Le prince est venu aujourd'hui s'enfermer dans Amboise, où on le garde à vue, de la même façon qu'il a conspiré, de loin. Feignons de l'accepter pour allié, cela est moins périlleux que de l'avoir pour ennemi. Le prince, enfin, va, s'il le faut, frapper avec nous ses complices cette nuit, et assister à leur exécution demain. Ne subit-il pas là une nécessité mille fois plus douloureuse que celle qui nous est imposée ?

— Oui, certes, dit le roi ; mais fera-t-il cela ? et s'il le fait, peut-il qu'il soit coupable ?

— Sire, dit le cardinal, nous avons dans les mains, et nous remettrons à Votre Majesté si elle le désire, toutes les preuves de la complicité occulte de monsieur de Condé. Mais, plus ces preuves sont flagrantes, plus nous devons dissimuler, et j'ai un vif regret, pour ma part, à quelques paroles qui me sont échappées, et qui, si elles lui étaient rapportées, pourraient offenser le prince.

— Craindre d'offenser un coupable ! s'écria François. Mais qu'est-ce que ce bruit au dehors ? Jésus ! seraient-ce déjà les rebelles ?

— J'y cours, dit le duc de Guise.

Mais avant qu'il eût franchi le seuil de la porte, Richelieu, le capitaine des arquebusiers, entra, et dit vivement au roi :

— Pardon, sire, c'est monsieur de Condé qui croit avoir entendu des paroles mal sonnantes pour son honneur, et qui demande avec instance à se laver publiquement, une fois pour toutes, en présence de Votre Majesté, de ces injurieux soupçons.

Le roi allait refuser peut être de voir le prince ; mais le duc de Guise avait déjà fait un signe. Les arquebusiers du capitaine Richelieu s'écartèrent, et monsieur de Condé entra la tête haute et le teint animé.

Il était suivi de quelques gentilshommes, et de nombre de chanoines de saint Florentin, commensaux ordinaires du château d'Amboise, que le cardinal avait cette nuit-là transformés en soldats pour le besoin de la défense, et qui, chose assez commune du reste en ce temps, portaient l'arquebuse avec le rosaire et le casque sous le capuchon.

— Sire, vous excuserez ma hardiesse, dit le prince après s'être incliné devant le roi ; mais cette hardiesse est d'avance justifiée peut-être par l'audace de certaines accusations que mes ennemis portent, à ce qu'il paraît, dans l'ombre, contre ma loyauté, et que je veux contraindre à se produire au grand jour pour les confondre et les souffleter.

— De quoi s'agit-il, monsieur mon cousin ? demanda le jeune roi d'un air sérieux.

— Sire, reprit le prince de Condé, on ose dire que je suis le véritable chef des rebelles dont la tentative folle et impie trouble en ce moment l'État et consterne Votre Majesté.

— Ah ! l'on dit cela ! repartit François, et qui donc dit cela ?

— J'ai pu surprendre tout à l'heure moi-même ces odieuses calomnies, sire, dans la bouche de ces révérends frères de saint Florentin qui, se croyant sans doute ici chez eux, ne se gênent pas pour répéter tout haut ce qu'on leur a soufflé tout bas.

— Et accusez-vous ceux qui ont répété ou ceux qui ont soufflé l'offense ? dit François.

— J'accuse les uns et les autres, sire, répondit le prince de Condé, mais surtout les instigateurs de ces lâches impostures...

Ce disant, il regardait clairement en face le cardinal de Lorraine qui, tout embarrassé de sa contenance, se dissimulait de son mieux derrière son frère.

— Eh bien ! mon cousin, reprit le jeune roi, nous vous

permettons et de confondre l'imposture et d'accuser les imposteurs. Voyons...

— Confondre l'imposture, Sire? répéta le prince de Condé. Eh! mes actions ne le font-elles pas mieux que ne pourraient le faire toutes mes paroles? Ne suis-je pas venu, au premier appel, dans ce château, y prendre ma place au milieu des défenseurs de votre Majesté? Est-ce la démarche d'un coupable, cela? je vous le demande à vous-même, Sire?

— Accusez donc alors les imposteurs! dit François qui ne voulut pas autrement répondre.

— Je le ferai aussi, non par des mots, Sire, mais par des actes, dit monsieur de Condé. Il faudra, s'ils ont du cœur, qu'ils m'accusent eux-mêmes et se nomment. Je leur jette ici publiquement le gant en face de mon Dieu et mon roi. L'homme, de quelque rang, de quelque qualité qu'il soit, qui voudra maintenir que je suis l'auteur de la conjuration, qu'il s'avance! J'offre de le combattre quand et comment il voudra, et, là où il me serait inégal, de m'égaler à lui en toute chose pour ce combat.

Le prince de Condé jeta, en terminant, son gant à ses pieds. Son regard n'avait pas cessé de commenter son défi, en s'attachant fièrement à celui du duc de Guise qui ne sourcilla pas.

Il y eut ensuite un moment de silence, chacun songeant sans doute à cet étrange spectacle de mensonge donné par un prince du sang à toute une cour où il n'avait pas un page qui ne le sût vingt fois coupable de ce dont il se défendait avec une indignation si bien jouée.

Mais, à vrai dire, le jeune roi était le seul peut-être qui eût la naïveté de s'en étonner, et personne ne suspectait pour cela la bravoure et la vertu du prince.

Les idées des cours italiennes sur la politique, importées par Catherine de Médicis et ses Florentins, étaient alors à la mode en France. Celui qui trompait le mieux était réputé le plus habile. Cacher ses idées et déguiser ses actions était le grand art. La sincérité eût passé pour de la sottise.

Les plus nobles et plus purs caractères du temps, Coligny, Condé, le chancelier Olivier, n'avaient pas su se garantir de cette lèpre.

Aussi, le duc de Guise ne méprisa pas le prince de Condé, il l'admira.

Mais il se dit à part, lui en souriant, qu'il était bien au moins aussi fort que cela.

Et, faisant un pas en avant, il ôta lentement son gant et le jeta à côté de celui du prince.

Il y eut un moment de surprise, et l'on crut d'abord qu'il allait relever la provocation insolente de monsieur de Condé.

Mais il n'aurait pas été alors le grand politique qu'il se flattait d'être.

D'une voix haute et ferme, et presque convaincue, vraiment! il dit:

— J'approuve et soutiens dans ses paroles monsieur le prince de Condé, et je lui suis tellement serviteur, ayant cet honneur de lui être parent, que moi-même je m'offre ici pour être son second, et prendrai les armes contre tout venant pour l'assister en une si juste défense.

Et le Balafré promena hardiment sur tous ceux qui les entouraient ses yeux inquisiteurs.

Pour le prince de Condé, il n'eut plus qu'à baisser les siens.

Il se sentait vaincu mieux qu'en champ clos.

— Personne, répéta le duc de Guise, ne relève ni le gant du prince de Condé ni le mien?

Personne, en effet, ne bougea, bien entendu.

— Mon cousin, reprit François II avec un mélancolique sourire, vous voilà, à votre souhait, lavé de tout soupçon de félonie, ce me semble.

— Oui, Sire, dit avec une impudence naïve le *capitaine muet*, et je remercie Votre Majesté de m'y avoir aidé...

Il se tourna avec quelque effort vers le Balafré et ajouta:

— J'en remercie mon bon allié et parent monsieur de Guise. J'espère lui prouver et prouver à tous de nouveau, en combattant cette nuit, s'il y a lieu, les rebelles, qu'il n'a pas eu tort de me défendre.

Là-dessus le prince de Condé et le duc de Guise se saluèrent profondément l'un l'autre avec courtoisie.

Puis, le prince, bien et dûment justifié, n'ayant plus rien à faire, s'inclina devant le roi et sortit, suivi des spectateurs qui l'avaient accompagné à son entrée.

Il ne resta plus dans la chambre royale que les quatre personnages dont cette singulière comédie avait distrait un moment l'attente et les craintes...

Mais il appert toujours de cette scène chevaleresque que la politique date du seizième siècle... au moins.

CI.

LE TUMULTE D'AMBOISE.

Après la sortie du prince de Condé, ni le roi, ni Marie Stuart, ni les deux frères de Lorraine ne ramenèrent l'entretien sur ce qui venait de se passer. D'un tacite et commun accord, ils semblèrent éviter ce sujet dangereux.

Dans l'impatient et morne silence de l'attente, des minutes et des heures s'écoulèrent.

François II portait souvent la main à sa tête brûlante. Marie, assise à l'écart, regardait tristement la figure pâle et flétrie de son jeune époux, et essuyait de temps en temps une larme. Le cardinal de Lorraine était tout entier aux bruits du dehors. Pour le Balafré, qui n'avait plus d'ordres à donner, et que son rang et sa charge enchaînaient auprès du roi, il paraissait cruellement souffrir de cette inaction forcée, et parfois frémissait et frappait du pied comme un brave cheval de bataille rongeant le frein qui l'arrête.

Cependant la nuit s'avançait. L'horloge du château, puis celle de Saint-Florentin, avaient sonné six heures, puis six heures et demie. Le jour commençait à poindre, et nul bruit d'attaque, nul signal des sentinelles n'avait troublé la nuit taciturne.

— Allons! dit le roi en respirant, je commence à croire, monsieur le cardinal, que ce Lignières avait trompé votre Éminence, ou bien que les huguenots ont changé d'avis.

— Tant pis! en fin de compte, dit Charles de Lorraine; car nous étions sûrs de vaincre la rébellion.

— Oh! non, tant mieux! reprit François; car le combat seul était pour la royauté une défaite...

Mais le roi n'avait pas achevé de parler que deux coups d'arquebuse, signe convenu de l'alarme, étaient tirés, et qu'on entendit sur les remparts, répété de poste en poste, le cri:

— Arme! arme! arme!

— Il n'en faut pas douter, ce sont les ennemis! s'écria le cardinal de Lorraine en pâlissant malgré lui.

Le duc de Guise se leva presque joyeux, et, saluant le roi:

— Sire, à bientôt, comptez sur moi, dit-il seulement.

Et il sortit avec précipitation.

On entendait encore sa forte voix donner des ordres dans l'antichambre quand une nouvelle arquebusade éclata.

— Vous voyez, Sire, dit le cardinal, peut-être pour amuser sa terreur du son de sa voix, vous voyez que Lignières était bien informé, et qu'il ne s'est trompé que de quelques heures.

Mais le roi ne l'écoutait point, et, mordant avec colère sa lèvre blanchie, ne prêtait l'oreille qu'au bruit croissant de l'artillerie et des arquebuses.

— Je puis à peine croire encore à tant d'audace! murmurait-il. Un tel affront à la couronne!...

— Va se résoudre en honte pour les misérables, Sire! dit le cardinal.

— Hé! reprit le roi, à en juger par le bruit qu'ils font, messieurs de la réforme sont en bon nombre et ne craignent guère!

— Cela va s'éteindre tout à l'heure comme un feu de paille, dit Charles de Lorraine.

— Il n'y paraît pas, car le bruit se rapproche, dit François, et le feu, je crois, s'allume au lieu de s'éteindre.

— Jésus! s'écria Marie Stuart tout épouvantée, entendez-vous les balles claquer contre les murs?...

— Il me semble pourtant, madame... balbutia le cardinal. Je crois bien, Votre Majesté... Quant à moi, je n'entends pas que le bruit s'accroisse...

Mais il fut interrompu par une terrible explosion.

— Voilà qui vous répondrait, lui dit le roi avec un sourire amer, quand même votre figure pâle et effrayée ne suffirait pas à vous contredire.

— Je sens déjà l'odeur de la poudre, reprit Marie. Et puis, voilà des cris tumultueux!

— De mieux en mieux! dit François. Allons, messieurs les réformés ont sans doute déjà franchi les murs de la ville, et vont, je présume, nous assiéger en règle dans notre château.

— Mais, Sire, dit le cardinal tremblant, dans cette situation, ne vaudrait-il pas mieux que Votre Majesté se retirât au donjon. On peut-être sûr du moins qu'ils ne s'en empareront pas.

— Qui? moi! s'écria le roi, me cacher devant mes sujets! devant des hérétiques! Laissez-les arriver jusqu'ici, monsieur mon oncle, je suis bien aise de savoir jusqu'où ils pousseront l'audace. Vous verrez qu'ils nous prieront de chanter avec eux quelques psaumes en français, et de faire un prêche de notre chapelle de Saint-Florentin?

— Sire, de grâce, consultez un peu la prudence, dit Marie.

— Non, reprit le roi, je veux aller jusqu'au bout, je les attends ici ces sujets fidèles, et, par mon nom royal! le premier qui manque au respect qu'il me doit, verra si cette dague n'est que de parade à mon côté!...

Les minutes passaient, et les arquebusades continuaient toujours de plus en plus vives. Le pauvre cardinal de Lorraine n'avait pas la force de prononcer une parole. Le jeune roi serrait les poings de colère.

— Quoi! dit Marie Stuart, personne ne vient nous donner de nouvelles! le danger est-il donc si grand que nul ne puisse quitter la place d'un instant?...

— Ah! dit enfin le roi hors de lui, cette attente est insupportable, il faut vaudrait mieux, je crois! Mais je sais un moyen de savoir ce qui en est, c'est d'aller moi-même dans la mêlée. Monsieur le lieutenant général ne refusera pas sans doute de me recevoir comme volontaire.

François fit deux ou trois pas pour sortir. Marie se jeta au-devant de lui.

— Sire! y pensez-vous? Malade comme vous l'êtes! s'écria-t-elle.

— Je ne sens plus mon mal, dit le roi. L'indignation a pris en moi la place de la souffrance.

— Attendez, Sire! dit le cardinal! il me semble, cette fois, que le bruit s'éloigne véritablement. Oui, les coups sont plus rares... Ah! voici un page avec des nouvelles sans doute.

— Sire! dit le page en entrant, monsieur le duc de Guise me charge d'annoncer à Votre Majesté que les réformés ont lâché prise et sont en pleine retraite.

— Enfin! voilà qui est heureux! s'écria le roi.

— Aussitôt que monsieur le lieutenant général croira pouvoir quitter les murs, continua le page, il viendra rendre compte de tout au roi.

Le page sortit.

— Eh bien! Sire, dit le cardinal de Lorraine triomphant, ne l'avais-je pas bien prévu que c'était pure bagatelle, et que monsieur mon illustre et vaillant frère vous aurait bientôt fait raison de tous ces chanteurs de cantiques?

— Oh! mon bel oncle, reprit François, comme le courage vous est subitement revenu.

Mais, dans le moment, éclata une seconde explosion bien plus effrayante que la première.

— Qu'est-ce encore que ce bruit? dit le roi.

— En effet... cela est singulier, dit le cardinal tremblant de nouveau.

Heureusement sa terreur ne fut pas de longue durée. Le capitaine des arquebusiers, Richelieu, entra presque aussitôt, le visage noir de poudre, et une épée tailladée à la main.

— Sire, dit au roi Richelieu, les rebelles sont en pleine déroute. A peine ont-ils eu le temps de faire sauter, sans nous causer de dommage, un amas de poudre qu'ils avaient disposé auprès de l'une des portes. Ceux qui n'ont pas été pris ou tués ont repassé le pont et se sont barricadés dans une des maisons du faubourg du Vendômois, où nous en aurons bon marché... Votre Majesté peut même voir de cette fenêtre comment on en use avec eux.

Le roi alla vivement à la fenêtre suivi par le cardinal et de loin par la reine.

— Oui, en effet, dit-il; les voilà assiégés à leur tour... Mais que vois-je? Quelle fumée sort de cette maison!

— Sire, on y aura mis le feu, dit le capitaine.

— Fort bien! à merveille! s'écria le cardinal. Tenez, Sire, en voilà qui sautent par la fenêtre. Deux... trois... quatre... Encore! encore! Entendez-vous d'ici leurs cris?

— Dieu! les pauvres gens! dit Marie Stuart joignant les mains.

— Il me semble, reprit le roi, que je distingue, en tête des nôtres, le panache et l'écharpe de notre cousin de Condé. Est-ce vraiment lui, capitaine!

— Oui, Votre Majesté, dit Richelieu. Il a été constamment parmi nous, l'épée à la main, à côté de monsieur de Guise.

— Eh bien! monsieur le cardinal, dit François, vous voyez qu'il ne s'est pas fait prier.

— Il l'a certes bien fallu, Sire! répondit Charles de Lorraine. Monsieur le prince eût trop risqué à faire autrement.

— Mais, s'écria Marie, repoussée et attachée à la fois par l'horrible spectacle du dehors, les flammes redoublent! la maison va s'écrouler sur les malheureux!

— Elle s'écroule! dit le roi.

— Vivat! tout est fini! s'écria le cardinal.

— Ah! quittons cette place, Sire, cela fait mal, dit Marie en entraînant le roi.

— Oui, dit François, voici la pitié qui me prend à cette heure.

Et il s'éloigna de la fenêtre, où le cardinal demeura seul, fort réjoui.

Mais il se retourna bientôt en entendant la voix du duc de Guise.

Le Balafré entra, calme et fier, accompagné du prince de Condé, qui avait, lui, bien de la peine à ne point paraître triste et honteux.

— Sire, tout est terminé, dit le duc de Guise au roi, et les rebelles ont trouvé la punition de leur crime. Je rends grâce à Dieu d'avoir délivré Votre Majesté de ce péril; car, d'après ce que j'ai vu, il a été plus grand qu'on ne le croyait d'abord. Nous avions des traîtres parmi nous.

— Se peut-il! s'écria le cardinal.

— Oui, reprit le Balafré; à la première attaque, les réformés ont été secondés par les hommes d'armes qu'avait amenés La Motte, et qui nous ont attaqués en flanc. Ils ont donc été un moment maîtres de la ville.

— C'est effrayant! dit Marie se serrant contre le roi.

— Ce l'eût été bien plus encore, madame, continua le duc, si les rebelles avaient été secondés, comme ils devaient le croire, par une attaque que Chaudieu, le frère du ministre, devait tenter sur la porte des Bons-Hommes.

— L'attaque a échoué? demanda le roi.

— Elle n'a pas eu lieu, Sire. Le capitaine Chaudieu, grâce au ciel! s'est trouvé en retard et n'arrivera que pour trouver tous ses amis écrasés. Maintenant, qu'il attaque à son aise! il aura à qui parler en dedans et au dehors des murs. Et, pour le faire réfléchir, j'ai ordonné qu'on pendît vingt ou trente de ses complices au haut des créneaux d'Amboise. Ce spectacle l'avertira suffisamment, je pense.

— C'est fort bien trouvé, dit le cardinal de Lorraine.

— Je vous remercie, mon cousin, dit le roi au Balafré. Mais je vois que la protection de Dieu a surtout éclaté dans cette rencontre, puisque lui seul a permis que la confusion se glissât dans les conseils de nos ennemis. Allons donc tout d'abord lui rendre grâce à la chapelle.

— Puis ensuite, dit le cardinal, donner ordre à la punition des coupables qui survivent. Sire, vous assisterez à leur exécution avec la reine et la reine-mère, n'est-ce pas ?

— Mais... sera-ce donc bien nécessaire ? dit en marchant vers la porte le jeune roi contrarié.

— Sire, c'est indispensable, reprit avec insistance le cardinal en le suivant. Le glorieux roi François Ier et votre illustre père, sire, n'ont jamais manqué d'assister au brûlement des hérétiques. Quant au roi d'Espagne, sire...

— Les autres rois font comme il leur plaît, dit François marchant toujours, et moi, je veux agir aussi à ma guise.

— Je dois enfin avertir Votre Majesté que le nonce de Sa Sainteté compte absolument sur votre présence au premier *acte de foi* de votre règne, ajouta l'impitoyable cardinal. Quand tous y assisteront, même monsieur le prince de Condé, je gage, sied-il que Votre Majesté s'en absente ?

— Hélas ! mon Dieu ? nous en reparlerons assez tôt, reprit François. Les coupables ne sont seulement pas condamnés.

— Oh ! si fait, Votre Majesté, ils le sont ! dit avec conviction Charles de Lorraine.

— Soit ! vous imposerez donc en temps et lieu cette nécessité terrible à ma faiblesse, reprit le roi. Pour le moment, monsieur le cardinal, allons, je vous l'ai dit, nous agenouiller devant l'autel, et y remercier Dieu qui a daigné détourner de nous les périls de cette conspiration.

— Sire, dit à son tour le duc de Guise, il ne faut pas grossir les choses et leur donner plus d'importance qu'elles n'en méritent. Que Votre Majesté veuille donc ne pas appeler ce mouvement une conspiration : ce n'était en vérité qu'un *tumulte*.

CII.

UN ACTE-DE-FOI.

Bien que les conjurés eussent inséré dans le manifeste qu'on saisit dans les papiers de La Renaudie une protestation « de n'attenter aucune chose contre la majesté du roi, ni les princes de son sang, ni l'état du royaume, » ils n'en avaient pas été moins pris en révolte ouverte, et devaient s'attendre à subir le sort des vaincus dans les guerres civiles.

La manière dont les religionnaires avaient été traités lorsqu'ils se conduisaient en sujets pacifiques et soumis devait leur laisser peu d'espoir de grâce.

En effet, le cardinal de Lorraine poussa leur jugement avec une passion toute ecclésiastique, sinon toute chrétienne.

Il chargea du procès des seigneurs impliqués dans cette funeste affaire le parlement de Paris et le chancelier Olivier. Aussi la chose alla-t-elle grand train. Les interrogatoires furent rapidement conduits, les sentences plus rapidement prononcées.

On se dispensa même de ces vaines formalités pour les menus fauteurs de la rébellion, gens de peu d'importance qu'on roua ou qu'on pendit journellement à Amboise sans vouloir en ennuyer le parlement. Les honneurs et les frais de la justice ne furent accordés qu'aux gens de quelque qualité et de quelque renom.

Enfin, grâce au zèle pieux de Charles de Lorraine, tout fut terminé pour ceux-là aussi en moins de trois semaines.

Le 15 avril fut fixé pour l'exécution publique à Amboise de vingt-sept barons, onze comtes et sept marquis, en tout cinquante gentilshommes et chefs de réformés.

On ne négligea rien d'ailleurs pour donner à cette singulière cérémonie religieuse tout l'éclat et toute la pompe désirables. D'immenses préparatifs furent faits. De Paris à Nantes, on stimula la curiosité publique par les moyens de publicité en usage à cette époque, c'est-à-dire que l'exécution fut annoncée au prône par les prédicateurs et par les curés.

Au jour dit, trois tribunes élégantes, parmi lesquelles celle du milieu, la plus somptueuse, était réservée à la famille royale, furent adossées à la plate-forme du château au pied de laquelle la sanglante représentation devait avoir lieu.

Autour de la place, des gradins en planches furent garnis de tous les *fidèles* des environs, que de gré ou de force on put réunir. Les bourgeois et manans qui auraient pu avoir quelque répugnance pour ce spectacle furent bien contraints de s'y rendre par menace ou corruption. On remit aux uns leurs amendes, on fit mine de reprendre aux autres leurs places, leurs maîtrises et leurs priviléges. Tous ces motifs joints à la curiosité d'une part et au fanatisme de l'autre, amenèrent à Amboise une affluence telle que la veille du jour fatal plus de dix mille personnes durent camper dans les champs.

Dès le matin du 15 avril, les toits de la ville furent chargés de monde, et les croisées qui donnaient sur la place se louèrent jusqu'à dix écus, somme énorme pour le temps.

Un vaste échafaud recouvert en drap noir était dressé au milieu de l'enceinte. On y apporta le *chouquet*, billot où chaque condamné devait poser sa tête en s'agenouillant. Auprès, un fauteuil drapé de noir était réservé au greffier chargé d'appeler tour à tour les gentilshommes et de lire à voix haute leur sentence.

La place fut gardée par la compagnie écossaise et les gendarmes de la maison du roi.

Après une messe solennelle entendue dans la chapelle de Saint-Florentin, on amena au pied de l'échafaud les condamnés. Plusieurs d'entr'eux avaient subi déjà la torture. Des moines les assistaient et tâchèrent de les faire renoncer à leurs principes religieux ; mais pas un seul des huguenots ne consentit à cette apostasie devant la mort, tous refusèrent de répondre aux moines parmi lesquels ils soupçonnaient des espions du cardinal de Lorraine.

Cependant, les tribunes de la cour se remplirent, excepté celle du milieu. Le roi et la reine, auxquels il avait fallu presque arracher leur consentement d'assister à l'exécution, avaient au moins obtenu de n'y paraître que vers la fin, et seulement pour le supplice des principaux chefs. Enfin, ils devaient y venir : c'est tout ce que demandait le cardinal. Pauvres enfants rois ! pauvres esclaves couronnés ! à eux aussi, comme aux manans, on avait fait peur pour leurs places et privilèges.

A midi l'exécution commença.

Quand le premier des réformés gravit les marches de l'échafaud, ses compagnons entonnèrent un psaume français traduit par Clément Marot, autant pour envoyer une dernière consolation à celui qu'on suppliciait que pour marquer leur constance vis-à-vis de leurs ennemis et de la mort.

Ils chantèrent donc au pied de l'échafaud :

> Dieu nous soit doux et favorable,
> Nous bénissant par sa bonté,
> Et de son visage adorable
> Nous fasse luire la clarté !

Un verset accompagnait chaque tête qui tombait. Mais chaque tête qui tombait faisait une voix de moins dans le chœur.

A une heure, il ne restait plus que douze gentilshommes, les principaux chefs de la conjuration.

Il y eut une pause alors ; les deux bourreaux étaient las, et le roi

François II était plus que pâle, il était livide. Marie Stuart se plaça à sa droite, et Catherine de Médicis à sa gauche.

Le cardinal de Lorraine se mit à côté de la reine-mère, et l'on mit le prince de Condé à côté de la jeune reine.

Quand le prince parut sur l'estrade, presque aussi pâle que le jeune roi, les douze condamnés le saluèrent.

Il leur rendit gravement ce salut :

— Je me suis toujours incliné devant la mort, dit-il tout haut.

Le roi fut d'ailleurs reçu avec moins de respect, pour ainsi dire, que le prince de Condé. Aucune acclamation ne s'éleva d'abord à son arrivée. Il le remarqua bien, et, fronçant le sourcil :

— Ah ! monsieur le cardinal, dit-il, je vous veux du mal de nous avoir fait venir ici...

Charles de Lorraine pourtant avait levé la main pour donner le signal du dévouement, et quelques voix éparses crièrent dans la foule :

— Vive le roi !

— Vous entendez, sire ? reprit le cardinal.

— Oui, dit le roi en secouant tristement la tête, j'entends quelques maladroits qui ne font que mieux remarquer le silence de tous.

Pendant ce temps, le reste de la tribune royale se remplissait. Les frères du roi, le nonce du pape, la duchesse de Guise y étaient entrés tour à tour.

Puis vint le duc de Nemours, bien défait aussi, et comme agité par un remords.

Enfin, se placèrent au fond deux hommes dont la présence n'était peut-être pas moins étrange, en ce lieu et en ce moment, que celle du prince de Condé.

Ces deux hommes étaient Ambroise Paré et Gabriel de Montgommery.

Un devoir différent les amenait tous deux :

Ambroise Paré avait été mandé depuis quelques jours à Amboise par le duc de Guise, qu'inquiétait décidément la santé de son royal neveu, et Marie Stuart, non moins alarmée que son oncle, en voyant François si abattu à la seule pensée de l'auto-da-fé, pria le chirurgien de se tenir à portée de secourir le roi en cas de défaillance.

Quant à Gabriel, il venait tenter encore un suprême effort pour sauver au moins un des condamnés, que la hache devait frapper le dernier, et qu'il se reprochait d'avoir involontairement conduit à cette extrémité par ses conseils, à savoir le jeune et brave Castelnau de Chalosses.

Castelnau, on s'en souvient, ne s'était rendu que sur la parole écrite et signée du duc de Nemours qui lui avait garanti la liberté et la vie.

Or, dès son arrivée à Amboise, il avait été jeté en prison, et aujourd'hui il allait être décapité le dernier comme le plus coupable.

Il faut être juste néanmoins pour le duc de Nemours. Quand il vit sa signature de gentilhomme ainsi compromise, il ne se sentit plus de désespoir et de colère, et, depuis trois semaines, il allait du cardinal de Lorraine au duc de Guise, et de Marie Stuart au roi, sollicitant, réclamant, implorant la délivrance de son créancier d'honneur. Mais le chancelier Olivier, auquel on le renvoyait, lui déclarait, selon monsieur de Vieilleville, que : « Un roi n'est nullement tenu de sa parole à tout rebelle, ni de quelconque promesse qu'on lui ait faite de sa part. » Ce qui causa un grand crève-cœur au duc de Nemours, » lequel, ajoute naïvement le chroniqueur, « ne se tourmentait que pour sa signature : car, pour sa parole, il eût toujours donné un démenti à qui eût voulu la lui reprocher, sans nul excepter, fors Sa Majesté seulement, tant était vaillant prince et généreux ! »

Comme Gabriel, le duc de Nemours avait été conduit au spectacle de l'exécution, plus terrible pour lui que pour tout autre, par un secret espoir de sauver encore Castelnau à la dernière minute.

Cependant, le duc de Guise, à cheval au bas de la tribune avec ses capitaines, avait fait un signe aux exécuteurs, et le supplice et le chant des psaumes un moment interrompus recommencèrent.

En moins d'un quart d'heure, huit têtes tombèrent. La jeune reine était près de s'évanouir.

Il ne resta plus au pied de l'échafaud que quatre condamnés.

Le greffier qui faisait le cri lut à voix haute :

— Albert Edmond Roger, comte de Mazères, coupable d'hérésie, de crime de lèse-majesté et d'attaque à main armée contre la personne du roi.

— C'est faux ! s'écria sur l'échafaud le comte de Mazères.

Puis, montrant au peuple ses bras noircis et sa poitrine brisée par la torture :

— Voilà, reprit-il, l'état où l'on m'a mis au nom du roi. Mais je sais qu'il l'ignore, et je n'en crie pas moins : Vive le roi !

Sa tête tomba. Les trois derniers réformés, qui attendaient leur tour au pied de l'échafaud, répétèrent le premier verset du psaume :

Dieu nous soit doux et favorable,
Nous bénissant par sa bonté,
Et de son visage adorable
Nous fasse luire la clarté !

Le greffier continua :

— Jean-Louis Albéric, baron de Raunay, coupable d'hérésie, de crime de lèse-majesté et d'attaque à main armée contre la personne du roi.

— Toi et ton cardinal, vous mentez comme deux croquans, dit Raunay ; c'est contre lui et son frère seul que nous nous sommes armés. Je leur souhaite de mourir tous deux aussi tranquilles et aussi purs que moi.

Puis il mit sa tête sur le billot.

Les deux derniers condamnés chantaient :

Dieu, tu nous as mis à l'épreuve,
Et tu nous a examinés,
Comme l'argent que l'on éprouve
Par feu tu nous as affinés.

Le greffier criminel reprit son appel sanglant :

— Robert-Jean-René Briquemaut, comte de Vilmongis, coupable d'hérésie, de crime de lèse-majesté et d'attentat à la personne du roi.

Villemongis trempa ses mains dans le sang de Raunay, et les élevant vers le ciel :

— Père céleste ! cria-t-il, voilà le sang de tes enfans ! tu en feras vengeance !

Il tomba frappé à mort.

Castelnau, resté seul, chantait :

Tu nous as fait entrer et joindre
Aux pièges de nos ennemis ;
Tu nous as fait les reins astreindre
Des filets où tu nous as mis.

Le duc de Nemours, dans l'espoir de sauver Castelnau, avait répandu l'or. Le greffier, les exécuteurs eux-mêmes avaient intérêt à son salut. Le premier bourreau se dit épuisé, le second le remplaça. Il y eut forcément une interruption.

Gabriel en profita pour exciter le duc à de nouveaux efforts.

Jacques de Savoie se pencha donc vers la duchesse de Guise avec laquelle il était, disait-on, du dernier bien, et lui souffla un mot à l'oreille. La duchesse avait beaucoup d'influence sur l'esprit de la jeune reine.

Elle se leva aussitôt comme ne pouvant plus supporter ce spectacle, et dit assez haut pour être entendue de Marie :

— Ah ! c'est trop affreux pour des femmes ! La reine, voyez, va se trouver mal. Retirons-nous.

Mais le cardinal de Lorraine fixa sur sa belle-sœur son regard sévère.

— Un peu plus de fermeté, madame ! lui dit-il durement. Songez que vous êtes du sang d'Este, et que vous êtes la femme du duc de Guise.

— Eh ! c'est justement ce qui fait ma peine ! dit la duchesse. Jamais une mère n'eut plus de raison de s'affliger. Tout ce sang et toutes ces haines retomberont sur nos enfans.

— Ces femmes sont timides ! murmura le cardinal, qui était lâche.

— Mais, reprit le duc de Nemours, il n'est pas besoin d'être femme pour être ému devant ce lugubre tableau. Vous-même, prince, dit-il à monsieur de Condé, n'êtes-vous pas ému, dites ?

— Oh ! dit le cardinal, le prince est un soldat habitué à voir de près la mort.

— Oui, dans les batailles, répondit courageusement le prince ; mais sur l'échafaud ! mais de sang-froid !

— Un prince du sang a-t-il donc tant de pitié pour des rebelles ? dit encore Charles de Lorraine.

— J'ai pitié, reprit le prince de Condé, de vaillans officiers qui ont toujours dignement servi le roi et la France. Mais, dans sa position, que pouvait dire et faire de plus le prince soupçonné lui-même ? Le duc de Nemours le comprit, et s'adressa à la reine-mère :

— Voyez, madame, il n'en reste plus qu'un seul, dit-il sans nommer Castelnau. Ne pourrait-on au moins le sauver ?

— Je ne puis rien, répondit Catherine de Médicis en détournant la tête.

Cependant le malheureux Castelnau montait les marches de l'escalier en chantant :

> Dieu *me* soit doux et favorable,
> *Me* bénissant par sa bonté,
> Et de son visage adorable
> *Me* fasse luire la clarté !

Le peuple, profondément touché, oublia la crainte que lui inspiraient les espions et les *mouchards*, et cria tout d'une voix :

— Grâce ! grâce !

Le duc de Nemours s'efforçait dans le moment d'attendrir le jeune duc d'Orléans.

— Monseigneur, lui disait-il, avez-vous oublié que c'est Castelnau qui, dans cette même ville d'Amboise, a sauvé les jours du feu duc d'Orléans, dans l'émeute où ils étaient en péril ?

— Je ferai, reprit le duc d'Orléans, ce que décidera ma mère.

— Mais, dit le duc de Nemours suppliant, si vous vous adressiez au roi ? un seul mot de votre part...

— Je vous le répète, fit sèchement le jeune prince, j'attends les ordres de ma mère.

— Ah ! prince ! dit avec reproche le duc de Nemours.

Et il fit à Gabriel un geste de découragement et de désespoir.

Le greffier lut alors lentement :

— Michel-Jean-Louis, baron de Castelnau-Chalosses, atteint et convaincu du crime de lèse-majesté, d'hérésie et d'attentat à la personne du roi.

— J'atteste mes juges eux-mêmes, dit Castelnau, que l'énoncé est faux, à moins que ce ne soit un crime de lèse-majesté de m'être opposé de tout mon pouvoir à la tyrannie des Guise. Si c'est ainsi qu'on l'entend, on aurait dû commencer par les déclarer rois. Peut-être en viendra-t-on là ; mais c'est l'affaire de ceux qui me survivront.

Et, s'adressant au bourreau :

— Toi, maintenant, ajouta-t-il d'une voix ferme, fais ton office.

Mais l'exécuteur, qui remarqua quelque mouvement dans les tribunes, feignit d'arranger sa hache pour gagner du temps.

— Cette hache est émoussée, monsieur le baron, lui dit-il tout bas, et vous êtes digne de mourir au moins d'un seul coup... Et qui sait même si un moment de plus ?... il me semble qu'il se passe là-bas quelque chose de bon pour vous.

Tout le peuple cria de nouveau :

— Grâce ! grâce !

Gabriel, perdant tout ménagement à cette minute suprême, osa crier tout haut à Marie Stuart :

— Grâce ! madame la reine !

Marie se retourna, vit le regard navrant, comprit le cri désespéré de Gabriel, et, pliant un genou devant le roi :

— Sire ! au moins cette grâce-ci, dit-elle, je vous la demande à genoux !

— Sire ! s'écria de son côté le duc de Nemours, assez de sang n'a-t-il pas déjà coulé ? Et cependant, vous le savez, visage de roi porte grâce.

François, qui tremblait de tous ses membres, parut frappé de ces paroles. Il saisit la main de la reine.

— Souvenez-vous, Sire, lui dit sévèrement le nonce pour le rappeler à la rigueur, souvenez-vous que vous êtes le roi très chrétien.

— Oui, je m'en souviens, reprit avec fermeté François II. Que grâce soit faite au baron de Castelnau !

Mais le cardinal de Lorraine, feignant de se méprendre et le sens de la première phrase du roi, avait fait un signe impératif à l'exécuteur.

Au moment où François prononçait le mot : grâce ! la tête de Castelnau roulait sur les planches de l'échafaud...

Le lendemain, le prince de Condé partit pour la Navarre.

CIII.

AUTRE ÉCHANTILLON DE POLITIQUE.

Depuis cette fatale exécution, la santé chancelante de François II ne fit qu'empirer.

Sept mois après (fin novembre 1560), la cour étant à Orléans, où les états-généraux avaient été convoqués par le duc de Guise, le pauvre jeune roi de dix-sept ans avait été obligé de s'aliter.

A côté de ce lit de douleur, où priait, veillait et pleurait Marie Stuart, le drame le plus palpitant attendait son dénouement par la mort ou par la vie du fils de Henri II.

La question, bien qu'engagée par d'autres personnages, était toute entre une femme pâle et un homme sinistre, assis l'un à côté de l'autre, dans la nuit du 4 décembre, à quelques pas du malade endormi et de Marie en larmes à son chevet.

L'homme était Charles de Lorraine, et la femme Catherine de Médicis.

La vindicative reine-mère, qui d'abord avait fait la morte, s'était bien réveillée depuis huit mois, depuis le tumulte d'Amboise !

Voici en deux mots ce qu'elle avait fait, dans son animosité toujours plus profonde contre les Guise :

Elle s'était secrètement alliée avec le prince de Condé et Antoine de Bourbon ; elle s'était secrètement réconciliée avec le vieux connétable de Montmorency. Il n'y avait que la haine qui pût lui faire oublier la haine.

Ses nouveaux et étranges amis, poussés par elle, avaient fomenté des révoltes en diverses provinces, soulevé le Dauphiné avec Montbrun, la Provence avec les frères Mouvans, et fait, par Maligny, une tentative sur Lyon.

Les Guise, de leur côté, ne s'étaient pas endormis. Ils avaient convoqué à Orléans les états-généraux, et s'y étaient ménagé une majorité dévouée.

Puis, à ces états-généraux, ils avaient mandé, comme c'était leur droit, le roi de Navarre et le prince de Condé.

Catherine de Médicis fit parvenir aux princes avis sur avis pour les dissuader de venir se remettre aux mains de leurs ennemis. Mais leur devoir les appelait, mais le cardinal de Lorraine leur donnait la parole du roi pour gage de leur sûreté...

Ils vinrent donc à Orléans.

Le jour même de leur arrivée, Antoine de Navarre fut consigné dans une maison de la ville où on le gardait à vue, et le prince de Condé fut jeté en prison.

Puis une commission extraordinaire fit le procès du prince, et condamna à mort, à Orléans, par l'inspiration des Guise, celui dont, à Amboise, le duc de Guise avait garanti l'innocence sur son épée.

Il ne manquait plus qu'une ou deux signatures, arrêtées par le chancelier L'Hôpital, pour que l'arrêt fût exécuté.

Voilà, dans cette soirée du 4 décembre, où en étaient les choses pour le parti des Guise, dont le Balafré était le bras et le cardinal la tête, et pour le parti des Bourbons, dont Catherine de Médicis était l'âme secrète.

Tout dépendait, pour les uns et pour les autres, du souffle expirant de l'adolescent couronné.

Si François II pouvait vivre encore seulement quelques jours, le prince de Condé était exécuté, le roi de Navarre tué par occasion dans quelque rixe, Catherine de Médicis exilée à Florence. Par les états-généraux, les Guise étaient maîtres, et, au besoin, rois.

Si, au contraire, le jeune roi mourait avant que ses oncles se fussent débarrassés de leurs ennemis, la lutte recommençait avec des chances plutôt inégales que favorables pour eux.

Donc, ce que Catherine de Médicis et Charles de Lorraine attendaient et guettaient avec angoisse, en cette froide nuit du 4 décembre, dans cette chambre du bailliage d'Orléans, ce n'était pas tant la vie ou la mort de leur royal fils et neveu, que le triomphe ou la défaite de leur cause.

Marie Stuart seule veillait son jeune époux aimé sans songer à ce que sa mort pourrait lui faire perdre.

Il ne faudrait pas croire d'ailleurs que le sourd antagonisme de la reine-mère et du cardinal se trahît au dehors dans leurs manières et dans leurs discours. Au contraire, ils ne s'étaient jamais montrés plus confians et plus affectionnés l'un pour l'autre.

En ce moment encore, profitant de ce sommeil de François, ils s'entretenaient à voix basse, de la meilleure amitié du monde, sur leurs intérêts les plus secrets et leurs plus intimes pensées.

Car, pour se conformer tous deux à cette politique italienne dont nous avons précédemment vu des échantillons, Catherine avait toujours dissimulé ses arrières-menées, et Charles de Lorraine avait feint constamment de ne pas s'en apercevoir.

De sorte qu'ils n'avaient pas cessé de se parler en alliés et en amis. Ils étaient comme deux joueurs qui tricheraient loyalement chacun de leur côté et se serviraient ouvertement de dés pipés l'un contre l'autre.

— Oui, madame, disait le cardinal, oui, cet entêté chancelier de L'Hôpital s'obstine à refuser de signer l'arrêt de mort du prince. Ah! que vous aviez bien raison, madame, il y a six mois, de vous opposer si ouvertement à ce qu'il succédât à Olivier! Que ne vous ai-je alors *comprise!*

— Quoi! ne peut-on donc absolument vaincre sa résistance? dit Catherine qui avait dicté cette résistance.

— J'ai employé les caresses et les menaces, reprit Charles de Lorraine, et je l'ai trouvé inflexible.

— Mais si monsieur le duc essayait à son tour?

— Rien ne pourrait faire fléchir ce mulet d'Auvergne, dit le cardinal. Mon frère a déclaré d'ailleurs qu'il ne se voulait mêler en rien de cette affaire.

— Voilà qui devient embarrassant, fit Catherine de Médicis ravie.

— Il y a pourtant, dit le cardinal, un moyen à l'aide duquel nous nous passerions de tous les chanceliers du monde.

— Se peut-il! quel est ce moyen? s'écria la reine-mère inquiète.

— De faire signer l'arrêt par le roi, dit le cardinal.

— Par le roi! répéta Catherine. Cela se pourrait-il? Le roi a-t-il ce droit?

— Oui, dit le cardinal, nous avons déjà procédé ainsi, et dans cette affaire même, par le conseil des meilleurs légistes, lorsqu'on a déclaré qu'il serait passé outre au jugement, nonobstant le refus du prince de répondre.

— Mais que dira le chancelier? s'écria Catherine véritablement alarmée.

— Il grondera comme de coutume, répondit tranquillement Charles de Lorraine, il menacera de rendre les sceaux..

— Et s'il les rend en effet?...

— Double avantage! nous serons délivrés du censeur le plus incommode, dit le cardinal.

— Et quand voudriez-vous donc que cet arrêt fût signé? reprit Catherine après une pause.

— Cette nuit, madame.

— Et vous le feriez exécuter?...

— Demain.

Pour le coup, la reine-mère frémit.

— Cette nuit! demain! vous n'y songez pas! reprit-elle. Le roi est trop malade, trop faible, et n'a pas l'esprit assez libre pour seulement comprendre ce que vous lui demanderiez.

— Il n'est pas besoin qu'il comprenne pourvu qu'il signe, dit le cardinal.

— Mais sa main n'est même pas assez forte pour tenir une plume.

— On la conduira, reprit Charles de Lorraine, heureux de l'effroi qu'il voyait peint dans les regards de sa chère ennemie.

— Ecoutez, dit sérieusement Catherine. Je vous dois ici un avertissement et un conseil. La fin de mon pauvre fils est plus proche peut-être que vous ne croyez. Savez-vous ce que m'a dit Chapelain, le premier médecin? qu'il ne pensait pas qu'à moins d'un miracle, le roi fût vivant demain soir.

— Raison de plus pour nous hâter, dit froidement le prêtre.

— Oui, mais, reprit Catherine, si François II n'existe plus demain, Charles IX règne, le roi de Navarre est régent peut-être. Quel compte terrible ne vous demandera-t-il pas du supplice infamant de son frère? Ne serez-vous pas à votre tour jugé, condamné?...

— Eh! madame, qui ne risque rien n'a rien! s'écria avec chaleur le cardinal dépité. D'ailleurs, qui prouve qu'Antoine de Navarre sera nommé régent? qui prouve que ce Chapelain ne se trompe pas? Enfin! le roi vit encore!...

— Plus bas! plus bas, mon oncle! dit en se levant Marie Stuart effrayée. Vous allez réveiller le roi!... Tenez, vous l'avez réveillé.

— Marie... où es-tu? dit en effet la voix faible de François.

— Là, tout auprès de vous, mon doux Sire, répondit Marie.

— Oh! je souffre! reprit le roi, ma tête est comme du feu! cette douleur d'oreille comme un éternel coup de poignard. Je n'ai dormi qu'en souffrant encore. Ah! c'est fini de moi, c'est fini!

— Ne dites pas cela! ne dites pas cela! repartit Marie contenant ses larmes.

— La mémoire me manque, reprit François. Ai-je reçu les saints sacrements? Je veux les avoir au plutôt.

— Tous vos devoirs seront remplis, ne vous tourmentez pas, cher Sire.

— Je veux voir mon confesseur, monsieur de Brichanteau.

— Tout à l'heure il sera près de vous, dit Marie.

— Me dit-on au moins des prières? demanda le roi.

— Je n'ai presque cessé depuis ce matin.

— Pauvre Marie!... et Chapelain, où est-il?

— Là, dans la chambre voisine, tout prêt à votre appel. Votre mère et mon oncle le cardinal sont aussi là, Sire, les voulez-vous voir?

— Non, non, toi seule Marie! dit le mourant. Tourne-toi un peu de ce côté... là... que je te voie encore une fois au moins.

— Courage! reprit Marie Stuart: Dieu est si bon! et je le prie de si grand cœur.

— Je souffre, dit François. Je ne vois plus, j'entends à peine. Ta main, Marie?

— La! soutenez-vous sur moi, dit Marie, appuyant la petite tête pâle de son mari sur son épaule.

— Mon âme à Dieu! mon cœur à toi, Marie. Toujours! Hélas! hélas! à dix-sept ans mourir!

— Non, non! vous ne mourrez pas! s'écria Marie. Qu'avons-nous fait au ciel pour qu'il nous punisse?

— Ne pleure pas, Marie, reprit le roi. Nous nous rejoindrons là-haut. Je ne regrette de ce monde que toi. Si je t'emmenais avec moi, je serais heureux de mourir. Le voyage du ciel est plus beau encore que celui d'Italie. Et puis, il me semble que sans moi tu ne vas plus avoir de joie. Ils te feront souffrir. Tu auras froid, tu seras seule; ils te tueront, ma pauvre âme! C'est là ce qui m'afflige plus encore que de mourir.

Épuisé, le roi retomba sur son oreiller et garda un morne silence.

— Mais vous ne mourrez pas! vous ne mourrez pas, Sire! s'écria Marie. Écoutez, j'ai un grand espoir. Une chance, en laquelle j'ai foi, nous reste.

— Qu'est-ce à dire? interrompit en s'approchant Catherine de Médicis étonnée.

— Oui, reprit Marie Stuart, le roi peut encore être sauvé et sera sauvé. Quelque chose me criait dans mon cœur que tous ces médecins qui l'entourent et le fatiguent sont des ignorants et des aveugles. Mais il est un homme habile, savant et renommé, un homme qui a préservé à Calais les jours de mon oncle...

— Maître Ambroise Paré? dit le cardinal.

— Maître Ambroise Paré! répéta Marie. On disait bien que cet homme ne devait pas, ne voudrait pas lui-même avoir entre les mains la vie royale, que c'était un hérétique et un maudit, et que, quand même il accepterait la responsabilité d'une telle cure, on ne pourrait la lui confier.

— Cela est certain, dit dédaigneusement la reine-mère.

— Eh bien! si je la lui confie, moi! s'écria Marie. Est-ce qu'un homme de génie peut être un traître? Quand on est grand, madame, on est bon!

— Mais, dit le cardinal, mon frère n'a pas attendu jusqu'à ce jour pour penser à Ambroise Paré. On l'a fait déjà sonder.

— Et qui lui a-t-on envoyé? reprit Marie, des indifférens, peut-être des ennemis. Moi, je lui ai envoyé un ami sûr, et il viendra.

— Il faut le temps qu'il arrive de Paris, dit Catherine.

— Il est en route, il doit même être arrivé, reprit la jeune reine. L'ami dont je vous parle a promis de l'amener aujourd'hui même.

— Et quel est donc cet ami, enfin? demanda la reine-mère.

— Le comte Gabriel de Montgommery, madame.

Avant que Catherine eût eu le temps de s'écrier, Dayelle, la première femme de Marie Stuart, entra et vint dire à sa maîtresse...

— Le comte Gabriel de Montgommery est là, qui attend les ordres de madame.

— Oh! qu'il entre! qu'il entre! s'écria vivement Marie.

CIV.

LUEUR D'ESPOIR.

— Un instant! dit alors Catherine de Médicis, sèche et froide. Pour que cet homme entre, madame, attendez au moins que je sois sortie. S'il vous plaît de confier la vie du fils à celui qui a tranché la vie du père, il ne me plaît pas, à moi, de revoir et d'entendre encore le meurtrier de mon époux. Je proteste donc contre sa présence en ce lieu, et je me retire devant lui.

Et elle sortit en effet, sans donner à son fils mourant un regard, un adieu de mère.

Était-ce parce que ce nom abhorré de Gabriel de Montgommery lui rappelait la première offense qu'elle eût eu à supporter du roi? Cela peut être; toujours est-il qu'elle ne redoutait pas autant qu'elle voulait bien le dire l'aspect et la voix de Gabriel; car, en se retirant dans son logement, voisin de la chambre royale, elle eut soin de laisser la portière entr'ouverte, et n'eut pas plus tôt refermé la porte donnant au dehors sur un corridor désert à cette heure avancée de la nuit, qu'elle colla tour à tour à la serrure et son œil et son oreille, pour voir et pour écouter ce qui allait se passer après son brusque départ.

Gabriel entra, conduit par Dayelle, s'agenouilla pour baiser la main que lui tendait la reine, et fit un profond salut au cardinal.

— Eh bien! lui demanda Marie Stuart impatiente.

— Eh bien! madame, j'ai décidé maître Paré, dit Gabriel. Il est là.

— Oh! merci, merci, ami fidèle! s'écria Marie.

— Le roi va-t-il donc plus mal, madame? reprit à voix basse Gabriel, en portant un regard inquiet sur le lit où François II était étendu sans couleur et sans mouvement.

— Hélas! il ne va pas mieux toujours! dit la reine, et j'avais bien besoin de vous voir. Maître Ambroise a-t-il fait de grandes difficultés pour venir?

— Non, madame, répondit Gabriel. On le lui avait bien demandé déjà; mais de façon, m'a-t-il dit, à provoquer de sa part un refus. On voulait qu'il s'engageât d'avance, sur sa tête et son honneur, à sauver le roi qu'on n'avait pas vu. On ne lui cachait pas que, comme protestant, il était suspect d'en vouloir à la vie d'un persécuteur des protestans. On lui témoignait enfin tant de méfiance injurieuse, on exigeait de lui de si dures conditions, qu'à moins de n'avoir ni cœur ni prudence, il devrait être nécessairement amené à s'abstenir. Ce qu'il a fait, à son grand regret, sans être dès-lors autrement pressé par ceux qui lui étaient envoyés.

— Se peut-il qu'on ait ainsi interprété à maître Paré nos intentions? dit vivement le cardinal de Lorraine. Pourtant c'est de la part de mon frère et de la mienne qu'on est allé le trouver à deux ou trois reprises! On nous rapportait à nous ses refus obstinés et ses doutes étranges. Et nous croyions ceux que nous lui avions députés des gens tout à fait sûrs!

— L'étaient-ils réellement, monseigneur? dit Gabriel. Maître Paré croit le contraire, maintenant que je lui ai dit vos véritables sentimens à son égard et les bonnes paroles de la reine pour lui. Il est persuadé qu'à votre insu, on s'est efforcé, dans un but coupable, de l'écarter du lit de souffrance du roi.

— La chose est à présent certaine, reprit Charles de Lorraine. Je reconnais encore en ceci, murmura-t-il, la main de la reine-mère... Elle a tout intérêt, en effet, à ce que son fils ne soit pas sauvé... Mais corrompra-t-elle donc tous les dévouemens sur lesquels nous comptions? Voici encore un pendant à la nomination de son L'Hôpital!... Comme elle nous joue!...

Cependant Marie Stuart, laissant le cardinal aux réflexions sur ce qui était accompli, et toute à sa sollicitude présente, disait à Gabriel:

— Enfin, maître Paré vous a suivi, n'est-ce pas?

— A ma première réquisition, répondit le jeune comte.

— Et il est là?

— Attendant pour entrer votre gracieuse permission, madame.

— Tout de suite! qu'il vienne donc tout de suite! s'écria Marie Stuart.

Gabriel de Montgommery alla un instant à la porte par

laquelle il était entré, et revint introduisant le chirurgien.

Derrière sa porte à elle, Catherine de Médicis guettait toujours, plus attentive que jamais.

Marie Stuart courut à la rencontre d'Ambroise, prit sa main, le conduisit elle-même au lit du cher malade, et, comme pour couper court aux complimens :

— Merci d'être venu, maître, disait-elle tout en marchant. Je comptais sur votre zèle comme je compte sur votre science... Venez au lit du roi, vite, au lit du roi.

Ambroise Paré obéissant, sans avoir le temps de prononcer une parole, à l'impatience de la reine, fut bientôt près du chevet où François II vaincu, pour ainsi dire, par la douleur, n'avait plus de force que pour exhaler un gémissement faible et presque imperceptible.

Le grand chirurgien s'arrêta une minute à contempler debout cette petite face amaigrie et comme rétrécie par la souffrance.

Puis il se pencha sur celui qui, pour lui, n'était plus qu'un malade, et toucha et sonda le douloureux gonflement de l'oreille droite d'une main aussi légère et aussi douce que celle de Marie.

Le roi sentit instinctivement un médecin et se laissa faire sans même rouvrir ses yeux appesantis.

— Oh! je souffre ! murmura-t-il seulement d'une voix dolente, je souffre! Ne pouvez-vous donc me soulager ?...

La lumière étant un peu trop éloignée au gré d'Ambroise, il fit signe à Gabriel d'approcher le flambeau ; mais Marie Stuart s'en empara avant Gabriel, et éclaira elle-même le chirurgien, tandis qu'il examinait longuement et attentivement le siège du mal.

Cette sorte d'étude muette et minutieuse dura peut-être dix minutes. Après quoi Ambroise Paré se redressa, grave et absorbé dans un travail de méditation intérieure, et laissa retomber le rideau du lit.

Marie Stuart palpitante n'osait l'interroger de peur de troubler ses pensées. Mais elle épiait son visage avec angoisse. Quel arrêt allait-il prononcer ?

L'illustre médecin secoua tristement la tête, et il sembla à la reine éperdue que c'était un arrêt de mort.

— Eh! quoi, dit-elle incapable de maîtriser plus longtemps son inquiétude ; n'y a-t-il donc plus aucune chance de salut ?

— Il n'y en a plus qu'une, madame, répondit Ambroise Paré.

— Mais il y en a une ! s'écria la reine.

— Oui, madame, et bien qu'hélas ! elle ne soit pas assurée, cependant, elle existe, et j'aurais tout espoir, si...

— Si ?... demanda Marie.

— Si celui qu'il faut sauver n'était pas le roi, madame...

— Eh! s'écria Marie Stuart, traitez-le, sauvez-le comme le dernier de ses sujets !

— Mais si j'échoue ?... dit Ambroise, car enfin Dieu est seul le maître. Ne m'accusera-t-on pas, moi huguenot ? Cette lourde et terrible responsabilité ne va-t-elle pas peser sur ma main et la faire trembler, alors que j'aurais besoin de tant de calme et d'assurance ?

— Ecoutez, reprit Marie, s'il vit, je vous bénirai toute ma vie, mais si... s'il meurt, je vous défendrai jusqu'à ma mort. Ainsi, essayez ! essayez ! je vous en conjure, je vous en supplie. Puisque vous dites que c'est la seule et dernière chance, mon Dieu ! ne nous la retirez pas ; c'est là que serait le crime.

— Vous avez raison, madame, dit Ambroise, et j'essaierai... si l'on me le permet, toutefois ; si vous me le permettez vous-même, car, je vous le cache pas, le moyen auquel j'aurai recours est extrême, inusité, et, en apparence du moins, violent et dangereux.

— Vraiment? dit Marie toute tremblante, et il n'y en a pas d'autre ?

— Pas d'autre, madame! Encore est-il temps de l'employer : dans vingt-quatre heures sûrement, dans douze heures peut-être, il serait trop tard. Un dépôt s'est formé à la tête du roi, et, si l'on ne donne pas une issue aux humeurs par une opération très prompte, l'épanchement dans le cerveau doit causer la mort.

— Voudriez-vous donc opérer le roi sur-le-champ ? dit le cardinal. Je ne prendrai pas cela sur moi seul, d'abord !

— Ah ! voilà déjà que vous doutez! dit Ambroise. Non, j'ai besoin du grand jour, et il me faut bien le reste de cette nuit pour penser à tout cela, pour exercer ma main, pour faire une ou deux expériences... Mais demain matin, demain à neuf heures, je puis être ici. Soyez-y, madame, et vous aussi, monseigneur ; que monsieur le lieutenant-général y soit, que ceux dont le dévouement au roi est bien éprouvé y soient ; mais pas d'autres. Le moins de médecins possible. J'expliquerai alors ce que je compte faire, et, si vous m'y autorisez tous, avec l'aide de Dieu, je tenterai cette unique chance que Dieu nous laisse.

— Et jusqu'à demain, pas de danger? demanda la reine.

— Non, madame, dit maître Paré. Seulement, il est essentiel que le roi repose et prenne des forces pour cette opération qu'il doit subir. Je mets dans la boisson inoffensive que je vois sur cette table deux gouttes de cet élixir, ajouta-t-il en joignant l'acte aux paroles. Faites que le roi prenne cela tout de suite, madame, et vous le verrez tomber dans un sommeil plus calme et plus profond. Veillez, veillez vous-même si cela se peut, à ce que, sous aucun prétexte, ce sommeil ne soit troublé.

— Soyez tranquille ! de cela, j'en réponds, dit Marie Stuart. Je ne quitterai pas cette place de la nuit.

— C'est très important, dit Ambroise Paré. Maintenant, je n'ai plus rien à faire ici, et je vous demanderai la permission de me retirer, madame, pour m'occuper du roi encore, et me préparer à ma grande tâche.

— Allez, maître, allez ! dit Marie, et soyez d'avance remercié et béni. A demain.

— A demain, madame. reprit Ambroise. Espérez !

— Je vais prier, toujours ! dit Marie Stuart.

— Vous aussi, monsieur le comte, je vous remercie encore, reprit-elle en s'adressant à Gabriel. Vous êtes de ceux dont parlait maître Paré, et dont le dévouement au roi est éprouvé. Soyez donc ici demain, je vous prie, pour apporter à votre illustre ami l'appui de votre présence.

— J'y serai, madame, dit Gabriel en se retirant avec le chirurgien, après avoir salué la reine et le cardinal.

— Et moi aussi, j'y serai ! se dit Catherine de Médicis derrière la porte où elle guettait. Oui, j'y serai ; car ce Paré est capable de sauver le roi, l'habile homme ! et de perdre ainsi son parti, le prince et moi-même, l'imbécile !... Mais j'y serai.

CV.

SOMMEIL BIEN GARDÉ.

Catherine de Médicis resta quelque temps à épier, quoiqu'il n'y eût plus dans la chambre royale que Marie Stuart et le cardinal. Mais elle ne vit et n'entendit plus rien d'intéressant. La reine fit prendre la potion calmante à François qui, selon la promesse d'Ambroise Paré, parut aussitôt dormir plus paisiblement. Tout retomba dès lors dans le silence. Le cardinal, assis, songeait ; Marie, agenouillée, priait.

La reine-mère se retira doucement chez elle pour songer comme le cardinal.

Si elle eût demeuré quelques instans de plus, elle eût pourtant assisté à des choses vraiment dignes d'elle.

Marie Stuart, se relevant de sa fervente prière, dit au cardinal :

— Rien ne vous retient de veiller avec moi, mon oncle, puisque je compte rester ici jusqu'au réveil du roi. Dayelle, les médecins, et les gens de service à côté, suffiraient s'il était besoin de quelque chose. Vous pouvez donc aller prendre un peu de repos. Je vous ferai avertir s'il est nécessaire.

— Non, dit le cardinal, le duc de Guise, que nombre d'affaires à expédier a dû retenir jusqu'à présent, m'a dit qu'avant de se retirer il viendrait savoir des nouvelles du roi, et je lui ai promis qu'il me trouverait auprès de lui... Et, tenez, madame, n'est-ce pas justement son pas que j'entends ?

— Oh ! qu'il ne fasse pas de bruit ! s'écria Marie, s'élançant pour avertir le Balafré.

Le duc de Guise entra en effet tout pâle et tout agité. Il salua la reine, mais, dans sa préoccupation, il ne demanda pas le moins du monde des nouvelles du roi, et alla droit à son frère, qu'il prit à part dans la large embrasure d'une fenêtre :

— Une terrible nouvelle ! un vrai coup de foudre ! lui dit-il pour commencer.

— Qu'y a-t-il encore ? demanda Charles de Lorraine.

— Le connétable de Montmorency a quitté Chantilly avec quinze cents gentilshommes, dit le duc de Guise. Pour mieux cacher sa marche, il a évité Paris en venant d'Ecouen et de Corbeil à Pithiviers par la vallée d'Essonne. Il sera demain aux portes d'Orléans avec sa troupe. Je viens d'en recevoir l'avis.

— C'est terrible, en effet ! dit le cardinal ; le vieux routier veut sauver la tête de son neveu. Je gage que c'est encore la reine-mère qui l'a fait prévenir ! Et ne pouvoir rien contre cette femme !

— Ce n'est pas le moment d'agir contre elle, mais d'agir pour nous, dit le Balafré. Que devons-nous faire ?

— Allez avec les nôtres à la rencontre du connétable, dit Charles de Lorraine.

— Répondez-vous de maintenir Orléans quand je n'y serai plus avec mes forces ? demanda le duc.

— Hélas ! non, c'est vrai, répondit le cardinal. Tous ces gens d'Orléans sont mauvais, huguenots et Bourbons dans l'âme. Mais nous avons du moins pour nous les États.

— Et L'Hôpital contre nous, songez-y, monsieur. Ah ! la position est dure ! Comment va le roi ? dit-il enfin, le danger lui rappelant sa dernière ressource.

— Le roi va mal, répondit Charles de Lorraine ; mais Ambroise Paré, qui est venu à Orléans sur l'invitation de la reine, je vous expliquerai cela, espère encore le sauver demain matin par une opération hasardeuse, mais nécessaire, qui peut avoir d'heureux résultats. Soyez donc ici à neuf heures, mon frère, pour soutenir Ambroise, au besoin.

— Certes ! dit le Balafré, car là est notre unique espoir. Notre autorité mourrait du coup avec François II ; et pourtant qu'il serait bon d'épouvanter et peut-être de faire reculer le connétable en lui envoyant, pour sa bienvenue, la tête de son beau neveu de Condé !

— Oui, ce serait éloquent, c'est bien mon avis, dit le cardinal réfléchissant.

— Mais ce maudit L'Hôpital arrête tout ! reprit le Balafré.

— Si, au lieu de sa signature, nous avions sur l'arrêt du prince celle du roi, dit Charles de Lorraine, rien ne s'opposerait, en somme, n'est-ce pas vrai, mon frère ?... à ce que l'exécution eût lieu demain matin, avant l'arrivée de Montmorency, avant la tentative d'Ambroise Paré ?

— Ce ne serait pas très légal, mais ce serait possible, répondit le Balafré.

— Eh bien ! dit vivement Charles de Lorraine, laissez-moi ici, mon frère ; il n'y a rien à faire pour vous cette nuit, et vous devez avoir besoin de repos ; deux heures viennent de sonner à l'horloge du bailliage. Il faut ménager vos forces pour demain. Retirez-vous et laissez-moi. Je veux, moi aussi, tenter la cure désespérée de notre fortune.

— Qu'est-ce que c'est ? demanda le duc de Guise ? Ne faites rien de définitif sans me consulter au moins, monsieur mon frère !

— Soyez tranquille ! si j'ai ce que je veux, j'irai vous réveiller demain avant le jour pour m'entendre avec vous.

— A la bonne heure ! dit le Balafré. Sur cette assurance, je me retire ; car il est vrai que je suis épuisé. Mais de la prudence !

Il alla adresser à Marie Stuart quelques paroles de condoléance, et sortit en faisant le moins de bruit possible sur sa recommandation.

Cependant, le cardinal s'assit devant une table et écrivit une copie de l'arrêt de la commission dont il avait gardé l'expédition par devers lui.

Cela fait, il se leva et marcha vers le lit du roi.

Mais Marie Stuart se dressa debout devant lui et l'arrêta du geste.

— Où allez-vous ? lui dit-elle d'une voix basse et pourtant ferme et déjà courroucée.

— Madame, répondit le cardinal, il est important, il est indispensable que le roi signe ce papier...

— Ce qui est important, ce qui est indispensable, dit Marie, c'est que le roi repose tranquille.

— Son nom au bas de cet écrit, madame, et je ne l'importunerai plus.

— Mais vous le réveillerez, reprit la reine, et je ne le veux pas. D'ailleurs, il est incapable en ce moment de tenir une plume.

— Je la tiendrai pour lui, dit Charles de Lorraine.

— Je vous ai dit : Je ne veux pas ! reprit avec autorité Marie Stuart.

Le cardinal s'arrêta un moment, surpris par cet obstacle auquel il n'avait pas songé.

Puis il reprit de son ton insinuant :

— Écoutez-moi, madame. Ma chère nièce, écoutez-moi. Je vais vous dire ce dont il s'agit. Vous comprenez bien que je respecterais le repos du roi, si je n'étais contraint par la nécessité la plus grave. C'est de notre fortune et de la vôtre, de notre salut et du vôtre qu'il est ici question. Entendez-moi bien. Il faut que ce papier soit signé par le roi avant que le jour se lève, ou nous sommes perdus ! perdus, je vous l'avoue !

— Cela ne me regarde pas, dit tranquillement Marie.

— Mais si ! mais encore une fois notre ruine est votre ruine, enfant que vous êtes !

— Eh bien ! que m'importe ! dit la reine. Est-ce que je me soucie de vos ambitions, moi ! Mon ambition, c'est de sauver celui que j'aime, c'est de préserver sa vie si je puis, et, en attendant, son précieux repos. Maître Paré m'a confié le sommeil du roi. Je vous défends de le troubler, monsieur. Entendez-moi bien, à votre tour. Je vous le défends ! Le roi mort, meure ma royauté ! cela m'est bien égal ! Mais tant qu'il lui restera un souffle de vie, je protégerai ce dernier souffle contre les exigences odieuses de vos intrigues de cour. J'ai contribué, mon oncle, plus que je ne l'aurais dû, je le crois, à raffermir dans vos mains le pouvoir quand mon François était debout et bien portant ; mais ce pouvoir je le reprends tout entier dès qu'il s'agit de faire respecter les dernières heures de calme que Dieu lui accorde peut-être en cette vie. Le roi, a dit maître Paré, aura besoin demain du peu de forces qui lui restent. Personne au monde, sous quelque prétexte que ce soit, ne lui dérobera une parcelle de ce sommeil réparateur.

— Mais quand le motif est tellement grave et urgent ?... dit le cardinal.

— Sous quelque prétexte que ce soit, personne au monde ne réveillera le roi, reprit Marie.

— Ah ! mais il le faut ! repartit Charles de Lorraine, honteux à la fin d'être si longtemps arrêté par la seule résistance d'un enfant, de sa nièce. Les intérêts de l'État, madame, ne s'accommodent point de ces choses de sentiment. La signature du roi m'est nécessaire sur-le-champ, et je l'aurai.

— Vous ne l'aurez pas, monsieur le cardinal, dit Marie.

Le cardinal fit un pas encore vers le lit du roi.

Mais de nouveau, Marie Stuart se mit devant lui et lui barra le passage.

La reine et le ministre se regardèrent un instant face à face, aussi palpitans, aussi courroucés l'un que l'autre.

— Je passerai, dit Charles de Lorraine d'une voix brève.

— Vous osez donc porter la main sur moi, monsieur?

— Ma nièce !...

— Non plus votre nièce, votre reine !

Ce fut dit d'un ton si ferme, si digne et si royal que le cardinal interdit recula.

— Oui, votre reine ! reprit Marie, et si vous faites encore un pas, encore un geste, tandis que vous irez au roi, j'irai à cette porte, moi ; j'appellerai ceux qui doivent y veiller, et tout mon oncle, tout ministre, tout cardinal que vous êtes, j'ordonnerai, moi la reine, qu'on vous arrête sur l'heure comme criminel de lèse-majesté.

— Un tel scandale !... murmura le cardinal épouvanté.

— Qui de nous l'aura voulu, monsieur ?

L'œil étincelant, les narines gonflées, le sein ému, toute l'attitude déterminée de la jeune reine disait assez qu'elle exécuterait sa menace.

Et puis, elle était si belle, si fière et en même temps si touchante ainsi, que le prêtre au cœur de bronze se sentit vaincu et remué.

L'homme céda à l'enfant; la raison d'Etat obéit au cri de la nature.

— Allons ! dit le cardinal en soupirant profondément, j'attendrai donc que le roi s'éveille...

— Merci ! dit Marie, revenant à l'accent triste et doux qui depuis la maladie du roi lui était habituel.

— Mais du moins, reprit Charles de Lorraine, dès qu'il s'éveillera...

— S'il est en état de vous entendre et de vous satisfaire, mon oncle, je n'empêcherai plus rien.

Il fallait bien que le cardinal se contentât de cette promesse. Il alla se remettre à sa table, et Marie revint à son prie-dieu, lui, attendant ; elle, espérant.

Mais les heures lentes de cette nuit de veille passèrent sans que François II se réveillât. La promesse d'Ambroise Paré n'avait pas été vaine ; il y avait bien des nuits que le roi n'avait pas reposé d'un sommeil si long et si profond.

De temps en temps, il faisait bien un mouvement, il poussait une plainte, il prononçait un mot, un nom surtout, celui de Marie.

Mais il retombait presque aussitôt dans son assoupissement. Et le cardinal, qui s'était levé en hâte, devait retourner, désappointé, à sa place.

Il froissait alors dans sa main avec impatience cet arrêt inutile, cet arrêt fatal et qui, sans la signature du roi, devenait peut-être le sien...

Il vit ainsi peu à peu les flambeaux s'user et pâlir, et l'aube froide de décembre blanchir les vitraux...

Enfin, comme huit heures sonnaient, le roi s'agita ; ouvrit les yeux et appela :

— Marie ! es-tu là, Marie ?

— Toujours, dit Marie Stuart.

Charles de Lorraine s'élança, son papier à la main. Il était encore temps peut-être ! un échafaud est vite dressé !...

Mais, au même instant, Catherine de Médicis rentra, par sa porte à elle, dans la chambre royale.

— Trop tard ! se dit le cardinal. Ah ! la fortune nous abandonne ! et si Ambroise ne sauve pas le roi, nous sommes perdus !

CVI.

LE LIT DE MORT DES ROIS.

La reine-mère, pendant cette nuit, n'avait pas perdu son temps. Elle avait d'abord envoyé chez le roi de Navarre le cardinal de Tournon, sa créature, et avait arrêté ses conventions écrites avec les Bourbons. Puis, avant le jour elle avait reçu le chancelier L'Hôpital, qui lui apprit l'arrivée prochaine à Orléans de son allié le connétable. L'Hôpital, prévenu par elle, promit de se trouver à neuf heures dans la grande salle du Bailliage qui précédait la chambre du roi, et d'y amener autant de partisans de Catherine qu'il pourrait en trouver. Enfin, la reine-mère avait fait mander pour huit heures et demie Chapelain et deux ou trois autres médecins royaux dont la médiocrité était l'ennemie-née du génie d'Ambroise Paré.

Ses précautions ainsi prises, elle entra la première, comme nous l'avons vu, dans la chambre du roi qui venait de s'éveiller. Elle alla d'abord au lit de son fils, le contempla quelques instans en hochant la tête comme une mère douloureuse, mit un baiser sur sa main pendante, et, en essuyant une ou deux larmes, vint s'asseoir de façon à l'avoir toujours en vue.

Elle aussi, comme Marie Stuart, voulait désormais veiller, à sa manière, sur cette précieuse agonie.

Le duc de Guise entra presque aussitôt. Après avoir échangé quelques mots avec Marie, il alla vers son frère.

— Vous n'avez donc rien fait ? lui demanda-t-il.

— Hélas ! je n'ai pu rien faire, répondit le cardinal.

— La chance tourne contre nous alors, reprit le Balafré. Il y a foule ce matin dans l'antichambre d'Antoine de Navarre.

— Et de Montmorency avez-vous des nouvelles ?

— Aucune. J'en ai vainement attendu jusqu'ici. Il n'aura pas pris la voie directe. Il est peut-être maintenant aux portes de la ville. Si Ambroise Paré échoue dans son opération, adieu notre fortune ! reprit avec consternation Charles de Lorraine.

Les médecins, avertis par Catherine de Médicis, arrivèrent en ce moment.

La reine-mère les conduisit elle-même au lit du roi, dont les souffrances et les gémissemens avaient recommencé.

Les médecins examinèrent tour à tour leur royal malade, puis se groupèrent dans un coin pour se consulter. Chapelain proposait un cataplasme pour attirer au dehors les humeurs ; mais les deux autres se prononcèrent pour l'injection dans l'oreille d'une certaine eau composée.

Ils venaient de s'arrêter à ce dernier moyen quand Ambroise Paré entra, accompagné de Gabriel.

Après avoir été examiner l'état du roi, il rejoignit ses confrères.

Ambroise Paré, chirurgien du duc de Guise, et dont la renommée de science s'était déjà établie, était maintenant une autorité avec laquelle il fallait compter. Les médecins lui apprirent donc ce qu'ils venaient de résoudre.

— Le remède est insuffisant, je l'affirme, dit Ambroise Paré à voix haute, et cependant il faut se hâter ; car le cerveau se remplira plutôt que je ne l'aurais cru.

— Oh ! hâtez-vous donc, au nom du ciel ! s'écria Marie Stuart qui avait entendu.

La reine-mère et les deux Guises se rapprochèrent alors des médecins et se mêlèrent à eux.

— Avez-vous donc, maître Paré, demanda Chapelain, un moyen meilleur et plus prompt que le nôtre ?

— Oui, dit Paré.

— Et lequel ?

— Il faudrait trépaner le roi, dit Ambroise Paré.

— Trépaner le roi ! s'écrièrent les trois médecins avec horreur.

— En quoi consiste donc cette opération ? demanda le duc de Guise.

— Elle est peu connue encore, monseigneur, dit le chirurgien. Il s'agit, avec un instrument inventé par moi et que je nomme trépan, de pratiquer sur le sommet de la tête, ou plutôt sur la partie latérale du cerveau, une ouverture de la largeur d'un angelot.

— Dieu de miséricorde ! s'écria avec indignation Catherine de Médicis. Porter le fer sur la tête du roi ! Et vous l'oseriez !

— Oui, madame, répondit simplement Ambroise.

— Mais ce serait un assassinat! reprit Catherine.

— Eh! madame, dit Ambroise, trouer la tête avec science et précaution, n'est-ce pas faire seulement ce que fait journellement sur le champ de bataille l'épée aveugle et violente? Pourtant, combien de blessures ne guérissons-nous pas?

— Enfin, demanda le cardinal de Lorraine, répondez-vous des jours du roi? maître Ambroise.

— Dieu seul a la vie et la mort des hommes dans ses mains, vous le savez mieux que moi, monsieur le cardinal. Tout ce que je puis assurer, c'est que cette chance est la dernière et la seule de sauver le roi. Oui, c'est l'unique chance! mais ce n'est qu'une chance.

— Vous dites pourtant que votre opération peut réussir, n'est-ce pas, Ambroise? dit le Balafré. Voyons, l'avez-vous déjà pratiquée avec succès?

— Oui, monseigneur, répondit Ambroise Paré; il y a peu de temps encore sur monsieur de La Bretesche, rue de la Harpe, à la Rose Rouge, et, pour parler de choses que monseigneur pourra mieux connaître, je la fis au siège de Calais à monsieur de Pienne, qui avait été blessé sur la brèche.

Ce n'était peut-être pas sans intention qu'Ambroise Paré rappelait les souvenirs de Calais. Toujours est-il qu'il réussit et que le duc de Guise parut frappé :

— En effet, il m'en souvient, dit-il. Dès lors, je n'hésite plus, moi... je consens à l'opération.

— Et moi aussi, dit Marie Stuart que son amour éclairait sans doute.

— Mais non pas moi! s'écria Catherine.

— Eh! madame, puisqu'on vous dit que c'est *notre* seule chance! reprit Marie.

— Qui dit cela? fit la reine-mère. Maître Ambroise Paré, un hérétique? Mais ce n'est pas l'avis des médecins.

— Non, madame, dit Chapelain, et ces messieurs et moi nous protestons contre le moyen que propose maître Paré.

— Ah! voyez-vous bien? s'écria Catherine triomphante. Le Balafré, hors de lui, alla à la reine-mère et l'emmena dans l'embrasure d'une croisée :

— Madame, écoutez ceci, lui dit-il à voix basse et les dents serrées, vous voulez que votre fils meure et que votre prince de Condé vive!... Vous êtes d'accord avec les Bourbons et avec les Montmorency !... Le marché est conclu, les dépouilles sont partagées d'avance!... Je sais tout. Prenez garde!... je sais tout, vous dis-je !...

Mais Catherine de Médicis n'était pas de celles qu'on intimide, et le duc de Guise se fourvoyait. Elle ne comprit que mieux la nécessité de l'audace, puisque son ennemi jetait ainsi le masque avec elle. Elle lui lança un regard foudroyant, et, lui échappant par un mouvement soudain, elle courut à la porte qu'elle ouvrit à deux battans elle-même.

— Monsieur le chancelier! cria-t-elle.

L'Hôpital, selon les ordres reçus, se tenait là dans la grande salle, attendant. Il y avait rassemblé tout ce qu'il avait pu rencontrer de partisans de la reine-mère et des princes.

A l'appel de Catherine, il s'avança en hâte, et les groupes de seigneurs se pressèrent curieusement du côté de la porte ouverte.

— Monsieur le chancelier, continua Catherine, à voix haute pour être bien entendue, on veut autoriser sur la personne du roi une opération violente et désespérée. Maître Paré prétend lui percer la tête avec un instrument. Moi sa mère, je proteste avec les trois médecins ici présens contre ce crime... Monsieur le chancelier, enregistrez ma déclaration.

— Fermez cette porte! s'écria le duc de Guise.

Malgré les murmures des gentilshommes réunis dans la grande salle, Gabriel fit ce qu'ordonnait le duc.

Le chancelier seul resta dans la chambre du roi.

— Maintenant, monsieur le chancelier, lui dit le Balafré, sachez que cette opération dont on vous parle est nécessaire, et que la reine et moi, le lieutenant général du royaume, nous répondons, sinon de l'opération, au moins du chirurgien.

— Et moi, s'écria Ambroise Paré, j'accepte en ce moment suprême toutes les responsabilités qu'on voudra m'imposer. Oui, je veux bien qu'on prenne ma vie si je ne parviens à sauver celle du roi. Mais hélas! il est bien temps! Voyez le roi! voyez!

François II, en effet, livide, immobile, les yeux éteints, semblait ne plus voir, ne plus entendre, ne plus exister. Il ne répondait plus, ni aux caresses, ni aux appels de Marie.

— Oh! oui, hâtez-vous! dit celle-ci à Ambroise, hâtez-vous, au nom de Jésus! Tâchez seulement de sauver la vie du roi, je protégerai la vôtre.

— Je n'ai le droit de rien empêcher, dit le chancelier impassible, mais mon devoir est de constater la protestation de madame la reine-mère.

— Monsieur de L'Hôpital, vous n'êtes plus chancelier, reprit froidement le duc de Guise. Allez, Ambroise, dit-il au chirurgien.

— Nous nous retirons, nous, dit Chapelain au nom des médecins.

— Soit, répondit Ambroise. J'ai besoin du plus grand calme autour de moi. Laissez-moi donc, si vous voulez, messieurs. Pour être seul maître, je serai seul responsable.

Depuis quelques instans, Catherine de Médicis ne prononçait plus une parole, ne faisait plus un mouvement. Elle s'était retirée près de la fenêtre et regardait dans la cour du Bailliage, où l'on entendait un grand tumulte. Mais, dans la crise de ce dénouement, personne, hormis elle, n'avait prêté d'attention au bruit du dehors.

Tous, et le chancelier lui-même avaient les yeux rivés sur Ambroise Paré qui avait repris le sang-froid supérieur du grand chirurgien, et qui préparait ses instrumens.

Mais au moment où il se penchait vers François II, le tumulte éclata plus proche, dans la salle voisine même. Un amer et joyeux sourire éclaira les lèvres pâles de Catherine. La porte s'ouvrit avec violence, et le connétable de Montmorency, armé comme en guerre, apparut menaçant sur le seuil.

— J'arrive à propos!... s'écria le connétable.

— Qu'est-ce que cela signifie? dit le duc de Guise en mettant la main sur sa dague.

Forcément, Ambroise Paré s'était arrêté. Vingt gentilshommes accompagnaient Montmorency et se répandaient jusque dans la chambre. A son côté, on voyait Antoine de Bourbon et le prince de Condé. De plus, la reine-mère et L'Hôpital vinrent se ranger auprès de lui. Il n'y avait même plus moyen d'employer la force pour être les maîtres dans la chambre royale.

— A mon tour, dit Ambroise désespéré, je me retire...

— Maître Paré, s'écria Marie Stuart, moi, la reine, je vous ordonne de poursuivre l'opération!

— Eh! madame, reprit le chirurgien, je vous ai dit que le plus grand calme m'était nécessaire!... Et vous voyez!... Il montra le connétable et sa suite.

— Monsieur Chapelain, dit-il au premier médecin, essayez votre injection.

— Ce serait l'affaire d'un instant, dit vivement Chapelain. Tout est préparé.

Assisté de ses deux confrères, il pratiqua sur-le-champ l'injection dans l'oreille du roi.

Marie Stuart, les Guises, Gabriel, Ambroise laissaient faire et se taisaient, écrasés et comme pétrifiés.

Le connétable bavardait sottement tout seul.

— A la bonne heure! disait-il, satisfait de la docilité forcée de maître Paré. Quand je pense que sans moi vous alliez ouvrir comme cela la tête du roi. On ne frappe ainsi les rois de France que sur les champs de bataille, voyez-vous!... Le fer de l'ennemi peut seul les toucher, mais le fer d'un chirurgien, jamais!

Et, jouissant de l'abattement du duc de Guise, il reprit :

— Il était temps que j'arrivasse, Dieu merci! Ah! messieurs, vous vouliez, me dit-on, faire trancher la tête à mon cher et brave neveu, le prince de Condé! Mais vous avez réveillé le vieux lion dans son autre, et le voici! J'ai délivré le prince ; j'ai parlé aux États que vous opprimiez. J'ai, comme connétable, congédié les sentinelles que vous aviez mises aux portes d'Orléans. Depuis quand est-il d'usage de donner ainsi des gardes au roi, comme s'il n'était pas en sûreté au milieu de ses sujets?...

— De quel roi parlez-vous? lui demanda Ambroise Paré, il n'y aura bientôt plus d'autre roi que le roi Charles IX ; car vous voyez, messieurs, dit-il aux médecins, malgré votre injection, le cerveau s'engage, l'épanchement commence.

Catherine de Médicis vit bien à l'air désolé d'Ambroise que tout espoir était perdu.

— Votre règne s'achève donc, monsieur, ne put-elle s'empêcher de dire au Balafré.

François II, en ce moment, se souleva par un brusque mouvement, rouvrit de grands yeux effarés, remua les lèvres comme pour balbutier un nom, puis retomba lourdement sur l'oreiller.

Il était mort.

Ambroise Paré, par un geste de douleur, l'annonça aux assistants.

— Ah! madame! madame! vous avez tué votre enfant! cria Marie Stuart à Catherine en bondissant éperdue, effarée, vers elle.

La reine-mère enveloppa sa bru d'un regard venimeux et glacé, où déborda toute la haine qu'elle avait couvée pour elle pendant dix-huit mois.

— Vous, ma chère, lui dit-elle, vous n'avez plus le droit de parler ainsi, entendez-vous ; car vous n'êtes plus reine. Ah! si fait! reine en Écosse. Et nous vous renverrons au plus tôt régner dans vos brouillards.

Marie Stuart, par une réaction inévitable après ce premier élan de la douleur, tomba, faible et sanglotante, à genoux, au pied du lit où gisait le roi.

— Madame de Fiesque, continua tranquillement Catherine, allez tout de suite chercher le duc d'Orléans.

— Messieurs, reprit-elle en regardant le duc de Guise et le cardinal, les États, qui étaient peut-être à vous il y a un quart d'heure, sont maintenant à nous, vous vous en doutez bien. Il est entendu entre monsieur de Bourbon et moi que je serai régente et qu'il sera lieutenant général du royaume. Mais vous, monsieur de Guise, vous êtes *encore* le grand-maître, accomplissez donc le devoir de votre charge, annoncez la mort du roi François II.

— Le roi est mort! dit le Balafré d'une voix sourde et profonde.

Le roi d'armes répéta à voix haute sur le seuil de la grand'salle, selon le cérémonial d'usage :

Le roi est mort! le roi est mort! le roi est mort! Priez Dieu pour le salut de son âme.

Et, tout de suite, le premier gentilhomme reprit :
— Vive le roi!

Dans le même instant, madame de Fiesque amenait le duc d'Orléans à la reine-mère, qui le prit par la main et sortit avec lui pour le montrer aux courtisans criant autour d'eux :

— Vive notre bon roi Charles IX!...

— Voilà notre fortune échouée! dit tristement le cardinal à son frère resté seul en arrière avec lui.

— La nôtre peut-être, mais non pas celle de notre maison, répondit l'ambitieux. Il faut songer à préparer les voies à mon fils, maintenant.

— Comment renouer avec la reine-mère? demanda Charles de Lorraine pensif.

— Laissons-la se brouiller avec ses Bourbons et ses huguenots, dit le Balafré.

Ils quittèrent la chambre par une porte dérobée en continuant de causer...

— Hélas! hélas! murmurait Marie Stuart baisant la main glacée de François II, il n'y a pourtant ici que moi qui pleure pour lui, ce pauvre mignon qui m'a tant aimée!

— Et moi, madame, dit en s'avançant, les yeux pleins de larmes, Gabriel de Montgommery, qui s'était jusque-là tenu à l'écart.

— Oh! merci! lui dit Marie avec un regard où elle mit son âme.

— Et je ferai plus que de le pleurer, reprit à demi-voix Gabriel en suivant de loin d'un œil de colère Montmorency qui se pavanait à côté de Catherine de Médicis... Oui, je le vengerai peut-être, en reprenant l'œuvre inachevée de ma propre vengeance. Puisque ce connétable est redevenu puissant, la lutte entre nous n'est pas finie!

Gabriel, en présence de ce mort, gardait donc, hélas! lui aussi, une pensée personnelle.

Décidément, Regnier La Planche a raison de dire « qu'il fait mauvais être roi pour mourir. »

Et il n'a pas moins raison sans doute quand il ajoute :
« Durant ce règne de François deuxième, la France servit de théâtre où furent jouées plusieurs terribles tragédies que la postérité, à juste occasion, admirera et détestera tout ensemble. »

CVII.

ADIEU, FRANCE!...

Huit mois après la mort de François II, le 15 août 1561, Marie Stuart était sur le point de s'embarquer à Calais pour son royaume d'Écosse.

Ces huit mois elle les avait disputés jour par jour et, pour ainsi dire, heure par heure, à Catherine de Médicis et même à ses oncles, pressés aussi, pour des motifs différens, de lui voir quitter la France. Mais Marie ne pouvait se résoudre, elle, à s'éloigner de ce doux pays où elle avait été une reine si heureuse et si aimée. Jusque dans les douloureux souvenirs qui lui rappelaient son veuvage prématuré, ces lieux chéris avaient pour elle un charme et une poésie auxquels elle ne pouvait s'arracher.

Marie Stuart ne sentait pas seulement cette poésie, elle l'exprimait aussi. Elle ne pleura pas seulement la mort de François II comme une femme, elle la chanta comme une muse. Brantôme, dans son admiration pour elle, nous a conservé la douce complainte qu'elle fit à cette occasion, et qui se peut comparer aux plus remarquables poésies de cette époque :

En mon triste et doux chant,
D'un ton fort lamentable,
Je jette un deuil tranchant
De perte incomparable,
Et en soupirs croissans
Passent mes meilleurs ans.

Fut-il un tel malheur
De dure destinée,
Ni si triste douleur
De dame fortunée,
Que mon cœur et mon œil
Voient en bière et cercueil!

Que dans mon doux printemps,
A fleur de ma jeunesse,
Toutes les peines sens
D'une extrême tristesse
Et en rien n'ai plaisir
Qu'en regret et désir.

Ce qui m'était plaisant
Me devient peine dure!
Le jour le plus luisant
Est pour moi nuit obscure!
Et n'est rien si exquis
Qui de moi soit requis!

Si en quelque séjour,
Soit en bois, soit en prée,
Soit à l'aube du jour
Ou soit sur la vesprée,
Sans cesse mon cœur sent
Le regret d'un absent.

Si parfois vers les cieux
Viens à dresser ma vue,
Le doux trait de ses yeux
Je vois en une nue.
Si les baisse vers l'eau,
Vois comme en un tombeau.

Si je suis en repos
Sommeillant sur ma couche,
J'oy qu'il me tient propos,
Je le sens qui me touche !
En labeur, en recoy,
Toujours est près de moi.

Mets, chanson, ici fin
A ta triste complainte
Dont sera le refrain :
Amour vraie et sans feinte
Qui pour séparation
N'aura diminution.

C'est à Reims où elle s'était retirée d'abord, auprès de son oncle de Lorraine, que Marie Stuart laissa échapper cette plainte harmonieuse et touchante. Elle resta jusqu'à la fin du printemps en Champagne. Puis, les troubles religieux qui avaient éclaté en Écosse exigèrent sa présence en ce pays. D'un autre côté, l'admiration presque passionnée que Charles IX enfant témoignait en parlant de sa belle-sœur inquiétait l'ombrageuse régente Catherine. Il fallut donc que Marie Stuart se résignât à partir.

Elle vint au mois de juillet prendre congé de la cour à Saint-Germain, et les marques de dévoûment et presque d'adoration qu'elle y reçut augmentèrent encore, s'il était possible, ses amers regrets.

Son douaire, assigné sur la Touraine et le Poitou, avait été fixé à vingt mille livres de rente ; elle emportait aussi en Écosse de riches joyaux, et cette proie pouvait tenter quelque écumeur de mer. On craignait de plus pour elle quelque violence de la part d'Élisabeth d'Angleterre, qui voyait dans la jeune reine d'Écosse une rivale. Nombre de gentilshommes s'offrirent donc à escorter Marie jusque dans son royaume, et, quand elle arriva à Calais, elle se vit entourée, non seulement de ses oncles, mais de monsieur de Damville, de Brantôme, enfin de la meilleure part de cette cour élégante et chevaleresque.

Marie trouva dans le port de Calais deux galères qui l'attendaient, toutes prêtes à son premier ordre. Mais elle resta encore à Calais six jours, tant ceux qui l'avaient accompagnée jusque là, arrivés au terme fatal, avaient peine à se séparer d'elle !

Enfin, le 15 août fut, comme nous l'avons dit, fixé pour le départ. Le temps, ce jour-là, était gris et triste, mais sans vent et sans pluie.

Sur le rivage même, et avant de mettre le pied sur la planche du bateau qui l'allait emmener, Marie, pour remercier tous ceux qui l'avaient escortée jusqu'aux limites de la patrie, voulut donner à chacun d'eux sa main à baiser dans un adieu suprême.

Tous vinrent donc, tristes et respectueux, s'agenouiller devant elle, et poser tour à tour leurs lèvres sur cette main adorée.

Le dernier de tous fut un gentilhomme qui n'avait pas quitté depuis Saint-Germain la suite de Marie, mais qui pendant la route était resté constamment en arrière, caché par son manteau et son chapeau, et qui ne s'était montré et n'avait parlé à personne.

Mais quand il vint à son tour s'agenouiller devant la reine, son chapeau à la main, Marie reconnut Gabriel de Montgommery.

— Quoi ! c'est vous, comte ! lui dit-elle. Ah ! je suis heureuse de vous revoir encore, ami fidèle, qui avez pleuré avec moi mon roi mort. Mais, si vous étiez parmi ces nobles gentilshommes, pourquoi donc ne vous êtes-vous pas montré à moi ?

— J'avais besoin de vous voir et non d'être vu, madame, répondit Gabriel. Dans mon isolement, je recueillais mieux mes souvenirs et savourais plus intimement la douceur qu'il y avait pour moi à remplir envers vous un si cher devoir.

— Merci encore une fois de cette dernière preuve d'attachement, monsieur le comte, dit Marie Stuart. Je voudrais vous en témoigner ma reconnaissance mieux qu'avec des paroles. Mais je ne puis plus rien, et, à moins qu'il ne vous plaise de me suivre dans ma pauvre Écosse, avec messieurs de Damville et Brantôme...

— Ah ! ce serait mon vœu le plus ardent, madame ! s'écria Gabriel. Mais un autre appel me retient en France. Une personne, qui m'est aussi bien chère et bien sacrée et que depuis plus de deux ans je n'ai pas revue, m'attend à l'heure qu'il est...

— S'agirait-il de Diane de Castro ? demanda vivement Marie.

— Oui, madame, dit Gabriel. Par un avis reçu à Paris le mois dernier, elle me mandait à Saint-Quentin pour aujourd'hui 15 août. Je n'arriverai près d'elle que demain ; mais, quelque soit le motif pour lequel elle me demande, elle me pardonnera, j'en suis sûr, quand elle saura que je n'ai voulu vous quitter qu'au moment où vous quittiez la France.

— Chère Diane ! reprit Marie pensive, oui, elle m'a aimée, elle aussi, et elle a été pour moi une sœur. Tenez, monsieur de Montgommery, remettez-lui en souvenir de moi cet anneau, et allez la rejoindre bien vite. Elle a besoin de vous peut-être, et, dès qu'il s'agit d'elle, je ne veux plus vous retenir. Adieu. Adieu, mes amis, adieu tous. On m'attend. Il faut que je parte, hélas ! il le faut.

Elle s'arracha aux adieux qui voulaient la retenir encore, mit le pied sur la planche du bateau, et passa sur la galère de monsieur de Mévillon, suivie des seigneurs enviés qui devaient l'accompagner jusqu'en Écosse.

Mais de même que l'Écosse ne pouvait consoler Marie de la France, ceux qui venaient avec elle ne pouvaient lui faire oublier ceux qu'elle quittait. Aussi était-ce ceux-là qu'elle semblait aimer le plus. Debout, à la proue de la galère, elle ne cessait de saluer de son mouchoir qu'elle tenait à la main, et dont elle essuyait ses larmes, les parents et les amis qu'elle laissait sur le rivage.

Enfin, elle entra en pleine mer, et sa vue fut attirée malgré elle vers un bâtiment qui allait rentrer dans le port d'où elle sortait et qu'elle suivait des yeux, enviant sa destinée, lorsque tout à coup le navire se pencha en avant comme s'il eût reçu un choc sous-marin, et, tremblant depuis sa quille jusqu'à sa mâture, commença, au milieu des cris de son équipage, à s'enfoncer dans la mer ; ce qui se fit si rapidement qu'il avait disparu avant que la galère de monsieur de Mévillon eût pu lancer sa barque à son secours. Un instant on vit surnager, à l'endroit où s'était abîmé le vaisseau, quelques points noirs qui se maintinrent un instant sur la surface de l'eau, puis s'enfoncèrent les uns après les autres, avant qu'on pût arriver jusqu'à eux, quoique l'on fît force de rames ; si bien que la barque revint sans avoir pu sauver un seul naufragé.

— O mon Dieu ! Seigneur ! s'écria Marie Stuart, quel augure de voyage est celui-ci !

Pendant ce temps, le vent avait fraîchi, et la galère commençait de marcher à la voile ; ce qui permettait à la chiourme de se reposer. Marie voyant qu'elle s'éloignait rapidement de la terre, s'appuya sur la muraille de la poupe, les yeux tournés vers le port, la vue obscurcie par de grosses larmes, et ne cessant de répéter :

— Adieu, France ! adieu, France !...

Elle resta ainsi près de cinq heures, c'est-à-dire jusqu'au moment où la nuit tomba, et sans doute elle n'eût point pensé à se retirer d'elle-même si Brantôme ne fût venu la prévenir qu'on l'attendait pour souper.

Alors, redoublant de pleurs et de sanglots :

— C'est bien à cette heure, ma chère France, dit-elle, que je vous perds tout à fait, puisque la nuit, jalouse de mon dernier bonheur, apporte son voile noir devant mes yeux pour me priver d'un tel bien. Adieu donc, ma chère France, je ne vous verrai jamais plus !

Puis, faisant signe à Brantôme qu'elle allait descendre après lui, elle prit ses tablettes, en tira un crayon, s'assit sur un banc, et, aux derniers rayons du jour, elle écrivit ces vers si connus :

> Adieu, plaisant pays de France !
> O ma patrie
> La plus chérie,
> Qui a nourri ma jeune enfance !
> Adieu, France ! adieu, mes beaux jours !
> La nef qui disjoint nos amours
> N'a eu de moi que la moitié :
> Une part te reste, elle est tienne,
> Je la fie à ton amitié,
> Pour que de l'autre il te souvienne.

Alors elle descendit enfin, et, s'approchant des convives qui l'attendaient :

— J'ai fait tout le contraire de la reine de Carthage, dit-elle ; car Didon, lorsqu'Énée s'éloigna d'elle, ne cessa de regarder les flots, tandis que moi je ne pouvais détacher mes yeux de la terre.

On l'invita à s'asseoir et à souper, mais elle ne voulut rien prendre, et se retira dans sa chambre en recommandant au timonier de la réveiller au jour si on voyait encore la terre.

De ce côté du moins la fortune favorisa la pauvre Marie ; car, le vent étant tombé, le bâtiment ne marcha toute la nuit qu'à l'aide de rames ; de sorte que, lorsque le jour revint, on était encore en vue de la France.

Le timonier entra donc dans la chambre de la reine ainsi qu'elle le lui avait ordonné ; mais il la trouva éveillée, assise sur son lit, et regardant par sa fenêtre ouverte le rivage bien-aimé.

Cependant cette joie ne fut pas longue, le vent fraîchit et l'on perdit bientôt la France de vue. Marie n'avait plus qu'un espoir, c'est qu'on apercevrait au large la flotte anglaise, et qu'on serait obligé de rebrousser chemin. Mais cette dernière chance échappa comme les autres : un brouillard, si épais qu'on ne pouvait se voir d'un bout de la galère à l'autre, s'étendit sur la mer, et cela comme par miracle, puisqu'on était en plein été. On naviga donc au hasard, courant le danger de faire fausse route, mais aussi évitant celui d'être vu de l'ennemi.

En effet, le troisième jour, le brouillard se dissipa, et l'on se trouva au milieu de rochers où, sans aucun doute, la galère se fût brisée si l'on eût fait deux encâblures de plus. Le pilote alors, prit hauteur, reconnut qu'il était sur les côtes d'Écosse, et ayant tiré très habilement le navire des récifs où il était engagé, il aborda à Leith, près d'Édimbourg.

Les beaux esprits qui accompagnaient Marie dirent qu'on avait pris terre par un brouillard dans un pays brouillé en brouillon. Marie n'était nullement attendue ; aussi lui fallut-il, pour gagner Édimbourg, se contenter, pour elle et pour sa suite, de pauvres baudets mal harnachés, dont quelques-uns étaient sans selle, et n'avaient pour brides et pour étriers que des cordes. Marie ne put s'empêcher de comparer ces pauvres haquenées aux magnifiques palefrois de France, qu'elle était habituée à voir caracoler aux chasses et aux tournois. Elle versa encore quelques larmes de regret en comparant le pays qu'elle quittait avec celui où elle venait d'entrer. Mais bientôt, avec sa grâce charmante, essayant de sourire à travers ses pleurs :

— Il faut bien prendre son mal en patience, dit-elle, puisque j'ai échangé mon paradis contre un enfer.

Telle fut l'arrivée de Marie Stuart en Angleterre. Nous avons raconté ailleurs (1) le reste de sa vie et sa mort, et

(1) *Les Stuarts.*

comment l'Angleterre impie, ce bourreau fatal de tout ce que la France eut de divin, tua avec elle la grâce, comme elle avait déjà tué l'inspiration en Jeanne d'Arc, comme elle devait tuer dans Napoléon le génie.

Ce fut seulement le lendemain 16 août que Gabriel arriva à Saint-Quentin.

A la porte de la ville, il trouva Jean Peuquoy qui l'attendait.

— Ah ! vous voilà donc enfin, monsieur le comte ! lui dit le brave tisserand. J'étais bien sûr que vous viendriez ! Trop tard, malheureusement ! trop tard !

— Comment ! trop tard ? demanda Gabriel alarmé.

— Hélas ! oui ; la lettre de madame Diane de Castro ne vous mandait-elle pas pour hier 15 août ?

— Sans doute, dit Gabriel, mais sans insister sur cette date précise, mais sans me dire pour quel objet madame de Castro réclamait ma présence.

— Eh bien ! monsieur le comte, reprit Jean Peuquoy, c'est hier 15 août que madame de Castro, ou plutôt la sœur Bénie, a prononcé les vœux éternels qui la font désormais religieuse, sans retour possible au monde.

— Ah ! fit Gabriel pâlissant.

— Et, si vous aviez été là, reprit Jean Peuquoy, vous seriez parvenu, peut-être, à empêcher ce qui est maintenant accompli.

— Non, dit Gabriel d'un air sombre, non, je n'aurais pas pu, je n'aurais pas dû, je n'aurais pas voulu même m'opposer à ce dessein. Et c'est la Providence sans doute qui m'a retenu à Calais ! Mon cœur, en effet, eût été brisé de son impuissance devant ce sacrifice, et la pauvre chère âme qui se donnait à Dieu aurait eu elle-même, peut-être, à souffrir plus de ma présence qu'elle n'a dû souffrir de son isolement en ce moment solennel.

— Oh ! dit Jean Peuquoy, elle n'était pas seule !

— Oui, reprit Gabriel, vous étiez là, vous, Jean, et Babette, et les malheureux, ses obligés, ses amis...

— Il n'y avait pas que nous, monsieur le comte, dit Jean Peuquoy. La sœur Bénie avait aussi près d'elle sa mère.

— Qui ? madame de Poitiers ? s'écria Gabriel.

— Oui, monsieur le comte, madame de Poitiers elle-même, qui, sur une lettre de sa fille, est accourue de sa retraite de Chaumont-sur-Loire, a hier assisté à la cérémonie, et doit encore être, à l'heure qu'il est, à côté de la nouvelle religieuse.

— Oh ! dit Gabriel effrayé, pourquoi madame de Castro a-t-elle fait venir cette femme ?

— Mais, monseigneur, comme elle l'a dit à Babette, cette femme est, après tout, sa mère.

— N'importe ! dit Gabriel. Je commence à croire que j'aurais dû être là hier. Si madame de Poitiers est venue, ce ne saurait être pour faire le bien, ce ne saurait être pour remplir un devoir. Allons au couvent des Bénédictines, voulez-vous, maître Jean ? J'ai hâte maintenant plus que jamais de revoir madame de Castro. Il me semble qu'elle a besoin de moi. Allons vite !

On l'introduisit sans difficulté au parloir du couvent Gabriel de Montgommery, dont l'arrivée était attendue depuis la veille.

Diane était déjà dans ce parloir avec sa mère.

Gabriel, en la revoyant après une si longue absence, emporté par un irrésistible élan, alla tomber, pâle et morne, à genoux devant la grille qui les séparait à jamais l'un de l'autre.

— Ma sœur ! ma sœur !... put-il dire seulement.

— Mon frère ! répondit avec douceur la sœur Bénie.

Une larme coulait lentement le long de sa joue. Mais, en même temps, elle souriait, comme doivent sourire les anges.

Gabriel, en détournant un peu la tête, aperçut l'autre Diane, madame de Poitiers. Elle riait, elle, comme doivent rire les démons.

Mais Gabriel, avec une méprisante insouciance, ramena aussitôt vers la sœur Bénie et son regard et sa pensée.

— Ma sœur! répéta-t-il encore avec ardeur et angoisse.

Diane de Poitiers reprit alors froidement :

— C'est sans doute comme votre sœur en Jésus-Christ, monsieur, que vous saluez de ce nom celle qui s'appelait hier encore madame de Castro?...

— Que voulez-vous dire, madame? Grand Dieu! que voulez-vous dire? demanda Gabriel en se levant tout frémissant :

Diane de Poitiers, sans lui répondre directement, s'adressa à sa fille.

— Mon enfant, voici, je crois, le moment de vous révéler ce secret dont je vous parlais hier et que mon devoir, ce me semble, me défend de vous cacher plus longtemps.

— Oh! qu'est-ce c'est? s'écria Gabriel éperdu.

— Mon enfant, continua tranquillement madame de Poitiers, ce n'est pas seulement, je vous l'ai dit, pour vous bénir que je vous ai sortie de la retraite où, grâce à monsieur de Montgommery, je vis depuis près de deux années. Ne voyez aucune ironie dans mes paroles, monsieur, dit-elle d'un ton ironique pour répondre à un mouvement de Gabriel. Je vous sais gré, en vérité! de m'avoir arrachée, violemment ou non, à un monde impie et corrupteur. Je suis heureuse à présent! la grâce m'a touchée, et l'amour de Dieu remplit tout mon cœur. Pour vous remercier, je veux vous épargner un péché, un crime peut-être.

— Oh! qu'est-ce que c'est? dit à son tour la sœur Bénie palpitante.

— Mon enfant, continua Diane de Poitiers avec son infernal sang-froid, j'imagine qu'hier j'aurais pu d'un mot arrêter sur vos lèvres les vœux sacrés que vous alliez prononcer. Mais m'appartenait-il, à moi pauvre pécheresse, heureuse d'être délivrée des chaînes terrestres, m'appartenait-il de dérober à Dieu une âme qui se donnait à lui, libre et chaste? Non! et je me suis tue.

— Je n'ose pas deviner! je n'ose pas! murmurait Gabriel.

— Aujourd'hui, mon enfant, reprit l'ex-favorite, je romps le silence parce que je vois, à la douleur et à l'ardeur de monsieur de Montgommery, que vous possédez encore sa pensée toute entière. Or, il faut qu'il vous oublie, il le faut. Et pourtant s'il se berçait toujours de cette illusion que vous pouvez être sa sœur, la fille du comte de Montgommery, il laisserait sans remords ses souvenirs s'égarer vers vous... Ce serait un crime! un crime dont je ne veux pas, moi convertie d'hier, être la complice. Diane, sachez-le donc : vous n'êtes pas la sœur de monsieur le comte, mais bien réellement la fille du roi Henri II, que monsieur le comte a si malheureusement frappé dans ce tournoi fatal.

— Horreur! s'écria la sœur Bénie en se cachant le visage de ses deux mains.

— Vous mentez, madame! dit Gabriel avec violence... vous devez mentir! La preuve que vous ne mentez pas?...

— La voici, répondit paisiblement Diane de Poitiers en lui tendant un papier qu'elle prit dans son sein.

Gabriel saisit le papier d'une main tremblante, et le lut avidement.

— C'est, continua madame de Poitiers, une lettre de votre père écrite quelques jours avant sa mort, comme vous voyez. Il s'y plaint de mes rigueurs, comme vous voyez encore. Mais il se résigne, comme vous pouvez voir aussi, en songeant qu'enfin je serai bientôt sa femme et que l'amant n'aura gardé à l'époux qu'une part de bonheur plus entière et plus pure. Oh! les termes de cette lettre, signée et datée, ne sont nullement équivoques; n'est-ce pas? Vous voyez donc, monsieur de Montgommery, qu'il eût été criminel à vous de penser à la sœur Bénie : car aucun lien du sang ne vous unit à celle qui est maintenant l'épouse de Jésus-Christ. Et, en vous épargnant une telle impiété, j'espère bien m'être acquittée envers vous, et vous avoir payé, et au-delà, le bonheur dont je jouis par vous dans ma solitude. Nous sommes quittes à présent, monsieur le comte, et je n'ai plus rien à vous dire.

Gabriel, pendant ce discours railleur, avait achevé de lire la lettre funeste et sacrée. Elle ne permettait aucun doute, en effet. C'était pour Gabriel comme la voix de son père sortant de la tombe pour attester la vérité.

Quand le malheureux jeune homme releva ses yeux égarés, il vit Diane de Castro gisante, évanouie, au pied d'un prie-dieu.

Il s'élança instinctivement vers elle. Les épais barreaux de fer l'arrêtèrent.

En se retournant, il vit Diane de Poitiers sur les lèvres de laquelle errait un sourire de satisfaction placide.

Fou de douleur, il fit deux pas vers elle, la main levée...

Mais il s'arrêta épouvanté de lui-même, et se frappant de la main le front comme un insensé, cria seulement : Adieu, Diane! adieu! et prit la fuite...

S'il fut resté une seconde de plus, il n'eût pu s'empêcher d'écraser cette mère impie comme une vipère!...

Hors du couvent, Jean Peuquoy l'attendait bien inquiet.

— Ne m'interrogez pas! ne me demandez rien! lui cria d'abord Gabriel dans une sorte de frénésie.

Et, comme le brave Peuquoy le regardait avec un étonnement douloureux :

— Pardonnez-moi, lui dit-il plus doucement, je touche, je crois, à la démence. Je ne veux pas penser, voyez-vous. C'est pour échapper à ma pensée que je m'en vais, que je m'enfuis à Paris. Accompagnez-moi, si vous voulez bien, ami, jusqu'à la porte de la ville où j'ai laissé mon cheval. Mais, par grâce, ne me parlez pas de moi, parlez-moi de vous...

Le digne tisserand, autant pour obéir à Gabriel que pour tâcher de le distraire, raconta alors comme quoi Babette se portait à merveille, et l'avait récemment rendu père du jeune Peuquoy, de superbe venue ; comme quoi leur frère Pierre allait venir s'établir armurier à Saint-Quentin ; comme quoi enfin on avait reçu le mois précédent, par un reître de Picardie rentrant dans ses foyers, des nouvelles de Martin-Guerre, toujours heureux avec sa Bertrande dulcifiée.

Mais il faut avouer que Gabriel, comme aveuglé par la douleur, ne comprit ou n'entendit même qu'imparfaitement ce récit de joie.

Pourtant, quand il arriva avec Jean Peuquoy à la porte de Paris, il serra cordialement la main du bourgeois.

— Adieu, ami, lui dit-il. Merci de votre bonne affection. Rappelez mon souvenir à tous ceux que vous aimez. Je suis heureux de vous savoir heureux ; pensez quelquefois, vous qui prospérez, à moi qui souffre.

Et sans attendre d'autre réponse que les larmes qui brillaient dans les yeux de Jean Peuquoy, Gabriel monta à cheval et s'élança au galop.

A son arrivée à Paris, comme si le sort eût voulu l'accabler de tous les deuils à la fois, il trouva sa bonne nourrice, Aloyse, morte, sans l'avoir revu, après une courte maladie...

Le lendemain, il alla chez l'amiral de Coligny.

— Monsieur l'amiral, lui dit-il, si je sais que les persécutions et les guerres religieuses ne vont pas tarder à recommencer, malgré tant d'efforts pour les prévenir. Sachez que désormais je puis offrir à la cause de la réforme, non-seulement ma pensée, mais aussi mon épée. Ma vie n'est plus bonne qu'à vous servir, prenez-la et ne la ménagez pas. C'est dans vos rangs, d'ailleurs, que je pourrai le mieux me défendre contre un de mes ennemis, et achever de châtier l'autre...

Gabriel pensait à la reine régente et au connétable.

Pas n'est besoin de dire que Coligny reçut avec enthousiasme l'inappréciable auxiliaire dont il avait éprouvé tant de fois la bravoure et l'énergie.

L'histoire du comte, à partir de ce moment, fut donc celle des guerres de religion qui ensanglantèrent le règne de Charles IX.

Gabriel de Montgommery joua un rôle terrible dans ces guerres, et, à chaque événement grave, son nom prononcé fit pâlir Catherine de Médicis.

Quand après le massacre de Vassy, en 1562, Rouen et

toute la Normandie se déclarèrent ouvertement pour les huguenots, on nomma, comme le principal auteur de ce soulèvement de toute une province, le comte de Montgommery.

Le comte de Montgommery était, la même année, à la bataille de Dreux, où il fit des prodiges de valeur.

Ce fut lui, dit-on, qui y blessa d'un coup de pistolet le connétable de Montmorency, qui commandait en chef et il l'eût achevé, si le prince de Porcien n'eût protégé le connétable, et ne l'eût reçu prisonnier.

On sait comment, un mois après cette bataille où le Balafré avait arraché la victoire aux mains inhabiles du connétable, le noble duc de Guise fut tué en trahison devant Orléans par le fanatique Poltrot.

Montmorency, débarrassé de son rival mais privé de son allié, fut moins heureux encore à la bataille de Saint-Denis en 1567 qu'à celle de Dreux.

L'Ecossais Robert Stuart le somma de se rendre. Il lui répondit en le frappant au visage du pommeau de son épée. Quelqu'un alors lui tira un coup de pistolet qui l'atteignit au flanc, et il tomba mortellement blessé.

A travers le nuage de sang qui se répandit sur ses yeux, il crut reconnaître le visage de Gabriel.

Le connétable expira le lendemain...

Pour n'avoir plus d'ennemis directs, le comte de Montgommery n'en ralentit pas ses coups. Mais il semblait invincible et imprenable.

Quand Catherine de Médicis demanda qui avait ramené le Béarn sous la loi de la reine de Navarre, et fait reconnaître le prince de Béarn généralissime des huguenots ; on lui répondit : Montgommery.

Quand, le lendemain de la Saint-Barthélemy (1572), la reine-mère, impatiente de vengeance, s'informa, pour avoir plutôt fait, non de ceux qui avaient péri, mais de ceux qui avaient échappé, le premier nom qu'on lui cita fut celui du comte de Montgommery.

Montgommery se jeta dans La Rochelle avec Lanoue. La Rochelle soutint neuf grands assauts et coûta quarante mille hommes à l'armée royale. Elle garda sa liberté en capitulant, et Gabriel put en sortir sain et sauf.

Il s'introduisit alors dans Sancerre, assiégée par le gouverneur du Berri. Il s'entendait assez bien, on s'en souvient, à la défense des places. Une poignée de Sancerrois, sans autres armes que des bâtons ferrés, résistèrent quatre mois à un corps de six mille soldats. En capitulant, ils obtinrent, comme ceux de La Rochelle, liberté de conscience et sûreté de personnes.

Catherine de Médicis voyait avec une fureur croissante lui échapper sans cesse son ancien et insaisissable ennemi.

Montgommery laissa le Poitou qui était en feu, et revint enflammer la Normandie qui se pacifiait.

Parti de Saint-Lô, il prit en trois jours Carentan et dégarnit Valognes de toutes ses munitions. Toute la noblesse normande vint se ranger sous ses bannières.

Catherine de Médicis et le roi mirent aussitôt sur pied trois armées, et firent publier dans le Mans et au Perche le ban et l'arrière-ban. Le chef des troupes royales fut le duc de Matignon.

Cette fois, Montgommery ne combattait plus. Perdu dans les rangs de ses religionnaires, il tenait tête directement et personnellement à Charles IX, et avait son armée comme le roi avait la sienne.

Il combina un plan admirable et qui devait lui assurer une éclatante victoire.

Il laissa Matignon assiéger Saint-Lô avec toutes ses troupes, quitta secrètement la ville, et se rendit à Domfront. Là, François du Hallot devait lui amener toute la cavalerie de Bretagne, d'Anjou et du pays de Caux. Avec ces forces réunies, il tomberait à l'improviste sur l'armée royale devant Saint-Lô, qui, prise entre deux feux, serait exterminée.

Mais la trahison vainquit l'invincible. Une enseigne avertit Matignon du départ secret de Montgommery pour Domfront, où quarante cavaliers seulement l'accompagnaient.

Matignon tenait bien moins à la prise de Saint-Lô qu'à celle de Montgommery. Il laissa le siège à un de ses lieutenans, et accourut devant Domfront avec deux régimens, six cents chevaux et une puissante artillerie.

Tout autre que Gabriel de Montgommery se fût rendu sans essayer une résistance inutile. Mais lui, avec quarante hommes, voulut tenir tête à cette armée.

Il faut lire dans l'histoire de De Thou le récit de ce siège incroyable.

Domfront résista douze jours. Le comte de Montgommery fit pendant ce temps sept sorties furieuses. Enfin, quand les murailles de la ville, trouées et chancelantes, furent comme livrées à l'ennemi, Gabriel les abandonna, mais pour se retirer et combattre dans la tour dite de Guillaume de Bellême.

Il n'avait plus avec lui que trente hommes.

Matignon commanda pour l'assaut une batterie de cinq pièces de grosse artillerie, cent gentilshommes cuirassé sept cents mousquetaires, et cent piquiers.

L'attaque dura cinq heures, et six cents coups de canon furent tirés sur le vieux donjon.

Au soir, Montgommery n'avait plus que seize hommes, mais il tenait encore. Il passa la nuit à réparer la brèche comme un simple ouvrier.

L'assaut recommença avec le jour. Matignon avait reçu pendant la nuit de nouveaux renforts. Il y avait alors, autour du donjon de Bellême et de ses dix-sept combattans, quinze mille soldats et dix-huit pièces de canon.

Ce ne fut pas le courage qui manqua aux assiégés, ce fut la poudre.

Montgommery, pour ne pas tomber vivant aux mains de ses ennemis, voulut se passer son épée au travers du corps. Mais Matignon lui envoya un parlementaire qui lui jura au nom du chef : *Qu'il aurait la vie sauve et la liberté de se retirer.*

Montgommery se rendit sur la foi de ce serment. Il eût dû pourtant se rappeler Castelnau.

Le jour même, on l'envoyait garrotté à Paris. Catherine de Médicis le tenait enfin ! C'était par une trahison, mais que lui importait ? Charles IX venait de mourir, et en attendant le retour de Henri III de Pologne, elle était reine-régente et toute-puissante.

Montgommery, traduit devant le parlement, fut condamné à mort le 26 juin 1574.

Il y avait quatorze ans qu'il combattait la femme et les fils de Henri II.

Le 27 juin, le comte de Montgommery, auquel, par un raffinement de cruauté, on venait d'appliquer la question extraordinaire, fut porté sur l'échafaud et décapité. Son corps fut déchiré ensuite en quatre quartiers.

Catherine de Médicis assistait à l'exécution...

Ainsi finit cet homme extraordinaire, une des âmes les plus fortes et les plus belles qu'ait vues le seizième siècle. Il n'avait jamais paru qu'au second rang ; mais il s'était toujours montré digne du premier. Sa mort accomplit jusqu'au bout les prédictions de Nostradamus :

..... Enfin, l'aimera, puis las ! le tuera
Dame de roy.

Diane de Castro ne vit point cette mort. La sœur Bénie était morte l'année précédente, abbesse des Bénédictines de Saint-Quentin.

FIN DES DEUX DIANE.

Paris. — Imprimerie J. Voisvenel, 16, rue du Croissant.

LA
COMTESSE DE SALISBURY.

I.

Le 25 septembre 1338, à cinq heures moins un quart du soir, la grande salle du palais de Westminster n'était encore éclairée que par quatre torches, maintenues par des poignées de fer scellées aux angles des murs, et dont la lueur incertaine et tremblante avait grand'peine à dissiper l'obscurité causée par la diminution des jours, si sensible déjà vers la fin de l'été et le commencement de l'automne. Cependant cette lumière était suffisante pour guider dans les préparatifs du souper les gens du château, qu'on voyait, au milieu de cette demi-teinte, s'empresser de couvrir des mets et des vins les plus recherchés de cette époque une longue table étagée à trois hauteurs différentes, afin que chacun des convives pût s'y asseoir à la place que lui assignait sa naissance ou son rang. Lorsque ces préparatifs furent achevés, le maître-d'hôtel entra gravement par une porte latérale, fit avec lenteur le tour du service pour s'assurer que chaque chose était à sa place ; puis, l'inspection finie, il s'arrêta devant un valet qui attendait ses ordres près de la grande porte, et lui dit avec la dignité d'un homme qui connaît l'importance de ses fonctions : — Tout va bien ; *cornez l'eau* (1).

Le valet approcha de ses lèvres une petite trompe d'ivoire qu'il portait suspendue en bandoulière, et en tira trois sons prolongés ; aussitôt la porte s'ouvrit, cinquante varlets entrèrent à la suite les uns des autres, tenant des torches à la main, et, se séparant en deux bandes qui s'étendaient sur toute la longueur de la salle, se rangèrent le long du mur ; cinquante pages les suivirent, portant des aiguières et des bassins d'argent, et se placèrent sur la même ligne que les varlets ; puis enfin, derrière eux, deux hérauts parurent, tirèrent chacun à soi la tapisserie blasonnée qui servait de portière, et se tinrent debout de chaque côté de l'entrée en criant à voix haute : — Place à monseigneur le roi et à madame la reine d'Angleterre!

Au même instant le roi Édouard III parut, donnant la main à madame Philippe de Hainaut sa femme : ils étaient suivis des chevaliers et des dames les plus renommés de la cour d'Angleterre, qui était à cette époque une des plus riches du monde en noblesse, en vaillance et en beauté.

Sur le seuil de la salle, le roi et la reine se séparèrent, passant chacun d'un côté de la table et gagnant le bout le plus élevé. Ils furent suivis dans cette espèce de manœuvre par tous les convives, qui, arrivés à la place qui leur était destinée, se retournèrent chacun vers le page attaché à son service : celui-ci versa l'eau de l'aiguière dans le bassin, et présenta à laver aux chevaliers et aux dames. Cette cérémonie préparatoire achevée, les convives passèrent sur les bancs qui entouraient la table, les pages allèrent replacer l'argenterie sur les magnifiques dressoirs où ils l'avaient prise, et revinrent attendre, debout et immobiles, les ordres de leurs maîtres.

Édouard était tellement absorbé dans ses pensées que le premier service fut enlevé avant qu'il s'aperçût que la place la plus proche de sa gauche était restée vacante, et qu'il manquait un convive à ses bons et féaux services, les pages allèrent un instant de silence que personne n'osa interrompre, soit qu'ils erraient au hasard, soit qu'il cherchassent à se fixer, ses yeux parcoururent cette longue file de chevaliers et de dames étincelans d'or et de pierreries sous la lumière ruisselante de cinquante torches, s'arrêtèrent un instant, avec une expression indéfinissable de désirs amoureux, sur la belle Alix de Granfton, assise entre son père, le comte d'Erby, et son chevalier, Pierre de Montaigu, auquel, en récompense de ses bons et loyaux services, le roi venait de donner le comté de Salisbury, et finirent enfin par se fixer avec surprise sur cette place si proche de lui que chacun se fût disputé l'honneur de la remplir, et qui cependant était restée vide. Cette vue changea sans doute l'ordre de pensées que suivait l'esprit d'Édouard : car il jeta sur toute l'assemblée un regard d'interrogation auquel personne ne répondit. Voyant donc qu'il fallait une demande directe pour obtenir une explication précise, il se tourna vers un jeune et noble chevalier du pays de Hainaut, qui tranchait devant la reine :

— Messire Gauthier de Mauny, lui dit-il, sauriez-vous, par hasard, quelle importante affaire nous prive aujourd'hui de la présence de notre hôte et cousin le comte Robert d'Artois ? Serait-il rentré dans la grâce de notre oncle, le roi Philippe de France, et aurait-il été si pressé de quitter notre île qu'il ait oublié de nous faire sa visite d'adieu ?

— Je présume, sire, répondit Gauthier de Mauny, que monseigneur le comte Robert n'aurait point oublié si promptement que le roi Édouard a eu la générosité de lui donner un asile que, par crainte du roi Philippe,

(1) On appelait *corner l'eau* donner le signal du dîner, parce que les convives se lavaient les mains avant de se mettre à table.

lui avaient refusé les comtes d'Auvergne et de Flandre.

— Je n'ai cependant fait que ce que je devais, Gauthier : le comte Robert est de lignée royale, puisqu'il descend du roi Louis VIII, et c'était bien le moins que je le recueillisse. D'ailleurs, le mérite de l'hospitalité est moins grand de ma part qu'il ne l'eût été de celle des princes que vous venez de citer. L'Angleterre est, par la grâce du ciel, une île plus difficile à conquérir que les montagnes de l'Auvergne et les marais de Flandre, et peut braver impunément la colère de notre suzerain, le roi Philippe. Mais n'importe, je n'en tiens pas moins à savoir ce qu'est devenu notre hôte. En avez-vous appris quelque nouvelle. Salisbury ?

— Pardon, sire, répondit le comte ; mais vous me demandez une chose à laquelle je ne saurais faire une réponse convenable. Depuis quelque temps mes yeux sont tellement éblouis par la splendeur d'un seul visage, mes oreilles sont tellement attentives à la mélodie d'une seule voix, que le comte Robert, tout petit-fils de roi qu'il est, fût-il passé devant moi en me disant lui-même où il allait, je ne l'aurais probablement ni vu ni entendu. Mais attendez, sire ; car voici un jeune bachelier (1) qui se penche sur mon épaule, et qui a probablement quelque chose à me dire à ce sujet.

En effet, Guillaume de Montaigu, neveu de Salisbury, derrière lequel il se tenait debout, s'inclinait et lui disait en ce moment quelques mots à l'oreille.

— Eh bien ? dit le roi.

— Je ne m'étais pas trompé, continua Salisbury ; Guillaume l'a rencontré ce matin.

— Et où cela ? dit le roi en adressant directement la parole au jeune bachelier.

— Sur les bords de la Tamise, sire ; il descendait vers Greenwich, et sans doute allait-il à la chasse, car il portait sur son gant le plus joli faucon muscadin qui ait jamais été dressé pour le vol de l'alouette.

— A quelle heure cela ? dit le roi.

— Vers tierce, sire.

— Et qu'alliez-vous faire de si bon matin sur les bords de la Tamise ? dit d'une voix douce la belle Alix.

— Rêver, répondit en soupirant le jeune homme.

— Oui, oui, dit en riant Salisbury ; il paraît que Guillaume n'est pas heureux dans ses amours, car depuis quelque temps je lui vois tous les symptômes d'une passion sans espoir.

— Mon oncle ! dit Guillaume en rougissant.

— Vraiment ! s'écria avec une curieuse naïveté la belle Alix; si cela est, je veux devenir votre confidente.

— Prenez pitié de moi au lieu de rire, madame, murmura d'une voix étouffée Guillaume, qui fit en même temps un pas en arrière, et porta la main à ses yeux pour cacher deux grosses larmes qui tremblaient au bord de sa paupière.

— Pauvre enfant! dit Alix ; mais il paraît que c'est chose sérieuse.

— Des plus sérieuses, répondit avec une gravité apparente le comte de Salisbury ; mais c'est un bachelier discret que Guillaume, et je vous préviens que vous ne saurez son secret que lorsque vous serez sa tante.

Alix rougit à son tour.

— Alors tout s'explique, dit le roi : la chasse l'aura emporté jusqu'à Gravesend, et nous le reverrons demain à déjeuner.

— Je crois que Votre Altesse se trompe, dit le comte Jean de Hainaut ; car j'entends dans l'antichambre quelque chose comme un bruit de voix qui pourrait bien annoncer son retour.

— Il sera le bienvenu, répondit le roi.

Au même instant la porte de la salle à manger s'ouvrit à deux battants, et le comte Robert, magnifiquement vêtu, entra dans la salle suivi de deux ménestrels jouant de la

(1) On appelait ainsi les fils de familles qui possédaient moins de quatre bachelles de terre.

viole ; derrière eux marchaient deux jeunes filles nobles portant sur un plat d'argent un héron rôti, auquel on avait laissé, afin qu'il fût plus facile à reconnaître, son long bec et ses longues pattes ; enfin, derrière les jeunes filles, venait, sautant et grimaçant, un jongleur qui accompagnait les ménestrels en frappant sur un tambour de basque.

Robert d'Artois commença lentement le tour de la table, suivi de ce singulier cortège, et, s'arrêtant près du roi qui le regardait avec étonnement, il fit signe aux deux jeunes filles de déposer le héron devant lui.

Édouard bondit plutôt qu'il ne se leva, et, se retournant vers Robert d'Artois, il le regarda avec des yeux étincelans de colère ; mais voyant que son regard ne pouvait faire baisser celui du comte :

— Qu'est-ce à dire, notre hôte ? s'écria-t-il d'une voix tremblante ; est-ce ainsi que se paie en France l'hospitalité ? et un misérable héron, dont mes faucons et mes chiens méprisent la chair, est-il gibier royal que l'on puisse servir devant nous ?

— Écoutez, sire, dit le comte Robert d'une voix calme et forte : il m'est venu en tête, lorsque mon faucon a pris aujourd'hui cette bête, que le héron était le plus lâche des oiseaux, puisqu'il a peur de son ombre, et que, lorsqu'il la voit marcher près de lui au soleil, il crie et pleure comme s'il était en danger de mort; alors j'ai pensé que le plus lâche des oiseaux devait être servi au plus lâche des rois !

Édouard porta la main à son poignard.

— Or, le plus lâche des rois, continua Robert sans paraître remarquer ce geste, n'est-ce pas Édouard d'Angleterre, héritier par sa mère Isabelle du royaume de France, et qui cependant n'a pas le courage de le reprendre à Philippe de Valois, qui le lui a volé ?

Un silence terrible succéda à ces mots. Chacun s'était levé, connaissant la violence du roi, et tous les yeux étaient fixés sur ces deux hommes, dont l'un venait de dire à l'autre de si mortelles paroles. Cependant toutes les prévisions furent trompées : le visage d'Édouard reprit peu à peu l'apparence du calme ; il secoua la tête comme pour faire tomber de ses joues la rougeur qui les couvrait ; puis, posant lentement sa main sur l'épaule de Robert :

— Vous avez raison, comte, lui dit-il d'une voix sourde ; j'avais oublié que j'étais petit-fils de Charles IV de France ; vous m'en faites souvenir, merci ; et, quoique le motif qui vous pousse soit plutôt votre haine pour Philippe qui vous a banni, que votre reconnaissance pour moi qui vous ai reçu, je ne vous en suis pas moins obligé ; car maintenant que, grâce à vous, cela m'est revenu à la pensée que j'étais le véritable roi de France, soyez tranquille, je ne l'oublierai pas ; et, comme preuve, écoutez le vœu que je vais faire. Asseyez-vous, mes nobles seigneurs, et n'en perdez pas un mot, je vous prie.

Tout le monde obéit ; Édouard et Robert restèrent seuls debout.

Alors le roi, étendant la main droite sur la table :

— Je jure, dit-il, par ce héron, chair de couard et de lâche, et que l'on a placé devant moi parce qu'il est le plus lâche de tous les couards des oiseaux, qu'avant six mois j'aurai passé la mer avec une armée et que j'aurai mis le pied sur la terre de France, soit que j'entre par le Hainaut, la Guienne ou la Normandie ; je jure que je combattrai le roi Philippe partout où je le rencontrerai, toutefois que les hommes de ma suite ou de mon armée seront seulement un contre dix. Je jure enfin qu'avant six ans de ce jour j'aurai campé en vue du clocher de la noble église Saint-Denis, où est enterré le corps de mon aïeul ; je jure cela nonobstant le serment de vassalité que j'ai fait au roi Philippe à Amiens, et qui m'a été surpris comme à un enfant que j'étais. Ah ! comte Robert, vous voulez des batailles et des ruines, eh bien ! je vous promets que jamais ni Achille, ni Pâris, ni Hector, ni Alexandre de Macédoine, qui conquit tant de pays, n'aura fait sur sa route pareil ravage à celui que je ferai en

France, à moins cependant qu'il ne plaise à Dieu, à monseigneur Jésus et à la bienheureuse vierge Marie de me faire mourir à la peine et avant l'accomplissement de mon vœu. J'ai dit. Maintenant enlevez le héron, comte, et venez vous asseoir près de moi.

— Pas encore, sire, pas encore, répondit Robert : il faut que le héron fasse le tour de la table ; il y a peut-être bien ici quelque noble chevalier qui tiendra à honneur de joindre son vœu à celui du roi.

A ces mots, il ordonna aux deux jeunes filles de reprendre le plat d'argent, et se remit de nouveau en route, suivi par elles et par les ménestrels qui jouaient de la viole pendant que les jeunes filles chantaient une chanson de Guilbert de Berneville ; et, on jouant et en chantant ainsi, ils arrivèrent derrière le comte de Salisbury, qui était assis, comme nous l'avons dit, près de la belle Alix de Granflon. Alors Robert d'Artois s'arrêta, et fit signe aux jeunes filles de poser le héron devant le chevalier. Elles obéirent.

— Beau chevalier, dit Robert, vous avez entendu ce qu'a dit le roi Edouard : au nom du Christ, le roi du monde, je vous adjure de vouer à notre héron.

— Vous avez bien fait, dit Salisbury, de m'adjurer par le saint nom de Jésus, car si vous m'eussiez fait au nom de la Vierge, je vous aurais refusé, ne sachant plus maintenant si elle est au ciel ou sur la terre, tant la dame qui me tient en son servage est fière, sage et belle. Jamais elle ne m'a dit encore qu'elle m'aimait, jamais elle ne m'a rien accordé, car jamais encore je n'ai osé la requérir d'amour. Eh bien ! aujourd'hui, je la supplie de m'octroyer une faveur, c'est de poser son doigt sur un de mes yeux.

— Sur mon âme ! dit tendrement Alix, une dame que requiert si respectueusement son chevalier ne saurait lui répondre par un refus. Vous avez demandé un de mes doigts, comte, je veux être prodigue envers vous : voici toute ma main. Salisbury la saisit et la baisa plusieurs fois avec transport, puis il la posa sur son visage de manière qu'elle lui couvrit entièrement l'œil droit. Alix souriait, ne comprenant rien à cette action. Salisbury s'en aperçut.

— Croyez-vous cet œil bien fermé ? lui dit-il.

— Certainement, répondit-elle.

— Eh bien ! continua Salisbury, je jure de ne revoir le jour de cet œil que sur la terre de France ; je jure qu'avant cette heure-là ni vent, ni douleur, ni blessure ne me forceront de l'ouvrir, et que jusqu'à ce moment je combattrai l'œil clos en lice, tournoi ou bataille. Mon vœu est fait, advienne qu'advienne ! A votre tour, n'en ferez-vous point un, madame?

— Si fait, monseigneur, répondit Alix en rougissant : je jure que le jour où vous reviendrez à Londres, après avoir touché la terre de France, je vous donnerai mon cœur et ma personne avec la même franchise que je vous ai donné aujourd'hui ma main ; et, en gage de ce que je promets à cette heure, voici mon écharpe, pour vous aider à accomplir votre vœu.

Salisbury mit un genou en terre, et Alix lui noua sa ceinture autour du front, aux applaudissemens de toute la table. Alors Robert fit enlever le héron de devant le comte, et se remit en marche dans le même ordre et toujours suivi de ses ménestrels, de ses jeunes filles et de son jongleur : cette fois le cortège s'arrêta derrière Jean de Hainaut.

— Noble sire de Beaumont, dit Robert d'Artois, comme oncle du roi d'Angleterre et comme un des plus braves chevaliers de la chrétienté, ne ferez-vous pas aussi vœu sur mon héron d'accomplir quelque grande entreprise contre le royaume de France ?

— Si fait, frère, répondit Jean de Hainaut, car je suis banni vous-même, et cela pour avoir prêté secours à la reine Isabelle lorsqu'elle reconquit son royaume d'Angleterre. Je jure donc que si le roi veut m'accepter pour son maréchal et passer par ma comté de Hainaut, je conduirai son armée sur les terres de France, ce que je ne ferais pour nul homme vivant. Mais si jamais le roi de France, mon seul et véritable suzerain, me rappelle et lève mon ban, je prie mon neveu Edouard de me rendre ma parole, que j'irai aussitôt lui redemander.

— C'est justice, dit Edouard en faisant un signe de la tête, car je sais que de terre et de cœur vous êtes plus Français qu'Anglais. Jurez donc en toute tranquillité ; car, sur ma couronne ! le cas échéant, je vous relèverai de votre vœu. Comte Robert, passez le héron à Gauthier de Mauny.

— Non pas, sire, non pas, s'il vous plaît, dit le jeune chevalier ; car vous savez qu'on ne peut suivre deux vœux à la fois, et j'en ai déjà fait un : c'est celui de venger mon père, qui, vous le savez, est mort assassiné en Guienne, et de retrouver son meurtrier et son tombeau, afin de tuer l'un sur l'autre. Mais soyez tranquille, sire, le roi de France n'y perdra rien.

— Nous vous croyons, messire, et nous aimons autant une promesse de vous qu'un serment d'un autre.

Pendant ce temps, Robert d'Artois s'était approché de la reine, avait fait déposer le héron devant elle, avait mis un genou en terre et attendait en silence. La reine se tourna alors de son côté en riant :

— Que voulez-vous de moi, comte, lui dit-elle, et que venez-vous me demander ? Vous savez qu'une femme ne peut vouer, puisqu'elle est en puissance d'un maître. Honnie soit donc celle qui, en pareille circonstance, oublierait ses devoirs au point de ne pas attendre la permission de son seigneur !

— Faites hardiment votre vœu, madame, dit Edouard, et je vous jure que de ma part il y aura toujours aide, et jamais empêchement.

— Eh bien ! dit la reine, je ne vous avais pas encore dit que je fusse enceinte, car je craignais de me tromper. Mais voilà, mon cher seigneur, que je viens de sentir remuer mon enfant dans mon sein. Maintenant écoutez-moi donc ; car, puisque vous m'avez autorisée à jurer, je jure par Notre-Seigneur, né de la Vierge, et qui est mort sur la croix, que je n'accoucherai que sur la terre de France ; et, si vous n'avez pas le courage de m'y conduire lorsque le temps de ma délivrance sera venu, je jure encore de me poignarder avec ce couteau, afin de tenir mon serment aux dépens de la vie de mon enfant et du salut de mon âme. Voyez, sire, si vous êtes assez riche de lignée pour perdre à la fois votre femme et votre enfant.

— Personne ne vouera plus, s'écria Edouard d'une voix altérée. Assez de sermens comme cela, et que Dieu nous les pardonne !

— N'importe, dit Robert d'Artois en se relevant, j'espère qu'il y a, grâce à mon héron, plus de paroles engagées qu'il n'en faut à cette heure pour que le roi Philippe se repente éternellement de m'avoir chassé de France.

En ce moment la porte de la salle s'ouvrit, et un héraut s'approchant d'Edouard lui annonça qu'un messager venait d'arriver de la part de Jacques d'Artevelle, de Flandre.

II.

Edouard réfléchit un instant avant de répondre ; puis, se tournant en riant vers les chevaliers qui venaient de vouer :

— Messieurs, leur dit-il, voici un allié qui nous arrive : il paraît que j'avais semé à temps et en bonne terre, car mon projet fleurit juste à son terme, et je puis prédire maintenant de quel côté nous entrerons en France. Sire de Beaumont, vous serez notre maréchal.

— Cher seigneur, répondit Jean de Hainaut, peut-être feriez-vous mieux de vous en remettre à la seule noblesse du soin de décider une question de lignage ; tous ces vilains sont pas trop intéressés à entretenir les guerres des puissans. Quand la noblesse et la royauté se battent, le peuple hérite des dépouilles, et les loups des cadavres ;

ces Flamands maudits n'ont-ils pas profité de nos luttes avec l'empire pour se soustraire à notre juridiction? et maintenant les voilà qui se dirigent eux-mêmes, comme si la comté de Flandre était une machine qui se puisse gouverner longtemps à la manière d'une manufacture de drap ou d'une brasserie de houblon.

— Bel oncle, reprit en souriant Edouard, vous êtes trop intéressé dans la question, en votre qualité de voisin, pour que nous nous en rapportions entièrement à vous de l'opinion que nous devons prendre sur les bonnes gens d'Ypres, de Bruges et de Gand; d'ailleurs, s'ils ont profité de vos démêlés avec l'empire pour se soustraire à votre puissance, n'avez-vous pas, vous autres seigneurs, profité quelque peu aussi de l'interrègne pour échapper à celle de l'empire et bâtir les châteaux qu'ils vous ont brûlés? ce qui vous met, si je ne me trompe, par rapport à Louis V de Bavière et à Frédéric III, à peu près dans la même situation où les communes de Flandre sont vis-à-vis de Louis de Cressy. Croyez-moi, Beaumont, ne prenons point parti pour un homme qui s'est laissé mener par je ne sais quel abbé de Vezelay, qui n'entendait rien en administration, n'avait songé qu'à s'enrichir aux dépens du peuple. Vous rappelez-vous cette moralité qui a été jouée devant nous avec grand triomphe, il y a de cela dix ans, par la corporation des barbiers de Chester? Non, car vous étiez, si je m'en souviens, retourné en Flandre avec vos gens, à la suite de cette grande querelle qui advint aux fêtes de la Trinité de 1327, entre les Hainuyers et les Anglais, dans notre cité d'York. Eh bien! cette moralité, quoique je n'eusse que quinze ans alors, m'a été d'un grand enseignement. Voulez-vous que je vous la raconte?

Chacun se retourna avec curiosité vers Edouard.

— Eh bien! voici ce qu'elle représentait: Un homme et une femme de pauvre condition, après avoir été complétement dépouillés par les gens du roi, parce qu'ils n'avaient pu payer leur taxe, n'ont plus pour tout meuble qu'un vieux coffre sur lequel ils sont assis; ils se plaignent et se lamentent de se voir ainsi ruinés. En ce moment, les gens du roi rentrent: ils se sont souvenus qu'il y avait encore dans la pauvre chaumière un vieux coffre, et qu'ils ont oublié de le prendre. Les vilains les supplient de leur laisser au moins ce bahut, qui leur servait à mettre du pain quand ils en avaient. Les gens du roi ne veulent entendre à rien, et les font lever malgré leurs prières et leurs larmes. Mais à peine ne pèsent-ils plus sur le coffre que le couvercle s'ouvre, et qu'il en sort trois diables qui emportent les gens du roi. Cela m'est resté en mémoire, bel oncle, et je donne toujours tort maintenant à ceux qui, après avoir tout pris à leurs vassaux, veulent encore leur enlever le coffre sur lequel ils pleurent. Dites au messager de notre ami Jacques d'Artevelle, dit le roi en se retournant et en s'adressant au héraut qui attendait sa réponse, que nous le recevrons demain à midi. Quant à vous, mon oncle de Hainaut, et à vous, mon cousin Robert d'Artois, tenez-vous prêts à m'accompagner dans une demi-heure, nous avons une petite excursion de quatorze milles à faire cette nuit. Venez, Gauthier, ajouta le roi en se levant, j'ai quelque chose à vous dire.

A ces mots, Edouard prit le bras de Gauthier de Mauny, et sortit souriant et calme de cette salle où venait de se passer une de ces scènes qui décident en un instant de la vie d'un peuple et du destin d'un royaume; puis, se faisant suivre seulement de deux porteurs de torches, il prit un corridor qui conduisait à ses appartemens.

— Mon cher chevalier, dit Edouard en ralentissant le pas, dès qu'il fut dans le passage, afin que les éclaireurs ne pussent pas entendre ses paroles, j'ai grande envie de vous rendre un mauvais service.

— Lequel, sire? répondit Gauthier, s'apercevant tout d'abord, au ton du roi, qu'il était question d'une plaisanterie et non d'une menace.

— J'ai envie... Diable!... je m'en repentirai peut-être; mais n'importe..... j'ai envie de vous faire roi d'Angleterre.

— Moi? s'écria de Mauny.

— Sois tranquille, continua Edouard en s'appuyant familièrement sur le bras de son favori, ce ne sera que pour une heure.

— Ah! vous me rassurez, sire, dit de Mauny. Et maintenant expliquez-vous, ou plutôt ordonnez; car vous savez que je vous suis dévoué corps et âme.

— Oui, oui; et c'est pour cela que je m'adresse à toi, et non à un autre. Ecoute: je me doute de ce que me veut ce d'Artevelle de Flandre; et comme je le tiens entre mes mains, je ne serais pas fâché d'en tirer le meilleur parti possible. Mais pour cela il est urgent que je fasse mes affaires moi-même. J'avais d'abord eu l'intention de t'envoyer près de lui et de recevoir le messager. Mais j'ai changé d'avis, c'est toi qui recevras l'ambassadeur, et c'est moi qui irai en Flandre.

— Comment, monseigneur, vous vous exposeriez à traverser la mer, seul, sans suite? vous confieriez votre personne royale à des bourgeois rebelles qui ont chassé leurs seigneurs?

— Qu'ai-je à craindre? Ils ne me connaissent pas; je me donnerai mes pleins pouvoirs avant de partir, et, grâce à mon titre d'ambassadeur, je serai plus inviolable et plus sacré qu'avec mon titre de roi; d'ailleurs, on le dit rusé, ce d'Artevelle. Je veux le voir de près, et savoir quel fonds je puis faire sur sa parole. Ainsi c'est chose convenue, Gauthier, ajouta le roi en appuyant la main sur la clef de la porte; demain, à midi, prépare-toi à jouer ton rôle.

— N'avez-vous donc plus besoin de moi ce soir, cher sire, et dois-je entrer avec vous ou me retirer?

— Retire-toi, Gauthier, répondit le roi en donnant à sa voix un accent bas et sombre; il y a dans cette chambre un homme qui m'attend et auquel il faut que je parle sans témoin; car nul autre que moi ne peut entendre ce qu'il va me dire, et si mon meilleur ami était en tiers dans un pareil entretien, je n'oserais plus répondre de sa vie. Laisse-moi, Gauthier, laisse-moi, et souhaite que Dieu ne t'envoie jamais une nuit pareille à celle que je vais passer.

— Et pendant ce temps-là votre cour...

— Rit et s'amuse, c'est son occupation à elle; elle voit notre front se couvrir de rides, elle voit nos cheveux blanchir, et elle s'étonne que ses rois deviennent vieux si vite. Que veux-tu! elle rit trop haut pour entendre ceux qui soupirent un bas !...

— Sire, il y a quelque danger caché au fond de ce mystère; je ne vous quitterai pas.

— Aucun, je le jure.

— Cependant je vous ai entendu dire au sire de Beaumont et à monseigneur Robert d'Artois de se tenir prêts à vous accompagner.

— Nous allons faire une visite à ma mère.

— Mais, continua Gauthier en baissant la voix à son tour et en se rapprochant du roi, où s'agit une de ces visites dans le genre de celle que nous lui fîmes au château de Nottingham, lorsque nous pénétrâmes par un souterrain jusque dans sa chambre à coucher, et que nous y arrêtâmes Roger Mortimer, son favori?

— Non, non, dit Edouard avec un léger mouvement d'impatience que provoquait chez lui le souvenir des déportemens de sa mère. Non, Gauthier, la reine est revenue de ses erreurs et se repent de ses fautes; erreurs et fautes que je lui ai fait expier tout rudement peut-être pour un fils, puisque depuis cette époque, et voilà dix longues années de cela, je la tiens en prison dans une tour du château de Reding. Quant à un nouvel amant, je ne crois pas que la chose soit à craindre: le supplice de Mortimer, que j'ai fait traîner sur un bahut dans les rues de Londres, et à qui j'ai fait arracher tout vivant son cœur de traître, a prouvé que le titre de favori coûtait cher, et que c'était parfois une dignité dangereuse à remplir. C'est donc purement et simplement une visite de fils soumis et respectueux, et presque repentant, dirai-je; car il y a des momens où je doute que toutes les choses qu'on a dites sur cette femme, qui est ma mère, soient prouvées à ceux même qui paraissent en douter le moins. Ainsi donc, dors tranquille, mon bon Gauthier; rêve de tournois, de combats et d'amour, comme il appartient à un brave et beau chevalier, et laisse-moi rêver de trahison, d'adultère et de meurtre; ce sont des songes de roi.

Gauthier sentit qu'il ne pouvait sans indiscrétion insister plus longtemps; il prit en conséquence congé d'Edouard, qui ordonna à ses deux porteurs de torches de l'accompagner en l'éclairant.

Edouard suivit des yeux le jeune chevalier qui s'éloignait, le laissant dans l'obscurité; puis, lorsque la lumière eut disparu aux yeux du roi, celui-ci poussa un soupir, passa la main sur son front pour en essuyer la sueur, ouvrit la porte et entra.

Il y avait dans la chambre deux gardes, et, au milieu de ces deux gardes, un homme. Edouard marcha droit à lui, regarda avec une espèce de terreur sa figure pâle, qui paraissait plus pâle encore à la lueur de la seule lampe qui, posée sur une table, éclairait l'appartement, puis, lui adressant la parole d'une voix basse et presque tremblante:

— Est-ce vous qui êtes le chevalier de Mautravers? lui dit-il.

— Oui, sire, répondit le chevalier, ne me reconnaissez-vous pas?

— Si fait, je me rappelle vous avoir vu une ou deux fois entrer chez ma mère pendant notre voyage en France. Puis, s'adressant aux deux gardes: Laissez-moi seul avec cet homme, ajouta-t-il. Les deux gardes se retirèrent.

Lorsqu'ils furent sortis, Edouard fixa encore quelques instans sur le chevalier un regard mêlé de curiosité et d'effroi; puis enfin, se laissant tomber plutôt qu'il ne s'assit sur un fauteuil:

— C'est donc vous, ajouta-t-il d'une voix sourde, qui avez assassiné mon père?

— Vous m'avez promis la vie sauve, dit le chevalier, si je revenais en Angleterre; j'ai eu confiance en votre parole royale, et j'ai quitté l'Allemagne, où je n'avais rien à craindre; et maintenant me voici désarmé dans votre palais, entre vos mains, et n'ayant pour défense contre le plus puissant roi de la chrétienté que le serment qu'il m'a fait.

— Soyez tranquille, dit Edouard; tout odieux et horrible à voir que vous m'êtes, il ne sera point dit que vous vous serez fié vainement à ma parole, et vous sortirez de ce palais aussi libre que si vous n'étiez pas couvert du sang d'un roi, et que si ce roi n'était pas mon père; mais cela à une condition, vous le savez.

— Je suis prêt à la remplir.

— Vous ne me cacherez rien?

— Rien...

— Vous me remettrez toutes les preuves que vous avez, quelles que soient les personnes qu'elles compromettent?

— Je vous les remettrai...

— C'est bien, dit le roi en poussant un soupir; puis, après un instant de silence, appuyant ses coudes sur la table qui était devant lui, et laissant tomber sa tête entre ses deux mains:

— Vous pouvez commencer, dit-il, je vous écoute.

— Sans doute Votre Altesse sait déjà une partie des choses que je vais lui dire.

— Vous vous trompez, répondit Edouard sans changer d'attitude; un roi ne sait rien, car il est entouré de gens intéressés à lui cacher la vérité; voilà pourquoi j'ai choisi un homme qui a tout à espérer en me le disant.

— Et je puis d'autant mieux vous la dire que voilà vingt-sept ans bientôt que je suis entré au service de la reine votre mère. Je fus d'abord placé comme page auprès d'elle, puis ensuite je devins son secrétaire; et je l'ai toujours fidèlement servie comme page et comme secrétaire.

— Oui, murmura Edouard d'une voix si sourde qu'à peine si on put l'entendre; oui, je sais que vous l'avez fidèlement, et trop fidèlement servie, comme page, comme secrétaire, et puis encore comme bourreau.

— A compter de quelle époque dois-je commencer, sire?

— Du jour où vous entrâtes chez elle.

— Ce fut en 1312, un an avant votre naissance; il y avait quatre ans qu'elle avait été remise par le roi de France, qui l'accompagna jusqu'à Boulogne, aux royales mains de votre père; l'Angleterre la reçut comme un ange sauveur, car chacun espérait dans cette île que, jeune et belle comme elle l'était, son influence allait détruire, ou du moins balancer celle du ministre Gaveston, qui était, pardonnez-moi, sire, de vous dire de pareilles choses, plus que le favori du roi!...

— Oui, oui, je sais cela, dit vivement Edouard, passez.

— On se trompa, ce fut Gaveston qui l'emporta sur la reine. Alors le dernier espoir de la noblesse s'évanouit, et les barons, voyant qu'ils n'obtiendraient rien du roi votre père que par la force, prirent les armes contre lui, et ne les déposèrent que lorsqu'il leur eut livré Gaveston; il passa de leurs mains dans celles du bourreau. Ce fut quelque temps après cette exécution que vous vîntes au monde, sire; on crut que, grâce au fils qu'elle lui avait donné, la reine allait reprendre quelque influence sur son époux. On se trompa: Hugues Spenser avait déjà succédé à Gaveston dans l'amitié de votre père. Vous avez pu voir encore ce jeune homme, sire, et vous savez quelle était son arrogance. Bientôt il ne garda plus aucune mesure avec la reine: il la dépouilla de la comté de Cornouailles, qui lui avait été donnée en apanage pour ses dépenses personnelles; et votre mère désespérée me fit écrire au roi Charles le Bel, son frère, qu'elle n'était plus qu'une servante à gages dans le palais de son époux. Vers cette époque, de grands démêlés s'élevèrent à propos de la Guienne, entre la France et l'Angleterre. La reine offrit à son mari de traverser la mer, et de se faire médiatrice entre lui et le roi son frère; il y consentit facilement. La reine trouva votre oncle déjà prévenu par la lettre qu'elle lui avait écrite; elle lui conta tout ce qu'il ignorait encore. Alors il ne garda plus aucune mesure, et, cherchant un prétexte de guerre, il somma le roi Edouard II de venir lui rendre hommage en personne, comme à son seigneur suzerain. Spenser sentit aussitôt qu'il était perdu de toute façon: perdu s'il accompagnait Edouard et il tombait aux mains du roi de France; perdu s'il restait en Angleterre pendant le voyage du roi, qui le livrait sans défense aux barons. Alors il proposa au roi un expédient qui devait le sauver, et qui cependant fut cause de sa chute: ce fut de vous céder la souveraineté de la Guienne, monseigneur, et de vous envoyer prêter serment à la place du roi votre père.

— Ah! interrompit Edouard, voilà donc pourquoi il commit cette faute, que je n'avais jamais comprise chez un si bon politique. Continez, car je vois que vous dites la vérité.

— J'avais besoin de cet encouragement, monseigneur; car je suis arrivé à une époque... Mautravers hésita.

— Oui, je sais ce que vous voulez dire: vous voulez parler de Roger de Mortimer. Je le trouvai près de ma mère en arrivant à Paris, et, tout enfant que j'étais, je m'aperçus de l'intimité qui régnait entre lui et la reine. Maintenant, dites-moi, car c'est vous seul qui pouvez me dire cela, cette intimité avait-elle pris naissance à Paris, ou datait-elle d'Angleterre?

— Elle datait d'Angleterre, et ce fut la véritable cause de l'exil de Roger.

— C'est bien, dit le roi, je vous écoute.

— Vous ne vous aperçûtes pas seul de cette intimité, monseigneur; car l'évêque d'Exeter, qui vous avait amené à la reine, avertit à son retour à Londres le roi Edouard de ce qui se passait; il écrivit à l'instant à la reine de revenir, et vous adressa directement une lettre pour vous inviter à quitter votre mère et à rentrer en Angleterre.

— Je ne l'ai jamais reçue, interrompit Edouard, et voilà la première fois que j'en entends parler, car mon père seul pouvait m'apprendre cette circonstance, et la reine ne me permit jamais de le visiter dans sa prison.

— Cette lettre fut soustraite par Mortimer.

— Le malheureux! murmura Edouard.

— La reine répondit par un manifeste dans lequel elle disait qu'elle ne rentrerait en Angleterre que lorsque Hugues Spenser serait banni des conseils et de la présence du roi.

— Qui rédigea ce manifeste?

— Je ne sais; il me fut dicté par Mortimer, mais en présence de la reine et du comte de Kent. Il produisit à Londres l'effet qu'on pouvait en attendre : les barons mécontents se rallièrent à la reine et à vous.

— A moi! à moi! mais l'on savait bien que je n'étais qu'un pauvre enfant, ignorant ce qui se passait, et dont on exploitait le nom ; car je veux que Dieu me punisse à l'instant si j'ai jamais conspiré contre mon père !

— Sur ces entrefaites, et comme le roi Charles le Bel préparait les secours d'argent et d'hommes qu'il avait promis à sa sœur, il vint me demander l'hospitalité, ce fut le service qu'il fit principalement valoir près de moi.

— Il vous a dit vrai, sire. La reine effrayée ne savait à qui demander les secours que lui refusait son frère ; ce fut encore le comte Robert d'Artois qui lui conseilla de fuir vers l'empire; il lui dit qu'elle trouverait là bon nombre de grands seigneurs braves et loyaux, et entre autres le comte Guillaume de Hainaut et le sire de Beaumont, son frère. La reine écouta cet avis, partit la même nuit, et se dirigea vers le Hainaut.

— Oui, je me rappelle notre arrivée en l'hôtel du chevalier Eustache d'Aubrecicourt, et comment nous fûmes grandement reçus par lui; si l'occasion s'en présente, je le lui rendrai. Ce fut chez lui que je vis, le même soir, et pour la première fois, mon oncle Jean de Hainaut, qui vint offrir ses services à la reine, et nous conduisit chez son frère Guillaume, où je rencontrai sa fille Philippe, qui plus tard devint ma femme. Passons rapidement sur tous ces détails ; car je me rappelle comment nous partîmes du havre de Dordrecht, comment une tempête nous accueillit, qui jeta le vaisseau hors de sa route et nous poussa, le vendredi 26 septembre 1326, dans le port de Herwich; les barons nous y joignirent bientôt, et je me rappelle même que le premier qui vint à nous fut le comte Henri de Lancastre au cou tors; oui, oui, je sais tout maintenant; depuis notre entrée triomphale à Bristol jusqu'à l'arrestation de mon père, qui fut pris, si j'ai bonne mémoire, à l'abbaye de Neath, dans le comté de Galles, par ce même Henry de Lancastre ; seulement j'ignore s'il est vrai, comme on l'a dit, qu'il fut amené à ma mère.

— Non monseigneur ; on le conduisit directement au château de Kenilworth, qui lui appartenait, et l'on s'occupa de votre couronnement.

— Oh! je ne savais rien de tout cela alors ; non, sur mon honneur! on m'avait tout laissé ignorer : on me disait que mon père était libre, qu'il renonçait par dégoût et par fatigue au trône d'Angleterre ; et cependant je jurai de ne point l'accepter tant qu'il vivrait; alors on m'apporta son abdication en ma faveur, je reconnus la main qui l'avait tracée ; je cédai comme à un ordre : je ne savais pas qu'il s'était évanoui deux fois en l'écrivant. Oui, encore une fois, j'ignorais tout, jusqu'à la décision du parlement qui déclarait mon pauvre père incapable de régner, et qui lui fut lue, m'a-t-on dit depuis, dans sa prison, par cet audacieux Guillaume Trussel. On lui arracha la couronne de la tête pour la poser sur la mienne, et l'on me dit qu'il me la donnait librement et volontairement comme à son bien-aimé, tandis qu'il me maudissait peut-être comme un traître et un usurpateur. Sang-Dieu !... vous qui êtes resté longtemps près de lui, lui avez-vous jamais entendu dire quelque chose de pareil ? Je vous adjure de me répondre comme vous répondriez à Dieu !

— Jamais, sire, jamais; au contraire, il se regardait comme heureux que le parlement, l'ayant déposé, vous eût élu à sa place.

— C'est bien ; et voilà des paroles qui m'allégent le cœur. Continuez.

— Vous n'étiez point encore majeur, sire : on nomma un conseil de régence; la reine en eut la présidence, et il gouverna sous sa direction.

— Oui, c'est alors qu'ils m'envoyèrent faire la guerre aux Ecossais, qui me firent courir de montagne en montagne sans que je pusse les rejoindre ; et lorsque je revins, on me dit que mon père était mort; maintenant je ne sais plus rien de ce qui s'est passé en mon absence. Je ne connais aucun des détails qui précédent cette mort : dites-moi donc tout, car vous devez tout savoir, puisque c'est vous et Gurnay qui avez été chercher mon père à Kenilworth, et que vous ne l'avez plus quitté jusqu'à sa dernière heure.

Mautravers hésita un instant à répondre. Le roi le regarda, et voyant qu'il pâlissait encore et que la sueur lui coulait du front :

— Allons, allons, continua-t-il, parlez ; vous savez bien que vous n'avez rien à craindre, puisque je vous ai donné ma parole. D'ailleurs Gurnay a payé pour vous et pour lui.

— Gurnay ? dit en hésitant Mautravers.

— Eh ! oui. Ne savez-vous point que je l'ai fait arrêter à Marseille, et que je n'ai pas même attendu qu'il fût arrivé en Angleterre pour le faire pendre comme un meurtrier et comme un chien ?

— Non, sire, je ne savais pas cela, murmura Mautravers en s'appuyant contre le mur.

— Mais on n'a rien trouvé dans ses papiers, et alors j'ai pensé que c'était vous qui aviez gardé les ordres; car vous avez dû recevoir des ordres : l'idée de pareils crimes ne naît que dans la tête de ceux qui doivent profiter de leur exécution.

— Aussi en ai-je, sire, et les ai-je conservés comme un dernier moyen de salut ou de vengeance.

— Vous les avez là, sur vous ?

— Oui, sire.

— Et vous me les donnerez ?

— A l'instant.

— C'est bien... Souvenez-vous que je vous ai fait offrir votre grâce à la condition que vous me direz tout : soyez donc tranquille, et dites-moi tout.

— A peine fûtes-vous parti avec votre armée, sire, continua Mautravers d'une voix altérée encore, mais cependant plus calme, que nous fûmes choisis, Gurnay et moi, pour aller prendre votre père à Kenilworth. Nous y trouvâmes l'ordre de le conduire à Corff ; il ne resta cependant que peu de jours dans ce château, d'où il fut transféré à Bristol, et de Bristol à Berkley, dans le comté de Gloucester. Arrivé là, on le remit sous la garde du châtelain; mais nous n'en restâmes pas moins près de lui pour accomplir les instructions que nous avions reçues.

— Et ces instructions, quelles étaient-elles? dit Edouard d'une voix qui s'altérait à son tour.

— De déterminer, par les mauvais traitemens que nous lui ferions endurer, le prisonnier à se tuer lui-même.

— Cet ordre était-il écrit? s'écria le roi.

— Non, cet ordre fut verbal.

— Prenez garde d'avancer de pareilles choses et de ne pouvoir me les prouver, Mautravers!...

— Vous m'avez demandé toute la vérité... je la dis.

— Et... qui donc... Edouard hésita. Qui donc vous avait donné cet ordre?

— Roger Mortimer.

— Ah! fit Edouard comme un homme qui respire.

— Mais le roi supporta tout avec tant de douceur et de patience, que ce fut à nous quelquefois que ce courage fut près de manquer.

— Malheureux père! murmura Edouard.

— Enfin on apprit que Votre Altesse allait revenir; nos persécutions avaient conduit le prisonnier à la résignation au lieu de le pousser au désespoir : on vit que l'on s'était trompé, et nous reçûmes un matin, cacheté du sceau de l'évêque d'Herefort, l'ordre...

— Oh! celui-là, vous l'avez, je l'espère! s'écria Edouard.

— Le voici, monseigneur.

A ces mots, Mautravers présenta au roi un parchemin auquel pendait encore le sceau de l'évêque; Edouard le prit, le déplia lentement et d'une main tremblante.

— Mais comment avez-vous pu obéir à l'ordre d'un évêque, reprit Edouard, quand le roi était absent et la reine régente? Tout le monde gouvernait-il alors, excepté moi?, et tout le monde avait-il le droit de mort quand celui-là seul qui avait le droit de grâce n'était plus là?....

— Lisez, sire, dit froidement Mautravers.

Edouard jeta les yeux sur le parchemin; une seule ligne y était écrite, mais cette ligne lui suffit pour reconnaître la main qui l'avait tracée.

— L'écriture de la reine! s'écria-t-il avec effroi.

— Oui, l'écriture de la reine, continua Mautravers; et l'on savait que je la connaissais, puisque depuis que je n'étais plus son page j'étais son secrétaire.

— Mais... mais, reprit Edouard essayant de lire l'ordre, mais je ne vois là rien qui ait pu nous autoriser à un meurtre; au contraire, la défense est formelle, ce me semble : *Edwardum occidere nolite timere bonum est*; ce qui veut dire : *Gardez-vous de tuer Edouard, il est bon de craindre*.

— Oui, parce que votre amour filial suppose la virgule qui décide du sens de la phrase après le mot *nolite*; mais la virgule manque, et comme nous connaissions les désirs secrets de la régente et de son favori, nous crûmes, nous, qu'elle devait être placée après *timere*, et alors la phrase est précise : *Ne craignez pas de tuer Edouard, c'est une bonne chose*.

— Oh! murmura le roi, les dents serrées et la sueur au front, oh! en envoyant un pareil ordre ils ont compris que le crime se chargerait de l'interprétation; c'est cependant infâme que l'on joue des existences royales au jeu de pareilles arguties. Voilà bien une sentence de théologien. Oh! monseigneur Jésus, savez-vous ce qui se passe en votre Eglise !...

— Pour nous, sire, l'ordre était formel : nous obéîmes.

— Mais comment et de quelle manière? car moi-même j'arrivai le surlendemain de la mort de mon père; le corps était exposé sur son lit de parade ; je le fis revêtir de ses habits royaux, et je cherchai par tout le corps la trace d'une mort violente, car je soupçonnai quelque crime de famille; je ne trouvai rien, absolument rien. Encore une fois, vous avez votre grâce, et il n'y a que moi qui risque de mourir de douleur en écoutant un pareil récit; ainsi donc, dites tout, je le veux, je suis tranquille, je suis fort, voyez.

Et à ces mots, Edouard se tourna du côté de Mautravers, donnant à son visage une apparence de calme, et fixant ses yeux sur ceux du meurtrier. Celui-ci essaya d'obéir; mais au premier mot il manqua de courage.

— Epargnez-moi ces détails, sire, au nom du ciel! Je vous rends votre parole royale ; vous ne m'avez rien promis, faites-moi conduire à l'échafaud.

— Je t'ai dit que je voulais tout savoir, répondit Edouard, quand je devrais te faire donner la question pour que tu parles! Ne me pousse pas trop, crois-moi, à ce moyen; je ne suis déjà que trop porté à l'employer.

— Alors, détournez les yeux de moi, monseigneur: vous avez une telle ressemblance avec votre père, que je crois vraiment, lorsque vous me regardez et m'interrogez ainsi, que c'est lui qui me regarde et m'interroge, et que son spectre sort de terre pour demander vengeance.

Edouard détourna la tête : il laissa tomber son front entre ses mains, et dit d'une voix sourde :

— C'est bien : parlez maintenant!

— Le 21 septembre au matin, continua Mautravers, nous entrâmes dans sa chambre comme d'habitude; mais, soit pressentiment de sa part, soit que l'émotion de notre visage trahît l'action que nous allions commettre, le roi poussa un cri en nous apercevant; puis, se jetant hors de son lit, il tomba à genoux, et, joignant les mains : « Vous ne me tuerez pas, dit-il, sans m'accorder auparavant un prêtre? » Alors nous fermâmes la porte.

— Sans lui accorder un prêtre, misérables! s'écria Edouard ; sans accorder à un roi, qui avait le droit de pardonner et qui priait, ce qu'on accorde au dernier criminel! Oh! mais ce n'était point dans vos instructions, et sur votre ordre on vous avait dit de tuer le corps et non pas l'âme.

— Un prêtre aurait tout découvert, monseigneur, car le roi n'aurait pas manqué de lui dire qu'il se confessait en danger de mort, et que nous étions là pour l'assassiner. Vous voyez bien que l'ordre de le faire mourir sans prêtre était renfermé dans l'ordre de le faire mourir.

— Oh! murmura Edouard levant les mains au ciel. Ah! mon Dieu! avez-vous jamais condamné un fils à entendre raconter le meurtrier de son père de pareilles horreurs de sa mère? Achevez, achevez, car mon courage est à bout! ma force s'épuise !...

— Nous ne lui répondîmes point ; nous nous saisîmes de lui, nous le renversâmes sur son lit ; et tandis que je lui appuyais, à l'aide d'une table retournée, un oreiller sur le visage, Gurnay, je vous jure que ce fut Gurnay, Sire, Gurnay lui enfonça, à travers une corne, un fer rouge dans les entrailles.

Edouard jeta un cri, et se leva tout debout et en face de Mautravers :

— Laisse-moi te regarder, malheureux, que je m'assure que tu es bien un homme. Oui, voilà, sur mon âme! un visage humain, un corps humain, une apparence humaine. Oh! démon, moitié tigre, moitié serpent, qui t'a permis de prendre ainsi la ressemblance de l'homme, qui est l'image de Dieu?

— L'idée du crime ne vient pas de nous, sire.

— Silence! cria Edouard en lui mettant la main sur la bouche, silence, sur ta tête, je ne veux pas savoir d'où elle vient! Ecoute, je t'ai promis la vie, je te la donne; voici ma parole accomplie, fais-y bien attention: mais dorénavant, au moindre mot qui tombera de tes lèvres, à la moindre indiscrétion de ta part sur les amours de la reine et de Roger, à la moindre accusation de complicité de ma mère dans cet infâme assassinat ; je te jure, par ma foi royale! que je sais observer, tu le vois, que le nouveau crime sera payé de manière à ce que des anciens l'on retrouvent leur compte. Ainsi donc, à dater de cette heure, oublie : que le passé ne soit pour toi qu'un rêve fiévreux, qui s'évanouit avec le délire qui l'a causé. Celui qui réclame le trône de France, du fait de sa mère, doit avoir une mère que l'on puisse soupçonner des faiblesses d'une femme, car elle est femme, mais non des crimes d'un démon.

— Je vous jure de garder le secret, sire. Maintenant qu'ordonnez-vous de moi?

— Tenez-vous prêt à m'accompagner au château de Reding, où est la reine.

— La reine... votre mère?

— Oui. N'êtes-vous pas habitué à la servir? n'est-elle point habituée à vous donner des ordres? Je vous ai trouvé un nouvel emploi dans sa maison.

— Je suis à votre merci, monseigneur; faites de moi ce que vous voudrez.

— Votre tâche sera facile; elle se bornera à ne jamais laisser passer à ma mère la porte du château dont vous serez le gardien.

A ces mots, Édouard sortit, faisant signe à Mautravers de le suivre. A la porte du palais, il trouva le comte Jean de Hainaut et le comte Robert d'Artois qui l'attendaient. Tous deux s'étonnèrent de la pâleur affreuse du roi; mais comme il marchait d'un pas ferme, et qu'il se mit en selle sans le secours de personne, ils n'osèrent lui faire aucune question, et se contentèrent de l'accompagner à une demi-longueur de cheval; Mautravers et ses deux gardes venaient après eux, à quelque distance. La petite troupe suivit silencieuse les bords de la Tamise, qu'elle traversa à Windsor, et, au bout de deux heures de marche, elle aperçut les hautes tours du château de Reding. C'était dans une des chambres de ce château que, depuis l'exécution de Roger Mortimer, la reine Isabelle de France, veuve d'Édouard, était prisonnière. Deux fois par an, et à des époques fixes, le roi venait l'y visiter. Sa crainte fut donc grande lorsque la porte de sa chambre s'ouvrit, et qu'on lui annonça son fils, à une époque où il n'avait pas l'habitude de se présenter devant elle.

La reine se leva toute tremblante, et voulut venir au-devant d'Édouard; mais à moitié chemin la force lui manqua, et elle fut forcée de s'appuyer sur un fauteuil; au même moment le roi parut, accompagné de Jean de Hainaut et du comte Robert d'Artois.

Il s'avança lentement vers sa mère, qui lui tendit la main; mais Édouard, sans la prendre, s'inclina devant elle. Alors la reine, rassemblant tout son courage et s'efforçant de sourire :

— Mon cher seigneur, lui dit-elle, à quelle bonne pensée filiale dois-je le bonheur de votre visite dans un moment où je m'y attendais si peu?

— Au désir que j'avais de réparer mes torts envers vous, madame, dit Édouard d'une voix sourde et sans lever les yeux; je vous avais soupçonnée à tort d'erreurs, de fautes, et même de crimes. Le bruit public vous accusait, madame, et souvent il n'y a malheureusement pas d'autres preuves contre les rois. Mais aujourd'hui même j'ai acquis la conviction de votre innocence.

La reine tressaillit.

— Oui, madame, continua Édouard; la conviction pleine et entière, et j'ai amené avec moi votre ancien chevalier, Jean de Hainaut, sire de Beaumont, et votre ancien ami, le comte Robert d'Artois, afin qu'ils fussent présents à l'amende honorable que je fais de mes torts envers vous.

La reine regarda d'un œil hagard les deux chevaliers qui, silencieux et stupéfaits, assistaient à cette scène, puis enfin ramena son regard sur Édouard, qui continua avec le même accent et les yeux baissés toujours :

— A compter de cette heure, le château de Reding n'est plus une prison, mais une résidence royale. Vous aurez, comme par le passé, madame, des pages, des dames d'honneur, un secrétaire; vous serez traitée comme doit l'être la veuve d'Édouard II et la mère d'Édouard III, comme doit être traitée enfin celle qui, par son auguste parenté avec le fou roi Charles le Bel, me donne des droits incontestables à la couronne de France.

— Est-ce un songe, dit la reine, et puis-je croire à tant de bonheur?

— Non, madame, c'est une réalité, et, comme dernière preuve, voici le châtelain à qui je remets la garde sacrée de votre personne. Entrez, chevalier, dit Édouard.

Mautravers parut; la reine jeta un cri et se couvrit les yeux de ses mains comme si elle apercevait un spectre.

— Qu'y a-t-il donc, madame? dit Édouard; je croyais vous faire plaisir en vous ramenant un ancien serviteur; cet homme n'a-t-il pas été tour à tour votre page et votre secrétaire? ne fut-il pas le confident de toutes vos pensées, et ne pourra-t-il pas, à ceux qui douteraient encore, répondre de votre innocence comme vous-même?

— Oh! oh! mon Dieu!... dit Isabelle, si vous voulez me faire mourir, tuez-moi tout de suite, monseigneur.

— Moi! penser à vous faire mourir, madame! au contraire, je veux que vous viviez, et longuement; la preuve en est cet ordre, que je laisse aux mains du châtelain Mautravers : lisez.

La reine baissa les yeux sur le parchemin scellé du sceau royal que lui présentait son fils, et lut à demi-voix : *Isabellam occidere nolite; timere bonum est.* A ce dernier mot elle poussa un cri et tomba évanouie dans le fauteuil.

Les deux chevaliers s'avancèrent pour secourir Isabelle. Quant à Édouard, il alla à Mautravers.

— Chevalier, lui dit-il, voilà vos instructions. Cette fois, vous le voyez, elles sont positives. *Ne tuez pas Isabelle; il est bon de craindre.* Partons, messeigneurs, continua Édouard; il faut que nous soyons à Londres avant le jour. Je compte sur vous pour proclamer l'innocence de ma mère.

A ces mots, il sortit suivi de Jean de Hainaut et de Robert d'Artois, laissant la reine, qui commençait à reprendre ses sens, en tête-à-tête avec son ancien secrétaire.

Nos lecteurs s'étonneront peut-être de ce retour de clémence du roi Édouard III, si étrange surtout au moment où il venait d'acquérir la preuve du crime dont son père avait été victime; mais la politique l'avait emporté en lui sur la conviction, et, il avait compris qu'à l'heure où il allait réclamer le trône de France du chef de sa mère il fallait traiter celle qui lui transmettait ses droits en reine et non pas en prisonnière.

III.

Le surlendemain du jour ou plutôt de la nuit où les événements que nous avons racontés s'étaient passés, trois ambassades sortirent de Londres, se rendant la première à Valenciennes, la seconde à Liége, et la troisième à Gand.

La première avait pour chef Pierre Guillaume de Montaigu, comte de Salisbury, et Jean de Hainaut, sire de Beaumont; elle se rendait près de Guillaume de Hainaut, beau-père du roi Édouard III.

La seconde se composait de messire Henry, évêque de Lincoln, et de Guillaume de Clinton, comte de Huntington; elle était adressée à Adolphe de Lamarck, évêque de Liége.

Ces deux ambassades avaient à leur suite une foule de chevaliers, de pages et de varlets : elle étaient dignes enfin de la puissance et de la splendeur du roi qu'elles étaient chargées de représenter, car elles se montaient chacune à plus de cinquante personnes.

Quant à la troisième, elle était loin de répondre à la riche et importante apparence des deux premières; car, comme si les autres eussent été formées à ses dépens, elle était réduite à deux maîtres et à un valet, encore ces deux maîtres paraissaient-ils, par la simplicité de leurs vêtemens, appartenir à la classe moyenne de la société. Il est vrai que cette ambassade était simplement adressée au brasseur de bière Jacques d'Artevelle, que le roi d'Angleterre avait peut-être craint d'humilier en lui envoyant une plus nombreuse et plus riche chevauchée; cependant, toute simple et peu apparente qu'elle est, ce sera, si nos lecteurs le permettent, cette dernière que nous allons suivre; et, dans le but de faire connaissance avec elle, commençons par jeter un coup d'œil sur les deux hommes qui la composent, et qui dans ce moment traversent les rues de Londres.

L'un des deux, et c'était le plus grand, portait une espèce de robe longue, de couleur marron, dont le capuchon relevé lui cachait entièrement le visage; cette robe, garnie de fourrure, avait à ses larges manches une ouverture qui, de chaque côté, laissait passer l'avant-bras : il était donc facile de voir qu'elle couvrait un justaucorps de drap vert pareil à celui que l'on fabriquait dans le pays de Galles, et qui, trop épais pour être porté par les grands seigneurs, était cependant trop fin pour vêtir habituellement les hommes du peuple. Des bottes de cuir, à bouts pointus, mais sans exagération quant à leur longueur, dépassaient d'un demi-pied à peu près le bas de cette lévite, et posaient sur de simples étriers de fer. Quant au cheval bai-brun qui servait de monture à l'ambassadeur, peut-être au premier aspect paraissait-il appartenir à une classe moyenne, comme son maître; cependant, après un instant d'inspection, un connaisseur se fût facilement aperçu à son col arrondi, à sa tête busquée, à sa croupe puissante et à ses jambes fines, sur lesquelles des veines saillantes et multipliées se croisaient comme un réseau, qu'il appartenait à cette pure race normande dont les chevaliers de cette époque faisaient si grand cas, parce qu'elle réunissait la vigueur à la légèreté : aussi était-il évident que le noble animal n'obéissait à son maître, qui le forçait de marcher au pas, que parce qu'il reconnaissait en lui un écuyer exercé, et cette allure était si loin d'être la sienne qu'au bout d'un quart d'heure de chemin, il ruisselait de sueur et lançait en l'air des flocons d'écume, chaque fois que dans son impatience il relevait la tête.

Quant au second personnage, il n'avait aucune ressemblance avec le portrait que nous venons de tracer de son compagnon; c'était un homme petit, blond et maigre; ses yeux, dont on aurait difficilement précisé la couleur, avaient cette expression de finesse railleuse que nous rencontrons souvent chez les hommes du peuple qu'un accident politique a soulevés au-dessus de l'état où ils sont nés, sans cependant leur permettre de parvenir aux hauteurs aristocratiques qu'ils désirent atteindre tout en paraissant les mépriser. Ses cheveux, d'un blond fade, n'étaient taillés ni comme ceux des seigneurs ni comme ceux des communes gens; quant à sa barbe, quoiqu'il fût depuis longtemps en âge d'en avoir, elle était si clair semée que l'on n'aurait pu dire si son intention était de la porter longue ou s'il n'avait pas plutôt jugé inutile de la raser vu son peu d'apparence. Son costume se composait d'une houppelande de gros drap gris, sans ceinture, et à capuchon retombant; sa tête était couverte d'un bonnet de laine de la même couleur, avec une espèce d'ornement vert à l'entour, et ses pieds étaient chaussés de bottines rondes du bout et lacées sur le cou-de-pied comme nos brodequins. Quand à sa monture, qu'il paraissait avoir choisie particulièrement à cause de sa douceur, c'était une jument, ce qui indiquait du premier coup d'œil que le chevalier n'était pas noble, car on sait qu'un gentilhomme se serait cru déshonoré de monter une pareille bête.

Lorsqu'ils eurent dépassé de cent pas à peu près les portes de la ville, le plus grand de ces deux cavaliers, n'apercevant au loin sur la route que des voyageurs ou des paysans, abattit le capuchon qu'il avait tenu ramené sur son visage tant qu'il avait été dans les rues de Londres. On put voir alors que c'était un beau jeune homme de vingt-cinq à vingt-six ans, aux cheveux bruns, aux yeux bleus, à la barbe roussâtre ; il était coiffé d'une petite toque de velours noir, à laquelle son rebord à peine saillant laissait la forme d'une calotte. Quoiqu'il ne parût pas porter un âge plus avancé que celui que nous avons indiqué, il avait cependant déjà perdu le premier coloris de la jeunesse, et son front pâle était sillonné par une ride profonde, qui indiquait que plus d'une pensée grave avait fait incliner sa tête; cependant à cette heure,

semblable à un prisonnier qui vient de reprendre sa liberté, il paraissait avoir secoué tout souci et renvoyé à un autre moment les affaires sérieuses, car ce fut avec un air de franchise et de bonne humeur marquée qu'il s'approcha de son compagnon, et régla le pas de son cheval de manière à marcher côte à côte du sien.

Cependant quelques minutes se passèrent sans qu'aucun d'eux ouvrît encore la bouche, occupés qu'ils paraissaient être à s'observer mutuellement.

— Par saint Georges ! confrère, dit le jeune homme à la toque noire, rompant le premier le silence, lorsqu'on a comme nous une longue route à parcourir ensemble, je crois, sauf meilleur avis, qu'il faut faire connaissance le plutôt possible; c'est autant d'épargné pour l'ennui et de gagné pour l'amitié? d'ailleurs, je présume que vous n'eussiez pas été fâché, lorsque vous veniez en ambassade de Gand à Londres, qu'un bon compagnon comme moi vous eût mis au fait des habitudes de la capitale, vous eût nommé les seigneurs les plus influens de la cour, et vous eût d'avance prévenu des défauts ou des qualités du souverain près duquel vous êtes envoyé. Ce que j'aurais fait volontiers pour vous si ma bonne fortune m'avait rendu votre compagnon de voyage, faites-le donc pour moi qui suis devenu le vôtre; et d'abord commençons par votre nom et votre état, car je présume qu'habituellement vous en exercez un autre que celui d'ambassadeur?

— Me permettrez-vous de vous faire ensuite les mêmes questions? répondit d'un air défiant l'homme au bonnet gris bordé de vert.

— Sans doute : la confidence doit être réciproque.

— Eh bien! mon nom est Gérard Denis ; je suis chef des tisserands de la ville de Gand, et, quoique je sois fier de mon état, je suis forcé de temps en temps de laisser reposer le fil de la navette pour donner un coup de main à Jacquemart (1) dans le maniement des affaires publiques, qui ne vont pas plus mal en Flandre que dans les autres pays, pour être administrées par des chefs de corporation, lesquels étant du peuple savent au moins ce qu'il faut au peuple. Et maintenant, à votre tour de parler, car je vous ai dit, je crois, ce que vous vouliez savoir.

— Moi, répondit le jeune chevalier, je m'appelle Walter ; ma famille, quoique riche et de nom, vaudrait mieux encore si ma mère n'avait injustement perdu un grand procès qui m'a enlevé la plus belle part de mon héritage. Je suis venu au monde le même jour que le roi Edouard, j'ai été nourri du même lait que lui, ce qui fait qu'il m'a toujours eu dans une grande amitié. Quant à la place que j'occupe à la cour, je ne saurais trop comment la qualifier : j'accompagne le roi partout, à la chasse, à l'armée, au conseil ; bref, quand il veut juger une chose comme s'il la voyait de ses propres yeux, il me charge habituellement de la regarder à sa place. Voilà pourquoi il m'envoie à Jacques d'Artevelle, qu'il tient pour son ami et qu'il considère particulièrement.

— Il ne m'appartient pas de critiquer le choix qu'a fait un prince aussi sage et aussi puissant que l'est le roi d'Angleterre, et cela devant vous, répondit Gérard Denis en souriant, mais il me semble qu'il a choisi le messager bien jeune. Quand on veut prendre un vieux renard, il ne faut pas le chasser avec de jeunes chiens.

— Cela est bon lorsqu'on cherche à se tromper l'un l'autre, et lorsqu'il s'agit de politique et non de commerce, répondit naïvement celui qui s'était donné le nom de Walter ; mais lorsqu'on va traiter bonnement et franchement d'un échange de marchandises, on s'entend entre gentilshommes.

— Entre gentilshommes ? répéta Gérard Denis.

— Oui ; Jacques d'Artevelle n'est-il pas de famille noble ? répondit négligemment Walter.

(1 C'est ainsi que l'on nommait familièrement Jacques d'Arvelle, dont le nom flamand est Jacob Von Artveld.

Gérard éclata de rire.

— Oui, oui, de famille si noble, que le comte de Valois, père du roi de France, voulant le faire voyager dans sa jeunesse, afin que rien ne manquât à son éducation, l'a conduit à Rhodes, et qu'à son retour le roi Louis le Hutin l'a trouvé si bien formé qu'il lui a donné une charge en sa cour ; oui, sur mon âme ! il l'a fait valet de sa fruiterie. De sorte que, vu la haute fonction qu'il avait occupée, il a pu faire un grand mariage : il a épousé une brasseuse de miel.

— Alors, reprit Walter, il lui a fallu un bien grand mérite personnel pour acquérir la puissance dont il jouit.

— Oui, oui, dit Gérard avec son éternel sourire, qui seulement chargeait d'expression selon la circonstance : il a la voix forte, et il peut crier haut et longtemps contre la noblesse ; ce qui est un grand mérite, comme vous dites, auprès de gens qui ont chassé leur seigneur.

— Il est royalement riche, dit-on ?

— Il n'est pas difficile d'amasser des trésors lorsque, comme un prince d'Orient, on lève les rentes, les tonnieux, les vinages, et tous les revenus d'un seigneur, sans en rendre d'autres comptes que ceux que l'on veut bien ; quand on est tellement craint qu'il n'est point un bourgeois qui ose refuser de vous prêter, quelle que soit la somme qu'on lui emprunté, et quoiqu'il sache parfaitement qu'il n'en recevra jamais un esterlin.

— Vous dites que Jacquemart est craint ? je le croyais aimé, moi.

— Et pourquoi faire alors aurait-il constamment autour de lui soixante ou quatre-vingts gardes qui l'environnent comme un empereur romain, et qui ne laissent approcher ni fer ni acier de sa personne ? Il est vrai qu'on dit généralement qu'ils ne lui servent pas à se défendre, mais à attaquer, et qu'il y en a parmi eux deux ou trois qui savent tellement ses plus profonds secrets que, lorsqu'ils rencontrent un ennemi de Jacquemart, Jacquemart n'a qu'à faire un signe, alors son ennemi disparaît, si haut et si grand que ce lui puisse être. Tenez, voulez-vous que je vous dise ? continua Gérard Denis en frappant sur la cuisse de Walter, qui paraissait depuis un moment l'écouter à peine, cela ne durera pas longtemps ; il y a à Gand des hommes qui valent Jacquemart, et qui feraient aussi bien et même mieux que lui, avec Édouard d'Angleterre, tous les traités de politique et de commerce qui seraient à la convenance d'un aussi grand roi. Mais que diable regardez-vous donc ainsi, et à quoi pensez-vous ?

— Je vous écoute, maître Gérard, et je ne perds pas un mot de ce que vous dites, répondit Walter avec distraction, soit qu'il pensât qu'une attention trop soutenue donnerait l'éveil à son interlocuteur, soit qu'il eût appris ce qu'il désirait savoir, soit enfin qu'il fût réellement préoccupé par l'objet qui avait attiré ses regards ; mais, tout en vous écoutant, je regarde ce magnifique héron qui vient de s'élever de ce marais, et je pense que, si j'avais là un de mes faucons, je vous donnerais le plaisir d'une chasse aù vol. Eh ! mais, sur mon honneur ! nous l'aurons sans cela : et tenez, là-bas, là-bas, voilà un faucon qu'on lance à la poursuite de notre ami au long bec. Haw ! haw ! cria Walter, comme si le noble oiseau eût pu l'entendre. Et voyez, maître Gérard, voyez : le héron a aperçu son ennemi. Ah ! double couard ! s'écria le jeune chevalier, tu as beau fuir maintenant ; ton adversaire est de race, tu es perdu !...

En effet, le héron, qui vit le danger qui le menaçait, poussa un long cri plaintif, qu'on entendit malgré la distance, et commença de monter comme s'il voulait se perdre dans les nues. Le faucon, qui de son côté s'aperçut de son intention, employa pour attaquer la même manœuvre que sa proie adoptait pour se défendre, et, tandis que le héron s'élevait verticalement, il traça une ligne diagonale qui tendait vers le point où ils devaient se rejoindre.

— Bravo ! bravo ! s'écria Walter, qui prenait à ce spectacle tout l'intérêt qu'il avait l'habitude d'inspirer aux gentilshommes : bien attaqué, bien défendu. Haw ! haw ! Robert, reconnais-tu ce faucon ?

— Non, monseigneur, répondit le varlet, aussi attentif que son maître au combat qui allait se livrer ; mais, sans savoir à qui il appartient, je répondrais, à son vol, qu'il est de grande race.

— Et tu ne te tromperais pas, Robert. Sur mon âme ! il a un coup d'aile de gerfaut, et dans un instant il va l'avoir joint. Ah ! tu as mal pris ta mesure, mon noble oiseau, et la peur a eu de meilleures ailes que le courage.

En effet, le héron avait si bien calculé ses forces, qu'au moment où le faucon l'atteignit il avait conservé le dessus. L'oiseau chasseur continua donc sa route, passant quelques pieds au dessous de lui, mais sans l'attaquer. Le héron profita aussitôt de cet avantage, et, changeant la direction de son vol, il essaya de gagner de l'espace et d'échapper par la distance, au lieu d'échapper par la hauteur.

— Eh bien ! s'écria Robert confondu, aurions-nous mal jugé notre faucon, monseigneur ? Le voilà, sur mon âme ! qui s'enfuit de son côté comme le héron du sien.

— Et non ! s'écria Walter, qui semblait avoir son amour-propre engagé du côté du faucon : ne vois-tu pas qu'il prend de l'élan ? Eh ! regarde, regarde : le voilà qui revient. Haw ! haw !...

Walter ne se trompait pas : sûr de la rapidité de son aile, le faucon avait laissé prendre de la distance à son ennemi, et maintenant qu'il se trouvait à sa hauteur, il revenait sur lui, décrivant toujours une ligne ascendante. Le héron jeta de nouveaux cris de détresse, et renouvela son manége, essayant de remonter perpendiculairement comme il avait fait une première fois. Au bout d'un instant de cette lutte, les deux oiseaux semblèrent prêts à disparaître dans les nues ; le héron ne paraissait pas plus gros qu'une hirondelle, et le faucon n'était plus qu'un point noir.

— Qui a le dessus ? qui a le dessus ? s'écria Walter ; car, sur mon honneur ! ils sont si haut que je ne distingue plus rien.

— Ni moi, monseigneur.

— Bien ! voilà le héron qui nous répond, dit le jeune chevalier en battant des mains ; car si on ne l'aperçoit plus, on l'entend encore. Regardez, maître Gérard, regardez bien ; car vous allez les voir redescendre plus vite qu'ils ne sont montés.

En effet, à peine Walter avait-il achevé ces mots que les deux oiseaux commencèrent à reparaître. Bientôt il fut facile de voir que le faucon avait le dessus : le héron, attaqué à grands coups de bec, ne répondait plus que par des cris ; enfin, repliant ses ailes, il se laissa tomber comme une pierre, à cinq cents pas environ de nos voyageurs, toujours poursuivi par son adversaire, qui s'abattit presque en même temps que lui.

Aussitôt Walter lança son cheval au galop dans la direction où il les avait vus disparaître, et, franchissant haies et fossés, il arriva bientôt à l'endroit où le faucon vainqueur rongeait déjà la cervelle du vaincu.

Au premier coup d'œil le jeune chevalier reconnut le faucon pour appartenir à la belle Alix de Granfton. Alors, et comme aucun des fauconniers ni des chasseurs n'était encore arrivé, il descendit de cheval, passa au bec du héron une bague d'émeraudes d'un grand prix, et, appelant de son nom le faucon, qui vint se percher sur son poing, il remonta à cheval, rejoignit ses compagnons, et se remit en route, augmentant l'ambassade d'un nouveau personnage.

A peine avait-il fait un quart de lieue qu'il entendit crier derrière lui, et que, se retournant, il aperçut un jeune homme qui venait à lui à toute bride : il reconnut aussitôt Guillaume de Montaigu, neveu du comte de Salisbury, et s'arrêta pour l'attendre.

— Seigneur chevalier, lui cria le jeune bachelier du plus loin qu'il crut pouvoir se faire ouïr, le faucon de madame Alix n'est ni à acheter ni à vendre ; ayez donc la bonté de me le remettre contre cet anneau, qu'elle vous renvoie, ou, sur mon âme, je saurai bien vous le reprendre !

— Mon beau page, reprit froidement Walter, tu diras à ta maîtresse qu'étant parti en voyage, et ayant oublié mon faucon, qui est, comme tu le sais, le compagnon inséparable de tout noble seigneur, je lui emprunte, le sien et lui laisse cette bague comme gage que je le lui rendrai. Maintenant, si la belle Alix ne croit pas le gage suffisant, va toi-même à ma fauconnerie, et prends pour les lui offrir les deux plus beaux gerfauts que tu trouveras au perchoir.

Alors, au grand étonnement de Gérard Denis, qui avait entendu les menaces du jeune bachelier, il vit celui-ci pâlir et trembler aux premiers mots que lui adressa Walter, et, lorsqu'il eut fini de parler, ce messager si terrible s'incliner respectueusement et s'apprêter à obéir, sans même oser lui répondre.

— Allons, dit Walter sans paraître remarquer la stupéfaction de son camarade, en route, maître Gérard ; nous avons perdu un peu temps, il est vrai, mais nous avons vu une belle chasse, et j'ai acquis un noble oiseau.

A ces mots, il approcha ses lèvres du faucon, qui tendit câlinement le cou, comme habitué à cette sorte de caresse, et se remit en chemin.

— Plus de doute, murmura le jeune bachelier en tournant la tête de son cheval du côté où l'attendait la belle Alix, et en regardant tristement la bague magnifique qu'il était chargé de lui reporter : plus de doute, il l'aime !

Quant à Walter, telle était la préoccupation dans laquelle l'avait plongé cette aventure qu'il arriva jusqu'à l'auberge où il devait passer la nuit sans adresser une seule parole à maître Gérard Denis.

IV.

Le lendemain, les deux voyageurs se levèrent avec le jour ; tous deux paraissaient habitués à ces marches matinales, l'un comme soldat, l'autre comme homme de moyenne condition : leurs préparatifs de départ furent donc faits avec une célérité toute militaire, et le soleil paraissait à peine à l'horizon, qu'ils se remettaient déjà en voyage. A un quart de lieue à peu près de l'auberge où ils avaient passé la nuit, le chemin qu'ils suivaient se sépara en deux routes, l'une conduisait à Harwich, l'autre à Yarmouth ; Walter avait déjà poussé son cheval vers la dernière, lorsque son compagnon arrêta le sien.

— Avec votre permission, messire, dit Gérard Denis, nous prendrons la route de Harwich, j'ai quelques affaires indispensables à régler dans cette ville.

— J'aurais cru, dit le jeune chevalier, que nous aurions trouvé à Yarmouth des moyens de transport plus faciles.

— Mais moins sûrs, reprit Gérard.

— C'est possible ; cependant comme là ligne était plus directe et de côté pour aborder au port de l'Écluse, je pensais que vous la préféreriez, ainsi que moi.

— La ligne la plus directe, messire, est celle qui conduit où l'on veut aller, et si nous avons quelque envie d'arriver sains et saufs à Gand, il faut faire voile pour Newport, et non pour l'Écluse.

— Et pourquoi cela ?

— Parce qu'il y a en vue de cette dernière ville certaine île de Cadsand qui est gardée par messire Guy de Flandre, frère bâtard du comte Louis de Cressy, notre ex-seigneur, par le dukeré (1) de Hallewyn et par messire Jean de Rhodes, qui en sont capitaines et souverains, et qui demanderaient peut-être de nos deux personnes une plus forte rançon que ne pourraient la payer un chef de tisserands et un simple chevalier.

— Bah ! répondit Walter en riant et en remettant son cheval au chemin qu'avait déjà entrepris son prudent compagnon, je suis certain que Jacquemart d'Artevelle et le roi Édouard III ne laisseraient pas leurs ambassadeurs mourir prisonniers faute d'une rançon, cette rançon se montât-elle pour chacun à dix mille écus d'or.

— Je ne sais pas ce que le roi Édouard ferait pour messire Walter, répondit le tisserand ; mais ce dont je suis sûr, c'est que, si riche que soit Jacquemart, il n'a rien mis de côté pour le cas où son ami maître Gérard Denis serait pris, même par les Sarrasins, qui sont bien d'autres mécréans encore que les seigneurs de Flandre : permettez donc que je m'en rapporte à moi-même de ma propre sûreté ; il n'y a point d'amitié de roi, de fils ni de frère, qui défende la poitrine d'un homme aussi vigilamment que le bouclier qui protége son bras gauche et l'épée qui arme sa main droite : je n'ai ni épée ni bouclier, c'est vrai, et je serais même fort embarrassé de me servir de l'un ou de l'autre, attendu que j'ai plus souvent manié le fuseau et la navette que la dague et la targe ; mais j'ai la prudence et la ruse, armes offensives et défensives qui en valent bien d'autres, surtout dirigées par une tête incessamment préoccupée d'épargner toute mésaventure au corps qui a l'honneur de la supporter, soin dont elle s'est, il faut lui rendre justice, fort habilement occupée jusque aujourd'hui.

— Mais, reprit Walter, en voulant éviter la garnison de Cadsand, ne nous exposerons-nous point à rencontrer quelques-uns de ces pirates bretons, normands, picards, espagnols ou génois, qui vont toujours nageant à la solde du roi Philippe, le long des côtes de France, et croyez-vous que Hugues Quiéret, Nicolas Béhuchet, ou Barbevaire seraient de meilleure composition à notre égard que messire Guy de Flandre, le seigneur de Hallewyn, ou Jean de Rhodes ?

— Oh ! ceux-là, ils sont plus en quête des marchandises que des marchands, et c'est moins aux moutons qu'à la laine qu'ils en veulent ; en cas de rencontre, nous leur laisserions notre cargaison, et tout serait dit.

— Avez-vous donc un bâtiment marchand à vos ordres dans le port de Harwich ?

— Non, par malheur. Je n'ai qu'une petite galée, à peine grande comme une barge, que j'ai frétée à mon compte en partant de Flandre, et dont le ventre ne peut guère contenir que trois cents sacs de laine ; si j'avais su trouver la marchandise si facilement et à si bon marché, j'aurais pris une plus grande nef.

— Mais j'avais cru, dit Walter, que le roi Édouard avait mis un embargo sur les laines d'Angleterre, et qu'il était défendu, sous des peines assez fortes, de les exporter du royaume.

— Eh ! c'est ce qui rend la spéculation meilleure. Aussi, dès que j'ai su que Jacques voulait envoyer un ambassadeur au roi d'Édouard, je lui ai demandé la préférence ; car j'ai pensé qu'en ma qualité d'envoyé des bonnes villes de Flandre, on me croirait plus occupé de politique que de commerce, et qu'il y aurait par conséquent facilité de faire un bon coup : je ne m'étais pas trompé, et si j'arrive sans encombre à Gand, mon voyage n'aura pas été perdu.

— Mais si le roi Édouard, au lieu d'envoyer un messager pour traiter directement avec Jacques d'Artevellé, avait levé de tout suite, selon la demande que vous lui en avez faite, la défense mise sur l'exportation des laines, il me semble que votre spéculation aurait été moins lucrative, puisque vous avez fait, à ce qu'il me paraît, vos achats avant de venir à Londres, et qu'ayant traité, par conséquent, d'une marchandise prohibée, vous avez dû la payer plus cher.

— On voit bien, mon jeune confrère, répondit Gérard Denis en souriant, que vous vous êtes plus occupé de chevalerie que de commerce, puisqu'il paraît qu'à ma place vous eussiez été embarrassé de si peu de chose.

— J'avoue que votre observation est juste ; mais je ne désire pas moins savoir comment vous vous en seriez tiré dans ce cas.

(1) Le *seigneur*, terme flamand qui désigne cette qualité.

— Dans ce cas, j'aurais été quitte pour retarder la publication et presser la vente; et comme j'aurais été porteur à la fois du décret et des laines, j'aurais laissé mon portefeuille clos tant que mes sacs auraient été ouverts, et cela n'aurait pas été long, continua Gérard avec un soupir, car les trois quarts de nos manufactures sont fermées, non pas, Dieu merci! faute de dents, mais faute de nourriture à mettre dessous.

— Il y a donc disette en Flandre des laines d'Angleterre?

— Disette, c'est le mot. Écoutez, continua Gérard d'un air confidentiel, en se rapprochant de Walter et en baissant la voix, quoiqu'ils fussent seuls sur la grande route, il y aurait une bonne spéculation à tenter si vous le vouliez.

— Laquelle? je ne demande pas mieux que d'achever mon éducation commerciale, d'autant plus que vous m'avez fait l'air du maître qu'il me faut pour m'instruire vite.

— Que comptiez-vous faire à Yarmouth?

— Mais prendre un bâtiment de la marine du roi, comme m'y autorisaient mes pouvoirs.

— Cette autorisation était-elle restreinte à un seul port?

— Elle s'étendait à tous les ports d'Angleterre?

— Eh bien! prenez à Harwich le bâtiment que vous comptiez prendre à Yarmouth; il n'y a pas besoin qu'il soit de la dimension d'*Édouarde* ni de *Christophe*, qui sont, dit-on, les deux plus grandes nefs qui aient jamais été construites sur un chantier, mais d'une taille honnête, avec un ventre qui puisse contenir la fortune de deux hommes, et quand vous l'aurez pris, nous lui bourrons l'estomac des meilleures laines du pays de Galles; nous le ferons suivre par notre petite galée, qu'il est inutile de perdre, et arrivés là-bas, nous partagerons en frères. Si vous n'avez pas d'argent, cela ne fait rien, j'ai du crédit.

— Votre idée est bonne, dit Walter.

— N'est-ce pas? s'écria Gérard les yeux brillans de joie.

— Mais il n'y a qu'un malheur, c'est que je ne puis en conscience la mettre à exécution.

— Eh? pourquoi cela? reprit Gérard.

— Parce que c'est moi qui ai donné au roi Édouard le conseil de ne pas laisser sortir un seul ballot de laine des ports d'Angleterre. Gérard fit un mouvement de surprise. Que ce que je viens de vous dire ne vous inquiète pas, cependant, mon brave compagnon, continua Walter en souriant à son tour; vous avez acheté vos trois cents sacs, c'est bien; emportez-les; mais croyez-en un homme qui vous parle en ami, bornez là votre spéculation. Quant à moi, comme vous l'avez deviné je m'occupe plus de chevalerie que de commerce, et comme ces deux états sont incompatibles, mon choix est fait entre eux : je désire rester chevalier. Robert, donnez-moi la *Prude*. A ces mots, Walter prit sur son poing le faucon de la belle Alix, et, passant du côté de la route opposé à celui où se trouvait Gérard, il laissa le chef des tisserands continuer solitairement son chemin, tout étourdi de la manière dont avait été reçue une proposition qui lui semblait si naturelle, et qu'à la place de Walter il eût trouvée si avantageuse.

Laissons-les continuer leur route silencieuse vers Harwich, et jetons, pour l'intelligence des faits qui vont suivre, et l'appréciation des nouveaux personnages que nous allons mettre en scène, un coup d'œil sur la Flandre, séjour privilégié des trois reines du commerce occidental du moyen-âge, Ypres, Bruges et Gand.

L'interrègne qui avait suivi la mort de Conradin, exécuté à Naples en 1268, par les ordres de Charles d'Anjou, frère de saint Louis, en amenant de longs troubles électifs en Allemagne, avait permis peu à peu aux seigneurs, comme nous l'avons dit, de se soustraire à la juridiction de l'empire; les villes, à leur tour, instruites par l'exemple qui venait de leur être donné, prirent leurs mesures pour échapper à la puissance féodale. Mayence, Strasbourg, Worms, Spire, Bâle et toutes les cités du Rhin jusqu'à la Moselle, firent un traité offensif et défensif, qui avait pour but de se soustraire aux violences de leurs seigneurs, dont les uns relevaient de l'empire, les autres de la France. Ce qui les excitait surtout à cette défense était l'amour de la propriété, que leur avaient inspiré les richesses immenses que le commerce répandait sur leurs places publiques. Dans cette époque reculée, où la route du cap de Bonne-Espérance n'avait point encore été découverte par Barthélemy Diaz, ni frayée par Vasco de Gama, tous les transports se faisaient par caravanes : ces caravanes partaient de l'Inde, où se réunissaient tous les produits de son océan; remontaient les bords du golfe Persique, gagnaient Rhodes où Suez, leurs deux grands entrepôts, et prenaient sur ces deux points des bâtimens de transport qui les conduisaient à Venise : là les marchandises étaient exposées d'abord dans les bazars magnifiques de la ville sérénissime, puis ensuite les expédiait dans les autres ports de la Méditerranée, à l'aide de ses mille vaisseaux, mais qui employait une seconde fois le moyen des caravanes pour diriger vers l'Océan le fleuve commercial qui alimentait tous les pays situés au nord et à l'occident de Venise. Ces nouvelles caravanes traçaient une ligne à travers les comtés indépendans du Tyrol et du Wurtemberg, côtoyaient le Rhin jusqu'à Bâle, enjambaient le fleuve au-dessous de Strasbourg, longeaient l'archevêché de Trèves, le Luxembourg et le Brabant, puis venaient enfin s'arrêter en Flandre, après avoir rempli sur leur route les marchés de Constance, de Stuttgard, de Nuremberg, d'Augsbourg, de Francfort et de Cologne, villes hôtelières bâties comme des caravansérails d'Occident. C'est ainsi que Bruges, Ypres et Gand étaient devenues les riches succursales de Venise; c'était de leurs magasins que sortaient, pour se répandre en Bourgogne, en France et en Angleterre, les épiceries de Bornéo, les étoffes de Cachemir, les perles de Goa, et les diamans de Guzarate. Quant aux terribles poisons des Célèbes, on disait que l'Italie s'en était réservé le monopole. En échange, les villes anséatiques recevaient les cuirs de France et les laines d'Angleterre, qu'elles fabriquaient presque exclusivement, et que les caravanes reposées remportaient à leur tour jusqu'au fond de l'Inde d'où elles étaient parties.

On conçoit donc facilement que ces riches bourgeois, qui pouvaient rivaliser de luxe avec les seigneurs de l'empire, de l'Angleterre et de la France, se soumettaient difficilement aux exactions de leurs ducs ou de leurs comtes. Aussi leurs seigneurs étaient-ils presque toujours en guerre avec eux quand ils n'étaient pas en guerre avec la France.

Ce fut sous Philippe le Bel, vers l'an 1297, que les collisions avaient commencé à prendre un caractère sérieux. Le comte de Flandre avait fait déclarer au roi de France qu'il cessait d'être son vassal et de le reconnaître plus pour son souverain. Philippe envoya aussitôt l'archevêque de Reims et l'évêque de Senlis jeter l'interdit sur le comte de Flandre; celui-ci en appela au pape, qui convoqua l'affaire devant lui; mais Philippe écrivit au souverain pontife que les affaires de son royaume regardaient la cour des pairs, et non pas le saint-siége. En conséquence, il rassembla une armée et marcha vers la Flandre, jetant en Italie la semence de cette grande discorde religieuse qui causa la mort de Boniface VIII et amena la translation de la papauté dans la ville d'Avignon.

Pendant sa marche militaire, Philippe le Bel apprit que le roi des Romains venait au secours des Flamands; il lui envoya aussitôt Gaucher de Châtillon, son connétable, qui, à force d'argent, acheta sa retraite; en même temps Albert d'Autriche recevait de lui une somme considérable pour occuper Rodolphe en Allemagne. Philippe, délivré du pouvoir spirituel de Boniface VIII et du pouvoir temporel de l'empereur, marcha à la rencontre des ennemis; la campagne s'ouvrit par une suite de victoires : Lille capitula, Béthune fut emportée d'assaut, Douai et Courtray se rendirent, et le comte de Flandre fut battu aux environs de Furnes; mais, en marchant sur Gand, le roi de France trouva les fuyards ralliés par Édouard 1er d'Angleterre, qui avait passé la mer pour venir à leur secours. Ni l'un ni l'autre des deux souverains ne voulant risquer une bataille, une trêve de deux ans fut signée à Tournay, et par cette trêve Philippe demeura maître de Lille, de Béthune, de Courtray, de Douai et de Bruges. A l'expiration de la trêve, Philippe IV envoya son frère, Charles de Valois recommencer la guerre interrompue; et la ville de Gand ayant ouvert ses portes, le comte de Flandre et ses deux fils en sortirent en suppliants, suivis d'un grand nombre de seigneurs, et vinrent se jeter aux genoux du roi. Philippe envoya le comte de Flandre et ses deux fils en prison, le comte de Flandre à Compiègne, et Robert et Guillaume, le premier à Chinon, et le second en Auvergne. Cette mesure prise, il partit lui-même pour Gand, diminua les impôts, accorda aux villes de nouveaux priviléges, et, lorsqu'il crut avoir gagné l'affection du peuple, déclara que le comte ayant mérité par sa félonie la confiscation de ses États, il les réunissait à la France.

Ce n'était point là l'affaire des Flamands: ils avaient espéré mieux qu'un changement de maître. En conséquence, ils attendirent patiemment le départ du roi, et lorsqu'il fut parti ils se révoltèrent. Le tisserand Pierre Leroy et le boucher Breget étaient les principaux chefs de cette sédition, qui, rencontrant partout la sympathie des intérêts, s'étendit d'un bout à l'autre de la Flandre; de sorte qu'avant même que la nouvelle du premier mouvement ne fût parvenue à Paris, Pierre Leroy avait repris Bruges; Gand, Dam et Ardembourg s'étaient soulevées, et Guillaume de Juliers, neveu du comte, étant venu rejoindre les bonnes gens de Flandre, avait été élu général. Ses premiers exploits furent la prise de Furnes, de Bergues, de Vindale, de Cassel, de Courtray, d'Oudenarde et d'Ypres. Philippe envoya contre eux une armée commandée par le connétable Raoul de Clermont-de-Nesle et par Robert, comte d'Artois, père de celui que nous avons vu arriver proscrit à la cour du roi d'Angleterre; cette armée vint se briser contre le camp fortifié de Guillaume de Juliers, laissant dans ses fossés le connétable, qui ne voulut point se rendre, Robert d'Artois, que l'on retrouva percé de trente-deux blessures, deux maréchaux de France, l'héritier de Bretagne, six comtes, soixante barons, douze cents gentilshommes et dix mille soldats.

L'année suivante, Philippe entra lui-même en Flandre pour venger cette défaite, et après avoir mis en deuil toute la noblesse de France, et, après avoir pris Orchies, vint camper à Mons-en-Puelle, entre Lille et Douai. Deux jours après, au moment où Philippe allait se mettre à table, une grande rumeur s'éleva tout à coup dans l'armée: le roi s'élança vers la porte de sa tente, et se trouva face à face avec Guillaume de Juliers, qui avait pénétré dans le camp avec trente mille Flamands: c'en était fait du roi, si Charles de Valois, son frère, ne s'était jeté à la gorge de Guillaume de Juliers. Pendant qu'ils luttaient corps à corps, Philippe prit son casque, ses gantelets et son épée, et, sans autres armes, il s'élança à cheval, rassembla toute sa cavalerie, passa sur le corps de l'infanterie flamande, lui écrasa six mille hommes et mit le reste en déroute; puis, voulant profiter de l'avantage que lui donnait le bruit de cette victoire, il vint mettre le siége devant Lille. A peine y avait-il établi ses logis que Jean de Namur, qui avait rassemblé soixante mille hommes, lui envoya un héraut pour lui demander une paix honorable, ou le défier à la bataille. Philippe, étonné de la promptitude avec laquelle la rébellion avait réparé son échec et recruté de nouvelles forces, accorda la paix demandée: les conventions furent que Philippe remettrait en liberté Robert de Béthune, et lui rendrait sa comté de Flandre, mais à la condition qu'il ne pourrait avoir que cinq villes entourées de murailles, lesquelles murailles le roi pourrait même faire démolir s'il le jugeait nécessaire; que Robert prêterait foi et hommage et paierait à divers termes une somme de deux cent mille livres; en outre, on rendait à la France, Lille, Douai, Orchies, Béthune, et toutes les autres villes situées en deçà de la Lys. Ce traité fut observé tant bien que mal jusqu'en 1328, époque à laquelle Louis de Cressy, chassé par ses sujets, se réfugia à la cour de Philippe de Valois. Trois rois avaient occupé successivement le trône de France pendant cet intervalle pacifique, Louis X, Philippe V et Charles IV.

Philippe de Valois, qui avait succédé à ce dernier, marcha à son tour contre les Flamands, et les trouva retranchés sur la montagne de Cassel et commandés par un marchand de poisson nommé Collin Zannec; le nouveau général avait fait mettre un coq sur la barrière de son camp, avec ces deux vers:

> Quand ce coq chanté aura,
> Le roi trouvé (1) conquerra.

Pendant que Philippe cherchait par quel moyen il pourrait faire chanter le coq de Zannec, celui-ci, trois jours de suite, pénétrait dans son camp, déguisé en marchand de poisson, et observait que le roi restait longtemps à table, et dormait après son dîner: exemple qui était imité de toute l'armée; cela lui fit naître l'idée de surprendre le camp. En conséquence, le 23 août, à deux heures de l'après-midi, pendant que tout dormait, Zannec fit avancer ses troupes en silence; les sentinelles surprises furent égorgées avant d'avoir pu donner l'alarme. Les Flamands se répandirent dans les logis, et Zannec marchait vers la tente de Philippe avec cent hommes déterminés, lorsque le confesseur du roi, qui seul ne s'était point endormi, occupé qu'il était d'une lecture sainte, entendit du bruit et donna l'alarme. Philippe fit sonner le boute-selle; les troupes, à ce bruit, se réveillent, s'arment, tombent sur les Flamands, et en tuent, s'il faut en croire la lettre que le roi écrivit lui-même à l'abbé de Saint-Denis, dix-huit mille cinq cents. Zannec ne voulut point survivre à cette défaite et se fit tuer. Cette bataille livra la Flandre à la merci du vainqueur, qui démantela Ypres, Bruges et Courtray, après avoir fait pendre et noyer trois cents de leurs habitants. La Flandre se trouva ainsi reconquise à Louis de Cressy, qui, n'osant cependant résider dans aucune de ses capitales, continua de demeurer en France, d'où il régissait son comté.

Ce fut pendant cette absence de son seigneur que la puissance de Jacques d'Artevelle s'accrut si grandement qu'à le voir on eût dit qu'il était souverain maître de la Flandre. C'était en effet lui, comme nous l'avons vu, et non Louis de Cressy, qui avait envoyé un messager au roi Édouard, dans le but d'obtenir l'exportation des laines d'Angleterre, qui faisaient le principal commerce des villes anséatiques; et nous avons raconté comment Édouard, calculant avec la rapidité du génie l'immense parti qu'il pouvait tirer de la vieille haine qui existait entre Philippe de Valois et la Flandre, n'avait point dédaigné de traiter de puissance à puissance avec le brasseur d'Artevelle.

V.

Maintenant que, bravant l'ennui qui ne manque jamais de s'attacher à l'histoire de faits et de dates dépouillée de ses détails, nous avons consacré la moitié d'un chapitre à raconter quels événements successifs avaient porté le brasseur d'Artevelle au degré de pouvoir où il était parvenu, on ne s'étonnera pas de le voir sortir de la salle de conférence où les députés des corporations discutaient ordinairement les affaires de la ville et de la province, au milieu d'un cortége qui aurait fait honneur à un prince suzerain. A peine était-il apparu au seuil de cette salle que, quoiqu'il eût encore la cour tout entière à traverser

---

(1) On appelait Philippe de Valois le roi trouvé, parce qu'il avait été élu par les barons après la mort de Charles le Bel, qui ne laissait ni frère ni fils, mais seulement Édouard d'Angleterre, son neveu par les femmes, et Philippe de Valois, son cousin par les hommes.

avant d'arriver à la rue, une vingtaine de varlets armés de bâtons avaient pris les devans pour lui frayer une route au milieu du peuple, qui s'empressait toujours aux lieux où il devait passer. Arrivé à la porte, où plusieurs pages et écuyers tenaient des chevaux de main, il s'approcha de sa monture, rassembla les rênes en cavalier expérimenté, et se mit en selle avec plus d'aisance qu'on n'aurait dû l'attendre d'un homme de son état, de sa corpulence et de son âge. A sa droite et à sa gauche s'avançaient montés, le premier sur un magnifique cheval de guerre, digne d'un aussi noble, et aussi puissant chevalier, le second sur un palefroi dont l'allure douce était assortie à son état, le marquis de Juliers, fils de ce Guillaume de Juliers qui, à la bataille de Mons-en-Puelle, avait pénétré jusqu'à la tente de Philippe le Bel, et son frère messire Valerand, archevêque de Cologne; derrière eux venaient le sire de Fauquemont et un brave chevalier qu'on appelait le Courtraisien, parce qu'il était né dans la cité de Courtrai, et qu'il était même plus connu sous ce nom que sous celui de Zegher, qui était cependant le nom de sa famille. Enfin, derrière les deux nobles hommes que nous venons de nommer, se pressaient pêle-mêle et sans distinction, les députés des bonnes villes et les chefs des corporations.

Ce cortège était si nombreux que personne ne s'était aperçu qu'au détour d'une rue deux nouveaux personnages venaient de s'y mêler ; soit que les arrivans désirassent par curiosité s'approcher de Jacques d'Artevelle, soit qu'ils crussent que leur rang leur permettait de choisir cette place, ils firent si bien qu'ils parvinrent à prendre la file immédiatement après le sire de Fauquemont et le Courtraisien ; ils la suivirent ainsi pendant un quart d'heure à peu près ; puis la tête de la colonne s'arrêta devant une maison à plusieurs étages, qui tenait à la fois de la manufacture et du palais ; chacun mit pied à terre, et les varlets s'emparèrent des chevaux, qu'ils conduisirent sous de grands hangars destinés à donner l'hospitalité aux quadrupèdes ; on était arrivé chez Jacques d'Artevelle ; en se retournant pour faire signe au cortége d'entrer, le brasseur aperçut les nouveaux arrivans.

— Ah ! c'est vous, maître Gérard ! dit tout haut d'Artevelle ; soyez le bien venu. Je regrette que vous n'ayez pas été plus pressé de nous rejoindre, de quelques heures seulement ; vous auriez assisté à la décision que nous venons de prendre pour la liberté du commerce des bonnes villes de Flandre avec Venise et Rhodes, décision pour l'exécution de laquelle messire de Juliers et monseigneur l'archevêque de Cologne, son frère, peuvent nous être et nous seront d'un si grand secours, non-seulement dans toute l'étendue de leurs possessions territoriales qui s'étendent de Dusseldorf à Aix-la-Chapelle, mais encore par leur influence sur les autres seigneurs, leurs parens et amis, parmi lesquels il faut compter l'auguste empereur des Romains, Louis V de Bavière. Vous aurez vu avec plaisir, j'en suis certain, l'empressement et l'unanimité qu'ont mis les bonnes villes à me conférer tous les pouvoirs qui appartenaient à Louis de Flandre avant sa fuite chez son parent le roi de France. Puis, s'approchant de lui et le tirant à part, il ajouta tout bas :

— Eh bien ! mon cher Denis, quelles nouvelles d'Angleterre ? As-tu vu le roi Edouard ? paraît-il disposé à lever la défense qu'il a faite ? aurons-nous ses laines du pays de Galles et ses cuirs du comté d'York ? Parle tout bas, et, comme si nous causions de choses indifférentes.

— J'ai rempli ponctuellement tes instructions, Jacquemart, répondit le chef des tisserands, affectant de tutoyer d'Artevelle, et de l'appeler du nom que lui donnaient ses familiers. J'ai vu le roi d'Angleterre, et il a été si frappé des observations que je lui ai transmises en ton nom, qu'il envoie un de ses plus fidèles pour traiter l'affaire directement avec toi, ne voulant avoir affaire qu'à toi, et sachant qu'il est inutile de s'adresser à d'autres, et que ce que tu veux, la Flandre le veut.

— Et il a raison, sur mon âme ! Mais où est ce messager ?

— C'est ce grand jeune homme, moitié brun, moitié roux, que tu vois de l'autre côté de la rue, appuyé contre cette colonne, et jouant avec son faucon, comme pourrait faire un baron de l'empire ou un pair de France. Je crois, Dieu me pardonne, que tous ces Anglais se croient descendus de Guillaume le Conquérant.

— N'importe, il faut flatter leur vanité. Invite de ma part ce jeune homme au souper que je donne à l'archevêque de Cologne, au marquis de Juliers et aux députés des bonnes villes. Place-le à table de manière à satisfaire son amour-propre, sans cependant qu'il soit trop en vue, entre le Courtraisien, qui est chevalier, et toi, qui es chef de corporation, par exemple : aie soin qu'il ne soit pas trop près de moi, pour ne pas donner soupçon sur son importance, et cependant qu'il ne soit pas trop éloigné, afin que je puisse étudier sa physionomie. Recommande-lui de ne pas dire un mot de sa mission, et fais-le boire ; je causerai avec lui après le souper.

Gérard Denis fit un signe d'intelligence, et s'empressa de porter à Walter l'invitation qu'il était chargé de lui transmettre : le jeune chevalier l'accepta comme une faveur à laquelle son titre lui donnait droit, et prit entre le Courtraisien et le chef des tisserands la place que lui avait désignée d'Artevelle.

Le souper était presque aussi nombreux et aussi splendide que celui de Westminster; il y avait le même luxe de varlets, la même abondance de vaisselle d'argent ciselé et la même profusion de vins, d'hypocras et de cervoise ; seulement, les convives offraient un tout autre aspect ; car, à l'exception du marquis de Juliers et de l'archevêque de Cologne, qui étaient assis au bout de la table, à la gauche et à la droite de d'Artevelle ; du sire de Fauquemont et du Courtraisien, qui s'étaient placés en face, tous les autres étaient de simples bourgeois élus, ou des chefs de corporations ; aussi s'étaient-ils alignés, sans autre distinction que celle de l'âge, autour de la table un peu plus basse qui faisait suite au service d'honneur. Quant à Walter, il avait sans façon poussé son voisin ; de sorte qu'il avait trouvé place au rang des seigneurs, tandis que Gérard Denis commençait la série de ceux qui mangeaient à la table secondaire : il était donc placé presque en face de d'Artevelle ; et, profitant de la précaution que celui-ci avait ménagée pour lui-même, il pouvait l'examiner à son aise.

Le brasseur était un homme de quarante-cinq à quarante-huit ans à peu près, de taille moyenne, et commençant à prendre de l'embonpoint. Il portait les cheveux taillés carrément, et la barbe et les moustaches comme avaient l'habitude de le faire les nobles. Quoique sa figure eût l'apparence de la bonhomie, de temps en temps son regard jeté rapidement s'éclairait d'une lueur de finesse qui se perdait aussitôt dans l'expression générale de sa physionomie. Il était, du reste, vêtu aussi richement qu'il était permis à un homme de sa condition, et il portait une espèce de surcot de drap brun, garni de renard noir, avec d'autres ornemens d'argent; l'or, le vair, l'hermine, le petit-gris et le velours étant réservés aux seuls chevaliers.

Walter fut interrompu dans cet examen par son varlet, qui, se penchant à son oreille, lui dit quelques mots, et en même temps par l'évêque de Cologne, qui lui adressa la parole.

— Messire chevalier, dit l'évêque, car je ne crois pas me tromper en vous donnant ce titre...

Walter s'inclina.

— Me permettez-vous d'examiner de près le faucon que votre écuyer porte sur le poing ? Il paraît de noble race, quoique son espèce me semble inconnue.

— Avec d'autant plus de plaisir, monseigneur, répondit Walter, que vous m'offrez une occasion de vous présenter mes excuses à propos du nouveau convive que nous amène Robert. Ce n'est qu'après avoir cherché de tous côtés un perchoir, et n'ayant pu en trouver un, qu'il nous amène la *Prude*, et il me demandait à l'oreille si votre seigneurie ne permettrait pas qu'on lui donnât une place parmi ses oiseaux.

— Oui, oui, dit d'Artevelle en riant, nous autres bourgeois, nous n'avons ni meutes ni fauconnerie; aussi trouverez-vous dans ma maison force magasins, force écuries; mais de chenils et de perchoirs, point: en échange nous avons des halles assez vastes pour loger une armée, et je crois que les chiens et les faucons de monseigneur de Cologne ne se plaindront pas, en quittant la maison de Jacques d'Artevelle, de l'hospitalité qu'ils y auront reçue, car le pauvre brasseur a tout fait pour rendre, autant que possible, sa maison digne de la visite qu'elle avait l'honneur de recevoir.

— Aussi vous promettions-nous, mon cher Jacquemart, répondit le marquis de Juliers, de nous souvenir, maîtres, valets, chiens et faucons, non-seulement de l'accueil que nous avons reçu de vous personnellement, mais encore de celui que ont nous fait les députés des bonnes villes de Flandre, et les chefs des corporations de Gand, ajouta-t-il en se tournant vers le bas bout de la table et en saluant.

— Vous auriez eu tort de nous faire vos excuses, sire chevalier, reprit l'archevêque de Cologne après avoir examiné le faucon en connaisseur; cet oiseau est, j'en suis certain, de race plus ancienne et plus pure que beaucoup de nobles Français, surtout depuis que Philippe III s'est avisé de vendre des lettres d'anoblissement à Raoul l'orfévre, qui avait, à ce qu'il paraît, ses aïeux en lingots, et qui les a fait monnayer; seulement, tout en reconnaissant qu'il est de race, il me serait impossible d'indiquer, malgré ma science en vénerie, le pays d'où il a été tiré.

— Quoique moins savant que vous en pareille matière, monseigneur, interrompit d'Artevelle, j'oserais répondre qu'il vient d'Orient: j'en ai vu de pareils, ce me semble, quoiqu'ils y fussent fort rares, dans les îles de Rhodes et de Chypre, lorsque j'y accompagnais monseigneur le comte de Valois.

— Et vous ne vous tromperiez pas, maître, dit Walter: il vient originairement de la terre de Nubie, située, dit-on, au midi de l'endroit où Moïse a traversé la mer Rouge. Son père et sa mère avaient été pris parmi les bagages de Muley-Mohamed, souverain de Grenade, par Alphonse XI de Castille, et donnés par le roi au chevalier Lockheart, qui avait accompagné Jacques de Douglas dans le voyage qu'il avait entrepris pour porter au Saint-Sépulcre le cœur du roi Robert Bruce. A son retour, le chevalier Lockheart ayant été pris dans une escarmouche entre les Anglais et les Ecossais, par le comte de Lancastre *au cou tors*, une des conditions de la rançon du chevalier fut qu'il lui donnerait un faucon de la race qu'il avait rapportée d'Espagne. Le comte de Lancastre, maître de ce précieux animal, en fit don à son tour à la belle Alix de Granfton, qui me l'a confié pour me distraire dans mon voyage. Vous voyez que sa généalogie est en règle, des plus nobles et des mieux établies.

— Vous me rappelez, dit le Courtraisien, que j'ai vu Jacques de Douglas à son passage à l'Ecluse: il cherchait une occasion de passer en Terre-Sainte, et c'est moi qui lui donnai le conseil de se rendre en Espagne. C'était il y a sept ou huit ans, je crois.

— On dit, continua le sire de Fauquemont, que le roi Robert Bruce le chargea de cette commission, le tenant pour le plus brave et le plus loyal chevalier de son royaume.

— Oui, oui, répondit le Courtraisien, il m'a raconté comment la chose s'était passée; car cela lui faisait honneur, et j'y prenais plaisir comme à son noble récit de chevalerie. Il paraît que dans le temps où le roi Robert était exilé, il fit serment, s'il reconquérait son royaume, d'accomplir le voyage du Saint-Sépulcre; mais les guerres éternelles qu'il eut à soutenir contre les rois d'Angleterre ne lui permirent pas de quitter l'Ecosse; de sorte qu'au lit de mort il se souvint du vœu qu'il avait fait, et que cela tourmentait durement son agonie de n'avoir pu l'acquitter. Alors il fit venir près de son lit le gentil chevalier, messire Jacques de Douglas, devant tous les autres, et lui dit:

— Monseigneur Jacques, cher ami, vous savez que j'ai eu beaucoup à faire et à souffrir dans le temps que j'ai vécu, pour soutenir mes droits à ce royaume, et quand j'eus le plus à faire, je vouai que, si jamais je voyais ma guerre achevée, et que si je pouvais gouverner en paix, j'irais aussitôt aider à guerroyer les ennemis de Notre-Seigneur et ceux qui sont contraires à la foi chrétienne. Mon cœur a toujours tendu vers ce point; mais Notre-Seigneur n'a point voulu y consentir, et il m'a donné tant à faire en mon temps, et à cette heure je suis si gravement entrepris, qu'il me convient de mourir comme vous le voyez et comme je le sens. Donc, puisqu'il est ainsi, que mon corps n'y peut aller ni achever ce que mon cœur a tant désiré, j'y veux envoyer mon cœur au lieu de mon corps pour acquitter mon vœu autant qu'il m'est possible; et comme je ne sais en mon royaume aucun chevalier plus preux que vous, ni mieux taillé pour accomplir mon vœu au lieu de moi, je vous prie, très cher ami, autant comme je le puis, que vous vouliez entreprendre ce voyage pour l'amour que vous me portez, et acquitter mon âme envers Notre-Seigneur; car je compte tant sur vous, sur votre noblesse et sur votre loyauté, que, si vous entreprenez cette chose, vous ne manquerez aucunement de l'accomplir, et ainsi je mourrai plus aise, plus léger et plus tranquille; mais si vous le faites, comme j'y compte, faites-le ainsi que je vais vous dire. Je veux, aussitôt que je serai trépassé, que vous ouvriez ma poitrine avec votre brave épée, que vous en tiriez le cœur de mon corps, le fassiez embaumer, et le mettiez dans une boîte d'argent que j'ai fait préparer à cet effet; puis vous prendrez autant de mon trésor qu'il vous faudra, afin que vous en ayez pour parfournir à tout le voyage de vous et de tous ceux que vous voudrez mener avec vous; et faites si grandement, et pourvoyez-vous si abondamment d'argent, de compagnie et de suite, que partout où vous passerez on sache que vous emportez outre mer le cœur du roi Robert d'Ecosse, et cela par son commandement, parce que le corps n'y pouvait aller.

— Gentil et noble sire, répondit Jacques de Douglas, cent mille mercis du grand honneur que vous m'accordez en chargeant d'un si noble trésor; je le ferai volontiers et de cœur content; seulement, je ne me sens ni digne ni suffisant pour cette chose.

— Ah! gentil ami, reprit le roi, grand merci de la promesse que vous me faites. Or, je vais mourir plus en paix, maintenant que je sais que le plus loyal, le plus preux et le plus suffisant de mon royaume achèvera pour moi ce que je ne puis achever.

Et alors, passant ses deux bras au cou de Jacques de Douglas, il l'embrassa et mourut.

Le jour même, et ainsi qu'il lui avait été recommandé, Jacques de Douglas ouvrit la poitrine de son maître avec son épée, et en tirant son cœur royal, il le mit dans une boîte d'argent, sur laquelle était gravé un lion, qui est le blason de Robert d'Ecosse; puis, suspendant cette boîte à son cou, il partit avec une grande suite du port de Montrose, et aborda à l'Ecluse, où je le vis, où je le connus, et où il me raconta de sa bouche ce que je viens de vous dire.

— Et mena-t-il l'entreprise à bonne fin? dit Gérard Denis, hasardant un mot dans cette noble conversation.

— Non, répondit le marquis de Juliers; j'ai entendu dire qu'il avait péri en Espagne.

— Et sa mort fut digne de sa vie, dit Walter, prenant à son tour la parole. Quoique je sois Anglais et qu'il fût Ecossais, je lui rends justice, car c'était un noble et puissant chevalier. Je me rappelle une certaine nuit, c'était pendant la guerre de 1327, où messire Jacques de Douglas, avec deux cents armures de fer environ, pénétra dans notre camp pendant que tout y dormait, et frappa tant et si bien son cheval des éperons, et nos soldats de son épée, qu'il parvint jusqu'à la tente du jeune roi Édouard III, en criant : Douglas! Douglas! Le roi Édouard entendit heureusement ce cri de guerre, et n'eut que le temps de se glisser sous la toile de sa tente, car déjà l'épée de Douglas en taillait les cordes pour la jeter bas. Il nous tua bien trois cents hommes dans cette nuit, et cependant il se retira, lui, sans perdre un seul de ses compagnons. Depuis, nous fîmes grand guet chaque nuit, car nous avions toujours peur des mauvais rêves de Douglas.

— Et connaissez-vous les détails de sa mort? demanda le marquis de Juliers.

— Oui, jusqu'au dernier, car mon maître en chevalerie me les répéta souvent. Donc, pour son malheur, il fit ce que vous lui aviez conseillé, seigneur chevalier, continua Walter, se tournant vers le Courtraisien, et arriva en Espagne; c'était au moment où le roi Alphonse d'Aragon guerroyait contre le roi de Grenade, qui était Sarrasin; et le roi d'Espagne demanda au noble pèlerin si, en l'honneur du Christ et de la Vierge Marie, il ne romprait pas une lance avec les infidèles ?

— Si, ferai-je volontiers, répondit Douglas, et cela le plus tôt possible !

Le lendemain, le roi Alphonse sortit aux champs pour approcher ses ennemis; le roi de Grenade en fit autant, et chacun rangea ses batailles. Quant à Douglas le Noir, il se mit sur l'une des ailes avec ses chevaliers et ses écuyers écossais, afin de mieux faire sa besogne et de mieux montrer son effort. Aussitôt qu'il vit les soldats rangés de part et d'autre, et qu'il s'aperçut que les batailles du roi d'Espagne commençaient à s'émouvoir, il voulut être des premiers et non des derniers, piqua des éperons et toute sa compagnie avec lui, criant : Douglas! Douglas! jusqu'aux batailles du roi de Grenade ; et là, croyant être suivi par les Espagnols, il détacha de son cou la boîte qui renfermait le cœur de Robert, et la jeta au milieu des Sarrasins en criant : « Marche en avant, noble cœur royal, comme tu faisais pendant ta vie, et Douglas va te suivre. » Alors lui et ses chevaliers entrèrent si profondément dans les rangs des Sarrasins, qu'ils y disparurent comme le fer dans une blessure ; et là ils firent des merveilles d'armes; mais ils ne purent durer; les Espagnols, c'est honte de le dire, ne les ayant secourus ni lui ni les siens. Le lendemain on le retrouva mort, serrant sur sa poitrine la boîte d'argent où était le cœur du roi, et autour de lui étaient tous ses compagnons, morts ou blessés; trois ou quatre seulement survécurent, et l'un d'eux, le chevalier Lockhart, rapporta la boîte d'argent et le cœur, qui furent enterrés en grande pompe à l'abbaye de Melrose. C'est depuis ce temps que les Douglas, qui s'armaient d'un écu d'azur à un chef d'argent et de trois étoiles de gueules en argent, ont substitué à ces armes un cœur sanglant surmonté d'une couronne, et que le chevalier Lockhart a changé son nom en celui de Lockheart, qui, en langue anglaise, veut dire cœur fermé. Oh ! continua Walter s'exaltant, oui! oui! l'on peut dire que c'était un brave et preux chevalier; que c'était un noble et riche chevalier de guerre que celui qui, ayant livré soixante-dix batailles, en avait gagné cinquante-sept; et nul ne le regretta davantage que le roi Édouard, quoiqu'il lui eût plus d'une fois renvoyé ses archers après leur avoir fait crever l'œil droit et couper l'index, afin qu'ils ne pussent plus bander leurs arcs ni guider leurs flèches.

— Oui ! oui ! dit l'évêque de Cologne, le jeune léopard aurait voulu rencontrer le vieux lion, afin de savoir lequel avait meilleures dents et plus fortes griffes.

— Vous l'avez deviné, monseigneur, répondit le jeune chevalier ; voilà ce qu'il espérait, tant que Douglas le Noir était vivant, et voilà ce qu'il n'espère plus depuis que Douglas le Noir est mort.

— A la mémoire de Douglas le Noir ! glissa Gérard Denis, remplissant la coupe de Walter de vin du Rhin.

— Et à la santé d'Édouard III d'Angleterre ! ajouta d'Artevelle en jetant un regard d'intelligence au jeune chevalier et en se levant.

— Oui, continua le marquis de Juliers, et puisse-t-il s'apercevoir enfin que Philippe de Valois siége sur un trône qui est à lui, dort dans un palais qui est à lui, et règne sur un peuple qui est à lui !

— Oh ! c'est chose faite, messeigneurs, je vous le jure, répondit Walter ; et s'il croyait trouver de bons alliés.....

— Sur mon âme ! ils ne lui manqueront pas, dit le sire de Fauquemont ; et voici mon voisin le Courtraisien, qui est encore plus Flamand que Français, qui ne demandera pas mieux que d'appuyer ce que j'avance pour lui et pour moi, j'en suis sûr.

— Certes ! s'écria Zegher, je suis Flamand de nom, Flamand de cœur, et, au premier mot...

— Oui, dit d'Artevelle, au premier mot ; mais qui le dira ce premier mot? Sera-ce vous, messeigneurs de Cologne, de Fauquemont ou de Juliers, qui relevez de l'empire, qui ne pouvez faire la guerre sans le congé de l'empereur ? Sera-ce Louis de Cressy, notre prétendu seigneur, qui est au Louvre de Paris, avec sa femme et son enfant, en la cour de son cousin ? Sera-ce l'assemblée des bonnes villes, qui encourent une amende de deux millions de florins et l'excommunication de notre saint-père le pape si elles commencent les hostilités contre Philippe de Valois ? C'est une dure besogne à entreprendre, et une plus dure encore à soutenir, croyez-moi, qu'une guerre avec nos voisins de France. Le tisserand Pierre Leroy, le poissonnier Hannequin (1), et votre père lui-même, messeigneurs de Cologne et de Juliers, en ont su quelque chose. Si cette guerre vient, eh bien ! nous la soutiendrons avec l'aide de Dieu. Mais, croyez-moi, si elle tarde, n'allons pas au devant d'elle. Ainsi contentons-nous de cette ale si belle : A la mémoire de Douglas mort ! à la prospérité d'Édouard vivant!

A ces mots il vida son verre, et tous les convives, qui s'étaient levés, lui firent raison et se rassirent.

— La généalogie de votre faucon nous a entraînés plus loin que nous ne voulions aller, messire chevalier, continua l'évêque de Cologne après un moment de silence ; mais elle nous a appris que vous veniez d'Angleterre : quelles nouvelles à Londres?

— Mais on y parle beaucoup de la croisade que veut entreprendre Philippe de Valois contre les infidèles, à l'exhortation du pape Benoît XII; et l'on dit (vous devez savoir cela mieux que nous, messeigneurs, car vos communications sont plus faciles avec la France qu'elles ne le sont pour nous autres, qui gisons par-delà la mer) que le roi Jean de Bohême, le roi de Navarre (2) et le roi Pierre d'Aragon (3) ont pris la croix avec lui.

— C'est la vérité, répondit l'évêque de Cologne ; mais, je ne sais pourquoi, je n'ai pas grande confiance en cette entreprise, quoiqu'elle soit prêchée par quatre cardinaux, le cardinal de Naples (4), le cardinal de Périgord (5), le cardinal Albano (6) et le cardinal d'Ostie (7).

— Mais enfin, sait-on ce qui la retarde ? reprit Walter.

— Une querelle entre le roi d'Aragon et le roi de Majorque, et dans laquelle Philippe de Valois s'est constitué arbitre.

— Et cette querelle a-t-elle une cause sérieuse ?

(1) Non familier qu'on donnait à Zannec.
(2) Philippe, comte d'Evreux, dit le Bon et le Sage.
(3) Pierre IV, dit le Cérémonieux.
(4) Annibal Ceccano, archevêque de Naples, créé cardinal par Jean XXII.
(5) Talleyrand de Périgord, évêque d'Auxerre, créé cardinal par le même pape en 1321.
(6) Gaucelin d'Eusa, neveu de Jean XXII, créé cardinal par lui en 1316.
(7) Bertrand Poyet, évêque d'Ostie, créé cardinal la même année et par le même pape.

— Oh ! des plus sérieuses, répondit gravement l'évêque de Cologne : Pierre IV avait reçu hommage de Jayme II pour son royaume de Majorque, et était allé rendre hommage du sien au pape d'Avignon ; mais, malheureusement, pendant la cérémonie de l'entrée solennelle de ce prince dans la ville pontificale, l'écuyer du roi don Jayme donna un coup de fouet sur la croupe du cheval du roi d'Arragon ; celui-ci mit l'épée à la main et poursuivit l'écuyer, qui se sauva à grand'peine : de là la guerre. Vous voyez que ce n'est pas à tort qu'on l'a surnommé le *Cérémonieux*.

— Puis, il faut tout dire, ajouta d'Artevelle ; au milieu des embarras suscités par ce prince, le roi David d'Ecosse, et la reine sa femme, sont arrivés à Paris, vu qu'Edouard III et Bailliol leur ont laissé en Ecosse un si petit royaume, qu'ils n'ont pas cru que cela valait la peine d'y rester pour quatre forteresses et une tour qu'ils y possèdent encore. Il est vrai que si le roi Philippe de Valois envoyait en Ecosse, au secours d'Alan Vipont ou d'Agnès la Noire, seulement le dixième de l'armée qu'il compte emmener en Terre-Sainte, cela pourrait diablement changer les affaires de ce côté.

— Oh ! je crois, repartit Walter avec négligence, qu'Edouard s'inquiète peu d'Alan Vipont et de son château de Lochleven, non plus que d'Agnès la Noire, toute fille de Thomas Randolph qu'elle est. Depuis le dernier voyage qu'il a fait en Ecosse les choses sont bien changées ; ne pouvant plus rencontrer Jacques Douglas, il s'en est vengé sur Archibald : le loup a payé pour le lion. Tous les comtés méridionaux lui appartiennent ; les gouverneurs et les shérifs des principales villes sont à lui ; Edouard Bailliol lui a fait hommage pour l'Ecosse, et si on le forçait d'y retourner, il prouverait à Alan Vipont que ses digues sont plus solides que celles de sir John Sterling (1); à la comtesse de March, que les boulets qu'envoient les machines contre les remparts font mieux que de la poussière (2) ; et si William Spons est encore à son service, le roi aura soin de se couvrir d'une armure d'assez bonne trempe pour que les gages d'amour d'Agnès la Noire ne pénètrent pas jusqu'à son cœur (3).

On en était là de la conversation lorsqu'elle fut interrompue par le bruit de la pendule qui sonnait neuf heures. Comme ce meuble était d'invention toute nouvelle, il attira l'attention des seigneurs ; et d'Artevelle lui-même, soit qu'il n'eût plus rien à faire servir, soit qu'il désirât donner le signal de la retraite, se leva, et s'adressant à Walter :

— Sire chevalier, lui dit-il, je vois que vous êtes désireux, comme messeigneurs de Cologne et de Juliers, d'examiner le mécanisme de cette horloge. Approchez-vous donc, car c'est chose curieuse, je vous jure. Elle était destinée au roi Édouard d'Angleterre ; mais j'en ai fait offrir un si bon prix au mécanicien qui l'a faite qu'il m'a donné la préférence.

— Et comment s'appelle ce traître qui exporte les marchandises anglaises malgré la défense de son roi? dit Walter en riant.

— Richard de Valingfort ; c'est un digne bénédictin, abbé de Saint-Alban, qui avait appris la mécanique dans la forge de son père, et qui a passé dix ans de sa vie su ce chef-d'œuvre. Regardez : elle marque le cours des astres et comment le soleil fait, en vingt-quatre heures, le tour de la terre ; on y voit le mouvement du flux et du reflux de la mer. Quant à la manière dont elle sonne, ce sont, vous le voyez, des boules de bronze qui tombent sur un timbre du même métal, en nombre égal à celui des heures qu'elles doivent marquer, et à chaque heure nouvelle un cavalier sort de son château et vient monter la garde sur le pont-levis.

Après qu'on eut examiné à loisir cette merveille, chacun prit congé, et Walter, qui était resté le dernier, allait se retirer comme les autres, lorsque Jacquemart lui posa la main sur l'épaule.

— Si je ne me trompe, seigneur chevalier, lui dit-il, lorsque nous vous avons rencontré à la porte de notre maison, en compagnie de Gérard Denis, vous ne faisiez que d'arriver dans la bonne ville de Gand ?

— A l'instant même, répondit Walter.

— Je m'en suis douté ; aussi me suis-je occupé de votre hôtellerie.

— J'avais chargé Robert de ce soin.

— Robert était fatigué, Robert avait faim et soif, Robert n'aurait pas pris le temps de vous trouver un logement digne de vous ; je l'ai envoyé dîner avec les serviteurs de nos autres convives, et je me suis réservé le soin de vous conduire à votre appartement et de vous en faire les honneurs.

— Mais un nouvel hôte, au moment où vous avez déjà si nombreuse compagnie, non-seulement ne peut manquer de vous causer un dérangement considérable, mais encore donnera de l'importance de l'arrivant une idée fort exagérée.

— Quant au dérangement, vous pouvez être sans inquiétude ; l'appartement que vous habiterez est celui de mon fils Philippe, qui, n'ayant encore que dix ans, ne sera pas fort dérangé par votre prise de possession ; il communique avec le mien par un couloir, ce qui fait que vous pourrez venir chez moi ou moi aller chez vous sans que personne en sache rien ; en outre, il y a une entrée sur la rue, par laquelle vous recevrez qui bon vous semblera. Quant à votre importance, elle sera mesurée à votre volonté et non à votre condition, et pour moi, comme pour tout le monde, vous ne serez que ce que vous voudrez paraître.

— Eh bien ! dit Walter prenant son parti avec la promptitude qu'il avait coutume d'apporter dans ses décisions, j'accepte avec plaisir l'hospitalité que vous m'offrez, et j'espère vous la rendre un jour à Londres.

— Oh ! répondit d'Artevelle d'un air de doute, je ne crois pas que jamais mes affaires me permettent de passer la mer.

— Même pour aller conclure un grand achat de laines?

— Vous savez bien, messire, que l'exportation de cette marchandise est interdite.

— Oui, dit Walter ; mais celui qui a donné l'ordre peut le révoquer.

— Ce sont là des choses de trop grande importance, répondit d'Artevelle en posant un doigt sur sa bouche, pour en parler debout près d'une porte, et surtout quand cette porte est ouverte ; on ne traite à fond de pareilles affaires que l'huis clos, et assis tête-à-tête de chaque côté d'une table sur laquelle est un bon flacon de vin épicé pour soutenir la conversation, et nous pouvons trouver tout cela chez vous, messire Walter, si vous voulez y monter.

A ces mots, il fit un signe à un valet qui, prenant aussitôt à l'angle de la salle une torche de cire, marcha devant eux en les éclairant. Arrivés à la porte de l'appartement, il l'ouvrit et se retira : Walter et d'Artevelle entrèrent, et ce dernier ferma la porte derrière eux.

---

(1) Sir John Sterling, assiégeant le château de Lochleven, qui est situé sur une île au milieu d'un lac, fit faire une digue à l'endroit de l'écoulement, espérant que les eaux monteraient et couvriraient l'île. En effet, le pied du château était déjà submergé lorsque Alan Vipont sortit une nuit et rompit l'écluse. L'eau, se précipitant alors avec violence, emporta une partie du camp de Sterling.

(2) Pendant le siége de son château par le comte de Salisbury, Agnès la Noire se promenait sur les remparts, époussetant avec son mouchoir les endroits où venaient frapper les pierres envoyées par les machines.

(3) Un jour que Salisbury faisait une reconnaissance autour du mur du château de Dumbar, une flèche lancée par un archer écossais nommé William Spons, traversa la poitrine d'un chevalier qui se trouvait près de lui, quoiqu'il portât une triple cotte de maille sur une jaquette en cuir. « C'est un gage d'amour de la comtesse, dit froidement Salisbury en regardant tomber le chevalier ; les traits d'Agnès la Noire pénètrent toujours jusqu'au cœur. »

VI.

Walter trouva en effet préparé d'avance tout ce que Jacquemart avait jugé être le corollaire indispensable d'une conversation diplomatique : une table était au milieu de la chambre ; de chaque côté de cette table deux grands fauteuils vides attendaient les discuteurs, et sur cette table un énorme hanap d'argent promettait au premier coup d'œil de suffire à humecter largement la discussion, si longue, si importante, si échauffée qu'elle dût être.

— Messire Walter, dit d'Artevelle demeurant près de la porte, avez-vous l'habitude de remettre au lendemain les choses importantes que vous pouvez traiter tout de suite ?

— Maître Jacquemart, répondit le jeune homme s'appuyant sur le dossier du fauteuil et croisant l'une de ses jambes sur l'autre, faites-vous vos affaires avant ou après souper, la nuit ou le jour ?

— Mais quand elles sont importantes, dit d'Artevelle en s'approchant de la table, je n'ai pas d'heure.

— C'est comme moi, répondit Walter s'essayant : mettez-vous donc là et causons. D'Artevelle s'empara de l'autre fauteuil avec une vivacité qui indiquait le plaisir qu'il éprouvait à se conformer à cette invitation.

— Maître Jacquemart, continua Walter, vous avez parlé pendant le souper de la difficulté d'une guerre entre la Flandre et la France.

— Messire Walter, dit d'Artevelle, vous avez dit quelques mots après le souper sur la facilité d'un traité de commerce entre la Flandre et l'Angleterre.

— Le traité présente de grandes difficultés ; cependant il est faisable.

— La guerre a des chances dangereuses ; cependant avec de la prudence on peut tout risquer.

— Allons, je vois que nous nous entendrons ; maintenant marchons au but et ne perdons pas de temps.

— Mais avant que je réponde à aucune question, il est important que je sache qui me le fait.

— L'envoyé du roi d'Angleterre, et voilà ses pleins pouvoirs, dit Walter tirant un parchemin de sa poitrine.

— Et auprès de qui est accrédité cet ambassadeur ?

— Près de celui qui est souverain maître des affaires de Flandre.

— Alors ces lettres de créance viennent directement ?...

— Du roi Édouard, comme l'atteste son cachet et comme le prouvera sa signature.

— Ainsi monseigneur le roi d'Angleterre n'a point dédaigné d'écrire au pauvre brasseur Jacquemart ! dit celui-ci avec un sentiment de vanité mal déguisé sous l'apparence du doute. Je suis curieux de savoir quel titre il lui a donné : celui de *frère* appartient aux rois, celui de *cousin* aux pairs, et celui de *messire* aux chevaliers ; je ne suis ni roi, ni pair, ni chevalier.

— Aussi en a-t-il choisi un moins emphatique, mais aussi plus amical que tous ceux que vous venez de citer : voyez.

D'Artevelle prit la lettre des mains de Walter, et quoiqu'il eût grande envie intérieurement de savoir dans quels termes lui écrivait un roi aussi puissant qu'Édouard, il parut n'attacher qu'un intérêt secondaire à la formule de l'adresse, en s'occupant d'autre chose auparavant.

— Oui, oui, dit-il jouant avec le sceau royal, voilà bien les trois léopards d'Angleterre : un pour chaque royaume ; et c'est assez pour le défendre, ou, ajouta-t-il en riant, pour le dévorer. C'est un noble et grand roi que monseigneur Édouard, et sévère justicier dans son royaume. Voyons ce qu'il nous fait l'honneur de nous dire :

« Édouard III d'Angleterre, duc de Guienne, pair de France, à son *compère* Jacques d'Artevelle, député de la ville de Gand et représentant le duc de Flandre.

» Sachez que nous accréditons près de vous le chevalier Walter, nous engageant à reconnaître pour bon et valable tout traité de guerre, d'alliance ou de commerce, qu'il signera avec vous « ÉDOUARD. »

— C'est bien, comme vous l'avez dit, son sceau et sa signature.

— Alors vous reconnaissez que je suis son représentant ?

— Plein et entier, c'est incontestable.

— Eh bien ! parlons franc ; vous voulez la liberté de commerce avec l'Angleterre ?

— Il entre dans vos projets de faire la guerre à la France ?

— Vous voyez que nous avons besoin l'un de l'autre, et que les intérêts d'Édouard et de Jacques d'Artevelle, quoique bien différens en apparence, se touchent en réalité. Ouvrez vos portes à nos soldats, nous ouvrirons les nôtres à vos marchands.

— Vous allez vite en besogne, mon jeune ami, dit Jacquemart en souriant : lorsqu'on entreprend une guerre ou une spéculation, c'est dans le but qu'elle réussisse, n'est-ce pas ? eh bien ! le moyen de réussir en toute chose est d'y penser longuement, et lorsqu'on y a pensé longuement, de ne commencer à l'entreprendre qu'avec trois chances de réussite.

— Nous en aurons mille.

— Voilà une réponse qui ne répond à rien. Prenez garde de vous tromper aux armes de France : vous les prenez pour des fleurs de lis, et ce sont des fers de lance. Croyez-moi, si vos léopards tentent seuls l'entreprise, ils y useront leurs griffes et leurs dents, sans faire rien qui vaille.

— Aussi Édouard ne commencera-t-il la guerre que sûr de l'appui du duc de Brabant, des seigneurs de l'empire, et des bonnes villes de Flandre.

— Voilà justement où est la difficulté. Le duc de Brabant est d'un caractère trop irrésolu pour prendre parti, sans fortes raisons, entre Édouard III et Philippe VI.

— Vous ignorez peut-être que le duc de Brabant est cousin germain du roi d'Angleterre.

— Non pas, non pas, je sais cela aussi bien qu'homme du monde ; mais je sais aussi qu'il est fortement question d'un mariage entre le fils du duc de Brabant et une fille de France ; et la preuve, c'est que le jeune prince a rendu sa parole au comte de Hainaut, dont il devait épouser la fille Isabelle.

— Diable ! fit Walter, il me semble au moins que cette irrésolution dont vous parlez n'a pas gagné les autres seigneurs de l'empire, et que le comte de Juliers, l'évêque de Cologne, le sire de Fauquemont et le Courtraisien ne demandent pas mieux que de se mettre en campagne.

— Oh ! la chose est vraie, seulement les trois premiers relèvent de l'empire et ne peuvent faire la guerre sans le congé de l'empereur. Quant au quatrième, il est libre ; mais ce n'est qu'un simple chevalier possédant fief de hauberc ; c'est-à-dire qu'il aidera le roi Édouard de sa personne et de celle de ses deux varlets, voilà tout.

— Par saint Georges ! dit Walter, je puis au moins compter sur les bonnes gens de Flandre ?

— Encore moins, seigneur chevalier, car nous sommes liés par serment, et nous ne pouvons faire la guerre au roi de France sans encourir une amende de 2,000,000 de florins et l'excommunication papale.

— Sur mon âme ! s'écria Walter, vous m'avez dit qu'une guerre avec la France était dangereuse ; vous auriez dû dire, ce me semble, qu'elle était impossible.

— Rien n'est impossible dans ce monde pour qui se donne la peine de lier les tours des choses ; il n'y a pas d'irrésolution qu'on ne fixe, de traité qu'on ne puisse battre en brèche avec un bélier d'or, et de serment qui n'ait une porte de derrière dont l'intérêt est la sentinelle.

— Je vous écoute, dit Walter.

— D'abord, continua d'Artevelle sans paraître remarquer l'impatience du jeune chevalier, laissons de côté ceux qui, d'avance, sont pour le roi Philippe ou pour le roi Édouard, car rien ne peut faire changer de parti.

— Le roi de Bohême ?

— Sa fille a épousé le dauphin Jean.

— L'évêque de Liége ?
— Philippe lui fera promettre le cardinalat.
— Les ducs d'Autriche Albert et Othon ?
— Étaient à vendre, mais ils sont achetés. Quant au roi de Navarre et au duc de Bretagne, ce sont les alliés naturels de Philippe. Voilà donc ceux qui sont pour la France ; passons à ceux qui seront pour l'Angleterre.
— D'abord Guillaume de Hainaut, beau-père du roi Edouard.
— Vous savez qu'il se meurt de la goutte.
— Son fils lui succédera, et je suis sûr de l'un comme de l'autre. Ensuite, Jean de Hainaut, qui est à cette heure à la cour d'Angleterre, et qui a déjà fait promesse au roi.
— S'il a promis, il tiendra.
— Renaud de Gueldres, qui a épousé la princesse Eléonore, sœur du roi.
— Très bien ; après ?
— C'est tout, dit Walter. Voilà nos amis et nos ennemis sûrs.
— Passons alors à ceux qui ne sont encore ni pour l'un ni pour l'autre.
— Ou qu'un grand intérêt peut faire passer de l'un à l'autre.
— C'est la même chose. Commençons par le duc de Brabant.
— Vous me l'avez peint comme un homme tellement irrésolu, qu'il serait difficile de lui faire adopter un parti.
— Oui ; mais un défaut balance l'autre ; j'ai oublié de vous dire qu'il était plus avare encore qu'irrésolu.
— Edouard lui donnera 50,000 livres sterling s'il le faut, et prendra à sa solde les hommes d'armes qu'il lui enverra.
— Voilà ce qui s'appelle parler. Je vous réponds du duc de Brabant.
— Maintenant passons au comte de Juliers, à l'évêque de Cologne, et au sire de Fauquemont.
— Ah ! ce sont de braves seigneurs, dit d'Artevelle, riches et puissans, qui fourniraient chacun mille armures de fer, s'ils en recevaient l'autorisation de Louis de Bavière, leur empereur.
— Mais il y a un traité, n'est-ce pas, entre le roi de France et lui ?
— Oui, un traité formel et positif, par lequel le roi de France s'engage à ne rien acquérir sur les terres de l'empire.
— Mais attendez donc, s'écria Walter ; il me semble...
— Quoi ? dit d'Artevelle en riant.
— Que, contrairement à ce traité, le roi Philippe a acquis le château de Crèvecœur en Cambrésis, et le château d'Arleux-en-Puelle ; ces châteaux sont terres de l'empire et hauts fiefs relevant de l'empereur.
— Allons donc ! dit Jacquemart comme s'il voulait pousser Walter en avant.
— Et ces achats sont suffisans pour motiver une guerre.
— Surtout lorsque le roi Edouard en supportera les dépenses et les dangers.
— Je chargerai demain le comte de Juliers d'aller trouver l'empereur.
— Et en vertu de quels pouvoirs ?
— J'ai des blancs-seings du roi Edouard.
— Bravo ! voilà deux de nos difficultés résolues.
— Reste la troisième.
— Et la plus scabreuse.
— Et vous dites que les bonnes villes de Flandre ont un traité par lequel, en cas d'hostilité de leur part contre Philippe de Valois...
— Non pas contre Philippe de Valois, contre le roi de France ; le texte est positif.
— Philippe de Valois ou le roi de France, n'importe.
— Il importe beaucoup, au contraire.
— Enfin, dans le cas d'hostilité contre le roi de France, les bonnes villes doivent payer 2,000,000 de florins et encourir l'excommunication du pape. Eh bien ! ces 2,000,000 de florins, Edouard les paiera ; quant à l'excommunication papale...

— Mais, mon Dieu ! ce n'est pas tout cela, dit Jacquemart ; les 2,000,000 de florins sont une bagatelle, et quant à l'interdit, nous en serions quittes pour faire lever par le pape de Rome l'excommunication du pape d'Avignon. Mais il y a quelque chose de plus sacré que tout cela pour des commerçans, c'est leur parole, leur parole qui vaut de l'or d'un bout du monde à l'autre, et qui, une fois faussée, ne se réhabilite jamais. Ah ! jeune homme, cherchez bien, continua Jacquemart ; il y a des moyens pour tout, mon Dieu ! il ne s'agit que de les découvrir : vous comprenez de quelle importance il est pour le roi Edouard de trouver derrière lui, en cas de revers, la Flandre avec ses forteresses et ses ports.

— Sur Dieu ! dit Walter, c'est son avis aussi, et voilà pourquoi je suis venu en son nom pour m'entendre directement avec vous.

— Alors, si l'on trouvait moyen de concilier la parole de la Flandre avec les intérêts de l'Angleterre, le roi Edouard serait disposé à faire quelques sacrifices.

— D'abord, le roi Edouard rendrait aux Flamands Lille, Douai et Béthune, qui sont trois portes que la France tient ouvertes et que la Flandre tiendrait fermées.

— Ceci est déjà bien.

— Le roi d'Angleterre raserait et brûlerait l'île de Cadsand, qui est un repaire de pirates flamands et français, et qui empêche le commerce des pelleteries avec le Danemarck et la Suède.

— L'île est forte.

— Gauthier de Mauny est brave.

— Ensuite ?

— Ensuite, le roi Edouard lèverait la défense d'exportation qu'il a mise sur les laines du pays de Galles et sur les cuirs du comté d'York ; de sorte que le commerce se ferait librement entre les deux nations.

— Et une pareille union serait véritablement selon les intérêts de la Flandre, dit d'Artevelle.

— Et le premier envoi, qui se composerait de vingt mille sacs de laine, serait directement adressé à Jacques d'Artevelle, qui...

— Qui le distribuerait à l'instant aux manufacturiers, attendu qu'il est brasseur et non marchand de drap.

— Mais qui accepterait bien une commission de cinq esterlings par sac ?

— Ceci est justice, et selon les règles du commerce, répondit Jacquemart ; le tout est maintenant de trouver moyen de faire cette guerre sans manquer à notre parole : y êtes-vous ?

— Point, répondit Walter, et je crois que je chercherais vainement, étant peu expert en pareille matière.

— Il me vient une idée, reprit d'Artevelle en regardant fixement Walter et en dissimulant mal un sourire de supériorité. A quel titre Edouard III veut-il faire la guerre à Philippe de Valois ?

— Mais à titre de véritable héritier du royaume de France, auquel il a des droits par sa mère Isabelle, sœur de Charles IV, puisqu'il est neveu du roi mort et que Philippe n'en est que le cousin germain.

— Eh bien ! dit d'Artevelle, qu'Edouard encharge les lis, les écartèle des léopards d'Angleterre, et prenne le titre de roi de France.

— Alors ?

— Alors, nous lui obéirons comme au roi de France, et vu que nos obligations sont envers le roi de France, et non pas, comme je vous le disais, envers Philippe de Valois, nous demanderons à Edouard quittance de notre foi, et Edouard nous la donnera comme roi de France.

— C'est vrai ! dit Walter.

— Et nous n'aurons pas manqué à notre promesse.

— Et vous nous aiderez dans la guerre contre Philippe de Valois ?

— De tout notre pouvoir.

— Vous nous aiderez de vos soldats, de vos villes et de vos ports ?

— Sans aucun doute.

— Sur mon âme ! vous êtes un habile casuiste, maître d'Artevelle.

— Et c'est en cette qualité que je vous ferai une dernière observation.

— Laquelle ?

— C'est que le roi Édouard a fait hommage au roi de France, comme à son seigneur suzerain, pour le duché de Guienne.

— Oui, mais cet hommage est nul, s'écria Walter.

— Et comment cela ? dit d'Artevelle.

— Parce que, s'écria Walter oubliant son rôle, parce que je l'ai fait de bouche et de paroles seulement, mais sans mettre mes mains entre les mains du roi de France.

— En ce cas, sire, dit d'Artevelle en se levant et se découvrant, en ce cas, vous êtes libre.

— Allons, tu es plus fin que moi, compère, dit Édouard en tendant la main à d'Artevelle.

— Et je prouverai à Votre Altesse, répondit Jacquemart en s'inclinant, que les exemples de confiance et de loyauté qu'on me donne ne sont pas perdus.

VII.

Chacun des deux interlocuteurs avait dit vrai ; Édouard III, soit hasard, soit prévoyance, n'avait pas, lorsqu'il rendit hommage au roi de France dans la cité d'Amiens, placé ses mains entre celles de Philippe de Valois. Aussi, la cérémonie terminée, le suzerain se plaignit-il au vassal de cette omission ; celui-ci répondit qu'il ne savait pas quel était l'usage de ses devanciers, mais qu'il allait retourner en Angleterre, et consulter les chartes et privilèges où les conditions de l'hommage étaient consignées : en effet, de retour à Londres, Édouard fut forcé de convenir qu'un point important avait été omis par lui, et consentit que les lettres-patentes qui devaient constater que tout s'était passé dans les règles corrigeassent cette omission, en certifiant, quoique la chose ne fût pas vraie, que la foi avait été jurée, *les mains du roy d'Angleterre mises entre les mains du roy de France.*

Il en résulte qu'Édouard, aussi habile casuiste que Jacques d'Artevelle, ne se croyait pas engagé par cet acte d'hommage, qui mentionnait comme entière une reconnaissance de vassalité qui véritablement était restée incomplète ; d'un autre côté, les villes de Flandre se trouvaient, ainsi que nous l'avons vu, par l'arbitrage du pape, engagées avec le roi de France, mais non pas avec Philippe de Valois ; de sorte que, par le moyen indiqué à Édouard, elles échappaient à la fois à l'amende pécuniaire et à l'excommunication papale. Tout cela était peut-être un peu bien subtil pour une époque où chevaliers et commerçants tenaient encore à honneur de garder fidèlement leur parole ; mais cette rupture avec la France était si favorable aux intérêts d'Édouard III et de Jacques d'Artevelle, qu'il faut encore leur savoir gré d'avoir fait ce qu'ils ont pu pour donner à leurs agressions ce faux air de loyauté.

Or, les choses convenues et arrêtées, comme nous l'avons dit au dernier chapitre, avec Jacques d'Artevelle, Édouard III n'avait plus qu'une chose à faire avant de commencer à les mettre à exécution ; c'était d'attendre le retour des ambassadeurs qu'il avait envoyés à Jean de Hainaut, son beau-père, et à monseigneur Adolphe de Lamark, évêque de Liége. Ce retour devait être des plus prochains, les envoyés ne devant pas retourner en Angleterre, mais revenir à Gand, et attendre les ordres du roi, qu'ils ignoraient les avoir précédés dans cette ville, et qui ne devait pas les y attendre si le but de sa conférence avec d'Artevelle avait été manqué.

Cependant il n'en conserva pas moins son incognito ; mais, désirant à tout hasard, et malgré la confiance qu'il avait en son nouvel allié, trouver, au cas de besoin, un point de défense à sa portée, il écrivit à Gauthier de Mauny de rassembler cinq cents armures de fer, et environ deux mille archers, et de venir, avec cette assemblée, prendre l'île de Cadsand, qui, commandant l'embouchure de l'Escaut occidental, devait, en cas de trahison, lui offrir un lieu de retraite et de défense : cette prise devait paraître d'autant plus naturelle, qu'au premier aspect elle semblait ne pas une précaution inspirée par la crainte, mais purement et simplement l'accomplissement d'une promesse faite : cette première disposition arrêtée, le roi apprit l'arrivée de ses deux ambassadeurs.

Ce ne fut pas sans inquiétude que les envoyés virent qu'Édouard lui-même les attendait à Gand ; mais ils connaissaient la prudence du roi, et savaient que son caractère, tout aventureux qu'il était, ne l'entraînait jamais plus loin qu'il n'avait résolu d'aller. Ils se rassurèrent donc promptement, et surtout les chevaliers, au courage desquels toute expédition hasardée était sympathique et familière ; l'évêque de Lincoln seul hasarda quelques observations ; mais Édouard l'interrompit, prétextant le vif désir qu'il avait de connaître le résultat de la double ambassade.

L'évêque de Liége avait refusé toute alliance contre le roi Philippe, et n'avait, quelque offre que les messagers eussent pu lui faire, voulu entendre à rien contre la France.

Quant à monseigneur le comte de Hainaut, les envoyés d'Édouard l'avaient trouvé dans son lit, où le retenait, ainsi que leur avait dit d'Artevelle, une violente attaque de goutte. Néanmoins, sachant de quelle part ils venaient, et que son frère se trouvait parmi eux, il les avait fait entrer à l'instant même ; puis, après les avoir écoutés avec une profonde attention, il avait répondu qu'il aurait grande joie que le roi d'Angleterre pût réussir en son dessein, attendu qu'il devait bien penser qu'il l'aimait plus chèrement, lui, qui était son gendre, que le roi Philippe, son beau-frère, qui venait de le dégager de tous égards envers lui en détournant le jeune duc de Brabant du mariage arrêté depuis longtemps entre lui et Isabelle de Hainaut, pour lui donner sa propre fille ; que, par cette raison donc, il aiderait de tout son pouvoir son cher et amé fils le roi d'Angleterre. Mais il avait ajouté que, pour la réussite d'un pareil projet, il fallait une aide plus forte que la sienne, eu égard au royaume de France, et que l'Angleterre gisait trop loin pour le secourir.

— Cher frère, avait alors interrompu Jean de Hainaut, ce que vous dites est si juste que nous ne doutons pas que les conseils que vous nous donnerez ne soient les seuls à suivre ; ainsi veuillez donc dire ce qu'il nous convient de faire en cette circonstance.

— Sur mon âme ! avait répondu le comte, je ne saurais aviser seigneur plus puissant pour m'aider en ses besognes que le duc de Brabant, qui est son cousin germain, puis après lui le comte de Gueldres, qui a épousé Eléonore, sa sœur ; monseigneur Valrame de Juliers, archevêque de Cologne ; le comte de Juliers ; messire Arnoult de Blankenheym, et le sire de Fauquemont ; car ils sont tous bons guerriers, et lèveront bien, si le roi d'Angleterre veut se charger de tous les frais de la campagne, huit à dix mille armures de fer ; que, si le roi, mon fils et votre sire, avait tous ces seigneurs pour lui et avec lui, je n'hésiterais pas alors de lui dire de passer la mer et d'aller combattre le roi Philippe jusques au-delà de la rivière d'Oise.

— Vous dites sagement, très cher frère, et il sera fait ainsi que vous dites, avait répondu Jean de Hainaut. Et, sachant avec quelle impatience Édouard l'attendait, il était, malgré les instances du comte, parti le même jour, avec Guillaume de Salisbury, son compagnon de voyage, pour se rendre au rendez-vous donné, quoiqu'il fût loin de penser que le roi Édouard l'y attendait en personne.

Nous avons vu comment le hasard, d'accord avec les bons conseils du comte de Hainaut, avait mis d'avance le roi d'Angleterre en relation avec l'évêque de Cologne, le comte de Juliers et le sire de Fauquemont, lorsque, sous le nom de Walter, il avait assisté au souper de Jacques d'Artevelle. Edouard était depuis lors certain de trouver en eux, sauf l'agrément de l'empereur, des alliés loyaux et braves. Il n'y avait donc plus à s'occuper que du duc de Brabant et de Louis V de Bavière, qui tenait le trône impérial.

Les deux ambassades repartirent donc immédiatement; cette fois, elles étaient adressées au duc de Brabant et à l'empereur. Les envoyés devaient invoquer auprès du duc de Brabant les relations d'amitié et de famille qui l'unissaient au roi d'Angleterre, et tâcher d'obtenir de lui une participation armée et aggressive aux projets d'Edouard contre la France. Quant à l'empereur, ils étaient chargés de lui rappeler que Philippe de Valois, contrairement à son traité, qui lui défendait de rien acheter sur les terres de l'empire, avait acquis la forteresse de Crèvecœur en Cambrésis et le château d'Arleux-en-Puelle, et de lui dire de la part du roi Edouard que celui-ci ferait de son droit le sien, et de sa querelle la sienne, à la seule condition que l'empereur accorderait aux seigneurs qui relèveraient de lui la permission de défier le roi de France.

Cependant Gauthier de Mauny avait reçu à Londres l'ordre du roi, et s'était empressé de le mettre à exécution; outre son attachement personnel à Edouard d'Angleterre, auquel, comme nous l'avons dit, il était allié par la reine, il était prédisposé, par son caractère aventureux, à toute entreprise où il y avait courage à déployer et renommée à acquérir. L'expédition proposée était donc à la fois selon son devoir comme fidèle serviteur, et selon son désir comme brave chevalier. Il fit, en conséquence, et sans perdre un instant, part de l'ordre du roi au comte de Derby, fils du comte de Lancastre au cou tors, au comte de Suffolk, à messire Regnault de Cobham, à messire Louis de Beauchamp, à messire Guillaume Fitz Warwick, et au sire de Beauclerc, qu'il avait choisis pour partager avec lui l'honneur de cette dangereuse bachellerie. Chacun aussitôt fit de son côté ses pourvoyances; des bâtiments de guerre remontèrent la Tamise jusqu'à Londres, où on les chargea d'armes et de vivres; deux mille archers furent réunis et embarqués; enfin les chevaliers et écuyers se rendirent à leur tour à bord des vaisseaux, qui partirent immédiatement, et vinrent, en profitant du reflux, coucher, dès cette première marée, en face de Gravesand. Le lendemain, ils ne s'arrêtèrent qu'à Margate; enfin, le troisième jour, ils entrèrent en mer, et voguèrent et nagèrent et si bien, à la voile et à la rame, qu'ils eurent connaissance des terres de Flandre. Aussitôt ils rallièrent leurs vaisseaux, firent toutes leurs dispositions de débarquement, et, toujours côtoyant la rive, ils arrivèrent enfin en vue de l'île de Cadsand, vers les onze heures du matin, la veille de la Saint-Martin d'hiver.

Au premier coup d'œil qu'ils jetèrent sur l'île, les chevaliers anglais s'aperçurent qu'il fallait renoncer à l'espoir de la surprendre; les sentinelles les avaient déjà aperçus et avaient donné l'alarme; de sorte qu'ils voyaient toute la garnison, qui se composait de six mille hommes au moins, sortie des remparts et se ranger en bataille sur la plage. Cependant, comme ils avaient le vent et la marée pour eux, ils jurèrent Dieu et saint Georges qu'ils approcheraient. Ils ordonnèrent donc les vaisseaux sur une seule ligne, s'armèrent et appareillèrent vivement, firent sonner les trompettes, et cinglèrent vers la ville. Dès lors il n'y eut plus de doute pour ceux de Cadsand; d'ailleurs, à mesure que les assaillants approchaient, la garnison pouvait reconnaître leurs pennons rangés en ordonnance, et les regarder faire leurs chevaliers, qui furent, en vue de la côte, armés au nombre de seize.

Si les Anglais comptaient dans leurs rangs un bon nombre de chevaliers apperts et braves, leurs ennemis n'étaient pas moins riches qu'eux en hommes de courage et de science. Au premier rang, on distinguait messire Guy de Flandre, frère bâtard du comte Louis, qui haranguait ses compagnons et les exhortait à bien faire; puis le dukere de Hallewyn, messire Jean de Rhodes, et messire Gilles de l'Estriff; et comme ils voyaient sur le pont de leurs vaisseaux les Anglais faire leurs chevaliers, ils ne voulurent point être en reste avec eux, et commencèrent d'armer les leurs; et là furent armés, de la part des Flamands, messire Simon et Pierre Brulledent, messire Pierre d'Englemoustiers, et plusieurs autres braves compagnons et nobles hommes d'armes; si bien que, lorsque les vaisseaux furent près de la plage, comme les deux partis, ardents de haine et de courage, désiraient, autant d'une part que de l'autre, en venir aux mains, il n'y eut ni sommation faite ni réponse donnée, chacun poussa son cri de guerre; et à l'instant, comme ils se trouvaient à portée, tout en continuant d'avancer pour attérir, les archers anglais firent tomber une pluie de flèches sur ceux de l'île, si terrible et si précipitée, que, quel que fût le courage de ceux qui gardaient le havre, comme ils ne pouvaient rendre la mort qu'ils recevaient, il leur fallut reculer; car ils préféraient un combat corps à corps sur la plage à cette lutte éloignée dans laquelle les Anglais avaient tout l'avantage. Ils se retirèrent donc hors de portée du trait, et les Anglais prirent terre; mais à peine en virent-ils la moitié sur la plage, que leurs adversaires revinrent sur eux avec un tel choc, que ceux qui avaient déjà débarqué furent obligés de reculer, de sorte que les chevaliers qui étaient encore sur les vaisseaux, ne sachant où descendre, et poussés cependant par ceux qui venaient derrière eux, furent obligés de sauter dans la mer. Au même instant on entendit au milieu du tumulte la voix forte de Gauthier de Mauny, qui se rejetait en avant en criant : *Lancastre au comte de Derby*. En effet, ce dernier avait reçu un coup de masse sur la tête, et dans le mouvement rétrograde qu'ils avaient fait, les Anglais l'avaient abandonné évanoui sur le champ de bataille; de sorte que les Flamands, lui voyant à la tête un heaume couronné, avaient jugé que c'était un grand seigneur, et l'emportaient déjà, lorsque Gauthier de Mauny, le voyant entre les mains des Flamands, sans attendre plus grand renfort, se rejeta de nouveau au milieu de ses adversaires, et de son premier coup de hache abattit mort à ses pieds messire Simon Brulledent, qui venait d'être fait chevalier. Ceux qui emportaient le comte de Derby le lâchèrent; il retomba sur le sable, toujours évanoui; Gauthier de Mauny lui mit le pied sur le corps, et le défendit ainsi sans reculer d'un pas, jusqu'à ce qu'il fût revenu à lui. Au reste, il n'était qu'étourdi et non blessé; de sorte qu'à peine eut-il repris ses sens qu'il se releva, ramassa la première épée venue, et se remit à combattre sans prononcer une parole, et comme si rien n'était arrivé, remettant à un autre moment de faire ses remercîmens à Gauthier de Mauny, et jugeant que, pour l'heure, le mieux était de frapper durement, afin de regagner le temps perdu.

Ainsi faisait-on de toutes parts. Cependant, quoique les Flamands ne reculassent plus d'un pas encore, l'avantage était visiblement aux Anglais, grâce à leurs merveilleux archers, ces éternels artisans de leurs victoires. Ils étaient restés sur leurs vaisseaux, dominant le champ de bataille, et choisissaient au milieu de la mêlée, comme ils eussent pu faire de cerfs et de daims dans un parc, ceux des Flamands qu'ils devaient percer de leurs longues flèches, si dures et si acérées que les cuirasses d'Allemagne leur résistaient seules, mais qu'elles perçaient comme du carton et du filet les jaques de cuir et les cottes de maille. De leur côté, les Flamands faisaient merveille. Quoique décimés par cette pluie mortelle, dont tout leur courage ne pouvait les garantir, ils tenaient, comme nous l'avons dit, avec acharnement. Enfin, messire Guy, bâtard de Flandre, tomba à son tour sous un coup de hache du comte de Derby, et le même combat fut livré sur son corps, qui s'était engagé sur le corps de celui qui venait de l'abattre; mais cette fois avec une fortune différente; car, en le voulant secourir, le duckere de Hallewyn, messire Gilles de l'Estriff et Jean Brulledent furent tués : il ne restait donc des chefs que messire Jean de Rhodes, encore était-il blessé à la figure d'une flèche, que, n'ayant pu l'arracher entièrement parce qu'elle était entrée dans l'os, il avait cassé à deux pouces de la joue.

Il essaya d'ordonner une retraite; mais la chose était impossible. La prise de messire Guy de Flandre, la mort de vingt-six chevaliers qui étaient tombés en le défendant, cette grêle éternelle de flèches qui pleuvait des vaisseaux au point que le rivage ressemblait à un champ tout hérissé d'épis, démoralisèrent ses soldats, qui s'enfuirent vers la ville; alors messire Jean de Rhodes, ne pouvant faire plus, se fit tuer à son tour où s'étaient fait tuer tous les autres.

Dès ce moment, il n'y eut pas combat, mais boucherie : vainqueurs et vaincus entrèrent pêle-mêle à Cadsand; on se battit de rue en rue et de maison en maison, enfermée comme elle l'était d'un côté par l'Océan, de l'autre par un bras de l'Escaut, la garnison toute entière, ne pouvant fuir, fut tuée ou se rendit prisonnière, et sur six mille hommes qui la composaient quatre mille restèrent sur le champ de bataille.

Quant à la ville, prise comme elle l'avait été, d'assaut et sans capitulation, elle fut mise au pillage; tout ce qui avait quelque valeur fut transporté sur les vaisseaux, puis le feu mis aux maisons; les Anglais attendirent qu'elles tombassent toutes jusqu'à la dernière; puis enfin ils s'embarquèrent, laissant cette île, la veille si peuplée et si florissante, nue, déserte et rasée, comme si elle était demeurée sauvage et inhabitée depuis le jour où elle sortit du sein de la mer.

Pendant ce temps, les négociations politiques avaient marché à l'égal des expéditions guerrières; la double ambassade était revenue à Gand. Le duc de Brabant consentait à se joindre à Edouard, à la condition que celui-ci lui paierait la somme de dix mille livres sterling comptant et celle de soixante mille à terme : il s'engageait en outre à lever douze cents hommes d'armes, à la seule condition que le roi d'Angleterre paierait leur solde; de plus, il lui offrait, à titre de parent et d'allié, son château de Louvain, comme une résidence bien plus digne de lui que la maison du brasseur Jacques d'Artevelle.

Quant à Louis V de Bavière, sa réponse n'était pas moins favorable. Le comte de Juliers, qu'Edouard avait adjoint à ses ambassadeurs, l'avait trouvé à Floremberg, et lui avait exposé la proposition du roi d'Angleterre. Alors Louis V avait consenti à le nommer son vicaire par tout l'empire, titre qui lui donnait le droit de faire battre monnaie d'or et d'argent à l'effigie de l'empereur, et lui conférait le pouvoir de lever des troupes en Allemagne. Deux envoyés de l'empereur accompagnaient le retour de l'ambassade, afin de régler à l'instant même avec le roi d'Angleterre l'époque, le lieu et les détails de la cérémonie. Quant à messire de Juliers, l'empereur, pour lui témoigner la satisfaction qu'il éprouvait de l'ouverture dont il était l'intermédiaire, de comte qu'il était, l'avait fait marquis.

Le lendemain, Gauthier de Mauny arriva à son tour, après avoir laissé sa flotte dans le port d'Ostende; il venait annoncer à Edouard que ses ordres étaient accomplis, et qu'il pouvait faire passer la charrue et semer du blé sur la place où s'était élevé jusqu'à cette heure ce nid de pirates flamands qu'on appelait la ville de Cadsand.

VIII.

Cependant le roi Philippe de Valois, contre lequel se faisaient ces grands préparatifs de guerre, ignorant qu'il était de ce qui se tramait contre lui, s'apprêtait de son côté à aller combattre outre-mer les ennemis de Dieu : la croisade avait été prêchée avec une ardeur toute nouvelle, et le roi de France, voyant, au dire de Froissard, son royaume gras, plein et dru, s'était déclaré le chef de cette sainte entreprise, et s'était occupé immédiatement des moyens de l'exécuter : en conséquence, il avait préparé le plus bel appareil de guerre qui jamais eût été vu depuis Godefroy de Bouillon et le roi saint Louis : depuis 1336, il avait retenu les ports de Marseille, d'Aiguemortes, de Cette et de Narbonne, et les avait peuplé d'une telle quantité de vaisseaux, de nefs, de galères et de barges, que ces bâtimens pouvaient suffire au transport de soixante mille hommes, armes, vivres et bagages. En même temps il avait envoyé des messages à Charles Robert, roi de Hongrie, qui était un religieux et vaillant homme, le priant de tenir ses pays ouverts, afin d'y recevoir les pèlerins de Dieu. Il en avait fait autant pour les Génois, les Vénitiens, et avait adressé pareille signification à Hugues IV de Lusignan, qui tenait l'île de Chypre, et à Pierre II, roi d'Aragon et de Sicile. Il avait fait en outre prévenir le grand-prieur de France en l'île de Rhodes, afin de pourvoir l'île de vivres, et s'était adressé aux chevaliers de Saint-Jean de Jérusalem, afin de trouver approvisionnée, lors de son passage, l'île de Crète, qui était leur propriété. Or tout était prêt en France et tout le long de la route; trois cent mille hommes avaient pris la croix et n'attendaient plus pour partir que le congé du chef, lorsque Philippe de Valois apprit les prétentions d'Edouard III à la couronne de France, et ses premières démarches près des bonnes gens de Flandre et de l'empereur : en ce moment il lui arriva un très brave et très loyal chevalier, nommé Léon de Crainheim, lequel venait de la part du duc de Brabant.

Celui-ci, fidèle à son caractère double et cauteleux, n'avait pas plutôt sa parole donnée au roi Edouard, entraîné qu'il avait été par l'offre magnifique de soixante-dix mille livres sterling, qu'il avait réfléchi que, s'il échouait dans son entreprise, il restait exposé à la colère du roi de France. Il avait donc à l'instant choisi celui de ses chevaliers dont la réputation de courage et de loyauté était la mieux établie, le chargeant d'aller trouver Philippe de France, et de lui dire, sur sa parole, qu'il eût à ne croire aucun mauvais rapport contre lui; que son intention était de ne faire aucune alliance ni aucun traité avec le roi d'Angleterre; mais que, celui-ci était son cousin germain, il n'avait pu empêcher qu'il ne vînt faire une visite dans le pays, et, une fois venu, il était tout simple qu'il lui offrît son château de Louvain, comme il n'eût pu manquer de le faire à son égard son cousin germain Edouard, si lui, duc de Brabant, en faisait une visite en Angleterre. Philippe de Valois, qui connaissait par expérience l'homme auquel il avait affaire, conserva quelques doutes malgré ces protestations; mais le chevalier Léon de Crainheim, dont on connaissait l'honneur et la rigidité, demanda au roi de rester comme otage, répondant du duc de Brabant corps pour corps, et jura sur sa vie qu'il avait dit la vérité : en conséquence, Philippe s'apaisa, et le vieux chevalier, à compter de ce jour, fut traité à la cour de France non pas en otage, mais en hôte.

Néanmoins, et malgré cette promesse, Philippe, voyant que, s'il allait en voyage d'outre-mer, il mettrait son royaume en grande aventure; se refroidit aussitôt pour cette croisade, et contremanda tous les ordres donnés, jusqu'à ce qu'il eût reçu des nouvelles plus positives sur les projets d'Edouard III. En attendant, comme les chevaliers et hommes liges étaient armés, il leur ordonna de rester sur le pied de guerre, de se préparer à tirer contre les chrétiens l'épée qu'ils avaient consacrée pour faire la guerre aux infidèles. En même temps il résolut de tirer parti d'une circonstance d'autant plus favorable à sa cause qu'elle pouvait susciter en Angleterre assez d'embarras pour ôter, du moins momentanément, à Edouard le désir de conquérir le royaume d'autrui; assez préoccupé qu'il serait, le cas échéant, de défendre le sien : nous voulons parler de l'arrivée à Paris du roi d'Ecosse et de la reine sa femme, chassés, comme nous l'avons dit, de leur royaume, où il ne leur restait plus que quatre forteresses et une tour.

Comme notre longue et fidèle alliance avec l'Ecosse tient une grande et importante place dans l'histoire du moyen-âge, il faut que nos lecteurs nous permettent de faire passer devant eux les différens événemens qui l'amenèrent, afin qu'aucun point du grand tableau que nous avons commencé de dérouler à leurs regards ne reste obscur et incompris. D'ailleurs la France, à cette époque, était déjà une si puissante machine, qu'il faut bien, si l'on veut en comprendre toute la force, jeter de temps en temps un regard sur les rouages étrangers que son mouvement engrenait avec elle.

Grâce à l'admirable ouvrage d'Augustin Thierry sur la conquête des Normands, les moindres détails de l'expédition du vainqueur d'Hastings sont populaires en France : ce sera donc à partir de cette époque seulement que nous jetterons un coup-d'œil rapide sur cette poétique terre d'Ecosse, qui a fourni à Walter Scott le sujet de l'histoire la plus romanesque et des romans les plus historiques qui existent à cette heure par tout le monde littéraire.

Les rois d'Ecosse, qui avaient jusque là toujours été libres et indépendans, quoique toujours en guerre avec les rois d'Angleterre, profitant de cet événement et de la longue lutte intérieure qui le suivit, avaient agrandi leur territoire aux dépens de leurs ennemis, et avaient conquis sur eux, sinon trois provinces tout entières, du moins la majeure partie de ces trois provinces, c'est-à-dire le Northumberland, le Cumberland et le Westmoreland; mais, comme les Normands avaient pour le moment assez affaire de détruire les Saxons, ils se montrèrent faciles à l'égard des Ecossais, et consentirent à la cession définitive de ces provinces, à la condition que le roi d'Ecosse rendrait hommage pour elles au roi d'Angleterre, quoiqu'il demeurât pour le reste souverain libre et indépendant.

C'était, au reste, la situation de Guillaume lui-même. Maître indépendant de sa conquête d'outre-mer, il tenait son grand-duché de Normandie et ses autres possessions du continent à titre de vassal du roi de France, et de cette époque avait daté la cérémonie de la prestation d'hommage. Or, c'est aux conditions de cet hommage qu'Edouard III croyait avoir échappé en ne mettant pas ses mains entre les mains de Philippe de Valois.

Cependant il était difficile que les choses restassent en cet état. A mesure que la tranquillité s'établit en Angleterre, Guillaume et ses successeurs tournèrent plus avidement leurs yeux vers l'Ecosse, quoiqu'ils n'osassent point encore reprendre ce qu'ils avaient concédé; mais, en échange, ils insinuèrent peu à peu que leurs voisins leur devaient hommage, non-seulement pour les trois provinces conquises, mais encore pour le reste du royaume. De là cette première période de combats qui se termina par la bataille de Newcastle, où Guillaume d'Ecosse, surnommé le Lion, parce qu'il portait l'image de cet animal sur son bouclier, fut fait prisonnier et obligé, pour racheter sa liberté, de se reconnaître, non-seulement pour le Cumberland, le Westmoreland et le Northumberland, mais encore pour toute l'Ecosse, vassal du roi d'Angleterre. Quinze ans après, Richard Ier, regardant cette condition comme injuste et arrachée par la force, y renonça de son plein gré, et les rois d'Ecosse, se retrouvant dans leur position de souverains indépendans, ne prêtèrent plus hommage que pour les provinces conquises.

Cent quatre-vingts ans s'étaient écoulés, six rois avaient régné sur l'Ecosse depuis la remise de ce droit, et comme les Anglais semblaient avoir renoncé à leur ancienne prétention de suzeraineté, aucune guerre ne s'était élevée entre les deux peuples, lorsqu'une prédiction se répandit parmi les Ecossais, venant d'un sage très vénéré, ayant nom Thomas le Rimeur, que le 22 mars serait le jour le plus orageux que l'on eût jamais vu en Ecosse. Ce jour arriva et s'écoula, au milieu de la terreur générale, dans une sérénité remarquable; on commençait donc à rire de la prédiction fatale de l'astrologue, lorsque le bruit se répandit qu'Alexandre III, le dernier de ces six rois dont le règne avait été l'âge d'or pour l'Ecosse, passant à cheval sur la côte de la mer dans le comté de Fife, entre Burntisland et Kynihorn, s'était approché trop près d'un précipice, et, précipité du haut d'un rocher par un écart de son cheval, s'était tué sur le coup. Alors chacun comprit que c'était là l'orage prédit, et attendit la foudre qui le devait suivre.

Le coup cependant ne fut pas aussi rapide qu'on s'y attendait : Alexandre était mort sans successeur mâle; mais une de ses filles, qui avait épousé Eric, roi de Norvége, avait eu elle-même un enfant que les historiens du temps nomment Marguerite, et les poètes la vierge de Norvége. En sa qualité de petite-fille d'Alexandre, la couronne d'Ecosse lui appartenait et lui fut effectivement dévolue.

Le roi qui régnait alors en Angleterre était Edouard Ier, grand-père de celui que nous voyons figurer dans cette chronique. C'était un prince brave et conquérant, fort désireux d'augmenter sa puissance, soit par les armes, soit par la politique, soit, lorsque ces deux moyens lui manquaient, par la ruse. Cette fois, la Providence semblait avoir ménagé elle-même les voies de son ambition. Edouard Ier avait un fils du même nom que lui, qui devait régner sous le nom d'Edouard II. C'est celui dont nous avons entendu raconter la mort tragique par son assassin Mautravers, devenu depuis, comme notre lecteur doit s'en souvenir, le châtelain, ou plutôt le geôlier de la reine douairière Isabelle. Edouard Ier demanda la main de la vierge de Norvége pour ce fils; elle lui fut accordée; mais au moment même où les deux cours s'occupaient des préparatifs du mariage, la jeune Marguerite mourut, et comme il ne restait pas un seul descendant direct d'Alexandre III, le trône d'Ecosse se trouva sans héritier.

Dix grands seigneurs, qui, par une parenté plus ou moins éloignée avec le roi mort, prétendaient à la succession vacante, rassemblèrent alors leurs vassaux, et s'apprêtèrent à soutenir leur droit par les armes. Comme on le voit, la tempête de Thomas le Rimeur grossissait à vue d'œil, et promettait pour longtemps un ciel sombre et orageux.

La noblesse écossaise, afin de prévenir les malheurs qui devaient résulter de ces guerres civiles, résolut de choisir pour arbitre Edouard Ier, et d'accepter pour roi celui des dix prétendans qu'il désignerait lui-même. Des ambassadeurs portèrent cette décision au roi d'Angleterre, qui, voyant le parti qu'il en pouvait tirer, accepta sur-le-champ, et, par les mêmes messagers, convoqua le clergé et la noblesse écossaise pour le 9 juin 1291, dans le château de Norham, situé sur la rive méridionale de la Tweed, à l'endroit même où cette rivière sépare l'Angleterre de l'Ecosse.

Au jour dit, les prétendans se trouvèrent au rendez-vous; de son côté, le roi Edouard ne fit pas défaut. Il traversa toute cette assemblée, qu'il dominait de la tête (car il était si grand que les Anglais ne l'appelaient que le roi aux longues jambes), s'assit sur son trône, et fit signe au grand justicier de parler. Alors, celui-ci se leva et annonça à la noblesse écossaise qu'avant que le roi Edouard prononçât son jugement, il fallait qu'elle eût à reconnaître ses droits, non seulement comme seigneur suzerain du Northumberland, du Cumberland et du Westmoreland, ce qui n'avait jamais été contesté, mais du reste du royaume, ce qui, depuis la renonciation de Richard, avait cessé d'être un objet de contestation. Cette déclaration inattendue produisit un grand tumulte : les nobles écossais refusèrent d'y répondre avant de s'être concertés. Alors Edouard congédia l'assemblée, ne laissant aux prétendans que trois semaines pour faire leurs réflexions.

Au jour dit, l'assemblée se trouva réunie de nouveau, mais cette fois c'était de l'autre côté de la Tweed, sur le territoire écossais, dans une plaine découverte nommée Upsettlington, que sans doute Edouard avait choisie ainsi pour que les prétendans ne pussent arguer de contrainte. Au reste, toutes précautions avaient été prises d'avance, car cette fois, à la proposition renouvelée de reconnaître Edouard Ier comme son suzerain, nul ne fit résistance, et ils répondirent au contraire qu'ils se soumettaient librement et volontairement à cette condition.

On commença alors d'examiner les titres des candidats à la couronne. Robert Bruce, seigneur d'Aannandale, et John Balliol, lord de Galloway, Normands d'origine tous deux, tous deux descendans également de la famille royale d'Ecosse par une fille de David, comte de Huntington, furent reconnus comme ayant les droits les mieux fondés à la couronne. Edouard fut donc prié de décider le question entre eux. Il nomma John Balliol.

Aussitôt celui-ci s'agenouilla, *mit ses mains entre celles du roi d'Angleterre, le baisa en la bouche*, et se reconnut pour son vassal et homme lige, non-seulement pour les trois provinces conquises, mais encore pour tout le royaume d'Ecosse.

Sans que l'orage de Thomas le Rimeur fût dissipé, la foudre était tombée et avait tué la nationalité écossaise.

Balliol commença de régner; bientôt ses actes et ses jugemens portèrent l'empreinte de son caractère partial et irrésolu. Les mécontens se plaignirent, Edouard les encouragea à en appeler à lui des décisions de leur roi; ils ne s'en firent pas faute. Edouard rassembla une masse de griefs, vrais ou faux, et somma Balliol de comparaître devant les cours d'Angleterre. A cette sommation, Balliol se sentit la velléité de redevenir homme et roi; il refusa positivement. Edouard réclama alors, comme garantie de suzeraineté, la remise aux mains de l'Angleterre des forteresses de Berwick, de Roxburgh et de Jelburgh; Balliol répondit en levant une nombreuse armée; et, faisant dire à Edouard qu'il cessait de le reconnaître comme son seigneur suzerain, il franchit les limites des deux royaumes et entra en Angleterre. C'est tout ce que désirait Edouard; sa conduite depuis le jugement rendu avait visiblement tendu là; ce n'était pas assez pour lui que l'Ecosse fût vassale, il la voulait esclave. Il assembla donc une armée, et s'avança contre Balliol; à la première journée de marche, un cavalier suivi d'une troupe nombreuse se présenta à Edouard, et demanda à prendre part à la campagne en combattant avec les Anglais. Ce cavalier était Robert Bruce, le compétiteur de Balliol.

Les deux armées se rencontrèrent près de Dumbar; les Ecossais, abandonnés dès le commencement du combat par leur roi, furent vaincus. Balliol, craignant d'être fait prisonnier et traité avec la rigueur des lois de la guerre en usage à cette époque, répondit qu'il était prêt à se livrer lui-même si Edouard lui assurait la vie sauve. Cette promesse faite, il vint trouver Edouard dans le château de Roxburgh, sans manteau royal, sans armes défensive ni offensive, tenant à la main une baguette blanche pour tout sceptre, et déclara que, poussé par les mauvais conseils de la noblesse, il s'était révolté traîtreusement contre son seigneur et maître, et qu'en expiation de cette faute il lui cédait tous ses droits royaux sur la terre d'Ecosse et ses habitans. A ces conditions le roi d'Angleterre lui pardonna.

C'était là ce qu'avait espéré Bruce en se joignant à Edouard. Aussi, à peine Balliol fut-il dépossédé, que son ancien concurrent, qui avait pris une part active à la victoire, se présenta devant Edouard, réclamant à son tour le trône aux mêmes conditions qu'il avait été concédé à Balliol; mais Edouard lui répondit dans son dialecte français-normand :

— Croyez-vous que nous n'ayons pas autre chose à faire qu'à vous conquérir des royaumes ?

Bientôt cette réponse brilla de toute la clarté qu'Édouard n'avait pas cru devoir lui donner d'abord : il traversa en vainqueur l'Ecosse de la Tweed à Edimbourg, transféra les archives à Londres, fit enlever et transporter dans l'église de Westminster la grande pierre sur laquelle une ancienne coutume nationale voulait qu'on plaçât les rois d'Ecosse le jour de leur couronnement; enfin il confia le gouvernement de l'Ecosse au comte de Surrey, nomma Hughes Cressingham grand trésorier, et William Ormesby grand juge. Puis, ayant mis des commandans anglais dans toutes les provinces, et des garnisons anglaises dans tous les châteaux, il s'en retourna à Londres pour veiller à la tranquillité du pays de Galles, qu'il venait de soumettre comme il avait soumis l'Ecosse, et dont il avait fait pendre le dernier prince, qui n'avait cependant commis d'autre crime que d'avoir défendu son indépendance. C'est depuis cette époque que les fils aînés des rois d'Angleterre prennent invariablement le titre de prince de Galles.

Il arriva pour l'Ecosse ce qui arrive pour tout pays conquis : le grand juge, partial en faveur des Anglais, rendit des jugemens iniques; le grand trésorier, traitant les Ecossais non pas en sujets, mais en tributaires, extorqua en cinq ans plus d'argent que leur en avaient en un siècle demandé leurs quatre derniers rois ; les plaintes portées au gouverneur restèrent sans réponse, ou n'obtinrent que des réponses illusoires ou outrageantes; enfin les soldats mis en garnison, traitant en tout lieu et en toute circonstance les Ecossais comme des vaincus, s'emparaient de vive force de tout ce qui leur convenait, maltraitant, blessant et tuant ceux qui voulaient s'opposer à leurs capricieuses déprédations; de sorte que l'Ecosse se trouva bientôt dans cette situation fiévreuse d'un pays qui semble sommeiller dans son esclavage, mais qui n'attend qu'une circonstance pour se réveiller et un homme pour se faire libre. Or, quand un pays en est arrivé là, l'événement arrive toujours, et l'homme ne manque jamais. L'événement fut celui des *Granges d'Ayr*, l'homme fut Wallace.

Un enfant qui revenait un jour de la pêche dans la rivière d'Irrine, et qui avait pris une grande quantité de truites qu'il rapportait dans un panier, rencontra aux portes de la ville d'Ayr trois soldats qui s'approchèrent de lui et voulurent lui prendre son poisson; l'enfant dit alors que si les soldats avaient faim, il partagerait avec eux bien volontiers, mais qu'il ne leur donnerait pas tout. Pour unique réponse, un des Anglais porta la main sur le panier; au même instant l'enfant lui porta à la tête un si rude coup du manche de sa ligne, qu'il tomba mort; puis aussitôt, s'emparant de son épée, il s'escrima si bien vis-à-vis des deux autres, qu'il les mit en fuite, et qu'il rapporta à la maison le produit tout entier de sa pêche dont il avait offert la moitié. Cet enfant c'était William Wallace.

Six ans après cette aventure, un jeune homme traversait le marché de Lanark, donnant le bras à sa femme; il était vêtu d'un habit de drap vert d'une grande finesse, et portait à la ceinture un riche poignard : au détour d'une rue, un Anglais se trouva devant lui et lui barra le passage, en disant qu'il était bien étonnant qu'un esclave écossais se permît de porter de si nobles habits et de si belles armes. Comme le jeune homme était, ainsi que nous l'avons dit, avec sa femme, il se contenta de repousser l'Anglais avec le bras, de manière à ce que celui-ci lui ouvrît le passage. L'Anglais, regardant ce geste comme une insulte, porta la main à son épée; mais avant qu'il ne l'eût tirée du fourreau, il était tombé mort d'un coup de poignard dans la poitrine. Tout ce qu'il y avait alors d'Anglais sur la place s'élança vers le lieu où venait de se passer cette scène rapide comme un éclair; mais la maison qui se trouvait le plus proche du jeune homme était celle d'un noble Ecossais; il ouvrit sa porte au meurtrier et la referma derrière lui; et tandis que les soldats anglais la mettaient en pièces, il conduisit le jeune homme à son jardin, d'où il gagna une vallée sauvage et pleine de rochers, nommée Cartland-Craigs, où ses ennemis n'essayèrent pas même de le poursuivre. Mais, faisant retomber sur des innocens la peine qui ne pouvait atteindre le coupable, le gouverneur de Lanark, qui se nommait Hazelrigg, déclara le jeune homme outlaw ou proscrit, mit le feu à sa maison, et fit égorger sa femme et ses domestiques. Le proscrit, du haut d'un rocher, vit la flamme et entendit les cris, et, à la lueur de l'incendie et au bruit des gémissemens, jura une haine éternelle à l'Angleterre. Ce jeune homme, c'était Williams Wallace.

Bientôt on entendit parler dans les environs d'entreprises hardies tentées par un chef de proscrits qui, ayant rassemblé une troupe considérable d'hommes mis comme lui hors la loi, ne faisait aucun quartier aux Anglais qu'il rencontrait. Un matin, on apprit qu'Hazelrigg lui-même avait été surpris dans sa maison, et qu'on lui avait laissé dans la poitrine un poignard qui portait cette inscription : *A l'incendiaire et au meurtrier!* Il n'y eut plus alors aucun doute que cette hardie entreprise ne vint encore du même chef. On envoya contre lui des détachemens entiers, qui furent battus; et chaque fois qu'on apprenait la défaite de quelque nouveau corps d'Anglais, la noblesse écossaise s'en réjouissait tout haut, car la haine qu'on leur portait avait depuis longtemps cessé d'être un secret pour les vainqueurs. Ils prirent donc une résolution extrême. Sous prétexte de se concerter avec elle sur les affaires de la nation, le gouverneur de la province invita toute la noblesse de l'ouest à se rendre dans les *granges d'Ayr*, longue suite de vastes bâtimens où, pendant l'hiver, les moines de l'abbaye attenante rentraient leurs grains, mais qui, l'été venu, se trouvaient à peu près vides. Les nobles, sans défiance, se rendirent à cette conférence : on les invita à entrer deux à deux pour éviter la confusion. Cette mesure leur parut si naturelle qu'ils y obtempérèrent; mais à toutes les solives un rang de cordes avait été préparé; les soldats tenaient à la main un bout de ces cordes auquel avait été fait un nœud coulant, et à mesure que les députés entraient on leur jetait ce nœud au cou, et ils étaient immédiatement pendus. L'opération se fit si habilement, que pas un cri ne prévint ceux du dehors du sort de ceux qui étaient dedans. Ils entrèrent tous et tous furent étranglés.

Un mois après cet événement, et comme la garnison anglaise, après avoir fait ce jour-là grande chère, s'était retirée pour dormir dans ces mêmes granges où avaient ignominieusement et traîtreusement péri tant de nobles écossais, une vieille femme sortit d'une des plus pauvres maisons de la ville, monta aux granges, marqua avec un morceau de craie toutes les portes des bâtimens où se trouvaient les Anglais, et se retira sans avoir été dérangée dans cette occupation. Derrière elle descendit de la montagne une troupe d'hommes armés dont chacun portait un paquet de cordes : ces hommes examinèrent les portes avec un grand soin, et attachèrent en dehors toutes celles qui étaient marquées d'une croix; puis, cette besogne terminée, un homme, qui paraissait le chef, alla de maison en maison pour voir si les nœuds étaient solidement faits, tandis que derrière lui un second détachement, chargé de gerbes, amoncelait la paille devant les portes et devant les fenêtres. La tournée finie, et tous les bâtimens entourés de matières combustibles, le chef y mit le feu. Alors les Anglais s'éveillèrent en sursaut, et, les granges étant de bois, ils se trouvèrent au milieu des flammes. Leur premier mouvement fut de courir aux portes; elles étaient toutes fermées. Alors à coups de hache et d'épée ils les brisèrent; mais les Ecossais étaient là en dehors, muraille de fer derrière la muraille de flammes, les repoussaient dans le feu ou les égorgeaient. Quelques uns se souvinrent alors d'une porte dérobée qui conduisait dans le cloître, et se précipitèrent vers le couvent; mais, soit qu'ils eussent été prévenus d'avance, soit que, réveillés par le bruit, ils eussent deviné ce qui se passait, le prieur d'Ayr et ses moines attendaient les fugitifs dans le cloître, tombèrent sur eux l'épée à la main, et les repoussèrent dans les granges. Au même instant, les toits s'abîmèrent, et tout ce qui restait encore dans les bâtimens fut écrasé sous les mêmes solives où avaient été pendus ceux de la mort desquels ce chef de proscrits tirait à cette heure une si terrible vengeance. Ce chef, c'était encore Williams Wallace.

Cette action fut le signal d'une insurrection générale : les Ecossais mirent à leur tête celui qui seul n'avait pas désespéré du salut de la patrie; car, si ce n'était pas le plus noble de leurs seigneurs, c'était incontestablement le plus brave. Mais à peine avait-il rassemblé trois ou quatre mille hommes, qu'il lui fallut combattre. Le comte de Surrey s'avançait avec le grand trésorier Cressingham à la tête d'une nombreuse armée.

Wallace établit son camp sur la rive septentrionale du Forth, près de la ville de Stirling, à l'endroit même où le fleuve, déjà très large en cet endroit, puisque ce n'est que quatre ou cinq lieues plus loin qu'il se jette dans le golfe d'Edimbourg, était traversé par un étroit et long pont de bois. Ce fut dans cette position qu'il attendit les Anglais.

Ceux-ci ne se firent pas attendre : dès le même jour, Wallace les vit s'avancer de l'autre côté du Forth. Surrey, en habile capitaine, comprit aussitôt la supériorité de la position de Wallace, et donna ordre de faire halte, afin de différer la bataille; mais Cressingham, qui, en sa double qualité d'ecclésiastique et de trésorier, aurait dû laisser le régent, connu pour un habile homme de guerre, prendre toutes les mesures qu'il jugerait convenables, s'avança à cheval au milieu des soldats, disant que le devoir d'un général était de combattre partout où il rencontrait l'ennemi : l'armée anglaise, pleine d'enthousiasme, demanda alors à grands cris la bataille. Surrey fut forcé de donner le signal, et l'avant-garde, commandée par Cressingham, qui, pareil aux ecclésiastiques de ce temps, n'hésitait pas, dans l'occasion, à se servir de l'épée et de la lance, commença à traverser le pont et à se déployer sur la rive opposée.

C'était ce qu'attendait Wallace. Dès qu'il vit la moitié de l'armée anglaise passée de son côté, et le pont encombré derrière elle, il donna le signal de l'attaque, chargeant lui-même à la tête de ses troupes. Tout ce qui était passé fut tué ou pris; tout ce qui passait fut culbuté, renversé du pont dans la rivière et noyé. Surrey vit que le reste de l'armée était perdu s'il ne prenait pas une grande décision; il fit mettre le feu au pont, sacrifiant une partie de ses hommes pour sauver l'autre; car, si les Ecossais avaient passé la rivière, ils eussent trouvé leurs ennemis dans un tel désordre, qu'ils en eussent fini probablement en un seul jour avec toute l'armée.

Cressingham fut retrouvé parmi les morts, et la haine qu'il inspirait fut si grande, que ceux qui le découvrirent enlevèrent la peau de son corps par lanières, et en firent des brides et des sangles pour leurs chevaux.

Quant à Surrey, comme il disposait encore de forces respectables, il fit retraite vers l'Angleterre, et cela assez rapidement pour que la nouvelle de sa défaite ne le précédât point. Il en résulte qu'il traversa la Tweed, ramenant sains et saufs les débris de son armée. Derrière lui la population se souleva en masses, et, en moins de deux mois, tous les châteaux et forteresses étaient retombés au pouvoir des Ecossais.

Edouard Ier apprit ces événemens en Flandre, et repassa aussitôt en Angleterre. L'œuvre de son ambition venait d'être renversée d'un coup. Il lui avait fallu des années de ruse et de négociations pour soumettre l'Ecosse, et elle venait de lui être enlevée en une seule bataille. Aussi, à peine arrivé à Londres, il reprit des mains de Surrey les débris de ses troupes, en forma le noyau d'une armée considérable, et s'avança à son tour et en personne contre les rebelles.

Pendant ce temps, Wallace avait été nommé protecteur; mais les nobles, qui l'avaient trouvé bon pour délivrer l'Ecosse avec son épée, tandis qu'eux osaient à peine la défendre avec la parole, le trouvèrent de trop basse naissance pour la gouverner, et refusèrent de le suivre,

Wallace fit alors un appel au peuple, et nombre de montagnards le joignirent. Quelque inférieure que fût cette armée à celle d'Edouard en hommes, en armes et en tactique militaire, Wallace, convaincu que le pis en pareille circonstance était de reculer, n'en marcha pas moins directement à lui, et le rencontra près de Falkirk, le 22 juillet 1298.

Les deux armées présentaient un aspect bien différent : celle d'Edouard, composée de toute la noblesse et la chevalerie du royaume, s'avançait, montée sur les magnifiques chevaux que ses hommes d'armes tiraient de son grand-duché de Normandie, et escortée sur ses flancs de ces terribles archers qui, portant douze flèches dans leurs trousses, prétendaient avoir la vie de douze Ecossais à leur ceinture. L'armée de Wallace, au contraire, avait à peine cinq cents hommes de cavalerie, et quelques archers de la forêt d'Ettrick, placés sous les ordres de sir John Stewart de Bonkil ; tout le reste se composait de montagnards mal défendus par des armures de cuir, marchant serrés, et portant leurs longues piques si rapprochées les unes des autres, qu'elles semblaient une forêt mouvante. Parvenu au point où il avait résolu de livrer la bataille, Wallace fit faire halte, et, s'adressant à ses hommes :

— Nous voilà arrivés au bal, leur dit-il ; maintenant, montrez-moi comment vous dansez.

De son côté, Edouard s'était arrêté, et comme les avantages du terrain étaient compensés de manière à ce que ni l'un ni l'autre des deux chefs ne se livraient en attaquant, le roi anglais crut qu'il serait honteux à lui d'attendre les rebelles, et donna le signal de la bataille.

A l'instant même toute cette lourde cavalerie s'ébranla, pareille à un rocher qui roule dans un lac, et vint s'arrêter sur les longues lances des Ecossais. A ce premier choc on vit tomber presque entiers le premier et le second rang des Anglais ; car les chevaux blessés désarçonnèrent leurs cavaliers, qui, embarrassés du poids de leurs armures, furent presque tous massacrés avant de pouvoir se relever ; mais alors la cavalerie écossaise, au lieu de soutenir les hommes de pied qui faisaient si bravement leur devoir, s'enfuit, découvrant une des ailes de Wallace. A l'instant même Edouard fit avancer ses archers, qui, n'ayant plus à craindre d'être chargés par les cavaliers, purent s'approcher à une demi-portée de flèche, et choisirent sûrement ceux qu'il leur convenait de tuer ; Wallace appela aussitôt les siens ; mais le cheval de sir John Stewart, qui les conduisait à la bataille, butta contre une racine, et jeta par dessus sa tête son cavalier, qui se tua. Les archers n'en avancèrent pas moins. Cependant, n'ayant plus leur chef pour les diriger, ils s'exposèrent imprudemment et se firent tous tuer. En ce moment Edouard aperçut dans l'armée écossaise quelque désordre causé par la pluie de flèches dont l'accablaient ses hommes de trait ; il se mit à la tête d'une troupe choisie parmi les plus braves, chargea dans l'ouverture pratiquée par les archers, et, agrandissant de la largeur de tout son bataillon la blessure déjà faite, il pénétra jusqu'au cœur de l'armée écossaise, qui, entamée ainsi, ne put résister, et fut contrainte de prendre la fuite, laissant sur le champ de bataille sir John Graham, l'ami et le compagnon de Wallace, qui, indigné de la conduite de la noblesse, n'avait pas reculé d'un pas, et s'était fait tuer à la tête de son corps.

Quant à Wallace, il resta des derniers sur le champ de bataille, et, comme la nuit vint avant qu'on eût pu lui faire lâcher pied, non plus qu'à quelques centaines d'hommes qui l'entouraient, il disparut à la faveur de l'obscurité dans une forêt voisine, où il passa la nuit caché dans les branches d'un chêne.

Wallace, abandonné par la noblesse, l'abandonna à son tour, ne songeant plus qu'à rester fidèle au pays, et se démit de son titre de protecteur ; et tandis que les lords et seigneurs continuaient de combattre pour leur propre compte, ou se soumettaient, sauvant leurs intérêts particuliers aux dépens de ceux de leur pays, Wallace, traqué de montagne en montagne, chassé de forêt en forêt, transportant avec lui la liberté de l'Ecosse comme Enée les dieux de Troie, faisant battre, partout où il était, le cœur de la patrie, que partout ailleurs on eût pu croire morte, demeura sept ans, tout proscrit qu'il était, le rêve incessant et terrible des nuits d'Edouard, qui ne croyait pas que l'Ecosse fût à lui tant que Wallace serait à l'Ecosse. Enfin on promit récompense sur récompense à qui le livrerait mort ou vivant, et un nouveau traître se trouva parmi toute cette noblesse qui l'avait déjà trahi. Un jour qu'il dînait à Robroyston, dans un château où il croyait n'avoir que des amis, sir John Menteth, qui venait de lui offrir du pain, reposa le pain sur la table de manière à ce que le côté plat se trouvât par dessus ; c'était le signal convenu : les deux convives qui se trouvaient à la droite et à la gauche de Wallace le saisirent chacun par un bras, tandis que deux domestiques, debout par derrière, lui roulaient une corde autour de corps. Toute résistance était impossible. Le champion de l'Ecosse, garrotté comme un lion pris au piège, fut livré à Edouard, qui, par dérision, le fit comparaître devant ses juges couronné d'une guirlande verte. L'issue du procès ne fut pas douteuse. Wallace, condamné à mort, traîné sur une claie jusqu'au lieu de l'exécution, eut la tête tranchée ; puis son corps fut taillé en quatre morceaux, et chaque partie exposée au bout d'une lance sur le pont de Londres.

Ainsi mourut le Christ de l'Ecosse, couronné comme Jésus par ses propres bourreaux.

IX.

Deux ou trois ans après la mort de Wallace, et le soir d'une de ces escarmouches journalières que les vaincus et les vainqueurs continuaient d'avoir ensemble, quelques soldats anglais soupaient autour de la grande table d'une auberge, lorsqu'un noble Ecossais, qui servait dans l'armée d'Edouard, et qui s'était battu peut lui contre les révoltés, entra dans la salle, tellement affamé que, s'étant assis à une table particulière et s'étant fait servir, il commença de manger sans se laver les mains, rouges encore du massacre de la journée. Les seigneurs anglais qui avaient fini leur repas le regardaient avec cette haine qui, quoiqu'ils servissent sous les mêmes drapeaux, séparait toujours les hommes des deux nations ; mais l'étranger, occupé de se rassasier, ne tenait nul compte de leur attention, lorsque l'un d'eux dit tout haut :

— Regardez donc cet Ecossais qui mange son propre sang !...

Celui contre qui ces paroles étaient dites les entendit, regarda ses mains, et, voyant qu'effectivement elles étaient tout ensanglantées, il laissa tomber le morceau de pain qu'il tenait, resta un instant pensif, puis, sortant de l'auberge sans dire une seule parole, entra dans la première église qu'il trouva ouverte, s'agenouilla devant l'autel, et, ayant lavé ses mains avec ses larmes, demanda pardon à Dieu, et jura de ne plus vivre que pour venger Wallace et délivrer sa patrie. Ce fils repentant, c'était Robert Bruce, descendant de celui-là qui avait disputé la couronne d'Ecosse à Balliol, et qui était mort en léguant ses droits à ses héritiers.

Robert Bruce avait un compétiteur au trône, qui, comme lui, servait dans l'armée anglaise ; c'était sir John Comyn de Badenoch, que l'on appelait Comyn le Roux, pour le distinguer de son frère, à qui son teint basané avait fait donner le nom de Comyn le Noir. Il était en ce moment à Dumfries, sur les frontières d'Ecosse. Bruce vint l'y trouver, pour le décider à se détacher de la cause anglaise, et à se joindre à lui afin de chasser l'étranger. Le lieu du rendez-vous où ils devaient conférer de cette importante affaire fut choisi d'un commun accord : c'était l'église des Minorites de Dumfries. Bruce était accompagné de Lindsay et de Kirkpatrick, ses deux meilleurs amis. Ils demeurèrent à la porte de l'église, et au moment où il la poussa pour entrer, ils virent par l'ouverture Comyn le Roux qui attendait Bruce devant le maître-autel.

Une demi-heure se passa, pendant laquelle ils se tinrent discrètement debout sous le porche, sans jeter les yeux dans l'église. Au bout de ce temps, ils virent sortir Bruce pâle et défait. Il étendit aussitôt la main vers la bride de son cheval, et ils remarquèrent que sa main était toute sanglante.

— Qu'y a-t-il donc, et qu'est-il arrivé ? demandèrent-ils tous deux.

— Il y a, répondit Bruce, que nous ne sommes pas tombés d'accord avec Comyn le Roux, et que je crois que je l'ai tué.

— Comment ! tu ne fais que croire ? dit Kirkpatrick ; c'est une chose dont il faut être sûr, et je vais y voir.

A ces mots, les deux chevaliers entrèrent à leur tour dans l'église, et, comme effectivement Comyn le Roux n'était pas mort, ils l'achevèrent.

— Tu avais raison, lui dirent-ils en sortant et en remontant à cheval ; la besogne était en bon train, mais elle n'était pas achevée ; maintenant, dors tranquille.

Le conseil était plus facile à donner qu'à suivre. Bruce venait par cette action d'attirer sur lui trois vengeances : celle des parens du mort, celle d'Edouard, celle de l'Eglise. Aussi, voyant qu'il n'y avait plus rien à ménager après un pareil coup, il marcha droit à l'abbaye de Scone, où l'on couronnait les souverains d'Ecosse, rassembla ses partisans, appela à lui tous ceux qui étaient disposés à combattre pour la liberté, et se fit proclamer roi le 29 mars 1306.

Le 18 mai suivant, Robert Bruce fut excommunié par une bulle du pape, qui le privait de tous les sacremens de l'Eglise, et donnait à chacun le droit de le tuer comme un animal sauvage.

Le 20 juin de la même année, il fut complètement battu près de Methwen, par le comte de Pembroke, et, démonté de son cheval qui venait d'être tué sous lui, il fut fait prisonnier. Heureusement celui à qui il avait rendu son épée était un Ecossais, qui, en passant près d'une forêt, coupa lui-même les liens dont il était attaché, et lui fit signe qu'il pouvait fuir. Robert ne se le fit pas répéter ; il se laissa glisser de son cheval et s'enfonça dans le bois, où l'Ecossais, pour n'être pas puni par Edouard, fit semblant de le poursuivre, mais se garda de le joindre. Bien lui en prit. Tous les autres captifs furent condamnés à mort et exécutés. Le meurtre de Comyn le Roux portait ses fruits ; le sang payait le sang.

Ce fut à compter de cette heure que commença cette vie aventureuse qui donne à l'histoire de cette époque tout le pittoresque et tout l'intérêt du roman. Chassé de montagne en montagne, accompagné de la reine, proscrite comme lui, suivi de trois ou quatre amis fidèles, parmi lesquels était le jeune lord de Douglas, appelé depuis le bon lord James, obligé de vivre de la pêche ou de la chasse de ce dernier, qui, le plus adroit de tous à ces deux exercices, était chargé de la nourriture de la troupe ; marchant de danger en danger, sortant d'un combat pour tomber dans une embûche, se tirant de tous les périls par sa force, son adresse ou sa présence d'esprit, soutenant seul le courage de ses compagnons toujours conduits par l'illumination du prédestiné ; il passa ainsi les cinq mois d'été et d'automne dans des courses vagabondes et nocturnes, auxquelles, au commencement de l'hiver, la reine fut près de succomber. Bruce vit qu'il était impossible qu'elle continuât de supporter des fatigues que le froid et les neige allaient rendre plus terribles encore ; il n'avait plus qu'un seul château, celui de Kildrunmer, près de la source du Don, dans le comté d'Aberdeen ; il y conduisit avec lui la comtesse de Rucheau et deux autres dames de sa suite, chargea son frère Nigel Bruce de le défendre jusqu'à la dernière extrémité, et,

suivi d'Edouard son autre frère, traversant toute l'Ecosse pour dérouter ses ennemis, il se retira dans l'île de Rathlin, sur la côte d'Irlande. Deux mois après, il apprit que le château de Kildrunmer avait été pris par les Anglais ; que son frère Nigel avait été mis à mort, et que sa femme était prisonnière.

Ces nouvelles lui arrivèrent dans une pauvre chaumière de l'île ; elles le trouvèrent déjà accablé, et lui ôtèrent ce qui lui restait de courage et de force. Etendu sur son lit, où il s'était jeté tout désespéré et tout en larmes, voyant que la main de Dieu avait toujours pesé sur lui depuis le meurtre de Comyn le Roux, il se demandait si la volonté du Seigneur, qui se manifestait par tant de revers, n'était pas qu'il abandonnât cette entreprise. Et comme dans ce doute il tenait les yeux levés au plafond avec cette fixité des grandes douleurs, alors, et ainsi qu'il arrive parfois en pareille circonstance, où machinalement, tandis que l'âme saigne, le corps est occupé d'une chose futile, sa vue s'arrêta sur une araignée qui, suspendue au bout d'un fil, s'efforçait de s'élancer d'une poutre à l'autre sans y pouvoir parvenir, et qui cependant, sans se lasser, renouvelait cette tentative, de la réussite de laquelle dépendait l'établissement de sa toile. Cette persistance instinctive le frappa malgré lui, et, tout préoccupé qu'il était de ses malheurs, il n'en suivit pas moins du regard les efforts qu'elle faisait. Six fois elle essaya d'atteindre le but désiré, et six fois elle échoua. Bruce pensa alors que lui aussi avait fait, comme ce pauvre animal, six tentatives pour conquérir son trône, et que six fois il avait échoué. Cette singulière coïncidence le frappa, et donna à l'instant même en lui naissance à une idée aussi superstitieuse qu'étrange : il pensa que ce n'était pas sans dessein que la Providence, dans un pareil moment, lui envoyait cet exemple de patiente persistance, et, regardant toujours l'araignée, il fit vœu que, si elle réussissait dans la septième tentative qu'elle préparait, il y verrait un encouragement du ciel et continuerait son entreprise ; mais que, si, au contraire, elle échouait, il la regarderait toutes les espérances comme vaines et insensées, partirait pour la Palestine, et consacrerait le reste de sa vie à combattre contre les infidèles. Il venait mentalement d'achever ce vœu, lorsque l'araignée, qui, tandis qu'il le formait, avait fait toutes ses dispositions et pris toutes ses mesures, essaya une septième tentative, atteignit la poutre et y resta cramponnée.

— La volonté de Dieu soit faite ! dit Robert Bruce ; et, s'élançant aussitôt de son lit, il prévint ses soldats qu'à partir du lendemain il se remettrait en campagne.

Cependant Douglas continuait sa guerre de partisan : voyant l'hiver tirer à sa fin, il s'était remis à l'œuvre, et, accompagné de trois cents soldats, avait débarqué dans l'île d'Arran, située entre le détroit de Kilbranan et le golfe de la Clyde, avait surpris le château de Bratwich, et mis à mort le gouverneur et une partie de la garnison ; puis, usant aussitôt de son droit de conquête, il s'était établi avec ses hommes dans la forteresse, et, fidèle à son goût pour la chasse, passait ses journées dans la magnifique forêt qui l'entourait. Un jour qu'il était occupé à poursuivre un daim, il entendit dans le bois même où il chassait le bruit d'un cor ; aussitôt il s'arrêta en disant :

— Il n'y a que le cor du roi qui rende ce son ; il n'y a que le roi qui sonne ainsi.

Puis, au bout d'un instant, une nouvelle fanfare s'étant fait entendre, Douglas mit son cheval au galop dans la direction du bruit, et, après dix minutes de marche, il se trouva face à face de Bruce, qui chassait de son côté. Depuis trois jours, ce dernier avait, poursuivant sa résolution, quitté l'île de Rathlin, et depuis deux heures il avait abordé à celle d'Arran. Une vieille femme qui ramassait des coquilles sur le rivage lui avait raconté que la garnison anglaise avait été surprise par des étrangers armés, et que ces étrangers chassaient à cette heure. Bruce, tenant pour ami à lui tout ce qui était ennemi des

Anglais, s'était aussitôt mis en chasse de son côté; Douglas avait reconnu son cor, et les deux fidèles compagnons s'étaient retrouvés.

A partir de ce jour, la mauvaise fortune, lassée de tant de courage, resta en arrière : sans doute la longue et cruelle expiation imposée à Bruce pour le meurtre de Comyn était accomplie, et le sang payé par le sang cessait de demander vengeance.

Cependant la lutte fut longue : il lui fallut tour à tour vaincre la trahison et la force, l'or et le fer, le poignard et l'épée. L'Ecosse conserve dans ses traditions nationales une foule d'aventures plus merveilleuses les unes que les autres, dans lesquelles, appuyé sur son courage mais gardé par Dieu, il échappa miraculeusement aux dangers les plus terribles, profitant de chaque succès pour donner force à son parti, jusqu'à ce que, à la tête d'une armée de trente mille hommes, il attendît Edouard II dans la plaine de Stirling; car, pendant cette lutte acharnée, Edouard Ier était mort, léguant la guerre à son fils, et ordonnant, afin que la tombe ne le séparât point des batailles, que l'on fit bouillir son corps jusqu'à ce que les os se séparassent des chairs, que l'on enveloppât ces os dans une peau de taureau, et qu'on les portât à la tête de l'armée anglaise chaque fois qu'elle marcherait contre les Ecossais. Soit confiance en lui-même, soit que l'exécution de ce vœu bizarre lui parût un sacrilège, Edouard II n'exécuta point la recommandation paternelle ; il fit déposer le corps du feu roi dans l'abbaye de Westminster, où de nos jours sa tombe porte encore cette inscription : *Ci-gît le marteau de la nation écossaise*, et marcha contre les rebelles, qui, comme nous l'avons dit, l'attendirent à Stirling, appuyés à la rivière de Bannockburn, dont la bataille prit le nom.

Jamais victoire ne fut plus entière pour les Ecossais, et déroute plus complète pour leurs ennemis. Edouard II s'enfuit du champ de bataille à bride abattue, et, poursuivi par Douglas, il ne s'arrêta que derrière les portes de Dumbar. Là, le gouverneur de la ville lui procura un bateau, à l'aide duquel, longeant les côtes de Berwick, il vint débarquer dans le havre de Bamborough en Angleterre.

Cette victoire assura, sinon la tranquillité, du moins l'indépendance de l'Ecosse, jusqu'au moment où Robert Bruce, quoique jeune encore, fut atteint d'une maladie mortelle. Nous avons vu, au commencement de cette histoire, comment il fit venir près de lui Douglas, que les Ecossais appelaient le bon sir James, et comme Douglas le Noir, et lui recommanda d'ouvrir sa poitrine, d'y prendre son cœur, et de le porter en Palestine. Ce dernier désir ne fut pas plus heureux que celui d'Edouard Ier; mais cette fois au moins ce ne fut pas la faute de celui qui avait reçu le vœu si le vœu ne fut pas accompli.

Edouard II périt à son tour, assassiné à Berkley par Gurnay et Mautravers, sur l'ordre ambigu de la reine scellé par l'évêque d'Hertfort, et son fils Edouard III lui succéda.

Nos lecteurs ont, par les chapitres précédens, pris, nous l'espérons, une idée assez juste du caractère de ce jeune prince pour penser qu'à peine sur le trône ses yeux se tournèrent vers l'Ecosse, cette vieille ennemie que, depuis cinq générations, les rois d'Angleterre se léguaient de père en fils comme une hydre à exterminer.

Le moment était d'autant meilleur pour recommencer la guerre, que la fleur de la noblesse écossaise avait suivi James Douglas dans son pèlerinage au Saint-Sépulcre, et que la couronne était passée de la tête puissante d'un vieux guerrier à celle d'un faible enfant de quatre ans.

Comme, après Douglas le Noir, le plus courageux et le plus populaire des compagnons de l'ancien roi était Randolphe, comte de Murray, il fut nommé régent du royaume, et gouverna l'Ecosse au nom de David II.

Cependant Edouard avait compris que toute la force des Ecossais venait de la répugnance profonde que l'on éprouvait, de la Tweed au détroit de Pentland, pour la domination de l'Angleterre. Il résolut donc de ne s'avancer sur les terres ennemies que sous fausse bannière, et de prendre pour alliée la guerre civile : la fortune lui en avait gardé le moyen, il en profita avec son habileté coutumière.

John Balliol, qui avait d'abord été fait roi d'Ecosse, puis détrôné par Edouard Ier, était passé en France, et y était mort, laissant un fils nommé Edouard Balliol ; le roi d'Angleterre jeta les yeux sur lui comme sur l'homme dont le nom était le plus apte à servir de drapeau, et le mit à la tête des *lords déshérités*. Deux mots suffiront pour expliquer à nos lecteurs ce que l'on entendait alors par cette dénomination.

Lorsque l'Ecosse fut affranchie de la domination de l'Angleterre, grâce au courage et à la persévérance de Robert Bruce, deux classes de propriétaires élevèrent des réclamations pour la perte de leurs biens territoriaux. Les uns étaient ceux qui, à la suite de la conquête, avaient reçu ces biens d'Edouard Ier et de ses successeurs à titre de don ; les autres, ceux qui, s'étant alliés aux familles d'Ecosse, les possédaient comme héritages. Edouard mit Balliol à la tête de ce parti, et, tout en paraissant rester étranger à cette guerre éternelle, qui revenait encore une fois frapper à la porte de l'Ecosse sous un autre nom et sous un nouvel aspect, il l'appuya de son argent et de ses troupes. Pour comble de malheur, et comme si Robert Bruce avait emporté avec lui la fortune heureuse du pays, au moment où Balliol et son armée débarquaient dans le comté de Fife, le régent, Randolphe, atteint d'une maladie violente et inattendue, mourait à Musselbourg, et laissait le jeune roi livré à la régence de Donald, comte de March, qui était de beaucoup au-dessous de son prédécesseur en talens militaires et politiques.

Le comte de March venait à peine de prendre le commandement de l'armée, lorsque Edouard Balliol débarqua en Ecosse, défit le comte de Fife, et, marchant plus vite que le bruit de sa victoire, arriva le lendemain soir sur les bords de la Earn, de l'autre côté de laquelle il aperçut, à la lueur des feux, le camp du régent. Il fit faire halte à sa troupe, et, lorsque les feux se furent successivement éteints, il passa la rivière, pénétra jusqu'au milieu des logis écossais, et là, trouvant toute l'armée endormie et sans défense, il commença non pas un combat, mais une boucherie telle qu'au lever du soleil il fut étonné lui-même que ses soldats eussent eu le temps physique de tuer un aussi grand nombre d'hommes, avec une troupe qui s'élevait à peine au tiers de celle qu'ils avaient surprise. Parmi les cadavres on retrouva le corps du régent et ceux de vingt-cinq ou trente seigneurs appartenant à la première noblesse d'Ecosse.

Alors commença pour l'Écosse une ère de décadence aussi rapide qu'avait été lente et laborieuse sa reconstruction nationale aux mains de Robert Bruce. Sans s'arrêter à assiéger et à prendre les forteresses, Edouard Balliol marcha droit à Scone et se fit couronner ; puis, une fois roi, il rendit de nouveau hommage à Edouard III comme à son seigneur et à son maître. Celui-ci, dès lors, ne craignit plus de lui porter ostensiblement secours, et, rassemblant une grande armée, il marcha droit à la ville de Berwick, qu'il assiégea. De son côté, Archibald Douglas, frère du bon lord James, marcha au secours de la garnison, et fit halte à deux milles de la forteresse, sur une éminence nommée Halidon Hill, du haut de laquelle on dominait toute l'armée anglaise, qui se trouvait de cette façon, assiégeante qu'elle était, assiégée elle-même entre la garnison de Berwick et les nouveaux venus.

L'avantage de la position était tout entier aux Ecossais; mais leurs jours victorieux étaient passés : cette fois encore, comme toujours, les archers anglais décidèrent de la bataille : Edouard les avait placés dans un marais où la cavalerie ne pouvait les atteindre, et tandis qu'ils criblaient de flèches les Écossais placés sur la montagne et déployés en amphithéâtre comme une immense cible, Edouard chargeait les rebelles à la tête de toute sa chevalerie, tuait

Archibald Douglas, couchait sa plus brave noblesse à ses côtés sur le champ de bataille, et dispersait le reste de l'armée.

Cette journée, aussi fatale à l'Écosse que celle de Bannockburn lui avait été favorable, enleva au jeune David tout ce qui avait été reconquis par Robert. Bientôt l'enfant proscrit se trouva dans la même situation dont un miracle de courage et de persévérance avait tiré le père. Mais cette fois les chances étaient bien changées : les plus ardens patriotes, voyant un jeune homme sans expérience là où il aurait fallu un guerrier expérimenté, se crurent condamnés par cette volonté souveraine qui élève et abaisse les empires. Cependant quelques hommes ne désespérèrent pas du salut de la patrie, et continuèrent de veiller autour de la nationalité écossaise, comme devant la lampe mourante d'un tabernacle ; et tandis que Balliol reprenait possession du royaume et en faisait hommage, comme vassal, à son suzerain Édouard III, que David Bruce et sa femme venaient demander en proscrits asile à la cour de France, ces derniers soutiens de la vieille monarchie restaient maîtres de quatre châteaux et d'une tour, où continuaient de battre, comme dans un corps paralysé du reste, les dernières artères de la nationalité écossaise. Ces quatre hommes étaient le chevalier de Liddesdale, le comte de March, sir Alexandre Ramsay, de Dalvoisy, et le nouveau régent sir André Murray de Bothwel.

Quant à Édouard, méprisant une aussi faible opposition, il dédaigna de poursuivre sa conquête jusqu'au bout, laissa des garnisons dans tous les châteaux forts ; et, maître de l'Angleterre et de l'Irlande, suzerain de l'Écosse, il revint à Londres, où nous l'avons trouvé, en ouvrant cette chronique, au milieu des fêtes du retour et de l'enivrement de la victoire, préoccupé de son amour naissant pour la belle Alix de Granfton, auquel vint l'arracher ce projet de conquête de la France, dont il poursuivait à cette heure l'exécution en Flandre, où il prenait, grâce à l'alliance faite avec d'Artevelle et près de l'être avec les seigneurs de l'empire, un caractère des plus alarmans pour Philippe de Valois.

Ce fut alors que le roi de France jeta les yeux, comme nous l'avons dit, sur David II et sa femme, qui étaient venus chercher un refuge, dès l'année 1332, à sa cour. Sans se déclarer encore positivement, il noua par un intermédiaire des relations avec leurs vaillans défenseurs d'outre-mer, envoya au régent d'Écosse de l'argent, dont il manquait entièrement, et tint prêt un corps considérable de soldats, dont à l'occasion il comptait former une garde au jeune roi, lorsqu'il jugerait à propos de le faire rentrer dans son royaume.

En outre, il donna ordre à Pierre Behuchet, l'un des commissaires qui avaient été nommés par lui pour entendre les témoins dans le procès du vicariat de Robert d'Artois, dont l'exil donnait lieu aujourd'hui à toute cette guerre, et qu'il avait fait depuis son conseiller et trésorier, de se rendre sur la flotte combinée de Hugues Quiéret, amiral de France, et de Barbavaire, commandant les galères de Gênes, afin de garder les détroits et passages qui conduisaient des côtes d'Angleterre aux côtes de Flandre.

Ces précautions prises, il attendit les événements.

Pendant ce temps, une fête splendide se préparait à Cologne : cette ville avait été choisie par Édouard III et Louis de Bavière pour la prise de possession du vicariat de l'empire par le roi d'Angleterre ; en conséquence, tous les préparatifs avaient été faits pour cette cérémonie.

Deux trônes avaient été dressés sur la grande place de la ville, et comme on n'avait pas eu le temps de se procurer le bois nécessaire à cette construction, on y avait employé deux étals de boucher, dont on avait recouvert les maculatures sanglantes avec de grandes pièces de velours brochées de fleurs d'or ; sur ce trône étaient deux riches fauteuils, dont le dossier portait les armes impériales écartelées aux armes d'Angleterre, en signe d'union ; ces dernières enchargées de celles de France. Le toit qui recouvrait en forme de dais ce double trône, était celui-là même de la halle, qui avait été à cet effet encourtiné de drap d'or comme une chambre royale : en outre, toutes les maisons étaient tendues et recouvertes, ainsi qu'au jour saint de la Fête-Dieu, avec de magnifiques tapis tant de France que d'Orient, qui venaient d'Arras par la Flandre et de Constantinople par la Hongrie.

Le jour convenu pour cette cérémonie, dont les historiens ne donnent point la date, mais qu'ils fixent à la fin de l'année 1338 ou au commencement de l'année 1339, le roi Édouard III, revêtu de son costume royal, couronne en tête, mais tenant à la main, au lieu de sceptre, une épée, en signe de la mission vengeresse qu'il allait recevoir, se présenta, suivi de sa meilleure chevalerie, à la porte de Cologne qui s'ouvre sur la route d'Aix-la-Chapelle. Il y était attendu par messires de Gueldres et de Juliers, lesquels prirent à ses côtés la place que leur cédèrent l'évêque de Lincoln et le comte de Salisbury, lequel, esclave de son vœu, portait toujours son œil droit caché sous l'écharpe de la belle Alix ; ils s'avancèrent au milieu des rues fleuries comme au jour des Rameaux, suivis du plus magnifique cortège que l'on eût vu depuis l'avènement au trône de Frédéric II. En arrivant sur la place, ils aperçurent en face d'eux l'appareil qui les attendait. Sur le fauteuil de droite était assis Louis de Bavière, revêtu de ses habits impériaux, tenant son sceptre à la main droite, et ayant la gauche appuyée sur un globe qui représentait le monde, tandis qu'un chevalier allemand élevait sur sa tête une épée nue. Aussitôt Édouard III descendit de cheval, franchit à pied l'espace qui le séparait de l'empereur, monta les marches qui conduisaient à lui ; puis, arrivé au dernier degré, ainsi qu'il en avait été convenu d'avance entre les ambassadeurs, au lieu de lui baiser les pieds, comme c'était l'habitude en pareille occasion, il s'inclina seulement, et l'empereur lui donna l'accolade ; puis il s'assit sur le trône qui lui avait été préparé, et qui était de quelques pouces plus bas que celui de Louis V ; c'était la seule marque d'infériorité à laquelle eût consenti Édouard III. Autour d'eux se rangèrent quatre grands ducs, trois archevêques, trente-sept comtes, une multitude innombrable de barons à casques couronnés, de bannerets portant bannières, de chevaliers et d'écuyers. En même temps les gardes qui fermaient les rues aboutissantes à la place quittèrent leur poste, et se rangèrent en cercle autour de l'échafaudage, laissant libres les issues par lesquelles se rua aussitôt la multitude. Chaque fenêtre qui regardait sur la place se mura de femmes et d'hommes ; les toits se couronnèrent de curieux, et l'empereur et Édouard se trouvèrent le centre d'un vaste amphithéâtre qui semblait bâti de têtes humaines.

Alors l'empereur se leva, et, au milieu du plus profond silence, il prononça ces paroles, d'une voix si haute et si ferme, qu'elles furent entendues de tous :

« Nous, très-haut et très-puissant prince Louis V, duc de Bavière, empereur d'Allemagne par élection du sacré collège et par confirmation de la cour de Rome, déclarons Philippe de Valois déloyal, perfide et lâche, pour avoir acquis, contrairement à ses traités envers nous, le château de Crèvecœur en Cambrésis, la ville d'Arleux-en-Puelle, et plusieurs autres propriétés qui étaient nôtres ; prononçons que par ces actes il a forfait, et lui retirons la protection de l'empire ; transportons cette protection à notre bien-aimé fils Édouard III, roi d'Angleterre et de France, que nous chargeons de la défense de nos droits et intérêts, et auquel, en signe de procuration, nous délivrons, en vue de tous, cette charte impériale, scellée du double sceau de nos armes et de celles de l'empire. »

A ces mots, Louis V tendit la charte à son chancelier, se rassit, reprit de la main droite le sceptre, appuya de nouveau sa gauche sur le globe ; et le chancelier ayant déployé la charte la lut à son tour à haute et intelligible voix.

Elle conférait à Édouard III le titre de vicaire et lieutenant de l'empire ; lui donnait pouvoir de faire droit et loi à chacun au nom de l'empereur, l'autorisait à battre monnaie d'or et d'argent, et commandait à tous les princes qui relevaient de l'empereur de faire féauté et hommage au roi anglais. Alors les applaudissemens éclatèrent, les cris de bataille retentirent ; chaque homme armé, depuis le duc jusqu'au simple écuyer, frappa son écu de la lame de son épée ou de la pointe de sa lance, et, au milieu de cet enthousiasme général qu'excitait toujours dans cette vaillante chevalerie une déclaration de guerre, tous les vassaux de l'empereur vinrent, selon leur rang, prêter hommage et féauté à Édouard III, comme ils avaient fait, lors de son avénement au trône d'Allemagne, au duc Louis V de Bavière.

A peine cette cérémonie fut-elle terminée, que Robert d'Artois, qui poursuivait son œuvre avec la persévérance de la haine, partit pour Mons en Hainaut, afin de donner avis au comte Guillaume que ses instructions étaient suivies et que tout venait à bien. Quant aux seigneurs de l'empire, ils demandèrent à Édouard quinze jours pour tout délai, prirent rendez-vous en la ville de Malines, qui se trouvait un centre convenable entre Bruxelles, Gand, Anvers et Louvain, et, à l'exception du duc de Brabant, lequel, en sa qualité de souverain indépendant, se réserva de faire ses déclarations à part, au temps et au point qu'il jugerait convenable, chargèrent de leurs défiances, envers Philippe de Valois, messire Henri, évêque de Lincoln, qui partit aussitôt pour la France.

Huit jours après, le messager de guerre obtint audience de Philippe de Valois, qui le reçut en son château de Compiègne, au milieu de toute sa cour, ayant à sa droite le duc Jean, son fils, et à sa gauche messire Léon de Crainheim, qu'il avait appelé près de lui moins encore pour faire honneur à ce noble vieillard par parce que, connaissant d'avance la mission de l'évêque de Lincoln, et convaincu que le duc de Brabant avait traité avec son ennemi; il voulait que son répondant assistât à cette assemblée. Au reste, tous ordres avaient été donnés pour que le héraut d'un si grand roi et de si puissans seigneurs fût reçu comme il convenait à son rang et à sa mission. De son côté, l'évêque de Lincoln s'avança au milieu de l'assemblée avec la dignité d'un prêtre et d'un ambassadeur, et, sans humilité ni fierté, mais avec calme et assurance, il défia le roi Philippe de France :

Premièrement au nom d'Édouard III, comme roi d'Angleterre et chef des seigneurs de son royaume.

Deuxièmement au nom du duc de Gueldres ;

Troisièmement au nom du marquis de Juliers ;

Quatrièmement au nom de messire Robert d'Artois ;

Cinquièmement au nom de messire Jean de Hainaut ;

Sixièmement au nom du margrave de Misnie et d'Orient ;

Septièmement au nom du marquis de Brandebourg (1) ;

Huitièmement au nom du sire de Fauquemont ;

Neuvièmement au nom de messire Arnoult de Blackenheim ;

Et dixièmement enfin au nom de messire Valerand, archevêque de Cologne.

Le roi Philippe de Valois écouta avec attention cette longue énumération de ses agresseurs ; puis, lorsqu'elle fut finie, étonnée de ne pas avoir entendu prononcer les défiances de celui qu'il soupçonnait le plus de lui être contraire :

— N'avez-vous rien à me dire en outre, répondit-il, de la part de mon cousin le duc de Brabant ?

— Non, sire, reprit l'évêque de Lincoln.

— Vous le voyez, monseigneur, s'écria le vieux chevalier, le visage radieux, mon maître a été fidèle à la parole donnée.

— C'est bien, c'est bien, mon noble otage, répondit le roi en tendant la main à son hôte ; mais nous ne sommes point encore à la fin de la guerre. Attendons.

Puis, se retournant vers l'ambassadeur :

— Notre cour est vôtre, monseigneur de Lincoln, lui dit-il, et tant qu'il vous conviendra d'y rester, vous nous ferez honneur et plaisir.

(1) Celui-ci était le fils même de l'empereur Louis de Bavière.

X.

Maintenant il faut que nos lecteurs nous permettent d'abandonner pour un instant le continent, où s'achèvent, des deux côtés ces rudes préparatifs d'attaque et de défense, sur lesquels pouvait glisser le romancier, mais qu'il est du devoir de l'historien de raconter dans tous leurs détails, pour jeter un coup d'œil, au-delà du détroit, sur quelques autres personnages de cette chronique que nous avons, tout importans qu'ils sont, pu momentanément oublier, pour suivre le roi Édouard de son château de Westminster à la brasserie du ruvaert Jacques d'Artevelle. Ces personnages sont la reine Philippe de Hainaut et la belle fiancée du comte de Salisbury, que nous avons vues un instant apparaître au banquet royal si étrangement et si brusquement interrompu par l'entrée du comte Robert d'Artois et par tous les vœux qui la suivirent.

Aussitôt que le départ du roi avait été officiellement connu dans son royaume, madame Philippe, à laquelle sa grossesse déjà avancée commandait les plus grands ménagemens, et qui d'ailleurs, dans la sévérité de ses mœurs, aurait tenu pour faute tout plaisir, si innocent qu'il fût, pris en l'absence de son seigneur, s'était retirée avec sa cour la plus intime dans le château de Nottingham, situé à cent vingt milles à peu-près de Londres. Là elle passait sa vie en lectures pieuses, en travaux à l'aiguille et en discours de chevalerie, avec ses dames d'honneur, parmi lesquelles sa plus constante compagne et sa plus chère confidente, contrairement à cet instinct merveilleux que possèdent les femmes pour deviner une rivale, était toujours Alix de Granfton.

Or, pendant une de ces longues soirées d'hiver où il est si doux, en face d'une large cheminée toute embrasée et pétillante, d'entendre se briser le vent aux angles des vieilles tours, tandis que notre ancienne connaissance Guillaume de Montaigu faisait sa ronde nocturne sur les murailles de la forteresse, réunies dans une grande et haute chambre à coucher aux lambris de chêne sculpté, aux courtines raides et sombres, au lit gigantesque, après avoir renvoyé, pour être plus libres, non pas de leurs paroles mais de leurs pensées, tout ce monde si fatigant pour un cœur plein ou un esprit occupé, les deux amies, éclairées par une lampe dont la lueur mourait avant d'atteindre les parois rembrunies dans l'obscurité, étaient restées seules, assises à droite et à gauche d'une table posée lourdement sur ses pieds tordus, et couverte d'un tapis brillant qui contrastait, par la fraîcheur de ses broderies, avec les antiques étoffes de l'appartement. Toutes deux, après avoir échangé quelques paroles, étaient tombées dans une rêverie profonde, dont la cause, divergente dans ses résultats, partait cependant d'un même point, le vœu que chacune d'elles avait fait.

Celui de la reine, on se le rappelle, était terrible : elle avait juré, au nom de Notre-Seigneur né de la Vierge et mort sur la croix, qu'elle n'accoucherait que sur la terre de France ; et que si, le jour de sa délivrance venu, elle n'était pas en mesure de tenir son serment, il en coûterait la vie à elle et à l'enfant qu'elle portait. Dans le premier moment elle avait cédé à cet enthousiasme puissant qui s'était emparé de tous les convives ; mais quatre mois s'étaient déjà écoulés depuis cette époque, le terme fatal approchait, et chaque tressaillement de ses entrailles rappelait à la mère le vœu imprudent qu'avait fait l'épouse.

Celui d'Alix était plus doux ; elle avait juré, on se le rappelle encore, que, le jour où le comte de Salisbury reviendrait en Angleterre après avoir touché la terre de France, elle lui donnerait son cœur et sa personne. La moitié de cette promesse était inutile, son cœur était déjà donné depuis longtemps, aussi n'attendait-elle pas avec une impatience moindre que celle de la reine quelque message venant de Flandre pour annoncer que les hostilités avaient commencé, et sa rêverie, pour être moins triste, n'en était pas moins isolée et profonde; seulement chacune suivait la pente imprimée par son développement, qui, étant pour l'une la crainte et pour l'autre l'espoir, les avait conduites toutes deux dans les contrées extrêmes de l'imagination. La reine ne voyait que déserts arides et lugubres, voilés d'un ciel gris et parsemés de tombes ; la comtesse, au contraire, courait, insouciante, au milieu de pelouses joyeuses tout émaillées de ces fleurs roses et blanches avec lesquelles on tresse les couronnes des fiancées.

En ce moment neuf heures sonnèrent au beffroi du château, et, réveillée sous le marteau de bronze, chaque fille du temps sembla passer tour à tour et s'éloigner sur ces ailes frémissantes qui les emportent si rapides vers l'éternité. Au premier coup, la reine avait tressailli ; puis, suivant et comptant les autres avec une tristesse qui n'était pas exempte de terreur :

— A pareille heure, à pareil jour, il y a sept ans, dit-elle d'une voix altérée, cette chambre, aujourd'hui silencieuse et tranquille, était pleine de tumulte et de cris.

— N'est-ce pas ici, dit à son tour Alix, tirée de sa rêverie par la voix de la reine et répondant à sa pensée plutôt qu'aux paroles qu'elle entendait, qu'ont été célébrées vos noces avec monseigneur Édouard ?

— Oui, oui, c'est ici, murmura celle à qui était adressée cette question ; mais c'est à un autre événement plus rapproché de nous que je faisais allusion, à un événement sanglant et terrible, et qui s'est aussi passé en cette chambre, à l'arrestation de Mortimer, l'amant de la reine Isabelle.

— Oh ! répondit Alix, en tressaillant à son tour et en regardant avec effroi autour d'elle, j'ai souvent entendu murmurer quelque chose de cette tragique histoire, et, je l'avouerai même, depuis que nous habitons ce château, j'ai tenté plus d'une fois d'obtenir quelques détails sur la localité où elle s'était passée, et sur la manière dont elle s'était accomplie. Mais comme aujourd'hui le roi notre seigneur a rendu à sa mère sa liberté et ses honneurs, nul n'a voulu me répondre, soit crainte, soit ignorance. Puis après une pause : Et vous dites que c'est ici, madame ?... continua Alix en se rapprochant de la reine.

— Ce n'est point à moi, répondit celle-ci, de sonder les secrets de mon époux, et de chercher à deviner si madame Isabelle habite à cette heure un palais ou une prison dorée, et si cet infâme Mautravers, qu'on a placé près d'elle, a mission de lui servir de secrétaire ou de geôlier : ce que décide dans sa sagesse mon seigneur le roi est bien décidé et bien fait. Je suis son humble épouse et sujette, et n'ai rien à dire ; mais les faits accomplis sont pour toujours accomplis : Dieu lui-même ne peut empêcher que ce qui fut ait été. Or, je vous le disais, Alix, c'est ici, dans cette chambre, qu'il y a sept ans, à pareil jour et à pareille heure, a été arrêté Mortimer, au moment où, se levant de ce siége peut-être où je suis assise, et en s'éloignant de cette table où nous sommes appuyées, il allait se mettre dans ce lit, où depuis trois mois je ne me suis pas à mon tour une seule fois couchée sans que toute cette scène sanglante ne fît repasser sous mes yeux, comme de pâles fantômes, les acteurs qui y ont pris part. D'ailleurs, Alix, les murs ont meilleure mémoire et sont souvent plus indiscrets que les hommes ; ceux-ci ont gardé le souvenir de tout ce qu'ils ont vu, et voilà la bouche par laquelle ils me l'ont raconté, continua la reine en montrant du doigt une entaille profonde faite dans un des pilastres sculptés de la cheminée par le tranchant d'une épée. C'est là, où vous êtes, qu'est tombé Dugdale ; et si vous leviez la natte sur laquelle sont posés vos pieds, vous trouveriez sans doute la dalle encore rouge de son sang ; car la lutte a été terrible, et Mortimer s'est défendu comme un lion !

— Mais, reprit Alix en reculant son fauteuil pour s'éloigner de cette place où un homme était passé si rapidement de la vie à l'agonie, et de l'agonie à la mort, mais quel était le véritable forfait de Roger Mortimer ? Il est impossible que le roi Édouard ait puni d'une manière aussi terrible des relations, criminelles sans doute, mais pour lesquelles la mort, et une mort aussi affreuse que celle qu'il a subie, était peut-être une peine bien dure...

— Aussi avait-il commis autre chose que des fautes, il avait commis des crimes, et des crimes infâmes ; il avait, par les mains de Gurnay et de Mautravers, assassiné le roi ; il avait, par de fausses dénonciations, fait tomber la tête du comte de Kent. Maître alors de tout le royaume, il conduisait le royaume à sa ruine ; lorsque le roi véritable, dont il usurpait le pouvoir et dont il faussait la volonté, d'enfant qu'il était devint homme, peu à peu tout lui fut dévoilé et découvert ; mais, armée, finance, politique, tout était dans les mains du favori : la lutte avec lui, comme ennemi, était la guerre civile. Le roi le traita en assassin, et tout fut dit. Une nuit que le parlement était rassemblé dans cette ville, et que la reine et Mortimer habitaient ce château, bien gardé par leurs amis, le roi séduisit le gouverneur, et par un souterrain qui aboutit à cette chambre, et qui s'ouvre je ne sais où, mais dans une partie cachée de cette boiserie, que je n'ai pu retrouver malgré mes recherches, il pénétra ici à la tête d'une troupe d'hommes masqués, parmi lesquels étaient Henri Dugdale et Gauthier de Mauny. La reine était déjà couchée, et Roger Mortimer allait la rejoindre, lorsqu'il vit tout à coup un panneau glisser et s'ouvrir ; cinq hommes masqués se précipitèrent dans la chambre, et tandis que deux couraient aux portes, qu'ils fermaient en dedans, les trois autres s'avancèrent vers Mortimer, qui, sautant sur une épée, renversa mort du premier coup Henri Dugdale, qui étendait la main pour le saisir. En même temps, Isabelle sauta en bas du lit, oubliant qu'elle était demi-nue et enceinte, ordonnant à ces hommes de se retirer, et criant qu'elle était la reine.

— C'est bien, dit l'un d'eux en ôtant son masque ; mais si vous êtes la reine, madame, moi je suis le roi.

Isabelle jeta un cri en reconnaissant Édouard, et tomba sans connaissance sur le plancher. Pendant ce temps, Gauthier de Mauny désarmait Roger ; et comme les cris de la reine avaient été entendus, et que la garde accourue aux portes, les voyant fermées, commençait à les enfoncer à coups d'épée et de masse, ils emportèrent Roger Mortimer, lié et bâillonné, dans le passage souterrain, repoussèrent le panneau boisé ; de sorte que ceux qui entrèrent trouvèrent Dugdale mort et la reine évanouie ; mais de Roger Mortimer et de ceux qui l'avaient enlevé, aucune trace. On le chercha vainement ; car la reine n'osait dire que son fils était venu lui prendre son amant jusque dans son lit. De sorte qu'on n'eut de ses nouvelles que par le jugement qui le condamnait à mort, et qu'on ne le vit reparaître que sur l'échafaud, où le bourreau lui ouvrit la poitrine pour en arracher le cœur, qu'il jeta dans un brasier, abandonnant le corps sur un gibet, où deux jours et deux nuits il fut exposé aux regards et aux injures de la populace, jusqu'à ce que le roi, pardonnant enfin au cadavre, permit aux frères Mineurs de Londres de l'ensevelir dans leur église. Voilà ce qu'i s'est passé ici il y a sept ans, à pareille heure. N'avais-je pas raison de vous dire que c'était un événement terrible ?

— Mais ce souterrain, dit Alix, ce panneau caché ?...

— J'en ai parlé une fois seulement au roi, et il m'a répondu que le souterrain était muré et que le panneau ne s'ouvrait plus.

— Et vous osez rester dans cette chambre, madame ? dit Alix.

— Qu'ai-je à craindre, n'ayant rien à me reprocher ? dit la reine, déguisant mal sous la tranquillité de sa conscience les terreurs qu'elle éprouvait malgré elle. D'ailleurs cette chambre, comme vous l'avez dit, garde un double souvenir, et le premier m'est si cher qu'il combat le second, quelque terrible qu'il soit.

— Quel est ce bruit ? s'écria Alix saisissant le bras de

la reine, tant la crainte lui faisait oublier le respect.

— Des pas qui s'approchent, et voilà tout. Voyons, rassurez-vous, enfant.

— On ouvre la porte, murmura Alix.

— Qui est là ? dit la reine se tournant du côté d'où venait le bruit, mais ne pouvant découvrir dans l'obscurité celui qui le causait.

— Son Altesse veut-elle me permettre de l'assurer que tout est tranquille au château de Nottingham, et qu'elle peut reposer sans crainte ?

— Ah ! c'est vous, Guillaume ! s'écria Alix ; venez ici.

Le jeune homme, qui ne s'attendait pas à cette invitation pressante, faite d'une voix émue et dont il ne comprenait pas l'émotion, demeura d'abord interdit, puis s'élança vers Alix.

— Qu'y a-t-il, madame ? Qu'avez-vous et que désirez-vous de moi.

— Rien, Guillaume, répondit Alix avec un accent dont elle avait pris cette fois le temps de calculer les intonations, rien ; la reine seulement désire savoir si vous n'avez rien vu de suspect dans votre ronde nocturne ?

— Eh ! que voulez vous que je rencontre de suspect en ce château, madame ? répondit en soupirant Guillaume. La reine est au milieu de ses fidèles sujets, et vous, madame, d'amis dévoués, et je ne suis point assez heureux pour avoir à exposer ma vie afin de vous épargner même un déplaisir.

— Croyez-vous que nous ayons besoin du sacrifice de votre dévouement, messire Guillaume ? dit en souriant la reine, et qu'il faille un événement qui la trouble pour que nous soyons reconnaissantes des soins que vous donnez à notre tranquillité ?

— Non, madame, reprit Guillaume ; mais je suis heureux et fier que je sois de rester près de vous, je n'en suis pas moins honteux quelquefois, au fond du cœur, du peu de chose que je fais en veillant à votre sûreté, qui ne court aucun danger, lorsque le roi en tant de chevaleries favorisés vont gagner du renom et revenir dignes de celles qu'ils aiment ; et tandis que moi, qu'on traite en enfant et qui cependant me sens le courage d'un homme, si j'étais assez malheureux pour aimer, je devrais cacher cet amour le plus profond de mon âme, me reconnaissant indigne que l'on y répondît.

— Eh bien ! tranquillisez-vous, Guillaume, dit la reine tandis qu'Alix, à qui n'avait point échappé la passion du jeune homme, gardait le silence, si nous tardons encore un jour seulement à recevoir des nouvelles d'outre-mer, nous vous enverrons en chercher, et rien ne vous empêchera de faire, avant de revenir, quelque belle entreprise de guerre que vous nous raconterez à votre retour.

— Oh ! madame, madame ! s'écria Guillaume, si j'étais assez heureux pour obtenir une telle faveur de Votre Altesse, après Dieu et ses anges, vous seriez ce qu'il y aurait de plus sacré pour moi sur la terre.

Guillaume de Montaigu achevait à peine ces mots, qu'il avait prononcé avec cet accent d'enthousiasme qui n'appartient qu'à la jeunesse, que le qui vive de la sentinelle placée au-dessus de la porte du château, prononcé à haute voix, retentit jusque dans la chambre des deux dames, et leur annonça que quelque étranger s'approchait de la porte extérieure.

— Qu'est cela ? dit la reine.

— Je ne sais, mais je vais m'en informer, madame, répondit Guillaume, et si Votre Altesse le permet, je viendrai aussitôt lui en rendre compte.

— Allez, dit la reine ; nous vous attendons

Guillaume obéit, et les deux femmes, retombées dans cette rêverie dont les avaient tirées la cloche qui sonnait neuf heures, demeurèrent en silence, renouant le fil de leurs pensées interrompu par le récit de la catastrophe qu'avait racontée la reine, mais dont la présence de Guillaume et la conversation qui en fut la suite avaient, sinon chassé tout à fait, du moins quelque peu éloigné les tristes impressions. Il en résulta que, ne regardant point le qui vive jusqu'à elles parvenu comme le signal d'un événement de quelque importance, elles n'entendirent même pas Guillaume qui rentrait ; celui-ci s'approcha de la reine, et, voyant qu'on tardait à l'interroger :

— Je suis bien malheureux, madame, dit-il, et rien de ce que j'espère ne m'adviendra jamais sans doute, car voilà les nouvelles que je devais aller chercher qui arrivent. Décidément je ne suis bon qu'à garder les vieilles tours de ce vieux château, et il faut que je me résigne.

— Que dites-vous, Guillaume ? s'écria la reine, et que parlez-vous de nouvelles ? Serait-ce quelqu'un de l'armée ?

Quant à Alix, elle ne dit rien, mais elle regarda Guillaume d'un air si suppliant, qu'il se tourna vers elle et répondit à son silence plutôt encore qu'à la question de la reine, tant ce silence lui paraissait interrogateur et pressant.

— Ce sont deux hommes qui disent qu'ils en viennent du moins, et qui se prétendent chargés d'un message du roi Édouard. Doivent-ils être introduits devant vous, madame ?

— A l'instant même ! s'écria la reine.

— Malgré l'heure avancée ? dit Guillaume.

— A toute heure du jour et de la nuit, celui qui m'arrive de la part de mon seigneur et maître est le bien venu.

— Et doublement bienvenu, je l'espère, dit, de la porte, une voix jeune et sonore, n'est-ce pas, belle tante, lorsqu'il s'appelle Gauthier de Mauny et qu'il apporte de bonnes nouvelles ?

La reine jeta un cri de joie et se leva, tendant la main au chevalier, qui, la tête nue et débarrassée de son casque qu'il avait remis en entrant à quelque page ou quelque écuyer, s'avança vers les deux dames. Quant à son compagnon, il demeura près de la porte, le heaume au front et la visière baissée. La reine était si émue qu'elle vit le messager de bonheur s'incliner devant elle, qu'elle sentit ses lèvres se poser sur sa main, sans oser lui faire une seule question. Quant à Alix, elle tremblait de tous ses membres. Pour Guillaume, devinant ce qui se passait dans son cœur, il s'était appuyé contre la boiserie, sentant ses genoux faiblir, et cachait dans l'ombre la pâleur de son visage et le regard ardent qu'il fixait sur elle.

— Et vous venez de la part de mon seigneur ? murmura enfin la reine ; dites-moi, que fait-il ?

— Il vous attend, madame, et m'a chargé de vous conduire à lui.

— Dites-vous vrai ? s'écria la reine ; il est donc entré en France ?

— Non pas lui encore, belle tante, mais bien nous, qui avons été y choisir pour berceau à votre fils le château de Thun, c'est-à dire une véritable aire d'aigle, un nid comme il convient à un rejeton royal.

— Expliquez-vous, Gauthier ; car je n'y comprends rien, et je suis si heureuse que je crains que tout cela ne soit un songe ? Mais pourquoi ce chevalier qui vous accompagne n'ôte-t-il pas son casque et ne s'approche-t-il pas de nous ? craindrait-il, compagnon de pareilles nouvelles, d'être mal reçu de notre personne royale ?

— Ce chevalier a fait un vœu, belle tante, comme vous, comme madame Alix, qui ne dit mot et qui me regarde. Allons, rassurez-vous, continua-t-il en s'adressant à cette dernière, il est vivant et bien vivant, quoiqu'il ne voie le jour que d'un œil.

— Merci, dit Alix en soulevant enfin le poids qui pesait sur sa poitrine, merci. Maintenant dites-nous où en est le roi, où en est l'armée ?

— Oui, oui, dites, Gauthier, reprit vivement la reine ; les dernières nouvelles qui nous sont arrivées de Flandre sont celles des défiances envoyées au roi Philippe de Valois. Que s'est-il passé depuis ?

— Oh ! pas grand'chose d'important, répondit Gauthier ; seulement, comme, malgré ces défiances et la parole donnée, les seigneurs de l'empire tardaient à venir au rendez-vous, et que de jour en jour nous voyions le visage du roi devenir plus sombre, il nous vint dans l'idée, à Salisbury et à moi, que cette tristesse croissante lui était inspirée par le souvenir du vœu que vous aviez fait et que, malgré son impatience, il ne pouvait vous aider à acquitter. Alors, sans en rien dire à personne, nous prîmes environ quarante lances de bons compagnons sûrs et hardis, et, partant du Brabant, nous chevauchâmes tant nuit et jour, que nous traversâmes le Hainaut, mîmes en passant le feu à Mortagne, et que, laissant Condé derrière, nous passâmes l'Escaut et vînmes nous rafraîchir en l'abbaye de Denain; puis enfin arrivâmes à un fort et beau château qui relève de France et qu'on appelle Thun-l'Évêque; nous en fîmes le tour pour l'examiner en tout point, et, ayant reconnu que c'était justement ce qu'il nous fallait, belle tante, nous mîmes nos chevaux au galop et, Salisbury et moi en tête, nous entrâmes dans la cour, où nous trouvâmes la garnison, qui, nous reconnaissant pour ce que nous étions, fit mine de se défendre et rompit quelques lances pour ne pas avoir l'air de se rendre sans coup férir. Nous visitâmes aussitôt l'intérieur pour voir s'il n'y avait pas quelque chose à commander pour le rendre digne de sa destination. Le châtelain venait de le faire encourtiner à neuf pour sa femme; de sorte qu'avec l'aide de Dieu, belle tante, vous y serez aussi à l'aise pour donner un héritier à monseigneur le roi que si vous étiez dans votre château de Westminster ou de Greenwich. Aussi y mîmes-nous aussitôt bonne garnison, commandée par mon frère, et revînmes-nous en toute hâte vers le roi lui dire où en étaient les choses, et qu'il eût à ne plus s'inquiéter.

— Ainsi donc, murmura timidement Alix, le comte de Salisbury a tenu fidèlement son vœu?

— Oui, madame, dit à son tour l'autre chevalier s'approchant d'elle, détachant son casque et mettant un genou en terre; maintenant tiendrez-vous le vôtre?

Alix jeta un cri. Ce second chevalier c'était Pierre de Salisbury, qui revenait le front à moitié couvert par l'écharpe que lui avait donnée Alix, et qui ne l'avait pas quitté depuis le jour du vœu, ainsi que l'attestaient quelques gouttes de sang tombées d'une légère blessure qu'il avait reçue à la tête.

Quinze jours après, la reine débarquait sur les côtes de Flandre, accompagnée par Gauthier de Mauny, et Pierre de Salisbury recevait, dans son château de Wark, la main de la belle Alix.

Ce furent les deux premiers vœux accomplis parmi tous ceux qui avaient été jurés sur le héron.

XI.

Cependant, comme nous l'avons dit, malgré l'enthousiasme avec lequel il avaient entrepris cette guerre, les seigneurs de l'empire se faisaient grandement attendre; mais Édouard avait pris patience, grâce à l'appertise de Gauthier de Mauny; il avait donc fait conduire avec une sûre garde madame Philippe de Hainaut au château de Thun-l'Évêque, où elle était, selon son vœu, accouchée sur la terre de France d'un fils qui reçut le nom de Jean, duc de Lancastre. Puis, ses relevailles faites, elle était venue à Gand, où elle habitait le château du comte situé sur le marché du Vendredi.

Tous ces retards laissaient à Philippe de Valois le temps de se prémunir contre une guerre qui aurait eu besoin, pour amener la réussite qu'en espérait Édouard, d'être conduite avec la rapidité et le silence d'une invasion imprévue. Mais l'État de France n'est point un de ces royaumes qu'on vole dans une nuit, et qui se réveille un matin ayant changé de maître et de drapeau. A peine défié par l'empire, les seigneurs de Fagnoelles, Philippe, qui dans l'attente de cette déclaration de guerre avait rassemblé son armée en France et ouvert ses négociations en Écosse, envoya de grandes garnisons au pays de Cambrésis, où l'entreprise de Gauthier et du comte de Salisbury lui indiquait que seraient les premiers assauts. En même temps il fit saisir la comté de Ponthieu, que le roi Édouard tenait du chef de sa mère, et envoya des ambassadeurs aux différens seigneurs de l'empire, et entre autres au comte de Hainaut, son neveu, qui venait d'hériter sa comté, Guillaume son père étant mort de l'attaque de goutte dont nous l'avons vu atteint au moment où il reçut les ambassadeurs du roi Édouard; au duc de Lorraine, au comte de Bar, à l'évêque de Metz et à monseigneur Adolphe de La Mark, afin qu'ils n'entrassent point dans la ligue qui se faisait contre lui. Les quatre derniers répondirent qu'ils avaient déjà refusé au roi Édouard le concours qu'il leur avait demandé. Quant au comte de Hainaut, il répondit directement et par lettres que, comme il relevait à la fois de l'empire d'Allemagne et du royaume de France, tant qu'Édouard combattrait sur les terres de l'empereur comme vicaire de l'empire, il serait l'allié Édouard; mais que, dès qu'Édouard entrerait au royaume de France, il se rallierait aussitôt à Philippe de Valois et lui aiderait à défendre son royaume, prêt qu'il était à tenir ainsi son double engagement envers ses deux seigneurs. Enfin il fit prévenir Hugues Quiéret, Nicolas Behuchet et Barbavaire, commandans de sa flotte, que les défiances étaient faites, et la guerre ouverte entre la France et l'Angleterre, qu'en conséquence il leur donnait congé de courir sus aux ennemis, et de leur faire le plus de mal qui serait en leur pouvoir. Les hardis pirates n'eurent pas besoin qu'on leur redît la chose à deux fois; ils firent voile vers les côtes d'Angleterre, et un dimanche matin, tandis que tous les habitans étaient à la messe, ils entrèrent dans le havre de Southampton, descendirent à terre, prirent et pillèrent la cité, enlevèrent filles et femmes, chargèrent leurs vaisseaux de butin; puis remontèrent dessus, et au premier flux de la mer, s'éloignèrent rapides comme des oiseaux de carnage, emportant dans leurs serres la proie sur laquelle ils s'étaient abattus.

De son côté, le roi d'Angleterre était parti de Malines avec toute son assemblée, et était arrivé à Bruxelles, où siégeait le duc de Brabant, afin de savoir de lui-même jusqu'à quel point il pouvait compter sur les promesses qu'il lui avait faites. Il y trouva Robert d'Artois, qui, toujours infatigable dans son projet de guerre, arrivait de Hainaut. De ce côté les nouvelles étaient bonnes; le jeune comte, poussé par son oncle Jean de Beaumont, armait incessamment, et se tenait prêt à entrer en campagne. Quant au duc de Brabant, il paraissait toujours dans les mêmes dispositions; et comme Édouard lui dit que son intention était d'aller mettre le siège autour de Cambrai, il s'engagea sur serment à venir le rejoindre devant cette ville avec douze cents lances et huit mille hommes d'armes. Cet engagement suffit à Édouard, qui, ayant nouvelle que les seigneurs de l'empire s'avançaient de leur côté, n'hésita plus à se mettre en route, alla coucher la première nuit en la ville de Nivelle, et le lendemain soir arriva à Mons, où il trouva le jeune comte Guillaume, son beau-frère, et messire Jean de Beaumont, son maréchal en la terre de Hainaut, qui s'était chargé, par son vœu, de conduire l'armée jusque sur les terres de France.

Édouard s'arrêta deux jours à Mons, où lui et sa suite, qui se composait d'une vingtaine de hauts barons d'Angleterre, furent grandement fêtés par les comtes et chevaliers du pays. Pendant ces deux jours, toutes ses troupes, qui logeaient à même le pays, le rejoignirent; de sorte que, se trouvant à la tête d'une puissante assemblée, il marcha vers Valenciennes, où il entra, le douzième seulement, laissant son armée campée aux alentours de la ville. Il y avait été précédé par le comte de Hainaut, par messire Jean de Beaumont, le sire d'Enghien, le sire de Fagnoelles, le sire de Verchin, et plusieurs autres seigneurs qui vinrent au devant de lui jusqu'aux portes. Quant au comte de Hainaut, il l'attendait au haut des marches du palais, entouré de toute sa cour.

Arrivé sur la grande place, le roi Édouard s'arrêta de

vant la façade ; alors l'évêque de Lincoln éleva la voix et dit :

— Guillaume d'Auxonne, évêque de Cambrai, je vous admoneste, comme procureur du roi d'Angleterre vicaire de l'empereur de Rome, que vous vouliez ouvrir la cité de Cambrai; autrement, vous forfaites à l'empire, et nous y entrerons par force.

Et comme nul ne répondit à cette parole, attendu que l'évêque était absent, monseigneur de Lincoln continua et dit :

— Comte Guillaume de Hainaut, nous vous admonestons, de par l'empereur de Rome, que vous veniez servir le roi d'Angleterre, son vicaire, devant la cité de Cambrai, qu'il va assiéger, avec ce que vous lui devez de gens.

Et le comte de Hainaut répondit :

— Volontiers ferai-je ce que je dois.

Et, descendant aussitôt le grand escalier, il vint tenir l'étrier du roi, qui mit pied à terre, et entra, conduit par lui, dans la grande salle d'audience, où le souper avait été ordonné.

Le lendemain, le roi anglais logea à Haspres, où il se reposa deux jours, attendant ses gens d'Angleterre, ainsi que ses alliés d'Allemagne, et là le rejoignirent d'abord le jeune comte de Hainaut et messire Jean de Beaumont, accompagnés d'une magnifique assemblée; puis le duc de Gueldres et ses gens, le marquis de Juliers et sa troupe, le margrave de Misnie et d'Orient, le comte de Mons, le comte de Salm, le sire de Fauquemont, messire Arnoult de Blankenheim, et une foule d'autres seigneurs, chevaliers et barons. Alors, se voyant au complet, moins monseigneur le duc de Brabant, qui avait promis de le venir joindre devant Cambrai, ils partirent et vinrent loger autour de la ville. Le sixième jour, le duc de Brabant arriva, ainsi qu'il s'y était engagé, avec neuf cents lances, sans compter les autres armures de fer et une foule de gens d'armes et de pédaille, se logea sur la rive de l'Escaut opposée à celle où était établi le roi Édouard, fit jeter un pont sur la rivière pour communiquer d'une armée à l'autre, et, son camp établi, envoya défier le roi de France.

Pendant que ces préparatifs se faisaient devant Cambrai, les seigneurs, impatients d'avancer leur renom en chevalerie, couraient le pays depuis Avesnes jusqu'à Douai, et trouvaient toute la contrée pleine, grasse et drue; car elle n'avait depuis longtemps vu aucune guerre. Or, il advint que, tout en chevauchant ainsi, messire Jean de Beaumont, messire Henri de Flandre, le sire de Fauquemont, le sire de Beautersens et le sire de Kuck, suivis de cinq cents combattants à peu près, avisèrent une ville nommée Hainécourt, dans la forteresse de laquelle les gens du pays avaient transporté tous leurs biens et tout leur avoir. Cette circonstance, à part le désir de faire quelque belle appertise d'armes, n'était pas non plus indifférente aux chevaliers de cette époque, qui regardaient le butin qu'ils pouvaient faire comme une partie du revenu que Dieu leur avait donné. Ils s'avancèrent donc vers la ville, croyant la surprendre; mais comme déjà des compagnies assez fortes pour donner l'alarme, quoique trop faibles pour tenter un coup de main, avaient été vues dans les environs, les habitants étaient sur leurs gardes. En outre, il y avait alors dans la ville un seigneur abbé de grand sens et de hardie entreprise, qui, ainsi que le clergé de cette époque en avait pris l'habitude, maniait aussi habilement la lance que la crosse, et portait avec une aisance pareille la cuirasse et l'étole : ce digne homme se mit donc à la tête des opérations de défense, et fit, en dehors de la porte de Hainécourt, charpenter, en grande hâte, une barrière palissadée, laissant un intervalle entre ce premier ouvrage et la porte ; puis, faisant monter tous ses gens sur les remparts et dans les guérites, après les avoir bien approvisionnés de pierres, de chaux et de toute l'artillerie en usage alors, il se plaça lui-même, à la tête des plus vaillants hommes d'armes qu'il put trouver, entre la barrière et la ville, tenant la porte ouverte derrière lui, pour laisser à ses gens une retraite assurée. Puis, ces dispositions prises, il attendit l'ennemi, qui parut bientôt, et, voyant que la ville était sur ses gardes, s'avança avec précaution, mais sans aucun empêchement de la part de ceux qui l'attendaient.

A vingt pas de la ville à peu près, messire Jean de Beaumont, messire Henri de Flandre, le sire de Fauquemont et les autres chevaliers mirent pied à terre, mouvement qui fut aussitôt imité par leurs gens d'armes, et, baissant la visière de leurs casques, ils mirent l'épée à la main et s'avancèrent résolûment contre les barrières. Lorsque les gens des remparts virent que l'attaque était résolue, ils firent pleuvoir sur les assaillants une grêle de pierres et une pluie de chaux ; mais, comme c'étaient presque tous des chevaliers couverts de bonnes armures, ils n'en continuèrent pas moins d'avancer, jusqu'à ce qu'ils atteignissent les barrières ; là ils essayèrent de les arracher pour s'ouvrir un passage, mais ce n'était pas chose facile; elles étaient fortes et durement enfoncées en terre ; de sorte que, comme ils manquaient de machines, elles résistèrent à tous leurs efforts. Alors il fallut changer de tactique et recommencer une autre guerre. Les chevaliers passèrent leurs piques et leurs épées dans les intervalles et à travers les palissades, commençaient à lancer et à darder sur ceux du dedans, qui répondirent de la même manière et par une défense digne de l'attaque. L'abbé était le premier de tous, recevant et repoussant les coups, tandis que les gens des remparts continuaient à lancer des pierres, des solives et des pots de feu. Or il arriva que messire Henri de Flandre et l'abbé de Hainécourt croisèrent l'épée ensemble, et comme le premier était plus habile à cette arme que le second, et le second plus fort du poignet que le premier, l'abbé, voyant son désavantage, jeta son glaive, et, saisissant celui du chevalier à pleines mains et à pleine lame, il se raidit sur ses jarrets, tirant à lui son antagoniste, qui, de son côté ne voulant pas lâcher son arme, fut obligé de la suivre ; il en résulta que la lame passa d'abord entre les palissades, puis la poignée de l'épée, puis le bras du chevalier ; alors l'abbé quitta la lame et saisit le bras, de sorte qu'il le fit entrer jusqu'à l'épaule, si bien que le reste du corps y serait passé de même si l'ouverture eût été assez large; et, pendant tout ce temps, messire Henri de Flandre était en grand danger, car il ne pouvait aucunement se défendre; et tandis que l'abbé le tirait d'une main, il le frappait de l'autre avec un poignard, cherchant à fausser sa visière. D'autre part, les chevaliers, voyant le péril qu'il courait, vinrent à lui et tirèrent de leur côté pour le délivrer. Ils y réussirent enfin ; mais messire Henri de Flandre, après avoir manqué d'y laisser sa vie, y laissa son glaive, que l'abbé ramassa en grand triomphe, et qui fut depuis cette époque conservé précieusement dans la salle du chapitre de Hainécourt, où, quarante ans après, les moines le montrèrent à Froissart, en lui racontant par quelle vaillante appertise il était tombé en leur possession. Quant aux assaillants, voyant par ce premier échec qu'il n'y avait rien à faire, ils abandonnèrent la partie et tirèrent devers Cambrai, où ils retrouvèrent le roi Édouard, le duc de Brabant et les seigneurs de l'empire, qui venaient d'achever leurs travaux de siége et se préparaient à donner l'assaut. Les nouveaux arrivants se mêlèrent aussitôt aux batailles, car ils avaient à venger l'échec qu'ils venaient d'éprouver, et, spécialement messire Jean de Hainaut, la mort d'un jeune chevalier de Hollande nommé Bermant, qu'il aimait beaucoup, et qui avait été tué dans l'échauffourée. Il alla donc se joindre à la compagnie du sire de Fauquemont, du sire d'Enghien et de messire Gauthier de Mauny, qui devaient assaillir la ville par la porte Robert, tandis que le comte Guillaume, son neveu, la devait, de son côté, attaquer du côté de la porte Saint-Quentin.

Ce fut le comte de Hainaut qui, jeune et ardent à faire ses preuves, atteignit l'un des premiers la barrière et commença le combat ; mais ils avaient affaire à une ville bien autrement fortifiée que Hainecourt, et à une garnison brave et grandement pourvue d'armes et d'artillerie. Aussi, malgré les prouesses merveilleuses que firent chacun de son côté messires Jean de Beaumont et Gauthier de Mauny, furent-ils repoussés, et rentrèrent-ils dans leurs logis tout meurtris et tout fatigués, et sans avoir rien conquis.

La même nuit, les nouvelles vinrent au roi anglais que son adversaire, ayant appris son arrivée devant Cambrai, avait envoyé à Saint-Quentin son connétable Raoul, comte d'Eu et de Guines, avec force gens d'armes, pour garder la ville et les frontières. En outre, les seigneurs de Coucy et de Ham étaient dans leurs terres, qui étaient sur les marches de France; et comme le pays situé entre Saint-Quentin et Péronne se garnissait incessamment de toute la chevalerie française, il était probable que le roi Philippe de Valois lui-même ne tarderait pas à venir en personne au-devant de son cousin.

En effet, Philippe de Valois ayant appris qu'un héraut du duc de Brabant était arrivé, lui avait aussitôt accordé audience dans son château de Compiègne, et, cette fois comme à l'autre, il avait appelé près de lui son vieil et loyal otage, Léon de Crainheim. Celui-ci, comptant sur la parole de son seigneur, s'était assis près du roi avec toute confiance; mais aux premières paroles du héraut, reconnaissant quelle mission était la sienne, il s'était levé de son siége et avait voulu se retirer. Alors Philippe, sans perdre des yeux l'envoyé de son cousin, avait étendu la main et saisi le bras du chevalier, de sorte que celui-ci, retenu par le respect, était resté debout à sa place et avait été forcé d'entendre jusqu'au bout les défiances que son maître adressait au roi. Lorsque le héraut eut fini, Philippe de Valois, qui l'avait écouté en souriant, se tourna vers le chevalier :

— Eh bien ! messire de Crainheim, lui demanda-t-il, que dites-vous de cela ?

— Je dis, sire, répondit le vieux chevalier, que j'avais garanti monseigneur de Brabant sur ma vie, et que, s'il a manqué à sa parole, je ne manquerai pas à la mienne.

Cinq jours après, au moment où le roi Philippe allait partir pour Péronne, on vint lui dire que le chevalier Léon de Crainheim, auquel il avait donné congé de retourner vers son maître, était trépassé dans la nuit même.

Le vieux chevalier, ne voulant pas survivre à la honte de celui qu'il représentait, s'était laissé mourir de faim.

XII.

Cependant, comme le siége de Cambrai, malgré le courage des assaillans, n'avançait en aucune manière, et que le roi anglais apprit qu'après avoir fait son mandement à Péronne, Philippe de Valois était arrivé à Saint-Quentin avec toute sa puissance, il rassembla un conseil de ses plus preux et meilleurs conseillers, parmi lesquels étaient le comte Robert d'Artois, messire Jean de Beaumont, l'évêque de Lincoln, le comte de Salisbury, le marquis de Juliers et Gauthier de Mauny, pour leur demander si mieux valait continuer le siége ou marcher au-devant de son adversaire. La discussion fut courte; tous décidèrent que la cité de Cambrai étant forte de murailles et durement gardée, rien n'était moins certain que sa conquête; qu'en conséquence il valait mieux aller chercher une bataille en rase campagne que de se consumer inutilement devant une ville jusqu'à ce que l'hiver qui s'approchait fût arrivé. En conséquence l'ordre fut donné aux seigneurs de déloger. Chacun troussa ses tentes et pavillon, se réunit à sa bannière et se mit en marche, par connestablies, vers le mont Saint-Martin, abbaye de prémontrés du diocèse de Cambrai, qui était sur les frontières de Picardie. Et alors, comme messire Jean de Beaumont avait accompli son vœu en servant de maréchal à l'armée tant qu'elle avait guerroyé sur les terres de l'empire ou du Hainaut, il rendit le commandement au roi anglais, qui le divisa en trois maréchalats et les remit aux comtes de Northampton, de Glocester et de Suffolk. Quant à la connétablie, elle fut déférée au comte de Warwick, qui prit aussitôt la conduite de l'armée, laquelle, étant parvenue à la hauteur du mont Saint-Martin, traversa l'Escaut sans aucun empêchement ni de la part des Français ni de la part du fleuve. Arrivé sur l'autre bord, le comte de Hainaut s'approcha d'Édouard, descendit de cheval, et, mettant un genou en terre, il le pria de lui donner congé d'aller, selon sa parole engagée, rejoindre le roi de France, afin qu'il pût tenir envers l'un aussi fidèlement sa parole qu'il l'avait tenue envers l'autre ; car, ainsi qu'il avait servi le roi d'Angleterre, son beau-frère, en l'empire, il voulait servir son oncle, le roi de France, en son royaume. Édouard, qui connaissait ses engagements, ne fit aucune difficulté, et releva le comte en disant :

— Dieu vous garde !

Puis, ayant ôté son gantelet, il lui tendit la main. Guillaume de Hainaut la baisa, remonta à cheval, salua une dernière fois le roi, et s'éloigna de l'armée, accompagné de tous ses amis et gens d'armes, à l'exception de son oncle, Jean de Beaumont, qui, toujours au ban de la France pour l'aide qu'il avait donnée à madame Isabelle, ne se fit pas scrupule de demeurer parmi les seigneurs de l'empire, quoique l'on fût entré sur les terres de France.

Lorsque le jeune comte Guillaume fut éloigné, un second concile se tint pour savoir si l'on entrerait plus avant dans le pays, ou si, en attendant l'armée française, on côtoyerait le Hainaut, d'où les provisions d'armes et de vivres arrivaient sans empêchement et jour par jour. Les avis furent partagés ; mais le duc de Brabant s'étant déclaré fortement pour cette dernière tactique, chacun se rangea de son conseil; aussitôt l'armée anglaise s'ordonna en trois batailles : la première sous la conduite des maréchaux, la seconde sous celle du roi, et la troisième sous celle du duc de Brabant. Alors toute cette assemblée se mit en route, brûlant d'une main, pillant de l'autre, ne faisant pas plus de trois lieues par jour, afin que sur la ligne qu'elle parcourait rien ne lui échappât, ni villes, ni villages, ni fermes; et derrière elle tout disparaissait, vignes, forêts, moissons, richesses de la terre et biens du ciel, de sorte qu'on eût dit une lave qui, ayant passé, avait laissé désert et inculte tout ce qui avant elle était fertile et peuplé.

De temps en temps l'armée s'arrêtait, et, comme un dragon flamboyant qui étend une de ses ailes, une troupe se détachait de son flanc, se déployait vers la Picardie ou l'Île-de-France, et s'en allait brûler et piller quelques villes, dont on pouvait voir l'incendie et entendre les clameurs du cœur du royaume : ainsi fut fait pour Origny-Sainte-Benoîte et pour Guise : enfin le roi Édouard ayant appris à Bohéries, abbaye de Cîteaux, située au diocèse de Laon, que le roi Philippe était parti de Saint-Quentin avec plus de cent mille hommes pour lui présenter la bataille, il ne voulut pas avoir l'air de fuir en continuant une route qui l'éloignât de son ennemi ; il revint donc sur ses pas, coucha, le jour même où il avait reçu la nouvelle, à Fervacques, le lendemain à Montreuil ; et le surlendemain étant venu loger à la Flamengerie, et ayant trouvé un endroit convenable pour établir son armée, qui était de quarante-cinq mille hommes à peu près, il décida qu'il attendrait là le roi Philippe, ayant assez fait de chemin de retour au-devant de lui pour qu'on ne le soupçonnât point de le vouloir éviter.

De son côté, le roi de France était en effet parti de Saint-Quentin ; il avait tant marché avec son armée qu'il était venu à Buironfosse, et s'y était arrêté, commandant à tous ses gens d'établir leurs logis ; son intention était d'attendre là le roi anglais et tous ses alliés, dont il n'était plus qu'à deux lieues. Alors le comte Guillaume de Hainaut ayant appris que le roi de France était logé et arrêté à Buironfosse, se départit du Quesnoy, où il s'était tenu jusque là, et chevaucha tant qu'il rejoignit l'armée française et se présenta à son oncle avec cinq cents lances. Malgré cette magnifique assemblée, le roi Philippe lui fit d'abord un assez froid accueil; car il ne pouvait oublier qu'avec ce même cortège il était venu mettre le siége devant Cambrai. Mais le comte Guillaume s'excusa sagement, disant qu'il avait été forcé d'obéir à l'empereur, dont il relevait comme du roi de France; si bien que le roi et son conseil finirent par se contenter de ses raisons, et que son logis lui fût assigné au milieu de l'armée et le plus près possible de la tente royale.

Édouard apprit bientôt les dispositions de son adversaire et le peu de distance qui séparait les deux armées. Il assembla aussitôt son conseil, qui se composait des seigneurs de l'empire, de ses maréchaux, et de tous les barons et prélats d'Angleterre, leur demandant si leur intention était toujours de combattre, et qu'ils eussent en conséquence à lui donner leur avis sur ce qu'il y avait à faire en ce point auquel ils étaient arrivés. Les seigneurs se regardèrent d'abord en silence, puis déférèrent la parole au duc de Brabant, qui se leva et dit, « qu'il croyait qu'il était du devoir et de l'honneur de tous de combattre, quelle que fût l'infériorité du nombre, et qu'il fallait sans retard envoyer un héraut par devers le roi de France pour demander la bataille, et accepter la journée qu'il indiquerait. » Cette ouverture fut reçue avec des applaudissemens unanimes, et le héraut du roi de Gueldres, qui savait le français, fut chargé, au nom du roi d'Angleterre et des seigneurs de l'empire, d'aller porter le défi au roi de France. En conséquence, il monta aussitôt à cheval avec une suite digne de celui qu'il représentait, et, après avoir chevauché deux heures à peine, tant les deux armées étaient proches l'une de l'autre, il arriva aux avant-postes de Philippe de Valois, et demanda d'être conduit incontinent en sa présence.

Le roi de France le reçut au milieu de son conseil, et écouta avec joie la mission dont, en homme sage, il s'acquitta à la fois avec respect et fermeté; puis, ayant appris comment son adversaire s'était arrêté pour l'attendre, et lui requérait bataille, pouvoir contre pouvoir, Philippe de Valois répondit qu'il entendait volontiers de pareilles paroles, et désigna le vendredi suivant, c'est-à-dire le surlendemain, comme jour à lui agréable pour en venir aux mains; puis, ôtant de dessus ses épaules son propre manteau, qui était d'hermine et s'agrafait avec une chaîne d'or, il le donna au héraut en signe qu'il était le bien venu, et que la nouvelle qu'il lui apportait était une riche nouvelle. Le héraut revint le même soir à l'armée d'Édouard, raconta la bonne chère que le roi lui avait faite, et annonça que le vendredi suivant était le jour fixé pour la bataille. Ce bruit se répandit aussitôt parmi les seigneurs de l'empire et les barons anglais, qui passèrent une partie de la nuit à examiner leurs armes et à préparer leurs besognes.

Le lendemain, le comte de Hainaut chargea les sires de Tupigny et de Fagnoelles, qui étaient deux de ses chevaliers en qui il avait pleine confiance pour le courage et la sagesse, d'examiner les batailles du roi anglais. Ils montèrent en conséquence sur leurs meilleurs coursiers, et, se tenant à couvert sous un bois qui s'étendait sur toute la ligne, ils côtoyèrent quelque temps l'armée anglaise, dont ils étaient si près qu'ils en pouvaient voir toutes les dispositions. Or il arriva tout à coup que le cheval du sire de Fagnoelles, qui était mal enfréné, ayant été frappé sur la croupe par une branche d'arbre, s'effraya et prit le mors aux dents de telle manière qu'il se rendit maître de son cavalier, l'emporta hors du bois, et, piquant droit vers l'armée du roi Édouard, vint le jeter au milieu du quartier des seigneurs impériaux. Le sire de Fagnoelles fut aussitôt entouré et pris par cinq ou six Allemands, qui le mirent à rançon, lui proposant, vu qu'il n'avait pas été pris en bataille mais par simple accident, de le remettre en liberté s'il voulait leur donner bonne et valable caution. Le sire de Fagnoelles demanda alors qu'on le conduisît devant messire Jean de Beaumont, qui fut fort émerveillé, au sortir de la messe où il était pour le moment, de trouver à la porte une de ses vieilles et bonnes connaissances. Le prisonnier lui raconta alors comment il était tombé aux mains des Allemands, de combien il était rançonné, et quelle offre ceux qui le tenaient venaient de lui faire. Aussitôt messire Jean de Beaumont le cautionna de la somme demandée, et, l'ayant retenu à dîner, lui fit, au dessert, amener son cheval et rendre son épée, à la seule condition qu'il se chargerait de ses complimens pour le comte Guillaume, son neveu. Le sire de Fagnoelles en fit la promesse, et revint vers les logis de son seigneur, auquel il put donner des nouvelles certaines de l'armée du roi Édouard, l'ayant vue de plus près qu'il ne comptait le faire en partant le matin pour cette reconnaissance.

Le même soir, tandis que le roi de France veillait dans sa tente, un messager tout poudreux et harassé, car depuis qu'il avait touché terre il avait fait vingt lieues par jour sur le même cheval, fut introduit devant Philippe : il venait de l'île de Sicile, et apportait des lettres de Robert, comte de Provence et roi de Naples. Le roi, qui connaissait la sagesse de son cousin et sa science en astrologie, l'avait consulté au premier bruit qu'il avait eu de cette guerre pour savoir ce qu'il en devait attendre. Or, le roi Robert avait interrogé les astres dans leurs conjonctions favorables et malignes; avait plusieurs fois jeté ses sorts sur les aventures du roi de France et du roi d'Angleterre; et toujours il avait trouvé que là où le roi Édouard serait présent de sa personne, le roi Philippe serait battu et déconfit avec grand dommage pour le royaume de France : il écrivait donc au roi de ne pas combattre, ses soldats fussent-ils trois contre un, l'issue du combat étant écrite d'avance sur le livre éternel où la main des hommes ne peut rien changer. Philippe se garda bien de communiquer ces lettres à personne, de peur de décourager l'armée, et, nonobstant les raisons et défenses du roi de Sicile, son beau cousin, il résolut, si le roi Édouard engageait la bataille, de ne pas reculer d'un pas, puisque c'était lui qui en avait fixé le jour; mais aussi de ne point l'aller chercher, si sa position lui donnait les avantages du terrain et du soleil.

Le lendemain matin, les deux armées s'apprêtèrent et entendirent la messe; les deux rois et beaucoup de seigneurs se confessèrent et communièrent, comme il convient à des gens qui vont combattre, et veulent se tenir prêts à paraître devant Dieu; puis chacune marcha au-devant de l'autre, suivant les bords opposés d'un grand marais plein d'eau et d'herbes, difficile au passage, et qui mettait en péril celui qui se hasarderait le premier à le traverser. Au bout d'une heure de marche, les deux armées se trouvèrent en présence l'une de l'autre, et chaque roi ordonna ses batailles.

Le roi Édouard, qui avait l'avantage du terrain, divisa son armée en trois compagnies, toutes de pied, fit mettre les chevaux et les harnais dans un petit bois qui était derrière elle, et se fortifia avec les charrois et voitures. Or la première bataille, nombreuse de huit mille hommes, et où se trouvaient vingt-deux bannières et soixante pennons, se composait des Allemands, et était commandée par le duc de Gueldres, le comte de Juliers, le marquis de Brandebourg, messire Jean de Hainaut, le margrave de Misnie, le comte de Mons, le comte de Salm, le sire de Fauquemont et messire Arnoult de Blakenheim.

La seconde avait pour chef le duc de Brabant, et sous ses ordres commandaient les plus riches et les plus braves barons de son pays, ainsi que quelques seigneurs de Flandre qui s'étaient ralliés à sa compagnie; de sorte qu'il marchait à la tête de vingt-quatre bannières et quatre-vingts pennons, commandant à sept mille hommes, tous bien étoffés et armés, gens de courage et de cœur.

La troisième bataille, qui était la plus forte, obéissait au roi d'Angleterre; autour de lui étaient tous les seigneurs de son pays, premièrement son cousin le comte Henry de Derby, fils de messire Henry de Lancastre au cou tors, l'évêque de Lincoln, l'évêque de Durham, les comtes de Northampton, de Glocester, de Suffolk et d'Hertfort ; messire Robert d'Artois, messire Regnault de Cobham, le sire de Percy, messires Louis et Jean de Beauchamp, messire Hugues de Hastings, messire Gauthier de Mauny, et enfin le comte de Salisbury, qui, après quinze jours à peine donnés à sa jeune épouse, relevé de son vœu, et, les deux yeux découverts et brillans d'ardeur, venait de rejoindre l'armée. Au-dessus de cette mer d'acier, dont chaque homme formait un flot, et qui s'avançait comme une houle, composée qu'elle était de six mille hommes d'armes et de six mille archers, flottaient vingt-huit bannières et quatre-vingt-dix pennons ; enfin, outre ces trois batailles, une arrière-garde était disposée, dont le comte de Warwick, le comte de Pembroke, le sire de Milton et plusieurs autres bons chevaliers étaient chefs, se tenant prêts à se porter au secours de toute campagnie qui faiblirait, et cette arrière-garde était composée de quatre mille hommes.

Quant au roi de France, il avait autour de lui si grand peuple et tant de nobles et de chevalerie, que c'était merveille à voir, mais que ce serait trop grande longueur à raconter. Lorsque ses batailles furent armées et ordonnées sur champ, il y avait deux cent vingt-sept bannières, cinq cent soixante pennons, quatre rois, six ducs, trente-six comtes, quatre mille chevaliers, et plus de soixante mille hommes des communes de France, tous armés si nettement, qu'ils semblaient une glace où se mirait le soleil ; mais cette chevalerie, si terrible et si belle à voir, était divisée au sujet de la journée, car les uns disaient que ce serait une honte d'en être venu si près de l'ennemi sans combattre, et les autres prétendaient que c'était une faute de livrer bataille, puisque le roi de France avait tout à y perdre et rien à y gagner ; car, s'il était défait, l'ennemi pénétrait du coup jusqu'au cœur du royaume, tandis que s'il était vainqueur, il ne pouvait pour cela conquérir l'Angleterre, qui est une île, ni les terres des seigneurs de l'empire, qui seraient toujours trop durement soutenus par Louis V de Bavière, leur suzerain.

Pendant ce temps, le roi d'Angleterre était monté sur un petit palefroi marchant l'amble, et accompagné de messire Robert d'Artois, de messire Regnault de Cobham et de messire Gauthier de Mauny, chevauchant devant toutes les batailles, exhortant doucement les chevaliers et leurs compagnons de l'aider à accomplir son vœu et à garder son honneur, leur montrant l'avantage de la position qu'il avait choisie, adossée à un bois, défendue par un marais, et comment son ennemi ne pouvait venir à lui sans se mettre en grand péril. Lorsqu'il eut longé chaque front et parlé à tous, soit pour exciter, soit pour retenir, il revint en sa bataille, se mit en ordonnance, et fit commander que nul ne se plaçât devant les bannières des maréchaux.

Ces préparatifs, faits de part et d'autre, avaient pris toute la matinée à peu près, et il était arrivé à l'heure de midi, lorsqu'un lièvre, effrayé par un chevalier de l'armée d'Angleterre qui s'était écarté un instant de sa bataille, se leva, et vint, tout courant, se jeter dans les rangs des Français ; alors quelques chevaliers, voyant qu'ils avaient le temps de lui donner la chasse, se mirent à le courre dans le cercle de fer où il était enfermé, criant à tous cris et le poursuivant à grand haro ; l'armée anglaise, qui vit ce mouvement et qui en ignorait la cause, s'émut à ce bruit, s'attendant à être attaquée. Le roi quitta donc son petit cheval, monta sur un grand et fort destrier, et se tint prêt à se présenter à la première attaque. De l'autre côté, les seigneurs de Gascogne et de Languedoc, croyant que l'on attaquait, mirent leurs casques et tirèrent leurs glaives, tandis que le comte de Hainaut, pensant qu'il n'y avait pas de temps à perdre et qu'on allait en venir aux mains, se hâta de conférer la chevalerie à plusieurs seigneurs à qui il avait promis cette faveur ; si bien qu'il en accola quatorze, qui portèrent jusqu'à la fin de leur vie le nom de chevaliers du Lièvre.

Toutes ces choses diverses avaient fait passer le temps ; trois heures de l'après-midi étaient arrivées, le soleil commençait à descendre vers l'horizon, lorsqu'un messager arriva à son tour au roi Édouard, qui prit ses lettres et les lut sans descendre de cheval ; elles étaient signées de l'évêque de Cantorbery, venaient du conseil d'Angleterre, et annonçaient que les Normands et les Génois, après avoir débarqué à Southampton, pillé et brûlé la ville, étaient venus courir jusqu'à Douvres et Norwich, désolant toutes es côtes d'Angleterre, à plus de quarante mille qu'ils étaient, et gardaient tellement la mer que nul ne pouvait aborder en Flandre ; à telle enseigne qu'ils avaient conquis les deux plus grandes nefs que les Anglais eussent bâties jusqu'alors, et qui s'appelaient, l'une *Édouarde*, et l'autre *Christophe* : le combat avait duré tout un jour, et mille Anglais y avaient péri.

C'étaient, comme on le voit, de terribles nouvelles ; et cependant les mêmes lettres en contenaient de plus inquiétantes encore. Celles-là arrivaient d'Écosse : pendant qu'Édouard était devant Cambrai, Philippe de Valois avait, comme nous l'avons dit, envoyé des messagers aux seigneurs qui tenaient pour le jeune roi David ; ils n'amenaient pas un grand renfort d'hommes ni d'armes, mais une somme d'argent assez forte pour se procurer les uns et les autres.

Le chef de l'ambassade, qui était un homme de grand courage et de haute sagesse, avait passé à travers tous les postes anglais, et était arrivé jusqu'à la forêt de Jeddart, où se tenaient, comme en un fort inaccessible, le comte de Murray, messire Simon Frazer, messire Alexandre de Ramsay, et messire Guillaume de Douglas, neveu du bon lord James, qui, ainsi que nous l'avons raconté à nos lecteurs, était mort en Espagne tandis qu'il portait vers la Terre-Sainte le cœur de son roi. Tous ces seigneurs eurent grande joie aux nouvelles qui leur venaient de France ; et, comme le roi Philippe leur recommandait de profiter de l'absence d'Édouard pour émouvoir le royaume d'Angleterre, et, grâce au grand trésor qu'il leur envoyait, leur en offrait tous les moyens, ils l'avaient, au bout de quelque temps, si bien semé en loyale terre, qu'il avait poussé de tous côtés grande foison d'hommes et de chevaux ; de sorte que, se trouvant à la tête d'une puissante assemblée, alors que les gouverneurs anglais les croyaient encore, comme des bêtes sauvages, cachés et retirés dans la forêt de Jeddart, ils étaient descendus vers les basses terres, pareils à une troupe de loups, et avaient repris, soit par force, soit par surprise, la plupart des forteresses ; si bien que c'étaient les Anglais, à leur tour, qui ne possédaient plus en Écosse que sept ou huit villes et forteresses, parmi lesquelles Berwick, Stirling, Roxburg et Édimbourg. Ce n'était pas tout : encouragés par ces succès, ils avaient, laissant derrière eux Berwick, passé la rivière de la Tyne, et, traversant la vieille muraille romaine, poussé jusqu'à Durham, à l'extrémité du pays de Northumberland, c'est-à-dire à trois journées avant dans le royaume d'Angleterre, brûlant et pillant tout le pays ; puis s'étaient retirés par un autre chemin, sans que personne ne fût opposé à leur retraite, tant chacun était éloigné de se douter que les ongles et les dents fussent si vite repoussés au lion d'Écosse.

Édouard lut ces lettres sans que son visage trahît une seule marque d'émotion ; puis, lorsqu'il eut fini, il commanda qu'on fit grande chère, et qu'on donnât au messager une aussi riche récompense que s'il eût apporté toute autre nouvelle. Enfin il reporta les yeux vers l'armée qui était devant lui, priant en son cœur le Seigneur Dieu qu'il écartât ce combat qu'il avait tant désiré et était venu chercher de si loin ; car, une fois vainqueur ou vaincu, engagé au cœur du royaume ou repoussé sur les terres de l'empire, il ne pouvait retourner en son pays, où le réclamaient de si importantes entreprises. Heureusement tout était dans l'armée française au même point et dans le même état, et, comme le jour commençait à baisser, il était probable que la journée se passerait sans bataille.

En effet, deux heures s'écoulèrent encore sans que d'un côté ni de l'autre on se hasardât à traverser le marais ; et, la nuit étant venue, chacun se retira dans ses logis de la veille. Là, le roi Édouard rassembla son conseil, lut à haute voix les lettres qu'il venait de recevoir d'Angleterre, et demanda l'avis des barons anglais et des seigneurs de l'empire : l'avis fut unanime ; sa présence était de toute importance à Londres, et il était urgent qu'il s'y rendît sans retard. En conséquence, profitant de l'obscurité de la nuit, il fit trousser et charger les harnais et les tentes, et vint avec le duc de Brabant coucher près d'Avesnes en Hainaut ; puis le matin même il prit congé des seigneurs allemands et brabançons, qui demeurèrent en armes pour garder le pays, et s'en revint à Bruxelles avec le duc Jean, son cousin.

Le lendemain, le roi de France, ignorant ce qui s'était passé pendant la nuit, sortit de nouveau de son logis, et vint ordonner les batailles au même endroit que la veille ; mais comme il ne vit paraître personne, croyant que quelque embûche était dressée dans le bois qui s'étendait de l'autre côté du marais, il demanda un homme de bonne volonté, qui, traversant le pas difficile que ni l'une ni l'autre des deux armées n'avait voulu franchir la veille, allât fouiller ce bois, qui lui paraissait suspect jusque dans son silence. Alors un jeune bachelier se présenta pour cette aventureuse entreprise ; c'était messire Eustache de Ribeaumont, rejeton d'une vieille et noble famille, qui, quoique âgé de vingt-un ans à peine, avait déjà cinq ans de guerre ; et, comme il allait partir, le roi Philippe de Valois voulut que, s'il succombait en cette aventure, le brave jeune homme mourût au moins chevalier, et, le faisant mettre à genoux, il l'arma et accola lui-même ; si bien que, tout fier et tout joyeux de cet honneur, messire Eustache remonta à cheval, priant Dieu de lui faire rencontrer quelque ennemi, afin qu'à la vue du roi il se montrât digne de la faveur qu'il avait reçue. En conséquence, il traversa le marais aux yeux de toute l'armée, et, arrivé sur l'autre bord, mit sa lance en arrêt, avança résolument vers le bois, où bientôt il disparut. Alors il l'explora de tous côtés ; mais il était désert et silencieux comme la forêt enchantée où Tancrède fit couler d'un arbre le sang de Clorinde ; de sorte qu'il le parcourut en tous sens, sans rien voir de ce qu'il y cherchait, et reparut bientôt au-delà du bois, gravissant une montagne du haut de laquelle on découvrait tout le pays : arrivé au sommet, et n'y voyant personne, il y planta sa lance en signe de possession, y posa son casque, dont les longues plumes flottaient au vent, et redescendit doucement et tête nue vers le roi, à qui il rendit compte de son message, l'invitant à le suivre avec toute l'armée sur le champ où étaient rangées la veille les batailles du roi Édouard. Philippe de Valois donna aussitôt l'ordre à son avant-garde de se mouvoir, et, messire Eustache de Ribeaumont ayant, comme éclaireur et pour sonder le terrain, pris la tête de la colonne, toute l'armée se mit en marche à travers le marais, dont beaucoup de chevaliers eurent grande peine à sortir, à cause de la pesanteur de leurs armures et de celle de leurs chevaux ; ce qui fut une preuve au roi Philippe qu'il avait eu grandement raison de ne pas risquer, la veille, en face de l'armée ennemie, le passage qu'il effectuait alors sans crainte et sans danger. Messire Eustache ne s'était pas trompé ; tout le pays était désert, et il alla sans empêche, à la tête de la petite troupe qu'il conduisait, reprendre, au sommet de la montagne, la lance et le casque qu'il y avait laissés.

Quant au roi Philippe, il s'établit à l'endroit même où Édouard avait dressé ses batailles, et y resta pendant deux jours entiers ; puis, au bout de ce temps, ayant appris par les gens du pays que le roi d'Angleterre s'était retiré en Hainaut avec ses barons et les seigneurs de l'empire, il remercia courtoisement rois, ducs, comtes, barons, chevaliers et seigneurs qui l'étaient venus servir, et, leur donnant congé de se retirer où ils voudraient, s'en revint à Saint-Quentin, d'où il envoya ses gens d'armes en garnison dans les villes de Tournay, de Lille et de Douai ; puis, ces besognes achevées, et voyant qu'il n'avait plus rien à faire sur les marches et frontières de son royaume, il s'en retourna vers Paris, qui en est le cœur.

Quant à Édouard, il s'en revint à Anvers, où il s'embarqua, laissant, en signe qu'il comptait bientôt revenir, sous la garde de son compère Jacques d'Artevelle, la reine Philippe en la ville de Gand, et chargeant les comtes de Suffolk et de Salisbury de garder et de défendre la Flandre, au cas où le roi Philippe voudrait la punir des services qu'elle lui avait rendus et qu'il comptait bien qu'elle lui rendrait encore. Puis étant parvenu en pleine mer sans rencontrer aucun des pirates normands ou génois, il navigua tant qu'il aborda à Londres, le 21 février de l'an 1340, et se rendit le même jour à Westminster, où son retour fut un sujet de joie pour tout le royaume.

XIII.

Depuis les nouvelles reçues par le roi Édouard, le jour assigné pour la bataille et où la bataille n'eut pas lieu, ses affaires étaient encore appauvries en Écosse ; une dernière entreprise plus hardie et non moins bien réussie que les autres détermina Édouard à jeter ses premiers regards de ce côté, comme étant celui où le danger était le plus pressant.

Nous avons dit comment, au nombre des places fortes que Balliol, ou plutôt Édouard, avait conservées en Écosse, était le château d'Édimbourg, que l'on regardait comme imprenable ; mais Guillaume Douglas en jugea autrement, et, ayant assemblé le comte Patrick, sir Alexandre Ramsay et Simon Frazer, l'ancien maître en chevalerie du jeune roi, il leur exposa son projet, leur offrant de l'accomplir seul, ou d'en partager avec eux les dangers et l'honneur. Plus une entreprise était hasardeuse, mieux elle devait plaire à de pareils hommes : ils adoptèrent donc entièrement le plan de Douglas, et s'occupèrent aussitôt de le mettre à exécution.

Leur premier soin fut de faire choix de deux cents Écossais des plus braves et des plus sauvages ; alors, leur ayant donné rendez-vous par petites troupes, afin de ne point exciter les soupçons, sur une plage du comté de Fife, ils vinrent à la nuit, avec un bâtiment chargé de farine, d'avoine et de paille, les prendre dix par dix, à l'aide d'une chaloupe ; puis, lorsque tous furent à bord, comme le vent était mauvais, ils nagèrent à la rame, tant et si bien qu'ils abordèrent à trois lieues d'Édimbourg : là, ils se séparèrent en deux troupes, et, ne retenant auprès d'eux que douze hommes des plus déterminés, Guillaume de Douglas, Simon Frazer et sir Alexandre Ramsay envoyèrent les autres s'embusquer, par un autre chemin que celui qu'eux-mêmes devaient suivre, dans une vieille abbaye déserte, située au pied de la montagne et assez proche du château une heure pour entendre le signal convenu et accourir aussitôt à l'aide de leurs compagnons ; puis, s'étant revêtus, ainsi que leurs douze montagnards, d'habits déchirés et de vieux chapeaux, et n'ayant d'avoir l'air de pauvres marchands, ils chargèrent douze chevaux de chacun un sac, soit d'avoine, soit de farine, soit de paille, et, s'étant armés sous leurs manteaux, ils commencèrent, au point du jour, à gravir le rocher, qui était si rapide que si les chevaux n'eussent été choisis, comme les hommes, parmi les plus montagnards, ils n'eussent pas pu y tenir pied. Après mille peines, ils parvinrent enfin à moitié de la montée. Arrivés à ce point, Guillaume de Douglas et Simon Frazer se détachèrent de la caravane, qui resta sous les ordres de sir Alexandre Ramsay, continuèrent leur chemin, et firent tant qu'ils arrivèrent à la herse. Là, comme la sentinelle leur barrait le passage, ils demandèrent à parler au portier, lequel ayant été prévenu vint aussitôt ; alors ils lui dirent qu'ils étaient des marchands qui, ayant appris que la garnison était sur le point de manquer de vivres et de fourrage, ils s'étaient par dévouement à Balliol, et pour gagner en même temps leur vie, hasardés à traverser les bandes de coureurs écossais, et étaient enfin arrivés avec douze chevaux chargés de blé, d'avoine et de paille qu'ils étaient disposés à vendre à bon marché. En même temps ils conduisirent le portier sur la rampe de la montagne, et lui montrèrent la petite troupe, qui n'attendait qu'un signal pour continuer son chemin. Le portier répondit que la garnison achèterait volontiers des vivres, dont effectivement elle avait grand besoin, mais qu'il était de si grand matin, qu'il n'osait faire prévenir le gouverneur ni le maître d'hôtel ; mais qu'en attendant qu'ils fussent réveillés, si leurs compagnons voulaient venir, il leur ouvrirait la première porte. C'était tout ce que demandaient Guillaume de Douglas et Simon Frazer ; ils firent en conséquence signe à la petite troupe de monter, et elle se remit en marche avec un air d'honnêteté tel qu'il était impossible qu'elle éveillât les soupçons. Arrivée sur la plate-forme, le portier alla lui-même au devant d'elle, et l'introduisit dans la première enceinte ; puis, lui ouvrant les barrières, il dit aux prétendus marchands qu'ils pouvaient, à tout hasard, décharger leurs marchandises, les probabilités étant qu'au prix qu'ils avaient dit, elles leur seraient achetées jusqu'au dernier sac ; les montagnards ne se le firent pas répéter deux fois, et, jetant les sacs sur le seuil même de la porte, ils s'assurèrent qu'on ne pourrait la refermer ; puis l'un d'eux s'étant approché du portier qui tenait son trousseau de clefs à la main, il le frappa d'un coup de poignard si rapide et si profond qu'il tomba sans pousser un cri. Aussitôt toute la petite troupe jeta ses habits déchirés ; Simon Frazer se saisit des clefs, tandis que Guillaume de Douglas, embouchant son cor, en tira trois sons aigus et prolongés.

C'était le signal convenu : aussitôt que le reste de la troupe embusquée dans la vieille abbaye entendit le bruit de ce cor si bien connu, elle s'élança hors de l'embuscade, gravissant les rochers avec la rapidité des daims et des isards de ces montagnes. La sentinelle, que le bruit du cor avait déjà émue, devina tout, et en voyant ces hommes venir ainsi, et cria de toutes ses forces :

— Trahis ! trahis ! tôt, seigneurs, tôt, sortez et appareillez.

A ces cris, le châtelain et ceux du dedans s'éveillèrent, et, s'armant de toutes armes, accoururent à la porte pour la refermer ; mais ils y trouvèrent Guillaume Douglas et ses compagnons ; de son côté, la sentinelle voulut courir à la porte et la fermer ; mais Simon Frazer avait les clefs. Dans ce moment, le reste de la troupe arriva, et, ce fut alors aux habitants du château de défendre les autres portes, et non plus d'attaquer celles que leurs ennemis avaient déjà prises.

Là, dans cette cour étroite où, enfermés tous, il fallait que l'un des deux partis succombât, s'accomplirent des merveilles d'armes, car les assaillans avaient affaire dans le châtelain à un brave chevalier, nommé messire Gauthier de Limousin, qui se défendit comme un lion, barrières à barrières et portes à portes ; enfin, comme il restait seul avec ses six écuyers, force lui fut enfin de se rendre. Les généraux du roi David mirent à sa place un brave écuyer écossais, qui se nommait Simon de Vergy, et, lui laissant pour garnison la troupe qui avait pris le château, ils s'en retournèrent à d'autres entreprises.

Édouard, pour avoir quitté la Flandre, n'en avait point renoncé pour cela à sa guerre contre Philippe de Valois et au vœu qu'il avait fait d'aller camper en vue des clochers de Saint-Denis ; mais, comme on le voit, la situation de l'Angleterre, placée entre les pirates normands et les maraudeurs écossais, était assez critique pour que son roi revînt, par sa présence, lui redonner un peu de confiance et de courage. Édouard hésitait donc auquel de ses ennemis de terre ou de mer il répondrait d'abord, lorsqu'il apprit la réussite de l'entreprise aventureuse si hardiment menée à bien par Guillaume de Douglas. Dès lors il n'hésita plus à donner ses premier soins aux frontières d'Écosse, dont il voulait renforcer les garnisons, et quinze jours à peine passés à Londres pour donner ses instructions afin d'y retrouver une flotte prête, il partit pour Appleby et Carlisle, visita toutes les marches du royaume depuis Brampton jusqu'à Newcastle, prit avec lui Jean de Neufville, qui en était le gouverneur, s'avança jusqu'à Berwick, où se tenait Édouard Balliol, et, après être resté quelques jours à disputer avec lui les intérêts des deux royaumes, remonta la rive droite de la Tweed jusqu'à Norham, où il laissa son escorte ; puis, prenant pour tout compagnon Jean de Neufville, il continua de chevaucher une demi-journée seul à seul avec lui, et vint, à la tombée de la nuit, frapper aux portes du château de Wark.

C'est là, si l'on s'en souvient, qu'Alix de Granfton, après avoir relevé le comte de Salisbury de son vœu, était venue acquitter le sien. Depuis que son mari l'avait quittée, elle était restée dans la solitude et l'isolement, demeurant courageusement en ce château, quelque exposé qu'il fût aux excursions des Écossais. Il est vrai que la place était forte, avait une bonne garnison, et était soigneusement gardée par Guillaume de Montaigu.

Aussi, dès qu'il eut appris que deux chevaliers anglais demandaient l'hospitalité pour une nuit au château de Wark, tout préoccupé qu'il était encore de la prise d'Édimbourg, voulut-il aller lui-même les recevoir et interroger : il descendit en conséquence à la poterne, où Jean de Neufville leva la visière de son casque et se fit reconnaître pour le gouverneur du Northumberland. Quant au chevalier qui l'accompagnait, c'était, disait-il, un envoyé du roi Édouard, qui visitait avec lui la province, pour voir si toutes choses y étaient en bon ordre à l'égard des Écossais. Guillaume de Montaigu le reçut aussitôt avec la déférence qui convenait à leur rang, les conduisit à la chambre d'honneur, et, comme ils avaient demandé la faveur de présenter leurs hommages à la comtesse, il les quitta pour aller prendre ses ordres.

A peine fut-il sorti qu'Édouard ôta son casque : au reste, le soin qu'il avait pris de tenir la visière baissée n'était peut-être qu'une précaution exagérée. Depuis deux ans qu'il n'avait paru dans cette partie de l'Angleterre, il avait laissé pousser sa barbe, ses moustaches et sa chevelure ; de sorte que ce nouvel ornement, qui était au reste adopté avec plus ou moins d'exagération par tous les seigneurs de l'époque, changeait assez son visage pour qu'il ne fût reconnu que par ses plus familiers, ou par ceux qui avaient à cette reconnaissance un intérêt de haine et d'amour. D'ailleurs il était venu ainsi sans intention aucune, conduit seulement par cet ancien désir qu'il avait toujours eu pour la belle Alix, désir que l'absence et la guerre avaient amorti mais non chassé de son cœur, et qui s'était réveillé dans toute sa première force du moment où il s'était retrouvé dans le voisinage du château qu'elle habitait. Aussi c'était autant pour cacher son émotion que son visage qu'il s'était assis dans une partie de la salle où pénétrait à peine la lumière ; de sorte que lorsque Guillaume de Montaigu rentra, le roi se trouva, soit par hasard, soit à dessein, assez perdu dans l'ombre pour qu'il fût impossible de le reconnaître, son extérieur n'eût-il subi aucun changement. Quant à Jean de Neufville, comme il n'avait aucun motif de se cacher, et qu'il ignorait ce qui se passait dans l'esprit du roi, il s'était appuyé contre la cheminée, et faisait honneur à un grand hanap plein d'hydromel que deux serviteurs entrés derrière lui avaient déposé sur la table.

— Eh bien ! dit-il à Guillaume de Montaigu, en interrompant sa phrase pour porter de temps en temps le verre à sa bouche et boire à petits coups, quelles nouvelles apportez-vous, mon jeune châtelain ? La comtesse de Salisbury nous accorde-t-elle la faveur que nous lui faisons demander, et à laquelle nul n'a plus de droits que nous, s'il suffit, pour l'obtenir, d'être admirateurs de la beauté ?

— La comtesse vous remercie de votre courtoisie, messire, répondit froidement le jeune homme ; mais elle s'est retirée dans sa chambre aussitôt les fatales lettres qu'elle a reçues aujourd'hui même, et sa douleur est si grande qu'elle espère qu'elle lui sera une excuse auprès de vous, et que vous voudrez bien m'accepter pour son représentant.

— Et peut-on, dit Édouard, sinon pour la consoler de ses chagrins, du moins pour les partager, connaître le motif qui les cause, et quelle nouvelle si terrible contenaient ces lettres qu'elle a reçues ?

Guillaume tressaillit au son de cette voix, et fit machinalement un pas vers Édouard ; puis il s'arrêta aussitôt, les yeux fixés sur lui, comme si ses regards avaient la faculté de distinguer au milieu des ténèbres ; mais il ne répondit pas. Le roi renouvela sa question.

— Ces lettres, reprit enfin Guillaume d'une voix altérée, contenaient la nouvelle que le comte de Salisbury était tombé aux mains des Français ; de sorte qu'à cette heure la comtesse ne sait pas s'il est mort ou vivant.

— Et où et comment a-t-il été fait prisonnier ? s'écria Édouard en se levant tout debout et en donnant à son interrogation toute la force d'un commandement.

—Près de Lille, monseigneur, répondit Guillaume, appelant Édouard du titre qu'on donnait également aux comtes, aux ducs et aux rois. Au moment où ils se rendaient, le comte de Suffolk et lui, selon l'engagement qu'il en avaient pris, au secours de Jacques d'Artevelle, qui les attendait devers Tournay, en un pas nommé le Pont-de-Fer.

—Et sa prise n'a-t-elle pas eu d'autres conséquences? demanda avec inquiétude Édouard.

— Elle a eu celle, monseigneur, répondit froidement Guillaume, de faire perdre au roi Édouard un de ses plus braves et plus loyaux chevaliers.

— Oui, oui, certes, et vous parlez sagement, mon jeune châtelain, répondit Édouard en se rasseyant : le roi sera profondément courroucé lorsqu'il saura cette nouvelle ; mais la lettre dit que comte est prisonnier et non mort, n'est-ce point ? Eh bien ! ce n'est point un malheur sans remède, et je suis certain que le roi Édouard sera disposé à faire tout sacrifice pour rançonner un si noble chevalier.

— Aussi la comtesse allait-elle lui envoyer un messager dès demain, monseigneur ; tant elle comptait sur la bienveillance et la loyauté dont vous vous faites le garant à cette heure.

— C'est inutile qu'elle prenne cette peine, dit Édouard, c me chargerai du message.

— Et qui êtes-vous, messire, répondit Guillaume, afin que je puisse transmettre à la reconnaissance de ma noble ante le nom de celui à qui elle aura une obligation si grande ?

— C'est inutile que je vous l'apprenne, dit Édouard ; mais voilà monseigneur Jean de Neufville qui mérite toute confiance comme gouverneur de la province et qui répondra de moi.

— C'est bien, monseigneur, répondit Guillaume ; je vais prendre les ordres de la comtesse, qui prie en son oratoire.

— Pouvez-vous, en attendant la réponse, nous envoyer le messager qui a apporté ces lettres ? nous avons grand désir, monseigneur de Neufville et moi, d'avoir des nouvelles de Flandre, et, puisqu'il en arrive, il nous en donnera.

Guillaume s'inclina en signe d'assentiment et sortit : dix minutes après, le messager entra : c'était un écuyer du comte. Il arrivait effectivement de Flandre le jour même, et avait pris part à l'escarmouche où Salisbury et Suffolk avaient été faits prisonniers.

Le départ d'Édouard pour l'Angleterre et le retour de Philippe de Valois à Paris n'avaient pas interrompu les hostilités : les comtes de Suffolk, de Salisbury, de Northampton et messire Gauthier de Mauny étaient restés, comme nous l'avons dit, pour tenir la guerre dans les villes de Flandre, tandis que le sire Gedemar Dufay dans le Tournaisis, le sire de Baujeu à Mortagne, le sénéchal de Carcassonne en la ville de Saint-Amand, messire Aimery de Poitiers à Douai, messire Le Gallois de La Beaume, le sire Devilliers, le maréchal de Mirepoix, et le sire Morzeuil en la cité de Cambrai, faisaient tous les jours quelque sortie nouvelle, espérant rencontrer des détachemens anglais pour escarmoucher et faire apperties d'armes. Or il advint qu'un jour, avec le congé du roi de France, qui n'avait pu pardonner à son neveu l'aide qu'il avait donnée à son ennemi, les différentes garnisons du Cambrésis se rassemblèrent, et, fournissant chacune son contingent, réunirent bien six cents armures de fer; puis, se mettant en route à la nuit tombante, furent rejointes par des détachemens de Cateau-Cambrésis et de Maumaison, et se dirigèrent vers la ville d'Haspres, qui était grosse et bien fosseyée, mais non fermée de portes, quoiqu'elle eût des remparts. Au reste, comme la guerre n'était point déclarée entre le Hainaut et la France, et que le comte Guillaume, au contraire, passait pour être rentré en la grâce de son oncle, les habitants n'avaient nul doute ni défiance ; si bien que les Français en entrant trouvèrent chacun bien tranquillement endormi dans sa maison, son logis ou son hôtel : tout fut donc à leur volonté, or et argent, draps et joyaux ; aussi ne s'en firent-ils pas faute, et quand ils eurent tout pris, ils mirent le feu en la ville, et la brûlèrent si nettement que rien n'y demeura debout, excepté les murailles qui l'entouraient ; puis, chassant devant eux tout leur pillage qu'ils avaient chargé sur des voitures et chevaux, ils s'en retournèrent devers Cambrai.

Comme cet événement s'était passé sur les neuf heures du soir, un courrier, qui était parti de la ville au moment où les Français venaient d'y entrer, accourut à toute bride à Valenciennes, et y arriva vers minuit, afin d'en donner la nouvelle au comte Guillaume, qui dormait tranquillement en son hôtel de La Salle, sans se douter qu'on lui pillait et brûlait sa ville. A la première nouvelle qu'il en eut, il se jeta en bas de son lit, s'arma en toute hâte, fit réveiller ses gens, courut lui-même à la place du marché, et donna ordre que l'on sonnât à volées les cloches du beffroi. A ce signal d'alarme, chacun se réunit, et le comte de Hainaut, toujours des plus hâtifs, et laisssant aux autres l'ordre de le rejoindre, sortit de la ville chevauchant rudement en grande volonté de trouver ses ennemis.

En arrivant sur une montagne qui domine tout le pays des environs, il vit dans la direction de Magny une grande lueur, qui indiquait clairement que la ville était en flammes ; il en reprit une nouvelle ardeur, et était déjà au tiers du chemin à peu près, lorsqu'un second courrier vint lui apprendre que les Français s'étaient retirés avec leur butin et leurs prisonniers, et qu'il était inutile qu'il allât plus loin.

Ces dernières nouvelles lui étaient arrivées près de l'abbaye de Fontenelles, où était madame sa mère ; de sorte qu'au lieu de retourner à Valenciennes, il s'en alla tout courroucé demander l'hospitalité à l'abbesse, disant qu'il ferait payer cher au royaume de France cette surprise et cet incendie de Haspres, que rien ne pouvait autoriser. La bonne dame fit tout ce qu'elle put pour calmer son fils, et excuser le roi Philippe, qui était son frère ; mais le comte Guillaume ne tint note de ses raisons, si bonnes qu'elles fussent, et il jura qu'il ne serait content que lorsqu'il aurait rendu à son oncle le double de ce qu'il venait de lui faire.

Aussi à peine fut-il de retour à Valenciennes qu'il fit écrire et envoya des lettres à tous les chevaliers et prélats de son pays, leur enjoignant d'être à Mons en Hainaut au jour qu'il leur assignait. Les nouvelles en vinrent rapidement à messire Jean de Hainaut en sa terre de Beaumont, et comme il s'était toujours fermement tenu pour le roi d'Angleterre, il monta vitement à cheval pour aller offrir ses services à son neveu, et chemina si rapidement qu'il fut le lendemain à Valenciennes, où il trouva le comte en son palais de la Salle.

Celui-ci ne le sut pas plus tôt venu qu'il alla au-devant de lui, et comme il l'apercevait à peine :

— Ah! bel oncle, lui dit-il, sans lui donner le temps de

s'approcher, voici votre guerre aux Français grandement embellie.

— Beau neveu, répondit le sire de Beaumont, Dieu soit loué ! et ce que vous me dites là me fait grand plaisir, quoique ces paroles vous soient soufflées par l'ennui et le dommage que l'on vient de vous causer; mais aussi vous étiez trop porté au service du roi Philippe, et il n'est pas mal que vous éprouviez comment il récompense. Maintenant regardez de quel côté vous voulez entrer en France; et mettez-vous en chemin : de quelque côté que vous entriez, je vous suis.

— Bien, bien, répondit le comte; demeurez en ces bonnes dispositions; car je suis aussi pressé que vous, et la chose se fera brièvement.

En effet, dès le lendemain du jour indiqué pour l'assemblée, où chacun se trouva, messire Thibaut Gignos, abbé de Crespy, fut chargé des lettres de défiance du comte et de tous les seigneurs, barons et chevaliers du pays, et, tandis qu'il les portait à Philippe de Valois, le comte se pourvut de gens d'armes, manda tous ceux des pays du Brabant et de Flandre ; de sorte qu'au retour de son envoyé, il avait dix mille armures de fer. Elles furent à peine rassemblées que le comte se dirigea à leur tête vers la ville d'Aubenton, qui était une grosse ville où il y avait grand commerce de draperies et de toile.

Quelque diligence qu'ils eussent faite, ils ne la prirent point au dépourvu ; car ses habitants s'étaient fort défiés de tous ces armemens du comte Guillaume et de son oncle messire de Beaumont. Ils avaient en conséquence envoyé vers le bailli de Vermandois pour lui demander secours; de sorte que celui-ci leur avait donné le seigneur de Vervins, le vidame de Châlons et messire Jean de la Bove, avec trois cents armures de fer à peu près. Ils trouvèrent la ville en assez mauvais état de défense ; mais, ayant quelques jours devant eux, ils creusèrent les fossés, renforcèrent les murailles, établirent des barrières en dehors des fossés, et attendirent leurs ennemis. Le vendredi suivant ils les aperçurent qui débouchaient d'une forêt appelée le bois de Thiérache, et qui, arrivés à un quart de lieue à peu près, s'arrêtèrent sur une colline pour considérer de quel côté la ville était le plus prenable : cet examen fait, ils établirent leurs logis ; puis le lendemain, au point du jour, ils se partagèrent en trois compagnies, l'une sous la bannière du comte Guillaume, la deuxième sous celle de messire Jean de Beaumont, la troisième sous celle du sire de Fauquemont, et s'avancèrent vers la ville. Les assiégés, de leur côté, répandirent force arbalétriers sur les murailles, s'établirent derrière les barrières ; puis profitant du moment de répit où se trouvait encore entre la jonction des deux armées, le vidame de Châlons fit chevaliers ses trois fils, qui étaient trois beaux et braves jeunes gens, formés à bonne école et experts dans les armes.

L'assaut commença avec un acharnement qui prouva à ceux de la ville que la guerre était de vengeance et d'extermination, et qu'en cas de défaite il n'y avait pas de merci à attendre. Au lieu de se laisser intimider par cette perspective, ils en reprirent un nouveau courage, et répondirent de la même manière. Cependant, malgré la grêle de flèches et de viretons qui pleuvait sur lui, le comte de Hainaut arriva le premier aux barrières et y trouva le vidame de Châlons et ses trois fils ; presque en même temps, sur le pont, messire Jean de Beaumont attaquait le seigneur de Vervins, son ennemi personnel, qui lui avait brûlé et pillé sa ville de Chimay : des deux côtés le choc était terrible. Ceux des remparts faisaient tomber sur les autres des pierres, des poutres et de la chaux. De leur côté, les assaillans brisaient les barrières à grands coups de hache, et, avec leurs longues lances, dardaient ceux qui voulaient s'approcher pour les défendre : enfin une barrière fut rompue, et l'on en vint main à main. Ce fut en ce moment que les trois jeunes gens, que leur père venait de nommer chevaliers, voulurent gagner leur chevalerie, et, tandis que le vidame de Châlons faisait face au sire de Faulquemont, s'élancèrent au-devant du comte Guillaume ; mais celui-ci était un puissant et adroit chevalier : du premier coup de son épée, il traversa la targe et la cuirasse de l'aîné des trois jeunes gens, et cela si durement que le fer lui en ressortit derrière les épaules ; les deux autres le virent tomber ; mais, sans s'occuper de lui porter un secours inutile, car ils pensaient bien qu'il était mort. Ils attaquèrent à leur tour le comte, qui semblait avoir la force d'un géant, et leur rendait à grande ardeur les coups qu'il recevait d'eux ; cependant, comme ils le pressaient, l'un avec une lance, l'autre avec une épée, et qu'il ne pouvait atteindre celui qui le frappait de la lance, il commençait à être en grand péril, lorsque l'un des deux jeunes gens aperçut son père rudement serré par le sire de Fauquemont ; pensant que son frère se défendrait bien seul, emporté d'ailleurs par un sentiment plus profond vers l'un que vers l'autre, il s'élança à son aide au moment où le sire de Fauquemont, armé d'une masse, après l'avoir renversé, essayait de l'assommer dans son armure qu'il n'avait pu entamer avec son épée. Attaqué subitement par derrière, le sire de Fauquemont fut forcé d'abandonner le vieillard et de faire face au jeune homme ; pendant ce temps, ceux de la ville tirèrent à eux le vidame de Châlons presque évanoui ; mais son casque ayant été rouvert, il reprit presque aussitôt ses sens, et revint à son tour à l'aide de son fils, comme son fils était venu à la sienne.

Pendant ce temps le comte de Hainaut se combattait à l'autre jeune homme : c'était celui qui l'attaquait avec une lance ; Guillaume vit bien qu'il n'en finirait un difficilement avec son adversaire tant qu'il lui laisserait cette arme entre les mains. D'un revers de son épée il coupa donc le bois de la lance si franchement que le bout armé de fer tomba sur le sol, où il demeura enfoncé ; le jeune homme jeta loin de lui le bâton, qui ne pouvait plus lui servir à rien, et se baissa pour ramasser une hache qu'il avait préparée derrière lui au cas où sa lance se briserait. En ce moment Guillaume de Hainaut rassembla toutes ses forces, et, levant son épée à deux mains, il en asséna un si rude coup derrière la tête de son ennemi, où le casque était moins fort, qu'il l'ouvrit comme s'il eût été de cuir, et que la lame pénétra dans le cerveau, si bien que le jeune homme tomba comme un plomb sur la masse, sans avoir le temps même de crier merci à Dieu.

Lorsque le père vit tomber ainsi ses deux enfans, il saisit le troisième par le bras, et, le tirant en arrière, il voulut rentrer dans la ville ; mais les assaillans le pressaient de si près qu'ils entrèrent pêle-mêle avec lui.

De son côté, le sire de Beaumont avait fait merveille ; l'aspect de son ennemi, le sire de Vervins, avait encore doublé son courage qui était grand ; de sorte que, après une heure de bataille, il avait crevé ou abattu les palissades qui, de ce côté, défendaient seules la ville. En voyant cette colère qu'il savait venir droit à lui, le sire de Vervins comprit que, s'il était pris, il n'y aurait ni merci ni rançon à attendre ; ils se fit donc amener un cheval, fleur des coursiers, et avant que ses adversaires n'eussent leurs montures qu'on leur tenait à dix minutes de chemin, il s'enfuit par la porte opposée, qui était celle de Vervins ; mais on avait fait si grande diligence pour amener les chevaux de messire Jean de Beaumont et de sa suite, qu'au moment où il sortait, comme nous l'avons dit, d'un côté, son ennemi entrait de l'autre à grande course et à grande suite, et, sa bannière au vent, traversait la ville sans s'arrêter, passait au milieu des fuyards sans les regarder, n'en voulant qu'à un seul, et arrivait à la porte de Vervins comme celui qu'il poursuivait disparaissait à l'angle de la route, dans un tourbillon de poussière. Alors, pensant que son neveu était suffisamment fort sans lui, messire Jean de Hainaut continua sa poursuite, appelant le seigneur de Vervins lâche et couard, et lui criant de s'arrêter ; mais l'autre n'en fit rien, et poussa si durement son coursier qu'il arriva aux portes de sa ville à lui, qui heureusement étaient ouvertes et qui se refermèrent aussitôt qu'il en eut dépassé le seuil. Messire Jean de Hainaut, voyant qu'il n'y avait plus rien à faire, s'en revint sur ses pas, tout courroucé que son ennemi lui eût échappé, et s'en vengeant sur ceux de ses soldats qui fuyaient par la même route, et qu'il avait dépassés sans y faire attention, tandis qu'il relançait leur chef.

Pendant ce temps le comte Guillaume était entré dans la ville, et, poursuivant ses ennemis qui s'étaient ralliés sur la grande place, il les avait attaqués et défaits une seconde fois, et, comme nul de ceux-ci n'avait cherché à se sauver, tous furent tués ou pris; puis il rassembla des chevaux et des charrettes à foison, y fit charger tout ce qu'il put trouver de meilleur, et, faisant comme il lui avait été fait, mit le feu aux quatre coins de la ville, brûlant ainsi ce qu'il ne pouvait emporter; puis, lorsque la ville ne fut plus que cendres, il se retira sur la rivière, et le lendemain chevaucha avec son oncle, tout joyeux comme lui d'une si riche vengeance, et ils se dirigèrent vers le bourg de Maubert-Fontaine.

Ces nouvelles arrivèrent bientôt à Philippe de Valois, qui donna ordre au duc de Normandie, son fils, de se rendre aussitôt en Hainaut avec la plus grosse chevauchée qu'il pourrait réunir, et de tout mettre à feu et à sang sur les terres de son cousin; en même temps il envoya de nouvelles instructions à Hugues Quiéret, à Béhuchet et à Barbevaire, pour qu'ils eussent à garder, sous peine de mort, les côtes de Flandre de manière à ce que le roi Édouard n'y pût débarquer.

De leur côté, quand ceux de Douai, de Lille et de Tournai virent où en étaient les choses, ils mirent sur pied une chevauchée de mille armures de fer et de trois cents arbalétriers, pour faire une course à travers le pays flamand: ils partirent de Tournai le soir à cette intention, et au soleil levant ils arrivèrent près de Courtrai, qu'ils trouvèrent trop forte et trop bien gardée pour l'entreprise d'un coup de main, mais dont ils pillèrent et brûlèrent les faubourgs, se retirant aussitôt derrière la Lys avec le butin qu'ils y avaient pu faire.

Or ceci s'attaquait directement aux bonnes gens de Flandre; de sorte que Jacques d'Artevelle en reçut de grandes complaintes en la ville de Gand, dont il était rutwaert, et s'en émut, jurant que cette forfaiture serait vengée au pays de Tournaisis: en conséquence, il fit son mandement par toutes les bonnes villes de Flandre, en et en écrivit aux comtes de Salisbury et de Suffolk, qui tenaient, comme nous l'avons dit, pour le roi Édouard, de le venir rejoindre à jour dit, entre la ville d'Audenarde et de Tournai, en un certain pas qu'on appelait le Pont-de-Fer.

Les deux comtes d'Angleterre firent répondre qu'ils y seraient au jour assigné.

En conséquence ils se mirent en route pour tenir leur promesse, guidés par messire Wafflart de La Croix, qui connaissait le pays, y ayant longtemps guerroyé; mais il advint que ceux de Lille apprirent cette chevauchée qui n'était composée en tout que de cinquante lances et de quarante arbalétriers, et partant de la ville à peu près au nombre de quinze cents hommes, dressèrent trois embûches, afin que de quelque côté que passassent les comtes de Suffolk et de Salisbury, ils ne pussent leur échapper. Cependant tout cela n'eût mené à rien, car messire Wafflart leur avait fait prendre un chemin de traverse, qui les eût conduits par une autre voie si le hasard n'eût fait qu'une tranchée nouvellement faite n'eût traversé la route qu'ils avaient prise. A la vue de ce fossé fraîchement et profondément creusé, messire Wafflart demeura fort empêché, et donna de conseil aux chevaliers de s'en retourner sans s'inquiéter du rendez-vous; car tout autre chemin, leur dit-il, que celui qu'il leur faisait prendre et qu'ils ne pouvaient continuer les mettait en péril. Mais les chevaliers ne voulurent entendre à rien, et, se prenant à rire des craintes de leur guide, ils lui ordonnèrent de changer de route et d'aller en avant; car ils étaient engagés envers Jacques d'Artevelle et ne voulaient pour aucune chose manquer à leur parole. Alors messire Wafflart y consentit; mais, faisant un dernier effort pour les détourner de ce projet, avant de reprendre sa marche:

— Beaux seigneurs, leur dit-il, il est vrai que vous m'avez pris pour guide en ce voyage, et que, de mon côté, je me suis chargé de vous conduire; or je vous guiderai et conduirai par telle route qu'il vous conviendra; car je n'ai qu'à me louer de votre compagnie; mais je vous préviens que s'il advient que ceux de Lille nous attendent dans quelque embuscade, comme toute défense serait inutile, je pourvoirai par la fuite au salut de mon corps, et cela le plus vitement que je pourrai.

A ces paroles, les chevaliers se mirent à rire, et lui répondirent que pourvu qu'il marchât en avant et les mît au chemin qui devait les conduire au Pont-de-Fer, ils le tenaient d'avance pour excusé de tout ce qu'il croirait devoir faire en cas de rencontre. Ils continuèrent donc leur route, riant et devisant sans penser que dût s'accomplir la prédiction de messire Wafflart, lorsqu'au moment où ils venaient de s'engager dans un ravin tout garni de buissons et d'arbres épais, ils virent tout à coup se lever et luire tout autour d'eux les casques d'une troupe d'arbalétriers criant:

— A mort! à mort, les Anglais!

Et qui, joignant aussitôt l'action aux paroles, firent tomber sur les chevaliers une grêle de viretons et de flèches. Au premier cri et au premier trait, messire Wafflart, qui vit que ce qu'il avait prévu arrivait, tourna son cheval, se tira de la presse, et, criant aux chevaliers d'en faire autant, s'enfuit à toute bride, comme il avait dit qu'il agirait; mais ceux-ci n'en voulurent rien faire, et messire Wafflart, tout en fuyant, s'étant retourné, les avait vus mettre pied à terre pour se défendre plus durement. C'était tout ce qu'il en savait, les ayant alors perdus de vue, et nul de ceux qui les accompagnaient n'étant retourné en arrière excepté lui, qui avait prévenu l'écuyer du comte du méchef arrivé à son maître, et l'avait envoyé en Angleterre en porter la mauvaise nouvelle à la comtesse.

Édouard et Jean de Neufville écoutèrent avec grand intérêt ce récit sur leur venait de Flandre; car depuis qu'ils chevauchaient sur les marches d'Écosse ils ignoraient entièrement ce qui s'était passé outre-mer. Aussi le roi récompensa-t-il largement le messager pour la diligence qu'il avait mise à s'acquitter de sa mission, et le renvoya aussitôt dans l'attente où il était du retour de Guillaume de Montaigu.

Cependant la nuit s'avançait, et Guillaume ne revenait pas: enfin minuit ayant sonné, Jean de Neufville et Édouard se retirèrent dans les chambres qu'on leur avait préparées; mais Édouard, au lieu de se déshabiller et de se mettre au lit, se contenta d'ôter son haubergeon, et demeura debout et agité, se promenant de long en large dans sa chambre: c'est que des idées mauvaises lui venaient, et qu'il pensait que le comte, prisonnier ou mort, laissait sa femme sans défense et à sa merci. Il se promenait donc les bras croisés, le cœur plein de désirs adultères et le visage soucieux; puis de temps en temps il s'arrêtait devant la fenêtre, regardant à l'extrémité de l'aile du bâtiment qui s'avançait en retour, la petite fenêtre en ogive, à travers les vitraux coloriés de laquelle brillait la lampe de l'oratoire. C'était là qu'Alix, qui avait refusé de le recevoir, sachant peut-être qui il était, et pour cette cause, priait, dans l'amour et la candeur de son âme, le Seigneur tout puissant pour son mari mort ou prisonnier. Alors Édouard, la tête appuyée contre la fenêtre et les regards toujours fixés sur cette lumière, voyait avec les yeux de la pensée ce beau visage, qu'il avait toujours contemplé souriant, baigné par les larmes et contracté par les sanglots, et il en paraissait plus désirable encore; car la jalousie doublait l'amour, et il eût ressenti une joie inouïe et inconnue à essuyer avec ses lèvres, ces pleurs qui coulaient pour un autre.

Alors il prit la résolution de voir la comtesse, ne fût-ce

qu'un instant, et de lui parler, afin, après tant de fatigues et de guerres, d'être réjoui une fois encore par le bruit harmonieux de ses paroles : la lumière brillait toujours à l'oratoire, faisant étinceler dans la nuit, comme des rubis et des saphirs, les vitraux coloriés qui représentaient les robes et les manteaux des saints. Il se dit que là était éclairée par cette lumière cette femme que, depuis trois ans, il aimait sans le lui avoir dit jamais ; et sans intention, sans volonté, poussé par une force irrésistible, il ouvrit la porte, s'engagea dans le corridor obscur au tournant duquel il aperçut devant lui, comme au bout d'un long cloître, le rayon qui passait à travers la porte entr'ouverte, et venait éclairer d'une ligne brisée l'angle du mur et les dalles du passage. Il s'avança alors sur la pointe du pied et retenant son haleine jusqu'à l'entrée de la chapelle ; puis, arrivé là, il aperçut la comtesse agenouillée sur les carreaux, les bras pendans et la tête appuyée sur son prie-Dieu. En même temps un homme appuyé contre une colonne et qui s'y tenait si immobile qu'on l'eût pris pour une statue, leva le bras en signe de silence, et, comme s'il se fût détaché de la pierre, s'avança vers Édouard sans que ses pieds en se posant sur les dalles armoriées fissent plus de bruit que ceux d'un fantôme : le roi reconnut Guillaume de Montaigu.

— Je venais chercher une réponse, messire, lui dit-il, voyant que vous ne l'apportiez pas, et ne sachant quelle cause pouvait vous retenir.

— Regardez, monseigneur, dit Guillaume, tout en priant et pleurant, cette ange s'est endormie.

— Oui, reprit Édouard, et vous attendiez qu'elle se réveillât.

— Je veillais sur son sommeil, monseigneur, dit Guillaume ; c'est un devoir qui m'a été confié par le comte, et qui m'est d'autant plus sacré aujourd'hui que je ne sais pas si à cette heure il ne regarde pas du ciel comment je m'en acquitte.

— Et vous passerez la nuit ici ? demanda Édouard.

— Je demeurerai au moins jusqu'à ce qu'elle ouvre les yeux ; alors, monseigneur, que faudra-t-il que je lui dise de votre part ?

— Dites-lui, répondit Édouard, que la prière qu'elle a adressée au ciel a été entendue sur la terre, et que le roi Édouard lui jure sur son honneur que si le comte de Salisbury est vivant, il sera mis à rançon, et que s'il est mort il sera vengé.

À ces mots, le roi, s'éloignant à pas lents, rentra dans sa chambre plus affermi que jamais dans son amour, et, s'étant jeté tout habillé sur son lit, il réveilla, dès que le jour parut, messire Jean de Neufville, et quitta le château de la comtesse de Salisbury sans lui avoir parlé, et attendant tout de l'avenir et des événemens qu'il amène avec lui.

XIV.

Lorsque Édouard revint à Londres, il trouva ses ordres exécutés et sa flotte prête ; il avait dès lors un double motif de revenir en Flandre, car, outre son projet à poursuivre, il avait à secourir son beau-frère, qui pour lui s'était jeté dans cette lutte inégale de comte à roi ; ensuite il lui fallait conduire toute une cour de dames et de chambellans à la reine, qui demeurait toujours en la bonne ville de Gand, sous la garde de Jacques d'Artevelle, et outre cette cour, grand renfort d'archers et de gens d'armes, afin de continuer la guerre, dans le cas même où les seigneurs de l'empire l'abandonneraient ; ce qu'il commençait à craindre, en raison de lettres qu'il avait reçues de Louis V de Bavière, lequel offrait de s'entremettre pour une trêve entre lui et le roi de France.

Il s'embarqua donc le 22 juin, conduisant une des plus belles flottes qui eussent jamais été vues, descendit la rivière de la Tamise, et entra en mer si majestueusement, qu'on eût dit qu'il allait tenter la conquête d'un monde. Il navigua deux jours ainsi ; puis, à la fin du second jour, il aperçut, le long des côtes de Flandre, entre Blankemberg et L'Écluse, une telle quantité de mâts de vaisseaux que l'on eût pu croire que c'était une forêt marine. Aussitôt il appela le pilote qui, comme lui, regardait ce spectacle inattendu, et lui demanda quelle chose ce pouvait être. Alors le pilote répondit qu'il croyait bien que c'était l'armée des Normands et des Français qui tenaient la mer pour le roi Philippe, et qui attendaient sa revenue en Flandre pour l'empêcher d'y aborder.

— Ainsi donc, voilà, dit Édouard écoutant attentivement ces paroles, les mêmes hommes qui m'ont pris mes deux grandes nefs *Édouard* et *Christophe*, et qui m'ont pillé et brûlé ma bonne ville de Southampton.

— Ce sont vraiment eux, répondit le pilote.

— En ce cas, dit Édouard, n'allons pas plus loin, car j'ai longtemps désiré de les pouvoir joindre et combattre : maintenant que nous les avons rejoints, nous les combattrons donc, et, s'il plaît à Dieu et à saint Georges, nous leur ferons payer en un jour toutes les pilleries que depuis trois ans ils nous ont faites. Jetez donc l'ancre là où nous sommes, et faites veiller toute la nuit, afin qu'ils ne nous échappent pas.

Cependant, avant que le pilote exécutât les ordres qu'il avait reçus, le roi établit ses dispositions de bataille, afin que le lendemain, en levant l'ancre, toute la flotte fût placée comme elle devait l'être, et n'eût plus qu'à s'avancer et à combattre. À l'aide de la nuit, qui dérobait toutes ses manœuvres à ses adversaires, il fit mettre les plus forts vaisseaux devant, et, entre chaque vaisseau chargé de chevaliers et de gens d'armes, un vaisseau monté par des archers ; puis encore, aux deux ailes, une ligne de gens de traits, pour se porter partout où besoin serait ; puis, ayant fait passer sur une nef particulière, et qui était connue pour sa marche rapide, toutes les comtesses, baronnesses, chevaleresses et bourgeoises de Londres qui allaient rejoindre la reine à Gand, il leur donna une garde de trois cents hommes d'armes et de cinq cents archers ; alors, étant passé de vaisseau en vaisseau, il recommanda à chacun de bien garder l'honneur du roi dans la journée qui se préparait, et, quand chacun en eut fait la promesse, il revint prendre quelque repos à bord du navire royal, afin d'être frais et vigoureux pour combattre en personne le lendemain.

Au point du jour, le roi se réveilla et monta sur le pont ; tout était dans le même ordre que la veille, et non-seulement les Français et les Normands n'avaient pas songé à fuir ; mais encore ils avaient pris de leur côté toutes leurs dispositions de bataille. Édouard vit du premier coup qu'elles étaient mal faites, car, à l'exception de quelques vaisseaux qui semblaient s'être séparés de la flotte, les autres s'étaient embossés au rivage, ce qui gênait tous leurs mouvemens, et, le cas échéant, devait les empêcher de manœuvrer. Alors il compta les grands bâtimens, et il y en avait cent quarante, sans les barques, et ces cent quarante bâtimens et ces barques étaient montés par quarante mille hommes, Génois, Picards et Normands.

Lorsque le roi et son maréchal eurent fait toutes ces remarques, ils s'aperçurent que s'ils s'avançaient dans la ligne où ils se trouvaient placés, c'est-à-dire d'occident en orient, ils auraient le soleil en face, ce qui empêcherait les archers de viser, et ôterait à l'armée anglaise la grande supériorité que ses hommes de trait lui donnaient sur toutes les autres compagnies. En conséquence, le roi ordonna de manœuvrer de manière à marcher à la rame contre le vent, jusqu'à ce que la flotte anglaise eût dépassé d'une demi-lieue à peu près la hauteur de la flotte française ; puis de revenir sur celle-ci avec le vent favorable et le soleil dans le dos. Ce mouvement eut lieu à l'instant même ; la flotte, qui ne pouvait se servir de ses voiles, s'avança battant la mer de ses longues rames ; à cette vue, les

Normands, les Génois et les Picards poussèrent de grands cris et de longues huées, car ils avaient vu à sa bannière que le roi en personne était sur la flotte, et ils croyaient qu'elle gagnait le large pour fuir; mais bientôt ils furent détrompés, les vaisseaux virèrent de bord. En ce moment, comme le vent devenait bon, on hissa les voiles, et la flotte tout entière, ayant opéré son mouvement, revint cerner l'anse où s'étaient embossés les Français, conservant l'ordre de bataille réglé la veille par le roi Édouard et son maréchal.

Alors les amiraux de la flotte française, voyant qu'ils s'étaient trompés lorsqu'ils avaient cru que l'ennemi fuyait, firent à leur tour leurs dernières dispositions de combat; ils poussèrent en avant du front et comme une redoute avancée la grande nef qu'ils avaient prise un an auparavant aux Anglais, et que l'on appelait *Christophe*, la garnirent à foison d'abalétriers génois, pour la garder et escarmoucher; puis, sur toute la ligne, firent retentir les trompes et clairons, pour annoncer qu'ils étaient prêts et acceptaient le combat avec grande joie et grand désir.

Le combat commença par un échange de traits et de flèches entre ceux de la grande nef *Christophe* et les archers anglais; mais le roi Édouard s'étant bientôt aperçu que ses ennemis avaient mis presque tous leurs gens de traits sur ce bâtiment, décida que c'était le premier qu'il fallait prendre. En conséquence, il fit armer son propre vaisseau de longs crocs de fer tenant à des chaînes, et s'avança droit de sa personne contre les archers, donnant ordre au reste de la flotte d'engager sur toute la ligne le combat vaisseau à vaisseau et main à main. Il avait autour de lui sa meilleure chevalerie, le comte de Derby, le comte de Hertfort, le comte de Huntingdon, le comte de Glocester, messire Robert d'Artois, messire Regnault de Cobham, messire Richard Stafford, et messire Gauthier de Mauny, tous couverts de leurs armures de fer, contre lesquelles venaient s'émousser les virotons et les flèches des arbalétriers et des archers génois. Aussi s'avancèrent-ils majestueusement, sans dévier d'une ligne, sans reculer d'un pas, les bannières aux revers et l'épée à la main; puis, lorsqu'ils furent à portée, les grappins et crampons furent jetés, et les deux vaisseaux se joignirent avec un craquement terrible. En même temps un pont fut jeté d'un bord à l'autre, et les chevaliers s'élancèrent sur le bâtiment. Là commença une lutte terrible, car il n'y avait pas à fuir, et si les archers génois étaient moins bien armés, ils étaient plus nombreux quatre fois que ceux qui les attaquaient. D'ailleurs, quand ils avaient vu qu'il fallait en venir main à main, à l'exception de ceux qui étaient montés dans les huniers et qui de là faisaient pleuvoir une grêle de flèches sur les assaillans, les autres s'étaient saisis de haches, de massues et d'épieux, et se défendaient de grand cœur; car Gênes était dès lors une puissante ville, régnant surtout sur la mer, avec laquelle ses voyages et son commerce l'avaient familiarisée dès le douzième siècle.

Cependant, si braves soldats et si bons matelots qu'ils fussent, il n'en fallut pas moins céder, car ceux qui les attaquaient étaient de la première chevalerie du monde, et ils avaient si bien assuré les deux vaisseaux l'un à l'autre, qu'il leur semblait se combattre sur terre. Chassés pied à pied de la proue à la poupe par cette muraille de fer que formaient les seigneurs, et qu'il était impossible d'abattre ni de disjoindre, les archers se trouvèrent entassés sur l'arrière, et là, gênés dans leurs mouvemens, perdus dans leur nombre même, exposés sans autres armures que leurs jaques rembourrés ou leurs justaucorps de cuir aux coups terribles de ces longues épées trempées pour tailler le fer et l'acier, il leur fallut se rendre, mourir ou s'élancer à la mer. Beaucoup prirent ce dernier parti, car, vêtus légèrement, ils pouvaient nager, ce qui était impossible aux chevaliers, qui, une fois tombés à l'eau, étaient entraînés au plus profond par leurs armures. On les vit donc gagner, à travers les traits des autres vaisseaux, les bâtimens de leur parti, qui se tenaient prêts à les recueillir. Quelques-uns y arrivèrent; le plus grand nombre fut tué en route par les archers anglais, qui trouvaient un but commode et facile dans des hommes qui étaient obligés de passer près d'eux ou de s'aller noyer au large.

Aussitôt la grande nef reconquise, Édouard la chargea d'archers, et, abandonnant son vaisseau pour celui-là, qui était de plus forte défense, il y fit planter sa bannière, et s'avança avec lui droit contre les Génois.

Le combat était alors engagé sur toute la ligne, et se maintenait des deux côtés avec courage. Tous les vaisseaux français et normands avaient été abordés, liés aux vaisseaux anglais par des crampons, et l'on combattait partout bord à bord. Cette manière était au désavantage des Français, car leur flotte tout entière était composée d'hommes de mer, habitués à se battre avec des sabres courts, des poignards et des épieux, tandis que la flotte anglaise, qui transportait les troupes de terre, était toute garnie d'archers qui combattaient de loin, et de chevaliers qui, lorsqu'on en venait bord à bord, gagnaient un grand avantage de leurs armures de fer et de leurs longues épées. Barbevaire seul avait prévu ce désavantage, et, au lieu de s'embosser comme les autres, il avait continué de tenir le large; de sorte que, lorsqu'il vit le combat perdu pour les Picards et les Normands, au lieu de les venir secourir et de faire ainsi diversion, il mit toutes voiles au vent et gagna la haute mer. En même temps les côtes se couvrirent des bonnes gens de Flandre, qui, au bruit du combat, étaient accourues, et qui, montant sur des barques et des canots, venaient en aide à leurs alliés les Anglais. De cette manière, les Normands et les Picards, attaqués par mer, se trouvèrent privés de la retraite par terre que leur empêchaient les Flamands; mais, comme c'étaient de braves et loyaux soldats, ils n'en combattirent pas moins désespérément et sans parler de se rendre; de sorte que la bataille, qui avait commencé à primes, dura jusqu'à hautes nones, c'est-à-dire de six heures du matin à midi. A cette heure tout était perdu pour la flotte combinée, et les Anglais commençaient par la bataille de L'Écluse cette série de victoires navales qui ne devait se fermer qu'à Trafalgar et Aboukir.

De ces quarante mille hommes qu'étaient les Normands, les Picards et les Génois, nul n'en échappa que ces derniers, qui, ainsi que nous l'avons dit, gagnèrent le large. Tous furent pris, tués ou noyés. Hugues Quiéret fut assassiné de sang-froid après la bataille, et Béhuchet, disent les grandes chroniques, qui savait mieux se mêler d'un compte à faire de guerroyer en mer, fut pendu comme pirate au grand mât de son vaisseau.

Quant au roi Édouard, qui, dans cette affaire, avait payé de sa personne comme le dernier de ses chevaliers, et qui avait été blessé à la cuisse par un trait d'arbalète, il demeura toute la fin du jour et toute la nuit sur ses vaisseaux, faisant si grand bruit de trompes, de timbales, de tambours et de toute autre espèce d'instrumens, que, dit Froissard, on n'eût pas entendu Dieu tonner. A ce bruit accoururent sur le rivage toutes les bonnes gens des villages et villes environnans; puis le lendemain, qui était le 26, le roi et tous ses gens prirent port et terre après avoir détruit la flotte française, non pas comme si la main des hommes l'avait attaquée, mais comme si le bras de Dieu l'eût anéantie par quelque naufrage, entr'eux et bâtimens, au plus profond de la mer. Aussitôt lui et toute sa chevalerie se dirigèrent, à pied et la tête découverte, en pèlerinage à Notre-Dame d'Ardenbourg, où le roi ouït la messe et dîna, et puis monta à cheval, et vint ce jour-là même à Gand, où madame la reine était à l'attendre, qui le reçut à grande joie.

A peine arrivé, le premier soin d'Édouard, afin d'acquitter la promesse faite, fut de s'informer de ce qu'étaient devenus les comtes de Salisbury et de Suffolk. Il apprit alors qu'après une résistance désespérée, tous deux avaient été pris, conduits d'abord à la prison de Lille, puis de là envoyés en France au roi Philippe, qui eut grande joie de tenir deux si vaillans chevaliers entre ses mains, et jura qu'il ne les rançonnerait ni pour or ni pour argent, mais seulement par échange, et contre quelque noble seigneur de même rang et de même courage. Édouard pensa donc qu'il était, pour le moment, inutile de faire aucune démarche à ce sujet, d'autant plus que le roi de France, tout courroucé qu'il devait être de la perte de sa bataille de l'Écluse, ne serait pas, à cette heure, en disposition de rien faire qui fût agréable à son cousin d'Angleterre. Aussi s'occupa-t-il uniquement d'assembler un parlement à Willeworde, où se devait renouveler l'alliance entre la Flandre, le Brabant et le Hainaut, et jour fut pris et assigné pour ce parlement au 10 du mois de juillet dans lequel on venait d'entrer.

Au jour dit, le roi Édouard d'Angleterre, le duc Jean de Brabant et le comte Guillaume, se réunirent à Willeworde, accompagnés du duc de Gueldres, du marquis de Juliers, de messire Jean de Beaumont, du marquis de Brandebourg, du comte de Mons, de messire Robert d'Artois et du sire de Fauquemont. Ils y trouvèrent Jacquemart d'Artevelle, avec quatre bourgeois de chacune des principales villes de Flandre, lesquels formaient son conseil, et prenaient, d'accord avec lui, toute délibération importante, que lui ensuite signait et proclamait. Là il fut décidé que les trois pays, c'est-à-dire Flandre, Hainaut et Brabant, seraient, de ce jour, aidant et confortant l'un l'autre en tous cas et en toutes choses; de sorte que si l'un des trois pays avait affaire contre qui que ce fût, les deux autres le devaient soutenir; que, s'il arrivait qu'ils fussent en discorde deux ensemble, le troisième les devait pacifier, et, s'il n'y suffisait, ils en appelleraient alors au roi d'Angleterre, qui, garant de leur foi, les devait apaiser dans leurs querelles. Toutes ces choses furent jurées entre les mains d'Édouard, et, en souvenir de ce traité et en signe de l'alliance des trois pays, une monnaie fut battue, qui devait avoir également cours en Brabant, en Flandre et en Hainaut, et qui reçut le nom de compagnons ou alliés.

Puis en outre, il fut arrêté que, vers la Madeleine, le roi Édouard quitterait la Flandre avec toute sa puissance, et s'en irait mettre le siége devant Tournay.

Or, le roi Philippe, qui était venu joindre à Arras la bannière du duc Jean, son fils, et qui demeurait en l'armée comme simple chevalier, ayant appris toutes ces décisions du parlement de Willeworde, envoya le comte Raoul d'Eu, connétable de France, ses deux maréchaux, messires Robert Bertrand et Mathieu de La Trie, le sénéchal de Poitou, le comte de Ghine, le comte de Foy et ses frères, le comte Aimery de Narbonne, le comte Aymar de Poitiers, messire Geoffroy de Chargny, messire Girard de Montfaucon, messire Jean de Landas et le seigneur de Châtillon, c'est-à-dire la fleur du royaume, en la ville menacée, les priant de la bien garder, pour leur honneur et le sien, afin qu'il n'arrivât nul dommage à cette grande et belle ville, qui était une des portes de la France; puis, continuant de suivre la politique adoptée, et pensant que le moment était venu de frapper un grand coup, il fit partir pour l'Ecosse, avec force chevaliers bien munis d'armes et d'argent, le roi David Bruce et sa femme, qui, depuis sept ans, demeuraient en la cour de France, pendant que, petit à petit, leurs partisans leur reconquéraient leur royaume, ainsi que nous avons dit et raconté dans le chapitre précédent.

Tandis que tous ces préparatifs de guerre se faisaient, et que, de la Bretagne au fond de l'empire germanique, chacun semblait ne rêver que guerre, deux esprits seulement, pareils à des anges de paix, planant au-dessus de toutes ces mêlées, désiraient la fin de toutes ces querelles : l'un était ce roi Robert dit *le Bon*, qu'on appelait encore le *roi de Sicile*, quoiqu'il ne possédât plus cette île perdue par son grand-père, Charles d'Anjou, dans la journée des Vêpres Siciliennes, et qui avait envoyé des lettres afin que le roi Philippe ne combattît pas le roi Édouard, attendu qu'il avait lu dans les astres que toute rencontre avec ce prince serait fatale à la France; l'autre était madame Jeanne de Valois, sœur du roi Philippe et mère du jeune comte de Hainaut, qui voyait avec grande douleur les épées tirées entre son fils et son frère, c'est-à-dire entre l'oncle et le neveu. Ils s'en étaient donc entendus ensemble et par lettres, si bien que le roi de Naples avait jugé la chose assez importante pour quitter lui-même son royaume, et s'en venir auprès du pape Clément VI, en Avignon, pour le prier d'intervenir dans cette querelle. C'était un de ces rois, moins rares alors que dans notre époque, qui, lettrés eux-mêmes, aiment les lettres, comprenant que l'intelligence est le soleil des royaumes, et qu'il n'y a de règne grand et splendide que celui qui est éclairé par les rayons célestes de la poésie. Aussi lorsque le couronnement de Pétrarque fut décidé par toute l'Italie, le roi de Naples avait-il été choisi par le poëte pour lui faire subir son examen. Aussi était-ce à cette érudition quelque peu pédantesque et à son amour pour les gens de lettres, bien plus qu'à la prospérité de son pays et à la gloire de ses armes, qu'il devait sa réputation du plus grand roi de la chrétienté. Même chose advint depuis, et pour la même raison, à François Ier et à Louis XIV, que le bouclier miraculeux des poëtes défend encore contre les coups de l'histoire.

Il avait, au reste, trouvé le pape et les cardinaux tout à fait disposés à s'entremettre dans cette guerre si fatale aux deux royaumes ; de sorte que, certain de la bonne volonté de la cour pontificale, il était retourné dans son beau royaume au ciel pur relire Dante et couronner Pétrarque.

Cependant Édouard, qui ignorait toutes ces choses, était, pour accomplir la promesse faite, parti de la ville de Gand, au moment où les blés commençaient à mûrir, avec une armée dans laquelle on comptait deux prélats, sept comtes, vingt-huit bannerets, deux cents chevaliers, quatre mille gens d'armes et neuf mille archers, sans nombrer toute la pédaille, qui pouvait bien monter à quinze ou dix-huit mille hommes. A peine était-il campé devant la ville, à la porte dite de Saint-Martin, que son cousin Jean de Brabant vint l'y rejoindre avec vingt mille tant chevaliers qu'écuyers et communes gens, et posa son camp au Pont-à-Raine, près l'abbaye de Saint-Nicolas ; puis, derrière lui, le comte Guillaume de Hainaut, avec la plus belle chevalerie de son pays, et grand nombre de Hollandais et de Zélandais, lequel se plaça entre le roi d'Angleterre et le duc de Brabant ; puis Jacquemart d'Artevelle, avec plus de soixante mille Flamands, qui dressèrent leurs logis devers la porte de Sainte-Fontaine, sur les deux rives de l'Escaut, et jetèrent un pont d'un bord à l'autre, afin de communiquer à leur loisir et aussi souvent et librement comme il leur plairait ; puis enfin les seigneurs de l'empire, le duc de Gueldres, le marquis de Juliers, le marquis de Brandebourg, le margrave de Misnie et d'Orient, le comte de Mons, le sire de Fauquemont, messire Arnoult de Blakenheim, et tous les Allemands, qui, s'étant étendus vers le Hainaut, achevaient d'enclore la ville d'une muraille de fer qui avait près de deux lieues d'étendue.

Le siége dura onze semaines, pendant lesquelles il y eut de rudes assauts, où les plus vaillans de part et d'autre firent de grandes appertises d'armes, qui ne menèrent à rien. Seulement, de temps en temps, une compagnie se détachait, ennuyée de rester ainsi autour de ces fortes murailles, et s'en allait brûler quelque château, piller quelque ville, violer quelque abbaye. Pendant ce temps, le pape d'Avignon avait fait porter par un cardinal des lettres au roi de France, dans lesquelles il l'exhortait fortement à la paix, tandis que madame Jeanne de Valois, qui, ainsi que nous l'avons dit, était sœur de Philippe et belle-mère d'Édouard, courait d'un camp à l'autre, embrassant les genoux des deux princes, les adjurant de faire trêve, et poussant entre eux, à défaut de son fils, qui était si courroucé qu'il ne voulait rien entendre, messire Jean de Beaumont et le marquis de Juliers. Elle fit tant auprès de ce dernier, qu'il en écrivit à l'empereur, lequel, pour la seconde fois, envoya un messager à Édouard, lui offrant, comme il l'avait déjà fait, d'être le médiateur entre lui et le roi de France, cette guerre, à la manière dont elle était entreprise, ne devant rien décider, et ruiner seulement les pays auxquels elle demeurait depuis plus de deux ans.

Une paix était impossible, surtout de la part d'Édouard, qui avait son vœu à accomplir; il fut donc simplement question de trève; et madame Jeanne de Valois s'y employa si ardemment, voyant qu'elle ne pouvait obtenir autre chose, qu'elle décida les deux rois à fixer une journée où chacune des deux puissances enverrait quatre mandataires avec pleins pouvoirs de traiter et certitude que ce qu'ils feraient serait ratifié par leurs souverains. Jour fut donc dit et assigné, et le lieu choisi en une chapelle qui s'élevait au milieu des champs, qu'on appelle Esplechin; et le jour dit et assigné, après avoir, chacun de son côté, entendu la messe, les plénipotentiaires se rendirent en ladite chapelle, et madame Jeanne de Valois avec eux. Si bien que là se trouvèrent réunis, de la part de Philippe de France, monseigneur Jean, roi de Bohême, Charles d'Alençon, frère du roi, l'évêque de Liége, le comte de Flandre et le comte d'Armagnac; et, de la part d'Édouard d'Angleterre, monseigneur le duc Jean de Brabant, l'évêque de Lincoln, le duc de Gueldres, le marquis de Juliers et messire Jean de Beaumont.

Les conférences durèrent trois jours : pendant la première journée on ne put s'entendre sur rien, et les envoyés allaient se séparer sans résultat, lorsque madame Jeanne pria tant et tant, qu'ils promirent de se réunir le lendemain. Le lendemain les discussions recommencèrent; cependant on tomba d'accord sur quelques points; mais ce fut si tard qu'on ne put même consigner par écrit les points sur lesquels on était d'accord; enfin on promit de revenir le jour suivant au même endroit pour parfaire et accorder le reste, et le jour suivant ils revinrent à grand conseil, et cette fois, à la grande joie de madame Jeanne, les trèves furent de part et d'autre accordées et signées pour un an.

Le même jour, la nouvelle s'en répandit dans les deux armées, ce dont les Brabançons et les gens de Hainaut eurent grande joie; car, depuis deux ans, ils portaient tout le poids de la guerre; quant à ceux de la ville de Tournay, ils n'en furent pas moins aises, car la famine commençait à se faire sentir chez eux au point qu'ils avaient été forcés de mettre hors de leurs murailles tous les pauvres gens et les bouches inutiles. La nuit se passa donc en grands feux de réjouissance allumés dans le camp et sur les remparts, et en grands cris de joie poussés par les assiégés et les assiégeans; puis, au jour naissant, ces derniers abattirent et troussèrent leurs tentes, les chargèrent sur des chariots, et les ayant recouverts de toile, s'en repartirent en chantant, comme des faucheurs qui ont achevé leur moisson.

Quant au roi Édouard, il revint prendre à Gand madame Philippe, et, repassant la mer avec elle, il débarqua à Londres le 30 novembre de la même année.

XV.

Quelque peine qu'eût prise madame Jeanne de Valois pour arriver à la signature du traité de Tournai, il était évident que cette trève ressemblait bien plus à l'un de ces momens de repos que prennent deux lutteurs, afin de continuer le combat avec une nouvelle force, qu'à de véritables préliminaires de paix; d'ailleurs, au moment du retour d'Édouard à Londres, deux causes, l'une préexistante, l'autre près de naître, allaient reporter la question débattue à main armée, et sans résultat en Flandre, sur deux autres points du monde, où, si bien déguisée qu'elle fût, il était cependant facile à tout œil exercé dans la politique de l'époque de la reconnaître pour la même.

La première de ces causes était le retour du roi David Bruce en son royaume. Après une heureuse traversée à bord d'un bâtiment commandé par Malcolm Fleming de Cummirnald, il était débarqué avec madame Jeanne d'Angleterre, sa femme, à Inverbervich, dans le comté de Kincardine, et y avait été reçu à grande fête par les seigneurs d'Écosse, qui l'avaient conduit aussitôt à Saint-Johnston. Bientôt le bruit de son retour s'était répandu de tous côtés, de sorte que chacun, pressé de revoir son roi absent depuis sept ans, affluait sur son passage, l'empêchant d'avancer dans les rues quand il sortait, et le suivant dans ses appartemens lorsqu'il y était rentré; ces témoignages d'amour touchèrent le jeune roi pendant quelque temps; mais bientôt cette éternelle obsession, qui en tous lieux le suivait, le fatigua au point, qu'un jour que la foule avait pénétré jusque dans sa salle à manger, et se pressait autour de lui avec son importunité ordinaire, il saisit, cédant à un mouvement d'impatience, une masse d'armes aux mains d'un de ses gardes, et en assomma un honnête highlander qui touchait son habit pour voir de quel drap il était fait. Cette boutade royale eut le meilleur résultat. A compter de ce jour, David Bruce fut moins tourmenté par les curieux, et, retrouvant quelques instans de repos, il put enfin s'occuper des affaires de son royaume.

Son premier soin fut d'envoyer des messagers à tous ses amis, afin qu'ils vinssent l'aider dans sa guerre avec le roi d'Angleterre, les priant de faire pour lui présent ce qu'ils avaient avec tant de dévouement fait pendant son absence. A cet appel répondit d'abord le comte d'Orkenai son beau-frère, les petits princes des Hébrides et des Orcades; les chevaliers de Suède et de Norvége, enfin plus de soixante mille hommes de pied, et trois mille armures de fer.

La seconde de ces causes, au contraire de celle-ci, était, comme nous l'avons dit, toute fortuite et imprévue, et s'était émue au royaume même de France. En revenant du siége de Tournai, Jean III, dit le Bon, duc de Bretagne, qui avait quitté sa province sur le mandement du roi Philippe, et avait rejoint son seigneur avec une plus belle et une plus riche assemblée qu'aucun autre prince, tomba malade au camp, d'une telle maladie qu'il lui convint de s'aliter, et qu'il lui fallut en mourir. Par malheur plus grand encore, ce duc de Bretagne n'avait nul enfant, de sorte que son duché demeura sans héritier direct.

Mais, en échange, il avait eu deux frères; l'un de père et de mère, qui était trépassé en 1334, laissant une fille unique, nommée Jeanne, qui avait épousé le comte Charles de Blois, l'autre qui se nommait Jean, comte de Montfort, et qui était fils du même père, mais né pendant le deuxième mariage d'Arthur II avec Yolande de Dreux. Or, de son vivant, se voyant sans postérité, et n'ayant aucun espoir d'en obtenir, ce duc de Bretagne avait pensé que la fille de son frère germain avait plus de droit à son héritage que son frère consanguin; de sorte qu'il lui avait promis son duché de Bretagne, et l'avait mariée à Charles de Blois, neveu de Philippe de Valois, espérant que cette auguste parenté imposerait à Jean de Montfort, qu'il soupçonnait justement de convoiter son duché. Le moribond ne s'était pas trompé sur ce dernier point; car à peine fut-il mort, et cette nouvelle fut-elle sue de son frère, que celui-ci, tout dépossédé qu'il était par le testament, se rendit aussitôt à Nantes, qui est la cité reine de toute la Bretagne, et fit tant par largesses près des bourgeois et de ceux des pays environnans, qu'il fut reçu par eux à duc et à seigneur, et qu'ils lui firent tous féauté et hommage.

Cette cérémonie terminée, le comte laissa à Nantes la comtesse sa femme, qui avait à elle seule cœur d'homme et de lion, et se rendit à Limoges, où l'on savait qu'était enfermé le grand trésor que le feu duc amassait depuis longtemps. Là, même fête et même réception lui fut donnée comme à Nantes, et après avoir été noblement accueilli des bourgeois, du clergé et de la communauté de la ville, qui lui firent à leur tour hommage comme à leur seigneur, le trésor lui fut remis de bon accord, si bien, que lorsqu'il eut séjourné à Limoges à sa convenance, il en repartit pour Nantes, où il employa ce grand trésor à lever une armée de gens à pied et à cheval; et quand cette armée eut atteint le nombre d'hommes qu'il crut nécessaire, il se mit en campagne pour conquérir tout le pays, et prit successivement Brest, Rennes, Auray, Vannes, Hennebon et Carhaix; puis, lorsqu'il fut en possession de toutes ces villes, il s'embarqua à Coredon, traversa la mer, et débarqua à Chertsey, et ayant appris que le roi était à Windsor, il l'y vint joindre au plus tôt, et lui ayant raconté tout ce qui venait d'arriver, et comment il craignait que le roi Philippe ne le dépossédât de son duché, il finit par proposer à Édouard de lui en faire hommage, à la condition qu'il le maintiendrait dans sa possession.

L'offre du comte de Montfort était trop favorable à la politique d'Édouard pour ne pas être adoptée. Il pensa qu'à l'expiration de ses trèves, l'entrée de la France lui serait naturellement ouverte par la Bretagne, et comme il avait vu la joie des Brabançons et des seigneurs de l'empire quand les hostilités avaient été interrompues, il doutait que ceux-ci lui fussent fort disposés à les reprendre. Il accorda donc au comte de Montfort sa demande selon son désir, et, en présence des barons anglais, et de ceux que le comte avait amenés avec lui, il reçut entre ses mains hommage du duché, promettant en échange au comte qu'il le garderait et défendrait comme son vassal, contre tout homme, fût-ce le roi de France, qui tenterait de l'attaquer.

Pendant ce temps, Charles de Blois, qui, de son côté, ainsi que nous l'avons dit, avait, par sa femme, des droits au même duché, était venu à Paris, se plaindre au roi Philippe, son oncle, de la spoliation du comte de Montfort. Le roi Philippe, jugeant aussitôt de l'importance de la question, avait rassemblé ses douze pairs pour les consulter, et savoir d'eux quelle chose il ferait. Leur avis fut qu'il devait citer le comte de Montfort à comparaître devant eux, pour qu'ils entendissent ce qu'il avait à répondre à l'accusation portée contre lui. En conséquence, les messagers lui furent envoyés pour le mander et ajourner, qui le trouvèrent revenu de Londres, et menant grande fête à Nantes. Ils exposèrent sagement et respectueusement la mission dont ils étaient chargés. Le comte les ayant entendus, répondit qu'il voulait obéir au roi et irait volontiers sur son mandement; puis il fit grande chère aux messagers, leur donnant au moment de leur départ de tels présens, qu'ils n'en eussent pas reçu de plus riches, eussent-ils été envoyés à un roi.

Lorsque le temps de se rendre aux ordres de Philippe fut arrivé, le comte de Montfort s'ordonna et s'appareilla grandement et richement, partit de Nantes noblement accompagné de chevaliers et d'écuyers, et chevaucha tant et si bien, qu'il arriva enfin à Paris, où il entra avec une suite de plus de quatre cents chevaux. Aussitôt il se rendit à son hôtel, toujours gardé et accompagné par ses gens d'armes, y demeura le jour de son arrivée et la nuit suivante; puis, le lendemain, montant à cheval, avec le même cortége, il se rendit au palais où l'attendait le roi Philippe, le comte Charles de Blois, et les premiers seigneurs et barons du royaume.

Arrivé là, le comte de Montfort descendit de cheval, monta lentement les degrés du perron, entra dans la chambre où se tenait la cour; puis, après avoir salué les seigneurs et barons, il vint plus humblement s'incliner devant le roi; alors, relevant la tête :

— Sire, lui dit-il avec calme, et en homme dont le parti est pris, quelque chose qu'il arrive, vous m'avez ordonné de venir à votre mandement et à votre plaisir, me voici.

— Comte de Montfort, répondit le roi, je vous sais bon gré d'être venu, et je vous en tiendrai compte ; mais je m'émerveille fort comment et pourquoi vous avez osé vous emparer du duché de Bretagne, auquel vous n'avez aucun droit, déshéritant ainsi celui-là qui était plus proche que vous, et comment ensuite vous êtes allé en faire hommage à mon adversaire, le roi Édouard, du moins à ce que l'on m'a dit.

— Cher sire, répondit le comte en s'inclinant de nouveau, vous vous méprenez, ce me semble, sur la question de mes droits ; je ne sais nul plus près et plus prochain à mon frère, mort dernièrement sans héritier, que moi qui suis ici. Si cependant, contre mon espérance, vous jugiez un autre plus apte à la succession, je suis trop votre fidèle et féal pour ne pas accorder au jugement, et m'y soumettre sans honte et sans retard ; quant à mon hommage au roi Édouard, vous avez été mal informé, sire; c'est tout ce que je puis vous répondre.

— C'est bien, répondit le roi, et vous en dites assez pour que je sois satisfait. Je vous commande donc, sur ce que vous tenez de moi et devez en tenir, de ne point partir de la cité de Paris avant quinze jours, époque à laquelle les barons et les douze pairs jugeront de votre prochaineté, et décideront lequel, de vous ou du comte Charles de Blois, a droit à cet héritage. Que si vous faites autrement, sachez que vous me fâcherez et courroucerez fort. Sur ce, je prie Dieu qu'il vous ait en sa sainte garde.

— Sire, dit le comte, à votre volonté. En conséquence, il se retira et s'en revint à son hôtel pour dîner.

Mais au lieu de se mettre à table, il se retira tout pensif et tout soucieux dans sa chambre, songeant que, s'il attendait le jugement des pairs et des barons, ce jugement pourrait bien tourner à son désavantage; car il n'était pas difficile de préjuger que le roi serait plus volontiers pour le comte Charles de Blois, qui était son neveu, que pour lui qui ne lui était rien; puis alors, et dans le cas où ce jugement serait contre lui, il était probable que le roi le ferait incontinent arrêter jusqu'à ce qu'il eût tout rendu, cités, villes et châteaux, ainsi que ce grand trésor qu'il avait trouvé et déjà dépensé en partie. Il lui parut donc plus sage et plus prudent de s'en retourner en Bretagne, dût-il fâcher et courroucer le roi, que d'attendre à Paris ce qui résulterait d'une aussi périlleuse aventure. En conséquence de cette décision, il sortit le même soir de Paris, accompagné de deux chevaliers seulement, pour ne pas éveiller de soupçons, recommandant au reste de son cortége de se départir, comme il le faisait, à petites chevauchées et de nuit, et s'en revint paisiblement en Bretagne, où il était déjà que le roi Philippe le croyait encore dans son hôtel de Paris.

Cependant, à peine arrivé, il comprit tout le danger de sa position ; et, sans perdre un instant, aidé de sa femme, qui, au lieu de le décourager dans ses projets de rébellion, lui soufflait incessamment un nouveau courage, il parcourut toutes les cités et tous les châteaux qui s'étaient rendus à lui, y mit bonne garde, bons capitaines, vivres à l'avenant; puis, lorsqu'il eut tout ordonné, ainsi qu'il convenait, il s'en revint à Nantes, près de la comtesse et des bourgeois de la ville, qui les aimaient fort tous deux pour les grandes largesses et courtoisies qu'ils leur faisaient.

On comprend facilement quelle dut être la colère du roi de France et du comte Charles de Blois lorsqu'ils apprirent le départ du comte de Montfort. Toutefois, avant de rien faire ni décider contre lui, ils n'en attendirent pas moins jusqu'à la quinzaine, époque à laquelle le comte et les barons devaient rendre leur jugement sur le duché de Bretagne. Charles de Blois avait toujours eu de grandes chances; mais à compter du jour du départ du comte de Montfort, il n'y avait plus à douter que l'arrêt ne lui fût favorable. Ainsi advint-il : le comte de Montfort fut débouté de ses prétentions, et le duché de Bretagne adjugé à l'unanimité au comte Charles de Blois; mais là n'était pas la question, c'était de le reprendre.

Aussi, à peine le jugement fut-il rendu par pleine sentence de tous les barons, que le roi appela messire Charles de Blois :

— Beau neveu, lui dit-il, on vient de vous adjuger céans un grand et bel héritage ; maintenant, hâtez-vous et travaillez de votre personne pour le reconquérir sur celui qui le tient à tort ; priez en conséquence tous vos amis qu'ils vous veuillent aider au besoin. Quant à moi, je ne vous ferai pas faute ; et, outre l'or et l'argent que je mets à votre disposition, et que vous pourrez prendre tant qu'il vous en sera nécessaire, je dirai à mon fils le duc de Normandie de se faire chef avec vous ; mais, sur toutes choses, je vous prie et vous recommande de vous hâter ; attendu que si le roi anglais, notre adversaire, à qui le comte de Montfort a prêté hommage, venait en votre duché, il pourrait nous porter à tous deux grand préjudice ; car il ne saurait avoir plus belle et plus large entrée en notre royaume de France.

Messire Charles de Blois, à ces paroles qui le réjouirent grandement, s'inclina devant son oncle, le remerciant de sa bonne volonté ; puis, se retournant vers les pairs et barons, il pria le duc de Normandie, son cousin, le comte d'Alençon, son oncle, le comte de Blois, son frère, le duc de Bourgogne, le duc de Bourbon, messire Louis d'Espagne, messire Jacques de Bourbon, le comte et le connétable de France, le comte de Ghines, le vicomte de Rohan, enfin tous les princes, comtes, barons et seigneurs qui se trouvaient là présens, de l'aider dans cette rude besogne qu'il allait entreprendre ; et tous le lui promirent, disant qu'ils iraient volontiers avec lui et avec leur seigneur le duc de Normandie ; puis chacun se retira de son côté pour faire ses pourvoyances et s'appareiller, comme il convenait au moment d'aller en si lointain pays.

Or, comme on savait que le roi Philippe prenait à grand cœur les intérêts de son neveu, chacun fut vitement prêt ; de sorte que, vers le commencement de l'année 1341, les barons et seigneurs qui devaient marcher sous la bannière du duc de Normandie furent réunis en la ville d'Angers, d'où, se voyant au complet, ils partirent bientôt pour Ancenis, qui, de ce côté, était la frontière du royaume.

Après y être restés trois jours à calculer et à réviser leur pouvoir, ils virent qu'ils étaient trois mille armures de fer, sans compter les Génois ; de sorte que, se jugeant en nombre suffisant, ils entrèrent hardiment au pays de Bretagne, et vinrent mettre le siége devant Chantonceaux. Les premières tentatives contre cette forteresse furent désastreuses, surtout pour les Génois, qui, étant jaloux de faire leurs preuves, s'aventurèrent inconsidérément, et éprouvèrent de grandes pertes. Mais, peu à peu, les assiégeans s'étant donné la peine de construire des machines, les assauts furent donnés régulièrement ; et comme ceux de la ville se virent pressés de grande ardeur, sans aucun espoir d'être secourus, ils se rendirent aux seigneurs français, qui les prirent à merci, et, tirant bon augure de faire leurs entrée de commencement, marchèrent droit à Nantes, où se tenait leur ennemi, le comte de Montfort. Arrivés devant la ville, ils dressèrent leurs tentes et leurs pavillons autour de ses murailles, en belle et régulière ordonnance, comme les seigneurs français avaient coutume de faire ; et ceux de la ville, de leur côté, encouragés et reconfortés par le comte de Montfort, et messire Hervey de Léon, qui commandait les soudoyers, s'apprêtèrent à opposer à leurs ennemis bonne et rude défense.

Les hostilités commencèrent par des escarmouches sans conséquence ; puis enfin advint une aventure qui eut des suites si graves, que nous la raconterons avec quelques détails.

Un matin que les soudoyers du comte et quelques bourgeois de la ville étaient sortis pour faire une reconnaissance aux environs, ils rencontrèrent un convoi composé d'une quinzaine de voitures chargées de vivres et pourvoyances, qui se rendaient à l'armée sous la conduite de soixante hommes. Comme ceux de la cité étaient deux cents à peu près, ils coururent sus, sans hésiter, tuèrent une partie de l'escorte, mirent l'autre en fuite, et faisant tourner les charrettes, commencèrent à les conduire vers la cité. La nouvelle de cette surprise fut cependant, quelque diligence que fissent les Nantais, portée à l'armée par les fuyards avant qu'ils eussent regagné les portes de la ville. Aussitôt chacun s'arma, les plus tôt prêts montèrent à cheval, et rejoignirent le convoi près de la barrière. Là le combat se réengagea de nouveau et durement, car ceux de l'armée accouraient en grand nombre, si bien que les soudoyers et les bourgeois allaient être accablés, lorsqu'un détachement, envoyé par la garnison, leur vint en aide, et rétablit la bataille. Quelques-uns alors, pendant que leurs camarades se battaient, détellèrent les chevaux et les poussèrent vers la ville, afin que, dans le cas où les Français seraient vainqueurs, ils ne pussent au moins emmener les voitures. La lutte se continuait donc avec acharnement autour d'elles, lorsque de si grands renforts vinrent à ceux de l'armée, que les bourgeois et les soudoyers, voyant du haut des remparts plier leurs amis, sortirent à grand bruit et en foule, se jetant au milieu de la mêlée. Alors messire Hervey de Léon, voyant, à leur manière de combattre irrégulière, qu'ils ne pourraient pas tenir longtemps, ordonna la retraite. Les gens d'armes, habitués aux manœuvres et aux commandemens militaires, obéirent aussitôt avec ordre et précision ; mais les bourgeois, ignorans en ces sortes d'exercices, se trouvèrent engagés au milieu des Français, sans chef pour les commander, et par conséquent sans unité pour attaquer ou pour se défendre. Il en résulta que beaucoup furent tués et qu'un grand nombre fut pris, tandis que les soudoyers, battant en retraite en bon ordre, rentrèrent dans la ville sans avoir perdu davantage que quelques hommes, au lieu que les bourgeois avaient bien eu cent tués, deux cents blessés, et autant de prisonniers.

Il résulta de cette aventure qu'un grand mécontentement s'éleva de la part des bourgeois contre les gens d'armes, qu'ils prétendaient les avoir abandonnés en cette occasion. Si bien que, tant pour sauver leurs biens qu'ils voyaient détruire au dehors que pour racheter leurs pères, enfans ou amis qui étaient prisonniers, ils ouvrirent des conférences secrètes avec le duc Jean, promettant, si on leur garantissait la vie et les biens saufs, et si l'on s'engageait à leur rendre leurs parens et amis, qu'ils ouvriraient une des portes de la ville, afin que les seigneurs français pussent entrer dans la cité, et aller prendre le comte de Montfort dans le château. Ces offres étaient trop avantageuses au duc de Normandie pour qu'il les refusât. Les accords furent faits ; et, au jour dit, les Français, trouvant la porte ouverte, allèrent droit au palais, et, avant que le comte de Montfort pût songer à se défendre, le prirent et l'emmenèrent au camp, sans que, ainsi qu'il avait été promis, il en résultât aucun dommage pour la ville. Charles de Blois mit aussitôt bonne garnison à Nantes, et s'en revint avec son prisonnier vers Philippe de Valois, lequel fut bien joyeux de tenir entre ses mains le brandon de cette fatale guerre ; et, ayant fait mettre le comte de Montfort en la tour du Louvre, il l'y retint prisonnier comme coupable de forfaiture et de trahison.

Tandis que ces événemens se passaient à Nantes et à Paris, vers la fin de décembre de l'an 1341, Édouard, qui savait que les hostilités étaient commencées entre la Bretagne et la France, se préparait à envoyer, ainsi qu'il avait promis, des troupes à son vassal, lorsque Jean de Neufville, arrivant un matin de Newcastle, où, comme nous l'avons dit, il était gouverneur, vint apprendre au roi qu'il avait en ce moment trop à s'occuper de ses propres affaires pour songer aucunement à démêler celles des autres.

Nous avons dit comment le roi David avait fait son mandement et comment chacun s'était empressé d'y répondre, soit par amour pour lui, soit par haine pour Édouard ; il en résulta que son armée étant promptement montée à soixante-cinq mille hommes, parmi lesquels on comptait trois mille armures de fer, le roi entra en Angleterre, laissant à sa gauche le château de Roxburg, qui tenait pour les Anglais, et la ville de Berwick, où était renfermé Édouard Balliol, son compétiteur au trône d'Écosse, et vint camper devant la forteresse de Newcastle, sur la Tyne. Cette expédition ne commença point sous d'heureux présages; car la nuit même où le roi David était arrivé, une troupe d'assiégés sortit par une poterne, pénétra jusqu'au milieu du camp écossais, et surprenant le comte de Murray dans son lit, la ramena prisonnier dans la ville. C'était un brave chevalier, qui avait hérité de son père, régent sous la minorité de David, un amour puissant et fidèle pour son pays et pour son roi. Le lendemain, David ordonna l'assaut; mais, après deux heures de combat aux barrières de la ville, il fut forcé de se retirer avec grande perte de ses gens, et se dirigea vers Durham.

A peine Jean de Neufville, qui commandait le château de Newcastle, eut-il vu les ennemis s'éloigner, qu'il s'élança sur le meilleur de ses chevaux, et, par des routes détournées, connues des seuls habitans du pays, il se rendit en cinq jours à Chertsey, où se trouvait alors le roi d'Angleterre. C'était le premier messager qui apportait à Édouard la nouvelle de cette invasion. Celui-ci, à son tour, s'empressa de faire son mandement. Il renfermait un appel à tous les Anglais au-dessus de l'âge de quinze ans, et qui n'en avaient point encore atteint soixante. Mais, pressé de juger par lui-même des forces et des projets de l'armée ennemie, il donna rendez-vous à ses chevaliers, écuyers et hommes d'armes, vers les marches du Northumberland, et partit par mer pour Berwick. A peine y était-il arrivé, qu'il apprit que Durham avait été pris d'assaut, et que tout dans la ville avait été mis à mort sans rançon ni merci, jusqu'aux moines, aux femmes et aux enfans, qui, sans respect pour la sainteté du lieu, avaient été brûlés dans l'église où ils avaient cherché un asile.

L'arrivée du roi à Berwick, tout isolé qu'il était encore, suffit pour déterminer David Bruce à la retraite : il se retira donc vers les frontières écossaises, atteignit la Tweed; et, comme la nuit s'avançait, il assit son camp à quelque distance du château de Wark, dans lequel la belle Alix de Granfton attendait le retour de son mari, prisonnier de guerre au Châtelet de Paris. Cette forteresse, car elle méritait ce nom sous tous les rapports, était défendue par notre ancienne connaissance Guillaume de Montaigu, et par une centaine de braves hommes d'armes. Le jeune bachelier, qui, pendant les quatre ans qui s'étaient écoulés, était devenu homme et était resté de race, ne put sentir l'ennemi si près de lui sans être atteint du mal de guerre. Il prit avec lui quarante bons compagnons bien montés et bien armés, et, tombant sur les derrières de l'armée écossaise engagée dans un défilé, il lui tua deux cents hommes, et lui enleva cent vingt chevaux chargés de joyaux, d'argent et d'habits; les cris des blessés, le bruit des armes, retentirent tout le long de cette armée, qui frissonna comme si elle n'eût formé qu'un seul corps, et parvinrent jusqu'à Guillaume de Douglas, qui conduisait l'avant-garde. Le serpent auquel on marchait sur la queue se retourna prêt à dévorer la petite troupe; mais déjà elle battait en retraite avec ses prisonniers et son butin.

Guillaume de Douglas se mit à la poursuite de Guillaume de Montaigu, et il donnait de sa lance contre les barrières du château au moment où elles se fermaient derrière les maraudeurs. Douglas engagea aussitôt le combat avec ceux des remparts. Les chevaliers de Suède et de Norwége, les princes des Orcades et des Hébrides, voyant l'escalade entreprise, accoururent au secours des assiégeans; enfin David Bruce lui-même, avec le reste de l'armée, vint se mêler au combat : il fut long et sanglant. Le château était vigoureusement attaqué, mais aussi fortement défendu; les deux Guillaume faisaient merveille. Enfin le roi, voyant que sans machines de guerre on n'avançait à rien, et que les plus braves de ses soldats étaient déjà gisans au pied des remparts, ordonna de cesser cet assaut improvisé. Mais les combattans étaient si acharnés à l'action, et en particulier Douglas, que Guillaume de Montaigu avait reconnu au cœur sanglant qu'il portait sur ses armes, et qu'il défiait et raillait du haut de la muraille, que David fut obligé de leur promettre qu'il ne s'éloignerait pas du château avant d'avoir vengé ses gens et repris le butin qu'on lui avait enlevé; ce que tous regardaient comme un affront dont chacun avait reçu sa part.

Aussitôt les assaillans se retirèrent à une double portée de trait du château, emportant avec eux les blessés et les morts de condition. Quant aux autres, ils les laissèrent au pied des remparts. Une partie de l'armée commença aussitôt à tirer ses lignes, à établir ses logis, et à mettre en état les engins et instrumens de guerre qui devaient servir à l'assaut du lendemain, tandis que l'autre s'occupait de soins non moins importans, faisait cuire dans leurs peaux des bœufs et des moutons entiers, et, tirant des harnais la pierre plate que chaque cavalier portait avec lui, la faisait rougir au feu, et étendait sur elle une poignée de farine délayée, qui prenait aussitôt, saisie qu'elle était par la chaleur, la consistance d'une espèce de galette. Cette manière de vivre en campagne dispensait les Écossais de traîner à leur suite tout cet attirail de fours et de chaudières qui attardent la marche d'une troupe de guerre. Aussi faisaient-ils, dans leurs invasions ou dans leurs retraites, des marches forcées de dix-huit à vingt lieues, qui déroutaient complétement leurs adversaires.

Telle était donc la scène qui se passait à mille pas à peu près du château de Wark, scène de vie et d'animation, qui donnait, si l'on peut s'exprimer ainsi, la main à une scène de carnage et de mort; car tout l'intervalle qui s'étendait entre le pied des remparts et les premières lignes du camp était l'emplacement même du champ de bataille où, comme nous l'avons dit, on avait laissé ceux des blessés qui, par leur peu d'importance, n'étaient point regardés comme une perte notable. Aussi, de temps en temps, de cet espace sombre s'élevaient comme d'un gouffre, et passaient avec le vent, des cris, des plaintes ou des sons inarticulés, qui paraissaient n'appartenir à aucune langue humaine, et qui faisaient frissonner sur leurs pas les plus braves sentinelles. Alors une flèche enflammée traversait l'air comme une étoile qui file, allait s'enfoncer toute brûlante dans la terre, et pendant un instant éclairait une partie du champ de bataille. Le but des assiégés, en répétant de quart d'heure en quart d'heure cette manœuvre, était d'empêcher ceux du camp de venir porter secours aux blessés, et les blessés de rejoindre ceux du camp; car, si à la lueur de ces torches guerrières on voyait se dresser un homme sur la plaine funèbre, il devenait aussitôt un point de mire pour ces archers anglais, si sûrs de leur coup, qu'ils portaient chacun, disaient-ils, douze Écossais morts dans la trousse qui pendait à leur côté; alors le malheureux qui avait rassemblé ses dernières forces pour se traîner du côté de la vie retombait frappé d'une nouvelle blessure, et pour celui-là la mort n'avait qu'une demi-besogne à faire. Parfois aussi cette lumière tremblante donnait, par ses vacillations, l'apparence de la vie à des corps immobiles, et une flèche inutile allait s'enfoncer et se perdre dans un cadavre.

Certes, comme nous l'avons dit, c'était bien là un spectacle à attirer l'attention d'un soldat; et cependant au-dessus de la porte d'entrée du château de Wark un jeune homme veillait, armé de toutes pièces et son casque posé à ses pieds, sans paraître recevoir aucune impression de ce qui se passait devant lui; il était même si absorbé dans ses pensées, qu'il s'aperçut pas qu'une femme, qu'à la légèreté de ses pas on eût prise, il est vrai, pour une ombre, avait atteint la plate-forme par un escalier intérieur, et s'approchait de lui. Cependant, arrivée à la distance de quelques pas, elle s'arrêta comme si elle hésitait, et, s'appuyant sur un créneau, elle demeura immobile. Il y avait déjà quelques minutes qu'elle était dans cette position, lorsque le cri de garde se fit entendre vers l'autre aile du château, et, se rapprochant de sentinelle en sentinelle, gagna le jeune homme qui, se tournant pour le pousser à son tour du côté opposé où il l'avait reçu, distingua à une longueur de lance de lui cette femme blanche, immobile et muette comme une statue. Alors le cri commencé s'éteignit inachevé dans sa bouche; il fit un mouvement pour s'avancer vers l'objet qu'il s'attendait si peu à voir apparaître à ses côtés; mais il s'arrêta aussitôt, enchaîné à sa place par un sentiment qu'un observateur superficiel aurait pu prendre pour du respect. En ce moment la sentinelle, voyant que son cri n'avait point eu d'écho, le proféra une seconde fois avec plus de force. Le jeune homme parut alors faire un effort sur lui-même, et, d'une voix dans laquelle on pouvait reconnaître une altération sensible, il répéta le cri nocturne et vigilant, qui s'éloigna en s'affaiblissant toujours, et alla se perdre à l'endroit même où il avait commencé à se faire entendre.

— Bien! mon châtelain, dit alors, d'une voix douce et en se rapprochant du jeune bachelier, la blanche apparition, je vois que vous faites bonne garde, et que nous sommes en sûreté. Nous commencions à en douter cependant, en voyant qu'on pouvait arriver si près de vous sans être aperçu.

— Oui, c'est impardonnable à moi, madame, répondit le jeune homme, non point que vous avoir pas entendue, car ces nuages qui viennent d'Écosse glissent moins légèrement au ciel que vous ne le faites sur la terre, mais de ne vous avoir pas devinée: je ne me croyais pas le cœur aussi sourd!

— Et pourquoi, continua la dame en souriant, mon beau neveu n'a-t-il point paru au souper dont je viens de faire les honneurs à nos braves chevaliers? Il me semble qu'il a fait un assez rude exercice pour avoir gagné de l'appétit.

— Parce que je n'ai voulu m'en remettre à personne du soin de veiller sur le dépôt qui m'a été confié, madame. Aurais-je un instant de tranquillité si je n'étais pas ici?

— Je crois plutôt, Guillaume, continua la comtesse en souriant, que vous faites pénitence pour expier l'étourderie qui nous a attiré cette armée sur les bras. Si c'est le véritable motif qui vous éloigne de nous, je trouve la punition que vous vous imposez trop méritée pour rien retrancher de sa rigueur. Cependant, comme on a besoin de votre prudente expérience au conseil, mettez quelqu'un à votre place; vous reviendrez la prendre lorsque vous aurez donné votre avis.

— Et sur quoi délibère-t-on? s'écria Guillaume; j'espère qu'il n'est point question de se rendre, et qu'on n'oubliera pas que je suis le châtelain de céans, et par conséquent le maître en fait de guerre de cette forteresse, tant que durera l'absence de mon oncle de Salisbury.

— Bon Dieu! qui vous parle de capitulation, monsieur le gouverneur! Soyez tranquille; personne ici ne songe à pareille chose, et la bravoure que j'ai déployée aujourd'hui pendant l'assaut aurait dû, ce me semble, me mettre, pour mon compte, à l'abri d'un tel soupçon.

— Oh! oui, c'est vrai, dit Guillaume en joignant les mains, ainsi qu'il eût fait devant une image sainte, vous êtes brave, noble et belle comme les Valkyries, ces filles d'Odin, qui, dans les chants des bardes saxons, visitent les champs de bataille pour recueillir les âmes des guerriers mourans.

— Oui, mais je n'ai pas comme elles une cavale blanche qui souffle la terreur par les naseaux, et une lance d'or qui renverse tout ce qu'elle touche; ce qui fait que, si calme que je sois ou que je paraisse pour les autres, pour vous, Guillaume, je cesserai de feindre, et j'ôterai ce masque d'espérance afin que vous puissiez voir toute mon inquiétude. Calculez, si vous pouvez, de combien de milliers d'hommes se compose cette multitude qui nous entoure, voyez de quels préparatifs terribles elle s'occupe; puis passez d'elle à nous; comptez nos défenseurs, et examinez nos moyens de défense!... Guillaume, il serait imprudent de nous reposer sur nos seules forces.

— Avec l'aide de Dieu, il faudra cependant bien qu'elles nous suffisent, madame, répondit Guillaume avec fierté, et je crois que deux ou trois assauts comme celui d'aujourd'hui feraient perdre à nos ennemis, si nombreux qu'ils soient, non seulement l'espérance de nous prendre, mais encore l'envie d'essayer. Tenez, tout à l'heure vous me mettiez au défi de compter les vivans, essayez de compter les morts.

En effet, une flèche enflammée venait de partir des murailles, et était allée s'enfoncer au milieu du champ de bataille, jonché de cadavres, qui s'étendait, comme nous l'avons dit, du pieds des remparts aux lignes du camp. Alix suivit des yeux le météore guerrier, qui, continuant de brûler en touchant la terre, éclaira un cercle assez étendu. Vers l'extrémité de ce cercle et du côté du camp, on put alors apercevoir, grâce à cette lueur, un homme qui allait de cadavre en cadavre, comme s'il cherchait à reconnaître quelqu'un; enfin il s'agenouilla près d'un d'eux, et lui souleva la tête. Au même instant un sifflement traversa l'air, un cri se fit entendre; l'homme se dressa sur ses pieds comme s'il voulait fuir; mais aussitôt il retomba près de celui qu'il était venu chercher; presque aussitôt la flèche enflammée s'éteignit, tout rentra dans l'obscurité; quelques plaintes s'élevèrent dans les ténèbres, puis s'éteignirent à leur tour comme s'était éteinte la lumière, et tout rentra dans le silence.

Guillaume sentit en ce moment peser à son bras la comtesse faiblissant, et se retourna de son côté tout frissonnant lui-même; car, à travers les lames de fer de son armure, cette main l'avait brûlé: Alix pliait sous ses genoux et semblait près de tomber; Guillaume la soutint.

— Oh! dit Alix en passant la main sur son front, quelle terrible chose qu'un champ de bataille! Le jour, ce n'est rien. Vous savez comme j'ai été brave et courageuse; eh bien! tous ces hommes que j'ai vus tomber au milieu du bruit et du carnage, tous ces cris de mort que j'ai entendus, m'ont moins douloureusement atteinte que la chute de ce malheureux qui cherchait le cadavre d'un père, d'un fils ou d'un ami, pour lui rendre les saints devoirs de la sépulture, et que la plainte qu'il a poussée en mourant. Oh! écoutez, écoutez; n'entendez-vous pas encore des gémissemens?

— Il n'est que trop vrai, madame, répondit Guillaume; beaucoup des hommes qui sont couchés sur le lit sanglant que vous avez entrevu ne sont point encore expirés, et ils achèvent de mourir. Ce sont des soldats; ils devaient finir ainsi.

— Oh! pour un homme de guerre, mourir au milieu de la bataille et du bruit, à la vue des frères d'armes et des chefs, au bruit des instrumens qui sonnent la victoire, ce n'est rien; mais mourir lentement et douloureusement, loin de tout ce qu'on a aimé et de ce qui vous aime, dans une nuit si obscure qu'il semble que l'œil de Dieu même ne saurait percer jusqu'à nous, mourir en mordant et en déchirant une terre étrangère détrempée avec son sang... oh! c'est la mort d'un parricide, d'un hérétique ou d'un damné!... Et quand je pense qu'il y a au monde quelque chose de pis encore que cette mort!... oh! Guillaume, il est bien permis de perdre courage, de frémir et de trembler!

— Que voulez-vous dire? s'écria Guillaume avec crainte.

— N'avez-vous pas ouï raconter les atrocités commises à Durham? n'avez-vous pas entendu dire que tout avait été dévoré sans pitié par les loups écossais sortis de leurs forêts et descendus de leurs montagnes, tout, hommes, vieillards, enfans, jusqu'aux femmes, et que le peu qu'ils avaient épargné de ces dernières avait plus à maudire Dieu que si elles étaient mortes?

— Oh! vous ne craignez point pareille chose, j'espère! Oh! nous nous ferons tuer tous jusqu'au dernier, et l'on n'arrivera jusqu'à vous qu'en passant sur mon corps.

— Oui, je sais cela, Guillaume, répondit tranquillement Alix ; mais après ?... Le château n'en sera pas moins pris ; au dernier moment, le courage peut me manquer pour me tuer, car je suis femme, et par conséquent j'ai le cœur et le bras faibles devant la mort !

— Eh bien ! s'écria Guillaume, c'est moi qui... Oh ! misérable que je suis, qu'est-ce que j'ai pensé ? qu'est-ce que j'allais dire ?

— Merci, Guillaume, dit Alix en tendant la main au jeune bachelier, ma pensée a éveillé la vôtre ; c'est bien ; mon mari m'a remis sous votre garde avec plus d'inquiétude encore, j'en réponds, pour mon honneur que pour ma vie : si vous ne pouvez me rendre à lui vivante et pure comme vous m'avez reçue de lui, vous me rendrez du moins morte et pure, et il dira que vous avez, sinon fidèlement, du moins vaillamment accompli votre tâche, et, vivant ou mort, il en sera reconnaissant à vous ou à votre mémoire ; mais ceci est une dernière extrémité, Guillaume, et peut-être y a-t-il un moyen.

— Lequel ? s'écria le jeune homme sans lui donner le temps d'achever.

— On dit que roi est à Berwick, où il rassemble une armée ; Berwick n'est qu'à une journée de chemin d'ici.

— Vous demanderez secours à Édouard, madame ? dit Guillaume en pâlissant.

— Et il me l'accordera, j'en suis certaine, répondit la comtesse.

— Oh, sang Dieu ! je n'en doute pas, s'écria Guillaume. Et vous le recevrez dans ce château, madame ?...

— N'est-ce point mon souverain et mon maître ? n'est-ce pas le seigneur auquel mon mari a juré foi et hommage ? et s'il m'accorde ma prière, s'il vient à mon secours et que je lui doive la vie, et plus que la vie peut-être, n'aura-t-il pas un droit de plus à ma reconnaissance ?

— Oui, oui, et à votre amour, murmura Guillaume en se frappant le front de ses gantelets de fer.

— Messire ! dit la comtesse avec froideur et dignité.

— Oh ! pardon, pardon ! s'écria le jeune bachelier. Vous ignorez cela, vous, madame, car la vertu porte un voile ; mais si vous aviez suivi comme moi ses regards quand ils se fixaient sur vous, si vous aviez étudié le son de sa voix quand il parlait de vous, si vous l'aviez vu rougir et pâlir quand il s'approchait de vous, si vous vous étiez réveillée cette nuit où je veillais près de vous, oh ! vous ne douteriez pas que cet homme vous aime. Et cet homme, c'est un roi...

— Que m'importe, dit Alix, que l'amour insensé que j'ai le malheur d'inspirer vienne de plus haut que moi ou de plus bas que moi ? J'aime assez mon noble époux pour être sûre qu'aucune séduction ne me fera manquer à la fidélité que je lui ai jurée ; et si bonne opinion que j'aie de ma beauté, je ne crois pas qu'elle fasse naître jamais une passion assez forte pour que celui qui en sera atteint ait recours à la violence. Ainsi donc, Guillaume, si vous n'avez que cette objection à faire au moyen que je vous propose, ce ne sera point un motif pour moi de l'abandonner, et je vous prierai de chercher si, parmi les habitans de ce château, il en est un assez brave et assez dévoué pour traverser le camp écossais et porter ma requête au roi d'Angleterre.

— Je sais quelqu'un qui mourra sur un signe de vous, madame, et qui sera trop heureux de mourir, répondit tristement Guillaume ; veuillez donc redescendre près des chevaliers qui vous attendent dans la salle du conseil. Écrivez vos lettres, dans un quart d'heure le messager sera prêt.

La comtesse serra la main de Guillaume, en signe de remerciement, et s'éloigna légère comme elle était venue. Guillaume la suivit des yeux jusqu'au moment où elle sembla glisser aux marches de l'escalier. Alors, se retournant, il appela un écuyer sur la fidélité et la vigilance duquel il savait pouvoir compter, le mit à sa place, et, posant son casque sur sa tête, il s'éloigna en poussant un soupir.

La comtesse redescendit dans la salle où l'attendaient les chevaliers, et rédigea avec leur conseil les lettres qu'elle adressait au roi. Elle venait de les sceller lorsque Guillaume de Montaigu entra. Le peu de temps qui s'était écoulé lui avait suffi pour changer de costume ; et au lieu de sa lourde armure de bataille, il portait un justaucorps bleu et noir taillé comme ceux des archers, un pantalon collant rayé de ces deux couleurs, de légers brodequins et une toque de velours. Quant à ses armes, c'étaient une courte épée semblable à un couteau de chasse, un arc d'if et une trousse garnie de flèches. Il s'approcha de la comtesse, et, s'inclinant devant elle :

— Les lettres sont-elles prêtes, madame ? lui dit-il.

— Qu'est-ce que cela signifie ? s'écrièrent les chevaliers ; vous chargez-vous vous-même de ce message ?

— Messeigneurs, répondit Guillaume, j'ai si grande confiance en votre courage et en votre loyauté, que je vous laisse la défense du château. Quant à moi, il m'est venu le désir, pour l'amour de ma dame et de vous, de risquer mon corps dans cette aventure ; car j'ai pressenti qu'elle finira à mon honneur et au vôtre, et que j'aurai amené céans le roi Édouard avant que vous n'ayez capitulé.

Les chevaliers applaudirent à cette résolution ; la comtesse tendit les dépêches à Guillaume, qui mit un genou en terre pour les recevoir.

— Je prierai pour vous, dit Alix.

— Dieu me fasse la grâce de mourir pendant votre prière, répondit Guillaume ; je serai bien sûr de monter au ciel. En ce moment l'heure sonna à l'horloge du château, et l'on entendit le cri des soldats de garde, qui répétaient tout le long des remparts :

— Sentinelles, veillez !

— Minuit ! s'écria Guillaume, qui avait écouté chaque son de l'horloge ; il n'y pas une minute à perdre. Et il s'élança hors de l'appartement.

XVI.

Guillaume se fit ouvrir une poterne du château, et, sans prendre avec lui ni écuyer ni varlet, il s'aventura sur le champ de bataille, qu'il traversa sans accident. La nuit était sombre et pluvieuse, et par conséquent favorable à son entreprise ; aussi parvint-il jusqu'aux retranchemens sans être aperçu, et, comme l'eau qui tombait à torrens retenait les Écossais dans leurs logis, il franchit les palissades, et se trouva dans le camp ; ignorant s'il en pourrait sortir aussi facilement qu'il y était entré, il s'orienta avant de pénétrer plus avant, et se dirigea vers la gauche, où il devait trouver les bords de la Tweed, pensant avec raison que, s'il était découvert, ce fleuve, tout torrentueux et grossi qu'il était, lui offrirait un moyen dangereux, mais cependant possible, de salut. Au bout de cent pas à peu près, il rencontra la rivière ; il suivit avec précaution la rive sur laquelle il se trouvait.

Il marchait depuis dix minutes environ, lorsqu'il crut entendre quelque bruit : il s'arrêta aussitôt, écoutant avec l'attention d'un homme dont la vie repose sur la finesse de ses sens. En effet, une troupe de soldats à cheval s'approchait de son côté, suivant comme lui les bords de la Tweed. Se jeter à droite, dans le camp, était perdre la chance de salut qu'il s'était ménagée ; il préféra donc se glisser dans les hautes herbes qui poussaient sur le rivage, et, s'attachant aux racines des arbres, il se trouva caché dans l'intervalle creusé entre la rive et l'eau qui bouillonnait au-dessous de lui ; là, le bruit du torrent couvrit un instant le bruit des hommes ; et d'abord, il crut s'être trompé ; mais bientôt le hennissement d'un cheval lui prouva le contraire. Quelques secondes après, il commença d'entendre le son des voix, et presque aussitôt il put saisir quelques mots de la conversation. Guillaume s'assura d'abord que son épée pouvait facilement sortir du fourreau ; ensuite il jeta les yeux sur l'eau, et vit qu'il n'avait qu'à lâcher les branches auxquelles il se cramponnait pour tomber dans le fleuve. Certain qu'il pouvait combattre ou fuir selon l'urgence, il prêta de nouveau son attention tout entière au bruit qui s'approchait de plus en plus.

— Et vous croyez, capitaine, disait l'un des arrivants, qu'au ton de supériorité de sa voix on pouvait reconnaître pour le chef de la troupe, que, grâce à cette infernale nuit pendant laquelle les ouvriers ne peuvent pas travailler, nos machines de guerre ne seront prêtes que demain après nones ?

— C'est au moins, monseigneur, ce que le chef des travaux m'a affirmé, répondit, avec le ton du respect, la personne interrogée.

— Cela va encore retarder l'assaut, dit avec le ton de l'impatience le premier interlocuteur. Grégor !...

— Monseigneur, répondit une voix nouvelle.

— Tu prendras demain matin ma bannière, tu te feras précéder d'une trompette, tu cloueras mon gant contre une des portes du château, et tu défieras Guillaume de Montaigu de sortir pour briser en l'honneur de Dieu et de sa dame une lance contre Guillaume de Douglas.

— Je ferai à votre volonté, monseigneur, répondit l'écuyer.

En ce moment, la ronde de nuit commandée par Douglas était arrivée à l'endroit même où Guillaume se tenait caché, de sorte que Douglas, en étendant son épée, aurait pu toucher celui qu'il se préparait à provoquer le lendemain, et qu'il était bien loin de croire si près de lui. Cette fois encore, l'animal montra la supériorité de ses sens sur ceux de l'homme ; car, en passant devant Guillaume, le cheval de Douglas s'arrêta, tendit le cou, et dirigea ses naseaux vers le jeune et aventureux bachelier, qui put sentir sur son visage la fumée tiède et humide qui en sortait.

— Qu'y a-t-il, Fingal ? dit Douglas, s'assurant sur ses arçons.

— Qui vive ? cria Grégor, frappant les broussailles de son épée.

— Quelque loutre qui guette le poisson, quelque renard qui cherche fortune aux dépens de notre cuisine, dit le capitaine en riant.

— Voulez-vous que je mette pied à terre, monseigneur ? dit Grégor.

— Non, répondit Douglas ; ce n'est pas la peine, et Rasling a raison. Allons, Fingal, continua-t-il en donnant de l'éperon ; allons, nous n'avons pas de temps à perdre. Et tu ajouteras, continua-t-il en se tournant vers Grégor, que je lui offre tous les avantages du terrain et du soleil.

— Quant à ce dernier article, monseigneur, si le capitaine, je crois que vous pouvez vous engager sans conséquence.

— Enfin, pourvu qu'il accepte, reprit négligemment Douglas, dont la voix commençait à se perdre dans l'éloignement, tu le laisseras maître de toutes les conditions.

Guillaume n'en entendit pas davantage, soit que la conversation eût cessé, soit que la distance fût trop grande ; il renfonça dans le fourreau son épée, qu'il avait tirée à demi, s'élança sur le bord de la rivière, et continua sa route sans rencontrer d'autre obstacle que le fossé d'enceinte fait à la hâte par les soldats. Fort et léger comme un montagnard, il le franchit d'un saut, et se trouva hors du camp.

Guillaume marchait depuis deux heures environ, lorsque les premiers rayons du jour colorèrent le sommet des montagnes, au pied desquelles il suivait un étroit sentier. Peu à peu la lumière sembla se refléter sur le plan incliné des collines ; en même temps, un épais brouillard, que la nuit avait amoncelé au fond de la vallée, commença de se mettre en mouvement, pareil aux vagues d'une mer qui monte ; pendant quelques instans, la vapeur demeura ainsi, flottante entre Guillaume et l'horizon qu'elle lui dérobait, comme si elle eût eu peine à quitter la terre ; enfin elle s'éleva pareille à un rideau de théâtre, laissant apparaître au travers de sa gaze humide un paysage éclairé de cette demi-teinte crépusculaire qui n'est déjà plus la nuit et qui cependant n'est point encore le jour. Alors, au milieu de cette limpide et poétique atmosphère, un chant écossais commença de se faire entendre. Guillaume reconnut tout d'abord les modulations aiguës d'un pibrocq montagnard, et, s'arrêtant aussitôt, il prêta l'oreille. En ce moment, à cinq cents pas de lui environ, au sommet d'un petit monticule formé par les accidens du chemin, il vit paraître deux soldats écossais qui conduisaient au camp un attelage de bœufs, qu'ils venaient de voler sans doute dans une ferme voisine : l'un des deux soldats était monté sur un de ces petits chevaux que l'on désignait sous le nom de haquenée, et piquait les bœufs de la pointe de sa lance pour les faire avancer.

Guillaume, en les apercevant, banda l'arc qu'il portait détendu à la main gauche, tira une flèche de sa trousse, et, se plaçant au milieu de la route, il attendit qu'ils fussent à portée du trait et de la voix ; les Écossais, de leur côté, firent leurs préparatifs de défense. Ces préparatifs étaient d'autant plus urgens des deux côtés que la nature du terrain n'offrait point d'autre passage que le sentier sur lequel se trouvaient les voyageurs, resserrés qu'ils étaient d'un côté par le talus rapide de la montagne, et de l'autre par la rivière.

Cependant les Écossais, voyant Guillaume immobile, continuèrent d'avancer ; celui-ci les laissa faire ; puis, lorsqu'il les vit à la distance de cent cinquante pas environ, il étendit la main vers eux.

— Holà ! messieurs des jambes rouges, leur cria-t-il dans l'idiome gallique, que, grâce à son voisinage des frontières, il parlait comme un montagnard, pas un pas de plus avant que nous nous soyons expliqués.

— Que voulez-vous ? répondirent les Écossais, qui, entendant parler leur langue, ne savaient plus s'ils devaient considérer Guillaume comme un ami ou comme un ennemi.

— Je veux d'abord que tu me donnes le cheval sur lequel tu es monté, ami bouvier, reprit Guillaume, s'adressant à celui qui piquait les bœufs, attendu que j'ai encore une longue course à faire, tandis que tu n'as plus, toi, que deux lieues pour rejoindre le camp.

— Et si je n'étais pas disposé à te le donner, que ferais-tu ? répondit l'Écossais.

— Sur mon âme ! dit Guillaume, je te le prendrais de force.

L'Écossais se mit à rire, et poussa, sans répondre, les bœufs avec la pointe de sa lance. Guillaume, de son côté, pensant qu'il était inutile de continuer la conversation, ajusta la flèche sur son arc ; l'Écossais vit le mouvement hostile du jeune bachelier, et, prévoyant ses conséquences, il se jeta promptement à bas de son cheval, saisit le bœuf par la queue, et, se faisant, ainsi que l'avait déjà pratiqué son camarade, un rempart du corps de l'animal, il continua d'avancer.

— Ah ! ah ! dit Guillaume, souriant de la tactique, il paraît que mon cheval me coûtera deux flèches de plus que je ne comptais le payer ; n'importe, je l'achèterais plus cher encore dans le besoin que j'en ai.

A ces mots, il souleva lentement le bras gauche ; puis, avec les deux doigts de la main droite, il retira la corde à lui comme s'il eût voulu faire toucher les deux bouts de l'arc ; un instant il parut immobile comme un archer de pierre ; tout à coup la flèche partit en sifflant, et alla s'enfoncer de plus de la moitié de sa longueur au défaut de l'épaule de l'un des bœufs qui servaient de boucliers vivans aux deux Écossais.

L'animal, blessé à mort, s'arrêta d'abord tremblant sur ses quatres pieds ; puis aussitôt, poussant un mugissement terrible, il s'élança en avant avec une vitesse à laquelle celle du cheval le plus rapide ne pourrait être comparée ; mais, au bout de trente pas à peu près, ses jambes de devant faiblirent, et il tomba sur ses genoux ; continuant cependant d'avancer à l'aide de ses pieds de derrière, labourant la terre avec sa corne, et achevant lui-même de s'enfoncer la flèche dans la poitrine jusqu'à l'empennure : mais c'était le dernier effort de son agonie ; ses jambes de derrière plièrent à leur tour, il tomba, essaya de se relever, retomba une seconde fois encore, tendit le cou, et, poussant un mugissement plaintif, il expira aussitôt.

Si court qu'avait été ce moment, Guillaume avait déjà tiré de sa trousse et ajusté sur son arc une seconde flèche. La précaution n'était pas inutile ; car l'Écossais, se voyant à découvert, s'était élancé sur son cheval et piquait droit au jeune bachelier ; celui-ci leva l'arc mortel une seconde fois ; mais son adversaire se coucha tellement sur le cou de sa monture, qu'il eût été impossible au plus habile archer de toucher l'homme sans risquer de tuer l'animal. Guillaume était près de laisser tomber son arc et de saisir son épée, lorsqu'en arrivant au corps du bœuf mort, le cheval effrayé fit un écart et présenta le flanc de son cavalier ; ce ne fut qu'un instant, mais cet instant suffit à l'œil rapide et sûr du jeune homme. Le trait partit, et l'Écossais tomba, la poitrine traversée par la flèche de son adversaire. Le cheval, effrayé, continua sa route, ruant et hennissant ; mais lorsqu'il ne fut plus qu'à dix pas de Guillaume, celui-ci fit entendre le sifflement particulier avec lequel le cavalier écossais a l'habitude de rappeler son cheval à demi sauvage et errant dans la montagne ; l'animal, à ce langage connu, s'arrêta et dressa les oreilles. Guillaume fit entendre le même bruit une seconde fois en s'approchant de lui ; alors, loin de tenter de fuir davantage, il s'arrêta et présenta de lui-même le dos à son nouveau maître, qui s'y élança rapidement et le dirigea sur le second Écossais, qui, blessé à son tour, tomba à genoux et demanda merci.

— Volontiers, dit Guillaume ; car, si j'avais besoin d'un cheval, j'avais aussi besoin d'un messager. Jure-moi donc que tu accompliras fidèlement la commission que je vais te donner, et je t'accorde la vie sauve.

Le soldat fit le serment exigé.

— C'est bien, dit Guillaume : tu iras d'abord trouver David d'Écosse, et tu lui diras que Guillaume de Montaigu, châtelain du château de Wark, a traversé son camp cette nuit, et que tu l'as rencontré allant quérir le roi Édouard, qui est à Berwick, et que c'est lui qui a tué ton camarade et qui t'a blessé ; puis, tu te rendras près de Douglas ; tu lui diras que Guillaume a entendu son défi, l'a accepté ; et, présumant qu'il n'attendra pas son retour, se charge d'aller lui-même lui indiquer les armes, le lieu et les conditions du combat. Enfin tu tueras ici le bœuf qui te reste, afin que ni toi ni personne de l'armée ne profite de sa chair. Maintenant relève-toi et fais comme je t'ai dit ; tu es libre.

À ces mots, Guillaume de Montaigu mit son cheval au galop, et chemina si durement que, cinq heures après, il aperçut la ville de Berwick. Il y trouva Édouard qui avait déjà rassemblé une armée considérable.

A peine le roi eut-il su le danger où se trouvait la comtesse, qu'il donna l'ordre d'appareiller. Le soir même toute l'armée se mit en marche ; elle se composait de six mille armures de fer, de dix mille archers, et de soixante mille hommes de pied. Mais, à moitié chemin à peu près, le roi ne put supporter la lenteur avec laquelle on avançait à cause de toute cette pédaille. En conséquence, il choisit mille armures parmi ses plus braves chevaliers, ordonna au même nombre d'archers de s'attacher à la crinière des chevaux, et, se plaçant avec Guillaume de Montaigu à la tête de cette petite troupe, il lui donna l'exemple en mettant son cheval au grand trot. Un peu avant le jour, Guillaume reconnut, aux cadavres des deux bœufs, la place où il avait livré la veille le combat aux Écossais. Une heure après, et comme les premiers rayons du soleil commençaient à paraître, ils arrivèrent sur une éminence d'où l'on apercevait le château et ses alentours ; mais, comme Guillaume l'avait prévu, les Écossais n'avaient point attendu Édouard, et, pendant la nuit, David Bruce avait levé le siège ; les logis étaient déserts.

À peine étaient-ils là depuis cinq minutes, qu'aux mouvements qui s'opérèrent sur les remparts, Guillaume de Montaigu vit qu'ils étaient reconnus : en conséquence, Édouard et lui mirent leurs chevaux au galop, et, accompagnés de vingt-cinq chevaliers seulement, ils traversèrent tout le camp ennemi. De grands cris de joie saluèrent bientôt leur approche. Enfin, au moment où ils mettaient pied à terre, la porte s'ouvrit, et la comtesse de Salisbury, merveilleusement parée et plus belle que jamais, vint au-devant du roi, et mit un genou en terre pour le remercier du secours qu'il lui apportait ; mais Édouard la releva aussitôt, et, sans pouvoir lui parler, tant il avait le cœur plein de choses qu'il n'osait lui dire, il s'achemina doucement près d'elle, et tous deux rentrèrent au château se tenant par la main.

La comtesse de Salisbury conduisit elle-même le roi dans le riche appartement qu'elle lui avait fait préparer ; mais, malgré tous ces soins et toutes ces attentions, Édouard continua de garder le même silence ; seulement il la regardait si continuellement et si ardemment, qu'Alix, honteuse, sentit le rouge lui monter au visage, et retira doucement sa main de la main du roi. Édouard poussa un soupir, et alla s'appuyer tout pensif dans l'embrasure d'une fenêtre. La comtesse, profitant aussitôt de sa liberté pour aller saluer les autres chevaliers et donner quelques ordres relatifs au déjeuner, sortit de la chambre, et laissa le roi seul.

Elle rencontra Guillaume, qui se faisait donner des détails sur le départ de l'armée. L'Écossais blessé avait sans doute fidèlement rempli son message ; car, vers les dix heures du matin, ceux du château avaient vu s'opérer un grand mouvement dans le camp ; ils avaient aussitôt couru aux remparts, croyant que l'ennemi allait tenter un nouvel assaut ; mais bientôt ils avaient reconnu que ses préparatifs avaient un tout autre but ; alors ils avaient compris que les Écossais avaient eu nouvelle du secours qu'ils attendaient, et ils en avaient repris un nouveau courage. Effectivement, vers l'heure de vêpres, l'armée s'était mise en route, et, passant hors de la portée du trait, elle avait défilé devant le château, pour aller chercher un gué qui se trouvait au-dessus. Les assiégés avaient fait grand bruit avec leurs trompettes et leurs cymbales ; mais David Bruce n'avait pas fait semblant d'entendre cet appel de guerre, et, vers le soir, l'armée écossaise s'était trouvée hors de vue.

La comtesse s'approcha de Guillaume, et joignit ses félicitations à celle des chevaliers ; car, tout imprudent et aventureux qu'il était, le jeune bachelier avait mené son entreprise à bout avec autant de courage que de bonheur. Elle l'invita à venir se délasser à table, mais Guillaume refusa l'invitation de sa belle tante, alléguant la fatigue de la double route qu'il avait faite. Le prétexte était assez plausible pour qu'on y crût ou qu'on parût y croire. Alix n'insista donc pas davantage, et se rendit avec les convives dans la salle où le déjeuner était préparé.

Le roi n'y était point encore descendu ; Alix fit en conséquence corner l'eau, pour l'avertir qu'on n'attendait plus que son plaisir ; mais l'avertissement fut inutile. Édouard ne parut pas, et la comtesse prit le parti d'aller le chercher.

Elle le retrouva au même endroit où elle l'avait laissé toujours immobile, pensif, et les yeux fixés sur la campagne, qu'il ne voyait pas ; alors elle s'approcha de lui ; Édouard, l'entendant venir, poussa un soupir en étendant la main de son côté ; la comtesse mit un genou en terre, et prit la main royale pour la baiser ; mais Édouard la retira aussitôt, et, se retournant vers Alix, il la couvrit tout entière de son regard. Alix se sentit rougir de nouveau ; mais, plus embarrassée encore de ce silence que d'une conversation, elle se décida à le rompre.

— Cher sire, dit-elle en souriant, qu'avez-vous donc à penser si fort? sauve votre grâce, ce n'est point à vous qu'une telle préoccupation doit appartenir, mais bien à vos ennemis, qui n'ont point osé vous attendre. Allons, monseigneur, faites trêve à vos pensées de guerre, et venez, que nous vous fassions fête et joie.

— Belle Alix, dit le roi, ne me pressez pas de prendre place à table ; car, sur mon âme! vous aurez un triste convive. Oui, je suis venu avec des pensées de guerre ; mais la vue de ce château m'en a fait naître d'autres bien opposées, et celles-là sont si profondes, que je ne sais rien qui puisse me les ôter du cœur.

— Venez, monseigneur, venez, dit Alix ; les remercîmens de ceux que votre arrivée a sauvés feront diversion à des pensées qui ne sont nées, vous l'avouerez vous-même, que depuis quelques instans. Dieu, vous le voyez, vous a fait le plus redouté des princes chrétiens. A votre approche, vos ennemis ont fui, et leur entrée dans votre royaume, loin de leur faire gloire, a tourné à leur confusion par la manière dont ils en sont sortis. Allons, monseigneur, chassez tous ces graves soucis, et venez dans la salle où vos chevaliers vous attendent.

— Je me suis trompé, madame, continua le roi toujours immobile et dévorant Alix du regard ; oui, je me suis étrangement trompé en vous disant que la vue de ce château avait fait naître dans mon cœur les pensées qui me préoccupaient : j'aurais dû dire qu'elle les avait réveillées ; car elles n'étaient qu'endormies, quoique je les crusse éteintes. Ce sont les mêmes qui m'absorbaient déjà, il y a quatre ans, lorsque Robert d'Artois entra dans la salle à manger du palais de Westminster, portant ce héron fatal sur lequel nous avons tous fait un vœu. Oh! lorsque je prononçai celui de porter la guerre en France, j'étais loin de deviner celui que vous alliez faire, vous! vous avez tenu plus fidèlement le vôtre que je n'ai rempli le mien ; car ce n'est point une guerre sérieuse que nous avons faite, tandis que vous, madame, c'est un lien éternel et indissoluble que vous avez contracté!...

— Permettez-moi de vous rappeler, sire, que ce mariage s'est fait par votre agrément et volonté ; et la preuve, c'est que vous avez ajouté à cette occasion le don du comté de Salisbury au titre de comte que portait déjà mon mari.

— Oui, oui, dit Édouard en souriant, j'ai eu cette folie ; je ne savais pas alors tout ce qu'il m'enlevait, et j'agissais avec lui comme avec un ami et un sujet fidèle, au lieu de le punir comme un traître....

— Vous n'oubliez pas, interrompit doucement Alix, que ce traître est à cette heure prisonnier au Châtelet à Paris, et cela pour votre service, monseigneur. Pardon si je me permets de le rappeler, sire, mais vous paraissez l'avoir oublié ; je croyais cependant que l'absence du comte aurait laissé une place vide dans vos conseils et dans votre armée.

— Que venez-vous me parler de mes conseils et de mes armées, Alix? que me fait mon royaume? que me fait la guerre? Je suis bien malheureux, si, malgré tout ce que je vous ai dit, vous croyez encore que ma préoccupation vient de ces choses. Non, Alix, tout cela pouvait être de quelque importance pour moi hier encore ; car hier je ne vous avais pas revue, mais aujourd'hui.... Alix fit un pas en arrière, le roi étendit la main vers elle, mais sans oser la toucher. Cependant ce geste l'arrêta. — Aujourd'hui, continua Édouard, à quoi voulez-vous que je pense, si ce n'est à vous, que je revois plus belle que je ne vous ai quittée?... à vous que j'ai aimée tristement et solitairement pendant quatre longues années, pendant lesquelles j'ai tout fait pour vous oublier? Mais non, dans mon palais, sous ma tente, au milieu de la mêlée, mon esprit était à l'Angleterre, mon cœur à vous. Oh! Alix, Alix! lorsqu'on aime d'un amour pareil, il convient que l'on soit aimé, ou il faut en mourir.

— Oh! monseigneur! s'écria Alix en pâlissant, monseigneur, vous êtes mon roi, vous êtes mon hôte : est-ce bien à vous d'abuser ainsi de votre double pouvoir et de votre double titre? Me séduire, vous ne l'espérez pas, monseigneur ; et comment voulez-vous donc que je vous aime? Oh! vous, un si grand prince! vous, un si noble chevalier! Non, il ne vous est pas venu cette idée, n'est-ce pas, de déshonorer l'homme que vous appelez votre ami, et surtout lorsque cet homme vous a servi si vaillamment, qu'il est, pour votre querelle avec le roi de France, prisonnier à cette heure à Paris? Oh! certes, monseigneur, vous seriez amèrement blâmé d'une telle action, si vous aviez le malheur de la commettre ; et si jamais, à moi, il me venait au cœur la pensée d'aimer un autre homme que le comte, ah! sire, ce serait à vous non seulement de m'en reprendre, mais encore de faire justice de ma personne pour donner aux autres femmes l'exemple d'être loyales à des maris qui sont si loyaux à leur roi!

A ces mots, Alix fit un mouvement pour sortir, mais le roi s'élança vers elle et la retint par le bras ; au même moment la tapisserie de la portière se souleva, et Guillaume de Montaigu parut à la porte :

— Monseigneur, dit-il à Édouard, comme là où est le roi il n'y a plus ni gouverneur ni châtelain, attendu que toute ville et toute forteresse sont au roi, veuillez avoir la bonté de donner le mot de garde ; car à cette heure, et tant que vous nous ferez la grâce de rester ici, c'est vous qui répondrez au comte de Salisbury de la vie et de l'honneur de tous ceux qui habitent le château.

Un éclair de colère, qui ne fit que briller et s'éteindre, passa dans les yeux du roi ; son front devint sévère, et sa vue se porta sur la tapisserie qui s'était soulevée si à propos, comme s'il eût voulu lui demander depuis quel temps Guillaume était caché derrière elle. Mais bientôt tous les signes de mécontentement se dissipèrent les uns après les autres, et firent place à une parfaite tranquillité.

— Vous avez raison, messire, répondit-il au jeune bachelier d'une voix dans laquelle il était impossible de remarquer la moindre altération : le mot de garde pour ce jour et cette nuit sera loyauté, et j'espère que personne ne l'oubliera. Allez le transmettre aux chefs de poste, et venez nous rejoindre à table : j'ai des instructions particulières à vous donner : n'y manquez pas, car demain je pars.

En achevant ces paroles, et tandis que Guillaume s'inclinait en signe de respect et d'obéissance, Édouard offrit respectueusement la main à la comtesse tremblante et muette.

— Madame, lui dit-il en descendant les premières marches de l'escalier qui conduisait à la salle du repas, sur mon âme! je suis un homme malheureux : j'ai le poids d'un royaume à porter, j'ai deux guerres mortelles à soutenir, j'ai un intérieur royal dont les douleurs passées étendent leur deuil sur le présent. J'espérais en votre amour pour éclairer l'ombre de mes journées, et voilà que j'ai perdu cet espoir qui était le soleil de ma vie. Je vous quitte demain ; quand vous reverrai-je?

— Cher sire, répondit la comtesse, l'absence de mon mari me force à vivre dans la retraite ; l'absence est une demi-mort et un demi-deuil. Je ne verrai plus personne avant le retour du comte.

— Mais, s'écria Édouard, j'ai des fêtes à donner à Windsor à propos de la fondation de la chapelle Saint-Georges. Qui sera reine du tournoi, si vous ne venez pas?

— Sire, répondit la comtesse, ce me sera grand honneur et grand plaisir d'y aller, si mon mari m'y conduit.

— Et sans lui, madame?

— Je n'irai pas.

Édouard et la comtesse entrèrent silencieusement dans la salle, et chacun s'assit à la place qu'il devait occuper. Mais le dîner fut triste, car le roi demeurant muet, nul n'osa rompre le silence ; quant à Alix, elle n'osait lever les yeux, tant elle sentait instinctivement les regards du roi fixés sur elle ; aucun des convives ne pouvait se rendre compte de cette contrainte, et quelques-uns croyaient que cette présomption d'Édouard lui venait de ce que les Écossais lui étaient échappés; mais autre chose le touchait: c'était cet amour qui lui était si fortement entré au cœur que depuis il n'en put sortir.

Vers la fin du dîner, Guillaume de Montaigu rentra, s'approcha d'Édouard, et, voyant que celui-ci, toujours pensif, ne faisait nulle attention à sa présence:

— Sire, lui dit-il, le mot de garde est donné aux postes extérieurs et intérieurs, et me voici à vos ordres.

— C'est bien, mon jeune bachelier, dit Édouard en relevant lentement la tête, vous êtes si adroit messager, que je vais vous charger d'un nouveau message. Tenez-vous prêt à rejoindre l'armée écossaise et à remettre une lettre à David Bruce, son roi; prenez dans mes écuries mes meilleurs chevaux, et telle suite qui vous conviendra pour assurer votre sûreté.

— Sire, répondit Guillaume, j'ai mon cheval de bataille, qui va vite ou lentement, selon que ma voix le presse ou le retient; j'ai mon épée et mon poignard qui m'ont toujours suffi pour l'attaque et la défense; je n'ai pas besoin d'autre chose.

— C'est bien; allez donc vous préparer. Guillaume sortit. — Madame la comtesse permettra-elle, continua Édouard, que j'écrive cette lettre en sa présence?

La comtesse fit signe à un page, qui posa devant Édouard un parchemin, de l'encre, une plume, de la cire et un fil de soie rouge pour suspendre le cachet.

Lorsque Édouard eut écrit, il se leva, et, faisant le tour de la table, il alla présenter la missive à la comtesse. Celle-ci la lut avec une émotion croissante; puis, aux dernières lignes, elle tomba aux pieds d'Édouard; car cette lettre offrait à David Bruce l'échange du comte de Murray contre le comte de Salisbury; et quoique ce dernier fût prisonnier du roi de France, et non du roi d'Écosse, il était probable que celui-ci, grâce à ses relations avec Philippe de Valois, obtiendrait facilement de lui la liberté du comte de Salisbury.

Édouard s'enivra un moment avec tristesse de la reconnaissance d'Alix; car il jugea, pendant ce moment, que c'était le seul sentiment qu'il dût jamais attendre d'elle; puis il la releva en soupirant et en détournant la tête, et ses yeux tombèrent sur Guillaume de Montaigu déjà prêt et appareillé pour partir. Alors il dégagea doucement ses mains de celles d'Alix, retourna lentement à sa place, plia la lettre, il la lia du fil de soie, et, tirant une bague de son doigt, il l'appuya, en guise de sceau, sur la cire, qui en reçut et en garda l'empreinte.

— Maître Guillaume, dit Édouard, voici la lettre: chevauchez tant que vous rejoindrez David d'Écosse, fût-ce à l'autre frontière de son royaume; vous remettrez ces dépêches entre ses mains royales, et vous m'en rapporterez la réponse à Londres, où je vais aller vous attendre. Puis, nous procéderons, en récompense de vos loyaux services, à la cérémonie de votre chevalerie, afin que vous puissiez briser une lance au tournoi dont le comte de Salisbury sera, je l'espère, un des tenans, et la comtesse la reine.

A ces mots, Édouard salua froidement la comtesse; et, sans attendre les remerciemens d'Alix et de Guillaume, il se retira dans son appartement.

Guillaume partit à l'instant même, et, marchant de toute la force de son cheval, il parvint à rejoindre, au bout de six jours, l'armée écossaise à Stirling. Aussitôt il se fit reconnaître et conduire devant le roi. Guillaume de Douglas était près de lui. Le jeune bachelier mit un genou en terre, et présenta ses dépêches à David. Celui-ci les lut avec une satisfaction marquée, et passa dans une chambre voisine pour y répondre. Guillaume de Montaigu et Guillaume de Douglas se trouvèrent alors seuls. Les deux jeunes gens, qui commençaient leur carrière rivale de gloire et de chevalerie, jetèrent aussitôt les yeux l'un sur l'autre, et se regardèrent quelque temps avec hauteur, sans proférer une parole. Guillaume de Douglas rompit le premier le silence.

— Vous avez su, je ne sais comment, messire, dit-il à son jeune ennemi, que mon intention était de vous défier devant le château de Wark, et de rompre une lance avec vous; ne pouvant mieux faire aux yeux de la belle comtesse Alix et du noble roi David.

— Oui, messire, répondit en souriant Guillaume, mais je sais aussi que vous êtes parti en telle diligence que je ne vous ai plus trouvé à mon retour, et que ce n'est qu'aujourd'hui que j'ai pu vous rejoindre. La partie m'était trop agréable pour que je ne m'empressasse point de venir vous dire moi-même que je l'acceptais.

— Vous savez, reprit dédaigneusement Guillaume, que je vous ai laissé le choix du temps et du lieu; c'est donc à vous de choisir.

— Malheureusement, messire, la mission dont je suis chargé me force d'ajourner la chose; mais, si vous voulez bien, ce sera aux fêtes que le roi prépare au château de Windsor. Le lieu et les conditions du combat seront celui et celles de tous.

— Vous oubliez, messire, que nous sommes en guerre avec l'Angleterre.

— J'apporte des lettres qui proposent une trêve. En tous cas, comme d'ici à ce temps je dois être armé chevalier de la main du roi Édouard, je lui requerrai un don qu'il ne me refusera certes pas: ce serait un sauf-conduit pour vous, messire.

— Alors, c'est chose dite, répondit Douglas, et je compte sur votre mémoire.

En ce moment deux pages entrèrent; ils venaient chercher Guillaume de Montaigu pour le conduire au logis qui lui était préparé, et devaient rester à son service tout le temps qu'il demeurerait à Stirling. Il les suivit aussitôt; mais, au moment où il allait franchir le seuil de la porte, il se retourna vers son futur adversaire.

— Ainsi donc, à Windsor? dit Guillaume de Montaigu.

— A Windsor, répondit Guillaume de Douglas.

Les deux jeunes gens se saluèrent avec une fierté courtoise, et Guillaume sortit. Le même soir, il reçut la réponse de David Bruce, qui promettait au roi Édouard de s'entremettre pour la liberté du comte de Salisbury; et, malgré les instances qui lui furent faites par son hôte royal, le lendemain, au point du jour, il se remit en route pour Londres. Cependant, comme le château de Wark était sur son chemin, il s'y arrêta un jour en passant; mais il ne put voir la comtesse. Quant à Édouard, il était parti, comme il l'avait dit, le lendemain de la scène que nous avons racontée.

XVII

En arrivant à Londres, Édouard avait trouvé un message de la comtesse de Montfort, qui venait réclamer la promesse qu'il avait faite à son mari en recevant son hommage. Pour resserrer davantage encore ce traité, la comtesse demandait pour son fils une des filles du roi d'Angleterre, qui devait porter le titre de duchesse de Bretagne. Rien ne pouvait en ce moment faire plus grand plaisir à Édouard qu'une pareille proposition. La Bretagne était un des plus nobles duchés de la terre, et, une fois à lui, il retrouvait de ce côté, ouverte sur la France, la porte qui lui était fermée en Normandie. De cette manière aussi, Édouard demeurait fidèle à son vœu. La guerre, dénouée d'un côté, se renouait de l'autre, et le léopard anglais ne cessait de mordre son ennemi à la tête que pour s'acharner à ses flancs.

En conséquence, Édouard appela près de lui Gauthier de Mauny, son fidèle compagnon, lui ordonna de prendre bonne et sûre compagnie de chevaliers, d'hommes d'armes et d'archers, et d'aller avec eux au secours de la comtesse. Gauthier leva sa bannière, et aussitôt vinrent se ranger autour d'elle un grand nombre de seigneurs en renom, qui ne demandaient que guerre, et ne cherchaient qu'appertises d'armes. Ils s'embarquèrent donc sans retard, emmenant avec eux six mille archers; mais, empêchés par le vent contraire, ils restèrent en mer soixante jours, pendant lesquels avaient fort empiré les affaires de la comtesse de Montfort en Bretagne.

Charles de Blois, après avoir pris Nantes et envoyé à Paris son ennemi Jean de Montfort, croyait avoir partie gagnée. Mais il s'aperçut bientôt, au contraire, que le plus rude de la besogne lui restait à faire. La comtesse était à Rennes. C'était, comme nous l'avons dit, un cœur de héros dans un corps de femme : si bien qu'au lieu de pleurer son mari, qu'elle croyait mort, elle résolut de le venger.

En conséquence, elle fit sonner la cloche, assembla sur la place peuple et soldats, et parut au balcon du château, tenant son fils dans ses bras. L'un et l'autre furent accueillis par de grands cris : car la comtesse et son mari avaient répandu de si grandes largesses, qu'ils étaient fort aimés. Cette démonstration doubla son courage ; alors, élevant son enfant entre ses bras, elle le montra à tous, disant :

— Seigneurs ! seigneurs ! ne vous découragez pas; voici mon fils, qui s'appelle Jean comme son père, et qui aura le cœur de son père : nous avons perdu le comte, mais, en le perdant, nous n'avons perdu qu'un seul homme. Ayez donc courage en Dieu et foi dans l'avenir. Nous avons, grâce au ciel, argent et courage, et, à la place du chef que vous avez perdu, je vous en donnerai un tel que vous n'ayez rien à regretter.

En ceci, elle faisait allusion au secours qu'elle attendait d'Angleterre, et qu'elle espérait lui devoir être amené par Édouard lui-même.

De semblables paroles, jointes à de grandes largesses, rendirent le courage aux habitans de Rennes; alors la comtesse, voyant qu'ils étaient résolus à se bien défendre, leur laissa pour gouverneur Guillaume de Cadoudal, et s'en alla ainsi, son fils dans les bras, de ville en ville et de garnison en garnison. Enfin, après avoir réconforté tous les cœurs et s'être fait prêter serment par toutes les bouches, elle alla s'enfermer dans la ville de Hennebon-sur-Mer, qui était grosse et bien fortifiée, et là attendit, en faisant tous ses préparatifs de défense, les nouvelles qui devaient lui arriver d'Angleterre.

Pendant ce temps, les seigneurs français, conduits par monseigneur Charles de Blois, et ayant messire Louis d'Espagne pour maréchal, après avoir laissé garnison à Nantes, étaient venus mettre le siège devant la cité de Rennes. Mais si elle était attaquée, elle fut aussi bien défendue. Cependant les bourgeois se lassèrent d'un métier qui n'était pas le leur, et résolurent de rendre la ville malgré la volonté du gouverneur. Ils entrèrent donc nuitamment dans le château, se saisirent de Guillaume de Cadoudal, et le conduisirent en prison ; puis aussitôt ils envoyèrent des députés à monseigneur Charles de Blois, lui proposant de lui rendre la ville à la seule condition que les partisans de la comtesse de Montfort se pourraient retirer vie et bagues sauves. Le marché était trop avantageux pour que Charles de Blois le refusât. Les messagers rentrèrent donc en leur cité, et comme les bourgeois étaient en grande majorité et maîtres de la ville, ils proclamèrent la capitulation faite, offrant de la part de monseigneur Charles de Blois à Guillaume de Cadoudal telle récompense qu'il lui plairait pour passer au parti français. Mais le noble breton refusa tout, ne redemandant aux bourgeois qui avaient trahi leurs sermens que ses armes et son cheval. Puis, quand ils lui eurent été rendus, il traversa la ville avec les quelques braves qui lui étaient restés fidèles, et se mit en route pour aller annoncer à la comtesse, enfermée, comme nous l'avons dit, dans la ville de Hennebon, que les ennemis étaient maîtres de Rennes.

De leur côté, les Français, qui tenaient déjà le comte en leur puissance, pensèrent que s'ils pouvaient conquérir encore la comtesse et son fils, la guerre serait bientôt finie, et marchèrent directement sur Hennebon. Aussi, un matin, vers le milieu du mois de mai, entendit-on les sentinelles pousser le cri : Alarme ! C'était l'armée française qui apparaissait à l'horizon.

La comtesse avait près d'elle l'évêque de Léon, en Bretagne ; son neveu, messire Hervey, qui avait déjà défendu Nantes ; messire Yves de Treseguidy, le sire de Landernau, le châtelain de Guingamp, les deux frères de Kirriec, et messire Henri et Olivier de Pennefort. Tous à ce signal de guerre coururent aux remparts, tandis que la comtesse, au son de la grande cloche, parcourait les rues de la ville, armée comme un homme et montée sur un cheval de bataille. Aussi, lorsque les Français s'approchèrent, virent-ils la ville non-seulement bien fortifiée de barrières et de murailles, mais encore bien garnie de soldats aguerris et de vaillans capitaines ; ils s'arrêtèrent donc hors de la portée du trait, et dressèrent leurs logis en gens qui veulent faire un siège. Pendant ce temps, quelques jeunes compagnons génois, espagnols et français, s'approchèrent des barrières pour escarmoucher, au cas où le désir en viendrait aux assiégés. Ceux-ci n'étaient pas gens à reculer ; aussi sortirent-ils en nombre à peu près égal, et la rencontre commença-t-elle avec une vigueur et un acharnement qui indiquaient que, si l'attaque devait être vigoureuse, la résistance serait opiniâtre. Après deux ou trois heures de combat, les assiégeans furent obligés de battre en retraite, laissant, et en particulier les Génois, qui s'étaient le plus aventurés, bon nombre de morts sur le champ de bataille.

Le lendemain, les seigneurs français tinrent conseil, et décidèrent que le jour suivant ils feraient assaillir les barrières par leurs gens, pour voir quelle contenance feraient les Bretons. En conséquence, vers l'heure de prime, les Français sortirent de leurs logis, et vinrent assaillir les barrières. Ceux de la ville alors ouvrirent les portes, et vinrent bravement défendre les ouvrages avancés. L'assaut commença aussitôt, et dura avec le même acharnement que la veille, jusqu'à l'heure de none, où les Français, repoussés une seconde fois, furent obligés de reculer, laissant une multitude de morts et ramenant un grand nombre de blessés. A cette vue, les seigneurs français, qui étaient tous sortis du camp et assistaient à ce combat comme à un spectacle, entrèrent dans une grande colère et ordonnèrent à leurs gens de recommencer l'assaut avec un renfort de troupes fraîches. De leur côté, ceux de Hennebon, déjà encouragés par un premier succès, revinrent au combat avec grand cœur et bonne espérance. Chacun faisait donc de son mieux, ceux-ci pour attaquer, ceux-là pour défendre, lorsque la comtesse, qui était montée sur une tour pour juger comment ses gens se maintenaient, vit que tous les seigneurs français avaient, comme nous l'avons dit, laissé leurs logis pour s'approcher du champ de bataille ; alors elle descendit de la tour, s'élança sur son cheval, réunit trois cents hommes des plus braves et des mieux montés, et, sortant avec cette compagnie par une porte qui n'était point attaquée, fit un détour et revint par derrière se jeter au milieu des tentes et des logis des seigneurs de France, qui n'étaient gardés que par des garçons et des valets qui s'enfuirent à cette attaque. Alors chacun des cavaliers, qui tenait une torche allumée, la jeta sur une tente de toile ou sur un logis de bois, et tout fut aussitôt en flammes. Les seigneurs virent alors cette grande fumée qui s'élevait au milieu de leur camp, et entendirent les cris de : Trahis ! trahis ! que poussaient les fuyards. Ils quittèrent donc à l'instant l'assaut pour faire face à cette attaque inattendue, et, se précipitant au milieu de leurs logis, ils virent la comtesse et ses gens qui fuyaient du côté d'Auray ; car la comtesse avait pensé qu'une fois découverte, il lui serait impossible de rentrer dans Hennebon. Il ne fallut qu'un coup d'œil à messire Louis d'Espagne pour juger de la faiblesse de ceux qui venaient de donner à l'armée entière une pareille alarme, et, montant à cheval avec cinq cents hommes d'armes à peu près, il prit chasse sur eux, mais inutilement. La comtesse et ses gens avaient trop grande avance, et le maréchal ne parvint à rejoindre que les plus mal montés, qui, ne pouvant suivre les autres avec une égale vitesse, furent tués ou pris. Quant à elle, elle arriva saine et sauve, avec deux cent quatre-vingts hommes à peu près, au château d'Auray, qu'on disait bâti par le roi Artus, et dans lequel était bonne garnison.

Cependant, à peine revenus de leur surprise, les seigneurs de France qui se trouvaient sans logis avaient résolu d'en établir d'autres plus près de la ville. En conséquence, ils abattirent presque entièrement une forêt qui se trouvait à leur portée, et commencèrent à bâtir des baraques, tout en criant aux gens de Hennebon d'aller chercher leur comtesse qui était perdue; en effet, ceux de la ville, ne la voyant pas revenir, étaient portés à croire qu'il lui était arrivé malheur, et commençaient à entrer dans une grande inquiétude. La comtesse se doutait bien de son côté qu'ils devaient être fort tourmentés et affaiblis de son absence. Elle renforça donc sa troupe de tous les gens d'armes qu'elle crut inutiles à la défense d'Auray, laissa pour capitaines à sa garnison messires Henri et Olivier de Pennefort, sur lesquels elle savait pouvoir grandement compter, et, se remettant à la tête de sa petite troupe, qui montait alors à cinq cents braves compagnons, elle partit environ vers minuit, et, à la faveur de l'ombre, côtoyant en silence l'armée française, elle revint frapper à la porte par le même chemin qu'elle avait pris pour en sortir. Elle était à peine refermée derrière elle, que le bruit de son arrivée se répandit dans toute la ville. Aussitôt les trompettes sonnèrent et les tambours battirent, faisant un tel bruit que les assiégeans s'en éveillèrent en sursaut, croyant que l'on attaquait leur camp, et se firent armer. Voyant qu'il n'en était rien, ils résolurent, puisqu'ils étaient prêts et appareillés, de tenter un nouvel assaut. Ceux de la ville, doublement encouragés, et par leurs succès passés, et par le retour inespéré de la comtesse, l'acceptèrent avec leur empressement habituel; si bien qu'à mesure que les Français approchaient des remparts, les Bretons descendaient aux barrières. Mais il en fut cette fois de même qu'il l'avait déjà été, et, après un combat qui avait duré depuis le point du jour jusqu'à une heure après midi, les seigneurs de France furent forcés de se retirer, tant il leur était visible que leurs gens se faisaient tuer inutilement et sans aucun espoir de succès.

Alors ils se décidèrent à procéder autrement; ce n'était point les hommes qui leur manquaient, mais les instrumens de guerre; ils divisèrent donc l'armée en deux parties : l'une qui, sous la conduite de monseigneur Charles de Blois, s'en irait assiéger Auray; l'autre qui, sous le commandement de messire Louis d'Espagne, resterait devant Hennebon. Puis on manda une compagnie qui devait amener à ces derniers douze grands engins que les Français avaient laissés à Rennes. Le même jour il fut fait ainsi qu'il avait été dit. Monseigneur Charles de Blois partit pour Auray, et messire Louis d'Espagne resta devant la ville, qu'il devait se contenter de bloquer tant que ne lui seraient pas venues ses machines de guerre.

Ce fut l'affaire de huit jours, et les assiégés, qui ne comprenaient rien à cette inaction, et du haut des murailles raillaient durement la paresse de leurs ennemis, en connurent enfin la cause en voyant s'approcher du camp ces tours mouvantes et ces engins gigantesques qui formaient à cette époque l'arsenal obligé d'un siége. Les Français ne perdirent pas de temps, et, mettant aussitôt leurs machines en batterie, commencèrent à faire pleuvoir sur la ville une grêle de pierres, qui, non-seulement écrasaient ceux qui passaient dans les rues, mais encore dévastaient les maisons, dont elles enfonçaient les toits et brisaient les fenêtres. Alors ce grand courage que les assiégés avaient montré commença de faiblir, et l'évêque de Léon, qui, en sa qualité d'homme d'église, était bien excusable d'être moins ardent à la défense que ceux dont c'était le métier, commença d'insinuer aux bourgeois d'Hennebon qu'il serait plus prudent de traiter avec monseigneur Charles de Blois que de continuer à défendre une cause contre laquelle était armé un seigneur aussi puissant que le roi de France. Les propositions qui s'adressent directement aux intérêts matériels trouvent toujours un écho. On commença par murmurer sourdement, puis on parla à haute voix de capitulation et de traité, si bien qu'en vint à la comtesse, qui, attendant d'un moment à l'autre les renforts qui devaient lui arriver d'Angleterre, supplia seigneurs et bourgeois de ne prendre aucune résolution avant trois jours. L'effroi répandu par l'évêque était tel, que ces hommes, qui avaient juré de se défendre jusqu'à la mort, regardèrent comme bien long le délai que leur demandait la comtesse; néanmoins quelques-uns insistèrent pour qu'il lui fût accordé; d'autres, au contraire, voulurent qu'on se rendît dès le lendemain. La nuit tout entière se passa en discussions de part et d'autre, et, certes, si dans ce moment les Français eussent eu l'idée de donner l'assaut, ils se fussent facilement emparés de la ville qui leur avait coûté si cher; mais ils ignoraient ce qui se passait derrière les murailles, qu'ils continuaient de battre en brèche. Bref, le parti de l'évêque de Léon l'avait emporté, et la discussion ne portait plus que sur le choix des messagers que l'on devait envoyer à messire Louis d'Espagne, lorsque la comtesse, qui s'était retirée dans sa chambre, ne sachant pas même si on la laisserait libre de quitter la ville avec son fils, aperçut, en regardant par la fenêtre, la mer toute couverte de vaisseaux. A cette vue, elle jeta un cri de joie, et, courant au balcon du château :

— Messeigneurs, dit-elle au peuple et aux hommes d'armes qui encombraient la place, il n'est plus question de capitulation ni de traité; voilà le secours que je vous avais promis, et, si vous en doutez encore, montez sur les remparts et regardez la mer.

En effet, la comtesse avait auguré juste. A peine toute cette multitude eut-elle aperçu des créneaux et des fenêtres cette flotte composée de plus de quarante vaisseaux, tant grands que petits, tous bien bastillés, que le courage lui revint, et que, par une de ces réactions si familières à la multitude, elle se prit à l'évêque de Léon de la lâcheté qu'elle venait de faire paraître. Aussi celui-ci, s'apercevant qu'il avait commencé là une mauvaise besogne, s'empressa-t-il de gagner avec son neveu, messire Hervé de Léon, une des portes de la ville, et, se rendant aussitôt devers messire Louis d'Espagne, il lui annonça les secours qui arrivaient si à propos à la comtesse; quant à celle-ci, dès qu'elle vit les vaisseaux dans le port, elle alla au-devant de ceux qui lui amenaient, et qui, dans cette circonstance, lui arrivaient, non plus comme des alliés, mais comme des sauveurs.

Les appartemens des seigneurs avaient été préparés au château, et ceux des archers dans la ville; au reste, tous furent reçus avec une joie pareille et une reconnaissance égale. Chacun fit fête de son mieux à ses hôtes, et la comtesse invita les siens à dîner avec elle le lendemain. Messire Gauthier de Mauny, qui était aussi gentil compagnon auprès des dames qu'il était vaillant chevalier devant l'ennemi, n'eut garde de refuser une offre si courtoise, et la comtesse, de son côté, aussi coquette comme femme qu'elle était aventureuse comme guerrière, fit aux seigneurs anglais les honneurs de sa table avec une grâce qui leur fit regarder comme une bonne fortune d'avoir traversé la mer pour venir au secours d'une si charmante alliée.

Après le dîner, la comtesse conduisit ses convives sur une tour du haut de laquelle ils découvraient tout le camp français; les assiégeans continuaient d'écraser la ville sous une pluie de pierres, si bien que c'était un spectacle à faire pitié. Aussi la comtesse ne put-elle point le voir sans plaindre grandement les pauvres gens qui souffraient ainsi à cause d'elle. Gauthier de Mauny vit quelle douleur la tenait, et, jaloux de se montrer le plus tôt possible digne de l'hospitalité qu'il avait reçue :

— Messeigneurs, dit-il en se tournant vers les chevaliers anglais et bretons, n'avez-vous pas envie et volonté comme moi d'aller abattre cette maudite machine qui cause un si grand ennui à notre belle hôtesse? S'il en est ainsi, messeigneurs, dites un mot, et la chose sera faite.

— Par Notre-Dame-de-Guérande! vous parlez bien, monseigneur, répondit messire Yves de Tréseguidy, et, pour mon compte, je ne vous ferai pas faute à cette première entreprise.

— Ni moi, certes, s'écria le sire de Landernau; et il ne sera pas dit que vous ayez traversé la mer pour faire notre besogne. Mettez-vous donc à l'œuvre, monseigneur, et de tout notre pouvoir nous vous aiderons.

De leur côté, les chevaliers anglais accueillirent avec joie la proposition faite par leur chef, et se retirèrent pour s'appareiller; mais la comtesse voulut armer Gauthier de Mauny elle-même; ce que le jeune chevalier accepta avec grande reconnaissance; mais ce fut chose plus tôt faite qu'il ne l'espérait peut-être; car la comtesse était habile à la science des armes aussi bien que le plus noble page et le plus savant écuyer.

Lorsque les chevaliers furent prêts, ils prirent avec eux trois cents archers choisis parmi les plus adroits, et se firent ouvrir la porte la plus proche des machines. A peine fut-elle ouverte, que les archers se répandirent dans la campagne, tirant avec leur adresse accoutumée; si bien que les gardiens qui ne prirent pas la fuite tombèrent autour de leurs machines, percés par les longues flèches des assaillans. Derrière eux venaient les chevaliers, qui, avec leurs haches d'armes et leurs épées à deux mains, eurent bientôt mis en pièces le plus grand et le plus redoutable de tous ces engins. Quant aux autres, ils les couvrirent de matières combustibles et y mirent le feu. Puis, piquant des deux vers les baraques, ils pénétrèrent jusqu'au milieu du camp avant que les Français eussent eu le temps de se mettre en défense, jetant à toute volée des brandons enflammés; de sorte qu'en un instant, de dix points différens à la fois, la flamme et la fumée commencèrent à annoncer à ceux de la ville que l'entreprise était en bon train.

C'était tout ce que voulaient les chevaliers anglais et bretons. Aussi se retirèrent-ils en bon ordre lorsqu'ils virent venir à eux une troupe de Français qui, s'étant armés à la hâte, accouraient à leur poursuite avec de grandes clameurs et de bruyans défis. Les chevaliers mirent alors leurs coursiers au galop; mais Gauthier, au contraire, arrêta le sien, disant qu'il ne voulait jamais être salué par sa belle du doux nom d'ami s'il rentrait dans la ville sans avoir jeté bas quelques-uns de ceux qui avaient l'audace de le poursuivre ainsi; et, ce disant, il se retourna, l'épée haute, et marcha droit à eux. A cette vue, les deux frères de Leynhomel, messire Yves de Treseguidy, messire Galerand de Landernau et quelques autres en firent autant; de sorte que là commença le véritable combat, car ceux de l'armée, venant au secours de leurs camarades, remplaçaient les morts et les blessés par des combattans tout frais; si bien que force fut à Gauthier de Mauny et à ses compagnons de battre en retraite, ce qu'ils firent en bon ordre, laissant derrière eux un grand nombre de Français et quelques-uns des leurs tués et blessés. Arrivés aux fossés et aux barrières, ils firent volte-face, pour donner le temps à leurs archers éparpillés de rentrer dans la ville. Alors les Français voulurent les poursuivre, mais ceux des archers qui n'avaient point suivi leurs compagnons accoururent sur les murailles, et de là firent pleuvoir sur les assaillans une telle grêle de flèches, qu'ils furent obligés de se retirer à leur tour hors de la portée de trait, laissant sur le champ de bataille grande quantité d'hommes et de chevaux. Alors les Bretons et les Anglais rentrèrent tranquillement dans les barrières, et au bas de l'escalier du château les chevaliers trouvèrent la comtesse, qui voulut de ses propres mains leur ôter leurs casques, et les embrassa les uns après les autres en remerciement du grand secours qu'ils lui avaient donné.

La même nuit, les assiégeans, voyant le renfort qui était arrivé à leurs ennemis, et songeant qu'il leur serait impossible de prendre la ville, désarmés qu'ils étaient de leurs machines de guerre, décidèrent en conseil qu'il leur fallait lever le siège, et s'en aller rejoindre monseigneur Charles de Blois; ce qu'ils firent dès le lendemain, accompagnés par les cris et les huées des Bretons et des Anglais. Arrivés devant le château d'Auray, ils racontèrent ce qui leur était arrivé, et comment ils avaient cru urgent de lever le siège. Monseigneur Charles de Blois les en excusa grandement, et n'ayant pas besoin de ces nouvelles troupes, il envoya messire Louis d'Espagne et toute sa compagnie assiéger la ville de Bignan, qui tenait pour la comtesse.

Messire Louis se mit en route avec toute sa chevauchée; mais vers le midi du premier jour il rencontra sur sa route le château de Conquest. C'était une bonne forteresse tenant pour le comte de Montfort, et ayant pour châtelain un chevalier de Lombardie, bon et hardi guerroyeur, nommé Mansion. Messire Louis ne voulut point passer si près d'une garnison bretonne sans essayer de prendre sa revanche. En conséquence, il ordonna de faire halte, et commença ses dispositions pour un assaut. De leur côté, ceux du château firent bonne contenance, et lorsqu'on en vint aux murailles, se défendirent si merveilleusement, que la nuit arriva avant que les assiégeans aient rien pu conquérir. Messire Louis fit alors sonner la retraite, et se logea avec son armée tout à l'entour de la forteresse.

Comme le château de Conquest n'était qu'à quelques lieues de Hennebon, la nouvelle parvint promptement à Gauthier de Mauny de ce qui se passait sous ses murailles. Le jeune chevalier réunit alors ses amis, et leur demanda s'ils ne trouvaient point que ce serait une noble aventure pour eux que d'aller attaquer messire Louis d'Espagne, et de le forcer de lever le siège. Leur avis fut qu'aucune entreprise ne pourrait être plus glorieuse et rapporter plus grand honneur; aussi partirent-ils dès le soir même, sous la conduite de leur aventureux capitaine, et chevauchèrent-ils tant et si bien, que le lendemain ils arrivèrent vers none en vue de la forteresse. Mais il était trop tard: le château était pris depuis la veille, et la garnison égorgée. Quant à messire Louis, il avait continué sa route vers Bignan, en laissant dans sa conquête un nouveau châtelain et soixante braves compagnons pour la défendre. Le but de l'entreprise était donc manqué, et les seigneurs anglais parlaient de retourner à Hennebon; mais Gauthier de Mauny déclara qu'il était venu de trop loin pour s'en aller ainsi sans savoir quels gens étaient dans ce château. En conséquence, il en fit le tour, et, apercevant la brèche par laquelle messire Louis d'Espagne était entré la veille, et que la nouvelle garnison n'avait pas encore eu le temps de refermer, il mit pied à terre, invita ses compagnons à en faire autant, et, laissant leurs chevaux aux mains des écuyers et des varlets, ils marchèrent l'épée au poing vers cette ouverture; de leur côté, les Espagnols s'avancèrent pour la défendre; mais ils n'étaient égaux ni en nombre ni en courage; au bout d'une heure de combat les assiégés furent défaits, et Gauthier de Mauny entra dans le château par la même brèche qu'y avait faite Louis d'Espagne. Quant à la garnison, elle fut entièrement passée au fil de l'épée, à l'exception de dix hommes que les chevaliers anglais reçurent à merci. Puis, le même soir, voyant que sa prise était difficile à conserver, il reprit la route d'Hennebon, laissant la forteresse sans autre garde que les cadavres de ses deux garnisons.

En revenant à Hennebon, messire Gauthier de Mauny y trouva le comte Robert d'Artois, qui, pendant son absence, y avait abordé avec un nouveau renfort qu'envoyait le roi Édouard, et qui venait reprendre en Bretagne, contre Philippe de Valois son ennemi, la lutte qu'il avait été, à son grand regret, obligé d'interrompre en Flandre.

XVIII

Cependant, Édouard s'occupait d'accomplir, avec la même religion qu'il venait de le faire pour la comtesse de Montfort, la promesse qu'il avait engagée à la belle Alix. A la suite du message de Guillaume de Montaigu, une trêve de deux ans avait été conclue entre lui et le roi David, et une des conditions de cette trêve avait été le retour en Angleterre du comte de Salisbury. Le roi David insista d'autant plus auprès de Philippe de Valois pour qu'il rendît la liberté à son prisonnier, qu'il devait en ce cas être échangé contre Murray, l'un des quatre barons d'Écosse qui lui avait reconquis son royaume. En effet, de quelque importance que le roi Philippe crût son prisonnier, il ne put résister aux instances de son allié, et, vers la fin de mai, au moment même où Gauthier menait à bien, en Bretagne, les diverses entreprises que nous avons dites, il donna au comte de Salisbury congé de retourner en Angleterre.

Il en avait grandement coûté à Édouard de rappeler le comte, et sa jalousie ne lui permit pas de lui laisser faire un long séjour au château de Wark. Aussi lui manda-t-il promptement de venir le rejoindre à Londres, sous prétexte qu'il avait une mission de la plus haute importance à lui confier; il l'invitait en même temps à amener avec lui sa femme, aux fêtes qu'il devait donner à Windsor étant proches, et la belle Alix ayant promis d'y assister si elle y était conduite par son mari. Le comte était sans défiance; Alix n'avait pas jugé à propos de le tourmenter par la confidence d'un amour qu'elle espérait toujours voir s'éteindre, et qui d'ailleurs, sûre qu'elle était d'elle-même, ne lui causait pas grande inquiétude. Il vint donc, comme il en était requis, et Alix le suivit, ne croyant avoir aucun motif de ne pas l'accompagner.

Édouard revit Alix avec une indifférence si bien feinte, qu'elle crut qu'il avait oublié son amour, ou que le défaut d'espoir l'en avait guéri. D'ailleurs, pour lui donner toute sécurité, il lui avait offert un logement au palais et parmi les femmes de la reine. Madame Philippe, de son côté, avait insisté fortement, heureuse qu'elle était de revoir son ancienne amie; de sorte qu'Alix avait accepté sans défiance, et avait repris toute son ancienne sécurité.

Quant à la mission que le roi destinait au comte, elle prouvait que la confiance qu'il lui accordait était toujours la même. Des prisonniers d'importance, parmi lesquels étaient messire Olivier de Clisson, messire Godefroy de Harcourt, et messire Hervey de Léon, qui avaient été pris quelques jours après avoir passé du service du comte de Montfort à celui de Charles de Blois, étaient arrivés en Angleterre, et avaient été renfermés au château de Margate. Édouard, qui avait des desseins sur eux, venait de en nommer Salisbury gouverneur. En conséquence, le comte reçut ses instructions et partit.

Pendant ce temps, le roi, dans l'intention où il était de remettre en vigueur la noble institution de la Table-Ronde, dont sortirent tant de vaillans chevaliers que leur renommée se répandit par tout le monde, faisait rééditier le château de Windsor, fondé autrefois par le roi Artus. Il devait, comme nous l'avons dit, célébrer cette réédification par un tournoi et par des fêtes. Il envoya, en conséquence, des hérauts en Écosse, en France et en Allemagne, pour publier qu'ami ou ennemi, chacun, pourvu qu'il fût chevalier, pouvait venir, en l'honneur de sa dame, briser une lance à la passe d'armes de Windsor.

Une pareille invitation, de la part d'un si grand prince, avait, on le comprend bien, ému toute la chevalerie. Aussi, d'Écosse, de France et d'Allemagne, voyait-on arriver, comme une députation de toute la noblesse du monde, les plus braves champions de cette époque. Quelques-uns s'étaient déjà rencontrés sur les champs de bataille, et savaient l'estime qu'ils devaient faire les uns des autres; mais la plupart ne se connaissaient que de renommée, et n'en étaient que plus ardens à se connaître. A mesure qu'ils arrivaient, ils allaient se faire inscrire chez les juges du camp, soit sous leur nom, soit sous le pseudonyme qu'ils voulaient porter, et, le lendemain, ils recevaient du roi Édouard un cadeau proportionné à leur naissance ou au rang qu'ils paraissaient tenir. Au reste, le tournoi devait durer trois jours, et avoir pour tenans, le premier jour, Édouard lui-même; le second jour, Gauthier de Mauny, qui avait quitté la Bretagne pour ne pas manquer une pareille fête; et, le troisième jour, Guillaume de Montaigu, que le roi, selon sa promesse, venait d'armer chevalier, et qui devait briser là sa première lance sous les yeux de la comtesse. Les trois tenans devaient accepter le combat à la lance, à l'épée ou à la hache : le poignard seul était défendu.

La veille de la Saint-Georges, jour fixé pour l'ouverture des fêtes, la cité de Londres se réveilla au bruit des trompettes et des clairons. Les chevaliers, qui étaient accourus de différentes parties du monde dans cette grande ville, devaient se rendre aux tentes que leur avait fait préparer le roi dans la plaine de Windsor ; car il ne fallait pas songer à loger au château une si grande multitude de personnes. En conséquence, dès huit heures du matin, toutes les rues qui conduisaient du château de Londres, c'est-à-dire de la place Sainte-Catherine à la route, étaient tendues de tapisseries et jonchées de branchages. Des deux côtés, sur cinq ou six pieds des maisons, des câbles cachés sous des festons de fleurs étaient tendus, formant des espèces de trottoirs dans lesquels devait circuler le peuple, tandis que le haut du pavé resterait libre et ouvert aux chevaliers. Au reste, pas un arbre qui ne portât des fruits vivans, pas une fenêtre qui ne fût occupée par des pyramides de têtes, pas une terrasse qui n'offrît sa moisson de spectateurs serrés comme des épis, et vacillans comme eux au moindre bruit qui semblait annoncer l'approche du cortège.

A midi, vingt-quatre trompettes sortirent en sonnant du château, au milieu des acclamations de la foule, à laquelle elles annonçaient enfin le spectacle si impatiemment attendu par elle depuis le matin. Elles étaient suivies de soixante coursiers équipés pour la joute et montés par des écuyers d'honneur, portant des pennons sur lesquels étaient les armes de leurs maîtres. Après les écuyers, venaient le roi et la reine, parés de leurs habits royaux, ayant la couronne sur la tête et le sceptre en main, et entre eux deux, sur un beau palefroi dont les tresses dorées pendaient jusqu'à terre, le jeune prince de Galles, le futur héros de Crécy et de Poitiers, qui allait faire à un tournoi son apprentissage de guerre. Derrière eux chevauchaient soixante dames, revêtues de leurs plus riches atours, menant chacune à une chaîne d'argent un chevalier tout armé pour la joute et portant ses couleurs. Puis, pêle-mêle et sans ordonnance, visière haute ou baissée, selon qu'ils voulaient être connus ou garder l'incognito, deux ou trois cents chevaliers tout couverts d'armes brillantes, avec des écus chargés de blasons ou de devises. Enfin la marche était fermée par une multitude innombrable de pages et de varlets, les uns tenant des faucons chaperonnés sur le poing, et les autres menant en laisse des chiens portant au cou des banderolles aux armes de leurs maîtres.

Cette magnifique assemblée traversa toute la ville au pas et en bon ordre, pour se rendre au château de Windsor, situé, comme nous l'avons dit, à vingt milles de Londres. Malgré cette distance, une partie de la population l'accompagna, courant tout à travers champs, tandis que le cortège suivait la route. Le roi avait encore prévu ce dernier cas, et en dehors de l'enceinte des tentes réservées aux chevaliers, il avait fait construire une espèce de camp où pouvaient bien loger dix mille personnes. Chacun était donc sûr de trouver un logis selon sa condition, les seigneurs au château, les chevaliers sous les tentes, le peuple au bivouac.

On arriva à Windsor à nuit close; mais le château était si bien illuminé, qu'il semblait un manoir de fées. De leur côté, les tentes étaient disposées comme les maisons d'une rue; seulement, à l'entre-deux de chaque tente brûlaient des torches colossales qui jetaient une lueur pareille à celle du jour, tandis que dans les cuisines, situées de distance en distance, on voyait une foule de rôtisseurs et des marmitons occupés à des détails qui n'étaient pas sans charmes pour des estomacs qui chevauchaient depuis l'heure de midi.

Chacun procéda à son installation, puis au souper. Jusqu'à deux heures du matin, la nuit fut pleine de tumulte et de cris joyeux. Vers cette heure, le bruit s'affaiblit graduellement sous les tentes et dans les bivouacs, tandis que les fenêtres du château s'éteignaient les unes après les autres, à l'exception d'une seule.

Cette fenêtre était celle de la chambre où veillait Édouard. Salisbury, revenu de Margate pour être maréchal du tournoi avec messire Jean de Beaumont, était arrivé, la nuit même, avec de grandes nouvelles. Sa négociation près des prisonniers avait réussi: Olivier de Clisson et le sire de Harcourt, non seulement acceptaient les propositions d'Édouard et se faisaient Anglais, mais encore répondaient comme d'eux-mêmes de plusieurs seigneurs de la Bretagne et du Berry, lesquels suivraient, étaient-ils certains, la même fortune qu'eux. Ces seigneurs étaient messire Jean de Montauban, le sire de Malestroit, le sire de Laval, Alain de Quédillac, Guillaume, Jean et Olivier des Brieux, Denis du Plessis, Jean Malard, Jean de Sénédari et Denis de Callac.

Ces nouvelles réjouirent grandement Édouard; il voyait dans la Bretagne une véritable entrée sur la France, et, comme il n'oubliait pas son vœu, le seul vœu de tous ceux qui l'entouraient à cette heure n'avait pas encore rempli, il témoigna à Salisbury toute la joie qu'il recevait de sa négociation. Aussitôt les joutes, Salisbury devait donc retourner à Margate pour faire signer à Olivier de Clisson et à Godefroy de Harcourt leur engagement; après quoi les chevaliers devaient retourner en Bretagne libres et sans rançon.

Enfin cette lumière s'éteignit comme les autres, et tout rentra dans le repos et l'obscurité. Mais cette trêve aux plaisirs ne fut pas de longue durée. Au point du jour, chacun se réveilla et s'émut; le peuple d'abord, qui non-seulement devait être le plus mal placé, mais qui encore tremblait de ne pas avoir assez de place, sans même prendre le temps de déjeuner, et chacun emportant dans ses poches la provision de la journée. Toute cette foule se rua donc par les portes des barrières, et se répandit comme un torrent dans l'espèce de lit qu'on lui avait ménagé entre la lice et les galeries. Ses craintes étaient fondées. A peine la moitié des personnes qui étaient venues de Londres purent-elles trouver place; mais elles ne renoncèrent point pour cela au spectacle. A peine se furent-elles assurées qu'il n'y avait plus moyen de pénétrer dans l'enceinte, et que les barrières contenaient tout ce qu'elles pouvaient contenir, qu'elles s'éparpillèrent dans la campagne, cherchant tout les points élevés d'où il était possible de dominer le spectacle.

A onze heures, les trompettes annoncèrent que la reine sortait du château. Nous disons la reine seulement, car, comme Édouard était le tenant de cette journée, il était déjà sous sa tente. Madame Philippe avait à sa droite Gauthier de Mauny, et à sa gauche Guillaume de Montaigu, qui devaient être les héros des jours suivans. La belle Alix venait ensuite, conduite par le duc de Lancastre et monseigneur Jean de Hainaut; puis derrière elle marchaient les soixante dames de la veille accompagnées de leurs chevaliers.

Toute cette noble société prit place sur les galeries qui avaient été préparées à cet effet, et qui en un instant ressemblèrent à un tapis de velours merveilleusement brodé de perles et de diamans. Quand à madame Philippe et à madame Alix, elles s'assirent en face l'une de l'autre, sur un trône pareil; car ce jour-là toutes deux étaient reines, et plus d'une dame eût donné à cette heure, si elle l'eût possédée, la royauté de fait que l'une avait reçue de sa naissance, pour la royauté de droit que l'autre tenait de la beauté.

La lice était un grand carré long, fermé par des palissades; aux deux bouts s'ouvraient les barrières qui devaient donner passage, l'une aux champions, l'autre aux tenans: seulement, à l'extrémité orientale, sur une plate-forme assez élevée pour qu'elle dominât la lice, on avait dressé la tente d'Édouard, qui était toute de velours rouge brodé d'or. Au-dessus de cette tente flottait la bannière royale, écartelée au premier et au troisième des léopards d'Angleterre, et au second et au quatrième des fleurs de lis de France; puis enfin, aux deux côtés de la porte étaient suspendus l'écu de paix et la targe de guerre du tenant; et selon que les champions faisaient toucher par leurs écuyers ou touchaient eux-mêmes l'un ou l'autre, ils demandaient la simple joute ou désiraient le combat à fer émoulu.

Les maréchaux avaient longtemps insisté pour que, sous aucun prétexte, les champions ne pussent user d'autres armes que de celles qu'on appelait armes courtoises; et cela attendu que, le roi devant être un des tenans, il était à craindre que quelque haine personnelle ou quelque trahison ne se glissât dans la lice : Édouard avait alors répondu qu'il n'était pas un chevalier de parade, mais un homme de guerre, et que s'il avait un ennemi, il serait fort aise de lui offrir cette occasion de venir à lui. Les conditions avaient donc été maintenues entières, et les spectateurs, un instant inquiets pour leurs plaisirs, s'étaient rassurés; car, quoique rarement ces joutes dégénérassent en combat véritable, la possibilité que cela fût donnait un nouvel intérêt à chaque passe; les femmes mêmes, tout en n'osant l'avouer, ne pouvaient, lorsque par hasard la fête tournait ainsi vers une sanglante lutte, s'empêcher de témoigner, par leurs applaudissemens plus ardens et plus répétés, la prédilection qu'elles éprouvaient pour un spectacle où les acteurs jouaient alors un rôle toujours dangereux et quelquefois même mortel.

Quant aux autres conditions du combat, elles ne s'écartaient point de la règle ordinaire. Lorsqu'un chevalier avait été enlevé des arçons et qu'il ne pouvait se relever sans l'aide de ses écuyers, il était déclaré vaincu; même chose arrivait lorsque, dans le combat à l'épée ou à la hache, un des champions reculait devant l'autre au point que la croupe de son cheval touchât la barrière; enfin, si le combat durait avec un tel acharnement qu'il menaçât de devenir mortel, les maréchaux du camp pouvaient croiser leurs lances entre les deux champions, et y mettre ainsi fin de leur propre autorité.

Lorsque les deux reines eurent pris place, un héraut s'avança dans la lice et lut à haute voix les conditions de la joute. Puis, aussitôt la lecture finie, un groupe de musiciens placés près de la tente d'Édouard fit, en signe de défi, retentir l'air du bruit des trompettes et des clairons; aussitôt un autre groupe de musiciens leur répondit de l'extrémité opposée; les barrières s'ouvrirent, et un chevalier armé de toutes pièces parut dans la lice. Mais, quoiqu'il eût la visière baissée, à ses armes qui étaient or à la face bandée d'argent et d'azur, il fut aussitôt reconnu pour le comte de Derby, fils du comte de Lancastre au Cou Tors.

Il s'avança, faisant gracieusement caracoler son cheval jusqu'au milieu de la lice; arrivé là, il se tourna vers la reine, qu'il salua en inclinant le fer de sa lance jusqu'à terre, puis, se retournant vers la comtesse de Salisbury, il lui rendit le même honneur, au milieu des acclamations de la multitude. Pendant ce temps, son écuyer traversait l'arène, et, montant sur la plate-forme, allait frapper avec une baguette l'écu de paix d'Édouard.

Le roi sortit aussitôt tout armé, moins sa targe, qu'il se fit boucler au cou par ses varlets, sauta légèrement sur le cheval qu'on lui tenait prêt, et entra dans la lice avec tant de bonne grâce et d'assurance, que les acclamations redoublèrent. Il était couvert d'une armure vénitienne, toute incrustée de lames et de filets d'or formant des dessins bizarres où l'on reconnaissait le goût oriental, et, sur son bouclier, au lieu de ses armes royales, il portait une étoile voilée par un nuage, avec cette devise : *Présente, mais cachée.* Alors on lui apporta sa lance, qu'il prit et mit en arrêt. Aussitôt les juges du camp, voyant que les champions étaient prêts, crièrent à haute voix : Laissez aller. Au même moment, les adversaires, éperonnant leurs chevaux, se précipitèrent l'un sur l'autre, et se rencontrèrent au milieu de la lice. Tous deux avaient dirigé la pointe de leur lance vers la visière du casque, tous deux avaient atteint le but; mais l'extrémité arrondie de la lance n'ayant pu mordre sur l'acier, tous deux avaient passé outre, sans aucun dommage. Ils revinrent en conséquence chacun à son point, et, au signal donné, s'élancèrent de nouveau l'un sur l'autre.

Cette fois tous deux frappèrent en plein dans leur targe, c'est-à-dire au beau milieu de la poitrine : ils étaient trop bons cavaliers pour être désarçonnés; cependant un des pieds du comte de Derby vida l'étrier, et sa lance lui échappa des mains : quant à Édouard, il resta ferme sur sa selle, mais, de la violence du coup, sa lance se brisa en trois morceaux, dont deux volèrent en l'air et dont le troisième lui resta dans la main. Un écuyer du comte de Derby ramassa sa lance et la lui présenta, tandis qu'on en apportait une nouvelle à Édouard; si bien qu'aussitôt les deux champions, se retrouvant armés, reprirent du champ et revinrent une troisième fois l'un sur l'autre.

Cette fois, le comte de Derby encore dirigea sa lance vers la targe de son adversaire, tandis qu'Édouard, revenant à son premier dessein, avait, comme d'abord, pris le casque du comte pour point de mire; tous deux, dans cette circonstance, donnèrent une nouvelle preuve de leur adresse et de leur force, car de la violence du coup que reçut son maître, le cheval d'Édouard s'arrêta court et plia sur les jarrets de derrière, tandis que la lance du roi avait pris si juste le milieu du cimier, que brisant les boucles qui le retenaient sous le cou, elle avait enlevé le casque du comte de Derby.

Tous deux avaient jouté en braves et adroits chevaliers; mais, soit fatigue, soit courtoisie, le comte ne voulut pas poursuivre la lutte, et, s'inclinant devant le roi, il se reconnut vaincu et se retira au milieu des applaudissemens qu'il partageait avec son vainqueur.

Édouard rentra dans sa tente, et les trompettes retentirent de nouveau en signe de défi; leur son eut comme la première fois un écho à l'extrémité opposée; puis, aussitôt qu'il se fut éteint, on vit entrer un second chevalier, que l'on reconnut pour un prince à la couronne qui surmontait son casque : en effet, ce nouveau champion était le comte Guillaume de Hainaut, beau-frère du roi.

Cette passe fut, comme l'autre, une lutte d'honneur et de courtoisie plutôt qu'une véritable joute; peut-être, au reste, n'en était-elle que plus curieuse aux yeux des champions exercés, qui formaient non-seulement les acteurs mais encore les spectateurs de cette scène; car chacun fit des merveilles d'adresse. Cependant il y avait au fond des coups portés une trop visible intention de la part des adversaires de se livrer à un jeu et non à un combat pour que l'impression produite ne fût pas celle que l'on ressentirait de nos jours en voyant jouer une comédie parfaitement intriguée lorsque l'on serait venu pour voir une tragédie bien dramatique. Il en résulta que, quel que fût le plaisir que prit à ce spectacle la foule qui l'applaudissait, il était visible, lorsqu'il fut achevé, qu'elle espérait pour l'avenir quelque chose de plus sérieux.

Après avoir brisé chacun trois lances, le comte Guillaume sortit de la lice, en s'avouant vaincu comme avait fait le comte Derby, tandis qu'Édouard, mécontent de ces victoires faciles, se retirait dans sa tente, commençant à regretter de ne s'être pas mêlé sous un nom inconnu à la foule des champions, plutôt que de se déclarer l'un des tenans comme il l'avait fait.

A peine fut-il rentré que la musique fit retentir des sons provocateurs auxquels on crut d'abord que rien n'allait répondre, car quelques minutes de silence leur succédèrent; chacun s'inquiétait donc déjà de cette interruption, lorsque tout à coup on entendit retentir une seule trompette; elle sonnait un air français, ce qui indiquait qu'un chevalier de cette nation se présentait pour combattre.

Tous les regards se portèrent à l'instant vers la barrière, qui s'ouvrit, donnant passage à un chevalier de moyenne taille, mais paraissant, à la manière dont il portait sa lance et manœuvrait son cheval, aussi vigoureux qu'habile. Chacun dirigea aussitôt les yeux sur son écu pour voir s'il n'y offrait quelque devise à laquelle on pût le reconnaître; son écu ne portait que ses armes, qui étaient de gueules à trois aigles d'or aux vols éployés, posés deux et un, avec une fleur de lis au chef cousu de France. Cependant, à cette seule désignation, qui de nos jours lui eût permis de garder son incognito, Salisbury le reconnut pour le jeune chevalier qui, le lendemain de la rencontre de Buironfosse, avait traversé, sur l'ordre de Philippe de Valois, le marais qui séparait les deux armées, et avait été, sans y rencontrer personne, explorer le bois qui couvrait la pente de la montagne au sommet de laquelle, comme nous l'avons dit, il avait planté sa lance. A son départ, Philippe, on se le rappelle, l'avait armé chevalier de sa propre main, et, à son retour, content du courage dont il avait fait preuve, il l'avait autorisé à ajouter à ses armes une fleur de lis : c'était en terme de blason ce qu'on appelait coudre au chef.

Le jeune chevalier, en entrant dans la lice, y avait excité un mouvement de curiosité d'autant plus vif qu'il se présentait avec toutes les armes de guerre. Il ne s'avança pas moins avec toute la courtoisie qui, dès cette époque, se faisait remarquer dans la noblesse de France : s'arrêtant d'abord devant la reine, qu'il salua à la fois de la lance et de la tête, abaissant la pointe de sa lance jusqu'à terre, et courbant la tête jusque sur le cou de son cheval; puis, le faisant cabrer aussitôt, il le força de tourner sur lui-même, jusqu'à ce qu'ayant achevé le demi-cercle, il se trouvât en face de la comtesse de Salisbury, à laquelle il adressa le même salut : alors, sans hâte ni lenteur, il s'avança lui-même, pour rendre sans doute un plus grand honneur à son adversaire, vers la tente où était retiré Édouard, et, du fer de sa lance, il toucha hardiment la targe de guerre; puis redescendit aussitôt dans la lice en faisant exécuter à sa monture les exercices les plus difficiles de l'équitation.

De son côté, le roi était sorti de sa tente, et s'était fait amener un autre cheval, couvert lui-même d'une armure complète; mais si sûr qu'il dût être de ses écuyers, il n'en examina pas moins avec une attention toute particulière la manière dont il était harnaché; tirant ensuite son épée hors du fourreau, il s'assura que la lame en était aussi bonne que la poignée en était belle; puis, se faisant attacher au cou une autre targe, il s'élança sur sa monture aussi lestement que pouvait le faire un homme couvert de fer.

L'attention des spectateurs était grande; car, quoique messire Eustache de Ribeaumont eût mis dans son défi toute la courtoisie possible, il n'en était pas moins évident que cette fois c'était une véritable joute, et quoiqu'elle ne fût animée par aucune haine personnelle, la rivalité des deux nations devait lui donner un caractère de gravité que ne pouvaient avoir eu les rencontres qui l'avaient précédée : aussi Édouard alla-t-il prendre sa place dans la lice au milieu du silence le plus profond; messire Eustache, en le voyant venir, mit sa lance en arrêt, Édouard en fit autant, les juges du camp crièrent d'une voix forte : *Laissez aller,* et les deux champions s'élancèrent l'un contre l'autre.

Le chevalier avait dirigé sa lance vers la visière, et le roi la sienne contre la targe, et tous deux avaient visé si juste, que le casque d'Édouard lui fut arraché de la tête, tandis que sa lance frappait avec une telle force le chevalier, qu'elle se brisa à un pied du fer, à peu près, et que le tronçon resta enfoncé dans l'armure. Un instant on crut que messire Eustache était blessé ; mais le fer, tout en traversant l'armure, s'était arrêté aux mailles du gorgerin ; de sorte que, voyant, par le murmure qui s'éleva, quelle était la crainte des spectateurs, il arracha le fer lui-même, et salua une seconde fois les deux reines, en signe qu'il n'y avait point de mal. Le roi reprit un autre casque et une autre lance, et chacun ayant fait son tour et étant revenu à sa place, les maréchaux donnèrent de nouveau le signal. Cette fois les champions choisirent un but pareil, et se frappèrent en pleine poitrine. Le coup fut si violent, que les deux chevaux levèrent les pieds de devant ; mais leurs maîtres demeurèrent en selle, pareils à des piliers d'airain ; quant aux deux lances, elles se rompirent comme du verre, et les éclats en sautèrent jusque dans la galerie où était le peuple. Les écuyers s'approchèrent alors avec de nouvelles lances ; chacun s'arma de la sienne, et, regagnant sa place, s'apprêta à une troisième joute.

Si rapide que fût le signal, il s'était encore fait attendre au gré des deux adversaires ; car, aussitôt qu'il fut donné, les chevaux s'élancèrent, comme s'ils eussent partagé les sentimens de leurs maîtres. Cette fois, messire Eustache conserva toujours le même but ; mais Édouard ayant changé le sien, sa lance atteignit si juste la visière, qu'elle enleva le casque du chevalier, tandis que la lance de celui-ci frappait en pleine poitrine, avec une telle raideur, que le cheval du roi s'accroupit, et que, dans ce mouvement, la sangle s'étant rompue, la selle glissa tout le long de son dos, de sorte qu'Édouard se trouva debout, mais à pied. Son adversaire sauta aussitôt à terre, trouva Édouard déjà débarrassé de ses étriers. Il tira incontinent son épée, se couvrant la tête de son bouclier ; mais Édouard lui fit signe qu'il ne continuerait le combat qu'il n'eût repris un autre casque. Messire Eustache obéit, et le roi, lui voyant la tête couverte, tira son épée à son tour.

Mais avant de se laisser de nouveau venir aux mains, deux écuyers emmenèrent les chevaux chacun par une barrière, tandis que deux varlets ramassaient les lances que les combattans avaient laissées tomber. La lice ainsi dégagée, écuyers et varlets se retirèrent, et les juges du camp donnèrent le signal.

Édouard était un des plus vigoureux hommes d'armes de son royaume ; aussi messire Eustache comprit-il aux premiers coups qu'il reçut le besoin de rappeler toute sa force et toute son adresse. Mais lui-même, comme on a pu le voir, et comme en font foi les chroniques du temps, était un des plus vaillans chevaliers de son époque ; de sorte qu'il ne s'émerveilla ni de la violence ni de la rapidité de l'attaque, et rendit coup pour coup avec une vigueur et un sang-froid qui prouvèrent à Édouard ce qu'il savait déjà sans doute, c'est qu'il se trouvait en face d'un adversaire digne de lui.

Au reste, les spectateurs n'avaient rien perdu pour attendre, et ce qui se passait devant eux était bien cette fois un véritable combat. Les deux épées, dans lesquelles se réfléchissait le soleil, semblaient deux glaives de flamme, et les coups étaient parés et rendus avec une telle rapidité, qu'on ne s'apercevait qu'ils avaient touché l'écu, le heaume ou la cuirasse, qu'en voyant jaillir les étincelles qu'ils en tiraient. Les deux champions s'attachaient surtout au casque, et sous les atteintes redoublées qu'ils avaient reçues, celui de messire Eustache avait déjà vu tomber son panache de plumes, et celui d'Édouard perdu sa couronne de pierreries. Enfin l'épée d'Édouard s'abattit avec une telle force, que, quelle que fût la trempe du heaume de son adversaire, il lui eût sans doute fendu la tête, si messire Eustache n'eût paré à temps avec son bouclier. La lame terrible coupa l'écu par la moitié comme s'il eût été de cuir ; si bien que du choc une des attaches s'étant brisée, messire Eustache jeta loin de lui l'autre moitié, qui lui était devenue plutôt un embarras qu'une défense, et, prenant son épée à deux mains, il en asséna à son tour un si rude coup sur le cimier du roi, que la lame vola en morceaux, et que la poignée seule lui resta dans la main.

Le jeune chevalier fit alors un pas en arrière pour demander une autre arme à son écuyer ; mais Édouard, levant vivement la visière de son casque, fit à son tour un pas en avant, et, prenant son épée par la pointe, il en présenta la garde à son adversaire.

— Messire, lui dit-il avec cette grâce qu'il savait si bien prendre en pareille occasion, vous plairait-il d'accepter celle-ci ? J'ai, comme Ferragus, sept épées à mon service, et toutes sont d'une trempe merveilleuse ; il serait fâcheux qu'un bras aussi habile et aussi vigoureux que le vôtre n'eût pas une arme sur laquelle il pût compter ; prenez donc, messire, et nous en recommencerons le combat avec plus d'égalité.

— J'accepte, monseigneur, répondit Eustache de Ribeaumont en levant à son tour la visière de son casque ; mais à Dieu ne plaise que j'essaie le tranchant d'une si belle arme contre celui-là qui me l'a donnée. Je me reconnais donc vaincu, sire, autant par votre courage que par votre courtoisie, et cette épée m'est si précieuse, que je fais ici le serment sur elle, et par elle, de ne jamais, ni en tournoi ni en bataille, la rendre à d'autres qu'à vous. Maintenant, une dernière faveur, sire ; conduisez votre prisonnier près de la reine.

Édouard tendit la main au jeune chevalier, et se dirigea avec lui, au milieu des acclamations des spectateurs, jusqu'au trône de madame Philippe, qui, ayant détaché une magnifique chaîne d'or de son cou, la noua au poignet du vaincu, en signe de servage, et déclara que de trois jours elle ne voulait pas avoir d'autre esclave. En conséquence, elle le fit asseoir à ses pieds, tenant à la main l'autre extrémité de la chaîne : quant à Édouard, il rentra dans sa tente, prit un autre casque, et ordonna aux musiciens de sonner le défi ; mais soit respect, soit crainte, les clairons de la barrière restèrent muets, et trois fois les mêmes sons retentirent sans qu'aucun bruit pareil leur répondit. Les hérauts parcoururent alors la lice en criant : Largesse, chevaliers, largesse ! et une pluie d'or tomba des gradins dans l'arène.

Au reste, comme la journée était avancée, et que l'heure du souper approchait, les maréchaux levèrent leurs lances garnies de banderolles aux armes d'Angleterre écartelées de leurs armes, pour indiquer que la première joute était finie. Au même moment, les musiciens des deux barrières sonnèrent la retraite, et le cortège reprit, dans le même ordre où il était venu, sa marche vers le château.

Édouard donna à souper aux chevaliers anglais et étrangers, et la reine aux dames et aux damoiselles ; puis, après le souper, dames, damoiselles et chevaliers passèrent dans une chambre commune où les attendaient force jongleurs, musiciens et ménestrels.

Le roi ouvrit le bal avec la comtesse de Salisbury, et la reine avec messire Eustache de Ribeaumont. Édouard était au comble de la joie ; il avait eu les honneurs de la journée comme roi et comme chevalier, et cela sous les yeux de la femme qu'il aimait. Alix, de son côté, redevenue sans défiance, se livrait au plaisir de la danse avec tout l'abandon de la jeunesse et du bonheur. Édouard profitait de cette confiance, tantôt pour serrer, comme par mégarde, la main qu'elle lui tendait, tantôt pour toucher ses cheveux flottans avec ses lèvres, toujours pour s'enivrer du parfum âcre et voluptueux qui flotte autour des femmes dans la chaude atmosphère d'un bal. Au milieu du labyrinthe des figures que formait des lors le tissu d'une danse, la jarretière de la comtesse, qui était de satin bleu de ciel brodé d'argent, tomba sans qu'elle s'en aperçût. Édouard s'élança pour la ramasser ; mais le mouvement n'avait pas été si rapide que d'autres yeux que les siens n'eussent eu le temps de deviner le larcin que le roi avait eu l'intention de faire. Chacun s'écarta en souriant.

Édouard comprit à cette retraite courtisanesque qu'il était soupçonné ; et, mettant le ruban autour de sa propre jambe : « Honni soit, dit-il, qui mal y pense. »

Cet incident donna naissance à l'ordre de la Jarretière.

XIX.

Le lendemain, à la même heure que la veille, les galeries étaient de nouveau encombrées, la lice prête, et les maréchaux à leur poste ; seulement la tente était changée ; elle avait pris un aspect plus simple, mais en même temps plus guerrier, et la bannière qui flottait au dessus d'elle, au lieu d'être de gueules et écartelée des armes de France et d'Angleterre, était de sinople à la bande ondée d'or. Comme on se le rappelle, messire Gauthier de Mauny était le tenant de cette journée, et la valeur bien connue du jeune chevalier était aux spectateurs un sûr garant des belles appertises d'armes qu'ils verraient faire en cette occasion.

En effet, ceux qui la veille n'avaient point osé jouter avec le roi s'étaient réservés pour le lendemain. Cependant les juges du camp n'avaient inscrit que dix noms, pensant que c'était assez faire pour un seul tenant que de tenir tête à dix adversaires différens ; encore avait-il fallu les tirer au sort, car il y avait plus de cent chevaliers qui demandaient à faire leurs armes dans cette journée. Tous les noms alors avaient été mis dans un casque, et les dix premiers sortans devaient obtenir la préférence, et combattre dans l'ordre où ils auraient été tirés. Ces privilégiés du hasard étaient le comte de Merfort, le comte d'Arondel, le comte de Suffolk, Roger, comte de Mark, John, comte de Lisle, sir Walter Pavely, sir Richard Fitz Simon, lord Holland, sir John lord Grey de Codnore, et un chevalier inconnu qui s'était fait inscrire sous le nom du Jeune Aventureux.

Gauthier de Mauny soutint la haute réputation qu'il s'était acquise ; cinq de ses neuf premiers adversaires vidèrent les arçons, trois furent desheaumés, et un seul, le comte de Suffolk, se maintint vis-à-vis de lui avec un avantage à peu près égal.

Le tour du chevalier inconnu arriva. Provoqué, comme ses devanciers, par les trompettes de défi, il entra à son tour dans la lice, et, au contraire de ses prédécesseurs, qui avaient tous envoyé toucher le bouclier de paix de messire Gauthier de Mauny ; il envoya son écuyer heurter à la targe de guerre.

Gauthier sortit vivement de sa tente ; car, mis en haleine par les joutes précédentes, il s'était enivré, comme fait un cheval généreux au son de la trompette, et il commençait à se fatiguer de ne jouer qu'un simple jeu. Pendant le temps qu'on lui amenait un cheval frais et qu'on lui apportait une lance neuve, il jeta les yeux sur la lice, et chercha à deviner à quel homme il avait affaire ; mais rien ne put lui indiquer ni le rang ni la qualité de son adversaire : son casque était sans cimier, son écu sans armoiries ; il portait des éperons d'or en signe qu'il était chevalier, et voilà tout. Quant à ses armes, c'étaient la lance, l'épée et la hache d'armes. Gauthier de Mauny boucla sa targe, descendit dans la lice, fit accrocher une hache à l'arçon de sa selle, et prenant sa lance des mains de son écuyer, il la mit en arrêt, tandis que son adversaire de son côté prenait du champ, et faisait les mêmes dispositions de combat.

Au signal donné, les deux chevaliers s'élancèrent l'un sur l'autre de toute la rapidité de leurs chevaux. Gauthier de Mauny avait dirigé sa lance contre la visière de l'inconnu ; mais, ne trouvant pas de pris au cimier, et ayant manqué l'ouverture, l'acier glissa sur l'acier sans lui faire d'autre dommage. Quant au chevalier aventureux, il avait frappé en pleine targe, et cela avec une telle force, que la lance, trop solide pour se briser ainsi du premier coup, lui avait échappé des mains. Son écuyer la ramassa aussitôt, et la lui rendit. Les champions reprirent donc de nouveau leurs places, et se préparèrent à une seconde course.

Cette fois, Gauthier, instruit par l'expérience, dirigea sa lance vers la poitrine de son adversaire, qui de son côté ne changea point de but. Ils s'atteignirent donc tous deux au milieu de leur targe, et cela si rudement que les deux chevaux s'arrêtèrent en tremblant sur leurs jarrets : quant à leurs maîtres, leur fortune fut encore à peu près égale dans cette rencontre. Le chevalier inconnu se renversa en arrière, comme un arbre qui plie, mais se releva aussitôt. Gauthier de Mauny perdit les étriers, mais les reprit avec une telle promptitude, qu'à peine s'aperçut-on qu'il avait été ébranlé ; quant aux deux lances, elles avaient volé en morceaux.

Les écuyers avaient fait un mouvement pour en apporter d'autres ; mais, à peine raffermi sur sa selle, le chevalier inconnu avait tiré son épée, et Gauthier de Mauny avait imité son exemple ; de sorte qu'avant même qu'ils eussent fait un pas, le combat avait recommencé, à la grande curiosité des spectateurs.

L'arme avec laquelle il s'accomplissait était celle où Gauthier de Mauny était le plus redoutable. Aussi vigoureux qu'adroit, il y avait peu d'hommes qui pussent résister à la force de son bras, ou prévenir la justesse de son coup d'œil ; mais, quoique son adversaire n'eût point évidemment la même supériorité, il se défendait en homme qui, tout en laissant des chances à son ennemi, lui devait donner cependant une rude besogne à faire. Il y eut même un moment où le chevalier aventureux parut avoir l'avantage ; car l'épée de Gauthier de Mauny s'étant brisée entre ses mains, le chevalier désarmé fut forcé d'avoir recours à sa hache. Pendant le temps qu'il la détachait, il reçut un tel coup sur son casque, que les attaches s'étant brisées, il demeura la tête nue ; mais aussitôt, s'étant garanti le front avec son bouclier, il poussa à son tour si vigoureusement son adversaire, que celui-ci fut forcé d'abandonner l'attaque pour ne plus s'occuper que de la défense. En vain voulut-il opposer à l'arme terrible la lame de son épée ; la lame de son épée se brisa à son tour comme du verre, et Gauthier, profitant du même avantage qu'un instant auparavant il avait livré, asséna sur le heaume de son adversaire un tel coup du tranchant de sa hache, que le chevalier inconnu étendit les bras en poussant un cri, et tomba sans mouvement dans la lice. Les juges du camp croisèrent aussitôt leurs lances entre les combattans, et les écuyers s'approchèrent du vaincu et lui ouvrirent son casque : il était évanoui, et le sang coulait à flots de la blessure qu'il avait reçue sur le haut de la tête.

Tous les regards se portèrent alors avec curiosité sur le chevalier étranger. C'était un jeune homme de vingt-cinq ans à peine, au teint brun, aux longs cheveux noirs, et dont les traits fortement accentués indiquaient l'origine méridionale. Mais, au grand étonnement de tout le monde, aucun des spectateurs ne le connaissait, et Gauthier lui-même chercha vainement à se rappeler ces traits pâles et sanglans, qui avaient trop de caractère cependant pour qu'on ne perdît le souvenir une fois qu'on les avait vus ; de sorte qu'il demeura convaincu que c'était la première fois qu'il se trouvait en face de ce jeune homme. Au reste, la joute était finie. Le roi et la reine reprirent donc le chemin de Windsor, où un magnifique dîner attendait tous les convives, rassemblés cette fois dans la même salle ; et ce fut merveille à voir, car jamais on n'avait réuni tant de nobles personnes : on compta ce jour, assis à une même table, un roi, douze comtes, huit cents chevaliers et cinq cents dames.

A la fin du repas, un écuyer fit demander Gauthier de Mauny. Il venait de la part de son maître, le chevalier aventureux. Le blessé était revenu à lui, et, avant de mourir, il avait, disait-il une révélation à faire à celui qu'il était venu si imprudemment défier, et qui, l'on avait puni d'une façon si cruelle. Gauthier de Mauny suivit le messager, dont la marche rapide indiquait qu'il n'y avait pas de temps à perdre, et arriva bientôt à la tente du mourant. Il le trouva couché sur une peau d'ours, le visage déjà tellement pâli, que ses yeux seuls semblaient vivre, animés qu'ils étaient par une fièvre mortelle. Au bruit que fit Gauthier en entrant, le moribond releva la tête, et, reconnaissant son vainqueur, qu'il n'avait vu que pendant le court instant où son casque brisé lui avait laissé la tête découverte, il ordonna à ses gens de sortir, et pria, par un signe, Gauthier de Mauny de venir s'asseoir près de lui. Le chevalier s'empressa de se rendre à ce désir. Le blessé le remercia d'un signe de tête ; puis, fatigué de l'effort qu'il avait fait, il se laissa retomber avec un gémissement que, malgré tout son courage, il ne put étouffer qu'à demi.

Gauthier crut qu'il allait expirer ; mais il se trompait : l'heure n'était pas encore venue, et, au bout de quelques instans, le blessé parut reprendre quelque force :

— Messire Gauthier, dit-il alors d'une voix faible, vous avez fait un vœu, que je crois ?

— Oui, répondit Gauthier, j'ai juré de venger mon père, qui a été assassiné en Guyenne, et de retrouver son meurtrier et son tombeau, afin de tuer l'un sur l'autre.

— Et vous ignorez dans quelle ville il a été assassiné :
— Je l'ignore.
— Et vous ne savez pas où est sa tombe ?
— Je n'ai pu la découvrir encore.

— Eh bien ! messire, moi, j'ai une mère qui ignore aussi dans quelle ville j'ai été blessé à mort, dans quel lieu s'élèvera ma tombe ; une mère, cependant, qui aura besoin de pleurer sur son fils, comme vous avez besoin de pleurer sur votre père : promettez-moi une chose, chevalier.

— Laquelle ? répondit Gauthier.

— Jurez-moi que, quand je serai mort, vous enfermerez mon cadavre dans un cercueil de chêne, et que vous le renverrez au lieu que je vous dirai, pour qu'il repose sur une terre amie et au milieu d'êtres aimés ; et moi, en échange, je vous dirai, messire, comment votre père est mort, et dans quel lieu il attend la résurrection éternelle.

— Ah ! je vous le jure, s'écria Gauthier de Mauny ; dites, dites !

— Avez-vous entendu parler, messire, d'un fameux tournoi qui eut lieu à Cambrai, vers l'année treize cent vingt-deux ?

— Oui, sans doute, répondit Gauthier ; car mon père y assista et y acquit grand honneur.

— Il y jouta, continua le blessé, avec un jeune homme qu'il maltraita si rudement, que non seulement il ne put jamais remonter à cheval, mais encore qu'il fut obligé de se faire ramener en litière jusqu'à la ville de la Réole, où étaient ses parens. Ce jeune homme avait pour père Jean de Lévis, et pour mère Constance de Foix, qui était fille de Roger-Bernard, comte de Foix. Malgré les soins que lui donnèrent ses excellens parens, pour lesquels un tel accident était d'autant plus sensible, qu'ils n'avaient qu'un second fils au berceau, ce jeune homme ne put jamais se remettre, et mourut à l'âge où je vais mourir.

« Or, il advint que deux ou trois ans après sa mort, et comme la douleur en était toute saignante encore au cœur de sa famille, messire Leborgne de Mauny, votre père, ayant voué un pèlerinage à Saint-Jacques de Galice, se mit en voyage, accomplit son vœu, et, à son retour, ayant appris que monseigneur Charles, comte de Valois, frère du roi Philippe, était à la Réole, prit la route de cette ville, pour y saluer en passant son auguste allié (1). Votre père resta là quelque temps, car on lui fit grande fête ; si bien que le bruit se répandit qu'il y était, et pénétra jusque dans la maison qu'il avait mise en deuil. C'était tenter Dieu, messire, vous en conviendrez, que de venir ainsi se livrer à la vengeance d'un père : aussi résulta-t-il de cette imprudence ce qui devait en résulter. Un soir que messire Leborgne de Mauny revenait d'un quartier éloigné de la ville, et regagnait l'hôtel de monseigneur le comte de Valois, il fut attendu par deux hommes, dont l'un était le maître et l'autre le valet : le maître mit l'épée à la main, et cria à votre père de se défendre. Votre père se défendit si bien, qu'il commençait à presser son adversaire ; ce que voyant le valet, il vint sur le côté, et passa à messire Leborgne de Mauny son épée au travers du corps.

— Les assassins ! murmura Gauthier.

— Ne m'interrompez pas, si vous voulez tout savoir, car je sens que je n'ai plus que quelques instans à vivre.

— Avant tout, s'écria Gauthier, laissèrent-ils son cadavre sans sépulture ?

— Non. Rassurez-vous, continua le mourant. Le corps de votre père fut emporté, obtint les prières de l'Eglise, et fut enterré dans un tombeau ; car celui qui l'avait attaqué voulait un duel, et non un assassinat. Or, il crut que ce serait une expiation que de coucher le cadavre dans un suaire bénit, et de faire graver sur le marbre de sa tombe une croix, avec ce seul mot latin, *Orate*, afin que ceux qui s'agenouilleraient sur cette tombe priassent en même temps pour la victime et pour l'assassin.

— Et où retrouverai-je ce tombeau ? s'écria Gauthier.

— Il était alors hors de la ville, répondit le blessé ; mais la ville s'étant étendue depuis lors, il est renfermé maintenant dans ses murailles : vous le retrouverez, messire, dans le jardin du couvent des frères Mineurs, situé à l'extrémité de la rue de Foix.

— Bien, bien, dit Gauthier, voyant que le jeune chevalier s'affaiblissait de plus en plus ; et maintenant, un dernier mot je vous prie. Ce Jean de Lévis, qui a assassiné mon père, vit-il encore ?

— Il est mort depuis dix ans.

— Mais il avait un fils, m'avez-vous dit, un fils qui doit être en état de porter les armes ?

— Vous l'avez tué aujourd'hui, messire, répondit le moribond dont la voix éteinte : ainsi votre vœu de vengeance est accompli, ne songez donc plus qu'à celui de la miséricorde. Vous avez promis de renvoyer mon corps à ma mère, ne l'oubliez pas.

Et le jeune homme, retombant sur son lit de guerre, murmura un nom de femme, et expira.

Le même soir, messire Gauthier de Mauny demanda au roi d'Angleterre congé pour accompagner le comte de Derby, qui devait, aussitôt les joutes terminées, partir avec grand nombre d'hommes d'armes et d'archers, pour porter secours aux Anglais de la Gascogne, tandis que sir Thomas d'Agworth allait en Bretagne, pour y poursuivre à main armée les affaires de la comtesse de Montfort, qui devaient s'être grandement améliorées par le traité que venaient de passer avec le comte de Salisbury, messire Olivier de Clisson et le sire Godefroy de Harcourt, et dont la signature allait, sous quelques jours, rendre la liberté à ces deux chevaliers.

XX.

Le troisième jour était, comme nous l'avons dit, réservé à Guillaume de Montaigu, qui, armé chevalier de la main du roi Édouard, selon la promesse que ce dernier lui en avait engagée au château de Wark, devait y faire ses premières armes sous les yeux de la comtesse : c'était donc un jour de fête pour le jeune homme, car il était bien décidé à être vainqueur ou à mourir, et dans l'un ou l'autre cas, il devait ou être couronné par elle, ou expirer sous ses yeux, ce qui était toujours regardé par lui comme un bonheur.

Au reste, pour faire plus grand honneur à son filleul, Édouard lui-même avait voulu donner pour ce jour liberté à messire Eustache de Ribeaumont, afin que la seconde joute fût pour lui. Enfin la troisième avait été retenue par Guillaume de Douglas, qui avait obtenu de primer tous

(1) Le comte Guillaume de Hainaut avait épousé la fille du comte de Valois, de sorte que messire Leborgne de Mauny et e comte de Valois se trouvaient être devenus cousins.

les autres chevaliers, à cause du défi fait devant le château de Wark et accepté à Stirling, lorsque Guillaume de Montaigu y était venu apporter une lettre du roi Édouard au roi David; lettre à la suite de laquelle, on doit s'en souvenir, il avait été heureusement traité avec le roi de France de l'échange du comte de Murray contre messire Pierre de Salisbury.

Les deux premières joutes furent donc entièrement de courtoisie, et à peu près ce qu'est, de nos jours, un assaut dans une salle d'armes: chacun fit grande preuve de force et d'adresse; on brisa deux ou trois lances, et Guillaume de Montaigu eut l'honneur de sortir à partie égale de cette lutte avec deux des meilleurs chevaliers du monde. Mais, à la troisième passe, on savait que le jeu devait se changer en duel: car le bruit du défi s'était répandu dans la noble assemblée, et, tout en déplorant la mort du chevalier Aventureux, on n'était pas fâché de retrouver, une fois encore, les émotions qu'avait fait naître le combat dans lequel il avait succombé.

Ce fut donc avec un frémissement général d'intérêt et d'impatience que l'on entendit les musiciens de la plate-forme faire retentir l'air de leur défi guerrier, et l'attente de ceux qui craignaient encore que cette curieuse joute n'eût pas lieu fut joyeusement remplie, lorsque quatre cornemuses écossaises répondirent aux trompettes et aux clairons par un pibroch montagnard. Au même instant, les barrières s'ouvrirent, et Douglas parut. Chacun le reconnut à ses nouvelles armes, qui étaient d'argent au chef d'azur, avec un cœur sanglant de gueules, et une couronne d'or en l'azur. On se rappelle que les Douglas avaient substitué ces armes aux leurs, qui étaient d'azur au chef d'argent et à trois étoiles de gueules en l'argent, lors de la mort héroïque du bon lord James, qui avait, ainsi que nous l'avons raconté, succombé devant Grenade, en portant vers la Terre-Sainte le cœur de son souverain et ami Robert Bruce d'Écosse.

Douglas entra donc dans la lice, accompagné d'un murmure général de curiosité, car il était doublement célèbre par les exploits de son père et les siens. Le récit de ses aventureuses entreprises, sa fidélité au roi David, les pertes terribles qu'il avait fait éprouver aux Anglais depuis dix ans à peu près qu'il avait pour la première fois eu la force de porter une lance et de lever une épée, en faisaient un objet d'intérêt pour les hommes et d'admiration pour les femmes. Guillaume de Douglas répondit à cette courtoisie en levant la visière de son casque pour saluer madame Philippe et la comtesse de Salisbury. On vit alors les traits d'un jeune homme de vingt-huit ans à peu près; ce qui redoubla l'étonnement, car on ne pouvait comprendre comment, si jeune encore, il avait déjà tant de renommée. Puis, lorsque Guillaume de Douglas eut rendu hommage aux deux reines, il baissa la visière de son casque, et montant sur la plate-forme, il alla frapper du fer de sa lance la targe de guerre de Guillaume de Montaigu.

Celui-ci ne fit qu'un bond du fond de sa tente jusqu'au seuil.

— Bien, messire, dit-il; vous êtes exact au rendez-vous, et je vous remercie.

— Vous parlez, mon jeune seigneur, comme si c'était de vous que fût venu le défi: il y a là erreur: le défi vient de moi, messire; je tiens à rétablir les faits dans toute leur exactitude.

— Qu'importe qui l'a donné ou qui l'a reçu, puisqu'il a été reçu et donné de grand cœur? Or, prenez du champ ce qu'il vous en faut, et avant que vous ne soyez à votre place, je serai, moi, à la mienne.

Douglas fit volter son cheval; et, tandis que Guillaume de Montaigu se faisait boucler sa targe et choisissait la plus forte entre trois ou quatre lances, il traversa de nouveau la lice; puis, arrivé à l'extrémité par laquelle il était entré, il abaissa sa visière et mit sa lance en arrêt. Il avait à peine achevé ces préparatifs qu'il vit son adversaire à son poste. Un instant suffit à Guillaume pour assurer de son côté sa lance, et les juges du camp, les voyant prêts et, s'apercevant de l'impatience des spectateurs, crièrent à haute voix : — Laissez aller.

Les deux jeunes gens fondirent l'un sur l'autre avec une telle impétuosité, qu'il leur fut impossible de prendre leurs mesures: aussi, quoique le fer des deux lances eût touché les casques, un seul glissa sur l'acier en faisant jaillir des étincelles; de sorte que les deux chevaliers, emportés par leur course, passèrent outré sans s'être fait autre dommage. Cependant tous deux arrêtèrent leurs chevaux avec toute la force et l'adresse d'écuyers consommés; et, les ramenant chacun à sa place, ils se préparèrent à une nouvelle course.

Cette fois, Douglas dirigea le fer de sa lance vers la targe de son adversaire, et l'atteignit en pleine poitrine avec tant de violence qu'il la brisa en trois morceaux, et qu'ébranlé du choc, Guillaume plia jusque sur la croupe de son cheval. Quant à celui-ci, il avait visé si juste au cimier qu'il avait enlevé le casque de la tête de Douglas; et cela si rudement que le sang en sortit à l'Écossais par le nez et par la bouche. Au premier moment, on le crut blessé gravement; mais lui-même fit signe que ce n'était rien, reprit un autre casque des mains de son écuyer, demanda une lance neuve, et retourna prendre du champ pour fournir sa troisième carrière. Quant à Guillaume, il s'était redressé comme un arbre flexible que la brise courbe en passant; puis, faisant volter son cheval, il était aussitôt allé reprendre son poste, et attendait que son adversaire fût préparé. Douglas ne le fit pas attendre: les juges du camp donnèrent pour la troisième fois le signal, et les deux jeunes gens s'élancèrent l'un sur l'autre avec une rage que n'avaient fait qu'augmenter les courses précédentes.

Cette fois, ils se rencontrèrent avec une telle violence que, le cheval de Douglas s'étant cabré, et la sangle du cheval de Guillaume s'étant rompue, les deux champions roulèrent dans la poussière. Aussitôt Douglas se releva sur ses pieds, et Guillaume sur un genou. Mais avant que l'Écossais n'eût franchi la moitié de la distance qui le séparait de son adversaire, il chancela, et l'on put voir, au sang qui coulait le long de sa cuirasse, qu'il était grièvement blessé. Les juges du camp s'avancèrent aussitôt dans la lice, et croisèrent leurs lances entre les deux jeunes gens. Ce fut alors seulement qu'ils s'aperçurent que Guillaume aussi devait avoir reçu quelque grave blessure; car, après avoir essayé de se relever, il était retombé sur ses deux genoux et sur une main. En effet, les deux adversaires s'étaient donné coup pour coup; la lance de Guillaume avait percé la targe de Douglas, et, glissant sur la cuirasse, avait été s'enfoncer sous l'épaulière; tandis que celle de Douglas, traversant la visière, avait atteint Guillaume au-dessus du sourcil, et s'était brisée, lui clouant son casque au front.

Les juges du camp comprirent bientôt la gravité des deux blessures, et, sautant à bas de leurs chevaux, ils furent les premiers à porter des secours aux blessés; messire Jean de Beaumont courut à Douglas, et Salisbury à Guillaume; et tandis qu'on emmenait l'Écossais hors de la lice, il essaya d'arracher le tronçon de la lance qui était resté dans la plaie; mais Guillaume lui arrêta la main.

— Non, mon oncle, lui dit-il, car j'ai peur qu'avec le fer ne s'en aille la vie; appelez seulement un prêtre, car je voudrais mourir chrétiennement.

— Ne veux-tu pas un chirurgien d'abord? s'écria Salisbury.

— Un prêtre! mon oncle; un prêtre! je vous dis; il n'y a pas de temps à perdre, croyez-moi.

— Monseigneur! cria Salisbury à l'évêque Lincoln, qui était assis près de la reine, voulez-vous venir, il y a danger de mort.

La comtesse jeta un faible cri, plusieurs femmes s'évanouirent, et l'évêque, descendant les degrés, vint prendre près du blessé la place de Salisbury.

Alors, au milieu de la lice, retrouvant des forces pour ce dernier acte de religion, Guillaume de Montaigu, à genoux et les mains jointes, se confessa tout armé; puis, l'évêque de Lincoln lui donna l'absolution en face de toutes ces femmes qui priaient pour le jeune blessé, et de tous ces chevaliers qui demandaient à Dieu la grâce de faire une aussi sainte et aussi belle mort.

L'absolution donnée, Salisbury se rapprocha de son neveu, lequel, étant en état de grâce et ne craignant plus de mourir, cessa de s'opposer à ce qu'on tirât de sa blessure le fer qui y était resté; alors Salisbury le fit coucher sur le dos, et, lui appuyant le pied sur la poitrine, il parvint en se raidissant à lui arracher le tronçon de la plaie; puis aussitôt débouclant le casque, qu'on n'avait pas pu ouvrir jusque-là, cloué qu'il était, comme nous l'avons dit, au front du blessé, il parvint à lui dégager la tête de son enveloppe de fer. Guillaume était évanoui : ses écuyers accoururent à son aide, et le comte de Salisbury, aidé par eux, le transporta dans sa tente.

Aussitôt le médecin du roi arriva, envoyé par Édouard lui-même, et examina le blessé. Salisbury, qui aimait Guillaume comme son enfant, attendit avec anxiété la fin de l'examen; mais il fut loin d'être favorable au jeune chevalier. Le mire se fit apporter le fer de la lance : à la rouille sanglante qui le couvrait, il était facile de voir qu'il avait pénétré de la longueur de deux pouces; aussi le médecin secoua-t-il la tête, en homme qui n'espère pas grand'chose de bon. En ce moment, des valets vinrent de la part du roi pour transporter Guillaume de Montaigu dans un appartement du château de Windsor; mais le médecin s'y opposa, le malade étant trop faible pour supporter le transport.

Salisbury se vit forcé de quitter Guillaume avant qu'il ne fût revenu à lui, car sa mission l'appelait près d'Édouard : c'était le même soir qu'il devait partir pour aller chercher à Margate l'engagement d'Olivier de Clisson, et lui porter, ainsi qu'à sire de Harcourt, l'ordre royal qui les remettait en liberté. Salisbury était un de ces hommes chez qui les affections privées ne passaient qu'après les devoirs publics; il quitta donc Guillaume après l'avoir recommandé au médecin comme s'il eût été son fils.

Quant à la comtesse, elle avait demandé au roi la permission de ne pas assister au souper, et le roi la lui avait accordée à l'instant même; car, ainsi que tous, il avait compris la douleur qu'elle devait ressentir d'un pareil accident. On sait avec quelle fidélité et quel respect le jeune homme l'avait gardée pendant la captivité du comte, et quoique plusieurs se fussent bien douté qu'il y avait dans la conduite de son jeune neveu quelque chose de plus tendre qu'un simple lien de parenté, la réputation de vertu de madame Alix était si bien établie, qu'elle n'avait aucunement souffert de ce dévouement. Cependant, quoiqu'on eût rendu justice à la comtesse en ne soupçonnant pas la pureté de ses sentimens pour son châtelain, elle n'en avait pas moins pour lui une amitié presque fraternelle, à laquelle il faut ajouter cette pitié tendre qu'éprouve presque toujours une femme, si vertueuse qu'elle soit, pour l'homme qui l'aime secrètement et sans espoir.

Aussi, lorsqu'elle vit entrer Salisbury, n'essaya-t-elle point de cacher sa douleur aux yeux de son mari, persuadée que lui, moins que personne, lui ferait un crime de ses larmes. En effet, Salisbury avait besoin de tout son courage pour retenir les siennes; il venait prendre congé d'elle, car, malgré les instances d'Édouard pour le retenir, l'inflexible messager avait résolu d'accomplir une mission dont il comprenait toute l'importance. Il partit donc le soir même, recommandant Guillaume aux soins de la comtesse.

Cette séparation, quelque courte qu'elle dût être, se faisait sous de si tristes auspices, qu'elle fut accompagnée de part et d'autre d'une douleur pressentimentale telle que, si Salisbury eût été un homme d'un cœur moins dévoué à son roi et d'un esprit moins ferme à ses devoirs, il eût supplié Édouard de choisir quelque autre pour achever à sa place la négociation qu'il avait commencée; mais le comte, au moment où lui vint cette pensée, la repoussa comme il eût fait d'un crime, et, puisant une nouvelle force dans la honte de sa faiblesse, il prit congé d'Alix, la laissant maîtresse de l'attendre à Londres, ou de retourner au château de Wark.

Lorsque la comtesse fut seule, toutes ses pensées tristes, tous ses pressentimens mélancoliques se groupèrent autour d'une même douleur, celle que lui causait l'accident arrivé à Guillaume. Aussi, ne pouvant rester dans le doute, elle appela un page, et lui ordonna d'aller savoir des nouvelles du blessé. L'enfant revint au bout d'un instant; car, ainsi que nous l'avons dit, les tentes n'étaient séparées du château que par la longueur de la lice. Guillaume était toujours évanoui, et le médecin n'avait eu aucun motif de modifier ses premières prévisions : à son avis, la blessure devait être mortelle, et, quoiqu'il fût possible que le jeune homme reprît ses sens, à moins d'un miracle, il n'y avait aucune chance qu'il revît le jour le lendemain. Cette réponse, à laquelle Alix eût dû s'attendre d'après ce que lui avait dit le comte, ne l'en atteignit pas moins cruellement; elle se souvint alors de ce dévouement si tendre et cependant si craintif, de cet amour toujours vivant, mais pourtant toujours muet, et cela pendant quatre ans, que Guillaume ne l'avait pas quittée d'un instant, si ce n'était, comme il l'avait fait au château de Wark, pour obéir à ses ordres et s'occuper de son salut. Pendant ces quatre ans, elle avait lu jour par jour dans le cœur du jeune chevalier comme dans un livre dont le temps aurait tourné les pages, et elle n'avait vu dans ce cœur que des prières d'amour qui semblaient écrites pour la bouche des anges. Elle se représenta le pauvre blessé, si joyeux et si plein d'espérance la veille encore, il se réveillant aujourd'hui pour mourir, seul et abandonné sous une tente; et il lui sembla que, s'il expirait ainsi, éloigné des deux seules personnes qu'il eût aimées sur la terre, elle en garderait un remords fatal à tout le reste de sa vie. Quelque temps néanmoins elle hésita encore, deux ou trois fois elle se leva, et retomba hésitant sur son fauteuil; tant elle craignait que, malgré les liens de parenté, on n'interprétât mal cette visite mortuaire; mais enfin le cri du cœur l'emporta sur la voix du monde, et, jetant un voile sur sa tête, sans page, sans femme, sans valet, elle quitta le château de Windsor, et s'achemina vers la tente de Guillaume de Montaigu.

Ce qu'avait prévu le médecin était arrivé : Guillaume était revenu à lui, et l'homme de la science, qui avait reçu d'Édouard l'ordre de soigner également les deux blessés, avait profité de ce moment pour se rendre près de Douglas, dont la situation, quoique grave, était sans danger. Quant à Guillaume, il était en proie à une fièvre ardente, et, malgré sa faiblesse, il avait des momens de délire pendant lesquels deux hommes suffisaient à peine pour le maintenir sur son lit. Dans ces momens, il lui semblait voir une ombre vers laquelle il faisait tous ses efforts pour s'élancer, et que, discret jusque dans son délire, il appelait, sans la nommer, tantôt par des cris, tantôt par des prières. Ce fut dans un de ces momens d'exaltation que la comtesse leva tout à coup la tapisserie qui pendait devant la porte de la tente, faisant succéder la réalité de sa présence aux rêves fiévreux qui l'avaient précédée. Par un mouvement naturel, les deux hommes qui retenaient Guillaume le lâchèrent, en voyant contre leur attente apparaître cet être fantastique qu'il appelait, et Guillaume lui-même, comme si sa vision eût pris un corps, au lieu de s'élancer en avant, fit sur son lit un mouvement en arrière, les yeux fixes, la poitrine haletante, et joignant les mains dans l'attitude d'un suppliant. La comtesse fit un signe, et ceux qui gardaient Guillaume sortirent, tout en se tenant à la porte de la tente, afin de rentrer au premier ordre qu'ils en recevraient.

— Est-ce vous, madame, dit Guillaume, ou bien est-ce

un ange qui a pris votre forme pour me rendre plus doux le passage de cette vie à l'autre?

— C'est moi, Guillaume, répondit la comtesse : votre oncle ne pouvait pas venir, car il est parti pour le service du roi ; je n'ai pas voulu vous laisser ainsi seul, et je suis venue, moi.

— Oh! oui, oui, c'est bien votre voix, dit Guillaume; je vous voyais quand vous étiez absente, mais je n'entendais pas vos paroles : vous avez, en entrant, suspendu le délire et chassé les fantômes! Est-ce bien vous? je mourrai donc heureux.

— Non, vous ne mourrez pas, Guillaume, reprit la comtesse, tendant au blessé une main qu'il saisit avec un mélange de respect et d'amour impossible à exprimer. Votre état n'est point aussi désespéré que vous le croyez.

Guillaume sourit tristement.

— Écoutez, lui dit-il, tout est bien comme Dieu le fait, et mieux vaut mourir que de vivre malheureux : n'essayez donc point de me tromper, madame, et n'usons point ce qui me reste de force à me reprendre à des espérances inutiles ; ce que je regrette en mourant, madame, c'est de n'être plus là pour vous garder.

— Me garder, Guillaume! et de qui? Grâce à Dieu, nos ennemis ont repassé la frontière.

— Oh! madame, interrompit Guillaume, vos ennemis ne sont pas ceux que vous craignez le plus. Il en est un plus terrible pour vous que tous ces brûleurs de villes écossais, que tous ces preneurs de châteaux des frontières ; celui-là, madame, sans que vous vous en doutiez, je vous ai déjà garanti deux fois de lui, peut-être. Tenez, écoutez-moi ; tout à l'heure j'avais le délire, mais le délire des mourans est peut-être une double vue! eh bien! au milieu de mon délire, je vous voyais dans les bras de cet homme, j'entendais vos cris ; vous appeliez à l'aide, et personne ne venait, car j'étais retenu sur mon lit par des liens de fer ; j'aurais donné non pas ma vie, puisque je vais mourir, mais mon âme, entendez-vous? mon âme pendant l'éternité, pour aller à votre secours, et je ne le pouvais pas ; j'ai bien souffert, allez, et je vous remercie d'être venue.

— C'était de la folie, Guillaume, c'étaient les rêves de la fièvre, car, je vous devine, vous voulez parler du roi.

— Oui, oui, c'est de lui que je parle ; écoutez-moi, madame : peut-être tout à l'heure c'était du délire ; mais maintenant ce n'en est plus ; vous voyez bien, n'est-ce pas, qu'en ce moment j'ai toute ma raison! Eh bien! tenez, je n'ai qu'à fermer les yeux, et je vous revois comme je vous voyais tout à l'heure, et j'entends vos cris! oh! tenez, c'est à m'en rendre fou.

— Guillaume, Guillaume! s'écria la comtesse, effrayée elle-même de l'accent de vérité avec lequel lui parlait le mourant, du calme, je vous en supplie.

— Oh! oui, oui, du calme pour mourir, je vous en supplie, rendez-moi du calme.

— Que faut-il faire pour cela? répondit Alix avec un ton de profonde pitié ; dites, et si c'est en mon pouvoir, je le ferai.

— Il faut partir, s'écria Guillaume les yeux étincelans, partir à l'instant même, vous éloigner de cet homme! je mourrai bien tout seul maintenant que je vous ai vue ; promettez-moi de partir.

— Mais où voulez-vous que j'aille?

— Partout où il ne sera pas. Vous ne savez pas combien il vous aime ; vous n'avez pas vu cela, vous, car, pour le voir, il fallait les yeux de la jalousie ; cet homme vous aime à commettre un crime!

— Oh! vous m'épouvantez, Guillaume.

— Mon Dieu, mon Dieu! je sens que je vais mourir, mourir avant que vous ne soyez convaincue que cet homme est capable de tout! Jurez-moi que vous partirez, demain, cette nuit... jurez-moi.

— Je vous le jure, Guillaume, dit Alix. Mais vous ne mourrez pas ; je retourne au château de Wark, et, lorsque vous serez guéri, vous viendrez m'y rejoindre ; Guillaume! qu'avez-vous?

— Seigneur, Seigneur, ayez pitié de moi! murmura Guillaume.

— Guillaume! Guillaume! s'écria la comtesse en se baissant vers lui ; mon Dieu, mon Dieu!

— Alix, Alix, balbutia Guillaume, adieu, je vous aime. Alors, rassemblant toutes ses forces, il jeta ses bras autour du cou de la comtesse, et moitié baissant vers lui, moitié se levant vers elle, il toucha de ses lèvres les lèvres d'Alix, et retomba sur son oreiller.

Elle avait reçu à la fois son premier baiser et son dernier soupir.

Le lendemain au matin, la comtesse, comme elle l'avait promis la veille à Guillaume, alla prendre congé de madame Philippe, qui voulut d'abord la retenir, mais qui, admettant bientôt une excuse aussi légitime que celle que faisait valoir madame Alix pour quitter les fêtes, n'insista que ce qu'il fallait pour lui prouver le regret qu'elle avait de se séparer d'elle. Quant à Édouard, après avoir fait, comme la reine, quelques instances, il céda comme elle, et avec un air d'indifférence qui acheva de convaincre la comtesse que le malheureux jeune homme dont elle regrettait la mort s'était alarmé mal à propos ; seulement, comme la comtesse avait à traverser des pays dans lesquels, d'un moment à l'autre, les maraudeurs des frontières faisaient irruption, le roi exigea qu'elle acceptât une escorte, et lui fit promettre de ne s'arrêter que dans des villes closes ou des châteaux fortifiés.

La comtesse se mit donc en route, et le premier jour s'arrêta à Hertfort, étant partie tard et n'ayant pu faire que dix lieues pendant cette journée : elle y trouva son logement préparé, car un courrier marchait en avant, comme lorsque la reine était en voyage : c'était une dernière attention d'Édouard, et la comtesse n'y vit qu'une courtoisie exagérée, mais qui s'expliquait cependant par la vieille amitié que le roi portait au comte de Salisbury.

Le jour suivant elle se remit en route et vint coucher à Northampton, où, grâce aux mêmes précautions royales, elle trouva un appartement digne d'elle et de celui qui le lui offrait ; seulement, le chef de l'escorte vint la prévenir que la journée du lendemain était forte, et que l'on devrait partir de bonne heure si l'on voulait arriver jusqu'au logement que le roi avait fait préparer.

En effet, la comtesse se mit en route avec l'aube : sur le midi, l'escorte s'arrêta à Leicester, et ne se remit en chemin que vers les trois heures. Quoiqu'on fût alors aux plus longs jours de l'année, la nuit était venue sans qu'on eût aperçu à l'horizon aucune apparence de ville ni de château. On continua de marcher deux heures encore à peu près, lorsque enfin on vit briller une lumière dans les ténèbres. Quelques minutes après, la lune, en se levant, découpa en vigueur les tours et les murailles d'un château fort ; à mesure qu'on avançait, la comtesse croyait reconnaître, à certains signes restés dans son souvenir, une demeure qui lui était connue ; enfin, en arrivant à la porte, son dernier doute disparut. Elle était au château de Nottingham.

La comtesse frissonna malgré elle, car on se rappelle que ce château gardait de sanglans souvenirs. Alix y entra donc avec une terreur qui s'accrut encore lorsqu'elle vit que l'appartement qu'on lui avait préparé était la chambre même où avait été arrêté Mortimer et où avait été tué Dugdale : aussi n'eut-elle point le courage de toucher au souper, se contentant de tremper ses lèvres dans une coupe de vin épicé. Au reste, il n'y avait pas à se tromper à cette chambre, car elle la connaissait bien : c'était la même où madame Philippe lui avait raconté toute cette tragique aventure, le soir même de l'arrivée de Gauthier de Mauny et du comte de Salisbury. Si, alors qu'elle était près de la reine, entourée de ses femmes, et gardée par son fidèle châtelain Guillaume de Montaigu, elle n'avait pu se soustraire à un sentiment d'effroi, quelle ne devait pas être sa terreur, aujourd'hui qu'elle se trouvait seule dans ce même château, au milieu d'hommes presque inconnus, et le cœur tout saignant encore de la mort récente de celui dont chaque objet dans cette chambre lui rappelait le respect et l'empressement. Mais, hélas! il n'était plus là pour la garder et la défendre, le pauvre enfant au cœur dévoué, dont toutes les craintes pour elle lui revenaient à l'esprit à cette heure! Aussi était-elle restée dans le fauteuil où elle s'était assise, le coude appuyé sur la table où était posée la lampe, n'osant tourner la tête derrière elle, de peur de voir quelque objet fantastique, quoiqu'en face d'elle fût un souvenir réel : c'était cette entaille faite dans l'un des pilastres de la cheminée par l'épée de Mortimer. La vue de cette entaille amena tout naturellement Alix à se remémorer comment Mortimer avait été arrêté. Elle se souvint d'un souterrain qui communiquait aux fossés du château; d'un panneau qui glissait dans la boiserie; elle se rappelait bien que la reine lui avait dit que ce souterrain était muré, et que le panneau ne s'ouvrait plus; mais n'importe, il lui était impossible de vaincre sa terreur. Ce qui la redoublait encore, c'était qu'elle attribuait à la fatigue de la journée un engourdissement insurmontable, qu'elle crut combattre en buvant de nouveau quelques gorgées du vin épicé qu'elle avait déjà goûté en arrivant; mais loin que ce qu'elle prenait pour un réactif produisît l'effet qu'elle en attendait, l'espèce d'engourdissement qui avait commencé de s'emparer d'elle n'en devint que plus intense. Alors elle se leva et voulut marcher; mais elle fut forcée de se soutenir au fauteuil : tous les objets paraissaient tourner autour d'elle, elle sentait qu'elle était en ce moment sous l'influence d'un pouvoir invincible, et qu'elle ne s'appartenait plus; elle vivait dans un monde d'où la réalité avait disparu. La lueur tremblante de la lampe animait jusqu'aux objets immobiles; les figures sculptées des lambris se mouvaient dans l'ombre; il lui semblait entendre un bruit lointain pareil à celui d'une porte qui grince, mais tout cela comme dans un rêve. Enfin, il lui vint dans l'idée que ce vin qu'elle avait bu pourrait bien être un narcotique dont elle éprouvait les effets; elle voulut appeler, mais la voix lui manqua. Alors elle rassembla toutes ses forces pour aller ouvrir la porte; mais à peine eut-elle fait quelques pas qu'une réalité terrible succéda à toutes ces visions. Un panneau de boiserie glissa, et un homme, s'élançant dans la chambre, la retint dans ses bras au moment où elle allait tomber évanouie.

XXI

Les deux accidens arrivés, l'un à Jean de Levis, l'autre à Guillaume de Montaigu, le départ du comte de Salisbury pour Margate et celui de la comtesse pour le château de Wark, avaient mis fin aux fêtes de Windsor. D'ailleurs Édouard lui-même ne devait pas demeurer plus longtemps à Londres; il voulait, disait-il, visiter tous ses ports méridionaux pour y hâter les armemens qu'il continuait de faire. Il était donc parti le même jour qu'Alix, sans attendre le retour de son envoyé, paraissant oublier ainsi tout à coup, et pour un objet plus pressé, l'importante affaire que Salisbury était chargé de terminer, et dont il devait venir lui rendre compte à Londres.

Elle avait eu cependant le dénoûment que le comte en attendait. Olivier de Clisson et messire Godefroy de Harcourt avaient signé, et, chargés des pleins pouvoirs du sire d'Avaugour, de messire Thibault de Montmorillon, du sire de Laval, de Jean de Montauban, d'Alain de Quidillac, de Guillaume, de Jean et d'Olivier des Brieux, de Denis du Plessis, de Jean Mallart, de Jean Senedari, de Denis de Cadillac et du sire de Malestroit, ils s'étaient engagés en leur nom; en conséquence, Olivier de Clisson et Godefroy de Harcourt avaient été remis immédiatement en liberté; Salisbury les avait vus s'embarquer, et il revenait à Londres, où l'attendait la nouvelle de la mort de Guillaume.

Le comte aimait son neveu comme il eût pu aimer son propre fils; mais le comte était avant tout un chevalier de son époque, un cœur du quatorzième siècle, un homme enfin qui, se mettant lui-même chaque jour en danger, regardait la mort comme un hôte auquel il faut ouvrir sa porte au premier coup qu'il y frappe, et recevoir, tout terrible qu'il est, d'un visage calme et religieux. Résolu d'aller rejoindre Édouard pour lui porter l'engagement des barons français, il alla prendre congé de la reine, et partit le même jour de Londres.

Cependant Édouard, qui réunissait à la fois cette triple qualité, assez rare en ce siècle, d'homme politique profond, de guerrier aventureux et de chevalier ardent en amour, avait mené à la fois, au milieu des fêtes de Windsor, trois affaires qui étaient pour lui de la plus haute importance.

Jacques d'Artevelle, que nous avons perdu de vue depuis deux ans à peu près, était constamment resté en la faveur des bonnes gens de Gand, et avait continué d'entretenir des relations d'amitié avec le roi Édouard; il y avait même plus : le rutwaert avait pensé avec raison que l'alliance la plus avantageuse au commerce de ses compatriotes étant celle de l'Angleterre, qui lui fournissait ses laines du pays de Galles et ses cuirs de la comté d'York, cette alliance ne pouvait pas être payée trop cher. Un moyen de faire cette alliance durable était celui d'établir le jeune prince de Galles seigneur et héritier de Flandre, à la place de Louis de Crécy. Or, selon Jacques d'Artevelle, le moment était venu d'accomplir cette grande œuvre politique, pour laquelle, écrivait-il à Édouard quelques mois avant les fêtes de Windsor, les esprits étaient suffisamment préparés.

Édouard avait prévu que ce moment ne pouvait pas tarder, et il avait pris toutes ses dispositions en conséquence; aussi, lorsqu'il reçut la lettre de d'Artevelle, ne voulut-il confier ce secret à personne, de peur qu'il ne s'ébruitât. Par les fiançailles de sa fille avec le jeune comte de Montfort, il avait la Bretagne; par l'élection du prince de Galles, il avait les Flandres : il réalisait donc ainsi un des rêves les plus gigantesques qu'un roi d'Angleterre puisse concevoir; car, tout en demeurant dans son île, il tenait pour ainsi dire la France entre ses deux mains; mais il lui fallait une année de paix, au moins, pour accomplir ce dernier projet. Cette année, il venait de l'acheter par une trêve signée entre lui et le duc de Normandie, trêve qui devait durer jusqu'à la fête de la Saint-Michel 1346, c'est-à-dire pendant dix-huit mois environ. Cette trêve, au reste, ne changeait rien aux droits respectifs de Charles de Blois et du comte de Montfort : les partisans des deux rivaux pouvaient même continuer d'escarmoucher ensemble, sans que ni l'un ni l'autre des rois qui avaient embrassé leur cause, fussent responsables de ces rencontres particulières; bref, tout était arrangé pour que chacun, usant des ressources qu'il avait à sa disposition, se retrouvât plus disposé à combattre que jamais à l'expiration de l'armistice : voilà pourquoi Édouard avait doublement tenu au traité que Salisbury avait fait signer à Olivier de Clisson et à Godefroy de Harcourt, traité qui, en lui assurant d'avance la coopération de douze seigneurs, tant de la Bretagne que de la Normandie, lui créait sur le continent une force matérielle à laquelle il était difficile que Philippe de Valois résistât.

Sûr que la négociation entamée par Salisbury réussirait en son absence comme en sa présence, Édouard avait donc tourné entièrement les yeux vers la Flandre; aussi, lorsque le comte, qui était de retour à Londres huit jours après le départ du roi, arriva au port de Sandwich, où on lui avait dit qu'il rejoindrait Edouard, il le trouva parti depuis la veille, avec le comte de Suffolk, Jean de Beaumont, le comte de Lancastre, le comte de Derby, et force barons et chevaliers auxquels il avait donné rendez-vous dans ce port, sans leur dire à quelle intention il les rassemblait. Salisbury s'étonna d'abord de n'avoir point été désigné pour faire partie d'une expédition aussi importante ; mais connaissant la rapidité des résolutions d'Edouard, il présuma que le projet qu'il accomplissait avait été arrêté instantanément, et sur quelque nouvelle inattendue ; en conséquence, il résolut de rejoindre la comtesse au château de Wark, et d'y attendre les ordres du roi.

Le comte quitta en conséquence le bord de la mer, et reprit à travers les terres sa route à petites journées ; car il était sans suite aucune, et par conséquent n'avait qu'un seul cheval. Or comme, en ces temps de guerre, tout chevalier avait l'habitude de marcher armé, il était assez difficile que sa monture, si vigoureuse qu'elle fût, ayant à supporter le poids de son cavalier et de sa cuirasse, pût faire plus de dix à douze lieues par étape. Ce ne fut donc qu'au bout de six jours de marche que le comte arriva au haut des collines qui dominent Roxburgh, et du sommet desquelles il aperçut enfin le château de Wark. Tout lui parut dans le même état où il l'avait laissé, et cependant il éprouva un mouvement de tristesse inexplicable à cette vue, et ce mouvement fut si profond, qu'au lieu de mettre son cheval au galop pour être quelques instans plus tôt près de son Alix bien-aimée, il ralentit son pas, au contraire, et ne s'approcha plus qu'en tremblant, et comme un homme sur lequel plane un malheur qu'il ignore, mais qu'un pressentiment avertit de l'existence de ce malheur. Cependant aucun changement visible ne justifiait de pareils présages : la bannière flottait sur sa tour, les sentinelles se promenaient sur les remparts de ce pas lent et monotone qui indique que tout est tranquille au dedans et au dehors. Quelques paysans des environs, qui venaient d'apporter les vivres du lendemain, sortaient par la grande porte, et regagnaient leurs villages. Salisbury eut un instant l'idée d'aller à eux et de les interroger ; mais sur quoi ? il l'ignorait lui-même. Il surmonta donc ce moment de faiblesse, et, convaincu par le témoignage de ses yeux que son imagination le trompait, il fit prendre une allure plus vive à son cheval, et parvint bientôt au bas de la pente au sommet de laquelle était situé le château. Arrivé là, il vit au signal de la sentinelle qu'il était reconnu, et monta rapidement le sentier qui conduisait à la plate-forme.

Parvenu devant la porte, il trouva ses officiers qui l'attendaient ; mais ce n'était pas par eux seulement qu'il comptait être reçu. Alix ordinairement était la première à venir au-devant de lui, et il ne voyait pas Alix. Cependant, si rapidement qu'il eût gravi le sentier, on avait eu le temps de la prévenir. N'était-elle point au château ? mais si elle n'y était pas, où pouvait-elle être ? Aussi le premier mot que prononça le comte fut le nom de sa femme. Mais, sans lui répondre, l'écuyer qui tenait la bride de son cheval lui montra le château. Le comte, n'osant pas le questionner davantage, mit pied à terre et s'élança dans la cour : là, il s'arrêta un instant, car, ne voyant pas la comtesse sur le perron, comme il s'attendait à l'y trouver, il porta successivement les yeux à toutes les fenêtres, espérant l'apercevoir à l'une d'elles ; mais toutes les fenêtres étaient fermées : alors il courut aux marches aussi vite que lui permettait le poids de son armure, et se dirigea vers l'appartement de sa femme. Toutes les pièces qu'il devait traverser pour y arriver étaient désertes ; enfin, en ouvrant une dernière porte, il vit debout, sur le seuil de sa chambre, la comtesse toute vêtue de noir, et si pâle qu'elle semblait près de trépasser.

Le comte demeura un instant tremblant et muet à cet aspect, car il ne pouvait deviner ce qui était arrivé ; enfin, voyant que la comtesse restait immobile, il s'avança vers elle et rompit le silence.

— Que vous est-il arrivé, madame, lui dit-il d'une voix tremblante, et de qui portez-vous le deuil ?

— Monseigneur, répondit la comtesse d'une voix si faible qu'à peine Salisbury put l'entendre, je porte le deuil de votre honneur, qui m'a été lâchement volé au château de Nottingham par le roi Edouard d'Angleterre.

XXII

Maintenant jetons un regard en arrière et cherchons ce qu'était ce Robert d'Artois que nous avons vu au commencement de cette histoire déposer devant le roi le héron sur lequel les vœux furent faits. Voyons quelle était la cause de la haine du roi Philippe pour lui, et quelles avaient été, de son côté, ses raisons de vengeance contre son roi ; car Robert d'Artois a déjà joué un grand rôle dans les événemens qui ont précédé, et il va en jouer un au moins aussi important dans ceux qui vont suivre.

Ce Robert d'Artois était petit-fils de ce Robert Ier, surnommé le bon et le vaillant, lequel était troisième fils de Louis VIII, et suivit son frère saint Louis en Egypte. Celui-là fut tué à la bataille de Mansourah, qu'il avait engagée malgré la promesse faite au roi de l'attendre après avoir passé le Nil.

Ce Robert d'Artois était, à ce qu'il paraît, un modèle de chasteté, de sorte qu'il n'eut d'enfant mâle qu'après sa mort. Cet enfant fut Robert II, qui suivit la seconde croisade en 1270, que le roi fit pair de France et qui fut tué en 1302, dans un engagement contre les Flamands. Son corps fut retrouvé percé de trente coups de lance. Robert II eût pu être surnommé le vaillant, comme son père.

Son fils, mort avant lui, avait laissé un descendant qui fut Robert III, et qui était né en 1287. Mais Robert II, avant de mourir, ne se voyant pas d'héritier mâle, laissa à sa fille Mahaut le comté d'Artois, qu'elle apporta en dot à Othon, comte de Bourgogne.

A la mort de son aïeul, Robert revendiqua le comté. Telle fut la première cause de cette guerre de cent ans, dont, comme dit Froissard, « grande désolation avint au » royaume de France et en plusieurs pays. »

Mais, en 1302, il y eut un arrêt rendu, par lequel Robert III était débouté de ses prétentions sur l'Artois, et la comtesse de Mahaut maintenue dans son héritage.

Robert n'était pas homme à se tenir ainsi pour battu. En 1309 il revint à la charge, et demanda une sentence arbitrale, laquelle lui fut accordée et confirma le premier arrêt, en ajoutant cependant un conseil qui ressemblait fort à un ordre et qui était conçu en ces termes :

« Que ledit Robert amast ladite comtesse de Mahaut » comme sa chière tante, et ladite comtesse ledit Robert » comme son cher nepveu. »

Ceci se passait sous le règne de Philippe IV, et, comme on le voit, cette discussion n'était pas près de finir.

Philippe IV mourut, et Louis X monta sur le trône.

Deux ou trois ans après survint un événement qui rendit l'espoir à Robert : les Artésiens se révoltèrent contre la comtesse de Mahaut. Nous n'affirmerons pas que Robert ne fut pour rien dans cette révolte, dont il comptait profiter et qui semblait lui venir si merveilleusement en aide.

Malheureusement, il se trouva une armée aux ordres de Philippe le Long, qui força de nouveau Robert, impuissant par les armes, à s'en remettre à la justice, et, une troisième fois, les prétentions du comte furent rejetées.

Le roi voulut consoler Robert, et lui donna la terre de Beaumont-le-Roger, qui fut érigée en pairie, et par laquelle il avait dans l'Etat le même rang que par la possession de l'Artois.

Robert eut l'air d'être consolé, et il attendit tout simplement que les membres de la race régnante fussent tous morts, puisqu'aucun de ces rois ne voulait lui faire justice. Il fallait que Robert eût un secret pressentiment de l'avenir, car Philippe V, jeune encore, pouvait vivre de longues années, et avait, en outre, trois fils qui auraient sans doute autre chose à faire qu'à appuyer les droits douteux de Robert, de si haut lignage qu'il fût.

Cependant Philippe V mourut en 1322, et Charles le Bel, qui lui succéda, mourut à son tour en 1328, après avoir épousé trois femmes dont pas une ne laissa un enfant mâle.

Jeanne d'Evreux, la dernière, était enceinte de sept mois lorsque le roi mourut. Celui-ci, se voyant au moment de trépasser, dit aux seigneurs qu'il avait rassemblés autour de son lit, que si la reine accouchait d'une fille ce serait aux grands barons de France à adjuger la couronne à qui de droit appartiendrait.

Deux mois après Jeanne accouchait d'une fille.

La reine Isabeau, mère d'Édouard III, veuve d'Édouard II, qu'elle avait fait assassiner comme on l'a vu au commencement de ce livre, se présentait comme héritière du trône de France contre Philippe de Valois. Ce qu'attendait Robert arrivait.

Les grands barons se réunirent, et quoiqu'ils ne fussent pas d'accord d'élire Philippe, disent les chroniques, Robert fit tant que messire Philippe fut élu.

C'était un grand pas pour Robert. Ajoutez à cela qu'il avait épousé Jeanne de Valois, sœur du roi, qui ne se contentait pas d'être comtesse de Beaumont, et qui assurait que son frère rendrait l'Artois à Robert, si celui-ci pouvait produire une pièce justificative, si petite que fût cette pièce.

Malheureusement, et nous pouvons nous servir de cette expression en songeant aux malheurs qu'eût prévenus cette injustice ou du moins cette faveur du nouveau roi, malheureusement la reconnaissance sur laquelle Robert avait compté de la part de Philippe devait lui manquer.

La comtesse Mahaut, qui ne savait trop à quoi s'en tenir sur la décision que prendrait Philippe, eut peur pour son avenir, et arriva en toute hâte à Paris. Il paraît qu'à cette époque l'air de la capitale était mauvais pour ceux qui n'y étaient point habitués, car il y avait à peine quelques jours que la comtesse résidait à Paris, qu'elle mourut, et cela si subitement que l'on n'eut même pas le temps de savoir de quelle maladie elle était morte.

Le bruit courut bien un peu qu'elle avait été empoisonnée, mais ce bruit se perdit comme tous ceux qui peuvent compromettre un grand nom.

Cependant la comtesse Mahaut avait une fille qui avait épousé Philippe le Long, celui-là même qui s'était mis à la tête d'une armée pour défendre sa belle-mère. Cette fille héritait des droits de sa mère. Mais voilà que trois mois après la mort de la comtesse, sa fille, rentrée chez elle, eut soif, fit venir son *bouteiller*, nommé Huppin, et lui demanda à boire. Celui-ci s'empressa d'apporter à sa maîtresse ce qu'elle lui demanda.

Or, il faut croire que le vin était mauvais ou que celle qui avait soif était antérieurement malade, car à peine avait-elle bu qu'elle fut prise de grandes douleurs et mourut tout à coup, rendant le venin par les oreilles, la bouche, les yeux et le nez, et ne laissant qu'un corps taché de blanc et de noir.

Comme on le voit, le hasard servait admirablement Robert d'Artois.

Une circonstance nouvelle devait encore ajouter à ses espérances. L'évêque d'Arras venait de mourir. Cet évêque, qui avait été le conseiller de la comtesse Mahaut, avait eu une maîtresse, tout évêque qu'il était, laquelle était une certaine dame Divion, qui se trouva héritier de beaucoup de biens à la mort de son amant. La comtesse avait poursuivi cette dame en restitution, et la Divion s'était sauvée à Paris avec son mari, car elle en avait un.

Pendant ce temps, Robert avait affirmé qu'au mariage de Philippe d'Artois avec Blanche de Bretagne, quatre lettres stipulées dans le traité de mariage avaient été ratifiées par le roi, lettres qui donnaient l'Artois à Robert, et qui, depuis la mort du comte son aïeul, avaient été soustraites par sa chère cousine, Mahaut d'Artois.

En raison de cette allégation, Philippe, qui, à la mort, e la fille de la comtesse, avait admis le duc de Bourgogne, son mari et frère de la femme du roi, à la jouissance du comté, n'avait fait cette concession qu'en réservant à Robert le droit de prouver ce qu'il avait allégué.

Si nous insistons sur ces contestations d'héritage, c'est que, comme nous l'avons déjà dit, ces contestations firent cette grande guerre dont nous avons entrepris de raconter les résultats, et dont par conséquent nous devons bien clairement asseoir les causes.

Nous sommes l'esclave de l'histoire et non de notre fantaisie. D'ailleurs cette grande époque offre assez d'intéressantes péripéties pour que notre imagination ne soit jamais forcée de venir au secours des événements, et tout ce qui regarde Robert d'Artois n'est pas le moins attrayant des détails que nous avons à mettre sous les yeux du lecteur.

La Divion était donc depuis fort peu de temps à Paris, lorsqu'un soir une femme inconnue se présenta chez elle. Cette femme avait à la fois dans la voix le ton du commandement et de la résolution. A la façon dont elle interpella dès son entrée la Divion, celle-ci comprit qu'elle avait affaire à une femme qui avait l'habitude de se faire obéir, et qui venait chez elle avec la volonté bien affermie d'avoir ce qu'elle y venait chercher.

Aussi la Divion resta-t-elle debout malgré elle quand la visiteuse se fut assise.

— Madame, lui dit cette dernière, vous avez connu l'évêque d'Arras?

— Oui, répondit la Divion en rougissant du ton impertinent avec lequel cette parole avait été dite.

— Vous avez beaucoup de papiers scellés de son sceau et venant de lui?

— Il est vrai.

— Et vous devez être fort irritée contre cette Mahaut qui vous ont poursuivie?

— C'est encore vrai, madame.

— Alors vous êtes la femme qu'il nous faut.

La Divion regarda plus attentivement encore cette femme qui semblait convaincue qu'elle ne trouverait aucune résistance à ce qu'elle voulait dans celle qu'elle questionnait ainsi.

— Il s'agit, reprit l'inconnue, de me donner tous les papiers qui vous viennent de l'évêque Thierry.

— Et de quel droit les demandez-vous, madame? hasarda la Divion.

— Vous devez comprendre au ton de mes paroles que j'ai le droit d'exiger ce que je demande. Donnez-moi donc ces papiers, et faites promptement, car j'en ai besoin au plus tôt.

Et celle qui venait de parler se leva comme si elle eût été impatiente que ses ordres fussent vite exécutés.

— En effet, répliqua la Divion, mais sans faire un mouvement, je vois au ton de vos paroles que vous êtes habituée à commander, madame; cependant permettez-moi de vous demander quels sont, parmi ces papiers, ceux qui doivent vous être utiles.

— Tous ceux qui ont rapport à la succession de l'Artois.

— Alors, madame, vous avez pris une peine inutile en me visitant, car je n'ai aucun des papiers que vous venez de dire.

— L'évêque Thierry n'était-il pas le conseiller de la comtesse Mahaut?

— Oui.

— La comtesse n'a-t-elle pas hérité frauduleusement du comté d'Artois, qui revenait au comte Robert?

— C'est ce que j'ignore, fit la Divion.

— Vous l'ignorez?

— Je le répète.

— Mais, comme conseiller de la comtesse, l'évêque a dû être informé de toutes ces contestations.

— Sans doute.

— La comtesse a dû lui en écrire, et vous qui avez hérité des papiers de cet homme, vous devez avoir des lettres de la comtesse qui prouveraient qu'elle n'avait aucun droit à cette succession, car la comtesse n'avait pas de secrets pour son conseiller, et son conseiller n'avait pas de secrets pour vous.

— Si j'avais eu en mon pouvoir les lettres dont vous me parlez, madame, je m'en fusse servi à l'époque où j'étais en contesté avec la comtesse Mahaut, et ne l'ayant pas fait, c'est que je ne les avais pas.

— Il faudra pourtant que vous trouviez ces lettres et que vous me les donniez.

Cette parole avait été dite d'un ton si impératif et si clair que la Divion recula.

— Mais puisque ces lettres n'existent pas, reprit-elle; pour vous les donner, il faudrait que je les fisse.

— Vous les ferez.

— Mais ces lettres seront fausses.

— Peu importe.

— Je serai condamnée comme faussaire.

— Qui le saura? D'ailleurs, je réponds de tout.

— Et si je refuse?

— Je vous y contraindrai.

— Qui êtes-vous, madame, pour venir ainsi me donner l'ordre de commettre un crime?

— Je suis Jeanne de Valois, sœur du roi Philippe V, femme du comte d'Artois, le seul héritier du comté de ce nom. Or, continua Jeanne en souriant, mon frère veut absolument des preuves, nous lui en donnerons, et j'ai compté sur vous pour cela. Me croyez-vous assez riche pour payer largement ces lettres, assez forte pour vous protéger si nous succombons, assez puissante pour vous perdre si vous me refusez?

La Divion ne put que s'incliner sans répondre et comme pour attendre les ordres que la comtesse avait à lui donner.

Celle-ci le comprit du moins ainsi, car elle se rapprocha de cette femme, et lui dit :

— Vous avez des sceaux de l'évêque?

— Oui madame.

— Vous connaissez assez son écriture pour l'imiter?

— J'essaierai.

— Ce n'est pas tout, nous aurons besoin d'autres pièces encore où le sceau du comte Robert II sera utile, vous vous le procurerez.

— Où le trouverai-je?

— Vous partirez pour l'Artois, et ce qu'on vous en demandera vous le donnerez. Vous trouverez bien là quelqu'un qui aura conservé ce sceau, et qui sera heureux d'en trouver un bon prix.

— Et vous m'assurez que je ne cours aucun risque, madame?

— Fiez-vous à moi. D'ailleurs, quoi qu'il arrive, niez. Et maintenant, puis-je compter sur vous?

— Ordonnez.

— Vous partirez demain, et vous reviendrez dès que vous vous serez procuré le sceau du comte.

— Je partirai demain.

— Aussitôt votre retour, vous ferez prévenir le comte d'Artois que vous êtes à Paris.

La Divion paraissait réfléchir et ne répondait pas.

— Vous m'entendez? ajouta Jeanne. Peut-être songez-vous en ce moment au moyen de vous enfuir une fois que vous aurez gagné l'Artois; ce serait peine perdue; car, de loin comme de près, il doit arriver malheur à nos ennemis.

La Divion tressaillit comme une femme dont on a surpris la plus secrète pensée.

— Je suis votre esclave, répliqua-t-elle, et prête à faire tout ce qu'il vous plaira m'ordonner.

— C'est bien, fit Jeanne en sortant; pour aujourd'hui, c'est tout ce que je veux; à votre retour nous nous occuperons du reste. A bientôt.

La Divion s'inclina et Jeanne sortit.

Quand elle fut seule, elle passa dans une autre chambre où elle trouva son mari, et elle lui dit :

— Je viens d'avoir une visite qui fera ma fortune ou qui me fera brûler.

Et elle lui raconta la scène qui venait d'avoir lieu entre elle et Jeanne de Valois.

Le lendemain, elle partit comme elle s'y était engagée.

XXIII

Jeanne de Valois rentra chez elle, et une fois rentrée, fit appeler Robert à qui elle annonça la démarche qu'elle avait faite.

— Puisque mon frère veut absolument des preuves, dit-elle, nous lui en donnerons.

— Et cette femme vous a promis d'obéir? demanda Robert.

— Soyez tranquille. Il y a un genre de promesses qui fait obéir les moins dociles. Avant huit jours elle sera revenue avec le sceau de votre aïeul Robert Ier.

— C'est bien, alors, répliqua le comte. Dieu veuille que nous réussissions! mais je doute.

— Et pourquoi?

— Parce que nous avons déjà échoué trois fois, et que cette cause me semble décidément perdue.

— Que peut-il arriver?

— Que le roi apprenne que ces pièces sont fausses.

— Qui le lui dira?

— Cette femme, qui avouera tout le jour où monseigneur Philippe lui fera, pour lui en faire parler, les promesses que vous lui avez faites pour qu'elle vous obéisse.

— Je ne vous vis jamais si prévoyant, Robert, répondit Jeanne avec une sorte de dédain, et n'êtes-vous donc plus ce Robert que j'ai connu? A quoi bon avoir tenté si souvent cette entreprise pour en désespérer lorsqu'elle a le plus de chances de réussir? Ne vous rappelez-vous pas ce que mon frère m'a dit : « Fournissez une preuve, si petite qu'elle soit, et le comté vous sera rendu. » Pouvait-il me dire hautement de fabriquer ces pièces, si elles n'existaient pas? Non. Mais c'était me laisser comprendre qu'il ne serait pas bien scrupuleux sur l'origine et l'authenticité des documens que je lui donnerais. Tout ce qu'il veut, c'est que ces documens soient écrits pour avoir le droit de dire qu'il a cru se rendre à l'évidence. D'ailleurs, Robert, vous interprétez mal mes paroles. Qui vous dit que ces pièces n'existent pas? Cette femme a nié d'abord qu'elles existassent, et elle a promis ensuite de les fournir. C'est sans doute pour avoir le droit de les vendre plus cher. Faites comme moi, soyez convaincu qu'elle va trouver les preuves dont nous avons besoin dans les papiers de l'évêque Thierry, et attendez; je ne dirai pas sans crainte, car un homme comme vous ne craint pas, mais sans douter un seul instant de la réussite de cette tentative.

— Vous vous trompez, Jeanne, je crains, fit Robert en se rapprochant de sa femme, mais je ne crains pas pour moi, qui suis un homme habitué aux luttes et aux guerres, je crains pour vous et pour nos deux enfans, dans le cas où le roi s'irriterait de ce mensonge, car nous savons bien que c'en est un, et punirait sur la femme et les enfans la faute de l'époux et du père. Voilà ce que je crains, Jeanne.

— Et vous avez tort, continua celle-ci. Le roi est mon frère, et vous êtes un de ceux à qui il doit sa couronne. Le jour où il voudra punir, il y aura deux voix qui lui conseilleront l'indulgence, deux voix plus fortes que celles de la justice, la voix du sang et la voix de l'intérêt. D'ailleurs, je vous le répète, nous ignorons tout. L'évêque d'Arras meurt; cet évêque était le conseiller de la comtesse Mahaut et l'amant de cette Divion. Celle-ci hérite de tous les papiers. Nous lui demandons si, parmi ces papiers, il en est qui prouvent nos droits sur l'Artois, en lui promettant de les lui payer magnifiquement. Cette femme nous apporte ces papiers, nous lui donnons sa récompense. Les papiers sont faux. Tant pis pour elle. La justice a son cours, et il nous reste le droit de dire que nous avons été trompés. Tout ceci serait la chose du monde la plus simple pour des héritiers obscurs, à plus forte raison pour un descendant de saint Louis et une sœur de Philippe VI.

— *Ex labris feminæ spiritus*, comme dit l'Evangile, répondit Robert, et que votre volonté soit faite, Jeanne.

— Bien, monseigneur: ayez courage, et ce sera jour de fête pour nous et pour les Artésiens, le jour où nous rentrerons côte à côte dans notre vieille comté d'Artois.

Les yeux de Robert brillèrent de joie à cette espérance, et à compter de ce jour, il ne devait plus avoir ni craintes ni remords.

Peu de temps après, la Divion, revenue à Paris, faisait informer la comtesse de son retour. Jeanne se rendit chez elle, car elle ne voulait pas qu'on pût dire que l'on avait vu la Divion franchir le seuil de sa maison, mais elle s'y rendit comme une princesse de sang royal qui ne veut pas être reconnue, c'est-à-dire la nuit, seule et voilée.

Lorsque Jeanne se présenta, une femme vint lui ouvrir la porte et l'introduisit dans une chambre où, à la lumière d'une chandelle, la Divion examinait certains papiers.

En reconnaissant Jeanne, la Divion se leva et fit signe à la servante de sortir.

— Eh bien? demanda la comtesse.
— Voici le sceau du comte Robert, madame.

Et elle passa en effet le sceau à Jeanne qui l'examina attentivement.

— Mais, continua-t-elle, il m'a donné grand'peine à avoir. Je l'ai d'abord cherché vainement, et j'ai fini par le trouver entre les mains d'un homme, nommé Orson le Borgne. Cet homme a deviné de quelle importance ce sceau était pour moi, car il en a demandé trois cents livres, que je n'avais pas. Alors je lui ai offert en gage un cheval noir, sur lequel mon mari avait jouté à Arras. Mais il ne parut pas comprendre comme moi l'honneur qu'il y avait à posséder un pareil animal; et, secouant la tête, il refusa. Je priai donc mon mari de m'autoriser à déposer autre chose, et je déposai des joyaux, deux couronnes, trois chapeaux, deux anneaux, deux affiches, le tout d'une valeur de sept cent vingt-quatre livres parisis. Alors, seulement, Orson consentit, et je suis revenue en toute hâte à Paris.

— C'est bien, fit Jeanne en jetant une bourse sur la table, voici de quoi racheter votre dépôt. Est-ce tout ce que vous avez fait?

— Non, madame, et voici un sceau de l'évêque Thierry que j'ai pris à une de ses lettres et qui vous servira pour celles que nous écrirons.

— Ce n'est pas tout. Il faut s'informer à Saint-Denis quels étaient les pairs à l'époque où auraient été faits les actes que nous allons faire.

— Demain même je le saurai.

— En outre, vous savez que le roi Philippe n'écrivait jamais ses lettres qu'en latin, il faudra donc que la lettre de confirmation dont nous aurons besoin soit écrite en cette langue.

— Je connais un chapelain de Meaux nommé Thibaulx, qui avait de grandes obligations à monseigneur l'évêque d'Arras, et qui nous fera cette lettre en latin.

— Ainsi tout est prévu.

— Tout, madame, excepté ce qu'il plaira à Dieu nous envoyer.

— Priez Dieu qu'il conserve couronne et santé à monseigneur le roi Philippe! et si Dieu exauce votre prière, vous n'aurez rien à craindre des hommes.

La Divion se mit aussitôt à l'œuvre et alla vite en besogne.

A mesure que les fausses pièces étaient faites, elle les faisait passer à Robert d'Artois. Elle avait même été jusqu'à demander qu'elles fussent vérifiées par des experts en écriture.

Cependant la Divion ne pouvait faire elle-même ces lettres, et son mari ne le pouvait pas davantage. Il avait donc fallu trouver un homme habile, pauvre et discret.

Ce chapelain de Meaux, qui, en reconnaissance des services que lui avait rendus l'évêque d'Arras, avait donné le texte latin d'une lettre à sa presque veuve, enseigna à la dame Divion certain clerc, nommé Prot, lequel mourait quelque peu de faim et était homme à faire habilement tout ce qui lui serait demandé, moyennant qu'aux heures où il aurait faim, il fût sûr d'avoir à manger.

On fit venir ledit clerc et on commença par lui mettre entre les mains une bourse comme depuis longtemps il n'en avait rêvé une, en échange de quoi il consentit à tout ce que l'on voulut.

On commença par lui faire écrire une lettre signée de l'évêque Thierry, et dans laquelle il demandait pardon à Robert de lui avoir soustrait, en faveur de la comtesse Mahaut, ses titres à la propriété de l'Artois. On faisait dire dans cette lettre au digne évêque que tous ces titres avaient été jetés au feu par un des grands seigneurs de France, ce qui désignait sans doute Philippe le Long, mais qu'il aurait heureusement conservé une lettre qui à elle seule confirmait cette possession.

Quand cette première lettre fut écrite, la Divion chargea Prot de l'aller montrer au comte Robert d'Artois et d'en recevoir ses félicitations, si elle était bien faite, et ses reproches si elle était mal imitée.

Robert répondit au clerc, tremblant à la fois d'avoir fait un faux et de se trouver en présence et complice d'un si haut personnage, que si toutes les pièces étaient ainsi bien imitées, le résultat était certain, ce qui rendit un peu de courage au pauvre diable, qui, depuis qu'il avait entrepris cette besogne, ne dormait ni ne mangeait plus, de sorte que l'argent qu'on lui donnait ne profitait rien à sa position, car autrefois il avait l'appétit sans l'argent, et maintenant il avait l'argent sans l'appétit.

Prot revint donc apporter à la Divion la réponse du comte, espérant qu'il en serait quitte pour cette première épreuve; mais quand la Divion eut appris que Robert avait été content de lui, elle lui dit qu'il fallait immédiatement se remettre au travail et écrire la lettre la plus importante, c'est-à-dire celle dans laquelle la comtesse Mahaut avouait à l'évêque toutes ses craintes sur l'issue des prétentions de Robert, ces prétentions étant reconnues par elle légitimes et justement fondées.

Une sueur froide coula sur le front du pauvre clerc, et remettant sur la table la somme à peu près intacte qu'il avait reçue, il demanda, il supplia même qu'on ne le contraignît pas à écrire cette lettre. Mais la Divion n'était pas femme à se laisser émouvoir par ses prières, et comme il eût été difficile de retrouver un copiste aussi intelligent, elle refusa à Prost la liberté qu'il implorait en commençant par les raisonnemens et en finissant par les menaces.

Le pauvre garçon se rassit, prit une plume d'airain pour déguiser son écriture, et fit la seconde lettre de telle façon qu'une bourse pareille à la première lui fut donnée par Jeanne, et que de grands complimens lui furent de nouveau adressés par le comte.

Mais ce jour-là ce n'était pas Prot qui était allé porter au comte la nouvelle pièce, c'était le mari de la Divion, et lorsque le soir le clerc s'était apprêté à rentrer chez lui, il avait trouvé la porte de la chambre dans laquelle il travaillait hermétiquement fermée, et il lui avait été répondu que comme on pouvait avoir besoin de lui à toute heure du jour et de la nuit, il avait été décidé qu'il coucherait dans une chambre voisine et attenant à l'appartement de la Divion.

Ce fut le dernier coup.

Aux soins qu'on prenait de le garder, le clerc comprit la gravité de ce qu'on lui faisait faire. Il se jeta aux pieds de la dame Divion, espérant trouver plus de compassion dans le cœur d'une femme que dans celui d'un homme mais celle-ci fut inflexible. Une fois ses premiers scrupules levés, elle ne voyait plus dans ce qu'elle faisait que la source de sa fortune, et peu lui importait que ce clerc fût compromis, comme peu importait à Jeanne que la Divion fût brûlée.

Il fallut bien se résigner. Prot se résigna et entra dans la chambre qu'on lui avait préparée.

Mais toute la nuit il vit, quoique éveillé, des sergens qui venaient l'arrêter, des bûchers flamboyans qu'on dressait pour lui, des tortures incroyables dont on faisait l'essai sur son pauvre corps, de sorte qu'à chaque minute il s'exclamait :

— Hélas ! hélas ! voici les sergens qui me viennent quérir ! Grâce ! grâce !

Et comme rien ne répondait à ses cris, il s'en vint, pâle et pleurant, heurter à la porte de la chambre de la Divion en s'écriant :

— Laissez-moi partir ! J'ai trop grand'peur, et, je vous en préviens, si l'on m'arrête, je dirai tout et n'épargnerai personne.

Ce fut à un tel point que, le lendemain, le mari de la Divion s'en alla quérir le comte Robert, lui disant de venir prier ou menacer le clerc, sans quoi il était capable par ses cris de révéler ce qui se passait.

Le comte vint et promit à Prot que dès que sa dernière lettre serait écrite, sa liberté lui serait rendue, et qu'il lui serait donné assez d'argent pour fuir au bout du monde, si tel était son loisir.

Prot reprit courage sur cette promesse, et les autres preuves furent écrites, entre autres une charte de Robert qui assurait l'Artois à son petit-fils.

Lorsque tout fut terminé, Prot réclama la promesse du comte, qui lui donna de l'argent et qui lui facilita les moyens de quitter Paris.

On n'a jamais su ce qu'il était devenu.

La Divion sembla hériter des terreurs de son clerc quand il fut parti. Tant qu'elle avait pu commander à quelqu'un, elle avait oublié les craintes, mais quand à son tour elle fut aux mains de Robert ce que Prot avait été aux siennes, elle eut peur. Elle comprit qu'au jour de l'accusation et de la vérité personne ne voudrait sur elle rejeter son crime, et qu'au contraire ceux à qui elle obéissait le rejetteraient entièrement sur elle. Alors elle voulut revenir sur ses pas, mais il était trop tard. Une quatrième fois, Robert, appuyé sur ses preuves, avait invoqué la justice du roi.

Philippe VI, averti de ce qui se passait, fit appeler Robert, et lui demanda s'il comptait réellement faire usage des pièces qu'il avait offertes et qu'il savait être fausses.

Robert crut en imposer au roi, lui dit qu'il le soutiendrait encore dans ses droits comme il les avait toujours soutenus, et cela avec tant de fierté, que lorsque Robert sortit de sa chambre, le roi non-seulement ne voyait plus en lui un de ceux qui l'avaient le plus soutenu, mais devinait déjà un ennemi dans cet homme.

Néanmoins cinquante-cinq témoins se présentèrent, qui vinrent déposer en faveur de Robert. Il y en eut même qui affirmèrent qu'Enguerrand de Marigny, allant à la mort, avait avoué sa complicité avec l'évêque d'Arras pour la soustraction des titres.

Mais il y en eut un qui avoua tout, ce fut la Divion, qui, épouvantée des résultats de toute cette affaire, crut obtenir l'indulgence en révélant les mensonges auxquels elle avait pris si grande part.

Après que la Divion eut avoué, tous les témoins avouèrent. Jacques Rondelle, un des principaux, se leva et s'écria qu'il n'avait déposé que sur la promesse que cette déposition lui vaudrait un voyage en Galice.

Gérard de Juvigny, se levant à son tour, raconta qu'il avait été tellement ennuyé des visites de monseigneur Robert, qui venait le prier de déposer de la sorte, qu'il s'y était engagé pour se soustraire à ses visites.

Robert prit la parole à son tour, et, levant les mains vers le ciel, il jura qu'un homme vêtu de noir, comme l'archevêque de Rouen, lui avait donné toutes ces lettres de confirmation.

Et en cela même Robert avait raison. Seulement il oubliait de dire que la veille du jour où il avait reçu ces lettres de la main de son confesseur, il les lui avait remises en lui disant de les lui rendre le lendemain, subtilité dont personne ne fut dupe, puisque malgré ses aveux et la protection que lui avait promise Robert d'Artois, la Divion fut brûlée au marché aux Pourceaux, près la porte Saint-Honoré, et les principaux témoins attachés au pilori, vêtus de chemises toutes parsemées de langues rouges.

XXIV

Robert d'Artois n'attendit pas qu'on rendit un jugement pour ou contre lui : il partit pour Bruxelles, ou du moins le bruit de ce départ se répandit.

Cependant, de loin comme de près, Robert, dont les prétentions repoussées s'étaient changées en haine, eut recours aux moyens les plus violens pour en arriver à la concession de ce qu'il désirait. Des hommes tentèrent d'assassiner le duc de Bourgogne, le chancelier, le grand trésorier et d'autres encore que Robert avait reconnus pour ses ennemis. Ces hommes furent arrêtés et avouèrent qu'ils ne faisaient qu'obéir à messire Robert d'Artois.

Cet homme devenait donc un antagoniste dangereux pour Philippe VI, puisque ne pouvant frapper en plein jour, il combattait dans l'ombre, et, comme un larron, employait le poison et le poignard. Philippe, qui ne pouvait atteindre le comte, sévit contre ceux qui lui étaient chers, et la comtesse de Foix, accusée d'impudicité, fut enfermée au château d'Orthez, sous la garde de Gaston son fils. Jeanne, qui avait été, comme nous l'avons vu, complice de la fabrication des fausses lettres, fut reléguée en Normandie, et le comte se trouva à la fois sans patrie et sans famille.

Mais le comte n'était pas homme à perdre ainsi courage.

Tout le monde le croyait déjà loin quand il revint, non pas avec éclat, mais la nuit, seul et inconnu.

Sa première visite fut pour sa femme, qui arriva à le convaincre que tout Paris serait pour lui, s'il pouvait tuer le roi.

Il n'en fallait pas plus pour rendre l'énergie à Robert. Il continua donc sa route vers Paris, où il arriva la nuit.

Cependant il avait reconnu que le fer ou le poison étaient désormais moyens inutiles et même dangereux pour celui qui s'en servirait. Il fallait donc une mort qui ne laissât pas de traces, et qui semblât une colère de Dieu et non une vengeance des hommes.

En conséquence, vers la Saint-Remy de l'année 1333, un frère nommé Henry fut nuitamment mandé par Robert.

Il suivit l'homme qui l'était venu quérir, lequel le fit entrer dans une maison obscure d'un quartier éloigné. Au premier aspect, cette maison semblait complètement inhabitée ; mais le guide ayant poussé une porte, longé une ruelle, monté un étage, frère Henry se trouva dans une chambre dont les larges volets de bois intérieurs cachaient au dehors la lumière qui l'éclairait.

Dans cette chambre se trouvait le comte d'Artois.

— Vous ici, monseigneur ? fit le frère Henry.

— Oui, frère, mais vous seul le savez, répondit Robert, et c'est pour chose si importante que je n'en pouvais supporter le retard.

— Et je puis vous servir dans cette chose?
— Oui.
— Parlez, monseigneur.

Robert d'Artois se leva et s'assura lui-même que personne ne pouvait l'entendre; puis, quand il s'en fut assuré, il se dirigea vers une armoire qu'il ouvrit, et de laquelle il tira une sorte d'écrin qui y était précieusement renfermé et qu'il déposa sur la table à côté de la lumière.

Cet écrin pouvait être de la longueur d'un pied et demi.
— Qu'est ceci? demanda le moine.
— Ceci, répondit Robert en examinant le frère comme pour voir quelle impression produiraient sur son visage les paroles qu'il allait lui dire, ceci est un vœu que l'on a fait contre moi.
— Qu'est-ce qu'un vœu? ajouta le moine.
— C'est une figure de cire que l'on fait baptiser pour tuer ceux à qui l'on veut du mal.
— Et ce vœu a été fait contre vous, messire?
— Oui.
— Par qui?
— Par la reine de France.

Frère Henry sourit comme un homme qui ne croit pas.
— Vous en doutez? fit Robert.
— Non-seulement j'en doute, répondit le moine, mais je sais notre reine trop fidèle servante de Dieu pour l'invoquer autrement que pour le bien. C'est un ennemi de la reine qui vous a fait ce mensonge, ou peut-être un ennemi de vous-même.

Le comte ne répondit rien et parut hésiter quelque temps s'il continuerait à parler ou s'il congédierait le moine.
— Vous aviez raison, dit-il tout à coup, cette figure ne vient pas de la reine ; mais j'ai un secret important à vous révéler, que je ne vous confierai que lorsque vous m'aurez juré de le recevoir comme confession et de n'en rien conter à personne.
— Je le jure, messire.
— En outre, j'aurai sans doute quelque chose à vous demander, et, que vous fassiez ou ne fassiez pas cette chose, vous me jurez encore de n'en point parler?
— Je le jure de nouveau.
— C'est bien. Écoutez-moi donc. Vous savez ce que j'ai eu à souffrir de la part de monseigneur le roi, à propos de cette comté qui est bien mienne.
— Je le sais, messire.
— Mais ce que vous ne savez pas, c'est que monseigneur le roi est innocent de tout cela, et m'eût fait pleine et entière justice si la reine n'eût été là pour lui conseiller le contraire et le faire agir ainsi à force de fausses insinuations.

Le moine ne répondit rien.

Robert le regarda, mais le frère Henry avait cette figure impassible de l'homme qui reçoit une confession.
— Or, continua Robert, je ne puis supporter un aussi grand dommage sans désirer m'en venger, et j'ai compté sur vous pour cela.
— Sur moi? demanda le moine étonné.
— Oui.
— Continuez votre confession, monseigneur.

Robert d'Artois, au lieu de continuer, ouvrit l'écrin qu'il avait déposé sur la table, et en tira une figure de cire, représentant un jeune homme magnifiquement vêtu et le front couvert d'une couronne.
— Connaissez-vous cette figure? demanda-t-il au moine.
— Oui. C'est celle du prince Jean, répondit celui-ci en avançant la main pour prendre cette image et la voir de plus près.
— Prenez garde d'y toucher, fit Robert, car elle est baptisée et toute prête ; mais voilà ce que je vous dis en confession, j'en voudrais une pareille.
— Et contre qui?
— Contre la reine, car le roi ne fera rien de bon tant que cette maudite vivra. Une fois la reine et son fils morts, je fais du roi tout ce que je veux, et je me souviens alors, mon frère, de ceux qui m'ont aidé. Votre ministère, ajouta le comte en voyant le mouvement du moine, votre ministère se borne à bien peu de chose, et ne peut vous compromettre en rien. Une fois la figure faite à l'image de la reine, et je me charge de ce faire, il vous reste à la baptiser en prononçant ses noms, tout comme vous baptiseriez un enfant. Tout est prêt, le parrain et la marraine. Le baptême fait, nous remettons la figure dans son écrin, comme y est celle-ci, vous oubliez ce qui s'est passé, et le reste me regarde. Qu'en dites-vous?

— Je dis, monseigneur, qu'il vous faut chercher pour cela un serviteur moins fidèle de Dieu et du roi, ou un homme plus ambitieux. Ce baptême est une malédiction, et de cœur ni de pensée je ne saurais maudire notre dame la reine. Or, non-seulement je vous refuserai mon ministère, monseigneur, mais encore j'essaierai de vous dissuader de l'œuvre que vous voulez, et j'invoquerai pour cela votre propre intérêt, cette religion des grands. Il ne convient pas à un si haut personnage que vous êtes de tenter pareille œuvre sur votre roi et votre reine, qui sont les personnes du monde que vous devez le plus respecter.

— C'est bien, mon frère, fit Robert en refermant l'écrin ; voilà votre dernière parole?
— Oui, monseigneur.
— Alors nous chercherons un moins scrupuleux que vous.
— Et je prierai Dieu, monseigneur, que, pour votre bonheur et le repos de la France, il vous le refuse.
— Mais vous n'oublierez pas, j'espère, le secret que vous avez juré à cette confession.
— Quand j'aurai franchi le seuil de cette porte, monseigneur, ce secret dormira dans mon cœur comme le cadavre dans son tombeau.
— C'est bien, mon frère ; allez et que Dieu vous fasse paix!

Le moine s'achemina vers la porte. Au moment où il la touchait, Robert se retourna vers lui.
— Une dernière fois, lui dit-il, mon frère, c'est le bien sous l'apparence du mal que je vous demande.
— J'ai déjà oublié, monseigneur, fit le moine, et il sortit.

Cette nuit-là, Robert quitta Paris sans avoir pu accomplir la dernière vengeance qui lui restait.

Alors, depuis ce moment jusqu'à son arrivée à la cour d'Édouard III, commença pour Robert une vie qui semblait être le commencement du châtiment que Dieu lui réservait.

Il se réfugia d'abord en Brabant, dont le duc son cousin était assez puissant pour le soutenir; en effet, le duc le reçut à merveille et le réconforta de tous ses ennuis. Mais Philippe VI, qui avait conçu contre Robert une haine qui ne devait finir qu'avec sa vie, et qui s'exerçait déjà sur ses deux fils, Jacques et Robert, qui furent enfermés au château de Nemours, puis au château Gaillard d'Andelys ; le roi, disons-nous, ayant appris l'asile que le duc de Brabant donnait à son cousin, lui envoya menaces sur menaces, lui annonçant que, s'il souffrait Robert dans ses États, il n'aurait pire ennemi que lui et lui nuirait dans toutes les occasions qu'il trouverait. Le duc n'osa donc garder le comte et le fit secrètement acheminer au château d'Argenteau, où il devait rester jusqu'à ce qu'on vît ce que ferait le roi.

Mais le roi, quand il sut cette nouvelle, fit tant que son cousin germain le roi de Bohême, l'évêque de Liége, l'archevêque de Cologne, le duc de Guerle, le marquis de Juliers, le comte de Bar, le comte de Las, le sire de Faulquemont et d'autres seigneurs, s'allièrent contre le duc de Brabant et le défièrent, à la requête et sur l'insistance de Philippe VI, ravageant, pillant et incendiant son pays.

Pour que le duc ne se trompât pas à la cause de cette

attaque, Philippe envoya contre lui le comte d'Eu, son connétable, avec une grande compagnie de gens d'armes. Le comte Guillaume de Hainaut promit de s'occuper de cette affaire, et il envoya sa femme, sœur du roi Philippe, et le seigneur de Beaumont, son frère, pardevant le roi de France, afin d'obtenir une trêve entre lui et le duc de Brabant. Philippe était fort irrité, cependant il accorda cette trêve, à la condition toutefois qu'à un jour fixé par lui-même, le comte d'Artois serait hors des terres du duc de Brabant. Il fallut bien que le duc y consentît, et une seconde fois Robert se remit en route, cherchant un asile et un protecteur.

Il se rendit alors chez le comte de Namur qui l'accueillit comme avait fait le duc. Mais Philippe était opiniâtre dans sa haine, si bien qu'il envoya dire aussitôt à Adolphe de Lamark, évêque de Liége, qu'il eût à défier et à combattre le comte s'il ne mettait au plus vite Robert hors de sa compagnie.

« Cet évêque, dit Froissard, qui aimait moult le roi de France et qui petit aimait ses voisins, manda au jeune comte de Namur qu'il mît son oncle, messire Robert d'Artois, hors de son pays et de sa terre. »

Alors, traqué comme une bête fauve, convaincu qu'il ne trouverait pas en France un coin où ne pût l'atteindre Philippe, Robert d'Artois, à qui toutes ces persécutions n'avaient fait que souder plus fortement au cœur un désir de vengeance, se déguisa en marchand, passa en Angleterre, et s'en vint demander à Edouard III une protection, que non-seulement il était bien sûr que ce roi ne lui refuserait pas, mais qu'il lui accorderait de grand cœur.

Nous avons vu que Robert ne s'était pas trompé, et qu'en échange de l'hospitalité qu'il en avait reçu, il avait fait faire au roi d'Angleterre ce terrible vœu du héron, qui devait le venger d'abord et faire à la France une de ces blessures qui mettent des siècles à se cicatriser.

Maintenant que nous avons donné, un peu trop développée peut-être, la cause première de cette longue guerre, voyons en quel état était la France pour la supporter, et s'il n'eût pas été politique à Philippe VI de faire une injustice pour son beau-frère.

XXV

Le roi Edouard III avait donc renouvelé ses prétentions à la couronne de France, et nous retrouvons dans les chroniques de Saint-Denis la lettre qu'il écrivit à Philippe VI, et qui ne sera pas sans intérêt pour le lecteur. La voici :

« De par Edouard, roi de France et d'Angleterre, seigneur d'Irlande.

» Sire Philippe de Valois, par longtemps vous avons poursuivi par des messagers, et en plusieurs autres manières, afin que vous nous fissiez raison et que vous nous rendissiez notre droit héritage du royaume de France, lequel vous avez de longtemps occupé à force. Et parce que nous voyons bien que c'est à grand tort, et que vous entendez persévérer sans nous faire raison de notre droiturière demande, nous sommes entrés en la terre de Flandre, comme souverain seigneur d'icelle terre, et vous signifions que nous avons avec l'aide de Notre-Seigneur Jésus-Christ. »

Edouard finissait par défier Philippe à un combat singulier.

Voici ce que Philippe répondit, réponse pleine de noblesse et de dignité, mais dans laquelle malheureusement le roi de France prouvait qu'il se trompait sur le compte de ses alliés.

« Philippe, par la grâce de Dieu, à Edouard, roi d'Angleterre.

» Nous avons vu une lettre envoyée à Philippe de Valois, apportée à notre cour, à laquelle lettre étaient quelques requêtes ; mais comme ladite lettre ne venait pas à nous, et comme les requêtes n'étaient pas non plus faites à nous, comme il appert par la teneur de ladite lettre, nous ne vous en faisons nulle réponse.

« Toutefois, par ce que nous avons entendu par ladite lettre que vous étiez venu combattre dans notre royaume, au grand dommage de notre peuple et de nous, sans raison et sans regarder que vous êtes notre homme lige, comme l'annoncent vos lettres patentes, signées de votre grand scel que nous avons par devers nous, notre entente est telle que quand bon nous semblera de vous chasser de notre royaume, au profit de notre peuple, à l'honneur de nous et de notre majesté royale ; et de ce faire avons ferme espérance en Jésus-Christ dont tous biens nous viennent ; car par votre emprise, qui est de volonté non raisonnable, a été empêché le saint voyage d'outre mer ; et grande quantité de chrétiens mis à mort, le service de Dieu apetissé, et sainte Eglise ornée de moins de révérence. Et de ce que vous pensez avoir les Flamands en votre aide, nous pensons être certains que les bonnes villes et les communes reporteront en telle manière par devers et envers notre cousin le comte de Flandre, qu'elles garderont leur honneur et leur loyauté. Ce que les Flamands ont fait jusqu'ici a été conseillé par des gens qui ne regardaient pas au profit du commun peuple, mais au profit de trois seulement.

» Donné sur les champs au prieuré de Saint-Andry, emprès Aire, sous le scel de notre secret, en l'absence de notre grand scel, le trentième jour de juillet, l'an 1340. »

Nous n'avons transcrit cette lettre que parce qu'il y avait dedans trois choses que nous avions remarquées et sur lesquelles nous voulions revenir, qui sont la confiance que Philippe avait dans sa chevalerie, le regret qu'il avait de n'avoir pas fait sa croisade et sa foi dans l'alliance flamande.

Pour ce qui était de sa chevalerie, Philippe avait raison d'avoir confiance en elle, car c'était une des meilleures du monde, et le désastre de Crécy devait en donner la preuve.

Quant à la croisade qu'il regrettait tant de ne pouvoir accomplir, c'était moins un acte de chrétien qu'un marché de commerçant qu'il avait voulu faire. En effet, il avait imposé à son départ pour la Terre-Sainte vingt-sept conditions : il voulait le royaume d'Arles pour son fils, la couronne d'Italie pour son frère, la libre disposition du trésor de Jean XXII qu'il avait menacé de faire poursuivre comme hérétique par l'Université de Paris. Il voulait, en outre, que le pape lui donnât pour trois ans la disposition de tous les bénéfices de France, et pour dix le droit de lever les décimes de la croisade pour toute la chrétienté.

Comme on le voit, si cette croisade devait être agréable à Dieu, elle n'était pas inutile au roi.

Le pape Benoît XII était un de ceux que persécutait le plus Philippe. Il avouait en pleurant que le roi de France l'avait menacé de le traiter plus mal encore que n'avait été traité Boniface VIII s'il absolvait l'empereur. Lui-même voulait arriver à l'empire, car, tout en traitant avec l'empereur, il contraignait le pape à lancer des bulles contre lui.

Voilà donc tous les avantages que faisait perdre à Philippe le défi d'Edouard. Il est vrai que Philippe s'était réservé trois ans avant son départ pour la croisade, et le cas échéant où dans cet intervalle surviendrait quelque obstacle qui le forçât à renoncer à son expédition, le droit d'en juger la validité serait remis à deux prélats de son royaume.

Or le cas présent était plein de validité.

Restait la confiance de Philippe dans la fidélité des Flamands.

Nous avons vu de quelle façon Edouard avait miné les bases de cette fidélité dans son entrevue avec d'Artevelle, et comment il avait appelé à lui le commerce, que repoussait la France, comme un des moyens les plus sûrs de tuer les pays qu'il attaquerait.

A la fin du treizième siècle, la croisade commerciale avait succédé à la croisade chrétienne, les caravanes aux pèlerinages. Un livre paraît, écrit par le Vénitien Sanuto, dans lequel il recommande aux bons chrétiens la conquête de Jérusalem et aux commerçans les épices de la Terre-Sainte.

Gênes et Venise sont les courtières de ces nouvelles croisades ; on retourne l'autel et l'on en fait un comptoir.

Le commerce n'est pas autre chose que deux grandes routes : par l'une le Nord envoie au Midi ce qu'il produit, par l'autre le Midi envoie ses productions au Nord ; mais ce qu'il faut avant tout, c'est que les routes soient sûres, et à cette époque elles ne l'étaient pas toujours. D'Alexandrie à Venise, le marchand n'avait à craindre que l'inconstance des élémens ; mais de Venise au Nord, il avait à redouter le pillage des hommes. Alors il s'enfonçait dans le Tyrol, suivait le Danube, traversait les forêts et les châteaux du Rhin, et ne s'arrêtait qu'à Cologne. Il pouvait encore pénétrer en France par la Champagne et exposer ses marchandises aux foires de Troyes, de Bar-sur-Aube, de Lagny et de Provins, lesquelles étaient plus anciennes que le comté même.

Il en avait été ainsi du reste jusqu'à ce que Philippe le Bel, maître de la Champagne par sa femme, portât ses ordonnances contre les Lombards, brouillât les monnaies et voulût régler l'intérêt qu'on payait aux foires.

Sous Louis le Hutin ce fut pis encore. Il mit des droits sur tout ce qui pouvait s'acheter ou se vendre, et défendit tout commerce avec les Flamands, les Génois, les Italiens et les Provençaux, c'est-à-dire tout le monde entier dont ces quatre peuples étaient les commissionnaires.

Voilà donc la France qui se ferme au commerce, et qui va par conséquent s'appauvrir de plus en plus. Les seigneurs la pillent plus, il est vrai, mais ils sont remplacés par les agens du roi, plus cupide à lui tout seul que tous les seigneurs réunis.

L'Angleterre, qui semble avoir compris la faute de sa rivale, non-seulement l'évite, mais attire à elle ce que nos rois repoussent. En France, les monnaies varient selon la cupidité du roi ; là-bas, elles sont invariables. Ici l'on pille les marchands qui dès lors nous désertent, là-bas les ports leur sont ouverts et des lois sont faites en leur faveur.

Edouard publie une charte dans laquelle, au lieu d'interdire tout commerce, comme Louis le Hutin, avec les quatre grands peuples que nous avons nommés tout à l'heure, il déclare qu'il porte le plus grand intérêt à tous les peuples commerçans, Allemands, Français, Espagnols, Portugais, Lombards, Toscans, Provençaux, Flamands et autres. La protection, la justice, bon poids et bonne mesure, ces quatre sentinelles du commerce, sont posées aux portes de l'Angleterre avec une sévère consigne. Les étrangers ont pour les juger, dans le cas où ils sont forcés d'en référer à la justice, moitié de juges anglais, moitié de juges de leur nation.

Le commerce prend donc en Angleterre une telle proportion que d'Artevelle devient l'ami et le compère du roi Edouard III, et, comme nous l'avons vu, ils traitent de puissance à puissance.

Et cependant nous voyons Edouard III commencer son règne par une soumission à Philippe, il est vrai qu'il ne tardera pas à prendre sa revanche, et que les premières dents qui vont pousser au jeune léopard vont faire de terribles morsures.

Dans le commencement de son règne, Philippe est un grand roi, et l'on croirait volontiers que *le roi trouvé* est un bonheur pour la France. Il bat les Flamands à Cassel, et remet le comte de Flandre en possession de ses Etats, et ses Etats sous sa dépendance. Il a reçu l'hommage d'Edouard. Ses cousins ont, l'un la couronne de Naples, l'autre le trône de Hongrie. Il protége le roi d'Ecosse. Jean de Bohême, que nous allons retrouver à Crécy, dit que Paris est le séjour le plus chevaleresque du monde.

Mais toutes ces espérances ne furent qu'un rêve. En 1336, Philippe avait trouvé moyen de se brouiller avec tout le monde : avec les seigneurs, par le bannissement de Robert d'Artois ; avec les marchands, par ses impôts ; avec l'empereur, par la guerre de bulles qu'il lui faisait faire par le pape ; avec le pape, par la servitude à laquelle il l'avait réduit ; avec la chrétienté, enfin, par cette condition que nous avons dite de lever sur elle les décimes de la croisade.

Nous avons vu dans le commencement de cette histoire ce qui résulta de la mauvaise position qu'avait prise Philippe. Un danger plus grand se préparait encore contre lui, puisque, si on se le rappelle, en échange de leur liberté, Olivier de Clisson et Godefroy de Harcourt avaient promis par écrit, et scellé de leurs sceaux, leur assistance au roi d'Angleterre dans son expédition contre la France ; car, on s'en souvient aussi, Edouard III n'avait pas encore vu les clochers de Saint-Denis, et, par conséquent, n'avait pas encore accompli son vœu.

Il avait donc confié les sceaux des deux prisonniers français à Salisbury, qui, en attendant les ordres de son roi, s'était retiré au château de Wark.

Nous savons dans quel deuil il y avait trouvé la comtesse.

XXVI

Le comte eut une longue entrevue avec sa femme. Ce qui se passa pendant cette entrevue, nul ne le sait. Tout ce que nous pouvons dire, c'est que lorsque Salisbury quitta la chambre d'Alix, on eût dit un spectre et non un homme, tant il était pâle.

Il redescendit dans la cour du château, ordonna qu'on ressellât son cheval, et, sans ajouter une parole, sans prendre de repos ni de nourriture, il se remit en selle et sortit du château.

Le coup qui venait de frapper le comte était rude.

Après tant de loyaux services rendus à son roi, cette trahison était une infâme lâcheté ; après l'amour qu'il avait eu pour Alix, cette révélation était un horrible malheur. Croire que sa femme fût complice du roi était chose impossible pour le comte, car, au lieu de prendre le deuil de son honneur, elle eût caché sa honte sous le sourire et les fleurs. Alix n'avait donc succombé, comme la Lucrèce antique, qu'à la ruse et à la force, et elle revenait à son mari vierge de cœur et de pensée. Mais Salisbury, l'homme loyal, le chevalier ardent, n'était pas de ceux qui accordent ces sursis à leur honneur. Le roi l'avait trompé dans ce qu'il aimait le plus ; il fallait qu'il le punît dans ce qu'il avait de plus cher, et la vengeance grondait au cœur du comte d'autant plus terrible qu'elle ne pouvait s'accomplir aussitôt.

Qui eût vu Salisbury en ce moment ne l'eût pas reconnu. Il descendait lentement la colline, le cœur plein de la réalisation des inquiétudes qu'il avait eu la montant, et, comme Loth fuyant le feu de Sodome, il n'osait regarder en arrière. Le soleil se couchait derrière l'horizon, la nuit venait, et le chevalier, pâle, dont le visage s'éclairait de temps en temps d'un des derniers rayons du crépuscule, semblait un chevalier fantastique des ballades allemandes, quelque Wilhem à la recherche de sa Lénor.

De temps à autre un paysan passait, qui s'arrêtait inquiet devant ce voyageur sombre, qui le saluait tant qu'il l'avait en face de lui, qui se signait quand il était passé.

C'est que les douleurs comme celle qu'éprouvait Salisbury marquent au front celui qui les souffre, et en font pour la foule un sujet d'admiration quand il est résigné, et d'épouvante quand il ne l'est pas.

Or, le comte était loin d'être résigné à ce qui lui arrivait. Nous avons vu quel amour il avait pour la belle Alix, et comment il s'était hâté d'accomplir le vœu qu'il avait fait pour elle. Alix était l'unique repos de ses batailles, l'unique espérance de ses retours. Pendant sa captivité en France, il avait eu foi dans sa délivrance, parce qu'il savait que, du fond de son château, en Angleterre, Alix priait Dieu pour lui, et que Dieu devait l'exaucer comme un ange. Et voilà que ce court passé de bonheur, qui n'était que la source d'un avenir heureux, s'envolait au souffle d'un roi débauché; voilà que, pendant qu'il combattait pour lui, Edouard lui volait lâchement l'honneur de son nom et le repos de sa vie; quand toutes ces pensées revenaient à l'esprit du comte, il pâlissait encore de honte et de colère, et portait avidement la main à son épée; puis, l'air du soir lui fouettait le visage, il jetait ses regards autour de lui, retrouvant dans la nature la nuit et la solitude de son cœur; et il se disait : « Plus tard. »

Il arriva ainsi à une espèce de chaumière isolée, et comme il n'était pas sûr d'en rencontrer une pareille de toute la nuit, il résolut de s'y arrêter pour faire reposer son cheval, car lui sentait bien qu'il ne prendrait ni repos ni sommeil avant la fin de son voyage et l'accomplissement du second vœu qu'il venait de faire, que, dans la crainte d'être trahi encore, il avait renfermé dans le fond de son cœur et n'avait même pas confié à la brise du soir.

Salisbury descendit de cheval et frappa à la porte mal jointe de la maisonnette devant laquelle il s'était arrêté.

Une vieille femme, étonnée qu'on frappât chez elle à cette heure, vint ouvrir et recula devant l'apparition de cet homme pâle et vêtu de noir.

Le comte lui demanda l'hospitalité pour lui jusqu'au matin et de la paille pour son cheval.

La vieille revint de ses terreurs et laissa entrer le visiteur inattendu. Le comte, pendant que l'hôtesse mena son cheval à l'écurie, s'approcha d'une lampe fumeuse qui éclairait à peine la salle, et qui laissait plutôt faire cette besogne au feu qui brûlait dans l'âtre, et, tirant de son sein des parchemins revêtus de sceaux, il les examina attentivement.

— Ménélas! Ménélas! murmura-t-il, dix ans Troie s'est vue assiégée parce qu'un berger t'avait volé ta femme; un roi m'a pris mon Hélène, et, Dieu aidant, il y aura une seconde guerre de Troie.

En ce moment, la vieille femme rentrait, et Salisbury, tout rêveur, se rasseyait auprès du feu.

C'est ainsi qu'il passa la première nuit après son départ du château de Wark.

Le lendemain, dès le point du jour, il se remit en route sans avoir dit d'autres paroles à celle qui l'avait reçu que des paroles de remercîmens quand il était entré, et de reconnaissance quand il était parti, laissant sur la table de quoi payer pendant un an une hospitalité comme celle qu'il avait reçue pendant douze heures.

Les horizons s'effacèrent derrière lui les uns après les autres sans que le souvenir s'effaçât de son esprit.

Deux ou trois fois, pendant la chaleur du jour, il s'arrêta, descendit de cheval et, laissant sa monture brouter l'herbe environnante, il s'asseyait au pied d'un arbre et contemplait d'un œil triste la vie heureuse des autres au milieu desquels il passait, sans leur donner de sa tristesse et sans pouvoir prendre de leur joie. Deux ou trois fois aussi, au souvenir des jours heureux qu'il avait vécus et des jours désolés qu'il allait vivre, des larmes silencieuses tombèrent des yeux de cet homme, qui avait vu au milieu des batailles la mort ravager autour de lui, sans s'en émouvoir que ne s'émeut le rocher qui voit la mer en furie battre ses flancs impassibles; tant il est vrai que si fort que soit un homme, il garde dans un des plis de son cœur une jeunesse craintive dont la femme seule a le secret, et qu'elle emplit à son gré d'espérance, de joie ou de terreurs, qui le font plus facile à conduire et à épouvanter que l'enfant qui appelle en vain sa mère.

Il arriva ainsi jusque sur la côte, et il reconnut l'endroit où il avait débarqué lorsqu'Edouard avait obtenu du roi de France sa liberté contre celle du prisonnier écossais. Que de choses s'étaient passées depuis cette époque, qui semblaient ne devoir jamais arriver, et quelle étrange ironie cachait cette amitié royale.

— Oh! mer! dit le comte en plongeant ses regards sur l'océan, qui, calme à cette heure, venait jouer jusqu'à ses pieds et reflétait dans ses flots les nuages sans tempêtes dont le vent du sud voilait de temps en temps l'azur du ciel; oh! mer! combien sont préférables tes orages immenses qui font monter tes vagues jusqu'au ciel, comme une armée de Titans, aux passions mystérieuses des hommes qui les abaissent au-dessous des animaux les plus vils, et qui tuent plus souvent que tes vagues.

Salisbury resta ainsi quelques instans plongé dans sa rêverie, puis il passa la main sur son front, et ayant rencontré un paysan, il lui demanda de lui indiquer où il trouverait le patron d'un bateau qui pût le mener sur les côtes de France.

Le paysan lui montra du doigt une maison et continua son chemin.

Le lendemain au soir, le comte disait adieu aux rives d'Angleterre, qu'il croyait quitter pour jamais, et le matin il arrivait à Boulogne.

Là, il reprit son voyage à cheval, toujours seul et toujours sombre, s'arrêtant le soir dans quelque auberge, et recommençant sa route avec l'aube.

Quand il arriva à Paris, Paris était en fête, comme cela lui arrivait souvent, surtout depuis que la trève avait été signée. Salisbury traversa cette foule de bourgeois, de baladins et de chevaliers, et, le soir, lorsque le bruit de la ville eut cessé, il se rendit au Louvre.

Le Louvre était loin d'avoir à cette époque l'aspect qu'il a maintenant. A la grosse tour et à son enceinte construites en 1204 par Philippe-Auguste, rien n'avait été encore ajouté, ou peu de chose du moins. La résidence royale était si simple qu'on eût dit quatre pans de murailles percés à l'aventure de petites croisées les unes sur les autres.

Salisbury traversa la grande cour qui était au centre de ce carré, et se dirigea vers la grosse tour qui en formait le milieu. Il passa le pont de pierre jeté sur le large fossé qui baignait la tour, et arriva à la porte de fer qui fermait l'escalier à vis par lequel on montait dans les appartemens.

Arrivé là, un capitaine se présenta qui lui demanda où il allait.

— Je veux parler au roi Philippe, répondit le comte.

— Au nom de qui? demanda le capitaine.

— Dites à monseigneur le roi le comte de Salisbury, sujet et envoyé du roi Edouard III, demande à être admis en sa présence.

Le capitaine ouvrit la porte de fer, fit monter le comte et le laissa attendre quelques instans, puis il reparut et fit signe à Salisbury en s'inclinant que le roi l'attendait.

Il passa donc devant lui, et, soulevant une tapisserie, le fit entrer dans la chambre où se trouvait Philippe.

Le roi était seul, assis devant une grande table, et paraissait rêver. La chambre n'était que faiblement éclairée.

— C'est vous, comte, fit le roi en fixant des yeux étonnés sur celui qui venait de paraître.

— Oui, monseigneur, moi-même, le comte de Salisbury, qui se souviendra toujours qu'étant prisonnier du roi de France, il a été traité par lui comme un hôte royal, à ce point aujourd'hui qu'il regrette sa captivité.

Et le comte passa sa main sur son front comme pour en chasser les douloureuses images qui l'assiégeaient.

— Séyez-vous donc près de moi, comte, et me veuillez dire à quoi je dois votre gracieuse présence ici.

— Monseigneur, je vous disais à l'instant que j'avais gardé le souvenir de vos bontés pour moi, j'aurais dû ajouter que je venais pour vous en prouver ma reconnaissance de façon à vous faire voir que je disais vrai.

— Vous venez envoyé par le roi d'Angleterre.

— Non, monseigneur. Nul ne sait que je suis en France, fit le comte d'une voix sombre, et j'espère que nul ne saura jamais que j'y suis venu. Permettez-moi, monseigneur, de vous faire quelques questions.

— Faites.

— Vous avez signé une trêve avec le roi Édouard?

— Oui.

— Et sur la foi de cette trêve, vous êtes tranquille?

— Vous le voyez. Non-seulement nous sommes tranquilles, mais encore le plus souvent nous sommes en fête. Notre bon peuple français est un grand enfant qu'il faut amuser jusqu'à ce qu'il se batte.

— Mais, monseigneur, vous avez là-bas des prisonniers comme le roi Édouard en avait ici.

— Je me le rappelle, messire : ce sont le sire de Clisson, le sire Godefroy de Harcourt et le sire Hervey de Léon, trois braves capitaines dont l'un m'est déjà rendu, puisque je l'ai échangé contre le duc de Stanfort. Et celui-là est messire Olivier de Clisson.

— Oh! monseigneur, la France est malheureuse depuis quelque temps, car ceux-là même qui devraient la défendre l'abandonnent.

— Je ne comprends pas, fit le roi en se levant.

— Je disais, monseigneur, que le roi Édouard a rendu la liberté à Olivier de Clisson en échange du duc de Stanfort, et qu'il l'a refusée à Hervey de Léon.

— C'est vrai.

— Savez-vous, monseigneur, d'où vient cette préférence du roi d'Angleterre pour l'un de vos sujets?

— Je l'ignore.

— C'est qu'il y a eu à cet échange une condition que vous ne connaissez pas, monseigneur, que messire Olivier de Clisson a acceptée, et qui met à cette heure le royaume de France en un des plus grands périls qu'il ait jamais courus.

Philippe VI pâlit.

— Et c'est vous, comte, dit-il, vous, un des fidèles sujets du roi Édouard, qui venez m'avertir du danger; vous qui avez quitté l'Angleterre pour venir m'annoncer cette nouvelle, en grâce, dites-vous, de la douce captivité que je vous ai faite. Depuis quand les sujets loyaux d'un roi viennent-ils si gracieusement prévenir les rois ennemis des dangers qu'ils courent?

— Depuis, reprit le comte d'une voix grave, depuis que pendant leur absence les rois déshonorent les sujets loyaux qui combattaient pour eux.

Philippe fixa ses regards sur le comte, car malgré l'accent de la voix de Salisbury, il craignait une trahison.

— Vous dites donc, reprit le roi, qu'il y avait à la délivrance d'Olivier de Clisson une condition secrète.

— Connue d'Olivier seul et du roi d'Angleterre.

— Et cette condition?

— Est tout simplement une trahison, monseigneur.

— Une trahison!

— Oui.

— C'est impossible. Olivier de Clisson est un brave capitaine.

— Je le sais, monseigneur, puisque je l'ai eu à combattre devant Rennes. Mais Olivier de Clisson est un traître, puisque j'en ai les preuves, et ces preuves, les voici.

Et en disant cela, Salisbury montrait au roi Philippe les sceaux d'Olivier de Clisson et de Godefroy de Harcourt.

Philippe lut les engagemens des deux prisonniers, et, regardant Salisbury, il lui dit d'une voix tremblante :

— Ainsi, à la fin de la trêve, la France était ouverte à votre roi par ces traités.

— Oui, monseigneur.

— Ah! Édouard III est un homme habile. Ainsi, continua Philippe, mes meilleurs chevaliers m'abandonnent et me trahissent, Olivier de Clisson, Godefroy de Harcourt, Laval, Jean de Montauban, Alain de Quédillac, Guillaume, Jean et Olivier des Brieux, Denis du Plessis, Jean Mallart, Jean de Senidavi, Denis de Callac, Henry de Malestroit. Ah! je me vengerai cruellement. Sayez-vous bien ce que vous avez fait là, comte?

— Oui, monseigneur.

— Vous avez détruit ma confiance la plus chère.

— Édouard a brisé mes espérances les plus saintes.

— Vous ferez couler le plus noble sang de France.

— Que m'importe, monseigneur, pourvu que je sois vengé!

— Et d'où vient qu'à votre tour vous abandonnez votre roi.

— Je vous l'ai déjà dit, monseigneur, cela vient de ce que mon roi m'a lâchement volé mon bien le plus cher, l'honneur de mon nom, le sang de mon cœur, l'espoir unique de ma vie. Oh! monseigneur, punissez et répandez le sang, faites dresser des échafauds, inventez des tortures; mais si haut que monte votre vengeance, elle ne sera jamais au niveau de ma douleur et de ma haine.

— Et qu'allez-vous faire?

— Le sais-je, monseigneur; que voulez-vous que fasse un homme dont le cœur est brisé?

— Restez quelque temps en France, comte, et vous verrez comment le roi punit la trahison.

— Maintenant, monseigneur, dit Salisbury, il ne me reste plus qu'à vous demander la permission de me retirer, en vous priant de me rendre ces parchemins.

— Vous les rendre, et pourquoi?

— Parce que, monseigneur, cette dénonciation, excusable aujourd'hui en raison de ce que j'ai souffert, ne le serait peut-être pas pour l'avenir.

— Je vous jure, comte, dit le roi, que nul ne saura que j'ai ces papiers, que nul ne saura que vous me les avez remis, et que je frapperai en prenant sur moi seul la responsabilité de la punition. Mais laissez-moi ces preuves, car, vous parti, le crime de ces hommes est si affreux que j'en douterais et que je n'oserais peut-être plus punir, si je ne l'avais toujours devant les yeux.

— C'est bien, monseigneur, fit le comte, je garde votre parole.

— Adieu, messire, et n'oubliez jamais l'hospitalité de la maison de France.

Salisbury se retira.

La nuit était noire. Il quitta le Louvre qui découpait sur le ciel la silhouette sombre de sa tour, où veillaient çà et là quelques lumières.

— Maintenant, dit-il en franchissant l'enceinte du palais, je suis sûr, roi Édouard d'Angleterre, que tu n'accompliras pas ton vœu.

Et il disparut dans les ombres de la nuit.

XXVII.

Le lendemain même le roi fit publier que des fêtes auraient lieu dans le commencement du mois de janvier 1343.

En effet, pour le quinzième jour de ce mois, un tournoi fut annoncé dans lequel devaient jouter tous les nobles chevaliers du royaume, et auquel le roi Philippe VI lui-même devait prendre part.

En conséquence, des hérauts furent envoyés dans les provinces voisines, lesquels étaient chargés de requérir les combattans.

De grands préparatifs se firent sans que nul pût deviner quel sanglant dénoûment ils devaient avoir.

Deux ou trois jours avant le tournoi, le roi fit appeler le prévôt de Paris.

— Tous ceux dont je vous ai remis la liste sont-ils à Paris? demanda-t-il.

— Oui, monseigneur.

— Messire Olivier de Clisson?

— Est arrivé ce matin.

— Et messire Godefroy de Harcourt?

— Est le seul qui ne soit pas venu à Paris.

— Se douterait-il de quelque chose? murmura le roi en se promenant à grands pas dans la chambre. Mais en tous cas, sa femme est ici?

— Oui, monseigneur.

— Oh! mon frère d'Artois, il paraît que vous n'êtes pas le seul traître de notre royaume, et voilà que vos alliés se montrent. Mais, Dieu aidant, je vous anéantirai tous, dussé-je pour cela raser vos châteaux jusqu'au sol, et faire pendre jusqu'à vos derniers rejetons.

— Monseigneur n'a pas d'autres ordres à me donner? demanda le prévôt.

— Non, allez.

Trois jours après, Paris était en rumeur.

Le soleil s'était levé plus radieux qu'on n'eût osé l'espérer, comme si le ciel eût voulu protéger la fête qui devait avoir lieu.

Dès le matin, comme à la fête que le roi Philippe le Bel avait donnée à Édouard II et à Isabeau, lors de leur voyage en France, les rues de Paris furent encourtinées, c'est-à-dire que les maisons étaient tendues de rideaux. Des processions eurent lieu, qui se composaient des bourgeois et de tous les corps de métiers, les uns à pied, les autres à cheval, accompagnés d'instrumens qui faisaient grand tapage.

Puis venaient des ménestrels et des baladins de toutes sortes, vêtus de costumes bariolés, et s'accompagnant d'une musique de trompes et de tambourins.

Le roi et sa suite regardaient toute cette chevauchée se dirigeant à grands cris vers l'île de Notre-Dame.

Puis venaient encore les chevaliers du tournoi, tous montés sur des chevaux magnifiquement caparaçonnés, et vêtus de leurs plus riches armures, chacun accompagné de son écuyer, qui déployait au vent la bannière de son maître sur laquelle se lisait quelque noble légende.

Puis enfin le peuple, avec les mêmes cris qu'il retrouve toujours chaque fois qu'on lui donne une fête nouvelle.

Le soir il y eut festins et spectacles, et le lendemain à midi devait commencer, à l'abbaye Saint-Germain-des-Prés, le tournoi pour lequel tant de chevaliers s'étaient inscrits.

Ce tournoi avait été retardé d'un jour par ordre du roi, qui voulait sans doute attendre vingt-quatre heures de plus dans l'espérance que Godefroy de Harcourt arriverait, mais, malgré ce sursis, Godefroy n'arriva pas.

A midi donc on entrait en lice.

Nous retrouvons à ce tournoi Eustache de Ribeaumont, avec qui nous avons déjà fait connaissance, et que nous reverrons encore reparaître dans le courant de cette histoire.

Ce jour-là il fit merveille, et après plusieurs passes qui lui firent grand honneur, le roi l'appela et le fit asseoir à côté du vieux roi de Bohême, Jean de Luxembourg, qui, quoiqu'aveugle, avait voulu assister à cette scène, et dont le cœur tressaillait de joie chaque fois qu'un beau coup était donné et qu'au milieu des applaudissemens on lui en faisait le récit.

Quant à Philippe, il était pâle. Une grande inquiétude l'agitait, et il paraissait attendre impatiemment une chose qui n'arrivait pas assez vite.

Enfin, un chevalier armé de toutes pièces parut dans la lice, et le roi le reconnut sans doute, car sa figure s'illumina à la fois d'un rayon de haine et de joie.

Ce chevalier, qui n'était autre qu'Olivier de Clisson, alla frapper de sa lance l'écu d'un chevalier, et revint prendre sa position à l'autre bout du camp; mais, au moment où il allait mettre sa lance en arrêt quatre hommes s'avancèrent accompagnés du prévôt de Paris, qui lui dit:

— Messire Olivier de Clisson, au nom du roi, je vous arrête comme traître et allié du roi d'Angleterre, et nous déclarons pareillement traîtres le sire de Laval, Jean de Montauban, Alain de Quedillac, Guillaume de Brieux, Jean et Olivier ses frères, Denis du Plessis, Jean Mallart, Jean de Sénidavi, Denis de Callac, ici présens, et Godefroy de Harcourt, qui n'est pas en notre royaume, les sommant de nous remettre leurs épées.

Tous les yeux se fixèrent sur la loge du roi, mais Philippe était déjà parti.

Une grande consternation se répandit dans toute cette foule. Les chevaliers que nous venons de nommer remirent leurs épées, et une compagnie de la prévôté les conduisit au Châtelet, qui se referma sur eux.

Le peuple se retira en silence, tout étourdi encore de la scène qui venait de se passer sous ses yeux.

Pendant ce temps, Henri de Malestroit, ancien maître des requêtes de l'hôtel de Philippe de Valois, accusé de trahison, avait été arrêté et emprisonné comme les autres.

A compter de ce jour, Philippe parut plus tranquille et plus joyeux.

Il n'y eut ni procès, ni jugement, ni preuves. Ces accusés furent condamnés à mort. Ils savaient qu'ils le méritaient, c'était tout ce qu'il fallait.

Quant au peuple, on n'avait pas de raisons à lui donner. Il était libre d'assister à l'exécution dont on lui donnait le spectacle en échange de la fête du tournoi qu'il n'avait pas vue.

A la nouvelle de cette arrestation, l'évêque de Paris réclama Henry de Malestroit, comme clerc et comme relevant uniquement de la justice papale. Henry de Malestroit fut donc élargi; mais sa punition, pour être plus lente, ne devait pas être moins terrible.

Les exécutions furent fixées au 29 novembre 1343.

Jusque-là on n'avait pu obtenir aucun aveu de la part de ceux qui avaient été arrêtés.

Le 28 au soir, Philippe VI lui-même descendit dans le cachot d'Olivier de Clisson, qui crut presque à une grâce en voyant le roi le visiter.

Olivier voulut nier d'abord, mais Philippe lui montra la lettre revêtue de son sceau, par laquelle il s'engageait au roi d'Angleterre, lui et ses compagnons.

Olivier baissa la tête et ne répondit rien. Le roi retourna au Louvre, et le lendemain, à onze heures du matin, les prisonniers furent transférés du Châtelet aux Halles, au milieu d'une populace immense, accourue sur leurs pas.

L'échafaud était dressé aux Halles de Paris.

Le roi avait voulu assister à ce spectacle, et, derrière une fenêtre, la seule qui fût fermée sur toute la place, se tenait l'ombre royale, qui gardait les yeux ardemment fixés sur l'échafaud.

Au moment de mourir, Olivier de Clisson avoua publiquement son crime, disant qu'avant de paraître devant Dieu il voulait gagner sa clémence par cet aveu.

Quatorze têtes tombèrent encore ce jour-là, comme si Philippe eût voulu entourer le trône d'un fossé de sang pour le rendre inattaquable.

Quand la justice du roi fut accomplie, chacun, épouvanté de la scène dont il venait d'être témoin, regagna lentement sa demeure. Un homme était mêlé à ceux qu'avait attirés ce spectacle, et lorsqu'il fut fini, il s'éloigna comme tout le monde. Seulement, au lieu de rentrer dans le sein de la ville, il franchit l'enceinte de Paris, et, à une centaine de pas des murs, il trouva un écuyer qui l'attendait avec deux chevaux. Il en prit un, l'écuyer prit l'autre, et tous deux s'éloignèrent rapidement.

Cet homme était le vicomte de Salisbury, qui n'avait plus rien à voir à Paris.

Cependant cette première exécution n'avait pas encore

assouvi Philippe, à qui, on se le rappelle, l'évêque avait arraché une victime.

Dès qu'il avait été forcé de rendre Henry de Malestroit, le roi avait écrit au pape, lui racontant le crime dont le clerc s'était rendu coupable, et lui demandant la permission, sinon de le punir par la peine de mort, du moins de le flétrir par un châtiment quelconque.

Nous avons vu que le pape était un des sujets les plus soumis du roi de France, il envoya donc à Philippe l'autorisation que celui-ci lui demandait, et le roi s'empressa de faire arrêter Henry de Malestroit.

Il tint sa parole et ne le condamna pas à mort.

Il fut seulement dégradé, et comme cette punition ne paraissait pas suffisante, Philippe le fit élever sur une échelle, où il fut lapidé par la populace.

— *Vox populi, vox Dei*, dit le soir Philippe VI quand on vint lui annoncer la mort de Henry de Malestroit.

La nouvelle de la mort de Clisson et des autres chevaliers ne tarda pas à arriver en Angleterre, et le roi Edouard en fut si courroucé, qu'il s'écria aussitôt qu'il vengerait cruellement la mort de ceux qui s'étaient alliés à lui, et puisque tel avait été le bon plaisir du roi de France, son bon plaisir, à lui, était de rompre la trêve signée.

Puis il fit appeler le comte Derby, auquel il fit part de ce qui venait d'arriver, et de la résolution qu'il venait de prendre de faire subir à Hervey de Léon le sort que Philippe avait fait subir aux chevaliers bretons et normands.

— Sire, lui dit le comte, vous allez à jamais ternir votre gloire par cette mort. Laissez votre voisin de France être déloyal, mais ne le soyez pas, et, au lieu de mettre à mort Hervey de Léon parce qu'il est resté fidèle à son roi, rendez-lui au contraire la liberté, moyennant une faible rançon, afin qu'il puisse proclamer partout la justice et la générosité du roi d'Angleterre.

— Vous avez raison, mon cousin, dit le roi en tendant sa main au comte, et il faudrait toujours que les rois, dans leurs momens de colère, eussent un homme comme vous auprès d'eux.

— Rompre la trêve, c'est justice, répondit Derby en s'inclinant; faites la guerre, c'est votre droit, et s'il vous faut de braves et loyaux chevaliers, sire, vous savez sur qui vous pouvez compter.

— Oui, je sais ce que vous voulez dire, comte. Aussi jetterai-je en France une armée telle que Philippe se repentira éternellement de la mort de ces braves chevaliers, dont Dieu veuille avoir l'âme ! Une dernière fois, merci de votre conseil, mon cousin.

Alors le roi ordonna qu'on lui amenât Hervey de Léon, et, quand celui-ci fut arrivé, il lui dit :

— Ah ! messire Hervey, mon adversaire Philippe de Valois a fait mourir lâchement de braves chevaliers, ce dont la nouvelle m'a causé grand'peine. Aussi voulais-je faire de vous comme il a fait d'eux, car vous êtes un de ceux qui m'ont le plus nui en Bretagne; mais j'aime mieux que mon honneur domine ma colère, et je vous laisserai partir pour rançon légère. Remerciez de cette grâce le comte Derby, aux conseils duquel vous la devez.

Les deux chevaliers s'inclinèrent l'un devant l'autre, et messire Hervey reprit :

— Cher sire, si vous avez quelque chose à me commander, dites-le, et tout ce que je pourrai faire loyalement pour vous, je le ferai.

— Eh bien ! reprit le roi, je sais, messire, que vous êtes un des plus riches chevaliers de Bretagne, et je pourrais par conséquent vous demander trente ou quarante mille écus que vous me donneriez ; mais, je vous le répète, une rançon légère me suffira, à la condition qu'à votre arrivée en France vous irez trouver mon adversaire Philippe, et lui direz, de par moi, qu'en faisant mourir tant de braves chevaliers, il a rompu la trêve conclue, qu'en conséquence je le défie et lui déclare de nouveau la guerre.

Moyennant ce message accompli, votre rançon, messire, ne sera que de dix mille écus, que vous enverrez à Bruges trois mois après que vous aurez repassé la mer.

— Monseigneur, dit alors messire Hervey de Léon, pénétré de reconnaissance à cette grâce du roi, je ferai ainsi que vous le désirez, et puisse Dieu vous rendre un jour la courtoisie que vous me faites aujourd'hui!

Hervey de Léon ne demeura pas longtemps après en Angleterre; il arriva promptement à Hennebon, où il s'embarqua pour Harfleur. Mais le mauvais temps le prit, et il fut si malade qu'il faillit en mourir.

Cependant il arriva à Paris, où il put accomplir le message que lui avait confié Edouard III.

XXVIII

Pendant ce temps, les hostilités avaient continué en Bretagne. Robert d'Artois, que nous avons laissé à Hennebon, avait pris la cité de Rennes, d'où s'étaient enfuis Hervey de Léon et Olivier de Clisson, et où ils furent pris à un second assaut.

Nous avons vu ce qui était résulté de cette capture, mais les affaires de France n'avaient pas empêché les affaires de la comtesse de Montfort et de Charles de Blois de se continuer.

Edouard III avait donc assiégé la ville de Dinan, pendant que Salisbury retournait au château de Wark et apprenait son déshonneur de la bouche même d'Alix.

Edouard avait vu tout de suite que la ville était prenable, car elle n'était fermée que de palissades.

En conséquence, il fit monter ses archers dans des nacelles et les fit approcher de la ville, à une portée de flèche, d'où ils assaillirent ceux qui défendaient les palissades, si adroitement qu'à peine s'ils osaient se montrer.

En même temps d'autres nacelles se détachaient de celles des archers. Celles-là portaient des hommes armés de grandes cognées tranchantes et protégés par les flèches des archers, qui passaient sur leurs têtes et les couvraient comme un toit de fer ; ils se mirent à entamer ces palissades, et cela si rapidement qu'en un espace très court ils en abattirent un grand pan et entrèrent dans la ville.

« Quiconque voulut y entrer y entra, dit Froissard, et quand ceux de la ville virent déborder chez eux les Anglais comme une marée de mort, ils s'enfuirent en désordre vers le marché, laissant aux mains des assiégeans messire Pierre Porteboeuf qui était leur capitaine. »

Cependant cette première victoire devait être suivie d'un échec. Après la prise de Dinan, Edouard, satisfait de la capture qu'il y avait faite, car la ville était fort riche, s'en alla sans même y laisser de garnison, et il s'achemina du côté de Rennes, ville devant laquelle il s'établit.

Or, il y avait en mer pendant ce temps-là, entre la Bretagne et l'Angleterre, des vaisseaux que commandait messire Louis d'Espagne, messire Charles Aimant, messire Othon Dorée, vaisseaux chargés de Génois et d'Espagnols, lesquels causaient de grands dommages aux Anglais chaque fois que ceux-ci venaient chercher des provisions devant Rennes.

Ils profitèrent donc d'un moment où le vaisseau du roi, qui était à l'ancre près de Rennes, était assez mal gardé pour l'attaquer. Ils tuèrent une grande partie de l'équipage, et eussent sans doute tué le reste, si ceux qui étaient devant la ville n'étaient venus au secours du vaisseau anglais, ce qui n'empêcha pas messire Louis d'Espagne et ses compagnons d'emmener quatre nefs anglaises chargées de provisions. Pour être sûrs qu'on ne les lui reprendrait pas, ils en détruisirent trois et n'en gardèrent qu'une chargée de leur butin.

Ce fut à partir de ce moment qu'Edouard fit rester une

partie de sa flotte au port du Havre, et l'autre au port de Hennebon.

Cependant le siége se continuait devant Vannes, devant Nantes et devant Rennes sans que l'on entendît parler de Charles de Blois.

C'est alors que le duc de Normandie fit une chevauchée en Bretagne pour le secourir. Il quitta la ville d'Angers avec trente-quatre mille hommes commandés par le sire de Montmorency et le sire de Saint-Venant. Puis venaient le duc de Normandie, le comte d'Alençon, son oncle, et le comte de Blois, son cousin. Il y avait encore les plus nobles noms de France, le duc de Bourbon, le comte de Ponthieu, le comte de Boulogne, le comte de Vendôme, le comte de Dampmartin, le sire de Craon, le sire de Coucy, le sire de Sully, le sire de Piennes, le sire de Roge et autres barons et chevaliers de Normandie, d'Auvergne, de Berry, d'Anjou, du Maine, du Poitou et de la Saintonge, en si grand nombre qu'on ne les pourrait tous nommer.

Ces nouvelles arrivèrent aux seigneurs anglais qui assiégeaient Nantes. Ils en informèrent aussitôt Edouard, lui faisant demander ce qu'ils devaient faire et s'il fallait qu'ils se retirassent ou qu'ils l'attendissent.

Quand le roi d'Angleterre apprit ce secours qui arrivait à Charles de Blois, il devint tout rêveur, se demandant s'il ne ferait pas mieux de quitter le siége de Vannes et de Rennes et de se porter avec toutes ses forces à celui de Nantes.

Alors il demanda conseil à ses chevaliers, et il fut résolu que comme il était assez près de Nantes pour y aller dès que besoin serait, il continuerait à rester devant Vannes. En conséquence, ceux qui étaient devant Nantes furent rappelés et reportés sur Vannes.

Le duc de Normandie s'installa donc à Nantes avec toute sa troupe, ou du moins avec une partie de sa troupe, car elle était si nombreuse qu'elle n'eût pu tenir tout entière dans la ville.

Pendant que le duc de Normandie était à Nantes, les Anglais en profitèrent pour assiéger Rennes.

Ce fut un des plus beaux assauts qui se soient donnés dans toute cette campagne, car il dura tout un jour, et il y avait à Rennes de bons chevaliers et écuyers de Bretagne, tels que le baron d'Ancenis, le baron du Tout, messire Jean de Malestroit, Yvain Charruel et Bertrand Duguesclin.

Voyant cela, le duc de Normandie partit de Nantes avec toute son armée, et s'en vint devant Vannes afin d'y rencontrer plus tôt ses ennemis.

Les Français se logèrent dans la campagne, faisant creuser un fossé autour de leur camp pour protéger les tentes qu'ils avaient établies. Alors commencèrent des escarmouches entre ceux d'Edouard et ceux du duc de Normandie, car les Anglais venaient attaquer les Français, et tourner autour de leur camp comme un essaim d'abeilles autour de la ruche.

Voyant cela, le roi d'Angleterre fit dire à ceux qui tenaient le siége de Rennes de le venir rejoindre afin qu'il fût plus fort. Il attendait surtout le comte de Salisbury, auquel il avait envoyé, au château de Wark, l'ordre de le venir retrouver.

Les deux armées anglaise et française étaient fort belles, car deux rois les commandaient. En effet, Philippe lui-même était venu en Bretagne, et voici comment Edouard l'apprit.

Un matin, un héraut envoyé de l'armée française se présenta à la tente du roi.

— Sire, dit-il à Edouard, je viens de la part de mon maître, le roi de France, vous dire qu'il vient d'arriver au camp du duc de Normandie, et que, lassé de ces hostilités sans fin, il vous défie à un combat singulier, afin que Dieu mette un terme à ces guerres inutiles.

— Répondez à votre maître, dit Edouard, que je lui sais gré de l'honneur qu'il me fait, mais que ce que le chevalier eût refusé, le roi le refuse. Trop de grandes destinées reposent dans mes mains pour que je les abandonne aux chances d'un combat singulier.

Et en disant cela, le roi d'Angleterre remit au héraut une bague d'un grand prix, pour qu'il la gardât en souvenir de sa mission.

Les escarmouches continuèrent, mais un peu plus sanglantes qu'auparavant. Robert d'Artois, qui s'était réuni au roi d'Angleterre, n'était pas de ceux qui combattaient le moins. Chaque jour, avec quelques autres vaillans chevaliers comme lui, il trouvait moyen de faire quelque belle entreprise qu'il racontait après au roi, et qui lui valait grande estime de la part d'Edouard.

— Je ne puis rester en repos, disait-il au roi, quand je vois des gens de cet ingrat pays de France, et mon cœur n'est satisfait que lorsque j'en ai tué quelques-uns.

Mais il arriva qu'un jour Robert d'Artois, qui n'était accompagné que de quelques chevaliers, tomba dans une embuscade, et que lui et sa petite troupe se trouvèrent aussitôt entourés d'ennemis.

Ils se défendirent vaillamment, mais les Français étaient en nombre, le cheval de Robert fut tué, et le comte blessé mortellement. Les Anglais, qui voyaient de loin ce qui se passait, vinrent à leur secours, mais trop tard, et rapportèrent au camp d'Edouard Robert, vivant encore, mais perdant son sang par trois ou quatre larges blessures, tant à la tête qu'à la poitrine et au bras.

Quand Edouard eut appris cette nouvelle, il se rendit aussitôt auprès du comte, qu'il trouva gisant sur son lit sous sa tente, et qui lui dit en lui tendant la main :

— Noble sire, je vais mourir bientôt, et sans avoir pu accomplir le vœu que j'ai fait de me venger moi-même, mais je remets ma vengeance entre vos mains, et vous prie en mourant de ne faire grâce ni merci au roi de France qui m'a si injustement dépouillé.

— Mais peut-être ne mourrez-vous pas de cette fois, fit Edouard, et pourrez-vous accomplir votre vœu.

— Hélas ! hélas ! fit le comte, Dieu sait que je ne regrette la vie que parce qu'en la quittant j'abandonne le service du gracieux roi qui m'a reçu et protégé, mais je sais que je n'aurai plus longue vie maintenant, et que je n'ai autre chose à faire qu'à recommander mon âme à celui qui à son tour va me recevoir en son royaume éternel.

Et le roi Edouard ne pouvait retenir ses larmes et ses plaintes devant la mort de ce vaillant chevalier qu'il aimait fort.

Le comte sentant qu'il s'affaiblissait de plus en plus, prit une dernière fois la main du roi, et la portant à ses lèvres, il lui dit :

— Sire, souvenez-vous de la promesse que vous avez faite à celui qui va mourir.

— Je jure, fit le roi, de venger par tous les moyens le dommage que le roi Philippe vous a fait, comte, et votre mort, qui me navre à ce point que je donnerais tout ce qu'il pourrait souhaiter à qui vous rendrait la vie, tant je vous ai en estime et amitié.

— Merci, sire, murmura le comte d'une voix affaiblie, et je mourrai complètement satisfait si mon corps repose en votre pays qui me fut si hospitalier.

— Il sera fait ainsi que vous le voulez.

Le comte, comme s'il n'eût attendu que cette dernière promesse pour mourir, entra en agonie et trépassa peu de temps après.

Edouard renouvela sur le cadavre le serment qu'il avait fait au mourant, et nous verrons plus tard comment il l'accomplit.

Le corps du comte fut transporté à Londres, et fut enterré à Saint-Paul, où le roi lui fit faire des obsèques comme il en eût fait à son fils.

Les deux armées étaient toujours en présence et attendant un moment favorable pour s'attaquer, lorsque l'évêque de Preneste, Pierre des Prés, et Etienne Aubert, évêque de Clermont, arrivèrent devant Rennes, envoyés par Clément VI, qui occupait alors le trône pontifical. Ces deux évêques allaient de l'une à l'autre armée pour les accorder, mais elles ne voulaient entendre à rien. Edouard, que la mort de Robert d'Artois venait d'irriter encore davantage, ne voulait pas accorder de trève, quelles que fussent les conditions. Il disait qu'il ne s'en irait que vainqueur ou vaincu.

Les choses en étaient là quand revint le messager qu'Edouard avait envoyé chercher, le comte de Salisbury.

Dès son arrivée, il vint trouver le roi.

— J'ai rempli votre message, monseigneur, lui dit-il.

— Et le comte? demanda le roi.

— Le comte n'est pas au château de Wark.

— Et où est-il?

— Nul ne le sait, sire. Il est venu un jour, et dans la même journée il est reparti seul et sans dire ni où il allait, ni s'il reviendrait.

A cette nouvelle, Edouard devina un malheur.

— Et la comtesse, fit-il, l'avez-vous vue?

— Non, monseigneur. Tout ce que j'ai pu apprendre, c'est que la comtesse avait sans doute perdu un parent qui lui était bien cher, car elle ne sortait pas de son oratoire et menait un grand deuil[1]

— C'est bien, fit le roi.

Et il s'éloigna pensif.

XXIX

A partir de ce moment, Edouard fut plus accessible aux propositions de trève que lui firent les deux évêques, car il avait hâte de revenir en Angleterre et d'approfondir les causes du départ mystérieux de Salisbury et du grand deuil de la comtesse.

En conséquence, il fut convenu que les deux armées se retireraient, et que des ambassadeurs seraient envoyés par les deux rois, le 19 janvier de l'année suivante, à Malestroit, où le traité serait conclu.

La France chargea de cette mission Eudes, duc de Bourgogne, et Pierre, duc de Bourbon.

L'Angleterre confia ses pouvoirs à Henri comte de Lancastre et à Guillaume de Bohun.

Quant à Edouard, il revint à Londres, et ce fut alors qu'il apprit l'exécution des seigneurs bretons et normands. Cette exécution coïncidait si parfaitement avec le départ de Salisbury, qu'il n'en douta plus qu'il n'eût été trahi par le comte.

La position était grave pour Edouard.

Robert d'Artois venait de mourir, Salisbury l'abandonnait, la Bretagne et la Normandie, sur lesquelles il avait tant compté, lui étaient fermées par la mort de leurs chevaliers et la connaissance que Philippe avait prise du traité de Clisson avec l'Angleterre.

Alix, qu'il aimait toujours et qu'il aimait même plus encore qu'autrefois, le maudissait sans doute du fond de son deuil. Il fallait donc qu'Edouard rejetât sur quelqu'un la colère que ces circonstances amassaient dans son cœur.

Ce fut comme toujours la France qui en hérita.

Nous avons vu qu'Edouard avait déjà envoyé faire une déclaration de guerre à Philippe par Hervey de Léon.

Ce n'était pas tout.

Comme on se le rappelle, d'Artevelle était venu lui offrir les Flandres pour son fils. Edouard s'en souvint, et, avant de se rendre à Gand, il donna au comte Derby le commandement de l'armée qui devait aller attaquer la Guienne.

Nous allons d'abord suivre le comte, et nous irons ensuite accompagner le roi et voir quels événemens il trouva à son arrivée chez son compère d'Artevelle.

Lorsque tous les préparatifs furent faits, les gens venus, les vaisseaux frétés et appareillés, le comte prit congé du roi et s'en vint à Hantonne où était toute sa flotte; là, il s'embarqua et cingla vers Bayonne, où ils prirent terre et déchargèrent toutes leurs provisions. Puis ils s'acheminèrent vers Bordeaux, où ils furent reçus avec grande joie, tant ceux de Bordeaux les aimaient.

Le comte fut logé à l'abbaye de Saint-Andrieu, et tous ses gens demeurèrent dans la ville.

La nouvelle de l'arrivée du comte Derby parvint vite au comte de Lille, qui tenait Bergerac pour le roi de France. Il fit donc aussitôt avertir ceux qui voulaient se rallier à lui de l'y venir rejoindre, et tous les seigneurs qui se tenaient en l'obéissance de Philippe accoururent.

C'étaient le comte de Comminges, le comte de Pierregord, le vicomte de Carmaing, le vicomte de Villemur, le comte de Valentinois, le comte de Mirande, le seigneur de Duras, le seigneur de Taride, le seigneur de la Barde, le seigneur de Pincornet, le vicomte de Castelbon, le seigneur de Châteauneuf, le seigneur de Lescun et l'abbé de Saint-Siloier.

Quand ils furent tous réunis, le comte de Lille, en leur faisant part du danger, leur demanda ce qu'il y avait à faire pour le parer. Ils répondirent qu'ils étaient assez forts pour tenir le passage de la Dordogne à Bergerac contre les Anglais.

Au bout de quinze jours que le comte Derby séjournait en la cité de Bordeaux, il apprit que les chevaliers gascons se tenaient à Bergerac, et il fit tous ses préparatifs pour partir le matin.

Conséquemment il fit maréchaux de son armée messire Franque de Halle et messire Gautier de Mauny, que nous avons perdu de vue depuis le moment où le chevalier aventureux qu'il avait mortellement blessé lui avait raconté comment son père avait été tué par Jean de Levis, et comme quoi le tombeau de Le Borgne de Mauny se trouvait dans la ville de La Réole.

Messire Gautier, tout au service du roi d'Angleterre, n'avait pas encore eu le temps d'accomplir la fin de son vœu, qui consistait à aller rechercher les restes paternels pour les transporter en Hainaut, puisque la moitié de ce vœu était déjà accomplie par la mort du chevalier Aventureux, fils du meurtrier de son père.

Quand l'armée fut ordonnée ainsi, elle se mit en marche, et après avoir cheminé trois lieues, elle s'arrêta au châtel de Montlucq, distant d'une petite lieue de Bergerac.

Les Anglais restèrent là tout le jour et toute la nuit en attendant les coureurs qu'ils avaient envoyés jusqu'aux barrières de Bergerac, et qui devaient venir leur dire dans quelles dispositions était l'armée du comte de Lille.

Dès le matin ils se mirent à table, car ils voulaient avoir dîné de bonne heure dans le cas où il leur faudrait livrer la bataille ce jour-là même.

Ils étaient encore à table lorsque les coureurs reparurent et annoncèrent qu'ils avaient trouvé à l'armée du comte de Lille une assez mince apparence.

Alors Gautier de Mauny regarda le comte Derby en disant:

— Monseigneur, il me vient une envie?

— Laquelle?

— Mais il faudrait pour cela que nous fussions tous gens résolus et experts.

— Parlez alors.

— Ce serait de boire à notre souper des vins de ces seigneurs de France qui se tiennent en garnison à Bergerac.

— C'est une excellente envie, messire, que je comprends parfaitement et que j'exécuterai volontiers.

Les compagnons, qui entendirent Gautier de Mauny et le comte parler ainsi, délibérèrent ensemble et se dirent:

— Allons nous armer, car il paraît que nous chevaucherons prochainement devant Bergerac.

En un instant ils furent armés et les chevaux sellés.

Quand le comte Derby vit les gens en si bonnes dispositions, il fut tout joyeux, et s'écria :

— Or, marchons, au nom de Dieu et de Saint-Georges! au devant de nos ennemis.

De grands cris répondirent à cette exhortation, et tous, malgré la chaleur du jour, armes en mains et bannières déployées, coururent sur Bergerac.

La tactique de l'armée anglaise fut simple comme elle l'était toujours. Quand elle fut à une portée de flèche de l'ennemi, le comte fit avancer ses archers, qui commencèrent à tirer avec tant d'adresse et d'ensemble que la confusion se mit dans les rangs des Français. Au bout de peu de temps on combattait corps à corps, et de part et d'autre on attaquait et l'on se défendait vaillamment. Cependant les Français furent repoussés jusque dans les faubourgs, et le sire de Mauny, qui fit ce jour-là de belles appertises d'armes, s'avançait si avant dans les ennemis qu'on le rappelait en vain. Le vicomte de Bosquentin, le sire de Châteauneuf, le vicomte de Châteaubon, le sire de l'Escure, restèrent prisonniers aux mains des Anglais, qui ne se retirèrent que lorsque, lassés de combattre et de tuer, ils virent ceux qui avaient survécu se réfugier dans le fort, en fermer la porte, et, gagnant les guérites d'en haut, assaillir les assiégeans de pierres et de traits.

Ce qui n'empêcha pas Gautier de Mauny de satisfaire l'envie qu'il avait eue de boire du vin de France, car les Anglais en trouvèrent, ainsi que des viandes, de quoi vivre largement pendant deux mois si besoin était.

Le comte Derby, qui n'était pas venu là pour y séjourner, fit sonner ses trompettes dès le lendemain matin, et donner l'ordre de commencer l'assaut, qui se fit et dura jusqu'à none. Mais si fortement qu'ils combattissent, les Anglais ne gagnèrent rien à cette attaque, car il y avait dans la ville de vaillans gens d'armes qui se défendaient de tout cœur.

Les Anglais abandonnèrent donc l'attaque par terre, et, après avoir tenu conseil, décidèrent que le lendemain ils attaqueraient Bergerac par eau, car la ville n'était fermée que de palissades. Le maire de Bordeaux mit donc à leur disposition plus de quarante nefs qui stationnaient inutilement au havre de Bordeaux, et dont l'arrivée, le lendemain au soir, fit pousser des cris de joie aux assiégeans.

La nuit se passa à faire les préparatifs de l'assaut qui devait avoir lieu le lendemain.

Le siége ne fut pas long.

Comme devant Vannes, les archers criblèrent les assiégés pendant que les autres détruisaient les palissades, et cela si promptement que ceux de Bergerac, voyant qu'ils ne pouvaient durer longtemps contre un pareil assaut, allèrent trouver le comte de Lille et lui dirent :

— Seigneur, regardez ce que vous voulez faire, nous sommes au moment d'être perdus, il vaudrait peut-être mieux que nous nous rendissions au comte Derby avant d'avoir essuyé de plus grands dommages.

— Allons où il y a du danger, répondit le comte de Lille, car nous ne sommes pas de ceux qui doivent se rendre ainsi.

Et tous les chevaliers s'en vinrent aux palissades, qu'ils défendirent de leur mieux, accompagnés de leurs arbalétriers génois, qui, bien et dûment armés contre les traits des Anglais, tiraient sûrement et firent tout ce jour grand dégâts parmi les ennemis.

Mais les Anglais parvinrent enfin à abattre un pan de palissade, et, à partir de ce moment, il n'y eut plus d'espoir pour les assiégés.

Alors ils demandèrent que le combat cessât, et qu'il leur fût accordé jusqu'au surlendemain, pour qu'ils délibérassent s'ils devaient continuer ou se rendre.

Ce sursis leur fut concédé, mais à la condition que, pendant ce temps, ils ne répareraient pas leurs palissades, ce à quoi ceux de Bergerac consentirent d'autant plus volontiers qu'ils ne pouvaient faire autrement.

Les barons de Gascogne se réunirent donc en grand conseil, et le résultat de leur délibération fut qu'ils n'avaient rien de mieux à faire qu'à se charger de tout ce qu'ils possédaient et à partir au plus vite.

En effet, à minuit ils montèrent à cheval, et chevauchèrent vers La Réole, qui était peu éloignée de Bergerac.

Le lendemain, les Anglais, qui désiraient entrer dans la ville, soit qu'elle se rendît, soit autrement, montèrent en leurs nacelles et s'en vinrent là où ils avaient commencé de détruire la palissade. A ce moment ils aperçurent les assiégés qui leur criaient qu'ils étaient prêts à se rendre, à condition qu'on leur laisserait la vie et les biens saufs.

Le comte de Penebroch et le comte de Kenfort retournèrent porter ces nouvelles au comte Derby, qui, noble de cœur, répondit aussitôt :

— Qui merci demande merci doit avoir : dites-leur qu'ils ouvrent leur ville et nous laissent entrer dedans; nous les assurons de nous et des autres.

Les deux chevaliers allèrent donc reporter à ceux de Bergerac la réponse du comte ; et ce jour, qui était le 26 août 1345, les Anglais prirent possession de la ville de Bergerac.

Hommes et femmes s'assemblèrent sur la place, on sonna les cloches, et après avoir mené le comte Derby en la grande église, ils lui jurèrent féauté et hommage au nom du roi d'Angleterre, en vertu du pouvoir dont il était revêtu.

Maintenant nous allons voir ce qu'étaient devenus les seigneurs de Gascogne qui s'étaient retirés à La Réole.

XXX

Quand le comte de Lille et les chevaliers gascons se furent retirés à La Réole, ils tinrent conseil et prirent avis qu'ils devaient se séparer pour faire des garnisons aux différentes places que les Anglais devaient successivement attaquer.

Les chefs de ces garnisons furent, à Montauban, le sénéchal de Toulouse ; à Auberoche, le comte de Villemur; à Pillagrue, messire Bertrand des Prez ; à Montagrie, messire Philippe de Dijon; à Maudurant, le sire de Montbrandon ; à Lamougies, Ernoult de Dijon ; à Beaumont en Laillois, Robert de Malmort ; à Rennes en Agenois, messire Charles de Poitiers ; et ainsi les autres chevaliers, de garnison en garnison.

Ils se séparèrent donc tous les uns des autres, et le comte de Lille demeura à La Réole, et fit tellement et si bien réparer la ville et la forteresse qu'il n'y avait garde qu'on l'attaquât avant un mois ou deux.

Après la prise de Bergerac et deux jours de repos dans cette ville, le comte Derby prit à son tour de nouvelles dispositions. Il s'informa donc du sénéchal de Bordeaux de quel côté il devait marcher; celui-ci lui conseilla d'aller devant Pierregord, et de gagner la haute Gascogne, ce que fit le comte, après avoir laissé à Bergerac un capitaine nommé messire Jean de La Zouenne.

Voilà donc de nouveau les Anglais en campagne et peu disposés à laisser sur leur passage le moindre châteaux sans le prendre. C'est ainsi qu'ils rencontrèrent celui de Langon, et qu'ils s'y arrêtèrent en disant qu'ils ne passeraient pas avant de l'avoir pris. L'assaut commença immédiatement. Le premier jour ils ne firent rien ; mais le second, ayant comblé les fossés avec du bois et des fagots, ils arrivaient sans danger jusqu'aux murs, si bien que le château demanda le temps de se consulter, et que le résultat de la délibération fut qu'il serait rendu aux Anglais.

Le comte Derby prit donc possession du château de Langon, dont il confia la garde à un capitaine du nom d'Aymon Lyon et à trente archers, puis ils reprirent leur route et s'acheminèrent vers le château du Lac, comme s'ils n'avaient eu, ainsi qu'une marée, que le but d'envahir.

Quand ceux du Lac virent avec quelle rapidité l'ennemi s'emparait des places et des châteaux, ils apportèrent au comte Derby les clefs de la ville, et le reconnurent seigneur, au nom du roi anglais. Peu de temps après il était devant le château de Lamougie, après avoir laissé garnison à la forteresse du Lac.

Puis les Anglais prirent Prisart, La Liène, Fossat, assez facilement, et Beaumont en Laillois devant lequel ils restèrent trois jours, après quoi, ils s'acheminèrent sur Montagrie, dont ils firent le gouverneur prisonnier et l'envoyèrent à Bordeaux. Enfin, ils arrivèrent devant Lille, la ville souveraine du comte que messire Philippe de Dyon et messire Arnoult de Dyon, dont la captivité avait été de courte durée, gardaient comme capitaines.

Le siège commença par les archers, et, le second jour, les bourgeois de la ville qui craignaient pour leurs femmes et leurs enfans, virent bien qu'ils ne pourraient tenir longtemps. Ils prièrent donc deux chevaliers de traiter avec les Anglais et d'obtenir leurs vies sauves.

Les chevaliers se chargèrent d'autant plus volontiers de cette mission que, comme les bourgeois, ils prévoyaient parfaitement l'issue qu'aurait une plus longue résistance. Ils envoyèrent donc un héraut au comte Derby, lui faisant demander un jour de répit. Le comte voulait qu'ils se rendissent sur-le-champ, et il ne consentit à accorder ce qu'on lui demandait qu'à la condition qu'on lui donnerait des otages, moyennant quoi ceux de la ville seraient libres d'aller où bon leur semblerait. Les conditions furent accordées, et les gens d'armes de Lille s'en allèrent rejoindre ceux de La Réole.

S'il nous fallait suivre cette expédition dans tous ses détails, il nous faudrait élargir considérablement le cadre de ce livre. Disons seulement qu'après avoir pris Bonneval, les Anglais entrèrent en la comté de Pierregord; mais ils ne l'assaillirent point, car elle était défendue de telle façon qu'ils virent tout de suite qu'ils y perdraient leur peine. Cependant ils s'étaient assez avancés en reconnaissant le pays pour que ceux de Pierregord les eussent vus.

— Puisqu'ils sont venus jusqu'ici sans nous attaquer, c'est qu'ils ne sont pas en force suffisante. A notre tour d'aller les visiter cette nuit. Seulement nous, nous les réveillerons.

Les Français sortirent donc de Pierregord et s'avancèrent jusqu'à la forteresse de Pillagrue, où s'étaient retirés les Anglais. A leur tour ils donnèrent l'assaut, et l'on se battit vaillamment de part et d'autre.

Le comte de Kenfort fut pris par les Gascons au moment où il s'armait pour aller combattre, et ceux-ci, satisfaits de leur prise, se retirèrent avant que le reste de l'armée, informé de ce qui se passait, vînt au secours de son chef.

On se rappelle que les Anglais avaient pris aux Gascons, dans le commencement de l'expédition, quatre chevaliers, le vicomte de Bosquentin, le vicomte de Châteaubon, le sire de l'Escun et le sire de Châteauneuf. Après avoir assailli le château de Pillagrue pendant six jours, et sans aucun résultat, car il était défendu par messire Bertrand des Prés, un vaillant capitaine, les Anglais proposèrent de rendre les quatre prisonniers qu'ils avaient fait en échange du comte de Kenfort, et l'échange fut accepté. Une fois le comte de Kenfort revenu, le comte de Lille abandonna Pillagrue, et, reprenant sa route sans se laisser décourager par cet échec, il arriva devant Auberoche, qui se rendit presque aussitôt, ainsi que la ville de Libourne, que le comte de Derby quitta après y avoir laissé une garnison commandée par messire Richard de Stanfort, messire Etienne de Tornby et messire Alexandre Auriel, puis il retourna à Bordeaux avec le comte de Kenfort et Gautier de Mauny, et ils y furent reçus en grand triomphe. Le comte s'arrêta quelque temps dans cette ville, et son retour y fut fêté par de nombreuses fêtes, où s'ébattaient joyeusement les dames et les bourgeois de la ville.

Le comte de Lille, qui avait été informé des conquêtes du comte, et qui n'avait pu s'y opposer, crut qu'à cause des différentes garnisons que ce dernier avait mises dans les différentes villes qu'il venait de prendre, son armée devait être épuisée et incapable de résister à une vigoureuse attaque. En outre, il le voyait séjourner à Bordeaux et restait bien convaincu qu'il ne se remettrait pas de sitôt en expédition. En conséquence, il mit le siége devant Auberoche, faisant donner l'ordre à tous ceux qui se tenaient Français de l'y venir rejoindre.

Les comtes de Carmaing, de Comminges, Bramckel et tous les barons de Gascogne se rendirent à cet ordre, et, après avoir assemblé et équipé leurs gens, retournèrent devant Auberoche au jour indiqué par le comte.

Alors commença un siége terrible.

Les Français se logèrent autour d'Auberoche et firent venir quatre machines d'où ils lançaient continuellement des pierres et des traits sur la ville assiégée, tellement que les toits des maisons étaient effondrés et que les habitans ne trouvaient de refuges que dans les caves. Le bruit de cette attaque était bien parvenu jusqu'au comte Derby, mais il ne se doutait pas qu'elle fût aussi sérieuse, et sachant ceux qu'il avait laissés en garnison de bons et vaillans chevaliers, il ne s'en inquiétait aucunement et continuait de séjourner à Bordeaux.

Cependant, quand messire Franque de Halle, messire Alain de Finefroide et messire Jean de Lindehalle, capitaines de la garnison d'Auberoche, se virent en cette position, ils délibérèrent entre eux afin de savoir quel parti ils avaient à prendre. Ils demeurèrent d'accord que si le comte Derby savait à quel point ils en étaient, il viendrait évidemment à leur secours, et qu'il n'y avait autre chose à faire qu'à l'en avertir.

Mais l'ambassade était périlleuse, et aucun d'eux ne pouvait s'en charger; car, en cas de mort, il retirait un puissant soutien aux assiégés. Ils demandèrent donc à leurs valets quel était celui d'entre eux qui voulait gagner une forte somme en se chargeant de ce message dangereux.

Il s'en présenta un qui dit qu'il s'en chargerait, moins pour gagner de l'argent que pour sauver les assiégés du péril où ils étaient.

On attendit la nuit.

La nuit venue, les trois chevaliers remirent à cet homme une lettre pour le comte Derby, scellée de leurs trois sceaux, et que, pour plus de sûreté, ils cousirent dans le drap de son habit, puis ils le firent descendre dans le fossé qui environnait la ville.

Quand il fut là, il escalada le talus opposé et commença de s'avancer au milieu du camp ennemi, puisqu'il ne pouvait faire autrement, les Français entourant la ville, comme nous l'avons dit tout à l'heure.

Il n'avait pas fait cent pas qu'il rencontra un guet.

— Où allez-vous? lui demanda-t-on.

Heureusement le messager parlait gascon, de sorte qu'il répondit:

— Je rentre au camp; je suis un homme au vicomte de Carmaing.

Le guet passa, et le valet continua sa route.

Cinquante pas plus loin, il fut rencontré par d'autres valets à qui il voulut donner les mêmes explications; mais il ne fut pas aussi heureux cette fois, et on le conduisit devant le chevalier du guet, qui le fit garder, en attendant que les seigneurs du camp fussent levés.

Dès que le jour parut, on les informa de la prise qui avait été faite.

Le valet fut amené devant le comte de Lille.

— D'où venez vous? lui dit le comte.

— De la ville, répondit le valet.

— Et pourquoi l'avez-vous quittée?

— Parce que j'étais las d'y être assiégé, et que j'aimais mieux me sauver que d'attendre que la ville capitulât ou qu'on la prît.

— Et dans quel état sont les assiégés? demanda le comte.

— En assez mauvais état, messire, et s'ils tiennent huit jours encore, c'est tout ce qu'ils pourront faire.

Le messager espérait tromper ainsi la surveillance du comte, mais celui-ci se défiait encore, car il ajouta :

— Pourquoi avez-vous répondu hier que vous apparteniez au vicomte de Carmaing, qui ne vous connaît pas ?

— Parce que, fit le valet avec un certain embarras, je voulais traverser le camp au plus vite, et que j'avais plus court de dire cela que de donner au guet, qui ne les eût pas comprises, les raisons que je vous donne.

— C'est bien, vous serez libre, fit le comte, mais quand on vous aura fouillé et que l'on sera sûr que vous n'êtes ni un espion ni un messager.

Malgré lui, le valet porta la main à l'endroit de son habit où était cousue la lettre. C'était se dénoncer lui-même.

On s'empara de lui, on le fouilla, on trouva la lettre, qui fut lue au milieu des acclamations de joie des seigneurs français, à qui elle apprenait dans quel triste état se trouvait la ville, et, la lecture faite, le messager fut emmené au sommet d'une des machines d'où l'on assiégeait la ville.

Là, il fut mis dans une de ces immenses frondes qui lançaient les plus lourds projectiles. On lui pendit les lettres au col, et on le jeta dans Auberoche, où vint tomber son cadavre, au milieu des chevaliers consternés à la fois de la mort de ce vaillant homme et de la non réussite du dernier moyen qui leur restât.

Pendant ce temps-là, le comte de Pierregord, messire Charles de Poitiers, le vicomte de Carmaing et le sire de Duras étaient montés à cheval, et passant le plus près qu'ils pouvaient des murs de la forteresse, ils criaient à ceux de dedans et pour les railler :

— Seigneurs, seigneurs anglais, demandez donc à votre messager où il a trouvé le comte Derby, et comment il se fait qu'il soit déjà revenu de son voyage.

— C'est bien, c'est bien, répondit Franque de Halle, nous sommes enfermés ici, mais nous en sortirons quand il plaira à Dieu et au comte Derby; et plût à Dieu que le comte sût en quel état nous sommes, car alors il n'y aurait nul d'entre vous assez avisé pour tenir la bataille, et si vous voulez l'en avertir, l'un de nous se mettra en prison chez vous et vous le rançonnerez après comme le plus riche gentilhomme.

— Non pas, répondit le sire de Duras, le comte Derby les aura quand nos engins auront rasé votre ville jusqu'au sol, et que pour avoir vos vies sauves vous nous demanderez merci.

— Ceux dont nous tenons ici la place, vos compatriotes, s'écria messire Alain de Finefroide, nous ont demandé merci à nous, mais nous qui sommes en plus mauvais état qu'eux, nous ne demandons merci à personne, et quand la ville se rendra, c'est que nous serons tous morts et qu'elle n'aura plus personne pour la défendre.

Voyant cela, les chevaliers français revinrent au camp, et les trois chevaliers anglais, qui ne savaient plus d'où leur pouvait venir le secours, restèrent à Auberoche, regardant cette pluie de pierres qui fondaient sur leur ville et qui semblaient plutôt tomber du ciel qu'être lancées par la main des hommes.

Cependant il y avait dans le camp français un espion que l'on n'avait pas pris comme le messager d'Auberoche, et qui revint dire à Gautier de Mauny et au comte Derby la position où se trouvait la ville.

— Par ma foi ! s'écria le comte, ce sont trop braves chevaliers ceux qui se tiennent si franchement dans une ville assiégée de la sorte, pour que nous les y laissions périr. Qu'en pensez-vous, messire Gautier ?

— Je pense, répondit Gautier qui était toujours prêt quand il s'agissait de bravoure et de bataille, que mon père attendra encore un peu dans son tombeau de La Réole, et que je vous suivrai à Auberoche, messire.

XXXI

Aussitôt, car il n'y avait pas de temps à perdre, le comte Derby fit dire au comte de Pennebroch qui se tenait en Bergerac, et à messire Richard de Staffort e Etienne de Tornby de le venir joindre.

Les messages faits et envoyés, le comte Derby partit secrètement de Bordeaux et se dirigea sur Auberoche.

Il arriva à Libourne, où il attendit tout un jour que le comte de Pennebroch arrivât, mais le jour se passa sans qu'on eût de nouvelles du comte, et Derby se remit en route, tant il était pressé de porter secours à ses compagnons.

Toute la nuit, Gautier de Mauny, messire Richard de Staffort, le comte Derby, le comte Desiendorf, messire Hue de Hartingues, messire Etienne de Tornby, le sire de Ferrières, et beaucoup d'autres encore, chevauchèrent sans s'arrêter une minute, et se trouvèrent le lendemain à deux petites lieues d'Auberoche.

Arrivés là, ils se cachèrent dans un bois, descendirent de leurs chevaux, les lièrent aux arbres, les laissant brouter et attendirent le comte de Pennebroch.

Mais le comte n'arriva pas plus que la veille, ce dont s'inquiétaient fort Derby et les autres chevaliers.

Ils montèrent sur une hauteur, et, ne voyant rien venir,

— Qu'allons-nous faire ? dit le comte à Gautier de Mauny.

— Décidez, messire, répondit celui-ci.

— Nous avons trois cents lances et six cents archers, et les Français sont dix ou onze mille hommes.

— Il est vrai, répondit Gautier, mais ils ne se doutent pas que nous sommes là. Puis, si nous nous retirons, nous perdrons le château d'Auberoche, qui est une bonne place, sans compter les trois capitaines, qui sont de braves chevaliers.

— Allons donc, fit le comte Derby. Mais maintenant, comment attaquerons-nous le camp ?

— Voulez-vous mon avis ? demanda Gautier.

— Parlez, messire, vos avis sont toujours bons.

— Eh bien ! seigneurs, dit de Mauny en se tournant vers les autres chevaliers, mon opinion est qu'il faut côtoyer ce bois en restant à couvert jusqu'à ce que nous soyons de l'autre côté et près du camp français. Une fois là, nous enfoncerons nos éperons dans le ventre de nos chevaux, et nous crierons de toutes nos forces pour nous faire croire plus en nombre que nous ne sommes effectivement. Nous arriverons sur le camp vers l'heure du souper, et vous verrez les Français si surpris et si ébahis qu'ils se tueront eux-mêmes.

— Qu'il soit fait comme vous le dites ! s'écrièrent tous les seigneurs.

Chacun reprit son cheval, le sangla étroitement, fit resserrer son armure, et ordonnant aux pages et valets de rester là, ils se mirent à chevaucher tout doucement jusqu'à ce qu'ils fussent arrivés de l'autre côté du bois.

Alors ils virent le camp français établi en un grand val auprès d'une petite rivière.

Arrivés là, ils déployèrent leurs bannières, lancèrent leurs chevaux au galop et tombèrent sur tous ces seigneurs français, qui étaient loin de s'attendre à cette attaque, et dont la plupart même étaient déjà assis pour souper.

Il y eut donc grande confusion dans l'armée gasconne, et les Anglais ne cessaient de frapper en criant :

— Derby, Derby au comte ! Mauny, Mauny au seigneur !

Puis ils se mirent à briser les tentes et les pavillons, à battre, à tuer, au point que l'on eût dit une boucherie plutôt qu'une bataille.

Les Français ne savaient que faire. Ces impassibles archers anglais, espèce de muraille d'airain, fortification vivante, meurtrière et invincible, étaient toujours là et les tuaient sans grâce ni merci.

A peine s'ils eurent le temps de s'armer. Le comte de Lille fut pris dans sa tente, ainsi que le comte de Pierregord. Le sire de Duras et messire Louis de Poitiers furent tués, et le comte de Valentinois fut pris. Bref, on ne vit jamais tant de vaillans chevaliers être vaincus ou tués aussi vite; et chacun fuyait. Il est vrai de dire que le comte de Comminges, les vicomtes de Carmaing, de Villeneuve, de Braniques, le sire de La Barde et le sire de Taride, qui étaient logés de l'autre côté du château, arrivèrent leurs bannières déployées, et se battirent bravement. Mais messires Franque de Halle et Jean de Lindehalle qui étaient au château d'Auberoche, quand ils virent cette grande mêlée et reconnurent leurs bannières, s'armèrent et firent armer tous ceux qui étaient avec eux. Puis ils montèrent à cheval, sortirent de la forteresse et se jetèrent au plus fort de la bataille, ce qui ne fut pas d'un mince secours aux Anglais. Enfin la nuit seule sauva le reste de l'armée française, car lorsqu'elle survint il y avait déjà trois comtes, sept vicomtes, trois barons, quatorze bannerets et un grand nombre de chevaliers au pouvoir des Anglais.

Le lendemain, le comte de Pennebroch arriva et trouva la besogne faite.

— Certes, cousin, dit-il au comte Derby, il me semble que vous ne m'avez point fait honneur en ne m'attendant pas et en combattant sans moi, moi que vous aviez mandé si instamment; vous deviez bien savoir cependant que je n'aurais pas de hâte que je ne fusse venu.

Le comte se mit à rire en voyant le visage vraiment courroucé de Pennebroch.

— Par ma foi! cousin, répondit-il, nous désirions autant vous voir arriver que vous pouviez désirer venir, et la preuve c'est que nous vous avons attendu à Libourne depuis le matin jusqu'à vêpres. Quand nous vîmes que vous ne veniez pas, nous en fûmes étonnés. Alors, comme nous craignions que l'ennemi ne sût notre venue, nous nous sommes dépêchés, et tout est venu à bien, comme vous le voyez. Vous n'avez plus rien à faire qu'à nous aider à garder nos prisonniers et à les mener à Bordeaux. Et sur ce, messire, donnez-moi la main, et ne parlons plus de cela, car voici l'heure du souper, et nous avons ce soir des hôtes nouveaux et avec lesquels vous allez faire connaissance.

En effet, ils se mirent bientôt à table, et à cette table étaient assis les prisonniers français, que les chevaliers anglais traitaient courtoisement, avec les provisions il est vrai, que ceux-là avaient apportées pour le temps que durerait le siège, et dont ceux du comte Derby s'étaient emparés.

Après le souper, plusieurs prisonniers semblaient regretter, non pas la rançon à laquelle ils étaient mis, mais la liberté qu'on leur prenait jusqu'à ce qu'ils eussent payé cette rançon.

— Seigneurs, leur dit alors le comte Derby, donnez-moi votre parole de vous retrouver dans huit jours à Bergerac, et dès ce soir vous pouvez quitter Auberoche.

Les seigneurs français s'y engagèrent, et comme pas un d'eux n'était homme à manquer à sa parole, le comte les laissa libres de se retirer, ce qui ne firent pas sans lui avoir manifesté toute leur reconnaissance pour cette générosité. Mais il y en eut parmi eux qui, se trouvant bien de l'hospitalité que les Anglais leur donnaient, ou qui, ne pouvant payer leur rançon au jour indiqué, préférèrent attendre les circonstances, et jusque-là rester avec ceux qui les avaient pris.

Le lendemain, les Anglais se mirent en route et arrivèrent à Bordeaux, où, comme toujours, ils furent reçus avec de grandes acclamations, et où, suspendant toute expédition, ils restèrent tout l'hiver, après avoir envoyé à Édouard le récit de ce qui s'était passé.

XXXII

A Pâques l'armée se remit en mouvement. Le comte Derby fit une réunion de gens d'armes et d'archers pour marcher sur La Réole, ce que Gautier de Mauny attendait, comme on se le rappelle, avec une grande impatience.

Après avoir séjourné trois ou quatre jours à Bergerac, les Anglais, au nombre de mille combattans et de deux mille archers, mirent le siége devant le château de Saint-Basile, sur la Garonne.

Ceux du château, qui auraient dû être défendus par les seigneurs de Gascogne, restés prisonniers du comte, ne firent aucune résistance et se rendirent immédiatement.

Le comte se remit en chemin et marcha sur l'Aiguillon.

Mais il y avait sur la route un autre château, appelé la Roche-Milon, que les Anglais voulurent prendre.

Malheureusement, la Roche-Milon était pourvu de vaillans soldats, qui ne se rendirent pas comme ceux de Saint-Basile, et qui repoussèrent vigoureusement la première attaque. Pour cela, ils étaient montés sur le sommet de l'édifice, et de là jetaient aux assaillans des pierres, du bois, des barres de fer et de la chaux.

Toute la première journée se passa ainsi, et le soir les Anglais avaient perdu beaucoup de leurs hommes qui s'étaient trop bravement exposés dans l'attaque, et qui avaient voulu lutter contre ce nouveau genre de défense.

Quand il vit cela, le comte Derby fit retirer son armée et fit apporter par les paysans force bûches et fagots que l'on jeta dans les fossés, et même de la terre dont on les recouvrit.

Quand une partie des fossés fut comblée, et quand on put aller sûrement jusqu'au pied des murs, le comte fit avancer trois cents archers et deux cents brigands, soldats de pied, qui tiraient leur nom de la cotte de maille qu'ils portaient et que l'on appelait brigandine. Ces hommes étaient armés de pieux et de pioches, et pendant qu'ils abattaient la muraille, les archers tiraient avec cette régularité et cette adresse que nous leur connaissons, si bien que nul des assiégés n'osait se montrer à la défense.

Une grande partie du jour se passa de la sorte, et le soir les brigands avaient pratiqué un trou assez grand pour que dix hommes y passassent de front.

Ceux du dedans commencèrent alors à s'épouvanter et à s'enfuir vers l'église. Il y en eut même qui se sauvèrent de la ville par derrière.

La forteresse ne pouvait plus tenir longtemps.

Elle fut prise et pillée, et tous ceux qui furent trouvés dedans passés au fil de l'épée, à l'exception de ceux qui s'étaient réfugiés dans l'église. Mais le comte Derby leur permit de sortir, leur promettant la vie sauve.

Le comte rafraîchit la garnison de nouvelles gens, et y établit deux capitaines qui étaient Wille et Robert l'Escot, après quoi il alla mettre le siége devant Mont-Ségur, qui était défendue par un chevalier nommé Battefol, dans lequel les habitans avaient la plus grande confiance, car il avait été placé là par le comte de Lille, qui le regardait comme un de ses plus vaillans capitaines.

Aussi le comte Derby comprit-il tout de suite que cette ville se défendrait plus longtemps que les autres.

En conséquence, il fit établir son armée devant la ville, et resta quinze jours ainsi.

Pas un jour ne se passa sans qu'il n'y eût assaut.

Mais ces assauts n'amenaient aucun résultat.

Il fallut donc faire venir de Bordeaux et de Bergerac des machines de siége semblables à celles dont s'étaient servis les Gascons pour attaquer Auberoche, et qui avaient été si fatales au messager des sires Franque de Halle et Alain de Finefroide.

Le siége commença alors plus sérieusement.

Les machines faisaient pleuvoir sur la ville une grêle de pierres qui ne laissaient debout ni murs, ni toits, ni maisons.

Et cependant le comte Derby envoyait tous les jours dire aux assiégés que s'ils se rendaient il les tiendrait pour amis; mais qu'ils ne devaient attendre ni grâce ni merci, s'ils ne se remettaient pas en l'obéissance du roi d'Angleterre.

Ceux de Mont-Ségur, qui prévoyaient bien la fin de ce siége, se consultèrent souvent et finirent par demander avis à leur capitaine de ce qu'il leur restait à faire, lui avouant franchement qu'ils croyaient que la capitulation seule pouvait les sauver.

Hugue de Battefol les blâma durement d'une pareille pensée, et leur dit qu'ils s'effrayaient à plaisir, ajoutant que la ville était encore assez bien pourvue pour tenir le siége pendant six mois.

Ceux à qui il disait cela ne répondirent rien et s'éloignèrent.

Quant à Hugue, il rentra chez lui.

Le soir, comme il sortait pour visiter les remparts, six hommes se présentèrent, et, le saisissant par les bras et les jambes, l'emportèrent après avoir eu soin de lui bâillonner la bouche.

Hugue essaya de se défendre, mais ce fut en vain.

On le transporta ainsi dans un couvent, on l'enferma dans une cellule, et il entendit les verrous extérieurs se refermer sur lui, sans pouvoir rien comprendre à cette incarcération violente.

Une heure après environ, il entendit des pas s'arrêter devant sa porte, qui s'ouvrit bientôt, donnant passage à douze bourgeois de la ville.

— Nous venons vous faire une proposition, messire, dit l'un de ces hommes.

— Dites.

— Savez-vous pourquoi nous vous avons fait enlever?

— Parce que j'ai refusé de rendre la ville.

— Oui, et que nous qui avons nos femmes, nos pères et nos enfans en péril de perdre la vie, si la ville est prise, nous aimons mieux la rendre que de les perdre.

Hugue ne répondit rien.

— Alors, reprit celui qui avait pris la parole, comme nous vous savons brave et vaillant chevalier, nous avons pensé que vous ne rendriez la place que par force, et nous avons voulu vous y contraindre.

— Et vous avez eu tort.

— Ainsi, vous refusez?

— Je refuse. Je suis ici au nom du comte de Lille, et le comte de Lille m'y a mis au nom du roi de France. Rendez la ville si bon vous semble, puisque je ne puis me défendre, mais moi je ne la rendrai pas.

— Demain nous viendrons vous consulter une dernière fois, reprit le bourgeois; et avec les onze autres il se retira.

Le lendemain, en effet, les douze bourgeois revinrent.

— Avez-vous réfléchi, messire? dit celui qui avait parlé la veille.

— Oui.

— Et vous avez décidé?...

— Ce que j'avais décidé hier.

Les douze hommes se regardèrent.

— Mais la ville est assiégée de telle façon qu'elle sera prise avant huit jours.

— Mon devoir est de me faire tuer ici.

— Votre devoir est de sauver la vie ceux qui vous sont confiés.

— Alors, laissez-moi ici et rendez la ville.

— Et si nous trouvions un moyen de tout concilier?

— Voyons ce moyen.

— Vous relevez du comte de Lille?

— Oui.

— Eh bien! envoyons demander au comte Derby de suspendre le siége pendant un mois, en lui promettant de nous rendre à lui si dans ce mois nous n'avons pas reçu de secours.

— Il refusera.

— On peut essayer.

— Faites.

— Pendant ce temps nous ferons demander des secours au comte de Lille, et si nous n'en recevons pas, vous serez alors libre de faire ce à quoi les circonstances vous contraindront.

— Je consens à ce moyen, dit messire de Battefol.

— Alors venez avec nous, messire.

— Et pourquoi?

— Parce qu'il faut que ce soit vous qui traitiez de ces conditions.

Le chevalier se leva.

— Je vous suis, messieurs.

Ils se rendirent aux remparts, et le sire de Battefol envoya dire à Gautier de Mauny qu'il désirait lui parler.

Gautier était là et se rendit immédiatement aux désirs du chevalier.

— Messire, lui dit ce dernier, vous ne vous devez pas étonner si nous tenons si longtemps contre vous, puisque nous avons juré fidélité au roi de France; mais puisque personne ne vient de sa part nous aider à vous combattre, nous vous demandons de ne nous plus plus faire la guerre pendant un mois ni nous à vous. D'ici là, ou le roi de France, ou le duc de Normandie nous porteront secours, sinon dans un mois, jour par jour, nous nous rendrons à vous. Acceptez-vous ces conditions?

— Je ne puis rien faire sans l'aveu du comte Derby, répondit Gautier; mais je vais le consulter aussitôt, et faire tout mon possible pour qu'il accepte ce que vous me proposez.

A ces mots, Gautier quitta les barrières de la ville et retourna auprès du comte Derby, auquel il raconta ce qui venait de se passer.

Le comte réfléchit quelques instans, puis il dit:

— J'accepte ce que messire de Battefol propose, mais à une condition.

— Laquelle?

— C'est qu'en garantie de ces conditions, il nous donnera comme otages douze des principaux de la ville. Mais ayez bien soin, ajouta le comte, de prendre de bons otages, et faites-leur promettre qu'ils ne répareront pas pendant ce mois les traces de notre attaque, et que si nous avons besoin de vivres, nous les pourrons avoir dans la ville moyennant nos deniers.

— Telle était mon intention, dit messire Gautier de Mauny.

Et il quitta le comte pour se rendre auprès du chevalier qui l'attendait toujours aux barrières de la ville.

— Le comte Derby consent à ce que vous demandez, dit Gautier de Mauny, mais à la condition que vous lui remettrez en otage douze des bourgeois de la ville.

— Nous voilà, dirent ceux qui étaient venus demander à Hugue de rendre Mont-Ségur.

Les conditions furent donc acceptées, et le soir les douze otages partaient pour Bordeaux.

Quant au comte Derby, il n'entra pas dans la ville, il continua ses courses dans le pays, pillant et faisant grand butin, car ce pays était fort riche.

Ce fut ainsi qu'il arriva assez près de l'Aiguillon.

Or, il y avait à ce château de l'Aiguillon un châtelain qui était loin d'être un vaillant chevalier, car dès qu'il apprit l'arrivée du comte Derby, et avant même que celui-ci n'eût mis le siége devant sa ville, il courut au-devant de lui et lui en remit les clefs, demandant seulement que lui et les biens de la ville et du château fussent saufs, ce que le comte lui accorda aisément, comme on le pense bien.

Mais le bruit de cette capitulation volontaire se répandit vite, et il en rejaillit une grande honte sur le châtelain, dont heureusement l'histoire n'a pas conservé le nom.

Ceux de la ville de Toulouse furent surtout courroucés de cette lâcheté, et ils firent demander le châtelain de l'Aiguillon, sans dire pourquoi ils le demandaient; mais quand il y fut, ils l'accusèrent de trahison, lui firent son procès, et le pendirent, à la grande joie des Toulousains.

Cette ville de l'Aiguillon, située au confluent du Lot et de la Garonne, deux rivières portant navires, était une si bonne prise pour le comte Derby, qu'après l'avoir rafraîchie et réparée de tout ce dont elle avait besoin, il en fit son garde-corps, dit Froissard, et la confia au vaillant Jean de Gomory, lorsqu'il se remit en route pour assiéger La Réole, après avoir, comme toujours, assiégé et pris sur son chemin un château que l'on appelait Segrat et dont toute la garnison fut tuée.

XXXIII

Le comte Derby s'en alla donc mettre le siége devant La Réole.

— Voilà une ville qu'il nous faut prendre, dit Gautier de Mauny, en arrivant devant les barrières, car il faut que j'y aille conquérir le tombeau de mon père, et ce m'est une croisade aussi sacrée que celle du saint roi Louis de France.

— Nous la prendrons tout comme les autres, fit le comte Derby, que la réussite de son expédition encourageait de plus en plus. Vous retrouverez le tombeau de votre père, messire; mais, avant cela, il faut que vous rendiez encore un service à notre gracieux roi Édouard.

— Lequel?

— Celui d'aller rappeler au chevalier Hugue de Battefol que la trève qu'il nous a demandée est expirée, et que la ville nous appartient, à moins qu'il n'ait reçu du renfort du roi de France ou du duc de Normandie.

— C'est bien, messire, fit Gautier de Mauny.

Et il partit pour la ville de Mont-Ségur.

Le renfort attendu n'était pas arrivé.

Conséquemment, Hugue de Battefol, esclave de la parole qu'il avait donnée au comte Derby, comme il avait été esclave de celle donnée au comte de Lille, rendit à Gautier de Mauny la ville dont il était le capitaine, et devint sujet du roi d'Angleterre.

Pendant ce temps-là le siége de La Réole continuait.

Les Anglais, qui séjournèrent deux mois entiers devant cette ville, avaient fait charpenter deux tours colossales, et chacune de ces tours était placée sur quatre roues.

Ces tours étaient toutes couvertes de cuir bouilli du côté qui regardait la ville, et se trouvaient ainsi défendues du feu et des flèches.

A force d'hommes, les Anglais amenèrent ces deux tours jusqu'aux murs de la ville, car ils avaient préalablement fait combler les fossés de façon à conduire leurs tours plus à leur aise et plus près.

Chaque tour avait trois étages, et chaque étage cent archers qui, dès que leur citadelle mouvante fut en place, commencèrent à tirer sans obstacle, sans interruption et sans danger.

A peine s'il apparaissait de temps en temps sur les remparts quelque soldat. Encore fallait-il qu'il fût bien cuirassé pour pouvoir résister à cette grêle de flèches.

Entre ces tours étaient placés ces mêmes hommes qui, avec des pioches et des pieux, avaient percé une brèche dans les murailles de Mont-Ségur, et là, comme toujours, faisaient merveille; car, protégés par le tir incessant des archers, non-seulement ils travaillaient à leur aise,

mais, comme Épaminondas, ils auraient pu dire qu'ils travaillaient à l'ombre.

Évidemment la ville allait être prise quand les bourgeois, épouvantés, accourent à l'une des portes, demandant à parler soit au seigneur de Mauny soit à quelque autre seigneur de l'armée.

Mauny et Stanfort se rendirent dans la ville, dont ils trouvèrent les habitants prêts à capituler si on leur laissait la vie et les biens saufs.

Les deux seigneurs, après avoir entendu ces propositions, rejoignirent le comte Derby à qui ils les communiquèrent.

Mais il y avait un capitaine de la ville qui ne la voulait pas plus rendre que Hugue de Battefol ne voulait rendre Mont-Ségur. Ce capitaine se nommait Agnos-de-Baux.

Quand il sut quelle était l'intention des habitants de La Réole, il ne voulut pas y souscrire; et, se renfermant dans la forteresse, il appela à lui tous ses compagnons, puis, pendant que ces pourparlers avaient lieu, Agnos-de-Baux faisait apporter et renfermer dans son château une grande quantité de vivres et de vins, après quoi il en fit fermer les portes en jurant qu'il ne se rendrait pas.

Gautier de Mauny et le sire de Stanfort revinrent dire au comte Derby que ceux de La Réole voulaient se rendre, sauf le capitaine qui s'était renfermé dans le château.

— Retournez donc auprès d'eux, dit le comte, et voyez s'ils continuent à vouloir se rendre malgré le refus du sire de Baux.

Les deux chevaliers retournèrent à La Réole, et il leur fut de nouveau répondu que le capitaine était libre de faire ce qu'il voulait, comme les habitants étaient libres de se rendre si tel était leur plaisir; qu'en conséquence, ils persistaient, et que le comte n'avait plus qu'à venir recevoir leur soumission.

— Prenons toujours la ville, dit le comte Derby, ensuite nous prendrons le château.

Les Anglais se rendirent donc à La Réole et reçurent l'hommage des habitants, qui s'engagèrent sur leurs têtes à ne porter aucun secours à ceux de la forteresse qui, d'ailleurs, pouvait bien se défendre toute seule, car elle était de construction sarrasine et réputée imprenable.

Le comte, après avoir pris possession de la ville, cerna le château qu'il fit assaillir de pierres, mais inutilement, car les murs étaient solides et il était pourvu de bonnes gens et de grande artillerie.

Quand messire Gautier de Mauny et le comte virent qu'ils perdaient leur temps à attaquer ainsi, ils demandèrent à des mineurs s'il était possible de miner le château de La Réole. Sur la réponse affirmative de ceux-ci, on se mit à l'œuvre.

Cette façon d'attaquer devait évidemment prendre plusieurs jours. Gautier de Mauny s'approcha donc du comte, et lui dit :

— Messire, vous savez que j'ai un pieux devoir à remplir ici, et je vais, puisque je suis momentanément inutile, tâcher de découvrir enfin le tombeau de mon père.

— Allez, dit le comte et que Dieu vous aide ! messire.

Gautier de Mauny fit alors savoir par la ville qu'il donnerait cent écus de récompense à celui qui lui indiquerait le tombeau de son père.

Le soir, un homme fit demander à Gautier de Mauny s'il pouvait lui parler.

Gautier le fit entrer.

C'était un homme de cinquante à cinquante-cinq ans environ.

— Messire, dit-il, en regardant avec attention Gauthier, vous avez voulu connaître la tombe de votre père.

— Oui.

— Et vous n'aviez aucun indice.

— Au contraire, le fils de son meurtrier m'avait indiqué le cimetière du couvent des Frères-Mineurs, en me disant que la tombe sur laquelle il y avait le mot : *Orate*, était celle de mon père. Mais j'ai cherché en vain, et n'ai point trouvé cette tombe.

— Elle existe cependant.
— Et vous allez me l'indiquer.
— Oui.
— Merci, ami; vous savez quelle récompense j'ai promise.
— Oui, mais je n'en veux rien.
— Pourquoi?
— Parce que c'est un devoir que je remplis et non un marché que je fais.
— Quel intérêt avez vous donc à me rendre service?
— Il y a un an que mon frère est mort. Il avait été longtemps au service de Jean de Levis, et...

Le vieillard hésita.
— Continuez fit Gautier de Mauny.
— Et le soir où messire Jean de Levis attendait messire Lebocque de Mauny, il était accompagné de mon frère.
— De sorte que..... dit d'un ton ému messire Gautier.
— De sorte que mon frère embrassa trop chaudement la vengeance de son maître, et qu'avant de mourir, c'est-à-dire vingt-trois ans après cet événement, ce crime torturait encore sa conscience. Il mourut en me disant de prier pour lui, et je crois que la meilleure prière que je puisse faire à Dieu c'est de rendre au fils de la victime le cadavre de son père.
— C'est bien, murmura Gautier, mais comment ce mot latin qui devait me servir à reconnaître la tombe a-t-il été effacé?
— Parce que, messire, la vue de ce mot me faisait souffrir, et j'ai cru en l'effaçant du marbre sur lequel il était écrit, effacer en même temps le souvenir de ce crime. Mais le souvenir était gravé en lettres ineffaçables, et quoique je fusse innocent du meurtre, les remords de mon pauvre frère étaient si obstinés qu'on eût dit qu'ils n'avaient pas assez d'une conscience à tourmenter, et que lui mort j'en devais hériter. Voilà pourquoi, messire, je ne veux rien recevoir de vous, car j'espère que ce que je fais aujourd'hui apaisera un peu la colère du ciel.
— C'est bien, allons, mon ami, dit le comte en tendant la main au frère du meurtrier de son père, et que Dieu lui pardonne comme je le fais.

Les deux hommes s'acheminèrent alors vers le cimetière des Frères-Mineurs, complètement désert à ce moment.

Gautier était pris d'un recueillement profond. Son compagnon marchait devant lui.

Après quelques détours, l'homme s'arrêta devant une tombe dont la pierre était couverte d'herbes grimpantes.
— C'est ici, messire, dit-il. Vous avez à prier sans doute. Moi, je vais attendre à la porte du cimetière les ordres que vous avez peut-être encore à me donner.

Et il s'éloigna laissant Gautier de Mauny seul.

Alors Gautier s'inclina, fit une longue prière, et revint auprès de celui qui l'avait guidé.
— Maintenant, lui dit-il, un dernier service.
— Parlez, messire.
— Amenez moi quatre fossoyeurs, car j'ai fait vœu de de transporter le cadavre de mon père en un autre pays.

L'homme amena les quatre fossoyeurs, et deux jours après, messire Gautier de Mauny, après avoir mis les restes de son père dans un cerceuil de chêne, les envoyait à Valenciennes, dans le comté de Hainaut, où ils devaient être enterrés avec tous les honneurs dus à un vaillant capitaine père d'un brave chevalier.

Pendant ce temps-là, les mineurs avaient continué leur besogne tant et si bien, qu'ils arrivèrent sous le château, et qu'ils abattirent une basse tour des enceintes du donjon. Mais ils ne pouvaient rien contre la grande tour, car elle était bâtie sur une roche impossible à creuser.

Messire Agnos de Baux s'était bien aperçu que l'on minait sa forteresse, et la chose était assez grave pour lui donner à réfléchir.

Il réunit donc ses compagnons et leur fit part de cette découverte, leur demandant ce qu'il y avait à faire pour se maintenir dans le château.

Ceux-ci, tous braves, n'étaient cependant pas de ceux qui se laissent inutilement mourir quand ils peuvent sortir d'embarras autrement.

Ils répondirent donc à leur capitaine :
— Messire, vous êtes notre maître, et nous vous devons obéir. Mais nous est avis que nous nous sommes bien conduits jusqu'à cette heure, et qu'il vaudrait peut-être mieux, puisque c'est notre dernier moyen de salut, nous rendre honorablement au comte de Derby, à la condition qu'il nous laissât nos biens.
— C'est mon avis aussi, répondit Agnos. Et mettant la tête à une des basses fenêtres, il fit un signe qu'il voulait parler à quelqu'un de l'armée ennemie, quel qu'il fût.

Un homme vint qui lui demanda ce qu'il voulait :
— Je veux parler au comte Derby, dit le sire de Baux.

Le comte était curieux de savoir ce que le capitaine voulait lui dire. Il monta aussitôt à cheval, et, accompagné de Gautier de Mauny et de messire Stanfort, il se rendit auprès du chevalier, qui lui fit aussitôt les propositions qu'il venait de résoudre avec ses compagnons.
— Messire Agnos, dit le comte, nous ne vous laisserons pas en aller ainsi. Nous savons bien que nous vous avons si durement assiégé que nous vous aurons quand nous voudrons, car votre forteresse ne repose que sur étais. Rendez-vous donc à notre discrétion, c'est seulement ainsi que nous vous recevrons.
— Certes, répondit le chevalier de Baux, si nous prenons ce parti, je vous connais assez généreux, messire, pour que nous n'aurions rien à redouter de vous, et que vous nous traiteriez comme vous traiteraient dans le même cas le duc de Normandie ou le roi de France. Mais ce serait peut-être exposer quelques soudoyers que nous avons ici, que j'ai ramenés de Provence, de Savoie et du Dauphiné, et que vous ne traiteriez peut-être pas aussi bien que nous. Et sachez bien que si le plus petit d'entre nous ne devait pas être reçu à merci comme le plus grand, nous préférerions nous renfermer de nouveau et vendre chèrement notre vie. Veuillez donc y réfléchir, messire, et traitez-nous avec la loyauté dont les guerriers usent entre eux.

Les trois chevaliers se retirèrent alors pour consulter, et le résultat de leurs réflexions fut, comme toujours, qu'on prendrait les assiégés aux conditions qu'ils demandaient.

Ajoutons bien vite que la crainte que la grosse tour ne résistât longtemps encore aux mineurs, ne fut pas d'un petit poids dans la générosité des assiégeans.
— Nous vous accordons ce que vous nous demandez, dit le comte au chevalier, mais à la condition toutefois que vous n'emporterez d'ici que vos armures.
— Ainsi soit fait, dit messire Agnos de Baux.

Et tous se préparèrent immédiatement à partir.

Mais ils s'aperçurent qu'il n'y avait que six chevaux dans la forteresse, et que ce nombre était loin d'être suffisant.

Ils firent donc demander aux Anglais de leur en vendre, et ceux-ci les leur vendirent à un tel prix, qu'ils regagnèrent par ce commerce les rançons qu'ils avaient perdues par la générosité de leur chef.

Messire Agnos de Baux partit du château de La Réole, et les Anglais, après en avoir pris possession, se rendirent à Toulouse.

Le lendemain de leur départ, l'homme qui avait indiqué à Gautier de Mauny le tombeau de son père, reçut de celui-ci, non pas la somme qu'il avait promise, mais le triple de cette somme.

OEUV. COMPL. — XIII.

XXXIV

Maintenant laissons le comte Derby continuer sa conquête que nous avons jusqu'ici suivie pas à pas, laissons-le prendre Mont-Férat, Villefranche et Angoulême, et voyons ce que faisait Édouard III pendant ce temps-là.

On se rappelle que Jacques d'Artevelle avait offert au roi d'Angleterre de faire son fils, le prince de Galles, seigneur de Flandre, et de faire de la Flandre un duché.

En conséquence, Édouard III réunit autour de lui barons et chevaliers, et leur fit part de la résolution qu'il avait prise de mener son fils à l'Écluse, pour y être investi du titre promis par d'Artevelle, les priant de l'accompagner, ce que chevaliers et barons s'empressèrent de faire.

Le roi avec toute sa troupe se rendit au port de Sandwich, et, le 8 juillet 1345, s'y embarqua.

Il arriva bientôt au havre de l'Écluse, où il resta et où venaient constamment le visiter ses amis de Flandre.

Mais de toutes ces visites, il résulta bientôt pour le roi d'Angleterre une chose certaine, c'est que son compère d'Artevelle ne jouissait plus d'une aussi grande faveur qu'autrefois, et qu'il s'était bien hardiment avancé en promettant de dépouiller le comte Louis, son seigneur naturel, en faveur du prince de Galles.

Cependant d'Artevelle venait souvent visiter Édouard III, et le rassurait autant qu'il le pouvait sur les suites de la négociation, ce qui n'empêcha pas un soir le roi de s'en ouvrir franchement avec son compère.

— Il me semble, maître, disait Édouard à d'Artevelle, tout en se promenant sur le pont de la *Catherine*, vaisseau si grand et si gros, qu'au dire de Froissart, c'était merveille à voir; il me semble, maître, que notre engagement ne s'exécute pas aussi promptement que vous l'aviez promis. Et cependant vous êtes homme de conseil et d'expérience; car je me souviens de votre première entrevue, et je me rappellerai toujours les sages avis que vous m'avez donnés. Aujourd'hui j'ai eu une entrevue avec les conseillers de vos bonnes villes de Flandre, et ils m'ont paru fort embarrassés de me donner une réponse définitive qu'ils m'ont cependant promise pour demain. D'où vient cela, maître? A mesure que vous avez grandi en renommée, avez-vous donc perdu en puissance.

— Monseigneur, répondit d'Artevelle, que je roi n'avait jamais vu si soucieux, je me suis engagé à donner la Flandre à votre fils, votre fils l'aura. Mais vous comprenez qu'un tel royaume ne passe pas sans secousse d'une main dans une autre, et qu'il y a entre celui qui donne et celui qui reçoit bien de gens qui le tiraillent à eux. Je n'ai rien perdu de mon influence, je l'espère du moins, mais tout homme, quand il grandit, jette une ombre plus grande et cache d'autant plus de gens jaloux de lui. On sait mon dévoûment à Votre Seigneurie, et l'on craint que ce dévoûment ne m'entraîne un peu loin. Tout ce qu'il faut, c'est faire comprendre à ces bonnes gens qui vous êtes et le bien que je leur veux en les donnant à vous. Et, ajouta d'Artevelle, s'ils ne comprennent pas de bon gré, il faudra bien qu'ils comprennent de force.

— Vous vous fâcheriez, maître d'Artevelle, et pour moi! fit Édouard.

— Je ne pourrais, à vrai dire, me fâcher pour une plus noble cause, monseigneur; oh! vous ne me connaissez encore que comme homme de conseil, vous me connaîtrez peut-être un jour comme homme d'action, et alors celui que le roi d'Angleterre appelle en riant son compère deviendra peut-être sérieusement l'ami de son auguste allié.

— Je vois déjà, maître, que vous êtes un homme de précaution, et qu'il y a peu de souverains aussi bien gardés que vous.

— Et qui vous a dit cela, monseigneur?

— Un ambassadeur que vous avez envoyé autrefois au roi d'Angleterre, et qui est revenu à Gand avec Walter, l'ambassadeur du roi Édouard.

— Gérard Denis, fit d'Artevelle en pâlissant malgré lui.

— Lui-même. Un chef de tisserands, je crois. Et qu'est devenu cet homme? demanda le roi d'un air indifférent.

— Ce qu'il est devenu, monseigneur? rien encore! mais Dieu sait ce qu'il deviendra.

— Le commerce l'a-t-il enrichi?

— Malheureusement, monseigneur, il s'occupait d'autre chose que de commerce.

— Et de quoi donc?

— De politique.

— C'est de votre faute, maître. Pourquoi en avez-vous fait un ambassadeur? Il vous était attaché cependant.

— Comme le chien à sa chaîne, monseigneur, et parce qu'il ne pouvait faire autrement; mais s'il doit m'arriver malheur un jour ce sera par cet homme.

— Mais, si je me rappelle bien la conversation que j'eus avec lui peu avant le voyage que nous fîmes ensemble, il me dit que vous étiez entouré d'hommes si dévoués que vous n'aviez qu'à faire un signe pour que vos ennemis disparussent. Il se trompait donc?

— Il ne se trompait pas pour les autres, mais, malheureusement, il se trompait pour lui. Aujourd'hui Gérard Denis a un parti, Gérard Denis est presque dangereux, et essayer de se débarrasser de lui ce serait presque reconnaître sa force, et en tous cas ce serait nous exposer. Si nous trouvons maintenant de l'opposition à nos projets, c'est de cet homme qu'elle nous vient. Aussi...

D'Artevelle sembla hésiter s'il continuerait sa phrase.

— Aussi? reprit le roi comme pour inviter Jacques à compléter son idée.

— Aussi voulais-je vous engager, monseigneur, à ne le point recevoir dans le cas où il se présenterait ici. Il ne peut y venir que dans de mauvais desseins.

A peine Jacquemart avait-il achevé ce dernier mot, que Robert, celui-là même qui avait accompagné le roi lors de son premier voyage à Gand, s'approcha d'Édouard et lui dit:

— Monseigneur, un homme vient d'aborder qui demande à parler à Votre Seigneurie.

Pendant ce temps, d'Artevelle s'était éloigné et attendait au bout du pont qu'Édouard revînt à lui.

— Et que veut cet homme? demanda le roi.

— Il veut vous parler, monseigneur.

— S'est-il nommé?

— Non, monseigneur; mais je l'ai reconnu.

— Et c'est?

— Celui avec qui voyageait monseigneur quand j'eus l'honneur de l'accompagner à Gand.

— Gérard Denis! murmura Édouard, maître Jacques l'avait prévu. C'est bien. Robert, continua le roi en s'adressant au valet, fais entrer cet homme dans mon appartement et dis-lui de m'attendre.

Robert s'éloigna, et Édouard se rapprocha de d'Artevelle.

— Eh bien! maître, dit le roi, demain nous saurons à quoi nous en tenir, n'est-ce pas?

— Oui, monseigneur.

— Car vous comprenez que je ne puis rester toute ma vie dans ce port de l'Écluse. J'ai un vœu à accomplir, et vous seul me retardez.

— Comptez sur moi, sire, fit d'Artevelle, qui, au ton dont le roi avait dit les dernières paroles, avait compris qu'il devait s'éloigner, comptez sur moi et défiez-vous des autres.

Jacquemart s'inclina, et, quittant le pont du vaisseau, il descendit dans sa barque qui le reconduisit à terre.

Le roi descendit dans l'entrepont, et trouva Gérard Denis qui l'attendait.

Le chef des tisserands n'était plus tout à fait le même qu'autrefois: son costume était aussi simple, mais son visage avait changé; une certaine fierté était le caractère dominant de sa physionomie, et Édouard comprit tout de suite, en le revoyant, qu'il employait à des commerces plus graves que les achats de laines la finesse dont la nature l'avait doué et qui éclairait ses petits yeux, dont le regard était plus assuré et plus pénétrant qu'autrefois.

Cet homme avait sur le visage un air de fausse loyauté auquel un politique moins fin qu'Édouard se fût laissé prendre, mais qui ne pouvait tromper le royal compère de d'Artevelle. Il était facile de voir que Gérard Denis avait toutes les mauvaises passions de Jacquemart, mais qu'il n'avait pas tout l'esprit de son rival pour les déguiser. Il avait la ruse qui conçoit, mais il devait manquer de l'adresse qui exécute. Il était fin, mais il devait arriver un moment où la brutalité dominerait la finesse. Cela venait sans doute de ce qu'il n'était pas ambitieux par intérêt, mais par imitation. C'était un de ces hommes qui, en voyant s'élever un de leurs semblables, le prennent en haine et veulent s'élever non pas à côté de lui, mais à sa place. Ils n'ont l'idée de grandir que parce qu'ils voient grandir les autres, et au lieu d'appliquer leurs facultés au triomphe de leur ambition, ils l'appliquent à la destruction de l'homme qui les gêne, si bien que le jour où ils ont pris la place de leur rival, leur haine étant assouvie, ils ne savent plus que faire, et ne sont que les obscurs plagiaires de leurs prédécesseurs.

Gérard Denis était envieux. Nous avons vu au commencement de cette histoire qu'il détestait personnellement d'Artevelle. Si Jacquemart fût resté simple brasseur, Gérard fût resté un simple tisserand. Quand un homme du peuple s'élève tout à coup, comme d'Artevelle, il fait éclore aussitôt parmi ceux-là même qui devraient le soutenir, puisqu'ils sortent de leur classe, des haines mystérieuses et continues qui ébranlent sourdement la position qu'il s'est faite.

Gérard enviait la fortune de d'Artevelle comme un enfant envie le jouet d'un autre enfant, sans raison, et pour le briser quand à son tour il le possédera.

Du reste Gérard consentait volontiers à ne pas être ruthwaert, mais à la condition que d'Artevelle ne le serait plus...

Quoi qu'il en soit, pendant que Jacques était devenu quelqu'un, Gérard était devenu quelque chose, et tel qu'il était, il venait visiter le roi Édouard III.

Quand le roi se trouva en face de Gérard, celui-ci le regarda fixement et lui dit après s'être incliné :

— Maître Walter, je suis heureux de vous revoir, car j'ai gardé bon souvenir de notre voyage ; aussi implorai-je de vous la faveur de parler le plus tôt possible à votre gracieux souverain.

— Suivez-moi donc, maître Gérard, fit le roi en souriant, car j'ai gardé un aussi bon souvenir que vous du voyage que j'ai eu le plaisir de faire avec vous.

Et ce disant, le roi fit entrer Gérard dans une chambre, dont il ferma lui-même la porte, après avoir fait asseoir son visiteur.

— Vous vouliez parler au roi d'Angleterre, maître, lui dit-il, eh bien ! parlez, le roi d'Angleterre vous écoute.

XXXV.

Gérard se leva malgré lui.

— Ainsi, dit-il, Walter et le roi Edouard III...

— Ne faisaient qu'un, maître ; ce qui ne doit pas vous empêcher de vous asseoir, car le roi se souvient aussi bien que Walter de son compagnon de voyage Gérard Denis.

» Eh bien ! maître, continua le roi, la spéculation dont j'ai été le confident a-t-elle réussi ?

— Oui, sire, et je dois même dire que je crois que votre gracieuse compagnie m'a porté bonheur, car tout ce que j'ai entrepris depuis m'a aussi bien réussi que cette contrebande...

— Ainsi, le commerce va bien ?

— Oui, monseigneur ; mais Votre Altesse doit penser que ce n'est pas une affaire de commerce qui m'amène ici.

— Mais, en tout cas, c'est une affaire ?

— Oui, monseigneur ; et si je viens, c'est dans l'intérêt de Votre Altesse, et pour lui rendre un service.

— Je suis heureux, maître Gérard, que, tout, depuis mon premier voyage, vous ait réussi à ce point, que vous puissiez aujourd'hui rendre un service au roi d'Angleterre.

Gérard comprit, à la réponse du roi, que celui-ci ne traiterait pas de puissance à puissance avec lui, comme avec d'Artevelle, et qui sait de combien cette différence que le roi faisait entre les deux hommes augmenta la haine de Gérard contre le ruthwaert.

— Quoi qu'il en soit, monseigneur, répliqua le tisserand, si loin de vous que je sois, par cela même que je n'habite pas les mêmes sphères que vous, il est des choses que je vois et qui échappent à vos regards, cachées qu'elles sont par les intérêts de ceux qui ont l'honneur de vous approcher. C'est sur ces choses-là que je voulais vous éclairer, sire, et personne ne le pouvait faire mieux que moi ; voilà pourquoi je me suis permis de venir à vous, non plus en ambassadeur de d'Artevelle, mais comme mon propre ambassadeur.

— Parlez, maître Gérard, parlez.

— Puisque vous voulez bien vous rappeler, sire, le voyage que j'ai eu l'honneur de faire avec vous, peut-être vous rappelez-vous aussi ce qu'à cette époque même je vous dis de d'Artevelle : que sa puissance ne durerait pas longtemps, et qu'il y avait à Gand des gens qui feraient, aussi bien et mieux que lui, avec Édouard d'Angleterre, tous les traités de politique et de commerce qui seraient à la convenance d'un aussi grand roi.

— C'est vrai, je m'en souviens.

— Je me rappelle même, monseigneur, continua Gérard, comme s'il eût voulu bien faire voir au roi qu'il n'avait oublié aucun des détails de la route qu'il avait faite en sa compagnie, je me rappelle même qu'au moment où je vous disais cela, vos yeux se fixèrent sur un faucon qui chassait un héron vaincu : vous prîtes l'oiseau chasseur au bec duquel vous passâtes une bague d'émeraudes d'un grand prix ; vous gardâtes même le faucon, ce qui étonna fort celui qui venait le réclamer, et ce qui m'étonna beaucoup aussi.

— C'est vrai encore, murmura Edouard à qui ce souvenir rappelait Alix de Grafton et l'inquiétude où le laissait la disparition du comte de Salisbury, c'est vrai encore ; continuez, maître.

Et le roi se leva et se promena à grands pas en passant sant de temps à autre la main sur son front.

— Eh bien ! sire, ajouta le tisserand en se levant à son tour, ces hommes que je vous prédisais alors existent réellement aujourd'hui, et la puissance du brasseur est si violemment ébranlée, que demain peut-être il sera forcé de fuir comme un criminel, si quelque bon coup d'arbalète ne l'arrête en chemin.

— Et sans doute à la tête de ces hommes se trouve maître Gérard Denis.

— Oui, sire.

— Et le nouveau chef vient, sinon imposer, du moins offrir ses conditions au roi d'Angleterre.

— Non, sire, il vient seulement avertir le roi Edouard que d'Artevelle a pris un engagement qu'il ne pourra tenir, et que ceux à la tête desquels se trouve Gérard Denis ne veulent d'autre souverain que leur souverain légitime, à moins...

— A moins ?

— A moins que celui qui les commande ne veuille autre chose, ou ne trouve un moyen de tout concilier.

— Et ce moyen ?

— Je t'ai, sire.

— Et puis-je le savoir?

— Certainement, sire, mais vous me permettrez de vous le taire jusqu'au moment où, au lieu d'être une probabilité, il pourra devenir une certitude.

— Ainsi, la conclusion de cette entrevue...

— Est, monseigneur, que, quoi qu'il arrive, la Flandre tiendra à grand honneur l'alliance de l'Angleterre, et que, si jamais elle dépend de moi, cette alliance est certaine.

— Si toutefois l'Angleterre l'accepte.

— Et quel intérêt l'Angleterre aurait-elle à la refuser?

— L'Angleterre n'a pas seulement des intérêts, maître Gérard, elle a des amitiés. Jacques d'Artevelle a été jusqu'ici l'allié fidèle et l'ami dévoué du roi Edouard III, et il se peut que, s'il arrive malheur au ruthwaert, le roi d'Angleterre embrasse sa cause et essaie de le venger comme il commence déjà à venger en France ceux que Philippe VI a fait mourir parce qu'ils étaient ses alliés. Cependant nous prendrons conseil des circonstances, maître Gérard. En attendant, je suis ici sur l'invitation de Jacques d'Artevelle, qui quitte à l'instant, et jusqu'à ce qu'il ait manqué à ses promesses, je ne manquerai pas aux miennes, et encore saurais-je, le cas échéant, faire la part des événemens dont il aura pu être la victime.

— Sire, vous attendez demain une députation des conseillers?

— Oui.

— Cette députation vous répétera ce que je viens de vous dire : que rien ne se peut faire sans l'assentiment de la communauté.

— Nous attendrons, maître. La patience est l'éternité des rois.

Il était clair qu'Edouard III accepterait le secours de Gérard Denis, dans le cas où ce secours lui deviendrait utile, mais il était trop bon politique pour s'engager à rien tant que le brasseur était encore le chef de la Flandre.

Le lendemain, les conseillers arrivèrent à bord de la *Catherine*. Depuis quelques instans d'Artevelle était auprès du roi.

— Cher sire, dit l'un des conseillers qui prit la parole au nom des autres, vous nous requérez d'une chose bien difficile, et dont plus tard le pays de Flandre pourrait nous demander compte. Certes, il n'y a pas aujourd'hui seigneur que nous voudrions autant avoir pour maître que votre fils, le prince de Galles; mais cette chose que nous désirons, nous ne pouvons l'accomplir seuls, et il nous faut le consentement de toute la communauté de Flandre. Chacun se retirera donc dans sa ville, réunira les suffrages, et ce que la plus saine partie des Flamands voudra, nous le voudrons. Dans un mois nous serons ici, et nous vous répondons, sire, que notre retour vous causera grande joie.

— Qu'il en soit ainsi! répliqua le roi. Un mois encore je vous attendrai.

La députation se retira, et Jacques d'Artevelle resta avec le roi. Jacques était de plus en plus soucieux.

— Eh bien! que dites-vous de cela, compère, demanda Edouard à l'ancien brasseur; et ne craignez-vous pas maintenant de m'avoir fait venir pour rien?

— Ah! ah! sire, j'ignore ce que vous aurez à regretter pour vous, mais je sais qu'outre beaucoup d'autres raisons encore, j'aimerais mieux, surtout maintenant, être dans les habits du roi d'Angleterre que dans les miens.

— Vous n'êtes pas ambitieux, maître, répondit en souriant Edouard III. Ce que l'on dit est-il donc vrai?

— Et que dit-on, sire?

— On dit que Jacques d'Artevelle n'est ni aussi aimé ni aussi influent, aujourd'hui, qu'il l'était autrefois.

— Et pourquoi? mon Dieu!

— On accuse maître d'Artevelle de déposséder peu à peu son seigneur légitime, le comte Louis; ce qui ne serait peut-être rien, si maître Jacquemart n'avait mis la main sur certain trésor de Flandre, et ne l'avait employé sans en rendre compte, ce qui ferait croire qu'il n'a pas eu tout à fait la destination qu'il devait avoir. Il en résulte qu'à l'heure qu'il est on conspire peut-être contre Jacques d'Artevelle, comme si d'Artevelle était un souverain naturel.

— On conspire? fit Jacques en pâlissant malgré lui.

— On le dit.

— Et qui dit cela, sire?

— Le vent qui vient de Gand.

— Monseigneur, vous avez vu le tisserand Denis.

— Peut-être.

— Cet homme vous trahira, sire.

— Qui vous dit que je l'aie vu, maître, et même, l'ayant vu, qui vous dit que je me sois fié à lui?

— Alors, sire, il faut que vous m'aidiez à déjouer ses complots, et à faire triompher le prince de Galles.

— Je ne suis venu que pour cela, et, à dire vrai, je crains bien de m'être dérangé inutilement.

— Non, sire; vous réussirez si vous voulez me venir en aide.

— Que faut-il faire?

— Il faudrait, sire, me donner quatre cents hommes pour faciliter l'exécution de vos projets et faire main-basse sur nos ennemis, car nous en avons.

— Et augmenter d'autant la garde qui doit défendre Jacques d'Artevelle.

— Ah! sire, qui conserve d'Artevelle conserve votre allié et défend vos prétentions.

— C'est juste. Eh bien! je vous donnerai quatre cents hommes.

— Je les ferai entrer de nuit à Gand, et, au retour des conseillers, si les événemens sont contre nous, nous forcerons les événemens.

— Puissamment raisonné, maître, et c'est alors que l'homme de conseil fera place à l'homme d'action, fit le roi qui ne semblait pas avoir grande confiance dans le courage de son compère.

— Oui, sire.

— Eh bien! dès ce soir, les quatre cents hommes seront à votre disposition.

— Et dès ce soir, sire, ils entreront à Gand.

— Quoi qu'il arrive, ajouta Edouard, je suis là pour vous protéger, maître, et, si l'on vous tue, je vous vengerai, je vous le promets.

Et, en disant cela, le roi tendait cordialement la main au ruthwaert.

Mais à ce mot que venait de prononcer Edouard, d'Artevelle avait pâli de nouveau, et sa main tremblait dans la main royale.

— Allons, je ne m'étais pas trompé, pensa Edouard, cet homme a peur.

— Il me vient une idée, dit le roi tout haut.

— Laquelle, sire?

— C'est d'ajouter cent hommes encore aux quatre cents autres, car je crois que vous ne serez jamais trop bien gardé.

D'Artevelle ne put s'empêcher de baiser la main du roi.

— Ah! mon pauvre fils, murmura Edouard en s'éloignant du brasseur, si vous êtes jamais seigneur de Flandre par le secours de maître Jacquemart, cela m'étonnera bien!

Le soir même, d'Artevelle aborda avec la troupe que lui avait promise Edouard, et pendant la nuit il la fit entrer à Gand.

Mais au moment où il franchissait la porte de la ville, un homme qui venait de le reconnaître s'éloignait dans l'ombre.

Cet homme était Gérard Denis, qui, sachant que d'Artevelle n'était pas revenu à terre avec les conseillers, s'était douté de quelque surprise et guettait depuis longtemps déjà le retour du brasseur.

XXXVI

Les cinq cents hommes d'Edouard entrèrent dans la ville, et d'Artevelle, ramené par ce dernier, regagna son hôtel.

Cependant la ville se réveilla le lendemain avec une certaine agitation.

Dès le matin, grands et petits furent convoqués sur la place du Marché, et celui des conseillers qui la veille avait pris la parole à bord de la *Catherine*, et avait fait part à Edouard des moyens à employer pour la réussite de ses projets, harangua le peuple dans le même sens, et lui annonça que le roi d'Angleterre amenait avec lui le prince de Galles, auquel d'Artevelle avait promis la Flandre.

Alors ce fut une réprobation générale, et le peuple s'écria en masse qu'il ne déshériterait pas son seigneur naturel pour le fils d'Edouard III.

C'était ce que Gérard Denis était venu dire la veille au roi.

Aussi ne serons-nous pas étonnés de retrouver là le tisserand alimentant de son mieux la discorde naissante et haranguant le peuple à son tour.

— Résignez-vous tout de suite, mes amis, disait Gérard, car il faudrait vous résigner plus tard.

— Que voulez-vous dire? s'écria-t-on.

— Je veux dire que d'Artevelle est le plus fort, et que cette fois, comme toujours, il vous imposera sa volonté.

— Non, non.

— Il a prévu le cas de rébellion, et ses précautions sont prises.

— Qu'a-t-il fait?

— Il a demandé au roi d'Angleterre un renfort de mille hommes, excellens archers, qui sont entrés cette nuit dans la ville, et qui appuieront par tous les moyens les prétentions du roi et de Jacquemart.

Comme on le voit, Gérard mentait de cinq cents hommes; mais c'est bien peu de chose quand il s'agit de faire triompher ses opinions.

Une sorte de stupeur s'empara des assistans.

— Et ce n'est pas tout, continua Gérard, d'Artevelle n'a pas pris pour rien le trésor de la Flandre, et il l'a gardé comme un roi.

— Mort au traître! cria-t-on de toutes parts!

Gérard voulut continuer sa harangue, mais sa voix fut bientôt couverte par les cris de toute la populace qui demandait la tête du brasseur.

— A son hôtel! crièrent tous ces furieux, qui se ruèrent comme une marée vers l'hôtel de Jacquemart.

Quand d'Artevelle entendit ces rumeurs, sourdes d'abord comme un ouragan lointain, puis précipitées et violentes comme le bruit du tonnerre qui se rapproche, il eut peur.

Puis il fit fermer et barricader les portes et les fenêtres.

Il était temps.

A peine les valets avaient-ils obéi à cet ordre de leur maître, que la populace environna l'hôtel.

Cependant la maison était bien gardée.

Cent quarante ou cent cinquante hommes l'occupaient et la défendaient vaillamment; mais ils ressemblaient à ces Gaulois qui croisaient leurs flèches avec la foudre, et quoique à chacun de leurs traits un ennemi tombât, le flot se resserrait et les vagues humaines semblaient s'augmenter encore.

D'Artevelle comprit qu'il n'y avait pas de résistance à opposer, et que si cette foule entrait dans son hôtel, il serait massacré sans pitié ni merci.

Alors il appela à son aide son habileté d'autrefois; mais en ce moment la peur le dominait, et, au lieu d'être adroit, il ne fut que lâche.

Il ouvrit donc une fenêtre et se montra au peuple.

Ce furent d'abord des cris de rage et de mort, devant lesquels le pauvre Jacquemart tremblait de tous ses membres; mais quelques voix se firent entendre disant :

— Il veut parler, écoutons-le; et peu à peu le silence se rétablit, tout prêt à s'interrompre par des menaces et des huées.

— Bonnes gens, que vous faut-il? demanda d'Artevelle. Qui vous agite ainsi? pourquoi m'en vouloir tant, comment puis-je vous avoir courroucés? Dites-le moi, et je m'en amenderai pleinement à votre volonté.

Un rire universel et des pierres accueillirent cette première partie du lamentable discours de d'Artevelle; mais comme quelques secondes auparavant, le silence se rétablit de nouveau.

— Nous voulons avoir compte du trésor de Flandre, que vous avez volé, s'écria Gérard Denis.

Jacquemart reconnut la voix de son ancien ambassadeur, et il crut qu'en s'adressant à lui isolément il avait plus de chance d'obtenir quartier qu'en implorant cette foule irritée et inintelligente.

— Comment, mon bon Gérard, te voici parmi ceux qui me veulent mal; toi qui me connais, dis leur donc que je n'ai rien fait pour les irriter.

— Tu as dilapidé le trésor.

— Oui, oui, jurèrent tous ces hommes.

— Mes amis, mes bons amis, cria d'Artevelle d'une voix étranglée par la peur, rentrez en vos maisons, et revenez demain au matin, d'aussi grand matin que vous voudrez, et je vous rendrai tous les comptes que vous tiendrez à avoir.

— Tout de suite, tout de suite, fut le cri général.

— Tu te sauveras d'ici à demain, dit une voix.

— Ou tu nous ferais tuer par les mille hommes du roi Edouard.

— Le roi Edouard ne m'a pas donné mille hommes.

— Tu mens, cria Gérard.

— Il ne m'en a donné que cinq cents, dit Jacques avec des larmes dans les yeux.

— Il l'avoue, il l'avoue, hurlèrent les assaillans.

— Je les congédierai, dit Jacquemart.

Mais nul ne put l'entendre, car de nouveau le flot battait les portes de l'hôtel et les pierres brisaient les fenêtres.

Alors l'ex-brasseur tomba à genoux, et tout en sanglotant, il s'écria :

— Seigneurs, c'est vous qui m'avez fait ce que je suis. Vous me jurâtes jadis que contre tous les hommes vous me garderiez et me défendriez, et voilà qu'aujourd'hui vous me voulez tuer sans raison. Vous le pouvez faire puisque je suis seul contre vous tous et n'ai point de défense, mais considérez un peu le bien que je vous ai fait et que je puis vous faire encore.

Peu à peu le silence s'était rétabli.

— Descendez, descendez, criait-on, car vous ne nous pouvez parler de si haut, et nous voulons vous entendre. Nous voulons savoir ce qu'est devenu le grand trésor de Flandre que vous avez gouverné trop longtemps sans en rendre compte. Descendez, descendez.

— Je descends, dit d'Artevelle, et il ferma la fenêtre.

Mais il paraît que les comptes qu'il avait à rendre étaient embrouillés, et qu'il aimait mieux ne pas se confier aux chances de la discussion, car il songea à se sauver par derrière et à se réfugier en une église attenant à son hôtel.

Mais ceux d'en bas, ne le voyant pas venir, se doutèrent de quelque couardise, et se portèrent en foule de l'autre côté de l'hôtel.

Ils virent en effet que Jacques voulait fuir, et comme cette fuite était pour eux la preuve de ce dont ils l'accusaient, ils se précipitèrent sur lui, et le frappèrent malgré ses cris et ses larmes.

Le malheureux ruthwaert roula à leurs pieds, et il respirait encore lorsque Gérard Denis s'approcha de lui.

En voyant venir celui qu'il avait longtemps regardé

comme son ami, le brasseur réunit toutes ses forces, et lui dit :

— Gérard, mon bon Gérard, sauve-moi.

Alors le tisserand s'approchant du moribond, lui planta jusqu'au manche son couteau dans la gorge, et Jacques mourut sans avoir poussé un cri.

« Ainsi finit d'Artevelle, dit Froissart, qui en son temps fut un grand maître en Flandre. Povres gens l'amontèrent premièrement, et méchans gens le tuèrent en la parfin. »

Édouard apprit aussitôt ce qui venait de se passer à Gand, et le soir même il fit voile pour l'Angleterre, fort irrité de ce qui venait d'avoir lieu, et jurant qu'il vengerait d'une façon exemplaire la mort de son compère d'Artevelle.

Lorsque Gérard Denis apprit le départ du roi et les menaces qu'il avait faites en partant, il demanda qu'une ambassade fût envoyée à Édouard, afin de détourner de la Flandre la colère d'un roi si puissant et qui s'était montré son allié sincère.

En conséquence, les conseillers qui étaient venus trouver Édouard au port de l'Écluse partirent pour Londres.

Le roi était à Westminster lorsqu'on vint lui annoncer que les députés d'Ypres, de Bruges, de Courtray, d'Audenarde demandaient à être introduits auprès de lui.

Le roi, un peu revenu de sa première colère, les reçut.

Alors ils commencèrent à s'excuser de la mort de d'Artevelle, jurant que, comme ils étaient déjà partis pour recueillir les assentimens nécessaires à Édouard, ils n'avaient rien pu savoir ni empêcher de ce qui avait eu lieu, ajoutant qu'ils étaient désolés et courroucés de ce malheur, et qu'ils regrettaient sincèrement la mort du ruthwaert, qui les avait toujours sagement gouvernés.

— Cependant, sire, ajoutèrent les députés, la mort de d'Artevelle ne vous peut ôter la confiance et l'amour des Flamands, quoiqu'il vous faille maintenant renoncer à l'héritage de Flandre, dont ils ne peuvent frustrer le comte Louis, qui est encore à Tenremonde, et qui, bien que joyeux de la mort de Jacques qui avait fini par usurper son pouvoir, n'ose encore revenir, mais qui se rassurera bientôt et reviendra à Gand.

Comme Édouard ne répondait rien aux ambassadeurs et paraissait irrité de plus en plus de la mort de son compère qui lui faisait perdre ses espérances sur la Flandre, un de ceux qui se trouvaient là, et qui n'avait encore rien dit, s'approcha de lui en disant :

— Il y a peut-être moyen de tout concilier, monseigneur.

— Et quel est ce moyen ?

Les autres députés se retirèrent dans le fond de la salle, comme s'ils avaient compris qu'ils n'avaient rien à ajouter à ce qu'allait dire leur compagnon.

— Vous vous souvenez, sire, de la visite que vous fit Gérard Denis à bord de la *Catherine* ?

— Et je me souviens aussi que c'est ce même Gérard Denis qui a tué de sa propre main celui qu'aujourd'hui je veux venger.

— Sire, il y a des homicides agréables à Dieu quand ils sont utiles à toute une nation.

— Enfin, ce Gérard Denis...

— M'a remis un message pour vous, monseigneur, et qui achèvera peut-être de nous concilier votre grâce.

Et en disant cela, le Flamand remettait au roi une lettre que celui-ci déplia et qui contenait ces mots :

« Sire,

» Dieu en a décidé autrement que vous le pensiez des
» destinées de notre pays. Aujourd'hui le prince de Gal-
» les ne peut plus prétendre à l'héritage de la Flandre. »

— Mais cette lettre est inutile, interrompit Édouard, puisqu'elle ne fait que confirmer ce que l'on m'a dit tout à l'heure.

— Veuillez continuer, sire, se contenta de répondre l'envoyé du tisserand.

Le roi reprit donc :

« Mais, sire, vous avez de beaux enfans, fils et filles :
» votre fils aîné ne peut manquer d'être un grand prince,
» même sans l'héritage de Flandre, et vous avez une fille
» puînée, et nous avons un jeune damoisel que nous nour-
» rissons et gardons et qui est l'héritier de Flandre : si se
» pourrait bien encore faire un mariage entre eux, ainsi
» demeurerait toujours la comté de Flandre à l'un de vos
» enfans. »

— Allons, murmura Édouard en souriant, maître Gérard Denis a hérité de l'esprit de Jacques d'Artevelle.

— Que répondrai-je, sire ? demanda l'envoyé.

— Vous répondrez, messire, dit le roi, qu'Édouard III oubliera le mal et ne se souviendra que du bien.

« En effet, d'Artevelle fut oublié, dit Châteaubriand, comme tous ceux dont la renommée n'est fondée ni sur le génie, ni sur la vertu. »

XXXVII

Cependant la fortune semble oublier un peu Édouard. Il y a dans ses partisans et dans son armée défection et défaite.

En effet, Philippe fait offrir par le comte de Blois, à Jean de Hainaut, de lui donner autant de revenus qu'il en a en Angleterre, s'il veut s'allier à la France. Jean de Hainaut avait passé sa jeunesse en Angleterre et aimait Édouard. Il demanda donc à réfléchir. Du moment où, malgré son amitié pour le roi d'Angleterre, Jean réfléchissait, il y avait des chances pour qu'il acceptât les propositions de Philippe. En outre, le comte de Blois, son gendre, le fit presser par son ami le seigneur de Flagnoelles.

Or il arriva justement qu'à cette époque il y eut des difficultés en Angleterre pour les fiefs que Jean y avait, ce qui acheva ses irrésolutions et le fit passer à Philippe, qui le récompensa dignement.

Aussitôt Philippe ordonna aux seigneurs, chevaliers et gens d'armes, de se trouver à jour dit à Orléans et Bourges, parce qu'il voulait envoyer le duc de Normandie, son fils aîné, pour repousser les Anglais, qui, conduits par le comte de Derby, envahissaient la Gascogne.

Le duc Eudes de Bourgogne et son fils, le comte d'Artois et de Boulogne, vinrent trouver le roi et offrir mille lances. Puis vinrent le duc de Bourbon et messire Jacques de Bourbon son frère, comte de Penthièvre, suivis de leurs gens d'armes. Vinrent ensuite le comte de Tancarville, le dauphin d'Auvergne, le comte de Forez, le comte de Dammartin, le comte de Vendôme, le sire de Coucy, le sire de Craon, le sire de Sully, l'évêque de Beauvais, Jean de Marigni, le sire de Piennes, le sire de Beaujeu, messire Jean de Châlons, le sire de Roye, et tant de barons et de chevaliers qui s'assemblèrent à Orléans ou allèrent camper devant Bourges et Toulouse vers la Noël 1345.

Le duc de Normandie, avec le sire de Montmorency et le sire de Saint-Venant, ses maréchaux, fit commencer l'attaque du château de Miremont que les Anglais avaient pris ; ce château était gardé par un capitaine anglais et un écuyer nommé Jean de Bristol ; l'attaque fut rude, la défense énergique, mais Louis d'Espagne était là avec les Génois, et force fut aux Anglais de se rendre. Les représailles commencèrent, un grand nombre de ceux qui se rendaient furent mis à mort.

On laissa dans le château des gens reposés pour le garder, puis on alla devant Villefranche.

Les Français assaillirent la ville dont le capitaine était absent et qui fut aussitôt prise ; ils partirent alors pour Angoulême, laissant le château sans l'abattre, ce dont ils devaient se repentir bientôt. Angoulême était commandée par le capitaine Jean de Norwich.

Quand le comte Derby apprit les désastres des Anglais et la sottise que les vainqueurs avaient faite de laisser le château debout, il y envoya de ses gens d'armes, leur ordonnant de bien se défendre, et ajoutant qu'il irait les secourir si besoin était. Puis, il envoya à la forteresse d'Aiguillon, Gautier de Mauny, Jean de Lille et autres, leur recommandant de tenir vigoureusement.

Ils partirent bien quarante chevaliers et trois cents armures, emportant des vivres pour le siège, ce siège dût-il durer six mois.

C'est alors que le duc de Normandie comprit la faute qu'il avait faite en n'abattant pas le château de Villefranche.

Il s'en inquiétait d'autant plus qu'il ne pouvait arriver à prendre Angoulême. Il ordonna donc aux gens d'armes de se loger près de la ville.

Le sénéchal de Beaucaire offre au duc de faire prendre des vivres par le pays, ce que le duc accepte. Le sénéchal prend six cents hommes d'armes et s'en va jusqu'à Ancenis, ville nouvellement rendue aux Anglais. Arrivé là, le sénéchal, avec soixante hommes seulement, va pour prendre des troupeaux aux Anglais qui les poursuivent, et qui, en les poursuivant, tombent au milieu de l'armée des Français, embusqués pour les attendre. Cette ruse réussit à merveille, car les six cents hommes revinrent ramenant au duc de Normandie un grand nombre de prisonniers.

Pendant ce temps, Jean de Norwich voyant que le duc ne lèverait pas le siège d'Angoulême, fit demander une trêve pour le jour de l'Annonciation. Elle fut accordée. Alors, dès le point du jour, le capitaine Jean de Norwich fit armer tous ses gens et les fit sortir de la ville, traverser le camp français, et se retirer à Aiguillon, où ils furent reçus avec joie.

Les gens d'Angoulême décident alors en conseil qu'ils se rendront au duc de Normandie. Celui-ci les reçut à merci, il installa dans la ville un capitaine nommé Jean de Villiers, et cent soudoyers avec lui.

Le duc se rendit ensuite devant le château de Damassa, qui fut pris, et dont toute la garnison fut tuée. Il y établit un écuyer de Beauce, nommé le Borgne de Milly. De là, il se rendit devant Tonneins, dont le siège dura longtemps.

Bref, les Anglais se rendirent par composition, leurs corps et leurs biens saufs; les habitans demeurèrent en l'obéissance du duc de Normandie, qui, après avoir pris le port de Sainte-Marie, qui était gardé par des Anglais, y laissa des gens d'armes et alla vers Aiguillon.

Il mit cent mille gens d'armes devant Aiguillon.

Il y avait deux assauts par jour. Le siège dura six mois.

Le duc alors commanda de faire un pont pour traverser l'eau et arriver jusqu'à la forteresse. Trois cents charpentiers travaillaient jour et nuit. Quand le pont fut avancé, ceux d'Aiguillon le défirent.

On le recommença, mais les Français entourèrent si bien les ouvriers, que Gautier de Mauny et ses gens d'armes ne purent les empêcher d'achever.

Toutes les semaines on trouvait un moyen nouveau pour assaillir le château d'Aiguillon. Un jour, en revenant de chercher des troupeaux, Charles de Montmorency et Gautier de Mauny se rencontrèrent. L'occasion était belle pour deux braves chevaliers. Il y eut combat. Les Francs étaient bien cinq contre un, mais ceux d'Aiguillon apprirent cette rencontre et vinrent au secours des leurs; les Francs furent tués, faits prisonniers, et Montmorency se sauva, laissant ses troupeaux aux Anglais.

Ce siège est un des plus étranges dont l'histoire ait gardé les détails; quand on songe aux travaux que fit faire le duc de Normandie, on est effrayé.

Cependant les choses ne pouvaient en rester là. Le duc offre cent écus à celui qui pourra gagner le premier pont de la porte du château. Ce qui devait arriver arriva; les soldats français se précipitèrent en masse, les uns tombèrent à l'eau, et un grand nombre fut tué par ceux d'Aiguillon.

Le duc fit faire une espèce de pont couvert pour approcher de la forteresse, mais les Anglais avaient fait faire des martinets, espèces de machines pour lancer des pierres, et ils en jetèrent de si grosses, qu'ils démolirent la couverture et que le chemin fut précipité dans l'eau, laissant un grand nombre de Français tués.

Les chevaliers français se désolaient de la longueur de ce siège, et n'osaient parler de le quitter, ayant entendu dire au duc qu'il ne s'en irait que sur l'ordre de son père. Alors le comte de Guines, connétable de France, et le comte de Tancarville, prirent sur eux de se rendre en France, près de Philippe VI, et de lui dire à la fois les malheurs et le courage de son fils. Le roi en fut émerveillé, et dit que puisqu'on ne pouvait prendre ceux d'Aiguillon par force, il fallait prendre par famine.

Cependant, Edouard ayant appris que ses gens étaient battus et mal menés au château d'Aiguillon, et que le comte Derby ne pouvait le secourir, prit le parti de lever une grosse armée et d'aller en Gascogne.

En ce moment, Godefroy de Harcourt, banni de France, arriva en Angleterre. Le roi et la reine le reçurent comme ils avaient reçu le comte d'Artois, lui donnant tout de suite, avec cette magnificence qui les distinguaient, un allié fidèle et dévoué.

Le roi fit part alors à Godefroy de la résolution qu'il avait prise d'aller au secours du comte de Derby, en Gascogne, lui demandant s'il l'accompagnerait dans cette expédition.

— Sire, lui répondit Godefroy, je suis tout à votre service, mais, si vous me le permettez, je vous donnerai un conseil.

— Dites, messire.

— Il me semble que jusqu'à présent le comte Derby n'a pas eu besoin de votre secours, et qu'il est assez brave chevalier pour s'en passer encore. Laissez-le continuer sa besogne là-bas, sire, et commencez la vôtre d'un autre côté. Le duc de Normandie est absent, profitez-en, monseigneur, pour attaquer son pays.

— Eh bien ! il sera fait comme vous le désirez, messire, répondit le roi, après avoir réfléchi quelque temps, et puisse Dieu entendre votre conseil et le faire venir à bien !

— Alors, monseigneur, nous partirons aussitôt, car j'ai hâte de vous voir réussir.

— Non, messire, nous ne partirons pas avant que j'aie fait un pèlerinage qui me reste à faire, car si Dieu voulait qu'il m'arrivât malheur pendant cette expédition, je croirais que cet oubli en est la cause. Puis, murmura le roi tout bas, il faut que sache ce qu'ils sont devenus l'un et l'autre.

Le lendemain, le roi ordonna qu'on fît venir au port de Hantonne un grand nombre de nefs et de vaisseaux.

Il fit appeler de tous côtés ses gens d'armes et chevaliers, et fixa le départ pour le jour de la Saint-Jean-Baptiste, c'est-à-dire vers le 25 juin 1346.

Puis, sans escorte, seul avec ses souvenirs et ses craintes, Edouard III partit pour le château de Wark.

Ce n'était déjà plus ce roi jeune et bouillant tel que nous l'avons vu au commencement de cette histoire. Quiconque l'eût rencontré n'eût pas reconnu en lui l'élégant chevalier des tournois.

La politique et la guerre avaient pâli son front et donné à ses yeux une sorte de fixité rêveuse. Puis, surtout en ce moment, Edouard, qui ne savait au-devant de quelles impressions il allait, redoutait malgré lui un malheur caché derrière les horizons qu'il lui fallait encore dépasser.

Pas un jour ne s'était passé, depuis celui où il avait profité du sommeil d'Alix, sans qu'il songeât à cette femme, et son amour s'était encore augmenté par la possession.

Mais ce n'était plus un amour surpris qu'il lui fallait, ce n'était plus par un philtre qui n'avait jeté dans ses bras qu'une statue inanimée qu'il voulait à l'avenir posséder Alix, c'était par la réalité de sa passion, par la sincérité de sa parole, et il y avait des momens où Edouard eût donné son royaume d'Angleterre et ce beau royaume de France qu'il convoitait pour être aimé de la comtesse, ne fût-ce qu'un jour, et pour que la passion vivifiât un instant ce beau corps dont le sommeil lui avait dévoilé les richesses.

Edouard avait cru autrefois que ces désirs soudains qui montaient de son cœur à sa tête, quand la robe de la comtesse touchait sa main, s'éteindraient dans la possession de la femme, et il s'était servi du moyen que nous avons vu. Mais Dieu n'a pas mis dans le cœur de l'homme l'amour, cette flamme divine, pour qu'elle pût s'éteindre au premier souffle de la matière, et, nous le répétons, depuis qu'il avait possédé la comtesse, Edouard ne songeait plus qu'à la posséder encore. Seulement il avait compris qu'il la lui fallait tout entière, avec ses aveux et ses expansions, sans quoi il se consumerait peut-être à ce feu intérieur qui s'était augmenté du premier aliment qu'il avait reçu.

XXXVIII

Maintenant il allait seul avec ses pensées loin de cette cour à laquelle il essayait de faire son cœur impénétrable.

La campagne était immense; l'air pur caressait son visage, il oubliait qu'il était roi pour oublier qu'il n'était pas aimé.

Par momens, il lui semblait que là où il allait il était attendu, qu'il était un humble bachelier, sans autre bonheur que l'amour de sa maîtresse, et que, pendant l'absence d'un mari jaloux, une blanche main allait lui ouvrir la grille d'une tour, prison pour la châtelaine, paradis pour l'amant.

Il allait poursuivant sa course et son rêve.

Le gracieux visage d'Alix, empreint de ces terreurs qui, pour l'homme aimé, sont des confidences, lui apparaissait, et une nuit capable d'éclairer de son rayonnement toute la vie d'un homme, passait dans l'esprit du roi pleine de mystères et d'enchantemens.

Parfois encore il se rappelait qui il était et qui il allait trouver. Le vague espoir de son pardon le saisissait alors.

— La femme est un étrange problème, se disait-il; autant elle met de forces à cacher son amour avant de s'être donnée, autant elle avoue facilement les secrets de son âme une fois que son corps s'est livré. Peut-être Alix m'aimait-elle, peut-être n'osait-elle pas se le dire à elle-même, et me le cachait-elle avec terreur; mais maintenant qu'elle m'a appartenu, contre sa volonté, il est vrai, peut-être mon souvenir préoccupe-t-il sa pensée, et peut-être vais-je trouver en arrivant l'aveu d'un amour partagé.

Et l'air qu'aspirait Edouard lui semblait imprégné de senteurs nouvelles et d'arômes inconnus.

Mais il y avait aussi des momens où une crainte secrète s'emparait du cœur du roi. L'âme de la femme a beau être un problème étrange, il est des femmes qui ne dévient pas d'elles-mêmes de la route que leur ange leur a montrée quand elles entraient dans la vie, et qui meurent le jour où une force impérieuse les écarte de leur chemin; et malgré ses rêves, Edouard était forcé de se rappeler de temps en temps qu'Alix était une de ces femmes.

Les craintes du roi, qu'il chassait avec des espérances, se représentaient à lui si périodiquement qu'il en tressaillait.

Alors tout prenait un aspect nouveau aux yeux du voyageur solitaire.

La campagne, ainsi que son cœur, n'était plus qu'un immense désert, le château où il allait qu'une ruine, le nom qu'il allait lui demander s'il fallait avancer ou retourner en arrière, et s'il ne valait pas mieux douter encore que d'affronter la réalité.

Cependant il avançait toujours.

Quand il arriva au château de Wark, le soleil était levé depuis deux heures, et le château, inondé de lumière, était loin d'avoir cet aspect sinistre que par instans Edouard croyait lui trouver.

Le soleil éclairait ardemment les vitraux, et la nature, parée d'un de ses plus beaux jours d'été, resplendissait à l'entour.

Malgré lui le roi conçut une grande joie de ce qu'il voyait.

Le cœur est si craintif qu'il a presque toujours besoin des pressentimens extérieurs, et l'âme, qui s'éclaire parfois de la sérénité du dehors, admet difficilement la possibilité d'un chagrin au sein d'une nature jeune, chaude et parfumée.

Edouard arriva à la porte du château, qui lui fut ouverte comme toujours.

Il demanda en tressaillant à voir la comtesse, et le valet s'éloigna après avoir fait monter le roi dans un des appartemens avoisinant celui d'Alix.

Quelques instans après, le valet reparut en disant :

— Monseigneur, la comtesse va se rendre ici dans quelques instans.

Le roi s'assit.

Rien n'était plus changé au dedans qu'au dehors.

Il y avait peut-être dix minutes que le roi attendait, lorsqu'Alix parut.

Elle était plus belle qu'elle n'avait jamais été, seulement elle était d'une pâleur de marbre.

Elle n'était pas vêtue de noir et portait au contraire un costume éclatant.

Edouard recula de deux pas en la voyant s'approcher, car elle avait plus l'air d'une apparition que d'une réalité.

— Vous dans ce château, sire! dit la comtesse avec un sourire auquel ses lèvres ne semblaient plus habituées, savez-vous que ce m'est un grand honneur que je m'attendais peu à avoir?

— Madame, répondit le roi, je vais partir pour une de ces expéditions dont un roi peut ne pas revenir, et, avant de partir, je voulais vous voir une dernière fois.

— Une dernière fois, vous avez raison de parler ainsi, monseigneur, dit Alix en levant les yeux au ciel, car qui sait lorsqu'on se quitte si jamais on se reverra!

Et la comtesse, portant la main à son front comme si elle eût ressenti une douleur, se laissa tomber plutôt qu'elle ne s'assit sur un siège à côté de celui du roi.

— Pourquoi, fit celui-ci, me parlez-vous de ce ton amer. Dieu vous garde encore de longues années, madame; vous êtes jeune, vous êtes belle, et votre vie n'est pas entourée des écueils qui avoisinent celle d'un roi.

— Vous croyez, monseigneur.

— Surtout lorsque, comme vous, Alix, on est aimée d'un homme jeune, noble et puissant.

— Le comte de Salisbury ne reviendra jamais ici, monseigneur.

— Je ne vous parle pas du comte, Alix, vous le savez bien.

— Et de qui parlez-vous donc, sire?

— D'un homme qui vous aime.

— Au point d'affronter un remords, n'est-ce pas, monseigneur, c'est cela que vous voulez dire.

— Ecoutez, Alix, dit le roi en se rapprochant de la comtesse, et en prenant une de ses mains froides comme la glace, qu'Alix lui abandonna comme si sa pensée eût été ailleurs; écoutez, j'étais loin de vous, et je ne vivais plus que de corps; ma vie était restée ici. Oh! combien triste et vide est la gloire d'un roi, madame, quand il n'a pas pour la partager le cœur qu'il a choisi et qu'il aime. Alors elle est plus lourde que les plus lourds fardeaux, car elle est inutile. Oui, j'ai affronté un remords pour vous, Alix, mais un remords qui peut se changer en une éternité de bonheur si vous dites un mot. Dieu vous eût-il mise si belle à côté de moi, et eût-il versé dans mon cœur cet intarissable amour, s'il n'avait voulu nous réunir. Qu'ai-je fait à Dieu pour qu'il me refuse cette joie sans laquelle ma vie n'est plus qu'une chose stérile? Qu'avez-vous, Alix, vous pâlissez?

— Je vous écoute, monseigneur. Il arrive un moment où l'on peut tout écouter.

— Dites-moi, Alix, que vous me pardonnerez ce dont vous m'accusez tout à l'heure.

— Il arrive une heure, sire, où l'on pardonne tout.

— Que voulez-vous dire? s'écria le roi effrayé de la pâleur de la comtesse et du ton dont elle avait dit ces dernières paroles.

— Je veux dire, monseigneur, qu'en effet Dieu avait le pouvoir de me faire heureuse, et qu'il ne l'a pas fait, voilà tout.

— Alix, il n'y a douleur si grande qui ne s'oublie un jour.

— Monseigneur, l'âme qui comprend les amours infinies admet les douleurs éternelles.

— Mais cependant, Alix, votre deuil a cessé.

— Qui vous le dit?

— Ces vêtemens qui vous couvrent.

— Oh! sire, que votre âme est peu savante en douleurs, puisque vous vous fiez au deuil des vêtemens, sans regarder même la pâleur du visage et sans chercher les plaies du cœur.

— Alors, pourquoi ces vêtemens?

— Parce que, sire, je ne voulais pas attrister d'un deuil trop apparent le gracieux roi qui daigne me visiter, et que je ne voulais pas laisser de remords trop profonds dans l'esprit de celui qui a brisé ma vie pour un caprice.

— Alix!

— Vous parti, monseigneur, je reprendrai mes vêtemens de deuil, et pour l'éternité, je vous le jure.

— Et si le comte revient? demanda le roi.

— Il ne reviendra pas, sire.

Et la comtesse se levant, s'approcha à moitié défaillante d'une table, et, remplissant d'eau une coupe d'or, elle la vida ardemment.

— Vous souffrez, madame, dit Edouard en se levant à son tour, épouvanté de l'agitation d'Alix.

— Non, monseigneur, fit-elle en se rasseyant, je suis prête à vous écouter encore.

Alors le roi se jeta aux genoux d'Alix; et prenant ses mains dans les siennes,

— Vous me pardonnerez, Alix, continua-t-il, en échange de ce que j'ai souffert; croyez-moi, il y a encore pour vous du bonheur en ce monde, et ce bonheur je veux que vous me le deviez. Vous quitterez ce château sombre, plein de souvenirs amers et de fantômes désolés, vous reviendrez à la cour plus belle, plus enviée que jamais. Si vous saviez, Alix, depuis la dernière visite que j'ai faite à ce château, dit le roi à voix basse, si vous saviez de quels rêves mes nuits sont peuplées. Rien ne peut faire que vous ne soyez à moi; et puisque j'ai commis presque un crime pour vous posséder, vous devez voir jusqu'où peut aller mon amour. Alix, soyez à moi encore, et tout ce qu'un roi peut donner, tout ce que l'âme souhaite en ce monde, vous l'aurez. Votre puissance sera sans bornes comme mon amour, votre fortune sans rivale comme votre beauté; ou bien, aimez-vous mieux, Alix, que j'abandonne tout, travaux passés, ambitions à venir; voulez-vous que le roi d'Angleterre ne soit plus qu'Edouard, et qu'Edouard se retire avec vous au fond de quelque château isolé, dans quelque pays désert, où il n'y aura que nous et Dieu : tout ce que vous voudrez, Alix, je suis prêt à le faire, ordonnez.

— C'est bien, sire, répondit Alix avec un sourire empreint d'une indulgence céleste, je vous pardonne, car vous m'aimez peut-être, et si vous aviez su que votre amour dût me tuer, peut-être n'auriez-vous pas fait ce que vous avez fait. Vous m'offrez, continua Alix d'une voix affaiblie, des biens dont une autre serait heureuse et fière, mais qui sont bien petits à côté des biens éternels dont j'ai fait désormais toute mon ambition : au lieu de tout cela, promettez-moi de faire ce que je vais vous dire.

— Parlez, Alix.

— Peut-être un jour reverrez-vous le comte de Salisbury, monseigneur; promettez-moi alors de lui dire que je suis morte parce qu'il ne m'avait pas pardonné une faute dont vous seul étiez coupable; vous lui direz, monseigneur, que vous m'avez vue mourir et que je suis morte en le bénissant et en priant Dieu pour lui.

Alix épuisée ferma les yeux sous la douleur.

— Que signifie tout cela? murmurait le roi. Vous mourir, vous, Alix, vous que j'aime. Vous êtes en délire; au nom du ciel! Alix, parlez-moi.

La comtesse fit un mouvement, et prenant la main du roi, elle lui dit :

— Monseigneur, donnez-moi votre bras pour aller à cette fenêtre; je veux voir une dernière fois le sourire de Dieu sur la terre.

Le roi obéit machinalement, et Alix, froide et le corps agité de tressaillemens soudains, s'appuya sur une des fenêtres d'où la vue s'étendait sur un horizon sans bornes, plein de fleurs et de chaudes haleines.

— Qui m'eût dit, sire, le jour où je faisais un vœu en faveur de celui que j'aimais, que, peu de temps après ce vœu accompli, je mourrais abandonnée de mon époux et soutenue par le bras de celui qui me faisait mourir.

— Alix, vous m'épouvantez par ces paroles de mort. Dites-moi que vous voulez me torturer, mais ne dites plus que vous allez mourir.

— Dans une heure je serai morte, sire.

— Vous?

— Oui.

— Du secours! s'écria le roi.

— Oh! c'est inutile; ne me quittez pas, sire; je serais morte avant que vous revinssiez, et j'ai encore quelque chose à vous dire.

Le roi tomba à genoux.

— Mon Dieu! mon Dieu! disait-il, sauvez-la et pardonnez-moi!

— Quand vous êtes venu, continua Alix en relevant le roi, j'ai quitté mes habits de deuil et j'ai revêtu ces habits de fête. Je vous avais vu venir, car il y a bien des jours que je sonde de ma fenêtre la route qui conduit à ce château. Alors, comme des sentimens humains me dominaient encore, j'ai voulu donner à votre vie le remords éternel de ma mort. Je me suis empoisonnée, sire, et je me suis dit : « Je mourrai en le maudissant, et il souffrira ce que j'ai souffert. »

— Par le Dieu vivant! Alix, dit Edouard, laissez-moi vous sauver, et je vous jure que jamais je ne prononcerai votre nom, que je m'enfermerai au fond d'un cloître s'il le faut; mais ne mourez pas, ne mourez pas!

Et le roi éperdu couvrait de larmes les mains glacées de la comtesse.

— C'est inutile, répéta Alix, il le faut; et d'ailleurs il n'est plus temps. Puis je ne vous maudirai pas, sire, car je vous l'ai déjà dit, je vous pardonne. La mort n'a d'aspect effrayant que pour ceux qui redoutent quelque chose au delà de la vie, mais moi, je ne redoute rien. Je meurs pour me purifier de la faute d'un autre, et ma vie passera de la terre à l'éternité sans effort et comme, au crépuscule, le jour se fond dans la nuit. Voyez, tout sourit autour de nous, et je vous jure que je n'ai jamais été aussi calme que je le suis en ce moment. Ne craignez donc rien, sire, j'en ai fini avec la haine. Mon âme, qui va remonter à Dieu, est déjà tellement dégagée des liens de la terre, que je ne vois plus en vous l'homme qui me fait mourir, mais l'ami qui me soutient au moment où je meurs. Je vous plains, sire, car, moi morte, vous allez souffrir et vous imposer longtemps des remords dont je voudrais vous absoudre. Vous m'aimiez, monseigneur ; seulement votre amour vous aveuglait et vous a fait oublier qu'il y des amours qui tuent celles sur qui ils se reportent, comme un soleil très ardent tuerait nos fleurs du Nord. Vous avez brisé en un instant deux existences si heureuses qu'on dirait que Dieu les avait formées à regret, et qu'il était injuste à ses yeux de donner tant de bonheur à deux créatures lorsque tant d'autres souffraient. Vous vous êtes trompé, sire, voilà tout. Et cependant j'eusse dû vous aimer. Vous êtes jeune, noble et puissant, et il eût pu se faire que votre image se présentât à mon amour celle du comte. Pourquoi Dieu ne l'a-t-il pas fait? Pour compléter ma vie par le martyre sans doute, et parce qu'il vous appelait à de plus hautes destinées.

Alix parlait d'une voix à la fois si douce et si émue, qu'Édouard, la tête renversée en arrière et la main sur ses yeux, pleurait abondamment.

— Soyez fort, monseigneur, reprit Alix après une pause. Voyez par quel beau jour Dieu me rappelle à lui. Je n'aurai même pas la douleur de voir ce beau soleil s'éteindre derrière la colline ; mes yeux seront fermés avant qu'il ne se couche, et j'habiterai la patrie sans ombre et sans nuits. Ainsi, monseigneur, vous allez partir pour de nouvelles conquêtes, vous allez ajouter un royaume au vôtre sans doute, et faire tuer quelques milliers d'hommes. L'histoire vous garde une grande place dans ses pages, monseigneur, et peut-être mon nom passera-t-il à la postérité éclairé du reflet de l'amour que vous aurez eu pour moi ; alors on s'étonnera que cette humble femme soit morte et ait résisté à l'amour de ce grand conquérant. Étrange chose que la vie, lorsqu'on la regarde du point où je la vois maintenant! Dites-moi, sire, demanda Alix avec un regard plein de douceur, vous m'aimiez réellement?

— Vous me le demandez? répondit Édouard avec des sanglots.

— Et vous eussiez fait tout ce que vous promettiez tout à l'heure?

— Tout, je vous le jure.

— Quel triomphe pour moi dans l'avenir, dit la comtesse, et comment se fait-il que je ne vous aie pas aimé!

XXXIX

— Je devrais faire appeler un prêtre puisque la mort approche, reprit la comtesse, mais j'aime mieux que vous seul entendiez ma confession, monseigneur. Un prêtre n'aurait rien à me dire de plus que ce que Dieu me dit en ce moment, et je n'aurais rien à lui dire que ce que vous pouvez entendre. Dieu a-t-il besoin pour croire à notre repentir que nous remettions ce repentir entre les mains d'un de ses ministres, ou la confession n'est-elle qu'une humilité préparatoire?

— Si vous saviez, Alix, répliqua le roi, quel mal votre calme me fait. J'aimerais mieux votre colère et votre malédiction. Quand je songe que c'est mon amour fatal qui interrompt votre existence heureuse, je me demande si je ne dois pas me briser la tête contre une muraille et me donner au moins la joie de ne pas vous voir mourir, en mourant avant vous.

— Non, sire, vivez ; votre mort serait un crime, car trop d'existences et d'intérêts tiennent à votre vie pour que vous la détruisiez ainsi ; moi, je ne tiens plus à rien sur la terre. Que je vive ou que je meure, nul n'en souffrira, voilà pourquoi mes derniers momens sont si calmes. L'heure des restitutions est venue, monseigneur, et il faut que je vous rende quelque chose qui me vient de vous et que vous garderez à votre tour comme un souvenir de moi.

Alix s'approcha d'une table sur laquelle se trouvait une boîte d'or richement travaillée, qu'elle ouvrit et dont elle tira divers bijoux.

— Bijoux, parures, vains ornemens de ce monde, combien je vous méprise à cette heure, vous que j'aimais tant lorsque vous me faisiez belle pour celui que j'aimais!

Et Alix jeta au hasard sur la table les perles et les diamans de ses écrins, et continua de chercher dans la boîte un objet qu'elle trouva enfin, car montrant au roi une bague d'émeraude, elle lui dit :

— Vous souvient-il de cet anneau, sire?

— Oui, répondit le roi devenu rêveur.

— Et de celui à qui vous l'avez remis?

Le roi fit un signe de tête affirmatif, car l'émotion que ce souvenir évoquait en lui l'empêchait de parler.

— Pauvre Guillaume! murmura la comtesse, il m'aimait aussi, et maintenant il dort dans la tombe. Sa dernière parole a été un conseil. Il avait pressenti que votre amour me porterait malheur, sire, et il m'avertissait de vous redouter. Jamais un homme ne conçut un amour plus pur que le sien ; jamais un homme n'a souffert comme celui-là de l'idée qu'en mourant il retirait un appui à celle qu'il avait protégée jusqu'alors. C'était au point que j'avais honte de mon bonheur quand il était auprès de moi. Trois hommes m'ont aimée, monseigneur, Guillaume, le comte et vous ; j'ai déjà porté malheur à deux de ces hommes : Guillaume est mort, qui sait ce qu'est devenu le comte? Reprenez cette bague, sire, et Dieu veuille qu'elle vous serve de talisman. Et maintenant, murmura Alix qui s'affaiblissait de plus en plus, je vais me retirer dans mon oratoire pour causer un peu du passé avec Dieu, puis j'attendrai sur mon lit que la mort vienne. Alors, sire, si l'aspect d'une mourante ne vous fait pas trop grande peur, vous pourrez entrer me voir une dernière fois.

A ces mots, la comtesse, chancelante, ouvrit la porte de son oratoire qu'elle referma sur elle.

Quant au roi, quand il fut seul, il tomba à genoux et pria Dieu longtemps.

Il venait à peine de se relever quand une des dames de la comtesse entra et lui dit que sa maîtresse l'attendait dans sa chambre.

Alix, vêtue de blanc, était étendue sur son lit d'où, la fenêtre ouverte, elle pouvait voir se dérouler l'autre côté du paysage qu'elle regardait avec le roi quelques instans auparavant.

— Adieu, sire, dit-elle, la mort vient et je souffre beaucoup.

En effet, le visage de la comtesse se contractait sous les premières convulsions de l'agonie.

Le roi ne trouvait plus ni larmes ni paroles.

Il tomba à genoux sur les marches du lit, et colla ses lèvres sur la main que la comtesse laissait tomber en dehors de la couche.

— Qui m'eût dit, murmura-t-elle, que je mourrais aussi jeune et loin de celui que j'aimais.

— Ah! ne me maudissez pas, madame, disait le roi, car quoique vous souffriez, je souffre encore plus que vous.

La respiration d'Alix devint plus précipitée, la vie qui se débattait fit un violent effort, après lequel, les yeux atones, le visage lugubrement pâle, la comtesse resta peut-

une immobilité qu'on eût prise pour la mort, si l'on n'eût entendu un souffle haletant entr'ouvrir ses lèvres pâlies.

L'heure qui se passa alors fut une heure douloureuse.

Alix ne souffrait plus que du corps, et son âme, voltigeant encore sur sa bouche, semblait à chaque instant prête à prendre son vol vers les cieux.

Le roi, courbé sous la douleur et les souvenirs, était plus sombre et plus désolé que le patient devant lequel on apprête les instrumens de torture.

Enfin, Alix prononça une dernière fois le nom de son mari, pressa la main du roi, comme dans un dernier pardon, et mourut.

Alors son visage, au lieu de se contracter par la mort, perdit au contraire les dernières contractions de l'agonie, sa bouche était entr'ouverte comme un vase qui vient d'exhaler son dernier parfum, et la pâleur de ses joues, jointe au costume blanc qu'elle avait revêtu, lui donnait l'aspect d'une fiancée morte en allant à ses fiançailles.

Dieu avait exaucé sa prière sans doute, car une sérénité parfaite éclairait son visage. Alix restait tellement belle, qu'on eût dit que son âme n'était remontée vers Dieu que comme messagère, et que le corps l'attendait prêt à la recevoir de nouveau après l'accomplissement de quelque mystérieuse mission. Elle était tellement belle enfin, qu'Edouard ne pouvait se lasser de la regarder, et qu'il ne pouvait croire que cette bouche, qu'il avait vue sourire tant de fois, n'allait pas se rouvrir dans un sourire éternel.

Le soleil entrait à pleins rayons dans la chambre, éclairant le lit blanc et virginal de la morte. Des oiseaux chantaient au dehors, comme si l'âme d'Alix en s'exhalant avait éveillé le concert endormi de leurs voix.

Alors, le roi quitta cette chambre, descendit dans le jardin et cueillit des fleurs à pleines mains. Puis il remonta.

En entrant dans la chambre d'Alix, il croyait presque qu'elle allait lui parler. Mais rien n'était changé, et les feuilles des arbres continuaient de faire jouer leurs ombres fugitives sur le visage impassible de la belle trépassée.

Le roi s'agenouilla de nouveau, et jetant les fleurs qu'il venait de cueillir, il dit :

— Ange, reçois ces lis et ces roses, moins purs et moins blancs que ton âme ; âme en qui j'aurais voulu enfermer mon amour et abriter mon cœur, reçois l'offrande pieuse de mon désespoir éternel.

Puis Edouard, se penchant sur le lit d'Alix, déposa un dernier baiser sur son front, et, s'approchant d'un timbre, il frappa violemment.

Un valet parut.

— La comtesse Salisbury vient de mourir, dit-il, et il sortit de la chambre laissant dans la stupeur les gens du château.

Le roi ne voulut pas repartir sans assister aux funérailles de celle qu'il avait aimée. Il rentra dans l'appartement qu'il avait occupé tant de fois lorsque le comte habitait encore le château.

Le soleil, que ne devait plus voir Alix, disparut derrière l'horizon, et comme elle avait toujours demandé à reposer sur la colline qui dominait le château, un de ses anciens serviteurs alla querir des fossoyeurs.

Le soir, trois hommes entrèrent dans le château.

Le roi les entendit marcher, et quittant sa chambre, il vint jusqu'à la porte de celle où était morte la comtesse.

Alix avait été ensevelie, et son visage était caché par les voiles blancs qui la couvraient des pieds jusqu'à la tête.

Un des trois hommes entra seul et fit signe aux autres de s'éloigner.

Alors celui qui était resté dans la chambre de la morte, et dont Edouard épiait tous les mouvemens, se dirigea vers le lit.

Quand il y fut arrivé, il leva le linceul qui couvrait Alix, et, s'agenouillant, il fit une prière après laquelle il déposa un baiser sur son front.

— Honte et malédiction sur celui qui t'a tuée! murmura cet homme, paix et pardon à ton âme, pauvre martyre !

A cette voix le roi tressaillit.

L'homme tournait le dos à la porte, et par conséquent au royal spectateur de cette scène.

Quand celui qui était entré comme fossoyeur dans le château eut recouvert le cadavre de la comtesse, il sortit de la chambre, et Edouard, toujours caché, murmura en voyant son visage:

— Le comte!

Le comte, non pas tel que l'avait connu le roi, mais sombre, les cheveux blanchis, les joues creusées, la barbe longue, et méconnaissable pour tous.

Le roi porta la main à ses yeux comme un homme qui se croit sous l'empire d'un rêve, et quand il regarda de nouveau, le spectre avait disparu.

Alors, les autres fossoyeurs rentrèrent dans la chambre d'Alix.

Le roi les y suivit.

— Où est votre camarade ? leur demanda-t-il.

— Il est parti, répondit un des deux hommes.

— Et il ne reviendra pas ?

— Non.

— Quel est cet homme? Est-ce un fossoyeur comme vous ?

— Je ne pense pas.

— Alors, comment se fait-il qu'il vous accompagne ?

— Depuis quelque temps il rôde dans la contrée, et aujourd'hui, quand il a su que la comtesse était morte, il est venu chez moi et m'a demandé à m'aider dans l'ensevelissement. Pour cela, il m'a mis des pièces d'or dans la main, et je n'ai pas cru devoir lui refuser ce qu'il me demandait.

— C'est bien, fit le roi, et maintenant, où est-il ?

— Je l'ignore.

Le roi courut à la fnêtre, et aux rayons de la lune il vit une ombre qui sortait du château, et qui, après s'être arrêtée quelques instans à contempler l'édifice, disparaissait dans l'épaisseur de la nuit.

— C'est bien lui, dit Edouard.

Et tout pensif il rentra dans son appartement.

Au moment où il en franchissait la porte, il entendait les premiers coups de marteau de celui qui clouait la bière de la comtesse.

XL

Le lendemain, dès l'aube, les funérailles commencèrent.

Rappelez-vous celles d'Ophélie dans *Hamlet*, et vous aurez le tableau de l'enterrement d'Alix.

Les restes de la pieuse jeune femme furent déposés dans le jardin du château, du côté qui regardait le soleil levant.

Puis la tombe, bénie par les prières, fut couverte de fleurs et de larmes.

Le roi assista à cette douloureuse cérémonie, et quand elle fut terminée, il repartit pour Londres.

Nous n'avons pas besoin de décrire ce qui se passait en lui.

Aussi, comme il avait besoin de faire diversion à sa douleur, son premier mot fut-il, en arrivant à Londres :

— Partons.

Edouard avait été exact au rendez-vous qu'il avait donné. Le jour de saint Jean-Baptiste, il se mit en route après avoir pris congé de la reine, pauvre femme qui, placée entre les amours et les conquêtes du roi, semble toujours oubliée du cœur de son mari

Il la confia à la garde du comté de Kent, son cousin, et il établit comme gardiens de son royaume les seigneurs de Percy et de Neuville, conjointement avec l'archevêque de Cantorbéry, l'archevêque d'York, lesquels formaient vraisemblablement le conseil du prince Lyonel, auquel son père avait donné, à partir du 25 juin, la garde de tout son royaume.

»Cependant, de quelque importance que fût cette expédition, il resta dans le pays, dit Froissard, assez de bonnes gens pour le garder et le défendre si besoin en était.»

Le roi partit pour Hantonne comme il avait convenu, et il attendit qu'il eût le vent favorable pour se mettre en mer.

Ce dut être, du reste, chose merveilleuse à voir que le départ de cette flotte qui allait, comme une nuée de vautours, s'abattre sur les côtes de France.

En effet, à en croire Froissard, qui est accusé d'avoir porté les forces du roi au-dessus de ce qu'elles étaient, le roi emmenait avec lui six mille Irlandais, douze mille Gallois, quatre mille hommes d'armes et dix mille archers; mais Nighton affirme, sans cependant pouvoir le fixer, que le nombre des hommes qui accompagnaient le roi était bien supérieur à celui que nous venons de dire : il compte douze cents grands bâtimens pour transporter l'armée d'Edouard, et six cents petits destinés à porter les approvisionnemens.

Le 2 juillet, le roi s'embarqua.

Le prince de Galles et messire Godefroy de Harcourt entrèrent dans le même vaisseau que lui.

Puis venaient les comtes de Herfort, de Norenton, d'Arundel, de Cornouailles, de Warwick, de Hortidonne, de Suffolk, d'Askesuffort.

Les barons étaient messire Jean de Mortemer, qui depuis fut le comte de Lamarche; messire Jean, messire Louis, messire Royers de Beauchamps; messire Regnault de Cobeden, messire de Montbray, le sire de Ros, le sire de Lussy, le sire de Felleton, le sire de Brasseton, le sire de Bulleton, le sire de la Ware, le sire de la Manne, le sire de Basset, le sire de Bercler, le sire de Wibbi et autres.

Joignez à ceux-là les bacheliers Jean Chandos, Guillaume Fitz-Warrine, Pierre et Jacques Daudlée, Rogers de Wettvale, Barthélemy de Bruis, Richard de Penbruge.

Il n'y avait d'étrangers que messire Oulphart de Ghistel et quelques chevaliers d'Allemagne dont les noms ne sont pas arrivés jusqu'à nous.

Le roi était toujours seul, et, la nuit, il se promenait les yeux fixés sur l'horizon qu'il laissait derrière lui, et qui, sombre comme sa douleur, ne le consolait en rien de sa pensée.

Alors Godefroy de Harcourt, qui ne savait ce qui préoccupait le roi et qui craignait que cette tristesse ne lui vînt des craintes que lui inspirait l'issue du conseil qu'il lui avait donné, s'approcha de lui en disant :

— Soyez sans inquiétude, sire; le pays de Normandie est l'un des plus beaux du monde, et je vous promets, sur ma tête, que vous y débarquerez librement. De ceux qui viendront à vous, vous n'aurez rien à craindre, car ce sont gens qui ne furent jamais armés, et quant à la fleur de la chevalerie normande, elle est à cette heure avec son duc devant Aiguillon. Vous trouverez là de grosses villes et de bonnes métairies, où vos gens seront si bien, que, vingt ans après, ils s'en ressentiront encore.

— Je suis sûr que vous ne m'avez donné qu'un bon conseil, messire, reprit le roi; aussi n'est-ce pas l'avenir qui me rend soucieux, mais le passé. Puisse Dieu m'envoyer assez de gloire et de travaux pour effacer de mon souvenir un jour dont la date brûle ma pensée!

Et le roi retomba de nouveau dans des rêveries si profondes que, ni Godefroy de Harcourt, ni le prince de Galles même ne tentèrent de l'en retirer.

Cependant, les côtes de Normandie commençaient à se détacher à l'horizon, et rappelèrent à Edouard qu'il avait une grande mission à accomplir, et que, répondant de la vie de ceux qu'il avait à sa suite ; il devait jeter un voile entre lui et le passé, et ne plus s'occuper que du salut de ses compagnons et de la réussite de ses projets.

Alors, telle était la puissance de cet homme sur lui-même, qu'à partir de ce moment il redevient le roi que nous avons connu, et qu'il semble avoir rompu complètement avec la vie et les impressions de l'homme.

Comme l'aigle du Nord, il porte un blason à la place du cœur.

En effet, il ne veut pas confier à d'autres la direction de son vaisseau, et s'en fait l'amiral.

Il semble que Dieu le protége, car il aborde sans encombre le 12 juillet à la Hogue-Saint-Wast.

Le roi de France avait bien entendu dire qu'Edouard III levait une grande armée, et il avait été informé que le roi d'Angleterre s'était embarqué. Mais il ignorait complétement le but de cette expédition, et n'avait pas soupçonné un instant ce qui arrivait.

Aucunes mesures n'avaient été prises, de sorte que les habitans du Cotentin, épouvantés de ce qu'ils voyaient, envoyèrent à Philippe V des messagers qui accoururent en toute hâte à Paris.

Aussitôt que Philippe eut appris que les Anglais avaient pris terre en Normandie, il fit mander son connétable le comte de Ghines, et le comte de Tancarville, nouvellement arrivés d'Aiguillon, et leur dit de se rendre au plus vite devant la ville de Caen et de la défendre contre les Anglais.

Ceux que le roi avait mandés acceptèrent avec joie leur mission, et ils chevauchèrent tant qu'ils arrivèrent dans la ville de Caen, où ils furent reçus comme des sauveurs par les bourgeois et ceux qui s'y étaient réfugiés.

Ils firent armer tous ceux qui s'y trouvaient, et l'on attendit. Quand le roi débarqua à la Hogue, au moment où il allait mettre pied à terre, il glissa et tomba si rudement que le sang lui sortit du nez ; alors, les chevaliers qui l'entouraient s'approchèrent de lui en disant:

— Cher sire, retirez-vous en votre vaisseau et ne venez pas à terre de tout le jour, car cette chute est un mauvais signe pour vous.

Mais le roi répondit aussitôt, en essuyant son visage et en souriant :

— Vous voyez bien au contraire que la terre m'attire.

Tout le monde se réjouit de cette réponse et de l'interprétation que le roi donnait à cet incident.

Alors, on ne s'occupa plus que de décharger les navires et d'amener à terre les chevaux et les équipemens.

Puis le roi, après avoir fait maréchaux Godefroy de Harcourt et le comte de Warwich, après avoir fait connétable le comte d'Arundel, ordonna au comte de Hostidonne de demeurer sur son navire avec cent hommes d'armes et quatre cents archers.

Après quoi on entra en délibération afin de savoir de quelle façon l'armée parcourrait le pays.

Il fut décidé que les deux nouveaux maréchaux et le connétable ordonneraient leurs gens en trois batailles, dont l'une suivrait le rivage de la mer à droite et l'autre à gauche, tandis que le roi et le prince son fils iraient par terre au milieu.

Toutes les nuits les corps de bataille des maréchaux devaient se retirer au logis du roi.

Ils partirent donc ainsi qu'il avait été ordonné; le comte de Hostidonne prenant en main tous les bâtimens, petits et grands, qu'il rencontrait et les emmenant avec lui; les archers et gens de pied pillant et brûlant tout ce qu'ils trouvaient sur leur passage.

C'est ainsi qu'ils arrivèrent au port de Barfleur dont les habitans s'enfuirent à l'approche des Anglais, abandonnant une grande quantité d'or, d'argent et de joyaux.

L'armée avançait toujours, plutôt comme un incendie

que comme une armée; c'est ainsi que Cherbourg, Monbourg et Valognes furent pillées et détruites, ainsi que bien d'autres villes qu'il serait trop long de nommer.

Pendant ce temps-là, une partie de l'armée s'était embarquée et ne redescendit à terre qu'en face de la ville de Carentan, qui se rendit après un siège d'une courte durée, et sur la promesse qui lui fut faite que ses habitans auraient la vie sauve.

Quand les Anglais eurent pris possession de Carentan, voyant qu'ils ne pouvaient laisser de garnison dans la ville, ils la brûlèrent, emmenant avec eux les habitans qui s'étaient rendus, et qui se joignirent sur les vaisseaux anglais à ceux de Harfleur, qui n'avaient pas eu le temps de se sauver et que les Anglais avaient emmenés de même.

Quand le roi d'Angleterre eut envoyé ses maréchaux, le comte de Warwick et messire Rogers de Cobehen, comme nous l'avons vu tout à l'heure, il partit de la Hogue Saint-Wast, et nomma Godefroy de Harcourt chef de toute son armée; et c'était avec raison, car Godefroy de Harcourt était mieux au courant que qui que ce fût des entrées et sorties de Normandie ; puis, comme Robert d'Artois, il avait à se venger de Philippe VI, et personne ne savait aussi bien que lui par où la France pouvait être le mieux attaquée.

Il partit donc comme maréchal de la route du roi, avec cinq cents armures de fer et deux cents archers.

C'est ainsi qu'il pilla et brûla sept lieues de terrain, ramenant au camp du roi des chevaux et de magnifiques troupeaux de bœufs, dont il s'emparait, mais ne pouvant lui apporter les richesses incalculables que les soldats prenaient et qu'ils gardaient pour eux.

Godefroy de Harcourt revenait donc tous les soirs, là où il savait que le roi devait loger, et lorsqu'il demeurait deux jours sans revenir, c'est que le pays était plus riche et le pillage plus long.

Cependant le roi se dirigeait vers Saint-Lô en Cotentin, mais avant d'y arriver, il se logea sur la rivière de la Vire, attendant ceux qui suivaient le rivage de la mer, et auxquels il voulait se réunir pour continuer sa marche.

XLI

Nous voilà entrés maintenant dans cette série d'événemens et de défaites qui semblaient devoir épuiser la France et l'asservir définitivement à l'Angleterre.

Mais nous l'avons déjà dit dans un autre livre (1), à propos de la lutte incessante de ces deux puissances qui, depuis cinq siècles, combattent corps à corps, nous l'avons dit, et nous ne saurions trop le répéter : d'où vient ce flux qui depuis cinq cents ans apporte l'Angleterre chez nous, et la remporte toujours chez elle ? Ne serait-ce pas que dans l'équilibre des mondes elle représenterait la force et nous la pensée ? et que ce combat éternel, cette étreinte sans fin, ne serait rien autre chose que la lutte génésiaque de Jacob et de l'ange, qui luttèrent toute une nuit, front contre front, flanc contre flanc, genou contre genou, jusqu'à ce que vînt le jour ?

Trois fois renversé, Jacob se releva trois fois, et, resté debout enfin, devint le père des douze tribus qui peuplèrent Israël et fondèrent sur le monde.

Autrefois, aux deux côtés de la Méditerranée, existaient deux peuples personnifiés par deux villes, qui se regardaient comme des deux côtés de l'Océan se regardent la France et l'Angleterre. Ces deux villes étaient Rome et Carthage; aux yeux du monde, à cette époque, elles ne représentaient que deux idées matérielles : l'une le commerce, l'autre l'agriculture, l'une la charrue, l'autre le vaisseau.

(1) Le Véloce.

Après une lutte de deux siècles, après Trébie, Cannes et Trasimène, ces Crécy, ces Poitiers, ces Waterloo de Rome, Carthage fut anéantie à Zama, et la charrue passa sur la ville de Didon, et le sel fut semé dans les sillons qu'avait tracés la charrue. Et les malédictions infernales furent suspendues sur la tête de quiconque essaierait de rééditier ce qui venait d'être détruit.

Pourquoi fut-ce Carthage qui succomba et non point Rome ? est-ce parce que Scipion fut plus grand qu'Annibal ? Non, comme à Waterloo, le vainqueur disparut tout entier dans l'ombre du vaincu.

Non, c'est que la pensée était avec Rome, c'est qu'elle portait dans ses flancs féconds la parole du Christ, c'est-à-dire la civilisation du monde. C'est qu'elle était comme phare aussi nécessaire aux siècles écoulés que l'est la France aux siècles futurs.

Voilà pourquoi la France s'est relevée des champs de batailles de Crécy, d'Azincourt, de Poitiers et de Waterloo.

Voilà pourquoi la France n'a pas été engoutie à Aboukir et à Trafalgar.

C'est que la France catholique c'est Rome, c'est que l'Angleterre protestante n'est que Carthage. L'Angleterre peut disparaître de la surface du monde, et la moitié du monde sur laquelle elle pèse battra des mains.

Que la lumière qui brille aux mains de la France, tantôt torche, tantôt flambeau, s'éteigne, et le monde tout entier poussera dans les ténèbres un grand cri d'agonie et de désespoir.

Maintenant, et en attendant les résultats de l'avenir, reprenons le récit des événemens passés.

Quand le roi de France apprit de quelle façon les Anglais pillaient et brûlaient son beau pays de Normandie, et comment Édouard était arrivé jusqu'en Cotentin, il jura que les Anglais ne s'en retourneraient pas sans avoir été combattus et sans avoir chèrement payé les ennuis qu'ils lui causaient.

Il écrivit donc sans délai à tous ceux qu'il pouvait appeler à son aide. C'est ainsi qu'il s'adressa au roi de Bohême qu'il aimait fort et dont il était fort aimé, et à messire Charles de Bohême son fils, qui s'appelait déjà roi d'Allemagne, et qui avait enchargé ses armoiries des armes de l'empire.

Le roi de France les pria aussi instamment qu'il le pouvait faire de venir se joindre à lui pour marcher contre les Anglais qui dévastaient son pays.

Les deux premiers arrivèrent, eux et les gens d'armes qu'ils avaient rassemblés.

Ensuite arrivèrent au secours du roi le comte de Saume, le comte de Flandre, le comte Guillaume de Namur et messire Jean de Hainaut, dont Louis de Blois avait épousé la fille.

Mais pendant qu'il faisait ces mandemens et que ceux qui voulaient le secourir levaient leur armée, Édouard continuait sa conquête dans tout le pays de Cotentin et de Normandie.

Or le roi Édouard chevauchait à petites journées, car le pays était si riche qu'il eût eu regret de laisser quelque chose derrière, si bien que tout en avançant peu il prenait beaucoup.

L'ébahissement et l'effroi de ceux du pays était chose curieuse à voir, car ils n'avaient jamais su jusqu'alors ce que voulaient dire les mots de guerre et de bataille, et ils n'avaient garde de se défendre, et se sauvaient abandonnant aux ennemis leurs granges toutes pleines.

C'est ainsi que Saint-Lô, qui avait huit ou neuf mille habitans, fut prise et pillée.

« Il n'est homme vivant, dit Froissard, qui pût croire ni penser le grand avoir qui là fut gagné par les Anglais et la grand'foison de draps qu'ils y trouvèrent. »

Malheureusement ils ne savaient à qui les vendre, si bien que toutes ces richesses étaient perdues pour les uns sans profiter aux autres.

Cependant Édouard approchait de la ville de Caen qui n'était pas disposée à se rendre comme les autres.

Outre qu'elle était gardée par un preux et hardi chevalier de Normandie, nommé messire Robert de Varigny, on se rappelle que le roi de France avait envoyé pour la défendre les comtes de Ghines et de Tancarville.

Caen était à cette époque une des grandes villes de France; riche de commerce et de marchandises, pleine de nobles dames et de belles églises.

Il y avait surtout deux grosses abbayes de l'ordre de saint Benoît, l'une d'hommes, l'autre de femmes, et occupant chacune un des bouts de la ville.

Le château, avec sa garnison de trois mille Génois, était un des beaux et forts châteaux de Normandie.

Enfin, la ville était digne en tous points d'exciter la convoitise d'Édouard, qui avait dédaigné Coutances pour elle.

Le roi d'Angleterre se logea à deux petites lieues de Caen, ce que voyant le connétable de France et les autres seigneurs qui y étaient rassemblés, ils se réunirent après s'être préalablement armés, et tous les bourgeois de la ville, afin de savoir comment ils se maintiendraient.

Le résultat de la délibération fut que nul ne quittât la ville, et que seigneurs et bourgeois, nobles et manans, garderaient les portes, le pont et la rivière, qui était d'un côté l'unique rempart de la ville.

Mais ceux de la ville étaient impatiens de combattre; ils répondirent que non-seulement ils n'attendraient pas les ennemis, mais qu'encore ils iraient au-devant d'eux.

— La volonté de Dieu soit faite! s'écria le connétable, et je vous jure que vous ne combattrez point sans moi et sans mes gens.

Ils sortirent donc de la ville en assez bonne ordonnance et tous prêts à mettre leur vie en aventure.

C'est ici qu'il faut vraiment croire à la fatalité, et que Dieu semble retirer son regard de ceux qu'il avait exaltés un instant.

En effet, à peine tous ces bourgeois, qui étaient si résolus quelques instans auparavant, eurent-ils vu s'approcher lentement l'armée anglaise, que leur courage s'évanouit.

Ces bataillons plus pressés que les épis, et qui marchaient bannières et pennons développés, semblaient une de ces marées vivantes auxquelles rien ne peut résister.

Quand ceux de Caen virent ces archers impassibles s'approcher d'eux comme une muraille d'airain, ils furent si effrayés qu'ils s'enfuirent; et qu'eût-on mis derrière eux pour les retenir le double des ennemis, on ne l'eût pu faire.

Chacun rentra dans la ville, que le connétable le voulût ou non; mais comme ils voulaient tous entrer les premiers, il y en eut un grand nombre jetés à terre et tués à la porte de la ville.

Voyant cela, le connétable de France, le comte de Tancarville, et d'autres chevaliers encore, se mirent à l'abri à l'entrée du pont, car ils avaient compris tout de suite, en voyant fuir leurs gens, qu'il n'y avait plus rien à espérer. En effet, les Anglais étaient déjà entrés, et tuaient sans merci tous ceux qui se trouvaient sur leur passage.

Beaucoup se sauvèrent au château, où les recueillit messire Robert de Varigny, et bien leur en prit, car le château était riche et bien défendu.

Cependant il advint que le connétable de France et le comte de Tancarville voyaient de la porte où ils étaient cachés le massacre de leurs compagnons qu'ils ne pouvaient défendre. Les Anglais avançaient avec une telle rapidité que le connétable et le comte pressentirent qu'il allait leur en arriver autant.

— Je suis curieux de voir, disait le comte de Tancarville en riant, comment Dieu va s'y prendre pour nous tirer de là.

— Tout ce que je sais, répondit le connétable, c'est qu'ils n'auront pas marché de nous comme de toute cette canaille que nous avons vue se sauver tout à l'heure.

— En tout cas, répondit le comte, comme nous ne savons pas ce qui va arriver, donnons-nous la main, messire, et si l'un de nous deux en réchappe, qu'il puisse dire qu'il a vu mourir l'autre vaillamment.

Les deux hommes s'embrassèrent et attendirent. Quelques instans après, le comte de Tancarville considérait attentivement quelques chevaliers qui venaient de son côté, et, comme le soleil était ardent et l'empêchait de voir, il posa la main au-dessus de ses yeux, de manière à faire ombre et à distinguer plus sûrement.

— Que considérez-vous donc ainsi? demanda le connétable en s'adressant au sire de Tancarville.

— Je regarde, reprit celui-ci, le moyen que Dieu emploie pour nous sauver, et que vous étiez si curieux de connaître tout à l'heure.

— Que voulez-vous dire?

— Je veux dire que, ou je me trompe fort, ou nous verrons d'autres batailles que celle-ci, car voici venir à nous une de mes anciennes connaissances qui ne sera pas plus fâchée de me rencontrer que je ne suis fâché de le voir en ce moment.

Pendant ce temps, la petite troupe dont nous avons parlé tout à l'heure s'était avancée de plus en plus, il était même facile de distinguer les visages de ceux qui la composaient.

Alors le comte abaissa sa main en disant au connétable:

— C'est bien lui!

— Qui, lui? demanda le sire de Ghines.

— Vous voyez bien cet homme qui marche devant les six autres?

— Oui, celui qui n'a qu'un œil?

— Justement.

— Eh bien!

— C'est messire Thomas de Holland.

— Et qu'est-ce que ce messire Thomas de Holland?

— Autrefois ce n'était qu'un compagnon, mais aujourd'hui c'est un ami.

Et comme celui que le comte de Tancarville venait de désigner se trouvait à portée de sa voix, le comte lui cria:

— C'est bien vous, messire Thomas?

— Oui, répondit le chevalier.

— C'est bien vous qui avez voyagé autrefois en Espagne et en Prusse?

— Moi-même.

— Vous souvient-il d'un comte de Tancarville qui vous y vit et vous y accompagna?

— C'était un brave chevalier, reprit messire Thomas, et dont j'ai gardé bonne mémoire. Qu'est-il devenu?

— C'est lui qui vous parle, et qui en échange de la bonne compagnie que vous lui avez faite, et du bon souvenir que vous avez gardé de lui, veut vous faire faire aujourd'hui une bonne affaire.

— Parlez, messire, reprit Thomas de Holland. Mais je vous préviens que je désire plus que vous être agréable que faire une affaire, si bonne qu'elle soit.

— Eh bien! messire, vous aurez la satisfaction des deux choses, car voici le comte de Ghines, qui, du jour où il sera votre prisonnier, vaudra bien cinquante mille moutons d'or, et qui va se rendre à vous ainsi que moi, mais à une condition, c'est que vous allez retourner en arrière et faire cesser l'horrible massacre qui s'y fait.

— L'heureuse aventure, s'écria messire Thomas, cent mille moutons d'or et le plaisir d'obliger deux braves chevaliers ne se trouvent pas tous les jours. Attendez-moi un instant, messeigneurs, car je veux que vous ne teniez votre parole que quand j'aurai tenu la mienne.

Et en disant cela, messire Thomas retourna dans les rues, et, annonçant la capture qu'il venait de faire, il apaisa le carnage. Quand il revint, les deux comtes et vingt-cinq chevaliers se rendirent à lui.

XLII

Grâce à la capitulation que nous venons de raconter, le sire de Holland, avec plusieurs chevaliers d'Angleterre, entrèrent dans la ville et trouvèrent mainte belle bourgeoise et mainte dame de cloître à violer ; mais cependant ils ne prirent pas possession de la ville sans qu'il leur en coûtât quelque chose ; en effet, les habitans, montés sur les toits des maisons, se défendaient toujours comme s'ils n'eussent pas reconnu la reddition faite par les deux comtes.

Ils jetaient des pierres, des bancs et des meubles sur les ennemis, et en tuèrent plus de cinq cents, ce dont le roi d'Angleterre fut si courroucé, quand il l'apprit le soir, qu'il ordonna que le lendemain la ville fût brûlée et que les habitans fussent passés au fil de l'épée.

Mais messire Godefroy, qui semblait se souvenir de temps en temps qu'il était Français, dit au roi :

— Cher sire, veuillez calmer un peu votre colère, vous avez encore beaucoup de chemin à parcourir avant d'être à Calais où vous voulez aller. Il y a encore dans cette ville beaucoup d'habitans qui se défendront dans leurs maisons comme ils se sont défendus aujourd'hui, et vous perdrez beaucoup de gens avant d'en avoir eu raison. Conservez donc ces hommes qui vous seront si utiles dans un mois, car il est impossible que le roi de France, en voyant comme vous ravagez son pays, ne vienne pas vous combattre. Quant à moi, ajouta Godefroy, je me fais fort de vous faire seigneur et et maître de cette ville, sans qu'il soit versé une goutte de sang.

Messire Godefroy, ajouta Edouard qui comprit tout de suite la vérité de ce que lui disait le comte, vous êtes notre maréchal. Faites donc comme il vous plaira, car cette fois surtout je ne me veux mêler en rien de ce que vous ferez.

Alors messire Godefroy de Harcourt fit promener sa bannière de rue en rue, et commanda de par le roi que nul ne fût assez hardi pour mettre le feu, tuer homme ou violer femme.

Quand ceux de Caen entendirent cette défense, ils commencèrent à se tranquilliser et reçurent même quelques-uns des Anglais dans leurs maisons. Quelques-uns même ouvrirent leurs coffres et leurs écrins, abandonnant tout ce qu'ils avaient sur la promesse qu'ils auraient la vie sauve.

« Cependant, ajoute Froissard, notre guide éternel dans le dédale de cette époque, « nonobstant ce et le ban du roi et du maréchal, il y eut dedans la ville de Caen moult (beaucoup) de vilains meurtres et pillemens, de roberies (vols), d'arsures (incendies) et de larcins faicts ; car il ne peut être que en un tel ost (armée) que le roi d'Angleterre menait, il n'y ait des vilains garçons et des malfaiteurs assez et gens de petite conscience. »

Les Anglais, maîtres de la ville, y séjournèrent trois jours pendant lesquels ils gagnèrent et reconquirent tant de richesses que ce serait merveille à dire.

Pendant ce temps ils dressèrent leur plan et ordonnèrent leur besogne, après avoir envoyé dans les bateaux à Austreham, où se trouvaient leurs grands vaisseaux, les draps, joyaux, vaisselle d'or et d'argent, et toutes les choses enfin dont ils s'étaient emparés.

Puis, pour plus de sûreté, ils décidèrent que le navire qui renfermait le butin et les prisonniers serait envoyé en Angleterre. En conséquence, le comte de Hostidonne, auquel on donna deux cents hommes d'armes et quatre cents archers, fut nommé commandant du navire.

Parmi les prisonniers se trouvaient messire de Ghines et messire de Tancarville, que le roi avait achetés à messire Thomas de Holland, et qu'il lui avait payé vingt mille nobles à la rose.

Le vaisseau partit donc, emmenant plus de soixante chevaliers, plus de trois cents riches bourgeois, « et, continue le chroniqueur, grand'foison de saluts et d'amitiés de la part du roi à sa femme, la gentille reine d'Angleterre, madame Philippe. »

Pendant ce temps, le pape s'était mêlé des affaires des deux rois ; en effet, les légats du saint-père avaient entamé une négociation de paix, et, au nom de Philippe de Valois, ils avaient proposé à Edouard le duché d'Aquitaine, que celui-ci eût possédé comme l'avait possédé son père. Mais Edouard, obéissant à la destinée providentielle qui le poussait, rejeta toute proposition, et continua de s'avancer, portant partout le fer et le feu.

C'est ainsi qu'il arriva à Louviers, dont il s'empara aisément, car la ville n'était même pas fermée.

La ville pillée, ils entrèrent dans la comté d'Evreux, qu'ils brûlèrent toute à l'exception des forteresses, et le roi, continuant à suivre le conseil de Godefroy de Harcourt, n'assaillit ni ville fermée ni château fort afin de conserver ses gens et son artillerie.

En approchant de Rouen, le roi et toute son armée s'embarquèrent sur la Seine, mais ils se dirigèrent sur Vernon et non sur Rouen, qui regorgeait de gens d'armes, dont le capitaine était le sire de Harcourt, frère de messire Godefroy.

Après avoir brûlé Verneuil et tout le pays qui avoisinait Rouen, Edouard arriva à Pont-de-l'Arche où le roi de France vint le joindre et lui présenter la bataille. Mais le roi d'Angleterre la refusa, en ajoutant qu'ayant un vœu à accomplir il ne l'accepterait que devant Paris.

Philippe rentre alors dans sa capitale, se loge en l'abbaye de Saint-Germain-des-Prés, et attend.

Si nous insistons sur les détails de cette expédition, c'est qu'il nous semble qu'il y a pour le lecteur comme pour nous un intérêt réel à suivre l'envahissement de cette conquête étrange.

En effet, une invasion semblable serait si impossible aujourd'hui, qu'il nous faut l'unanimité des chroniqueurs pour croire à celle de 1346.

On dirait que le regard de Dieu s'est retiré de la France et qu'il abandonne tout à fait ce pays et son roi.

Quand on suit Philippe VI dans toute cette campagne, on est étonné de ces hésitations perpétuelles, qui vont se terminer à Crécy par cette brusque détermination qui va lui faire perdre la bataille. A peine si les Anglais trouvent sur leur passage une lutte d'un instant. Le plus souvent la trahison vient au-devant d'eux ; ils avancent comme si le Seigneur lui-même avait tracé la route, et comme s'ils étaient plutôt les instrumens de sa colère que de l'ambition de leur roi.

Ainsi Edouard, en quittant Pont-de-l'Arche, arrive à Mantes, traverse Meulan, brûle Mureaux et s'arrête devant Poissy, le septième jour du mois d'août de l'année 1346.

Mais, à Poissy, le pont était défait, et le roi de France poursuivrait Edouard de l'autre côté du fleuve, si bien qu'en plusieurs endroits l'armée de l'un pouvait voir l'armée de l'autre.

Le roi d'Angleterre demeura six jours à Poissy et son fils à Saint-Germain-en-Laye. Pendant ce temps des soldats anglais brûlaient les villes environnantes jusqu'à Saint-Cloud, tellement que ceux de Paris pouvaient en voir les feux et les fumées.

Cependant Rueil fut épargnée, et le chroniqueur dit qu'elle le dut à un miracle de monseigneur saint Denis.

Mais ce qui était un grand déshonneur pour la France, et ce qui prouvait la trahison, c'est que le roi d'Angleterre et son fils habitaient justement les lieux dont les rois de France et Philippe VI avaient fait jusque là leurs résidences préférées.

Pas un noble de France ne tenta de chasser Édouard, qui pendant six jours habita les propres maisons, coucha dans le lit et but le vin de son royal adversaire.

Mais ce qu'il y avait de plus curieux encore, c'est que les nobles faisaient effondrer les bateaux et rompre les ponts partout où avait passé le roi d'Angleterre.

Cependant, Philippe avait quitté Saint-Germain-des-Prés, et, la veille de l'Assomption, il s'était rendu à Saint-Denis.

Quand il fut là, un homme s'approcha de lui, disant qu'il avait des nouvelles à lui donner de l'ennemi ; cet homme était un paysan des environs de Poissy.

— Sire, le roi Édouard d'Angleterre est devant la ville de Poissy, dit-il.

— Je le sais, répondit Philippe.

— Mais ce que vous ne savez peut-être pas, sire, répondit cet homme, c'est qu'il fait refaire à la hâte le pont qui a été détruit.

— Et qui vous a dit cela ? demanda le roi.

— Je l'ai vu, sire.

— Cet homme ment ou il est fou, s'écrièrent ceux qui approchaient de Philippe, à moins que ce ne soit un espion du roi Édouard.

— Je jure, s'écria le paysan en étendant la main, que ce que j'ai dit est vrai, et je demande à mourir si j'ai menti.

Alors fut prouvée cette parole de l'Évangile :

« Le pauvre a parlé, et on lui a dit : Qui es-tu ? Et on s'est moqué de lui.

» Le riche a parlé à son tour, et chacun s'est tu par respect et nul n'a douté. »

Ce que venait de dire cet homme était vrai, et comme celui de l'Écriture, il fut raillé par ceux qui l'avaient entendu.

Cependant, ce qu'était venu annoncer le paysan se confirma, et le roi envoya au pont de Poissy la commune d'Amiens, pour empêcher le travail des Anglais. Mais ce fut en vain. Le vendredi, le lendemain de l'Assomption, le roi d'Angleterre, après avoir mis le feu à l'hôtel du roi, à Poissy, traversa le pont qu'il avait fait reconstruire, armes découvertes et bannières déployées.

Il marcha ainsi jusqu'à Saint-Germain. Arrivé là, il campa sur une hauteur d'où l'on découvrait Paris, et, réunissant autour de lui les principaux chevaliers de son armée :

— Messieurs, leur dit-il alors en leur montrant les clochers de Saint-Denis, que le soleil éclairait en ce moment, et dont les arêtes blanches se découpaient en vigueur sur l'horizon ; messieurs, j'ai fait autrefois le vœu de camper en vue des clochers de Saint-Denis ; vous pourrez dire à votre retour en Angleterre que le roi a accompli le vœu qu'il avait fait.

Tous renouvelèrent leur serment de fidélité à Édouard, et celui-ci, resté seul, laissa sa pensée se reporter sur ceux qui avaient fait des vœux en même temps que lui.

« Mon Dieu ! dit-il, avez-vous donc mal reçu tous ces vœux, que vous avez puni ceux qui les ont faits. Pas un de ceux qui étaient à ma table ce jour-là n'est auprès de moi aujourd'hui. L'exil, la douleur ou la guerre les ont pris.

» Mon pauvre Guillaume de Montaigu a été tué par Douglas.

» Gautier de Mauny risque tous les jours sa vie pour moi, et qui sait s'il n'est pas déjà mort.

» Robert d'Artois a expiré dans mes bras.

» Jean de Hainaut m'a abandonné pour le roi de France.

» Salisbury a disparu, Alix est morte.

» Seule, la reine d'Angleterre a accompli heureusement son vœu, le seul qui m'ait fait tressaillir au milieu de tous les autres.

» Puissiez-vous le garder de tout malheur, ô mon Dieu ! et jeter sur moi seul vos malédictions et vos colères !

» Puissiez-vous, au jour du jugement suprême, me pardonner tout le sang et toutes les larmes que j'aurai fait répandre pour l'accomplissement d'un vœu qui n'était que la vengeance d'un homme ! »

XLIII

Pendant ce temps-là, le roi Philippe VI commençait à s'inquiéter sérieusement du voisinage d'Édouard. Il quitta de nouveau Paris, où il était revenu sur la nouvelle de la retraite du roi d'Angleterre.

En conséquence, il fit dire à Jean de Bohême, au duc de Lorraine, à Jean de Hainaut, au comte de Flandre, au comte de Blois, à toute sa baronnie et chevalerie, de l'attendre à Saint-Denis, d'où il partirait avec eux, afin de poursuivre le roi d'Angleterre.

Alors, pour chevaucher plus librement, il fit abattre tous les appuis extérieurs des maisons, et les gens de Paris furent si effrayés du départ du roi, qu'ils vinrent au-devant de lui dans les rues, et se jetant à ses genoux, lui dirent :

— Ah ! cher sire et noble roi, qu'allez-vous faire ? voulez-vous abandonner notre ville de Paris ? Songez que les ennemis sont à deux lieues d'ici, et que, vous absent, s'ils viennent jusqu'en cette ville, nous n'aurons personne qui nous défende. Restez donc, sire, et nous aidez à garder votre bonne cité.

— Bonnes gens, répondit le roi, ne craignez rien, je vais jusqu'à Saint-Denis rejoindre mes gens d'armes, afin de marcher contre les Anglais. Quant à l'ennemi, soyez tranquilles, il ne viendra pas jusqu'à vous.

Pendant ce temps, le roi d'Angleterre, comme s'il n'eût eu en vue que l'accomplissement de son vœu, et une fois ce vœu accompli n'eût plus songé qu'à retourner en arrière, il cessa de marcher sur Paris, et laissant messire Godefroy de Harcourt former l'avant-garde de son armée avec cinq cents hommes et douze cents archers, il chevaucha d'autre part et s'acheminait vers la Picardie.

Or, il arriva que messire Godefroy rencontra une grande quantité de bourgeois d'Amiens à pied et à cheval, qui se rendaient au mandement du roi Philippe, ils étaient tous bien armés, et de plus commandés par quatre vaillans capitaines du pays d'Amiens.

Les Anglais les assaillirent, et la lutte fut longue, mais, comme toujours, les Anglais furent vainqueurs et restèrent maîtres du champ de bataille, où gisaient douze cents cadavres, tant Anglais que Français.

De son côté, le roi était entré dans le pays de Beauvoisis, et il était venu se loger à la belle et riche abbaye de Saint-Lucien, près de Beauvais.

Il y logea une nuit, et lorsque le lendemain il se remit en marche, à peine avait-il fait mille pas qu'il lui sembla qu'un grand incendie venait d'éclater derrière lui ; il se retourna et vit l'abbaye tout en flammes.

Alors il revint sur ses pas, et comme il avait défendu, sous peine du gibet, que nul ne violât églises ou abbayes, il fit arrêter ceux de ses gens qui avaient mis le feu à celle de Saint-Lucien.

Puis, comme il avait hâte de donner un exemple de sa justice, comme il ne voulait pas dans l'accomplissement de son vœu un seul sacrilège fût commis qui pût en détruire l'effet, il fit apporter des cordes, et fit mander un moine de l'abbaye incendiée.

— Mon père, lui dit-il, vingt-deux hommes vont mourir qui ont besoin de votre ministère ; ils vont mourir pour avoir violé l'asile de la maison de Dieu. C'est ainsi que mourront tous ceux que je trouverai offensant le Seigneur sur mon passage.

Le roi s'éloigna, laissant les coupables entre leur confesseur et leur bourreau.

Une heure après, l'abbaye entière était en flammes, et

vingt-deux cadavres pendus aux arbres découpaient leurs silhouettes noires sur l'horizon enflammé.

L'armée du roi d'Angleterre prit silencieusement sa route, et le soir même le roi d'Angleterre s'en vint loger dans un bourg du Beauvoisis, du nom de Melly, après être passé à côté de la cité de Beauvais qu'il n'avait pas voulu assaillir, ne voulant pas fatiguer ses gens sans raison.

Mais ce n'était pas là l'affaire des maréchaux de l'armée d'Édouard. Ils ne purent résister au désir d'aller escarmoucher un peu avec ceux des faubourgs de Beauvais. Ils revinrent donc sur leurs pas et assaillirent les barrières de la ville. Mais la ville était bien gardée, et les assaillans furent forcés de se contenter de l'incendie, après quoi ils revinrent trouver le roi là où il était logé.

Toujours brûlant et pillant, l'armée reprit sa course, et après s'être arrêtée une nuit dans le village de Grandvilliers, elle s'empara du château d'Arjis qui n'était défendu par personne, et qui ne fut bientôt plus qu'un amas de cendres.

Il y avait dans les environs le château de Poix, qui devait être d'une bonne prise, car le seigneur de Poix était réputé pour un seigneur très riche.

Quand le roi arriva au château de Poix, les Anglais s'en étaient déjà emparés; mais, contre leur habitude, ils ne l'avaient pas encore incendié. Au moment où il franchissait la porte du château, messire Jean Chandos et le duc de Bassel, deux braves chevaliers de son armée, se présentèrent, amenant au roi deux belles jeunes filles tout en larmes.

— Sire, dit messire Jean Chandos, le château n'était occupé que par ces deux damoiselles que nous avons faites prisonnières, non pas pour exiger une rançon, mais pour sauvegarder leur honneur.

— C'est bien, messire, répondit le roi, vous avez agi comme deux nobles et courtois et chevaliers.

Puis s'adressant à l'une des deux belles éplorées:

— Mon enfant, lui dit-il, qui êtes-vous, vous et votre compagne?

— Monseigneur, dit la jeune fille d'une voix émue, ma compagne est ma sœur, et le sire de Poix est notre père.

— Et le sire de Poix n'est pas à son château?

— Non, sire.

— Eh bien! nous ne faisons pas la guerre aux femmes, et nous protégeons même ceux que les femmes aiment et protégent. Dites ce que vous désirez, et ce que vous désirez sera fait.

Alors elles tombèrent toutes deux aux genoux du roi, et lui demandèrent à aller rejoindre leur père qui était à Corbie.

En conséquence, le roi les fit escorter jusqu'à l'endroit où se trouvait leur père.

— Vous tenez, sans doute, dit Édouard à messire Jean Chandos et au sire de Bassel, à remettre vos prisonnières en lieu de sûreté. Accompagnez-les donc et veillez bien sur elles.

Quand les deux chevaliers revinrent à l'armée, le roi remarqua en souriant qu'ils étaient plus rêveurs et plus soucieux qu'il ne les avait vus jusqu'alors.

Pendant ce temps ceux de la ville de Poix, qui avaient eu connaissance de la générosité d'Édouard envers les deux filles de leur seigneur, espérèrent trouver la même générosité pour eux chez les maréchaux de l'armée anglaise.

Ils leur firent donc proposer une somme considérable s'ils voulaient ne rien prendre et ne rien brûler.

Cette somme devait être payée immédiatement après le départ du roi.

La proposition fut acceptée. Ordre fut donné, sous peine de mort, de respecter la ville et les châteaux, et le lendemain, lorsque le roi partit, quelques-uns des chevaliers restèrent pour recevoir l'argent qu'on leur devait délivrer.

Cependant l'heure fixée était écoulée depuis longtemps, et les chevaliers ne voyaient rien venir.

Ils s'acheminèrent alors vers le château de Poix pour réclamer la rançon promise, mais au lieu de rançon ils trouvèrent des gens bien armés qui, après leur avoir signifié qu'ils ne paieraient rien, se mirent à leur courir sus.

Les Anglais voyant qu'ils étaient joués, envoyèrent deux des leurs demander du secours à l'armée, et se préparèrent à combattre jusqu'à ce que ce secours leur arrivât.

Ceux de Poix étaient en nombre, mais les Anglais leur donnèrent tant de besogne, que lorsque messire Regnault de Cobehen et messire Thomas de Holland, qui conduisaient l'arrière-garde, arrivèrent à leur secours, ils combattaient encore et n'avaient pas perdu un homme.

— Trahis! trahis! criaient les Anglais, et, secondés par le renfort qui leur arrivait, ils brûlèrent la ville, tuèrent presque tous les habitans et jetèrent à bas les deux châteaux.

Puis ils rejoignirent le roi qui était venu à Airaines, et qui, voulant y loger un jour ou deux, avait défendu qu'on causât aucun dommage à la ville.

Le roi Édouard s'occupa immédiatement de trouver un passage sur la Somme, et à cet effet, il envoya le comte de Warwick et messire Godefroy de Harcourt avec mille hommes d'armes et deux mille archers, « pour qu'ils s'en allassent, dit Froissard, tâtant et regardant le long de la rivière de Somme s'ils pourraient trouver passage où ils pourraient passer sauvement. »

Les deux maréchaux que nous venons de nommer se mirent en route et trouvèrent un pont, mais ce pont était si bien gardé, que malgré un grand assaut qu'ils eurent contre les Français, ils ne purent s'en emparer et n'eurent que le temps de se porter d'un autre côté.

Ils arrivèrent alors à Long en Ponthieu, où il y avait encore un pont; mais il était si bien défendu qu'ils se mirent en quête d'un autre qu'ils trouvèrent à Pecquigny, mais qui était encore mieux gardé que les deux autres, si bien que les deux maréchaux vinrent trouver leur roi, en lui disant ce qui était, c'est-à-dire que Philippe VI avait fait pourvoir et garnir les passages sur la rivière de Somme, afin qu'Édouard et son armée ne pussent passer, et que lui, Philippe, pût les combattre à sa volonté ou les affamer s'il aimait mieux.

XLIV.

Pendant ce temps, Philippe VI avait cessé ses hésitations, et, désireux de combattre Édouard, s'était mis franchement à sa poursuite. Il avait donc quitté Saint-Denis, et, marchant à grandes journées, il était arrivé à Amiens pendant qu'Édouard était encore à Airaines.

Le soir même du jour où le comte de Warwick et Godefroy de Harcourt étaient venus apporter au roi la réponse que nous avons dite tout à l'heure, des hommes furent pris et reconnus pour être des espions du roi de France.

Un seul de ces hommes nia être espion du roi de France. Le hasard seul, disait-il, l'avait fait trouver avec les autres. Il assurait même que, loin de vouloir servir Philippe, il eût voulu servir Édouard d'Angleterre. C'était un mode de défense si connu, que personne n'y prit garde, et que tous furent d'avis qu'il fallait pendre le prisonnier, et celui-là avant tous les autres. Alors cet homme se tut, et le roi, après l'avoir attentivement examiné, se contenta de garder les prisonniers jusqu'à nouvel ordre; puis, avant que le camp français pût être informé de sa position, il donna l'ordre du départ, qui devait avoir lieu le lendemain matin même.

En effet, au soleil levant, le roi entendit la messe, les

trompettes sonnèrent, et les Anglais partirent, emmenant les prisonniers les mains liées derrière le dos, et attachés par des cordes à la selle des chevaux.

Les Anglais arrivèrent ainsi près d'Abbeville, où il y avait un gué qu'Édouard ignorait encore, mais que connaissait Philippe, et qu'il avait confié à la garde de six mille hommes sous le commandement de messire Godemart du Fay.

Mais Godemart du Fay recruta sur son passage tous ceux qui voulurent l'accompagner, et sa troupe s'augmenta de six mille hommes encore.

Philippe, sûr alors qu'Édouard ne traverserait pas la Somme et ne pourrait lui échapper, quitta Amiens et marcha sur Airaines, où il croyait que son royal adversaire se trouvait encore. Mais, comme nous l'avons vu, les Anglais étaient partis dès le matin, et les Français, qui trouvèrent encore les tables mises, ne trouvèrent plus les convives, qui étaient déjà loin.

En effet, Édouard savait que le roi de France le suivait avec acharnement, mais, comme s'il eût voulu épuiser les forces de son ennemi par ces poursuites continuelles, il fuyait toujours devant lui, et ne voulait point livrer la bataille.

Il resta donc en la ville d'Oisemont à attendre que ses deux maréchaux, qu'il avait de nouveau envoyés à la recherche d'un passage, fussent revenus. Ils revinrent le soir ; ils s'étaient battus vaillamment, mais ils n'avaient rien trouvé.

Alors le roi fit appeler les prisonniers et leur dit :

— Y a-t-il parmi vous un homme qui connaisse le passage qui doit être près d'Abbeville, et par où nous et notre armée nous puissions passer sans danger? S'il en est un de vous qui le sache, qu'il le dise, et il sera libre.

Tous ces hommes gardèrent le silence.

— Sire, dit alors Godefroy de Harcourt en se penchant à l'oreille du roi, je connais les Français, et aucun de ces hommes, pour avoir seul la vie sauve, ne vous dira ce que vous leur demandez. Promettez-leur à tous la liberté, et peut-être l'un d'eux consentira-t-il, pour sauver ses camarades, à vous indiquer ce passage.

— C'est bien, dit Édouard. Et se retournant vers les prisonniers : Ce n'est plus la liberté d'un seul, dit-il, c'est la liberté de tous que je promets; plus, cent écus nobles si l'un de vous m'indique ce passage.

Alors un de ces hommes s'approcha du roi et lui dit :

— Sire, aucun de mes compagnons, qui sont tous Français, ne voudrait trahir son pays; mais moi, moi, dit-il, j'étais sujet d'Olivier de Clisson, qui est mort pour vous avoir reconnu pour son vrai roi; c'est donc à moi de me dévouer pour les autres, car le roi de France n'est pas mon roi.

— Et cependant, fit Édouard, vous espionniez notre armée pour le compte du roi de France lorsque vous avez été arrêté.

— Sire, lorsque j'ai été arrêté, j'ai déjà dit que je n'étais pas un espion; aujourd'hui je le répète. J'ai dit en outre que j'eusse voulu vous servir. Aujourd'hui, j'en ai l'occasion, et je le prouve. Donnez-moi de nouveau votre parole royale que tous ces hommes seront libres, et je vous montrerai moi-même le passage que vous voulez connaître.

— Je me fie à votre parole, dit alors Édouard, convaincu par le ton sincère de cet homme, et vos compagnons sont libres dès à présent.

En même temps Édouard ordonnait qu'on déliât les cordes des prisonniers, et qu'on les laissât sortir du camp.

— Sire, dit alors Gabin-Agace, car l'histoire a conservé le nom de cet homme, nul ne connaît mieux que moi le passage de la Blanche-Tache, car je l'ai cette année même passé plus de vingt fois. Je m'engage donc, sire, sur ma tête, à vous faire passer la Somme à un endroit où vos hommes de pied n'auront de l'eau que jusqu'aux genoux, et où vos cavaliers passeront sans mouiller leurs éperons; car lorsque le flux de la mer arrive, il fait regorger la rivière, et nul ne pourrait passer; mais lorsqu'il se retire, ce qui arrive deux fois par nuit, on peut passer comme je viens de vous le dire. A l'endroit où se trouve ce gué, il y a du gravier blanc : c'est de là que lui vient le nom de Blanche-Tache.

— Et il n'y a pas d'autre passage? demanda Édouard.

— Il y a encore le pont d'Abbeville, mais il est défendu de façon que vous perdriez beaucoup de vos hommes à le vouloir franchir, et cela peut-être sans résultat.

— Mais la Blanche-Tache n'est-elle pas défendue?

— Elle l'est, sire, répondit Gabin-Agace, mais il n'y a aucun danger pour vous ni pour votre armée.

— Pourquoi?

— Parce que c'est messire Godemart du Fay qui l'occupe, et que messire Godemart du Fay n'est pas entêté en matière de lutte.

— Ainsi il se rendra?

— Il n'en viendra probablement même pas là, sire : il s'en ira tout simplement quand il vous verra arriver.

— Tout va bien, alors, fit Édouard, et si nous réussissons, comme vous nous le promettez, comptez sur ma générosité, compagnon.

— Je réponds de tout, sire, répliqua Gabin en s'inclinant, pourvu que vous soyez au gué demain quand le soleil se lèvera.

— Nous y serons.

Et le roi fit ordonner aussitôt que chacun se préparât à partir.

A minuit, les trompettes annoncèrent le départ.

Les soldats s'appareillèrent, on chargea les chars, et l'on partit.

Quand les Anglais arrivèrent au gué, il y avait encore le flux de la mer, et il fallut attendre qu'il se fût retiré.

Alors, messire Godemart du Fay, qui, comme nous l'avons dit, avait rassemblé douze mille hommes environ, se présenta et fit ranger son armée de façon à empêcher le passage de l'armée anglaise.

Alors, contre la prédiction de Gabin-Agace, un combat étrange s'engagea entre les deux armées, c'est-à-dire qu'elles combattirent dans l'eau, et que de temps en temps le courant emportait un cadavre qui rougissait de son sang l'eau transparente et éclairée des premiers rayons du soleil.

C'était un spectacle curieux à voir que ces hommes quittant le rivage et se précipitant dans l'eau pour se combattre, tandis qu'impassibles comme des dieux marins, les archers anglais tiraient aussi rapidement et sûrement que s'ils eussent été en une plaine unie.

Pendant ce temps, les Anglais passaient, protégés par ce mur vivant et impénétrable.

Cependant, il n'y avait pas de temps à perdre.

Les Français venaient à grand train, et il fallait le éviter.

Les Anglais firent un dernier effort, et les Français disparurent les uns d'un côté et les autres d'un autre, par les chemins qui menaient à Abbeville et à Saint-Riquier.

Les Anglais n'avaient pas tous quitté le rivage quand quelques écuyers des seigneurs de France, qui voulaient prendre leur revanche d'un échec qu'ils avaient subi quelques jours auparavant, arrivèrent. Ils rallumèrent la lutte prête à s'éteindre, espérant donner par ce moyen le temps au roi de France d'arriver.

Mais Gabin-Agace, qui n'avait pas quitté le roi, lui dit :

— Sire, allez au secours de vos hommes ou abandonnez-les, car le flux va revenir, et, outre qu'il sera trop tard pour passer la Somme, le roi de France, qui vient sur vous, vous aura rejoint.

C'était contre les hommes du roi de Bohême et de Jean de Hainaut que les Anglais escarmouchaient ainsi.

Édouard arriva au secours des siens, et les ennemis s'enfuirent comme des gazelles épouvantées, laissant plusieurs cadavres sur le rivage.

Les derniers Anglais passèrent.

Il était temps.

A peine le dernier avait-il touché l'autre rive que Philippe VI apparaissait là où le combat venait d'avoir lieu.

Il s'apprêtait à passer et à poursuivre les Anglais, quand les maréchaux lui dirent :
— Sire, regardez !

En effet, la mer s'emparait du fleuve, et le flux arrivait si rapide et si vaste que le bruit de ses flots éteignait les clameurs des milliers de soldats qui couvraient le rivage.

— Trop tard ! murmura Philippe ; trop tard ! Ce n'est donc pas à des hommes, mais à des démons que nous avons affaire !

Pendant ce temps, les Anglais prenaient du champ, et Édouard demandait à Gabin-Agace ce qu'il devait lui donner en échange du service qu'il lui avait rendu.

— Sire, donnez-moi un cheval, répondait cet homme, afin que je m'éloigne au plus vite, car je ne crois pas qu'il fasse bon pour moi maintenant en ce pays.

Édouard donna au paysan ce qu'il demandait, en y joignant en outre les cent nobles d'or qu'il lui avait promis; puis il se remit en route, traversa la ville de Noailles sans lui faire aucun dommage, car elle appartenait à la fille de Robert d'Artois, et alla se loger à la Braye. Il se remit en route le lendemain, et le vendredi à midi il s'arrêta à un endroit assez près de Crécy en Ponthieu, et comme si Dieu lui-même lui eût ordonné de s'arrêter en ce lieu :

— C'est là, dit-il.

Et il fit ranger son armée en trois batailles.

XLV

Édouard III arriva donc près de Crécy en Ponthieu, comme nous l'avons dit tout à l'heure, et il prit dit :

— Je suis ici sur le droit héritage de madame ma mère, qui lui fut donné en mariage, et je veux défendre contre mon adversaire Philippe de Valois ou y mourir.

Nous croyons avoir mentionné la visite qu'il avait faite la veille à la comtesse d'Aumale. Il ne s'était pas contenté de faire respecter ses terres, comme étant fille de Robert d'Artois, il lui avait juré de venger l'exil et la mort de son père.

Nous allons voir maintenant comment Édouard tint parole.

Il n'avait pas à son service le huitième des gens qu'avait Philippe, il s'agissait donc pour lui de bien organiser ses batailles.

Il s'arrêta avec toute son armée en plein champ, et, quand elle fut réunie, il envoya le comte de Warwick, Godefroy de Harcourt et Regnault de Cobehen chercher la place où elle stationnerait définitivement pour donner le combat.

En outre, des coureurs furent envoyés à Abbeville, chargés d'apprendre ce que comptait faire le roi de France, et de s'assurer qu'il ne passerait pas la Somme ce jour-là.

Les coureurs revinrent en disant qu'il n'y avait rien à craindre jusqu'au lendemain.

En conséquence, le roi donna congé à ses soldats d'aller chercher leur logis où bon leur semblerait pour la nuit, leur ordonnant d'être prêts le lendemain au matin, au premier appel des trompettes, et de se réunir à l'endroit qui avait été indiqué comme plus favorable par le comte de Warwick et Godefroy de Harcourt.

Nous allons laisser les Anglais s'établir le mieux possible, et nous allons voir ce que, pendant ce temps-là, faisait le roi Philippe VI.

Ce vendredi, qui était le 25 août 1346, Philippe resta tout le jour à Abbeville, attendant ses gens, qui arrivaient de toutes parts.

Il les faisait immédiatement sortir de la ville et se rendre en pleine campagne, afin d'être prêts plus tôt le lendemain, car son intention était bien arrêtée de quitter la ville et de combattre les Anglais, quoi qu'il en dût arriver.

Il fit à son tour ce qu'avait fait Édouard.

Il envoya deux de ses généraux, le sire de Saint-Venant et le sire de Montmorency, s'assurer des dispositions de l'armée anglaise.

Les deux généraux revinrent annonçant qu'ils avaient trouvé les Anglais logés près de Crécy, et, selon toute apparence, attendant là leurs ennemis.

— C'est bien, dit Philippe, et, s'il plaît à Dieu, nous les combattrons demain. Maintenant, messeigneurs, ajouta le roi, nous allons souper, car je veux ce soir boire, à la santé de tous ceux qui me viennent en aide.

Toute la noblesse et la chevalerie de France étaient à ce souper.

C'était le roi de Bohême, le comte d'Alençon, le comte de Blois, le comte de Flandre, le duc de Lorraine, le comte d'Auxerre, le comte de Santerre, le comte de Harcourt, messire Jean de Hainaut et beaucoup d'autres encore qu'il serait trop long de nommer.

Quand le souper toucha à sa fin, le roi se leva et dit :

— Messires, demain la France va jouer une grande partie, qu'avec l'aide des seigneurs et de votre courage elle gagnera, je l'espère. Mais il faut pour cela que vous soyez tous unis, tous amis les uns des autres, sans envie, sans haine et sans orgueil, que chacun ait sa part de la victoire si nous l'avons, et que nul ne puisse rejeter sur son voisin la défaite si elle a lieu.

Tous jurèrent alors au roi qu'ils feraient comme il le désirait, et qu'ils seraient unis comme des frères.

— Sire, dit alors le roi de Bohême à Philippe, à la droite duquel il était assis, je suis aveugle et ne pourrai voir la grande chose qui s'accomplira demain, mais je vous jure que je ne mourrai pas sans avoir donné quelques vaillans coups d'épée pour votre cause.

Les deux rois s'embrassèrent, et chacun se retira pour aller prendre un peu de repos.

Pendant que ceci se passait à Abbeville, même chose se passait au camp d'Édouard.

Les Anglais avaient trouvé le pays gras et plantureux; aussi, rois, princes et barons firent-ils bonne chère en attendant les événemens, et tous se retirèrent en excellentes dispositions.

Quand Édouard fut seul, il entra en son oratoire, se mit à genoux et resta longtemps en prière, demandant dévotement à Dieu, s'il combattait le lendemain, de le laisser sortir du combat à son honneur.

Quand le roi eut fini ses oraisons, il fit appeler le prince de Galles.

— Mon fils, lui dit-il, c'est demain, selon toute probabilité, que vous devez gagner vos éperons. Faites comme je viens de faire, priez Dieu de vous venir en aide, car toute force nous vient de lui.

Édouard embrassa son fils, qui à son tour s'agenouilla et fit ses dévotions.

Le roi s'alla coucher.

Le lendemain, il se leva de bonne heure et entendit la messe avec le prince de Galles, qui lui dit :

— Je suis prêt, mon père.

La plus grande partie des chevaliers qui accompagnaient le roi se confessèrent, et, après les messes, Édouard ordonna à tous ses gens de quitter leur logis et de venir reprendre la place qu'ils occupaient la veille.

Puis il fit faire un grand parc près d'un bois, derrière son armée. Ce parc n'avait qu'une entrée, et il enferma dedans les chars et les chevaux.

Tous les hommes d'armes et archers demeurèrent à pied.

Ensuite il procéda à l'ordonnance des batailles, ou, pour mieux dire et nous servir d'une expression plus moderne, il disposa ses corps d'armée.

Il en fit trois.

Le premier était commandé par le prince de Galles, auquel furent adjoints le comte de Warwick, le comte de Kenfort, messire Godefroy de Harcourt, messire Regnault de Cobehen, messire Thomas de Holland.

Puis venaient messire Richard de Stanfort, le sire de Manne, le sire de Haware, messire Jean Chandos, messire

Barthélemy de Brubbes, messire Robert de Neufville, messire Thomas Aiford, le sire de Bourchier, le sire Latimes, et plusieurs autres bons chevaliers et écuyers.

Ce corps d'armée pouvait se composer de huit cents hommes d'armes, de deux mille archers et de mille brigands choisis parmi les Gallois. Nous avons dit plus haut ce que c'était que les brigands.

Le second corps était commandé par le comte de Norhantonne, le comte d'Arondel, le sire de Ros, le sire de Lucq, le sire de Villebé, le sire de Basset, le sire de Saint-Aubin, messire Louis Tuetou, le sire de Multon et le sire de Lascels et autres.

Il se composait de cinq cents hommes d'armes et de douze cents archers.

Enfin, le troisième corps était commandé par le roi lui-même et une foule de chevaliers et écuyers qu'il choisit à sa convenance.

Il se composait de sept cents hommes d'armes environ et de deux mille archers.

Quand ces trois batailles furent ordonnées, quand chacun, comte, baron et chevalier, sut ce qu'il avait à faire, le roi d'Angleterre monta sur un petit palefroi, un petit bâton blanc à la main, et, accompagné de ses maréchaux qui se tenaient à sa droite, il traversa les rangs de son armée, rappelant à ses gens qu'ils avaient son droit et son honneur entre les mains.

Il disait cela d'un ton si doux et avec un si gracieux sourire, que, quelque chagrin que l'on eût, on s'en fût consolé en voyant si charmant visage et en entendant si bonnes paroles.

Quand cette admonestation fut finie, il pouvait être midi.

Édouard rentra en son armée et ordonna que tous ses gens mangeassent à leur aise et bussent un coup.

Quand ils eurent mangé et reporté leurs pots et leurs barils dans les chariots, ils s'assirent à terre, en mettant leurs armes devant eux, et ils attendirent.

De son côté, Philippe VI avait de grand matin entendu la messe en l'abbaye de Saint-Pierre, à Abbeville, avec le roi de Bohême, le comte d'Alençon, le comte de Blois, le comte de Flandre et les principaux des grands seigneurs qui étaient dans la ville.

Au soleil levant, Philippe sortit d'Abbeville, traînant à sa suite une si grande quantité d'hommes, que ce serait merveille à dire.

Quand le roi fut à deux lieues de la ville, Jean de Hainaut s'approcha de lui et lui dit :

— Sire, il serait bon que vous ordonnassiez vos batailles et que vous fissiez passer devant tous vos gens de pied, pour qu'ils ne soient pas foulés par ceux à cheval. Puis il faudrait aussi envoyer trois ou quatre de vos chevaliers, pour aviser les ennemis et voir en quel état ils sont.

— Vous avez raison, messire, dit le roi, et je vais suivre votre conseil.

En effet, il envoya quatre vaillans chevaliers, qui étaient le Moyne de Bascle, le seigneur de Noyers, le seigneur de Beaujeu et le seigneur d'Aubigny, à la reconnaissance de l'ennemi.

Ces quatre chevaliers approchèrent de si près, que les Anglais virent bien ce qu'ils venaient faire ; mais ils eurent l'air de ne pas les voir, et ils laissèrent tranquillement rejoindre leur armée, qui s'arrêta en les voyant reparaître.

Ils traversèrent la foule qui les séparait encore du roi, lequel, s'adressant à le Moyne de Bascle, lui dit :

— Eh bien! messire, quelles nouvelles?

— Sire, répondit celui qui était interrogé, nous avons vu les Anglais : ils sont rangés en trois batailles, et ne paraissent pas disposés à fuir, car ils sont tranquillement assis à terre. Si vous ne le permettez, sire, je vous donnerai un conseil.

— Parlez.

— Je crois, sauf meilleur avis, qu'il vous faudrait faire arrêter ici tous vos gens et les y faire loger tout ce jour, car, avant que les derniers rejoignent les premiers et que vous ayez ordonné vos batailles, il sera tard. Vos gens seront lassés et sans ordre, tandis que vos ennemis seront frais et sûrs de ce qu'ils doivent faire. Demain matin, vous pourrez beaucoup mieux ordonner vos batailles et voir de quel côté vous devez attaquer.

Le conseil plut au roi, qui ordonna qu'il fût fait comme le Moyne de Bascle venait de dire.

Les deux maréchaux chevauchèrent donc, l'un devant, l'autre derrière, et crièrent aux bannerets :

— Arrêtez, bannières, de par le roi et monseigneur saint Denis!

Ceux qui étaient devant s'arrêtèrent, mais ceux qui étaient derrière continuèrent à marcher, disant qu'ils ne s'arrêteraient que lorsqu'ils seraient aussi avant que les premiers.

Quand ceux qui étaient devant virent cela, ils reprirent leur marche, car chacun mettait à orgueil d'être au premier rang, si bien que la parole du vaillant chevalier ne fut point entendue.

Le roi ne put pas plus être maître de ses gens que les autres chefs, et toute cette masse se mit en mouvement sans ordre et sans obéissance.

Alors arriva ce qui devait arriver.

Quand ils eurent marché quelque temps encore, ils se trouvèrent face à face avec les ennemis, et les gens qui avaient tous voulu être au premier rang reculèrent et comprirent qu'ils auraient mieux fait de suivre la parole de le Moyne de Bascle que de faire ce qu'ils faisaient.

Mais il était trop tard.

Ils reculèrent en tel désordre, que ceux qui étaient derrière recrurent que l'on se battait au front de l'armée et qu'une partie des leurs était déjà vaincue, si bien que, ne sachant que faire, les uns allèrent au secours des premiers, les autres restèrent en place.

Les chemins qui allaient d'Abbeville à Crécy étaient couverts d'hommes ; il y en avait en effet si grande foule, que trois lieues avant d'arriver au camp anglais ils avaient déjà tiré leurs épées en criant :

— A mort! à mort!

Et ils criaient pour rien, car ils ne voyaient encore personne.

XLVI

Nul ne pourrait rendre un compte exact de ce qui se passa alors du côté des Français, tant il y eut désordre et désarroi dans l'armée du roi de France.

Quand les Anglais virent venir à eux les Français, ils se levèrent sans nul effroi et se rangèrent en leurs batailles, celle du prince de Galles devant les archers posés en manière de herse, et les gens d'armes au fond de la bataille.

Le comte de Norhantonne et le comte d'Arondel, avec leur corps d'armée, se tenaient prêts à protéger celui du prince, s'il besoin était.

« Vous devez savoir, dit Froissard, que ces seigneurs, rois, ducs, comtes, barons français, ne vinrent pas jusque-là tous ensemble, mais l'un devant, l'autre derrière, sans arroy et sans ordonnance. »

Quand le roi Philippe vint jusqu'à la place où étaient les Anglais, quand il les vit, le sang lui monta au visage, car il les haïssait fort. Il ne put donc s'abstenir de les combattre, et dit à ses maréchaux :

— Faites passer nos Génois devant, et commencez la bataille, au nom de Dieu et de monseigneur saint Denys!

Philippe avait là quinze mille arbalétriers génois environ, qui eussent autant aimé ne pas commencer le combat, car ils étaient si las d'avoir marché six lieues avec leurs armures et leurs arbalètes, qu'ils pouvaient à peine se tenir sur leurs pieds.

Ils dirent donc que, dans l'état où ils étaient, ils ne pouvaient être d'un grand secours à la bataille.

Ces paroles arrivèrent jusqu'au comte d'Alençon, qui en fut courroucé, et qui s'écria :

— Pourquoi se charge-t-on de cette ribaudaille, qui manque lorsqu'on en a besoin?

A peine le comte d'Alençon venait-il de parler ainsi qu'il arriva une chose étrange.

Le soleil se voila comme s'il y avait eu une éclipse, et il tomba une pluie qui ressemblait plutôt à un déluge.

A chaque instant le ciel se lézardait, et un éclair entr'ouvrait ses voûtes d'un horizon à l'autre, et le tonnerre grondait.

Puis, comme si Dieu n'eût pas voulu faire grâce d'un présage à ce beau pays de France qui courait si grand danger, une nuée de corbeaux, semblable à un immense voile de deuil, passa au-dessus des deux armées, accompagnant son vol de cris lugubres et sinistres.

Les plus sages des chevaliers dirent alors que c'était signe de grande bataille et de grande effusion de sang.

Cependant, le temps commença à s'éclaircir et le soleil à reparaître. Les Anglais l'avaient derrière eux, et les Français juste dans l'œil.

Quand les Génois virent qu'il fallait approcher les Anglais, ils se prirent à crier de toutes leurs forces pour les effrayer. Mais les Anglais ne bronchèrent pas, et ne parurent même pas les avoir entendus.

Les Génois recommencèrent leurs cris et avancèrent un peu.

Les Anglais ne bougèrent pas d'une semelle.

Enfin, les Génois poussèrent un dernier cri et commencèrent à tirer.

Alors les archers anglais firent un pas, tendirent leurs arbalètes, et une grêle de flèches s'abattit sur les Génois.

Quand ceux-ci, qui ne connaissaient pas l'adresse de leurs adversaires, se virent ainsi criblés, ils furent effrayés, et il y en eut qui coupèrent les cordes de leurs arcs et qui les jetèrent.

La plupart revinrent sur leurs pas.

Alors il se passa une scène incroyable.

Entre les Génois et les Français se trouvait une grande haie de gens d'armes, richement parés et montés, qui regardaient l'engagement des Génois; si bien que lorsqu'ils voulurent fuir, ils ne purent.

Alors le roi de France, voyant combien peu tous ces mercenaires lui servaient, cria :

— Or tôt! tuez toute cette canaille, qui gêne la voie sans raison!

Alors vous auriez vu ces soldats s'entre-tuer entre eux, eux qui devaient faire cause commune contre un même ennemi.

Pendant ce temps, les Anglais tiraient toujours, et pas un de leurs traits n'était perdu.

C'est ainsi que commença la bataille de Crécy, le samedi 26 août 1346, à l'heure de vêpres.

C'était le moment de se souvenir des sermens que l'on avait faits la veille, et cependant, comme nous l'avons vu, peu de seigneurs français s'en souvenaient, puisque tous, au lieu de suivre les ordres de leur royal chef, avaient voulu combattre au premier rang.

Cependant, il y en avait un qui n'avait pas oublié : celui-là était le roi de Bohême, Jean de Luxembourg.

Quand il entendit que la bataille était commencée, il demanda aux chevaliers qui étaient près de lui comment se portait l'ordonnance de leurs gens.

— Cela va mal, monseigneur, lui répondit-on, car les Génois ont reculé, et le roi a ordonné qu'on les tuât, de sorte qu'occupés qu'ils sont les uns à tuer, les autres à se défendre, ils nous gênent encore plus.

— Ah! répondit le roi de Bohême, c'est d'un mauvais augure pour nous. Mais où est messire Charles mon fils?

Ceux-ci répondirent :

— Monseigneur, nous ne savons; nous pensons qu'il est plus loin, et qu'il se bat.

Alors le roi dit à ses gens :

— Vous êtes mes hommes, mes amis, mes compagnons; je vous prie donc de me mener si avant que je puisse tenir ma parole et férir au moins un coup d'épée.

Ceux qui étaient là y consentirent. Pour ne pas se perdre dans la foule, ils attachèrent les freins de leurs chevaux les uns aux autres, le sien au milieu, et ils se jetèrent au milieu des ennemis.

Comme on le pense bien, le roi de France avait grande angoisse au cœur de voir ainsi battre ses gens par une poignée d'Anglais.

Il demanda donc à messire Jean de Hainaut, qui lui avait déjà donné un bon conseil qu'il n'avait pu suivre, ce qu'il fallait faire.

— Sire, je ne vois rien de mieux, répondit le chevalier, que de vous retirer et de vous mettre en sûreté, car il pourrait bien vous arriver malheur comme à ceux de vos amis qui sont déjà morts.

Le roi, qui frémissait de colère et d'impatience, ne tint compte de cet avis.

Il avança un peu plus, car il eût voulu rejoindre le comte d'Alençon son frère, dont il voyait les bannières sur une petite montagne.

Le comte d'Alençon descendit avec ordre sur les Anglais et les vint combattre. Il fit merveille et arriva jusqu'à la bataille du prince.

Philippe eût voulu le rejoindre, mais il y avait une si grande quantité d'archers et de gens d'armes devant lui, qu'il n'y put parvenir.

Cependant, cette bataille, désastreuse dans son ensemble pour l'armée française, est pleine de hauts faits d'armes isolés, et malheureusement furent inutiles.

Ainsi, outre le comte d'Alençon, dont nous venons de parler, outre le vieux roi de Bohême, qui, aveugle, s'était jeté au plus fort de la mêlée, il y eut encore le comte Louis de Blois, neveu du roi Philippe et du comte d'Alençon, qui combattit vaillamment, et le duc de Lorraine, qui frappait sans se lasser. Si bien que, si au lieu d'avoir été commencée trop tard, et quand l'armée était lasse, la bataille avait été livrée le matin, trois lieues plus avant, ou le lendemain, après une nuit de repos, l'histoire n'aurait pas enregistré le premier acte de cette sanglante trilogie qu'on appelle Crécy, Poitiers et Azincourt.

Ainsi, il y eut des chevaliers français qui rompirent la bataille des archers du prince, et vinrent jusqu'aux gens d'armes combattre main à main.

Là, il y eut de beaux faits d'armes du côté des Anglais, car la fleur de la chevalerie entourait le fils du roi d'Angleterre.

Les comtes de Norhantonne et d'Arondel, qui, comme nous l'avons dit plus haut, se tenaient prêts à venir secourir ce jeune prince, accoururent à son aide, et il n'était que temps, car autrement il n'eût su comment se tirer de l'attaque.

Cependant, et pour plus de sûreté, le prince envoya un chevalier demander aide au roi son père, qui se tenait plus loin, sur un moulin, à côté d'un moulin à vent.

Quand le chevalier fut auprès d'Édouard, il lui dit :

— Monseigneur, le comte de Warwick, le comte de Kenfort et messire Regnault de Cobehen, qui sont près du prince votre fils, ont grandement à faire, car les Français les combattent durement; c'est pourquoi ils vous prient que vous et votre bataille les veniez conforter et aider à sortir de ce péril, car, si cette attaque s'augmente ou même continue, ils craignent pour votre fils.

Alors le roi dit au chevalier, qui s'appelait messire Thomas de Norwich :

— Messire Thomas, mon fils est-il mort, ou si blessé qu'il ne se puisse défendre.

— Non, monseigneur, répondit le chevalier.

— Eh bien! messire Thomas, répliqua le roi, retournez auprès de lui et de ceux qui vous ont envoyé, et dites-leur que, quoi qu'il arrive, ils ne m'envoient pas chercher tant que mon fils sera en vie, car je veux, comme je le lui ai dit hier, que la journée soit à lui, et qu'il gagne ses éperons de chevalier.

Messire Thomas de Norwich revint apporter la réponse d'Édouard.

— Qu'il soit fait selon le désir du roi! dirent le prince et ses chevaliers.

Et ils reprirent si bien courage qu'ils restèrent maîtres de la place.

On doit bien penser, dit le chroniqueur, et nous le répétons avec lui, que là où il y avait tant de vaillans hommes et si grande multitude de peuple, là où tant de Français demeurèrent sur la place, il dut être fait de belles expertises d'armes qui ne vinrent pas à notre connaissance.

Messire Godefroy de Harcourt, qui était en l'armée du prince, et qui avait entendu dire qu'on avait vu du côté des Français la bannière de son frère, eût donné beaucoup pour que son frère fût sauvé. Il courut là où on lui avait indiqué que le comte se battait, mais il ne put arriver à temps, et ne trouva plus qu'un cadavre.

Nous verrons plus tard ce qui en résulta.

A côté du comte de Harcourt avait été tué le comte d'Aumâle, son neveu.

D'une autre part, comme nous l'avons déjà dit, le comte d'Alençon et le comte de Flandre s'étaient vaillamment battus, mais ils ne purent tenir, et ils tombèrent morts chacun sous sa bannière, avec tous les chevaliers et écuyers qui les accompagnaient.

Le comte Louis de Blois et le duc de Lorraine, son beau-frère, se défendaient avec rage, entourés qu'ils étaient d'Anglais et de Gallois qui ne leur eussent pas fait merci. Mais leur valeur ne leur servit à rien, car ils demeurèrent sur la place et tous ceux qui étaient à leurs côtés.

Le comte d'Auxerre et le comte de Saint-Paul, couverts de blessures, moururent sur le champ de bataille.

Le soir, six hommes quittèrent le lieu du combat, et, à la faveur de la nuit, se dirigèrent vers le château de la Braye.

Quand ils arrivèrent à la porte, ils la trouvèrent fermée, et le pont fermé, car il était nuit.

Alors ces hommes firent appeler le châtelain.

Le châtelain descendit, et s'avançant sur les guérites, il dit tout haut:

— Qui est là, et qui heurte à cette heure?

Un des cinq hommes répondit:

— Ouvrez, ouvrez, châtelain! c'est la fortune de la France!

A cette voix qu'il crut reconnaître, le châtelain s'avança vers celui qui avait parlé, et il reconnut le roi Philippe VI.

Ceux qui l'accompagnaient, les seuls amis que les Anglais lui eussent laissés, étaient le sire de Hainaut, le sire de Montmorency, le sire de Beaujeu, le sire d'Aubigny et le sire de Montrault.

Quant au roi de Bohême, on retrouva son cadavre à côté de ceux des chevaliers qui, partis avec lui, étaient morts avec lui.

XLVII

Le châtelain du château de La Braye ouvrit la porte, et le roi entra avec ses cinq barons.

Ils restèrent là jusqu'à minuit, et le roi fut d'avis de ne pas y séjourner plus longtemps.

Alors ils burent un coup, montèrent à cheval, quittèrent le château et prirent pour les mener des guides qui connaissaient le pays.

Ils marchèrent si bien qu'au point du jour ils entrèrent à Amiens.

Le roi s'arrêta en une abbaye, et dit qu'il n'en bougerait pas avant d'avoir eu des nouvelles de ses gens et d'avoir appris lesquels étaient morts et lesquels étaient saufs.

Si, au lieu de se contenter de défendre le terrain qu'ils occupaient, les Anglais avaient voulu, comme plus tard à Poitiers, poursuivre l'armée française, il y eût eu deux fois plus de morts, et le malheur eût été deux fois plus grand.

Heureusement, les Anglais ne quittèrent pas leur ordre et se tinrent à leur place, se contentant de repousser ceux qui les assaillaient. C'est ce qui sauva le roi, car il y eut un moment où Philippe n'avait pas plus de soixante hommes autour de lui.

Il est vrai de dire qu'en voyant tuer autour de lui comme on le faisait, en voyant tomber cette grande assemblée d'hommes sous le souffle de la mort, comme les feuilles d'un arbre aux vents d'hiver, le roi était resté immobile, la tête sans pensée, les yeux sans regard, et comme une statue de la Douleur muette.

Alors le sire de Hainaut, qui lui avait donné son cheval, car Philippe en avait eu un tué, avait pris le cheval par le frein et dit au roi:

— Allons, sire, venez vous-en, et ne vous faites pas tuer si inutilement. Vous avez perdu une partie, vous en gagnerez une autre.

Et Jean de Hainaut l'avait emmené presque de force.

C'était alors que le roi s'était remis en route avec ses cinq barons.

Vous vous souvenez de la légende du roi Rodrigue, qui dit:

« A l'heure où les brillans oiseaux sont muets, et où la terre écoute attentivement le murmure des fleuves qui portent leur tribut à la mer; alors que la faible lumière de quelque luisante étoile scintille tristement au milieu des ténèbres effrayantes de la nuit silencieuse;

» Ayant pris un humble déguisement, comme plus sûr que la couronne désirée et que les riches ornemens qu'on envie; dépouillé des insignes superbes de la majesté royale, que l'amour et la crainte de la mort lui ont fait laisser sur les bords de la Guadalète; bien différent de ce Goth qui entra jadis dans la mêlée tout brillant des joyaux que son bras victorieux avait conquis; son armure teinte de sang, en partie du sien, en partie de celui des étrangers, faussée en mille endroits, et quelques pièces même brisées; la tête sans armet, le visage couvert de poussière, image de sa fortune qu'il voit maintenant réduite en poussière; monté sur Orélia, son cheval, qui est déjà si fatigué qu'il exhale à peine un souffle pénible, et que par momens il s'en va baiser la terre;

» C'est ainsi que, dans les champs de Xérès, nouvelle et lamentable Gelboé, s'en va fuyant le roi Rodrigue à travers les chaînes des montagnes, les forêts, les vallées.

» De tristes tableaux lui passent devant les yeux; un bruit confus de guerre frappe son oreille épouvantée; il ne sait de quel côté tourner ses regards: de tout il a peur, et se méfie.

» La terre qu'il regarde n'est plus à lui maintenant; cette terre qu'il foule, elle est aux étrangers.!»

Quelle étrange coïncidence entre le roi goth et le roi français!

Nous n'avons pas à donner sur la fuite de Philippe d'autres détails que ceux que donne la romance sur la fuite de Rodrigue.

Le soir, quand tout fut fini, les Anglais allumèrent de grands feux dans leur camp, et Édouard, qui de tout le jour n'avait mis son bassinet, vint au prince de Galles et lui dit:

— Mon fils, vous êtes bien mon fils, car vous vous êtes loyalement conduit, et vous voilà maintenant digne de tenir terre.

A cette parole, le prince s'inclina en remerciant son père, et celui-ci l'embrassa pour le louer de son courage, comme il l'avait embrassé la veille pour lui en donner.

Nous n'avons pas besoin de dire qu'il y eut fête dans le camp anglais, et que la nuit se passa en festins et en actions de grâces.

Le lendemain, qui était un dimanche, il faisait grande brume, si bien qu'on ne voyait pas à la distance d'un arpent.

Édouard ordonna que cinq cents hommes d'armes et deux mille archers quittassent le camp et allassent s'assurer que les Français ne s'étaient pas rassemblés de nouveau.

Les communautés de Rouen, qui ne savaient rien du désastre de la veille, étaient parties d'Abbeville et de Saint-Riquier.

Les Anglais, qui étaient en reconnaissance, crurent d'abord que ces troupes d'hommes qu'ils voyaient étaient des leurs; mais quand ils virent qui ils étaient, ils leur coururent sus.

La bataille se ralluma donc aussi dure, aussi acharnée, aussi impitoyable que la veille, de la part des Anglais.

On retrouva des morts dans les buissons, dans les haies, ainsi qu'ils fuyaient, au nombre de sept mille.

Peu de temps après, mais en une autre route, ces Anglais firent rencontre de l'archevêque de Rouen et du grand-prieur de France, qui ne savaient rien non plus du désastre de la veille.

Un combat ne tarda pas à s'engager, et les Français furent battus comme ceux à qui les Anglais venaient d'avoir affaire.

Cette troupe d'Anglais se remit en route, cherchant d'autres aventures et en trouvant, car quelques soldats français qui s'étaient égarés, qui avaient passé la nuit dans les champs, et qui n'avaient aucunes nouvelles du roi ni de leurs chefs, furent rencontrés encore et tués sans merci ni miséricorde.

Le dimanche matin et dans ces escarmouches isolées, il y eut quatre fois plus de morts que le samedi, où la grande bataille eut lieu.

Comme le roi sortait de la messe, les chevaucheurs reparurent, racontant ce qu'ils avaient vu, trouvé et fait.

Alors le roi fut d'avis qu'il fallait envoyer chercher les morts, afin de savoir quels seigneurs étaient demeurés sur le champ de bataille.

Il choisit deux chevaliers, messire Regnault de Cobehen et messire Richard de Stanfort, trois hérauts pour reconnaître leurs armes, et deux clercs pour écrire et enregistrer les noms de ceux qu'ils trouveraient.

Cette petite troupe se mit en route, cherchant ses morts, et en trouvant un si grand nombre qu'elle en fut émerveillée.

Le soir, au moment où Édouard allait souper, les deux chevaliers que nous avons nommés tout à l'heure revinrent et firent le rapport de ce dont ils avaient été témoins.

Or, ils avaient trouvé sur la place onze chefs de princes, quatre-vingts bannerets, douze cents chevaliers d'un écu (on appelait ainsi ceux qui servaient le roi de leur seule personne et n'avaient pas d'autres chevaliers sous leurs ordres), et environ trente mille hommes d'autres gens.

Le roi d'Angleterre, le prince son fils et tous les seigneurs rendirent grâce à Dieu de la belle journée qu'il leur avait envoyée, puisqu'une poignée d'hommes qu'ils étaient, en comparaison des Français, en avait vaincu une si grande masse.

Édouard fut touché de la mort du vaillant roi de Bohême et des chevaliers qui étaient morts auprès de lui; aussi ordonna-t-il que de grands honneurs lui fussent rendus.

Le lendemain, le roi d'Angleterre fit rassembler les corps de tous les grands seigneurs morts sur le champ de bataille, et il les fit transporter en un couvent nommé Maintemay, qui se trouvait près de Crécy, et où ils furent ensevelis en terre consacrée. Puis il fit savoir qu'il donnait une trêve de trois jours pour visiter le champ de Crécy et enterrer les morts. Après quoi il chevaucha vers Montreuil sur la mer, tandis que ses maréchaux couraient sur Hesdin, Heuchin et Pernes, qu'ils brûlaient, comme pour laisser d'autres preuves de leur passage.

Le jeudi suivant, Édouard était devant la ville de Calais, où nous l'allons retrouver tout à l'heure.

Comme nous l'avons dit, pendant ce temps-là, le roi était retourné à Amiens et s'était logé en une maison dépendant de l'abbaye du Gard.

Le roi Philippe VI ignorait encore combien de nobles, et même de son sang, avaient succombé à Crécy.

Le dimanche soir, il sut la vérité.

Sa douleur fut grande en apprenant la mort de son frère le comte d'Alençon, de son neveu le comte de Blois, de son beau-frère le roi de Bohême.

Tout ce qui pouvait encore souffrir en lui vibra douloureusement à ces nouvelles.

En remontant à la source de ses désastres, le roi retrouva que messire Godemart du Fay, qui avait si mal défendu le passage de la Blanche-Tache, en était la cause première.

Alors une grande colère succéda à sa grande douleur, et il ne songea à rien moins qu'à le faire pendre, ce qui fut arrivé sans nul doute si messire Jean de Hainaut n'eût usé de son influence sur le roi pour excuser le capitaine et lui faire pardonner.

— Sire, dit Jean de Hainaut, comment messire Godemart du Fay aurait-il résisté à la puissance fatale des Anglais, puisque la fleur de votre chevalerie n'a pu lui tenir tête?

— C'est vrai, répondit le roi. Et il fit grâce.

Après quoi il fit faire les obsèques de ses prochains les unes après les autres, et quitta la ville d'Amiens pour revenir à Paris, donnant congé à tous ceux de ses gens d'armes qui avaient survécu à la journée du 25 août 1346.

Quand Philippe arriva à Paris, Édouard avait déjà mis le siége devant Calais.

XLVIII

Édouard ne pouvait pas s'arrêter en si beau chemin. A compter de ce moment, il devait croire que la France était à lui, et il le crut en effet.

Il mit donc le siége devant Calais, comme nous l'avons dit tout à l'heure.

La garde de Calais était confiée à un vaillant capitaine de Bourgogne nommé Jean de Vienne, lequel avait autour de lui de braves chevaliers, tels que Arnould d'Audrehen, messire Jean de Surice, messire Beaudoin de Bellebronne, messire Geoffroy de La Motte, messire Pépin de Werc et d'autres encore qui n'étaient pas hommes à céder la place.

Édouard avait compris que ce siége serait long, aussi n'avait-il pas hésité dans la manière dont il l'organiserait.

Il fit tout simplement bâtir devant Calais une véritable ville pour lui et son armée, comme s'il eût dû y demeurer dix ou douze ans.

Cette ville nouvelle se trouvait entre la ville, la rivière et le pont de Meulai.

Les maisons, ordonnées par rues, étaient bien et dûment couvertes de paille et de chaume, car la résolution d'Édouard était de rester là, été comme hiver, jusqu'à ce que Calais fût à lui.

La ville fut baptisée, et appelée par Édouard Villeneuve-la-Hardie.

Tout ce qui était nécessaire à son armée s'y trouvait, et, le mercredi et le samedi de chaque semaine, il y avait marché sur une place désignée à cet effet.

On y vendait de tout, à ce marché, depuis le pain et la viande jusqu'au drap et à la mercerie.

Toutes ces provisions et denrées leur venaient par mer d'Angleterre ou de Flandre, et, pendant ce temps, comme pour s'entretenir la main, les gens du roi d'Angleterre ravageaient quelque peu le pays.

Chaque jour ils faisaient une excursion nouvelle, soit dans le comté de Guines, soit jusqu'aux portes de Saint-Omer et de Boulogne, et ils ne revenaient jamais sans un très honnête butin.

Du reste, Édouard ne songeait pas une minute à faire assaillir Calais : il savait trop bien que ce serait peine inutile, et qu'il travaillerait inutilement. C'était par la famine qu'il voulait la prendre. C'était long, mais c'était sûr.

Une seule chose l'eût décidé à combattre, c'eût été que le roi Philippe VI vînt lui-même pour lui faire lever le siége.

Quand Jean de Vienne vit le moyen qu'Édouard avait choisi, il comprit tout de suite que moins il y aurait de bouches dans la ville, plus longtemps elle résisterait.

En conséquence, il ordonna que tous ceux qui n'avaient pas de moyen d'existence quittassent Calais, et le soir même dix-sept cents individus, tant hommes que femmes et enfans, sortirent de la ville.

Cette troupe s'arrêta aux portes de la ville et n'osa avancer.

Entre mourir de misère et de faim ou mourir tués dans le camp anglais, ces gens n'hésitaient pas, et préféraient la première mort à la seconde.

Cependant, cette sortie n'avait pas échappé à Édouard.

Il envoya demander à ces gens pourquoi ils se trouvaient ainsi à la porte de leur ville et n'y rentraient pas.

Ils répondirent la vérité à l'envoyé du roi d'Angleterre.

Alors celui-ci leur fit dire qu'ils pouvaient passer dans son camp, qu'il leur laisserait la vie sauve, le passage libre, et qu'ils pourraient aller chercher leur existence ailleurs.

Ils hésitèrent un peu, mais enfin quelques-uns se décidèrent, et les autres les suivirent.

Édouard aimait assez faire plus qu'il ne promettait.

Donc, au lieu de s'en tenir à ce qu'il avait promis, il fit boire et manger abondamment tous ces gens, leur donna à chacun deux esterlings, et les congédia émerveillés de la générosité de ce roi ennemi.

Nous allons un peu laisser Édouard devant Calais, où, selon toutes probabilités, il va rester longtemps, et nous allons voir ce qui se passait pendant ce temps en France, en Angleterre et en Écosse.

La France venait de recevoir à Crécy une de ces secousses qui ébranlent fortement un royaume et qui le font longtemps vaciller sur sa base avant qu'il retrouve son équilibre.

Depuis cette défaite, le roi Philippe VI semblait fou. Il s'attendait si peu à ce désastre immense et rapide à la fois comme la foudre, qu'il ne savait plus guère de quel côté il lui faudrait repousser d'abord cette double invasion ; car, comme on se le rappelle, le comte Derby faisait à peu près de l'autre côté de la France ce que son gracieux souverain venait de faire en Normandie.

Cependant, comme jusque-là la victoire la plus sérieuse avait été du côté du roi d'Angleterre, Philippe songea à rappeler à lui ceux qui pouvaient le mieux le défendre contre Édouard, et il fit dire à son fils le duc de Normandie, qui attaquait les Anglais dans l'Aiguillon comme ceux-ci attaquaient les Français dans Calais, de venir le retrouver à Paris ; car on doit se rappeler que le duc avait dit qu'il ne reviendrait que sur l'ordre de son père.

Il était temps.

Philippe de Bourgogne, fils d'Eudes de Bourgogne, cousin du duc de Normandie, jeune chevalier plein d'adresse et de bravoure, était venu rejoindre les Français devant Aiguillon.

Le 15 août environ, il y avait eu une escarmouche à laquelle il avait pris part, et, monté sur un cheval ardent et difficile, il lui avait enfoncé ses éperons dans le ventre, et il était parti.

Le cheval l'avait emporté, et, en franchissant un fossé, bête et cavalier avaient roulé à terre, et le cheval seul s'était relevé.

Cette mort avait fait une vive impression sur le duc de Normandie, qui aimait fort son cousin, et il était fort découragé quand les nouvelles de Crécy arrivèrent avec l'ordre du roi qui le rappelait à Paris.

L'ordre était formel, nous l'avons déjà dit ; non-seulement Philippe rappelait son fils, mais il lui ordonnait de lever le siége ; il lui faisait part de la mort de ses proches tués à Crécy, et il lui disait enfin que le trône avait immédiatement besoin du secours de tous, et en première ligne du sien.

Cependant, le duc rassembla les comtes et les barons qui étaient avec lui, leur demandant s'il n'y aurait pas lâcheté à abandonner un siége qu'ils avaient juré de tenir jusqu'à la mort.

Tous furent d'avis que, dans de telles circonstances, il devait avant toutes choses obéir au roi son père, et que l'ordre qu'il venait de recevoir le dégageait de son serment.

Alors il fut arrêté que le lendemain on délogerait, et que l'on retournerait en France.

On juge de l'étonnement de ceux qui étaient dans l'Aiguillon quand le lendemain, dès le matin, ils virent les assiégeans plier leurs tentes, ramasser leurs bagages, et se mettre en route dans une direction opposée à la ville.

Quand Gautier de Mauny vit cela, il ordonna que l'on s'armât, que l'on montât à cheval, car son avis n'était pas de laisser partir ainsi les assiégeans sans leur demander compte de leur siége.

Alors ceux de l'Aiguillon, la bannière de Gautier à leur tête, sortirent de la ville et s'en vinrent tomber sur l'ennemi avant qu'il fût complètement délogé, et tandis qu'il était encore occupé de ses préparatifs de départ.

Nous n'avons pas besoin d'ajouter que cette sortie réussit à merveille, et qu'après avoir tué de droite et de gauche, les Anglais ramenèrent plus de soixante prisonniers à leur forteresse.

Parmi ces prisonniers se trouvait un grand chevalier de Normandie, cousin du duc, dont l'histoire n'a pas conservé le nom, et à qui Gautier de Mauny demanda pour quelle cause le duc de Normandie levait ainsi le siége.

— Je l'ignore, répondit le chevalier.

— Comment se fait-il que vous l'ignoriez, répondit Gautier de Mauny, vous qui êtes parent et conseiller du duc ?

— Le roi de France a rappelé son fils, dit laconiquement le chevalier.

— Mais ce rappel a une raison ? insista Gautier.

— Oui.

— Laquelle ?

Le chevalier hésita de plus belle, car ceux de l'Aiguillon ignoraient encore la défaite de Crécy, et il avait honte de la leur apprendre.

— Voyons, messire, reprit Gautier de Mauny, qui, à cette hésitation, devinait quelque nouveau malheur survenu à la France, et qui, comme on le pense bien, tenait à le connaître ; voyons, soyez franc. Nous sommes peut-être destinés à vivre longtemps ensemble. Vous êtes mon prisonnier, et la nouvelle que j'attends de vous paiera peut-être la moitié de votre rançon, ce qui n'est pas à dédaigner, messire, car, à l'heure où nous sommes, ce pauvre État de France n'enrichit pas ses chevaliers.

— Eh bien ! répliqua le prisonnier, les Anglais et les Français, le roi Édouard et le roi Philippe se sont rencontrés.

— Ah ! vraiment ! Et où cela ?

— A Crécy en Ponthieu.

— Et le roi Édouard ?

— A été vainqueur, fit le chevalier avec un soupir.

— Et qu'est-il devenu ? continua Gautier avec un sourire.

— Il a mis le siége devant Calais, et a juré de ne s'en aller que lorsqu'il aurait pris la ville.

— Merci de cette bonne nouvelle, messire, s'écria Gautier de Mauny.

Et il annonça à ses compagnons ce que son prisonnier venait de lui apprendre.

Le lendemain, Gautier de Mauny vint trouver son prisonnier et lui dit :

— Messire, combien pouvez-vous donner pour votre rançon ?

— Trois mille écus, dit celui-ci.

— Écoutez, reprit Gautier; je sais que vous êtes du sang du duc de Normandie, et fort aimé de lui. Vous paieriez donc la rançon que je vous demanderais; mais ce n'est pas une rançon que je veux de vous, et vous serez libre sans cela.

Le chevalier regarda Gautier avec étonnement.

— Aujourd'hui même, reprit celui-ci, vous quitterez Aiguillon après m'avoir donné votre parole de faire ce que j'aurai réclamé de vous.

— Parlez, messire.

— Eh bien! il y a longtemps que je suis séparé du roi d'Angleterre, que j'aime comme si j'étais son fils, que j'aime comme vous aimez le duc de Normandie, et que je veux revoir. Je n'ai plus rien à faire ici, mais je ne puis aller rejoindre le roi Édouard sans un sauf-conduit, et je ne puis me mettre en route tout seul. Voilà tout ce que vous ferez, messire, ou plutôt ce que je vous prie de faire. Vous irez demander au duc de Normandie ce sauf-conduit pour moi et vingt hommes, vous me l'apporterez, et vous serez libre. Vous avez un mois pour cela. Si dans un mois vous n'avez pu obtenir ce papier, continua Gautier en souriant, vous viendrez reprendre vos fers; mais soyez tranquille, nous serons moins cruels que les Carthaginois. Est-ce dit?

— Comptez sur moi, répondit le chevalier, je fais serment de vous apporter ce sauf-conduit ou de me reconstituer prisonnier.

— Allez donc, messire, dit Gautier, vous êtes libre.

Un mois après, le chevalier rapportait à Aiguillon la lettre que de Mauny lui avait demandée, et que lui avait, sur sa première réquisition, accordée le duc de Normandie.

Dès le lendemain, Gautier se mit en chemin avec sa petite troupe, après avoir tenu quitte le chevalier de sa rançon.

XLIX

Confiant dans son sauf-conduit, Gautier ne cachait son nom nulle part, et, lorsqu'il était arrêté, il montrait sa lettre et passait.

Cependant, arrivé à Saint-Jean-d'Angely, Gautier trouva un capitaine moins accommodant que les autres, et qui, soit qu'il n'eût pas grande foi dans ce sauf-conduit, soit qu'il l'interprétât d'une façon particulière, voulut retenir prisonnier le chevalier et les vingt hommes qui l'accompagnaient.

Ceci n'était point l'affaire de Gautier, car il n'était pas en force pour résister. Il fallut donc discuter avec le capitaine, qui paraissait fort entêté.

Cependant il voulut bien se laisser convaincre, mais à la condition que Gautier laisserait dix-sept de ses hommes en otage et n'en emmènerait que trois.

Il fallait bien en passer par là, à charge de revenir un jour avec deux mille hommes reprendre ses dix-sept compagnons, s'il n'y avait pas d'autre moyen de les délivrer.

Gautier consentit à ce que demandait le capitaine et se remit en route avec ses trois hommes.

Cela donna à penser à notre voyageur, et il commença à être plus prudent. Mais sa prudence ne devait pas lui servir beaucoup, car, arrivé à Orléans, il trouva un capitaine encore moins accommodant que l'autre, et qui, cette fois, quelques raisons que lui donnât Gautier, ne voulut entendre à rien, et, tenant à néant les lettres du duc de Normandie, fit bel et bien prisonniers Gautier et ses trois hommes.

Mais ce n'était pas tout.

Les quatre compagnons furent envoyés à Paris, et messire Gautier de Mauny emprisonné au Châtelet comme étant un de ceux qui avaient fait le plus de mal à la France.

C'était triste.

Cependant, le duc de Normandie, informé de ce qui se passait, vint trouver le roi et lui dit:

— Mon père, un emprisonnement injuste a eu lieu.

— Contre qui? demanda Philippe.

— Contre messire Gautier de Mauny.

Le roi regarda son fils.

— Gautier de Mauny, lui dit-il, un des capitaines du roi d'Angleterre?

— Oui, sire.

— Mais cet homme est de bonne prise, il me semble, et il nous a fait assez de mal pour que nous le retenions prisonnier, en admettant que nous nous contentions de ce châtiment.

— Sire, répliqua le duc, messire Gautier de Mauny n'a pas été fait prisonnier les armes à la main, mais lorsqu'il se rendait tranquillement auprès du roi son maître, et pourvu d'un sauf-conduit signé de moi.

— Et comment se fait-il que Gautier de Mauny eût un sauf-conduit signé de vous? demanda le roi.

— Gautier de Mauny, monseigneur, avait fait prisonnier un vaillant chevalier de mon armée, alors que nous étions devant Aiguillon. Il n'a demandé que ce sauf-conduit pour toute rançon, et je le lui ai donné. Vous voyez bien, mon père, qu'il faut que ce chevalier soit mis en liberté, sans quoi je serais un prince déloyal, et j'aurais manqué à ma parole, ce que ne doit pas faire le plus humble sujet, et à plus forte raison le fils du roi de France.

— C'est possible, répondit Philippe, mais en temps de guerre toute prise est bonne, surtout quand il s'agit d'un homme aussi dangereux que celui dont vous me parlez. Notre adversaire Édouard III ne faisait pas tant de façons.

— Sire, le roi Édouard III, reprit le duc, a sauvé la vie à dix-sept cents Calaisiens que Jean de Vienne avait renvoyés de Calais, et qui, sans le roi d'Angleterre, seraient morts de faim et de froid.

Philippe VI ne répondit rien.

— Mon père, reprit alors le duc, ce n'est pas grâce, mais justice que je demande. Il faut que cet homme soit mis en liberté.

— Et de quel droit faut-il cela?

— Du droit qu'il avait de voyager librement, voyageant sur ma parole.

— Attendez que nous soyons mort, messire, dit alors le roi, et vous donnerez des sauf-conduits si bon vous semble à tous vos ennemis, pour qu'ils pillent et incendient librement notre beau pays de France, qui sera vôtre alors; mais, tant que je vivrai, je ferai là-dessus ce que bon me semblera. Quant à ce Gautier de Mauny, non-seulement il ne sera pas libre, mais il mourra comme sont morts Clisson et Malestroit, et comme mourront tous ceux qui auront porté atteinte au bonheur et au repos de notre royaume, lorsque Dieu me les enverra.

Le duc de Normandie devint pâle.

— C'est bien, mon père, répondit-il froidement.

— D'ailleurs, ajouta le roi, ce sera un bon auxiliaire de moins pour Édouard.

— Et un bon auxiliaire de moins pour le roi Philippe VI.

— Que voulez-vous dire?

— Je veux dire, monseigneur, que tant que Gautier de Mauny ne pourra se combattre pour son roi, le duc de Normandie ne combattra pas pour le sien.

Ce fut au tour du roi de pâlir.

— Mon fils m'abandonne, dit-il.

— Votre fils ne vous abandonne pas, monseigneur, mais votre fils veut que l'on sache bien qu'il s'imposera une punition éclatante chaque fois qu'il aura donné sa parole et qu'il ne pourra la tenir. Non-seulement je ne m'armerai pas contre le roi d'Angleterre, mais j'en détournerai tous ceux que je pourrai.

— Une trahison!

— Pour une trahison, oui, mon père.

Philippe se leva, et le duc, après s'être incliné, s'apprêta à prendre congé de lui.

— Qu'allez-vous faire? dit le roi.

— Monseigneur, je vais quitter cet hôtel, aller dire moi-même à messire Gautier de Mauny ce qui vient de se passer, et je ne reviendrai que le jour où il sera libre.

Le duc de Normandie sortit alors, laissant Philippe VI en proie à une violente colère.

La chose fit grand bruit, car le duc ne se donna pas la peine de la cacher.

Cependant, le roi ne paraissait pas changer d'avis.

Il est vrai que les préparatifs de mort ne se faisaient pas.

Enfin, Philippe fut tellement conseillé, qu'il finit par ordonner la mise en liberté de Gautier de Mauny.

Alors il envoya près de son fils un chevalier du Hainaut, nommé messire Mansart d'Eme, pour lui dire qu'il pouvait venir au Louvre, et que son protégé était libre.

Ce n'était pas assez pour le duc.

Il fit répondre au roi qu'il ne retournerait auprès de lui qu'accompagné de Gautier de Mauny, à qui il dirait lui-même ce qu'il avait dit et fait en apprenant sa captivité.

Philippe y consentit.

Gautier de Mauny sortit de prison, et le duc de Normandie l'amena à l'hôtel de Nesle, où était le roi.

— Sire, dit le duc à son père, veuillez dire à messire Gautier de Mauny que j'ai pris une part si vive à son injuste arrestation, que j'ai oublié un moment ce que je devais à mon père et à mon roi.

— C'est vrai, répondit Philippe VI. Et il tendit la main au duc. Aussi, continua-t-il en s'adressant à Gautier, je ne veux pas que vous nous quittiez, messire, sans être sûr de notre regret de vous avoir gardé si longtemps. Ne vous en prenez de cette captivité qu'à votre grande réputation de bravoure, que nous nous plaisons à reconnaître ici.

Le soir même, Gautier dîna en l'hôtel de Nesle avec le roi, le duc de Normandie, et d'autres des plus grands seigneurs de France.

A la fin du repas, Philippe prit des joyaux qui valaient un millier de florins, et, les offrant à Gautier, il lui dit :

— Messire, acceptez ces dons que nous voulons vous faire, et que vous garderez en souvenir de nous.

— Je les accepte, répondit Gautier, pour l'honneur du roi qui me les offre; mais je ne m'appartiens pas, sire, j'appartiens au roi d'Angleterre; je ne puis donc les accepter que sous condition. Si mon souverain m'autorise à garder ces présents, je les garderai, monseigneur; sinon, je vous les ferai remettre, tout en conservant le souvenir de votre justice et de votre générosité.

— Vous parlez en loyal chevalier, dit Philippe, et cette parole me plaît. Allez donc, messire, et que Dieu vous garde.

Alors Gautier prit congé du roi et du duc de Normandie, et quelque temps après arriva en Hainaut. Il resta trois jours à Valenciennes, après quoi il se remit en route, et arriva devant Calais, qui était toujours dans le même état.

Gautier fut reçu avec une grande joie par les comtes, les barons et le roi, à qui il raconta ce qui était arrivé depuis son départ de l'Aiguillon, et qui lui dit, après avoir vu les joyaux dont le roi de France lui avait fait don :

— Messire Gautier, vous nous avez servi toujours loyalement jusqu'à ce jour, et vous nous servirez encore de même, nous l'espérons bien. Renvoyez au roi Philippe ses présents; vous n'avez aucune raison de les garder. Nous avons assez, Dieu merci! pour nous et pour vous, et notre volonté est de vous récompenser largement de tout ce que nous vous devons.

— Merci, monseigneur, répondit Gautier; il sera fait comme vous désirez.

Alors le chevalier, rassemblant les présents qu'il avait reçus du roi Philippe, les donna à messire Mansart, et lui dit :

— Retournez auprès du roi, dites-lui que je le remercie grandement des beaux présents qu'il m'a faits, mais que le roi d'Angleterre ne serait pas aise que je les gardasse; qu'en conséquence je les lui renvoie, en le priant de nouveau d'être convaincu de ma reconnaissance.

— Bien, dit Mansart, qui était cousin de Gautier.

Et il partit aussitôt de Calais.

Quelques jours après, il remettait les joyaux au roi, qui lui disait :

— Je ne les veux reprendre ; ils sont entre les mains de trop bon et loyal chevalier. Gardez-les donc, messire, en souvenir de moi et de votre gentil cousin Gautier de Mauny.

L

On se souvient que le comte Derby s'était tenu toute la saison en la ville de Bordeaux.

Dès qu'il apprit le départ du duc de Normandie, l'envie lui prit de faire une petite expédition en Poitou, et comme rien ne le retenait, il fit aussitôt son mandement, auquel s'empressèrent de répondre le sire de Labret, le sire de l'Espare, le sire de Rosem, messire Aymon de Tarste, le sire de Mucident, le sire de Pommiers, le sire de Dantou, le sire de Languerem et autres.

Le comte Derby réunit ainsi six cents hommes d'armes, deux mille archers et trois mille piétons.

Tous ces gens passèrent la rivière de Garonne entre Bordeaux et Blaye, et leurs prises recommencèrent.

Ce fut d'abord Mirebeau, capitale du petit pays de Mirebalue en Poitou.

Puis Aulnay, puis Surgères, puis Courçon, et ils ne s'arrêtèrent qu'au château de Marans, où ils ne purent rien faire, ce qui les força à se rejeter sur Mortagne-sur-Sèvres en Poitou, où ils livrèrent un grand assaut qui vint à bonne fin pour eux ; après quoi ils marchèrent sur Lusignan, dont ils brûlèrent la ville, et dont le comte Derby assure qu'il prit le château, fait nié par Froissard.

A Taillebourg, un de leurs chevaliers fut tué, ce qui les irrita tellement qu'ils tuèrent tous ceux de la ville, et passèrent outre pour venir devant Saint-Jean-d'Angely.

Tout le pays était si effrayé de la venue du comte, que tous les habitants du pays fuyaient devant son arrivée comme des feuilles tombées devant les vents d'hiver.

Les écuyers du Poitou et de Saintonge se tenaient en leurs châteaux sans nulle apparence qu'ils voulussent combattre les Anglais.

Le comte, nous l'avons dit, était donc arrivé devant Saint-Jean-d'Angely, où, comme on doit s'en souvenir, étaient restés prisonniers les dix-sept hommes de Gautier de Mauny, dont le comte avait été informé, et ce dont il comptait bien prendre sa revanche.

Quand les Anglais eurent donné un premier assaut et se furent retirés dans leur logis pour se reposer et recommencer le lendemain, ceux de Saint-Jean-d'Angely, qui n'avaient ni gens d'armes, ni écuyers, ni chevaliers, pour aider à garder la ville et conseiller les bourgeois, se trouvèrent fort en peine, craignant, et avec raison, de perdre leurs femmes, leurs enfans, leurs biens et eux-mêmes.

Il résulta de cette crainte générale que le maire de la ville, nommé Guillaume de Riom, voulut proposer un traité au comte Derby, et, pour ce, envoya audit comte un messager qui devait lui demander un sauf-conduit pour six des bourgeois de la ville chargés de traiter la capitulation avec lui.

Le comte accorda ce sauf-conduit, valable pour toute la nuit et le lendemain.

Le lendemain donc, à la première heure, les six bourgeois vinrent demander le comte Derby, qu'ils trouvèrent en son pavillon comme il venait d'entendre la messe.

— Eh bien! messieurs, leur dit le comte, quelles offres m'apportez-vous?

— Nous venons, dit un des députés, demander que ceux de la ville puissent se retirer, eux, leurs enfans, leurs femmes et leurs biens, en abandonnant la ville.

— Et si je m'y refuse?

— Nous vous demanderons alors vos conditions.

— Mes conditions, dit le comte, sont que la ville se rende sans conventions, et en se fiant à nous.

— Nous n'accepterons pas, dirent les six bourgeois en se levant, et nous soutiendrons l'assaut.

— Libre à vous, messieurs, dit le comte.

Et il se leva à son tour.

— C'est votre dernière volonté? dirent les envoyés.

— Oui.

— Adieu donc, messire.

— Au revoir, messieurs, dit le comte en souriant.

Et il prit congé des six bourgeois.

Ceux-ci s'acheminèrent vers la ville.

Au moment où ils allaient quitter le camp anglais, une douzaine de soldats leur barrèrent le passage en leur disant :

— Quatre de vous sont nos prisonniers.

— Mais nous avons un sauf-conduit, dirent les bourgeois étonnés.

Et, en disant cela, ils montraient le sauf-conduit du comte.

— Il est inutile, dirent les soldats.

— C'est donc une trahison! s'écrièrent les envoyés.

— Nous l'ignorons; mais nous avons ordre de ne laisser sortir que deux de vous.

— Et de qui vient cet ordre?

— Du comte Derby.

— Mais vous pouvez nous mener à lui? dit un des bourgeois.

— Oui.

— Alors, conduisez-nous, car nous resterons ou nous sortirons ensemble.

Les soldats conduisirent les six bourgeois auprès du comte.

— Que veut dire cela, messire? demandèrent-ils au comte; on nous arrête malgré votre sauf-conduit.

— Et l'on fait bien, messieurs.

— Et l'ordre vient de vous?

— De moi.

— Veuillez nous expliquer...

— C'est bien simple. Il y a quelque temps, le sire Gautier de Mauny passa par Saint-Jean-d'Angely avec vingt hommes. Il était muni d'un sauf-conduit du duc de Normandie pour lui et les siens.

— Quel rapport cela a-t-il avec nous? demandèrent les bourgeois.

— Vous allez le voir, continua le comte. Le sire de Mauny fut arrêté comme vous l'avez été; comme vous l'avez fait, il montra son sauf-conduit; mais, comme pour vous, il lui fut inutile. On retint dix-sept hommes sur les vingt qui l'accompagnaient, et ces dix-sept hommes sont encore dans votre ville.

— De sorte...

— De sorte que j'ai trouvé assez naturel de vous faire aujourd'hui ce que votre maire a fait à un des nôtres, et, calculant à peu près comme il avait calculé, je n'ai voulu laisser sortir de mon camp que deux de vous.

Il n'y avait rien à répondre.

— Ainsi, c'est un échange que vous voulez? dit un des bourgeois.

— L'échange d'abord, et la condition que je vous imposais tout à l'heure.

— La reddition de la ville?

— Sans engagement de notre part.

Les bourgeois se consultèrent.

— Eh bien! dit l'un d'eux, nous sommes chargés des pouvoirs de la ville, nous acceptons, puisque nous ne pouvons pas faire autrement. Laissez-nous retourner jusqu'à la ville, et informer les habitans du traité que nous venons de faire.

— Vous n'avez pas besoin d'être six pour cela, et un seul suffit. Les autres entreront avec nous dans la ville.

Il n'y avait pas moyen de reculer.

— Vous comprenez bien, reprit le comte : nos dix-sept hommes vont d'abord nous être renvoyés; puis, quand nous nous présenterons à la porte de la ville, votre maire viendra nous en apporter les clefs et faire sa soumission au nom de tous. Alors, et seulement alors, nous verrons ce que nous aurons à faire.

Un des six envoyés rentra à Saint-Jean-d'Angely et fit part des conditions imposées, lesquelles furent acceptées.

Deux heures après, les dix-sept compagnons de Gautier de Mauny étaient revenus au camp anglais, et le comte Derby prenait possession de la ville au nom du roi d'Angleterre.

Après huit jours de séjour à Saint-Jean-d'Angely, les Anglais se remirent en route et marchèrent sur Niort, une bonne ville, bien fermée, de laquelle un gentil chevalier, messire Guichard d'Angle, était capitaine et souverain pour le temps.

Trois assauts eurent lieu, qui ne produisirent rien aux Anglais.

Alors ils partirent et s'acheminèrent vers Poitiers; mais sur le chemin ils prirent le bourg de Saint-Maixent, et tuèrent tous ceux qui s'y trouvaient, et, appuyant un peu à gauche, ils vinrent devant Montreuil-Bellay; et cela n'était pas sans raison, comme on va le voir.

Il y avait dans cette ville plus de deux cents monnayeurs qui forgeaient et frappaient la monnaie du roi, ce qui n'était pas d'un mince attrait pour le comte.

Celui-ci fit sommer la ville de se rendre, mais la ville refusa.

Heureusement, les Anglais étaient habitués à ces refus, et savaient comment s'y prendre pour en avoir raison.

Ils commencèrent le siège en faisant venir les archers devant.

Au bout d'une heure, nul n'osait plus se montrer à la défense, et le soir la ville était prise.

Tous les habitans furent tués.

Nous n'avons pas besoin de dire ce que devint la monnaie du roi.

Le comte laissa une garnison dans le château, et il repartit pour Poitiers, qui était encore loin de là.

Le premier assaut fut inutile, et cependant la ville n'était pas pleine, dit Froissard, que de menus gens, peu aidables en guerre.

Le lendemain, plusieurs chevaliers montèrent à cheval et s'en vinrent rôder autour de la ville, cherchant un endroit par lequel elle pût être plus facilement attaquée.

Ils trouvèrent un lieu qui leur parut assez propre à une tentative, et en informèrent le comte, qui décida, après conseil, que le lendemain la ville serait attaquée sur trois points, et que les archers attaqueraient le point le plus faible.

Le lendemain, qui était le mercredi 4 octobre, le triple assaut commença avec le jour.

Les habitans de Poitiers avaient fort à faire, car ils ne pouvaient aller ainsi d'un point à un autre, et défendre aussi bien les trois.

La ville fut prise.

Hommes, femmes, enfans, vieillards, tout fut passé au fil de l'épée.

Le butin des Anglais fût énorme, car, outre le bien des habitans, il y avait encore celui des habitans du plat pays, qui s'étaient réfugiés à Poitiers, s'y croyant plus en sûreté que dans la campagne.

Couvens, châteaux, églises, tout fut détruit, et le comte lui-même, qui voulait séjourner onze ou douze jours dans la ville, ne put arrêter le pillage et la destruction qu'en menaçant de la mort quiconque s'y livrerait encore.

Le comte Derby s'apprêtait à aller à Calais, laissant derrière lui un sillage de feu, de sang et de ruines.

Tout le pays qu'il avait traversé était désert comme s'il eût été visité par la colère du Seigneur, et comme si le comte eût été aidé dans son expédition d'un fléau comme celui qui devait ravager la France deux ans plus tard, et dont nous aurons à parler avant la fin de cette histoire.

Quand le comte eut séjourné quelques jours à Poitiers, il l'abandonna sans y laisser de garnison, car il eût été forcé de repeupler son armée, tant la ville avait besoin d'hommes pour être gardée, et il revint à Saint-Jean-d'Angély à petites journées.

Le comte aimait fort se battre, mais il aimait fort aussi les fêtes et le repos après le combat.

A Saint-Jean-d'Angély, il acquit grand amour des bourgeois, des dames et des demoiselles, car il n'y fut pas plutôt revenu que, comme à Bordeaux, il donna des fêtes et des bals sans nombre, et il se faisait des partisans là où quelques jours auparavant il avait des ennemis.

Il traînait à sa suite un immense butin d'or, de pierreries et de joyaux dont il distribua une partie aux dames et aux demoiselles de Saint-Jean-d'Angély, ce qui ne contribua pas peu à laisser un agréable souvenir de lui dans les esprits de la gent féminine, au point qu'elles disaient qu'il était impossible de voir plus noble prince chevaucher sur palefroi.

Enfin, après force bals, dîners et soupers, le comte ordonna ses gens, fit renouveler au maire et aux habitans de la ville les sermens de fidélité déjà prêtés une fois, et il s'en alla vers la ville de Bordeaux.

Arrivé là, il donna congé à tous ses gens d'armes, garçons et autres, en les remerciant grandement de leur bon service.

Puis, peu après, il prit la mer et s'en alla en Angleterre avant de rejoindre Édouard et de lui rendre compte de son heureuse expédition.

Nous allons abandonner un instant la France et voir ce qui se passait en Écosse, car nous touchons à la fin de notre livre, et les événemens nous reportent à la patrie de Robert Bruce.

LI

Donc, avant d'aller à Calais, le comte Derby s'arrêta quelque temps en Angleterre.

Des lettres qu'il avait reçues d'Édouard III le priaient d'aller voir par lui-même ce qui se passait à Londres et ce qu'il fallait croire d'une prochaine invasion écossaise dont le roi avait entendu parler, et que des messagers de la reine Philippe lui avaient fait pressentir.

Disons tout de suite que l'Écosse était dans un bien pauvre état.

Voici comment Walter Scott s'exprime à ce sujet :

« Il n'y avait plus ni refuge ni protection à trouver dans les lois, à une époque où toutes les questions étaient décidées par le bras le plus vigoureux et la plus longue épée. On ne cultivait plus la terre, puisque, d'après toutes les probabilités, l'homme qui l'aurait ensemencée n'aurait pu en recueillir la moisson. Peu de sentimens religieux se conservèrent au milieu d'un ordre de choses si violent, et le peuple devint si familier avec les actes injustes et sanguinaires, que toutes les lois de l'humanité et de la charité étaient transgressées sans scrupule. Des malheureux étaient trouvés morts de faim dans les bois avec leurs familles, et le pays était si dépeuplé et si inculte, que les daims sauvages quittaient les forêts et approchaient des villes et des habitations des hommes. Des familles entières étaient réduites à manger de l'herbe, et d'autres trouvèrent, dit-on, un aliment plus horrible dans la chair de leurs semblables. Un misérable établit des trappes dans lesquelles il prenait les créatures humaines comme les bêtes fauves et s'en nourrissait. Ce cannibale était appelé Christian du Grappin, à cause du grappin ou crochet qu'il employait pour ses affreuses trappes.

» Au milieu de toutes ces horreurs, continue le romancier historien, lorsqu'il y avait quelque trêve entre eux, les chevaliers écossais et anglais faisaient succéder aux combats des tournois et autres exercices de chevalerie. Le but de ces jeux n'était pas de combattre, mais de prouver qui était le meilleur homme d'armes. Au lieu de faire assaut d'adresse, et de chercher qui sauterait le plus haut ou de disputer le prix d'une course à pied ou à cheval, c'était la mode alors que les gentilshommes joutassent ensemble, c'est-à-dire qu'armés de toutes pièces, tenant leurs longues lances, ils courussent l'un contre l'autre jusqu'à ce que l'un des deux fût enlevé de sa selle et renversé par terre. Quelquefois ils se battaient à pied avec l'épée ou la hache, et, quoique ce ne fussent que des jeux où présidait la courtoisie, on voyait quelquefois périr plusieurs champions dans ces combats inutiles, comme s'ils eussent combattu sur un champ de bataille véritable. »

Quand le comte Derby arriva à Londres, il y avait trêve, ou du moins trêve apparente entre les deux États.

Le comte, après avoir fait part de son expédition à la reine, se rendit à Berwick, où il fit annoncer qu'un grand tournoi aurait lieu, auquel il convoquait tous ceux des chevaliers écossais qui voudraient combattre.

Or, il y avait à cette époque de vaillans hommes en Écosse, et qui ne refusaient jamais ni un combat ni un tournoi.

Le comte Derby avait envoyé des espions en même temps qu'il avait fait annoncer ce tournoi, car, le temps que les chevaliers écossais passeraient à ce tournoi, ils ne pourraient le passer à faire les préparatifs de l'invasion projetée, et lui, le comte Derby, pourrait avertir Édouard, s'il y avait lieu.

Les espions revinrent.

— Monseigneur, dirent-ils au comte, rien n'est plus certain que cette invasion.

— Et qui devait la commander ?

— Le roi David Bruce en personne.

— Et les autres chefs de son armée ?

— Étaient Alexandre Ramsay, William Douglas et le chevalier de Liddesdale.

— Et ces trois chevaliers viendront au tournoi ?

— Oui, monseigneur.

Il n'y avait pas de temps à perdre.

Le comte, au lieu de prévenir Édouard, dont le séjour en France était si utile à la réussite de ses projets, fit prévenir la reine de ce qui se passait, afin que ceux de ses chevaliers qui lui restaient se missent en garde contre cette invasion, et le comte attendit le tournoi.

Les combattans arrivèrent.

Le comte les reçut avec les honneurs dûs à leur rang, et s'adressant à Ramsay, il lui dit :

— Avec quelles armes vous plaît-il que les chevaliers combattent ?

— Avec les boucliers de métal, répondit Ramsay.

— Non, non, répliqua le comte, il y aurait trop peu d'honneur à acquérir avec de pareilles armes. Servons-nous plutôt des armures légères que nous portons les jours de bataille.

— Avec des pourpoints de soie si vous le voulez, répondit Alexandre Ramsay.

On s'en tint aux armures légères.

Le jour du tournoi arriva.

Les principaux chevaliers inscrits étaient, du côté des Écossais, Ramsay, Graham, Douglas et Liddesdale.

Du côté des Anglais, le comte Derby et le baron Talbot.

Chacun de ceux-ci savait que c'était un ennemi véritable qu'il avait à combattre, car le comte Derby ne leur avait pas laissé ignorer les projets de l'Écosse, et il avait même dit à Talbot :

— Baron, vous contenterez-vous de votre armure légère ?

— Oui, avait répondu celui-ci.

— Eh bien ! si vous m'en croyez, vous en mettrez une doublée au moins à la poitrine.

— Pourquoi ?

— Parce que, si nous avons deviné que nous avions des ennemis sérieux dans nos adversaires, ils ne nous épargneront pas ; car, de leur côté, ils doivent bien savoir que nous ne leur sommes guère amis, et le roi d'Angleterre a trop besoin de ses vaillans chevaliers pour que je vous laisse vous exposer sans raison.

— Merci du conseil, monseigneur; je le suivrai.

Si nous sommes entrés dans des détails sur ce tournoi, c'est qu'il fut un des plus meurtriers et des plus beaux de cette époque.

Le comte Derby devait combattre Liddesdale et Ramsay; Talbot, Graham et un autre chevalier écossais dont nous n'avons pas le nom.

Puis venaient d'autres chevaliers, braves, mais moins importans que ceux que nous venons de nommer.

Après plusieurs passes insignifiantes, le chevalier de Liddesdale vint frapper l'écu du comte Derby. Celui-ci sortit de son camp.

Liddesdale n'avait pas fourni deux fois la carrière que, blessé au bras droit, il était forcé de quitter la partie.

Le comte rentra dans son camp aux applaudissemens des spectateurs, et Talbot, qui le remplaça, alla toucher l'écu de sir Patrick Graham, qui était un redoutable champion.

C'est alors que Talbot sut gré au comte du conseil qu'il lui avait donné, car la lance de son adversaire perça sa double cuirasse et s'enfonça d'un pouce dans la chair.

Avec sa cuirasse de guerre, il eût inévitablement été tué.

C'est ainsi que se termina le premier jour.

Le soir, au souper, un chevalier anglais voulut venger la défaite de Talbot, et défia Graham de fournir le lendemain trois fois la carrière contre lui.

— Ah! tu veux te mesurer avec moi, dit celui-ci. En ce cas, lève-toi demain de bonne heure, confesse tes péchés, car le soir tu rendras compte à Dieu.

Le bruit de ce défi se répandit, et le lendemain, quand Graham, déjà vainqueur la veille, reparut dans la lice, tous les yeux se fixèrent sur lui, car on était curieux de savoir s'il gagnerait son sanglant pari.

Patrick Graham s'avança jusqu'au milieu de la lice, et voyant venir à lui son adversaire, il lui cria :

— Avez-vous fait comme je vous ai dit, messire?

— Pas plus que vous, sire.

— Alors vous mourrez sans confession, ce qui est un malheur quand on est sérieusement chrétien comme je crois que vous l'êtes.

Et à peine Graham avait-il dit cela, qu'il prit du champ, assura sa lance, et, courant de toute la course de son cheval sur le chevalier anglais, il lui passa sa lance au travers du corps.

Le chevalier tomba à terre.

Quand on le releva, il était mort.

La chose avait été si rapide et si terrible à la fois, que l'admiration faisait place à l'effroi. Graham se retira au milieu du silence général.

Les applaudissemens n'éclatèrent que lorsque le comte Derby reparut.

Les dames et damoiselles de Saint-Jean-d'Angély avaient bien raison de dire que c'était le plus beau cavalier qu'on pût voir sur un palefroi.

Rien n'était plus élégant que lui lorsqu'il se présenta dans la lice, et cependant il était pâle et son sang bouillait, car il avait soif de venger la mort de celui qu'il venait de voir tuer.

William Ramsay, parent d'Alexandre Ramsay, dont nous avons parlé plus haut, répondit à l'appel du comte.

C'était un aussi brave chevalier que son frère.

Les deux adversaires fondirent l'un sur l'autre.

William visait, comme son prédécesseur, à la poitrine, Le comte visait à la tête.

Les deux lances se brisèrent, les deux chevaux plièrent sur leurs jarrets, mais les deux champions restèrent en selle.

Chacun reprit une lance, et ils recommencèrent.

Cette fois, l'issue ne fut pas la même, quoique tous deux cherchassent toujours.

La lance de William glissa, et celle du comte, traversant le casque de son adversaire, le lui cloua sur le crâne.

William ouvrit les bras et tomba.

Tout le monde le croyait tué, et cependant il respirait encore, mais si faiblement, que la première chose que l'on fit, quand il eut été transporté dans son camp, fut d'aller chercher un prêtre.

William se confessa sans prendre le temps d'ôter son casque.

— Que Dieu m'accorde, dit le comte Derby, qui ne s'occupait plus que de soigner le blessé, de me confesser le casque en tête et de mourir dans mon armure!

Quand la confession fut terminée, Alexandre Ramsay étendit son frère par terre tout de son long, et appuyant son pied droit contre la tête du patient, il réunit toutes ses forces, et tira le morceau de lance en même temps du casque et de la tête.

Après quoi William se leva, et, se frottant la tête, il dit en souriant :

— Allons, cela ira.

Les tournois étaient terminés.

On distribua les prix, dans lesquels le comte déploya toute sa munificence, et chacun s'en retourna d'où il était venu.

Quant au comte, il partit définitivement pour Calais, où il retrouva toutes choses dans le même état.

— Quelles nouvelles, cousin? dit le roi après avoir embrassé le comte.

— Bonnes, sire. L'Écosse se prépare à une invasion en Angleterre.

— Et vous appelez cela de bonnes nouvelles? répliqua Édouard.

— Oui, sire, car tout le pays est prévenu, et s'il ne leur arrive pas malheur, cela m'étonnera bien. Croyez-vous donc, monseigneur, que j'aurais quitté l'Angleterre si votre beau royaume avait couru le moindre danger?

— C'est juste, fit le roi. Attendons ici.

LII

Les choses en étaient là quand surgit un incident nouveau que nous ne pouvons passer sous silence.

Ramsay et Liddesdale étaient de vieux amis et de vieux compagnons d'armes, et ils avaient toujours été côté l'un de l'autre quand il s'était agi de repousser l'invasion des Anglais.

Mais il arriva que dans une des dernières batailles, Ramsay prit d'assaut le château fort de Roxburg, ce qui l'avança encore dans l'amitié du roi.

Au moment où l'invasion allait se faire, quelque temps après le tournoi, David Bruce voulut récompenser ce fait d'armes, et il nomma Ramsay shériff du comté de Roxburg, emploi qui était rempli auparavant par le chevalier de Liddesdale.

L'amitié de celui-ci pour Ramsay ne résista pas à la peine qu'il ressentit en apprenant que le roi le dépossédait pour son ami.

Un jour que Ramsay rendait la justice à Harwick, il fut assailli par une troupe d'hommes armés au milieu desquels il reconnut Liddesdale.

Ramsay fut blessé; mais, convaincu que son ami ne pouvait désirer sa mort, il se fit transporter dans le château solitaire de l'Ermitage, situé au milieu des marais de Liddesdale.

Là, il fut jeté dans un cachot dont la porte fut close pour ne jamais se rouvrir.

A travers les fentes du plafond de ce cachot, au-dessus duquel se trouvait un grenier, tombaient quelques graines qui furent pendant plusieurs jours l'unique subsistance du prisonnier, qui succomba cependant, et dont les ossemens furent retrouvés quatre cents ans après par un maçon qui creusait dans les ruines du château de l'Ermitage.

Quand David Bruce apprit le crime qui avait été commis, il en fut très courroucé et voulut le venger; mais le chevalier de Liddesdale était trop puissant pour être puni; puis le roi avait en ce moment à s'occuper d'autre chose que de punir un homme dont il allait avoir si grand besoin.

Cependant le chevalier garda le souvenir des persécutions que David Bruce avait tentées sur lui, et il se promit de s'en venger un jour si l'occasion s'en présentait.

Pendant ce temps, les préparatifs du roi continuaient.

Il commença par lever une armée considérable, et, convaincu que nul ne savait ses projets, se fiant à l'absence du roi, il entra en Angleterre par les frontières occidentales et marcha sur Durham, ravageant tout sur son passage, et faisant en Angleterre ce qu'Édouard et le comte Derby venaient de faire en France.

David Bruce marcha vers Durham toujours avec la même confiance.

Mais les lords des comtés septentrionaux avaient, de leur côté, rassemblé une armée, et, après avoir défait l'avant-garde de l'armée écossaise, ils tombèrent à l'improviste sur le corps d'armée principal.

L'armée anglaise, dans laquelle il y avait beaucoup d'ecclésiastiques, marchait entonnant des hymnes saints et ayant un crucifix pour étendard.

Dieu protégea ceux qui le prenaient pour guide.

Les Écossais trouvaient à chaque pas des combattans nouveaux qui semblaient sortir de terre comme les soldats de Cadmus.

La reine d'Angleterre était elle-même venue jusqu'en la ville de Neufchâtel sur la Tyne, accompagnée de l'archevêque d'York, de l'archevêque de Cantorbéry, de l'évêque de Durham, de l'évêque de Lincoln, du sire de Percy, du sire de Ros, du sire de Monbray et du sire de Neufville, auxquels, en partant pour Calais, le comte Derby avait fait les plus importantes recommandations.

En même temps arrivaient au secours des Anglais des gens des pays du nord, de Northumberland et de Galles, car chacun avait hâte de combattre les Écossais, tant pour l'amour de la reine que pour le salut du pays.

Quand le roi d'Écosse et ses gens apprirent que les Anglais s'étaient rassemblés à Neufchâtel pour venir contre eux, ils envoyèrent jusqu'à cette ville des coureurs qui brûlèrent sur leur chemin des petits hameaux dont les Anglais voyaient les flammes de l'endroit où ils étaient.

Le lendemain, David Bruce et toute son armée, qui se composait bien de quarante mille hommes, s'en vinrent loger à trois petites lieues de Neufchâtel, en la terre du seigneur de Neufville, et firent dire à ceux qui étaient dans le château que, s'ils voulaient sortir, ils les combattraient volontiers.

Les Anglais y consentirent, et, sortant de la ville, ils se trouvèrent douze cents hommes d'armes, trois mille archers et cinq mille autres hommes parmi les Gallois.

En voyant un si petit nombre, les Écossais, sûrs de la victoire, se rangèrent en bataille, comme faisaient les Anglais de leur côté.

Les Anglais étaient rangés en quatre batailles.

L'évêque de Durham et le sire de Percy commandaient la première.

L'archevêque d'York et le sire de Neufville la seconde.

L'évêque de Lincoln et le sire de Monbray la troisième.

Messire Édouard de Bailleul et l'archevêque de Cantorbéry la quatrième.

La reine Philippe de Hainaut était au milieu de ses gens, comme avait fait quelques années auparavant la comtesse de Montfort, et elle les exhortait à combattre vaillamment pour l'honneur du roi et du royaume.

C'était surtout aux quatre prélats et aux quatre barons qu'elle s'adressait, et ceux-ci n'avaient pas besoin de ces exhortations, car ils n'étaient pas gens à ne pas s'acquitter loyalement de la mission, que leur roi y fût ou n'y fût pas.

Peu après le départ de la reine, qui se retira à Neufchâtel, les batailles se rencontrèrent.

Ce furent les archers qui de part et d'autre commencèrent la besogne; mais les archers écossais ne durèrent pas longtemps. Ce premier choc fut peut-être le plus terrible que l'on retrouve dans des récits de combats.

Chacun faisait si bien de son côté, les Écossais pour réparer les échecs précédens, les Anglais pour tenir la promesse faite à leur reine, que la bataille commencée le matin durait encore à quatre heures du soir.

Sir John Graham offrit de disperser les archers anglais, qui tiraient et tuaient avec leur habileté ordinaire, et par qui la victoire commençait à se décider, si l'on voulait lui confier un corps de cavalerie; mais, quoique le succès d'une tentative semblable eût décidé du succès de la bataille de Bannockburn, il ne put l'obtenir.

Alors le désordre commença à se mettre peu à peu dans l'armée écossaise.

— Sire, dit Alexandre de Ramsay au roi dont il portait la bannière, vous vous exposez trop; vous êtes blessé, retirez-vous.

— Que m'importe! dit David Bruce; nous garderons la place, ou je me ferai tuer comme le dernier de mes archers!

En ce moment, une seconde flèche blessa le roi à l'épaule.

Alors, armé d'une hache, il se précipita au milieu des ennemis comme le plus obscur de ses soldats.

Un homme l'avait reconnu. Cet homme se nommait John Copeland et était gentilhomme du Northumberland.

Il traversa rapidement, et alla droit au roi d'Écosse.

Alors une lutte désespérée s'engagea entre le roi et le gentilhomme, car le premier comprenait que, mort ou pris, il assurait la victoire aux Anglais, et l'autre, que s'il ne s'emparait vite de son adversaire, il serait infailliblement tué par ceux qui viendraient à son secours.

Un violent coup que David Bruce reçut sur le bras droit fit tomber à terre la hache qu'il portait. John Copeland profita de ce moment, et saisit à bras le corps son royal adversaire, qui, voyant cela, parvint par un effort désespéré à s'emparer de son poignard, avec lequel il fit sauter deux dents au gentilhomme; mais celui-ci ne lâcha pas prise, et le roi, épuisé par cette lutte et ses deux blessures, resta au pouvoir du chevalier anglais.

A compter de ce moment, la bataille était finie.

Alexandre de Ramsay vint à l'aide de son maître, mais il ne réussit qu'à se faire tuer sous ses yeux.

John Copeland, avec une vingtaine d'hommes, fendit la presse, et chevaucha si bien, que ce jour-là même il fit quinze lieues, et que le soir le roi David Bruce était enfermé à un château qui s'appelait Châtel Orgueilleux, et qui appartenait à celui qui l'avait pris, et qui jura de ne rendre son prisonnier qu'à Édouard lui-même.

L'aile gauche de l'armée écossaise avait continué de tenir quelque temps après la prise du roi, mais en vain, et elle parvint à exécuter sa retraite sous le commandement du comte de March, le mari de la comtesse de March, qu'on appelait Agnès la Noire, et qui, en l'absence de son mari, avait vaillamment défendu le château de Dumbar contre Salisbury.

Cette défense fut assez remarquable pour que nous fassions ici une digression en sa faveur.

Le comte de March avait embrassé le parti de David Bruce, et s'était mis en campagne avec le régent. La comtesse, que son teint basané avait fait surnommer Agnès la Noire, était la digne fille de Thomas Randolph, comte de Mercy. Le château de Dumbar, qu'elle habitait, était bâti sur une chaîne de rochers qui s'étendaient jusqu'à la mer. Il n'avait qu'un seul passage qui conduisait dans l'intérieur des terres, et ce passage était si bien fortifié qu'il était réputé imprenable.

Cependant, ce château fut attaqué par Salisbury, qui tenta tous les moyens pour s'en emparer.

Il commença par faire avancer des engins qui jetaient d'énormes pierres; mais Agnès la Noire, impassible sur les remparts, ne répondait à ces attaques qu'en essuyant avec un mouchoir blanc les places que les pierres frappaient, comme si cet assaut n'eût servi qu'à faire un peu de poussière.

Alors le comté fit faire une sorte de maison roulante qu'on appelait une truie, dont la forme ressemblait assez au dos d'un sanglier. Cette machine, que l'on roulait contre le château que l'on voulait attaquer, abritait contre les flèches et les pierres des assiégés les soldats qu'elle renfermait, et qui alors tiraient à leur aise ou cherchaient à miner les murs ou à pratiquer une brèche avec des haches et des pioches.

Quand la comtesse vit cet engin approcher des murs du château, elle cria au comte de Salisbury d'un ton moqueur :

> Prends garde à toi, Salisburie,
> Des petits va faire ta truie.

En disant cela, elle faisait un signal, et un énorme fragment de rocher qu'elle avait fait détacher tout exprès fut précipité du haut des murailles sur la truie, dont le toit fut brisé en mille pièces, et Agnès s'écria en voyant fuir les Anglais, qui voulaient éviter la chute des débris et les flèches qu'on leur lançait du château, et contre lesquelles rien ne les garantissait plus :

— Voyez donc toute cette portée de petits porcs anglais !

On juge aisément par la femme de ce que devait être le mari. La retraite s'effectua donc assez bien sous son commandement. Les Écossais laissèrent quinze mille morts environ.

Quand la reine d'Angleterre apprit ce qui s'était passé, elle monta sur son palefroi et s'en vint le plus tôt qu'elle put sur la place où avait eu lieu la bataille. Alors elle demanda ce que le roi d'Écosse était devenu. On lui répondit que John Copeland l'avait pris et mené avec lui.

La reine écrivit alors au chevalier de Copeland de lui amener son royal prisonnier, ajoutant qu'il aurait dû le faire tout de suite.

Elle donna ces lettres à un de ses chevaliers, qui partit aussitôt pour Châtel Orgueilleux.

Madame Philippe revint sur le champ de bataille, où s'était rassemblée toute l'armée anglaise, qu'elle félicita grandement.

Là, le comte de Moret, messire Guillaume de Douglas, messire Robert de Bessi, messire Anebaut de Douglas, l'évêque d'Abredane, l'évêque de Saint-Andrieu, le chevalier de Liddesdale, et enfin tous les nobles prisonniers que les Anglais avaient faits, lui furent présentés.

Le lendemain arriva la réponse de John Copeland.

Elle était formelle.

Il refusait de remettre son prisonnier à tout autre qu'au roi, ajoutant que David Bruce était bien gardé, et qu'il n'y avait garde qu'il s'échappât.

Madame d'Angleterre ne put en tirer autre chose, et ne fut pas contente de l'écuyer.

Elle écrivit au roi le résultat de la bataille, et le roi fit dire à John Copeland de venir lui-même lui rendre compte à Calais de l'heureuse capture qu'il avait faite.

Quand cette nouvelle fut connue, le comte de Liddesdale, celui qui avait fait mourir Alexandre de Ramsay, et qui, comme nous venons de le dire, était prisonnier des Anglais, demanda à parler à la reine.

— Madame, lui dit-il, je voudrais voir le roi d'Angleterre, auquel j'aurais à dire des choses dont il ne peut que me savoir gré. Je viens vous demander de me laisser, sur ma parole, me rendre auprès de lui avec le sire de Copeland, dont je serai le prisonnier.

Ce que le comte de Liddesdale demandait lui fut accordé, et il partit avec le chevalier.

David Bruce resta enfermé dans un château qui se trouvait sur la route de Northumberland et de Galles.

LIII

Quand Édouard vit l'écuyer et qu'il sut que c'était Jean Copeland, il lui fit grande chère, et, le prenant par la main, il lui dit :

— Bien venu est mon écuyer, qui, par sa vaillance, a pris notre adversaire le roi d'Écosse.

— Sire, dit alors John Copeland, ce que j'ai fait, tout autre l'eût pu faire; mais ne me veuillez pas de mal si je n'ai pas rendu mon prisonnier à madame la reine, comme elle me le demandait, car je relève de vous, et c'est à vous que j'ai fait mon serment.

— Le bon service que vous nous avez rendu, dit le roi, vaut bien que vous soyez excusé de toutes choses, et honnis soient tous ceux qui penseraient mal de vous ! Voici ce que vous allez faire. Vous partirez de Calais, vous retournerez en votre maison, vous prendrez votre prisonnier, et le menerez auprès de ma femme. Et, pour vous récompenser, je vous élève au grade de banneret, je vous retiens écuyer de mon corps et de mon hôtel, et vous assigne un revenu de six cents livres à l'esterlin.

— Sire, dit alors John, je ferai comme vous l'ordonnez; mais j'ai emmené avec moi le sire de Liddesdale, qui est aussi votre prisonnier, mais qui a obtenu de madame la reine la permission de venir vous voir et de s'entendre avec vous de sa rançon.

— Eh bien ! amenez-nous ce prisonnier, que nous garderons ici si sa rançon ne nous convient pas, et que nous renverrons si elle nous convient.

Quand l'écuyer fut parti, le chevalier de Liddesdale fut admis auprès du roi.

— Sire, dit-il à Édouard, je ne viens pas seulement pour vous offrir ma rançon, mais pour vous donner un bon conseil.

— Et d'où vient qu'un ennemi, mon prisonnier, veut me rendre un service !

— Cela vient, sire, de ce qu'il a peut-être à se venger de celui ou de ceux au service desquels il s'est fait prendre.

Il paraît que le conseil était bon et le service réel, car, à la fin de cette première entrevue, Édouard dit au comte :

— C'est bien, messire; nous vous remercions de tout ce que vous venez de nous dire, et nous en ferons notre profit. Soyez tranquille, le roi David Bruce est en bonnes mains, et il ne verra de sitôt ce pays où il n'a su rester. Vous êtes libre, messire ; les services comme celui que vous venez de me rendre valent quatre rançons comme celle qu'on vous eût demandée.

Le comte de Liddesdale quitta alors la France et retourna en Écosse, où son voyage à Calais était déjà connu.

Pendant ce temps, John Copeland était revenu en Angleterre, annonçant l'ordre qu'il avait reçu d'Édouard et les dons que celui-ci lui avait faits. Tous ceux qui se trouvaient là lui firent compagnie pour garder le prisonnier pendant sa translation de Châtel Orgueilleux à la ville de Berwick, où se trouvait la reine.

On alla donc prendre David Bruce.

John le présenta à la reine, qui était bien encore un peu courroucée du refus qu'il avait fait de le lui amener plus tôt, mais qui oublia son ressentiment en voyant qu'elle avait obtenu ce qu'elle voulait et en entendant les bonnes raisons que John lui donna.

Alors elle n'eût plus qu'un souci, ce fut de passer en France et de voir son mari et son fils, qu'elle n'avait pas vus depuis longtemps.

Elle pourvut la cité de Berwick, le château de Roxburg, la cité de Durham, la ville de Neufchâtel et toutes les garnisons sur les routes d'Écosse.

Elle confia la garde du pays de Northumberland aux seigneurs de Percy et de Neufville, après quoi elle partit de Berwick, s'en retourna à Londres, emmenant avec elle le roi d'Écosse, le comte de Moret et tous les hauts barons qui avaient été pris.

Son entrée à Londres fut un véritable triomphe, et la joie des Anglais à la vue du roi d'Écosse ne se peut exprimer.

La reine fit enfermer ses prisonniers au fort château de Londres, et elle ordonna les préparatifs de son départ.

Elle partit et arriva heureusement à Calais, où nous allons la retrouver tout à l'heure.

Maintenant, revenons au sire de Liddesdale.

Sa visite au roi d'Angleterre était connue, nous l'avons dit, et les Écossais, en voyant revenir le prisonnier, crurent qu'il avait entamé avec Édouard une négociation relative à la délivrance de leur roi. Mais ils étaient loin de la vérité, et peu à peu l'on crut que cette visite, au lieu d'être un service rendu à l'Écosse, pouvait bien être une trahison.

Alors on se souvint que le comte avait tué Alexandre Ramsay, et qu'il n'avait jamais pardonné au roi David Bruce d'avoir voulu l'en punir.

Les suppositions étaient donc en chemin de devenir des certitudes, lorsqu'un matin William de Douglas, son parent et son filleul, lui proposa une partie de chasse dans la forêt d'Ettrick.

Le chevalier de Liddesdale était grand chasseur : il accepta.

Le soir, on rapportait le cadavre du chevalier.

William de Douglas l'avait tué.

Et ce fut heureux, car on oublia la dernière action de sa vie pour ne se souvenir que des services qu'il avait rendus et de sa mort malheureuse et fortuite.

Le siége se tenait toujours devant Calais, et les Anglais avaient fort à faire.

En effet, le roi de France, qui venait d'échouer dans le secours qu'il avait donné à l'Écosse, avait si bien garni les forteresses des comtés de Guines, d'Artois et de Boulogne, et les environs de Calais ; il avait mis sur mer tant de Génois et de Normands, que les Anglais, qui voulaient sortir de leur ville pour chercher aventure, faisaient souvent de dures et dangereuses rencontres.

Un siége définitif n'avait pas lieu, il est vrai, mais il ne se passait pas de jour sans qu'il n'y eût quelque escarmouche avec des morts, soit d'un côté, soit de l'autre.

Aussi le roi d'Angleterre et son conseil passaient-ils les jours et les nuits à faire des engins et à combiner des machines pour mieux attaquer et presser ceux de Calais. Mais rien ne venait à bout de ceux-ci, et les affamer était décidément l'unique moyen que pussent employer les assiégeans.

Mais à ce moyen il y avait un empêchement, car il y avait deux hommes, deux mariniers, se transformant comme des Protées, échappant comme des ombres, et qui ravitaillaient continuellement la ville.

Ces deux hommes se nommaient l'un Marant, l'autre Mestriel.

Les Anglais avaient été longtemps sans se rendre compte de la façon dont les vivres parvenaient aux Calaisiens ; mais ils avaient fini par surprendre les deux hommes que nous venons de nommer en flagrant délit de commerce avec la ville.

Alors ils les avaient poursuivis ; mais autant eût valu poursuivre des fantômes ou vouloir saisir l'insaisissable Protée.

Les deux mariniers échappaient toujours, et non-seulement ils échappaient, mais, comme ils connaissaient mieux la mer et les routes que les Anglais, ils les attiraient dans des écueils ou les faisaient tomber dans des embuscades, ni plus ni moins que les chants des sirènes et les échos de la Loré-Ley.

Cela dura longtemps, car le roi d'Angleterre séjourna encore tout l'hiver devant Calais, et l'on finit par renoncer à vouloir s'emparer de ces deux hommes, qui étaient cependant devenus l'unique secours des Calaisiens.

Édouard III, tout le temps que dura ce siége, s'occupa sans cesse de rester en amitié avec les communautés de Flandre, car son avis était que c'était par eux qu'il en arriverait le plus aisément à ce qu'il voulait.

Enfin, le roi d'Angleterre leur fit tant de promesses, que les Flamands, qui, du reste, ne demandaient pas mieux, se laissèrent émouvoir.

Ils demandèrent en échange de leur secours que le roi leur rendît Lille, Douai et ses dépendances.

Le roi leur promit ce qu'ils demandaient, et ils vinrent mettre le siége devant Béthune.

Celui qui les commandait était un capitaine nommé messire Oudart de Renty, qui avait été banni de France, et qui avait tourné ses armes contre Philippe.

Mais ceux qui la défendaient étaient quatre braves chevaliers, Geoffroi de Chargny, Baudoin Dennefrin, Jean de Handar, et notre vieille connaissance Eustache de Ribeaumont.

LIV

La ville de Béthune était si bien défendue par les quatre chevaliers que nous venons de nommer, que les Anglais ne purent rien sur elle.

Alors Édouard III en revint à sa première combinaison, c'est-à-dire à vouloir que Louis de Male, devenu comte de Flandre par la mort de son père, tué à Crécy, épousât sa fille Isabelle.

C'était hardi.

De quelque intérêt que soit une combinaison politique, elle devient au moins difficile quand il s'agit de faire épouser à un homme la fille de celui qui a tué son père.

Il faut ou que les intérêts soient bien puissans, ou que ce soit un bien mauvais fils, ou que la femme soit bien belle.

Cependant, le commun de Flandre, ne voyant que les grands avantages à tirer de cette alliance, et se rappelant la promesse faite par Gérard Denis, s'accordait entièrement à consentir à ce mariage, et ne se cachait pas de dire qu'il le désirait, ce dont se réjouissait fort Édouard, car par ce moyen il s'aiderait bien mieux et bien plus sûrement de la Flandre, de même qu'il semblait, et avec raison, aux Flamands, que s'ils avaient l'Angleterre pour alliée, ils pourraient hardiment résister au roi de France, dont la protection était loin de pouvoir leur être aussi profitable que l'autre.

D'un autre côté, le comte Louis de Male, qui avait été élevé à la cour de France, disait ce que nous disions tout à l'heure, c'est-à-dire qu'il n'épouserait jamais la fille de l'homme par qui son père était mort.

Une seconde difficulté se présentait.

C'était le duc Jean de Brabant, qui désirait fortement que le jeune comte prît sa fille pour femme, et qui prenait l'engagement vis-à-vis du prince de le faire jouir entièrement de la comté de Flandre. Puis le duc faisait entendre en même temps que, si ce mariage avait lieu, il ferait tant que tous les Flamands seraient de son accord et contraires au roi d'Angleterre. Ce qui faisait que le roi de France consentait au mariage de Brabant.

Quand le duc eut le consentement du roi de France, il envoya de grands messagers en Flandre, adressés aux bourgeois les plus influens. Bref, il colora si bien les raisons qu'il leur donnait, que les conseils des bonnes villes de Flandre mandèrent le jeune comte leur seigneur, en lui faisant dire que s'il voulait venir en Flandre et suivre leur conseil, ils seraient ses bons et loyaux sujets, et lui délivreraient toutes les justices et juridictions de Flandre, plus et mieux que nul comte n'avait eu avant lui.

Le comte arriva, et fut reçu avec grande joie.

Mais, à peine Édouard III apprit-il ce qui se passait, qu'il envoya aussitôt en Flandre le comte de Norhantonne, le comte d'Arondel et le seigneur de Cobehen, lesquels parlementèrent tant et pourchassèrent si bien les communautés de Flandre, qu'il y eut revirement, et que les Flamands, malgré tout ce qu'ils avaient dit, eurent plus cher que leur sire prît à femme la fille du roi d'Angleterre que la fille du duc de Brabant.

On voit qu'à cette époque la politique se faisait encore avec une touchante naïveté.

Cependant, si bon que fût le conseil, le comte ne voulut pas le suivre, répétant toujours que rien au monde ne le contraindrait à épouser la fille de l'homme dont les prétentions avaient tué son père.

Les conseillers eurent beau dire au jeune comte que si son père avait suivi les conseils qu'on lui donnait, il eût fait alliance avec Édouard et ne fût pas mort, le fils fût inébranlable dans sa volonté.

Alors, voyant qu'ils n'obtenaient rien par le raisonnement, les Flamands employèrent le dernier moyen qui leur restât, ils prirent le comte et le mirent dans une prison courtoise, mais qui était cependant bien une prison, et lui dirent, avec le respect qu'ils avaient pour leur maître, que ce qu'ils faisaient était pour son bien, et que, puisqu'il ne s'y prêtait pas de bon gré, ils voulaient qu'il fût heureux de force.

Le comte tint bon quelque temps; mais il n'était pas habitué à la réclusion, et il finit par changer d'avis. Il dit donc aux Flamands qu'il suivrait leur conseil, car plus de biens devaient lui venir d'eux que de nul autre pays.

Ces paroles enchantèrent les Flamands, qui ouvrirent la prison et lui laissèrent reprendre une partie de ses habitudes, comme d'aller chasser des oiseaux d'eau sur le bord des rivières, distraction que le prisonnier aimait fort, et de laquelle il lui coûtait fort d'être privé. Mais ils ne cessèrent pas pour cela de le surveiller, et sa prison était en plein air au lieu d'être entre quatre murs, car « ils le guettaient de si près qu'à peine pouvait-il aller pisser, » dit Froissard.

Cela dura ainsi jusqu'à ce que les Flamands eussent fait dire au roi et à la reine, qui se tenaient devant Calais, de se rendre à l'abbaye de Bergues pour conclure le mariage, accepté enfin par le comte.

On prit donc jour pour que les deux parties se trouvassent entre Neuport et Gravelines.

Là vinrent les hommes les plus notables des bonnes villes de Flandre, amenant leur jeune seigneur, qui s'inclina courtoisement devant le roi et la reine d'Angleterre, arrivés avant lui, et traînant à leur suite une grande foule.

Édouard prit le comte par la main, et s'excusa de la mort de son père avec ces paroles douces et bienveillantes qu'il trouvait si bien, ajoutant qu'il avait voulu ne pas entendre parler du comte de Flandre ni le premier ni le second jour de la bataille de Crécy.

Louis de Male sembla très satisfait des raisons que lui donnait Édouard, et il ne fut plus question que du mariage et de ses clauses.

Puis on discuta sur certains traités à faire et certains engagemens à tenir, après quoi le comte fut fiancé à madame Isabelle, fille du roi d'Angleterre, et promit de l'épouser.

Le mariage fut remis à une époque où l'on aurait plus grand loisir de le faire, et les Anglais s'en retournèrent devant Calais, tandis que les Flamands s'en allaient en Flandre, chaque parti enchanté l'un de l'autre.

Les choses demeurèrent en cet état.

Le reste du temps, jusqu'au jour fixé pour le mariage, ne fut plus employé par le roi d'Angleterre qu'à faire les préparatifs nécessaires pour donner une grande pompe à cette fête, et qu'à choisir les beaux et riches joyaux dont il comptait faire des présens à cette occasion.

La reine, qui s'en voulait bien acquitter aussi, passa en largesses toutes les dames de son temps.

Le jeune comte, revenu en Flandre, continua cette distraction qui lui agréait si fort, et qui, comme nous l'avons dit, consistait à aller chasser des oiseaux d'eau sur le bord des rivières. Il paraissait enchanté du mariage convenu, et l'acceptait même avec bien plus de plaisir que ne l'eussent pensé ceux qui le lui conseillaient.

Les Flamands, convaincus par la franchise de leur seigneur, ralentissaient quelque peu leur surveillance, qui, après les choses qui s'étaient passées, eût fini par paraître une insulte.

Le mardi 3 avril, jour des fêtes de Pâques, arriva.

Huit jours après devait avoir lieu le mariage.

Le matin du 3 avril, il faisait un temps magnifique. Aussi le comte se leva-t-il de bonne heure et envoya-t-il quérir son fauconnier, qui arriva en toute hâte.

Tous deux se mirent en route. Tous deux étaient à cheval.

Ils cheminaient ainsi depuis quelque temps quand le fauconnier, voyant se lever un héron, lui lança l'oiseau chasseur, et le comte en fit autant.

Les deux faucons se mirent en chasse, et Louis de Male après eux.

— Qui l'aura? qui l'aura? répétait-il.

Et éperonnant son cheval, il avançait toujours, laissant derrière lui le fauconnier, qui était loin d'être aussi bien monté que le prince.

Quand il se crut à une certaine distance, il se retourna, et voyant que, quoi qu'ils fissent, ses gardes ne le pourraient rejoindre, il enfonça ses éperons dans le ventre de son cheval et prit les champs.

On tenta d'abord de le poursuivre, mais on s'aperçut bientôt que la chose était inutile.

Le comte passa en Artois, où il était en sûreté. De là, il se rendit auprès de Philippe VI, auquel il raconta comment il avait été forcé de faire ce qu'il avait fait, et comment, par amour pour lui, il avait échappé à la prison et au mariage.

Le roi de France le félicita de son courage et de sa fidélité.

Quant à Édouard, quand il apprit la fuite du comte, comme il savait parfaitement que les Flamands n'y étaient pour rien, et comme d'ailleurs son intérêt était que son alliance avec eux fût maintenue, il accepta facilement les excuses qui lui furent faites, et, en attendant, ne s'occupa plus que de son siége de Calais.

On eût dit vraiment que le roi comptait passer le reste de sa vie devant cette ville, tant il parlait peu de s'en aller et tant il en faisait comfortablement le siége.

Il tenait là sa cour comme à Londres, et c'étaient tantôt des chevaliers de Flandre et de Brabant, tantôt des chevaliers de Hainaut et d'Allemagne qui le venaient visiter, et qu'il comblait de présens.

En ce même temps revint de Prusse le sire Robert de Namur, que le sire de Spontin venait de faire chevalier en la terre Sainte.

Robert de Namur était jeune et brave, aimant les exploits de guerre et les belles appertises d'armes.

De plus, il ne s'était engagé vis-à-vis d'aucun des deux rois qui combattaient l'un contre l'autre, mais comme il était le neveu de Robert d'Artois, qu'Édouard avait si bien accueilli, ses penchans le portaient vers l'Angleterre.

Il réunit donc les chevaliers et écuyers dont il pouvait disposer, et, richement ordonné, il se mit en route ainsi qu'il convenait à un seigneur comme lui.

Il marcha ainsi jusqu'à ce qu'il arrivât au siége de Calais, où il fit part au roi de l'amour qu'il avait conçu de lui pour la protection qu'il avait donnée à son oncle, et où il lui offrit ses services et ceux des chevaliers et écuyers qui l'accompagnaient.

Robert de Namur devint donc féal du roi d'Angleterre, qui lui assigna une pension de trois cents livres à l'esterlin, payable à Bruges.

On se rappelle qu'une trêve avait été conclue, après le siége de Rennes, entre le roi de France et le roi d'Angleterre, pour ce qui regardait les hostilités de Charles de Blois et de la comtesse de Montfort.

Quand ces trêves furent expirées, chacun se remit à l'œuvre de plus belle, le roi de France confortant Charles de Blois, et le roi d'Angleterre aidant la comtesse de Montfort, ainsi que tous deux s'y étaient engagés.

Édouard avait donc envoyé du siège de Calais au secours de la comtesse deux braves et vaillans chevaliers, nommés Thomas d'Angourne et Jean de Hartuelle.

Deux cents hommes d armes et quatre cents archers accompagnaient ces deux capitaines, et cette troupe de renfort ne s'arrêta que lorsqu'elle eut rejoint la comtesse à Hennebon.

Ils trouvèrent là un chevalier de la Basse-Bretagne qui se nommait Tanguy du Chastel avec lequel ils firent souvent des chevauchées et des sorties contre les gens de messire Charles de Blois, et sur le pays qui lui appartenait.

Tantôt c'étaient les uns qui gagnaient, tantôt c'étaient les autres. Ce qu'il y avait de plus clair, c'est que le pays était gâté, couru, pillé, et que les pauvres gens en souffraient.

Or, il advint un jour que, pour mieux utiliser leur temps, les trois chevaliers, Thomas d'Angourne, Jean de Hartuelle et Tanguy du Chastel, s'en allèrent avec une grande quantité de gens d'armes à cheval et de soudoyers à pied attaquer une bonne et forte ville appelée la Roche-Derrien, et dont la première résistance fut si belle qu'elle ne laissa pas grand espoir aux assiégeans.

LV

Mais, comme toujours, la fatalité vint au secours des Anglais.

Le hasard voulut, en effet, que dans cette ville il y eût trois fois plus d'Anglais que de Français, de sorte qu'en voyant la ville assiégée par leurs compatriotes, les Anglais s'emparèrent du capitaine, nommé Tassart de Guines, et lui dirent tout simplement qu'ils le tueraient s'il ne passait aux Anglais avec eux.

Tassart était brave, mais brave seulement quand la mort est une chose utile et vient comme un adversaire sur un champ de bataille, et non quand, comme un larron, elle vous tue dans l'ombre et prend sur votre cadavre ce que vous lui refusez.

Tassart de Guines fit donc ce que voulaient ceux qui l'avaient pris, en récompense de quoi les Anglais, qui repartaient pour Hennebon, le laissèrent capitaine de la ville, mais ne poussèrent cependant pas la confiance jusqu'à ne pas augmenter sa garnison d'une quantité d'hommes suffisante pour le maintenir dans les nouvelles résolutions qu'il venait de prendre.

Quand messire Charles de Blois apprit ce qui venait de se passer, il jura qu'il n'en serait pas ainsi. Il manda donc en Bretagne et en Normandie les seigneurs qui étaient de sa partie, et il fit un si grand amas de gens d'armes qu'il réunit bien seize cents armures de fer et douze mille hommes de pied.

Il y avait bien dans cette armée quatre cents chevaliers, dont vingt-trois baronnets au moins, qui mirent immédiatement le siège devant la Roche-Derrien.

Les émigrés, voyant qu'ils n'étaient pas de force à tenir contre une si grande masse de gens, envoyèrent messagers sur messagers à la comtesse de Montfort pour lui demander du secours.

La comtesse réunit à son tour mille armures de fer et huit mille hommes de pied, dont elle donna le commandement à Thomas d'Angourne, à Jean de Hartuelle et à Tanguy du Chastel.

En partant, les trois chevaliers lui dirent qu'ils ne reviendraient pas sans avoir fait lever le siège de la ville. Quand les hommes de la comtesse se trouvèrent à deux lieues de l'armée française, ils se logèrent sur la rivière de Jauli, dans l'intention de combattre le lendemain. Mais quand ils eurent pris un peu de repos, messire Thomas d'Angourne et Jean de Hartuelle ne purent tenir en place, et, prenant environ la moitié de leurs gens, ils les firent armer et monter à cheval sans bruit, et minuit sonnait lorsqu'ils tombèrent sur l'un des côtés de l'armée de Charles de Blois.

Ils y causèrent grand dommage, abattant et tuant; mais ils ne surent pas se retirer à temps, de sorte que toute l'armée put s'armer à son tour, et qu'il leur fallut accepter la bataille que leur livraient des troupes nouvelles et fraîches.

Ce furent alors les Anglais qui plièrent.

Messire Thomas d'Angourne fut pris et blessé deux fois, et finit par rester au pouvoir des Français. Jean de Hartuelle parvint à s'échapper avec quelques-uns de ses gens, mais la plus grande partie demeurèrent morts ou prisonniers.

Jean et ses compagnons revinrent annoncer cette triste nouvelle à Tanguy, juste au moment où le sire Garnier de Quadudal, qui n'avait pu venir plus tôt, arrivait avec cent armures de fer.

— Que se passe-t-il ? demanda le nouvel arrivant.

On lui raconta l'échec que les gens de la comtesse venaient d'essuyer.

— N'est-ce que cela? dit-il.

— Vous en parlez bien à votre aise, dit Jean de Hartuelle; on voit bien, messire, que vous arrivez, et que vous n'aviez pas, comme nous, treize mille hommes sur le dos.

— Eh bien ! répliqua Garnier, savez-vous ce qui nous reste à faire?

— Dites.

— Suivrez-vous mon conseil?

— S'il est bon.

— Faites aussitôt armer tous vos gens de cheval et de pied. Vos ennemis se reposent de leur victoire, et ne vous attendent certes pas en ce moment. Profitons de leur confiance, et tombons sur leur armée. Je vous réponds du succès.

Le conseil était bon. Il fut accepté.

Tout le monde prit les armes.

Ceux qui étaient à cheval allaient devant; les gens de pied les suivaient.

Le soleil se levait au moment où ils tombaient sur le camp français, dont les soldats dormaient et se reposaient dans une tranquillité parfaite.

Les Anglais commencèrent par abattre les tentes, nefs et pavillons. Ils tuaient à leur aise, ce que nous faisons ressemblait plutôt à une boucherie qu'à une bataille. Plus de deux cents chevaliers français restèrent sur la place avec quatre mille autres gens. Charles de Blois et tous les braves de Bretagne et de Normandie furent pris.

Quant à Thomas d'Angourne, on n'eut pas besoin de le reprendre : il alla bien tout seul rejoindre ses compagnons, en sorte qu'il n'eut pas à se plaindre de sa longue captivité.

Jamais il ne fut donné à des ennemis de tuer en aussi peu de temps tant de braves et nobles gens, car messire Charles de Blois perdit là la fleur de son pays.

C'était une grande victoire pour la comtesse de Montfort, et l'on eût pu croire que la prise de Charles de Blois allait mettre fin aux hostilités ; mais la duchesse de Bretagne sa femme prit la survivance, et la guerre se trouva entre ces deux dames, la duchesse de Bretagne et la comtesse de Montfort.

Maintenant, laissons les uns se désespérer, les autres se réjouir de cette aventure, et revenons au roi Philippe, qui était battu de quelque côté qu'il se tournât.

Le roi de France, voyant la persistance avec laquelle Édouard tenait le siège de Calais, apprenant tous les jours ce que les assiégés avaient à souffrir, songea à en finir tout d'un coup, et à combattre Édouard, et à lui faire lever le siège, si cela se pouvait.

Il commanda donc par tout son royaume que tous les chevaliers et écuyers se trouvassent en la cité d'Amiens ou près de là le jour de la fête de la Pentecôte.

Nul ne manqua à l'appel, nul ne fit défaut au rendez-vous, car, quelque blessure qu'on lui fît, quelque échec qu'il essuyât, le royaume de France était pourvu de si bonne et si loyale chevalerie, qu'il n'en pouvait jamais être dégarni.

Là se trouvaient donc le duc de Normandie, le fils aîné du roi, qui n'avait voulu reprendre les armes qu'après que l'on avait eu délivré Gautier de Mauny.

Le duc d'Orléans, son fils puîné.

Le duc Eudes de Bourgogne, le duc de Bourbon, le comte de Foix, messire Louis de Savoie, messire Jean de Hainaut, le comte d'Armagnac, le comte de Forest, le comte de Valentinois, et tant de comtes et de barons que ce serait merveille à écrire.

Quand tout le monde fut réuni, et que les conseils furent ouverts à cette fin de savoir comment l'on pourrait conforter ceux de Calais, il fut reconnu que cela ne se pouvait qu'autant qu'une alliance aurait été faite avec les Flamands et qu'une porte serait ouverte aux Français du côté de Gravelines.

Philippe VI envoya donc aussitôt des messagers en Flandre pour en traiter avec les Flamands.

Mais le roi d'Angleterre avait à cette époque tant de bons amis en Flandre, que jamais ils n'eussent octroyé cette courtoisie à son adversaire.

Et cependant les propositions de celui-ci étaient belles. En effet, il offrait de faire lever l'interdit jeté sur la Flandre;

D'y entretenir le blé pendant six ans à un très bas prix;

De leur faire porter des laines de France, qu'ils manufactureraient, avec le privilége de vendre en France les draps fabriqués de ces laines, exclusivement de tous autres, tant qu'ils en pourraient fournir;

De leur rendre les villes de Lille et de Béthune;

De les défendre envers et contre tous, et, pour sûreté de cette promesse, de leur envoyer de grandes sommes d'argent;

Enfin, de donner des places avantageuses aux jeunes gens bien constitués qui ne jouissaient pas d'une fortune commode.

Les Flamands n'ajoutèrent point foi à ces promesses, et les rejetèrent, disant que le roi de France ne promettait que pour obtenir.

Quand Philippe vit cela, il ne voulut cependant pas abandonner son entreprise ni avoir fait venir pour rien tant de nobles et vaillans chevaliers.

Il annonça donc que l'on s'avancerait du côté de Boulogne.

Le roi d'Angleterre, qui tenait là son siège, et qui étudiait tous les jours afin de savoir comment il pourrait le mieux contraindre ceux de Calais, avait bien entendu dire que le roi Philippe faisait un grand amas de gens d'armes et le voulait venir combattre, de sorte que ne pouvant attaquer sans folie d'un côté, et près d'être attaqué de l'autre, il eut à réfléchir longuement.

Ce qui lui faisait prendre patience, c'était que la ville de Calais était mal pourvue de vivres, car les deux mariniers avaient, malgré leur adresse et leur zèle, grand'peine à entretenir la ville.

Alors, pour leur fermer le passage de la mer, Édouard fit charpenter un châtel haut et grand, et le fit si bien garnir qu'on ne le pouvait entamer.

Ce fort était situé sur une langue de terre à l'embouchure du havre, à peu près où est maintenant le Risban.

Quelque temps après la construction de ce châtel, les Anglais apprirent qu'il y avait en mer un convoi de vivres pour les Calaisiens. Gauthier de Mauny, les comtes d'Oxford, de Norhantonne, de Pembrocke et plusieurs autres s'embarquèrent avec un corps de troupes, le lendemain de la Saint-Jean-Baptiste, et renconcontrèrent ce convoi en deçà du Crotoy.

Il se composait de quarante-quatre vaisseaux de même grandeur, dont dix galères, qui prirent aussitôt le large. Plusieurs se réfugièrent au Crotoy, mais il y en eut douze qui échouèrent, et dont les équipages périrent.

Le lendemain, quand le jour parut, les Anglais voyant sortir de Calais deux vaisseaux, leur donnèrent aussitôt la chasse. L'un rentra dans le port, l'autre échoua, et l'on y fit prisonnier le patron des galères génoises, dix-sept Génois, et environ quatre cents autres personnes.

Au moment où il allait être pris, le patron jeta à la mer, attachée à une hache, une lettre que le gouverneur écrivait au roi de France.

Ce qu'il venait de faire n'avait pas échappé à Gautier de Mauny, qui comprit tout de suite de quelle importance devait être cette lettre.

Le lendemain, au moment où la marée descendait, un homme errait sur les bords de la mer avec une grande anxiété. Cet homme suivait de l'œil les flots qui s'éloignaient de lui, et il sondait d'avance les profondeurs des vagues qui fuyaient.

Cet homme, c'était Gautier de Mauny, à qui il avait semblé la veille, à en juger par l'endroit où la lettre avait été jetée, que la mer devait, le lendemain en se retirant, la laisser à découvert sur le sable.

Gautier ne s'était pas trompé.

Il poussa tout à coup un cri de joie : il venait d'apercevoir la hache à laquelle le papier avait été attaché, et le papier y était encore.

Il s'en empara, et voici ce qu'il lut :

» Très cher et très aimé seigneur,

» Je me recommande à vous tant que je le puis. S'il » vous plaît de savoir l'état de votre ville de Calais, sachez » qu'à l'heure où nous faisons cette lettre nous sommes » tous encore sains et saufs, et que nous conservons la vo- » lonté de vous servir et de faire tout ce qui peut contri- » buer à votre honneur et à votre profit.

» Mais, hélas ! très cher et très aimé seigneur, sachez » que si les gens sont encore sains, la ville est loin d'être » comme les gens : elle manque de blés, de vins, de vian- » des. Sachez que nous en sommes déjà arrivés à manger » les chiens, les chats et les chevaux, et que, si cela con- » tinue quelque peu, nous allons manger les hommes, » puisque vous nous avez écrit de tenir la ville tant qu'il » y aurait à manger.

» Maintenant, nous n'avons point de quoi vivre.

» Nous avons donc résolu, si nous n'avons un prompt » secours, de sortir de la ville pour vivre ou mourir, car » nous aimons mieux mourir en combattant que de nous » manger les uns les autres.

» C'est pourquoi, très cher et très honoré maître, appor- » tez à cela le remède qui vous est en votre pouvoir, car cette » lettre sera la dernière que vous pourrez recevoir de nous, » et votre ville sera perdue, ainsi que nous qui sommes » dedans. »

LVI

Après avoir pris connaissance de cette lettre, le roi d'Angleterre fit tant qu'il obtint des Flamands qu'ils sortiraient de Flandre, au nombre de cent mille, et viendraient mettre le siège devant la bonne ville d'Aire, ce qu'ils ne firent pas sans ravager préalablement le pays qu'ils avaient à parcourir avant d'arriver à cette ville.

C'est ainsi qu'ils brûlèrent Saint-Venant, Mureville, la Gorgne, Estelles, le Ventis, et une frontière que l'on appelle la Loeve, jusqu'aux portes de Saint-Omer et de Thérouenne.

Le roi de France, voyant cela, s'en vint loger dans la ville d'Arras, et envoya une grande quantité de gens d'armes pour renforcer les garnisons de l'Artois. Il mit Charles d'Espagne, qui exerçait alors la fonction de connétable par commission, à Saint-Omer, car le comte d'Eu et de Guines, qui était connétable de France, était, ainsi qu'on doit se le rappeler, prisonnier du roi d'Angleterre.

Quand les Flamands eurent couru les basses frontières de la Lœve, le roi Philippe résolut d'aller avec toute son armée devant Calais, car, quoique la lettre de Jean de Vienne ne lui fût pas arrivée, il ne doutait pas que les assiégés ne fussent dans un état pitoyable, et il voulait tenter tous ses efforts pour les délivrer de ce siége.

En outre, il n'ignorait pas qu'Édouard leur avait fermé le passage de la mer, ce qui ne contribuait pas peu à amener la perte définitive de la ville.

Philippe partit donc d'Arras et prit la route d'Hesdin. Son armée tenait trois grandes lieues de pays.

Quand le roi se fut reposé un jour à Hesdin, il arriva le lendemain à Blangis, où il s'arrêta pour savoir quel chemin il prendrait. Quand sa route fut décidée, il repartit avec tous ses gens, qui montaient bien à deux cent mille hommes, et, après avoir traversé le comté de Fauquenbergue, il arriva droit sur le mont de Sangattes, entre Calais et Wissant.

Les Français ne se cachaient pas, ils chevauchaient en plein jour et bannières déployées, comme s'ils eussent dû combattre quelques heures plus tard.

Quand ceux de Calais virent cette imposante armée, ils furent en grande joie, car ils crurent à leur délivrance prochaine; mais quand ils virent les Français s'arrêter et se loger au lieu de continuer leur chemin vers les Anglais, ils furent encore plus courroucés qu'auparavant.

Quand Édouard sut que son royal adversaire arrivait à grand renfort de troupes pour le combattre et l'assiéger sous la ville de Calais, qui lui avait déjà coûté tant de peine, et qui en était arrivée à ne pouvoir plus tenir longtemps, il chercha naturellement tous les moyens qui pouvaient empêcher Philippe d'en arriver à ses fins.

Édouard savait que le roi ne pouvait venir ni approcher de la ville de Calais que par deux passages : par les dunes, sur le rivage de la mer, ou par-dessus, où il y avait une grande quantité de fossés, de tourbières et de marais qui eussent rendu ce chemin impénétrable sans un pont que l'on appelait le pont de Nieulay.

Voilà ce que fit alors le roi d'Angleterre.

Il fit retirer tous ses vaisseaux devant les dunes, il fit garnir lesdits vaisseaux de bombardes, d'arbalètes, d'archers et d'espingoles.

Il envoya son cousin le comte Derby loger sur le pont de Nieulay, à grand renfort de gens d'armes et d'archers, afin que les Français n'eussent d'autre passage que les marais, qui, comme nous l'avons dit, étaient infranchissables.

Entre le mont Sangattes et la mer, de l'autre côté, il y avait une haute tour que gardaient trente-deux archers anglais, et qui défendait en cet endroit, et pour plus de sûreté, le passage des dunes contre les Français.

Quant à la tour, elle était fortifiée de doubles fossés, et à peu près imprenable.

Quant les Français furent logés sur le mont de Sangattes, les gens des communautés aperçurent cette tour. Ceux de Tournay, qui étaient bien quinze cents, vinrent pour l'assaillir. Dès que les archers qui la gardaient les virent approcher, ils tirèrent sur eux et en tuèrent quelques-uns.

Alors il y eut assaut, et assaut terrible, car les Anglais se défendaient aussi bien que les Tournaisiens attaquaient. A chaque minute, un des assiégeans tombait; mais ceux-ci étaient en nombre et n'en revenaient que plus courroucés à l'assaut. Enfin ils franchirent les fossés et arrivèrent jusqu'à la motte de terre sur laquelle était assise la tour.

Tous ceux qui se trouvaient dedans furent tués.

Cette première prouesse d'armes était d'un bon augure pour les Français et leur donna de l'espoir.

Philippe envoya donc immédiatement le seigneur de Beaujeu et le seigneur de Saint-Venant pour aviser et regarder comment et par où son armée pourrait passer le plus aisément, afin d'approcher les Anglais et de les combattre.

Les deux maréchaux allèrent et revinrent en disant ce que nous savons déjà, c'est-à-dire qu'ils ne pouvaient risquer d'approcher les Anglais sans être certains de perdre la plupart de leurs gens.

Le lendemain, Philippe envoya des messages au roi d'Angleterre par le conseil de ses maréchaux.

Ces messages passèrent par le pont de Nieulay, que le comte Derby avait fait ouvrir aux messagers.

Ces messagers étaient Geffroy de Chargny, messire Guy de Nelle, le sire de Beaujeu et Eustache de Ribeaumont.

En passant, les quatre chevaliers avisèrent bien et considérèrent comment le pont était gardé, ce qui ne leur donna pas grand espoir, car le comte Derby avait admirablement organisé la garde de ce passage.

Les ambassadeurs trouvèrent le roi entouré de sa baronnie, s'inclinèrent, et messire Eustache de Ribeaumont s'avança et prit la parole.

— Sire, dit-il, le roi de France nous envoie par devers vous, et vous signifie qu'il est arrêté sur le mont de Sangattes pour vous combattre; mais il ne peut ni voir ni trouver voie par laquelle il puisse venir jusqu'à vous, et cependant il en a grand désir pour désassiéger sa ville de Calais. Il vous demande donc de réunir son conseil au vôtre, et l'on avisera de l'endroit où l'on se pourra combattre. Voilà, sire, ce que nous étions chargés de vous dire de sa part.

Édouard répondit :

— Je remercie le roi Philippe VI de vous avoir envoyé à moi, car je ne connais aucun messager qu'il me soit plus agréable de voir que vous, messire Eustache de Ribeaumont. Cependant, vous venez au nom de mon adversaire, qui retient à tort un héritage qui m'appartient. Dites-lui donc, messire, qu'il y a un an que je suis ici, qu'il pouvait venir plus tôt, qu'il ne l'a pas fait, et m'a laissé par conséquent bâtir toute une ville et dépenser de grandes sommes. Dans peu de temps je serai maître de la ville. Ce n'est donc pas le moment d'aller risquer l'aventure d'un combat, quand j'ai ici la certitude d'une victoire. Dites-lui que du reste il ne se rebute pas, ajouta Édouard en souriant, et que, s'il n'a pas encore trouvé de chemin, qu'il cherche, et qu'il en trouvera peut-être un.

Les messagers virent bien qu'ils n'emporteraient pas d'autre réponse, et ils se retirèrent.

Le roi les fit accompagner jusqu'au bout du pont, et ils rapportèrent à Philippe ce qui leur avait été répondu, ce qui jeta le roi de France dans une grande consternation, car il n'y avait plus aucun moyen humain de sauver Calais.

Pendant ce temps arrivèrent, envoyés par le pape Clément, deux légats, qui étaient Annibal Ceccano, évêque de Tusculum, et Étienne Aubert, cardinal au titre de Saint-Jean et de Saint-Paul.

Plusieurs tentatives avaient déjà été faites par Clément VI, qui, depuis le commencement de la guerre, n'avait cessé de chercher à concilier les deux rois. Il avait même été jusqu'à écrire à Édouard, en lui témoignant sa surprise du peu d'égard que ce prince avait eu pour les ouvertures que lui avaient faites ses légats, lettres auxquelles le roi d'Angleterre avait répondu, en se justifiant du reproche qui lui était adressé, qu'il était prêt à faire la paix, sauf son droit à la couronne de France, qu'il regardait comme son légitime héritage.

Les deux cardinaux n'obtinrent pas plus que Philippe qu'Édouard levât le siége de Calais; tout ce qu'ils purent faire, ce fut de procurer une trêve de quelques jours, et d'instituer de chaque côté quatre seigneurs qui devaient se réunir et parlementer de paix.

Du côté du roi de France, ce furent le duc de Bourbon et d'Athènes, le chancelier de France, le sire d'Offremont et Geffroy de Chargny.

Du côté des Anglais, le comte Derby, le comte de Norhantonne, messires Regnault de Cobehen et Gautier de Mauny.

Quant aux deux cardinaux, ils étaient les intermédiaires, et allaient de l'un à l'autre conseil.

Trois jours on parlementa, et le troisième jour on n'était encore venu à bout de rien.

Le roi d'Angleterre profitait de tous ces délais pour reposer son armée et faire faire de grands fossés sur les dunes, afin que les Français ne les pussent surprendre.

Ceux de Calais, qui jeûnaient pendant ce temps-là, voyaient toutes ces parlementations avec peine, car elles ne faisaient que retarder l'heure de leur délivrance, soit qu'on les prît, soit qu'ils se rendissent.

Quand Philippe vit bien qu'il n'y avait rien à obtenir d'Édouard, qu'il ne pourrait délivrer Calais, que son armée non-seulement lui était inutile, mais était ruineuse, il ordonna de partir et de déloger, et, le 2 août au matin, il fit plier les tentes, ramasser les bagages, et se mit en route du côté d'Amiens, après avoir donné congé à tous ses gens d'armes.

Quand ceux de Calais virent le départ des Français, ils en furent navrés jusqu'au fond de l'âme, et il n'y a cœur si dur qui, en voyant leur désespoir, n'eût eu pitié d'eux.

Comme on le pense bien, les Anglais ne perdirent rien à ce décampement. Ils suivirent la queue de l'armée française et ramenèrent des chars, des lits, des vins et des prisonniers au camp du roi d'Angleterre.

Lorsque ceux de Calais se virent ainsi abandonnés, et que le secours sur lequel ils avaient fait leur dernière espérance leur manquait, ils étaient en si grande détresse qu'ils tinrent conseil, et qu'ils décidèrent qu'ils se rendraient, disant qu'il valait mieux, après tout, se rendre et se mettre à la merci du roi d'Angleterre, que de se laisser tous mourir de faim, ce qui ne l'empêcherait pas ensuite d'entrer dans la ville quand les habitants ne seraient plus que des cadavres.

Ils vinrent donc trouver Jean de Vienne et le supplièrent de traiter de la capitulation.

Celui-ci se fit prier longtemps, mais enfin il comprit qu'il répondrait un jour de la vie de tous ces gens s'il ne leur accordait ce qu'ils venaient lui demander, et, montant aux créneaux des murs de la ville, il fit signe à ceux du dehors qu'il voulait leur parler.

LVII

— Enfin! dit Édouard quand il apprit ces nouvelles.

Et il envoya messire Gautier de Mauny et le seigneur de Basset voir ce que voulait Jean de Vienne.

Quand les deux chevaliers furent auprès du capitaine, celui-ci leur dit :

— Chers seigneurs, vous êtes de vaillans chevaliers, experts en matières d'armes et de guerre. Vous savez que le roi de France, qui est notre seigneur, nous a envoyés céans et commandé que nous gardassions cette ville et ce château, de façon à ce qu'il n'y eût ni blâme pour nous ni dommage pour lui. Nous avons fait tout ce que nous avons pu. Notre secours nous manque, et vous nous avez si bien étreints, que nous n'avons de quoi vivre. Il faudra donc que nous mourions tous de faim, si votre gracieux roi n'a pitié de nous. Chers seigneurs, veuillez donc le supplier qu'il veuille avoir merci de nous, et qu'il nous laisse aller tous ainsi que nous sommes. Il prendra notre ville, le château et toutes ses richesses. Il en trouvera assez.

Alors Gautier de Mauny répondit au capitaine :

— Messire Jean, messire Jean, nous savons partie de l'intention du roi notre sire, car il nous l'a dite. Sachez donc qu'il ne veut pas que vous vous en alliez, ainsi que vous le demandez. Son intention est que vous vous remettiez en son pouvoir, pour qu'il rançonne ceux de vous qu'il lui plaira, ou les fasse mourir s'il aime mieux, car ce siège lui a coûté tant d'hommes et d'argent, qu'il est chaque jour plus courroucé.

— Ce serait trop dure chose pour nous si nous consentions à ce que vous dites, répondit messire Jean de Vienne. Nous sommes ici quelques chevaliers et écuyers qui avons servi notre seigneur comme vous servez le vôtre, et qui avons même plus souffert pour lui que vous pour le roi d'Angleterre; mais, dussions-nous souffrir plus encore, nous ne permettrions pas que le plus petit garçon ou le dernier valet de la ville eût autre mal que le plus grand de nous. Nous vous prions donc, et tout simplement, messire, de dire au roi d'Angleterre qu'il ait pitié de nous.

— Par ma foi! dit Gautier, ému par cette noble réponse, je le ferai volontiers, messire Jean, et si le roi veut m'en croire, vous en vaudrez tous mieux.

Alors Gautier de Mauny et son compagnon se retirèrent, laissant sur les remparts Jean de Vienne, qui attendait la réponse du roi Édouard.

Quand les deux ambassadeurs rentrèrent dans la chambre du roi, ils le trouvèrent avec le comte Derby, le comte de Norhantonne, le comte d'Arondel et plusieurs autres barons d'Angleterre.

— Sire, dit alors Gautier, nous avons rempli la mission dont vous nous aviez chargés. Nous avons trouvé messire Jean de Vienne en disposition de vous rendre la ville et le château, si vous voulez lui accorder la vie sauve à lui et aux autres habitans de Calais.

— Et qu'avez-vous répondu? demanda le roi.

— J'ai répondu, monseigneur, à messire Gautier de Mauny, que vous n'en feriez rien s'ils ne se rendaient simplement à votre volonté, pour vivre ou pour mourir, selon qu'il vous plairait. Mais, ajouta le chevalier, quand j'eus dit cela, messire Jean de Vienne me répondit qu'avant d'en venir à cette capitulation, lui et ses compagnons vendraient chèrement leur vie, et plus chèrement qu'aucuns chevaliers ne le firent jamais.

— Cependant, fit le roi, je n'ai ni la volonté ni l'espoir d'accorder autre chose.

Alors Gautier de Mauny prit le roi à part et lui dit :

— Monseigneur, en ceci vous nous donnez mauvais exemple, et pourriez bien avoir tort; car, si vous nous vouliez envoyer en quelqu'une de vos forteresses, nous n'irions plus si volontiers, si vous faites mettre ces gens à mort, car nous aurions à craindre que l'ennemi ne fût pas plus clément que vous, et que, ce cas échéant, il nous traitât comme vous traitez ceux de Calais.

Cette parole calma beaucoup la colère du roi, d'autant plus que les barons qu'il consulta furent de l'avis de Gautier.

Le roi reprit donc :

— Seigneurs, je ne veux pas être tout seul contre vous tous. Gautier, vous irez retrouver ceux de Calais, et vous leur direz que la plus grande grâce qu'ils puissent obtenir de moi est celle-ci : que six des plus notables bourgeois de la ville de Calais viennent, la corde au cou et les clefs de la ville et du château en leurs mains, se mettre à ma disposition. Je ferai d'eux ce que bon me semblera, et prendrai le reste à merci.

A ces mots, Gautier de Mauny quitta le roi et vint retrouver messire Jean de Vienne, qui l'attendait, et auquel il rapporta mot pour mot ce qu'Édouard venait de lui dire, ajoutant que cette concession était la seule qu'il eût pu obtenir.

— Je vous crois, messire, répliqua Jean de Vienne, et je vous prie de demeurer ici jusqu'à ce que j'aie communiqué cette réponse à la communauté de la ville, car je ne suis que leur envoyé, et c'est à eux de délibérer s'ils doivent ou ne doivent pas accepter ce que leur offre le roi d'Angleterre.

Sur ce, messire Jean de Vienne rentra dans la ville, fit sonner la cloche pour rassembler les gens de toutes sortes, et se rendit à la place du marché.

Au son de la cloche accoururent hommes et femmes, car tous désiraient savoir les nouvelles, comme il convient à des gens épuisés par un long siège.

Quand ils furent tous venus et rassemblés, Jean de Vienne leur rapporta ce que venait de lui dire Gautier de Mauny, et leur demanda une prompte et brève réponse.

Ce rapport entendu, ils se mirent tous à pleurer et à

crier, à ce point que les ennemis en eussent eu pitié s'ils les avaient pu voir. Il fut donc impossible d'obtenir la réponse attendue.

Quant à Jean de Vienne, il faisait comme tout le monde, il pleurait.

Quelques instans s'écoulèrent dans ce désespoir général, et un homme, fendant la foule, monta sur une borne et dit :

— Ce serait grand dommage de laisser mourir tout un peuple, quand il y a un moyen de le sauver, et ce serait douter de Dieu et de sa clémence que de ne pas accepter ce moyen. Pour moi, j'ai si grande confiance d'obtenir grâce auprès du Seigneur, si je meurs pour une aussi noble cause, que je veux être le premier à me sacrifier. J'irai donc, moi, Eustache de Saint-Pierre, sans autre vêtement que ma chemise, et la corde au cou, me mettre à la merci du roi d'Angleterre.

Tous se jetèrent alors aux genoux de celui qui venait de parler ainsi, et un autre bourgeois, nommé Jean d'Aire, se leva à son tour et dit qu'il l'accompagnerait; puis un troisième, nommé Pierre de Vissaut, puis le frère de celui-ci, puis un cinquième, puis un sixième, dont l'histoire ingrate n'a pas conservé les noms.

Quand les six victimes furent prêtes, messire Jean de Vienne monta sur une hacquenée et se dirigea vers la porte de la ville, suivi d'abord des six bourgeois, puis de toute la population, dont les femmes et les enfans pleuraient en se tordant les mains.

La porte fut ouverte. Jean de Vienne et ses six compagnons sortirent, et la porte se referma sur eux.

Alors Jean de Vienne dit à Gautier de Mauny, qui attendait sur le rempart :

— Messire, je vous délivre, comme capitaine de Calais, et par le consentement du pauvre peuple de cette ville, ces six bourgeois, en vous jurant qu'ils sont et ont été jusqu'à ce jour les plus honorables et les plus notables de la ville. Je vous adjure, gentil sire, que vous veuilliez prier pour eux le roi d'Angleterre, et que ces braves gens ne perdent pas la vie.

— J'ignore ce que fera monseigneur, répondit Gautier; mais ce dont je puis répondre, c'est que j'userai de tout mon pouvoir sur lui pour obtenir la grâce de ceux que je lui mène, et qui se sont si noblement et si promptement dévoués.

Alors la barrière fut ouverte, et les six bourgeois s'en allèrent dans l'état que nous avons dit.

A l'heure où ils se présentèrent à Édouard, celui-ci était dans sa chambre, en grande compagnie de comtes, de barons et de chevaliers.

Quand il apprit que c'était les six bourgeois qu'il avait demandés qui arrivaient, il s'en vint tout sur la place devant son hôtel, suivi de tous les seigneurs qui étaient dans sa chambre avec lui.

En un instant la place fut pleine de gens curieux de savoir comment finirait ce drame inattendu, et la reine d'Angleterre elle-même, quoiqu'elle fût enceinte et au moment d'accoucher, accompagnait son seigneur.

— Sire, dit Gautier de Mauny, voici la représentation de la ville de Calais à votre ordonnance.

Un sourire de triomphe passa sur les lèvres du roi, car il haïssait réellement les habitans de Calais, pour les dommages qu'ils lui avaient causés autrefois sur mer.

Les six bourgeois se mirent à genoux devant le roi et lui dirent :

— Gentil sire, tous six nous sommes d'ancienneté bourgeoise de Calais et grands marchands : nous vous apportons les clefs de la ville de Calais, et nous livrons à vous en l'état où vous nous voyez pour que vous épargniez le reste de nos compatriotes, qui ont eu tant à souffrir du siége que vous nous avez fait.

Certes il n'y eut pas en ce moment dans toute la place un homme de cœur qui pût s'abstenir de verser des larmes de pitié.

Le roi, au contraire, regarda ces hommes avec colère, et il était tellement irrité qu'il ne pouvait dire une parole. Enfin il parvint à maîtriser cette colère et il dit :

— C'est bien. Emmenez ces hommes et qu'on leur tranche la tête.

Tous les barons qui étaient là se jetèrent aux genoux du roi en pleurant et en demandant la grâce de ces malheureux, mais Édouard ne voulait entendre à personne.

Gautier de Mauny, qui se savait aimé du roi, prit alors la parole et lui dit :

— Ah! sire, veuillez apaiser votre courroux et vous souvenir de votre réputation de noblesse et de clémence, qui ne doit pas être souillée en cette circonstance. Tout le monde regardera comme une inutile cruauté, sire, que vous fassiez mourir des gens sans défense qui se sont dévoués pour sauver leurs compagnons.

— Merci de vos bons conseils, messire, répondit sèchement le roi, mais il sera fait comme j'ai dit. Ceux de Calais ont fait mourir tant de mes hommes, qu'il faut que ceux-ci meurent à leur tour. Qu'on fasse venir le bourreau, ajouta le roi.

Au moment où l'on allait exécuter l'ordre du roi, la reine s'approcha de lui.

— Monseigneur, dit-elle, vous m'avez promis, quand je suis arrivée d'Angleterre, de m'accorder tout ce que je vous demanderais, pour me récompenser des périls que j'avais courus pour vous venir rejoindre. Je ne vous ai encore rien demandé, monseigneur, mais aujourd'hui, au nom de votre parole, je requiers de vous la grâce de ces hommes !

Le roi hésita quelque temps.

Il était évident qu'un grand combat se livrait entre sa haine et sa promesse.

Enfin il dit, en passant la main sur son front et comme avec effort,

— C'est juste, madame. Prenez donc ces hommes et faites-en ce que bon vous semblera.

LVIII

Un an après les événemens que nous venons de raconter, c'est-à-dire pendant la nuit du 31 décembre 1349 au 1er janvier 1350, il y avait fête au château de Calais.

Une immense table était servie et n'attendait plus que les convives, que l'on entendait parler dans les salles avoisinantes. Parmi ces convives se trouvait Eustache de Ribeaumont, et celui qui donnait le souper était le roi d'Angleterre.

Nous allons voir à la suite de quelles circonstances avait lieu ce souper.

Quand Édouard eut donné à la reine Philippe les six bourgeois de Calais, il dit à Gautier de Mauny :

— Vous allez, messire, vous mettre en possession de la ville de Calais. Vous prendrez tous les seigneurs et chevaliers que vous y trouverez, et me les amènerez pour que je les mette à rançon, à moins qu'ils ne donnent leur parole de se rendre, moyennant quoi vous les laisseriez, car ils sont tous gentilshommes et ne sauraient manquer à leur parole. Quant aux soudoyers et à tous ceux qui se battaient pour gagner leur vie, vous les renverrez, et ils s'en iront librement où ils voudront, ainsi que tout ce qui sera femmes, hommes et enfans, car je veux repeupler cette ville de purs Anglais.

Tout avait été fait ainsi que le roi l'avait ordonné, et deux maréchaux accompagnant Gautier de Mauny, et accompagnés de cent hommes au plus, étaient venus prendre possession de Calais, et avaient fait prisonniers messire Jean de Vienne, messire Baudouin de Bellebourne et les autres.

Les maréchaux avaient fait apporter à la halle toutes les armures des soudoyers, les avaient fait réunir en un tas, et avaient fait partir tous les menus gens.

Quand les principaux hôtels avaient été évacués, quand le château avait été prêt à recevoir Édouard, la reine et tous les gens du roi, Gautier en avait prévenu son maître, et celui-ci était enfin entré à Calais, au son des tambours, des trompes, des musettes, et accompagné de ménestrels qui chantaient son triomphe.

La reine était accouchée heureusement d'une fille qui fut nommée Marguerite de Calais, et qui épousa depuis le comte de Pembroke.

Le roi avait fait la distribution des hôtels à ses chevaliers, à Gautier de Mauny, au baron de Stafford, au seigneur de Cobehen, à messire Barthélemy de Bruges et aux autres.

Son intention était en outre, une fois qu'il serait de retour à Londres, d'envoyer à Calais trente-six riches bourgeois et notables de sa capitale.

Quant à la ville même, bâtie par le roi, elle avait été abattue. Les prisonniers furent envoyés à Londres, où ils restèrent six mois environ, après quoi ils payèrent leur rançon et s'en allèrent.

Ce fut un douloureux spectacle que de voir partir de leur patrie, misérables et à moitié morts de faim, tous ces gens qui y possédaient auparavant des maisons et des fortunes, et qui ne savaient littéralement que devenir.

C'est alors que Philippe de Valois, qui n'avait pu venir en aide aux Calaisiens pendant le siège, se souvint d'eux après. Il fit tout ce qui était en son pouvoir pour récompenser le courage et la fidélité de ces malheureux. Il publia une ordonnance par laquelle il accordait tous les offices vacans à ceux qui voudraient s'en faire pourvoir.

Une autre ordonnance avait précédé celle-là, par laquelle il faisait, aux Calaisiens chassés de leur ville, concession de tous les biens qui lui échoieraient pour quelque cause que ce fût.

Il ne s'arrêta pas là, et, le 10 septembre, il leur accorda, par une nouvelle ordonnance, un grand nombre de priviléges qui leur furent confirmés sous les règnes suivans.

Une grande partie des exilés s'était retirée à Saint-Omer; Philippe était resté à Amiens et Édouard à Calais. Enfin, une trève avait été conclue entre les deux rois, trève qui ne s'appliquait pas au duché de Bretagne, pour lequel la duchesse de Bretagne et la comtesse de Montfort continuaient à se combattre.

Le roi d'Angleterre était reparti avec la reine, laissant le commandement de Calais à Jean de Montgommery. Son premier soin en revenant à Londres avait été d'envoyer à Calais trente-six riches bourgeois avec leurs femmes et leurs enfans, et plus de trois cents autres hommes de moindre état.

Charles de Bretagne avait été amené en Angleterre et mis en prison avec le roi d'Écosse et le comte de Murray; mais, grâce aux sollicitations de madame la reine, il avait la liberté de se promener à cheval autour de Londres, et pouvait de temps en temps passer une nuit hors du château.

Le comte d'Eu et de Guines était aussi prisonnier en Angleterre, mais il était si joli cavalier qu'il était partout le bien venu du roi et de la reine, des barons, des dames et des damoiselles d'Angleterre.

Une trève avait été conclue entre les deux rois, le roi d'Écosse avait bien été pris, mais cela n'empêchait pas messire de Douglas, le vaillant chevalier d'Écosse, et les Escots qui se tenaient en la forêt de Gedours, de guerroyer contre les Anglais, partout où ils en rencontraient, et de ne tenir aucun compte des trèves que le roi de France et le roi d'Angleterre avaient conclues ensemble.

D'autre part aussi, ceux qui étaient en Gascogne, en Poitou, en Saintonge, semblèrent ne pas avoir entendu parler des trèves conclues. Ils conquéraient villes fortes et châteaux les uns sur les autres, de ruse ou de force, de nuit ou de jour, et il y avait de belles aventures d'armes, tantôt du côté des Anglais, tantôt du côté des Français.

Toutes ces escarmouches, ces pillages, ces batailles isolées engendraient des espèces de brigands qui, se mettant à la tête de quelques hommes, ravageaient le pays et gagnaient à ce métier de bons et beaux butins. Il y avait parmi ces chefs des gens qui se trouvaient bien possesseurs de cinquante et soixante mille écus, ce qui était une véritable fortune.

Ils avaient des plans de siége et de bataille qui étaient d'une naïve simplicité.

Ils épiaient de loin un bon château ou une bonne ville, pendant un jour ou deux, puis ils s'assemblaient vingt ou trente brigands, et s'en allaient tant de jour que de nuit et par voies couvertes jusqu'à ce qu'ils entrassent dans la ville ou le château. Ils y arrivaient juste au point du jour, et mettaient le feu à une ou deux maisons. Ceux de la ville croyaient par ce début avoir affaire au moins à mille armures de fer, et s'enfuyaient à qui mieux mieux, abandonnant leurs maisons, leurs coffres et leurs bijoux à ces brigands, qui s'en revenaient tranquillement, chargés de leur pillage.

C'est ce qu'ils firent à Dournac et en bien d'autres endroits encore.

Parmi ces brigands, il y en a deux qui méritent que leur biographie prenne place ici.

Le premier s'appelait Bacon. Celui-là était Languedocien, c'était un homme habile, adroit et ambitieux.

Il avisa le château de Bombourne en Limousin, partit avec trente hommes, l'escalada, le prit, tua tous ceux qui l'habitaient, à l'exception du seigneur, qu'il garda prisonnier dans son château même, et qui finit par payer sa rançon vingt-quatre mille écus, qu'il paya comptant, car messire Bacon n'était pas gentilhomme et ne lui eût pas fait crédit.

Ce ne fut pas tout.

Bacon garda le château par-dessus le marché, le fortifia bien d'hommes, d'armes et de vivres, et ravagea le pays environnant.

Quand le roi de France apprit les prouesses du brigand, au lieu de le faire arrêter et pendre, il le manda auprès de lui, lui acheta son château vingt mille écus, le fit son huissier d'armes, et l'eut en grand honneur.

Ce qui prouve que, dans ce temps déjà, la vertu finissait toujours par trouver sa récompense.

Le second était un gaillard peut-être plus hardi, peut-être plus habile, mais à coup sûr moins ambitieux que l'autre, du moins de cette ambition de cour et d'honneurs que Bacon avait acceptée.

Celui-là, qui s'appelait Croquard, avait commencé par être un pauvre diable, longtemps page au service du seigneur d'Eule, en Hollande.

Quand ce Croquard commença à devenir grand, il eut congé, passa en Bretagne et se mit à servir un homme d'armes. Il fit si bien, qu'à une rencontre qui eut lieu, son maître fut tué, et que ses compagnons l'élurent capitaine, en remplacement de celui qui venait de succomber.

C'était tout ce que voulait Croquard.

Depuis ce temps, il acquit tant par prises et par rançons, qu'il se trouva un jour à la tête de soixante mille écus, sans compter les chevaux dont il était bien pourvu, car il en avait bien dans ses écuries vingt ou trente, bons coursiers et doubles roncins.

Deux ans après, il fut choisi pour être de la bataille des Trente, et combattant pour les Anglais, il fut le meilleur combattant.

Le roi de France voyant cela, le voulut avoir auprès de lui, mais comprenant qu'il fallait lui faire de plus belles propositions qu'à Bacon, il lui offrit de le faire chevalier, de le marier richement, et de lui donner deux mille livres de revenu par an, s'il voulait redevenir Français.

Mais Croquard n'était pas ambitieux : comme César, il aimait mieux être le premier dans un bourg que le second à Rome; Croquard refusa.

Ce refus devait lui porter malheur, car quelque temps après, en essayant un jeune cheval qu'il avait acheté trois cents écus, et l'échauffant outre mesure, le cheval l'emporta, et cheval et cavalier roulèrent dans un fond, sans qu'aucun d'eux s'en relevât.

« Je ne sais, dit Froissard, que son avoir devint, ni qui eut l'âme ; mais je sais que Croquard finit ainsi. »

LIX

Maintenant, revenons à la ville de Calais, dont le siége et la prise définitive doivent être le dernier incident de cet ouvrage.

En ce temps-là, c'est à dire à la fin de l'année 1349, se tenait à la ville de Saint-Omer le vaillant chevalier messire Geffroy de Chargny.

Il était là, envoyé par le roi de France, qui l'avait fait gardien de ses frontières, si bien que Geffroy de Chargny y commandait comme un roi.

Or, il était plus que qui ce fût courroucé de la prise de Calais, et il passait tout son temps et occupait toute son imagination à savoir comment il la pourrait reprendre.

Par force, c'était chose impossible.

Par ruse, c'était chose improbable.

Restait la trahison.

Ce moyen offrait plus de chances, car maître Aimery de Pavie à qui la ville avait été confiée, était Lombard, et les Lombards étaient réputés pour leur amour de l'argent.

Geffroy de Chargny résolut donc de tenter l'aventure de ce côté.

Une fois cette résolution prise, le capitaine français ne dormit pas qu'il ne l'eût accomplie.

Il n'alla pas lui-même, mais il envoya secrètement des entremetteurs à Aimery de Pavie, car une trêve avait été conclue, et ceux de Calais pouvaient aller à Saint-Omer, et ceux de Saint-Omer à Calais, pour faire leurs provisions et vendre leurs marchandises.

Ceux que Geffroy de Chargny avait envoyés, et qu'il attendait avec une grande impatience, revinrent enfin. Leur visage paraissait le messager de bonnes nouvelles.

— Quelle réponse ? demanda le capitaine.

— Excellente, messire.

— Ainsi, cet Aimery de Pavie...

— Est un vrai misérable, mais dont nous ne devons pas dire trop de mal en ce moment, car il va nous être utile.

— Ainsi il consent ?

— Parfaitement !

— Et ses conditions.

— Ne sont pas exorbitantes.

— Que veut-il ?

— Vingt mille écus, et il livrera le château.

— C'est bien, dit Geffroy de Chargny, vous allez ce soir même partir pour Paris, annoncer cette bonne nouvelle au roi Philippe VI, et lui demander les vingt mille écus qu'il nous faut.

Le soir même les envoyés de Geffroy de Chargny partirent de Saint-Omer, et, à peu près à la même heure, un homme quittait le château de Calais et s'embarquait pour l'Angleterre.

Cet homme était Aimery de Pavie.

Il arriva à Douvres, s'achemina vers Londres, et fut introduit près du roi d'Angleterre.

— Sire, lui dit-il, j'ai suivi vos ordres.

— Eh bien !

— Eh bien ! les Français sont venus et ils m'ont demandé pour quel prix je leur livrerais le château : j'ai demandé vingt mille écus, et comme messire Geffroy de Chargny ne les avait pas, il les a envoyé demander à Philippe VI, et pendant ce temps je suis venu vous dire ce qui se passait.

— Et vous avez bien fait, messire, car vous savez que nous vous aimons.

— Que me reste-t-il à faire ?

— Concluez le marché. Seulement, faites-moi savoir le jour où vous devez livrer le château.

— Et les vingt mille écus ? demanda Aimery de Pavie qui n'était pas tout à fait délombardisé.

— Ne seront qu'une bien faible récompense de vos loyaux services. Cependant gardez-les. Ils seront de bonne prise. Dès que messire Geffroy de Chargny a abusé de la trêve pour faire de telles propositions, nous sommes dans notre droit en en profitant. Allez.

Aimery de Pavie s'inclina et prit congé du roi.

Quand il revint à Calais, nul n'avait encore été informé de son départ.

Quant au roi de France, il avait refusé les vingt mille écus, disant qu'une pareille action pendant une trêve était une déloyauté.

Mais messire Geffroy de Chargny, qui n'était pas de cet avis, et qui voulait le bien du roi Philippe malgré lui, réunit plusieurs chevaliers de Picardie, leur fit part de ce qui se passait, et tous furent d'accord qu'il fallait livrer les vingt mille écus et reprendre la ville, ce dont Philippe serait fort content une fois que la chose aurait été faite sans qu'il y eût pris part.

En conséquence, les seigneurs de Fremie, de Ribeaumont, Jean de Landas, Pepin de Were, le seigneur de Créqui, Henry de Blais et plusieurs autres se cotisèrent, et fournirent les vingt mille écus demandés ; puis on envoya dire à Aimery de Pavie que l'échange aurait lieu dans la nuit du 1er janvier.

Aimery avait juste le temps de prévenir le roi.

Comme il ne pouvait quitter la ville en un moment si périlleux, il envoya à Édouard son frère, dans la fidélité duquel il avait une confiance entière.

Quand le roi d'Angleterre eut vu le frère d'Aimery et fut informé de tout, il fit appeler Gautier de Mauny, et lui conta ce qui se préparait.

— Nous allons partir, ajouta le roi, et vous, messire, qui nous accompagnerez, vous serez chef de cette besogne, car mon fils et moi nous combattrons sous votre bannière.

— Merci de cet honneur, répondit Gautier, et, à moins que Dieu ne nous trahisse, la chose viendra à notre honneur.

Le roi d'Angleterre partit en effet avec trois cents hommes d'armes, six cents archers et le prince de Galles ; il s'embarqua à Douvres et arriva de nuit à Calais. Personne ne sut la cause du retour du roi et de ses neuf cents hommes.

Lui et sa troupe se rendirent au château, où ils se cachèrent en attendant l'événement.

Le 1er janvier 1350, Geffroy de Chargny avec ses gens d'armes et ses arbalétriers quitta Saint-Omer quand la nuit fut avancée.

Il arriva assez près de Calais, et ayant fait arrêter ses hommes, il envoya deux de ses écuyers demander à Aimery de Pavie si le moment de se présenter était venu.

Les deux écuyers chevauchèrent secrètement et trouvèrent Aimery qui les attendait, et qui leur demanda où était messire Geffroy.

— Il est près d'ici, répondirent les écuyers.

— Eh bien ! allez lui dire qu'il vienne, dit Aimery.

Les écuyers ne se le firent pas dire deux fois, et ils coururent annoncer à Geffroy de Chargny qu'il pouvait marcher sur Calais.

Celui-ci disposa sa petite troupe, traversa avec elle le pont de Nieulay et approcha de Calais.

Arrivé là, il envoya douze de ses chevaliers et cent armures de fer prendre possession de la ville, et il remit les vingt mille écus à Oudard de Renty, qui était chargé de les donner à Aimery de Pavie, en recommandant que le capitaine lombard ouvrît la porte du château, car c'était seulement par là qu'il voulait entrer.

Aimery de Pavie, qui était un homme sage, avait abaissé le pont de la porte des champs, et il laissa paisiblement entrer tous ceux qui le voulurent. Quand les cent armures de fer et les douze chevaliers furent en haut du château, ils crurent qu'ils en étaient maîtres. Voyant cela, Aimery de Pavie demanda à Oudard de Renty où étaient les vingt mille écus.

— Les voici, dit celui-ci en lui remettant le sac où se trouvaient ses florins, comptez-les si bon vous semble.

— Je n'ai pas le temps, répondit Aimery, et d'ailleurs, messire, je me fie à votre parole.

Et prenant le sac il le jeta dans la chambre voisine.

— Il ne vous reste plus qu'à tenir votre promesse, dit Oudard.

Alors Aimery se leva et alla fermer à clef la porte de la chambre dans laquelle il venait de jeter l'argent ; puis il dit à messire Oudard :

— Attendez-moi ici, vous et vos compagnons, je vais ouvrir la grande tour, par laquelle vous serez plus facilement maîtres du château.

En sortant, Aimery de Pavie ferma la porte au verrou, et il alla en effet ouvrir celle de la tour.

Mais dans cette tour se trouvaient Édouard, son fils, Gautier de Mauny et deux cents combattans environ, qui sortirent en tirant leurs épées et en criant :

— Mauny ! Mauny ! à la rescousse !

Et ils ajoutèrent :

— Croient-ils donc, ces Français, reconquérir si facilement le château et la ville de Calais.

Quand les Français virent ces deux cents hommes qui se précipitaient furieux, ils comprirent qu'il était inutile de se défendre et ils se rendirent.

A peine s'il y eut quelques blessés.

Quand les Anglais eurent renfermé les prisonniers, ils se mirent en ordonnance et partirent du château. Arrivés à la porte, ils montèrent à cheval et se dirigèrent vers la porte de Boulogne.

C'était messire Geffroy de Chargny avec sa bannière, de gueules avec trois écussons d'argent, et qui attendait patiemment le moment d'entrer dans la ville où il voulait entrer le premier ; aussi ne pouvait-il se contenir, et disait-il de temps en temps aux chevaliers qui étaient auprès de lui :

— Que ce Lombard tarde longtemps, il nous fait mourir de froidure.

— Hé ! mon Dieu ! répondait Pepin de Were, les Lombards sont malicieuses gens, et celui-là regarde vos florins pour voir s'ils y sont tous ou s'il n'y en a pas de faux, et cela prend du temps.

Ils en étaient là de leur conversation quand la porte s'ouvrit et qu'une troupe d'hommes à cheval s'avança sur eux. Un instant ils crurent que c'étaient les leurs qui revenaient, mais ils virent bientôt qu'ils se trompaient, et reconnurent les bannières de Gautier de Mauny, du seigneur de Beauchamp. En entendant ceux qui venaient crier ainsi qu'ils avaient fait dans la tour :

— Mauny ! Mauny ! à la rescousse !

— Nous sommes trahis ! s'écria Geffroy de Chargny. Si nous nous sauvons, nous sommes perdus ; si nous nous rendons, nous sommes des lâches. Défendons-nous, et la journée nous restera.

— Par saint Denis ! vous dites vrai, s'écrièrent tous les chevaliers français, et malheur à qui fuira !

LX

Alors tous les Français se mirent à pied et chassèrent leurs chevaux dans le chemin, car ils eussent été trop foulés. Quand le roi d'Angleterre vit cela, il fit arrêter la bannière sous laquelle il était et dit :

— Je veux rester et combattre ici, mais que l'on fasse passer la plus grande partie de nos gens devant la rivière et le pont de Nieulay, car on m'a dit qu'il y a là quantité de Français à pied et à cheval.

Il fut fait ainsi que le roi l'avait ordonné.

Six bannières et trois cents archers le quittèrent et s'en vinrent au pont de Nieulay, que messire Moreau de Fiennes et le sire de Creseques gardaient.

Les arbalétriers de Saint-Omer et d'Aire se trouvaient entre Calais et le pont, il y en eut plus de cent-vingt de tués.

Moreau de Fiennes et le sire de Creseques résistèrent longtemps et vaillamment, mais quand ils virent que les Anglais croissaient toujours et recevaient nécessairement du renfort de Calais, ils remontèrent sur leurs coursiers et montrèrent les talons.

Les Anglais se mirent à leur poursuite.

Ce fut une rude journée, et quand le soleil se leva, il éclaira bien des morts.

De part et d'autre on s'était bien battu, et il y avait eu un grand nombre de prisonniers.

Quant au roi d'Angleterre, il s'en était venu la visière baissée, et toujours sous la bannière de Gautier de Mauny, chercher ses ennemis au milieu même de leurs rangs.

Parmi eux il reconnut messire Eustache de Ribeaumont, et, sans lui dire qui il était, il l'attaqua.

Eustache de Ribeaumont était un rude jouteur dans un tournoi, comme nous l'avons vu, mais c'était un dangereux adversaire dans une bataille. Deux fois il fit tomber Édouard sur ses genoux, et deux fois celui-ci, relevé par Gautier de Mauny et Regnault de Cobehen, recommença la lutte.

Mais Édouard était un partenaire digne d'Eustache, et ne se laissant pas abattre par ces deux premiers échecs, il ne voulut jamais abandonner le combat quoique pût lui dire Gautier, et ce fut le chevalier français qui commença à plier, tant et si bien, que tombant sur ses genoux à son tour et ne pouvant se relever, il rendit son épée à Édouard sans savoir que c'était au roi qu'il la rendait.

La journée resta aux Anglais, après quoi Édouard se retira à Calais et ordonna qu'on y amenât les prisonniers. Quand ceux-ci surent que le roi avait combattu lui-même sous la bannière de Gautier de Mauny, ils en furent tout joyeux, car ils comptaient sur sa générosité bien connue.

Édouard commença pas leur dire qu'il voulait cette première nuit de l'an les avoir tous à souper. En conséquence, à l'heure où les tables furent prêtes, tous les prisonniers entrèrent dans la salle du festin richement vêtus et devisant gaîment, ainsi que nous l'avons dit au commencement du chapitre précédent.

Quand tous les chevaliers prisonniers furent à table, les chevaliers anglais et le jeune prince de Galles leur servirent eux-mêmes le premier mets, après quoi ils allèrent s'asseoir à une autre table où on les servit à leur tour.

Pour Édouard, il présidait le repas, ayant fait mettre à ses côtés les prisonniers, donnant à chacun la place qui convenait à son rang.

Quand les tables furent levées et le repas fini, le roi, la tête nue, et portant au col un chapelet de perles fines, avec lequel jouait sa main droite, alla parler aux plus nobles de ses prisonniers.

— Messire, dit-il en s'adressant à Geffroy de Chargny, je devrais vous en vouloir beaucoup, à vous qui vouliez vous emparer en une nuit de ce qui m'a coûté plus d'un an de peines, et avoir pour vingt mille écus ce qui m'a coûté tant d'argent ; mais Dieu m'a aidé, vous avez été vaincus, et, comme je suis sûr qu'il m'aidera encore, je vous pardonne de grand cœur.

— Sire, répondit Geffroy de Chargny, n'accusez que moi de ce qui est arrivé, car notre seigneur et maître, le roi de France, n'a pas voulu donner les vingt mille écus que nous lui demandions pour conclure le marché, disant qu'en temps de trêve pareilles choses étaient déloyales.

— Je sais cela, messire, répliqua le roi ; je serai moins sévère que le roi de France, car, à mon avis, contre des ennemis comme nous, toute ruse est de bonne guerre.

Puis Édouard, quittant Geffroy de Chargny, alla à messire Eustache de Ribeaumont.

— Messire Eustache, lui dit-il, vous êtes en vérité le chevalier que j'aime le plus voir après Gautier de Mauny. D'ailleurs, je vous l'ai déjà dit à Calais, quand vous êtes venu à moi en ambassadeur.

Eustache s'inclina.

— Nul, reprit le roi, n'attaque et ne se défend mieux

que vous. Ah! vous êtes un terrible adversaire, messire, et je n'ai jamais eu tant à faire contre quelqu'un qu'aujourd'hui contre vous.

— Contre moi, sire?

— Eh pardieu! oui, contre vous; vous m'avez jeté deux fois à terre, messire, et c'est à moi que vous vous êtes rendu.

— Alors, je regrette moins d'avoir été vaincu, sire, d'autant plus que ce n'est pas la première fois que je me reconnais vaincu par vous.

— C'est vrai, répliqua le roi; aussi, messire, je vous veux, en souvenir de ces deux luttes et d'un temps plus heureux pour moi, donner un gage de mon estime pour vous.

En disant cela, le roi retirait le chapelet de perles qu'il avait autour du col et ajoutait :

— Prenez ce chapelet, messire, je vous le donne comme au mieux combattant de la journée de ceux du dedans et du dehors, et vous prie de le porter toute cette année pour l'amour de moi. Je sais que vous êtes gai et amoureux, et que volontiers vous vous trouvez entre dames et damoiselles : dites donc, quand cela vous arrivera, que c'est moi qui vous ai donné ce chapelet et pourquoi je vous l'ai donné, elles ne vous en estimeront que plus. En attendant, vous êtes mon prisonnier; mais comme je ne veux pas faire les choses à demi, je vous tiens quitte de votre rançon, et vous pourrez repartir demain quand vous aurez reposé.

Quand messire Eustache de Ribeaumont entendit ces paroles, il s'en réjouit fort, et deux choses causèrent sa joie.

La première, c'était ce prix de bravoure que lui donnait le roi devant tant de braves et vaillans chevaliers.

La seconde, c'était que le roi lui faisait grâce de sa prison; aussi ne put-il s'empêcher de dire à Édouard :

— Gentil sire, vous me faites plus d'honneur que je ne vaux, et Dieu vous puisse rendre les courtoisies que vous me faites. Je suis un pauvre homme qui n'eût jamais pu payer sa rançon et qui désire son avancement. Merci, monseigneur, du double encouragement que vous me donnez. Je porterai ce collier, non pas un an, mais toute ma vie, et après le service de mon très cher et très redouté seigneur le roi, je ne sais nul roi que je servirais si volontiers que vous.

— Grand merci, dit Édouard, car je sais que vous pensez tout cela.

En ce moment on apporta le vin et les épices, et le roi se retira dans sa chambre et donna congé à tout le monde.

Le lendemain au matin, le roi fit délivrer à Eustache deux roncins et vingt écus pour retourner à son hôtel.

Eustache prit congé des chevaliers français qui restaient prisonniers, et s'en retourna en France, racontant partout ce qui s'était passé et la courtoisie que lui avait faite Édouard.

LXI

Un grand malheur avait traversé les deux dernières années pendant lesquelles s'étaient accomplis les événemens que nous venons de raconter.

Comme si la France n'eût pas eu assez de ses défaites quotidiennes, des misères et du découragement qui en résultaient, un immense fléau lui arriva tout à coup de l'Italie. Le jour de la Toussaint de l'an 1547, le premier cas de peste se manifesta en Provence, et l'épidémie, comme un manteau noir, couvrit bientôt toute la France. Elle traversa le Languedoc, emportant dix consuls sur douze; elle visita Narbonne et y laissa trente mille cadavres. Dans le commencement, ceux qui survivaient ne pouvaient suffire à l'enterrement des morts, et bientôt ils y renoncèrent,

abandonnant sur leur lit, le fils sa mère, le père son fils, le frère sa sœur.

Le mal allait toujours envahissant. Semblable à une marée mortelle, partout où il passait on ne retrouvait rien que la trace de son passage.

Enfin, il arriva au cœur, c'est-à-dire à Paris. Là il s'abattit comme un vautour, dévorant incessamment les entrailles de ce Prométhée éternel qu'on appelle la France, et qui, grave et rêveur au milieu de ses plus grandes tortures, reste les yeux fixés sur ce ciel dont il veut surprendre la flamme et dire la vérité.

C'était une effroyable mortalité d'hommes et de femmes, de vieillards et de jeunes gens. Seulement la mort semblait préférer les jeunes, et courtisane éhontée, venait les prendre au milieu de leur jeunesse, de leur force et de leurs amours, et terminait dans les convulsions de l'agonie la chanson commencée dans les rires du festin.

Il y a à Florence une fresque d'Orcagna qui nous servira d'image. La Mort, traversant les plaines éthérées, n'écoute pas les misérables et les vieillards qui l'appellent, en étendant vers elle leurs mains décharnées, mais, sombre et haineuse, elle brise d'un violent coup de sa faux une porte derrière laquelle chantent, boivent et dansent des jeunes hommes et de belles jeunes femmes.

Il en était ainsi à Paris.

Ceux qui étaient atteints souffraient deux ou trois jours, puis mouraient. Ceux qui les assistaient emportaient le germe de la maladie et mouraient comme ceux qu'ils avaient vu mourir.

Les prêtres s'éloignaient, et quelques religieux, plus fermes dans leur foi, plus convaincus de leur mission, soignaient les malades.

Les sœurs de l'Hôtel-Dieu surtout, semblaient porter en elles un trésor inépuisable de douceur, de confiance et d'humilité. Elles mouraient pieusement sans rien regretter de la vie, sans rien reprocher à Dieu.

Nul ne savait à qui s'en prendre de ce fléau, car les hommes ne peuvent se venger de Dieu quand ils l'accusent, et lorsqu'ils souffrent il faut qu'ils se vengent sur quelqu'un.

Jamais on n'avait eu si grande abondance de vivres. Ce n'était donc pas la faim qu'il fallait s'en prendre. On dit alors que cette peste venait d'une infection de l'air et des eaux, et, comme toujours, ce fut aux juifs que l'on s'en prit. Le monde se souleva contre eux, et comme le feu purifie, on alluma d'immenses bûchers, et l'on brûla des milliers de juifs.

Ce fut surtout en Allemagne que ce fléau se présenta sous un sinistre aspect. L'Allemagne était excommuniée par le pape, à cause de la fidélité réelle qu'elle avait gardée, d'un côté à son empereur mort, et de l'autre à Louis de Bavière. Il en résulta que ceux qui mouraient croyaient que le mal dont ils étaient atteints était le complément de leur excommunication, l'aide, enfin, qu'apportait le Seigneur à la colère de son ministre pontifical.

A Strasbourg, seize mille hommes moururent qui se crurent damnés, car aucun sacrement n'avait visité leur agonie.

Quelque temps les dominicains avaient persisté à faire le service divin, puis ils avaient fini par s'en aller comme les autres.

Trois hommes seulement, trois mystiques, ne tinrent pas compte de l'interdit. Le premier de ces hommes était Tauler, qui écrivait son Imitation de la pauvre vie de Jésus, et qui allait confesser dans la forêt de Soignes, près Louvain, le vieux Buysbrock, un docteur extatique.

Le second était Ludolph, qui écrivait la vie du Christ.

Le troisième était Suro, qui écrivait le livre des Neuf rochers.

Pendant ce temps, le peuple avait voulu suppléer par quelque chose à l'abandon où le laissait l'Église; au lieu de l'absolution il avait l'extase, au lieu de la pénitence la mortification.

Tout à coup des populations entières partaient sans savoir où mener leurs pas, poussées devant elles par ce vent de mort, comme les masses de sable du désert s'envolent en rouges tourbillons sous le souffle ardent du simoun. Elles étaient pressées d'un besoin d'émigration étrange; et, s'arrêtant dans les villes, les hommes et les femmes à moitié nus, pâles et décharnés, venaient sur les places, se fouettant avec des fouets armés de pointes d'acier. On eût dit le repentir soudain des démons de l'enfer.

Puis ils chantaient des cantiques comme celui-ci :

Or avant, entre nous tous frères,
Battons nos charognes bien fort,
En remembrant la grant misère
De Dieu et sa piteuse mort,
Qui fut jour en la gent amère,
Et vendu et traï à tort,
Et battu sa chair vierge et dère ;
Au nem de ce battons plus fort.

Ils restaient ainsi un jour et une nuit dans chaque ville, se flagellant deux fois par jour, puis quand ils en avaient fait autant pendant trente-trois jours et demi, ils se croyaient aussi purs qu'au jour du baptême.

Cette idée prit d'abord les Allemands, puis elle gagna la France par la Flandre et la Picardie.

Ce n'était pas seulement le peuple, mais des gentilshommes, de nobles dames et des seigneurs qui se livraient à ces pérégrinations et à ces mortifications sanglantes et publiques.

Ces sombres pénitences du nord n'envahirent pas l'Italie.

Lisez le prologue du *Décaméron* de Boccace.

« J'ai vu, dit-il, deux porcs qui, dans la rue, secouèrent du groin les haillons d'un mort ; une petite heure après, ils tournèrent, tournèrent et tombèrent; ils étaient morts eux-mêmes.

» Oh! continue le conteur, que de belles maisons restèrent vides! que de fortunes sans héritiers! de belles dames, d'aimables jeunes gens dînèrent le matin avec leurs amis, qui, le soir venant, s'en allèrent souper avec leurs aïeux.

Plusieurs s'enfermaient, se nourrissaient avec une extrême tempérance des alimens les plus délicats et des vins les plus fins. Ils ne voulaient entendre parler en aucune façon des malades, et se divertissaient par les danses et la musique, en s'abstenant de luxure. D'autres prétendaient au contraire que la meilleure médecine était d'aller chantant, buvant et riant de tout. Ils le faisaient comme ils le disaient, et couraient jour et nuit de maison en maison, et cela d'autant plus facilement que tous laissaient leurs biens à l'abandon, n'en ayant pas plus soin que d'eux-mêmes. Les lois divines et humaines étaient dissoutes. Il n'y avait plus personne pour promulguer les unes ni pour faire respecter les autres. Les gens de la campagne, attendant à chaque instant la mort, n'avaient plus aucune préoccupation de l'avenir, et mus par un dernier sentiment d'égoïsme, ils s'efforçaient de consommer tout ce qu'ils avaient. Quant aux animaux, on eût dit que rien n'était changé pour eux dans la nature. Les bœufs, les ânes, les moutons s'en allaient dans la campagne, et quand ils étaient repus, ils rentraient tranquillement le soir à la maison, et sans qu'il fût besoin d'un berger pour les y ramener.

De cet abandon général résulta une chose jusque-là inouïe : c'est qu'une femme malade, si belle, si noble, si gracieuse qu'elle fût, ne craignait pas de se faire servir par un homme même jeune, ni de lui laisser voir, si la nécessité de la maladie l'y obligeait, tout ce qu'elle aurait montré à une femme, ce qui peut-être, ajoute Boccace, causa diminution d'honnêteté en celles qui guérirent.

Voici ce que dit le continuateur de Nangis :

« Ceux qui restaient, hommes et femmes, se marièrent en foule. Les survivantes concevaient outre mesure. Il n'y en avait pas de stériles; on ne voyait d'ici et de là que femmes grosses. Elles enfantaient qui deux, qui trois enfans à la fois.

» Pendant ce temps, la reine de France, femme du roi Philippe, était morte, ainsi que Bonne de Luxembourg, femme du duc de Normandie. Si bien que le père et le fils se trouvèrent veufs.

» Le duc Jean n'eut pas de cesse qu'il ne fût remarié, et il jeta les yeux sur madame Blanche, fille de Philippe III de Navarre; mais, pendant un voyage qu'il fit, son père épousa Blanche, et, à son retour, le duc de Normandie, le retrouvant marié, épousa tout simplement la veuve de Philippe de Bourgogne, son cousin germain, dont la mort, on se le rappelle, lui avait fait tant de peine à l'Aiguillon.

» Quant au comte Louis de Flandre, qui s'était si adroitement soustrait au mariage projeté et presque conclu entre lui et la fille d'Édouard, il épousa la fille du duc de Brabant, et rentra en jouissance de ses droits. »

Un dernier épisode, et nous en aurons fini avec l'histoire politique et guerrière de Philippe VI et d'Édouard III.

Comme nous l'avons vu dans le chapitre précédent, le roi d'Angleterre avait emmené avec lui à Londres les prisonniers qu'il avait faits à Calais, lorsqu'Aimery de Pavie avait dû livrer aux Français le château et la ville.

Geffroy de Chargny faisait partie de ces prisonniers, et il fut un des premiers qui payèrent leur rançon et qui revinrent en France.

Or, ce capitaine avait toujours sur le cœur la trahison du Lombard et les vingt mille écus qu'il lui avait donnés; de sorte qu'en arrivant à Saint-Omer, la première chose dont il s'enquit fut de savoir ce qu'était devenu Aimery de Pavie.

Celui-ci s'était retiré en un petit château que l'on appelait Frétin, sur la route de Calais, et dont le roi Édouard III lui avait fait don. Il vivait là, se donnant beaucoup de bon temps, et ayant pour maîtresse une fort belle femme qu'il avait amenée d'Angleterre. Mais cette femme ne se contentait pas de l'aimer que lui on ne se contentait d'aimer qu'elle. Il en résulta qu'elle avait un autre amant, lequel était écuyer de messire Moreau de Fiennes, et passablement jaloux d'Aimery de Pavie.

Quand Geffroy de Chargny se mit en quête du Lombard, le hasard fit qu'il s'adressa justement à cet écuyer, qui, comprenant aux questions du capitaine ce dont il s'agissait, se garda bien de lui cacher la retraite d'Aimery de Pavie, et, gagnant par ses réponses la confiance de Geffroy, finit par faire avouer à celui-ci tout ce qu'il voulait.

L'occasion de n'avoir plus à être jaloux était bonne. L'écuyer vengeait son pays et se débarrassait d'un rival. Il se chargea de conduire Geffroy de Chargny jusqu'à la porte de la chambre du Lombard, en lui recommandant d'épargner la femme qui se trouverait dans le château, et de ne dire à personne qui lui avait donné les renseignemens qu'il demandait.

Aimery, qui ne soupçonnait pas qu'il pût courir le moindre danger, continuait à passer son temps en fêtes et en festins, et s'abandonnait sans le moindre pressentiment à son amour pour sa belle maîtresse.

Pendant ce temps, Geffroy de Chargny avait fait une assemblée de gens d'armes, avec lesquels il se mit en route un jour.

Le lendemain, dès le point du jour, ces hommes entouraient le château, qui n'était pas grand, et Geffroy entrait dedans seulement avec quelques compagnons.

Une demi-heure après, Aimery était prisonnier, ainsi que sa maîtresse. Du reste, rien ne fut pris ni violé dans le château, car il y avait trêve entre la France et l'Angleterre.

— Vous savez, messire, ce que vous m'avez promis, dit l'écuyer à Geffroy de Chargny quand le prisonnier et sa maîtresse eurent été transportés à Saint-Omer.

— Je vous ai promis la grâce de cette femme.

— Oui, messire.

Geffroy de Chargny regarda l'écuyer en souriant et lui dit :

— Comment se fait-il que vous connaissiez si bien l'intérieur du château de Frétin?

— Cela vient, messire, de ce que j'y suis allé souvent pendant que le sire de Pavie n'y était pas, de sorte que celle qui me recevait passait son temps à me faire visiter le château.

— Eh bien! si non-seulement je vous donnais la grâce de cette femme, mais encore la femme, que feriez-vous?

— Je la prendrais, messire, et je la garderais le plus longtemps possible, en souvenir de votre courtoisie.

— Eh bien! prenez-la donc, car elle est libre, et, si j'en crois ce que je suppose, elle ne sera pas longtemps fidèle à la mémoire du Lombard.

Le soir même, la demoiselle quitta le château où elle avait été renfermée, et vint rejoindre celui à qui elle devait la vie, et avec lequel elle vécut à partir de ce jour.

Quant à Aimery, il fut jugé par les seigneurs français et condamné comme traître.

En conséquence, le peuple fut appelé à venir voir sur la place du marché de quelle façon le sire de Chargny punirait la trahison, et il ne s'en retourna qu'après avoir vu le cadavre du Lombard suspendu par le col à la potence que l'on avait dressée exprès pour lui.

LXII

Huit ans se sont passés depuis les premiers événemens du dernier chapitre.

Philippe VI est mort dans cet intervalle, laissant à son fils Jean une couronne difficile à porter, et celui-ci a recommencé aussitôt les hostilités avec l'Angleterre, le seul héritage réel que lui ait laissé son père.

Le pape Clément est mort et Innocent VI lui a succédé. Le duc de Brabant est mort à son tour; une trêve entre Jean et Édouard, due à l'intervention du nouveau pape, a duré deux ans.

Édouard a fait alliance avec Charles de Navarre, et les hostilités contre la France ont recommencé.

Guillaume de Douglas a repris Berwick que le roi d'Angleterre va reprendre peu de temps après.

Le prince de Galles, accouru, a brûlé et pillé le pays de Toulousain et de Narbonnais. L'invasion éteinte sur un point s'est incessamment rallumée sur un autre.

Enfin, la bataille de Poitiers a eu lieu, terrible et plus terrible répétition même de la bataille de Crécy.

Dieu semble combattre contre la France.

Le prince de Galles arrive avec deux mille hommes d'armes, quatre mille archers et deux milles brigands, dans un pays qu'il ne connaît pas, manquant de vivres, et ne sachant même pas si l'ennemi est devant ou derrière lui.

Jean, au contraire, a cinquante mille hommes à sa suite et couvre toute la campagne de ses coureurs. Il a avec lui ses quatre fils, vingt-six ducs ou comtes, cent quarante baronnets avec leurs bannières déployées.

La position de chacun des adversaires est désespérée. L'Anglais n'a plus de vivres; comme à Crécy les Français marchent sans ordre.

Le prince de Galles offre alors de rendre tout ce qu'il a pris, villes et prisonniers, et de ne plus servir sept ans contre la France.

Jean refuse. Il veut que le prince de Galles se rende avec cent chevaliers.

Le combat s'engage.

Les Anglais sont fortifiés sur le côteau de Maupertuis, près Poitiers.

Il n'y a qu'à les laisser là et les y cerner : au bout de deux jours ils se rendront à moitié morts de faim.

Comme son père à Crécy, Jean est impatient de combattre, et il attaque.

Le coteau sur lequel se trouvent les Anglais est une colline raide, plantée de vignes, fermée de haies, hérissée de buissons.

Les archers dominent la pente.

Un sentier étroit est le seul chemin qui conduise à eux. Jean le fait gravir par ses cavaliers, qui, reçus par les flèches anglaises, tombent les uns sur les autres.

L'ennemi profite du désordre et descend de son poste.

Trois des fils du roi se retirent avec une escorte de huit cents lances et sur l'ordre de leur père.

Jean ne veut pas reculer et fait merveille.

Une hache à la main droite et son plus jeune fils à côté de lui, il frappe sans relâche comme un bûcheron dans une forêt.

Aussi est-ce le point vers lequel les chevaliers anglais se dirigent. A partir de ce moment, ils espèrent faire prisonniers le roi de France.

Les assauts redoublent. Geffroy de Chargny est tué, la bannière de France en main; Godefroid de Hainaut est massacré.

Les défenseurs de Jean diminuent peu à peu. Il ne peut lutter seul contre tous ceux qui l'environnent, et ses forces s'épuisent.

En ce moment un homme fend la foule des combattans, arrive jusqu'à Jean et lui dit en français :

— Sire, rendez-vous.

— Qui êtes-vous, lui dit alors le roi, vous qui me dites de me rendre dans la langue que je parle?

— Sire, je suis Denys de Morbecque, chevalier d'Artois, et je suis le roi d'Angleterre, ne pouvant demeurer au royaume de France, où j'ai perdu tout ce que je possédais.

— Je ne me rendrai qu'à mon cousin le prince de Galles, répond le roi, et je ne le vois pas.

— Rendez-vous à moi, sire, et je vous mène à lui.

— Voici mon gant droit, dit Jean, et il suivit le chevalier.

Le prince de Galles emmène son royal captif qu'il traite en roi.

Il lui fait faire son entrée à Londres, sur un cheval blanc, ce qui est un signe de suzeraineté, et il le suit sur une haquenée noire.

Humilité dont il prend bien sa revanche en gardant prisonnier le roi du pays ennemi. Il est vrai que la prison du roi Jean est un palais et sa captivité une suite de fêtes et de plaisirs.

Pendant ce temps, les fuyards de Poitiers viennent annoncer à Paris qu'il n'y a plus ni rois, ni barons en France, qu'ils sont tous pris ou tués, et le pays effrayé se demande ce que l'Anglais va faire de lui.

Les prisonniers de Poitiers reviennent chercher leurs rançons, épuisent les paysans et ruinent le pays.

La France est infestée de pillards qui se disent Navarrais et viennent on ne sait d'où.

Le dauphin n'a aucune autorité, et, en eût-il, ne saurait qu'en faire : il est faible, jeune, malade, inquiet.

Le moment arrive où la France va être dans l'état où Édouard veut depuis si longtemps qu'elle soit.

Il y a environ deux ans que Jean est en Angleterre, quand un homme se présente à Westminster et remet une lettre à Édouard.

A peine Édouard a-t-il pris lecture de cette lettre, qu'il pâlit et ordonne qu'on lui selle un cheval.

Une fois déjà il a suivi la route qu'il va suivre. Cette première fois, il était accompagné de Jean de Hainaut et de Robert d'Artois; mais aujourd'hui ses deux compagnons ne sont plus là, tous deux sont morts, et le roi, après avoir ordonné qu'on selle son cheval, fait appeler Gautier de Mauny, avec lequel il part.

Au commencement de cet ouvrage, nous avons vu Édouard suivre la Tamise, la traverser à Windsor, et entrer au château de Reding, où il a confié sa mère à la garde ou plutôt à la surveillance de Mautravers.

Cette fois encore il prend la même route, et comme toujours, c'est le front baissé et la bouche silencieuse qu'il la parcourt. Seulement il a mis son cheval à une allure plus rapide, et au bout d'une heure de marche, il s'arrête à la porte du château, où il prie Gautier de Mauny de l'attendre.

On abaisse le pont et le roi entre.

Il traverse une cour, monte un large escalier et pénètre dans une chambre où le reçoit Mautravers.

— Comment est ma mère? demanda Édouard.

— Très mal, sire, répond l'ancien assassin devenu geôlier.

— Est-ce qu'elle demande à me voir?

— Non, monseigneur, c'est moi qui ai cru devoir vous prévenir de ce qui arrivait.

— Et où est-elle?

— Dans cette chambre.

Et en disant cela, Mautravers soulève une tapisserie, et le roi, se découvrant, entre dans la chambre de la moribonde.

Il y resta deux heures environ; ce qui se passa entre la mère et le fils, nul ne le sait.

De temps en temps, Mautravers entendait un sanglot. Était-ce le fils qui pleurait ce qu'il avait fait à sa mère, était-ce la mère qui pleurait la mort de son époux, le crime de sa jeunesse et l'adultère de sa vie.

Nous l'ignorons.

Tout ce que nous pouvons dire, c'est que deux heures après qu'il était entré dans la chambre de la reine douairière, Édouard en sortit plus sombre et plus pâle encore.

— Vous êtes libre, dit-il à Mautravers, ma mère est morte.

LXIII

Si vous voulez sortir de Londres avec nous et suivre la Tamise, à neuf milles environ de la capitale de l'Angleterre, vous trouverez un village qu'on appelle aujourd'hui Richemond, qui autrefois s'appelait Sheen, et était un petit manoir royal qu'Édouard habitait fréquemment à cause de sa position charmante.

C'est le 21 juin 1576, et le manoir, éclairé des feux d'une belle journée de printemps, sourit au soleil.

Tout chante au dehors.

Entrons, tout est triste au dedans.

Une foule de chevaliers et de seigneurs silencieux encombrent les chambres qui avoisinent celle du roi.

C'est le duc de Bretagne, le comte Derby, le comte de Cambridge, le comte de la Marche, madame de Coucy, fille du roi.

Tous ces gens attendent, espèrent ou craignent.

Depuis le matin, Édouard est si malade, qu'à moins que Dieu ne fasse un miracle, il doit mourir avant la fin du jour.

Passons maintenant dans la chambre du roi.

Il est couché; son fils, le prince de Galles, n'est pas auprès de lui, car il est mort l'année précédente, et Édouard n'a auprès de lui que le jeune Richard, fils du prince.

— Venez auprès de moi, mon enfant, lui dit Édouard. Vous allez être roi; ceux à qui je vais vous laisser vous diront ce que j'ai fait de bien et de mal, et ce sera à vous de juger en quoi vous devrez imiter ou abandonner l'exemple de votre aïeul.

Puis Édouard faisant entrer les comtes, barons, chevaliers et prélats qui se trouvaient dans le château, se leva sur son séant, tout faible qu'il était, revêtit son héritier des insignes royaux, et fit jurer à tous ceux qui étaient là qu'après sa mort ils le reconnaîtraient pour roi.

Ce serment fait et reçu, Édouard congédia tous ceux qui venaient d'entrer et resta seul avec Gautier de Mauny.

— Tu es le seul de tous ceux que j'aimais, dit-il au chevalier, qui ait survécu et qui m'aide à sortir de cette vie sans trop me lamenter à l'idée de la mort. Tant que Dieu te laissera vivre, Gautier, veille sur Richard et sur ma belle Angleterre que j'aurais voulu faire plus heureuse,

car je l'ai toujours aimée comme une fiancée. Crois-tu que j'ai fait pour elle tout ce que je devais faire?

— Je le crois, sire.

— Crois-tu que l'avenir gardera ma mémoire et respectera mon nom?

— Monseigneur, non-seulement je crois qu'il gardera votre mémoire, mais je suis sûr qu'il la bénira.

— Merci, Gautier, dit le roi en serrant la main du vieux chevalier, merci. Maintenant causons un peu de notre vie de guerre et d'aventures. Il me semblera que je meurs comme j'aurais voulu mourir, en combattant, car il y a un souvenir qui pèse sur ma vie et que la mort lente fait grandir à mes yeux et change en remords.

— Eh bien! sire, un saint homme s'est présenté tout à l'heure, disant qu'il voulait vous parler et vous exhorter avant votre mort; voulez-vous que je l'aille chercher?

— A-t-il dit son nom.

— Non, monseigneur; il a dit seulement qu'il était l'ermite du château de Wark.

— Du château de Wark! dit le roi en tressaillant; faites entrer cet homme, Gautier, et laissez-moi seul avec lui.

Gautier obéit au roi.

Quelques instans après, un vieillard aux cheveux et à la barbe blanche entrait dans la chambre d'Édouard et s'asseyait à son chevet.

Le roi fixa sur lui un regard inquiet, cherchant à distinguer dans les traits de cet homme un visage connu et que depuis la mort d'Alix il avait revu bien souvent dans ses rêves.

— Vous ne me reconnaissez pas, sire, dit cet homme.

— Oh! maintenant, je vous reconnais, murmura le roi; vous avez parlé.

Et, l'œil fixé sur ce vieillard comme sur son juge, le roi attendait.

— Vous ne comptiez pas me revoir, sire.

— Non, balbutia Édouard.

— Écoutez, monseigneur, fit le comte de Salisbury, je ne viens pas tourmenter votre mort. Dieu vous rappelle à lui avant moi, c'est sans doute pour que je puisse vous absoudre du remords qui doit vous ronger le cœur, car un roi comme vous, monseigneur, ne brise pas l'amour et l'honneur d'un serviteur comme moi sans s'en repentir amèrement au jour de sa comparution devant Dieu.

— C'est vrai, messire, c'est vrai.

— Trente ans ont passé sur votre crime et sur ma vengeance. Le monde a été plein de votre nom, et votre gloire n'a pas tué ce témoin éternel qu'on nomme la conscience. Moi, depuis trente ans, je vis dans la retraite, et la solitude a tué en moi cette mauvaise conseillère qu'on nomme la haine; si bien qu'aujourd'hui, sire, si je n'ai pas oublié tout à fait, j'ai au moins pardonné, et c'est en ami que je visite votre lit de mort.

— Merci, comte, merci, répondit le roi.

Et il tendit sa main à Salisbury.

— Vous voyez, sire, que je suis moins inexorable que vous, reprit celui-ci, car ce n'est pas avec les mêmes sentimens que vous avez assisté à l'agonie de votre mère.

— Quoi, savez-vous...?

— J'étais à côté de la chambre où elle est morte, et j'ai entendu tout ce que vous lui avez dit.

— Et comment étiez-vous là.

— Comme je suis ici, comme un saint homme dont les paroles de consolation peuvent soulager une âme prête à retourner au Seigneur. Voyons, sire, jetez un regard sur le passé, continua Salisbury en s'accoudant sur le lit du roi, et maintenant que les passions et les ambitions de la terre doivent vous paraître choses bien vides et bien méprisables, maintenant que vos cheveux ont blanchi et qu'il ne reste de ce que vous étiez autrefois que votre nom, dites-moi s'il n'eût pas mieux valu que je n'eusse rien à vous pardonner, et si vous ne préféreriez pas me voir venir à vous non pas comme un juge indulgent, mais comme un ami reconnaissant? Vous avez fait bien des heureux, sire, vous avez fait bien des largesses, répandu bien des honneurs, vous avez fait grâce à des milliers d'individus entre vos mains ; comment se fait-il, monseigneur, que vous n'ayez pas fait grâce à la femme de celui qui vous était le plus dévoué, et qui eût donné en souriant sa vie pour vous, quoique sa mort eût dû le séparer de ce qu'il aimait le plus au monde ?

Et malgré lui le comte sentait des larmes mouiller ses yeux, car il y a des douleurs que trente ans de solitude ne cicatrisent pas.

— Pardon, comte, pardon, fit le moribond royal ; j'ai été bien coupable et j'ai souffert autant que vous.

— Étrange destinée, reprit Salisbury, qui vous force, vous, le roi conquérant, à me demander pardon, à moi, le chevalier obscur. Quelle est donc la puissance de Dieu qui fait si humble et si faible le cœur des rois les plus puissans de la terre !

Ce qui se passait dans Édouard est impossible à dire. Comme si son âme n'eût attendu que ce pardon pour abandonner son corps, il s'affaiblissait de plus en plus et ne pouvait que murmurer de temps en temps :

— Merci, comte, merci.

Alors, voyant que la mort approchait, le comte se leva, et d'une voix solennelle il dit au mourant :

— Sire, vous avez fait autant de bien et autant de mal que pouvait en faire l'homme qui était le plus grand roi de son siècle. Vous avez fait mourir des milliers de créatures qui défendaient leur droit et leur bien ; mais celui à qui vous avez fait le plus de mal, sire, c'est moi, car j'ai survécu au mal que vous m'avez fait ; eh bien ! au nom de tous ceux que vous avez fait souffrir, et qui, morts ou séparés de vous, ne peuvent vous pardonner à cette heure suprême, je vous pardonne, monseigneur, et je prie Dieu pour vous !

Un dernier sourire passa sur les lèvres d'Édouard, et il expira.

Alors Salisbury ouvrit la porte et dit à tous ceux qui attendaient :

— Messeigneurs, le roi Édouard III est mort.

Et traversant la foule des courtisans et des chevaliers, il quitta le château sans que personne l'eût reconnu, et plutôt semblable à un spectre qu'à un homme.

FIN DE LA COMTESSE DE SALISBURY ET DU TREIZIÈME VOLUME.

TABLE

DES OUVRAGES CONTENUS DANS CE VOLUME.

ACTÉ 1
LES DEUX DIANE 51
LA COMTESSE DE SALISBURY 273

FIN DE LA TABLE DU TREIZIÈME VOLUME.

www.ingramcontent.com/pod-product-compliance
Lightning Source LLC
Chambersburg PA
CBHW070926230426
43666CB00011B/2323